HEYNE FILMBIBLIOTHEK

FILM-
JAHRBUCH
2000

Herausgegeben von Lothar Just

Originalausgabe

WILHELM HEYNE VERLAG
MÜNCHEN

HEYNE FILMBIBLIOTHEK
Nr. 32/275

Herausgeber: Bernhard Matt

BILDNACHWEIS:

ARD, Arthaus, Buena Vista, CIC Video, Columbia TriStar, Concorde, Edition Salzgeber, Filmwelt, Filmfest München, Int. Forum des Jungen Films, Jugendfilm, Kinowelt, MFA, Constantin, Pandora, Prokino, SAT.1, Senator, Scotia, Tobis, Twentieth Century Fox, UIP, Warner-Bros., Warner Home Video, ZDF

Umschlagfoto Vorder- und Rückseite:
Prokino, Scotia Film
Printed in Germany 2000
Umschlaggestaltung: Atelier Ingrid Schütz, München
Herstellung: H+G Lidl, München
Satz: satz & repro Grieb, München
Druck und Verarbeitung: Ebner Ulm

ISBN 3-453-164962-3

Inhalt

Das Filmjahrbuch 2000

Herausgeber: Lothar Just
Redaktion: Frank Heine (Förderung), Max Herrmann (Festivals, Filmpreise), Wolf Jahnke (In Memoriam), W.O.P. Kistner (Video), Viktor Rotthaler (Soundtracks), Rolf Selas (Filmliteratur), Thomas Willmann (Internet).
Mitarbeit: Brita Geisler, Ursula Hecker, Eva Hesz-Just, Angelika Schaffer.
Herstellung in Zusammenarbeit mit FilmData.

Kritiken

Die abgedruckten Kritiken und Texte stammen hauptsächlich aus den Zeitungen und Zeitschriften: AZ, München; Multimedia, Wien; tip, Berlin; Zitty, Berlin; Zoom/Film, Zürich. (Die Schweizer Filmzeitschrift »Zoom« nennt sich seit Mitte 1999 »Film«.)
Wir danken den Redaktionen und Autoren, die uns erlaubten, ihre Kritiken und Interviews abzudrucken: Thomas Engel, Katharina Dockhorn, Angie Dullinger, Volker Gunske, Frauke Hanck, Annette Kilzer, W.O.P. Kistner, Margret Köhler, Ulrich Lössl, Ponkie, Sabine Rutkowski und all denen, die namentlich unter den Kritiken stehen.

Danksagung

Die umfangreiche Arbeit an diesem Jahrbuch wäre nicht zu leisten gewesen ohne vielseitige Hilfe. Deshalb einen herzlichen Dank an alle, die uns dabei unterstützten: Silvia Andresen, Elisabeth Berg, Unifrance, Blickpunkt: Film, Christel Drawer, Redaktion und Verlag Filmecho/Filmwoche, Deutsches Institut für Filmkunde, Bodo Fründt, Freiwillige Selbstkontrolle der Filmwirtschaft (FSK), Filmbewertungsstelle Wiesbaden (FBW), Werner Gondolf, Frauke Hanck, Ulrich Höcherl, Jakobine Just, Hans Kohl, Marlies Messinger, Michael Mues, Hans-Joachim Neumann, Markus Roth, Hans Strobel, Werner Treuchtlinger, Hartmut Wiebe.
Ein weiterer Dank an alle Mitarbeiter in den Presseabteilungen der Verleih- und Videofirmen sowie in den Fernsehanstalten und allen, die mit Informationen und Material zum Gelingen dieses Jahrbuches beitrugen.

DIE FILME DES JAHRES 1999

AIMEÉ UND JAGUAR
Regie: Max Färberböck

*

ALLES ÜBER MEINE MUTTER
Regie: Pedro Almodovar

*

BLINDER PASSAGIER
Regie: Ben van Lieshout

*

BUENA VISTA SOCIAL CLUB
Regie: Wim Wenders

*

DER DIEB
Regie: Pavel Chukhrai

*

»23«
Regie: Hans-Christian Schmid

*

EYES WIDE SHUT
Regie: Stanley Kubrik

*

DAS FEST
Regie: Thomas Vinterberg

*

DER GENERAL
Regie: John Boorman

*

HAPPINESS
Regie: Todd Solondz

*

IDIOTEN
Regie: Lars von Trier

LANG LEBE NED DEVINE
Regie: Kirk Jones

*

DIE LEGENDE VOM OZEANPIANISTEN
Regie: Giuseppe Tornatore

*

DAS LIED VON LIEBE UND TOD
Regie: Rolf Schübel

*

MIFUNE
Regie: Sören Kragh-Jacobsen

*

DIE SIEBTELBAUERN
Regie: Stefan Ruzowitzky

*

SHAKESPEARE IN LOVE
Regie: John Madden

*

SCHWARZE KATZE, WEISSER KATER
Regie: Emir Kusturica

*

DER SCHMALE GRAT
Regie: Terence Malik

*

LÁGRIMAS NEGRAS
Regie: Sonia Herman Dolz

*

STRAIGHT STORY
Regie: David Lynch

*

WEGE IN DIE NACHT
Regie: Andreas Kleinert

Erläuterungen

Die Sternchenbewertung dient zur schnellen Einschätzung des Films. Dabei ist es durchaus möglich, daß die Bewertung im Gegensatz zur Meinung des Autors oder auch der FBW steht. Der Film wird beurteilt im Vergleich zu anderen Filmen seines Genres. Das + hinter den Sternchen sagt eindeutig, daß ein sattes Plus dazukommt. Die Sternchen besagen:

*	= Schrott, vergessen, ärgerlich	****	= Sehenswert, sollte man sehen
**	= Zwiespältig, uninteressant	*****	= Spitzenklasse, muß man sehen
***	= Annehmbar, kann man sehen	□	= Keine Bewertung

Stab und Besetzung Regie, Drehbuch, Kamera, Musik, Schnitt und Produktions-Design werden in der Regel genannt. Die Schauspieler, soweit das festzustellen ist, mit ihren Rollen. Produzent, Produktion, Herkunftsland und Entstehungsjahr werden in einem Eintrag zusammengefaßt. Die unvollständigen Angaben bei Fernsehproduktionen sind bedingt durch die unzulänglichen Angaben der TV-Sender. Bei der Jahresangabe wird das Jahr der ersten öffentlichen Vorführung genannt. In Ausnahmen auch das Herstellungsjahr.

Längenangabe Die Angaben dazu sind häufig widersprüchlich. Wir haben bei den meisten Filmen die gemessene Länge der FSK wiedergegeben. Wenn die nicht vorlag, Längenangaben aus Festivalkatalogen oder Int. Filmzeitschriften. Bei TV-Movies wurde die Sendelänge angegeben.

Verleihangaben Es wird der Verleih in Deutschland, Österreich und der Schweiz in dieser Reihenfolge angegeben, danach folgt der Videovertrieb für den deutschen Markt. Lief der Film bis Redaktionsschluß noch nicht oder nur in einem Land, so ist dies durch die Striche ersichtlich. Der Verleih »Freunde der deutschen Kinemathek« wird als »Freunde« wiedergegeben.

TV/Video Die Längenangaben beziehen sich häufig auf die Kinolänge des Films, durch die unterschiedliche Bildgeschwindigkeit verliert ein auf Video oder im Fernsehen abgespielter Film pro 25 Minuten Laufzeit eine Minute. Erfaßt wurden die Kinofilme und TV-Movies, auch Mehrteiler, sowie Pilotfilme zu neuen Fernsehserien. Weil Filme auf Video nicht immer sofort zu beurteilen sind, wurden auch noch welche aufgenommen, die gegen Ende des Jahres 1995 erschienen sind. Um möglichst vollständig zu sein, wurden auch nicht bewertete Filme mitaufgenommen.

Abkürzungen Nach Möglichkeit sind Abkürzungen vermieden worden, bis auf jene Zeitungsnamen, die allgemein bekannt sind:

AZ	= Abendzeitung München	FR	= Frankfurter Rundschau
FAZ	= Frankfurter Allgemeine Zeitung	SZ	= Süddeutsche Zeitung

Abkürzungen bei der FSK (Freiwillige Selbstkontrolle der Filmwirtschaft) – Freigabe: FBW = Filmbewertungsstelle Wiesbaden; o. A. = ohne Altersbeschränkung; ffr. = feiertagsfrei, nffr. = nicht feiertagsfrei.

A

A la campagna
1
A LA CAMPAGNE
****+
TV

Regie: Manuel Poirier
Darsteller: Benoît Regent (Benoît), Judith Henry (Lila), Sergi Lopez Ayats (Pablo), Jean-Jacques Vanier (Gaston), Serge Riaboukine (Emile), Laure Duthilleul (Françoise), Elisabeth Commelin (Mylène), Elisabeth Vitali (Cathy)
Drehbuch: Manuel Poirier
Kamera: Nara Keo Kosal
Musik: Charlie Couture
Schnitt: Herve Schneid
Prod.: Maurice Bernart für Salome Prod. mit Canal Plus/M6/Alhoa Film/CNC, Frankreich 1994; 119 Min.
UA: 27.1.1995, European First Festival (außer Wettbewerb); 8.3.1995, Paris
TV: 3.5.1999, Arte, 22.50

Manuel Poirier, dessen »La petite amie d'Antonio« bereits der schönste Film der vorletzten Berlinale war, erzählt in diesem Film von der Freiheit der Provinz und davon, wie sie zur Einsamkeit werden kann. Der viel zu früh verstorbene Benoît Regent spielt hier eine seiner schönsten Rollen als Mann, der ein Leben auf dem Lande versucht. Er lernt ein Mädchen kennen, das gerade aus dem Gefängnis kommt, fängt etwas mit ihr an, aber erkennt zu spät, daß sie die Richtige gewesen wäre. In einer wunderbaren Szene sitzen die beiden nach der ersten Nacht gemeinsam beim Kaffee, und sie beginnt zu weinen – und in der Zeit, die er braucht zu reagieren, wird die ganze Kluft zwischen einem durchschnittlichen und einem besseren Film spürbar.

Michael Althen, SZ, 1.6.95

Aber auch ich
2
****

Regie: Urs Wäckerli
Drehbuch: Urs Wäckerli
Kamera: Marc Schlatter, Maja Hauser, Urs Wäckerli, René Baumann
Musik: Michael Wernli, Jürg Giuliani
Schnitt: André Amsler
Prod.: Allmedia, Schweiz 1999; 87 Min.
Verleih: -/-/Columbus; Nov. 1999

Vier Jahre lang hat der Filmemacher Urs Wäckerli die geistig behinderten Laienschauspieler des Zürcher Hora-Theaters mit der Kamera begleitet, sie zur Person und Befindlichkeit befragt und das Entstehen einer Aufführung der Bühnenadaptation von Charles Chaplins Film »City Lights« dokumentiert. Ihm ist eine sensible, respektvoll humorvolle, formal stimmige, menschlich berührende Annäherung an eine gesellschaftliche Randgruppe gelungen.

Film, 11/99

Abschied ein Leben lang
3
****+

Regie: Käthe Kratz
Darsteller: Mitwirkende: Anne Kelemen, Gerda Lederer, Curtis Brown
Drehbuch: Käthe Kratz
Kamera: Bernd Neuburger, Astrid Heubrandtner, Peter Freiß
Musik: Alexander Zemlinsky, Erich Zeisl, Nurit Hirsch
Schnitt: Hubert Canaval
Prod.: Extra Film, Österreich 1999; 90 Min.
Verleih: -/filmladen/-; November 1999

Zwei Damen und ein Herr besuchen Stätten ihrer Vergangenheit und erzählen aus ihrem Leben – sie waren Wiener Kinder jüdischer Herkunft, die 1938 vor der Verfolgung durch die Nationalsozialisten fliehen mußten. Diesen schmerzlichen Versuch einer Vergangenheitsbewältigung hat Käthe Kratz in ein sensibles, atmosphärisch fast nüchternes, aber dennoch sehr eindringliches Szenenpuzzle umgesetzt. *Multimedia*

Ein Abschied für immer?
4
TIME TO SAY GOODBYE?
**
TV

Regie: David Jones
Darsteller: Eva Marie Saint (Ruth Klooster), Richard Kiley (Gerry Klooster), Margaret Colin (Kristen Hamstra), Rick Roberts (Chip Klooster), Alex Carter (Craig Klooster), Kevin Hicks (Curt Klooster), John Neville (Richter), Elizabeth Shepherd (Teresa)
Drehbuch: Nach einer wahren Begebenheit
Prod.: USA 1997; 87 Min.
TV: 7.12.1999, ZDF, 0.25

Sohn entführt kranken Vater um ihn vor der von ihm verlangten Sterbehilfe durch seine Frau zu retten.

Absolute Giganten 5

***

Regie: Sebastian Schipper
Darsteller: Antoine Monot jr. (Walter), Florian Lukas (Ricco), Frank Giering (Floyd), Jochen Nickel (Snake), Julia Hummer (Telsa), Albert Kitzl (Elvis), Hannes Hellmann (Klaus), Silvana Bosi (Walters Oma)
Drehbuch: Sebastian Schipper
Kamera: Frank Griebe
Musik: The Notwist
Schnitt: Andrew Bird
Prod.: Stefan Arndt, Tom Tykwer für X Filme Creative Pool mit NDR/ARTE, BRD 1998; 80 Min.
Verleih: Senator/-/Filmcooperative/BMG (Universum) Video; 30.9.1999
FSK: ab 6 J., ffr – FBW: Besonders wertvoll

Wer unter absoluten Giganten aufgeblasene Macho-Typen erwartet, liegt falsch. In Sebastian Schippers fulminantem Regiedebüt sind es liebenswerte »Schisser«, deren Sehnsucht nach dem ultimativen Kick bei einer Odyssee durch das nächtliche Hamburg unerfüllt bleibt. Floyd, Ricco und Walter gehören nicht zu den Leuten, die ein Türsteher in eine Edel-Disco läßt. (...) In atmosphärischer Dichte erzählt Regisseur Schipper von der Schwierigkeit, einen Platz im Leben zu finden, von Jungs zwischen Flirt und Frust. Seine Helden des Alltags sind wütend, verzweifelt. Aber sie verlieren nicht den Mut. Nach dieser nächtlichen Tour weiß man, was deutsches Kino sein kann: fiebrig, witzig, authentisch.
Margret Köhler, AZ, 30.9.99

(...) Aber diese gedanklichen und filmischen Erfindungen reichen noch nicht aus, um einen thematisch überzeugenden, abendfüllenden, formal faszinierenden Film präsentieren zu können. Und dem allgemeinen Trugschluß des deutschen Films der letzten Zeit: »je rüder und lauter, desto interessanter und besser« ist leider auch Sebastian Schipper schwer aufgesessen.
Thomas Engel, Der Gildendienst, 10/99

(...) Der Film ist sympathisch, weil die Figuren es sind, und er ist mit schönen Kino-Momenten und lauen Hängepartien durchwachsen – wie fast jede durchwachte Nacht. *tip, 20/99*

(...) Erstlingsfilm, dem es zwar an dramaturgischer Stringenz fehlt, was sich vor allem in der unbefriedigenden Charakterzeichnung niederschlägt; dennoch stellt er in seinen gelungensten Momenten durchaus eindrucksvoll filmisches Talent unter Beweis.
Film, 12/99

(...) Kein Weltanschauungs-Ballast vermag das Vergnügen an dieser minimalistischen Männer-Studie zu schmälern. Aus dem gekonnten Spiel mit der Künstlichkeit, den Illusionen des Kinos zaubert dieses hervorragende Debüt wenn nicht absolut Gigantisches, so aber wahrhaft Erstaunliches.
Joseph Heinrichs, Rheinische Post, 1.10.99

Absturz in der Wildnis 6

TRUE HEART ***

TV

Regie: Catherine Cyran
Darsteller: Kirsten Dunst (Bonnie), Zachery Ty Bryan (Sam), August Schellenberg (Khomanesta), Dey Young (Wanda), Tom McBeath (Quint), Ben Cardinal (Ranger Blackcrow)
Prod.: USA 1997; 89 Min.
TV: 18.4.1999, SAT.1, 15.10

Nach einem Flugzeugabsturz führt der Eingeborene Khomanesta die Kinder Sam und Bonnie durch die gefährliche Wildnis in die nächste Siedlung. Bedrohlicher als die gewaltigen Kodiakbären werden ihnen dabei die Wilderer, die die Tiere erbarmungslos jagen.
Pressetext

Acht Millimeter 7

8MM – EIGHT MILLIMETER ***

Regie: Joel Schumacher
Darsteller: Nicolas Cage (Tom Welles), Joaquin Phoenix (Max California), James Gandolfini (Eddie Poole), Peter Stormare (Dino Velvet), Anthony Heald (Longdale), Chris Bauer (Machine), Catherine Keener (Amy Welles),

Nicolas Cage und Joaquin Phoenix

Myra Carter (Mrs. Christian)
Drehbuch: Andrew Kevin Walker
Kamera: Robert Elswit
Musik: Mychael Danna
Schnitt: Mark Stevens
Prod.Des.: Gary Wissner
Prod.: Judy Hofflund, Gavin Polone, Joel Schumacher; Jeff Levine (Co-Prod.) für Global Ent. für Columbia, USA 1998; 123 Min.
EA: 18.2.1999, Int. Filmfestspiele Berlin »Wettbewerb«
Verleih: Columbia TriStar/-/20th Century Fox/Columbia TriStar Video; 1.4.1999
FSK: ab 18 J., nffr.

Klischeebeladener und wohl nur für das US-Publikum schockierender Thriller, über einen Privatdetektiv, der bei seinen Recherchen, über die Echtheit eines Snuff-Filmes tief in die Abgründe der Schmuddel-Porno-Szene eintaucht und dabei fast seine Seele verliert. Oberflächlich und trotz der Möglichkeiten des Plots nicht wirklich aufwühlend. *U.B.*

Ein Privatdetektiv erhält den Auftrag zu ermitteln, ob ein 8-mm-Film, in dem ein Mädchen brutal zu Tode gefoltert wird, Fiktion oder authentischer Snuff-Film ist. Hin- und hergerissen zwischen Job und Familie führt er den Auftrag eigenmächtig zu Ende, indem er die Täter zur Strecke bringt. Schmuddelige unterirdische Sextempel und trostlose Kulissen der Städte Los Angeles und New York spiegeln eine Welt ohne Werte, in der Töten als Selbstjustiz gerechtfertigt ist. Reaktionärer Thriller mit Nicholas Cage in einer eindimensionalen Rolle als besessener Moralapostel. *Zoom, 4/99*

Achteinhalb Woman 8

8½ WOMEN ***

Regie: Peter Greenaway
Darsteller: John Standing (Philip Emmenthal), Matthew Delamere (Storey Emmenthal), Vivan Wu (Kito), Anne Shizuka Inoh (Simato), Barbara Sarafian (Clothilde), Kirina Mano (Mio), Toni Collette, Amanda Plummer
Drehbuch: Peter Greenaway
Kamera: Sacha Vierny, Reinier van Brummelen
Schnitt: Elmer Leupen
Prod.Des.: Wilber Van Dorp, Emi Wada
Prod.: Kees Kasander für Woodline/Movie Masters/Delux/Continent, GB/Niederlande/Luxemburg/BRD 1999; 120 Min.
UA: 21.5.1999, Int. Filmfestspiele Cannes
Verleih: -/-/Filmcooperative; Okt. 1999

Ein trauernder Witwer und sein Sohn richten sich ein Privatbordell ein, um ihre sexuellen Phantasien auszuleben. Doch bald schon erweist sich der Männertraum als unzulänglich, und die achteinhalb Frauen gehen ganz eigene Wege. Peter Greenaways (selbst)ironische Reflexion über das Filmemachen als Ersatzbefriedigung enttäuscht als Ganzes, birgt aber viele Einfälle zu Kunst und Körper, Größenwahn und Geschlechtlichkeit. *Film, 10/99*

The 18th Angel 9

THE EIGHTEENTH ANGEL **

Video

Regie: William Bindley
Darsteller: Christopher McDonald (Hugh Stanton), Rachael Leigh Cook (Lucy Stanton), Stanley Tucci (Todd Stanton), Wendy Crewson (Norah Stanton), Maximilian Schell (Father Simeon), Cosimo Fusco (Florian), Venantino Venantini (Clockmaker), Ted Rusoff
Drehbuch: David Seltzer
Kamera: Thomas E. Ackerman
Musik: Simon Boswell
Schnitt: William Hoy
Prod.Des.: Stefano Maria Ortolani
Prod.: Douglas Curtis, William Hart; David Turchi (Ass.-Prod.) für Rysher Ent., USA 1997; 85 Min.
Vertrieb: Columbia TriStar Video; Mai 1999
FSK: 18 J.

Bei der Rückkehr auf die Erde sollen dem Teufel traditionell achtzehn Schönheiten als Begrüßungskomittee dienen. Dazu entführen Mönche 18 Mädchen, doch ein Vater läßt sich das nicht gefallen … Von einem völlig absurden Skript gänzlich ruinierter Grusler. *W.O.P. Kistner*

(…) David Selzer, der uns vor zwanzig Jahren schon bei »Das Omen« mit okkultem Mummenschanz schreckte, bietet auch hier wieder soliden satanischen Schrecken, komplett mit naiven Amerikanern, europäischen Klostergemäuern, wallenden Mönchskutten, etruskischen Prophezeiungen und ein wenig aus dem Ruder gelaufener Gentechnik. *Gerald Jung, Zitty, 17/98*

Acid House 10

THE ACID HOUSE ***

Regie: Paul McGuigan
Darsteller: THE GRANTON STAR CAUSE: Stephen McCole (Boab), Maurice Roeves (God), Garry Sweeney (Kev), Jenny McCrindle (Evelyn), Simon Weir; A SOFT TOUCH: Kevin McKidd (Johnny), Michelle Gomez (Catriona); THE ACID HOUSE: Ewen Bremner (Coco), Martin Clunes (Roos), Jemma Redgrave (Jenny)
Drehbuch: Irvine Welsh, nach den Kurzgeschichten »The Granton Star Cause«, »A Soft Touch« und »The Acid House« von Irvine Welsh
Kamera: Alasdair Walker
Musik: Primal Scream, Nick Cave, Barry Adamson, Beth Orton, Marc Bolan, Oasis, The Verve
Schnitt: Andrew Hulme
Prod.Des.: Richard Bridgland, Mike Gunn
Prod.: Picture Palace North/Umbrella mit Channel Four/Yorkshire Media Prod.: David Muir, Alex Usborne, GB 1998; 111 Min.
UA: Int. Filmfestspiele Cannes 1998
EA: Int. Hofer Filmtage 1998
Verleih: Senator/Constantin/Rialto/BMG Video; 3.6.1999
FSK: ab 16 J., ffr.

Man nehme das, was vom Superkultfilm »Trainspotting« noch aufregend in Erinnerung ist, und mache aus diesen Versatzstücken einen neuen Film: Coole Musik, kaputte Typen und tristes Vorstadtleben in Schottland. Nur reicht das diesmal nicht für einen Knüller. Drei Episoden Irvine Welshs wurden ausgewählt und in »The Acid House« verpackt. Mit unterschiedlichem Geschick und unterschiedlichen Stilmitteln umgesetzt, können die Kurzgeschichten punktuell schon sehr berühren, doch bremsen sie sich gegenseitig aus, und es bleibt schlußendlich doch nur ein sehr mittelmäßiger Eindruck. *Multimedia*

Irvine Welsh schreibt unterhaltsam-zeitgemäße Sachen, die sich wie »Trainspotting« auch prima verfilmen lassen. Daran gemessen ist »The Acid House« jedoch eher enttäuschend. Während die toughe Glasgower Vorstadt-Tristesse, in der sich die knapp skizzierten Loserhelden des Films bewegen, recht schön geschildert ist, kommen die Pointen der drei Episoden doch etwas vorschnell vorbei. So ist der Film von Paul McGuigan, der durch seine Channel-Four-Dokuprojekte über Fußballfans bekannt wurde, wie Teeniesex für kleine Jungs: Es geht zu schnell und hätte doch so gut werden können. *Daniel Kothenschulte, tip 12/99*

Adrenaline Drive 11

ADRENALINE DRIVE ***

Regie: Shinobu Yaguchi
Darsteller: Masanobu Ando, Hiraki Ishida
Drehbuch: Shinobu Yaguchi
Kamera: Takeshi Hamada
Musik: Seiichi Yamamoto & Rashinban
Schnitt: Shinobu Yaguchi
Prod.: Adrenaline Drive/Kindai Eiga Kyokai/Gaga Comm., Japan 1999; 111 Min.
UA: 18.2.1999, Int. Forum des Jungen Films, Berlin
Verleih: Freunde/-/-; 21.10.1999

(…) Unentschieden pendelt der Plot zwischen Gangsterklamotte und Liebesgeschichte und verstolpert sich in Sachen Dramaturgie zunehmend. So bietet die sich anbahnende Lovestory kaum mehr als ein paar Pretty-Woman-inspirierte Szenen, bei denen sich unser Pärchen für viel Geld teure Klamotten, neue Frisuren und ein luxuriöses Hotelzimmer zulegt. Und die Yakuza werden primär deswegen immer mal wieder eingeblendet, damit man sie tunlichst bis zum Showdown nicht vergisst. Sympathisch das Ganze, aber ein bisschen langweilig.

Jörg Buttgereit, Zitty, 22/99

Wie schon in seinem letztjährigen Hit »Mein geheimer Schatz« wirbelt Regisseur Yaguchi seine geldgeilen Protagonisten in bester Tex-Avery-Cartoon-Manier durcheinander. Dass dabei wirklich kein neuer Ansatz geboten, sondern Bekanntes nur gekonnt variiert wird, ist dabei so offensichtlich wie angesichts des rasanten Tempos völlig egal: Erzählt wird von einem kunterbunten Märchenland mit extrem widerstandsfähigen Yakuza, am Ende darf die Liebe triumphieren. *tip, 22/99*

Affäre mit Risiko 12

OTHER MEN'S WIVES □

TV

Regie: Toby Philips (= Paul Thomas)
Darsteller: Doug Jeffrey (Eddie Mayer), Frank Bronson (Frank Sanders), Holly Joy Sampson (Denise Tierny), Landon Hall (Roxanne Singer), Melinda Songer (Jolene Sanders), Jason Hemmings (Al Tierny)
Drehbuch: Neil Wexler
Musik: Daniel Walker
Prod.: USA 1995; 92 Min.
TV: 29.9.1999, Pro7, 23.00

Gewohnheits-Casanova mit dem Hang zu verheirateten Frauen gerät an die Falsche.

After the Truth 13

***

Regie: Roland Suso Richter
Prod.: BRD 1999

Produktionstitel für → Nichts als die Wahrheit.

Ägypten – Geheimnisse der Pharaonen 14

MYSTERIES OF EGYPT □

Regie: Bruce Neibaur
Darsteller: Omar Sharif, Kate Maberly
Kamera: Reed Smoot
Prod.: Lisat Truitt, Scott Swofford für Destination Cinema/National Geographic Films, USA 1998; 40 Min.
Verleih: IMAX; August 1999

Abgesehen von gewohnt brillanten Aufnahmen von Natur, Kultur und Menschen bietet der neueste Imax-Streifen auch erstmals eine kleine Spielhandlung mit echten Schauspielern, wie Hollywood-Altstar Omar Sharif, und läßt so neue Wege des Großformats vorausahnen. *Multimedia*

Aimée & Jaguar 15

****+

Regie: Max Färberböck
Darsteller: Maria Schrader (Felice Schragenheim), Juliane Köhler (Lilly Wust), Johanna Wokalek (Ilse), Heike Makatsch (Klärchen), Elisabeth Degen (Lotte), Detlev Buck (Günter Wust), Inge Keller (Lilly 1997), Kyra Mladeck (Ilse 1997)
Drehbuch: Max Färberböck, Rona Munro, nach dem Roman von Erica Fischer
Kamera: Tony Imi
Musik: Jan A. P. Kaczmarek
Schnitt: Barbara Hennings
Prod.Des.: Albrecht Konrad, Uli Hanisch
Prod.: Günter Rohrbach, Hanno Huth für Senator Film, BRD 1997; 126 Min.
UA: 10.2.1999, Int. Filmfestspiele Berlin
Verleih: Senator/Constantin/Frenetic/BMG (atlas) Video; 11.2.1999
FSK: ab 12 J., ffr.
FBW: Besonders wertvoll

Die Liebesgeschichte zwischen einer Hausfrau und einer jungen Jüdin im Berlin von 1943. Eine Zeitlang kann die Nazi-Mitläuferin und Mutterkreuzträgerin ihre Geliebte verstecken, doch dann entdeckt die Gestapo das Geheimnis der beiden Frauen und deportiert die Jüdin nach Theresienstadt. Ein von zwei hervorragenden Darstellerinnen getragener Film nach einer wahren Begebenheit, konzipiert als opulentes Ausstattungskino. Ein interessanter, wenn auch keineswegs rundum gelungener Film, in dem der historische Hintergrund häufig zur bewegenden Kulisse verkommt.

(...) Maria Schrader läßt sich auf die Rolle der lebensdurstigen lesbischen

Poster zu ›Aimée & Jaguar‹

Verführerin ebenso ein wie Juliane Köhler auf die der expressionistisch zitternden Verführten, doch leider bewegen sich die Darsteller im unergiebigen Universum aus eskapistischer Filmnostalgie und Eins-zu-Eins-Zitaten des zugrundeliegenden Buches.

Iris Depping, tip, 4/99

(...) Färberbock macht mit »Aimée & Jaguar« das, was Joseph Vilsmaier mit Anna Wimschneiders Lebenserinnerungen »Herbstmilch« getan hat: er zeigt uns die vertrauten Kinomuster in einer etwas anderen Umgebung, statt uns mit diesen Kinomustern an das ganz andere, Fremde, Widersprüchliche heranzuführen. Das schafft natürlich sofort ein kassenträchtiges Gefühl des Sichzurechtfindens, der behaglichen Vertrautheit in den Kulissen des Schreckens.
Etwas Neues lernen wir hier aber nicht – und man wagt gar nicht daran zu denken, was etwa Rainer Werner Fassbinder aus solch einem Stoff gemacht hätte. *Thomas Klingenmaier, Stgt. Zeitung, 11.2.99*

(...) Max Färberböck ist auf dem Weg vom Fernsehen zum Kino erst auf halber Strecke. So mag uns sein Film vor den Augen in Aspekte des Großartigen und des Mediokren zerfallen. Unberührter jedenfalls läßt er uns nicht. *Georg Seeßlen, Die Zeit, 11.2.99*

»Ich hatte bei ›Aimée & Jaguar‹ nicht immer ein schlechtes Gefühl, die Geschichte ist ja auch sehr lebenslustig. Aber es war bei den Dreharbeiten schon durch die Sets oft so, als würde man zurückversetzt in die vierziger Jahre – du trittst durch die Tür und bist in einem anderen Leben; es gibt in diesem Film keine künstlichen Tränen. Für mich ist Schauspielerei nicht verkleiden, sondern Entkleiden – man muß alles andere vergessen, um vor der Kamera wirklich etwas erleben zu können. Und das verschafft einem manchmal schon schlaflose Nächte.«
Maria Schrader im Interview mit Susan Vahabzadeh, SZ, 11.2.99

Maria Schrader und Juliane Köhler

Max Färberböck

Air Bud – Golden Receiver 16
AIR BUD **

Video

Regie: Richard Martin
Darsteller: Kevin Zegers (Josh Framm), Cynthia Stevenson (Jackie Framm), Gregory Harrison (Dr. Patrick Sullivan), Nora Dunn (Natalya)
Drehbuch: Paul Tamasy, Aaron Mendelsohn
Kamera: Mike Southon
Musik: Brahm Wenger
Schnitt: Bruce Lange, Melinda Seabrook
Prod.: Robert Vince für Keystone Ent., USA 1998; 90 Min.
Vertrieb: Kinowelt Video; 15.11.1999
FSK: o. A.

Nahezu storyidentisches Sequel zu »Air Bud – Champion auf vier Pfoten«, nur daß diesmal der Wunderhund nicht Basket-, sondern Football spielt.

Sentimentale, formelhafte Familienunterhaltung ohne Ambitionen.

Airborne
AIRBORNE

17
**
Video

Regie: Julian Grant
Darsteller: Steven Guttenberg (Bill McNeil), Sean Bean (Dave Toombs), Kim Coates (Bob Murdoch), Torri Higginson (Sara Gemmel), Philip Akin (Romeo Cortez), David Frazer (Mr. Samuels), Colm Feore (Ron Simpson), Philip DeWilde
Drehbuch: Tony Johnston, Julian Grant
Kamera: Gerald R. Goozee, Russ Goozee
Musik: Christophe Beck
Schnitt: Paul G. Day
Prod.: John Gillespie, USA 1998; 90 Min.
Vertrieb: Starlight Video; 5.1.1999
FSK: ab 16 J.

Terroristen, wie immer skrupellos, stauben in Militärlabor chemischen Kampfstoff ab. Ein Fall für die Eliteeinheit »Mach One« ... Von aktuellen Action-Vorbildern zusammengeklaubtes Billig-Action-Filmchen.

Die Akte Romero
THE BIG BRASS RING

18
****
Video

Regie: George Hickenlooper
Darsteller: William Hurt (Blake Pellarin), Nigel Hawthorne (Kim Mennaker), Miranda Richardson (Dinah Pellarin), Irene Jacob (Cela Brandini), Ewan Stewart (Kinzel), Gregg Henry (Billy), Ron Livingston (Buckle), Jefferson Mays (Garne Strickland)
Drehbuch: F.X. Feeney, George Hickenlooper, nach einem Bühnenstück von Orson Welles, Mitarbeit Oja Kodar
Kamera: Kramer Morgenthau; John Huston (2nd unit)
Musik: Thomas Morse
Schnitt: Jim Makiej
Prod.Des.: Jerry Fleming
Prod.: Andrew Pfeffer, Donald Zuckerman für Donald Zuckerman/Pfilmco Prod., USA 1999; 104 Min.
UA: 20.4.1999 L.A. Independent Filmfestival
EA: Filmfest München 1999
Vertrieb: BMG Video; 14.12.1999
FSK: ab 12 J.

Über die vermeintlich weiße Weste eines US-Gouverneurskandidaten fallen dunkle Schatten: Ein homoerotisch angehauchtes Foto aus seiner Vergangenheit macht die Runde. 17 Jahre nach Fertigstellung des Drehbuchs durch keinen geringeren als Orson Welles entwickelte Regisseur Hickenlooper daraus einen schillernden Polit-Thriller. Der deutsche Kino-Verleih verzichtete auf einen Start hierzulande, der Videoverleih auf fast jegliche Werbeaktivitäten. Wohl dem, der dieses feine, wenngleich nicht rundum gelungene Werk gesehen hat!

Alarm-Profis
THE ALARMIST

19
**
Video

Regie: Evan Dunsky
Darsteller: David Arquette (Tommy Hudler), Stanley Tucci (Heinrich Grigoris), Kate Capshaw (Gale Ancona), Mary McCormack (Sally), Tyan Reynolds (Howard Ancona), Tricia Vessey (April), Ruth Miller (Mrs. Fielding), Hoke Howell (Mr. Fielding)
Drehbuch: Evan Dunsky, nach dem Theaterstück von Keith Reddin
Kamera: Alex Nepomniaschy
Musik: Christophe Beck
Schnitt: Norman Buckley
Prod.Des.: Amy B. Ancona
Prod.: Dan Stone, Lisa Zimble für Key Ent. mit Bandeira Ent./Life During Wartime, USA 1998; 90 Min.

Poster zu ›Die Akte Romero‹

Vertrieb: Columbia TriStar Video; 28.9.1999
FSK: ab 12 J.

Alarmanlagen-Verkäufer verliebt sich in seine erste Kundin. Als die ermordet wird, verdächtigt er seinen Chef als Täter. Inhomogene, harmlose Komödie um die US-Sicherheits-Paranoia.

Aldrich Ames: The Traitor Within – The Last Spy 20

ALDRICH AMES: THE TRAITOR WITHIN **
Video

Regie: John Mackenzie
Darsteller: Timothy Hutton (Aldrich Ames), Joan Plowright (Jeanne Vertefeuille), Elizabeth Pena (Maria del Rosario), Eugene Lipinski (Vlad), Robert Benedetti
Drehbuch: Michael Burton
Kamera: Walter McGill
Musik: Mark Ryder
Schnitt: Graham Walker
Prod.: Robert Benedetti für Showtine Networks, USA 1998; 98 Min.
Vertrieb: CIC Video; April 1999
FSK: ab 12 J.

CIA-Unterabteilungsleiter läßt sich vom KGB anheuern und arbeitet fortan als Doppelagent. Semidokumentarischer Thriller, solide, aber nicht aufregend.

Alegria 21

ALEGRIA ***

Regie: Franco Dragone
Darsteller: René Bazinet (Frac), Julie Cox (Giulietta), Frank Langella (Fleur), Clipper Miano (Momo), Heathcote Williams (Marcell), Brian Dewhurst (Der alte Taps), Jade Fafieanie (Little Box), Sergei Chachelev (Tauber Clown)
Drehbuch: Rudy Barichello
Kamera: Pierre Mignot
Musik: Benoît Jutras
Schnitt: Jean-François Bergeron, Yves Langlois
Prod.Des.: Ban Van Os
Prod.: Rudy Barichello, Stéphane Reichel; Alexandre Heylen, Hans de Weers (Co-Prod.) für Lampo Di Vita/Mainstream/Egmond, Kanada/Frankreich/Niederlande 1998; 94 Min.
Verleih: Concorde/dto./-/VCL Home Video; 24.6.1999
FSK: ab 6 J., ffr. – FBW: Wertvoll

Regisseur Franco Dragone mit René Bazinet und Julie Cox

Einfach die Show Alegria mit ihren barocken Kostümen und Akrobaten abzufilmen, war den Machern vom Cirque du Soleil zum fünfzehnten Jubiläum doch zu billig. Die Vorstellung wird in eine Geschichte eingebaut: Der Straßenkünstler Frac verliebt sich in Guiletta, den Star des kleinen Wanderzirkus. Und er hat einen Freund, den elfjährigen Momo, der zusammen mit anderen Kindern als Rosenverkäufer Sklavenarbeit leisten muß. Eine krude, für Momente anrührende Erzählung, in der viele Prüfungen zum multiplen Happy-End führen. Kino ist damit trotzdem nicht zu machen. *tip, 14/99*

(…) Der Film ruft uns fortwährend zu: Glaubt an das Leben, die Liebe, die Phantasie! Und er tut das in plakativ erstarrten, toten Bildern, die unserer Phantasie keinen Spielraum lassen.
SZ, 24.6.99

Alice im Wunderland 22

ALICE IN WONDERLAND □
TV

Regie: Nick Willing
Darsteller: Tina Majorino (Alice), Robbie Coltrane (Tweedledum), Whoopi Goldberg (Grinsekatze), Ben Kingsley (Major Raupe),

Christopher Lloyd (Weißer Springer),
Pete Postlethwaite (Zimmermann)
Prod.: Hallmark für Babelsberg Film,
USA 1999; 125 Min.
TV: 23.5.1999, RTL, 20.15

Die kleine Alice entdeckt im Garten ihres Elternhauses den Eingang zu einem Wunderland, in dem die abenteuerlichsten Phantasien Wirklichkeit geworden sind. Mit einer ganz neuen Sicht der Dinge kehrt Alice in die echte Wirklichkeit zurück.

Alice und Martin 23

ALICE ET MARTIN ****

Regie: André Téchiné
Darsteller: Juliette Binoche (Alice), Alexis Loret (Martin), Carmen Maura (Jeanine), Mathieu Amalric (Benjamin), Pierre Maguelon (Victor), Jeremy Kreikenmeyer
Drehbuch: Andre Téchiné, Gilles Taurand, Olivier Assayas
Kamera: Caroline Champetier
Musik: Philippe Sarde
Schnitt: Martine Giordano
Prod.Des.: Ze Branco
Prod.: Alain Sarde für Les Films Alain Sarde/France2/France3/Vertigo Film mit Canal plus/Televison Espanola, Frankreich/Spanien 1998; 123 Min.
UA: 23.10.1998, Valladolid Filmfestival Spanien
Verleih: Concorde/Concorde/Regina; 21.1.1999
FSK: ab 12 J., ffr. – FBW: Besonders wertvoll

Die Liebesgeschichte eines jungen Mannes, der verdrängt, dass er seinen Vater getötet hat, und einer Frau, die dieses Geheimnis nach und nach ergründet und ihn so aus seinen tiefen Depressionen erlöst. Der Film kreist um moralische Kategorien wie Schuld und Sühne, Vertrauen und Verantwortung, wobei er trotz des intensiven Spiels der Hauptdarsteller wie eine kühle Versuchsanordnung wirkt. Szenische und optische Metaphern hinterlassen das Gefühl von Abgehobenheit und Schwulst. *Zoom, 2/99*

(...) Téchiné entlarvt die bürgerliche Familie als Hort der Lüge; innere Schwierigkeiten werden vertuscht, um den Schein der Wohlanständigkeit zu

Juliette Binoche und Alexis Loret

bewahren. Doch der mit Problemen überlastete Plot verlangt sehr viel Geduld, das intelligente, leider teilweise auch undurchschaubare Puzzle verwirrt durch zu viele Rückblenden. Nur selten ist Téchinés typische erzählerische Kraft zu spüren. Die Intensität mancher emotionaler Szenen mit Juliette Binoche machen einiges wett, dennoch bleibt Ratlosigkeit.
Margret Köhler, AZ, 21.1.99

(...) Überraschend wandelbare, höchst individuelle Charaktere, eine ernste und dennoch voll sublimer Leidenschaft inszenierte Liebesgeschichte, eine am Detail gearbeitete Erzählung von großer Tragweite, stilsicher photographiert: Ein schöner gewagter Film.
Multimedia

Ihr Film ist sehr kompliziert, der Großteil des Publikums will sich aber amüsieren.

Ich habe ihn so einfach wie möglich gemacht, als emotionales Melodram, als Liebesgeschichte von heute, aber mich in der Anziehungskraft des Sujets verrechnet. Ich gelobe Besserung!

Seit 30 Jahren sind Sie im Filmgeschäft. Ermüdet der Kampf um das Publikum?

Ein neuer Film ist jedesmal ein neues Abenteuer, an dessen Ende positive Publikumsresonanz stehen muß und die Erfüllung des künstlerischen Anspruchs. Hitchcock oder Chaplin waren auch im besten Sinne Autorenfilmer und haben den Spagat geschafft.

Stehen Autorenfilmer heute nicht auf verlorenem Posten?

Klischees oder die Einteilung in Gut und Böse lehne ich ab. Weder Autorenfilm noch Hollywood sind aus einem Guß. Autorenfilme, die nur Nabelschau betreiben und sich in Thema und Inszenierung wiederholen, langweilen. In Hollywood gibt es nicht nur glattes Mainstream, sondern wunderbare Talente, die im Innern des Systems arbeiten. Filme müssen Neugier wecken, unter welchem Eitkett sie firmieren, ist dann egal. *André Téchiné im Interview mit Margret Köhler, AZ, 21.1.99*

Alien Cargo 24

ALIEN CARGO **

Video

Regie: Mark Haber
Darsteller: Missy Crider, Jason London, Simon Westaway, Elisabeth Alexander, Alan Dale
Drehbuch: Carla Jean Wagner
Kamera: John Stokes
Musik: Patrick O'Hearn
Schnitt: Joel Goodman
Prod.: Michael Lake für Wilshire Court Prod., USA 1999; 90 Min.
Vertrieb: Paramount Video; Sept. 1999
FSK: ab 12 J.

Nach 349 statt geplanten 30 Tagen erwacht die Besatzung eines Raumschiffs und findet sich weitab vom Kurs wieder. Respektable US-TV-Ware für Science-Fiction-Vielseher.

Alien Interceptors 25

INTERCEPTORS/INCEPTOR FORCE **

Video

Regie: Phillip J.Roth
Darsteller: Olivier Gruner, Mark Adair-Rios, Brad Dourif, Holly Fields
Prod.: Ken Olandt, Jeff Beach, Olivier Gruner für UFO Prod., USA 1999; 84 Min.
Vertrieb: BMG Video; November 1999
FSK: ab 16 J.

Die Notlandung von Aliens über einem von der Drogenmafia regierten Gebiet in Mexiko ruft Elitesöldner auf den Plan. Billigaction aus der Science-Fiction-Kiste.

Alien Nightmare 26

I MARRIED A MONSTER **

Video

Regie: Nancy Malone
Darsteller: Richard Burgi (Nick Farrell), Susan Walters (Kelly), Tim Ryan (Steve), Barbara Niven (Linda), Richard Herd (Onkel Paul), Vaughn Armstrong (Sheriff Collins), Barney Martin (Bartender), Tim De Zarn
Drehbuch: Louis Vittes, nach dem Drehbuch »I Married a Monster from Outer Space« (1958)
Musik: David Shire
Prod.: Stu Segall für Paramount TV, USA 1998; 86 Min.
Vertrieb: CIC Video; August 1999
FSK: ab 16 J.

Kelly glaubt, ihr jüngst angetrauter Gatte sei inwendig von einem Außerirdischen bewohnt. So falsch liegt sie da nicht ... Schablonenhafter US-TV-Science-Fiction-Trash.

Alles aus Liebe 27

SHE'S SO LOVELY ***

Regie: Nick Cassavetes
Darsteller: Sean Penn (Eddie), Robin Wright Penn (Maureen), John Travolta (Joey), Harry Dean Stanton (Shorty), Debi Mazar (Georgie), James Gandolfini (Kiefer), Gena Rowlands (Miss Green), Kelsey Mulrooney (Jeanie)
Drehbuch: John Cassavetes
Kamera: Thierry Arbogast
Musik: Joseph Vitarelli
Schnitt: Petra von Oelffen
Prod.Des.: David Wasco
Prod.: René Cleitman für Hachette Première mit Clyde Is Hungry, USA 1997; 96 Min.
EA: Filmfest München 1997
Verleih: Scotia/-/Monopole Pathé/BMG (Universum) Video; Oktober 1997 (CH), 16.9.1999
FSK: ab 16 J., ffr.

Nach dem letzten Drehbuch von John Cassavetes, der 1989 starb, inszenierte sein Sohn Nick Cassavetes diese Tragikomödie einer amour fou: Alkoholiker Eddie (outriert: Sean Penn) will seine

geliebte Maureen (Penn-Ehefrau Robin Wright) beschützen und rastet total aus. Nach zehn Jahren Gefängnis holt er sie aus ihrem neuen Familienleben mit Joe in einer grotesken Aktion zurück in seine fatale Welt. Dampfkessel-Kino vom Überdruck der Gefühle.
Angie Dullinger, AZ, 4.7.97

(...) John Cassavetes Sohn Nick inszeniert ein Drehbuch, über dem sein Vater brütete, bevor er starb. Bisweilen merkt man dem Stoff die Handschrift der 1989 verstorbenen Independent-Autorenfilmergröße noch an – etwa in der exaltiert übersteigerten Amour-fou-Skizze des Loserpärchens Eddie und Maureen, doch schlingert Nicks Überarbeitung arg unentschieden zwischen dem späteren Bilderbuch-Familienleben, Gutmenschen-Herzeleid und dem Psychostreß der Haßliebenden hin und her. Während sich Maureens Ex erneut in Eifersucht und Verzweiflung hineinsteigert, geht einem das theatralisch inszenierte Getue schnell auf die Nerven. Cassavetes Junior hat weder sich noch seinem Vater mit dieser klamaukig melodramatisch verfasernden Plotte einen Gefallen erwiesen. Und daran können auch die engagiert schauspielernden Mimen nichts ändern.
Horst E. Wegener, Zitty, 19/99

Robin Wright-Penn und Sean Penn

(...) Sean Penn und Robin Wright-Penn spielen sich als vom Glück verlassenes Loser-Pärchen, das allein von der Leidenschaft ihrer Liebe lebt, gegenseitig an die Wand, und der Film funktioniert trotz einiger Ungereimtheiten ganz wunderbar und überzeugt und macht auf ganzer Linie glücklich. *tip, 20/99*

Alles Bob 28

***+

Regie: Otto Alexander Jahrreiss
Darsteller: Martina Gedeck (Barbara), Gregor Törzs (Bob), Tobias Schenke (Igor), Pablo Ben Jakov (Peter), Jasmin Schwiers (Lea), Tonio Arango (Theo), Ulrike Bliefert (Gisela)
Drehbuch: Markus Hoffmann, Otto Alexander Jahrreiss
Kamera: Egon Werdin
Schnitt: Katharina Schmidt
Prod.Des.: Sabine Rudolph
Prod.: Gerhard Schmidt, Peter Paulich für Gemini Film, BRD 1998; 98 Min.
Verleih: Helkon/-/-; 3.6.1999
FSK: ab 12 J., ffr.

Bob ist ein Chauvi. Aber ein liebenswerter. Trotz bevorstehender Heirat mit einem reichen Bankierstöchterlein kann der Filou die Hände nicht von anderen Frauen lassen und muß sich vor den wütenden türkischen Brüdern seiner letzten Eroberung bei Barbara verstecken. Die ist geschieden, Karrierefrau, alleinerziehende Mutter von drei Kindern und zehn Jahre älter als Bob. Und die Frau, der er endlich treu sein könnte. Doch das muß er ihr erst einmal beweisen, was gar nicht so leicht ist mit 'ner Türkengang und einem aufgebrachtem Großbankier im Nacken. *Annette Kilzer, tip 14/99*

(...) Die Mischung zwischen schauspielerischen Profis und Newcomern funktioniert nur begrenzt. Während Martina Gedeck als Powerfrau mit sensibler Seele überzeugt, scheinen Gregor Törzs' schauspielerische Fähigkeiten noch nicht ausgereift, und Miriam Lahnstein wird auf ein blondes, dummes Heiratsobjekt reduziert. Trotz einiger witziger Szenen schwebt die deutsche Humorkeule wie ein Damoklesschwert über dem Ganzen.
Margret Köhler, Blickpunkt Film, 25/99

Alles Routine
29
OFFICE SPACE
**

Regie: Mike Judge
Darsteller: Ron Livingston (Peter Gibbons), Jennifer Ariston (Joanne), David Herman (Michael Bolton), Ajay Naidu (Samir), Diedrich Bader (Lawrence), Stephen Root (Milton), Gary Cole (Bill Lumbergh), Richard Riehle (Tom Smykowski)
Drehbuch: Mike Judge, nach Motiven seiner »Milton« Animations-Kurzfilme
Kamera: Tim Suhrstedt
Musik: John Frizzell
Schnitt: David Rennie
Prod.Des.: Edward McAvoy
Prod.: Michael Rotenberg, Daniel Rappaport für 20th Century Fox, USA 1999; 89 Min.
Verleih: 20th Century Fox/dto/-/Fox Video; 10.6.1999
FSK: ab 12 J., ffr.

Die rund um ein vielfältiges Typenensemble konstruierte Komödie schildert den monotonen Alltag und großen Aufregungen im Großraumbüro einer amerikanischen Softwarefirma. Nach dem Muster einer Sitcom abgespult, bietet der Film Situationskomik und nette Unterhaltung. *Multimedia*

Der Film müht sich ja redlich aber irgendwie fehlt der zynische Kick, will meinen: Ein paar Lacher gibt es schon, aber zum richtig befreienden Gelächter über die Niederträchtigkeiten des Angestelltendaseins kommt es nicht. Dafür ist Hintendran noch ein Happy End angepappt, das dem Komödchen endgültig den Giftzahn zieht. Alles Routine eben, Hollywood-Humor-Routine.
Hans-Joachim Neumann, Zitty, 12/99

Alles über meine Mutter
30
TODO SOBRE MI MADRE
*****+

Regie: Pedro Almodovar
Darsteller: Cecilia Roth (Manuela), Eloy Azorìn (Estéban), Marisa Paredes (Huma Rojo), Penélope Cruz (Schwester Rosa), Antonia San Juan (Agrado), Candela Pena (Nina), Rosa Maria Sarda (Mutter), Toni Canto (Lola)
Drehbuch: Pedro Almodovar
Kamera: Affonso Beato
Musik: Alberto Iglesias
Schnitt: José Salcedo

Cecilia Roth, Rosa Maria Sarda und Penélope Cruz

Prod.Des.: Antón Gómez
Prod.: Augustin Almodovar, Claude Berri für El Deseo/Renn Prod./France 2 Cinema, Spanien/Frankreich 1999; 101 Min.
EA: 30.6.1999, Filmfest München
Verleih: Arthaus/polyfilm/Rialto/Kinowelt Video; 4.11.1999
FSK: ab 12 J., ffr.

Eine alleinerziehende Mutter reist nach dem tödlichen Unfall ihres Teenagersohnes nach Barcelona, um dessen Vater – einen Transvestiten – aufzusuchen, dem sie nie etwas von ihrer Schwangerschaft gesagt hatte. Dies ist der Hauptstrang einer facettenreichen Geschichte, die sich um verschiedene Mutter-Sohn-Beziehungen dreht. Weniger schrill als seine früheren Filme, hat Almodovar hier ein formal bestechendes, emotional mitreißendes, toll gespieltes Melodrama geschaffen.
Zoom, 6-7/99

(...) Pedro Almodovar verknüpft die ebenso extremen wie alltäglichen Schicksale zu einer Hymne an die Frauen – die Mütter, Huren, Diven, Freundinnen. Gewidmet hat er seinen exaltierten, wilden und künstlerisch perfekten Film der toten Mama, den Schauspielerinnen Gina Rowlands, Bette Davis, Romy Schneider – stellvertretend für alle, die Verzweiflung, Einsamkeit und Enttäuschung überwinden. Mit Passion, mit Liebe.
Angie Dullinger, AZ, 4.11.99

Ein Meisterwerk des europäischen Kinos: ›Alles über meine Mutter‹ mit Eloy Azorìn

(...) Pedro Almodovars neuester Film ist wie aus einem Guss: Ein gemächlich erzähltes Melodram, in dem von der Farbgebung über die hässlichen Tapeten bis zu Jazz-Musik alles zu einer Einheit zusammenfließt. Zudem versteht es der spanische Star-Regisseur, Figuren zu entwerfen, vor denen wir in jedem anderen Film sofort flüchten würden. Doch diese hier sind mit einer solchen Liebe charakterisiert und von den Mimen so glänzend gespielt, dass wir einfach allen jedes noch so klischeebesetzte Wort glauben wollen. Almodovar liebt seine schrägen Existenzen, nie würde er sie zugunsten einer tollen Wendung oder eines Gags verraten. Früher ging es hektischer und krasser bei Almodovar zu. Der 48-Jährige ist älter geworden. Und souveräner. *Martin Schwarz, Zitty, 23/99*

Alma – A Show Biz ans Ende

31
***
TV

Regie: Paulus Manker
Darsteller: Susi Nicoletti (U.S. Alma/Almas Mutter), Johanna Wokalek (Alma 1), Nicole Ansari (Alma 2), Pamela Knaack (Alma 3), Helmut Berger (Gustav Mahler), Sebastian von Blomberg (Walter Gropius), Paulus Manker (Oskar Kokoschka), Peter Kern (Franz Werfel)
Drehbuch: Paulus Manker, nach dem Polydrama von Joshua Sobol
Kamera: Peter Roehsler, Peter Kasperak
Schnitt: Karina Ressler, Michael Hudecek
Prod.Des.: Georg Resetschnig
Prod.: Peter Roehsler für Nanook-Film mit ORF, Österreich 1998; 2 x 98 Min.
EA: Filmfest München 1998
TV: 2.11.1998, Arte, 1.05

1996 kam bei den Wiener Festwochen unter der Regie von Paulus Manker eine Auftragsarbeit des israelischen Dramatikers Joshua Sobol zur Aufführung, die das Leben Alma Mahler-Werfels, der berühmtesten Künstlermuse des Jahrhunderts, zum Thema hatte. Das Sanatorium Purkersdorf bei Wien, 1902 von Josef Hoffmann erbaut, bot den idealen Spielort für das neuartige Modell eines »Polydramas«, bei dem die verschiedenen Handlungsstränge simultan in allen Räumen des Gebäudes stattfanden. Der Zuschauer bewegte sich frei im Haus, wählte zwischen den Spielorten und Darstellern, und stellte sich so seine eigene, ganz persönliche Dramaturgie zusammen. Für die Fernsehfassung wurde jede Szene von zwei, machmal sogar drei Kameras (DigiBeta, 16:9) gefilmt, darunter immer die Steadicam, die sich frei wie die Theaterbesucher im Raum bewegten.

Am Anfang war der Seitensprung

32
***
TV

Regie: Hartmut Griesmayr
Darsteller: Simone Thomalla (Annabelle Schrader), Heidelinde Weis (Queen Mum), Alexandra Schiffer (Lucy Schrader), Jonathan Beck (Jonas Schrader), Stephan Schwartz (Friedrich Schrader), Sebastian Feicht (Rilke), Jens Woggon (Niki), Gesche Tebbenhoff (Doro), Hans Peter Korf
Drehbuch: Peter Probst, nach dem Roman von Amelie Fried
Kamera: Charly Steinberger
Musik: Joe Mubare
Prod.: Veit von Fürstenberg für Bavaria, BRD 1999; 89 Min.
TV: 23.12.1999, ARD, 20.15

Annabelle Schrader hat ein sehr streitbares Verhältnis zu ihrer dominanten Mutter. Als »Queen Mum« ins Reihenhaus der Schraders einzieht, ist sie so abgelenkt, daß sie den Seitensprung ihres Mannes mit ihrer besten Freundin Doro zu spät bemerkt. Enttäuscht und abenteuerlustig stürzt sich Annabelle in eine Affäre mit dem jungen Lebenskünstler Rilke. Erst als Tochter Lucy aus Liebeskummer verschwunden ist, spürt sie, daß ihre Familie sie braucht.
Pressetext

(...) Die Akteure dieses Fernsehfilms wirken – bis auf zwei Ausnahmen (Heidelinde Weis, Hans Peter Korf, die Red.) – leider ziemlich spröde und farblos, die Texte strotzen nur so von Binsenweisheiten: Frauen machen sich das Leben schwer; man kann eben nicht alles haben, Kinder und Karriere; Frauen müssen sich ihre Figur hart erarbeiten etc. pp. *Rebecca Roloff, die tageszeitung, 23.12.99*

Am Anfang waren die Unterhosen

33
IN PRINCIPIO ERANO LE MUTANDE **

Regie: Anna Negri
Darsteller: Teresa Saponangelo, Stefania Rocca, Bebo Storti, Filippo Timi, Monica Scattini
Drehbuch: Rossanna Campo, Ivan Cotroneo, Anna Negri, nach dem gleichn. Roman von R. Campo
Kamera: Giovanni Cavallini
Musik: Dominik Scherrer
Schnitt: Jacopo Quadri, Massimo Fiocchi
Prod.: Mastrofilm, Italien 1998; 90 Min.
EA: 14.2.1999, Int. Forum des Jungen Films, Berlin
Verleih: -/-/Xenix; Sept.1999

Schwere Zeiten in Oberitalien: In Genua schlagen sich zwei rund 20-Jährige, lebhafte Frauen mit diversen Jobs durchs Leben, doch in Sachen Liebe klappt kaum etwas wunschgemäß. Ein Film, der ganz starke Momente hat, als Ganzes trotzdem nicht wirklich überzeugt. Zu wild hat die Regisseurin Elemente aus Komödie, Tragödie und Melodrama gemixt, um sich im nächsten Moment wieder sozialrealistisch zu gebärden. So ist eine filmische Achterbahn entstanden – eine Geschichte, der es an Eindringlichkeit fehlt. *Film, 9/99*

Am Ende

34
THE FINAL INSULT □
TV

Regie: Charles Burnett
Darsteller: Ayuko Babu (Box Brown), Charles Bracy
Drehbuch: Charles Burnett
Kamera: Charles Burnett
Schnitt: Charles Burnett
Prod.: Documenta X/ZDF/Arte, BRD/USA 1997; 54 Min.
UA: Int. Filmfestspiele Locarno 1997
TV: 18.8.1999, Arte, 00.35

Charles Burnett richtet seinen pessimistischen Blick auf das verarmte Los Angeles. Rox Brown ist ein kleiner, bescheidener Angestellter. Eines Tages erhält er einen Brief vom Steueramt, in dem er aufgefordert wird, seine noch offenstehenden Steuerrechnungen zu begleichen. Außer seinem Auto, das er gerade noch retten kann, verliert er alles, was er besitzt. Für ihn beginnt ein neues Leben auf der Straße. (...)

Katalog Locarno

American Cuisine 35

AMERICAN CUISINE ***

Regie: Jean-Yves Pitoun
Darsteller: Eddy Mitchell (Louis Boyer), Irene Jacob (Gabrielle), Jason Lee (Loren), Isabelle Petit-Jacques (Carole), Sylvie Loeillet (Suzanne), Thibault de Montalembert (Vincent), Anthony Valentine (Wellington), Michael Muller (Rupert)
Drehbuch: Jean-Yves Pitoun
Kamera: Jean-Marie Dreujou
Musik: René-Marc Bini
Schnitt: Monica Coleman
Prod.: Régine Konckier, Jean-Luc Ormières für Les Films Balenciaga/PolyGram/M6 Films mit Canal plus, Frankreich 1998; 95 Min.
Verleih: Universal/-/-/Universal Video; 17.6.1999
FSK: ab 6 J., ffr. – FBW: Besonders wertvoll

Drehbuchautor Pitoun serviert bei seiner ersten Regiearbeit leichte kulinarische Komödienkost, nicht sehr pikant, aber ohne ungenießbare Klamaukeinlagen und überflüssigen Süßstoff. Hauptdarsteller Jason Lee kocht in Topform, er avanciert als amerikanischer Lehrling bei einem cholerischen Küchenchef im Feinschmeckerparadies Frankreich zum Spitzenkoch und Schwiegersohn. Dabei erhält man einen Eindruck vom streßreichen Arbeitsalltag in einer Drei-Sterne-Küche.

Ralph Umard, tip, 13/99

American History X 36

AMERICAN HISTORY X ****+

Regie: Tony Kaye
Darsteller: Edward Norton (Derek Vinyard), Edward Furlong (Dany Vinyard), Beverley D'Angelo (Doris Vinyard), Fairuza Balk (Stacy), Avery Brooks (Bob Sweeney), Stacy Keach (Cameron Alexander), Jennifer Lien (Davina Vinyard), Elliot Gould (Murray)
Drehbuch: David Mc Kenna
Kamera: Tony Kaye
Musik: Anne Dudley
Schnitt: Jerry Greenberg, Alan Heim
Prod.Des.: Jon Gary Steele
Prod.: John Morrisey für Turman-Morrissey Prod., USA 1998; 118 Min.
EA: 12.2.1999, Berlin, Colosseum
Verleih: Kinowelt/Constantin/-/BMG (Ufa) Video; 25.2.1999
FSK: ab 16 J., ffr.

Nachdem er zwei Schwarze umgebracht hat, landet ein amerikanischer Skinhead im Gefängnis und wandelt sich zum guten Menschen. Verständnisvoll nähert sich der Film seinem arischen Helden und feiert dabei seine neonazistischen Gewalttaten in erlesener Schwarzweiß-Fotografie und Zeitlupe. Für den Weg ins Neonazi-Lager liefert der Film gleich drei Erklärungen: Papa hat Angst um den Arbeitsplatz, Mutti raucht zuviel, und die Nigger machen immer Stunk. *Volker Gunske, tip, 5/99*

(...) Aber selbst der Regisseur distanziert sich mittlerweile vom Endschnitt: der soll vom – fraglos brillant und druckvoll agierenden – Schauspieler und Produzenten Edward Norton so unsensibel bestimmt worden sein, daß aus der Hervorhebung des Darstellers die Verherrlichung der Figur Derek geworden ist. Der Vorwurf bewußter Propaganda aber ist »American History X« gewiß nicht zu machen. Der Film erzählt deutlich vom Ausstieg Dereks aus der Szene und vom Versuch des Reuigen, nun auch seinen Bruder Danny von den brutalen Typen loszubekommen, in deren Gesellschaft er ihn selbt gebracht hat. (...)

Thomas Klingenmaier, Stgt. Zeitung, 25.2.99

Ist es nicht merkwürdig, daß Sie nun mit einem Film für den Oscar nominiert sind, von dem der Regisseur Tony Kaye seinen Namen zurückziehen will?

Das eine hat mit dem anderen nichts zu tun. Ich finde Tony Kayes Verhalten einfach lächerlich. Er hatte 15 Monate, um diesen Film zu schneiden, wurde völlig in Ruhe gelassen und konnte tun, was er wollte; es wurde ihm in jeder Hinsicht alles recht gemacht. Dann gibt er seinen Film nach mehr als einem Jahr ab – in der Form, in der er jetzt zu sehen ist. Alle sind glücklich, er selbst am allermeisten, doch plötzlich kommt

Edward Norton als amerikanischer Neonazi in ›American History X‹

er damit an, daß er mehr Zeit brauche, weil es ihm um eine andere Vision gehe. Da waren wirklich alle überrascht. Trotzdem bekommt er nochmal 10 Wochen, wieder ohne Bedingungen. Als die Zeit dann um war, hatte er nicht ein einziges Bild verändert, und kam statt dessen mit einem Rabbi, einem tibetanischen Mönch und einem katholischen Priester, um mitzuteilen, er sei noch nicht fertig, und brauche weitere sechs Monate: Offenbar ist Tony Kaye vor allem daran interessiert, sich selbst zu inszenieren.

Edward Norten im Interview mit Tobias Kniebe, SZ, 26.2.99

Interessieren sich die Amerikaner nicht für politisch brisante Themen? Die Zuschauerzahlen enttäuschten.

Kommerz stand nicht im Vordergrund. »American History X« will Fakten öffentlich machen, über die man in Amerika lieber schweigt. Auswüchse verschwinden nicht, wenn wir die Augen verschließen. Wir müssen wissen, was in den Köpfen von Skins und Neonazis vorgeht, um das Phänomen in den Griff zu bekommen. Daß Amnesty International und das Wiesenthal-Center den Film positiv beurteilen, ihn in Schulen und Colleges zeigen, zählt mehr als kommerzieller Erfolg.

Edward Norton im Interview mit Margret Köhler, AZ, 25.2.99

Among Giants – Zwischen Himmel und Erde 37

AMONG GIANTS **

Regie: Sam Miller
Darsteller: Pete Postlethwaite (Ray), James Thornton (Steve), Rachel Griffiths (Gerry), Lennie James (Shovel), Andy Serkis (Bob), Rob Jarvis (Weasal), Alan Williams (Frank), Emma Cunniffe
Drehbuch: Simon Beaufoy
Kamera: Witold Stok
Musik: Tim Atack
Schnitt: Elen Pierce Lewis, Paul Green
Prod.Des.: Luana Hanson
Prod.: Stephen Garrett für Kudos/British Screen/The Arts Council of England/BBC, GB 1998; 93 Min.
Verleih: Helkon/-/-/VCL Video; 6.5.1999
FSK: ab 6 J., ffr.

Nicht die Höhe von Hochspannungsmasten macht Ray, den Chef der Anstreichertruppe, ganz schwindelig, sondern die australische Free-Climberin Gerry. Die beiden verlieben sich ineinander, nur um fortan ständig zu streiten. Die quasi nicht vorhandene Story entlarvt das Working-Class-Millieu als prätentiöse Kulisse. Was authentisch wirken soll, wirkt doch nur schrecklich pittoresk. *Annette Kilzer, tip, 10/99*

Amor – Todesspiel aus Liebe

38
□
TV

Regie: Holger Barthel
Darsteller: Katja Weitzenböck (Daniela Mauriac), Rainer Friedrichsen (Rohkamp), Klaus Grünberg (Dr. Weitzer), Gerald Alexander Held (Peter), Dietrich Hollinderbäumer (Prof. Julius Stern), August Schmölzer (Beck), Timo Dierkes (Thomas Bieler), Iris Junik (Melanie)
Drehbuch: Helmut de Berger
Prod.: Ulrich Aselmann für d.i.e. Film für SAT.1, BRD 1998; 95 Min.
TV: 4.5.1999, SAT.1, 20.15

Dem römischen Liebesgott gleich, durchbohrt ein Serienkiller die Herzen seiner weiblichen Opfer mit Pfeilen. Der jungen Anwältin Daniela Mauriac hat »Amor« in seinem tödlichen Spiel eine besondere Rolle zugedacht: Sie soll mit ihm den Leidensweg Christi neu beschreiten. *Pressetext*

Angeklagt – Ein Vater unter Verdacht

39
A FATHER'S BETRAYAL
□
TV

Regie: Brian Dennehy
Darsteller: Brian Dennehy (Ed Brannigan), Reed Diamond (Eddie Brannigan), Alice Krige (Rebecca Daly), Michael David Simms (Al Disanto), Lori Triolo (Katherine Trentini), Donnelly Rhodes (Jack Bailey), Lorena Gale (Cheryl Drew), Benjamin Ratner (Paul Suarez)
Drehbuch: Joe Cacaci
Kamera: Rodney Charters
Musik: Dana Kaproff
Prod.: USA 1997; 88 Min.
TV: 25.6.1999, ARD, 20.15

Anwaltssohn gerät in Loyalitätskonflikt zu seinem dominierenden Vater, der beschuldigt wird, seine Bekannte vergewaltigt zu haben.

Angel Express

40
**

Regie: Rolf Peter Kahl
Darsteller: Chris Hohenester (Iris von Than), Wilfried Hochholdinger (N.K.), Ulrike Panse (Liv), Rolf Peter Kahl (Patrick), Dave Allert (Jan C.), Laura Tonke (Jil), Eva Habermann (Svenja), Arno Frisch (Doctor S.)
Drehbuch: Rolf Peter Kahl
Kamera: Sönke Hansen
Musik: Tom Weitemeier, Oli Kuntze, Claus Piper, Genlog
Schnitt: Silke Bosch, Matz Müller
Prod.Des.: Heike Welberts, Isa Ott
Prod.: Luggi Waldleitner, Rolf Peter Kahl für Roxy/Erdbeermund, BRD 1998; 85 Min.
UA: Filmfest München 1998
Verleih: Eigenverleih/-/-; 15.4.1999

Bestandsaufnahme von jungem Lebensgefühl der späten 90er im Trash-Luxus der Berliner Großstadt-Genußgier: Ein Blick auf rastlose Ego-Typen auf dem Raff-Trip nach irgendwas. Daß Liebe nicht stattfindet, erscheint dabei wertfrei als erlebte Wirklichkeit – Sex wird pausenlos als Ersatzdroge konsumiert. Ein Spiegelbild? Daß der Film nervt, ist sein Plus, und insofern ist er der perfekte Anschluß an Kahls »Silvester Countdown«. *Ponkie, AZ, 1.7.98*

(...) Noch entschlossener sucht Rolf Peter Kahl die Nachtseiten der Hauptstadt: Sein Versuch, dabei auf herkömmliche dramaturgische Muster zu verzichten und die Geschichte in Fragmente zu zerlegen, scheitert an pathetischen Allgemeinplätzen. Im Pressetext steht über das Figurenarsenal der Huren, Zuhälter und Dealer: »Wie Flipperkugeln driften sie durch den Neondschungel«, und so sieht der Film auch aus. *H.G. Pflaum, SZ, 30.6.98*

Die Angst in meinem Herzen

41
**
TV

Regie: Joseph Orr
Darsteller: Sigmar Solbach (Arno Zeiser), Anke Sevenich (Bettina Zeiser), Anja Knauer

(Cora Zeiser), Claude-Oliver Rudolph (Hardy Leonhard), Matthias Gratkowski (Markus), Werner Dähn (Frank), Peter Meyer (Peer), Charles Brauer (Anwalt Sven)
Drehbuch: Joseph Orr
Prod.: BRD 1998; 90 Min.
TV: 24.2.1999, RTL, 20.15

Orrs Action-Krimi war nicht unclever konstruiert, nicht übel gespielt und auch nicht einfallslos in Szene gesetzt. Der vom Pleitegeier umkreiste Spediteur Zeiser läßt sich auf schräge Deals mit dem Autoschieber Hardy ein. Der tötet Zeisers Mitarbeiter Schulz und deponiert die Leiche im Kofferraum einer geklauten Karosse, die der vorbestrafte Freund von Zeisers Töchterchen an sich bringt und damit den Schwiegervater in spe erpreßt. Ein knalliges Psycho-Drama, das sich bei Brutalismen in relativ dezenter Zurückhaltung übte.
W.O.P. Kistner, AZ, 26.2.99

Angst über den Wolken 42

FREE FALL □ TV

Regie: Mario Azzopardi
Darsteller: Jaclyn Smith (Renee Brennan), Bruce Boxleitner (Mark Ettinger), Hannes Jaenicke (Michael Ives), Scott Wentworth (Scott Wallace), Hayden Christensen (Patrick Brennan), Nigel Bennett (Donald Caldwell), Chad Everett (Richard Pierce), Lori Hallier (Kelly Mason)
Drehbuch: Ken Wheat, Jim Wheat, nach der Story von Mark Homer
Kamera: Rhett Morita
Prod.: USA/BRD 1998; 89 Min.
TV: 3.9.1999, ARD, 20.15

Psychopathischer Expilot lässt durch Sabotage Flugzeuge abstürzen, bis ihm ein Sicherheitsexperte und ein FBI-Agent auf die Schliche kommen.

Annas Fluch 43

***

Regie: Uwe Janson
Darsteller: Katja Flint (Anna Cremerius), Steffen Wink (Nick Welte), Franziska Petri (Marie Welte), Nele Müller Stöfen (Luise Beier), Pinkas Braun (Dr. Heinrich Hase), Manfred Zapatka, Jan-Gregor Kremp, Jürgen Tonkel
Drehbuch: Monika Simon
Kamera: Hagen Bogdanski

Katja Flint hört auf Uwe Janson

Musik: Ferenc Snetberger
Schnitt: Sandy Saffeels
Prod.Des.: Matthias Müsse
Prod.: Michael Strack, Nils Dünker (Producer) für movie makers, BRD 1998; 87 Min.
EA: Filmfest München 1998 TV: 2.2.1999, SAT.1, 20.15

Edel muß Katja Flint ins Leere blicken, als Visionärin wie in Trance schreckliche Morde voraussehen und als Mörderin verhaftet werden (Indiz: Das Küchenmesser). Ihr strebsamer junger Verteidiger, bereits libidinös verstrickt, gräbt Familiengrusel aus, in den auch seine schwangere Frau unwissentlich verstrickt ist. Das Weben und Wallen dunkler Mächte heißt »Annas Fluch« und ist ein solcher. *Ponkie, AZ, 4.2.99*

Antrag vom Ex 44

*** TV

Regie: Sven Unterwaldt jr.
Darsteller: Julia Jäger (Valerie), Eckhard Preuß (Arno), Dorkas Kiefer (Bea), Heinrich Schmieder (Jan), Dirk Heinrich (Rübe), Luca Maric (Peter), Cordula Stratmann (Monique), Walter Tschermich (Herr Siemert)
Drehbuch: Timo Berndt
Prod.: Novamedia für Pro7, BRD 1999; 91 Min.
TV: 16.4.1999, Pro7, 20.15

(...) So fällt leider von Valeries Umständlichkeit viel auf den Film selbst zurück, der mal schnell geschnitten, mal romantisiert langatmig wird. Kurz, der nicht so recht weiß, was er will, und das mit Varieté-Nummern und heiß geschürzten Bunny-Ladies verdecken will. Wenn aber zwischendurch Jugendfreund Arno und Valerie ganz einfach die Mondsüchtigen sind, kommt zumindest phasenweise Glamour ins Fernsehen.

Wilfried Geldner, SZ, 19.4.99

Der Apfel

45

SIB

***

Regie: Samira Makhmalbaf
Darsteller: Massoumeh Naderi (Massoumeh), Zahra Naderi (Zahra), Ghorbanali Naderi (Vater), Azizeh Mohamadi (Sozialarbeiterin), Zahra Saghrisaz (Nachbarin)
Drehbuch: Mohsen Makhmalbaf
Kamera: Ebrahim Ghafori, Mohammed Ahmadi
Musik: Iranische Volksmusik
Schnitt: Mohsen Makhmalbaf
Prod.: Iraj Sarbaz, Marin Karmitz für Makhmalbaf Prod./MK2, Iran/Frankreich 1997; 85 Min.
UA: Int. Filmfestspiele Cannes 1998
EA: Filmfest München 1999
Verleih: Kairos/-/Frenetic; Nov. 1998 (CH), 2.12.1999

Ein Apfel und zwei Mädchen reichen der jungen Regisseurin, um eine unglaubliche Entdeckungsreise ins Kino zu bringen. Wobei der Apfel den Wegweiser ins Leben spielt, die Mädchen sich selbst. Sie spielen, oder vielmehr sie sind zwei Kinder aus Teheran, die die ersten zwölf Jahre ihres Lebens vom Vater zu Hause eingesperrt wurden. Über eine Fernsehreportage erfuhr die damals erst 18-jährige Samira Makhmalbaf vom traurigen Schicksal der Schwestern und überzeugte die Familie, ihre Situation vor der Kamera nachzustellen. Das Ergebnis ist ein eindrückliches Dokument überholter Moralvorstellungen einer islamisch geprägten Gesellschaft, gleichzeitig heiteres Abenteuer über eine verspätete Entdeckung der Welt.

Anke Leweke, tip, 25/99

(...) Der Film konzentriert sich dabei auf jene Szenen, in denen die Mädchen ihre erste Entdeckungsreise außerhalb des Elternhauses unternehmen. Herrliche Momente sind dabei entstanden: Die Mädchen knüpfen Kontakte zu anderen Kindern, stoßen auf Verständnislosigkeit oder Aggression, aber auch auf herzliche Gefühle. Dabei sind derart viele Szenen so witzig geraten, dass man am Ende die traurige Ausgangssituation vergessen hat.

Jennifer Bleeek, Zitty, 25/99

Apokalypso – Bombenstimmung in Berlin

46

☐

TV

Regie: Martin Walz
Darsteller: Armin Rohde (Karl Mroszek), Andrea Sawatzki (Helen), Karl Kranzkowski (Paul Arndt), Adriana Altaras (Mira Meissner), Johannes Herrschmann (Peter Meissner), Amalie Bizer (Eva Asimov), Frank Leo Schröder (Daniel Hertz), Gayle Tufts
Drehbuch: Philipp Weinges, Günter Knarr, Nikolai Karo, Jan Beyer, Martin Walz
Musik: Emil Wiklitzky
Prod.: Pro7, BRD 1999; 95 Min.
TV: 30.12.1999, Pro7, 20.15

Berlin, 31.12.1999, vier Stunden vor dem Millenniumswechsel: Der Bombenentschärfer Karl Mroszek feiert. Plötzlich erhält er einen Einsatzbefehl: In einem unterirdischen Baustellendamm am Potsdamer Platz wurde eine scharfe Bombe entdeckt. Als eine Sekte weitere Bombenattentate ankündigt, beginnt ein mörderischer Wettlauf mit der Zeit. *Pressetext*

Aprilkinder

47

****

Regie: Yüksel Yavuz
Darsteller: Inga Busch (Kim), Erdal Yildiz (Cem), Bülent Esrüngün (Mehmet), Senem Tepe (Dilan), Serif Sezer (Mutter), Cemal Yavuz (Vater), Ercan Durmaz (Naci), Özgür Özata (Özgür)
Drehbuch: Yüksel Yavuz, Britta Ohm, Henner Winckler
Kamera: Ciro Cappellari
Schnitt: Arpad Bondy
Prod.Des.: Gabriele Wolff
Prod.: Thomas Kufus für Zero Film/ZDF, BRD 1998; 85 Min.
UA: Max Ophüls Preis 1999
Verleih: Ventura/-/-; 28.1.1999
FSK: ab 12 J., ffr.

Der junge Türke Cem arbeitet in der Wurstfabrik, sein Bruder schlägt sich auf der Straße mit kleinen Deals durch, und die kleine Schwester fängt gerade an, sich selbstbewußt den ersten Freund zu angeln. Zu Hause gerät man am Eßtisch auf deutsch aneinander, während die Eltern in ihrer eigenen, rein türkischen Welt leben. So wie die drei Geschwister nahtlos von einer Sprache in die andere wechseln, kennt auch die Kamera nur fließende Übergänge. Das Regiedebüt von Yüksel Yavuz ist eine Phänomenologie türkisch-deutschen Sprachgebrauchs, genau beobachtetes Familienporträt und die Geschichte der vorsichtigen Liebe zwischen Cem und der Prostituierten Kim. Genau der richtige Film zur Diskussion um die doppelte Staatsbügerschaft.

Anke Leweke, tip, 3/99

Arlington Road 48

ARLINGTON ROAD ***

Regie: Mark Pellington
Darsteller: Jeff Bridges (Michael Faraday), Tim Robbins (Oliver Lang), Joan Cusack (Cheryl Lang), Hope Davis (Brooke Wolfe), Robert Gossett (Whit Carver), Mason Gamble (Brady Lang), Spencer Treat Clark (Grant Faraday), Stanley Anderson
Drehbuch: Ehren Kruger
Kamera: Bobby Bukowski
Musik: Angelo Badalamenti
Schnitt: Conrad Buff
Prod.Des.: Thérèse DePrez
Prod.: Tom Gorai, Peter Samuelson, Mark Samuelson für Lakeshore Ent., USA 1998; 118 Min.
UA: 15.1.1999
Verleih: Polygram, UIP/Buena Vista/Monopole Pathé/Universal Video; 1.4.1999
FSK: ab 12 J., ffr. – FBW: Besonders wertvoll

Ein Geschichtsprofessor, dessen Frau bei einem von ihr geleiteten FBI-Einsatz gestorben ist, konzentriert seinen Unterricht auf das Problem rechtsradikaler Attentäter. Er freundet sich mit seinem Nachbarn an, verdächtigt diesen aber bald, selbst ein Bombenleger zu sein, findet jedoch bei einem Freund aus dem FBI keinen Glauben. Der Psychothriller um eine Verschwörungs-

Jeff Bridges

theorie ist aufgebaut wie ein Puzzle, das sich langsam aber spannungsvoll zum stimmigen Ganzen fügt, in der Figurenzeichnung allerdings schwarzweißen Mustern verhaftet bleibt.

Zoom, 4/99

(...) Der Film bemüht sich, die Motive des radikalen Staatsbürgers nicht zu rechtfertigen, aber zu erklären, und vielleicht wäre damit sogar ein brauchbarer thematischer Ansatz zu finden gewesen. Doch im Laufe des Films werden manche Handlungselemente zunehmend unglaubwürdiger, so daß letztlich nur noch ein routiniert inszenierter Action-Krimi übrig bleibt, der dem Problem weder politisch noch psychologisch gerecht wird.

Thomas Engel, Der Gildendienst, 2/99

Assassination – Das Attentat 49

MALEVOLENCE **

Video

Regie: Belle Avery
Darsteller: Tom Bower (Jim Bradley), Mark Carlton (Heck Billing), Brion James (Warden Walker), Joseph Cortese (Billy Bob Jones), Aleks Shaklin (Capt. Yates)
Prod.: Paramount TV, USA 1996; 96 Min.
Vertrieb: CIC Video; 15.4.1999
FSK: ab 12 J.

Billy landet vom Heim im Knast, dann beim Ku-Klux-Klan und schließlich in einer Polit-Intrige. Ungelenk aufbereitetes, dialoglastiges Verschwörungsdrama.

The Assignment – Der Auftrag

50
***
Video

THE ASSIGNMENT

Regie: Christian Duguay
Darsteller: Aidan Quinn (Annibal Ramirez/ Carlos), Donald Sutherland (Jack Shaw/Henry Fields), Ben Kingsley (Amos), Claudia Ferri (Maura Ramirez), Celine Bonnier (Carla), Vlasta Vrana (KGB Führungsoffizier), Liliana Komorowska (Agnieska)
Drehbuch: Dan Gordon, Sabi H. Shabtai
Kamera: David Franco
Musik: Normand Corbeil
Schnitt: Yves Langlois
Prod.Des.: Michael Joy
Prod.: Tom Berry, Franco Battista; Stefan Wodoslawsky (Co-Prod.) für Allegro Films, USA/Kanada 1997; 115 Min.
UA: 9.9.1997, Toronto Film Festival
Vertrieb: Columbia TriStar Video; 1.2.1999
FSK: ab 16 J.

Fanatischer CIA-Agent heuert Doppelgänger des Terroristen Carlos an, um mit ihm dem meistgesuchten Mann der Welt eine Falle zu stellen. Spannender Agenten-Krimi mit drei Spitzendarstellern. Action mit Anspruch – eine seltene Kombination. Und noch dazu teilweise authentisch.

Asterix & Obelix gegen Caesar

51
***

ASTERIX ET OBELIX CONTRE CESAR

Regie: Claude Zidi
Darsteller: Christian Clavier (Asterix), Gérard Depardieu (Obelix), Roberto Benigni (Destructivus), Gottfried John (Caesar), Michel Galabru (Majestix), Claude Pieplu (Miraculix), Marianne Sägebrecht (Gutemine), Daniel Prevost (Lügnix)
Drehbuch: Claude Zidi, Gerard Lauzier, nach Motiven von Albert Uderzo und René Goscinny
Kamera: Tony Pierce-Roberts
Musik: Jean-Jacques Goldman, Roland Romanelli
Schnitt: Nicole Saunier, Hervé de Luze
Prod.: Claude Berri, Dieter Frank, Reinhard Klooss für Renn/Bavaria/Melampo/TF1, BRD/Frankreich/Italien 1998; 110 Min.
Verleih: Constantin/dto/Monopole Pathé; 18.3.1999
FSK: ab 6 J., ffr. – FBW: wertvoll

Mit Hilfe eines Zaubertranks widersetzt sich ein bretonisches Dorf den römischen Legionen und deckt mit Mut und wachem Geist einen Verrat gegen Cäsar auf. Die erste Realfilm-Version der berühmten Comicbuchreihe als spannende Geschichte, deren Humor aber weit hinter den Sprachspielen und Feinheiten der Vorlage bleibt. Trotz detailgetreu nachgebildeten Dekors enttäuscht jedoch die filmische und tricktechnische Gestaltung der aufwendigen Produktion. *Zoom, 4/99*

(...) Claude Zidi und seiner Realverfilmung des Comics von Uderzo und Goscinny kann man ja einiges vorwerfen. Nur nicht, das Original verfälscht zu haben: Konsequent hält sich Zidi an die gezeichneten Vorbilder und versucht erst gar nicht, dem Ganzen einen eigenen Stempel aufzudrücken. Das wird ihm angekreidet, ist jedoch die Stärke des Films. (...)

Da kann man sich eher an Zidis Führung seiner Akteure reiben. Depardieu merkt man die Freude an der Sache an. Er transportiert Obelix in die Dreidimensionalität und spielt alle an die Wand. Vor allem Gottfried John agiert, als stünde er auf der Bühne eines Laientheaters und nicht inmitten einer 90-Millionen-Mark teuren europäischen Co-Produktion. Sogar Benigni wirkt gegen den grobschlächtig-charmanten Haufen wie eine zappelige Charge.

Trotzdem: Wundervolle Bauten, die zum Großteil in den Bavaria-Studios entstanden, tolle Tricks und Depardieu macht den Film für Fans sehenswert. Die anderen mögen über Kommerz und Effektüberfrachtung motzen und warten, bis der Trubel vorbei ist.
Dominik Schütte, AZ, 18.3.99

Christian Clavier und Gérard Depardieu

The Astronauts Wife 52

THE ASTRONAUT'S WIFE ***

Regie: Rand Ravich
Darsteller: Johnny Depp (Spencer Armacost), Charlize Theron (Jillian Armacost), Joe Morton (Sherman Reese), Clea Duvall (Nan), Donna Murphy (Natalie Streck), Nick Cassavetes (Alex Streck), Samantha Eggar (Ärztin), Gary Grubbs (NASA-Director)
Drehbuch: Rand Ravich
Kamera: Allen Daviau
Musik: George S. Clinton
Schnitt: Steve Mirkovich, Tim Alverson
Prod.Des.: Jan Roelfs
Prod.: Andrew Lazar; Diana Pokorny (Co-Prod.) für Mad Chance Prod., USA 1999; 109 Min.
Verleih: Concorde/dto./-; 18.11.1999
FSK: ab 16 J., ffr.

In unbeobachteten Minuten im All haben Außerirdische das Gehirn zweier Astronauten umprogrammiert. Der eine stirbt, der andere überlebt aber und räumt danach skrupellos alle Hindernisse aus dem Weg, die es seiner Frau erschweren würden, die nach seiner Wandlung gezeugten Zwillinge auszutragen. Als Quelle der Angst soll in diesem Film – wie in »Rosemary's Baby« etwa – wieder die psychologische Dimension des existentiell ungesicherten Terrains der Sexualität herhalten. Die Sci-fi-Geschichte wird aber nur auf ein Ehedrama reduziert, das als Akteure Partner von besonderer Attraktivität und Räume von gutem Geschmack zu bieten hat. Ein sauberer Film, frei von Irritationen, dessen Logik nicht für Spannung reicht. *Multimedia*

(...) Auf ganz leisen Sohlen kommt der Schrecken in diesem Film daher, der wie eine Science-Fiction-Variante von »Rosemary's Baby« anmutet. Psychologie statt Spezialeffekte: Was als eindringliches Kammerspiel beginnt, enttäuscht durch das höchst konventionelle Ende. *Frank Arnold, tip, 24/99*

(...) Filme wie diese leben vom vage angedeuteten Schrecken, von der nur ganz marginalen Verschiebung des Alltäglichen ins Unheimliche. Regisseur Ravich hat das gut hingekriegt, lange bleiben wir im Ungewissen, ob Spencer wirklich damals im All von Außerirdischen okkupiert wurde oder ob alles nur Hysterie der nun ebenfalls schwangeren Jillian ist. Der kühle visuelle Chic im Verein mit dem sehr verhaltenen Erzähltempo des Films tut da ein Übriges, um die Wirkung noch zu steigern. Schade nur, dass Ravich ganz zum Schluss dann doch dem Mainstream Rechnung trägt und kurz die Tricktechnik-Wildsau rauslässt.
Hans-Joachim Neumann, Zitty, 24/99

Atemlose Liebe 53

** TV

Regie: Wilma Kottusch
Darsteller: Doreen Jacobi (Anna Beck), Stephan Ullrich (Michael Westheim), Sandra Cervik (Caren), Silvan-Pierre Leirich (Uwe Klimt), Mark Reinhardt (Jens), Beate Menner (Annas Mutter)
Drehbuch: Wilma Kottusch
Prod.: Wilma Kottusch für WWK Filmprod. für SAT.1, BRD 1998; 95 Min.
TV: 26.1.1999, SAT.1, 20.15

Noch ein Film, den man nicht gesehen haben muß: Das Melodram hangelt sich atemlos durch die Klinik-Besserwissereien einer Ehrgeiz-Ärztin, die sich in einen Meeresbiologen verknallt, obwohl sie von seiner Delphin-Psychotherapie-Forschung wenig hält. Flugs kriegt sie einen Gehirntumor und muß ihr Leben ändern. Nach der Operation zeigt sich: Der Tumor war gutartig, und sie kann sich wieder genauso ekelhaft aufführen wie vorher. Der Meeresbiologe bleibt aber trotzdem an ihrer Seite und läutert sie so lange, bis ihr nichts anderes übrig bleibt, als sich von den Gefühlen aufweichen zu lassen. Sex-mit-Seele-Softsülze. *Ponkie, AZ, 28.1.99*

(...) Das Publikum wird atemlos bei soviel angestrengtem Kitsch. Oder stürzt sich romantisch besoffen zum Goldfisch ins Aquarium.
Tom Peuckert, Der Tagesspiegel, 28.1.99

Nach dem gleichnamigen autobiografischen Buch des Auschwitz-Überlebenden Primo Levi ist »Die Atempause« der ungewöhnliche Versuch eines hoffnungsvoll dem Leben zugewandten Films zur KZ-Thematik. Mit John Turturro in der Levi-Rolle gelingt der Balanceakt zwischen dokumentarischem Faktenwissen und subjektiver Fiktion nicht immer nahtlos, vermag aber als dichte Folge unglaublich abenteuerlicher Begegnungen zu fesseln.
Frauke Hanck

Die Atempause 54

LA TREGUA ***

Regie: Francesco Rosi
Darsteller: John Turturro (Primo), Massimo Ghini (Cesare), Rade Serbedzija (Der Grieche), Stefano Dionisi (Daniele), Teco Celio (Colonel Rovi), Roberto Citran (Unverdorben), Claudio Bisio (Ferrari), Andy Luotto (D'Agata)
Drehbuch: Francesco Rosi, Stefano Rulli, Sandro Petraglia, adaptiert von Francisco Rosi, Tonino Guerra, nach dem Buch von Primo Levi
Kamera: Pasqualino De Santis, Marco Pontecorvo
Musik: Luis Bacalov
Schnitt: Ruggero Mastroianni, Bruno Sarandrea
Prod.: 3 Emme Cinematografica/Stephan Films/UGC Images/DaZu Film/T&C Films mit RAI/Capitol Films/Independent Film Producers Consortium/Istituto Luce Prod.: Leo Pescarolo, Guido De Laurentiis, Italien/Frankreich/BRD/Schweiz 1996; 113 Min.
UA: 14.2.1997, Int. Filmfestival Cannes
Verleih: ZuG/-/Columbus; November 1997 (CH), 1.4.1999
FSK: ab 12 J., ffr. – FBW: Wertvoll

Odyssee eines italienischen Auschwitz-Häftlings, der nach der Befreiung anstatt sofort in die Heimat quer durch Polen, die Ukraine und Rußland transportiert wird. Versuch einer Primo-Levi-Verfilmung, die jedoch ihrer literarischen Vorlage in keiner Weise gerecht wird. Bestand die Stärke des Romans gerade in der fast traumatischen Präzision, mit der die ungeheuerlichen Geschehnisse beschrieben wurden, so zelebriert Rosi durchweg hohles Pathos und vordergründige Argumentation. *Claus Löser*

Au pair 55

** TV

Regie: Angelika Weber
Darsteller: Clare Woodgate (Susan), Justin Chadwick (Tom), Elizabeth Schofield (Barbara), Karl Tessler (Walter), Dale Rapley (Ivo), Anna Nieland, Wilke Durant, Myriam Weber
Drehbuch: Thomas Hernadi, Greg Dinner
Kamera: Marian Sloboda
Musik: Gerhard Daum
Schnitt: Alexander Rupp
Prod.: Angelika Weber, Thomas Hernadi für Hermes Film für BR und Teliesyn, BRD/GB 1994; 92 Min.
EA: 24.11.1994, Kino im BMW-Museum, München
TV: 8.7.1999, BR

Gelangweilter waliser Teenager findet als Au-pair-Mädchen bei einem Yuppie-Paar Liebe und Abenteuer in München. Teilweise schreckliche Schauspieler in einer extrem idiotischen Romanze nach dem Strickmuster des Groschenromans. Nur für infantile Gemüter. *Variety*

Auf das Leben, auf den Tod 56

A LA VIE, A LA MORT □ TV

Regie: Robert Guédiguian
Darsteller: Ariane Ascaride (Marie-Sol), Gérard Meylan (José), Jean-Pierre Darroussin (Jaco), Jacques Gamblin (Patrick), Pascale Roberts (Joséfa), Jacques Pieiller (Otto), Farid Ziane (Farid), Jacques Boudet (Papa Carlossa)
Drehbuch: Robert Guédiguian, Jean-Louis Milési
Kamera: Bernard Cavalie
Musik: Strauss, Mendelssohn-Bartholdy, Carlos Puebla
Schnitt: Bernard Sasia

Prod.: Robert Guédiguian für Agat Films mit CNC, Frankreich 1995; 108 Min.
TV: 8.11.1999, Arte, 20.45

Der Film erzählt mit viel Witz das Leben der so genannten kleinen Leute in Marseille und ist zugleich eine Liebeserklärung des Regisseurs an seine Heimatstadt. *Pressetext*

Auf den ersten Blick 57

AT FIRST SIGHT ***

Regie: Irwin Winkler
Darsteller: Val Kilmer (Virgin Adamson), Mira Sorvino (Amy Benic), Kelly McGillis (Jennie Adamson), Nathan Lane (Phil Webster), Steven Weber (Duncan Allanbrook), Ken Howard (Virgil's Vater)
Drehbuch: Steve Levitt, nach der Geschichte »To See and Not See«, von Oliver Sacks
Kamera: John Seale
Musik: Mark Isham
Schnitt: Julie Monroe
Prod.Des.: Jane Musky
Prod.: Rob Cowan, Irwin Winkler; Roger Paradiso (Co-Prod.) für MGM, USA 1998; 129 Min.
Verleih: UIP/UIP/UIP/Warner Home Video; 10.6.1999
FSK: ab 6 J., ffr. – FBW: Wertvoll

Eine junge New Yorker Architektin verliebt sich in einen blinden Masseur aus einer idyllischen Kleinstadt und versucht mit naivem Optimismus sein Leben zu verbessern. Obwohl er ihre Neigung erwidert und eine medizinische Behandlung Erfolg hat, zerbricht die Beziehung an der schwierigen Situation; seine neuerliche Erblindung scheint paradoxerweise mehr Hoffnung auf eine erfüllte Zukunft zu eröffnen.

(...) Der Konflikt wirkt wie weichgespült, tragische Elemente werden auf Soap-Opera-Format verkürzt. Trotz einiger subtiler Momente triumphiert Populär-Kitsch über Psychologie. Schade. *Margret Köhler, AZ, 10.6.1999*

»Ich wollte endlich einmal eine ›normale‹ Figur spielen. Ich hatte eine Reihe von sehr extremen Gestalten hinter mir. Ich wollte jemand sein, mit dem sich das Publikum besser identifizieren kann. ›Amy‹ in ›At First Sight‹ kann jeder wiedererkennen, der in einer

Val Kilmer und Mira Sorvino

Großstadt lebt und hart arbeitet. Ich konnte meine persönliche Art, zu sprechen und zu lachen, verwenden. Das ist entspannend. Ich mußte nicht die Reaktionen einer Kunstfigur kreieren.«
Mira Sorvino im Interview mit Bodo Fründt, SZ, 10.6.99

Auf den Spuren des Wahnsinns 58

EVERY MOTHER'S WORST FEAR **
Video

Regie: Bill W. L. Norton
Darsteller: Cheryl Ladd (Connie Hoagland), Jordan Ladd (Martha Hoagland), Robert Wisden (Jeff Hoagland), Tom Butler (Agent Weatherby), Blu Mankuma (Det. Maris), Vincent Gale (Drew Pederson), Ted McGinley, Chiara Zanni
Drehbuch: John Robert Bensink
Prod.: USA 1998; 88 Min.
Vertrieb: CIC Video; 20.5.1999
FSK: ab 12 J.

Vom Leben arg gefrustete 16jährige gerät via Internet (!) in die Hände pädophiler (!) Entführer. Auch ansonsten einfallsloser US-TV-Krimi.

Auf die stürmische Art 59
FORCES OF NATURE ***

Regie: Bronwen Hughes
Darsteller: Ben Affleck (Ben), Sandra Bullock (Sarah), Maura Tierney (Bridget), Steve Zahn (Alan), Blythe Danner (Virginia), Ronny Cox (Hadley), Michael Fairman (Richard), Janet Carroll (Barbara)
Drehbuch: Marc Lawrence
Kamera: Elliot Davis
Musik: John Powell
Schnitt: Craig Wood
Prod.Des.: Lester Cohen
Prod.: Susan Arnold, Donna Arkoff Roth, Ian Bryce für DreamWorks/Roth/Arnold, USA 1998; 106 Min.
Verleih: UIP/UIP/UIP/Universal Video; 6. Mai 1999
FSK: ab 6 J., ffr.

Bei einem glimpflich ablaufenden Flugzeugunglück lernt ein bodenständiger junger Mann kurz vor der Hochzeit eine attraktive Hippie-Frau kennen. Das unterschiedliche Paar vertrödelt gemeinsam Zeit, während die zukünftige Braut in Savannah verzweifelt wartet. Die Liebeskomödie über die Qual der Wahl zwischen stabiler Ehe und turbulenter Leidenschaft ist teilweise witzig, doch bleibt die innere Zerrissenheit der allzu einseitigen Charaktere trotz Verbildlichung durch effektvolle Naturereignisse nicht greifbar. *Zoom, 5/99*

(...) Die Musik ist ziemlich scheußlich, der Film auf Tempo geschnitten, was die banale Handlung nicht rechtfertigt. Wortwitz kommt nur marginal auf, Rhythmus und Struktur glänzen durch Abwesenheit. Sag mal, Sandra, hast du das Drehbuch vorher gelesen oder ging während der Dreharbeiten sämtliche Originalität flöten? (...)
W.O.P. Kistner, AZ, 6.5.99

Augenzeuge in Gefahr 60
TESTIMONE A RISCHIO ***
TV

Regie: Pasquale Pozzessere
Darsteller: Fabrizio Bentivoglio (Piero Nava), Claudio Amendola (Sandro Nardella), Margherita Buy (Franca Nava), Arnaldo Ninchi (Cataldi), Maurizio Donadoni (Turrini), Carlo Cartier (Luciani)
Drehbuch: Furio Scarpelli, Pietro Calderoni,

Sandra Bullock

Giacomo Scarpelli, Pasquale Pozzessere, nach dem Buch »L'Avventura di un Uomo Tranquillo« von Pietro Calderoni
Kamera: Luca Bigazzi
Musik: Franco Piersanti
Schnitt: Carlo Valerio
Prod.: Pietro Valsecchi; Luca Formenton (Ass.Prod.) für Taodue Film/Istituto Luce mit Mediaset, Italien 1997; 97 Min.
TV: 17.10.1999, BR, 22.30

Der Handelsvertreter Piero Nava beobachtet den Mord an einem Mafia-Richter. Er stellt sich der Polizei als Zeuge zur Verfügung – eine Entscheidung, die ihn und seine Familie beinahe zugrunde richtet. *Pressetext*

Ausnahmezustand 61
THE SIEGE ***

Regie: Edward Zwick
Darsteller: Denzel Washington (Anthony Hubbard), Annette Bening (Sharon Bridger), Bruce Willis (Gen. William Devereaux), Tony Shalhoub (Frank Haddad), Sami Bouajila (Samir Nazhde), David Proval (Danny Sussman), Lance Reddick (Floyd Rose), Mark Valley (Mike Johanssen)
Drehbuch: Lawrence Wright, Menno Meyjes, Edward Zwick
Kamera: Roger Deakins

Musik: Graeme Revell
Schnitt: Steven Rosenblum
Prod.Des.: Lilly Kilvert
Prod.: Lynda Obst, Edward Zwick; Jonathan Filley (Co-Prod.) für Lynda Obst Prod., USA 1998; 116 Min.
Verleih: 20th Century Fox/dto./dto./ 20th Century Fox Home Ent.; 21.1.1999
FSK: ab 16 J., ffr. – FBW: wertvoll

Eine Serie terroristischer Anschläge in New York mobilisiert zunächst eine Sondereinheit des FBI, zugleich eine verdeckt agierende CIA-Agentin und schließlich sogar die Armee, die über die Metropole das Kriegsrecht verhängt. Mit für das US-amerikanische Kino unerwarteter Distanziertheit thematisiert der Film die zwiespältige Reaktion staatlicher Gewalt auf äußere Bedrohungen. *Multimedia*

Explodierende, vollbesetzte Busse und Bombendetonationen in bewohnten Häusern gehören zum Standard-Repertoire des Action-Genres. Regisseur Edward Zwick unterlegt nun derlei Schock-Szenarien mit der Realitäts-Folie des Polit-Terrors, in dem er auf aktuelle Ereignisse rekuriert und den ultimativen (US-)Ernstfall durchspielt: New York in Angst. (...) Ein grobschlächtiger, wenngleich peinlich nach politischer Korrektheit heischender Film, der nur vorgibt, sich des Themas Terrorismus anzunehmen, tatsächlich aber sämtliche Fragen offenläßt und nicht einmal mit den Ängsten der Zuschauer mehr als konventionell zu spielen versteht. *W.O.P. Kistner, AZ, 21.1.99*

Austin Powers – Spion in geheimer Missionarsstellung 62 **

AUSTIN POWERS – THE SPY WHO SHAGGED ME

Regie: Jay Roach
Darsteller: Mike Myers (Austin Powers, Dr. Evil, Fat Bastard), Heather Graham (Felicity Shagwell), Elizabeth Hurley (Vanessa Kensington), Rob Lowe (Number 2 im Jahr 1969), Robert Wagner (Number 2 im Jahr 1999), Gia Carides (Robin Swallows)
Drehbuch: Mike Myers, Michael McCullers
Kamera: Ueli Steiger
Musik: George S. Clinton
Schnitt: Jon Poll, Debra Neil-Fisher
Prod.Des.: Rusty Smith
Prod.: John Lyons, Eric McLeod, Suzanne Todd, Jennifer Todd, Demi Moore, Mike Myers für Eric's Boy/Moving Pic. & Team Todd, USA 1999; 95 Min.
Verleih: Kinowelt/Constantin/Rialto/ Kinowelt Video; 14.10.1999
FSK: ab 12 J., ffr.

Fortsetzungsklamotte um den sexbesessenen Geheimagenten Austin Powers, der sich mit einer attraktiven Gespielin mittels Zeitmaschine in die sechziger Jahre zurückversetzen lässt, um Dr. Evil, der die Welt zerstören will und Powers' Libido gestohlen hat, unschädlich zu machen. Die millionenschwere Fortsetzung im üppigen Retrodekor und mit einem überkandidelten Hauptdarsteller (in drei verschiedenen Rollen) verkommt mit ihren politisch unkorrekten Gags und Zitaten aus dem Vorgänger zur ermüdenden Eigenparodie. *Zoom, 10/99*

(...) Der Film ist immer dann zum Brüllen, wenn man die Gags schon von weitem kommen sieht. Genital- und Fäkalwitze haben absolute Priorität, dazu gibt es vergnügte, sehr alberne Schauspieler in kreischenden 60er-Jahre-Plastik-Kulissen. Da kann sich James Bond nur noch den Strick nehmen. *tip, 22/99*

(...) Doch die Geschichte selbst ist nebensächlich. Es zählen einzig die programmierten Lacher. Und da muss man zugeben: Situationskomik und Scherze, Albernheiten und Anzüglichkeiten des zweiten Teils sind gelungener geraten als beim ersten Mal.

Zeitgenossen, die auch über Gags unter der Gürtellinie kichern können, dürfte diese zackig zusammengeschusterte Persiflage auf Bond und Co. in Entzücken versetzen. Auch diesmal lässt Austin kein Techtelmechtel aus. Ob Heather Graham in Hot Pants, Elizabeth Hurley im freizügigen Fummel oder all die anderen luftig geschürzten Mädels – Austin sagt ebenfalls niemals nie. *Albert Baer, Rheinische Post, 15.10.99*

(…) Mike Myers hieß jetzt das berühmteste Video-Anzeigen- und Plakat-Gesicht des Jahres, und Austin Powers war bald ein allgemein bekanntes Markenzeichen. Die Produktionsfirma New Line hatte 35 Millionen Dollar für Promotion und Werbung ausgegeben (Filmproduktionskosten: 33 Mio. Dollar); zusammen mit den anderen Powerswerbungen kam der amerikanische Austin-Etat auf ungefähr 60 Millionen Dollar. Die Poesie der Marketing-Ökonomie liegt darin, dass die anderen eine Werbekampagne bezahlen, die dem eigenen Produkt zugute kommt.

Gunter Göckenjahn, Berliner Zeitung, 13.11.99

»Ich betrachte mich als ›sexuelle Person‹. Ich fühle mich gern sexy. Wie jeder andere auch. Und als Schauspielerin gebe ich natürlich lieber ein Sexy Babe als eine langweilige Freundin.

Es scheint ohnehin eher die Regel als die Ausnahme zu sein, dass man als Schauspielerin in Hollywood mit sexy Rollen den Durchbruch schafft. Goldie Hawn, Susan Sarandon oder Jessica Lange fingen auch als Blondchen an und haben sich dann zu ernsthafteren Filmen weitergearbeitet. Selbst Gwyneth Paltrow hat sich in ihrem ersten größeren Film, ›Flesh and Bone‹, ausgezogen. Das weiß bloß heute kaum noch einer, weil sie sich danach dieses Image einer britischen Klassefrau zugelegt hat.«

Heather Graham im Interview mit Eckhard Vollmar, Focus, 11.10.99

Avalanche 63
AVALANCHE **
Video

Regie: Steve Kroschel
Darsteller: Thomas Ian Griffith (Neil Griffin), Caroleen Feeney (Dr. Lia Freeman), R. Lee Ermey (Gary), C. Thomas Howell (Jack), Geoffrey Lower (Jay), John Ashton (Kemp), Hilary Shepard (Annie), Brett Baker (Peter)
Drehbuch: Steve Kroschel
Kamera: Richard Pepin
Musik: Alex Wilkinson
Schnitt: Stephen Adrianson, Dan Williams
Prod.Des.: Helen Harwell
Prod.: Joseph Merhi, Richard Pepin; Charles George, Greg Mellott, B. Alan Peterson (Co-Prod.) für Ian Page/Kroschel Films, USA 1998; 105 Min.
Vertrieb: Ascot Video; Oktober 1999
FSK: ab 16 J.

Von traumatischer Lawinenangst gepeinigte Umweltschützerin kämpft gegen Pipeline. Alberner Katastrophen-Actioner für sehr anspruchslose Gemüter.

Azzurro 64
***
TV

Regie: David Rühm
Darsteller: Dietrich Siegl, Georg Schuchter, Alexander Hilvert, Claudia Maria Haas
Drehbuch: Manfred Rebhandl
Kamera: Fabian Eder
Musik: Uwe Kohrs, Arthur Lauber
Schnitt: Daniela Padalewski-Junek
Prod.: Thalia Film für ORF, Österreich 1996; 90 Min.
TV: 20.7.1999, 3sat, 20.15

Die Geschichte zweier Freunde, die bei den Wiener Verkehrsbetrieben angestellt sind und von einem Urlaub am Meer träumen. Letztlich unternehmen sie eine Überlandreise ans »Meer der Wiener«.

B

B. Monkey 65
B. MONKEY ***

Regie: Michael Radford
Darsteller: Asia Argento (Beatrice), Jared Harris (Alan), Rupert Everett (Paul), Jonathan Rhys Meyers (Bruno), Tim Woodward (Frank), Ian Hart (Steve), Julie T. Wallace (Mrs. Sturges)
Drehbuch: Michael Thomas, Michael Radford, Carole King, nach dem gleichn. Roman von Andrew Davies
Kamera: Ashley Rowe
Musik: Jennie Muskett; Bob Last (supervisor)
Schnitt: Joelle Hache
Prod.Des.: Sophie Becker
Prod.: Colin Vaines, Stephen Woolley; Laurie Borg (Co-Prod.) für Scala/Synchronistic Pic., GB/USA 1998; 92 Min.
UA: 7.11.1998, London Filmfestival
Verleih: Kinowelt/dto./Universal/VCL Video; 15.7.1999
FSK: ab 12 J., ffr.

In die ruhige Welt eines grüblerischen Londoner Lehrers tritt eine rätselhafte junge Frau, die ein Doppelleben führt. Während sie tags im Büro arbeitet, raubt sie nachts Schmuckgeschäfte aus und flüchtet in eine Welt voller Drogen und Gewalt. So unvereinbar wie die charakterliche Gegensätzlichkeit der beiden wirkt auch der Film selbst, der mit Überraschungseffekten aufwarten will, doch nicht mehr zu bieten hat als die Dramaturgie eines handelsüblichen amerikanischen Gangsterfilms. Auch darstellerisch enttäuschend. *Zoom, 8/99*

(...) Ein Film über Jazz und Impotenz. Nur leider nicht von Woody Allen inszeniert und ziemlich langweilig.
Annette Kilzer, tip, 15/99

(...) Michael Radford wollte wohl nach seinem enormen internationalen Erfolg mit »Der Postmann« auch einen Neuanfang wagen und mit »B. monkey« beweisen, daß er nicht in Schubladen abzulegen ist. Dies ist ihm nur zur Hälfte gelungen. Trotz attraktiver Besetzung wirkt der Film merkwürdig unentschieden, als habe der Regisseur nicht wirklich gewußt, was er wollen soll.
Karim Zendagui, Rheinische Post, 16.7.99

Babar – König der Elefanten 66
BABAR – KING OF THE ELEFANTS ***

Regie: Raymond Jafelice
Die Rollen und ihre deutschen Sprecher: Rolf Becker (König Babar), Rafael van Overstraaten (kleiner Babar), Marietta Meade (Königin Celeste), Annika Köhler (Kleine Celeste), Edith Schneider (Madame), Bettina Keneter (Babars Mutter), Jochen Striebeck (Cornelius)
Drehbuch: Raymond Jafelice, Peter Saunder nach den Büchern von Jean und Laurent de Brunhoff
Kamera: Albert Hanan Kaminski, Arpad Szabo
Musik: Great Big Music, Tom und Tim Thorney
Schnitt: Karen Larie, Noda Tsamardos
Prod.: Hasmi Giakoumis für Nelvana/Home Made Movies/TMO-Loonland mit Clifford Ross Co., BRD/Frankreich/Kanada 1998; 80 Min.
Verleih: Avanced/Filmladen/Stamm/BMG Video; 20.5.1999
FSK: o.A., ffr.

Nach dem plötzlichen Tod seiner Mutter gerät der kleine Babar in eine Stadt, wo er Verwirrung stiftet, dann aber mit Hilfe einer alten Dame »gesellschaftsfähig« wird. In den Dschungel zurückgekehrt, gelingt es ihm, mit den feindlichen Nashörnern Frieden zu schließen, worauf er zum König der Elefanten gewählt wird. Er gründet eine Familie und baut eine prächtige Dschungelstadt. Im traditionellen Stil der beliebten »Babar«-Kinderbücher gestalteter Zeichentrickfilm, der gedoch mit seinem Zivili-

Elefanten benehmen sich wie Menschen

sationsoptimismus und der kitschigen Musik unzeitgemäß wirkt. *Zoom, 4/99*

Baci e abracci
67
**

BACI E ABRACCI

Regie: Paolo Virzi
Darsteller: Franceso Paolantoni, Massimo Gambacciani, Piero Cremigni, Samuele Marzi, Paola Tiziana Cruciani, Daniela Morozzi, Isabella Cecchi, Emanuele Barresi
Drehbuch: Paolo Virzi, Francesco Bruni
Kamera: Alessandro Pesci
Musik: Snaporaz
Schnitt: Jacopo Quadri
Prod.: Cecchi Gori Group Tiger mit Telepiu, Italien 1999; 104 Min.
Verleih: -/-/MFD; Sept.1999

Nach einem misslungenem Selbstmordversuch wird ein bankrotter Restaurantbesitzer von einer Gruppe von Strausszüchtern mit einem Financier verwechselt und läßt sich auf deren Farm einladen. Die einfach gestrickte Klamaukkomödie im Stil von »Il ciclone« (1996) ist fürs Schweizer Publikum wahrscheinlich weniger vergnüglich, als sie es für das italienische war. Der Film ist im Stil von billig gemachtem Lokalfernsehen inszeniert, das sozialkritische Potenzial der Geschichte lässt der Regisseur schlicht brachliegen. *Film, 9/99*

Die Bademeister – Weiber, saufen, Leben retten
68
**
TV

Regie: Martin Walz
Darsteller: Michael »Bully« Herbig (Paul), Hilmi Sözer (Böller), Dorkas Kiefer (Heike), Patricia Thielemann (Jenny), Franz Tscherne (Laurens Griesmayr), Hanno Pöschl (Gigi Griesmayr), Frank Leo Schröder (Jacques), Uli Krohm (Kalle)
Drehbuch: Mathias Dinter, Martin Ritzenhoff
Kamera: Stephan Schuh
Schnitt: Simone Klier
Prod.Des.: Monika Nix
Prod.: Mischa Hofmann, Philip Voges für Hofmann & Voges Film für RTL, BRD 1999; 90 Min.
TV: 18.6.1999, RTL, 20.15

Klar, daß »Bully« Herbig und Hilmi Sözer die »Baywatch«-Fitnessbodies drankriegen wollten: Als schiefmäulige debile Wuppertal-Prolos in der Badehose gierten sie nach den Prallmöpsen der Sylter Strand-Tussis in der deutschen Muskelprotz-Posse. Aber sie schafften es nur bis ins Deppendelirium. *Ponkie, AZ, 21.6.99*

Bang Boom Bang – Ein todsicheres Ding
69
****+

Regie: Peter Thorwarth
Darsteller: Oliver Korittke (Keek), Markus Knüffken (Andy), Dieter Krebs (Kampmann), Martin Semmelrogge (Schlucke), Ralf Richter (Kalle), Alexandra Neldel (Melanie), Christian Kahrmann (Mark Kampmann), Jochen Nickel (Frank Thauer)
Drehbuch: Peter Thorwarth, Stefan Holtz
Kamera: Eckhard Jansen
Musik: Rainer Kühn; H-Blockx (Songs)
Schnitt: Anja Pohl
Prod.: Christian Becker, Thomas Häberle; Hanno Huth, Alfred Holighaus für Becker & Häberle mit Senator/Traumwerk, BRD 1999; 107 Min.
UA: 29.6.1999, Filmfest München
Verleih: Senator/-/-; BMG Video 26.8.1999
FSK: ab 12 J., ffr. – FBW: Wertvoll

(...) Thorwarts Gangsterkomödie ist eine Art Hommage an die Kleinstadt Unna am Rande des Ruhrgebiets, in der er aufgewachsen ist. Ein Kaff voller

Markus Knüffken und Oliver Korittke in ›Bang Boom Bang‹

schrulliger Gestalten. Nur: Unnas Straßen sind nicht die Straßen von San Francisco, der provinzielle Charme erschöpft sich trotz brillanter Situationskomik schnell. Und: Thorwarts brachialer Humor verzichtet auf Zwischentöne, der Titel »Bang Boom Bang« ist Programm.

Margret Köhler, AZ, 26.8.99

(...) Auf seine Weise perfekt ist die Gangstercomic-Variante des Schlicht-Spießertums (Ruhrpott-Suff, Matsch in der Birne und grimmig beknallter Proleten-Jargon). Peter Torwarths »Bang Boom Bang« – der Amüsierkrimi der Ballermann-Gesellschaft.

Ponkie, AZ, 3.7.99

(...) »Bang Boom Bang« spielt unter Ganoven, da gelten besondere Gesetze. Kein Unschuldiger nimmt in diesem Film Schaden. Die richtig Bösen kriegen ihre verdiente Strafe, und die harmlosen Gauner kommen mit dem Schrecken davon. Hier wird eine Tradition fortgesetzt, die Thomas Jahns »Knockin' On Heaven's Door« und Ralf Huettners »Die Musterknaben« begründet haben: die sympathische Proll-Komödie oder Tragikomödie; unterhaltsam, ohne gefällig zu sein, und drastisch, ohne abzustoßen.

Frank Noack, Rheinische Post, 27.8.99

Bangkog – Ein Mädchen verschwindet

70
***
TV

Regie: Thorsten Näter
Darsteller: Ulrich Noethen (Sven Arnhold), Bettina Kupfer (Jana Arnhold), Nadine Fano (Melanie Arnhold), Axel Milberg (Dux), Thomas Thieme (Lohmann), Philip Tan (John Woo)
Drehbuch: Ecki Ziedrich, Thorsten Näter
Prod.: Hubertus Meyer-Burckhardt für Multimedia für Pro7, BRD/Thailand 1999; 96 Min.
TV: 7.5.1999, Pro7, 20.15

Im Lauf dieses Touristenhorrorknallers zum Lobe der thailändischen Polizei in Bangkok wandelt sich Bettina Kupfer von der Frankfurter Spießermutti, der ihr schreckliches Zappelkind entlaufen ist, zur schlauen Erpresserfänger-Megäre, die jeden Nintendo-Killer aufs Kreuz legt und den Deutschgangstern in die Fresse haut, weil ihr mäßig intelligenter Gatte es nicht schafft. Ein asiatisches Touristen-Frühstücksei.

Ponkie, AZ, 10.5.99

(...) Schade nur, daß der Film gegen Ende etwas aus dem Gleichgewicht gerät, daß er an Dichte und Glaubwürdigkeit verliert, zugunsten einer konventionellen Spannungsdramaturgie. Aber wer könnte einem fast makellosen Thriller übelnehmen, daß er nicht vollständig makellos geworden ist?

Sybille Simon-Zülch, SZ, 7.5.99

Banu – Die Dame

71
****

BANU

Regie: Dariush Mehrjui
Darsteller: Ezzatollah Entezami (Großvater), Bita Farrahi (Dame), Khosro Shakibai, Gohar Kheirandish, Ferdos Kaviani, Hamideh Kheirabadi, Fathali Oveisi, Sima Tirandaz
Drehbuch: Dariush Mehrjui
Kamera: Touraj Mansouri
Musik: Naser Chesm-Azar
Schnitt: Hassan Hassandoust
Prod.Des.: Faryar Javaherian
Prod.: Majid Modarresi, M.M. Dadgoo für M. Modarresi Film/Sahara Cultural-Film Institute/AMA, Iran 1992/1998; 113 Min.
EA: 15.2.1999, Int. Forum des Jungen Films, Berlin
Verleih: Freunde/-/-; 29.7.1999

Eine frustrierte, von ihrem Ehemann verlassene Frau mittleren Alters holt sich eine verarmte Familie in ihr hochherrschaftliches Haus. Nach anfänglicher Begeisterung für die Lebensart dieser kleinen Leute gestaltet sich für die Gastgeberin die Situation mehr und mehr problematisch: ihre Untermieter stellen sich als schmutzig, vorlaut und berstend vor Selbstmitleid heraus. Sie plündern Speicher und Kleiderschränke, breiten sich überall aus und werden vor allem immer mehr. Eine Katastrophe scheint unausweichlich. Verblüffend fatalistische Gesellschaftsparabel, die in ihrem Entstehungsland acht Jahre lang verboten war. *Claus Löser, tip, 16/99*

Barracuda – Vorsicht Nachbar! 72
BARRACUDA ****+

Regie: Philippe Haim
Darsteller: Jean Rochefort (Clement), Guillaume Canet (Luc), Claire Keim (Margot), Rose Thiery (Hausmeisterin), Katia Schluchman, Cecile Cotte, Jean-Pierre Becker (Nachbarn), Drehbuch: Philippe Haim, Nicolas Lartigue, Patrick Oliver Meyer, Marie Kruger
Kamera: Jean-Claude Thibaut
Musik: Philippe Haim
Schnitt: Magali Ollivier
Prod.: Stéphane Tavenas, Gerhard Schmidt, Peter Paulich für Horizon/Gemini/France 3 Cinema/Era Films mit Canal Plus/CNC, Frankreich/BRD/Belgien 1996; 93 Min.
EA: Int. Hofer Filmtage 1997
Verleih: Salzgeber/-/-; 18.3.1999
FSK: ab 16 J., ffr.

Ein junger Franzose wird von seinem Nachbarn zum Dinner eingeladen. Der spleenige ältere Herr, der Steptanz liebt, Fred Astaire imitiert und mit einer Schaufensterpuppe als »Ehefrau« lebt, entpuppt sich als grausamer Psychopath, der den Gast gefangen nimmt und ihn nie mehr gehen lassen will. Klaustrophobisches Kammerspiel um Einsamkeit und Isolation, das durch seine filmische Virtuosität ebenso fasziniert wie sein Psychoterror in Bann schlägt. Vor allem durch seine subtilen Farbstilisierungen läßt der komplexe Film eine Reihe von filigranen Lesarten zu.
Josef Lederle, film-dienst

The Base 73
THE BASE *
Video

Regie: Mark L. Lester
Darsteller: Marc Dacascos (Major John Murphy/John Dalton), Tim Abel (Sgt. Gammon), Paula Trickey (Lt. Kelly Andrews), Noah Blake, Christian Bocher, Chuck Borden, Alex Carl, Frederick Coffin
Drehbuch: Jeff Albert, William C. Martell, Hesh Rephun
Kamera: Jacques Haitkin
Musik: Paul J. Zaza
Schnitt: David Berlatsky
Prod.Des.: Candi Guterres
Prod.: Dana Dubowski, Mark L. Lester für American World/Lion's Gate, USA 1998; 93 Min.
Vertrieb: BMG Video; Juli 1999
FSK: ab 18 J., gekürzte Fassung 90 Min., ab 16 J.

Die mißglückte Überführung eines Drogenbosses liefert den letzten Beweis für eine kriminelle Unterwanderung der Zollfahndung. Eliteagent soll verdeckt ermitteln. Gewalttätige, bilige Action-Orgie.

Beautiful Dreamer 74
BORROWED LIFE, STOLEN LOVE **
TV

Regie: Valerie Landsburg
Darsteller: Michelle Agnew (Julia Brackett), Melissa Carlton (Alex Taylor), Nicholas Walker (Dr. Peter Royce), Gabriel Christy (Sean Ryan), Joseph R. Sicari (Francis Spinatti), Larry Cox (Jeff Larkin), Tony Ervolina (Dark Man), Gina Jackson (Konisha)
Drehbuch: Leland Zaitz
Musik: Gregory Hilfman
Prod.: Playboy, USA 1996; 95 Min.
TV: 31.3.1999, Pro7, 23.50

Gelangweilte Kantinenköchin peppt ihr Leben durch Tabledancing auf. Nach einigen frustrierenden Intermezzi mit reichen Playboys landet sie wieder als Heimchen am Herd. Desillusionierendes Erotikdrama. *SZ TV-Beilage*

Beautopia 75
BEAUTOPIA ***
TV

Regie: Katharina Otto
Darsteller: Sarah Cookson, Dana Douglas, Susanne Hoppe, Petra Svabenska, Naomi Campbell, Cindy Crawford, Lauren Hutton, Elle Macpherson
Drehbuch: Katharina Otto
Kamera: Oliver Bokelberg
Musik: Hayley Moss, Frank Otto, Bernt Kohler-Adams
Schnitt: Bernadine Colish
Prod.: Katharina Otto für Film Manufacturers mit Hit & Run Prod., USA 1998; 104 Min.
UA: 18.1.1998, Sundance Film Festival
TV: 16.10.1999, BR, 22.15

Dokumentarfilm über das schwere, unglückliche Leben der reichen, schönen und glücklichen Menschen dieser Welt.

Begegnung des Schicksals 76
RANDOM HEARTS ***

Regie: Sydney Pollack
Darsteller: Harrison Ford (Dutch Van Den Broeck), Kristin Scott Thomas (Kay Chandler), Charles S. Dutton (Alcee), Bonnie Hunt (Wendy Judd), Dennis Haysbert (Detective George Beaufort), Sydney Pollack (Carl Broman), Richard Jenkins (Truman Trainor), Paul Guilfoyle (Dick Montoya)
Drehbuch: Kurt Luedtke, nach dem Roman von Warren Adler, adaptiert von Darryl Ponicsan
Kamera: Philippe Rousselot
Musik: Dave Grusin
Schnitt: William Steinkamp
Prod.Des.: Barbara Ling
Prod.: Sydney Pollack, Marykay Powell für Rastar/Mirage Prod., USA 1999; 133 Min.
Verleih: Columbia TriStar/-/Buena Vista; 23.12.1999
FSK: ab 6 J., ffr.

Ein Mann und eine Frau finden heraus, daß ihre Partner, die bei einem Flugzeugabsturz ums Leben kamen, miteinander eine Affäre hatten. Unter Sidney Pollacks routinierter Regie stürzen sie sich daraufhin kopfüber in eine Romanze, die dem Verlust trotzt. Die Stars wissen wohl durchaus zu gefallen, doch psychologisch hätte das Ganze noch plausibler ausfallen dürfen, und ein etwas zügigeres Erzähltempo hätte auch nicht geschadet. *Film, 12/99*

(...) Pollack zeigt uns in gewohnt hinreißender, ja liebevoll geführter Darstellung zwei Menschen, die als Träger unseres Mitgefühls nichts taugen, weil sie nicht zu Gefühlen fähig sind. Der Film problematisiert dies zu keinem Zeitpunkt. Was ein großer Wurf über eine schwierige Trauerarbeit und Trost von Fremden sein könnte, ist zu einem unfreiwilligen Zeitbild über jene erschreckende emotionale Armut verkommen, die Liebesbeziehungen nurmehr als Besitzverhältnisse definiert.
Daniel Kothenschulte, FR, 27.12.99

Die Belagerung 77
L'ASSEDIO / BESIEGED ***

Regie: Bernardo Bertolucci
Darsteller: Thandie Newton (Shandurai), David Thewlis (Jason Kinsky), Claudio Santamaria (Agostino)
Drehbuch: Clare Peploe, Bernardo Bertolucci, nach einer Story von James Lasdun
Kamera: Fabio Cianchetti
Musik: Alessio Vlad
Schnitt: Jacopo Quadri
Prod.Des.: Gianni Silvestri
Prod.: Massimo Cortesi für Fine Line Cinema/Navert Film mit Mediaset, Italien 1998; 94 Min.
UA: 15.9.1998, Film Festival, Toronto
Verleih: -/-/MFD; Nov. 1999

Ein zurückgezogener Pianist in Rom verliebt sich in seine Haushälterin, eine afrikanische Flüchtlingsfrau, die nebenbei Medizin studiert. Als er erfährt, daß sie mit einem in der Heimat politisch inhaftierten Mann verheiratet ist, organisiert er heimlich dessen Freilassung. Ob er sie damit gewinnt oder verliert, läßt der Film bewußt offen. Befremdlich wirkt neben dem oft entlarvend »männlichen« Kamerablick die schlechte italienische Synchronisation des offensichtlich in Englisch gedrehten Films. *Film, 11/99*

Belle Maman 78
BELLE MAMAN **

Regie: Gabriel Aghion
Darsteller: Catherine Deneuve, Vincent Lindon, Mathilde Seigner, Line Renaud, Stéphane Audran, Danièle Lebrun, Jean Yanne
Drehbuch: Danièle Thompson, Gabriel Aghion
Kamera: Roman Winding
Musik: Bruno Coulais
Schnitt: Luc Barnier
Prod.: Arena/Camera One/TF1, Frankreich 1998; 102 Min.
Verleih: -/-/Filmcooperative; Juni 1999

Ausgerechnet am eigenen Hochzeitstag verliebt sich der Bräutigam in seine jung gebliebene Schwiegermutter. Die gesellschaftlich verpönte Liebesbeziehung wird erst durch den unkonventionellen, neuen Lebensformen gegenüber aufgeschlossenen Bekanntenkreis des Paares möglich. Die zähflüssige Komödie mit zahlreichen Ortswechseln bietet nur formal biederes Handwerk. Wohl als Plädoyer für bedingungslose Liebe über alle sozialen Schranken hinweg gedacht, ärgert der Film mit seinen stereotypen Figuren und einen primitiv zu nennenden Humor. *Zoom, 6–7/99*

Beowulf
79
**

BEOWULF

Regie: Graham Baker
Darsteller: Christopher Lambert (Beowulf), Rhona Mitra (Kyra), Oliver Cotton (Hrothgar), Götz Otto (Roland), Layla Roberts, Brent J. Lowe, Patricia Velasquez, Charlie Robinson
Drehbuch: Mark Leahy, David Chappe
Kamera: Christopher Faloona
Musik: Ben Watkins
Schnitt: Roy Watts
Prod.Des.: Jonathan Carlson
Prod.: Lawrence Kasanoff für CTV/Dimension Films/Kushner-Locke/Capitol/Threshold mit European Motion, USA/GB 1999; 89 Min.
Vertrieb: Kinowelt Video
FBW: ab 16 J.

Primitiv zusammengebasteltes Fantasy-Abenteuer um einen tapferen Krieger, der sich an einem belagerten Hof mit einem blutrünstigen Monster anlegt. Abstoßend brutale Metzelorgie mit obligatem deutschem Bösewicht.

Beresina oder Die letzten Tage der Schweiz
80
***

Regie: Daniel Schmid
Darsteller: Elena Panova (Irina), Geraldine Chaplin (Charlotte De), Martin Benrath (Sturzenegger), Ulrich Noethen (Alfred Waldvogel), Ivan Darvas (Vetterli), Marina Confalone (Benedetta), Stefan Kurt (Burki), Hans Peter Korff (Tschanz)
Drehbuch: Martin Suter
Kamera: Renato Berta
Musik: Carl Hanggi
Schnitt: Daniela Roderer
Prod.Des.: Kathrin Brunner
Prod.: Marcel Hoehn, Karl Baumgartner, Michael Seeber, Heinz Stussak für Cinema Projects/T&C/Pandora/Prisma mit Arte/ZDF/ORF/DRS, Schweiz/Deutschland/Österreich 1999; 108 Min.
UA: 20.5.1999, Int. Filmfestspiele Cannes
EA: Max Ophüls Preis, Saarbrücken 2000
Verleih: -/filmladen/Columbus; August 1999 (CH)

Eine junge Prostituierte aus Russland erhofft sich die Schweizer Staatsbür-

›Beresina‹ oder die Dekadenz in der Schweiz

gerschaft, indem sie im Auftrag eines Anwaltes einflussreiche Politiker und Bankiers ausspioniert. Schließlich löst sie, durch die Verwirrtheit eines hohen Militärs begünstigt, einen Staatsstreich aus. Irrwitzige Satire über den Schweizer Polit- und Wirtschaftsfilz, der mit dürrenmattschem Augenzwinkern die mythologischen Klischees der Schweiz aufbricht. *Zoom, 8/99*

(...) Selbst der unreflektierte dümmliche Klamauk mit den Ikonen der Schweiz kann nicht darüber hinwegtäuschen, daß der Handlungsstrang in jedem Moment bieder und überheblich nicht an der scharfen Herausarbeitung eines Zustandes der Schweiz interessiert ist, sondern auf den hohlen Gag bauen möchte. *Multimedia*

Beshkempir
81
****

BESHKEMPIR

Regie: Aktan Abdikalikow
Darsteller: Mirlan Abdikalikow, Albina-Imaschewa, Adyr Abylkasymow, Bakyt Dshylkytschiew, Mirlan Tschynkodshoew, Taalaj Mederow
Drehbuch: Aktan Abdikalikow, Avtandil Adykylow, Marat Sarulu
Kamera: Hassan Kydyraliew
Musik: Nurlan Nyschanow
Schnitt: Tilek Mabetowa
Prod.Des.: Emil Tilevov
Prod.: Irizbaj Alybaew, Tschedomir Kolar, Frédérique Dumas-Zajdela, Marc Baschet für Kirgisfilm/Noe Prod.,

Kirgisien/Frankreich 1998; 81 Min.
UA: Int. Filmfestspiele Locarno 1998
Verleih: Stadtkino/Neue Visionen/-; 9.12.1999

Ein kirgisischer Dorfjunge, gerade in der Blüte der Frühpubertät, erfährt eines Tages, daß er nicht das leibliche Kind seiner Eltern ist. Rund um diesen kargen vordergründigen Handlungsverlauf komponiert der Regisseur Aktan Abdikalikow in seinem Erstlingsfilm ein Mosaik an metaphorischen Impressionen und narrativen Erinnerungen, das vor allem durch seine poetische und doch ungekünstelte Bildsprache besticht. Ein stiller, zurückhaltender und künstlerisch beachtlicher Film.
multimedia

(...) In einfachen Schwarzweißbildern (die von gelegentlichen Farbtupfern unterbrochen werden), über weite Strecken völlig ohne Dialoge auskommend, erzählt »Beshkempir« eine einfache, schöne Geschichte, ein individuelles Schicksal und doch von universeller Bedeutung. *Zitty, 25/99*

Die Bestie in Dir 82
THE FURY WITHIN **
Video

Regie: Noël Nosseck
Darsteller: Ally Sheedy (Jill Hanlon), Costas Mandylor (Mike Hanlon), Vincent Berry (Jimmy Hanlon), Steve Bastoni (Dr.Stephen Johnson)
Kamera: John Stokes
Prod.Des.: Michael Ralph
Prod.: Michael Lake für Wilshire Court Prod., USA 1998; 87 Min.
Vertrieb: CIC Video; 17.6.1999
FSK: ab 16 J.

Von mysteriösen Phänomenen verschrecktes Paar sucht Hilfe bei einem Parapsychologen.

Betrayed – Verraten und Verkauft 83
TRAITOR'S HEART **
Video

Regie: Danny Lerner
Darsteller: Bryan Genesse (Nick Brody), Kimberley Kates (Maggie Brody), Ron Smerzak (Senator), Clive Scott (Jefferson), Gordon Mulholland (Donald), David Sherwood (Russell), Tyrone Stevenson, Dale Cutts
Prod.: USA 1999; 91 Min.
Vertrieb: VCL Video; 23.11.1999
FSK: ab 12 J.

Bei hirnmanipuliertem Exkiller mit bürgerlicher Existenz bricht die Vergangenheit auf, was ihn in Todesgefahr bringt. Gewalttätiges Action-, Justiz- und Familiendrama ohne jeglichen Anspruch.

Better than Chocolate 84
BETTER THAN CHOCOLATE ***

Regie: Anne Wheeler
Darsteller: Wendy Crewson (Lila), Karyn Dwyer (Maggie), Christina Cox (Kim), Ann-Marie MacDonald (Frances), Peter Outerbridge (Judy), Marya Delver (Carla), Kevin Mundy (Paul), Tony Nappo (Tony)
Drehbuch: Peggy Thompson
Kamera: Gregory Middleton
Musik: Graeme Coleman
Schnitt: Alison Grace
Prod.Des.: David Roberts
Prod.: Sharon McGowan; Peggy Thompson (Co-Prod.); Rosamond Norbury, Christopher Adkins (Ass.Prod.) für Rave Film mit Telefilm Canada/British Columbia Film, Kanada 1998; 102 Min.
EA: 12.2.1999, Int. Filmfestspiele Berlin, »Panorama: art & essai«
Verleih: TiMe/polyfilm/Filmcooperative; 8.7.1999
FSK: ab 12 J., ffr.

Eine junge Frau verheimlicht ihre Homosexualität vor ihrer Familie und spielt ihrer Mutter eine heile Welt vor. Als sie sich schließlich doch als Lesbierin zu erkennen gibt, profitieren Mutter und Tochter von der neuen Offenheit. Eine stilsicher inszenierte, überzeugend gespielte Komödie mit unaufdringlichen Zwischentönen, die zwar gelegentlich allzu demonstrativ um Leichtigkeit und gute Laune bemüht ist, insgesamt aber auf sympathische Weise für Toleranz gegenüber anderen Lebens- und Liebesformen wirbt.
Zoom, 8/99

(...) Liebevoll zeichnet die Regisseurin ihre Protagonistinnen, die sich von bürgerlichen Moralvorstellungen befreien, aber dennoch etwas blaß bleiben. Probleme werden angerissen, aber nicht vertieft. Anne Wheeler will unterhalten, scheut aber auch vor Klischees nicht zurück. Wenn sich am Ende alles in Wohlgefallen auflöst, ist es fast des Guten zuviel. *Margret Köhler, AZ, 8.7.99*

(...) Obwohl die neuen Filme, die sich mit derlei Themen beschäftigen, nicht länger nur aus der Off-Hollyday-Ecke kommen, sind sie immer noch zu rar gesät, als daß man ihrer müde würde. Anne Wheeler ist schon auf dem rechten Weg, nur versucht sie, allzuviel hineinzupacken. Da werden sämtliche Typen und Positionen abgehakt, und damit das Ganze auch richtig funkt, gibt es am Ende noch ein bißchen Action und Explosion. (...)

Heiko R. Blum, Rheinische Post, 9.7.99

Die Bibel – Esther 85

ESTHER ***+

TV

Regie: Raffaele Mertes
Darsteller: Louise Lombard (Esther/Hadassa), Thomas Kretschmann (König Xerxes), F. Murray Abraham (Mordechai), Jürgen Prochnow (Haman), John Hollis (Harbona), Frank Baker (Esra), Umberto Orsini (Memuchan),
Drehbuch: Sandy Niemand
Kamera: Giovanni Galasso
Musik: Carlo Siliotto
Schnitt: Alessandro Lucidi
Prod.: Lorenzo Minoli für Lube für Lux-Vide/ Taurus Film/Quinta mit RAI/France 2/Antenna 3/MTM/Czech TV/NCRV/ BSkyB/ARD/Degeto Film, BRD/Italien/USA 1998; 90 Min.
TV: 5.4.1999, ARD, 17.45

(...) Als sei's ein verfilmter Comic Strip, stehen die Handlungsträger sprechblasenpustend in Pappkulissen, und statt einer Seelenatmosphäre (wie Angst, Lüsternheit, Haß und Schmerz) gibt es Dekorationen und darin Positionen. Spürbar verschrumpelt hier eine monumentale und monströse Historie zur Story eines Cartoons, ulkig manchmal, meist fad aufgesagt und von der pastelligen Verwaschenheit einstiger Sanellabilder (auf denen die Geheimnisse Afrikas und Indiens koloristisch dargestellt waren und in ein Album geklebt werden konnten). (...)

Michael Skasa, SZ, 3.4.99

Die Bibel – Jesus 86

JESUS ***+

TV

Regie: Roger Young
Darsteller: Jeremy Sisto (Jesus), Jacqueline Bisset (Maria), Luca Zingaretti (Petrus), Debora Messing (Maria Magdalena), Armin Mueller-Stahl (Josef), Gary Oldman (Pontius Pilatus), Christian Kohlund (Kaifas), Luca Barbareschi (Herodes Antipas)
Drehbuch: Suzette Couture, Roger Young
Kamera: Raffaele Mertes
Musik: Patrick Williams
Prod.: Lux Film/Beta, Italien/BRD 1999; Jeweils 90 Min.
TV: 25. und 26.12.1999, ARD, 18.20, 18.00
FSK: ab 6 J. (Teil 1), ab 12 J. (Teil 2)

Kann man in den Zynismus geeichten, auslaufenden 90ern die Bibel verfilmen? Man kann, aber das Ergebnis dieses deutsch-italienisch-amerikanischen Unterfangens ernst zu nehmen, fällt schwer. Da kullern die Tränen dekorativ über sorgsam geschminkte Antlitze, da wird edel geseufzt, heimtückisch getuschelt, versonnen räsoniert und malerisch gestorben – aber alles wirkt gestelzt, gekünstelt, gewollt und gestellt. An diesem Kolossal-Schinken mit seiner Promi-Schwarte, dem es sichtlich nicht an Budget, wohl aber an Inspiration mangelte, konnte man sich prächtig den Magen verderben. Die ARD tat gut daran, das im Vorabendprogramm zu platzieren.

W. O. P. Kistner, AZ, 28.12.1999

Das Biest im Bodensee 87

***

TV

Regie: Richard Huber
Darsteller: Barbara Rudnik (Eva Lehmann), Stefan Reck (Mark Lehmann), Anna Schmidt (Anne Lehmann), Peter Rühring (Dr. Josef Kepler), Andrea Zogg (Dr. Henning Stöve), Michael Schiller (Bornhak), Franz Buchrieser (Kommissar Schuh), Maximilian Cress (Oliver)
Drehbuch: Mathias Dinter
Kamera: Gerhard Schirlo
Prod.: Veith von Fürstenberg für Bavaria Film/Boa Film für RTL/DRS/ORF, BRD 1998; 90 Min.
TV: 31.1.1999, RTL, 20.15

(…) Skrupellose Wissenschaftler panschen im Labor eines Baseler Chemiekonzerns mit Genen, um eine seelenlose Arbeitskreatur zu schaffen. Die gute Forscherin Eva hält von solchen Plänen nichts und kündigt. Ihr karrierefixierter Kollege und Ehemann Mark dagegen arbeitet weiter an Evas letztem Projekt, »Probe 17«. Entsetzt muß er mit ansehen, wie der hungrige Unterwasser-Godzilla den Brutkasten sprengt, durch die Kanalisation in den Rhein flutscht und dann im beschaulichen Bodensee seinen Appetit mit friedlichen Urlaubsgästen stillt. Verzweifelt versuchen Mark und Eva, nun wieder im Team, die Schreckenskreatur zu töten. (…)

Vom Bodensee ergreift das Unterwasser-Ungeheuer allerdings nur im Film Besitz. Der Ort der Unterwasseraufnahmen war aus Kostengründen der Starnberger See. Trotz der hohen Produktionskosten von mehr als vier Millionen Mark denkt RTL bereits über eine Fortsetzung nach – hoffentlich mit einem besseren Finale. *Jochen Eversmeier, Der Tagesspiegel, 31.1.99*

Big City Blues 88

BIG CITY BLUES **

Video

Regie: Clive Fleury
Darsteller: Burt Reynolds (Connors), William Forsythe (Hudson), Georgina Cates (Angela), Balthazar Getty, Giancarlo Esposito (Georgie), Arye Gross (Babs), Donovan Leitch (Donovan), Michael Nicolosi (Kyle)
Drehbuch: Clive Fleury
Kamera: David Bridges
Musik: Tomas San Miguel, Lori Nafshun
Schnitt: Tom Seid
Prod.Des.: Bryony Foster
Prod.: Brad Wyman, Robyn Knoll, Clive Feury, William Forsythe, Kimberley Hines, Burt Reynolds für Kaguna/Keystone/Cineville/Storm Ent., USA 1998; 94 Min.
Vertrieb: VMP (Kinowelt) Video; 25.6.1999
FSK: ab 16 J.

Killer-Duo kommt bei Auftragserledigung eine geschwätzige Prostituierte und ein schwules Pärchen in die Quere. Alberne Krimi-Komödie, die mehr auf Tarantinos Spuren taumelt als wandert.

Big Daddy 89

BIG DADDY **

Regie: Dennis Dugan
Darsteller: Adam Sandler (Sonny), Joey Lauren Adams (Layla), Jon Stewart (Kevin), Cole Sprouse, Dylan Sprouse, (Julian), Josh Mostel (Mr. Brooks), Leslie Mann (Corinne)
Drehbuch: Steve Franks, Tim Herlihy, Adam Sandler
Kamera: Theo van de Sande
Musik: Teddy Castellucci
Schnitt: Jeff Gourson
Prod.Des.: Perry Andelin Blake
Prod.: Sid Ganis, Jack Giarraputo; Alex Siskin (Co-Prod.) für Out of the Blue Ent., USA 1999; 93 Min.
Verleih: Columbia TriStar/dto./Buena Vista/Columbia TriStar Video; 4.11.1999
FSK: o. A., ffr.

Ein 32jähriger Kindskopf mit Geld und ohne Ambitionen adoptiert einen fünfjährigen Bettnässer, um einen Spielkameraden zu haben, nachdem er die Freundin verloren hat. Gemeinsam pinkeln sie auf die Straße und genießen Junkfood. Allmählich entwickelt der Ältere Verantwortungs- und Vatergefühle und wird selber ein wenig erwachsen. Mäßig komische Komödie, die Toleranz und Familienbewußtsein propagiert. *Ralph Umard, tip, 23/99*

(…) Ein rührendes und vergnügliches, wenn auch stellenweise sehr platthumoriges Stück Popcornkino. *Film, 11/99*

(…) Jetzt wird man als Filmkritiker ins Kino geschickt, und wenn man eine Komödie mit Adam Sandler gesehen hat, dann sagt man sich auf dem Weg nach Hause auch vor, was man gesehen hat; »So ein Sch…, so ein Sch…«. Aber es nützt nichts, diese dramaturgisch und visuell sehr notdürftige Kotzen-Pinkeln-Rüpeln-Klamotte, die einen entweder mit schlechtem Geschmack oder mit Sentimentalität terrorisiert, die hat man quasi schon vergessen, bevor sie überhaupt läuft. (…)
Rupert Koppold, Stgt. Zeitung, 4.11.99

(…) Zwar kann sich Sandler auch in Big Daddy einige infantile, unter die Gürtellinie zielende Scherze nicht verkneifen, insgesamt hält er sich gegenüber früheren Filmen jedoch deutlich zurück und bemüht sich statt dessen um Ernsthaftigkeit. Nur leider will das so gar nicht zu ihm passen und sehr unterhaltsam ist das auch nicht. *Zitty, 23/99*

The Big Squeeze

90
***
TV

THE BIG SQUEEZE

Regie: Marcus DeLeon
Darsteller: Peter Dobson (Benny O'Malley), Lary Flynn Boyle (Tanya Muhill), Danny Nucci (Jesse Torrejo), Luca Bercovici (Henry Muhill), Teresa DiSpina (Cece), Michael Chieffo (Inspektor), Bert Santos (Manny), Sam Vlahos
Drehbuch: Marcus DeLeon
Kamera: Jacques Haitkin
Musik: Mark Mothersbaugh (Devo), The Iguanas
Schnitt: Sonny Baskin
Prod.Des.: J. Rae Fox
Prod.: Zane W. Levitt, Mark H. Yellen, Liz McDermott für Zeta Ent., USA 1996; 100 Min.
TV: 27.10.1999, Vox, 20.15

Drei Männer, Geld und eine Frau sind eine typische Ausgangssituation für einen Noir-Mörderkrimi. Was jedoch so anfängt und auch größtenteils gemäß der dramaturgischen Regeln dieses Genres abläuft, hat einige wunderliche Varianten zu bieten. (…) *Andreas Fuchs, Filmecho/Filmwoche, 37/96*

Bill Diamond – Geschichte eines Augenblicks

91
**

Regie: Wolfgang Panzer
Darsteller: Marek Kondrat (Mark), Kati Tastet (Jessi), Ettore Cella (Bill Diamond), Martin Huber (Luc), Tonia Maria Zindel (Marie)
Drehbuch: Wolfgang Panzer
Kamera: Edwin Horak
Musik: Filippo Trecca
Schnitt: Claudio Di Mauro
Prod.Des.: Christian Coigny, Jan Risch
Prod.: Wolfgang Panzer, Claudia Sontheim; Jean-Claude Cécile, Anne-Marie Toudic, Tilman Taube (Co-Prod.) für Borken Silence/Cine Film/Tumbleweed/SRG/SF DRS/Arte, BRD/Schweiz/Frankreich 1998; 91 Min.
Verleih: movienet/-/-; 22.4.1999

Ein alter Fotograf, der in schlaflosen Nächten Geschichten über die Menschen auf seinen Bildern erfindet, malt sich die Begegnung eines desillusionierten Zynikers mit einem jungen Modell aus, das er portraitieren soll. Die Jagd nach der Wahrheit des Abbilds gerät zum emotionalen Machtspiel, bei dem sich allmählich die Rollen zwischen Beobachter und Beobachteter verkehren. Ein unausgegorener Versuch, der inhaltlich wie formal keine schlüssige Fokussierung findet und gelegentlich nahe am Altherren-Voyeurismus vorbeischrammt.
Josef Lederle, filmdienst, 7/99

Anders als bei seinem gegen alle Kinotrends inszenierten Überraschungshit »Broken Silence« vor drei Jahren tischt uns Wolfgang Panzer hier eine unangenehm klebrige Herrenphantasie auf, die auch damit nicht zu entschuldigen ist, daß das peinliche Getue womöglich ein Gedankenspiel des noch nicht toten Bill Diamond in New York sein könnte.
Gerald Jung, Zitty, 9/99

Bis zum Horizont und weiter

92
***

Regie: Peter Kahane
Darsteller: Wolfgang Stumph (Henning Stahnke), Corinna Harfouch (Beate Nelken), Nina Petri (Katja Pfeifer), Gudrun Okras (Mutter Stahnke), Heinrich Schafmeister (Verteidiger), Jörg Schüttauf (Kommissar), Sissi Perlinger (»Contessa« Thilde), Karin Gregorek (Wärterin)
Drehbuch: Oliver Bukowski
Kamera: Gero Steffen
Musik: Tamas Kahane
Schnitt: Birgit Bahr
Prod.: Alfred Nehring für Polyphon mit MDR, BRD 1998; 96 Min.
Verleih: Progress/-/-; 28.1.1999
FSK: ab 12 J., ffr. – FBW: wertvoll

Der arbeitslose Braunkohlekumpel Bahlke entführt eine schicke, kühle Berliner Richterin, die seine kleinkriminelle Freundin zu vier Jahren Haft verurteilt hat. Das Roadmovie, das in Berlin beginnt und in einem Geisterdorf in der Lausitz endet, ist ein schöner praller Kinofilm geworden, in dem selbst verlassene Tagebau-Landschaften wie der Grand Canyon gut aussehen.

Wolfgang Stumph

Hier und da knirscht die Geschichte auch mächtig, doch es gibt wunderbar schräge, traurige und lustige Szenen. Lakonische Liebesgeschichte mit erstklassigen Schauspielern und waschechtem Western-Showdown. *tip, 3/99*

(...) »Bis zum Horizont und weiter« sieht der Film eine Landschaft des Verfalls entstehen, doch er reproduziert die Situation der Unterwerfung, die in der Geschichte des Ostens freilich nur eine Seite der Medaille bildete. Der Klageton des Films berührt, seine weiche Kleinzeichnung der Menschen verstört. Wer sich, schlecht im Erinnern, derart in der Welt von gestern vergräbt, dem kann am Ende der letzte Grenzhund des Systems zum lieben Gefährten werden. Im Haus der Stahnkes läßt er zwar die Fremden herein, aber keinen heraus. So buhlt ein schäbiger Witz um die regionale Gunst. *Hans-Jörg Rother, FAZ, 27.1.99*

Bedauern Sie den Verlust der Sicherheit aus der DEFA-Zeit?

»Ich kann mir aus der DEFA-Zeit nicht nur die Rosinen herauspicken. Man kriegt ein politisches System nicht in Einzelteile zerlegt, sondern nur als Ganzes. Wenn ein Drehbuch angenommen war, liefen Finanzierung und Durchführung relativ einfach. Aber ich erinnere mich auch sehr gut an bestimmte Stoffe, die ich nicht durchboxen konnte. Ich trauere den Dingen nicht nach. Ich genieße den derzeitigen Freiraum, obgleich die Suche nach Partnern, die meine Erzählweise und Filmsprache einschätzen können, sich nicht leicht gestaltet. Ostfilmemacher haben es schwer, weil man sie entweder wenig oder nur als historisches Modell kennt.« *Peter Kahane im Interview mit Margret Köhler, Blickpunkt Film, 4/99*

Bittere Unschuld

93
***
TV

Regie: Dominik Graf
Darsteller: Elmar Wepper (Andreas Brandt), Andrea L'Arronge (Monica Brandt), Mareike Lindenmayr (Eva Brandt), Michael Mendl (Larssen), Laura Tonke (Vanessa), Peter Weiß (Behrens), Peter Rühring (Stimmer), Cornelia de Pablos Veles
Drehbuch: Markus Busch
Kamera: Hanno Lentz
Musik: Dieter Schleip
Schnitt: Christel Suckow
Prod.Des.: Christof Schmidt
Prod.: Gloria Burckert für MTM Cineteve für ZDF mit Arte, BRD 1998; 90 Min.
TV: 25.10.1999, ZDF, 20.15;
9.7.1999, Arte

Der vertrackte Ehe- und Berufskonflikt-Schwelbrand hatte die latente Verunsicherungs-Atmosphäre von stummer Unzufriedenheit. Die Gattin steigert sich verbiestert in die Angst vorm Altern und wähnt sich betrogen – während der Ehemann ganz andere Sorgen hat und von seinem Chefetagen-Rivalen im Pharmakonzern mit krimineller Energie ausgetrickst wird. Daß der Rivale eine Vergewaltigung auf dem Kerbholz hat, läßt den von Entlassung Bedrohten schwanken zwischen Erpressung und Intrige. Die Sache endet mit Mord. Charakterzwielicht und Lebenspleite – ein schillerndes Drama der Ängste. *Ponkie, AZ, 12.7.99*

(...) Wie sie einander täuschen und enttäuschen, wie einige neues Vertrauen fassen und andere wiederum jede Würde verlieren, das macht die Köpfe zum Schauplatz emotionaler Kriege. Und das macht diesen Thriller so spannend.

Daß es auch einiges an äußerer Action gibt, daß geschlagen und geschossen wird, das kann man in diesem Filmdrama fast schon als Zugabe betrachten.
Rupert Koppold, Stgt. Zeitung, 9.7.99

Bittersweet 94
BITTERSWEET **
Video

Regie: Luca Bercovici
Darsteller: Angie Everhart (Samantha), James Russo (Joe Messa), Eric Roberts (Mr. Venti), Brian Wimmer (Exfreund Jed), Joe Penny (Carl), Francia Di Mase (Juliette)
Drehbuch: Rick Joe Blocks
Kamera: Adam Kane
Musik: Steve Edwards
Schnitt: Joseph Gutowski
Prod.: Kandice King, Lance King für Dog Atemy Script/Kandice King Prod., USA 1998; 93 Min.
Vertrieb: VPS Video; 20.4.1999
FSK: ab 16 J.

Exknacki Karen zieht in Allianz mit einem Detective einen Rachefeldzug gegen ihre Komplizen durch. Thriller für Fans, die immer noch auf Tradition stehen.

Black & White 95
BLACK & WHITE **
Video

Regie: Yuri Zeltser
Darsteller: Gina Gershon (Nora Hugosian), Rory Cochrane (Chris O'Brian), Ron Silver (Simon Herzel), Alison Eastwood (Lynn Dombrowsky), Barry Primus (Priester), Ross Partridge (Michael Clemence), Carl Anthony Payne (Ernie), Marshall Bell (Coast)
Drehbuch: Yuri Zeltser
Kamera: Phil Parmet
Schnitt: Glenn Garland
Prod.Des.: Keith Brian Burns
Prod.: Ram Bergman, Dana Lustig, Natan Zahavi für Tapestry/Kushner-Locke/Double Image, USA 1998; 93 Min.
Vertrieb: Kinowelt Video; 29.11.1999
FSK: ab 16 J.

Jungpolizist will seine taffe Super-Kollegin vom Verdacht, eine Serienkillerin zu sein, befreien. Nicht mit Klischees geizende Dutzendware, bei der einzig Gena Gershon im Gedächtnis haften bleibt.

Black Devil 96
LET THE DEVIL WARE BLACK ***
Video

Regie: Stacy Title
Darsteller: Randall Batinkoff, Jonathan Penner, Jacqueline Bisset, Maury Chaykin, Philip Baker Hall, Mary-Louise Parker, Norman Reedus, Jamey Sheridan
Drehbuch: Jonathan Penner, Stacy Title
Kamera: James Whitaker
Musik: Chistophe Beck
Schnitt: Luis Colina
Prod.Des.: Alec Hammond
Prod.: Cindy Margulis; Steve Spina, Shebnem Askin (Co-Prod.) für New Moon Prod. mit Trimark Pict./Matt Salinger Prod., USA 1998; 91 Min.
Vertrieb: BMG Video; November 1999
FSK: ab 16 J.

Der 32jährige Jack wird durch den plötzlichen Tod seines Vaters vom Leben in die Pflicht genommen: Er, der sich bisher weigerte, erwachsen zu werden, nimmt die mysteriösen Umstände, die zum Tod des Vaters führten, unter die Lupe. Moderne »Hamlet«-Version mit ansprechender Besetzung und flacher Spannungskurve.

The Blair Witch Project 97
THE BLAIR WITCH PROJECT **

Regie: Daniel Myrick, Eduardo Sanchez
Darsteller: Heather Donahue, Michael Williams, Joshua Leonard, Bob Griffith, Jim King, Sandra Sanchez, Ed Swanson, Patricia Decou
Drehbuch: Daniel Myrick, Eduardo Sanchez
Kamera: Neal Fredericks
Musik: Tony Cora
Schnitt: Daniel Myrick, Eduardo Sanchez
Prod.Des.: Ben Rock
Prod.: Gregg Hale, Robin Cowie; Michael Monello (Co-Prod.) für Artisan Ent./Haxan Films, USA 1999; 87 Min.
UA: 25.1.1999, Sundance Film Festival
EA: Filmfest Hamburg 1999
Verleih: Arthaus/Constantin/Rialto/Kinowelt Video und DVD; 25.11.1999
FSK: ab 12 J., ffr.

Von einem Kamerateam, das in den Wäldern von Maryland einer alten Hexensage nachspüren wollte, fehlt jede Spur. Nur ihr Filmmaterial ist wieder aufgetaucht, das der Zuschauer integral zu sehen bekommt. Es besteht vornehmlich aus wackligen Kamerafahrten durchs Unterholz, begleitet vom angsterfüllten Keuchen der Crew, die sich von einer mysteriösen Macht verfolgt sieht. Diese Situation freilich ist ein ›fake‹, den sich drei junge Filmstudenten in den USA ausgedacht haben. Ihr eher mäßiges Werk lebt von der hautnahen Beteiligung des Publikums an einer scheinbar realen Situation mit unheimlichem Ausgang. *Film, 10/99*

(...) Ein kleiner dreckiger Horrorfilm voll roher Gewalt, der das Fürchten und Gruseln im Kino neu lehrt. Nicht zuletzt ein cleveres Spiel mit der Wirklichkeit. *Volker Gunske, tip, 25/99*

(...) Fake-Doku, deren Konzept nach kurzer Zeit in einen formalen wie inhaltlichen Totpunkt mündet, trotz ihrer akademischen Suspense-Fingerübungen aber seit ihrer Premiere zum gefeierten Kultfilm avancierte. *Multimedia*

(...) Dabei sind weder Story noch Methode neu. So gab es eine Reihe von B-Pictures aus der Horror- und Science-Fiction-Gattung, wo (angeblich) aufgefundenes Filmmaterial schreckliche Erlebnisse rekonstruieren ließ wie etwa bei »Cannibal Holocaust« (1979) von Ruggero Deodato, wo sadistische Fernsehfilmer auf Kannibalen trafen, sie quälten und getötet wurden. Die

›The Blair Witch Project‹

Videokamera lief über den Tod hinaus weiter.

(...) Wie hier durch die Vortäuschung von Authentizität und mit Schockelementen der Zuschauer in Angst versetzt wird, berührt doch unangenehm, und was sich großspurig »Method Filmmaking« nennt, erweist sich letztlich als aufgeblähtes Spektakel.

Heiko R. Blum, Rheinische Post, 26.11.99

(...) Der Verleih Artisan Entertainment, der »Blair« bei Sundance für 1,1 Millionen Dollar gekauft hat, darf sich freuen. »Blair« bricht nicht nur in den Kunst-Kinos, sondern auch in den regulären Kinoketten sämtliche Rekorde. Gleich am ersten Wochenende hat der Film 1,5 Millionen Dollar eingespielt. Die Durchschnittseinnahmen pro Theater sind, wie das Branchenblatt Variety atemlos mitteilt, doppelt so hoch wie einst die für Steven Spielbergs »Schindlers Liste«.

»Blair« ist das deutlichste Beispiel für ein neues Phänomen: Der Erfolg des Films wird nicht von einer konventionellen Werbekampagne, sondern einer Website, kombiniert mit Mundpropaganda, angetrieben. Die Internet-Adresse, die schon seit Wochen von Neugierigen belagert wird und neben der detailliert ausgesponnenen Hexenlegende auch T-Shirts, CDs und Poster zum Film anpreist, wird täglich von 1,5 Millionen Websurfern besucht. Um den »buzz« auch weiterhin auf Hochtouren zu halten, wurde der Film bislang nur in wenigen Städten gezeigt. Die anderen mußten sich bis heute gedulden, wenn »Blair« in 700 bis 800 weiteren Theatern anläuft. Die Idee hinter dieser »Verweigerung« erläutert einer von Artisans Präsidenten, Amir Malin, der Zeitschrift Variety: »Wir wollten eine so heiße Sache aus dem Film machen, daß damit die Mundpropaganda noch weiter angekurbelt würde.« Überall in den USA, fügte Malin hinzu, seien Kids frustriert an den Theaterkassen umgekehrt, weil keine Karten mehr zu

Heather Donahue

haben waren. Mag sein, daß »Blair« keine Filmgeschichte machen wird. Doch in den Annalen des Marketings ist dem Film ein Platz sicher.

Vera Graaf, SZ, 30.7.99

(...) Unterdessen läuft die Blair Witch-Vermarktung auf Hochtouren. Artisan unterschrieb gerade einen Deal mit dem TV-Sender Fox über 20 Millionen Dollar für die Ausstrahlungsrechte von Blair Witch. Die Pay-TV-Rechte gingen für 13 Millionen Dollar an Showtime. Zu Halloween wird The Blair Witch Project auch auf Video erscheinen. Sollte sich der Horrorstreifen – wie Experten vermuten – im Laden sechs- bis acht Millionen mal verkaufen, würde Artisan weitere 60 Millionen Dollar kassieren. Außerdem steht noch das Europa-Geschäft aus. Ob der Film hier allerdings ähnliche Erfolge feiern wird, ist fraglich, da die Kinogänger die wahre Geschichte hinter dem Blair Witch Project bereits kennen.

Bei so viel Kassengeklimper ist ein Streit programmiert. Sam Barber, einer der Co-Autoren von The Blair Witch Project, fühlt sich von Regisseur Daniel Myrick, dem Produzenten Gregg Hale und den Vertreibern Artisan Entertainment finanziell benachteiligt. Barber hatte sich von den Blair Witch-Machern nach Beendigung des Projekts ausbezahlen lassen und das große Kassemachen nur als Unbeteiligter verfolgen können. Jetzt verlangt er zehn Millionen Dollar nachträglich.

Frank Siering, w&v, 15.10.99

Als Sie anfingen, an The Blair Witch Project zu arbeiten: Was haben Sie da machen wollen?

Naja, realistisch betrachtet: Was konnte das schon werden, mit 30 000 Dollar auf High-8-Format? Natürlich hatten wir große Ambitionen und wollten unser Leben finanzieren können. Aber realistisch betrachtet war unser Ziel, einen Vertrag mit dem Kabelfernsehen zu bekommen und eine gute Arbeitsprobe abzuliefern. Die Leute sollten uns die Mythologie abkaufen, an der wir gestrickt hatten. Und im allerbesten Fall würden wir vielleicht einen kleinen Arthaus-Kinoverleih bekommen. An das, was dann passiert ist, haben wir nie und nimmer gedacht. Der ganze Mythen-Hintergrund, den wir übers Internet verbreitet haben, war Teil der Vermarktung und sollte die Leute neugierig machen. Das hat dann aber schnell eine Eigendynamik entwickelt, und der Film erschien plötzlich nur noch als kleiner Teil einer großen Geschichte. Wir benutzten das Internet nur als Medium, um die Geschichte zu entwickeln.

Wovon haben Sie vor dem Film gelebt?

Wir haben alles gemacht, von Arbeiten in einer Bar bis hin zu kleinen Hilfsjobs im Filmbereich, ich war Cutter, Kameramann, genau wie im alten Klischee vom Tellerwäscher. Als wir dann The Blair Witch Project machen wollten, haben wir ein paar kommerzielle Sachen gemacht, ironischerweise haben wir diese Filmchen gemacht, die in den Planet Hollywood-Restaurants auf Monitoren gespielt werden.

Daniel Myrick im Interview mit Rüdiger Suchsland, FR, 24.11.99

Sie kamen gerade von der Uni, als Sie es mit den abgebrühtesten Profis zu tun bekamen. Wie haben Sie verhandelt?

Nicht anders als mit einer schönen Frau. Die verdreht Ihnen auch den Kopf – dann gehen Sie nach Hause und überlegen, ob sie es wirklich ernst meint, ob sie treu und schlau genug ist, um es ein paar Monate mit Ihnen auszuhalten. Es ist reine Gefühlssache. Glück braucht man auch.

Sie hatten beides?

Es war perfekt. Artisan, ein winziger Verleih, nahm sich unser an. Der Chef der Firma, Amir Malin, kam persönlich. Er redete keinen Quatsch. Er sagte nur, er könne aus unserem Filmchen dreißig Millionen Dollar rausholen. Kurz zuvor hatte er mit Darren Waranofskys Mathematik-Drama »Pi« drei Millionen eingepielt – ein kleines Wunder. Er bot uns eine Million und Anteile am Gewinn, wir schlugen ein.

Die Angebote der Großen – Miramax, Universal, Twentieth Century Fox – schlugen sie aus?

Die haben natürlich unvergleichlich mehr Geld geboten, aber wir konnten unseren Film doch nicht an irgendeinen Angestellten verkaufen. Die haben Vorgesetzte, die wiederum Vorgesetzte haben. Jeder will mitreden, bis sie am Ende feststellen, dass der Film nun doch nicht zum familienfreundlichen Image des Konzerns passt. Manchmal kaufen Studios einen Film nur auf, damit er im Lager verschwindet. Strategische Gründe.

Was hat Artisan für Sie getan?

Wenig, aber genug – zum Beispiel eine sagenhaft erfolgreiche Internet-Kampagne lanciert. Der Film lief in 27 Kinos an, gleich mit einem Jahrhundertrekord: 65 000 Dollar Umsatz pro Leinwand. Zum Vergleich: Star Wars Episode 1 hatte 25 000 Dollar. Schon eine Woche später liefen wir in 1100 Sälen.

Daniel Myrick im Interview mit Lars Jensen, SZ Magazin, 12.11.99

Die blaue Kanone

98
**
TV

Regie: Otto W. Retzer
Darsteller: Ottfried Fischer (Hans Kleiber), Verona Feldbusch (Jutta Binder), Fritz Wepper (Harry Groß), Wolfgang Fierek (Franz Faltinger), Dennenensch Zoudé (Verena), Karl Markovics (Carlo Carnetti), Ingrid Steeger (Eliette Brösing), Arthur Brauss (Hrdlitzka)
Drehbuch: Erich Tomek
Kamera: Helmut Pirnat
Prod.: BRD 1999; 89 Min.
TV: 4.4.1999, RTL, 20.15

Eine aus Einfallslosigkeit, Stümpertum und Leerlauf zusammengestoppelte, ultrablöde Klamotte, zu der allen Ernstes jemand seinen Namen als Verfasser (und wohl auch seine Bankverbindung) zur Verfügung stellte. Zu notorisch unterbelichteten Anti-Talenten wie Verona Feldbusch und Wolfgang Fierek (der ist ein guter Typ, Anm. Red.) gesellten sich Fritz Wepper und Ottfried Fischer und noch eine Handvoll Supernasen, die sich dieses Schwachsinns in ihrer Filmographie schämen sollten. Absolut primitiv, völlig witzlos und inszenatorisch armselig – unter aller Kanone. *W.O.P. Kistner, AZ, 6.4.99*

Blinder Passagier

99
****

DE VERSTEKELING

Regie: Ben van Lieshout
Darsteller: Bekzod Mukhamedkarimov (Orazbaj), Ariane Schluter (Katherina), Dirk Roofthooft (Seemann), Rick van Castel (Maarten), Sjamoerat Oetemratov (Vater)
Drehbuch: Bert Bisperink, Ben van Lieshout
Kamera: Stef Tijdink
Musik: Harry de Wit
Schnitt: Rene Wiegmans
Prod.: Hans de Weers, Hans de Wolf für Egmond/VPRO Televisie/KaraKalpakfilm, Niederlande 1997; 91 Min.
UA: Mannheim 1997
EA: Max Ophüls Preis, Saarbrücken 1998
Verleih: Pegasos/-/-; 29.7.1999
FSK: o. A., ffr.

Der Usbeke Orazbaj, geboren an den Ufern des ausgetrockneten Aralsees, sucht nach einem besseren Leben jenseits der postsozialistischen Apokalypse, in der er jeden Morgen wieder erwacht. Eine Reise als blinder Passagier auf einem Frachtschiff endet abrupt in Rotterdam, spontane Solidarität einer Passantin hilft weiter. Lieshouts Film ist von einer unerhörten Freundlichkeit durchströmt, bewundernswert gelöst gespielt und mit soviel Wirklichkeitssinn ausgestattet, daß er sich schließlich die Wendung ins Märchenhafte erlauben darf.

Robert Weixlbaumer, tip, 16/99

Der blonde Affe 100

THE BLOND BABOON **

TV

Regie: Thomas Jauch
Darsteller: Jürgen Prochnow (Jan Vleuten), Götz Otto (Graf), Michael Mendl (Bellmann), Peter Franke (Bunz), Karoline Eichhorn (Gabrielle), Benjamin Sadler (Andreas Prolsch), Michaela Rosen (Elaine Troost), Burkhart Klaussner (Bergen)
Drehbuch: Michael Baker, nach dem Roman von Jan Willem van de Wetering
Kamera: Jörg Widmer
Prod.: BRD/Niederlande 1998; 90 Min.
TV: 4.4.1999, ARD, 20.15

Der Tod der wohlhabenden Galeristin Elaine Troost gibt der Hamburger Polizei Rätsel auf. Was zunächst wie ein tragischer Unfall in der Badewanne aussieht, erweist sich bei der Obduktion als Mord. Ihr ehemaliger Geliebter, ein Kunstfälscher und Lebemann mit dem Spitznamen »der blonde Affe« ist aber nicht der einzige Verdächtige. (...)

Pressetext

(...) Die Personen plapperten Pseudophilosophisches (»Was wir tun, tun wir aus Liebe – nicht aus Haß oder Gier. Und deshalb wird es uns gelingen«), der Handlungsfluß tröpfelte spannungsarm dahin, die ziemlich vorhersehbare Lösung wurde häppchenweise via Rückblenden präsentiert. Da half auch aufgesetztes Kamerastyling nix: Es blieb langweilig.

W.O.P. Kistner, AZ, 6.4.99

Blood Sucking Freaks 101

BLOOD SUCKING FREAKS *

Video

Regie: Joel M. Reed
Darsteller: Seamus O'Brien (Master Sardu), Viju Krem (Natasha D'Natalie), Niles McMaster (Tom Maverick), Dan Fauci (Sgt. John Tucci), Alan Dellay (Creasy Silo), Ernie Pysher (Der Doktor), Luis DeJesus (Ralphus), Helen Thompson
Drehbuch: Joel M. Reed
Kamera: Gerry Toll
Musik: Michael Sahl
Schnitt: Joel R. Herson, Victor Kanefsky
Prod.: Alan G. Margolin für Troma Films, USA 1978; 90 Min.
Vertrieb: Dominik Video; 19.5.1999

Blut- und Metzelschund der untersten Schublade. Story? Haha! Nicht umsonst wartete dieses Oeuvre 21 Jahre auf Veröffentlichung.

Bloodsport IV – The Dark Kumite 102

BLOODSPORT 4: THE DARK KUMITE *

Video

Regie: Elvis Restaino
Darsteller: Daniel Bernhardt (John Keller), Stefanos Miltsukakis, Michael Krawic (Winston), Derek McGrawth (Warden Preston), Lisa Strothard (Blaire), Elvis Restaino (Dr. Rosenbloom)
Drehbuch: George Saunders
Kamera: George Mooradian
Musik: Alex Wurman
Schnitt: Vesna Kreber
Prod.: Alan Mehrez für F.M.Ent./Trans American, USA 1998; 88 Min.
Vertrieb: Highlight Video; 19.4.1999
FSK: ab 16 J.

Detective John Keller jagt den totgeglaubten Herrn Schreck, den Mörder seiner Familie, und stößt dabei auf illegale Kampfsportwettbewerbe. Bodenlos primitiver Action-Quatsch.

Bloody Weekend 103

LOADED □

TV

Regie: Anna Campion
Darsteller: Oliver Milburn (Neil), Nick Patrick (Giles), Catherine McCormack (Rose), Thandie Newton (Zita), Matthew Eggleton (Lionel), Danny Cunningham (Lance), Biddy Hodson (Charlotte), Joe Gecks
Kamera: Alan Almond

Musik: Simon Fisher Turner
Prod.: GB/Neuseeland 1994; 90 Min.
TV: 12.5.1999, WDR, 23.30

Sieben englische Schüler verbringen ein Wochenende in einem abgelegenen Landhaus, um dort ein Horrorvideo zu drehen. Doch bald sind sie in eine heftige Auseinandersetzung verwickelt.
Pressetext

Blue Motion

104
****

Regie: Benno Hungerbühler
Drehbuch: Benno Hungerbühler
Kamera: Beat Roth, Dominik Keller
Musik: Panaiotis, Maria Kalamineni, Andy Egert
Schnitt: Benno Hungerbühler
Prod.: Benno Hungerbühler, Schweiz 1999; 73 Min.
Verleih: -/-/Benno Hungerbühler; Juni 1999

Der Basler Filmemacher Benno Hungerbühler begleitet in seinem faszinierenden Bild- und Tonpoem die amerikanische Choreographin Cathy Sharp bei der Arbeit an ihrem Stück »The Ballad of Frankie Silver«. Dabei geht es um die Aufbereitung des Schicksals von Frankie Silver aus North Carolina, die 1833 nach dem Mord an ihrem Ehemann hingerichtet wurde. Ein formal überzeugender, emotionaler und sinnlicher Versuch, über die Wahrnehmung der ausdrucksstarken, faszinierenden Cathy Sharp etwas vom zeitlosen Charisma einer exemplarischen Frauenfigur zu ergründen. *Zoom, 6-7/99*

Bob Marley – Live in Concert

105
***

Regie: Stefan Paul
Drehbuch: Stefan Paul
Kamera: Hans Schalk
Musik: Bob Marley & the Wailers
Schnitt: Hildegard Schröder
Prod.: Gerd Unger, Stefan Paul für Arsenal, BRD 1979–1999; 85 Min.
Verleih: Arsenal/-/Stamm; 1.7.1999

Vor dem Hintergrund des neu erwachten Interesses an Bob Marley und seiner Reggae Music bietet Stefan Pauls Dokumentarfilm bislang unveröffentlichte Aufnahmen, die die charismatische Wirkung des Sängers und Musikers veranschaulichen. Trotz einiger Längen und teilweise bescheidener Bildqualität kommen Musikfreunde allemal auf ihre Kosten. (...) *Reinhard Kleber, Filmecho-Filmwoche, 26/99*

(...) »Bob Marley – Live in Concert« zeigt die Höhepunkte der letzten Konzerte von 1980 (Uprising Tour/Dortmund) und 1979 (Reggae Sunsplash/Mobay) und garniert sie mit kurzen Sequenzen von Marleys Begräbnis.
tip, 14/99

Bobo und die Hasenbande 2 Abenteuer im Wald

106
A HETEDIK TESTVER 2
**
Video

Regie: József Gémes, Jeno Koltai
Drehbuch: Forrest S. Baker III, Ray Goldrup, Scott Murphy
Musik: Alan Williams, Dennis Spiegel (Songs)
Schnitt: Stephan L. Johnson, Forrest S. Baker III
Prod.: Borbada Mezei, Don A. Judd für Beaufilm/Pannónia Film Studio/Feature Films for Families, Deutschland/Ungarn/USA 1998; 78 Min.
Vertrieb: Columbia Tristar Home Video; 9.2.1999
FSK: o. A.

Bobo rettet die Tiere des Waldes vor Gefangenschaft und Ausrottung durch den fiesen Herrn Allmacht. Einfallsloser Zeichentrick für die lieben Kleinen mit simpler Umweltideologie angereichert.

Bodyguard – Dein Leben in meiner Hand

107
***
TV

Regie: Wilhelm Engelhardt
Darsteller: Uwe Ochsenknecht (Gilbert Metz), Aglaia Syszkowitz (Nadja Waller), Michael von Au (Achim Solheim), Bojana Golenac (Nele Waller), Helmfried von Lüttichau (Pit), Bernhard Piesk (Harry), Helmut Rühl (Arnold)
Drehbuch: Jan Schröter, Rainer Berg
Kamera: Ekkehart Pollack
Prod.: Norbert Sauer für Ufa für RTL, BRD 1999; 90 Min.
TV: 27.10.1999, RTL, 20.15

Nadja Waller leitet eine Personenschutzagentur und ernährt damit mühselig sich und ihre taubstumme Schwester Nele. Dann erhält Nadja den lukrativen Auftrag, dem Großindustriellen Gilbert Metz Personenschutz zu geben. Ihre Freude verkehrt sich in einen Alptraum, als kurz nach Übernahme des Auftrags Nele von einem Unbekannten entführt wird und nur dann freigelassen werden soll, wenn Nadja Gilbert Metz in aller Öffentlichkeit erschießt.

Pressetext

Bone Daddy – Bis auf die Knochen 108

BONE DADDY

*

Video

Regie: Mario Azzopardi
Darsteller: Rutger Hauer (Palmer), Barbara Williams (Sharon), Joseph Kell (Peter), R. H. Thompson (Stone), Robin Gammell
Drehbuch: Tom Szollosi
Kamera: Danny Nowak
Musik: Christophe Beck
Schnitt: Dean Balser
Prod.: Lewis B. Chesler, Jean Desomeaux für Dark Line/The Kusher-Locke Company, USA 1998; 91 Min.
Vertrieb: VMP (Kinowelt) Video; 9.4.1999
FSK: ab 16 J.

Exgerichtsmediziner bekommt blutige Post von einem Serienkiller. Außer der Tatsache, daß Rutger Hauer auf der Besetzungsliste steht, ein nicht erwähnenswerter Horrorthriller der Super-Billig-Liga.

Bowfingers große Nummer 109

BOWFINGERS BIG THING

***

Regie: Franz Oz
Darsteller: Steve Martin (Bowfinger), Eddie Murphy (Kit Ramsey/Jeff Ramsey), Robert Downey jr. (Jerry Renfro), Heather Graham (Daisy), Christine Baranski (Carol), Jamie Kennedie (Dave), Barry Newman (Kits Agent), Terence Stamp (Terry Stricter)
Drehbuch: Steve Martin
Kamera: Ueli Steiger
Musik: David Newman
Schnitt: Richard Pearson
Prod.Des.: Jackson DeGovia
Prod.: Brian Gazer für Universal,

Steve Martin und Eddie Murphy

USA 1998; 97 Min.
Verleih: UIP/UIP/UIP
FSK: ab 6 J., ffr. – FBW: Wertvoll

Ein erfolgloser Regisseur will mit allen Mitteln, aber ohne Geld einen Film drehen. Schließlich geht er in seiner Verzweiflung sogar so weit, einen paranoiden Filmstar ohne dessen Wissen mit versteckter Kamera aufzunehmen, was selbstverständlich für haarsträubende Verwicklungen sorgt. Eine brillant erdachte und inszenierte Komödie, die den selbstgestellten Anspruch nicht nur bravourös einlöst, sondern fast beiläufig auch eine liebevolle Hommage ans Kino und an all jene Verrückten ist, die sich ihm mit Leib und Seele verschrieben haben. *Film, 10/99*

(...) Dem anfangs drolligen Lehrgang über Guerrillatechniken bei der Filmproduktion geht auf halber Strecke die Luft aus. Auch das Zusammentreffen der Komödienstars Martin und Eddie Murphy hätte man sich funkensprühender gewünscht.

Gerhard Midding, tip, 23/99

(...) Der entscheidende Unterschied zu den Filmen Ed Woods liegt naturgemäß darin, dass in Bowfingers große Nummer die Wirklichkeit hinter der Kamera nicht unversehens aus den Bildern lugt, sondern selbst Teil einer professionellen Inszenierung ist. Diesen Mangel an charmantem Dilettantentum versucht Autor und Hauptdarsteller Martin mit detailverliebtem Spott über die kleinen

Freuden und großen Eitelkeiten der Hollywoodschen Schmuddelkinder wettzumachen – was ihm aber nur mit Abstrichen gelingt. Zwar ist Bowfingers Improvisationstalent gelegentlich todesverachtend und die nie verebbende Hysterie am Drehort durchaus sehenswert, doch letztlich bleibt die Satire für ihren Gegenstand zu zahm.

Michael Kohler, FR, 27.10.99

Die Boys 110
THE BOYS ***

Regie: Rowan Woods
Darsteller: David Wenham (Brett), Toni Collette (Michelle), Lynette Curran (Sandra), John Polson (Glenn), Jeanette Cronin (Jackie), Anthony Hayes (Stevie), Anna Lise (Nola), Pete Smith (George)
Drehbuch: Stephen Sewell, nach dem gleichn. Bühnenstück von Gordon Graham
Kamera: Tristan Milani
Musik: The Necks
Schnitt: Nick Meyers
Prod.Des.: Luigi Pittorino
Prod.: Robert Connolly, John Maynard; David Wenham (Ass.Prod.) für Arenafilm, Australien 1997; 86 Min.
EA: 19.2.1998, Int. Filmfestspiele Berlin, »Wettbewerb«

Sozialdrama in Sidneys Vorstadt-Kiez. Brett kommt auf Bewährung aus dem Knast. 24 Stunden später ist er schon wieder eingebuchtet. Wie es dazu kommt, erzählt der Film mit bitterem Blick auf das zerstörerische Wirken von asozialen Mechanismen und kommunikativer Ohnmacht in Familie und Umfeld. Präzise beobachtet Woods seine Figuren, die zwischen sexueller Machtdemonstration, Haß und stummer Verzweiflung hin- und hergeworfen sind. Doch im didaktischen Ehrgeiz, so viele Schlüsselszenen wie möglich anzusammeln, bleibt der beabsichtigte Realismus auf der Strecke.

Iris Depping, tip, 16/99

Die Brandon Teena Story 111
THE BRANDON TEENA STORY ****

Regie: Susan Muska, Gréta Olafsdóttir
Drehbuch: Susan Muska, Gréta Olafsdóttir
Kamera: Susan Muska
Schnitt: Susan Muska, Gréta Olafsdóttir
Prod.: Susan Muska für Bless Bless Prod., USA 1997; 90 Min.
EA: 19.2.1998, Int. Filmfestspiele Berlin, »Panorama: Dokumente«
Verleih: Eigenverleih/-/-; 4.3.1999

Im ländlichen Nebraska wurde 1993 die 21jährige Transsexuelle Brandon von zwei »Freunden« vergewaltigt und eine Woche später erschossen. Die Filmemacherinnen dokumentieren die Ereignisse mit Hilfe von transkribierten Verhören, lassen Verwandte, Freunde, Sheriffs, Anwälte und die Täter selbst die Dinge aus ihrer Sicht schildern. Statements zwischen Bitterkeit, Unbeholfenheit und dumpfer Ignoranz.

Iris Depping, tip, 6/99

Die Braut 112
***+

Regie: Egon Günther
Darsteller: Veronica Ferres (Christiane Vulpius), Herbert Knaup (Johann Wolfgang von Goethe), Franziska Herold (Charlotte Lengefeld-Schiller), Christoph Waltz (Herzog Carl August), Friedrich Wilhelm Junge (Christoph Martin Wieland), Sibylle Canonica (Charlotte von Stein), Justus von Dohnany, Jörg Schüttauf
Drehbuch: Egon Günther, nach einer Idee von Albrecht Böner
Kamera: Peter Brand
Schnitt: Monika Schindler
Prod.Des.: Harald Horn
Prod.: Georg Stingl für Tellux/MDR/HR/ORF/Studio Babelsberg Independents (Co-Prod.), BRD 1998; 112 Min.
Verleih: Progress-/-/; 27.5.1999
FSK: ab 12 J., ffr. – FBW: Wertvoll

(...) In Erinnerung an die Qualität vieler Arbeiten von Autor und Regisseur Egon Günther (etwa »Der Dritte«, »Lotte in Weimar«) kommen einem nun die Tränen. Der 28 Jahre umfassende Dauerclinch von Christiane Vulpius und Goethe holpert allein schon (film)zeitlich. Die Montage ist mißlich. Oft bleibt völlig unverständlich, ob zwischen zwei Szenen Stunden oder Jahre vergangen sind. Mysteriös auch die Masken: Goethe altert sichtbar, Christiane beeindruckt noch auf dem Totenbett mit properer junger Nackt-

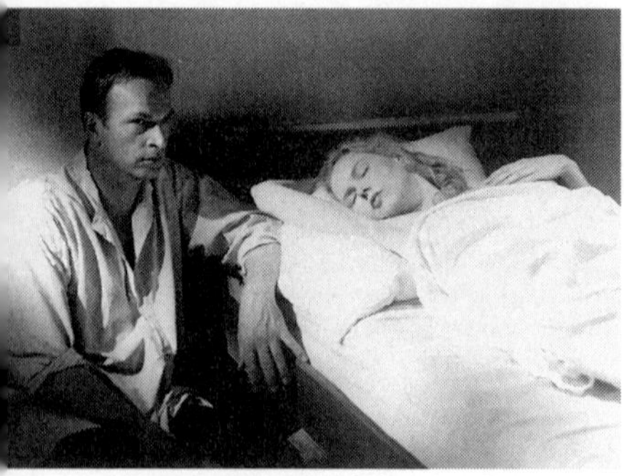

Herbert Knaup und Veronica Ferres

heit. Ansonsten versucht deren Darstellerin krampfhaft zu zeigen, was für eine gute Schauspielerin sie ist. Der Versuch verpufft in Vorzeigegestik. Was ist passiert? – Es scheint, als wäre für 4 Stunden gedreht, dann aber die 112-Minuten-Fassung zusammengestoppelt worden. Dafür spricht, daß es Presseeinladungen zu Setbesuchen gab und dabei Schauspieler vor der Kamera standen, die im fertigen Film nicht mehr auftauchen. Wer hat da gemurkst? Regie? Produzentenheer? Verleih? Herausgekommen jedenfalls ist ein Bilderreigen banaler Bumsereien und Böllerschüsse, ein Trauerspiel!

Peter Claus, Zitty, 11/99

In zahlreichen Episoden nähert sich der Film der historischen amour fou, ohne jedoch die einzelnen Bruchstücke formal oder inhaltlich zu verknüpfen. Ergebnis ist eine patchworkartige Filmsprache mit erstaunlich hohem Trash-Faktor, eher an Schlingensief erinnernd als an die deutsche Klassik. In der Art und Weise seines Scheiterns wirkt der Film fast schon wieder sympathisch.

Claus Löser, tip, 12/99

Die Braut, die sich nicht traut 113

RUNAWAY BRIDE ****+

Regie: Garry Marshall
Darsteller: Julia Roberts (Maggie Carpenter), Richard Gere (Ike Graham), Joan Cusack (Peggy Flemming), Rita Wilson (Ellie), Hector Elizondo (Fisher), Paul Dooley (Walter), Christopher Meloni (Coach Rob), Donal Logue
Drehbuch: Sara Parriott, Josann McGibbon
Kamera: Stuart Dryburgh
Musik: James Newton Howard
Schnitt: Bruce Green
Prod.Des.: Mark Friedberg
Prod.: Ted Field, Tom Rosenberg, Scott Kroopf, Robert Cort für Interscope mit Lakeshore Ent., USA 1999; 116 Min.
Verleih: Buena Vista/dto./dto./Buena Vista Video; 30.9.1999
FSK: o.A., ffr.
FBW: Besonders wertvoll

Für das romantische Tauziehen zwischen einem Zeitungskolumnisten und einer Provinzschönheit, die regelmäßig ihre Männer vor dem Traualtar sitzen lässt, schöpft Garry Marshall das Inventar der Screwball-Comedy recht umstandslos aus: das Remake nicht eines einzigen Films, sondern eines ganzen Genres. Die Stars Richard Gere und Julia Roberts agieren, als sei ihre Paarung schon ein Selbstgänger. Und dass aus den beiden Kontrahenten Liebende werden geschieht ohne nennenswerte Anstrengung der Drehbuchautoren. Dennoch nimmt der Film die Blessuren seiner Figuren erstaunlich ernst.

Gerhard Midding, tip, 21/99

(...) Zwar operierte »Pretty Woman« mit üppigen Klischees, gab aber auch nicht vor, mehr als ein leicht konsumierbares Märchen sein zu wollen. »Runaway Bride« ist merkbar ehrgeiziger, kann sich aber dann doch zwischen Märchen und einigermaßen realistisch erzählter Geschichte nicht entscheiden.

Marion Löhndorf, FAZ, 2.10.99

»Runaway Bride ist eben keine Fortsetzung von ›Pretty Woman‹, sondern ein ganz neuer, eigenständiger Film. Richard und ich haben ihn gemacht, weil uns das Drehbuch voll und ganz überzeugt hat. Und abgesehen davon: Wenn mich die Leute nur als Pretty Woman im Gedächtnis behalten wollen – mir soll es recht sein. Ich kann mir schlimmere Bezeichnungen vorstellen.«

Julia Roberts im Interview mit Ulrich Lössl, Zitty, 14/99

Breakfast of Champions – Frühstück für Helden 114
BREAKFAST OF CHAMPIONS ***+

Regie: Alan Rudolph
Darsteller: Bruce Willis (Dwayne Hoover), Albert Finney (Kilgore Trout), Nick Nolte (Harry Le Sabre), Barbara Hershey (Celia Hoover), Glenne Headley (Francine Pefko), Lucas Haas (Bunny Hoover), Omar Epps (Wayne Hoobler), Buck Henry (Fred T.Barry)
Drehbuch: Alan Rudolph, nach einem Roman von Kurt Vonnegut
Kamera: Elliot Davis
Musik: Mark Isham
Schnitt: Suzy Elmiger
Prod.Des.: Nina Ruscio
Prod.: Alan Rudolph, David Blocker für Summit Ent./Flying Heart, USA 1998; 110 Min.
UA: 13.2.1999, Int. Filmfestspiele Berlin
Verleih: Tobis/Constantin/Elite/BMG (Ufa)
Video; 18.2.1999
FSK: ab 12, ffr.

Dwayne Hoover, erfolgreicher Autohausbesitzer und allgegenwärtig in den Werbesendungen des Lokal-TVs, flüchtet sich nach und nach aus den engen Lebenskonventionen seiner amerikanischen Kleinstadt. Er kippt in eine Scheinwelt aus Visionen, in der die Zeichensprache der Werbung und die Logik des Science-Fiction-Romans an Bedeutung gewinnt. Eine Vielzahl signifikanter Zeichen wird mit prägnanten Botschaften und einer guten Tonspur augenzwinkernd zu einer Collage des amerikanischen Alptraums montiert.

Multimedia

Kurt Vonneguts Roman galt als unverfilmbar, dem Film sieht man nun an, warum. Auf der Leinwand wird die ironische Attacke auf den American way of life zum Comicstrip, die Figuren zu Abziehbildern. Die Geschichte vom Autohändler am Rande des Nervenzusammenbruchs und seinen Wahnvorstellungen, die durch die Begegnung mit einem Science-Fiction-Autor vollends kulminieren, inszeniert Alan Rudolph als schrilles Spektakel.

Frank Arnold, tip, 5/99

(...) Die Tragik des hochgeschätzten Regisseurs und ehemaligen Mitarbeiters von Robert Altman, Alan Rudolph (zuletzt »Liebesflüstern«), besteht darin, daß er 25 Jahre seines Lebens und seiner Kreativität in dieses abgegraste Thema gegeben hat. Natürlich ist der amerikanische Traum nichts anderes als ein Alptraum, ist der Mensch ein idiotischer Konsument und Opfer einer

Haben sich wieder gefunden: Julia Roberts und Richard Gere

Barbara Hershey

lächerlich gigantischen Medienindustrie. So schickt uns Rudolph auf einen post-postmodernen Trip ohne Revival-Charme. (...) *Angie Dullinger, AZ, 18.2.99*

(...) Am nächsten Abend (nach der Premiere bei der Berlinale, die Red.) stellte sich dann heraus, daß Alan Rudolphs Befürchtungen durchaus berechtigt waren: Sein Freund und Mentor Robert Altman hatte ihn gewarnt, daß die amerikanische Presse nicht fähig sein würde, den Sprung mit diesem Film zu machen. Doch auch in Europa reagierte die Presse reserviert bis feindselig. *Anke Sterneborg, SZ, 18.2.99*

Bridge of Dragons 115

BRIDGE OF DRAGONS **

Regie: Isaac Florentine
Darsteller: Dolph Lundgren (Warschild), Cary-Hiroyuki Tagawa (Yang Ruocheng), Valerie Chow (Halo), Gary Hudson (Emmerich), Scott Schwartz (Belmont), John Bennett, Jo Kendall, Dave Nichols
Drehbuch: Carlton Holder
Prod.: USA 1998; 92 Min.
FSK: ab 16 J.

Die adelige Braut eines asiatischen Diktators taucht unter und schließt sich Rebellen an. Killermaschine Warschild soll sie finden. Aktion bis zum Abwinken, Explosionen bis zum Erbrechen.

Brigitte und Marcel – Golzower Lebenswege 116

****

Regie: Barbara Junge, Winfried Junge
Sprecher: Winfried Junge
Drehbuch: Barbara Junge, Winfried Junge
Kamera: Hans Eberhard Leupold, Harald Klix, H. Dumke, W. Labuszewski
Musik: Gerhard Rosenfeld
Schnitt: Barbara Junge
Prod.: à jour Film/ORB/SR/SWR, BRD 1961–1998; 110 Min.
UA: 18.2.1999, Int. Forum des Jungen Films, Berlin
Verleih: Progress/-/-; 7.11.1999

Die bislang älteste Langzeitdokumentation ist ein DDR-Filmprojekt, das 1961 mit der Einschulung von Golzower Kindern begann und bis 1998 fortgeführt wurde. Im Mittelpunkt des fünfzehnten Films steht Brigitte: eine Jugend im DDR-Mief mit bescheidenen Hoffnungen und leise hingenommen Enttäuschungen. Mit ihrem frühen Tod vollzieht sich der Generationswechsel zum Sohn und dessen Überlebenskampf nach der Wende. Ein wertvolles, ungeschminktes Dokument, das Fragmente des konkreten Ex-DDR-Alltags sichtbar macht und zugleich dem gelebten Leben Achtung zollt. *Iris Depping, tip, 21/99*

(...) Damit aber kein falscher Eindruck entsteht: Es ist nicht der Mangel, es ist vielmehr die Fülle des Lebens, die hier bewegt. Alles eben eine Stufe über der TV-Emotionalität und allemal näher an der Wucht nachgerade antiker Tragödien als an der verquatschten Moderne. *Jörg Buttgereit, Zitty, 21/99*

Bruder 117

BRATJ ****

TV

Regie: Alexei Balabanov
Darsteller: Sergej Bodrov (Danila Bagrov), Victor Suhorukov (Bruder), Svetlana Pismichenko (Sveta), Maria Zhukova (Kat), Yury Kuznetsov (Deutscher), Slava Butusov (Butusov)
Drehbuch: Alexei Balabanov
Kamera: Sergej Astahov
Musik: Slava Butusov
Schnitt: Marina Lipartija

Prod.Des.: Vladimir Kartashov
Prod.: Sergej Selianov für STW Film Company, Rußland 1997; 96 Min.
EA: Filmfest München 1997
TV: 14.1.1999, SWF, 23.00

Nach zwei Jahren Dienst in der Roten Armee kommt Danila Bagrov in seine Heimatstadt zurück. Doch das Leben in dem kleinen Provinznest gefällt ihm nicht mehr. Er zieht nach St. Petersburg zu seinem älteren Bruder, der dort als »Geschäftsmann« eine erfolgreiche Karriere gemacht hat. Als Danila seinen Bruder trifft, entdeckt er, daß dieser ein Berufskiller ist ...

Katalog Filmfest München 1997

Buena Vista Social Club 118

BUENA VISTA SOCIAL CLUB ****

Regie: Wim Wenders
Mit: Compay Segundo, Eliades Ochoa, Ry Cooder, Ibrahim Ferrer, Omara Portuondo, Orlando »Cachaito«, Lopez, Amadito Valdes
Drehbuch: Wim Wenders
Kamera: Robby Müller, Jörg Widmer
Musik: Jerry Boys, Ry Cooder
Schnitt: Peter Prygodda, Brian Johnson
Prod.: Ulrich Felsberg, Deepak Nayar für Road Movies mit Kintopp/Arte/ICAIC, BRD 1998; 105 Min.
EA: 17.2.1999, Int. Filmfestspiele Berlin 1999
Verleih: Senator/Polyfilm/Buena Vista/ IMV Video; 17.6.1999
FSK: o. A., ffr. – FBW: Besonders wertvoll

Enthusiasmiert vom dreiwöchigen Inselaufenthalt liefert Wim Wenders nun das Bildmaterial zur erfolgreichen musikalischen Exkursion seines Freundes Ry Cooder: »Buena Vista Social Club«. Leider wählte er dazu stereotype Erzählmuster und wandelte zu sehr auf den Trampelpfaden der Touristen. Stimmungsvolle Konzert- und Studioaufnahmen halten jedoch dagegen.

Margret Köhler

Bulworth 119

BULWORTH ****+

Regie: Warren Beatty
Darsteller: Warren Beatty (Jay Bulworth), Halle Berry (Nina), Don Cheadle (L. D.), Oliver Platt (Dennis Murphy), Paul Sorvino (Graham Crockett), Jack Warden (Eddie Davers), Isaiah Washington (Darnell), Joshua Malina (Bill Feldmann)

Lebensfreude durch Musik: Compay Segundo in ›Buena Vista Social Club‹

Ehrlichkeit macht sexy: Halle Berry und Warren Beatty in ›Bulworth‹

Drehbuch: Warren Beatty, Jeremy Pikser, nach der gleichn. Story von Warren Beatty
Kamera: Vittorio Storaro
Musik: Ennio Morricone
Schnitt: Robert C. Jones, Billy Weber
Prod.Des.: Dean Tavoularis
Prod.: Warren Beatty, Pieter Jan Brugge; Victoria Thomas, Frank Capra (Co-Prod.), USA 1998; 108 Min.
Verleih: 20th Century Fox/-/Fox/Fox Video; 15.7.1999
FSK: ab 12 J., ffr.
FBW: Besonders wertvoll

Ein Senator, der seine Seele dem Erfolg verkauft hat, ist politisch wie privat am Ende. Er beauftragt einen Killer, ihm wenigstens einen angemessenen öffentlichen Abgang zu verschaffen. Nun lebt er auf Abruf, fühlt sich durch nichts mehr gebunden und beginnt, jenseits jeder politischen Korrektheit allen seine wahre Meinung zu geigen. Dadurch beschert er seiner Umgebung und der ganzen Politikerkaste eine Peinlichkeit nach der anderen. Witzige, fulminant inszenierte und gespielte Realsatire aufs Politbusiness mit einem etwas gar naivem Abschluß. *Zoom, 5/99*

(...) In den USA bestehen zu dem Film sehr konträre Meinungen, darunter auch namhafte Intellektuelle, halten ihn, vielleicht aus einer ganz bestimmten Ideologie heraus, für überragend, andere für ganz schön mißlungen. Der Gildendienst hält ihn für ein Experiment, das als solches gelten mag. Vieles ist jedoch zu überdreht und kasperlhaft geraten, als daß man wirklich tief beeindruckt sein und alles ernst nehmen könnte. *Thomas Engel, Der Gildendienst, 5/99*

(...) So stellt sich Beatty also die soziale Unterschicht von Kalifornien vor: unverbittert und leicht zu begeistern. Egal, wie peinlich man sich im Underground-Club aufführt – die geheimnisvoll-gefährliche Schönheit (Halle Berry) gewinnt Bulworth trotzdem, und am Schluß haben sich alle lieb. Auch Auftrags-Killer sind nur Menschenfreunde. Lustig und spannend ist das schon, aber auch zu harmlos: Hollywood-Sozialshow mit Salonhumor.
Felicia Englmann, AZ, 15.7.99

Der Bunker – Eine todsichere Falle

120
***
TV

Regie: Hans Horn
Darsteller: Jens Neuhaus (Nick Krämer), Regula Grauwiller (Iris Krämer), Eckhard Preuß (Rokko), Ralph Herforth (Bergmann), Hans Korte (Verteidigungsminister), Horst

Janson (General Kilian), Till Steinberger
Kamera: Axel Sand
Drehbuch: Orkun Ertener, Mischa Hofmann, Philip Voges
Schnitt: Christian Lonk
Musik: Tobias Neumann, Peter Horn
Prod.: Novamedia mit Hofmann & Voges für Pro7, BRD/Tschechien 1999; 92 Min.
TV: 30.4.1999, Pro7, 20.15

Bei der Schließung eines Nato-Bunkers wollen deutsche und amerikanische Soldaten zusammen mit einer Delegation russischer Militärs feierlich die beiden letzten Atomsprengköpfe auf deutschem Boden vernichten, doch die russische Delegation entpuppt sich als fanatisches Terrorkommando, das den gesamten Bunker in seine Gewalt bringt – bis auf einen: den ehemaligen Elitesoldaten Nick Krämer. *Pressetext*

Bure Baruta 121

BURE BARUTA ****

Regie: Goran Paskaljevic
Darsteller: Nebojsa Glogovac (Taxifahrer), Ana Sofrenovic (Frau im Zug), Dragan Nikolic (erster Boxer), Mirjana Jokovic (junge Frau im Bus), Miki Manojlovic (Mane), Lazar Ristovski (zweiter Boxer), Velimir Bata Stojkovic (Busfahrer), Nebojsa Milovanovic
Drehbuch: Zoran Andric, Filip David, Dejan Dukovski, Goran Paskaljevic, nach dem gleichnn. Bühnenstück von Dejan Dukovski
Kamera: Milan Spasic
Musik: Zoran Simjanovic
Schnitt: Petar Putnikovic
Prod.Des.: Milenko Jeremic
Prod.: Goran Paskaljevic, Antoine de Clermont-Tonnerre für MACT/Ticket/Stefi/Mine/Gradski Kina/Vans, Jugoslawien/Türkei/Frankreich 1998; 102 Min.
UA: Int. Filmfestival Venedig 1998; Filmfestival Toronto 1998
EA: Int. Hofer Filmtage 1998
Verleih: -/-/Xenix; Juni 1999

In Episoden erzählt der Film von einer Nacht in Belgrad, in der sich verschiedene Menschen begegnen, deren Schicksale sich auf stets gewalttätige Weise überkreuzen. Der formal dicht inszenierte Film verleiht dem Begriff »Pulverfass Balkan« plastische Konturen und regt mit scheinbar hoffnungslosen Geschichten zum Nachdenken über die Gewaltbereitschaft in der serbischen Gesellschaft an, indem er auf archaisch geprägte Verhaltensmuster und Geschlechterrollen verweist.

Zoom, 6–7/99

(...) »Bure Baruta« verbindet Szenen aus einer Belgrader Nacht zu einem postnationalen Stimmungsbericht. Ein Haufen hypernervöser Gestalten trifft aufeinander, mit Schmeicheleien und Messern, mit Bierflaschen und Boxhandschuhen; alle Freigänger aus einer geschlossenen Anstalt, die der serbische Regisseur in einem allegorischen Cabaret Balkan versammelt.

Gregor Dotzauer, SZ, 12.9.98

The Burning Moon 122

**
Video

Regie: Olaf Ittenbach
Darsteller: Beate Neumayer, Olaf Ittenbach, Bernd Muggenthaler, Rudolf Höß, Andre Stryi
Drehbuch: Olaf Ittenbach
Kamera: Michael Müller
Prod.: Olaf Ittenbach Prod., BRD 1992; 86 Min.
Vertrieb: Olaf Ittenbach Video; Februar 1999
FSK: ab 18 J.

Dem Vernehmen nach entstellend zurückgestutzte Version eines deutschen Splatter-Movies – vom für seine Horror-Vorliebe berüchtigten Regisseur amateurhaft inszeniert.

Café Blue Eyes 123

DREAM FOR AN INSOMNIAC **

Video

Regie: Tiffanie DeBartolo
Darsteller: Ione Skye (Frankie), Jennifer Aniston (Allison), Mackenzie Astin (David Shrader), Michael Landes (Rob), Seymour Cassel (Onkel Leo), San José Blackman (Juice), Michael Sterk (B.J.), Leslie Stevens (Molly)
Drehbuch: Tiffanie DeBartolo
Kamera: Guillermo Navarro
Musik: John Laraio
Schnitt: Tom Fries
Prod.Des.: Gary New
Prod.: Rita J. Rokisky für Tritone Pic., USA 1998; 84 Min.
Vertrieb: Columbia Tristar Video; 2.3.1999
FSK: ab 6 J.

Liebenswert, aber ungelenk und wenig pointiert erzählte wie inszenierte Liebesgeschichte zwischen Serviererin, die den perfekten Mann sucht, und erfolglosem Schriftsteller, der bereits eine Frau hat.

Callboys – Jede Lust hat ihren Preis 124

**

TV

Regie: Christiane Balthasar
Darsteller: Ann-Kathrin Kramer (Michelle Eisner), Burkhard Driest (Profiler Busch), Bernhard Bettermann (Lanou), Marion Mitterhammer (Eva Hellmann), Franziska Grasshof (Anwältin), Michael Schenk (Schulz), Axel Pape (Jürgen Eisner), Dieter Okras
Drehbuch: Ecki Ziedrich
Prod.: Norbert Walter, Karl-Eberhard Schäfer für U5 Filmprod. für SAT.1, BRD 1999; 92 Min.
TV: 11.5.1999, SAT.1, 20.15

Nach all den zahllosen Stories auf Leinwand und Bildschirm über Serienkiller durften wir nun einer Serienkillerin bei der Arbeit über die Schulter schauen. Sexueller Mißbrauch, Sadomaso-Geplänkel, eine bisexuelle Kommissarin (nicht so recht überzeugend: Ann-Kathrin Kramer), die sich vom hauptverdächtigen Liebesdiener (fehlbesetzt: Bernhard Bettermann) betatschen läßt, ein Polizeipsychologe (ausstrahlungslos: Burkhard Driest) und alle paar Minuten das Wort »ficken«, damit man nicht einschläft. Die Story war hyperwirr überkonstruiert und Schauspielerführung schlicht nicht erkennbar, da viele der hölzernen Dialoge klangen, als würden sie vom Teleprompter abgelesen. (...) *W. O. P. Kistner, AZ, 14.5.99*

(...) Irgendwie wirkt der ganze Film so wie die Szene mit dem Unterhöschen: aufgesetzt, unrealistisch und zwanghaft getrimmt auf Erotik. (...) Ein Film, bei dem einem die Lust vergeht.
Karin Steinberger, SZ, 11.5.99

Das Callgirl 125

□

TV

Regie: Peter Keglevic
Darsteller: Floriane Daniel (Karin Schmidt), Isabella Parkinson (Millie), André Hennicke (Edgar Fürst), Leonard Lansink (Gunner Müller), Wilfried Hochholdinger (Peter Godfrey), Karl Markovics (Professor Nadler), Wolfram Berger (Helmut Baum), Heide Simon (Karins Mutter)
Drehbuch: George Geiger
Prod.: BRD 1998; 90 Min.
TV: 3.2.1999, RTL, 20.15

Um sich ihr Medizinstudium leisten zu können, arbeitet Karin als Callgirl. Helmut ist einer ihrer Stammkunden, doch ihr letztes Date endet damit, daß Helmut einem Infarkt erliegt. Karin flieht mit seinem Aktenkoffer, in dem sie ihre Gage vermutet, und stellt erst in ihrer Studentenbude fest, daß darin eine Million Mark liegen. Das Geld gehört einem Gangster, der bald bei Karin vorstellig wird. Oder war es ein Geldkoffer der CDU?

Cannibal! The Musical 126

CANNIBAL! THE MUSICAL *

Video

Regie: Trey Parker
Darsteller: Matt Stone (James Humphrey), Juan Schwartz (Trey Parker, Alfred Packer), Toddy Alters (Polly Pry), Ian Hardin (Shannon Bell), Jason McHugh (Frank Müller), Jon Heger (Israel Swan), Dian Bachat (George Noon)

Drehbuch: Trey Parker
Kamera: Ian Hardin
Schnitt: Rich Sanders, Trey Parker
Prod.: Alexandra Kelly, Ian Hardin, Jason McHugh, Matt Stone, Trey Parker, Exec.Prod.: Andrew Kemler für Troma/ Avenging Conscience/Cannibal Films, USA 1995; 97 Min.
Vertrieb: Troma Video; 5.11.1999
FSK: ab 18 J.

Äußerst geschmacklose No-Budget-Produktion um den glücklosen Treckführer Alfred Packer, der als bisher einziger Amerikaner wegen Kannibalismus verurteilt wurde. Für Trashfans ein Fest.

Captain Cosmotic 127

CAPTAIN COSMOTIC *

Video

Regie: Thilo Gosejohann
Darsteller: Jan-Hendrik Meyer, Catrin Hansmerten, Wolfgang Butzlaff
Prod.: Troma, BRD 1992–1998; 89 Min.
Vertrieb: Troma Video; 8.10.1999
FSK: ab 12 J.

Aliens wollen der Erde den Kern absaugen. Aus der Reihe der mit ebensoviel Enthusiasmus wie gänzlich fehlendem Können gefertigten »Garagenfilmen« – benannt nach ihrem häufigsten Entstehungsort. So grauenvoll schlecht, daß sich bestimmt ein paar versprengte Zuschauer finden werden.

Captive – Ein kaltblütiger Plan 128

CAPTIVE ***+

TV

Regie: Rodney Gibbons
Darsteller: Erika Eleniak (Samantha Hoffman), Michael Ironside (Det. Briscoe), Catherine Colvey (Dr. Kossim), Adrienne Ironside (Lissy McHale), Stewart Bick (Joel Hoffman), Noel Burton (Dr. Hager), Laurel Paetz (Schwester Boland), Jack Langedijk (Sal Hoffman)
Drehbuch: Richard Stanford, Rodney Gibbons
Prod.: Kanada 1998; 105 Min.
TV: 17.4.1999, VOX, 20.15

Nach der Traumhochzeit wird der Mann erschossen, die Frau begeht einen Selbstmordversuch und der anschließende Klinikaufenthalt wird zum Alptraum. TV-Movie über den Ernst des Lebens.

Carnival of Souls 129

CARNIVAL OF SOULS ***

Regie: Adam Grossman
Prod.: USA 1998

Siehe → Wes Cravens Carnival of Souls

The Castle 130

THE CASTLE ***

Regie: Rob Sitch
Darsteller: Michael Caton, Anne Tenney, Sophie Lee, Anthony Simcoe, Stephen Curry, Wayne Hope, Eric Bana, Tiriel Mora
Drehbuch: Rob Sitch, Santo Cilauro, Tom Gleisner, Jane Kennedy
Kamera: Miriana Marusic
Musik: Craig Harnath
Schnitt: Wayne Hyett
Prod.: Debra Choate für Frontline TV, Australien 1997; 82 Min.
Verleih: -/-/Elite; August 1999

Eine skurile Proletenfamilie bewohnt ein putziges Eigenheim in Melbourne genau neben einem staatlichen Flugplatz, der drastisch ausgebaut werden soll: Die Kerrigans und die Nachbarn erhalten die Kündigung. Doch dann wagen die kleinen Leute den Aufstand gegen Kapitalisten, Spekulanten und fintenreiche Juristen. Schwarze Komödie aus Australien, die gegen den Schluß aber merklich an Ideenwitz und Pointiertheit verliert. *Zoom, 8/99*

Celebrity 131

CELEBRITY ****

Regie: Woody Allen
Darsteller: Hank Azaria (David), Kenneth Branagh (Lee Simon), Judy Davis (Robin Simon), Leonardo DiCaprio (Brandon Darrow), Melanie Griffith (Nicole Oliver), Famke Janssen (Bonnie), Michael Lerner (Dr. Lupus), Joe Mantegna (Tony Gardella)
Drehbuch: Woody Allen
Kamera: Sven Nykvist
Schnitt: Susan E. Morse
Prod.Des.: Santo Loquasto
Prod.: Jean Doumanian; Richard Brick

Über den Ruhm als solchen ...

(Co-Producer) für Sweetland Film, USA 1998; 113 Min.
UA: Int. Filmfestspiele Venedig 1998 »außer Wettbewerb«
Verleih: Arthaus/Kinowelt/Rialto/Kinowelt Video; 8.4.1999
FSK: ab 12 J., ffr.

(...) Über den Ruhm als solchen, mit allen Kulturbetrieb-Groupies, Filmkritiker-Blödianen, Literaturziegen, Anwanzer-Auchfilmern und intellektuellen Klugscheißern samt Lobgeschwätz und Verehrungsgequieke hat Woody Allen bereits 1980 seinen Kamikaze-Film »Stardust-Memories« abgeliefert (bissiger und höhnischer war er selten).

In »Celebrity«, einer virtuosen Variante von Woody Allens Kulturbetriebs- und Mann-Frau-Satiren, ist seine Mordlust ein wenig humaner: durchsetzt mit einem Schuß resignierender, heiter melancholischer Welterfahrung.
Ponkie, AZ, 8.4.99

Ein New Yorker Prominentenreporter geht nach der Scheidung obsessiv auf Frauenjagd, muss aber bös Federn lassen, weil er seine Qualitäten überschätzt. Seine Exgattin macht es besser: Nach einer schweren Depression hebt sie beruflich und privat ab. Mediensatirische Komödie, leider ohne Woody Allen vor der Kamera. In schönem Schwarzweiß gefilmt, mit etlichen originellen Episoden und tollen Gastauftritten von Leonardo Di Caprio, Melanie Griffith oder Winona Ryder. Im Ganzen vermißt man jedoch den ätzenden Witz der besten Woody-Allen-Filme. *Zoom, 4/99*

»Celebrity« ist ein komödiantischer Film über das Phänomen des Berühmtseins in Amerika, ein Phänomen, das hysterische Ausmaße angenommen hat. (Heutzutage kann man in Amerika schon bekannt werden, nur weil man oralen Sex mit dem Präsidenten hatte ...) Der Film wird durch die ganz persönliche Geschichte zweier Menschen erzählt, und durch sie erlebt der Zuschauer, was es heißt, berühmt zu sein mit all seinen Auswirkungen.
Woody Allen über »Celebrity«

Celtic Pride 132
CELTIC PRIDE ***

Regie: Tom DeCerchio
Darsteller: Dan Aykroyd, Damon Wayans, Daniel Stern, Gail O'Grady, Adam Hendershott
Prod.: Roger Birnbaum für Caravan Pic., USA 1996
Verleih: Buena Vista(nicht gestartet)/-/-; 5.9.1996

Um den Meisterschaftstitel im Basketball nicht zu verlieren, kidnappen zwei Fans den Superstar der gegnerischen Mannschaft.

Chamäleon – Spektakuläre Verwandlung 133
CHAMELEON **
Video

Regie: Stuart Cooper
Darsteller: Bobbie Phillips (Kam), Eric Lloyd (Ghen), Anthony Simcoe (Ari), Philip Casnoff (Cortez), Jerome Ehlers, John Adam, Nicholas Bell
Drehbuch: Bennett Cohen
Kamera: John Stokes
Musik: Wendy Blackstone
Schnitt: Bill Butler
Prod.Des.: Michael L. Ralph
Prod.: Michael Lake; Bennett Cohen (Co-Prod.) für Village Roadshow mit Wilshire Court, USA 1998; 90 Min.
Vertrieb: Paramount (CIC) Video; Sept. 1999
FSK: ab 16 J.

Weibliche Killermaschine wird beim Anblick eines Kindes von weiblichen

Gefühlen »übermannt«. US-TV-Science-Fiction-Plunder, substanzlos, aber nett im Design und mit schönen Menschen besetzt.

Chaos auf vier Pfoten 134

IN THE DOGHOUSE **

Video

Regie: George Miller
Darsteller: Matt Frewer (Scott), Rhea Perlman (Phyllis), Trevor Morgan (Dylan Wagner), Allison Hossack (Jenna Wagner), Britt McKilipp (Sophie Wagner), Mark Acheson, Nick Croft, Ross Douglas
Prod.: Paramount TV, USA 1998; 87 Min.
Vertrieb: CIC Video; 2.6.1999
FSK: o. A.

11jähriger Sohn eines arbeitslosen Familienvaters kommt rettende Idee: Jetzt macht der Hund Filmkarriere. Nicht sonderlich originelle Köter-Komödie.

Charlie – Eine himmlische Weihnachtsgeschichte 135

ALL DOGS CHRISTMAS CAROL **

Regie: Paul Sabella
Darsteller: Steven Weber (Charlie B. Barkin), Dom DeLuise (Itchy), Sheena Easton (Sasha), Ernest Borgnine (Carface), Charles Nelson Reilly (Killer), Bebe Neuwirth (Anabelle), Myles Jeffrey (Erzähler)
Drehbuch: Jymn Magon, nach den Figuren von »All Dogs go to Heaven«
Musik: Mark Watters, Lorraine Feather (Songs)
Prod.: Paul Sabella, Jonathan Dern für MGM-Animation, USA 1998; 73 Min.
Verleih: Warner (MGM) Video/MGM/UA Video; 28.10.1999
FSK: ab 6 J.

Mit magischen Pfeifen wollen die Bulldogge Scarface und ihre Komplizin Belladonna den Hunden der ganzen Stadt das Weihnachtsfest verderben. Treudoofer Mix aus Klischee und Sentimentalität, das jüngste Zuschauer anpeilt.

Chucky und seine Braut 136

BRIDE OF CHUCKY **

Regie: Ronnie Yu
Darsteller: Jennifer Tilly (Tiffany Doll), Katherine Heigl (Jade), Nick Stabile (Jesse), John Ritter (Warren Kincaid), Alexis Arquette (Damien Baylock), Gordon Michael Woolvett (David), Lawrence Dane (Lt. Preston), Michael Johnson (Norton)
Drehbuch: Don Mancini
Kamera: Peter Pau
Musik: Graeme Revell, Titelsong von und mit Rob Zombie
Schnitt: David Wu, Randolph K. Bricker
Prod.Des.: Alicia Keywan
Prod.: David Gilroy, David Kirschner; Laura Moskowitz (Co-Prod.) für David Kirchner Prod.,
USA 1998; 89 Min.
EA: Fantasy Filmfest 1998
Verleih: Kinowelt/UIP/-/Kinowelt Video und DVD; 9.9.1999
FSK: ab 18 J., nffr.

Im vierten Teil der Mörderpuppen-Saga »Child's Play« wird die zerdetschte Puppe Chucky durch allerlei satanischen Mumpitz zu neuem »Leben« erweckt. An seiner Seite ist diesmal auch eine Braut. Gemeinsam machen sie sarkastische Witzchen, praktizieren kreatives Töten und haben sogar eine Bettszene miteinander. Daß es sich beim Regisseur Ronny Yu um einen Hong-Kong-Export handelt, ist nicht zu merken. Ein ganz normaler, niederträchtiger und amüsanter Kinder-Horror-Film, dessen Ende auf einen möglichen fünften Teil hinarbeitet.

Jörg Buttgereit, tip, 19/99

(...) Bis man die Lage überblickt, nutzt Hongkong-Filmexport Ronny Yu sein Regie-Know-how, um das martialische Puppentheater mit Verweisen auf drei frühere Chucky-Streifen aufzumotzen und sich vor Horrorklassikern à la Psycho oder Frankensteins Braut zu verbeugen. Zwar kommen die Puppensex-Einlagen zum Schreien komisch rüber, verblassen nichtsdestotrotz angesichts der drastischen Schlachtplatte-Metzeleien, die nur mehr Fans interessieren dürften.
Nachschlag – zum fünften? Zumindest in diesem Jahrtausend nicht mehr zu erwarten! Und das ist gut so.

Horst E. Wegener, Zitty, 19/99

Cinderella in Paris
137
MECANIQUE CELESTE
***
TV

Regie: Fina Torres
Darsteller: Ariadna Gil (Ana), Arielle Dombasle (Celeste), Evelyne Didi (Alcanie), Frederic Longbois (Armand), Lluis Homar (Italo Medici), Hidegar Garcia Madriz (Toutou), Michel Debrane (Grigorief), Olivier Granier (Claude)
Drehbuch: Nach Motiven des »Aschenputtel«-Märchens
Prod.: Frankreich/Venezuela/Belgien/Spanien 1994; 86 Min.
TV: 3.9.1998, Premiere, 13.00; 25.4.1999, WDR, 23.30

Eine junge Venezolanerin fürchtet sich am Traualtar vor den geordneten Bahnen einer Ehe und flieht nach Paris, um Opernsängerin zu werden.

City on Fire
138
WU WEI SHEN TAN
**
Video

Regie: Johnny To
Darsteller: Carman Lee, Lau Ching-wan (Inspektor Lau), Tou Chung-Wah, Anthony Wong
Drehbuch: Ah Hoi
Kamera: Cheng Sin Keung
Musik: Chang Chi Wing
Prod.: Mona Fong, Susanne tsang für Cosmopolitan, Hongkong 1995; 90 Min.
Vertrieb: VMP (Kinowelt) Video; 7.6.1999
FSK: ab 18 J.

Privatkrieg zwischen Hongkong-Cop und Triaden-Boß eskaliert zu ultimativem Duell. Haudrauf-Action-Kracher ohne Sinn und vor allem ohne Verstand. Rainer Heinz im film-dienst stellte noch fest: »Die deutsche Synchronisation wirkt vollkommen steril und verleiht mit ihrem leiernden Deklamationsstil den Darstellern eine schlafwandlerische Attitüde.«

Claire Dolan
139
CLAIRE DOLAN
****

Regie: Lodge H. Kerrigan
Darsteller: Katrin Cartlidge (Claire Dolan), Vincent D'Onofrio (Elton Garrett), Colm Meany (Zuhälter), John Doman, Maryanne Plunkett, Miranda Stuart Rhyne, Skate Skinner
Drehbuch: Lodge H. Kerrigan
Kamera: Teodoro Maniaci
Musik: Simon Fisher Turner, Ahrin Mishan
Schnitt: Kristina Boden
Prod.Des.: Sharon Lomofsky
Prod.: Marin Karmitz, Ann Ruark für MK2/Serene Films, Frankreich/USA 1998; 95 Min.
UA: Int. Filmfestspiele Cannes 1998
Verleih: -/-/Frenetic; Februar 1999

Ein Mann zwingt eine Frau, in New York als Edel-Prostituierte zu arbeiten, um ihm Schulden zurückzuzahlen. Sie flieht in eine andere Stadt, verliebt sich, wünscht sich ein Kind. Der Versuch, neu zu beginnen, scheitert vorerst, scheint dann aber zu gelingen. Kühle Bilder sind die Metapher für eine kalte Welt, die Dramen der Figuren spielen sich in deren Innerem ab. Ein gut gespielter Film über eine Odyssee Richtung selbstbestimmtes Leben, bei dem Form und Inhalt eine Einheit bilden. *Zoom, 2/99*

Kerrigan erzählt in »Claire Dolan« die Geschichte einer Prostituierten, die nach dem Tod ihrer Mutter aus dem Gleichgewicht gerät. In der geometrisch kühl photographierten Architektur von New York saugt sich der Blick zwangsläufig am Gesicht von Katrin Cartlidge fest, die man aus »Naked« kennt und deren eigenwillige Schönheit wiederspiegeln muß, was die Geschichte ausspart. *Michael Althen, SZ, 25.5.98*

Clarissa – Tränen der Zärtlichkeit
140
CLARISSA
***
TV

Regie: Jacques Deray
Darsteller: Maruschka Detmers (Clarissa Schuhmeister), Claude Rich (Prof. Silberstein), Stephane Freiss (Leonard), Tobias Moretti (Gottfried), Wolfgang Gasser (Clarissas Vater), Elena Sofia Ricci (Marion), Robert Hoffmann (Dr. Ferleitner), Michael Rotschopf (Eduard)
Drehbuch: Jean-Claude Carrière, nach einem Fragment von Stefan Zweig
Kamera: Michael Epp
Musik: Eric Demarsan
Prod.: Frankreich/BRD 1997; 84 Min.
TV: 1.1.1999, ARD, 17.35

Melodram um Liebe und Tod in den Kriegswirren der k.u.k. Monarchie.

Clay Pigeons 141

CLAY PIGEONS ***

Regie: David Dobkin
Darsteller: Vince Vaughn (Lester Long), Joacquin Phoenix (Clay Bidwell), Janeane Garofalo (Dale Shelby), Georgina Cates (Amanda), Scott Wilson (Sheriff Mooney), Phil Morris (Reynard), Vince Vielaf (Deputy Barney), Nikki Arlyn (Gloria)
Drehbuch: Matt Healy, David Dobkin
Kamera: Eric Edwards
Musik: John Lurie
Schnitt: Stan Salfas
Prod.Des.: Clark Hunter
Prod.: Ridley Scott, Chris Zarpas, USA 1998; 104 Min.
UA: 8.9.1998, Toronto Film Festival
Verleih: Jugendfilm/-/-/Fox Video; 22.7.1999
FSK: ab 12 J., ffr.

Als sich sein bester Freund aus Rache vor seinen Augen erschießt, gerät die Welt des Tankstellengehilfen Clay aus den Fugen. Fortan pflastern Leichen seinen Weg und rufen schon bald das FBI auf den Plan. Als dann auch noch der Fernfahrer Lester Long in sein Leben tritt, steht Clay plötzlich als landesweit gesuchter Serienkiller da. Während er unschuldig im Kittchen schmort, nimmt der wahre Mörder schon das nächste Opfer ins Visier. Rabenschwarze Komödie, die mit Tempo, Witz und großartig aufgelegten Darstellern über manche Unebenheit der Story hinwegtröstet.

Sven S. Poser, tip, 16/99

(...) In einer amüsanten Mischung aus »Fargo« und »Ein einfacher Plan« zaubert David Dopkin die schrulligsten Typen aus dem Hut, die von einer absurden Situation in die andere stolpern. Vor allem Joacquin Phoenix als gutmütiger Naivling, der sich durch eigene Ungeschicklichkeit in die Patsche reitet, entpuppt sich als liebenswerter Loser. Zwar fehlt es dem Debütfilm noch an der Schärfe und dem tiefschwarzen Humor der Coen-Brüder, aber mit Charme und Witz hält Dobkin immerhin 105 Minuten bei Laune.

Margret Köhler, AZ, 22.7.99

Clip Cult Vol. 1 142

CLIP CULT VOL.1 – EXPLODING CINEMA ****

Regie: Chris Cunningham, Michael Gondry, Hiroyuki Nakano, Koji Morimoto, Spike Jonze, Mark Adcock, Antoine Bardou Jacquet
Musik: Squarepusher, Cibo Matto, Photek, Ken Ishii, Autechre, Aphex Twin, Fatboy Slim, Cylob, Leftfield, Alex Gopher, Björk
Prod.: Rapid Eye Movies, GB/Frankreich/Japan/USA 1995–1999; 66 Min.
Verleih: REM/-/-; 30.9.1999

Zwölf zwischen 1995 und 1999 entstandene Videoclips, die nicht die Musik oder ihre Interpreten, sondern die Regisseure dieser Kunstform in den Mittelpunkt stellen. Zu sehen sind Kurzfilme, die geprägt sind von überbordender Fantasie und mit aberwitzigen Detailspielereien aufwarten. Die gelungensten Beispiele verleihen durch ihre visuelle Einflussnahme der Musik eine ungeheure Sogkraft. *Film 12, 99*

(...) Eine kleine Hommage wurde dem britischen »Wunderkind« Chris Cunningham gewidmet, der mit dem »Frozen«-Video für Madonna seinen Durchbruch schaffte. Der 28-jährige Regisseur stellt mit sechs Arbeiten die Hälfte der Cult-Rolle, wobei er – je zu den Techno-Rhythmen von Aphex Twin – sowohl das stärkste als auch das schwächste Video der Auswahl schuf.

Reinhard Kleber, Filmecho-Filmwoche, 36/99

Clockwatchers 143

CLOCKWATCHERS ***

Video

Regie: Jill Sprecher
Darsteller: Toni Collette (Iris), Parker Posey (Margaret), Lisa Kudrow (Paula), Alanna Urbach (Jane), Helen Fitzgerald (Cloe), Stanley DeSantis (Art), Jamie Kennedy (Eddie), David James Elliott (MacNamee)
Drehbuch: Jill Sprecher, Karen Sprecher
Kamera: Jim Denault
Musik: Joseph L. Altruda, Mader
Schnitt: Stephen Mirrione
Prod.Des.: Pamela Marcotte
Prod.: Gina Resnick; Karen Sprecher (Co-Prod.) für Global Crest Films/Goldcrest Films/John Flock Prod., USA 1997; 95 Min.
Vertrieb: Highlight Video; Aug. 1999
FSK: ab 12 J.

Vier weibliche Aushilfsbürokräfte geraten in den Verdacht, für eine Diebstahlserie verantwortlich zu sein. Etwas ungeschickt dramatisiertes Plädoyer gegen die Unmenschlichkeit des Berufsalltags, aber streckenweise amüsant.

Club der Gespielinnen 144

CLUB V.R. **

TV

Regie: Gary Hudson
Darsteller: Kate Rodger (Drew), Russell Todd (Tam), Erika Anderson (Shula), Roy Werner (Roger), Art Edler (Ethan), Rick Fitts (Dale), Dimitri Logothetis (Klein), Ciara Hunter (Karen)
Drehbuch: David Keith Miller
Musik: Joel Hirschhorn
Prod.: USA 1996; 92 Min.
TV: 22.9.1999, Pro7, 23.10

Ein Erotikclub hat sich auf Cyberträume und virtuelle Rendezvous spezialisiert. Als ein Kunde dabei stirbt, klinkt sich die ermittelnde Polizistin in das Programm ein und wird fast von der Clubbesitzerin getötet.

Code of Conduct 145

NO CODE OF CONDUCT **

Video

Regie: Bret Michaels
Darsteller: Mark Dacascos (Paul DeLucca), Courtney Gains (Cameron), Paul Gleason (Bagwell), Joe Lando (Willdog), Ron Masak (Julian Disanto) Bruce Nelson (Steve), Tina Nguyen (Shi), Meredith Salenger (Rebecca Peterson) Charlie Sheen (Jake Peterson), Martin Sheen (Bill Peterson)
Drehbuch: Bret Michaels, Charlie Sheen
Kamera: Adam Kane
Prod.: Susan McNamara für Toddler Prod./ Nu Image, USA; 86 Min.
Vertrieb: Ascot Video; 19.3.1999
FSK: ab 16 J.

Vater Polizist und Sohn Polizist jagen unabhängig voneinander denselben Mann wegen Mord und Drogenhandel. Billig-Action bis zum Abwinken.

Cold Night Into Dawn 146

COLD NIGHT INTO DAWN **

TV

Regie: Serge Rodnunsky
Darsteller: David Chung, Anthony Michael Hall, Bill Hufsey, Michael Ironside, Tony Lo Bianco, Bok Yun Chon, Jack Fugett, Christian Paxton
Drehbuch: Serge Rudnunsky
Kamera: Pierre Chemaly
Musik: Lisa Anne Miller, Mark Northam
Prod.: Jack Fugett, Leah Goodwin, Rowdy Jackson, Fred T. Kuehnert, Serge Rodnunsky für Syline Partners/Rojak Film, USA 1997; 94 Min.
TV: 15.1.1999, Vox, 22.10

Ein frustrierter FBI-Agent und seine neue Partnerin, die sich nicht ausstehen können, machen Jagd auf einen Vietnamesen, der in Chicago eine Atombombe zünden will.

The Collectors 147

THE COLLECTORS **

Regie: Sidney J. Furie
Darsteller: Casper Van Dien (A.K.), Rick Fox (Ray), Andreas Apergis (Morgan), Daniel Pilon (Hackman), Tony Calabretta (Jake Barnes), Charlene Francique (Lyla), Catherine Oxenberg (Bauley), Charles Powell (Scott Stone)
Drehbuch: Robert Anton, David Penotti
Kamera: Curtis Peterson
Schnitt: Helene Girard
Prod.Des.: Richard Tasse
Prod.: Jean-Marc Felio; Bruce Dennis (Co-Prod.) für Cinefile/Les Films St-Paul, Kanada 1999; 90 Min.
Verleih: Ascot Video/-/-; Oktober 1999
FSK: ab 16 J.

Mafia-Geldeintreiber bekommen es in New York mit einer hübschen Fahnderin zu tun. Schwer genießbare Mischung aus rüder Action und dümmlichem Humor.

Comeback für Freddy Baker 148

***

TV

Regie: Matti Geschonneck
Darsteller: Mario Adorf (Freddy Baker), Felix Eitner (Nick), Aglaia Szyszkowitz (Ina), Tilo Prückner (Lou), Dieter Birr (Edgar), Dieter Landuris (Mickey), Thomas Limpinsel (Steffen), Dieter Hertrampf (Charly)
Drehbuch: Hannah Hollinger
Kamera: Johannes Kirchlechner
Musik: Die Puhdys
Schnitt: Heidi Handorf
Prod.: Jakob Claussen, Thomas Wöbke für

Claussen+Wöbke mit BR/Telepool, BRD 1999; 89 Min.
TV: 30.12.1999, ARD, 20.15

Der Schlagersänger Freddy Baker ist jahrelang durch Amerika getingelt. Nun plant er eine Deutschland-Tournee, aus der wegen mangelnder Nachfrage nichts wird. Freddy ist jedoch von seinem Comeback überzeugt und lernt außerdem seinen Sohn Nick kennen, der auch Musiker werden will und von dessen Existenz er nichts ahnte.

Commander Hamilton 149

COMMANDER HAMILTON **
Video

Regie: Harald Zwart
Darsteller: Peter Stormare (Carl Hamilton), Lena Olin (Tessie), Mark Hamill (Mike Hawkins), Mats Langbacka (Ake Stahlhandske), Madeleine Elfstrand (Anna), Thomas Hedengran (Gustavsson), Mikael Ahlberg (Andersson), Lena-Pia Bernhardsson (Niemi)
Drehbuch: William Aldridge, Jonas Cornell, nach den Charakteren von Ian Guillon
Prod.: Schweden/USA 1997; 121 Min.
Vertrieb: VCL Video; Jan. 2000
FSK: ab 16 J. (neu bearbeitete Fassung)

Wirre Spionage-Action-Kolportage um zwei von Terroristen gekaperte Nuklearraketen, auf die Super-Agent Hamilton angesetzt wird. Brutal und bar jeder Logik, drei Hauptdarsteller auf völlig verlorenem Posten.

Les Convoyeurs attendent 150

LES CONVOYEURS ATTENDENT ****+

Regie: Benoît Mariage
Darsteller: Benoît Poelvoorde (Roger), Morgane Simon (Luise), Bouli Lanners (Coach), Dominique Baeyens (Mutter), Philippe Grand Henry (Felix), Jean-François Devigne (Michel), Lisa Lacroix, Philippe Nahon
Drehbuch: Benoît Mariage
Kamera: Philippe Guilbert
Musik: Stéphane Huguenin, Yves Sanna
Schnitt: Philippe Bourgueil
Prod.: K-Star/RTBF/CAB/Canal Plus/CNC/TSR Prod.: Dominique Janne, Frankreich/Belgien/Schweiz 1999; 94 Min.
UA: 14.5.1999, Int. Filmfestspiele Cannes
Verleih: -/-/Filmcooperative; Dez. 1999

Ein Lokalfotograf aus der belgischen Provinz will seinen Sohn dazu bringen, mit einem absurden Kraftakt ins »Guinness Buch der Rekorde« zu kommen. Probleme tauchen auf und ein tragisches Ereignis bringt eine dramatische Wende. In diesem Erstlingsfilm geht es um die Träume kleiner Leute am Jahrtausendende und den Umgang mit den Absurditäten des Alltags. Die Besetzung überzeugt und neben Verweisen auf den dokufiktionalen Stil von Loach oder Chabrol ist ein ebenso faszinierender wie irritierender Hauch des Morbiden auszumachen, der dem belgischen Kino oft anhaftet. *Film, 12/99*

Cookie's Fortune 151

COOKIE'S FORTUNE ****+

Regie: Robert Altman
Darsteller: Glenn Close (Camille Orcutt), Julianne Moore (Cora Duvall), Liv Tyler (Emma Duvall), Chris O'Donnell (Jason Brown), Charles S. Dutton (Willis Richland), Patricia Neal (Jewel Mae »Cookie« Orcutt), Ned Beatty (Lester Boyle), Courtney B. Vance (Otis Tucker)
Drehbuch: Anne Rapp
Kamera: Toyomichi Kurita; Robert Reed Altman (2nd unit)
Musik: David A. Stewart
Schnitt: Abraham Lim
Prod.Des.: Stephen Altman
Prod.: Robert Altman, Etchie Stroh; David Levy, James McLindon (Co-Prod.) für Sandcastles/Elysian Dreams, USA 1998; 118 Min.
UA: Sundance Filmfetival »Eröffnung«
EA: 20.2.1999, Int. Filmfestspiele Berlin, »Wettbewerb«
Verleih: Arthaus/filmladen/Universal/Kinowelt Video; 26.8.1999
FSK: ab 6 J., ffr.

In einer Kleinstadt in Mississippi verfällt die Witwe Cookie mehr und mehr einer Depression. Als sie sich eines Abends umbringt, vertuscht eine ihrer Töchter den Selbstmord, um besser an Cookies Vermögen heranzukommen. Robert Altman zeigt in gemächlichem Tempo die Strukturen einer Kleinstadt und die verschiedenen Lebensformen der Mitglieder von Cookies Familie und verbindet alles zu einer liebenswerten, aber etwas banalen Geschichte. *Zoom, 8/99*

Glenn Close

Der morbide Charme des amerikanischen Südens dampft aus dieser Gesellschaftssatire. Altmeister Robert Altman (»The Player«, »Short Cuts«) zügelt seinen Zynismus gegenüber dem American Way of Life zu weiser Ironie, läßt sogar Herzlichkeit für seine skurrilen Charaktere erkennen. Das tut der Qualität des Filmes keinerlei Abbruch, ganz im Gegenteil. Entspannt, gespannt und amüsiert verfolgt der Zuschauer die kleinen Machtspiele zwischen Niedertracht und Großmut. (...)
Angie Dullinger, AZ, 26.8.99

(...) Glenn Close als bleichverzerrte, von Geiz und Gier umgetriebene Camille, die sich notdürftig mit Biedersinn und Bigotterie ummäntelt, ist grandios. Selten hat man eine Verwandten-Karrikatur auf der Leinwand derart gehaßt: mit ihrer Heuchelei, ihren Intrigen, ihrer frömmelnden Fratze. Herrlich, wenn Cora, als Salome mit falschen Goldmünzen dekoriert, am Cola-Automaten fragt: »Hat hier wer'n paar Groschen?« (...) *Sebastian Feldmann, Rheinische Post, 27.8.99*

Corruptor – Im Zeichen der Korruption 152

THE CORRUPTOR ***

Regie: James Foley
Darsteller: Chow Yun-Fat (Nick Chen), Mark Wahlberg (Danny Wallace), Ric Young (Henry Lee), Paul Ben-Victor (Schabacker), Jon Kit Lee (Jack), Andrew Pang (Willy Ung), Brian Cox (Sean Wallace), Elisabeth Lindsey (Louise Deng)
Drehbuch: Robert Pucci
Kamera: Juan Ruiz-Anchia
Musik: Carter Burwell
Schnitt: Howard E. Smith
Prod.Des.: David Brisbin
Prod.: Dan Halsted für Illusion Ent., USA 1999; 110 Min.
Verleih: Kinowelt/-/Rialto/Kinowelt
Video; gekürzte Fass. 99 Min., ab 16 J.; 1.7.1999
FSK: ab 18 J., nffr.

In New Yorks Chinatown kämpft eine Killerbande von Jugendlichen gegen die alteingesessenen Bosse. Um dem Fall nachzugehen, erhält ein erfahrener chinesischer Cop als Verstärkung einen weißen Kollegen. Zwei verschiedene Kulturen prallen aufeinander, doch sacht entsteht eine tiefe Freundschaft. Als Verdacht auf Korruption auftaucht, drohen die Freunde zu Feinden zu werden. Der Thriller ist ein düster prickelnder Cocktail aus Action, asiatischer Erotik und Männerfreundschaft, mythisch, von subtilem Humor. *Zoom, 8/99*

Cop-Connection

Nach zwei Stunden weiß man, daß auch die Triaden nur mit Blei schießen. Dies tun sie in dem von James Foley sauber, aber übercool inszenierten Banden-Kriegsfilm mit Schauplatz Chinatown ungehemmt: Schon in der ersten der vielen Ballersequenzen wird vermutlich mehr Blei verschossen als in allen Western der Filmgeschichte zusammen (...).

Ein autistisch um sein Sujet kreisender Film, der weder als Action-Genre-Stück noch als nuancierter Psycho-Polizei-Thriller taugt. Einerseits nimmt er die Action zu ernst und mag, etwa durch ironische Überhöhung, keine Distanz zur heftigen Brutalität schaffen. Anderseits zeichnet er seine Zentralfiguren so ambivalent, daß man zu ihnen auf Distanz geht. Und wer sich am Schluß wirklich noch auskennt, wer wen gedeckt oder verraten hat, der verdient wahrlich einen Orden.

W.O.P. Kistner, AZ, 1.7.99

(...) In immer neuen Konstellationen werden hier Intrigen gesponnen, Allianzen geknüpft. Das führt zu einer Kette von Handlungswendungen, die den Zuschauer immer wieder in die Irre führen und bis zum Schluß den Spannungspuls schüren. Ein Klasse-Krimi, dessen wahrer Wert wohl erst erkannt werden wird, wenn ein paar Jährchen ins Land gegangen sind.

Albert Baer, Rheinische Post, 2.7.99

(...) Die urbane Welt in diesem blutigen Action-Krimi ist kompromißlos negativ: Alle Menschen sind verlogen, Recht und Ordnung bleiben auf der Strecke, am Ende wird ein krimineller Cop zum Märtyrer hochstilisiert.

Ralph Umard, 14/99

Cosi e la Vita 153

COSI E LA VITA **

Regie: Aldo (= Cataldo Baglio), Giovanni (= Giovanni Storti), Giacomo (= Giacomo Poretti), Massimo Venier
Darsteller: Aldo Bataglia, Giovanni Storti, Giacomo Poretti, Marino Massironi, Antonio Catania
Drehbuch: Aldo, Giovanni, Giacomo, Massimo Venier
Kamera: Giovanni Fiore Coltellacci
Musik: Negrita
Schnitt: Marco Spoletini
Prod.: A.GI.DI./Medusa, Italien 1998; 107 Min.
Verleih: -/-/MFD; April 1999

Ein entflohener Häftling bringt einen Polizisten und einen Passanten in seine Gewalt. Das Trio freundet sich an und flieht durch halb Italien. Nach viel Klamauk wird es am Ende von einem Engel ins Jenseits geführt, wo es auch hingehört. Unter der Regie der drei Hauptdarsteller, die in Italien durch die TV-Serie »Mai dire goal« als Kabarettisten bekannt wurden, ist ein grobklotziger Krimischwank entstanden, dessen beste Gags aus Potters »Hellzapoppin« (1942) gestohlen wurden. *Zoom, 4/99*

Countdown – Der Himmel brennt 154

COUNTDOWN: THE SKY'S ON FIRE **
TV

Regie: Dan Lerner
Darsteller: John Corbett (Even Thorne), Josie Bisset (Jennifer), Ben Browder (Racer), Tom Irwin (Dr. Aaron Schiffren), Bradley Whitford (John Morgan), Stan Kirsch (Chuck)
Drehbuch: Roderick Taylor, Bruce A. Taylor
Prod.: USA 1998; 89 Min.
TV: 6.6.1999, RTL, 20.15

Im US-Science-Fiction-Computerquark vom glorreich zugekleisterten Ozonloch brennt der Himmel solange durchs Ozonloch, bis die tollen amerikanischen Jungs von der Airforce mit ihren Libellenflitzern ins Zentrum der Hitzekatastrophe starten und mittels einer Bombe (!) die Chemie wieder in Ordnung bringen. Männerehre und Frauenrettung – ein kapitaler Helden-Langweiler. *Ponkie, AZ, 8.6.99*

Creature – Tod aus der Tiefe 155

PETER BENCHELEY'S CREATURE **
TV

Regie: Stuart Gillard
Darsteller: Craig T. Nelson (Simon Chase), Kim Cattrall (Amanda Macy), Giancarlo Esposito (Thomas Peniston/Werwolf), Colm

Feore (Aaron Richland), Cress Williams (Tall Man), Michael Reilly Burke (Adam Puckett), Matthew Carey (Max), Michael Michele (Tauna)
Drehbuch: Rockne S. O'Bannon, nach dem Roman »White Shark« von Peter Benchley
Musik: John Van Tongeren
Prod.: USA 1998; 88 Min.
TV: 10.1.1999, 11.1.1999, Pro7, jeweils 20.15

Die US-Navy experimentiert mit Delphinen. Genetisch veränderte Tiere werden zu aggressiven Hybriden. Eines der Geschöpfe gerät außer Kontrolle. Lieutenant Peniston will die Kreatur töten. Stattdessen wird sie in einem Stahlkäfig im Meer versenkt. Dreißig Jahre später kehrt die Kreuzung zwischen Hai und Mensch zurück. (...)

Pressetext

Creature Zone 156

WARRIORS OF VIRTUE **

Video

Regie: Ronny Yu
Darsteller: Angus MacFayden (Komodo), Mario Yedidia (Ryan Jeffers), Marley Shelton (Elysia), Chao-Li Chi (Chung), Dennis Dun (Ming), Jack Tage (Yun), Doug Jones (Yee), Don W. Lewis (Lai)
Drehbuch: Michael Vickerman, Hugh Kelley
Kamera: Peter Pau
Musik: Don Davis
Schnitt: David Wu
Prod.Des.: Eugenio Zanetti
Prod.: Dennis Law, Ronald Law, Christopher Law, Jeremy Law, Patricia Ruben für Law Brothers, USA 1997; 101 Min.
Vertrieb: BMG (Ufa) Video; Febr. 1999
FSK: ab 16 J.

12jähriger landet bei Mutprobe im Zauberland, wo er zwischen die Fronten von Gut und Böse gerät. Action für Kids, der mit allerlei Schnickschnack aufwartet, nur nicht mit Substanz.

Critical Care 157

CRITICAL CARE ***

Video

Regie: Sidney Lumet
Darsteller: James Spader (Dr. Werner Ernst), Kyra Sedgwick (Felicia Potter), Helen Mirren (Stella), Margo Martindale (Connie Potter), Jeffrey Wright (Bed Two), Wallace Shawn (Furnaceman), Anne Bancroft (Nun), Albert Brooks (Dr. Butz)
Drehbuch: Steven S. Schwartz, nach dem Buch von Richard Dooling
Kamera: David Watkin
Musik: Michael Convertino
Schnitt: Sam Swartwout
Prod.Des.: Philip Rosenberg
Prod.: Steven S. Schwartz, Sidney Lumet für Live Ent./Mediaworks, USA 1997; 105 Min.
EA: 6.10.1997, Chicago Film Festival
Vertrieb: VCL Video; Jan. 1999
FSK: ab 12 J.

Szenen aus einer Stadtklinik – diesmal nicht als Weißkittelserie im TV, sondern mit sozialkritischem Ansatz. Eher anspruchsvolle Abrechnung mit dem (US-)Gesundheitssystem.

Crossclub 158

CROSSCLUB – THE LEGEND OF THE LIVING DEAD *

Video

Regie: Oliver Krekel
Darsteller: Zachi Noy, Sibylle Rauch, Oliver Krekel
Drehbuch: Oliver Krekel
Schnitt: Oliver Krekel
Prod.: BRD 1999; 124 Min.
Vertrieb: Astro Video; 20.9.1999
FSK: ab 16 J.

Einziger Überlebender eines Sektenmassakers rückt dem nach der Weltmacht greifenden Sektenchef zuleibe. Unverzeihlich miserables Amateur-Horrorkino.

Croupier 159

CROUPIER ****+

Regie: Mike Hodges
Darsteller: Clive Owen (Jack Manfred), Gina McKnee (Marion Neal), Alex Kingston (Jani de Villiers), Alexander Morton (David Reynolds), Kate Hardie (Bella), Nicholas Ball (Jacks Vater), Nick Reding
Drehbuch: Paul Mayersberg
Kamera: Mike Garfath
Musik: Simon Fisher Turner
Schnitt: Les Healey
Prod.Des.: Jon Bunker
Prod.: Jonathan Cavendish; Christine Ruppert (Co-Prod.) Exec.Prod.: James Mitchell für Little Bird/Tatfilm mit Channel Four/WDR/Arte/La Sept Cinéma, BRD/GB 1997; 94 Min.
EA: 27.6.1998, Filmfest München
Verleih: Zephir, TiMe/-/-; 3.6.1999
FSK: ab 12 J., ffr.

Ein Londoner Schriftsteller, der sich als Croupier in einem Spielcasino verdingt, entwickelt eine obsessive Beziehung zu seiner Tätigkeit, verfällt der Attraktion zweier Frauen und läßt sich schließlich auf ein illegales Unternehmen ein. Lakonisch inszenierte Studie um Hingabe und Kontrolle mit überraschendem Ausgang.

Frank Arnold, tip, 12/99

(...) Regisseur Mike Hodges konnte mit »Auf den Schwingen des Todes« oder »Flash Gordon« manch Meriten ernten. Drehbuchautor Paul Mayersberg mit »Der Mann, der vom Himmel fiel« oder »Furyo«. Doch hier haben sie leider das gesamte Medium mißverstanden: Endlose Off-Kommentare sind bestenfalls dann erträglich, wenn das gleichzeitig gezeigte ironisiert oder sonst wie kontrapunktiert wird; in diesem Falle aber erzählt der Protagonist im wesentlichen, was wir gerade ohnehin sehen und wie er es findet, also Sachen, die wir doch lieber durch Inszenierungs- und Darstellungskunst vermittelt bekämen. So wird der innere Monolog schnell zur nervtötenden Geschwätzigkeit, die freilich zu den Billigmetaphern à la »Spiel des Lebens« paßt. Leider ist auch die Story nicht viel origineller: Mehr als eine Stunde wird praktisch auf die Exposition verwandt, offenbar glaubten die Filmeacher, daß es genüge, gutaussehende Menschen in der schillernden Casino-Welt zu zeigen. Und als es dann endlich kriminell wird, bringt das auch nicht mehr viel Aufregung. Die ebenso überraschende wie clevere Schlußpointe kann dann auch nichts mehr retten.

Jan Gympel, Zitty, 13/99

Zweifellos, seit Jaques Demys »Blonder Sünderin« hat es keinen so erotischen Spielerfilm mehr gegeben. Und das Gesicht von Clive Owen, der den Jack gibt, wird man so schnell nicht vergessen. Wie eine britische Version von Nicholas Cage wirkt er. Nein er ist besser sogar als Cage. Man kann auf ihn setzen in lauen Sommernächten, auf den coolen »Croupier«. *Hans Schifferle, SZ, 4.6.99*

»Paul hatte die Idee David Aukin von Film Four vorgetragen. Das dauerte dann ein Jahr, bis sie grünes Licht gaben und ich angesprochen wurde. Dann verging wiederum ein Jahr, währenddessen sie eine Produktionsgesellschaft fanden, Little Bird. Damit hatten sie einen Produzenten, denn Film Four produziert nicht selber. Paul und ich arbeiteten am Drehbuch, während Jonathan Cavendish von Little Bird sich um das Geld kümmerte, das dann von TAT Film kam. Da ungefähr die Hälfte des Geldes aus Deutschland kam, mußte dies auch in Deutschland ausgegeben werden. Glücklicherweise trug sich der größte Teil der Handlung innen zu und bei Nacht, deshalb war es ziemlich einfach, das Casino in einem Studio in der Nähe von Düsseldorf zu bauen. Auch Jacks Wohnung haben wir dort gebaut, schließlich haben wir vier Wochen in Deutschland gedreht und zwei in England.« *Mike Hodges im Interview mit Frank Arnold, Film Bulletin, 3/99*

The Crow – Die Serie 160

THE CROW: STAIRWAY TO HEAVEN *

Video

Regie: James Head
Darsteller: Mark Dacascos, Marc Gomes, Sabine Karsenti
Prod.: Wow Prod., USA 1998; 82 Min.
Vertrieb: Warner Home Video; 18.6.1999
FSK: ab 16 J.

Mäßiger US-TV-Aufguß der Kino-Comicverfilmungen »The Crow – Die Krähe« (1993) und »The Crow – Die Rache der Krähe« (1996) mit Action-Star Mark Dacascos in der Titelrolle.

Cry of the White Wolve 161

FULL CAST AND CREW FOR WHITE WOLVES III: CRY OF THE WHITE WOLVE **

Video

Regie: Victoria Muspratt
Darsteller: Mercedes McNab (Pamela), Mick Cain (Jack), Margaret Howell (Irene), Robin Clarke, Tracy Brooks Swope

Prod.Des.: David Blass
Prod.: New Horizon, USA 1998; 90 Min.
Vertrieb: Highlight Video; 17.5.1999
FSK: ab 6 J.

Zwei City-Kids kämpfen sich nach Flugzeugabsturz durch die Wildnis. Schöne Kulisse, platter Plot.

Curse of the Puppet Master 162

CURSE OF THE PUPPET MASTER *
Video

Regie: Victoria Sloan (= David DeCoteau)
Darsteller: George Peck (Dr. Magrew), Emily Harrison (Jane Magrew), Josh Green (Robert »Tank« Winsley), Michael Guerin (Joey Carp), Marc Newburger (Art Clooney), Michael Sollenberger (Station Owner), Scott Boyer (Larry), Jason Dean Booher (Pogo)
Drehbuch: Benjamin Carr
Kamera: Howard Wexler
Musik: Richard Band
Schnitt: J.R. Bookwalter
Prod.Des.: Allison Shavitz
Prod.: Kirk Edward Hansen; Gordon Gustafson (Ass.Prod.) für Full Moon Pic., USA 1998; 77 Min.
Vertrieb: Highlight Video; 16.2.1999
FSK: ab 16 J.

Toulons Puppenkabinett fällt in die Hände eines dubiosen Forschers mit halbwüchsiger Tochter. Sechster und überflüssigster Teil der ausgelutschten Horror-Serie – selbst für Gänsehaut-Junkies ungeeignet.

Curtain Call 163

CURTAIN CALL ***
Video

Regie: Peter Yates
Darsteller: James Spader (Stevenson Lowe), Michael Caine (Max Gale), Maggie Smith (Lily Marlowe), Todd Alcott (Larry), Susan Berman (Miriam), Marcia Gay Harden (Michelle Tippet), Valerie Perrine (Monica Gilroy), Buck Henry (Charles Van Allsburg)
Drehbuch: Todd Alcott
Kamera: Sven Nykvist
Musik: Richard Hartley
Schnitt: Hughes Winborne
Prod.: Andy Karsch für Quadra/Sidney Kinnel Ent., USA 1998; 90 Min.
Vertrieb: Ascot Video; 26.2.1999
FSK: ab 6 J.

Ein untotes Schauspielerehepaar versucht bindungsängstlichen Verleger zum Glück zu verhelfen. Betuliche, aber sympathische Romantikkomödie mit übernatürlichem Touch.

Cypher 164

DOUBLE TAP **
Video

Regie: Greg Yaitanes
Darsteller: Stephen Rea (Cypher), Heather Locklear (Katherine), Peter Greene (Nash), Mykelti Williamson (Hamilton), Kevin Gage (Burke), Robert La Sardo (Rodriguez), Richard Edson (Fischer), A Martinez (Escobar)
Drehbuch: Alfred Gough, Miles Millar, Erik Saltzgeber
Kamera: John Peters
Musik: »Moby«
Schnitt: Anthony Adler
Prod.Des.: Marcia Hinds
Prod.: Gilbert Adler; F. A. Miller, Alan Schechter (Co-Prod.) für Kushner-Locke/Decade/Dypher, USA 1997; 87 Min.
Vertrieb: VMP Video; Febr. 1999
FSK: ab 16 J.

Profikiller und auf ihn angesetzte Polizistin geraten zwischen alle Fronten. Inhaltlich reizvoller, formal überambitionierter Thriller, dessen einziger Trumpf der Hauptdarsteller ist.

Dance of Dust 165

RAGHS-E-KHAK ***

Regie: Abolfazl Jalili
Darsteller: Mohmood Khosravi (Ilia), Limua Rahi (Limua)
Drehbuch: Abolfazl Jalili
Kamera: Ataollah Hayati
Musik: Nezamodin Kiaie
Schnitt: Abolfazl Jalili
Prod.: Mohammead Mehdi Dadgo für Rasaneh-e-Ama, Iran 1998; 73 Min.
UA: 6.8.1998, Int. Filmfestspiele Locarno 1998
Verleih: Arsenal, OF/-/-; 27.5.1999

Inmitten einer endlosen Einöde wohnt der junge Ilia. Seine Familie verdingt sich als Saisonarbeiter in einem Steinbruch, wo noch nach vorindustriellen Methoden Ziegelsteine hergestellt werden. Um die Lebenshaltung der Menschen, ihren Glauben, ihre Handgriffe kennenzulernen, arbeitete der Regisseur vor Drehbeginn selbst einige Zeit im Steinbruch, der Rhythmus des Alltags und das Leben mit den Jahreszeiten übertragen sich auf den Zuschauer. Aber auch die Sehnsucht und Melancholie des Jungen, der nach der Arbeit immer wieder in die Wüste läuft und sich die Seele aus dem Leib schreit.

Anke Leweke, tip, 12/99

(...) Doch leider vernachlässigt der 42jährige, dessen Filme nie in seiner Heimat gezeigt wurden, viel zu sehr seine nur angedeutete Geschichte. Auf Dialoge verzichtet er fast vollständig (und diese werden in der hier gezeigten Fassung auch nicht übersetzt). So kann man sich entweder den schönen Bildern ergeben. Oder man langweilt sich 73 Minuten lang schrecklich. In Locarno erhielt der Streifen letztes Jahr einen Silbernen Leoparden.

Martin Schwarz, Zitty, 11/99

(...) In vielen iranischen Filmen stehen Kinder im Mittelpunkt. Abbas Kiarostami hat das einmal so erklärt, dass soziale Probleme, wie er sie in Kinderfilmen anprangert, als normale Spielfilme nicht durch die Zensur kämen. Bei Kinderfilmen sei man großzügiger. Dennoch sind etwa die Filme von Abolfazi Jalili lange nicht im Iran aufgeführt worden; vergangenes Jahr bekam »Dance of Dust« beim Filmfestival in Locarno einen Silbernen Leoparden. Der Film gehört, wie die Filme von Kiarostami, Moshen Machmalbaf oder Amir Naderi, zu den wichtigsten Kinofilmen aus dem Iran.

Heiko R. Blum, Rheinische Post, 13.8.1999

Dance with me 166

DANCE WITH ME ***

Regie: Randa Haynes
Darsteller: Vanessa L. Williams (Ruby Sinclair), Chayanne (Rafael Infante), Kris Kristofferson (John Burnett), Joan Plowright (Bea Johnson), Jane Krakowski (Patricia), Beth Grant (Lovejoy), William Marque (Stefano), Harry Groener (Michael)
Drehbuch: Daryl Matthews
Kamera: Fred Murphy
Musik: Michael Convertino; Joel Sill, Budd Carr (Ex. Musik-Prod.)

Vanessa L. Williams

Schnitt: Lisa Fruchtman
Prod.Des.: Waldemar Kalinowski
Prod.: Lauren C. Weissman, Shinya Egawa, Randa Haines für Weissman/Egawa Prod. für Mandalay Ent., USA 1999; 126 Min.
Verleih: Constantin/-/-/VCL Video; 1.7.1999
FSK: o. A., ffr.

(…) »Dance with me« tut sich anfangs etwas schwer, denn der Rhythmus wird eine Weile vom hölzernen Perfektionismus der Ruby bestimmt. Doch dann kommt Leben in das Ganze, wenn auf drei Schauplätzen getanzt wird: außer im Studio im Salsa-Club und beim Tanzturnier. Und jedesmal herrscht eine andere Stimmung.

Das Authentische bekommt der Film dadurch, daß nicht gedoubelt wird. Vanessa Williams ist wie Chayanne ein Tanzstar, und Rubys Partner beim Wettbewerb ist kein anderer als der Latino-Weltmeister Rick Valenzuela.

Heiko R. Blum, Rheinische Post, 2.7.99

Tanzen, mal als Leistungssport, mal als pure Freude: Gerade ist Rafael aus Santiago de Cuba in Texas angekommen, da begegnet ihm Ruby, eine Tanzlehrerin, die die eigene Karriere mit knüppelhartem Training wieder in Schwung bringen will. Schon das erste Rendezvous der beiden in einer Latinodisco ist überschattet vom Duell zwichen Rhythmus-im-Blut gegen strenge Schrittfolgen – was zu heftigem Auf-die-Füße-Trampeln führt. Gottseidank läßt »Dance with me« die Prinzipien nur in extravaganten Salsa- und Rumbaeinlagen gegeneinander antreten, das Leitmotiv der Liebesgeschichte lautet nicht Orthodoxie gegen Improvisation. Da drückt man einfach zwei vorsichtigen Seelen die Daumen, daß sie endlich denselben Takt finden.

Annette Leweke, tip, 14/99

Dancer, Texas 167

DANCER, TEXAS POP 81 ***

Video

Regie: Tim McCanlies
Darsteller: Breckin Meyer (Keller Coleman), Peter Facinelli (Terrell Lee), Eddie Mills (John), Ethan Embry (Squirrel), Ashley Johnson (Josie), Petricia Wettig (Mrs. Lusk), Michael O'Neill (Mr. Lusk), Eddie Jones (Earl), Wayne Tippit
Drehbuch: Tim McCanlies
Kamera: Andrew Dintenfas
Musik: Steve Dorff
Schnitt: Rob Kobrin
Prod.Des.: Dawn Snyder
Prod.: Chase Foster, Dana Shaffer, Peter White für HSX mit Chase Prod./Caribon, USA 1998; 94 Min.
UA: South by Southwest Festival, Austin, Texas; Sundance Filmfestival Park City, Utah 1999
Vertrieb: Columbia TriStar Video; 8.6.1999
FSK: o.A.

Für vier Jungs aus der texanischen Provinz wird's ernst: Nach dem Highschool-Abschluß wollten sie in die weite Welt ziehen, doch so einfach ist das nicht … Nette, aber hoch moralische »Daheim-ist's-am-schönsten«-Teenie-Comedy.

Dandy Dust 168

DANDY DUST **

Regie: Hans Scheirl
Darsteller: Hans Scheirl, Suzie Krueger, Leonora Rogers-Wright, Tre Temperilli, Svar Simpson
Drehbuch: Hans Scheirl
Kamera: Jana Cipriani; Nigel Reed (fx)
Musik: Jewels Barker, Yosarrian, Emma EJ Doubel, Bent Amory Peart
Schnitt: Hans Scheirl
Prod.: Hans Scheirl für New Boys/DV8-Film Vienna/Hackneyed Prod., Ukraine/Österreich 1998; 112 Min.
UA: 27.6.1998, San Francisco Lesbian & Gay Festival
Verleih: -/polyfilm/-; Juni 1999

(…) Großer persönlicher Einsatz ist spürbar in dieser hypertrophen, lesbisch-schwulen Welt, angerichert mit Elementen aus dem Sci-Fi-Bereich, mit Splattermovieanleihen und dem Vorkommen diversester Fetischartikel. Im Film »Dandy Dust« spritzt es vor Körperflüssigkeiten, gähnen riesige Vulvas, wird Gewalt nicht angedeutet, sondern explizit breitgetreten. Inzest mit drehenden Kegelpenisen und Raumschiffen neben Mull, High Heels, Dildos und Operationstischen. Man taucht in eine völlig durchgeknallte Welt, geformt aus den skurrilsten Personen, deren Charaktere wie Comicfiguren aufgebaut sind. (...)

Hans Scheirls Arbeit ist eine skurrile, hypertrophe Anreicherung verschiedenster Genres zu einem Splatter-Horror-Queerfilm. Durch Überhöhung des Obszönen vermeidet er schockierende Tabubrüche und erweitert so das Repertoire des im regulären Kino Zeigbaren. Die soap opera ist von der Idee her spannend, in der Umsetzung jedoch, außer für ein speziell motiviertes Publikum, dann doch viel zu weitschweifig, skurril und langatmig. *Multimedia*

Danny der Kater 169

CATS DON'T DANCE **
Video

Regie: Mark Dindal
Drehbuch: Robert Gannaway, Cliff Ruby, Eleana Lesser, Theresa Pettengill
Musik: Steve Goldstein; Original-Songs: Randy Newman, gesungen von Natalie Cole
Schnitt: Dan Molina
Prod.: David Kirschner, Paul Gertz für Turner Feature Animation, USA 1997; 72 Min.
Vertrieb: Columbia TriStar Video; 2.9.1999
FSK: ab 6 J.

Zeichentrick-Musical um einen Kater, der in Hollywood Karriere machen will. Antiquiert anmutendes Kinder-Entertainment.

Darkdrive 170

DARKDRIVE **
Video

Regie: Phillip J. Roth
Darsteller: Kan Olandt (Steven Falcon), Claire Stansfield (Tilda), Julie Benz (Julie), Gian-Carlo Scandiuzzi (Mattthew Stolopin)
Drehbuch: Alec Carlin
Kamera: Andres Garreton
Musik: Jim Goodwin
Schnitt: Christian McIntire
Prod.: Ken Olandt, Phillip J. Roth, Gian-Carlo Scandiuzzi, Elizabeth Weintraub für UFO/Agate Films, USA 1996; 88 Min.
Vertrieb: BMG (Ufa) Video; April 1999
FSK: ab 16 J.

In naher Zukunft bedroht ein Killer die Welt, indem er in das virtuelle Kontrollsystem des Staates eindringt. Mit unbekannten Darstellern besetzter und Billigtricks garnierter, wenig ansprechender Science-Fiction-Krimi.

Das Darwin-Projekt 171

THE DARWIN CONSPIRACY **
Video

Regie: Winrich Kolbe
Darsteller: Stacey Haiduk (Jennifer Carter), Jason Brooks (Dr. Jack Ward), Robert Floyd (Andy Ward)
Drehbuch: Glen A. Larson
Prod.: Paramount TV, USA 1999; 85 Min.
Vertrieb: CIC (Paramount) Video; 9.12.1999
FSK: ab 12 J.

Wissenschaftler mit behindertem Bruder will diesem die DNA eines im ewigen Eis gefundenen Urzeit-Menschen applizieren. Barer Unsinn und ein überflüssiges US-TV-Science-Fiction-Drama.

Das Jahr nach Dayton 172

***
TV

Regie: Nikolaus Geyrhalter
Drehbuch: Nikolaus Geyrhalter
Kamera: Nikolaus Geyrhalter
Schnitt: Wolfgang Widerhofer
Prod.: Nikolaus Geyrhalter Filmprod./Prisma/Bosna Film, Österreich/Bosnien 1997; 204 Min.
EA: 13.2.1998, Int. Forum des Jungen Films, Berlin
TV: 31.10.1999, 21.30, und 1.11.1999, 3sat, 23.00 (Zweiteiler)

(...) Der Film, knapp dreieinhalb Stunden lang, ist nicht nur ein Panoramablick auf Bosnien nach dem von den USA verordneten Kriegsende 1996, sondern auch ein traumwandlerisch sicher erzähltes Kunstwerk. (...) Geyrhalters Kunst besteht darin, für seine Figuren einen Raum und eine Atmosphäre zu schaffen, in der sie sich entfalten können. *taz, 14.2.98*

(...) Nicht Spannung, sondern Intensität, die Möglichkeit, sich auf fremde Welten einzulassen, ist die Stärke dieses Films. (...) *Silvia Hallensleben, Der Tagesspiegel, 13.2.98*

David im Wunderland 173

***+

Regie: Moritz Seibert
Darsteller: David Winter (David), Scott Larcher (Michael), Katharina Schütz (Michaels Mutter), Hannes Thannheiser (Samuel Hofer), Michael Holz (Prediger), Stephan Corves (Paul Hofer), Rainer Conrad (Schulmeister), Stefanie Schmid (Katharina)
Drehbuch: Moritz Seibert
Kamera: Markus Hansen
Musik: Andreas Köbner
Schnitt: Sue Nicholls
Prod.: Frank Heuschke, Helmut Weber für Zweite Hauskunst mit Maran Film für SDR/Arte, BRD 1997; 104 Min.
Verleih: Silver Cine/-/-

David lebt mit seiner Familie und anderen Jakobianern auf einem Bruderhof in Deutschland. Das Leben dieser urchristlichen Gemeinde besteht aus Beten, Arbeiten und Schlafen. David lernt den Großstadtjungen Michael kennen, und daraus entsteht eine Freundschaft, die dazu führt, daß David beginnt, über sein Leben als Jakobianer nachzudenken. Eines Tages flieht er mit Michaels Hilfe. *AZ TV-Journal*

Dawson's Creek 174

DAWSON'S CREEK ***+

TV

Regie: Steve Miner
Darsteller: James Van Der Beek (Dawson), Katie Holmes (Joey), Joshua Jackson (Pacey), Michelle Williams (Jen), Leann Hunley (Tamara), Mitchell Lawrence (Gold), Mary Beth Peil (Grams)
Drehbuch: Kevin Williamson
Musik: Paula Cole
Prod.: USA 1997; 60 Min.
TV: 3.1.1999, SAT.1, 17.00

Der 15jährige Dawson und die gleichaltrige Joey sind seit frühester Kindheit dicke Freunde. Doch dann interessiert sich Dawson plötzlich für seine neue Nachbarin Jennifer.

Dead Husbands – Bis daß der Tod uns scheidet 175

DEAD HUSBANDS **

Video

Regie: Paul Shapiro
Darsteller: John Ritter (Dr. Carter Elston), Nicolette Sheridan, Sonja Smits, Amy Yasbeck, Sherry Miller
Drehbuch: Lindsay Harrison, nach dem Roman »The Last Man on the List« von Bob Randall
Kamera: Frank Tidy
Musik: Jonathan Goldsmith
Schnitt: Craig Bench
Prod.: Karen Moore für Universal/Power/ Wilshire Court Prod., USA 1998; 86 Min.
Vertrieb: CIC Video; 20.5.1999
FSK: ab 12 J.

Mit einem komplizierten Kettenbrief-System entledigen sich High-Society-Damen ihrer ungeliebten Gatten – scheinbar der perfekte Mord. Ungeschickte, verkrampfte Komödie des US-Fernsehens.

Dead Man on Campus 176

DEAD MAN ON CAMPUS **

Video

Regie: Alan Cohn
Darsteller: Tom Everett Scott (Josh Miller), Mark-Paul Gosselaar (Scott Cooper), Poppy Montgomery (Rachel), Lochlyn Munro (Cliff), Randy Pearlstein (Buckley), Corey Page (Matt), Alyson Hannigan (Lucy), Mari Morrow (Kristin)
Drehbuch: Michael Traeger, Mike White, nach einer Story von Anthony Abrams, Adam Larson Broder
Kamera: John Thomas
Musik: Mark Mothersbaugh
Schnitt: Debra Chiate
Prod.Des.: Carol Winstead Wood
Prod.: Gale Anne Hurd; Maggie Malina (Co-Prod.) für MTV Films/Pacific Western, USA 1998; 91 Min.
Vertrieb: CIC Video; Mai 1999
FSK: ab 16 J.

Zwei Bummelstudenten suchen Zimmergenossen, über dessen vorgetäuschten Selbstmord sie sich Bestnoten erhoffen. Freak-Version von »Mörderische Freunde« (1997) – ebenso belanglos wie einfallslos.

Deadly Nevada – Hetzjagd in der Wüste 177

SANDTRAP **

TV

Regie: Harris Done
Darsteller: David John James (Nelson), Brad Koepenick (Jack), Elizabeth Morehead

(Margo), Bob Thompson (Sheriff), Kirk B. R. Woller (Carl)
Drehbuch: Harris Done, Jerry Rapp
Musik: Bennett Salvay
Prod.: USA 1997; 93 Min.
TV: 23.6.1999, Pro7, 20.15

Die Story entpuppt sich schnell als altes, abgegrabbeltes Hütchen: Ehepaar fährt mit Freund in die Wüste, um sich dort des Gatten zu entledigen. Doch der Lover leistet nur halbe Arbeit, die »Leiche« lebt und macht zusammen mit einem cleveren Sheriff Ärger. Ein schier ewig und elend in die Länge gezogener Langweiler der Güteklasse »Gähn«. *W. O. P. Kistner, AZ, 25.6.99*

Dealer 178

****

Regie: Thomas Arslan
Darsteller: Tamer Yigit, Idil Üner, Birol Ünel, Hussi Kutlucan, Lea Stefanel, Baki Davrak
Drehbuch: Thomas Arslan
Kamera: Michael Wiesweg
Schnitt: Bettina Blickwede
Prod.: Käte Ehrmann für Trans-Film/ZDF, BRD 1999; 80 Min.
UA: 11.2.1999, Forum des Jungen Films, Berlin
Verleih: Peripher/-/-; 18.3.1999
FSK: ab 12 J., ffr.

Can will nicht länger als Drogendealer arbeiten. Seine Freundin droht ihn mit der gemeinsamen Tochter zu verlassen, wenn er nicht schnell eine neue Arbeit findet. Als sein Boß auf offener Straße erschossen wird, zerschlägt sich auch die letzte Hoffnung auf einen anderen Job. Mit Fassungslosigkeit schlittert der junge Türke langsam in den Abgrund. Konsequent findet sich diese Ausweglosigkeit auch in der Farbdramaturgie wieder – immer ist Can in seiner Umgebung Ton-in-Ton und wird von ihr regelrecht verschluckt. Ein ungewöhnlicher, wunderschöner Berlin-Film, der zeigt, wie die Stadt ihre Kinder frißt. *Anke Leweke, tip, 7/99*

(...) Der Film bezieht seine eigenwillige Spannung aus dem ständigen Umkreisen der Figuren, der Räume durch die Kamera. Diese kleinen Fluchten und Bewegungen sind so minimal, daß jede Änderung Neugier schafft. Ein kühler, schöner Film über die Einsamkeit im fremden Land.
Sigrid Schmitt, Rheinische Post, 16.7.99

Mit den anderen Regisseuren des deutsch-türkischen Kinobooms hat Thomas Arslan nicht mehr als die anatolische Abstammung gemein; und sein intensiver, ruhiger und beobachtender Stil erinnert auch an Roberto Rossellini oder Jean Eustache, aber alle Vergleiche hinken, denn seine mit minimalistischen Mitteln inszenierten Bilder wirken vor allem dokumentarisch und zeugen so von einer ganz eigenen Handschrift. *Manfred Hobsch, Zitty, 6/99*

Death Row – Nachricht aus der Todeszelle 179

A LETTER FROM DEATH ROW **

Video

Regie: Marvin Baker, Bret Michaels
Darsteller: Bret Michaels (Michael Raine), Martin Sheen, Rob Wild, Kristi Gibson (Michaels Freundin), Charlie Sheen, Lorelei Shellist (Jessica Forster)
Drehbuch: Bret Michaels
Kamera: Scott Spears
Schnitt: Marvin Baker
Prod.: Ann Gillis, Bret Michaels für Sheen/Michaels Ent./AGP/Ann Gillis Prod., USA 1998; 95 Min.
Vertrieb: VCL Video; Juli 1999
FSK: ab 18 J.

Optisch bisweilen bizarr aufbereiteter Justiz-Action-Thriller um einen zum Tode Verurteilten, der seine Unschuld beteuert und beweisen will. Von eher bescheidenen Unterhaltungs- und Spannungsqualitäten.

Deep Blue Sea 180

DEEP BLUE SEA ***+

Regie: Renny Harlin
Darsteller: Saffron Burrows (Dr. Susan McAlester), Thomas Jane (Carter Blake), LL Cool J (Prediger), Jaqueline McKenzie (Janice Higgins), Michael Rapaport (Tom Scoggins), Stellan Skarsgard (Jim Whitlock), Samuel L. Jackson (Russell Franklin), Aida Turturro (Brenda Kerns)
Drehbuch: Duncan Keenedy, Donna Powers,

Wayne Powers
Kamera: Stephen Windon
Musik: Trevor Rabin
Schnitt: Frank J. Urioste, Derek G. Brechin, Dallas S. Puett
Prod.Des.: William Sandell, Joseph Bennett
Prod.: Alan Riche, Tony Ludwig, Akiva Goldsman für Village Roadshow/Groucho III Film, USA 1999; 105 Min.
Verleih: Warner Bros./dto./dto./Warner Video; 28.12.1999
FSK: ab 16 J., ffr.

In einem auf hoher See gelegenen Labor haben Wissenschaftler per Genmanipulation die Hirnmasse von Haien derart vergrößert, dass die intelligenten Raubtiere während eines Sturms die Einrichtung im Chaos versinken lassen. Eine Mischung aus Horror- und Actionfilm, in der die Figuren zu Erfüllungsgehilfen der simplen Dramaturgie reduziert werden, was aber auch durch eine effektive Inszenierung ausgeglichen wird. *Film, 11/99*

Um eine Therapie gegen Alzheimer zu entwickeln, manipulierte Dr. Susan McAlester die DNA mehrerer Haie so, dass sich die Hirnmasse der Tiere vergrößerte. Jetzt sind sie zu schlau für die Menschen. Resultat: Aus Forschern wird Fischfutter. Auch Renny Harlin und seine Autoren wagten ein Experiment, kreuzten den »Weißen Hai« und »Alien« und »Waterworld«. Doch im Gegensatz zu ihrer Heldin ließen sie peinliche Sorgfalt walten. Resultat: »Deep Blue Sea« ist keinesfalls zu intelligent für den Zuschauer.
Lars Olav Baier, tip, 23/99

(...) Oh, tiefe blaue See, langweilst du auch nicht allzu sehr, bist du doch ein Stück aus der Retorte – kalkuliert, artifiziell und seelenlos.
W. O. P. Kistner, AZ, 28.10.99

(...) Insgesamt aber läuft in diesem aufwendigen Action-Thriller alles etwa so ab wie bei »Alien«, »Jurassic Park« oder anderen Biest-belagert-Menschen-Thrillern. Wonbei sich dieser Film kaum mal die Zeit zum Durchatmen gönnt. Schon bei den wenigen kurzen Ruhepausen merkt man nämlich, dass der Regisseur Renny Harlin völlig aufgeschmissen ist, wenn er innere statt äußere Bewegung inszenieren soll. Nein, klappt wirklich nicht. Da muss dann ganz schnell wieder ein Hai her.
Rupert Koppold, Rheinische Post, 29.10.99

(...) Kino für alle, die sich an Schockeffekten mal so richtig satt sehen wollen, ohne durch allzu viel Handlung gestört zu werden. *Hans-Joachim Neumann, Zitty, 22/99*

Defenders 2 – Die Macht des Bösen 181

THE DEFENDERS 2 – CHOICE OF EVIL **
Video

Regie: Andy Wolk
Darsteller: Beau Bridges (Don Preston), E. G. Marshall (Lawrence Preston), Martha Plimpton (Mary Jane Preston), Rachael Leigh Cook (Tracy Lane), Clea Du Vall (Jessica Lane), Roma Maffia (Julie Bishop), John Polito (Jack Casey), Melanie Nicholls-King (Zeugin)
Drehbuch: Andy Wolk, Peter Wolk, Reginald Rose, Thomas Rosen
Kamera: John Newby
Musik: David Goldblatt, Mark Isham
Schnitt: Lauren A. Schaffer
Prod.: Beau Bridges, Sy Fisher, F.A. Miller für Paramount TV/Viacom/Showtime, USA 1997; 92 Min.
Vertrieb: CIC Video; Febr. 1999
FSK: ab 12 J.

Episode aus einer US-TV-Serie um eine berühmte Anwaltsfamilie und ihre spektakulärsten Fälle. Hier muß ein Journalist unter Mordverdacht freigepaukt werden. Wenig aufregende TV-Routine.

The Defenders 3: Gegen das Gesetz 182

DEFENDERS 3: TAKING THE FIRST **
Video

Regie: Andy Wolk, Peter Wolk
Darsteller: Beau Bridges (Don Preston), Martha Plimpton (Mary Jane Preston), Philip Casnoff (John Walker), Jeremy London (Wyman James), Clifton Gonzáles (Nelson Rodriguez), Mimi Kuzyk (Camille Preston),

Camilla Scott (Liz Carter), Irene Lopez Kuchilani
Drehbuch: Andy Wolk, Peter Wolk
Kamera: John Newby
Musik: David Goldblatt, Mark Isham
Schnitt: Lauren A. Schaffer
Prod.Des.: Lindsey Hermer-Bell
Prod.: Sy Fischer für Paramount TV, USA 1998; 93 Min.
Vertrieb: CIC Video; 22.4.1999
FSK: ab 12 J.

Weitere Episode aus der US-TV-Serie um eine berühmte Anwaltsfamilie und ihre spektakulärsten Fälle. Diesmal gilt es die Hintermänner eines Mordes aus Rassismus zu überführen. Schwach konzipierte Krimi-Plotte, passabel inszeniert.

Deine besten Jahre

183
****
TV

Regie: Dominik Graf
Darsteller: Martina Gedeck (Vera Kemp), Tobias Moretti (Manfred Minke-Kemp), Tim Bergmann (Andreas Wolgast), Carla Hagen (Lisbeth Minke), Wolfgang Hinze (Norbert Krämers), Frederic Welter (Thomas Minke-Kemp), Mona Seefried, Monika Woytowicz
Drehbuch: Markus Busch, Bernd Schwamm, Axel Plogstedt
Kamera: Benedict Neuenfels
Musik: Dieter Schleip
Schnitt: Hana Müller
Prod.Des.: Claus-Jürgen Pfeifer
Prod.: Gloria Burkert für MTM Cineteve für ZDF/Arte, BRD 1998; 89 Min.
UA: 30.6.1999, Filmfest München
TV: 29.11.1999, ZDF, 20.15; 3.9.1999, Arte, 20.45
FSK: ab 12 J.

(...) Ein wortkarger, introvertierter Nußknackerfilm, in dem langsam und mühsam Lebensgeschichten aufgebrochen werden. Lautlose Schocks: Ehemann hat Geliebte, in der Firma sitzen Intriganten, Unfall löscht Mann und Kind aus. Und Martina Gedeck bewegt sich als Vera Kemp wie in Trance durch ein Leben, das sie nicht kennt. Ein kühler Energieschub zur Selbstbefreiung. *Ponkie, AZ, 1.12.99*

Dellamorte Dellamore

DELLAMORTE DELLAMORE

184
***
Video

Regie: Michele Soavi
Darsteller: Rupert Everett (Francesco Dellamorte), François Hdji-Lazaro (Gnaghi), Anna Falchi (She), Stefano Masciarelli (Mayor), Mickey Knox (Marshall Straniero), Clive Riche (Doctor), Fabiana Formica (Valentina)
Drehbuch: Gianni Romoli, nach dem Roman »Dellamorte« Dellamore von Tiziano Sclavi
Kamera: Mauro Marchetti
Musik: Manuel De Sica
Schnitt: Franco Fraticelli
Prod.: Tilde Corsi, Gianni Romelo, Michele Soavi für Audifilm/Urania/ Silvio Berlusconi Comm./Bibofilm, Italien/Frankreich/BRD 1996; 100 Min.
Vertrieb: Astro Video; Sept. 1999
FSK: ab 18 J.

Von Francescos Friedhof kehren alle Toten als Untote zurück. Das kann ziemlich lästig werden. Wenn es so etwas geben sollte, dann ist dies eine Splatter-Komödie – mit erstaunlich prominenter Besetzung und obligater Blutrunst. (...)

Der Film ist eine Mischung aus hammerhartem Horror, derber Satire, klamaukigem Comic und stilistischen Spielereien. Man kann sich nie darüber im Klaren sein, ob diese oder jene Szene nun ernst gemeint (und somit eher schlecht gelungen) oder als Verhohnepiepelung gedacht ist. (...)
Andreas Fuchs, Filmecho/Filmwoche, 18/96

Das Delphinwunder

185
***
TV

Regie: Christoph Schrewe
Darsteller: Renée Soutendijk (Claire Strauss), Dominic Raacke (Daniel Strauss), Isabella Parkinson (Mara), Louisa Herfert (Nina), Philipp Danne (Alex), Walter Gontermann (Dr. Steiner), Gudrun Grimm (Krankenschwester), Claus-Dieter Clausnitzer (Psychiater)
Drehbuch: Beth Serlin, nach einer wahren Begebenheit
Musik: Ralf Wienrich
Prod.: BRD 1999; 90 Min.
TV: 26.9.1999, Pro7, 20.15

(...) Natürlich kommt die Geschichte nicht ganz ohne Klischees aus. Die Tiere aber dürfen Tiere bleiben und die Menschen auf sich selbst zurückführen; der Film verzichtet selbst am glücklichen Ende auf naheliegendes Pathos. Daher konnte, wer sich dieses sympathische Produkt aus der Traumfabrik anschaute, es den Delfinen gleichtun. Die kennen, sagt die Tiertrainerin, keine Vorbehalte. *Christian Bartels, FAZ, 28.9.99*

Demonia 186

DEMONIA *

Video

Regie: Lucio Fulci
Darsteller: Brett Halsey (Prof. Malcom Evans), Meg Register (Lisa), Lino Salemme, Christine Engelhardt, Pascal Druant, Grady Thomas Clarkson, Ettore Comi, Carla Cassola
Drehbuch: Lucio Fulci, Piero Regnoli
Kamera: Luis Ciccarese
Musik: Giovanni Cristiani
Schnitt: Otello Colangeli
Prod.: Italien 1986; 90 Min.
Vertrieb: Astro (Dominik) Video; 19.1.1999

Geschändete Nonne schlüpft Jahrhunderte nach ihrem Tod in junge Frau und startet Rachefeldzug gegen die Männer. In seiner Dürftigkeit kaum zu unterbietender Horror-Schwachsinn, mit dem 13 Jahre nach seiner Entstehung Profit gemacht werden soll.

Dennis – Widerstand zwecklos 187

DENNIS THE MENACE STRIKES AGAIN **

Video

Regie: Charles T. Kanganis
Darsteller: Don Rickles (George Wilson), George Kennedy (Großvater), Justin Cooper (Dennis Mitchell), Betty White (Martha Wilson), Brian Doyle-Murray (Professor)
Drehbuch: Tim McCanlies, Jeff Schlechter
Kamera: Christopher Faloona
Musik: Graeme Revell
Schnitt: Jeffrey Reiner
Prod.: Jeffrey Silver, Bobby Newmyer für Warner Bros., USA 1998; 72 Min.
Vertrieb: Warner Video; 28.1.1999
FSK: o. A.

Satansbraten versucht mit allen Mitteln, den »Lieblingsnachbarn« von seinem Vorhaben, wegzuziehen, abzubringen. Und sei es mit Gewalt. Video-Sequel zum Kinofilm »Dennis« (1993), das seinen ohnehin schwachen Vorgänger noch unterbietet.

The Dentist II – Zahnarzt des Schreckens 188

THE DENTIST II *

Video

Regie: Brian Yuzna
Darsteller: Corbin Bernsen (Dr. Lawrence Caine), Jiullian McWhirter (Jamie Devers), Jim Antonio (Doc Burns), Wendie Robie (Bernice), Linda Hoffman (Brooke Sullivan), Susanne Wright, Jeff Doucette, Clint Howard
Drehbuch: Richard Dana Smith
Kamera: Jürgen Baum
Musik: Alan Howarth
Schnitt: Christopher D. Roth
Prod.: Pierre David für Trimark Pic./HBO, USA 1998; 93 Min.
Vertrieb: BMG (Ufa) Video; 26.4.1999
FSK: ab 18 J.

Psychopathischer Zahnarzt flieht aus Klapse und malträtiert daraufhin munter seine Patienten. Degoutante »Splatter-Satire« – was immer das auch sein mag.

Der mit den Fischen fliegt 189

REDAI YU □

TV

Regie: Yu-Hsun Chen
Darsteller: Chen-Sheng Lin, Pi-Tong Lien, Yin Wen, Chia Hong Lin, Ching Luen Shi
Drehbuch: Yu-Hsun Chen
Kamera: Pen-Jung Liao
Musik: Kuang-Yen Yu
Schnitt: Sheng-Chang Chen, Cheng-Chin Lei
Prod.: Li-Kong Hsu, Shau-Di Wang, Taiwan 1995; 105 Min.
UA: Int. Filmfestspiele Locarno 1995, »Wettbewerb«
TV: 3.3.1999, WDR, 23.15

Zhi-Qiang Liu geht in Taipeh ans Gymnasium und bereitet sich auf die schwierigen Prüfungen für die weiterführenden Klassen vor. (…) Eines Tages wird ein kleiner Junge, den er oft in den Spielsalons traf, entführt. Zhi-Qiang glaubt, den Entführer zu kennen, und er begibt sich auf die Suche. Doch er hat Pech: Auch er wird entführt! *Katalog Locarno*

Desert War – Hinter feindlichen Linien 190

SURFACE TO AIR ***

Video

Regie: Rodney McDonald
Darsteller: Matthew R. Anderson (Captain

Russell), John Robert (Tao), Miranda Wolfe (Marsha Wallace), Chad McQueen, Michael Madsen, Melanie Shatner, Larry Thomas
Drehbuch: Rodney McDonald
Musik: David Wurst, Eric Wurst
Schnitt: Michael Kuge
Prod.: Royal Oaks, USA 1997; 88 Min.
Vertrieb: VPS Video; Sept. 1999
FSK: ab 16 J.

Irakischer Despot nimmt den Bruder des Leiters einer Pioniereinheit als Geisel. Militaria-Thriller jenseits jeglicher Glaubwürdigkeit.

Detroit Rock City 191

DETROIT ROCK CITY ***

Regie: Adam Rifkin
Darsteller: Edward Furlong (Hawk), James DeBello (Trip), Sam Huntington (Jam), Guiseppe Andrews (Lex), Natasha Lyonne (Christine), Melanie Lynskey (Beth), Lin Shaye (Mrs. Bruce), Robert Smith (Deejay Simple Simon)
Drehbuch: Carl F. Dupré
Kamera: John R. Leonetti
Musik: J. Peter Robinson
Schnitt: Mark Goldblatt, Peter Schink
Prod.: Gene Simmons für Takoma/Base-12/Kiss, USA 1999; 100 Min.
Verleih: Kinowelt/-/-; Kinowelt Video 30.9.1999

Vier fanatische Kiss-Fans aus der Provinz pilgern Widerständen zum Trotz nach Detroit, wo sie unter abenteuerlichen Umständen Karten für das ausverkaufte Konzert ihrer Kult-Combo erkämpfen. Ein humorvolles, etwas nostalgisch stimmendes Portrait von Heranwachsenden in der 70ern, als die Zugehörigkeit zur Disco- oder Rockkultur einer bisweilen kämpferisch ausgetragenen Glaubensfrage gleichkam.
Ralph Umard, tip, 21/99

(...) Enorm unterhaltsam, auf Tempo getrimmt und mit Gespür für die Atmosphäre der damaligen Zeit verknüpft Regisseur Rifkin das Lebensgefühl einer Generation mit den typischen Sorgen und Sehnsüchten einer Gruppe von Kids an der Schwelle zum Erwachsenwerden. Und weil die Probleme und Passionen der Teenager irgendwo ja bis heute gleich geblieben sind, dürfte dieser Trip zurück auch jüngeren Zeitgenossen, die die 70er Jahre nicht leibhaftig miterlebt haben, in Entzücken versetzen. *Albert Baer, Rheinische Post, 1.10.99*

Dezember, 1–31 192

****+

Regie: Jan Peters
Drehbuch: Jan Peters
Kamera: Jan Peters
Musik: Bächler-Sextett, Pit Przygodda
Schnitt: Jan Peters
Prod.: Peter Ott für Ausbildungszentrum Jan Peters Filmprod./ZDF, BRD 1999; 97 Min.
UA: 19.2.1999, Int. Filmfestspiele Berlin, »Neue deutsche Filme«
Verleih: Eigenverleih/-/-; 6.5.1999

31 Tage im Dezember '97, jeden Tag drei Minuten, hält der Hamburger Filmemacher Jan Peters die Kamera und das Mikro auf sich und Fragmente seiner Welt gerichtet. Dort spielt sich vor allem Grobi ab, der verstorbene Freund des Filmemachers. Ohne große Larmoyanz, manchmal fast launig, macht sich Peters auf Spurensuche nach der Seele seines Freundes. Ein Abschiedsgruß, der ankommt. *tip, 10/99*

(...) In seiner umständlichen Selbstinszenierung gewinnt der Film eine herrliche Beiläufigkeit – mit der er dem Kino von Ophüls ganz nahekommt. So nah, daß am Ende nur ein Ausstieg bleibt. Ein Aufstieg besser gesagt.
Fritz Göttler, SZ, 28.5.99

Der Diamanten-Cop 193

BLUE STREAK ***

Regie: Les Mayfield
Darsteller: Martin Lawrence (Miles Logan), Luke Wilson (Carlson), Peter Greene (Deacon), David Chappelle (Tulley), William Forsythe (Hardcastle), Nicole Ari Parker (Melissa Green), Graham Beckel (Rizzo), Robert Miranda (Glenfiddish)
Drehbuch: Michael Berry, John Blumenthal, Steve Carpenter
Kamera: David Eggby
Musik: Edward Shearmur
Schnitt: Michael Tronick
Prod.Des.: Bill Brzeski
Prod.: Toby Jaffe, Neal H. Moritz für Neal H. Moritz/Indie/Jaffe Prod., USA 1999; 93 Min.

Verleih: Columbia TriStar/-/Buena Vista/Columbia TriStar Video; 25.11.1999
FSK: ab 12 J., ffr.

Ein Juwelendieb, der seine Beute in einem unfertigen Gebäude versteckt hat, entdeckt nach Verbüssen einer Haftstrafe, dass die ehemalige Baustelle nun als Polizeirevier dient. Glanzlose Krimi-Komödie, in der der Hauptdarsteller gezwungen ist, durch plumpe Albernheiten von den Mängeln des lustlosen Drehbuchs anzulenken.
Film, 1/2000

(...) Es erscheint betrüblich, dass schwarze Komiker mittlerweile nur noch wie ihr eigenes Klischee agieren: als unentwegt quasselnde und zappelnde Dauergrinser. »Sie haben das Recht, zu schweigen«, sagt der Cop, der Logan zu Beginn festnimmt. Man wünschte, er hätte von seinem Recht wenigstens gelegentlich Gebrauch gemacht. *tip, 25/99*

Dich kriegen wir auch noch 194
DISTURBING BEHAVIOR **

Regie: David Nutter
Darsteller: James Marsden (Steve Clark), Katie Holmes (Rachel Wagner), Nick Stahl (Gavin Strick), Paul Sorvino (Johannson), Steve Railsback (Officer Cox), Bruce Greenwood (Dr. Caldicott), William Sadler (Dorian Newberry), Natassia Malthe (Mary Jo Capeland)
Drehbuch: Scott Rosenberg
Kamera: John S. Bartley
Musik: Mark Snow
Schnitt: Randy Jon Morgan
Prod.Des.: Nelson Coates
Prod.: Armyan Bernstein, Jon Shestack für Village Roadshow/Beacom Com., USA/Kanada/Australien 1998; 83 Min.
Verleih: Highlight/Einhorn/-; 27.5.1999
FSK: ab 16 J., ffr.

Der ultimative Trashfilm: Die Geschichte um den Kampf zweier Jugendlicher gegen einen Schulpsychologen, der seine Schäfchen zu Musterschülern mit kleinen Fehlern umprogrammiert, ist derart grottenschlecht konstruiert, daß man auch den Drehbuchautor unter den Opfern einer Gehirnwäsche wähnt. Bei völliger Abwesenheit eines Minimums an Logik (warum haben die sonst so braven ›Musterschüler‹ eigentlich solche Freude am Quälen und Terrorisieren anderer Leute?), wartet man ebenso vergeblich auf eine Kompensation in Form von Tempo oder Spannung. *tip, 12/99*

(...) Vor allem Katie Holmes und Nick Stahl überzeugen in ihren Underdog-Rollen und James Marsden nimmt man zum Glück nicht so richtig ab, daß er sich in die blonde Vorzeige Mieze der »Blue Ribbons«-Clique verguckt hat. Dazu guckt er eigentlich zu intelligent aus der Wäsche. Einen Blick, den der Film wenigstens ansatzweise auch annimmt und somit ein wenig aus dem Horror-Allerlei herausragt.
Rolf-Ruediger Hamacher, Filmecho-Filmwoche, 20/99

Didier 195
DIDIER **
Video

Regie: Alain Chabat
Darsteller: Alain Chabat (Didier), Jean-Pierre Bacri (Costa), Isabelle Gélinas (Maria), Caroline Cellier (Annabelle), Chantal Lauby, Dominique Farrugia, Josiane Balasko, Lionel Abelanski (Charly)
Drehbuch: Alain Chabat
Kamera: Laurent Dailland
Musik: Philippe Chany
Schnitt: Roland Baubeau
Prod.Des.: Jean Marc Kerdelhue
Prod.: Claude Berri für Renn Prod./TF1/Wam/Katharina/TF1 mit Canal Plus, Frankreich 1997; 105 Min.
Vertrieb: Highlight Video; Okt. 1999
FSK: ab 6 J.

Aus dem Hund der angebeteten Flamme wird plötzlich ein manierenloser Mensch und begnadeter Fußballspieler. Schräge, aber allenfalls achtbar amüsante Komödie, die in Frankreich zum Knüller avancierte.

Die Again 196
SUSAN'S PLAN **
Video

Regie: John Landis
Darsteller: Nastassja Kinski (Susan Holland), Billy Zane (Sam), Michael Biehn (Bill), Rob

Vladimir Mashkov, Misha Philpchuk und Ekaterina Rednikova in ›Der Dieb‹

Schneider (Steve), Lara Flynn Boyle (Betty Johnson), Dan Aykroyd (Bob), Carl Balantine (Henry Byers), Thomas Haden Church (Dr. Chris Stillman)
Drehbuch: John Landis
Kamera: Ken Kelsch
Musik: Peter Bernstein
Schnitt: Nancy Morrison
Prod.Des.: Stuart Blatt
Prod.: Leslie Belzberg, Brad Wyman, John Landis, USA 1998; 89 Min.
UA: 29.10.1998, AFI Filmfestival
Vertrieb: Kinowelt Video; Okt. 1999
FSK: ab 16 J.

Dilettantischer Mordplan an Exmann Paul gerät der schönen Susan zusehends zum Alptraum: Paul überlebt, und die Katastrophe nimmt ihren Lauf … Nicht mit Brutalismen geizender Comedy-Thriller, dessen Besetzung mehr verspricht, als die Story hält.

Die Versuchung – Tender Loving Care 197

TENDER LOVING CARE **

Video

Regie: David Wheeler
Darsteller: John Hurt (Dr. Turner), J. Michael Esposito (Michael Overton), Beth Tegarden (Kathryn Randolph), Marie Caldare (Allison Overton), Brandy carson (Mrs. Greenstreet)
Drehbuch: David Wheeler, nach einem Roman von Andrew Neiderman
Kamera: Calvin Kennedy
Musik: John Welsman
Schnitt: Marie Walling
Prod.: Rob Landers für Trilobyte/Aftermath, USA 1997; 114 Min.
Vertrieb: VMP (Kinowelt) Video; 26.3.1999
FSK: ab 16 J.

Ambitionierte Krankenschwester soll traumatisierte Frau heilen, die glaubt, ihre tote Tochter sei noch am Leben, verführt aber statt dessen den Gatten. Anfangs vielversprechender, dann zunehmend unglaubwürdigerer, schließlich gänzlich grauenvoller »Psychothriller«.

Der Dieb 198

VOR ****

Regie: Pavel Chukhrai
Darsteller: Vladimir Mashkov (Tolyan), Ekaterina Rednikova (Katya), Misha Philiptschuk (Sanya), Amana Mordvinova (Frau des

Doktors), Lidiya Savtschenko (Baba Tanya)
Drehbuch: Pavel Chukhrai
Kamera: Vladimir Klimov
Musik: Fladimir Dashkevich
Schnitt: Marina Dobryanskaya, Natalia Kucherenko
Prod.Des.: Viktor Petrov
Prod.: Sergei Kozlov, Igor Tolstunov für NTV-Profit/Prod. Le Pont/Roissy/Russian State Committee/Centre National/Canal+, Rußland/Frankreich 1997; 93 Min.
UA: 30.8.1997, Filmfestspiele Venedig
EA: 27.6.1998, Filmfest München
Verleih: Arthaus/Kinowelt/-; 11.3.1999
FSK: ab 12 J., ffr.

Eine junge Witwe verliebt sich Anfang der 50er Jahre in einen Offzier, der sich als gewiefter Betrüger entpuppt. Was als Gaunerkomödie begann, endet als bittere Tragödie. Aus dem Blickwinkel des kleinen Sohnes Sanya erzählt Tschuchrai eine Familiengeschichte vom Überleben im Chaos, von komplizierter Vaterbindung und Faszination durch starke Helden. Gleichzeitig zeichnet der Regisseur das Ende der Stalin-Ära, die Desorientierung der UDSSR nach der Diktatur. Parallelen zur Gegenwart drängen sich auf.
Margret Köhler, AZ, 27.6.98

(...) Die Stärke des Films liegt in der differenzierten Charakterisierung des Betrügers und in der glaubhaften Zeichnung sowjetischer Nachkriegsatmosphäre. Leider erliegt Chukhrai mehr als einmal der Versuchung, mit einschlägigen Klischees hausieren zu gehen. *Claus Löser, tip, 6/99*

Dieu seul me voit 199

DIEU SEUL ME VOIT ***
(VERSAILLES – CHANTIERS)

Regie: Bruno Podalydes
Darsteller: Denis Podalydes (Albert), Jeanne Balibar (Anna), Isabelle Candlier (Sophie), Jean-Noel Broute (Otto), Michel Vuillermoz (François), Mouss, Philippe Uchan, Daniel Ceccaldi
Drehbuch: Bruno Podalydes, Denis Podalydes
Kamera: Piere Stoeber
Musik: Django Reinhardt, Stephane Grappelli, Serge Gainsbourgh
Schnitt: Joelle Van Effenterre, Suzanne Koch, Marie-France Cuenot
Prod.: Pascal Caucheteux, Gregoire Sorlat für UFD/Why Not Prod./Le Studio Canal Plus/France 2 Cinema mit Canal Plus/UCG, Frankreich 1998; 122 Min.
UA: 20.7.1998, Film Festival Locarno
Verleih: EYZ/polyfilm/Xenixs; 2.9.1999

Ein unentschlossener und etwas tapsiger Toningenieur, der beim Fernsehen arbeitet und im Pariser Vorort Versailles lebt, muß sich plötzlich zwischen drei unterschiedlichen Frauen entscheiden und wird dabei ein bisschen erwachsener. Eine leichte Liebeskomödie mit politisch satirischen Elementen, die geschickt zwischen subtilem Dialoghumor und slapstickhaften Momenten balanciert und von hervorragenden Darstellerinnen und Darstellern getragen wird. *Zoom, 2/99*

(...) Schönes, fein gedrechseltes Komödienkino aus der Manufaktur der Brüder Podalydes, inpiriert von Truffaut und Tati und zur Abwechslung einmal nicht in Paris, sondern in Versailles inszeniert. Weit genug weg, um Neues im französischen Kino zu entdecken.
Robert Weixlbaumer, tip, 19/99

Dinner für Spinner 200

LE DINER DE CONS ***

Regie: Francis Veber
Darsteller: Thierry Lhermitte (Pierre Brochant), Jacques Villeret (François Pignon), Francis Huster (Leblanc), Alexandra Vandernoot (Christine), Daniel Prévost (Cheval), Catherine Frot (Marléne)
Drehbuch: Francis Veber, nach dem gleichnamigen Bühnenstück von Francis Veber
Kamera: Luciano Tovoli
Musik: Vladimir Cosma
Schnitt: Georges Klotz
Prod.: Alain Poiré für Gaumont/EFVE-TF1/TPS Cinéma, Frankreich 1997; 80 Min.
UA: Filmfestival Toronto 1998
Verleih: Tobis/Constantin/Monopole-Pathé/BMG (Ufa) Video; 4.2.1999
FSK: o. A., ffr.

Ein Pariser Verleger gehört zu einer Gruppe übersättigter Geschäftsleute, die allwöchentlich ahnungslose »Spinner« zum Abendessen einlädt, um sich in trauter Runde auf deren Kosten zu vergnügen. Durch einen Hexenschuß am Erscheinen gehindert, verbringt der Verleger unfreiwillig einen Abend mit »seinem Spinner«, dessen penetrante Hilfsbereitschaft sein ganzes Leben aus den Fugen zu bringen droht. Eine zähflüssige Komödie mit nur wenigen zündenden Gags und überforderten Hauptdarstellern. *Zoom, 12/98*

(...) Unter Vebers Regie wird Brochants Luxuswohnung zum Tollhaus, in dem sich nymphomanische Geliebte, beleidigte Ehefrau, Ex-Rivale und ein Steuerfahnder die Klinke in die Hand geben. Das ganze Tohuwabohu wird auf einem silbernen Tablett voller Wortwitz und Situationskomik serviert (Hoffentlich auch in der deutschen Synchronisation). Das intelligente Kammerspiel umschifft souverän die Klippen des Klamauks und ist an Tempo und Timing, Aberwitz und Absurdität kaum zu übertreffen.
Margret Köhler, AZ, 4.2.99

Dirty Work 201
DIRTY WORK **
Video

Regie: Bob Saget
Darsteller: Norm Macdonald (Mitch), Jack Warden (Pops), Artie Lang (Sam), Traylor Howard (Kathy), Don Rickles (Hamilton), Christopher McDonald (Travis Cole), Chevey Case (Dr.Farthing), Chris Farley
Drehbuch: Frank Sebastiano, Norm Macdonald, Fred Wolf
Kamera: Arthur Albert
Musik: Richard Gibbs
Schnitt: George Folsey jr.
Prod.Des.: Gregory Keen
Prod.: Robert Simonds für Robert Simonds/Brad Grey Prod., USA 1998; 81 Min.
Vertrieb: Warner Video; Januar 1999
FSK: ab 12 J.

Und wieder ein Film mit Stars aus der US-TV-Talentschmiede »Saturday Night Live«: Zwei Brüder gründen Agentur zur Ausführung von Rachepläne. Pointen von drastisch bis geschmacklos – für Fans ein Fest.

Doggy Dog – Eine total verrückte Hundeentführung 202
**
TV

Regie: Klaus Knoesel
Darsteller: Oliver Korittke (Richy Brinkmann), Jenny Elvers (Peggy), Jan-Gregor Kremp (Alex Löwinger), Alexandra Neldel (Greta), Werner Karle jun. (Ebby Schmidtke), Liane Forestieri (Ramona), Detlev Bothe (Dörfler), Maria Singer (Frau Berger)
Drehbuch: Hans Schoene
Prod.: Videoscope, BRD 1999; 93 Min.
TV: 19.5.1999, RTL, 20.15

Glückloser Gauner klaut Gangsterbraut den Königspudel und erwischt dabei auch verräterische Daten-Diskette. Saublöd, aber der Schnitt flott, die Kamera etwas verspielt, Figuren und Plot drifteten leicht in die Groteske – das ganze nahm sich nicht stocksteif ernst, ließ ironische Untertöne zu und war vergleichsweise ansehnlich.
W. O. P. Kistner, AZ, 21.5.99

Dong – The Hole 203
DONG / THE HOLE ***

Regie: Tsai Ming-liang
Darsteller: Yang Kwei-mei, Lee Kang-sheng, Miao Tien
Drehbuch: Yang Ping-ying, Tsai Ming-liang
Kamera: Liao Peng-jung
Schnitt: Hsiao Ju-kuan
Prod.: Arc Light/Haut&Court, Taiwan/Frankreich 1998; 93 Min.
Verleih: -/-/-Frenetic; Mai 1999

Kurz vor dem Jahr 2000 herrscht Endzeitstimming in Taibai, der Hauptstadt Taiwans. Während eine Epidemie grassiert und das Wasser wegen Regen und Rohrbruch ununterbrochen fließt, kommen sich zwei Nachbarn, eine Mann und eine Frau, wegen einem Loch in seinem Boden bzw. ihrer Decke zuerst überhaupt nicht, dann aber doch näher. Die Trostlosigkeit der Situation wird noch offensichtlicher durch die kitschig schönen Tanz- und Gesangseinlagen zur Musik von Grace Chang. Tsai Ming-liangs vierter Film ist stilistisch aufs wesentliche reduziert. Ein minimalistisches, feines Bijou. *Zoom, 5/99*

Dooly – Der kleine Dino 204
DOOLY **

Regie: Kim Soo Jung
Die Figuren und ihre deutschen Sprecher: Angela Wiederhut (Dooly), Michael Klemm (Roger Badoni), Claus Brockmeyer (Michael), Michael Roth (Vio King), Michaela Amler (Tochi), Benedikt Weber (Einstein), Katherina Lopinski (Doolys Mutter), Horst Wüst (Captain Hunter)
Drehbuch: Kim Soo Jung
Kamera: Yoo Seang Deak
Musik: Bok Hwa Sul
Schnitt: Lee Seung lae
Prod.: Ham Kyung Won, Oh Sung Yun für Dooly Nara, Korea 1997; 81 Min.
Verleih: Vision/Einhorn-/-; 21.1.1999
FSK: ab 6 J., ffr.

Ein aus dem ewigen Eis aufgetauter kleiner Dinosaurier macht mit einigen Freunden eine Reise durch die Zeit. Die Verfilmung einer seit den Achtzigerjahren erfolgreichen Comicserie bleibt vor allem durch ihren vordergründigen Zynismus, die Verbindung von Zeichentrickbrutalität und morbiden Scherzen sowie ihre eher dümmliche Handlungsentwicklung im Gedächtnis. Für Spezialisten des asiatischen Trashkinos von gewissem Interesse, als Kinderfilm ein Abklatsch unsäglicher aus dem Fernsehgprogramm geläufiger Cartoonserien. *Multimedia*

Für zartbesaitete ist der schablonenhaft dürftig gezeichnete Film sowieso nichts, die skelettierten Erfüllungsgehilfen des Geisterfürstengangsterbosses dürften Kindern ohne Killerninja- und Horrorcomic-Erfahrung schwere Alptraumnachwirkungen bereiten. Für kindertheatergestählte Sechs- bis Achtjährige höchstens als Solidarakt für die unterdrückten Brüder und Schwestern in Fernost tauglich. *Jörg Königsdorf, Der Tagesspiegel, 28.1.99*

Doppelpack: Das Duell 205
*** TV

Regie: Rolf Silber
Darsteller: Oliver Stockowski (Amberg), Jan-Gregor Kremp (Voss), Alexandra Wilcke (Nika), Stephan Kampwirth (Nentzel), Peter Lerchbaumer (Seefeldt), Andreas Nickl (Rübsam), Klaus Bauer (Konopka)
Drehbuch: Rudi Bergmann, Rolf Silber
Kamera: Dietmar Koelzer
Musik: Peter W. Schmitt
Schnitt: Raimund Barthelmes
Prod.Des.: Andreas Lupp
Prod.: Norbert Sauer für Westdeutsche Universum Film, BRD 1998; 85 Min.
TV: 10.5.1999, ZDF, 20.15

Der Krimi glänzte durch Milieu-Reize: Wenn geraubte Diamanten mitten in der quirlenden Frankfurter Buchmesse versteckt werden, gibt das sehr aparte Perspektiven her. Obwohl die Doppelpack-Cops nicht sonderlich originell sind: Zwei Prolo-Boxrüpel und Infantil-Lover von der Sorte Zahnstocher-Zerkauer und Jähzorn-Berserker. *Ponkie, AZ, 12.5.99*

(...) Aber leider ist Bergmann/Silber zum Zusammenprall von Buch und Faust nur eine originelle Szene eingefallen: die mit dem Kleinganoven Wolfi, der vom »Siddadda«-Verlag schwadroniert. Da blitzt der Charme des Unbedarften in schönem Understatement und stiehlt dem angestrengt hemdsärmeligen »Doppelpack« die Show. *Sybille Simon-Zülch, SZ, 12.5.99*

Doppeltes Dreieck 206
*** TV

Regie: Torsten C. Fischer
Darsteller: Barbara Rudnik (Susanne Marquardt), Helmut Berger (Robert Marquardt), Max Tidof (Martin Kirchner), André Hennicke (Marcel Lobe), Elisabeth Trissenaar (Dr. Kuhnert), Jürgen Hentsch, Andrea Sawatzki
Drehbuch: Johannes W. Betz
Kamera: Theo Bierkens
Musik: Dieter Schleip
Schnitt: Petra Heymann
Prod.: Dom Film, BRD 1999; 88 Min.
TV: 11.10.1999, ZDF, 20.15

Der heimtückische Mordplan eines geldgierigen Ehemanns am ahnungslos liebenden steinreichen Weibe ist zwar im Krimimetier nichts Neues – aber dieser Thriller gehörte zu jener kühl konstruierten Mystifikationsgeometrie, bei der man irgendwann mit dem Auftauchen eines Inspektor Columbo rechnet, der den Fall von Paranoia dann ins rechte Licht rückt und den Ehemann als Ratte entlarvt. Da die Gattin und Ex-Staatsanwältin außerdem einen Gehirntumor hat, wäre der Ehe-Halunke auch auf natürlichem Wege an das Vermögen gekommen. Aber er kann's halt nicht erwarten. Der Killer, den er anheuert, wird zum Liebhaber und vermasselt ihm die Tour.

Ein spannendes Psycho-Puzzle um latente Wünsche und bedeutungsvolle Gedächtnislücken, dank der hervorragenden Besetzung ein elegantes Mörderspiel im Garten der Lüste.
Ponkie, AZ, 13.10.99

Double Platinum 207

DOUBLE PLATINUM **

Video

Regie: Robert Allan Ackerman
Darsteller: Diana Ross (Olivia King), Brandy (Kayla Harris), Allen Payne (Ric Ortega), Christine Ebersole (Peggy), Brian Stokes Mitchell (Adam Harris), Roger Rees (Marc Reckler), Samantha Brown (Royana), Ed Lover (Party Ardie)
Drehbuch: Nina Shengold
Kamera: Michael Fash
Musik: David Shire
Schnitt: Scott Vickrey
Prod.Des.: Michael Johnston
Prod.: Lynn Raynor für Anaid/Norwood/Storyline Ent. mit Columbia TriStar TV, USA 1999; 120 Min.
UA: 16.5.1999, ABC, 21.00
Vertrieb: Columbia TriStar Video; 1.11.1999
FSK: o. A.

Triefende US-TV-Seelenschmalznudel mit Diana Ross als Superstar, der einstmals der Karriere wegen der Tochter den Rücken kehrte – und jetzt mit ihr konfrontiert wird. Schneuz!

Doug – Der erste Film 208

DOUG'S 1ST MOVIE ***

Regie: Maurice Joyce
Drehbuch: Kenny Scarborough, nach den Figuren von Jim Jinkins, Joe Aaron
Musik: Mark Watters, Dan Sawyer (Original-Thema), Fred Newman (zusätzlicher Gesang)
Schnitt: Alysha Nadine Cohen, Christopher K. Gee
Prod.: Jim Jinkins, Melanie Grisanti, David Cambell, Jack Spillum für Walt Disney Pic., USA 1999; 77 Min.
Verleih: Buena Vista/-/-/Buena Vista Video; 5.8.1999
FSK: o. A., ffr. – FBW: Wertvoll

›Doug – Der erste Film‹

Samstagmorgen im deutschen Privatfernsehen. Die Zeit der Zeichentrickserien für die Kids. Es ruckelt und zuckelt unaufhörlich. Sparsame Animation, schnelle Szenenwechsel, überreichlich Dialog. Das Kino kann solche Serien nicht bringen. Das Kino soll sich ja vom TV-Alltag unterscheiden. Das Kino muss etwas Besonderes bieten. Das Kino ... Und jetzt zappelt doch der einer Fernseh-Zeichentrickserie entlehnte Kleinstadtschüler Doug über die große Leinwand. Und seine auf achtzig Minuten gestreckten Abenteuer um Mädchen und Monster sind genau so eintönig und öde, wie man das bereits befürchtet hatte. *Rupert Koppold, Rheinische Post, 6.8.99*

Downtown Torpedos 209

SAN TAU DIP YING **

Video

Regie: Teddy Chen
Darsteller: Jordan Chan (Cash), Charlie Yeung (Sam), Takeshi Kaneshiro (Jackal), Teresa Lee (Phoenix), Alex Fong, Ken Wong
Drehbuch: Zhi Feng-Feng, Poon Yuen-Leung
Prod.Des.: Eddie Mah, Kenneth Mak
Prod.: Chen Shek-Hong, Hongkong 1997; 86 Min.
EA: Fantasy Filmfest 1998
Vertrieb: Ascot Video; Nov. 1999
FSK: ab 16 J.

Vier Industriespione werden vom Geheimdienst auf Terroristen angesetzt, die eine Gelddruckmaschine gemopst haben. Pausenloses Action-Geballer für Liebhaber.

Drachenland

210
****
TV

Regie: Florian Gärtner
Darsteller: Marek Harloff (Hannes), Peggy Lukac (Frau Kahnt), Julia Richter (Sophie), Matthias Matz (Frank), Inga Busch (Karin), Laura Tonke (Marie), Hans-Peter Hallwachs (Hannes' Vater), Angela Schanelec (Hannes' Mutter)
Drehbuch: Florian Gärtner
Kamera: Judith Kaufmann
Schnitt: Bettina Böhler
Prod.: Schramm Film Koerner & Weber für ZDF »Das kleine Fernsehspiel«, BRD 1998; 90 Min.
UA: Max-Ophüls-Preis, Saarbrücken 1999
EA: Int. Filmfestspiele Berlin 1999, »Neue deutsche Filme«
TV: 3.8.1999, ZDF, 22.45 »Das kleine Fernsehspiel«

Der Film schildert auf sensible und dramaturgisch gelungene Weise, wie ein junger Computerexperte durch den Tod seines Vaters mit ungeklärten Fragen seiner Kindheit und Jugend konfrontiert wird. Zugleich macht der Film die Schwierigkeiten der Orientierung in einer medialisierten und globalisierten Kultur sichtbar. Mit »Drachenland« ist Florian Gärtner eine vielschichtige und formal konsequente Auseinandersetzung mit wichtigen Gegenwartsfragen gelungen. *Begründung Interfilmpreis*

Julia Richter und Marek Harloff

Dreamboy macht Frauen glücklich

211
**
TV

Regie: Markus Bräutigam
Darsteller: Oliver Boysen (Ben Teichmann), Johanna Christine Gehlen (Ellen), Michaela May (Frau Meyer Boden), Nuran Calis (Addi), Maria Sebaldt (Greta), Edgar M. Böhlke (Hubertus), Michael Greiling (Herr von Halm), Klaus Prangenberg (Max)
Drehbuch: Gabriele Herfort, Markus Bräutigam
Kamera: Egon Werdin
Musik: Chris Walden
Schnitt: Christel Suckow
Prod.Des.: Sabine Rudolph, Jürgen Zaiser
Prod.: Stefan Jakob, Otto Kiefer für Rheun Film für RTL, BRD 1999; 90 Min.
UA: 27.8.1999, Filmfest München
TV: 22.10.1999, RTL, 20.15

Ein punktgenaues aufs lüsterne Zuschauerherz zugestricktes Sex-&-Crime-&-Herz-&-Schmerz-Märchen: nach zwei Minuten der erste Orgasmus, nach zehn Minuten der erste Gewaltausbruch. Benny sieht gut aus, ist aber blöde, denn er hat 250 Apfelschäler gekauft und jetzt 5000 Mark Schulden mehr.
Und die will er in der Horizontalen abarbeiten, doch bei der ersten Kundin versagt er und beim zweiten Versuch gabelt er Berufskollegin Ellen auf, eine ganz taffe, die ihrem Börsenmakler für einen schlechten Tip schon mal Tabasco aufs Genital träufelt. Ben verliebt sich in Ellen. »Viagra« hieß in dieser stockduseligen, sich gleichzeitig moralisch wie verkniffen voyeuristisch gebenden Bieder-Klamotte »Niagara« – saukomisch, oder?
W.O.P. Kistner, AZ, 22.10.99

Drei Herren

212
***

Regie: Nikolaus Leytner
Darsteller: Karl Merkatz (Dölken), Karl Markovics (Ivo), Ottfried Fischer (Sichel), Regina Fritsch (Camilla), Erni Mangold (alte Frau),

August Diehl und Fabian Busch

Franz Buchrieser (Karli), Dietmar Mössmer (Wessely), Peter Faerber (Vater)
Drehbuch: Nikolaus Leytner, nach einer Idee von Max Lindner, Nikolaus Leytner, Helmut Grasser
Kamera: Hans Selikovsky
Musik: Hans-Jürgen Buchner, Christoph Dienz
Schnitt: Andreas Prochaska
Prod.: Helmut Grasser, Peter Rommel für Allegro Film/Home Run Pic., Österreich/BRD 1998; 92 Min.
Verleih: Movienet/filmladen/-/Columbia TriStar Video; Dez. 1998 (AU), 15.4.1999
FSK: ab 6 J., ffr. – FBW: Wertvoll

Als während einer Landpartie der Fahrer eines Sanatoriumsbusses kollabiert, gehen drei Irre stiften und bringen ein paar dumpfe Provinzler auf Trab und nebenbei die Verkommenheit des dörflichen Mikrokosmos ans Tageslicht. Verhalten inszenierte Komödie, deren zentraler Kniff, noch die größten Katastrophen mit äußerster Beiläufigkeit zu erzählen, auf die Dauer etwas ermüdend wirkt. *tip, 10/99*

(...) In der abgedrehten Posse triumphiert Herz über Hirn, gehen derbe Späße, Charme, Ironie und Lebensphilosophie eine amüsante Allianz ein. Am Ende dieses Feelgood-Movies mit subversivem Witz fragt man sich, sind die vermeintlichen »Irren« nicht die Normalen?

Margret Köhler, AZ, 15.4.1999

Drei Ninjas: High Noon At Mega Mountain 333

213 ***

MEGA MOUNTAIN MISSION

Regie: Sean McNamara
Prod.: USA 1998

Siehe → Mega Mountain Mission

23 – Nichts ist so wie es scheint

214 ****

Regie: Hans-Christian Schmid
Darsteller: August Diehl (Karl Koch), Fabian Busch (David), Dieter Landuris (Pepe), Jan-Gregor Kremp (Lupo), Stephan Kampwirth, Zamachowski, Peter Fitz, Hanns Zischler
Drehbuch: Hans-Christian Schmid, Michael Gutman
Kamera: Klaus Eichhammer
Musik: Norbert Jürgen Schneider
Schnitt: Hansjörg Weißbrich
Prod.: Jakob Claussen, Thomas Wöbke für

Claussen+Wöbke Filmproduktion, BRD 1998; 99 Min.
UA: Filmfest München 1998; Filmfestspiele Locarno 1998
Verleih: Buena Vista/-/-; 14.1.1999
FSK: ab 12 J., ffr.
FBW: Besonders wertvoll

Hannover in den 80ern. Karl Koch gehört zu den ersten Computer-Hackern, er pusht sich mit Amphetaminen und Koks während der Nächte am Bildschirm, und er ist ein Anhänger von Verschwörungstheorien. Computer, Kokain und kalter Krieg – für Karl Koch ein tödlicher Cocktail, denn bald mischen auch KGB und Verfassungsschutz mit. In seinem Paranoia-Trip »23« bringt Regisseur Hans-Christian Schmid mit viel Gespür und Detailfreude die Zeit der Endzeitpropheten und der beginnenden globalen Vernetzung auf die Leinwand und entwirft ein gültiges Generationenportrait.
Volker Gunske, tip 2/99

(...) Da die Schauspieler dieses Charakter-Puzzle zwischen Jugendtollheit, Zukunftsangst und Spielergier glänzend durchhalten, ist das auch ein Gesichterfilm: Verschlossene Jungdenkerköpfe, verschlagene Klassenkampfschwätzer, brutale Nutznießer-Schlaumeier. Scheinbare Dämonie und mystische Selbstsuggestion – ein deutscher Film, der Inszenierungs-Klasse hat.
Ponkie, AZ, 14.1.99

Was ist Ihre Vision vom »guten« Film?

Ein Film, der anspruchsvoll unterhält. Schließlich zahlt das Publikum für eine Kinokarte 12 bis 15 Mark. Allerdings sollte mehr hängenbleiben als nur »ein gutes Gefühl«. Ich möchte Filme drehen, die Neugierde wecken, unsere Wirklichkeit widerspiegeln. Ich bin ein Fan von schlicht und einfach gemachten Filmen; digitale Spielereien dienen oft nur dem Selbstzweck. MTV-Look ist nach fünf Jahren out. Es ist ein Jammer, daß Film nicht mehr als Kulturgut zählt, sondern nur noch als Kassenknüller.
Hans-Christian Schmid im Interview mit Margret Köhler, AZ, 14.1.99

Der 13. Krieger 215

THE 13TH WARRIOR **

Regie: John McTiernan
Darsteller: Antonio Banderas (Ahmed Inn Fahdlan), Omar Sharif (Melchidisek), Diane Venora (Königin Hrothgar), Dennis Storhoi (Herger), Anders T. Anderson (Wigliff), Richard Bremmer (Skeld), Vladimir Kulich (Buliwyf), Mischa Haussermann
Drehbuch: William Wisher, Warren Lewis, nach dem Roman »Eaters of the Dead« und »Schwarze Nebel« von Michael Crichton
Kamera: Peter Menzies Jr.
Musik: Jerry Goldsmith
Schnitt: John Wright
Prod.Des.: Wolf Kroeger
Prod.: John McTiernan, Michael Crichton, Ned Dowd für Crichton/Tiernan Prod., USA 1999; 102 Min.
Verleih: Concorde/dto./-; 9.9.1999
FSK: ab 12 J., ffr.

Der 13. Krieger ist ein Muselmane aus Bagdad, der im Jahre 922 mit einem Dutzend Wikinger ins eisige Norwegen reist, um König Hrothgar im Kampf gegen dämonische Menschenfresser zu unterstützen. Schuld an allem Unglück haben in dieser heroischen Hymne an die Männerfreundschaft die Frauen. Ein archaischer Kriegsfilm mit uncharismatischen Heldenfiguren und unterentwickelter Handlung, der erwachsenen Zuschauern kaum mehr zu bieten hat als einige spektakuläre Schlachtszenen. *Ralph Umard, tip, 19/99*

(...) Antonio Banderas gibt sich reichlich Mühe als Nachfolger von Sharif und Rudolpho Valentino, doch auch ihm mangelt es an filmischem Raum, seine Vision eines so attraktiven wie kultivierten Scheichs auszuspielen.
Das ist schade, käme »Der 13. Krieger« doch gerade recht, um das Bild des bösen Arabers, das die Kinowelten seit dem Fall der Mauer beherrscht, zu revidieren. Bei Tiernan geht die Historisierung der Multikultur in der reinen Action unter, die weder dem Helden noch dem Publikum Zeit zum Aufatmen lässt. *Veronica Rall, FR, 10.9.99*

(...) Die Abfolge wüster Gemetzel, aus dem das von John McTiernan (Stirb langam, The Last Action Hero) nach einer Vorlage des Jurassic-Park-Autors Michael Chrichton inszenierte Düsterepos besteht, verleiht dem Streifen gleichwohl fast den Charakter eines Videospiels. Zumal die zotteligen, vornehmlich blondmähnigen Hünen eben nicht sehr viel mehr Emotionen als dortige Akteure zeigen.

Jan Gympel, Zitty, 19/99

Die dreizehnte Legende 216

THE FEAR 2: HALLOWEEN NIGHT *

Video

Regie: Chris Angel
Darsteller: Gordon Currie, Brendan Beiser, Stacy Grant, Philip Rhys, Myc Agnew, Emmanuelle Vaugier, Kelly Benson, Rachel Hayward
Drehbuch: Kevin Richards, nach einer Story von Greg H. Sims, Kevin Richards
Schnitt: Adam Coleite, Chris Angel
Prod.Des.: Walter Ockley
Prod.: Clin Lien, Mary Beth Jenner für Devin/Pix Ent., USA 1999; 87 Min.
UA: Fantasy Filmfest 1999
Vertrieb: BMG Video; 12.11.1999
FSK: ab 18 J.

Ein Kindheitstrauma: Vattern erschlug Muttern mit Beil und entleibte sich anschließend. Therapie: Schock. Fazit: Debil-Horror zum Grausen, nicht zum Gruseln.

The 13th Floor 217

THE THIRTEENTH FLOOR ***

Regie: Josef Rusnak
Darsteller: Craig Bierko (Ferguson/Hall/David), Vincent D'Onofrio (Ashton/Whitney), Armin Mueller-Stahl (Grierson/Fuller), Dennis Haysbarth (Detective McBain), Gretchen Mol (Jane/Natascha), Steven Schubs (Bernstein), Jeremy Roberts (Tom Jones), Rif Hutton (Joe)
Drehbuch: Josef Rusnak, Ravel Centano-Rodriguez, nach dem Roman »Simulacron-3« von Daniel F. Galouye
Kamera: Wedigo von Schultzendorff
Musik: Harald Kloser
Schnitt: Henry Richardson
Prod.Des.: Kirk M. Petrucelli
Prod.: Roland Emmerich, Ute Emmerich, Marco Weber für Centropolis Ent., USA/BRD 1998; 100 Min.
EA: 2.7.1999, Filmfest München
Verleih: Jugendfilm/-/-/BMG Video; 25.11.1999
FSK: ab 12 J., ffr.

Armin Mueller-Stahl

Neues aus dem Cyberspace? Wieder eine Story, die an lausigen Klischees und schicken Kulissen erstickt: Ein Softwarespezialist beamt sich regelmäßig in sein virtuelles Lieblingsjahrzehnt und wird ermordet. In Verdacht gerät sein Mitarbeiter, der, um seine Unschuld zu beweisen, immer tiefer in den Cyberspace tauchen und die alles bewegende Frage nach Wahrheit und Realität stellen muss. Als er feststellt, dass die Welt doch nur eine Scheibe ist, ist das Filmniveau endgültig abgeflacht. Trotz vielversprechenden Anfangs: Wilder Eklektizismus fesselt nur, wenn ihn Visionen tragen. Erst recht, wenn das Vorbild »Blade Runner« heißt.

Christina Moles Kaupp, tip, 25/99

(...) Mit enormem Ausstattungs-Aufwand und in einer unaufdringlichen, aber durchaus bestechenden Optik (Kamera: Wedigo von Schultzendorff) werden Bilder auf die Leinwand gezaubert, die so wohl noch nie zu sehen waren. Und darunter leidet nun keineswegs die Story – im Gegegenteil, das starke visuelle Konzept fügt sich naht-

los in die Erzählstruktur ein, setzt allenfalls gelegentlich eigene Akzente.
Ein paar Löcher gähnen in der Logik, etwas Schmalz tröpfelt bei der Love-Story, und die letzten Bilder gerieten (absichtsvoll?) ernüchternd, doch was soll's. Rusnack muß sich keineswegs hinter großen Vorbildern verstecken, gelang ihm doch eine Art »Matrix« für Fortgeschrittene und eine Art »eXistenZ« für Ästheten. *W. O. P. Kistner, AZ, 25.11.99*

(...) Kompliziert wird's, wenn einige der hergestellten Computerwesen plötzlich in der Gegenwart auftauchen. Dieses Verwirrspiel um unwirkliche und wirkliche Welten basiert auf dem Daniel-Galouye-Roman »Simulacron 3«, den 1974 bereits Rainer Werner Fassbinder unter dem Titel »Welt am Draht« fürs Fernsehen verfilmte.
Leider legt Regisseur Josef Rusnak (zuletzt inszenierte er den Schimanski-Krimi »Die Schwadron«) in seiner auf düster getrimmten Version mehr Wert auf aufdringliche Digital-Effekte (HDO Oberhausen) und aufwendige Kulissen als auf die eigentliche Krimi-Geschichte. Erst zum Ende hin kommt so etwas wie Spannung auf.
Vorausgesetzt man hat noch den Durchblick. Denn einige der Schauspieler bekleiden Doppel- oder sogar Dreifachrollen. So spielt Vincent d'Onofrio in der Gegenwart einen hilfsbereiten Computerspezialisten, derweil sein Cyber-Gegenstück ein zwielichtiger Barkeeper ist. Und Gretchen Mol ist zugleich als vulgäre Supermarktkassiererin und durchtriebene Femme fatale zu sehen. Dabei verliert man leicht den Überblick.
Aber was soll's, wenn man nur die computergenerierten Spezialeffekte im Auge hat. Dass »The 13th Floor« von Regisseur Roland Emmerich (»Independence Day«) und Kamera-Könner Michael Ballhaus produziert wurde, hebt zwar den Status dieser sterilen Science-Fiction-Vision, macht das Endergebnis aber nicht besser. *Albert Baer, Rheinische Post, 26.11.99*

Dunckel 218

***

Regie: Lars Kraume
Darsteller: Florian Lukas (Benny), Oliver Korittke (Freddy), Sebastian Blomberg (Tommy), Teresa Harder (Michelle), Nele Mueller-Stöfen (Maria), Peter Fitz (Kommissar Richter), Vadim Glowna (Karl Dunckel), Horst Buchholz (Jean Lacroix)
Drehbuch: Lars Kraume
Kamera: Andreas Doub
Schnitt: Benjamin Hembus
Prod.Des.: Daniela Selig
Prod.: Joachim von Vietinghoff für DFFB Berlin/Von Vietinghoff Filmprod./ZDF, BRD 1998; 97 Min.
UA: Filmfest München 1998
Verleih: dffb/-/-; 18.2.1998

Die drei verkrachten Brüder der Familie Dunckel nach Bankraub und Polizistenmord auf der Flucht: Ein Dreier-Charakterporträt von den Versager-Söhnen eines Perfektionsschwätzer-Vaters (Vadim Glowna). Thema-Anklänge an den »Tod eines Handlungsreisenden«: Selbstbetrug und Lebenslügen als Rituale der Selbstzerstörung. *Ponkie, AZ, 29.6.98*

(...) Das erste abendfüllende Werk des DFFB-Studenten Lars Kraume ist ein kleines, ungeschliffenes Juwel. Ganz unverfroren stürzt sich der 25jährige ins Krimi-Genre mit einem Hauch Tarantino, bleibt den liebevoll charak-

Die Brüder Dunckel

terisierten Brüdern dicht auf den Fersen und beweist Mut zur Großaufnahme weit weg von der flachen Fernsehästhetik. Nach dem Überfall läßt Kraume die Handlungsstränge auseinanderdriften und konzentriert sich auf jeden der drei von Florian Lukas, Oliver Korritke und Sebastian Blomberg glänzend gespielten Verlierer. Ohne jede Peinlichkeit entstand so ein straffes Stück Genre-Kino, dem zwar noch die großen Kinomomente fehlen, das aber Lust macht auf viel mehr aus dem Haus Kraume.

Martin Schwarz, Zitty, 4/99

Düstere Legenden 219

URBAN LEGEND **

Regie: Jamie Blanks
Darsteller: Jared Leto (Paul), Alicia Witt (Natalie), Rebecca Gayheart (Brenda), Michael Rosenbaum (Parker), Loretta Devine (Reese), Joshua Jackson (Damon), Tara Reid (Sasha), John Neville (Dean Adams)
Drehbuch: Silvio Horta
Kamera: James Chressanthis
Musik: Christopher Young; Elliot Lurie (supervisor)
Schnitt: Jay Cassidy
Prod.Des.: Charles Breen
Prod.: Neal H. Moritz, Gina Matthewes, Michael McDonnell für Phoenix, USA 1998; 99 Min.
Verleih: Columbia TriStar/dto/20th Century Fox/Columbia TriStar Video; 4.2.1999
FSK: ab 16 J., ffr.

In einem amerikanischen College werden Leute auf bestialische Weise umgebracht. Eine Studentin findet heraus, daß sich die Täterschaft an Verbrechensmustern orientiert, die von modernen Volkslegenden beeinflusst werden. Effekthascherischer, spekulativer, handlungsmäßig platter Thriller, der penetrant moderne Horrorfilme wie »Scream« oder »I know What You Did Last Summer« zu kopieren sucht, ohne jedoch diesen teils originellen Genre-Parodien das Wasser reichen zu können. *Zoom 2/99*

E-Mail an Gott

220
***
TV

Regie: Bernd Böhlich
Darsteller: Mathias Herrmann (Ralph Martin), Sonsee Ahray (Engel Rita), Constantin von Jascheroff (Samuel), Ben Becker (Jerry), Otto Sander (Petrus), Saskia Valencia (Helen), Arabella Kiesbauer (Reporterin)
Drehbuch: Anji Loman Field
Musik: Tamás Kahane
Prod.: Pro7, BRD 1999; 90 Min.
TV: 3.12.1999, Pro7, 20.15

Das obligate Weihnachtsmärchen vom Waisenkind, das per Internet seinen Papa sucht: Da hat der Himmel ein Einsehen, und Petrus schickt einen strammen Trampel-Engel ins prassende Kapitalistenland, um den Börsen-Papa Mores zu lehren. High-Tech-Wunder für fromme Computer-Kinder: bravbrav. *Ponkie, AZ, 6.12.99*

Tom Hanks und Meg Ryan

E-Mail für dich

221
****

YOU'VE GOT MAIL

Regie: Nora Ephron
Darsteller: Tom Hanks (Joe Fox), Meg Ryan (Kathleen Kelly), Parker Posey (Patricia Eden), Jean Stapleton (Birdie), David Chappelle (Kevin), Steve Zahn (George), Greg Kinnear (Frank Navasky), Heather Burns (Christina)
Drehbuch: Nora Ephron, Delia Ephron, nach dem Theaterstück »Parfumerie« von Miklos Laszlo und dem Drehbuch »The Shop Around the Corner« von Samson Raphaelson
Kamera: John Lindley
Musik: George Fenton
Schnitt: Richard Marks
Prod.Des.: Dan Davis
Prod.: Lauren Shuler Donner, Nora Ephron für Lauren Shuler Donner Prod., USA 1998; 119 Min.
Verleih: Warner Bros./dto./dto./Warner Video; 11.2.1999
FSK: ab 6 J., ffr. – FBW: Wertvoll

Kathleen und Joe bauen über E-mail eine anonyme Beziehung auf. Im New Yorker Alltag aber sind sie sich nicht grün, weil Kathleens kleiner Buchladen von Joes Ladenkette geschluckt wird. Zu guter Letzt finden sich die beiden doch. Remake von Lubitschs »The Shop around the Corner« (1940), geschrieben vom Frauenteam, das mit »Sleepless in Seattle« (1993) erfolgreich war. Charmante Stadtromanze, in der einige dramaturgische Untiefen durch das brillante Zusammenspiel von Meg Ryan und Tom Hanks wettgemacht werden. *Zoom, 2/99*

(...) Den Kitsch hat sie meist unter Kontrolle, die spritzige Selbstironie hält sie leider nicht durch, dafür aber den schmeichelnden Blick auf ihre Hauptdarstellerin. Ephron weiß seit »Schlaflos in Seattle« um die Unwiderstehlichkeit der steril erotischen Paarung Meg Ryan und Tom Hanks. Zwei verstotterte Darlings, für die – existierte es noch nicht – das Wörtchen nett erfunden werden müßte. Am Ende ist Kelly zwar um ihre Buchhandlung ärmer, aber um einen liebenden Buch-Tycoon reicher. Und das Internet ist immer noch die schönste Nebensache der Welt. *Stefanie Schild, AZ, 11.2.99*

Ich bin weder nett, keß noch niedlich. Und der süße kleine Fratz, für den mich viele halten, bin ich schon gar nicht. Fragen Sie mich nicht nach meinem romantischsten Erlebnis – ich kann mich an nichts erinnern. Ich bin eher unsentimental. Und sehr erdverbunden.

Meg Ryan im Interview, Focus, 8.2.99

Earth 222

EARTH ***

Regie: Deepa Mehta
Darsteller: Aamir Khan (Eismann), Nandita Das (Ayah Shanta), Rahul Khanna (Hasan), Maia Sethna (Lenny), Kitu Gidwani (Bunty Sethna), Kulbushan Kharbanda (Imam Din), Arif Zakaria (Rustom Sethna), Gulshan Grover (Mr. Singh)
Drehbuch: Deepa Mehta, nach der Autobiographie »Cracking India« von Bapsi Sidhwa
Kamera: Gilles Nuttgens
Musik: A.R. Rahman
Schnitt: Barry Farrell
Prod.: Delip Mehta, Anne Masson, Deepa Mehta für Behaviour/Cracking the Earth, Indien/Kanada 1998; 108 Min.
UA: 11.9.1998, Film Festival Toronto
Verleih: Prokino/-/Rialto; 8.7.1999

1947 endete in Indien die englische Herrschaft. Die ehemalige Kolonie wurde unabhängig, wonach zwischen Sikhs, Hindus und Muslimen Machtkämpfe aufkamen. In dieser Zeit der politischen Desorientierung folgt der Film den Schicksalen einer wohlhabenden Achtjährigen, ihres Dienstmädchens und deren beider Verehrer. Zwar befremden im Film manchmal allzu abrupte Atmosphärenwechsel, doch gelingt ein sinnliches, bildstarkes, farblich stimmiges Porträt eines Landes, dass sich selber neu definieren muß.

Zoom, 8/99

An Echo from Europe – Vienna Art Orchestra on Tour 97 223

****+

Regie: Othmar Schmiderer
Kamera: Othmar Schmiderer, Daniel Pöhacker; Michael Pilz, Bernhard Pöhacker (Konzerte)
Musik: Vienna Art Orchestra
Schnitt: Danile Pöhacker
Prod.: Danny Krausz, Kurt Stocker für Dor Film, Österreich 1999; 102 Min.
Verleih: Salzgeber/Filmladen/-; September 1999 (AU)

Die Dokumentation einer zweimonatigen Tournee quer durch Europa und Kanada anläßlich des zwanzigjährigen Bestehens stellt das Orchester musikalisch und persönlich vor. Die bemüht, einfühlsam und ehrlich wirkende Collage setzt Reiseeindrücke, Interviewfragmente und Ausschnitte von Vorführungen und Probenarbeit miteinander in Beziehung, wobei einzelne Höhepunkte das Spannungsfeld von Bewegung – räumlich wie geistig – und Musik effektvoll erlebbar machen.

Multimedia

EDtv 224

ED TV ***

Regie: Ron Howard
Darsteller: Matthew McConaughey (Ed Pekurny), Jenna Elfman (Shari), Woody Harrelson (Ray Pekurny), Sally Kirkland (Jeanette), Martin Landau (Al), Ellen DeGeneres (Cynthia Topping), Rob Reiner (Whitaker), Dennis Hopper (Hank), Elizabeth Hurley
Drehbuch: Lowell Ganz, Babaloo Mandel, nach dem Film »Louis XIX – Roi des ondes« von Michel Poulette
Kamera: John Schwartzman
Musik: Randy Edelman
Schnitt: Mike Hill, Dan Hanley
Prod.Des.: Michael Corenblith
Prod.: Brian Grazer, Ron Howard für Universal/Imagine, USA 1999; 123 Min.
UA: Int. Filmfestspiele Cannes 1999, »außer Konkurrenz«
Verleih: UIP/UIP/UIP/Columbia TriStar Video; 5.8.1999
FSK: ab 6 J., ffr. – FBW: Besonders wertvoll

Ed, sympathisch, aber ohne Zukunftschancen, lässt sich überreden, zum Star einer Rund-um-die-Uhr-Doku-Soap zu werden. Dass eine TV-Crew ihn auf Schritt und Tritt verfolgt, beeinflusst Eds Beziehungen zur Familie, sein Liebesleben und seine Selbsteinschätzung zuerst positiv und dann immer negativer, bis er aus seiner Rolle auszubrechen beschließt. Das brisante Thema der verlorenen Menschenwürde im Reality-TV-Zeitalter wird amüsant aber oberflächlich abgehandelt, so dass der Film mehr als Sitcom denn als Satire überzeugt.

Zoom, 8/99

Matthew McConaughey und Elizabeth Hurley

(...) Anders als die »Truman Show«, die das Kräftemessen zwischen Mensch und Glotzwelt mit missionarischem Pathos beschrieb, ist »EDtv« eine harmlos familiär vertrubelte Klamotte. Aber ihr ordinärer Wahrheitsgehalt macht nicht nur schmunzeln, sondern bei allem Geschmunzel auch frösteln.
Ruprecht Skasa-Weiß, Stgt. Zeitung, 5.8.99

(...) Routiniert gemacht. Die jungen Hauptdarsteller wachsen kaum über ihre darzustellende (und gemeinerweise angeprangerte!) Durchschnittlichkeit hinaus. Die Ausnahmen sind die alten Männer: Martin Landau als Stief- und Dennis Hopper als leiblicher Vater sowie Rob Reiner (Regisseur von »Harry & Sally« sowie »Misery«) als TV-Chef Whitaker. Die sind wirklich gut. Ansonsten herrscht das aufgesetzte Grinsen der 30-jährigen. *Sebastian Feldmann, Rheinische Post, 6.8.99*

Wann haben Sie von »Die Truman Show« gehört, dem eine ähnliche Story zugrunde liegt?

Als wir Matthew McConaughey gecastet hatten, arbeiteten wir eifrig am Drehbuch, es war keine leichte Geburt. Ich wollte schon so lange eine Komödie drehen, und das war eine Komödie, die obendrein auch einen tollen Inhalt hatte. Sie sprach mich ganz persönlich an, dann hörte ich von »Die Truman Show«, und Brian Grazer besorgte sich ein Tape mit einer Rohfassung von Peter Weirs Film. Wir einigten uns, daß unser Drehbuch anders genug ist. Ich wollte keinesfalls die Produktion abbrechen. Aber der Vergleich ist naheliegend und macht mich verrückt. »Die Truman Show« ist aber fast ein Science-fiction-Film – und ganz anders.

Was ist Ihre Lieblingsarbeit innerhalb des Produktionsprozesses?

Die Dreharbeiten. Der Schnitt ist auch ziemlich gut, dort hat man den Zeitplan mehr unter Kontrolle. Ich schneide in der Nähe meiner Wohnung. Das ist, als ob ich ins Büro ginge. Das Anstrengende beim Schneiden ist, daß eigene Fehler beim Dreh gnadenlos aufgedeckt werden. *Ron Howard im Interview mit Blickpunkt Film, 24/99*

Ein langer Weg 225

OLA INE DROMOS ***

Regie: Pantelis Voulgaris
Darsteller: Thanassis Vengos (Vogelwärter), Giorgos Armenis (Mr. Tsetsenoslou), Dimitris Katalifos (Archäologe)
Drehbuch: Giorgos Skabardonis, Pantelis Voulgaris
Kamera: Giorgos Frentzos
Musik: Stamatis Spanoudakis, Makis Iaprakas (Songs)
Schnitt: Dinos Katsouridis
Prod.Des.: Julia Stavridou
Prod.: Alco Film/Greek Film Center (Produziert im Rahmen von »Thessaloniki-Kulturhauptstadt Europas«), Griechenland 1997; 112 Min.
UA: 19.2.1998, Int. Forum des Jungen Films, Berlin
Verleih: Freundc, Sigma/-/-; Okt. 1998, 13.5.1999

Ein Film über drei Menschen am Wendepunkt ihres Lebens. Ein Archäologe

denkt über die Beziehung zu seinem Sohn nach, der sich in einem Militärcamp selbst verbrannt hat. Der Jagdaufseher einer Ornithologengruppe gerät außer sich, als die letzte Graugans von einem Wilderer getötet wird. Ein Fabrikbesitzer verzweifelt und beginnt ein Zerstörungswerk, als seine Frau ihn mit beiden Kindern verläßt.
Wendepunkt hin, Wendepunkt her, zu einer rechten Einheit wollen sich die drei Teile allerdings nicht verbinden; der Gesamteindruck des Films bleibt zwiespältig: Sind die ersten beiden Episoden eher melancholisch, so die dritte erfreulich deftig, bissig und unterhaltsam. Kino wohl vor allem für Griechenlandfans. *Jennifer Bleek, Zitty, 12/99*

Eine wie keine 226
SHE'S ALL THAT **

Regie: Roberts Iscove
Darsteller: Freddie Prince jr. (Zack Siler), Rachael Leigh Cook (Laney Boggs), Matthew Lillard (Brock Hudson), Paul Walker (Dean Sampson), Jodi Lyn O'Keefe (Taylor Vaughan), Kevin Pollak (Wayne Boggs), Anna Paquin (Mackenzie Siler), Kieran Culkin (Simon Boggs)
Drehbuch: R. Lee Fleming Jr.
Kamera: Francis Kenny
Musik: Stewart Copeland
Schnitt: Casey O. Rohrs
Prod.Des.: Charles Breen
Prod.: Peter Abrams, Robert L. Levy, Richard N. Gladstein für Tapestry Films/Film Colony, USA 1998; 95 Min.
Verleih: Kinowelt/dto./-/KinoweltVideo; 22.7.1999
FSK: o. A., ffr.

Der High-School-Prinz Zack wird von der Schulschönsten wegen eines MTV-Stars verlassen. Um sein Image zu wahren, wettet er mit einem Freund, die depressive und hässliche Laney bis zum Abschlussball in eine Schönheit verwandeln zu können. Doch er verliebt sich in Laney, die unbebrillt und im Minikleid entzückend aussieht. Als die Wette rauskommt, droht der jungen Liebe das Aus. Das moderne »Aschenputtel«-Filmmärchen blickt aufs kalifornische Teenagermilieu, wobei teils abrupte Wechsel zwischen Spass und Ernsthaftigkeit befremdend wirken.
Zoom, 6–7/99

(...) Diese Wendung ins Moralische hätte ihre Absicht vielleicht erreicht, wenn sie ein bißchen subtiler in die Story eingeflochten worden wäre. So aber, wie mit dem Zaunpfahl gewunken, wirkt sie wenig attraktiv. Lieber hätte man das schon gesehen, wie die monströse Teenagerbande einen gesetzlosen Showdown in der High-School herbeizwingt.
Jennifer Bleek, Zitty, 15/99

Einfach raus 227
□

Regie: Peter Vogel TV
Darsteller: Inga Busch (Michelle), Cosma Shiva Hagen (Martina), Fabian Busch (Andreas), Susanne Lothar (Renate Reimann), Ulrich Mühe (Manfred Reimann)
Drehbuch: Torsten Schulz
Prod.: BRD 1999; 85 Min.
TV: 30.6.1999, ARD, 20.15

Der 18jährige Andreas will raus aus der DDR, in den Westen abhauen, um dort seinen Lebenstraum zu verwirklichen und Physik zu studieren. Plötzlich, im historischen Sommer 1989, wird sein Traum Wirklichkeit. Die ungarisch-österreichische Grenze wird überraschend geöffnet. Er ist nicht allein auf der Flucht. *AZ TV-Journal*

Ein einfacher Plan 228
A SIMPLE PLAN ***

Regie: Sam Raimi
Darsteller: Bill Paxton (Hank), Billy Bob Thornton (Jacob), Brent Briscoe (Lou), Bridget Fonda (Sarah), Jack Walsh (Tom Butler), Chelcie Ross (Carl), Becky Ann Baker (Nancy), Gary Cole (Baxter)
Drehbuch: Scott B. Smith, nach seinem gleichn. Roman
Kamera: Alar Kivilo; Paul Ryan (2nd unit)
Musik: Danny Elfman
Schnitt: Arthur Coburn, Eric L. Beason
Prod.Des.: Patrizia von Brandenstein
Prod.: James Jacks, Adam Schroeder; Michael Polaire (Co-Prod.) für Paramount/Mutal Film/Tele München mit

›*Ein einfacher Plan*‹

Savoy Pic., USA 1998; 117 Min.
UA: 12.9.1998, Filmfestival Toronto
Verleih: Concorde/dto/Elite; 25.2.1999
FSK: ab 16 J., ffr. – FBW: wertvoll

In einer kleinen Stadt in Minnesota finden drei Freunde bei einem abgestürztem Flugzeug im Schnee neben einer Leiche vier Millionen Dollar. Sie betrachten das Geld als Geschenk des Himmels, doch Eifersucht, Paranoia und Dummheit führen dazu, dass sie sich gegenseitig umbringen. Temporeiche »Schwarze Komödie« nach dem »Fargo«-Strickmuster, die gekonnt mit dem Kontrast von visuellen Elementen und psychologischen Abgründen arbeitet. *Zoom, 2/99*

Eiskalte Engel 229

CRUEL INTENTIONS ***

Regie: Roger Kumble
Darsteller: Sarah Michelle Gellar (Kathryn Merteuil), Ryan Phillippe (Sebastian Valmont), Reese Witherspoon (Annette Hargrove), Selma Blair (Cecile Caldwell), Louise Fletcher (Helen Rosemond), Joshua Jackson (Blaine Tuttle), Eric Mabius (Greg Mc Connell), Sean Patrick Thomas (Ronald Clifford)
Drehbuch: Roger Kumble, nach dem Roman »Les liaisons dangereuses« von Choderlos de Laclos
Kamera: Theo Van de Sande
Musik: Edward Shearmur
Schnitt: Jeff Freeman
Prod.Des.: Jon Gary Steele
Prod.: Neal H. Moritz; Heather Zeegen (Co.-Prod.) für Neal.H. Moritz Prod., USA 1999; 97 Min.
Verleih: Kinowelt/dto./Buena Vista; 5.8.1999
FSK: ab 16 J., ffr.

Choderlos de Laclos' Briefroman »Les liaisons dangereuses« (1789) ist 1989 von Stephen Frears und Milos Forman noch als Kostümdrama verfilmt worden. Roger Kumble hat nun das Intrigendrama ins heutige New York verlegt. Die Hauptfiguren sind zwar so jung, daß man ihnen die fiesen Hinterlistigkeiten in Liebesränken (noch) nicht zutraut, doch die kluge Regie und das solide Drehbuch sorgen für eine plausible, erotisch-prickelnde Variante des klassischen Stoffes, in der auch schwarzer Humor viel Platz hat. *Zoom, 8/99*

Die Rollen erweisen sich erwartungsgemäß als mehrere Nummern zu groß für persönlichkeitsfreie Akteure, die sich bestenfalls aalglatt durchs schicke Ambiente lavieren. Der große Reiz der Vorlage, der Entwicklung eines von hochintelligenten Beteiligten gesponnenen und unausweichlich in die Tragik

Sarah Michelle Gellar und Ryan Phillippe

mündenden Intrigennetzes beizuwohnen, geht so zur Gänze verloren. (...)
W.O.P. Kistner, AZ, 26.8.99

(...) Der Film ist eine Augenweide. Sebastians und Kathryns Reichtum wird ausgiebig vorgeführt. Das Drehbuch enthält unerwartet witzige Dialoge. Die Lust an der Bosheit schließt die Trauer nicht aus: »Eiskalte Engel« ist auch das Porträt einer verlorenen Generation, die aus Langeweile mit den Gefühlen spielt und dabei scheitert.
Frank Noack, Rheinische Post, 27.8.99

Eiskalte Intrigen 230

SINFUL INTRIGUE □ TV

Regie: Edward Holzman
Darsteller: Bobby Johnston (Adam), Beckie Mullen (Steph), Griffin Drew (Cindy), Mark Zuelke (Jake), Pia Reyes (Yvette), Heather Ward (Rebecca), Lorissa McComas (Jean), Carl Bartlett (Mr. Dorsey)
Drehbuch: John Allen Nelson
Musik: Patrick John Scott
Prod.: USA 1995; 82 Min.
TV: 20.1.1999, Pro7, 23.10

Cindy will an das Geld der reichen Steph kommen und verführt deren Mann Adam. Sie plant, Steph zu ermorden und den Verdacht auf den wegen eines anderen Mordes verdächtigten Nachbar Jake zu lenken.

Ekstase – The Rise and Fall of the Russian Elvis 231

***

Regie: Tomtscheck
Mit: Claudia Fellner, Claus Tieber, Gerry van de Baur, Lex Barker, Gunter Salmberger, Frl. Johanna, Christian Moser
Drehbuch: Claus Tieber, H.C. Leitich
Kamera: Ivan
Musik: Christoph Reichel, Gerald Travnicek, Matias del Campo, Chrono Pop
Schnitt: David Sebastian Zorro
Prod.: H.A.P.P.Y. für H.A.P.P.Y. TV, Österreich 1999; 98 Min.
Verleih: -/H.A.P.P.Y./; Mai 1999

Der Aufstieg und Fall des Russischen Elvis, der im schwülstig angestaubten Club Ekstase in den Kreis der russischen Mafia taucht. Ein Film der Wiener Gruppe »H.A.P.P.Y.«, der das Genre des plumpen 80er-Jahre-Gangsterfilms auffrischt. Die Überhöhung der Charaktere, Laienschauspieler, massenweise Haarberge und die Kreativität, mit der ohne jegliche Geldmittel ein Spielfilm modelliert wurde, entscheidet die Gratwanderung zwischen reinem Eigengebrauchsfilm für den privaten Freundeskreis und Film als Produkt für ein Publikum zu Gunsten des Interesses an der Inszenierung. Das erweiterte Wohnzimmer der »H.A.P.P.Y.«-community hat wieder geöffnet.
Multimedia

El Médina – Die Stadt 232

EL MEDINA ***

TV

Regie: Yousry Nasrallah
Darsteller: Bassem Samra (Ali), Abla Kamel (Bannoura, die Mutter), Ahmed Fouad Sélim (Atta), Mohamed Nagaty (Eid), Roschdy Zem (Roschdy), Inès de Médeiros (Agnès)
Drehbuch: Yousry Nasrallah, Nasser Abdel-Rahmane
Prod.: Ägypten 1998; 105 Min.
TV: 11.10.1999, Arte, 22.25

Mitten in Kairo arbeitet Ali, der Sohn eines Gemüsehändlers, im Geschäft seines Vaters. Er gehört zu der Generation von Ägyptern, die nicht mehr an alten Traditionen festhält. Seine eigentliche Liebe gilt dem Theater. (...) Er wagt den Sprung nach Europa und zieht nach Paris, denn es gilt, sich seinen Lebensraum selbst zu schaffen.
Pressetext

Der Elephant in meinem Bett 233

□ TV

Regie: Mark Schlichter
Darsteller: Peter Lohmeyer (Lennard), Antje Schmidt (Sabine), Oliver Korritke (Oliver), Aglaia Szyszkowitz (Jasmin), Nadine Fano (Anna), Bettina Hauenschild (Frau Drescher), Horst Krause (Kowalski), Jacky Schwartz (Gerichtsvollzieher)
Drehbuch: Jennifer Robinson, Tatjana Bliss
Kamera: Florian Ballhaus
Musik: Reinhard Besser, Klaus Wagner
Prod.: BRD 1999; 95 Min.
TV: 14.11.1999, Pro7, 20.15

Die Exfrau Sabine des Trompeters Lennard glaubt, er sei wegen seines lockeren Lebenswandels nicht der richtige Umgang für ihre gemeinsame Tochter Anna. Als eines Morgens ein kleiner Elefant, der seine Eltern sucht, in Lennards Bett liegt, beginnt für Anna und ihn ein Abenteuer.

Else – Geschichte einer leidenschaftlichen Frau 234

****+
TV

Regie: Egon Günther
Darsteller: Katja Riemann (Else), Jürgen Holtz (Daniel Kirschner), Rita Russek (Minna Kirschner), Jörn Knebel (Fritz Wiegand), Heio von Stetten (Erich Schroffenstein), Gideon Singer (Aaron), Deborah Kaufmann (Enie), Christian Lerch (Hans)
Drehbuch: Egon Günther, nach der Originalvorlage von Angelika Schrobsdorff
Kamera: Peter Brand
Musik: Johannes Brahms
Schnitt: Karin Fischer
Prod.Des.: Petra Heim
Prod.: Bernd Grote für Tellux-Film mit BR, BRD/Bulgarien 1999;
Jeweils 88 Min.
UA: 3.7.1999, Filmfest München
TV: 1. und 2.1.2000, BR, 21.45

Der Stoff ist stärker als der Film: Ein Roman wie Schrobsdorffs »Du bist nicht wie andere Mütter« lässt sich nicht so einfach skelettieren, widersetzt sich auch dem Expressionismus von Autor/Regisseur Egon Günther. Dennoch hatte der Zweiteiler vom Überleben der charakterstarken, exzentrischen Jüdin Else sehr eindrucksvolle Passagen. Großartig das Elternpaar Rita Russek und Jürgen Holtz, imponierend die Rollen-Besitzergreifung Katja Riemanns. *Ponkie, AZ, 4.1.2000*

Emmas Schatten 235

SKYGGEN AF EMMA
***

Regie: Sören Kragh-Jacobsen
Darsteller: Line Kruse (Emma), Börje Ahlstedt (Malthe Eliasson), Henrik Larsen (Emmas Vater), Inge Sofie Skovbo (Emmas Mutter), Ulla Henningsen (Ruth), Bent Nalepa Steinert (Gustav), Ken Vedsegaard (Albert), Otto Brandenburg (Tage)
Drehbuch: Sören Kragh-Jacobsen, Jorn O. Jensen
Kamera: Dan Laustsen
Musik: Thomas Lindahl
Schnitt: Leif Axel Kjeldsen
Prod.Des.: Lars Nielsen
Prod.: Tivi Magnusson für Metronome Prod./Det Danske Filminstitut, Dänemark 1988; 99 Min.
EA: Filmfest München 1989
Verleih: KJF/-/-; April 1999

12jährige inszeniert im Kopenhagen von 1931 ihre eigene Entführung, um mit dem Lösegeld ihrem neugewonnenen Freund, einem mittellosen Kanalarbeiter, einen Platz an der Sonne zu sichern. Handwerklich überdurchschnittlicher Familienfilm.

End of Days 236

END OF DAYS
***+

Regie: Peter Hyams
Darsteller: Arnold Schwarzenegger (Jericho Cane), Gabriel Byrne (Satan), Robin Tunney (Christine York), Kevin Pollak (Chicago), Renee Olstead (Amy), Matt Gallini (Monk), Linda Pine, Rod Steiger, Udo Kier
Drehbuch: Andrew W. Marlowe
Kamera: Peter Hyams
Musik: John Debney
Schnitt: Steven Kemper
Prod.Des.: Richard Holland
Prod.: Armyan Bernstein, Bill Borden; Paul Deason, Andrew W. Marlowe (Co-Prod.) für Beacon/Universal, USA 1999; 122 Min.
Verleih: Buena Vista/dto./dto.; 2.12.1999
FSK: ab 16 J., ffr.

Der Satan muß in der Sylvesternacht mit einer bestimmten Frau schlafen, um siegreich in der Welt sein zu können. Ein Ex-Cop schützt sie vor ihm und fanatischen Killerpriestern und tritt zum Endkampf um die Rettung der Welt an. Kaum durchschnittliches Spektakel, das hemmungslos christliche Symbole und Motive für seine Zwecke ausbeutet. *Multimedia*

(...) Die Perfidie dieser Produktion liegt nicht einmal allein in der genüsslichen Verherrlichung von Gewalt, sondern in der zynischen Kaltschnäuzigkeit, mit der dem Zuschauer erzreaktionäre Philosophie untergejubelt wird.

Die übelsten Auswüchse der US-Society – neben der Verteufelung von Sexualität wären dies der Waffenfetischismus, die Religionsverklärung sowie eben auch die Gleichgültigkeit gegenüber Gewalt – werden hier ins Gegenteil verkehrt und dreist zur Tugend stilisiert. Selten transportierte ein Film so unverhohlen ein solches Maß an primitivem Bonsai-Fundamentalismus.

W. O. P. Kistner, AZ, 2.12.99

(...) Arnold Schwarzenegger ist zurückgekehrt zu seinen Anfängen: In jeder Hand eine Knarre, zwei Zentner Munition am stählernen Körper und das Böse fest im Blick. So etwas sehen wir zwar gern und hielten Schwarzeneggers beide *Terminatoren* einst auch für epochale Actionfilme, hier aber macht sich alsbald Enttäuschung breit. (...)

Hans-Joachim Neumann, Zitty, 26/99

Ende August, Anfang September 237

FIN AOUT, DEBUT SEPTEMBRE ****

Regie: Olivier Assayas
Darsteller: Mathieu Amalric (Gabriel Deshays), Virginie Ledoyen (Anne Rosenwald), François Cluzet (Adrien Willer), Jeanne Balibar (Jenny), Alex Descas (Jeremie), Arsinee Khanjian (Lucie), Mia Hansen-Love (Vera), Nathalie Richard (Maryelle)
Drehbuch: Olivier Assayas
Kamera: Denis Lenoir
Musik: Ali Sarka Toure
Schnitt: Lue Barnier
Prod.Des.: François Renaud Labarthe
Prod.: Georges Benayoun, Philippe Carcassonne für Dacia/Polygram/Cinea Prod. mit Canal Plus/CNC, Frankreich 1998; 111 Min.
UA: Int. Filmfestival San Sebsatián 1998
EA: 2.7.1999, Filmfest München
Verleih: Peripher/-/-; Oktober 1999
FSK: ab 6 J., ffr.

Der siebte Film des ehemaligen »Cahiers«-Kritikers ist ein faszinierendes Mosaik der Momentaufnahmen und Erzählfragmente. Assayas hat die heikle Freundschaft zweier Schriftsteller ins Zentrum gerückt und daraus eine Chronik der Ablösungen und Vernarbungen entwickelt, einen forschenden Dialog über das Fortbestehen von Gefühlen und Kunstwerken. Der Film lebt nicht zuletzt von der Evidenz der Schauspielergesichter und Temperamente und erzählt mit berückender Gelassenheit und Großzügigkeit von der Erosion der Beziehungen und Sehnsüchte.

Gerhard Midding, tip, 21/99

Ende der Geduld 238

UNE MINUTE DE SILENCE ***

Regie: Florent Emilio Siri
Darsteller: Benoît Magimel (Marek), Bruno Putzulu (Mimmo), Rüdiger Vogler (Jäger), Alexander May (Freddy), Jean-Yves Chatelais (Stanis), Andrea Schieffer (Journalistin)
Drehbuch: Florent Emilio Siri, Yves Ulmann
Kamera: Giovanni Fiore Coltellacci
Musik: Alexandre Desplat
Schnitt: Joelle Dufour
Prod.: Frank Le Wita, Marc de Bayser, Joachim Ortmanns für Film Oblige/K2/ Lichtblick Prod. mit Canal Plus/CNC, Frankreich/Beglien/BRD 1998; 87 Min.
Verleih: Real Fiction/-/-; August 1999

Lothringen 1995: Ein 25jähriger Bergarbeiter polnischer Abstammung gerät in die Auseinandersetzungen um die Schließung einer Zeche, während sein gleichaltriger Busenfreund, Sohn italienischer Einwanderer, dem Einfluß eines Mädchenhändlers zu erliegen droht. Vor dem Hintergrund einer wirtschaftlich bankrotten Region eingefangene Männerfreundschaft, die von zwischenmenschlicher und gesellschaftlicher Solidarität erzählt. Die unprätentiösen Hauptdarsteller und eine fast dokumentarisch beobachtende Kamera wiegen kleine dramaturgischen Schwächen des Spielfilmdebüts auf.

Rolf-Ruediger Hamacher, film-dienst, 16/99

Ein Engel spielt falsch 239

ANGELS IN THE ENDZONE ***
TV

Regie: Gary Nadeau
Darsteller: Christopher Lloyd (Engel Al), Paul Dooley (Trainer Buck), Matthew Lawrence (Jesse Harper), David Gallagher (Kevin Harper), Lynda Boyd (Grace Harper), Allan Zinyk (Artie)
Drehbuch: Alan Eisenstock, Larry Mintz
Prod.: USA 1997; 83 Min.
TV: 3.10.1999, RTL, 12.45

Der begabte Sportler Jesse Harper verläßt nach dem Unfalltod seines Vaters sein High School Footballteam, das daraufhin ständig verliert. Sein jüngerer Bruder Kevin schickt ein Stoßgebet vom Himmel, und sportbegeisterte Engel sorgen für neue Siege.

Die Entführung 240

***
TV

Regie: Peter Patzak
Darsteller: Götz George (Carl Heidfeld), Muriel Baumeister (Ina Heidfeld), Birgit Doll (Laura Heidfeld), Leonard Lansink (Kommissar Trombik), Heikko Deutschmann (Jens Stahl), Sylvia Haider (Lene)
Drehbuch: Norbert Ehry
Kamera: Andreas Käfer
Prod.: Dr. Eberhard Jost für Telefilm Saar für SAT.1, BRD 1999; 92 Min.
TV: 6.4.1999, SAT.1, 20.15

Die Standardfigur aller Entführungs-Thriller, der reiche Unternehmer, der vor lauter Geschäften keine Ahnung von seiner Familie hat, ist in dem Thriller mit Götz George erstklassig besetzt, und da Regisseur Peter Patzak besser ist als die gewöhnlichen Spannungshandwerker, war der Film nicht ganz so schlecht wie der gewöhnliche »große Sat.1-Film«. Die entführte Tochter bekam Papas sämtliche Irrtümer eingetränkt. Doch warum Leonard Lansink als Kommissar mit allen dämlichen Kripo-Klischees (Schlapphut, Mundwinkel-Zigarillo) daherschlurfen muß, ist ein Rätsel. *Ponkie, AZ, 8.4.99*

Entführung ohne Gnade 241

MERCY

***
TV

Regie: Richard Shepard
Darsteller: John Rubinstein (Frank Kramer), Amber Kain (Ruby), Sam Rockwell (Matty »Al«), Jane Lanier (Carol), Novella Nelson (Angela), Phil Brock (Phil Line), Rhea Silver-Smith (Nicole), Christopher J. Quinn (Joey)
Drehbuch: Richard Shepard
Kamera: Sarah Cawley
Musik: Rolfe Kent
Schnitt: Adam Lichtenstein
Prod.: Rolfe Kent, Rocky Collins, Richard Shepard für Injosho Films mit Elevator Pic., USA 1995; 85 Min.
UA: 19.10.1995, Hampton Film Festival
TV: 5.7.1999, ZDF, 22.30

Warum wird Papas Herzenstochter entführt in dem New Yorker Klassenkampfkrimi? Um Papa eine Lektion zu erteilen. Weil Papa eine arrogante egozentrische Charaktersau ist. Der Geldsack-Kerl schikaniert Familie und Angestellte, führt sich als Machtrüpel auf und wird nun von der Rache des farbigen Hausmädchens heimgesucht, das er als Minderjährige mißbraucht hat. Mit ihrem debilen Erpresserkumpel jagt Rächerin Ruby dem herrschsüchtigen Millionärslümmel ordentlich Angst ein, und mit Hilfe des FBI kriegt er eine Portion Läuterung in die Fresse, daß er sichs merkt.
Ein puritanischer Zeigefinger-Brüller für Leuteschinder und Geldprotze.
Ponkie, AZ, 7.7.99

Das Erbe der Zarentochter 242

MY FAMILY TREASURE

***

Regie: Rolfe Kanefsky
Prod.: USA/Rußland 1993

Videotitel für → Der geheimnisvolle Schatz

Erdbeben in New York 243

EARTHQUAKE IN NEW YORK

***
TV

Regie: Terry Ingram
Darsteller: Greg Evigan (Det. John Rykker), Cynthia Gibb (Laura Rykker), Michael Moriarty (Captain Paul Stenning), Götz Otto (Det. Eric Steadman), Melissa Anderson (Dr. Marilyn Blake), Michael Sarrazin (Dr. Robert Trask), Dylan Provencher (Andrew Rykker), Vanessa Evigan
Drehbuch: Michael Sloan, D. Brent Mote
Kamera: Barry Bergthorson
Musik: Christophe Beck
Prod.: USA/BRD 1998; 86 Min.
TV: 10.9.1999, ARD, 20.15

Das deutsch-amerikanische Steinerumpeln ließ es zwar nicht an gewaltigen Staubwolken und eingestürzten U-Bahn-Schächten fehlen, und auch die lädierte Freiheitsstatue sackte schön griffig in sich zusammen. Aber die schicksalhaften Begegnungen des TV-Movie-Personals kamen direkt aus den Lehrbüchern »Die Polizei, dein Freund und Helfer« und »Dein Kind, das wunderbare Wesen«: Der Gutmensch bewährt sich – der Massenmörder gerät in die Starkstromleitung. Was machen wir als nächstes? Sturmflut in Tokio?

Ponkie, AZ, 13.9.99

Erfrieren 244

JIDU HANLENG ****+

TV

Regie: Wu Ming (= Wang Xiaoshuai)
Darsteller: Jia Hongshen (Qi Lei), Ma Xiaoqing (Shao Yun), Bai Yu (Schwester), Li Geng (Schwager), Zhang Yongming
Drehbuch: Pang Ming, Wu Ming
Kamera: Yang Shu
Musik: Roeland Dol
Schnitt: Qing Qing
Prod.: Shu Kei, Xu Wei für Shu Kei's Creative Workshop/Another Film Company, China/Hongkong 1996; 97 Min.
EA: Filmfest Hamburg 1997
TV: 4.6.1999, 3sat, UmU

(...) Das triste Alltagsleben ist dem jungen Performancekünstler Qi Lei längst einerlei, auch Freundin Shao Yun findet keinen Zugang mehr zu ihm. Qi Lei steckt alle Energie in die minutiöse Planung des eigenen Todes. Am längsten Tag des Jahres will er öffentlich mit der Wärme seines Körpers einen riesigen Eisblock schmelzen – um dann an Unterkühlung zu sterben. (...)

Holger True, Hamburger Abendblatt, nach: Katalog Filmfest Hamburg

Erlösung 245

LUNASTUS ***

Regie: Olli Saarela
Darsteller: Kari Heiskanen (Patrick Sillmann), Jussi Puhakka, Jussi Lehtonen, Robert Enckell, Rauno Juvonen, Ville Virtanen, Tom Wentzel
Drehbuch: Olli Saarela, Heikki Vuento
Kamera: Antti Hellstedt
Musik: Tuomas Kantelinen
Schnitt: Tuuti Kuittinen
Prod.: Claes Olsson für Kinoproduktion mit YLE/Swedish Television 1, Finnland/Schweden 1997; 72 Min.
Verleih: MOP, OmU/-/-; 25.3.1999

1918 im Norden Kareliens: Finnland ist unabhängig von Rußland geworden, doch trotzdem tobt der Bürgerkrieg zwischen kommunistischen Truppen und zaristischen Weißgardisten auch auf finnischem Gebiet. Dem inmitten der einfachen Dorfbevölkerung völlig vereinsamten Vikar Patrik Sillman wird ein junger Soldat der Roten als Gefangener anvertraut. Doch Sillman will ihn nicht ausliefern.
(...) Szenen aus dem finnischen Bürgerkrieg im Jahr 1918, in deren Verlauf ein Anhänger der patriotischen Weißgardisten von der Sinnlosigkeit der Gewalt überzeugt wird. Ein arg akademisch geratener Film, dessen emotionslose Inszenierung nur wenig Gespür für die Personen, ihre Beweggründe und Seelenlagen vermittelt.

Rolf-Ruediger Hamacher, film-dienst, 5/99

Ernest in Afrika 246

ERNEST GOES TO AFRICA **

TV

Regie: John R. Cherry
Darsteller: Jim Varney (Ernest P. Worrel), Linda Kash (Renee), Jamie Bartlett (Thompson), Claire Marshall (Betty), Washington Xisolo (Sinkatutu Chief), Robert Whitehead (Prinz Kazim), Zane Meas (Jameen), Charles Pillai (Kareem)
Drehbuch: John R. Cherry
Prod.: Kenneth M. Barish, USA 1997; 90 Min.
TV: 5.4.1999, RTL, 9.45

Depperter Soldat soll als Agent Diamanten aus Afrika zurückholen.

Es beginnt heute 247

CA COMMENCE AUJOURD'HUI ****+

Regie: Bertrand Tavernier
Darsteller: Philippe Torreton (Daniel), Maria Pitarresi (Valéria), Nadia Kaci (Samia), Françoise Bette (Mme. Delacourt), Christine Citti (Mme. Baudoin), Emmanuelle Bercot (Mme. Tievaux), Véronique Ataly (Mme. Lienard), Nathalie Becue (Cathy)
Drehbuch: Dominique Sampiero, Tiffany Tavernier, Bertrand Tavernier
Kamera: Alain Choquart
Musik: Louise Clavis
Schnitt: Sophie Brunet
Prod.: Alain Sarde, Frédéric Bourboulon für

Les Films Alain Sarde/Little Bear/TF1, Frankreich 1998; 117 Min.
UA: 16.2.1999, Int. Filmfestspiele Berlin, »Wettbewerb«
Verleih: Arsenal/-/Filmcooperative; 23.11.1999

In Valenciennes, im von Arbeitslosigkeit betroffenen Norden Frankreichs, leitet ein Idealist eine Kleinkinderschule und meistert mit seinen Kolleginnen den schwierigen Arbeitsalltag. Ihr Kampf gegen die Resignation der Eltern, die Ignoranz der Sozialfürsorge und enge Finanzen führen zu einem Schulfest, das die Solidarität im Quartier beschwört. Das Sozialdrama ist besonders stark in seinen dokumentarisch wirkenden Alltagsbeobachtungen und in den schauspielerischen Leistungen. Die Gratwanderung zwischen aufklärerischem Pathos und poetischer Dramaturgie provoziert aber auch ein Unbehagen gegenüber der formalen Lösung. *Film, 11/99*

Ein Vorschuldirektor kämpft in einem von sozialer Tristesse gelähmten Ort im Norden Frankreichs gegen Ignoranz und Behörden-Willkür. Mißhandelte Kinder, hilflose Erwachsene in einem leider nur ehrenwerten Film.
Angie Dullinger, AZ, 19.2.99

(...) Gefilmt mit viel wackeliger Handkamera bringt Tavernier es fertig, diesen Spielfilm wie einen realistischen Dokumentarfilm aussehen zu lassen – wären da nicht die glamurösen weiblichen Nebenrollen: die aparte Sozialarbeiterin und die ebensolche kellnernde Bildhauerfreundin. Derlei Akzente trennen die Franzosen von der ebenfalls sozialrealistischen Wut englischer Kinematographie dann doch. Auch der Held ist letztlich zu heldisch: Selbst in seinen Brüchen wirkt er völlig bruchlos. Der Film, der seine drängenden Inhalte hervorragend umsetzt, ist ein glänzendes Stück politischer Bildung. Er hat leider nur keinerlei Dramaturgie. So daß man die Message, auch wenn man den Film nach der Hälfte verläßt, begriffen hat. *Der Tagesspiegel, 17.2.1999*

›Es beginnt heute‹

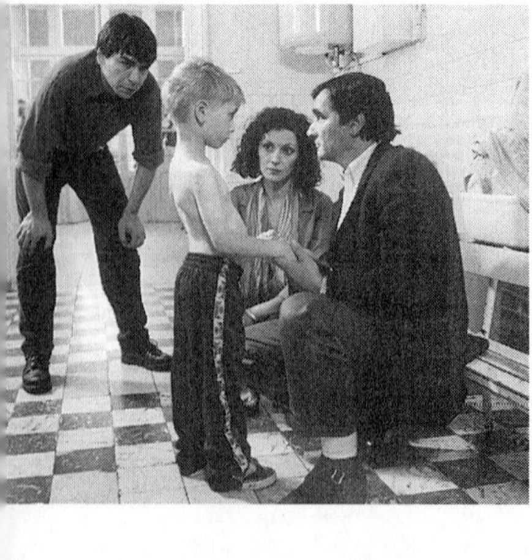

(...) Es wäre ein leichtes gewesen, vor dem Hintergrund der sozialen Not im sauren Kitsch zu schwelgen. Tavernier indes inszeniert die Geschichte mit einem hellwachen, klaren Blick für diesen Mikrokosmos; die Zuneigung des Regisseurs gegenüber den Figuren bedarf keiner großen Gesten; die Vitalität entsteht aus der Fülle kleiner, eher unauffälliger Details. (...)
H. G. Pflaum, SZ, 16.12.1999

(...) So ist »Es beginnt heute« mehr ein Nachtrag zu Taverniers Kino, kein Hauptwerk, aber durchaus sehenswert. (...) *Daniel Kothenschulte, FR, 29.11.1999*

Escape Velocity 248
ESCAPE VELOCITY **
Video

Regie: Lloyd A. Simandl
Darsteller: Patrick Bergin (Cal), Wendy Crewson (Billie), Michelle Beaudoin (Ronnie), Peter Outerbridge (Nash)
Drehbuch: Paul A. Birkett
Schnitt: Derek Whelan
Prod.: Rita Michel, Matt Siegel, USA 1998; 96 Min.
Vertrieb: Highlight Video; Dez. 1999
FSK: ab 16 J.

Der Eindringling, Opfer einer Raumschiffhavarie, der auf der Forschungsstation einer Familie im All auftaucht, entpuppt sich als Psychopath. Uraltes Billig-Muster in neuer Umgebung: den unendlichen Weiten des Weltalls.

Ethan Frome 249
ETHAN FROME ***

TV

Regie: John Madden
Darsteller: Liam Neeson (Ethan Frome), Patricia Arquette (Mattie Silver), Joan Allen (Zeena Frome), Tate Donovan (Reverend Smith), Katharine Houghton (Mrs. Hale), Stephen Mendillo (Ned Hale), Debbon Ayer (Ruth Hale, jung)
Drehbuch: Richard Nelson, nach dem Roman von Edith Wharton
Kamera: Bobby Bukowski
Musik: Rachel Portman
Schnitt: Katherine Wenning
Prod.Des.: Andrew Jackness
Prod.: Stan Wlodkowski für American Playhouse mit Richard Price/BBC, USA 1992; 99 Min.
UA: 8.1.1993, Palm Springs Int. Film Festival
TV: 25.4.1999, RTL2, 11.35

Der lange Winter und die karge Landschaft bestimmen langsam aber unausweichlich das Seelenleben unserer Protagonisten.

Eve und der letzte Gentleman 250
BLAST FROM THE PAST ***

Regie: Hugh Wilson
Darsteller: Brendan Fraser (Adam), Alicia Silverstone (Eve), Christopher Walken (Calvin), Sissy Spacek (Helen), Dave Foley (Troy), Joey Slotnik (Soda Jerk), Dale Raoul (Mutter)
Drehbuch: Bill Kelly, Hugh Wilson
Kamera: Jose Luis Alcaine
Musik: Steve Dorff; Steve Tyrell (supervisor)
Schnitt: Don Brochu
Prod.Des.: Robert Ziembicki
Prod.: Renny Harlin, Hugh Wilson; Mary Cane für Midnight Sun Pic., USA 1999; 103 Min.
Verleih: Kinowelt/Constantin/Rialto/Kinowelt Home Video; 23.9.1999
FSK: ab 6 J., ffr.

Los Angeles 1962: Aus Angst vor einem Atomkrieg flüchtet ein Wissenschaftler mit seiner schwangeren Frau in einen Bunker. Nach 35 Jahren unter der Erde schickt das Paar den mittlerweile erwachsenen Sohn an die Oberfläche. Gleichermaßen verwirrt und fasziniert macht sich dieser in der fremden Welt auf Brautschau. Romantische, gut gespielte Zeitreise-Komödie nach einer witzigen Grundidee. Das Drehbuch enthält allerdings einige Logikfehler, und die Kritik am Wertezerfall ist etwas gar zahnlos. *Film, 10/99*

(...) Die Konfrontation des kulturell zurückgebliebenen Naivlings mit moderner kalifornischer Lebensart ist oft amüsant. Doch indem der Film die USA der 50er Jahre zur heilen Welt verklärt, wirkt er verlogen und reaktionär.
Ralph Umard, tip, 20/99

Evil Clutch – Die Rückkehr der Dämonen 251
EVIL CLUTCH *

Video

Regie: Andreas Marfori
Darsteller: Diego Ribon, Coralina c. Tassoni, Elena Cantarone
Prod.: Italien 1988; 85 Min.
Vertrieb: Troma Böhling Video; 29.3.1999
FSK: ab 18 J., gekürzte Fassung 79 Min., ab 16 J.

11 Jahre alter Italo-Horror, der in den zynischen 90ern endlich Premiere feiern darf: Pärchen, Autopanne, einsame Hütte, Hexe, Zombies – Gänsehaut?

Die Ewigkeit und ein Tag 252
MIA EONIOTITA KE MIA MERA ****

Regie: Theo Angelopoulos
Darsteller: Bruno Ganz (Alexander), Isabelle Renauld (Anna), Achilleas Skevis (Kind), Despina Bebedeli (Alexanders Mutter), Iris Hatziantoniou (Alexanders Tochter), Eleni Gerassimidou (Ouranie), Fabrizio Bentivoglio (Dichter), Vassilis Seimenis (Alexanders Schwiegersohn)
Drehbuch: Theo Angelopoulos, Tonino Guerra, Petros Markaris, Giorgio Silvagni
Kamera: Yorgos »Giorgos« Arvanitis, Andreas Sinanos
Musik: Eleni Karaindrou
Schnitt: Yannis Tsitsopoulos
Prod.Des.: Giorgos Ziakas, Costas Dimitriadis
Prod.: Phoebe Economopoulos für Greek Film Centre/Greek TV/Paradis Film/Intermedia/ La Sept Cinema mit Canal+/Classic S.R.L./Istituto Luce/WDR/Arte,

Isabelle Renauld und Bruno Ganz

Griechenland/Frankreich/Italien 1998; 133 Min.
UA: Int. Filmfestspiele Cannes 1998
Verleih: Pegasos/filmladen/Filmcoopi; 21.1.1999
FSK: ab 12 J., ffr.

Am Tag vor dem Spitaleintritt erinnert sich ein alt gewordener, schwerkranker Schriftsteller an sein früheres Leben und begegnet einem kleinen Straßenjungen, um den er sich zu kümmern beginnt. Dadurch bekommt sein Leben, in dem er alles dem Schreiben untergeordnet hat, am Ende noch einen Sinn. Der einfühlsame, in Melancholie getauchte Film zieht die Bilanz eines Daseins, dem es an Zuwendung für die Mitmenschen mangelte, und ist zugleich eine Hommage an das fortdauernde Leben. *Zoom, 12/98*

(...) Es ist ein Film von unendlich melancholischer Schönheit. Man muß sich auf die Langsamkeit dieser Landschaftsimpressionen und Gedankenkettenbilder einlassen, muß eintauchen in die Ego-Vergangenheit eines Schriftstellers, der wie alle Künstler an der Familie vorbeilebt und gar nicht merkt, wie ihm die Zeit durch die Finger rinnt. Ingmar Bergmann gelang Ähnliches vor 40 Jahren mit »Wilde Erdbeeren«. Angelopoulos zieht mit diesem reifen Spätwerk einen magischen Kreis um seinen Elfenbeinturm. Die Goldene Palme von Cannes 1998 lädt ein, ihn zu betreten. *Ponkie, AZ, 28.1.99*

Executioners 253

XIAN DAI HAO XIA ZHUAN *

Video

Regie: Ching Siu Tung, Johnny To
Darsteller: Michelle Khan (Ching), Anita Mui (Tung), Maggie Cheung (Chat), Damian Lan, Anthony Wong, Takeshi Kaneshiro, Lan Ching-Wen
Drehbuch: Susanne Chan, nach einer Story von Sandy Shaw
Kamera: Poon Hang Sang
Musik: Cacine Wong
Prod.: Ching Siu Tung, Johnny To für China Ent./Paka Film, Hongkong 1993; 90 Min.
Vertrieb: New Vision Video; 18.1.1999
FSK: ab 16 J.

Drei Kampfamazonen treten nach einer Atomkatastrophe gegen Super-Bösewicht an, der mit unverseuchtem Wasser megareich werden will. Gigadämliche Hongkong-Action, angejahrt.

eXistenZ 254

EXISTENZ ****+

Regie: David Cronenberg
Darsteller: Jennifer Jason Leigh (Allegra Geller), Jude Law (Ted Pikul), Willem Dafoe (Gas), Ian Holm (Kiri Vinokur), Don McKellar (Yevgeny Nourish), Callum Keith Rennie (Hugo Carlaw), Sarah Polley (Merle), Christopher Eccleston (Levi)
Drehbuch: David Cronenberg
Kamera: Peter Sushitzky
Musik: Howard Shore
Schnitt: Ronald Sanders
Prod.Des.: Carol Spier
Prod.: Robert Lantos, Andras Hamori, David Cronenberg; Bradley Adams, Damon Bryant, Michael MacDonald (Co.-Prod.) für Alliance/Serendipity Point Film mit Natural Nylon, Kanada/GB 1998; 97 Min.
UA: 16.2.1999, Int. Filmfestspiele Berlin, »Wettbewerb«
EA: Fantasy Filmfest 1999
Verleih: Kinowelt/Constantin/Elite/Kinowelt Video; 11.11.1999
FSK: ab 16 J., ffr.

Ein Videospiel als Fortsetzung des menschlichen Körpers mit anderen Mitteln: Die Erfinderin Allegra wird an der Seite eines unerfahrenen Jünglings in die virtuelle Realität eines ihrer

Ganzkörpergames eingesogen und findet den Ausgang nicht mehr. David Cronenberg realisierte einen hochkarätig besetzten psycho-medizinischen Science-Fiction-Thriller von unzeitgemäßer, meditativ anmutender Bedächtigkeit. *Film, 9/99*

Die Designerin eines Computerspiels wird von einer Untergrundgruppe namens »Realisten« gejagt und sucht gemeinsam mit ihrem unerfahrenen Leibwächter im virtuellen Universum ihres Spiels Schutz. Der neueste Film von David Cronenberg greift erneut ein in seinem Schaffen prominentes Thema – die Schnittstelle zwischen Mensch und Maschine – auf und führt es, auch in Anspielung auf eigene und andere einschlägige Werke, konsequent durch. *Multimedia*

David Cronenberg, der in Filmen wie »Die Fliege« oder »Naked Lunch« die Grenzen der menschlichen Physis mit den unendlichen Möglichkeiten des Geistes kreuzte, hat nun folgerichtig die virtuellen Welten der Computerspiele entdeckt. Für Gamefreaks und Science-Fiction-Fans mag »eXistenZ« seine Reize haben, bei anderen Kinogängern bewirkt das Eintauchen in die Virtualität und das Wirrwarr ihrer »Regeln« nur rasche Ermüdung.
Harald Zander, Filmwecho/Filmwoche, 8/99

Jude Law und Jennifer Jason Leigh

(...) eXistenZ ist Cronenbergs ausgelassenster Film seit »Naked Luch«, ein verschachtelter und hochsynthetischer Comedy Thriller mit vergnügten Akteuren und kleinen pornographischen Scherzen, wie sie nur Cronenberg einfallen können. *Robert Weixlbaumer, tip, 24/99*

(...) Für Aufregung und geteilte Meinungen haben Cronenbergs Filme immer gesorgt – letztlich wegen ihrer Qualitäten. Denn Cronenberg-Filme haben eine hypnotische Kraft, die mit dem ersten Bild beginnt und nach dem Film noch lange nachwirkt. Alle Farbnuancen, alle Ausstattungsdetails, alle Noten der Musik, alle Geräusche sind aufeinander abgestimmt, um den Zuschauer im feinen Netz von Realität und Fiktion gefangen zu nehmen. Insofern ist »eXistenZ«, der Film über denn obsessiven Spieler, natürlich auch ein sehr selbstreflexives Werk über seinen Schöpfer. Wenn das Leben nur Spiel ist – dann muss man es verdammt ernst nehmen. *Bodo Fründt, SZ, 17.11.99*

Ablenkung als Lebenstrost. Propagieren Ihre Filme vielmehr nicht einen kruden Eskapismus? Zum Beispiel in eXistenZ Cybersex als neue Art der Selbstbefriedigung?

Nein, nicht wirklich. Ich wünsche mir natürlich sehr, dass meine Filme nicht nur der Ablenkung dienen. Ich hoffe, sie unterhalten, ohne diesen Löschkalk-Effekt im Bewusstsein der Zuschauer auszulösen. Mit dieser flächendeckenden Verdummung würde ich nicht gern in Zusammenhang gebracht werden. Ich halte diese gezielten Irreführungen – wie sie ja auch die Religionen liefern – für äußerst fatal.
David Cronenberg im Interview mit Ulrich Lössl, Zitty, 24/99

Exklusiv 255

****+

Regie: Florian Froschmayer
Darsteller: Martin Rapold, Daniel Bill, Judith Wyprächtiger, Stefan Gubser, Beat Schlatter, Sabrina Steinmetz, Jaap Achterberg, Barbara Azzi
Drehbuch: Tobias Kunz, Florian Froschmayer
Kamera: Pascal Walder
Musik: Matthias Zimmermann
Schnitt: Florian Froschmayer
Prod.: Lukas Hobi für Arcanus/Flo Film, Schweiz 1999;
80 Min.
EA: Max Ophüls Preis, Saarbrücken 2000
Verleih: -/-/Elite; Okt. 1999 (CH)

Nach dem Mord an der Tochter eines Nationalrates werden mehrere Personen aus dem Umkreis der Boulevardzeitung »Exklusiv« erschossen. Der Täter droht auch dem zuständigen Reporter mit dem Tod, sollte er die Berichterstattung einstellen. Jungregisseur Florian Froschmayer ist ein handwerklich hervorragender Medienthriller gelungen, der sich in Ästhetik und Machart am Hollywoodkino orientiert. Trotz der etwas dünnen Story endlich wieder einmal ein Schweizer Film fürs breite Publikum. *Film, 10/99*

Express Express 256

EKSPRES, EKSPRES ****+

Regie: Igor Sterk
Darsteller: Gregor Bakovic, Barbara Cerar (Grega), Lojze Rozman, Adrej Rozman-Roza, Peter Musevski, Claude Moretti, Pavla Rakovec
Drehbuch: Matjaz Pograjc, Igor Sterk
Kamera: Valentin Perko
Musik: Mitja Vrovnik-Smrekar
Schnitt: Stanko Kostanjevec
Prod.Des.: Matjaz Pavlovek
Prod.: A.A.C. Prod., Slowenien 1997; 74 Min.
EA: Filmfest Cottbus; Max Ophüls Preis, Saarbrücken 1998
Verleih: Neue Vision/-/-; 30.12.1999

In diesem slowenischen Roadmovie auf Schienen finden zwei Menschen fast ohne Worte zusammen. Eine leichte, feinsinnige Komödie mit skurillen Nebenfiguren und fantastischen Einfällen, getragen vom altmodischen, unerschütterlichen Glauben an die Liebe: Im sterilen Großraumwagen eines ICE hätte diese Romanze keine Chance. *tip*

Eyes wide shut 257

EYES WIDE SHUT ****

Regie: Stanley Kubrick
Darsteller: Tom Cruise (Dr. William Harford), Nicole Kidman (Alice Harford), Madison Eginton (Helena Harford), Jackie Sawiris (Roz), Sydney Pollack (Viktor Ziegler), Leslie Lowe (Illona), Todd Field (Nick Nightingale), Sky Dumont (Sandor Szavost)
Drehbuch: Stanley Kubrick, Frederic Raphael, nach »Traumnovelle« von Arthur Schnitzler
Kamera: Larry Smith
Musik: Jocelyn Pook; György Ligeti, Schostakowitsch, Chris Isaak
Schnitt: Nigel Galt
Prod.Des.: Les Tomkins, Roy Walker
Prod.: Stanley Kubrik für Pole Star für Warner, USA 1999; 159 Min.
UA: Int. Filmfestspiele Venedig 1999 »Eröffnungsfilm«
Verleih: Warner/-/-; 9.9.1999
FSK: ab 16 J., ffr. – FBW: Besonders wertvoll

Der angesehene Arzt Dr. Bill Harford stürzt in eine Krise, als seine Frau Alice ihm eines Abends beichtet, ihn vor Jahren bereits wegen eines anderen Mannes beinahe betrogen und verlassen zu haben. Für Bill bricht eine Welt zusammen und er flüchtet verstört in die Nacht. Seine Odyssee führt ihn durch ein emotionales Labyrinth seiner Phantasien, Begierden und Ängste. Die sich daraus ergebenden sehr hohen Anforderungen an die Schauspieler können von Nicole Kidman und Tom Cruise allerdings kaum erfüllt werden. *Multimedia*

Hinter den »weit geschlossenen Augen« spielt sich ein Kopf-Film ab: Die Projektion nicht gelebter Wunschträume nimmt Gestalt an in nächtlichen Streifzügen des Arztes, der sich, getarnt mit Berufspflichten, in seltsamen Ritualen bei seltsamen Leuten wiederfindet. Das hat viel mit Psychoanalyse zu tun – mit der verdeckten und verdrängten Sexualität, die sich an den Hemmschwellen von Herkunft und Kultur bricht.

So entstehen zivilisatorisch aufgemotzte Bilder von »Verbotenem«, in denen der Marquis de Sade ebenso gegenwärtig ist wie etwa die opulenten erotischen Kinomärchen eines Walerian

Tom Cruise und Nicole Kidman

Borowczik (»Unmoralische Geschichten«): Die Sehnsucht nach Übertretung und Hölle – das Spiel mit der Gefahr, in der man umkommt.
Das Chaos bleibt immer verdeckt: Ein unsichtbarer Riss unter der Oberfläche. Innenwelten. Der Kreis schließt sich fugenlos im bürgerlichen Familienalltag Mann-Frau-Kind. *Ponkie, AZ, 9.9.99*

(...) Brillant inszeniertes Vermächtnis von Stanley Kubrick, der Themen seiner früheren Werke variiert und dabei das zentrale Thema, das Gefühlsleben eines Paares, bis in die dunkelsten Winkel beleuchtet. *Zoom, 9/99*

(...) Christian Kubrick, die Frau des Regisseurs, behauptete im »Time Magazine«, ihr Mann habe nicht Erotik, sondern Furcht erzeugen wollen. Davon kann keine Rede sein. Von Befremdung vielleicht. Zimmerfluchten, durch die sich makellos-glatte, tiefkühlende Eisschränke auf feingeölt-glänzenden Schienen bewegen, hätten kaum weniger Furcht erzeugt als Kubricks bewegliche Mannequins, seine öde Parade der Masken.
Die Kamera bleibt ebenso einfallslos. Sobald sich die Schönen im Kreise setzen, zirkelt sie nach. Warum nicht. Wenn ein Paar tanzt, »tanzt« die Kamera mit. Uiiiih! Und als sich, überraschend und ungerufen, Cruises Retterin auf der Galerie zeigt, zoomt Kubricks Objektiv wie zu Spaghetti-Western-Zeiten blitzschnell an sie ran. Wummm! Geht es peinlicher? (...)
Patrick Roth, Die Welt, 16.7.99

(...) Die Verpflichtung von Superstar Tom Cruise und dessen Ehefrau Nicole Kidman war Kubricks Schachzug, sich maximale künstlerische Freiheit und kommerzielles Potential zugleich zu erhalten. Doch Cruise als etablierter New Yorker Arzt mit Frau und Kind müht sich um den Part, ohne ihn füllen zu können, weil er eher wie ein Pfadfinder wirkt, zu realitätstüchtig, um zu staunen, um in den Strudel seiner Phantasmen zu geraten. Wirklich überzeugend ist er allein in jenen Momenten, wenn ihn die Vorstellung vom Ehebruch seiner Frau zerfrisst. Doch je weiter man ihm durchs nächtliche New York folgt, desto mehr bleibt er einfach nur Tom Cruise. (...) *Peter Körte, FR, 8.9.99*

(...) Daß es in der nichtendenwollenden Arbeitsklausur dennoch Streß von der großkalibrigen Art gab (Cruise entwickelte ein Magengeschwür), verraten Umstände, die man (etwa im »Time Magazine«, das zum selben Medienkonzern wie Warner Brothers gehört) nicht ausposaunt: Die beiden wichtigsten Nebendarsteller hielten nicht

Sidney Pollack und Tom Cruise

durch. Harvey Keitel wurde durch den umgänglicheren Sydney Pollack ersetzt, und Jennifer Jason Leigh (als sie glaubte, ihre Rolle sei eigentlich schon abgedreht) durch eine unbekannte Schwedin namens Marie Richardson.
Die Heimlichkeit, mit der all dies sich in den abgeschotteten Londoner Pinewood-Studios vollzog und unendlich hinzog, stimulierte so viele Gerüchte, daß sogar das gegen übliche Nachrede sonst ziemlich abgehärtete Paar Kidman/Cruise sich wenigstens einmal mit juristischem Erfolg wehrte: Das Boulevardblatt »Star« hatte behauptet, Kubrick habe den beiden Nachhilfeunterricht bei Sexualtherapeuten verordnet, damit sie ihre Bettszenen zustande brächten. (...) *Urs Jenny, Der Spiegel, 5.7.99*

Frau Kubrick, hätte es Ihrem Mann gefallen, dass Sie mit Journalisten reden?

Nein, Stanley mochte keine Interviews. Er empfand sich selbst als ungeheuer langweilig.

Mit dieser Einschätzung stand er ziemlich allein da.
Langweilig im Vergleich zu seinen Filmen wohlgemerkt. Er meinte, was er zu sagen hatte, könnte er nicht besser ausdrücken als durch seine Filme, über die er so lange nachgedacht hatte. Als er 1997 eine Dankesrede halten sollte zur Verleihung des Griffith Awards, hat er sich selbst hier im Haus gefilmt. Er hatte Lampenfieber, es war eine Katastrophe – und wir haben ihn auch noch ausgelacht. Als er sich das Video später ansah, ist er selbst fast erstickt vor Lachen. Er war ein sehr humorvoller Mensch. Aber wenn er eloquent über seine Filme sprechen sollte, fiel ihm nichts ein.

Kam zu der notorischen Angst von Künstlern, ihre Werke durch das Gerede darüber zu banalisieren, im Fall Stanley Kubrick nicht noch eine eigentümliche Angst vor der Öffentlichkeit dazu?

Er war einfach schüchtern. Es fing damit an, dass er nicht gern ausging. Er empfand das als Unterbrechung seiner Arbeit. Er gab aber gern Gesellschaften zu Hause. Er hat alles am liebsten hier zu Hause in Childwickbury gemacht. (...) *Christiane Kubrick im Interview mit Urs Jenny, Martin Wolf, Spiegel, 30.8.99*

Sie sprachen gerade die Orgienszene an. In Amerika werden den koitierenden Pärchen ganze 67 Sekunden lang computererzeugte »Papp-Partygäste« vorgeschoben, damit nichts sittlich Verwerfliches zu sehen ist. Hält Kubrick Amerikaner für unreif und Europäer für reifer?

Nein, Stanley wollte einfach keine Schnitte machen. Er hatte mit Warner vertraglich eine »R-Version« verabredet, so dass auch jüngere Leute den Film in Begleitung von Erwachsenen sehen können. Ich war sieben, als ich »2001« gesehen habe, und meine Familie war dabei. Und wenn ich heute 14 wäre, fände ich es ebenfalls gut, wenn mich die Eltern ins Kino mitnehmen könnten, um »Eyes Wide Shut« zu sehen. Natürlich sind die CGI-Figuren ärgerlich, und persönlich bin ich dagegen. Er war der Meinung, dass der Inhalt der Szene nicht wesentlich verändert wird. Es geht nicht um Sex, sondern um sexuelle Obsession und Eifersucht – das ist ein großer Unterschied. Sex war für Stanley nur eine Metapher. (...) *Tom Cruise im Interview mit Patrick Roth, SZ, 27.8.99*

F

The Faculty 258
THE FACULTY ***

Regie: Robert Rodriguez
Darsteller: Jordana Brewster (Delilah Proffit), Clea DuVall (Stokely), Laura Harris (Marybeth), Josh Hartnett (Zeke), Shawn Hatosy (Stan), Salma Hayek (Schwester Harper), Famke Janssen (Miss Burke), Piper Laurie (Mrs. Olson)
Drehbuch: Kevin Williamson, nach einer Story von David Wechter, Bruce Kimmel
Kamera: Enrique Chediak
Musik: Marco Beltrami
Schnitt: Robert Rodriguez
Prod.Des.: Cary White
Prod.: Elisabeth Avellan für Los Hooligans/ Alienated Prod., USA 1998; 104 Min.
UA: 25.12.1998
EA: Int. Filmfestspiele Berlin »Sondervorführung«
Verleih: Kinowelt/Constantin/Frenetic/Kinowelt Video und DVD; 22.4.1999

In einer Highschool werden Menschen von Außerirdischen ausgesaugt, eine sechsköpfige Schülergruppe versucht dem Horror auf die Spur zu kommen. Robert Rodriguez präsentiert als ein weiteres Remake des Body Snatcher-Stoffes einen einigermaßen genußvollen Zitate-Reigen aus Horror- und SF-Film mit wenigen neuen Wendungen. *Multimedia*

Regisseur Robert Rodriguez

(...) Doch unter der Regie von Don Siegel oder Abel Ferrara wurde diese Geschichte zur bedrückenden Metapher auf eine konformistische Gesellschaft. Hier bleibt sie, aufgepeppt mit Versatzstücken von Highschool-Komödien, blutleer und fad. *Zoom, 4/99*

Fake – Die Fälschung 259
**

Video

Regie: Jörg Schlasius
Darsteller: Martin Umbach, Michael Kessler, Heribert Czerniak, Herbert Feuerstein
Drehbuch: Jörg Schlasius
Prod.: Uwe Boll für Taunus Film, BRD 1997; 78 Min.
Vertrieb: Dominik (Incredible Strange) Video; 26.2.1999
FSK: ab 16 J.

Polizei und Unterwelt auf der Jagd nach verschwundenem Falschgeld. Deutsche »Direct-to-video-Produktion von bescheidenen Unterhaltungs- und Schauwerten.

Der Fall Winslow 260
THE WINSLOW BOY ****+

Regie: David Mamet
Darsteller: Nigel Hawthorne (Arthur Winslow), Jeremy Northam (Sir Robert Morton), Rebecca Pidgeon (Catherine Winslow), Gemma Jones (Grace Winslow), Guy Edwards (Ronnie Winslow), Matthew Pidgeon (Dickie Wionslow), Colin Stinton (Desmond Curry), Aden Stillet (John Watherstone)
Drehbuch: David Mamet, nach dem Stück von Terence Rattignan
Kamera: Benoît Delhomme
Schnitt: Barbara Tulliver
Musik: Alaric Jans
Prod.Des.: Gemma Jackson
Prod.: Sarah Green, USA 1999; 104 Min.
UA: 6.4.99, San Francisco Film Festival, Cannes Film Festival »Un certain Regard«
EA: 26.6.1999, Filmfest München
Verleih: -/-/Buena Vista/Columbia TriStar Video; Sept. 1999 (CH)
FSK: o. A., ffr.

In einer englischen Familie wird 1912 der jüngste Sohn des Diebstahls bezichtigt, was er aber bestreitet. Das Familienoberhaupt engagiert einen Staranwalt, der das Recht gegen die allmächtigte königliche Admiralität durchsetzen soll. Was als Gerichtsdrama angelegt ist, mausert sich dank der umsichtigen Regie zu einer intelligenten Liebesgeschichte, ohne die Darstellung des sozialpolitischen Umfeldes zu vernachlässigen. Hervorzuheben sind die famose homogene Besetzung und die kühle Eleganz der Inszenierung.

Film, 9/99

Fallout – Gefahr aus dem All 261

FALLOUT **

Video

Regie: Rodney McDonald
Darsteller: Daniel Baldwin (J. J. Hendricks), Frank Zagarino (Federov), Teri Ann Linn (Amanda), Hannes Jaenicke (Pritch), Scott Valentine (Tanner), John Reilly (Abrams)
Drehbuch: Christopher Bennet Bremble
Kamera: Irek Hartowicz
Musik: Jay Botton
Schnitt: W. Peter Miller
Prod.: Ashok Armitraj, Andrew Stevens für Royal Oaks Ent., USA 1997; 91 Min.
Vertrieb: Madison Video; 27.5.1999
FSK: ab 12 J.

Russischer Astronaut sabotiert 2015 internationale Weltraummission, um den Krieg in Tadschikistan (!) eskalieren zu lassen (!!). Holpriges und selten dämliches Science-Fiction-Abenteuer mit überraschenden Namen auf der Besetzungsliste.

Das Familiengeheimnis 262

THE MYTH OF FINGERPRINTS **

Video

Regie: Bart Freundlich
Darsteller: Blythe Danner (Lena), James LeGros (Cezanne), Julianne Moore (Mia), Roy Scheider (Hal), Noah Wyle (Warren), Michael Vartan (Jake), Arija Bareikis (Daphne), Laurel Holloman (Leigh)
Drehbuch: Bart Freundlich
Kamera: Stephen Kazmierski
Musik: David Bridie, John Phillips
Schnitt: Ken J. Sackheim, Kate Williams
Prod.Des.: Susan Bolles
Prod.: Bart Freundlich, Tim Perell für Good Machine/Eureka Pic., USA 1997; 90 Min.
UA: 17.9.1997, New York
Vertrieb: Columbia TriStar Video; 9.1.1999
FSK: ab 6 J.

Die Heimkehr der Kinder zu Thanksgiving ins elterliche Haus (mal wieder): Fassaden bröckeln, alte Wunden brechen auf, Aggression liegt in der Luft. Spannungslos entwickelte Familienstory, selten originell, zumeist auf der Stelle tretend, aber mit ansehnlichen Darstellern.

Familiensache 263

ONE TRUE THING ***

Regie: Carl Franklin
Darsteller: Meryl Streep (Kate Gulden), Renee Zellweger (Ellen Gulden), William Hurt (George Gulden), Tom Everett Scott (Brian Gulden), Lauren Graham (Lules), Nicky Katt (Jordan Belzer), James Eckhouse (District Attorney), Patrick Breen (Mr. Tweedy)
Drehbuch: Karen Croner, nach dem gleichn. Roman von Anna Quindlen
Kamera: Declan Quinn
Musik: Cliff Eidelman
Schnitt: Carole Kravetz
Prod.Des.: Paul Peters
Prod.: Jesse Beaton, Harry Ufland für Monarch Pic./Ufland, USA 1998; 127 Min.
UA: Filmfestival Montreal 1998
EA: Int. Filmfestspiele Berlin 1999 »Sondervorführung«
Verleih: UIP/UIP/UIP; 18.3.1999
FSK: ab 12 J., ffr. – FBW: wertvoll

Nach der Krebsoperation ihrer Mutter sieht sich die aufstrebende Journalistin Kate gezwungen, nach Hause zurückzukehren. Zuerst wiederwillig, dann immer liebevoller wird sie die Krebskranke bis zum Tode pflegen. Dabei lernt das Karriere-Girl die von ihr verachteten häuslichen und familiären Werte kennen und lieben. Rührstück, daß zwar mächtig auf die Tränendrüse drückt, aber vor allem so quälend und elend dahinsiecht wie die von Meryl Streep gespielte todkranke Mutter.

Volker Gunske, tip, 7/99

(...) Der schwarze Regisseur Carl Franklin (49) scheut in seiner Verfilmung des Bestsellers von Anna Quindlen nicht zurück vor kalkuliertem Tränendruck aufs Publikum. Edel und

Meryl Streep und Renee Zellweger in ›Familiensache‹

anrührend siecht Meryl Streep dahin. Ewig wird die Reue versäumter Liebesbeweise sein. Und Ellen mutiert von der aufsässig Emanzipierten zur Kopie der aufopfernden Mama. Aber Franklin beweist auch genügend sarkastischen Humor im Entlarven verlogener Konventionen. In der Familie fängt halt alles an. Das Böse und das Gute.

Angie Dullinger, AZ, 18.3.99

Familles je vous hais 264

FAMILLES JE VOUS HAIS ***

Regie: Bruno Bontzolakis
Darsteller: Caroline Trousselard (Jessica), Yvan Kolnik, Denis Cacheux, Olivier Brabant, Marie Boitel
Drehbuch: Bruno Bontzolakis
Kamera: Miguel Santchez, Bruno Niveau
Musik: Nicolas Ducron
Schnitt: Joseph Guinvarc'h
Prod.: Quo Vadis Cinéma, Frankreich 1997; 78 Min.
UA: Int. Filmfestspiele Locarno 1997
Verleih: FSK/-/-; 19.8.1999

(...) Der Film zeichnet das Porträt eines Mädchens, das aus einer Familie stammt, die von der rechtsextremen Ideologie richtiggehend zerstört ist. Ich wollte vom gewöhnlichen Faschismus sprechen und den Menschen sozusagen über die Schulter schauen, ohne politische Reden zu halten. Ich wollte nicht urteilen, nur zeigen. (...)

Bruno Bontzolakis, Katalog Locarno

(...) Einerseits schildert Regiseur und Autor Bruno Bontzolaki eine zarte Liebesgeschichte zwischen einem Mädchen aus neureichem Haus und einem einfachen Kellner. Andererseits will er über die Eltern des Mädchens – unauffällige, etwas prollige Leute mit Hang zur rechtsradikalen Gesinnung – den gewöhnlichen Faschismus in der französischen Provinz zur Sprache bringen. Das drückt sich etwa in dem väterlichen Widerstand gegen den arabisch aussehenden Freund aus. Mit jedem Versuch aber, den Mann näher zu charakterisieren, droht die Liebesgeschichte ins Hintertreffen zu geraten. Und umgekehrt vermitteln die verliebten Teenager nicht, daß ihnen die politische Dimension in irgendeiner Weise nahegeht. Sie wehren sich gegen die Intoleranz, jedoch nicht weil sie aus einem rechtsradikalen Überzeugungshorizont kommt, sondern weil sie ihrem Glück im Wege steht. Wenn die Tochter ihren Eltern dann aber entgegenschleudert, sie seien Faschisten und sie hasse sie, wirkt das nurmehr wie eine nachgeschobene Begründung dessen, was Aufgabe von Inzenierung und Schauspielleistung gewesen wäre.

Jennifer Bleek, Zitty, 17/99

Die Farbe der Lüge 265

AU COEUR DU MENSONGE ****

Regie: Claude Chabrol
Darsteller: Sandrine Bonnaire (Viviane), Jacques Gamblin (René), Valeria Bruni-Tedeschi (Frédérique Lesage), Antoine de Caunes (Germain-Roland Desmot), Bernard Verley (Inspektor Loudun), Bulle Ogier (Yvelyne Bordier), Pierre Martot (Régis Marchal), Noel Simsolo (Bordier)
Drehbuch: Odile Barski, Claude Chabrol
Kamera: Eduardo Serra
Musik: Matthieu Chabrol
Schnitt: Monique Fardoulis

Prod.: Marin Karmitz für MK2/France 3 Cinéma mit Canal Plus, Frankreich 1998; 112 Min.
UA: 13.1.1999, Paris
EA: 18.2.1999, Int. Filmfestspiele Berlin, »Wettbewerb«; 30.6.1999, Filmfest München
Verleih: Prokino/filmladen/Filmcooperative; 12.8.1999
FSK: ab 12 J., ffr.

Der Ermordung eines zehnjährigen Mädchens wird ihr Zeichenlehrer verdächtigt, der als erfolgloser Maler mit seiner Frau abseits einer Kleinstadt an der bretonischen Küste wohnt. Eine Polizeikommissarin sucht das Verbrechen aufzuklären. Eine Kriminal-, Ehe- und Provinzgeschichte, in der alle möglichen Formen von Lügen und Halbwahrheiten durchgespielt werden. Scheinbar distanziert und lässig inszeniert, ist das Panorama von Einsamkeit, Frustrationen und vorgetäuschten Gefühlen geprägtes Leben in der Provinz entstanden. *Zoom, 5/99*

(...) Gegenüber der Brillanz und Süffisanz von den »Biestern« und »Das Spiel ist aus« ist dieser Film an der Oberfläche ruhiger, weniger brillant, kaum satirisch. Doch der Schein trügt: das Spiel mit Wahrheit und Lüge, mit Sein und Schein fasziniert – das ist – wie bei allen Chabrol-Filmen – indirekter Reflex auf unsere Welt. Dabei beherrscht Chabrols subversiver Charme wieder einmal das Feld der Lüge und des Scheins bis zum überraschenden Ende. *Heiko R. Blum, Rheinische Post, 13.8.99*

Sandrine Bonnaire

Jacques Gamblin und Sandrine Bonnaire

Auf Bildern von den Dreharbeiten habe ich gesehen, dass die Szenerie oft sonnenüberflutet war, während sie in Ihrem Film düster und verhangen ist. Wie sehr haben Sie und Eduardo Serra die Kamera eigentlich lügen lassen?

Natürlich haben wir bei einigen Einstellungen geschummelt, damit sie zum Gemütszustand Renés passten. Nachdem Eduardo und ich uns geeinigt hatten, vor allem mit Nuancen von Blau zu arbeiten, hat das vieles vereinfacht. Mit den Blaufiltern kann man den Einstellungen natürlich alles Gelb entziehen, man verbannt also das Sonnenlicht aus den Bildern. Das ist für die Atmosphäre vieler Szenen wichtig. Sie haben recht, besonders in den Szenen am Meer haben wir geschummelt, was das Zeug hielt. *Claude Chabrol im Interview mit Gerhard Midding, FR, 12.8.99*

Sie drehen fast jedes Jahr einen Film. Wie schaffen Sie das?

Die Lust an der Arbeit ist noch ungebrochen wie beim ersten Film. Allerdings ziehe ich in meinem Alter schon die Bremse, rackere mich nicht mehr total ab wie in jungen Jahren. Dabei lasse ich mir ungern ins Konzept pfuschen. Ich arbeite sehr strukturiert und das acht Stunden am Tag. Kein intelligenter Mensch kann sich länger konzentrieren. Da ich kostenintensive Überstunden vermeide, freuen sich die Produzenten, und deren Wohlwollen garantiert mir ein kontinuierliches Arbeiten. *Claude Chabrol im Interview mit Margret Köhler, AZ*

Die Farbe des Lebens 266

OUR GOD'S BROTHER □

TV

Regie: Krzysztof Zanussi
Darsteller: Scott Wilson (Adam Chmielowski), Christoph Waltz (Max), Wojciech Pszoniak, Grazyna Szapolowska, Riccardo Cucciolla, Jerry Flynn, Andrei Roudenski, Maciej Orlos
Drehbuch: Mario di Nardo, Krzysztof Zanussi, nach »Brat Naszego Boga« von Karol Wojtyla, übersetzt von Boleslaw Taborski
Kamera: Ryszard Lenczewski
Musik: Wojciech Kilar
Schnitt: Marek Denys
Prod.Des.: Ewa Braun, Grzegorz Piatkowski
Prod.: Giacomo Pezzali, Georg Stingl, Krzysztof Zanussi für Trans World/RAI/TVP/Tellux, Italien/Polen/BRD 1997; 123 Min.
TV: 3.6.1999, EinsMuXx, 20.15

Das Polen der Heiligen und der Papst Karol Wojtyla, dargestellt am Lebensweg des Künstlers und Ordensgründers Adam Chmielowski.

Farben der Lust 267

VIVID □

TV

Regie: Evan Georgiades
Darsteller: Stephen Shellen (Cole), Kari Salin (Billy), Ilene Kristen (Susan)
Drehbuch: Evan Georgiades
Kamera: Ludek Bogner
Musik: Guy Zerafa, Alun Davies
Schnitt: Nick Rotundo
Prod.Des.: Michael Close
Prod.: Nicolas Stiliadis für SC Ent. Prod., Kanada 1996; 85 Min.
TV: 26.7.1999, ZDF, 22.15

Maler in Schaffenskrise wälzt sich lustvoll mit farbbeschmierter Freundin auf Leinwand und wird durch diese »erotische« Malerei zum Wiederholungstäter, weil das sich gut verkauft. Bis Leistungsdruck Sex und Farben verblassen lassen.

Fast Helden – Aber nur fast! 268

ALMOST HEROES **

Video

Regie: Christopher Guest
Darsteller: Chris Farley (Bartholomew Hunt), Matthew Perry (Leslie Edwards), Eugene Levy (Guy), Kevin Dunne (Hidalgo), Bokeem Woodbine (Joah), Lisa Barbuscia (Shaguina), David Packer (Bidwell), Steven M. Porter
Drehbuch: Mark Nutter, Tm Wolfe, Boyd Hale
Kamera: Adam Kimmel, Kenneth MacMillan
Musik: Jeffrey CJ. Vanston
Schnitt: Ronald Roose
Prod.Des.: Joseph T. Garrity
Prod.: Denide Di Novi für Turner/DiNovi Pic., USA 1997; 87 Min.
Vertrieb: Columbia TriStar Home Video; 12.10.1999
FSK: ab 12 J.

Zwei Trottel brechen 1804 auf, die US-Westküste zu erkunden. Mit Kalauern, Rohrkrepierern und mauem Witz ausgestattete Western-Komödie.

Federmann 269

****+

TV

Regie: Christian Diedrichs
Darsteller: Christian Redl (Federmann), Adelheid Arndt (Bibiana), Teresa Harder (Cora), Christos Garyfallakis (Rico), Rolf Zacher (Prochaska), Manfred Andrae (Dr. Hajo Löw)
Drehbuch: Friedrich Ani
Kamera: Knut Schmitz
Prod.: Jost Hering Filmprod. für ZDF, BRD 1998; 75 Min.
TV: 21.6.1999, ZDF, 0.00, »Das kleine Fernsehspiel«

Die freundliche Trauer-Idylle eines vom Krebstod seiner Frau traumatisierten Straßenbahnführers in Berlin: Als Federmann in einen Unfall mit einem Kind verwickelt wird, entführt er den Jungen, den offenbar keiner vermißt, und spielt mit einem wohlwollenden Polizisten ein beinah romantisches Versteckspiel, durch das seine tote Frau und eine lebendige Kneipenwirtin geistern. (...) *Ponkie, AZ, 23.6.99*

Fegefeuer der Leidenschaft 270

DONA BARBARA ***

Video

Regie: Betty Kaplan
Darsteller: Ruth Gabriel, Esther Goris, Victor Laplace, Jorge Perugorria

Drehbuch: Betty Kaplan, Romulo Gallegos
Kamera: Carlos Gonzalez
Prod.: Peter Rawley für Austral Films, Argentinien/Spanien/USA 1998; 106 Min.
Vertrieb: VCL Video; Okt. 1999
FSK: ab 12 J.

Zwei heißblütige Frauen helfen Doktor Santos, sein Familiengut wieder aufzubauen – und sorgen für erotische (Ent-)Spannungen. Liebenswert altmodische Adaption eines lateinamerikanischen Klassikers, pathetisch und phantasievoll.

Feivel der Mauswanderer III: Das Geheimnis von Manhattan 271

AMERICAN TAIL 3 – THE SECRET OF MANHATTAN ISLAND **
Video

Regie: Larry Latham
Drehbuch: Len Uhley
Musik: James Horner, Michael Tavera, Barry Mann
Schnitt: Jay Bixsen
Prod.: Larry Latham für Universal/Family & Home Prod., USA 1998; 76 Min.
Vertrieb: CIC Video; März 1999
FSK: o. A.

Clever-Maus Feivel entdeckt unter New York City Katakomben, in denen sich seit zwei Jahrhunderten indianische Ureinwohner verstecken. Die kritischen Ansätze versinken bei diesem quietschbunten Zeichentrick-Abenteuer in banalen Effekten.

Fellows – Auf Leben und Tod 272

CHARADES **

Regie: Stephen Eckelberry
Darsteller: Erika Eleniak (Monica), Jack Scalia (Barry), C. Thomas Howell (Evan), James Wilder (Quinn Torris), Karen Black (Jude), James Russo (Targenville), Kimberley Kates (Lara Torris), James Andronica (Sgt. Damski)
Drehbuch: Karen Black, Richmond Riedel
Schnitt: Fima Noveck
Prod.: Karen Black, Richard Hillman Sr., Paul Williams, Marc Eckelberry (Co-Prod.), William Grillo (associate), USA 1998; 92 Min.
FSK: ab 16 J.

Die Gartenparty der Belegschaft einer Software-Firma kippt in blanken Terror um, als sich ein neuer Mitarbeiter als Verbrecher zu erkennen gibt. Die interessante Besetzung mildert Mängel in Machart und Story ab, insgesamt ein magerer Schmalspur-Krimi.

Das Fest 273

FESTEN ****

Regie: Thomas Vinterberg
Darsteller: Ulrich Thomsen (Christian), Henning Moritzen (Helge), Thomas Bo Larsen (Michael), Paprika Steen (Helene), Birthe Neumann (Elsa), Trine Dyrholm (Pia), Helle Dolleris (Mette), Therese Glahn (Michelle)
Drehbuch: Thomas Vinterberg, Mogens Rukov
Kamera: Anthony Dod Mantle
Musik: Morten Holm
Schnitt: Valdis Oskarsdottir
Prod.: Brigitte Hald; Morten Kaufmann (Line-Prod.) für Nimbus Film/DR TV/SVT Drama, Dänemark 1998; 106 Min.
UA: Int. Filmfestival Cannes 1998
Verleih: Arthaus/Polyfilm OmU/Filmcoopi/ Arthaus Video; 7.1.1999 – FSK: ab 12 J., ffr.

Anläßlich des sechzigsten Geburtstages eines Familienpatriarchen eröffnet sein ältester Sohn, daß dieser ihn und seine Schwester sexuell mißbraucht habe. Eine Nacht der Enthüllungen und des krampfhaften Festhaltens am wohlanständigen Schein beginnt. Ein Film, dessen eigenwillige und gewagte Gestaltung ihn weit über die Masse hinaushebt. Dennoch verkommt die Form nie zum Selbstzweck, sondern dient mit dazu, Verdrängung und Heuchelei zu entlarven. *Zoom, 2/99*

»Das Fest« ist Psychodrama, Duell, Familienkatastrophe, Abrechnung mit der vertrauten Verdrängungsmaschine. Ein Film, der nach den Regeln des von Lars von Trier initiierten »Dogma 95«-Manifests gedreht wurde: mit der Handkamera, mit Direktton, ohne zusätzliches Licht. Kino mit der Intensität einer Live-Übertragung.
Katja Nicodemus, Zitty, 2/99

(...) Das Horrorfest der Mißratenen findet in der hysterischen Kamera-Unruhe ihren adäquaten Ausdruck: heile Fami-

Familienidylle

lie als sadistische Illusion. Ein virtuoser Quälfilm der intimen Gemeinheiten in der Nordkälte der Bourgeoisie.

Ponkie, AZ, 7.1.99

(...) Nachdem sich der verwirrte Zuschauer an die wackeligen Bilder mit ihrem Gelbstich gewöhnt hat, ist es neben den glänzenden Schauspielern gerade diesem außerordentlichen Erzählstil zu verdanken, daß man einen echten Horrortrip in der trauten Familie erlebt. Fesselndes Kino der anderen Art. *Martin Schwarz, Zitty, 1/99*

Was denken Sie über neue Ansätze in Europa. Warum kommt ein Werk wie »Dogma 95« nicht aus Deutschland?

Das Kino ist so vielseitig, daß ich ein derartiges Dogma dusselig finde. Es gibt viel interessante Arten, Filme zu machen. Jetzt zu sagen: Man darf nur das und das – das finde ich Käse. Außer, daß es einen dann lockt, das Dogma zu brechen. Vielleicht muß man hin und wieder eins aufstellen, nur damit man's selbst brechen kann.

Wim Wenders im Interview mit Rüdiger Suchsland, Münchner Merkur, 16.6.99

Fette Welt

274
***

Regie: Jan Schütte
Darsteller: Jürgen Vogel (Hagen Trinker), Julia Filimonow (Judith), Stefan Dietrich (Tom), Sibylle Canonica (Liane), Lars Rudolph (Edgar), Thomas Thieme (Gustl), Ursula Strätz (Edda), Jürgen Hentsch (Botschafter)
Drehbuch: Klaus Richter, Jan Schütte, nach dem gleichn. Roman von Helmut Krausser
Kamera: Thomas Plenert
Musik: Laurent Petitgand; Rio Reiser, Ivo Robic (songs)
Schnitt: Renate Merck
Prod.: Günter Rohrbach für MTM Cineteve/Novoscop, BRD 1998; 89 Min.

Welches Dogma kommt jetzt?

UA: 14.8.1998, Locarno Filmfestival
Verleih: Polygram, UIP/-/-/BMG (Ufa) Video; 28.1.1999
FSK: ab 12 J., ffr.
FBW: wertvoll

Im Zentrum dieser Geschichte aus der Münchner Berberszene (nach dem Erfolgsroman von Helmut Krausser) stehen einige wundersame Fragmente einer Liebesgeschichte. Der Penner und Säufer Hagen (mit leerem Blick: Jürgen Vogel) trifft Judith, eine 15jährige Ausreißerin. Leider verspielt Jan Schütte diese anrührende Skizze zugunsten einer bemüht authentischen Milieustudie in den Sperrmüllbehausungen der Obdachlosen. Sein Film möchte so unstet und planlos vorgehen wie seine Helden, krankt aber an einer dramaturgischen Hilflosigkeit, gegen die nicht einmal Vogel anspielen kann.
tip, 3/99

(...) Jan Schütte hingegen gelingt es nicht, die Liebesgeschichte zwischen dem Stadtstreicher Hagen Trinker und der jugendlichen Ausreißerin Judith in der abgerissenen Wirklichkeit zu verankern. Das Obdachlosenmilieu ist zwar mehr als bloße Kulisse, wirkt sich jedoch nie zwingend auf die Beziehung der beiden aus. In einem seltsam luftleeren Raum verweilt der nach dem gleichnamigen Roman von Helmut Krausser entstandene Film und bekommt dadurch etwas Willkürliches. (...)
Anke Leweke, Berliner Zeitung, 17.8.98

Julia Filimonow und Jürgen Vogel

(...) Zunächst erscheint diese Romanverfilmung milieuecht, doch man sollte der zuweilen gestellt wirkenden atmosphärischen Versuchung nicht ohne weiteres erliegen. Realität und Sozialromantik sind schließlich zweierlei. Immerhin für den, der zu unterscheiden weiß, ein sehr passabler Film.
Thomas Engel, Der Gildendienst, 12/98

Welche Träume und Ziele haben Sie als Filmemacher?

Ich würde gerne mehr und schneller arbeiten. Jeder Film bringt neue Erfahrungen, die ich für den nächsten verwerten kann. Wie sich die Zeit verändert, verändern sich die Visionen und Konzepte. Einen Film zu drehen bedeutet für mich erfüllte Arbeit mit Höhen und Tiefen. Und was ganz wichtig ist, Lebenszeit. *Jan Schütte im Interview mit Margret Köhler, AZ, 27.1.99*

Drehort München: Wollten Sie die Schicki-Metropole von der anderen Seite zeigen?

Ich hätte das von mir aus eher in Berlin gemacht. Aber der Roman spielt in München, es war eine Münchner Produktion, und ich bin dem gefolgt. Allerdings fand ich es im nachhinein spannender, vielleicht auch bezeichnender, den Film in München zu realisieren, das ja noch sehr deutsche Züge hat. Da wird das Stadtbild noch von Pennern gereinigt, in Berlin tut sowas keiner mehr. *Jan Schütte im Interview mit Sylvia Hallersleben, Der Tagesspiegel, 28.1.99*

»Ich biete jetzt bei jeder Verfilmung meine Mitarbeit an. Manchmal wird das allerdings gar nicht gewünscht. Ähnlich wie bei den Proben auf dem Theater, wo der Autor vom Regisseur auch nicht gern gesehen wird. Bei Eichingers Verfilmung des ›Bagarozy‹

habe ich das Gefühl, noch manches bewirkt zu haben.«

Gefällt Ihnen denn, was Jan Schütte aus dem Buch gemacht hat?

»Es ist Jan Schütte, der mit dem Film leben muß. Wer nach dem Film das Buch liest, wird wohl keinerlei Déjà-vu-Erlebnis haben. Schütte hat den Stoff benutzt, um daraus einen Schütte-Film zu machen. Das ist sein Recht als Künstler. Und auch dies muß ich gerechtigkeitshalber sagen: Er hat aus dem Drehbuch noch sein Möglichstes gemacht.« *Helmut Krausser im Interview mit Martina Knoben, SZ, 28.1.1999*

Fight Club 275

FIGHT CLUB ****

Regie: David Fincher
Darsteller: Brad Pitt (Tylor Durden), Edward Norton (Erzähler), Helena Bonham Carter (Marla Singer), Meat Loaf Aday (Robert Paulsen), Jared Leto (Angel Face), George Maguire, Thom Gossonja, Pat McNamara
Drehbuch: Jim Uhls, nach einem Roman von Chuck Palahniuk
Kamera: Jeff Cronenweth
Musik: the Dust Brothers
Schnitt: James Haygood
Prod.Des.: Alex McDowell
Prod.: Art Linson, Cean Chaffin, Ross Grayson Bell für Linson Films für Fox 2000 Pictures/Regency/Taurus, USA 1999; 139 Min.
UA: 10.9.1999, Int. Filmfestspiele Venedig
Verleih: 20th Century Fox/dto./dto; 11.11.99
FSK: ab 18 J., ffr. – FBW: Besonders wertvoll

Der Film handelt von Männern, die sich mit bloßen Fäusten schlagen, um zu spüren, daß sie noch etwas empfinden. Der Held, von Edward Norton gespielt, trägt über seiner Krawatte die neuen Insignien: zugequollene Augen und aufgeplatzte Lippen. Mit einem Humor, der die Schmerzgrenze bereits in den ersten Minuten überschreitet, folgt der Film der Devise: Dem real existierenden Zynismus kann man nur mit einem viel größeren Zynismus begegnen. Leider bekommt »Fight Club« am Ende Angst vor der eigenen Courage und fängt an, sich für die harten Schläge, die er ausgeteilt hat, zu entschuldigen.
Lars-Olav Beier, tip, 24/99

Brad Pitt und Edward Norton in ›Fight Club‹

(...) Der Film scheitert beim Versuch, eine Synthese aus Hollywood- und europäischem Autorenkino herbeizuführen, um etwas Drittes, völlig Neues zu schaffen. *Film, 11/99*

Bitter böse, ja zuweilen auch zynisch zeigt sich Finchers Blick auf den Zustand des Menschen in diesen Tagen. Dabei erlag er nicht der Versuchung, eine Art Rocky für Intellektuelle zu kreieren, sondern dokumentiert die fatale Todessehnsucht der soundsovielten Wohlstandsgeneration, ihren Hang zu sadomasochistischen Spielereien und letztendlich ihren Drang nach wie auch immer gearteter Erlösung. Handwerklich läßt Fincher keine Wünsche offen: Er hält ein rasantes Tempo, setzt virtuos visuelle Effekte ein und schafft so einen atemberaubenden Alptraum der ausklingenden 90er. Gewiss kann über dieses bemerkenswerte Werk trefflich gestritten werden, doch eines muß ihm jeder attestieren: »Fight Club« ist keine lauwarme Kommerzproduktion, sondern einer der mutigsten, irritierendsten, gleichzeitig aber auch interessantesten Filme der letzten Jahre.
W. O. P. Kistner, AZ, 11.11.99

(...) In Amerika erhitzte der »Fight Club« einige Gemüter: Der Film sei ein

Helena Bonham Carter und Edward Norton in ›Fight Club‹

Aufruf zur Gewalt, habe faschistoide Tendenzen. Alles halb so wild! Denn im Grunde ist diese manieristisch heruntergefilmte Möchtegern-Satire von Regisseur David Fincher (»Sieben«) nicht mehr als grober Unfug: eine große, in die Länge gezogene Luftblase.
Aus dem »Fight Club« entsteht schließlich eine straff organisierte Untergrund-Armee, die gegen Computer-Ketten, Modefirmen und Kreditkarten-Unternehmen zu Felde zieht. Oder besser gesagt: Gegen alle Mächte des Bösen, die Männer zu »Sklaven mit weißen Kragen« machen und sie daran hindern, richtige Kerle zu sein. Wer diesen Macho-Mumpitz ernst nimmt, ist selbst schuld. *Albert Baer, Rheinische Post, 12.11.99*

»In Buch und Film geht es um die Standortbestimmung des Mannes in der heutigen Welt, mit welchen Gefühlen er sich auseinander setzen muss, wie er mit dem Verlust seiner Autorität umgeht. Wir erleben doch allgemein die Auflösung fester Strukturen, den Niedergang der Kultur. Im Zustand der Anarchie können wir überleben, aber nicht im Chaos. Und zurzeit leben wir im Chaos.« *David Fincher im Interview mit Margret Köhler, Zitty, 23/99*

La fille sur le pont 276

LA FILLE SUR LE PONT ***

Regie: Patrice Leconte
Darsteller: Daniel Auteuil (Gabor), Vanessa Paradis (Adèle), Demetre Georgalas, Isabelle Petit-Jacques (Braut), Frédéric (Contortionist)
Drehbuch: Serge Frydman
Kamera: Jean Marie Dreujou
Schnitt: Joelle Hache
Prod.Des.: Ivan Maussion
Prod.: Christian Fechner für Fechner/UGCF/France2 Cinema/Sofinergie/Canal+, Frankreich 1999; 92 Min.
Verleih: -/-/Frenetic; Sept. 1999

Nostalgisch-stilsicheren Edelkitsch in brillantem Schwarzweiß liefert Frankreichs Altmeister Patrice Leconte mit seinem zwanzigsten Spielfilm. Der schweigsame Messerwerfer Gabor, der seine Variété-Zieldamen unter den Selbstmörderinnen auf den Brücken von Paris rekrutiert, trifft dort auf die ebenso schöne wie verlorene Adèle. Die absurd therapeutische Kombination von Angst und Lust läßt zwischen ihnen eine scheue, leise Liebe keimen. *Film, 9/99*

Fink fährt ab 277

□

Regie: Harald Sicheritz TV
Darsteller: Andreas Vitasek (Fink), Reinhard Nowak (Schellack), Doris Schretzmayer (TV-Reporterin), Roland Düringer (Kapellmann)
Drehbuch: Michael Nöhring
Prod.: Österreich 1998; 90 Min.
TV: 27.7.1999, 3sat, 20.15

Bankräuber Schellack wird bei einem großen Coup von seinen Kumpanen im Stich gelassen. Er nimmt den arglosen Fahrschüler Fink als Geisel. Sehr bald merkt Fink, daß er von dem vermeintlich hartgesottenen Ganoven nichts zu befürchten hat.
Zwischen den beiden Männern entwickelt sich ein besonderes Vertrauensverhältnis. (...) *ZDF-Journal*

The First 9½ Weeks 278
THE FIRST 9½ WEEKS **
Video

Regie: Alexander Wright
Darsteller: Paul Mercurio (Matt Wade), Clara Bellar (Emily Dubois), Malcolm McDowell (François Dubois), Frederic Forrest (David Millman), Anna Jacyszyn (Robin Millman), William Keane (Joey Handler), Richard Durden (Laurence Garner), Dennis Burkley (Sheriff Marlon Tolette)
Drehbuch: Alex Wright (= Alexander Wright)
Kamera: John P. Tarver
Musik: Norman Orenstein
Schnitt: Mark Sanders
Prod.: Ernie Barbarash (Co-Prod.) für Carousel Pic., USA 1998; 95 Min.
Vertrieb: Ascot Video; März 1999
FSK: ab 16 J.

New Yorker Broker wird in New Orleans von der Frau seines potentiellen Geschäftspartners angemacht. Schwachbrüstiges Erotikdrama, das seine Besetzungsasse glatt verschenkt.

The First Shot 279
LIM JING DAI YAT GIK **
Video

Regie: David Lam
Darsteller: Ti Lung, Maggie Cheung, Waise Lee, Andy Hui Chi-On, Sek-Ming Lau, Simon Yam
Prod.: David Lam, Rose Lam, Hongkong 1993; 100 Min.
Vertrieb: VMP Video; 23.4.1999
FSK: ab 18 J.

Anti-Korruptions-Truppe kommt im Hongkong der frühen 70er in Bedrängnis. Gewaltiger Haudrauf-Thriller – vielleicht ein Fest für Fernost-Fans, anderen sei abgeraten.

Flesh Eating Mothers 280
FLESH EATING MOTHERS *
Video

Regie: James Aviles Martin
Darsteller: Valorie Hubbard, Donatella Hecht, Robert Lee Oliver
Drehbuch: James Martin
Prod.: Panorama Ent., USA 1988; 84 Min.
Vertrieb: Screen Power Video; 28.8.1999
FSK: ab 16 J.

Kannibalismus in Hinterwäldlerdorf. Allerbilligste Splatter-Slapstick-Horror-Comedy.

Flitterwochen in den Tod 281
CRIMINAL AFFAIRS **
TV

Regie: Jeremiah Cullinane
Darsteller: James Marshall (Mark), Louis Mandylor (Clint Barker), Renée Allman (Robin), Bill Murphy (Sheriff Madsen), Jonathon Mannion (Deputy Peters), Luke Hayden (FBI-Agent Wayne Rogers), Maria Tecce (FBI-Agent Lisa Anderson), Dick Donoghue (Bankmanager)
Drehbuch: Charles Morrison Pickett
Kamera: Laurence Manly
Musik: Christopher Lennertz
Prod.: USA 1997; 81 Min.
TV: 3.7.1999, ARD, 23.15

Entflohener Sträfling und seine Freundin legen einen verliebten Deppen durch Heirat rein und nehmen ihn auch noch als Geisel.

Floating Life – Das Leben geht weiter 282
FLOATING LIFE ***
TV

Regie: Clara Law
Darsteller: Annette Shun Wah (Yen), Annie Yip (Bing), Anthony Wong (Gar Ming), Edwin Pang (Pa), Cecilia Fong Sing Lee (Mum), Toby Wong (Yue), Toby Chan (Chau)
Drehbuch: Eddie L.C. Fong, Clara Law
Kamera: Dion Beebe
Musik: Davood A. Tabrizi
Schnitt: Suresh Ayyar
Prod.Des.: Chung Man Yee
Prod.: Bridget Ikin, Helen Lovelock für Hibiscus Films mit NSW Films/ SBS Independent, Australien 1996; 95 Min.
EA: Int. Filmfestspiele Locarno 1996, »Wettbewerb«
TV: 17.10.1999, ARD, 0.05

Mutter und Vater Chan verlassen Hongkong mit ihren zwei jungen Söhnen, Chau und Yue, um zu ihrer Tochter, Bing, zu gehen, die in einem stattlichen Haus in einem Vorort Sydneys lebt. Nach ihrer Ankunft übernimmt Bing alles: Sie warnt die Familie vor den Gefahren des Lebens in Australien und versucht, aus den beiden Jugendlichen zwei echte australische Yuppies zu machen. (...) *Katalog Locarno*

Florian – Liebe aus ganzem Herzen 283

***
TV

Regie: Dominique E. Othenin-Girard
Darsteller: Timothy Peach (Peter Bachmann), Bojana Golenac (Maria Bachmann), Sina Tkotsch (Sophie Bachmann), Dennis Bartelniewöhner (Florian), Elisabeth von Koch (Svea Hajos), Neithardt Riedel (Dr. Clemens Schadewaldt), Lisa Heike Adler (Andrea Perpin), Regine Vergeen (Sybille Bertram)
Drehbuch: Rodica Döhnert
Kamera: Matthias Neumann
Prod.: Taunus Film für RTL, BRD 1999; 90 Min.
TV: 24.3.1999, RTL, 20.15

Familie nimmt behinderten Sohn, Folge einer Affäre des Vaters, bei sich auf und riskiert dadurch eine Menge Auseinandersetzungen.

Ein Flüchtiger Zug nach dem Orient 284

***

Regie: Ruth Beckermann
Drehbuch: Ruth Beckermann
Kamera: Nurith Aviv, Sophie Cadet
Musik: Bruno Pisek, Peter Ponger, Ernst Zettl
Schnitt: Gertraud Luschützky
Prod.: Josef Aichholzer für Aichholzer Filmprod., Österreich 1999; 82 Min.
Verleih: filmladen; Dez. 1999

Auf den Spuren der Kaiserin Elisabeth in Ägypten. Keine historische Dokumentation, sondern ein sehr persönlicher filmischer Essay, der aus Bildern Ägyptens, einigen Tagebuchaufzeichnungen Sisis und ausführlichen Reflexionen der Regisseurin montiert ist. *Multimedia*

Der Fluss 285

HE LIU

***
TV

Regie: Tsai Ming-liang
Darsteller: Lee Kang-sheng (Xiao-kang), Miao Tien (Vater), Lu Hsiao-ling ((Mutter), Chen Chao-jung (Junger Mann), Chen Shiang-chyi (Xiao-kangs Liebschaft), Lu Shiao-lin (Geliebter der Mutter), Anne Hui (Regisseurin)
Drehbuch: Tsai Ming-liang, Yang Pi-ying, Tsai Yi-chun
Kamera: Liao Peng-jung
Schnitt: Chen Sheng-chang
Prod.: Hsu Li-kong, Chiu Shun-ching für Central Motion Pic., Taiwan/China 1997; 115 Min.
UA: 18.2.1997, Int. Filmfestspiele Berlin, »Wettbewerb«
TV: 31.3.1999, WDR, 23.15

Ein junger Mann aus Taipeh nimmt widerwillig den Job einer Filmfirma an, in einen schmutzigen Fluß zu springen. Danach beginnt eine Odyssee zu Ärzten. *Zitty, 4/97*

(...) Das Giftwasser des Flusses ist weniger eine Öko-Metapher als eine für die Psyche der Menschen, deren Körper bekanntlich zu großem Teil aus Wasser besteht. Vor allem deren Beziehungen sind es, die vergiftet sind, vergiftet wie der Regen, die überschwemmte Wohnung. Tee, Suppe, Urin und Blut und Samen, alles ist Wasser und alles ist Gift.
Natürlich wollen viele sowas nicht sehen. Zudem: keine Filmmusik. Keine Kamerafahrten (es sei denn im Auto). Keine lauten Dramen. Nichts also, was die Leute zwei Stunden bei der Stange hält. Nichts, was sie erwärmt für einen stilistisch konsequenten, metaphorisch höchst irritierenden Film, der ihre eigenen Alpträume nach außen kehrt. Und was vielleicht am schwersten zu ertragen ist: »He Liu« erklärt nichts. Er zeigt. *Jan Schulz-Ojala, Der Tagesspiegel, 19.2.97*

Focus 286

FOCUS

***
TV

Regie: Satoshi Isaka
Darsteller: Tadanobu Asano, Keiko Unno, Akira Hirai, Tekuro Sano
Drehbuch: Kazuo Shin
Kamera: Tetsuo Sano (Video)
Musik: Hiroshi Mizuide
Schnitt: Satoshi Isaka
Prod.Des.: Tomoyuki Maruo
Prod.: Junji Alcai, Nobutsugu Tsubomi für The Seiyu/Ace Pic., Japan 1996; 73 Min.
EA: 14.2.1997, Int. Forum des Jungen Films, Berlin
TV: 10.3.1999, WDR, 23.30

(...) So kann in diesem Film ein junger Mann sein Leben damit verbringen, mittels spezieller Geräte Handy-Gespräche, dem Polizeifunk und anderen Übertragungen illegal zu lauschen. Als ein Bruder im Geiste erscheint ein TV-Reporter, der über das Treiben des Jungen einen Bericht dreht, ihm dabei immer weiter auf die Pelle rückt und ihn zu Dingen treibt, die dieser gar nicht tun will. Als beide zufällig ein Telefonat belauschen, in dem es um ein Verbrechen geht, kennt die Sensationsgier des Fernsehfritzen kein Halten mehr: Die Zwei spüren die Tatwaffe auf, doch als der etwas tumbe Junge diese dann in den Fingern hält, kehren sich die Machtverhältnisse zwischen ihm und dem TV-Team dramatisch um. – Abgesehen von den Schlußszenen zeigt Regiedebütant Satoshi Isaka das Geschehen ganz aus der Sicht der tragbaren TV-Kamera. Das offenbart die manipulative Arbeitsweise des Fernsehens und ist stellenweise gar witzig, über weite Strecken aber auch schrecklich banal, da der Streifen zu dicht am heutigen TV-Alltag kleben bleibt. *Jan Gympel, Zitty, 4/97*

Der Fotograf 287

FOTOAMATOR ***

TV

Regie: Dariusz Jablonski
Drehbuch: Andrzej Bodek, Dariusz Jablonski, Arnold Mostowicz
Kamera: Tomasz Michalowski
Musik: Michal Lorenc
Schnitt: Milenia Fiedler
Prod.: Dariusz Jablonski für Apple/Canal Plus/Arte/MDR, Polen/Frankreich/BRD 1998; 80 Min.
TV: 16.6.1999, Arte, 20.45

(…) Für den polnischen Regisseur Dariusz Jablonski waren die alten Bilder der Ausgangspunkt für eine inzwischen mehrfach preisgekrönte Dokumentation. Sein Film zeigt, daß Geschichtsschreibung im Fernsehen auf Überwältigungs- oder Häppchendramaturgie verzichten kann. Jablonskis Vorgehen ist dem eines Guido Knopp entgegengesetzt: Nicht Vorgefaßtes soll mit Bild- und Ton-Schnipseln illustriert, sondern die Quellen sollen selbst zum Sprechen gebracht werden. (…)
Mark Plorin, SZ, 16.6.99

Foxfire Light 288

FOXFIRE LIGHT ***

TV

Regie: Allen Baron
Darsteller: Lara Parker (Joanna Morgan), Tippi Hedren (Elizabeth Morgan), Leslie Nielsen (Reese Morgan), Burton Gilliam (Jesse), Barry van Dyke (Linc Wilder), Faye Grant (Rachel Parmelee)
Drehbuch: Janet Dailey
Prod.: USA 1982; 92 Min.
TV: 14.3.1999, tm3, 22.00

Nach dem Abschluß am College versucht Töchterchen Selbstfindung. Nach dem Autounfall auf dem Weg zum Onkel hilft ihr ein Cowboy dabei.

Francis 289

□

TV

Regie: Angelika Mönning
Darsteller: Karina Krawczyk (Francis Klein), Marek Wlodarzyk (Nico), Jochen Horst (Andreas), Annett Renneberg (Mara)
Drehbuch: Angelika Mönning
Kamera: Claudia Raschke
Prod.: Schlemmer Film, BRD 1997; 96 Min.
TV: 24.1.1999, ZDF, 23.10, »Das kleine Fernsehspiel«

Die deutsche Journalistin Francis Klein lebt und arbeitet glücklich in New York. Aufgrund des Hilferufes ihrer Freundin Mara kehrt sie in ihre Heimat im Rheingau zurück, wo sie mit dem Selbstmord von Mara konfrontiert wird. Bei ihren Nachforschungen holen sie die Geister der Vergangenheit ein.

Frankenstein: Immer Ärger mit den Monstern 290

MOJAVE FRANKENSTEIN □

TV

Regie: Robert Tinnell
Darsteller: Burt Reynolds (Les William), Louise Fletcher (Mrs. Perdue), Jamieson Boulanger (Earl William), Ricky Mabe (Larry William), Polly Shannon (Elizabeth), Myriam Cyr (Judy William), Ryan Gosling (Kenny), Rebecca Henderson (Karen)
Drehbuch: Richard Goudreau, David Sherman, Robert Tinnell

Musik: Normand Corbeil
Prod.: USA 1995; 84 Min.
TV: 24.5.1999, Pro7, 11.30

Der 12jährige Earl träumt sich immer wieder in eine Phantasiewelt von Vampiren, Mumien und anderen Monstergestalten hinein. Eines Tages beobachtet er, wie eine vermummte Gestalt aus einem Lastwagen fällt, eine scheinbar leblose Puppe, die aussieht wie Frankenstein. (...) *Pressetext*

Frankreich, wir kommen 291

****

Regie: Michael Glawogger
Mit: Roland Spöttling, Johann Skocek, Kurt Dietl, Gerhard Erber, Michael Lehner, Otto Anton Ruhland, Herbert Prohaska, Anton Polster
Drehbuch: Michael Glawogger, Johann Skocek
Kamera: Wolfgang Thaler
Musik: Armin Pokorn
Schnitt: Monika Willi
Prod.: Erich Lackner für Lotus Film mit ORF, Österreich 1999; 80 Min.
Verleih: -/polyfilm/-; Mai 1999

Am Beispiel der drei Spiele der österreichischen Nationalmannschaft bei der Fußballweltmeisterschaft 1998 zeichnet Michael Glawogger ein bedenkenswertes Bild von Menschen, denen die Faszination der Übertragung der Spiele zur Hebung der nationalen Gefühle dient. Gut geschnitten vermittelt dieser Dokumentarfilm eine Fülle von Informationen über soziales Verhalten, Medienberichterstattung und Bedingungen von nationalem Bewußtsein. *Multimedia*

Free Money 292

FREE MONEY ***

Video

Regie: Yves Simoneau
Darsteller: Charlie Sheen (Bud), Thomas Hadenchurch (Larry), Donald Sutherland (Richter Rolf Rausenberg), Mira Sorvino (Agent Karen Polarski), Marlon Brando (Der Schwede), Jean-Pierre Bergeron (Lanter), Frank Fontaine (Sheriff), Rémy Girard (Louis)
Drehbuch: Joseph Butsman, Tony Peck
Prod.: Filmlinie, Kanada 1998; 90 Min.
Vertrieb: Highlight Video; April 1999
FSK: ab 16 J.

Klamauk-Komödie um die Zwillingstöchter eines despotischen Gefängniswärters, die zwei Taugenichtse heiraten. Provinzposse, Gaunerklamauk, Knattermimen-Komödie, die mit ihren Besetzungspfunden wuchert, um dahinter ihre dürftigen Einfälle zu verstecken.

Freedom Strike – Ein tödlicher Auftrag 293

FREEDOM STRIKE **

Video

Regie: Jerry P. Jacobs
Darsteller: Michael Dudikoff (Tom Dickson), Tone Loc (Tyler Haynes), Felicity Waterman (Maddie Reese), Jay Anthony (Colonel Rama), Nicolas Coster (Admiral Torrance), James Karen (President Mitchell), Michael Fairman (General Porter), Frank Roman (Casey Billups)
Drehbuch: G. E. Mallow
Schnitt: Vanick Moradian
Prod.: A-Pix Ent., USA 1997; 89 Min.
MVW Video,
TV: 17.9.1999, PRO7, 22.20 Uhr; 29.4.1999
FSK: ab 18 J.

Syrisches Terrorkommando bedroht den Weltfrieden. Da bekommen sie es mit Michael Dudikoff zu tun ... Läppischer Action-Thriller nach altbekanntem Muster.
Eine Staffel F-14 Tomcat hat die patriotische Mission, einen neuartigen Atomreaktor im Irak zu zerstören, der kernwaffenfähiges Plutonium herstellen kann. Die Antiterroreinheit »Freedom Strike« soll den drohenden Weltkrieg verhindern, und es kommt zu einem dramatischen Showdown über den Wolken. *Pressetext*

Fremde Wesen 294

FAIRY TALE: A TRUE STORY **

Video

Regie: Charles Sturridge
Darsteller: Florence Hoath (Elsie Wright), Elizabeth Earl (Frances Griffiths), Paul McGann (Arthur Wright), Phoebe Nicholls (Polly Wright), Peter O'Toole (Sir Arthur Conan Doyle), Harvey Keitel (Harry Houdini),

Bill Nighy (E.L. Gardner), Bob Peck (Harry Briggs)
Drehbuch: Ernie Contreras, nach einer Story von Albert Ash, Tom McLoughlin, Ernie Contreras
Kamera: Michael Coulter
Musik: Zbigniew Preisner
Schnitt: Peter Coulson
Prod.Des.: Michael Howells
Prod.: Mel Gibson, Wendy Finerman, Bruce Davey; Selwyn Roberts, Albert Ah, Tom McLoughlin (Co-Prod.) für Icon/Wendy Finerman, USA 1997; 99 Min.
UA: 11.9.1997, Toronto Film Festival »Gala«
Vertrieb: VCL (Concorde) Video; 21.12.1998
FSK: ab 6 J.

Während des Ersten Weltkrieges kommt die kleine Frances zu ihren Verwandten nach Yorkshire und lernt dort die faszinierende Welt der Elfen kennen. Mit den Auftritten dreier Stars (O'Toole, Keitel, Produzent Gibson) aufgepepptes Sozio-Märchen der naiven Sorte.

Ein Fremder in meinem Haus 295

STRANGER IN THE HOUSE □
TV

Regie: Rodney Gibbons
Darsteller: Michele Greene (Joanna Winters), Bruce Dinsmore (Dan Winters), Steve Railsback (Jack Derby), Larry Day (Roy), Una Kay (Vivian), Wendii Fulford (Maria), Vlasta Vrana (Alex)
Prod.: USA 1996; 113 Min.
TV: 9.4.1999, SAT.1, 20.15

Joanna beschließt, sich mehr um das Familienunternehmen zu kümmern, das nach dem gewaltsamen Tod ihrer Mutter Vivian von ihrem Mann Dan geleitet wird. Dies paßt Dan aber nicht, denn er hat mit seiner Spielsucht das Kapital der Firma verpulvert und vertraut seiner Geliebten Maria an, daß er Joanna ermorden will.

Freundinnen über den Tod hinaus 296

TWIST OF FATE ***
TV

Regie: Max Fischer
Darsteller: Mädchen Amick (Rachel Dwyer), Bruce Dinsmore (Peter Carmichael), Chris Mulkey (Malcolm Lennox), Don Jordan (Leonard Krasko), Tara Slone (Melanie Sims)
Drehbuch: William Lee
Prod.: USA 1998; 92 Min.
TV: 13.7.1999, SAT.1, 20.15

US-Justiz-Psychothriller mit Sado-Serienkillermuster: Das »Schweigen der Lämmer« ist leicht durchschaubar und wird zum Trittbrettfahrermord erweitert: Listiger Geschworener sorgt für Freispruch – um seine lästige Geliebte dann als Killeropfer in die Badewanne zu legen. Neurosenschillern aus dem Sexualgrusel-Handbuch.

Ponkie, AZ, 15.7.99

Friends and Enemies 297

FRIENDS AND ENEMIES **
Video

Regie: Andrew Frank
Darsteller: Roger Rignack (Dominick Accurso), Steven Christopher Young (Paul Falcone), Robert Restaino (Nick Falcone), Todd Antony Bello (Louis Parizzi), Rebecca Rocheford (Rose-Ann Parizzi), Anthony Caldarella (Todd »Barney« Bartelemeo), Dean Stockwell (Freddie), Gregory Albreche (Bruno Bella)
Drehbuch: Mark Distefano, Thomas McCluskey
Kamera: Maximo Munzi
Musik: Gary Evanoff
Schnitt: Andrew Frank
Prod.: Dirk Blackman, Christine Purse, für Sideral Prod., USA 1992; 100 Min.
Vertrieb: Ascot Video; Sept. 1999
FSK: ab 12 J.

Nach einer alkoholbedingten Prügelei und den folgenden Verhören rutscht die heile Welt des Protagonisten in eine Schieflage. Unentschlossen zwischen Drama, Krimi und Sozio-Komödie pendelnde US-Video-Produktion.

Frostbiter 298

FROSTBITER – WRATH OF THE WENDIGO *
Video

Regie: Tom Chaney
Darsteller: Ron Asheton (Gary), Lori Baker (Sandy), Devlin Burton (Leo Phillipe), John Bussard (Jerry), Patrick Butler (Peter), Tom Franks (Tony), Alan Madlane (Nick), David Wogh (Dave)
Drehbuch: Tom Chaney

Kamera: Tom Chaney
Schnitt: Tom Chaney, Kaye Davis
Prod.: Tom Chaney, David Thiry für Troma Films, USA 1991; 90 Min.
Vertrieb: Troma; Aug. 1999
FSK: ab 18 J.

Jagdgesellschaft weckt im verschneiten Alaska den grausamen Walddämon Wendigo auf. Garagen-Trash-Horror für Schwachköpfe.

Früher glücklich, heute froh

299
□
TV

Regie: Pavel Schnabel
Drehbuch: Pavel Schnabel
Kamera: Pavel Schnabel
Prod.: Pavel Schnabel für Pavel Schnabel Filmprod., BRD 1997; 92 Min.
UA: Biberacher Filmfestspiele 1997
TV: 14.3.1999, Hessen3, 22.45

In den 70ern hat Pavel Schnabel einen Dokumentarfilm über die alternative Kultur auf dem Land gedreht. 20 Jahre später besuchte er die Aussteiger erneut, um zu sehen, was aus ihnen geworden ist.

Fünf Stunden Todesangst

300
FIVE DESPERATE HOURS
□
TV

Regie: Dan Lerner
Darsteller: Sharon Lawrence (Clair Ballard), Giancarlo Esposito (Joseph Grange), Daniel Hugh-Kelly (Jim), Rocky Carroll (Lt. Early), Sarah Scott Davis (Charlie Mayberry), Colin Cunningham (Wesley Ballard), Stephen E. Miller (Jeff Burroughs), Kimberly Unger (Nora)
Drehbuch: Philip Rosenberg
Musik: Martzy Davich
Prod.: USA 1997; 89 Min.
TV: 7.4.1999, Pro7, 20.15

Der Kleinganove Joseph will nach einem letzten Überfall einen Neubeginn wagen, denn seine Geschäfte gehen schlecht und seine Frau Charlie ist drogenabhängig. Als ihm die Polizei dazwischenkommt, flieht er in ein Haus und nimmt die Bewohnerin Clair als Geisel, die bald Verständnis für ihn entwickelt.

Die fünfte Jahreszeit

301
FASSLOH PADJOM/LA CINQUIEME SAISON
****

Regie: Rafi Pitts
Darsteller: Roya Nonahali (Mehrbanon), Ali Sarkhani (Karamat), Parviz Poorhosseni (Bürgermeister), Ghorban Nadjafi (Jan Ali), Golab Adineh (Madame Soleil)
Drehbuch: Bahram Beyzai, Rafi Pitts
Kamera: Nehmat Haghighi
Musik: Jamshid Pouratai
Schnitt: Hassan Hassandost
Prod.: Sophie Goupil, Mohamad Rajabi für Farabi Cinema/Le Poisson Volant, Iran/Frankreich 1997; 80 Min.
EA: Filmfestival Mannheim-Heidelberg
Verleih: Kairos, OmeU/-/-; 11.3.1999

Der junge Iraner Rafi Pitts erzählt die Geschichte einer Clanfehde als heitere Herbstkomödie. Mit einer Weisheit, die dem Film parabelhafte Züge verleiht, und mit einer Lebenslust, die mitten hineinführt ins pralle Leben eines abgelegenen persischen Dorfes. Ein Film der großartigen Landschaften und schlagkräftigen Frauen. Im Iran wurde der Film wegen seines selbstbewußten Frauenbildes und seiner ironischen Darstellung der Autoritäten nach wenigen Tagen verboten. *Katja Nicodemus, tip, 6/99*

Für das Leben eines Freundes

302
RETURN TO PARADISE
***

Regie: Joseph Ruben
Darsteller: Anne Heche (Beth Eastern), Vince Vaughn (Sheriff John Volgocherev), Joaquin Phoenix (Lewis), David Conrad (Tony), Jada Pinkett Smith (M.J. Major), Vera Farmiga (Kerrie), Nick Sandow (Ravitch), Ming Lee (Mr. Chandran)
Drehbuch: Bruce Robinson, Wesley Strick
Kamera: Reynaldo Villalobos
Musik: Mark Mancina
Schnitt: Andrew Mondshein, Craig McKay
Prod.Des.: Bill Groom
Prod.: Alain Bernheim, Steve Golin für Propaganda Film/Tetragram, USA 1998; 109 Min.
Verleih: Polygram, UIP, OmU/Buena Vista/Monopole-Pathé/BMG (Universal) Video; 18.2.1999
FSK: ab 12 J., ffr. – FBW: Besonders wertvoll

In Malaysia wird ein junger Amerikaner wegen eines Drogendelikts zum Tode verurteilt. Seine Schwester, Anwältin aus New York, überredet zwei ehemalige Freunde ihres Bruders aus den USA nach Asien zu reisen, um vor Ort einen Teil der Schuld zu übernehmen und so das Strafmaß für den Verurteilten zu mindern. Ein thematisch interessantes Justizdrama, das in der Umsetzung zu oberflächlich bleibt und die Ausleuchtung des Mentalitäts- und Rechtskonflikts einer spekulativen Emotionalität opfert. *Zoom, 2/99*

Future House 303

DREAM HOUSE **

Video

Regie: Graeme Campbell
Darsteller: Timothy Busfield (Richard Thornton), Lisa Jakub, Jennifer Dale, Brennan Elliott, Cameron Graham, Dan Petroijevic, Carol Vorderman, Pam Hyatt
Drehbuch: Jim Makichuk
Kamera: Malcolm Cross
Musik: Fred Mollin
Schnitt: Brett Sullivan
Prod.Des.: James Stewart
Prod.: Peter Lhotka, Michael Scott für Credo/Future Film, Kanada 1999; 86 Min.
Vertrieb: CIC (Paramount) Video; 11.11.1999
FSK: ab 12 J.

Das hypermoderne High-Tech-House entwickelt sich zum Alptraum. Preiswerte Horrorware aus dem US-TV-Programm, die sich an allzu großen Vorbildern vergreift.

Futuresport 304

FUTURESPORT **

Video

Regie: Ernest Dickerson
Darsteller: Dean Cain (Tre Ramzey), Vanessa L. Williams (Alex Torres), Tara Frederick (Anarchy), Rachel Shane (Jet), Adrian Hughes (Blake Becker), Bill Smitrovich, Wesley Snipes, J. R. Bourne
Drehbuch: Robert Wolfe, nach einer Story von Steve Dejarnatt, Robert Wolfe
Kamera: Jonathan Freeman
Musik: Stewart Copeland
Schnitt: Steven Lovejoy
Prod.Des.: Douglas Higgins
Prod.: David Roessell; Ken Raskoff, Victor McGanley für New Star TV mit Amen Ra Films, USA 1998; 87 Min.
Vertrieb: Columbia Tristar Home Video; 18.5.1999
FSK: ab 12 J.

Terroristen entführen die Exfreundin des Champions einer mörderischen, als Kriegsersatz dienenden Sportart. US-TV-Produktion mit uninspirierter Aneinanderreihung von schlechten Darstellerleistungen und halbherzigen Action-Sequenzen.

G-2003 – Rückkehr aus der Vergangenheit 305
G-2 *
Video

Regie: Nick Rotundo
Darsteller: Daniel Bernhardt (Steven Colin), Meeka Schiro (Cory Lee Harris), Bing Shen (Boi), James Hong (Parmenion)
Drehbuch: Nick Rotundo
Kamera: Edgar Egger
Musik: Gary Koftinhoff
Schnitt: Nick Rotundo
Prod.Des.: Raymond Lorenz
Prod.: Nicolas Stilliadis für S Ent., USA 1998; 85 Min.
Vertrieb: Highlight Video; 16.2.1999
FSK: ab 18 J.

Asiatischer Bösewicht will in moderner Kampfarena das »heilige« Schwert Alexanders des Großen und damit die Weltherrschaft erringen. Vollkommen schwachsinniges Fantasy-Spektakel mit offensichtlichem Billig-Budget finanziert.

Gabriel Gárcia Márquez – Ich bin der, den du suchst 306
YO SOY EL QUE TÚ BUSCAS **
Video

Regie: Jaime Chávarri
Darsteller: Patricia Adriani (Natalia), Chus Lampreave, Ricard Borrás, Toni Cantó, Angel Alcázar, Marta Fernández Muro, Myriam De Maeztu
Drehbuch: Jaime Chávarri, Juan Tébar, nach einem Originaldrehbuch von Gabriel Gárcia Márquez
Kamera: Carlos Suárez
Musik: Fancisco Guerrero
Schnitt: Javier Moran
Prod.Des.: Miguel Diaz Ors
Prod.: Televisión Española/Taurus Film/ORF, Spanien, BRD, Österreich 1988; 90 Min.
Planet Video, TV: Aug. 1999
FSK: ab 16 J.

Rastlos durchstreift das Model Natalie das Nachtleben Barcelonas auf der Suche nach dem Mann, der sie vergewaltigte. Nur in raren Ansätzen interessante Roman-Adaption, die in dieser Inszenierung kaum Interesse zu wecken vermag.

Gails Geheimnis 307
LOOSE WOMEN **
TV

Regie: Paul F. Bernard
Darsteller: Sherry Ham (Rachel), Melissa Errico (Gail), Marialisa Costanzo (Tracy), Corey Glover (Jack), Tom Verica (Detective Laurent), Amy Alexandra Lloyd (Ann), Robin Strasser (Mrs. Hayes), Keith David
Drehbuch: Sherry Ham
Kamera: Peter Reniers
Musik: Pat Irwin; Brian Ross (supervisor)
Schnitt: Marie Pierre Renaud
Prod.Des.: Tim Sheedy, Andy Bernard
Prod.: Chris Matonti, Paul F. Bernard für Inmotion Ent., USA 1996; 91 Min.
TV: 16.7.1999, ZDF, 0.45

Geschwätziges Freundinnen-Melodram im New Yorker Twen-Milieu erfolgloser Schauspielerinnen. Tragischer Neurosen-Ansatz im Komparsenalltag: Gail, aus reichem Haus, ist heimlich Nutte. *Ponkie, AZ, 17.7.99*

Gangster und Sohn 308
PETIT BEN □
TV

Regie: Ismael Ferroukhi
Darsteller: Samy Naceri (Ben), Philippine Leroy Beaulieu (Claire), Francis Renaud (Franck), Caroline Ducey (Ramona), Nathan Mazollier, Pierre Mazollier, Julian Naceri, Louis Beyler
Drehbuch: Ismael Ferroukhi, Catherine Rihoit, Laurent Vachaud
Prod.: Frankreich 1998; 97 Min.
TV: 25.6.1999, Arte, 20.45

Ben hält sich mit kleinen Gaunereien über Wasser. Er hat keine Verpflichtungen und genießt sein Leben. Alles ändert sich schlagartig, als plötzlich seine ehemalige Freundin Ramona auftaucht und ihm ein Baby in den Arm drückt, das sein Sohn sein soll. *Pressetext*

Ganz normal verliebt 309
THE OTHER SISTER ***

Regie: Garry Marshall
Darsteller: Juliette Lewis (Carla), Diane Keaton (Elizabeth), Tom Skeritt (Radley), Giovanni Ribisi (Danny), Poppy Montgomery (Caroline), Sarah Paulson (Heather), Linda Thorson (Drew), Joe Flanigan (Jeff)

Juliette Lewis und Giovanni Ribisi

Drehbuch: Garry Marshall, Bob Brunner, nach einer Idee von Alexandra Rose, Blair Richwood
Kamera: Dante Spinotti
Musik: Rachel Portman
Schnitt: Bruce Green
Prod.Des.: Steven J. Lineweaver
Prod.: Mario Iscovich, Alexandra Rose für Touchstone Pic.,
USA 1999; 130 Min.
Verleih: Buena Vista/dto./dto./Buena Vista Video; 5.8.1999
FSK: o. A., ffr.
FBW: Wertvoll

Die 24-jährige, geistig leicht behinderte Carla kehrt nach jahrelangem Internatsaufenthalt zurück in ihr reiches Elternhaus. Die überfürsorgliche Mutter sieht sich mit der selbständigen Frau konfrontiert, die aus ihrem Töchterchen geworden ist. Als sich Carla in den geistig behinderten Danny verliebt, ist die Familie gefordert. Die Charaktere wirken insgesamt all zu plakativ, doch geht die rührselige Hollywoodkomödie das Tabuthema Liebe und Sex zwischen Behinderten auf feinfühlig-humorvolle Weise an. *Zoom, 8/99*

(...) Behinderte Kinder, zänkische Eltern, eine lesbische Schwester, erste sexuelle Entdeckungen, alles drin – aber superweich abgefedert natürlich, sonst guckt am Ende keiner hin. Die in vielen kleinen Momenten anrührende Geschichte ist leider hoffnungslos überzogen und allzu rührselig inszeniert, wogegen auch die hervorragenden Darsteller beim besten Willen nicht mehr viel ausrichten können.
Gerald Jung, Zitty, 16/99

Ganz unten, ganz oben

310
****
TV

Regie: Matti Geschonneck
Darsteller: Marianne Sägebrecht (Elli), Katharina Meinecke (Barbara, Ellis Schwester), Dietmar Bär (Peter Stadler), Erika Skrotzki (Isabella, Ellis Kollegin), Tilo Prückner (Blumenberg, Gerichtsvollzieher), Jule Böwe
Drehbuch: Hannah Hollinger
Kamera: Hans Grimmelmann
Schnitt: Heidi Handorf
Prod.Des.: Marion Schlauss
Prod.: Jakob Claussen, Thomas Wöbke für Claussen + Wöbke Filmprod.,
BRD 1999; 88 Min.
UA: Int. Hofer Filmtage 1999
TV: 17.12.1999, Arte, 20.45; 5.1.2000, ARD, 20.15

Manchmal möchte man sie schütteln, diese gutmütige Bankkassiererin Elli, die sich von ihrem geschiedenen Erzschlawiner alle Schulden aufhalsen und auch das Auto zu Schrott fahren lässt. Sie landet als Obdachlose auf der Straße. Aber Marianne Sägebrecht spielt diese Elli in ihrer weltfremden, liebessüchtigen Hilfsbereitschaft auch noch im entwürdigenden Absturz ins Pennerleben und am Rand des Selbst-

Marianne Sägebrecht und Jule Böwe

mords mit einer humanen Unerschütterlichkeit, dass man der Ausgenutzten dann doch nicht das »selber schuld« über den Kopf hauen mag. Die Sozialklima-Beschreibung ist kein sülziges Nächstenliebe-Plädoyer, sondern ein harter Film über Gesellschaftsrealitäten. Geschonneck verleugnet dabei nicht die schwierige Persönlichkeit Ellis: Obwohl ihr der Gerichtsvollzieher und der Mann vom Bau nebenan wohlgesonnen sind, bleibt die Welt, wie sie ist. Die Kraft, oben zu bleiben, ist allein Ellis Sache. *Ponkie, AZ, 20.12.99*

Gaston's War 311

GASTON'S WAR □ TV

Regie: Robbe De Hert
Darsteller: Mapi Galan (Véronique), Werner De Smedt (Gaston Vandermeerssche), Stuart Laing (Harry), Oliver Windross (Doug), Sabrina Leurquin (Violette Castiaux), René Van Asten (Van der Waals), Christian Grahay (Albert Hachez)
Drehbuch: Luc Janssen, Robbe de Hert, nach dem gleichn. Roman von Allan Mayer
Prod.: Belgien/Spanien/Dänemark 1997; 118 Min.
TV: 8.11.1999, Arte, 22.35, OmU

Während des Zweiten Weltkrieges in Holland schließt sich der flämische Widerstandskämpfer Gaston der geheimen Organisation WIM an, mit der die alliierte Landung in Holland vorbereitet werden soll. In Wirklichkeit aber mißbraucht der britische Geheimdienst die Gruppe als Ablenkungsmanöver für die ungestörte Landung der Alliierten in der Normandie und will sie den Deutschen opfern.

Gefährliche Hochzeit 312

** TV

Regie: Konrad Sabrautzky
Darsteller: Heikko Deutschmann (Rick de Winter), Ann-Kathrin Kramer (Stella Blau), Nils Düwell (Louis Stachowitz), Ralf Schermuly (Dr. Sager), Irm Hermann (Jasmin Sager), Ute Willig (Lizzy), Oliver Stern (Doug), Valea Scalabrino (Bea)
Drehbuch: Thomas Kirdorf
Kamera: Jörg Seidl
Musik: Jochen Schmidt-Hambrock
Schnitt: Beate Gottschall
Prod.Des.: Klaus Wischmann
Prod.: Werner Hauer für Hess. Rundfunk, BRD 1999; 90 Min.
TV: 24.11.1999, ARD, 20.15

(...) Der promiske Banker Rick heiratet pro forma die alleinerziehende Imbißbedienung Stella, weil eine Ehe seine Karriere fördert, doch Stella wird von ihrem kriminellen, koksenden Ex verfolgt, was Probleme zeitigt. Daß Stella aus der Prolo-Fraktion stammt, merkt man an ihrem übermäßigen Kaugummi- und Nikotigenuß. Rick dagegen spielt Klavier, und seine Mutter lebt in Miami. Eine Story so vorhersehbar wie die nächste Regierungskrise und so trocken wie die Statements der Politiker – da halfen auch die in homöopathischen Dosen verabreichten Aperçus Sex und Gewalt wenig. (...) Frugale ARD-Abendunterhaltung.
W. O. P. Kistner, AZ, 26.11.99

Gefährliche Schönheit – Die Kurtisane von Venedig 313

DANGEROUS BEAUTY ***

Regie: Marshall Herskovitz
Darsteller: Catherine McCormack (Veronica Franco), Rufus Sewell (Marco Venier), Oliver Platt (Maffio Venier), Moira Kelly (Beatrice Venier), Jacqueline Bisset (Paola Franco), Fred Ward (Domenico Venier), Naomi Watts (Guila De Lezze), Jeroen Krabbe (Pietro Venier)
Drehbuch: Jeannie Dominy, nach dem Roman »Die Honest Courtesan« von Margaret Rosenthal
Kamera: Bojan Bazelli
Musik: George Fenton
Schnitt: Steven Rosenblum, Arthur Coburn
Prod.Des.: Norman Garwood
Prod.: Arnon Milchan, Marshall Herskovitz, Edward Zwick, Sarah Kaplan; Paolo Lucidi (Co-Prod.) für Arnon Milchan/Bedford Falls Prod., USA 1997; 114 Min.
UA: 20.2.1998, New York
Verleih: Warner Bros./dto./dto.

Im Venedig des 16. Jahrhunderts lässt es sich als Kurtisane gut leben. Aber es gibt einen Liebhaber, der von einer schönen Frau abgewiesen wird. Wenn dann noch die Pest ausbricht, ist der Weg zur Inquisition, um als Hexe verbrannt zu werden, nicht weit.

Gefangen im Jemen 314

□
TV

Regie: Peter Patzak
Darsteller: Peter Maffay (Marc Nehm), Claudine Wilde (Jennifer), Roman Knitzka (Jan), Simon Licht, Heikko Deutschmann
Drehbuch: Timo Berndt
Kamera: Andreas Köfer
Schnitt: Michou Hutter
Musik: Tony Carey
Prod.: Holm Dressler für HDTV Ent., BRD 1999; 130 Min.
TV: 12.9.1999, Pro7, 20.15

Jan plant mit einigen Freunden eine Motorradtour durch den Jemen. Im Flughafen von Sanaa treffen sie auf Jans Vater Marc. Trotz Vater-Sohn-Problemen will Marc die Gruppe begleiten. Bald nehmen bewaffnete Krieger sie als Geiseln und fordern Lösegeld.

Das Geheimnis der Lady Adelon 315

THE INHERITANCE

□
TV

Regie: Bobby Roth
Darsteller: Cari Shayne (Edith Adelon), Brigitta Dau (Amy Hamilton), Paul Anthony Stewart (Frederick Arlington), Brigid Branagh (Ida Glenshaw), Michael Gallagher (Louis), Max Gail (Arliss Johnston), Thomas Gibson (James Percy), Tom Conti (Henry Hamilton)
Drehbuch: Maria Nation, nach dem Roman von May Alcott
Kamera: Shelly Johnson
Musik: Christopher Franke
Prod.: Kanada 1996; 88 Min.
TV: 1.1.1999, ARD, 14.45

Dienstmagd verliebt sich in progressiven Landadeligen und bringt dadurch die gesellschaftliche Hackordnung durcheinander.

Geheimnisse der Nacht 316

WILBUR FALLS

***
TV

Regie: Juliane Glantz
Darsteller: Danny Aiello (Phil Devereaux), Sally Kirkland (Roberta Devereaux), Shanee Edwards (Renata Devereaux), Jeff Daurey (Arnie), Cheril Hayres (Jodi Baker), David Anthony Marshall (T-Bone), Fred Stoller (Johnny Handsome), Maureen Stapleton (Guidance Counselor)
Drehbuch: Juliane Glantz
Kamera: Kurt Brabee – Musik: Halfpenny
Schnitt: John Gilbert, Buncan Burns
Prod.: David L. Dellmann für PM Prod., USA 1998; 95 Min.
TV: 22.3.1999, Vox, 20.15

Musterschülerin will sich an einem Mitschüler für eine Demütigung rächen, doch die Strafaktion endet gleich tödlich. Danach ist guter Rat teuer.

Der geheimnisvolle Schatz 317

MY FAMILY TREASURE

***
Video

Regie: Rolfe Kanefsky
Darsteller: Dee Wallace-Stone (Alex Danieloff), Bitty Schram (Alexandra), Alex Vincent (Jeff Danieloff), Melissa Perez (Melissa), Theodore Bikel (Großvater), Bill Weber
Drehbuch: Miki Tatum, Howard Wisemann, nach einer Story von Edward Staroselsky und Mikhail Fishgoit, Rolf Kanefsky
Kamera: Ed Hershberger, James McCalmot
Musik: Yevgeni Krylatow
Schnitt: Victor Kanewsky
Prod.: Miki Tatum für Gemstone/Arrow, USA/Rußland 1994; 89 Min.
Vertrieb: Screen Power Video
TV: 24.1.1997, Super RTL, 20.15
FSK: ab 12 J.

Ein Fabergé-Ei prägt das Schicksal der Familie russischer Einwanderer in Brooklyn. Der Versuch gefällige Familienunterhaltung zu kreiren scheiterte schon an der krausen Story, von dem Budget ganz zu schweigen.

Das Geisterschloß 318

THE HAUNTING

****+

Regie: Jan De Bont
Darsteller: Liam Neeson (Dr. David Marrow), Catherine Zeta-Jones (Theo), Owen Wilson (Luke Sanderson), Lily Taylor (Nell), Bruce Dern (Mr. Dudley), Marian Seldes, Alix Koromzay (Mary Lambetta), Todd Field (Todd Hackett)
Drehbuch: David Self, nach dem Roman »The Haunting of Hill House« von Shirley Jackson
Kamera: Karl Walter Lindenlaub
Musik: Jerry Goldsmith
Schnitt: Michael Kahn
Prod.Des.: Eugenio Zanetti
Prod.: Susan Arnold, Donna Arkoff Roth, Colin Wilson für DreamWorks, USA 1999; 113 Min.
Verleih: UIP/UIP/UIP/Universal Video; 14.10.1999
FSK: ab 12 J., ffr. – FBW: Wertvoll

Lily Taylor und Catherine Zeta-Jones

Im Glauben, an einem Forschungsexperiment über Schlafstörungen teilzunehmen, kommen die schüchterne Nell, die laszive Theo und der gesellige, leicht zynische Luke nach Hill House, einem Schloß von beeindruckender und einschüchternder Größe und Schönheit. Als klar wird, daß es eigentlich um eine Studie über Angst geht, sind bereits alle Personen in die dunkle Vergangenheit des Hauses hineingezogen.
In romantischer Tradition stehende platte Geistergeschichte, die auf die Unheimlichkeit der Kulisse setzt, die – computeranimiert – Träger des Schreckens wie der Erzählung wird.
Multimedia

(...) Die tricktechnisch hochstehende Neuverfilmung von Shirley Jacksons' Geisterhaus-Roman erreicht in bezug auf Spannung und Nervenkitzel nie den Genre-Klassiker von Robert Wise (1963). Während dort die Geister nur auf der Tonspur und in den Köpfen des Publikums spukten, macht De Bront möglichst alles sichtbar. Aber gerade weil dank Computergrafik das Gruselhaus zum Leben erwacht, wirken viele Szenen bombastisch oder gar komisch, während sich in den Dialogsequenzen das Interesse an den Figuren sehr schnell verliert. *Film, 10/99*

(...) Doch manchmal kommen bei De Bonts Schlossgeistern trotzdem noch Phantasien durch. Vielleicht haben sich die beiden Produzentinnen Susan Arnold und Donna Arkoff Roth manchmal ihrer Väter erinnert. Denn Jack Arnold war einer der besten Horrorfilm-Regisseure, und Samuel Arkoff produzierte etwa die Poe-Verfilmungen von Roger Corman. *Heiko R. Blum, Rheinische Post, 15.10.99*

Ihr neuer Film »Das Geisterschloss« ist ein Remake von »Bis das Blut gefriert« aus dem Jahre 1963: Was hat Sie daran gereizt, eine Neuversion dieses Gruselklassikers von Robert Wise zu drehen?

»Natürlich mag ich den alten Film und vor allem die Romanvorlage ›The Haunting of Hill House‹ von Shirley Jackson. Viele Dinge aus diesem Roman konnten jedoch mit den damaligen Möglichkeiten nicht im Film realisiert werden. Speziell die Stellen, in denen das Haus zu leben beginnt. Ich war also nicht daran interessiert, den alten Film nochmal zu drehen. Ich mag Remakes nicht und empfinde sie oft als respektlos den Original-Regisseuren gegenüber. Ich habe also mein Hauptaugenmerk auf die Dinge gelegt, die Robert Wise 1963 noch nicht inszeniert hat. Jetzt wird das Haus zu einem lebendigen Organismus, ist ein eigenständiger Charakter im Film, der sich allmählich Nell, der jungen Frau, offenbart.« *Jan De Bont im Interview mit Jörg Buttgereit, tip, 22/99*

Gelegenheit macht Liebe 319

□
TV

Regie: Olaf Kreinsen
Darsteller: Johannes Klaussner (Philip Knaak), Kaya Möller (Julia), Horst Krause (Atze), Peter Heinrich Brix (Karl Knaack), Friedrich Karl Praetorius (Malte Johannsen), Judith Compes (Lehrerin)
Drehbuch: Olaf Kreinsen
Kamera: Achim Hasse
Musik: Jochen Schmidt-Hambrock
Schnitt: Barbara Hennings
Prod.: Sabine Jaspers für Objectiv Film
Katharina M. Trebitsch, BRD 1997; 90 Min.

UA: Filmfest Hamburg 1997
TV: 3.1.1999, ZDF, 15.30

(...) Von den distinguierten Nachbarn werden die Neureichen mit offenem Widerwillen beäugt. Daß Juwelierstochter Julia, Philips Klassenkameradin und direkte Nachbarin, für »die Lottos« wenig übrig hat, tut ihm am meisten weh, denn der zwölfjährige Philip hat sich in Julia verliebt. Doch seine Stunde kommt: Als er eines Abends beobachtet, wie ein Dieb in Julias Haus einsteigt, während ihre Eltern nicht da sind, beschließt er, seine Angebetete zu retten. (...) *Katalog Filmfest Hamburg*

Das Gelbe vom Ei 319a

***
TV

Regie: Lars Becker
Darsteller: Moritz Bleibtreu (Toon Jungjohann), Meret Becker (Fanny Freese), Heike Makatsch (Floris Blinker), Catrin Striebeck (Rita Rensenbrink), Armin Rohde (Heini Osdorp), Dietmar Bär (Fredo Molenbek), Brigitte Janner (Henriette Molenbek), Helmut Everke (Ludger Molenbek)
Drehbuch: Lars Becker
Kamera: Wedigo von Schultzendorff
Musik: Karl Michel Witzel, Johannes Eichenauer
Schnitt: Oliver Gieth
Prod. Des.: Frank Polosek
Prod.: Jan Hinter für Colonia Media, BRD 1998; 88 Min.
TV: 25.1.1999, ZDF, 20.15

Moritz Bleibtreu spielt den verschuldeten Bauern Toon, der sich auf einer Junggesellen-Versteigerung feilbieten läßt. Meret Becker hätte ihn gerne, und Heike Makatsch (immer noch die Mischung aus Girlie, Bambi und Grethe Weiser) kriegt ihn. Doch beim Sex gibt er sich wenig Mühe und seine desolate monetäre Situation versucht er mit einem Banküberfall zu lösen, der zwar gelingt, doch muß Toon die Beute mehrfach teilen.
Lakonischer Nord-Humor, hübsche Optik, hipper Soundtrack, aber nach einer knappen Stunde entwich aus der zunächst nur recht harmlosen, schließlich eher dümmlichen Geschichte auch das letzte Restchen Luft, bis der Schluß dann völlig aus dem Tritt geriet. Ganz nett, aber wirklich nicht mehr.
W. O. P. Kistner, AZ, 27.1.99

Gendernauts 320

***

Regie: Monika Treut
Darsteller: Sandy Stone, Jordy Jones, Susan Stryker, Stafford, Texas Tomboy, Tornado, Max Wolf Valerio, Hida Viloria
Drehbuch: Monika Treut
Kamera: Elfi Mikesch
Musik: Georg Kajanus
Schnitt: Eric Schefter
Prod.: Monika Treut für Hyena Films/WDR/Arte, BRD 1998; 87 Min.
UA: 14.2.1999, Int. Filmfestspiele Berlin, »Panorama: Dokumente«
Verleih: Silver Cine/-/-; 11.3.1999

San Francisco ist das Mekka der Transsexuellen. Monika Treut porträtiert Frauen, die sich als Männer fühlen oder irgendwie dazwischen, erspürt die vielfältigen Seinsweisen im »All« der Gendernauten. Als Unterrichtsfilm für Ahnungslose konzipiert, bietet die Dokumentation eingeschworenen Treut-Fans zwar nichts Neues, aber wer wird denn gleich die Freundschaft kündigen, wenn's ein bißchen bieder wird?
Iris Depping, tip, 11/99

(...) Formal konventioneller Dokumentarfilm, der sich allenfalls beschreibend an vermeintliche Tabus heranwagt, im Zeitalter der täglichen Talkshows jedoch nur offene Türen einrennt.
film-dienst, 5/99

Der General 321

THE GENERAL
****

Regie: John Boorman
Darsteller: Brendan Gleeson (Martin Cahill), Adrian Dunbar (Noel Curley), Sean McGinley (Gary), Maria Doyle Kennedy (Frances), Angeline Ball (Tina), Jon Voight (Inspector Ned Kennedy), Eanna McLiam (Jimmy), Tom Murphy
Drehbuch: John Boorman
Kamera: Seamus Deasy
Musik: Richie Buckley
Schnitt: Ron Davis
Prod.Des.: Derek Wallace
Prod.: John Boorman für Merlin Films mit J & M, Irland/GB 1998; 124 Min.

UA: Int. Filmfestspiele Cannes 1999
EA: 26.6.1999, Filmfest München
Verleih: Arthaus/top-film/Monopole Pathé/ Arthaus Video; 29.7.1999
FSK: ab 12 J., ffr.

Ein in den Slums von Dublin groß gewordener Dieb entwickelt sich zu einem cleveren Gangsterboss, der nach spektakulären Raubzügen zwischen die Fronten des Nordirland-Konflikts gerät und untergeht. Der auf einer tatsächlichen Biographie basierende, in authentisch wirkendem Schwarzweiß gedrehte Film beginnt als humorvolle Heldenballade und kippt – auch dank des hervorragenden Schauspielers – kunstvoll in den Abgesang auf einen Gangster, dem zum Verhängnis wurde, dass ihm das Vertrauen in staatliche Institutionen so gründlich ausgetrieben worden war. *Zoom, 4/99*

(...) Der Gangster Martin Cahill wurde eine facettenreiche Mischung aus Hollywood und Hollyfield, dem Dubliner Stadtteil, in dem er aufgewachsen ist und wo er die Mitglieder einer Gang rekrutierte. Genau diesen Prozess reflektiert die Inszenierung Boormans: »The General« – ein auf Farbmaterial gedrehter Schwarzweißfilm – erfüllt die Topoi alter Genrefilme und erzählt gleichzeitig eine realistische, präzis recherchierte Kriminalgeschichte, die nichts von ihrer Aktualität verloren hat. Daß Boormans dubioser Held mitunter durchaus sympathisch wirkt, macht seine Story nur noch spannender. *H.G. Pflaum, SZ, 26.6.99*

(...) John Boorman ist ein kleines Kunststück gelungen: dort zu erzählen, wo Geschichte aussetzt, nicht zuletzt deshalb, weil über sie keine anderen Daten vorliegen als jene, die eine Obrigkeit zufällig gesammelt hat. Anstatt aber den Voyeurismus zu bedienen, der dem Sujet augenfällig eignet, entzieht er sich dem Kalkül. Statt die Fassade einer Biographie zu errichten, hält er sich an die Gesellschaft selbst. Nicht zufällig fiel es dem Hollywoodianer schwer, die Finanzierung aufzustellen. Nicht zufällig berichtet er von diesen Schwierigkeiten mit einer Offenheit, die im Filmgeschäft mehr als unüblich ist. Nicht zufällig ist »The General« ein regelrechter Autorenfilm. Hier widmet sich ein Ire so hartnäckig der Biographie eines anderen Iren, daß

Jon Voight in ›Der General‹

tatsächlich Bilder entstehen, die sich auch außerhalb Irlands tief einprägen.
Veronika Rall, FR, 29.7.99

Genet a Chatila 322
GENET A CHATILA ***

Regie: Richard Dindo
Darsteller: Mounia Raoui, Leila Shahid
Drehbuch: Richard Dindo
Kamera: Ned Burgess
Schnitt: Richard Dindo, Georg Janett, Rainer M. Trinkler
Prod.: Robert Boner für Lea/Les Films d'Ici, Schweiz/Frankreich 1999; 98 Min.
Verleih: -/-/Filmcooperative; Dez. 1999

Eine »filmische Lektüre« der beiden Bücher »Quatre heures à Chatila« und »Un captif amoureux«, die Jean Genet nach 20jährigem Schweigen vor seinem Tod geschrieben hat. Sie verarbeiten das Schockerlebnis, das ihm anläßlich eines Besuchs des palästinensischen Flüchtlingslagers Chatila in Beirut wiederfuhr, nachdem dort christlich-phalangistische Milizen 1982 ein Massaker angerichtet hatten. Dindo gelingt es, die Magie des Schauplatzes zu beschwören und mit den Texten Genets zu verbinden, er verzichtet indes auf eine historische Analyse des Vorfalls.
Film, 12/99

Gerechtigkeit bis in den Tod 323
WHEN JUSTICE FAILS **
TV

Regie: Allan A. Goldstein
Darsteller: Jeff Fahey (Frank Whaley), Marlee Matlin (Katy Wesson), Chuck Shamata, Charles Powell, Sean Milliken, Monique Mercure, Carl Marotte (Lambeau)
Drehbuch: Tony Kayden
Kamera: Barry Gravelle
Schnitt: Kert Vandermeulen
Prod.Des.: Donna Noonan
Prod.: Danny Rossner, Murray Shostak, Allan A. Goldstein für Shostak/Rossnor Prod. mit Danger Inc., Kanada 1997; 90 Min.
EA: Filmfest München 1998
TV: 1.2.1999, ZDF, 22.15

New-Yorker Macho-Cop mit Rüpelmanieren kriegt schwulen Fahnderkollegen zugeteilt und benimmt sich wie die Axt im Wald. Und was macht er, als die taubstumme Staatsanwältin Katy verdächtigt wird, die Serienmorde an wieder freigelasssenen Sexualtätern begangen zu haben? Er geht mit ihr ins Bett. Der US-Krimi wühlt ein Kindheitstrauma (Mord am Zuckerpappi) ans Tageslicht und ist weder besonders spannend noch glaubhaft. Nur das Gesicht von Marlee Matlin bleibt haften.
Ponkie, AZ, 3.2.99

Geschichte einer Frau 324
A WOMAN'S TALE ***
TV

Regie: Paul Cox
Darsteller: Sheila Florance (Martha), Gosia Dobrowolska (Anna), Norman Kaye (Billy), Chris Haywood (Jonathan), Myrtle Woods (Miss Inchley), Ernest Gray (Peter), Monica Maughan (Billys Tochter), Max Gillies (Billys Schwiegersohn)
Drehbuch: Paul Cox, Barry Dickins
Kamera: Nino G. Martinetti
Musik: Paul Grabowski
Schnitt: Russell Hurley
Prod.Des.: Neil Angwin
Prod.: Paul Cox, Santhana Naidu für Illumination mit Australian Film Finance Corp., Australien 1990; 93 Min.
TV: 26.7.1999, Arte, 22.15

Die Geschichte einer unheilbar kranken, alten aber unabhängigen Frau, die allein mit ihren Haustieren und Erinnerungen lebt, und mit Hilfe ihrer liebevollen Pflegerin einen friedlichen Tod findet. Bestechend inszenierter, provokanter und sensibler Film um die Themen Alter, Krankheit und Euthanasie mit anrührenden schauspielerischen Leistungen. *Variety*

Gestohlene Kindheit 325
NO CHILD OF MINE ***
TV

Regie: Peter Kosminsky
Darsteller: Brooke Kinsella (Kerry), Colin Salmon (Paul), Billy Geraghty (Jim), Sharon Small (Linda), Geoffrey Church (Graham), Ginny Holder (Bridget)
Drehbuch: Guy Hibbert
Kamera: Mike Shrimpton
Schnitt: Chris Ridsdale
Prod.Des.: Vic Symonds
Prod.: Peter Kosminsky für United Film mit

Stonehenge für Meridian, GB 1997; 82 Min.
EA: Filmfest München 1997
TV: 12.11.1999, Arte, 20.45

Der Film beruht auf einem authentischen Fall: Mißhandelt von der Mutter, sexuell mißbraucht vom Stiefvater und im Alter von 10 Jahren von ihrem Vater auf den Strich geschickt sucht Kerry schließlich Hilfe. Doch sie wird betrogen von den Menschen, die vorgeben, sich um sie zu kümmern, und schließlich sogar von einem Sozialarbeiter in einem Waisenhaus vergewaltigt. Am Ende findet sie selbst ihren Weg in ein sicheres Leben.
Katalog Filmfest München

Get Real – Von Mann zu Mann 326
GET REAL ***

Regie: Simon Shore
Darsteller: Ben Silverstone (Steven Carter), Brad Gorton (John Dixon), Charlotte Brittain (Linda), Stacy A. Hart (Jessica), Kate McEnery (Wendy), Patrick Nielsen (Mark), Tim Harris (Kevin), James D. Wight
Drehbuch: Patrick Wilde, nach seinem Theaterstück »What's Wrong With Angry«
Kamera: Alan Almond
Musik: John Lunn
Schnitt: Barie Vince
Prod.Des.: Bernd Lepel
Prod.: Stephen Taylor, Patricia Carr (Co.-Prod.) für Graphite Films mit British Screen, GB 1998; 111 Min.
UA: 25.8.1998, Edinburgh Film Festival »Focus on British Cinema«
EA: Int. Filmwochenende Würzburg 1999
Verleih: Arthaus/-/Frenetic/Arthaus Video; 14.10.1999
FSK: ab 12 J., ffr.

Britischer Coming-out-Film über eine heimliche Liebesgeschichte zwischen einem intellektuellen Schüler und einem gleichaltrigen, heterosexuell auftretenden Mädchenschwarm, die schließlich an deren unterschiedlichem Umgang mit dem Schwulsein scheitert. Der Film lebt von seiner komödiantischen Direktheit und spielt mit bekannten Klischees des Schwulenbilds. Unterhaltsam, mit feinem Gespür und talentierten Jungmimen. *Film, 12/99*

(...) An diesem etwas seimigen Schauplatz entfaltet Simon Shores »Get Real« anfangs durchaus ein wenig verschmitzten Sinn fürs Skurrile, aber dann verflacht diese britische Komödie bald zu noch einem Beispiel fürs neue Schwulen-Wohlfühl-Kino. Stevens Affäre mit dem von allen angehimmelten Schulprimus (Brad Gorton), der nicht zuzugeben wagt, dass er ein wenig von der Kleinstadtnorm abweicht, dümpelt so harmlos dahin wie jedes x-beliebige Liebeskummerkomödchen.
Thomas Klingenmaier, Stgt. Zeitung, 14.10.1999

Der Gigant aus dem All 327
THE IRON GIANT ***

Regie: Brad Bird
Die Originalstimmen und ihre Rollen: Jennifer Aniston (Annie Hughes), Eli Marienthal (Hogarth Hughes), Harry Connick Jr. (Dean Mc Coppin), Vin Diesel (Der Gigant), Christopher McDonald (Kent Mansley/Marv Loach), James Gammon (Floyd Turbeaux), Cloris Leachman (Mrs. Tensedge), John Mahoney (General Rogard)
Drehbuch: Tim Mc Canlies, nach dem Roman »The Iron Man« von Ted Hughes
Kamera: Marc Dinicola
Musik: Michael Kamen
Schnitt: Darren T. Holmes
Prod.Des.: Mark Whiting
Prod.: Allison Abbate, Des McAnuff für Warner Bros., USA 1999; 86 Min.
Verleih: Warner/-/Warner/Warner Video; 16.12.1999
FSK: ab 6 J., ffr. – FBW: Wertvoll

In den Fünfzigerjahren angesiedelt, erzählt dieser Animationsfilm von der Freundschaft eines kleinen Jungen mit einem durch ein Mißgeschick auf der Erde gelandeten Roboter. Während sich die kleineren Zuschauer an der fantastischen Geschichte freuen dürfen, hält diese für Erwachsene eine zusätzliche Ebene bereit, entpuppt sie sich doch als Abbild der Hetzjagd auf alles Unamerikanische jener Zeit. Ein schönes Plädoyer für Freundschaft, inspirierend, sorgfältig und fast ohne Computeranimation gestaltet. *Film, 12/99*

(...) Regisseur Brad Bird, der schon bei den »Simpsons« Genreerfahrungen und

Erfolg ernten konnte, gelingt mit dem Weltraumgiganten (nach einem Gedicht von Ted Hughes) eine auch visuell beeindruckende Mischung aus humanistisch geprägter SF-Fabel, gewitzter Fifties-Reminiszenz und familientauglichem Zeichentrickfilm – ein Highlight der Saison. *Gerald Jung, Zitty, 26/99*

Mit 11 Jahren der erste Film, dann Stipendium bei Disney, Arbeit mit Spielberg, dann die Simpsons und der erste eigene Film: Wie fühlt man sich als Wunderkind?

Ich denke, ich hatte einfach Glück, sehr früh zu wissen, was ich tun wollte. Manche wissen das ja mit 40 noch nicht. Ich habe schon mit drei Jahren viel gemalt, und meine allerersten Zeichnungen waren bereits Szenenfolgen: Jemand kommt in den Raum, setzt sich, tut etwas. Viel später habe ich dann gemerkt, dass ich da schon versucht habe, Filme zu machen.

»Der Gigant aus dem All« verbindet eine sehr kindergerechte Geschichte mit anspruchsvollen Details für Erwachsene: War das so geplant?

Ich möchte einfach mehr Erwachsene für Zeichentrick interessieren. Ich denke, das ist ein fantastisches Medium und eine wunderbare Kunstform, deren Möglichkeiten bei Weitem nicht ausgenutzt werden. Letztlich haben wir den Film gemacht, um uns selbst zu amüsieren!

»Der Gigant aus dem All« wirkt ein bisschen wie eine wilde Kreuzung aus King Kong, Terminator und Superman.

Wir haben uns viele Filme angeschaut: »Der Tag, an dem die Erde stillstand«, »Frankenstein«, in dem es das Motiv des missverstandenen Monsters auch gibt, »E.T.« und »Der schwarze Hengst«, in dem es auch um die Beziehung eines Jungen und dieser ungezügelten Kraft geht. Das ist alles sozusagen die Basis-Mythologie.

Wenn man die kantigen Konturen der Simpsons anschaut und jetzt Ihren Iron Giant, dann wirkt das ein bisschen wie eine Kriegserklärung an die runden, niedlichen Formen Disneys.

Oh, nein! Ich liebe Disney und habe dort gelernt. In der Regel muss man sich einfach zwischen einer interessanten Geschichte und einem künstlerisch anspruchsvollen Zeichenstil entscheiden: Das ist das erste Mal, dass ich beides machen konnte.

Brad Bird im Interview mit Anke Sterneborg, SZ, 16.12.1999

Gloomy Sunday 328

Regie: Rolf Schübel
Prod.: BRD 1999

Produktionstitel für → »Ein Lied von Liebe und Tod«

Gloria 329

GLORIA ***

Regie: Sidney Lumet
Darsteller: Sharon Stone (Gloria), Jean-Luke Figueroa (Nicky), Jeremy Northam (Kevin), Cathy Moriarty (Diane), George C. Scott (Ruby), Mike Starr (Sean), Barry McEvoy (Terry), Don Billett (Raymond)
Drehbuch: Steven Antin
Kamera: David Watkin
Musik: Howard Shore
Schnitt: Tom Swartwout
Prod.Des.: Mel Bourne
Prod.: Gary Foster, Lee Rich für Eagle Point Prod., USA 1999; 108 Min.
Verleih: Constantin/-/Universal; 5.8.1999
FSK: ab 12 J., ffr.

Eine soeben aus dem Gefängnis entlassene abgebrühte Gangsterbraut wird in New York, zunächst gegen ihren Willen, zum Schutzengel für einen von der Unterwelt bedrohten Sechsjährigen. Die Neuverfilmung des gleichnamigen Films (1980) von John Cassavetes ist ganz zugeschnitten auf die betont unterkühlt agierende Hauptdarstellerin. Sorgfältig in der Beschreibung der urbanen Schauplätze, bietet der Kriminalfilm gute Unterhaltung auf hohem Niveau. *Film, 9/99*

(...) Die Idee, John Cassavetes Sozio-Krimi »Gloria, die Gangsterbraut« von 1980 neu zu verfilmen, findet in Sidney Lumets erstem Remake in seiner inzwischen 42jährigen Karriere keine so rechte Begründung. Gewiss, die Schauplätze wirken authentisch, die Verfolgungsjagden schaffen ein gewisses Tempo, aber die Figuren müffeln häufig nach Klischee. Und nur an der mäßigen deutschen Synchronisation kann es wohl nicht liegen, dass sich manche Dialoge so schlicht, so dümmlich, so abgegriffen anhören. Es scheint, als habe sich Meisterregisseur Lumet eine mit 72 Jahren wohlverdiente Arbeitspause gönnen wollen, aber das Filmemachen nicht sein lassen können.
Allein die Tatsache, dass Sharon (doch wieder) einiges an Bein und Busen zeigt, mag manchen erfreuen, abrunden kann es dieses Werk nicht.

W. O. P. Kistner, AZ, 5.8.99

(...) Der Kredit, den man Sidney Lumet gern einräumt, ist dann auch rasch verspielt. Für den 75-jährigen Regisseur mag die Luft im Filmgeschäft dünner geworden sein. Nach wie vor beharrt er darauf, dass Filme auch von moralischen Konflikten handeln sollten und nicht nur der Intelligenz des Teenagerpublikums schmeicheln müssen. Er konnte jahrzehntelang überaus produktiv sein, weil er seine Karriere nach dem Prinzip der Mischkalkulation gestaltet hat. Offenkundiger Auftragsarbeiten entledigt er sich für gewöhnlich mit rechtschaffenem Stilwillen.
Ein Schauspielerregisseur, der seinen Darstellern entlarvend nahe kommt, ist er aber nur noch selten. Einzig George C. Scott hat einen prägnanten Kurzauftritt, der an frühere Glanzlichter erinnert. In den Thrillern, die er in den letzten ein, zwei Jahrzehnten gedreht hat, hat sich Lumets Blick für Kompositionen, Dekors und das Licht geschärft. Umso enttäuschender, wie wenig ihn dieser ja eigentlich fiebrige Stoff inspiriert – manche Szenen wirken gerade so, als würde man bei einer Stellprobe zuschauen. *Gerhard Midding, FR, 5.8.99*

Sharon Stone in ›Gloria‹

Das Glück wohnt hinterm Deich

330
***
TV

Regie: Jürgen Bretzinger
Darsteller: Ulrich Pleitgen (Jensen), Dominique Horwitz (Eckart), Floriane Daniel, Monika Peitsch (Wahrsagerin)
Drehbuch: Frank Hemjeoltmanns, Volkmar Nebe
Kamera: Michael Paul Heiter
Musik: Robert Schulte-Hemming, Jens Langbein
Schnitt: Julia von Frihling
Prod.: Hubertus Meyer-Burckhardt für Akzente Film, BRD 1998; 88 Min.
UA: Filmfest Hamburg 1998
TV: 8.1.1999, Arte, 20.45

Provinzposse um Subventionsbetrug und Touristennepp in der heilen Welt an der Ostseeküste. Possierlich anzusehen.

Gnadenlos 2 – Ausgeliefert und missbraucht

331
**
TV

Regie: Gabi Kubach
Darsteller: Günther Maria Halmer (Dr. Martin Landau), Deborah Kaufmann (Marlene Becker), Leon Boden (Jürgen Beluga), Dieter

Mann (Robert Beluga), Rosalind Baffoe (Esther Tawane), Theresa Hübchen (Kristina), Tina Bordhin (Eva), Maria Schuster (Cora)
Drehbuch: Herbert Reinecker
Prod.: Pro7, BRD 1999; 93 Min.
TV: 19.3.1999, Pro7, 20.15

Mädchenhändler nutzen Schönheitswettbewerbe, um die Beauty-Queens als Sex-Sklavinnen in den Nahen Osten zu verschicken. Ein aufrechter Kommissar sucht unerschrocken nach den verschwundenen Missen. Schmierige Haremsplotte, offenbar aus Groschenkrimis zusammengeklaut. *SZ TV-Beilage*

Gnadenlos schön 332
DROP DEAD GORGEOUS ***

Regie: Michael Patrick Jann
Darsteller: Kirsten Dunst (Amber Atkins), Ellen Barkin (Annette Atkins), Allison Janney (Loretta), Denise Richards (Becky Leeman), Kirstie Alley (Gladys Leeman), Sam McMurray (Lester Leeman), Amy Adams (Leslie Miller), Tara Redepenning (Molly Howard)
Drehbuch: Lona Williams
Kamera: Michael Spiller
Musik: Mark Mothersbaugh, Evyen Klean (supervisor)
Schnitt: Janice Hampton, David Codron
Prod.Des.: Ruth Ammon
Prod.: Gavin Pallone, Judy Hofflund für New Line Cinema mit Capella/KC Medien, USA 1999; 99 Min.
Verleih: Concorde/dto./Elite; 4.11.1999

Mount Rose, ein fiktives Provinznest im Staate Minnesota, ist Schauplatz eines Teenager-Schönheitswettbewerbs, wie er tausendfach in den USA ausgerichtet wird. Im Reality-TV-Stil lernt man die mehr oder weniger begabten Kandidatinnen lieben oder hassen und kann über die abartigsten Gemeinheiten und Sabotage-Akte staunen. Eine satirische Komödie mit der Prise Geschmacklosigkeit, die es braucht, um einen amerikanischen Traum zu demontieren, der naiver nicht geträumt und fanatischer nicht verfolgt werden könnte. *Iris Depping, tip, 23/99*

(...) Der (teilweise etwas langatmige) filmische Alptraum über die heile Plastikwelt Amerikas ist eine Metapher für das verbissene Erfolgsstreben in der

Denise Richards in ›Gnadenlos schön‹

schönen neuen Welt. Das bösartige, mit Heuchlern bevölkerte Provinz-Portrait wirkt wie eine Ohrfeige für alle, die noch an den amerikanischen Traum glauben. *Margret Köhler, AZ, 4.11.99*

Go! 333
GO ***

Regie: Doug Liman
Darsteller: Desmond Askew (Simon Baines), Taye Diggs (Marcus), William Fichtner (Burke), J.E. Freeman (Victor Sr.), Katie Holmes (Claire Montgomery), Jane Krakowski (Irene), Breckin Meyer (Tiny), Jay Mohr (Zack)
Drehbuch: John August
Kamera: Doug Liman
Musik: BT; Julianne Kelley (supervisor)
Schnitt: Stephen Mirrione
Prod.Des.: Tom Wilkins
Prod.: Paul Rosenberg, Mickey Liddell, Matt Freeman; Paddy Cullen, John August für Banner mit Saragota Ent., USA 1999; 103 Min.
UA: 29.1.1999, Sundance Film Festival
EA: 27.6.1999, Filmfest München
Verleih: Columbia TriStar/-/Buena Vista/ Columbia TriStar Video; 15.7.1999
FSK: ab 16 J., ffr.

Drei ineinander verschachtelte Episoden um junge Leute aus Los Angeles, deren Wege sich an einem Weihnachtsabend kreuzen. Sie werden in ein nur beinahe vollzogenes Drogengeschäft verwickelt und unternehmen einen Wochenendtrip nach Las Vegas, um ihren Spaß zu haben. Ein dürftiger Film, der Zeitgeist transportieren möchte und schlichte Ausbruchsphantasien aufbereitet, wobei er sich durch seine bemühte Überraschungsdramaturgie aller komödiantischen Möglichkeiten beraubt.
Film, 9/99

(...) Wie Doug Limans Debütfilm »Swingers« kreist auch »Go« um die schreckliche Zeit der Jugend mit all ihren Unsicherheiten und Zweifeln, mit all ihren Hochstapeleien und Schwindeleien. Dabei ist der Film nicht problembeladen schwermütig, sondern unverdrossen energisch, witzig und berührend. Und plötzlich begreift man auch, warum »Lola rennt« so undeutsch großartig ist – fast schon amerikanisch gut. *Michael Althen, SZ, 26.6.99*

(...) Für den inneren Zusammenhang der Geschichten verläßt sich »Go« auf den Kleister des Soundtracks, mit dem er sein Publikum konsequent überschüttet. Der Abspann nennt für diesen 100-Minuten-Film etwa 30 Titel, da bleibt wenig Zeit zum Aufatmen. »Go« wirkt wie ein um Handlung und Dialoge angereichertes Musikvideo, das irgendwo unterwegs seine Modernität und seinen Anspruch verloren hat.
Veronika Rall, FR, 16.7.99

The Godson 334

THE GODSON *

Video

Regie: Bob Hoge
Darsteller: Dom DeLuise (Calzone), Rodney Dangerfield (Rodfather), Kevin McDonald (Guiseppe Calzone), Fabiana Udenio (Don Na), Lou Ferrigno (Bugsy), Carlos Alazraqui (Tony Montana), Bob Hope (Sunny Calzone), Eileen Kennedy (Agent Hoover)
Drehbuch: Bob Hoge
Kamera: Tom Lappin
Musik: Boris Elkis
Schnitt: Tracy Curtis
Prod.Des.: Deren Abram
Prod.: Jeff Ritchie, Kevin Flint für Shoreline/Three Spear Prod., USA 1998; 87 Min.
Vertrieb: Highlight Video; August 1999
FSK: ab 12 J.

Verschrobener Gangstersohn soll Mafia-Sippe aus der Pleite hieven. Zusammenhanglose, hingeschluderte Nummern-Revue, die zu Unrecht das Etikett »Genre-Parodie« ziert.

Going South 335

IF...DOG...RABBIT... ***

Video

Regie: Matthew Modine
Darsteller: Matthew Modine (Johnnie Cooper), John Hurt (Sean Cooper), Kevin J. O'Connor (Jamie), Bruce Dern (McGurdy), Lisa Marie (Judy), Leon Singer (Mr. Villalobos), Carlos Palomino (Cesar), David Keith
Drehbuch: Matthew Modine
Kamera: Rob Sweeney, Bela Trutz (Steadycam)
Musik: Deei Mincey, Boris Zelkin
Schnitt: Craig Nisker
Prod.: Franchise Pic, USA 1999; 104 Min.
UA: 6. Filmfest Oldenburg 1999
Vertrieb: VCL Video; 23.11.1999
FSK: ab 16 J.

Sproß einer Diebessippe will nach Knastaufenthalt auf Ehrbarkeit umsatteln, scheitert dabei aber kläglich. Halbwegs originelle Gaunerkomödie mit interessanter Besetzung.

»Der gesamte Prozeß der Produktion hat mich sehr erfüllt, und ich war stolz, meine geschnittene Version fertig zu haben. Es war am Ende aber so, als hätte ich mein Haus mit eigenen Händen gebaut, und als es fertig war, kamen die Produzenten und sagten: ›Verschwinde aus unserem Haus!‹ Ich erkannte plötzlich, dieser Film ist nicht ›mein‹ Film, es ist der Film der Geldgeber, und sie nahmen fünf Minuten heraus. Ich habe bis heute noch keine vernünftige Erklärung dafür erhalten, und ich mußte mich beugen. Ich habe eine Menge gelernt.« *Matthew Modine im Plausch mit Nikolaj Nikitin und Oliver Baumgarten, Schnitt 12/99*

Good Bad Guy – Killer aus Zufall 336

KILLER PER CASO **

Video

Regie: Ezio Greggio
Darsteller: Ezio Greggio (Joe Furtunato), Jessica Lundy (Carol Graham), Rudy De Luca (Vince), Ron Carey (Roger Lambert), Dom DeLuise (Richter), Pat Asanti (Sergeant O'Neill), Adam Tomei (Cop), Ronnie Schell (Polizeichef)
Drehbuch: Rudy De Luca, Ezio Greggio
Kamera: Massiomo Zeri
Musik: John Dickson
Schnitt: Marc Grossman
Prod.Des.: Randal P. Earnest
Prod.: Ezio Greggio, Roger La Page für Funny Movies Prod., Italien 1997; 88 Min.
Vertrieb: Columbia Tristar Video; 7.12.1999
FSK: ab 6 J.

Autodieb bekommt per Telefon Mordauftrag – von der Mafia. Wem keine Genre-Variante einfallen mag, der versucht es gerne mit der Genre-Parodie, und diese hält nicht einmal für eine Minute Film genügend Gags parat, geschweige denn für 88.

Goodbye Lover 337

GOODBYE, LOVER ***

Regie: Roland Joffé
Darsteller: Patricia Arquette (Sandra Dunmore), Dermot Mulroney (Jake Dunmore), Mary-Louise Parker (Peggy Blane), Ellen DeGeneres (Rita Pompano), Don Johnson (Ben Dunmore), Ray McKinnon (Rollins), Alex Rocco (Det. Crowley), Andre Gregory (Rev. Finlayson)
Drehbuch: Ron Peer, Joel Cohen, Alec Sokolow, nach einer Story von Ron Peer
Kamera: Dante Spinotti
Musik: John Barry, John Ottman
Schnitt: William Steinkamp
Prod.Des.: Stewart Starkin
Prod.: Alexandra Milchan, Patrick McDarrah für Regency mit Taurus Film, USA 1998; 101 Min.
Verleih: 20th Century Fox/dto./dto./ 20th Century Fox Home Video; 12.8.1999
FSK: ab 16 J., ffr. – FBW: Besonders wertvoll

Zwei Brüder, einer Alkoholiker, der andere ein souveräner Geschäftsmann, führen zusammen eine hochkarätige Werbeagentur. Die sexy Frau des Alkoholikers schläft mit dem Schwager – eine geplante Affäre, um den Bruder umzubringen und so ans Familienvermögen zu gelangen. Nach dessen Ermordung kommt es zu immer neuen Intrigen. Der Kriminalfilm versucht, erotisch und witzig zu sein und mit neuen Wendungen zu überraschen, wobei nichts davon gelingt und bestenfalls ein Einblick in amerikanische Highclass-Dekadenz bleibt. *Zoom, 8/99*

(...) Voller Zynismus und mit viel dunklem Humor breitet Regisseur Roland Joffé ein bitterböses Spiel um Macht, Sex und Geld im eleganten Gewand der Neunziger vor uns aus. Anleihen an den Film noir sind dabei offensichtlich. Allerdings stellt sich beim Zuschauer eine gewisse Distanz ein – spätestens dann, wenn er kapiert hat, daß keine der Figuren so ist, wie sie scheint. Der überraschende Schluß entschädigt allerdings für vieles.
Martin Schwarz, Zitty, 17/99

Wie ein Fluch scheint sich »Der scharlachrote Buchstabe« auf Roland Joffés Karriere gelegt zu haben, denn auch ein radikaler Zeit- und Themenwechsel konnte den Flop seines Nachfolgefilms an Amerikas Kinokassen nicht verhindern. Dabei erweist sich die in Aufbau und Ton an »Wild Things« erinnernde Mischung aus Krimipuzzle und parodistischer Film-noir-Hommage als zwar nicht unbedingt glaubwürdige, aber unterhaltsame Genrespielerei.
Peter Koberger, Blickpunkt Film, 32/99

(...) Thriller, der seine Spannung durch die Überraschungen der ständigen, unvorhersehbaren Wendungen erhalten soll, dies aber so überreizt, daß daraus ein eher lustloses Verwirrspiel wird.
multimedia

Gören 338

PETITES *****

TV

Regie: Noémie Lvovsky
Darsteller: Magalie Woch (Emilie), Ingrid Molinier (Inès), Julie-Marie Parmentier (Stella), Camille Rousselet (Marion), Jean-Luc Bideau (Emilies Vater), Valeria Bruni-Tedeschi

(Emilies Mutter), Marina Tomé (Inès' Mutter), Luis Rego (Inès' Vater)
Drehbuch: Florence Seyvos, Noémie Lvovsky
Kamera: Agnès Godard, Bertrand Chatry
Schnitt: Michel Klochendler
Prod.Des.: Yves Fournier
Prod.: Bruno Persery, Pierre Chevalier für La Sept/Arte/Arena, Frankreich 1997; 90 Min.
EA: Int. Filmwochenende Würzburg 1999
TV: 12.6.1999, Arte, 20.45

Inès, Stella, Emilie und Marion: Vier 13jährige im Frankreich der 70er Jahre. Der Eintritt in die Pubertät bedeutet die Entdeckung bislang verborgener, zugleich aufregender und unheimlicher Seiten des Lebens.
Katalog Filmwochenende Würzburg

Götterdämmerung 339
****
TV

Regie: Joe Coppoletta
Darsteller: Christiane Paul (Sandra Fechtner), Tim Bergmann (Alex Fechtner), Christian Oliver (Paul), Rüdiger Vogler (Kommissar Lobenstein), Reiner Schöne (Killer)
Drehbuch: Rochus Hahn
Kamera: Tomas Erhart
Prod.: Novamedia/Pro7, BRD 1998; 92 Min.
TV: 15.1.1999, Pro7, 20.15

In Berlin kommt es bei Baugrabungen zu einer Explosion. Historikerin Sandra entdeckt ein mysteriöses Zählwerk aus Nazi-Zeiten. Sie recherchiert und kommt zu dem Ergebnis, daß Überlebende des SS-Kommandos »Götterdämmerung« mit 800 Tonnen Sprengstoff die Innenstadt dem Erdboden gleichmachen wollen. *SZ TV-Beilage*

(...) »Götterdämmerung« setzt fort, was mit Serien wie »Helicops« oder den »Straßen von Berlin« begonnen hat. Berlin, die Alptraum-Stadt, deren Monumente systematisch und telegen »abgefackelt« werden. Der Thriller von Joe Coppoletta begnügt sich mit Unterwasser-Action. Dennoch vermutet Hahn: »Es ist ein Nachteil für unser Sujet, daß zur Zeit die Sprengung von Berlin im deutschen Fernsehen inflationär vorgenommen wird. Dieses Alptraum-Szenario ist fast schon Alltag geworden.« *Rainer Tittelbach, Hamburger Abendblatt, 15.1.99*

Der Graf von Monte Christo 340
LE COMTE DE MONTE CHRISTO ***
Video

Regie: Josée Dayan
Darsteller: Gérard Depardieu (Edmond Dantès alias Graf von Monte Christo), Ornella Muti (Mercédès), Sergio Rubini (Bertuccio), Georges Moustaki (Abbé Faria), Guillaume Depardieu (Edmond Dantès, jung), Naike Rivelli (Mercédès, jung)
Drehbuch: Didier Decoin, nach dem gleichn. Roman von Alexandre Dumas
Prod.: BRD/Italien/Frankreich 1998; 95 Min.
Kinowelt Video, TV: 10.1., 12.1., 13.1., 15.1.1999, SAT.1, jeweils 20.15

Kein Groß-TV-Movie, kein SAT.1-Vierteiler, keine noch so simple Kostümschwarte kann diesen fabelhaften Rächerschmöker von Alexandre Dumas je kaputtkriegen. Und Gérard Depardieu als Edmond Dantès trotzt auch der lästigen Idiotenwerbung: 18 Jahre Chateau d'If machen hart.
Ponkie, AZ, 12.1.99

(...) »Fortsetzungsromane sind genau der richtige Stoff für das Fernsehen seiner Zeit«, kommentiert Gérard Depardieu seinen für ihn ungewohnten, aber mit ganzem Herzen betriebenen TV-Einsatz. Für ihn ist der Graf kein finsterer Rächer, sondern ein Gerechtigkeitskämpfer, der trotz seiner 18jährigen Pein auch zu Liebe und Freundschaft fähig ist. *Jochen Eversmeier, Der Tagesspiegel, 10.1.99*

Grenzgänger 341
***

Regie: Pavel Schnabel
Drehbuch: Pavel Schnabel
Kamera: Pavel Schnabel
Musik: Helmut Pöllmann
Schnitt: Eva Voosen
Prod.: Pavel Schnabel Filmprod./HR/Arte, BRD 1998; 102 Min.
UA: 14.2.1999, Int. Filmfestspiele Berlin, »Neue deutsche Filme«
Verleih: Eigenverleih/-/-

Drei Menschen, die ein Leben zwischen Ost und West führten: ein ausgebürgerter Rockmusiker, ein Wiener, der in Karl-Marx-Stadt Professor wurde, und ein Dissident, der nach der Wende zum Umweltminister avanciert ist.
Zitty, 4/99

Der große Bagarozy 342

***

Regie: Bernd Eichinger
Darsteller: Til Schweiger (Nagy), Corinna Harfouch (Cora), Thomas Heinze (Robert), Christine Neubauer (Lioba), Neza Selbuz (Callas), Sonja Kerskes (Tamy), Patricia Lueger (Patricia), Christof Wackernagel (Frank)
Drehbuch: Bernd Eichinger, nach dem gleichn. Roman von Helmut Krausser
Kamera: Gernot Roll
Musik: Henning Lohner, Stephan Zacharias
Schnitt: Alexander Berner
Prod.Des.: Jana Karen
Prod.: Bernd Eichinger; Martin Moskowicz für Constantin Film, BRD 1999; 105 Min.
Verleih: Constantin/dto./-; 7.10.1999
FSK: ab 12 J., ffr. – FBW: Wertvoll

Der Teufel, der einst von der Sängerin Maria Callas fasziniert war, sie aber – auch aus Haß für die Schönheit der Kunst – vernichtet hat, versucht nun, diese Episode mit einer Therapeutin aufzuarbeiten und diese auch zu einer privaten Beziehung zu verführen, um sich selbst durch »Liebe zu erlösen« (womit er die verheiratete Frau in sittliche Anarchie treibt, sich aber tatsächlich in einen sterblichen Menschen verwandelt). Das sperrige Konglomerat aus verschiedenartigen Handlungssträngen und Ideen fügt sich trotz erkennbarer Mühe weder inhaltlich noch formal zu einem harmonischen Ganzen. Schwankend zwischen Scherz und Ernst, spannendem Psychothriller und skurriler Farce, mäßig amüsant und ergreifend, fördert diese spröde Geschichte eine gewisse kritische Distanz, die angesichts der eher selten nachvollziehbaren oder akzeptablen Aussage auch nötig ist. *Multimedia*

Für Helmut Kraussers gleichnamiges Callas-Buch hat Bernd Eichinger keine Ästhetik, keine Atmosphäre, kurz: keine filmische Form gefunden. Die Geschichte eines Mannes, der sich für den Teufel hält, vielleicht sogar der Teufel ist, und der in seiner Psychiaterin die Wiedergeburt der von ihm geliebten und gehassten Maria Callas sieht, wirkt in dieser Leinwand-Adaption wie die ächzende Vorstellung eines Provinzzauberers. Zwischen fantastischem Thema und banaler Umsetzung stolpern Harfouch und Schweiger verloren wie Hänsel und Gretel durch die Geschichte. In erotischer Hinsicht stellt sich zwischen den beiden wenig mehr ein als die Spannung zwischen zwei Telefonmasten. *Katja Nicodemus, tip, 21/99*

(...) Die Glaubwürdigkeitslücken klaffen. Corinna Harfouch als nur verklemmt-frustrierte und gar nicht abgeklärte Psychiaterin – bei aller Frustration über ihren dümmlichen Gatten (Thomas Heinze) – erliegt zu bereitwillig, zu schulmädchenhaft schnell den diabolischen Avancen. Und Til Schweiger, der sich große Mühe beim Modulieren seiner Stimme und Mimik gibt, überzeugt schon selten genug bei »normalen« Charakteren, aber nun als der Leibhaftige?
Dennoch: Kein uninteressantes Werk mit einem extravaganten, über weite Strecken originellen Sujet und auf hohem technischem Niveau – derlei besitzt mehr denn je Seltenheitswert im deutschen Film. *W. O. P. Kistner, Stgt. Nachrichten, 7.10.99*

(...) Es hilft nichts, das größte Manko des Films hat einen Namen: Til Schweiger. Listig diabolisch soll sein Nagy sein, abgründig, erotisch an-

Til Schweiger und Corinna Harfouch

maßend, ein Verführer mit Worten und herrischen Gebärden. Til Schweiger, einem sichtlich dem Diesseits verhafteten Akteur, reichen für diesen gleich mehrfach gebrochenen Versteller Statur und Stimme kaum. Nicht, dass er die Rolle zu lässig und zu nölend anginge. Aber er reduziert den Kern des Hundlings, der ihm aufgegeben ist, in seiner Teufelei aufs Offensichtliche: Dass der Kerl einer Frau erst die schönsten Avancen macht – für den Film und seinen Kameramann Gernot Roll Gelegenheit zu überzeugenden Sequenzen, um sich ihr danach brutal zu entziehen. (...) *Hans-Dieter Seidel, FAZ, 7.10.1999*

Große Gefühle

343
**

Regie: Christof Schertenleib
Darsteller: Anne Weber, Stefan Suske, Manuela Biedermann, Markus Wolff, Delia Mayer, André Jung, Karin Kienzer, Max Rüdiger
Drehbuch: Christof Schertenleib, Michael Glawogger
Kamera: Hansueli Schenkel
Musik: Stop the Shoppers, Stiller Has, Züri West, Rumpelstilz
Schnitt: Andrea Wagner
Prod.: Rolf Schmid für Fama/SF DRS/ Monipoly, Schweiz 1999; 115 Min.
UA: 10.8.1999, Int. Filmfestspiele Locarno
EA: Max Ophüls Preis, Saarbrücken 2000
Verleih: -/-/Fama; Sept. 1999

Frauen und Männer zwischen Bern und Wien versuchen das Leben mit »künstlichen Krisen« und eigenwilligen Theorien zwischen Mono- und Polygamie in den Griff zu bekommen. Was eine abgeklärte Weiterführung von Christof Schertenleibs erfolgreichem Erstling »Liebe Lügen« (1995) hätte sein können, verliert sich zunehmend in eher nur behaupteten Beziehungen zwischen Figuren, die bei allem Charme nicht richtig lebendig wirken. *Film, 9/99*

Das große Inferno

INFERNO

344
**
Video

Regie: Ian Barry
Darsteller: James Remar (Dr. Coleman West), Jonathan LaPaglia (Eddie), Stephanie Niznik (Erika), Anthony Starke (Will Dezmond), Kathryn Morris (Ryan Tibbet), Daniel von Bargen (Gen. Craig Maxwell), Anton Tanner (Rawhide), Sharisse Baker
Drehbuch: Bruce A. Taylor, Roderick Taylor
Kamera: Jacques Haitkin,
Musik: Joel Goldsmith
Schnitt: Tom Walls
Prod.: Scott McAboy, Gilbert Alexander Wadsworth III für Viacom/Sterling Pacific für Paramount, USA 1998; 90 Min.
Vertrieb: CIC Video; Juli 1999
FSK: ab 12 J.

US-TV-Nachzügler des Kino-Meteoriten-Hagels: Los Angeles als Zentrum von Katastrophen, Chaos und Panik. Billig abgespultes Desaster-Allerlei.

Das große Krabbeln

A BUG'S LIFE

345
****

Regie: John Lasseter
Originalstimmen und deutsche Stimmen und ihre Rollen: Dave Foley, Kai Wiesinger (Flik), Kevin Spacey, Rufus Beck (Hopper), Julia Louis-Dreyfus, Madeleine Stolze (Princess Atta), Hayden Panettiere, Caroline Schwarzmeier (Dot)
Drehbuch: Andrew Stanton (auch Koregie), Donald McEnery, Bob Shaw, nach einer Story von Lasseter, Stanton, Joe Ranft
Kamera: Sharon Calahan
Musik: Randy Newman
Schnitt: Lee Unkrich
Prod.Des.: William Cone
Prod.: Darla K. Anderson, Kevin Reher für Walt Disney/Pixar Animation, USA 1998; 96 Min.
Verleih: Buena Vista/dto./Buena Vista Home Video; 11.2.99
FSK: o. A., ffr. – FBW: Wertvoll

Feindliche Grashüpfer wollen im Winter von einer Ameisenkolonie verköstigt werden. Um das zu verhindern, soll die Ameise Flick eine kämpferische Insektenschar organisieren. Sie teilt den Angeheuerten jedoch nicht mit, was ihre Aufgabe ist, und ihren eigenen Artgenossen verschweigt sie, dass es sich bei den beigezogenen Helfern um eine pazifistische Gruppe handelt. Ein Animationsfilm, der durch künstleriche Stringenz, Eigenständigkeit, technische Innovationskraft und eine formidable Lichtgestaltung überzeugt. *Zoom, 2/99*

Computeranimierte Zirkusartisten in ›Das große Krabbeln‹ von John Lasseter

Insektenabenteuer, daß wie eine Verbeugung vor Kurosawas »Die sieben Samurai« anmutet. (...) Prollige Scheißhausfliegen, kesse Asseln und knufflige Raupen bewegen sich in einer computeranimierten Welt, die viel verführerischer und vertrauter erscheint als die Realität. Absolut kindgerecht und keiner kleinen Rotznase vorzuenthalten. *tip, 4/99*

(...) Pixar-Chef Steve Jobs, der derzeit auch den Computerkonzern Apple leitet, setzt alles daran, daß sein Filmstudio vorne dabei ist: Er will aus dem Unternehmen, das ihm zu mehr als zwei Dritteln gehört, ein »digitales Disney« machen. Fortan soll Pixar jedes Jahr einen neuen Kinofilm auf den Markt bringen. Seine etwa 400 Beschäftigten arbeiten schon an drei weiteren Streifen, darunter einer Fortsetzung von »Toy Story«. Pixar scheint gut gerüstet, um das ehrgeizige Ziel zu erreichen. Seine Technik ist jener der Konkurrenz um mindestens zwei Jahre voraus, meinen Experten. Die selbstentwickelte Zeichen-Software gilt als führend in der Branche. Und kein anderes Filmstudio verfügt über soviel Rechenkraft. »Das große Krabbeln« entstand in einem Verbund von 100 superschnellen Rechnern, jeder mit 14 Mikroprozessoren ausgerüstet.

Wichtiger noch: Pixars oberster Regisseur ist John Lasseter, ein Pionier der Computeranimation. Selbst die Konkurrenz gibt zu, daß es derzeit keiner besser versteht, diese Technik einzusetzen, um neue Welten zu schaffen. Anders als vielen Kollegen in Hollywood sind ihm zu viele Spezialeffekte ein Greuel. Rechner sind für ihn nur Werkzeuge; er will vor allem nur gute Geschichten erzählen. (...)

Ludwig Siegele, SZ, 11.2.99

Ein großes Ding

346
****+
TV

Regie: Bernd Schadewald
Darsteller: Richy Müller (Hans Georg Pauler), Jürgen Vogel (Ulrich Raffcyk), Katja Flint (Anna Klages), Fiona Coors (Kirstin Bauer), Ulrike Kriener (Maria, Paulers Schwester), Katalina Tesch (Ines, ihre Tochter)
Drehbuch: Bernd Schadewald
Kamera: Diethard Prengel, Karl Finkbeiner
Musik: Frank Wulff, Stefan Wulff
Schnitt: Hedi Altschiller
Prod.Des.: Bärbel Menzel
Prod.: Gerhard Schmidt für Colon-Film für ZDF/Arte, BRD 1998; 87 Min.
TV: 22.3./23.3.1999, ZDF, jeweils 20.15; 19.3./20.3.1999, Arte, jeweils 20.45

Hier stand das Gladbecker Geiseldrama Pate: Zwei sozial wie moralisch verwahrlosten Gangstern gerät der Überfall auf eine Sparkassenfiliale unversehens zum spektakulären Bankraub mit zweifacher Geiselnahme. Auch wenn sich in seine dichte Inszenierung einige platt plakative Ausreißer und auch Längen eingeschlichen haben, gelang es

Schadewald dennoch, das Ruder vom Sensationsentertainment in Richtung Medien- und damit auch Gesellschaftskritik herumzureißen. Ein durch die Bank überzeugendes Ensemble ließ die Spannung schleichend steigen …

W. O. P. Kistner, 24.3.99

Gummo 347

GUMMO **

Regie: Harmony Korine
Darsteller: Jacob Reynolds (Solomon), Nick Sutton (Tummler), Jacob Sewell (Bunny Boy), Darby Dougherty (Darby), Chloe Sevigny (Dot)
Drehbuch: Harmony Korine
Kamera: Jean Yves Escoffier
Schnitt: Christopher Tellefsen
Prod.Des.: Dave Doernberg
Prod.: Cary Woods für Independent Pic./ New Line Cinema, USA 1996; 89 Min.
EA: Filmfest München 1998
Verleih: Constantin/-/-; 16.9.1999

Mit einem untrüglichen Gespür für die stillen und schrillen Momente im Leben des White Trash hat Harmony Korine einen Fake-Dokumentarfilm über eine amerikanische Kleinstadt gedreht und dabei ein Panoptikum provinzieller Armut geschaffen, einen filmischen Bastard, der habl Direct Cinema, halb Freakshow ist. Eine Handlung gibt's zwar nicht, aber dafür viel Stückwerk, in dem Korine versucht, den Mißbrauch von Menschen, Tieren und Klebstoff zu zeigen, ohne gleich einen ebenso besorgten wie voyeuristischen Blick zu provozieren. Eine Gratwanderung. *Kerstin Stolt, tip, 19/99*

(…) »Gummo«, der erste Film des jungen Harmony Korine, der bereits als 18jähriger das Drehbuch zu Larry Clarks »Kids« geschrieben hat, zeigt ein geniun bizzares Amerika, in dem sich die Slackers in Monster zu verwandeln drohen. Für seine Mixtur aus Kunst und Trash, Grotesken und Dokumentarischem hat sich Korine von dem britischen Realisten Allan Clarke sowie von Werner Herzog und John Waters, mit denen er die Vorliebe für Außenseiter und Freaks teilt, inspirieren lassen.

Hans Schifferle, SZ, 29.6.98

Der Guru 348

HOLY MAN ***

Regie: Tom Schulman
Darsteller: Eddie Murphy (G.), Jeff Goldblum (Ricky Hayman), Kelly Preston (Kate Newell), Robert Loggia (John McBainbridge), Jon Cryer (Barry), Eric McCormack (Scott Hawkes), Sam Kitchin (Control Room Director), Robert Small (Assistant Director)
Drehbuch: Tom Schulman
Kamera: Adrian Biddle
Musik: Alan Silvestri
Schnitt: Trudy Ship
Prod.Des.: Andrew McAlpine
Prod.: Roger Birnbaum, Stephen Herek für Touchstone mit Caravan Pic., USA 1997; 114 Min.
UA: 9.10.1998, NY.
Verleih: Buena Vista/dto./dto./Warner Video; 3.6.1999
FSK: o. A., ffr.

Ein sanftmütiger Guru freundet sich nach einem Beinahe-Unfall mit zwei Mitarbeitern eines Teleshopping-Senders an, gerät ungeplant in eine Livesendung und hat ungeahnten Erfolg mit seinen Predigten für ein naturverbundenes, liebevolles Leben und gegen den Konsumwahn. Paradoxerweise steigt daraufhin der Verkaufserfolg von beliebigem Ramsch enorm. Daß der kindlich-naive Mann und seine weisen Botschaften so mißbraucht werden, führt zu einer heftigen »ethischen Krise« mit gutem (wenn auch schmalzigem) Ende. Eine leider nicht besonders spritzige Komödie. *Multimedia*

(…) Dabei entwickelt Stephen Herek zwar liebenswerten Witz und sympathischen Charme, aber nicht die Schärfe, die man sich von einer Mediensatire wünschen würde. Schöner Nebeneffekt ist, daß Eddy Murphy auf dieser weichen Welle zu heiliger Gelassenheit findet und angenehm zurückhaltend agiert. *Anke Sterneborg, SZ, 7.6.99*

Half Baked 349
HALF BAKED
**
Video

Regie: Tamra Davis
Darsteller: David Chappelle (Thurgood), Guillermo Diaz (Scarface), Jim Breuer (Brian), Harland Williams (Kenny), Rachel True (Mary Jane), Clarence Williams (Samson), Laura Silverman (Jan), Tommy Chong
Drehbuch: David Chappelle, Neal Brennan
Kamera: Steven Bernstein
Musik: Alf Clausen
Schnitt: Don Zimmerman
Prod.Des.: Perry Andelin Blake
Prod.: Robert Simonds; Ira Shuman (Co-Prod.) für R.S. Prod., USA 1998; 82 Min.
UA: 16.1.1998
Vertrieb: CIC (Universal) Video; Januar 1999
FSK: ab 16 J.

Kiffer tötet mit Popcorn zuckerkrankes Polizeipferd. Seine drei Freunde wollen ihn vor dem Knast bewahren. Hasch-Klamotte mit Pubertär-Humor.

Hamburg – Stadt in Angst 350
**
TV

Regie: Daniel Helfer
Darsteller: Julia Bremermann (Sophie Fleming), Luc Feit (Sebastian Görner), Hans-Peter Hallwachs (Klingmüller), Max Herbrechter (Oskar Marschall), Michael Roll (Martin Engel), Thierry van Werveke (Jan Clemens), Marco Girnth (Tauchlehrer), Dorothea Kaiser (Dr. Meurer)
Drehbuch: Rafael Solá Ferrer
Kamera: David Slama
Prod.: Monaco Film für RTL, BRD 1998; 90 Min.
TV: 26.1.1999, RTL, 20.15

Der Psychothriller um eine herbe Kripo-Amazone mit Tauchertrauma, die einen Taucher-Serienmörder fangen soll: Da wird das Schreckensszenario durch Alster- und Nebenkanäle vorhersehbar durchgegruselt, und viel Wasser gluckert der Kanalfahnderin traumatisch unters Hemd. Einer der vielen Filme, die man nicht gesehen haben muß.
Ponkie, AZ, 28.1.99

(...) Zudem offenbart das Genre Serienkiller immer stärkere Abnutzungserscheinungen. Stets muß es der Unverdächtigste sein, dem aufgrund psychologischer Deformation die Sicherung durchbrennt, und der natürlich nichts Besseres zu tun hat, als seine Verfolgerin sexuell zu begehren. Die Phantasielosigkeit, mit der diese Krimi-Platitüde inszeniert wurde, ist das wirklich Ärgerliche, denn selten wurde Schwarz schwärzer und Weiß weißer gemalt.
Peter M. Hetzel, Der Tagesspiegel, 28.1.99

Hände weg – Zweimal scharfe Krallen! 351
SOLITAIRE
□
TV

Regie: Russell Mulcahy, Gareth O'Neil
Darsteller: Palmer Lee Todd (Tina), Kehli O'Byrne (Stacey), Kenn Fording (Brody), Scott Leet (Derek), Matt Moscato (Aaron)
Drehbuch: William Davies, William Osborne
Musik: Brad Fiedel
Prod.: USA 1996; 93 Min.
TV: 13.10.1999, Pro7, 23.10

Expolizist will Schlimmes verhindern und trifft dabei auf die Beobachterin einer Spezialeinheit. Jetzt können sie zu zweit Böses verhindern.

Die Handschrift des Mörders 352
□
TV

Regie: Hajo Gies
Darsteller: Götz Schubert (Thomas Eppert »Eppe«), Dorothea Schenck (Dr. Sophie Steeger), Victor Schefé (Thietgen), Bernd Stegemann (Gerrit), Daniel Morgenroth (Georg), Ursula Karusseit (Mutter Eppert), Dieter Montag (Dr. Jessen), Gunter Berger (Dr. Klingner)
Drehbuch: Timo Berndt
Prod.: Horst Wendlandt, BRD 1999; 92 Min.
TV: 9.4.1999, Pro7, 20.15

Der Dorfpolizist Thomas Eppert findet eine Frauenleiche mit kahlrasiertem Schädel. Als die herbeirückende Sonderkommission seinen Freund und Exhäftling Georg verdächtigt, verhilft er ihm zur Flucht.

Die Handschrift des Mörders 353

REAPER ***

TV

Regie: John Bradshaw
Darsteller: Chris Sarandon (Luke Sinclair), Vlasta Vrana (Sheriff Norris), Catherine Mary Stuart, Joanna Noyes, Rob Pinncock, Gillian Ferrabee, James Bradford, Isabelle Cyr
Prod.: USA/Kanada 1998; 90 Min.
TV: 15.5.1999, VOX, 20.15

Bestseller-Autor wird als Mörder verdächtigt, weil seine realistischen Romane über Serienmörder zu viele Kenntnisse verraten.

Hanging Garden 354

HANGING GARDEN ***

Regie: Thom Fitzgerald
Darsteller: Chris Leavins (William), Kerry Fox (Rosemary), Seanna McKenna (Iris), Peter Mac Neill (Whiskey Mac), Christine Dunsworth (Violet), Troy Veinotte (William als Teenager), Sarah Polley (Rosemary als Teenager), Joel S. Keller (Fletcher)
Drehbuch: Thom Fitzgerald
Kamera: Daniel Jobin
Musik: John Roby
Schnitt: Susan Shanks
Prod.: Louise Garfield, Arnie Gelbart, Thom Fitzgerald für Triptych Media/Nova Scotia/Channel Four/Emotion/Galafilm/Telefilm Canada, Kanada 1997; 90 Min.
Verleih: MFA/-/-; 4.11.1999

Zehn Jahre war er nicht zu Hause, jetzt muß er zurück in die Höhle des Löwen, denn die ältere Schwester tritt vor den Traualtar. Prompt ist alles wie früher. Dad säuft und schlägt. Mum leidet, Schwester schlampt. Und Williams eigene Entwicklung vom pubertierenden Schwabbel zum schwulen Mann nimmt keiner so richtig wahr: Familie eben. Leider ist die Inszenierung in diesem Film genauso penetrant wie sein Gegenstand. Überdeutliche Rückblenden, Schatten der Vergangenheit, die plötzlich ganz real, aber uninspiriert durchs Bild laufen – die Gereiztheit der Familie überträgt sich auch auf die Zuschauer. *Annette Vewecke, tip, 23/99*

(…) Erzählt wird das Ganze lebhaft wechselnd zwischen Tragödie und Komödie mit skurrilen Momenten. Chris Leavins überzeugt als William, Kerry Fox, die wunderbare australische Schauspielerin aus Jane Campions »Ein Engel an meiner Tafel«, spielt die Schwester. *Heiko R. Blum, Rheinische Post, 19.11.1999*

Hans Eppendorfer: Suche nach Leben 355

□

Regie: Peter Kern
Mit: Hans Eppendorfer, Andrea Ferreol, Evelyn Künneke, Hannes Hellmann, Josef Bierbichler, Fabian Oscar Wien
Drehbuch: Peter Kern
Kamera: Sven Kierst
Schnitt: Jan Christoph Burger
Prod.: Peter Kern für Alma Filmprod., BRD 1998; 82 Min.
UA: Filmfest Hamburg 1998
Verleih: Eigenverleih/-/-; 15.11.1998

Der schwerkranke Schriftsteller Hans Eppendorfer (»Barmbeker Kuß«, »Der Ledermann spricht mit Hubert Fichte«, »Szenen aus St. Pauli«) hat als Vorsichtsmaßnahme gegen diffamierende Nachrufe zusammen mit Peter Kern einen Film gemacht, der vieles zugleich ist: Rückblick und Bilanz, philosophisches Experiment und auch Teil eines langen Abschieds. *Filmfest Hamburg*

Hans im Glück 356

***

Regie: Rolf Losansky
Darsteller: Andreas Biber (Hans), Harald Dietl (Müller), Marlene Meyer-Dünker (Müllerstochter Anna), Rolf Hoppe (Reiter), Karl Dall (Räuber Grapsch), Kalle Pohl (Räuber Klau), Fred Delmare (Bauer), Evelyn Meyka (Bäuerin)
Drehbuch: Gabriel Genschow, Rolf Losansky, nach dem gleichnamigen Märchen der Gebrüder Grimm
Kamera: Klaus Neumann
Musik: Sven Dohrow, Enrico Horn
Schnitt: Rita Reinhardt
Prod.: Gabriel Genschow für G.G.Film/WDR/ORB/Der Kinderkanal, BRD 1998; 73 Min.
Verleih: Progress/-/-; 1.4.1999
FSK: o. A., ffr.

Frei nach dem Märchen der Gebrüder Grimm: Hans bekommt als Lohn für

seine Arbeit einen Klumpen Gold, den er auf der Heimreise gegen immer wertlosere Dinge eintauscht. Doch je schlechter der Tausch ist, um so glücklicher ist Hans.
(...) Eine in ausgesucht idyllischen Bildern sympathisch erzählte Fabel, die sich ganz hinter die herzenswarme Naivität ihres Protagonisten stellt, wobei es ihr freilich zugleich an Hintergründigkleit und Substanz mangelt.
Hans Peter Koll, film-dienst, 7/99

Hanuman 357
HANUMAN **
Video

Regie: Fred Fougea
Darsteller: Robert Cavana (Tom), Nathalie Auffret (Alice), Tabu (Anja), Khalid Thiabji (Deva), Sydney Kean (Roberta), Javed Jaffrey (Ashok)
Drehbuch: Fred Fougea, Michel Fessler
Kamera: Bernard Lutic
Musik: Laurent Ferlet
Schnitt: Yann Dedet, Frederique Lebel
Prod.Des.: Thotta Tharani
Prod.: Patrice Ledoux, Fred Fougea für Boréales/Visual Eyes, Frankreich/Indien 1997; 87 Min.
Vertrieb: BMG (Ufa) Video; 11.10.1999
FSK: ab 6 J.

Affen-Abenteuer in Indien: Forscher findet dort seine Jugendliebe wieder und einen kleinen Jungen, der ihm das Leben rettet. Viel Natur, viel Affe fürs Geld und eine banale Geschichte.

Happiness 358
HAPPINESS ****

Regie: Todd Solondz
Darsteller: Jane Adams (Joy Jordan), Dylan Baker (Bill Maplewood), Ben Gazzara (Lenny Jordan), Jared Harris (Vlad), Philip Seymour Hoffman (Allen), Louise Lasser (Mona Jordan), Jon Kovitz (Andy Kornbluth), Lara Flynn Boyle (Helen Jordan)
Drehbuch: Todd Solondz
Kamera: Maryse Alberti
Musik: Robbie Kondor
Schnitt: Alan Oxman
Prod.Des.: Theres DePrez
Prod.: Ted Hope, Christine Vachon für Good Machine, USA 1998; 134 Min.
UA: Int. Filmfestspiele Cannes 1998, Quinzaine de Réalisateur
EA: Int. Filmtage Hof 1998
Verleih: Prokino/Stadtkino/-; 18.3.1999
FSK: ab 16 J., ffr.

Drei ungleiche Schwestern in einem Vorort von New Jersey, ihr lebensmüder Vater und ihre scheidungswillige Mutter in Florida, ein obszöner Nachbar, eine Mörderin aus Leidenschaft, ein russischer Immigrant, ein pädophiler und Psychiater: Der Reigen, den Happiness ins Bild setzt, ist abgründig, schonungslos zweideutig, nüchtern komponiert und mit bissigem Humor ausgestattet und sehr gewagt.
Multimedia

(...) Mit fast genialem Gespür für Geschmack und Gefühl, vor allem aber auch mit einem hinreißend agierenden Ensemble, gelingt es Solondz in einem Akt der delikaten Balance, die Schicksale einer Handvoll Menschen transparent, ihre verzweifelte Suche nach dem Glück begreifbar zu machen. Die Klaviatur dieses herausragenden Oeuvres reicht dabei von anrührender Sensibilität über grotesken Alltagswahnsinn bis zu grimmigem Humor. Ein sehenswerter Seelen-Striptease ohne vordergründige Sensationen, beklemmend und fesselnd. *W. O. P. Kistner, AZ, 18.3.99*

(...) Eine renommierte Filmkritikerin der FAZ versuchte mit Todd Solondz über seinen – allgemein für bedeutungsvoll gehaltenen Film – ein Gespräch zu führen. Und was geschah? All das Tiefschürfende, das in »Happiness« hineingeheimnisst wird, scheint Solondz nichts anzugehen; er war sich dessen entweder nicht bewußt oder er wollte davon nichts wissen. Was nun wiederum den nachdenklichen und um Tiefsinn bemühten Betrachter reichlich düpiert und ratlos zurückläßt – und woraus sich bestenfalls die Schlußfolgerung ableiten läßt, daß man auf nichts, aber auch gar nichts Extremes hereinfallen darf. *Thomas Engel, Der Gildendienst, 4/99*

In den USA wurde der Film kurzfristig aus dem Spielplan genommen. Warum bekamen die Verantwortlichen Bauschschmerzen?

Sie hatten moralische Bedenken. Meine Produktionsfirma October hat einen Verleihvertrag mit Universal. Die Studiobosse hatten zwar das Drehbuch auf dem Tisch, aber keiner hat es angeguckt. Sie haben darauf vertraut, daß sie wieder eine sichere Erfolgsbank wie »Welcome to the Dollhouse« bekommen. Nach der Premiere in Cannes erschienen die ersten Kritiken – und dann sind sie aufgewacht. Sie haben Angst vor dem Handlungsstrang um den pädophilen Psychiater und Vater. Und sie sind der Meinung, daß der Schluß zu pessimistisch ist, weil keiner glücklich wird. Aber damit liegen sie falsch. *Todd Solondz im Interview mit Katharina Dockhorn, Zitty, 6/99*

Heike Makatsch und Christiane Paul

Die Häupter meiner Lieben 359

***

Regie: Hans-Günther Bücking
Darsteller: Heike Makatsch (Maja), Christiane Paul (Cora), Andrea Eckert (Anna), Leonhardt und Ferdinand Hinterleitner (Bela), Michael Maertens (Jonas), Helmut Berger (Henning), Marquard Bohm (Majas Vater), Lisa Kreuzer (Majas Mutter)
Drehbuch: Kurt Boeser, nach dem gleichnamigen Roman von Ingrid Noll
Kamera: Hans-Günther Bücking
Schnitt: Barbara von Weitershausen
Prod.: Rudolf M. Reischel, Regina Ziegler für Kinofilm München mit WDR, BRD 1998; 86 Min.
Verleih: Highlight/Einhorn/-/Highlight Video; 29.7.1999
FSK: ab 12 J., ffr.

Cora und Maja sind unzertrennliche Freundinnen. Sie verreisen gern zusammen und träumen vom lustigen Leben in der Toskana. Hin und wieder muß auch ein Mann daran glauben, wenn er der angestrebten Idylle im Wege steht. Was sich anhört wie der Beginn einer wunderbar makabren Komödie, ist leider nur eine werktreue Verfilmung des gleichnamigen Bestsellers von Ingrid Noll – ziemlich betulich, echt kuschelweich und erstaunlich witzfrei.
Volker Gunske, tip, 16/99

Dem Kameramann sind schöne Bilder eingefallen, und wer an Heike Makatsch oder Christiane Paul keinen Gefallen findet, muß das mit sich selbst ausmachen; sie spielen jedenfalls ihre Rollen gut. Das Problem liegt anderswo: Die Vorlage ist Billigliteratur, also können auch die dramatischen Erfindungen und die Dialoge nicht viel besser sein. Dazu kommt ganz allgemein, daß der deutsche Film sich an dieses Niveau zu gewöhnen scheint und in den seltensten Fällen Anstrengungen unternimmt, etwas Erleseneres wirklich anzustreben. *Thomas Engel, Der Gildendienst, 7/99*

(...) Dramaturgisch schwach und hölzern inszeniert, orientiert sich der deutsche Film auch in manch anderer formaler Hinsicht eher an den Regeln des TV-Movies als an einschlägigen Kinovorbildern. *multimedia*

Hauptsache Beverly Hills 360

SLUMS OF BEVERLY HILLS

***

Regie: Tamara Jenkins
Darsteller: Natasha Lyonne (Vivian), Alan Arkin (Murray), Marisa Tomei (Rita), Eli Marienthal (Rickey), Kevin Corrigan (Eliot), David Krumholtz (Ben), Jessica Walter

(Doris), Carl Reiner (Mickey)
Drehbuch: Tamara Jenkins
Kamera: Tom Richmond
Musik: Rolfe Kent
Schnitt: Pamela Martin
Prod.Des.: Dena Roth
Prod.: Michael Nozik, Stan Wlodkowski für South Fork/20th Century Fox, USA 1998; 91 Min.
UA: 14.8.1998, NY.
EA: Hofer Filmtage 1998
Verleih: 20th Century Fox/-/-; 11.3.1999
FSK: ab 12 J., ffr. – FBW: Wertvoll

Alleinerziehender Vater mit drei Kindern, beruflich erfolglos und finanziell abhängig von seinem Bruder, wechselt immer wieder Wohnungen, um dem noblen Beverly Hills immer näher zu kommen. Den Problemen seiner heranwachsenden Kinder steht er ziemlich gleichgültig gegenüber.
(...) Das alles ergibt aber keine runde Story, denn das Leben mag viel schreiben, Drehbücher schreibt es nicht. Und so verplempert der auf der Autobiographie der Regisseurin beruhende Film sich an eine Aneinanderreihung von Problem-Variationen nach der Art »Was mache ich mit meinem überüppigsten Busen?« Nennenswert bleibt nur einer: Der großartige Alan Arkin als stoischer Lebenskünstler.
W. O. P. Kistner, AZ, 11.2.1999

Haus der Mörder 361
LA CONCIERGERIE/THE HEAVEN ***
TV

Regie: Michel Poulette
Darsteller: Serge Dupire (Jacques Laniel), Macha Grenon (Claire Laniel), Jacques Godin (Thomas Colin), Monique Spaziani (Maria Colin), Tania Kontoyanni (Carole Osborne), Jean-René Quellet (Zachary Osborne), Michel Forget (Gustave Blain), Raymond Cloutier (Antoine Martineau)
Drehbuch: Benoît Dutrizac, Michel Poulette
Kamera: Yves Belanger
Musik: Jean-Marie Benoit
Schnitt: Eric Drouin
Prod.: Christian Larouche; Michel Poulette (Ass.Prod.) für Cinepix/Nuit Blanche mit Telefilm Canada/Sodec/Quebec Government/ Canadian Government/Super Ecran/Société Radio-Canada, Kanada 1997; 108 Min.
UA: 26.8.1997, Int. Filmfest Montreal
TV: 6.9.1999, ZDF, 22.15

Der kanadische Puzzle-Thriller lockt mit dem Horror skurriler Todesarten in einem Haus voller Vorbestrafter, in dem ein Kommissar nach dem Mörder seines Kollegen fahndet – ein Freak-Kabinett. Als Kreuzworträtsel halbwegs spannend (die Schurken sitzen bei der Polizei wie die Spinne im Netz) – doch bis der Knoten aufgefummelt ist, wird es recht mühsam. *Ponkie, AZ, 8.9.1999*

Das Haus in der Gantry Row 362
13, GANTRY ROW □
TV

Regie: Catherine Millar
Darsteller: Rebecca Gibney (Julie), John Adam (Peter), Doris Younane (Penny), Nicholas Hammond, Mark Gerber
Drehbuch: Tony Morphett
Prod.: Australien 1998; 91 Min.
TV: 16.10.1999, Arte, 22.40

Ein Yuppie-Pärchen aus Sydney erfüllt sich den Traum vom herrschaftlichen Anwesen. Das vermeintliche Schnäppchen offenbart allerdings bald ungeahnte Schattenseiten: Merkwürdige Veränderungen gehen im Leben der beiden vor sich, irgend etwas scheint von dem alten Haus Besitz zu ergreifen.
Pressetext

Heart 363
HEART ***

Regie: Charles McDougall
Darsteller: Christopher Eccleston (Gary Ellis), Saskia Reeves (Maria Ann McCardle), Kate Hardie (Tess Ellis), Rhys Ifans (Alex Madden), Anna Chancellor (Nicola Farmer), Bill Paterson (Mr. Kreitman), Matthew Rhys (Sean McCardie), Nicholas Moss
Drehbuch: Jimmy McGovern
Kamera: Julian Court
Musik: Stephen Warbeck
Schnitt: Edward Mansell
Prod.Des.: Stuart Walker, Chris Roope
Prod.: Nicola Shindler für Granada Film mit Merseysid Film, GB 1998; 98 Min.
EA: Filmfest München 1998
Verleih: AFM/-/-; 29.4.1999
FSK: ab 16 J., ffr.

(...) Mit »Heart« drehte das Team der TV-Serie »Für alle Fälle Fitz« den ersten Kinofilm. Drehbuchautor Jimmy McGovern war vom Potential seiner Geschichte so überzeugt, daß er sie nicht zu einer »Fitz«-Folge verarbeiten wollte. Zu abgründig erschien der Plot um eine Mutter, die nicht loslassen kann. Kurz und hart ist der Film, der seine ganze Stärke in den wenigen ruhigen Momenten entfaltet.

Dominik Schütte, AZ, 12./13.5.99

Heimkehr der Liebe – Das Weihnachtswunder von St. Nicholas 364

I'LL BE HOME FOR CHRISTMAS ***

TV

Regie: Jerry London
Darsteller: Ann Jillian (Sarah), Robert Hays (Mike), Jack Palance (Bob), Ashley Gorrell (Jilly), Jack Jessop (Nick Gladestone), Frances Hyland (Thelma Jenkins), Stan Coles (A.L. Drysdale), Joan Heney (Edith Drysdale)
Drehbuch: Darrah Cloud
Prod.: USA 1997;
90 Min.
TV: 22.12.1999, RTL, 20.15

Bürgermeisterin einer Kleinstadt versucht ihre Jugendliebe, heute ein berühmter Arzt, zur Rückkehr zu bewegen, damit das Krankenhaus nicht geschlossen werden muß.

Eine heiße Affäre 365

BEFORE THE NIGHT ***+

TV

Regie: Talia Shire
Darsteller: Ally Sheedy (Michelle Sanderson), A. Martinez (Jack Gillman), Frederic Forrest (Michael Josslyn), Don Novello (Warren Miller), Diane Salinger (Barbara Joslyn), Gina Hecht (Cy Watson), Elsa Raven (Mrs. Salvatore), Millie Slavin
Drehbuch: Marty Casella
Musik: David Shire
Prod.: USA 1995;
88 Min.
TV: 4.2.1999, Pro7, 23.15

Nachdem Micky eine Liebesnacht mit einem Fremden verbracht hat, verschwindet er spurlos. Als er später wieder anruft, findet sie heraus, daß seine erste Frau ermordet wurde.

Heiße Wetten in Manhattan 366

DOGS: THE RISE AND FALL OF AN ALL-GIRL BOOKIE JOINT ***

TV

Regie: Eve Annenberg
Darsteller: Toby Huss (Sammy Cybernowski), Pam Columbus (Leila), Pamela Gray (Stephanie), Leo Marks (Arnie), Melody Beal (Amina), Eve Annenberg (Gypsy), Amedeo D'Amato (Bruce)
Drehbuch: Eve Annenberg, Stephanie Sharpe (zusätzl. Dialoge)
Kamera: Joe Foley, Wolfgang Held
Musik: Crackersnatch, John Gunther, Richard Thompson
Schnitt: Jack Haigis
Prod.Des.: Miro Bazac
Prod.: Marcia Kirkley, Heather D'Adamo, Eve Annenberg für Homegrown Pictures, USA 1995; 80 Min.
UA: 28.1.1996, Rotterdam Filmfestival
EA: Filmfest München 1996
TV: 18.4.1999, ARD, 21.25

Schräge Komödie über drei junge Frauen in New York, die sich mit einer unkonventionellen Idee aus ihrer Dauermisere befreien.

Ein Held wie Stahl 367

GANG TEI SHI ZHE / YANG LIANG ZHIN DE ****

TV

Regie: Lu Xuechang
Darsteller: Zhu Hongmao, Zhu Jie, Yin Shoujie, Luo Jun, Tian Zhuangzhuang, Lu Liping
Drehbuch: Lu Xuechang
Kamera: Zhang Xigui
Musik: Zhu Hongmao
Schnitt: Qian Lingling
Prod.: Han Sanping für Beijing Film/Beijing Pegase Cultural Comm./Centre/Great Wall, China 1997; 106 Min.
UA: 15.5.1998, Int. Filmfestspiele Cannes
TV: 18.6.1999, 3sat, 23.15

Der Film schildert die Entwicklung seiner Hauptfigur zwischen 1975 und 1990 und zeigt damit, wie rasant sich die ökonomischen Verhältnise und die Lebenssituation im China der 80er Jahre verändert haben. Zugleich wird deutlich, daß in diesen Zeiten des Wandels alte kommunistische Ideale ihren Wert verlieren. »Ein Held wie Stahl« mußte mehrere Male umgeschnitten werden, bevor die chinesischen Zensurbehörden seine Aufführung in wenigen Kinos des Landes genehmigten.

Helden in Tirol

368
***

Regie: Niki List
Darsteller: Christian Schmidt (Max), Elke Winkens (Emma), Christian Pogats (Kaspar), I. Stangl (Bürgermeister), Gregor Seberg, Andreas Vitasek, Rudolf Strobl, Ludger Pistor
Drehbuch: Niki List, Walter Kordesch
Kamera: Martin Stingl
Musik: Peter Janda – Schnitt: Evi Romen
Prod.: Niki List für Cult/Bernhard Lang/ Zeitsprung, Österreich/Schweiz/BRD 1998; 108 Min.
Verleih: Progress/Buena Vista/Lang; Sept. 1998 (AU), 6.5.1999
FSK: ab 12 J., ffr.

Der schurkische Bürgermeister und sein verkommener Sohn wollen ein idyllisches Alpendorf dem Tourismus erschließen. Doch das wird der kernige Naturbursche Max Adler zu verhindern wissen. Als Heldenlohn winkt die Liebe der schönen Emma. Heimatfilm-Persiflage, die wundersamerweise zu einem durchgeknallten Anarcho-Märchen und Alpen-Musical wird. Die Musik reicht von Schunkel-Balladen bis zu Experimental-Rock, das Rauschgift von Enzian-Schnaps bis zu Johanneskraut-Joints. Und über allem thronen die ewigen Berge. *Volker Gunske, tip, 10/99*

(...) Das Alpenrockmusical ist eine plumpe Parodie auf den Heimatfilm mit seinen Bergweltklischees, bei der die witzige Idee der rockigen und gejodelten Gesangseinlagen durch zu viele Platitüden erstickt wird. *Zoom, 8/99*

Helden wie wir

368a
****+

Regie: Sebastian Peterson
Darsteller: Daniel Borgwardt (Klaus mit 20), Xenia Snagowski (Yvonne mit 20), Kirsten Block (Klaus' Mutter), Udo Kroschwald (Klaus' Vater), Adrian Heidenreich (Klaus mit 10), Luca Lenz (Yvonne mit 10), Volkmar Kleinert (Wunderlich), Dietmar Huhn (Grabst)
Drehbuch: Thomas Brussig, Sebastian Peterson, Markus Dittrich, nach dem gleichnamigen Roman von Thomas Brussig
Kamera: Peter Przybylski
Musik: Ultra Violet
Prod.: Hanno Huth, Alfred Holighaus für Senator Film, BRD 1999; 90 Min.
Verleih: Senator/Filmladen/-; BMG Video 9.11.1999
FSK: ab 6 J., ffr. – FBW: Wertvoll

Wer wie Klaus Uhlzscht am 20. August 1968, dem Tag an dem der Prager Frühling durch russische Panzer beendet wurde, zur Welt kommt, muß für historische Aufgaben auserkoren sein. Klaus Uhlzscht, dessen Geschichte »Helden wie wir« erzählt, wird 21 Jahre später auf bizarre Weise die Berliner Mauer öffnen. In seiner Verfilmung des gleichnamigen Romans von Thomas Brussig lässt Regisseur Sebastian Peterson die DDR-Gesellschaft Revue passieren. Zwischen weltumspannendem Klassenkampf, seinen Stasi-Kollegen, einem spießbürgerlichen Elternhaus und der Sehnsucht nach dem privaten Glück sucht der Mitläufer Klaus Uhlzscht seinen Weg. Ein Patchwork aus Doku-Material und Spielfilm über die Wirklichkeit des Honecker-Staates.
Volker Gunske, tip, 23/99

Im Gegensatz zu Brussigs Buch dreht sich der Film nicht primär um das Gemächt des Protagonisten, sondern um die Love-Story. »So wüst enthemmt« wie der Stern bei Erscheinen des Romans jubelte, geht es im Film nicht zu, eher muffig verklemmt. Manchmal trotz aller Miesepetrigkeit auch wirklich komisch.
Uhlzscht ist ein typisch deutscher Tor, eine Art teutonischer Forrest Gump, der blauäugig durchs Leben taumelt, den man aber gerade deswegen mag. Neben dem Mix von komischen Seiten des real existierenden Sozialimus und Spießigkeit, Liebesgeschichte und 70er-Jahre-Flair sorgt die Verknüpfung von inszeniertem Material wie Super-8, Video, öffentlichen und privaten Filmaufnahmen für das Gefühl von Authentizität. Petersons sensibler Debütfilm umschifft die Klippen des Populismus und bietet dennoch beste populäre Unterhaltung. *Margret Köhler, AZ, 9.11.99*

Hellblock 13 369

HELLBLOCK 13 **

Video

Regie: Paul Talbot
Darsteller: Gunnar Hanssen (Executioner), Debbie Rochon (Tara), J.J.North, Roxanne Michaels, Jennifer Peluso
Drehbuch: Jeffrey Miller, Michael R. Smith, Paul Talbot
Schnitt: Paul Talbot
Prod.: Jeffrey Miller, Paul Talbot für Crimson/ Millman Prod., USA 1997; 91 Min.
Vertrieb: Screen Power Video; Dez. 1999
FSK: ab 18 J.

Massenmörderin erzählt ihrem Wärter drei gar gruselige Horrormärchen. Allzu plumper Gänsehaut-Locker.

Hering auf der Hose / Rache ist süß 370

THE REVENGERS' COMEDIES ****+

Regie: Malcolm Mowbray
Darsteller: Sam Neill (Henry Bell), Helena Bonham Carter (Karen Knightly), Kristin Scott Thomas (Imogen Staxton-Billing), Rupert Graves (Oliver Knightly), Martin Clunes (Anthony Staxton-Billing), Steve Coogan (Bruce Tick), John Wood (Col. Marcus), Liz Smith (Winnie)
Drehbuch: Malcolm Mowbray, nach einem Theaterstück von Alan Ayckbourn
Kamera: Roman Winding
Musik: Alexandre Desplat
Schnitt: Barrie Vince
Prod.Des.: Stuart Walker
Prod.: Simon Bosanquet für J&M Ent./Artisan mit IMA/BBC/FRance 2 Cinema/Le studio Canal+, GB/Frankreich 1997; 85 Min.
Verleih: -/filmladen/-/VPS Video; April 1999
FSK: ab 12 J.

Gerade ihren geplanten Selbstmord abgebrochen, schwören Karen und Henry den Verursachern ihrer Suizidabsicht Rache. Nur daß Karen und Henry die Spielregeln der Revanche jeweils ganz anders auslegen und mit unterschiedlicher Ernsthaftigkeit verfolgen. Eine schrille, unkomplizierte Attacke auf die biedere, britische Gesellschaft und den klassischen, aristokratischen Trivialfilm. Kurzweilige intelligente Unterhaltung. *Multimedia*

Herr Zwilling und Frau Zuckermann 371

****+

Regie: Volker Koepp
Drehbuch: Volker Koepp, Barbara Frankenstein
Kamera: Thomas Plenert
Schnitt: Angelika Arnold
Prod.: Barbara Frankenstein für Vineta Film mit MDR/WDR/SFB, BRD 1999; 132 Min.
UA: 16.2.1999, Int. Forum des Jungen Films, Berlin
Verleih: Salzgeber/polyfilm/Camera obscura; 3.6.1999
FSK: o. A., ffr. – FBW: Wertvoll

Das Porträt zweier hochbetagter deutschstämmiger Juden in Czernowitz, einer fast schon untergegangenen, weithin vergessenen deutschen Kulturlandschaft in der westukrainischen Bukowina. Die beiden charakterlich völlig gegensätzlichen Überlebenden des Holocaust pflegen eine innige Freundschaft und lassen in ihren Erinnerungen eine versunkene Welt wieder auferstehen. Eindrucksvoll fängt der Dokumentarfilm ihre Erinnerungen ein, wobei er bei aller Nähe zu den beiden Menschen stets die notwendige Distanz wahrt, um sie nicht der bloßen Schaulust preiszugeben. *Film, 12/99*

(...) Das mehr als zweistündige Werk ist ein Glücksfall des Kinos, ein unbedingt sehenswertes Stück Trauer- und Erinnerungsarbeit, das auf seltsam wirkungsvolle Weise aus Resignation und Zeitgeist-Befangenheit befreit.
Joseph Heinrichs, Rheinische Post, 17.9.99

Ein Herz wird wieder jung 372

***+

TV

Regie: Heide Pils
Darsteller: Otto Schenk (Friedrich Hoffmann), Annika Pages (Susanne Arnold), Tobias Moretti (Dr. Paul Degenhart), Gerhard Zemann (Oskar Hoffmann), Franz Robert Wagner (Theodor Hoffmann), Marianne Nentwich (Jenny), Senta Wengraf (Irene), Heinz Petters (Wenzel)
Drehbuch: Heide Pils, nach dem Drehbuch zu »Altes Herz wird wieder jung« von C.H. Diller, Walter Wassermann
Kamera: Wolfgang Simon
Prod.: Österreich 1997; 89 Min.
TV: 22.5.1999, ARD, 13.30

TV-Remake der Familienkomödie um Liebe und Erbschaft, die 1943 von Erich Engels mit Emil Jannings und Victor de Kowa erträglicher war als heute.

Herzlos 373

***
TV

Regie: Lutz Konermann
Darsteller: Leslie Malton (Charlotte Brandis), Tim Bergmann (Frank Soltau), Henry Hübchen (Henry Brandis), Julia Brendler (Sandra Brandis), Ellen ten Damme, Inga Busch, Felix von Manteuffel, Manfred Lehmann
Drehbuch: Siegfried Meier, Lutz Konermann, nach Motiven von Martina Wiemers
Kamera: Sonja Rom – Musik: Ulrich Reuter
Schnitt: Mareile Marx-Scheer
Prod.: Norbert Sauer für Westdeutsche Universum Film für ZDF, BRD 1998; 87 Min.
TV: 8.2.1999, ZDF, 20.15

Ehemüde Midlife-Mutter mit Teenie-Tochter fällt auf jungen kriminellen Charme-Brutalo herein. Lutz Konermanns Thriller veredelt das simple Muster durch differenzierende Besetzung. *Ponkie, AZ, 10.2.99*

Hi-Lo Country 374

THE HI-LO COUNTRY ****

Regie: Stephen Frears
Darsteller: Woody Harrelson (Big Boy Matson), Billy Crudup (Pete Culder), Patricia Arquette, Cole Hauser, Penelope Cruz, Sam Elliot, Enrique Castillo, Darren Burrows
Drehbuch: Walon Green, nach dem Roman von Max Evans
Kamera: Oliver Stapleton
Musik: Carter Burwell
Schnitt: Masahiro Hirakubo
Prod.Des.: Patricia Norris
Prod.: Barbara de Fina, Martin Scorsese, Eric Fellner, Tim Bevan für Working Title mit Cappa/De Fina, USA 1998; 114 Min.
EA: Int. Filmfestspiele Berlin 1999
Verleih: PolyGram/Buena Vista/Monopole Pathé/Universal Video; 15.4.1999
FSK: ab 12 J., ffr. – FBW: Besonders wertvoll

Hi-Lo Country ist ein fiktiver Ort im südlichen Westen Amerikas. Nach dem Zweiten Weltkrieg träumen die Exsoldaten Big Boy (sensationell: Woody Harrelson) und der introvertierte Pete (Entdeckung: Billy Crudup) vom freien Cowboy-Leben. Ein zynischer Großgrund-Besitzer und die laszive Ehefrau

Woody Harrelson und Patricia Arquette

seines Managers stellen die tüchtigen Cowboys auf eine finale Freundschaftsprobe. Traurig ist das, witzig und schön. Die Besten (besonders, wenn sie männlich sind) sterben halt früh. Vor allem im Western.
Angie Dullinger, AZ, 20.2.99

Der Brite Stephen Frears breitet ein episches Westerndrama wie in der Zigaretten-Werbung vor uns aus, glänzend inszeniert und hoffnungslos altmodisch. Die dichten Bilder und glänzenden Akteure (mit Patricia Arquette als Objekt der Begierde) sorgen trotzdem für einen unterhaltsamen Cinemascope-Kinoabend. *Martin Schwarz, Zitty, 4/99*

Im Entwurf ist der Film ein elegischer Spätwestern, zugeneigt der kargen Landschaft im nördlichen New Mexico wie den Figuren, die darin ihr Leben einzurichten suchen. Endlich wieder einmal ein subtiles, ruhiges Werk aus Hollywood, das ernst nimmt, wovon es erzählt – Liebe, Haß, Action, Gewalt und Tod, mit einem Wort: Emotionen.
Norbert Grob, 15.4.99

Ursprünglich wollte Sam Peckinpah das Buch verfilmen. Sein Film hätte gewiß ganz anders ausgesehen. Haben Sie sich während der Dreharbeiten damit auseinandergesetzt?

»Ich wußte, daß er am Drehbuch gescheitert ist. Ich habe eine Frau getroffen, die 8 Jahre lang mit Peckinpah und viele Jahre mit diesem Projekt gelebt hat, und sie sagte, daß Sam diesen Film sehr gerne gemocht hätte, daß hat mich sehr gefreut. Sie sagte, sie würde am liebsten auf sein Grab stampfen und sagen: ›Da siehst du, du konntest diesen Film nie drehen, aber ein Engländer hat es geschafft!‹ Peckinpah wollte etwas viel Wilderes machen, dagegen fühle ich mich reichlich konventionell.«

Daß Sie Walon Green, den Drehbuchautor von »The Wild Bunch« verpflichtet haben, erscheint fast wie eine Hommage an Peckinpah.

»Das ist Zufall. Man muß einfach zu jemandem wie Walon gehen, wenn man einen Western drehen will, zu jemanden, der den Western kennt, und weiß, wie das geht.«

Stephen Frears im Interview mit Anke Sterneborg, SZ, 15.4.99

Hidden Agenda – Das Todeskomplott 375

HIDDEN AGENDA ***+

TV

Regie: Iain Paterson
Darsteller: Kevin Dillon (David McLean), Andrea Roth (Monika Engelmann), J.T. Walsh (Jonathan Zanuck), Christopher Plummer (Ulrich Steiner), Michael Wincott (Larry Gleason), Daniel Kash (Volker Flenske), Rod Wilson (Michael MacLean), Paul Soles (Wilhelm Engelmann)
Drehbuch: Iain Paterson
Musik: Harry Manfredini
Prod.: Kanada 1998; 94 Min.
TV: 18.8.1999, Pro7, 20.15

Geheimdienstmachenschaften im Berlin nach der Wende mit Stasi und IMs, leidlich spannend.

Hidden Fears – Die Angst im Nacken 376

HIDDEN FEARS **

Video

Regie: Jean Bodon
Darsteller: Meg Foster (Maureen Dietz), Frederic Forrest (Mike), Bever-Leigh Banfield (Helen), Wally Taylor (Billie), Marc Macauly (Marly Vanbeeber), Patrick Cherry (Cal Vanbeeber), Scott Hayes (Barry)
Drehbuch: Stuart Kaminsky
Kamera: Douglas Kiefer
Musik: Joseph Eger
Schnitt: Cielo Arango
Prod.: Elly Friedman für Prism/Key Pic., USA 1993; 91 Min.
Vertrieb: VMP Video; 12.2.1999
FSK: ab 16 J.

Nach der Ermordung ihres Mannes vor ihren und den Augen ihrer Kinder beschließt die Witwe den Fall auf eigene Faust zu lösen. Holpriger und auch vorhersehbarer Krimi.

Hidden Obsession 377

POWER PLAY **

Video

Regie: Chris Baugh
Darsteller: Shannon Tweed (Jacqueline Knight), Danielle Ciardi (Candy), Jim Richer (Steve Ganse), Ron McCoy (Max DeLaine), Larry Aasen (Medic), James M. Richter
Drehbuch: Geri Cudia Barger, Chris Baugh
Kamera: Howard Krupa
Musik: William Richter
Schnitt: Lewis Schoenbrun
Prod.: Geri Cudia Barger, USA 1999; 90 Min.
Vertrieb: Ascot Video; Juli 1999
FSK: ab 16 J.

Sie schleppt reiche Männer vor den Traualtar, um sie danach zu töten. Doch nicht alle Hinterbliebenen lassen sich das gefallen. Läppischer Dessous-Krimi mit allen genreüblichen Zutaten und der obligaten handwerklichen Dürftigkeit.

Hier kommt Joey 378

JOEY **

Video

Regie: Ian Barry
Darsteller: Jamie Croft (Billy McGregor), Alex McKenna (Linda Ross), Rebecca Gibney (Billys Mutter), Tony Briggs (Mick), Harold Hopkins (Tierfänger)
Drehbuch: Stuart Beatty, nach einer Story von Maxwell Grant und Stuart Beatty
Kamera: David Burr
Musik: Roger Mason
Schnitt: Lee Smith
Prod.: Michael Lake für Village Roadshow/Pratt Films, USA 1997; 93 Min.
Vertrieb: Warner Home Video; Juli 1999

Armer kleiner Junge will Känguruh-Baby mit seiner Familie, die von Tierfängern verschleppt wurde, wieder vereinen. Salbungsvolle Dialoge und kein Klischee ausgelassen – Kinderfilm ohne Niveau.

High Art 379

HIGH ART ****+

Regie: Liza Cholodenko
Darsteller: Ally Sheedy (Lucy Berliner), Radha Mitchell (Syd), Patricia Clarkson (Greta), Gabriel Mann (James), Bill Sage (Arnie), Anh Duong (Domique), Tammy Grimes (Vera), David Thornton (Harry)
Drehbuch: Liza Cholodenko
Kamera: Tami Reiker
Musik: Shudder to Think
Schnitt: Amy E. Duddleston
Prod.Des.: Bernard Blythe
Prod.: Dolly Hall, Jeff Levy-Hinte, Susan A.Stover, USA 1998; 101 Min.
UA: Sundance Film Festival 1988; »Quinzaine des Réalisateurs«, Cannes 1998
ST: 29.4.1999
Verleih: Arsenal/Filmladen/-

(...) Und es ist diese alltägliche Sicht, die »High Art« aus der Fülle anderer schwul-lesbischer Filme heraushebt, wie er ohne Larmoyanz und eitler Szene-Selbstbespiegelung seine Figuren portraitiert. Natürlich hat Ally Sheedys Präsenz, die in ihre Schauspielkunst sicher auch ihre eigenen bitteren Erfahrungen mit der Drogensucht einbringt, großen Anteil am Gelingen dieses Films, ebenso wie Radha Mitchells unbekümmertes Spiel. Nur Patricia Clarkson glaubt man die ehemalige Fassbinder-Schauspielerin nicht so richtig. Sie wirkt eher wie eine jener »Frauen unter Einfluß«-Figuren aus John Cassavetes Psycho-Dramen. Und dass die Männer in diesem Genre eher hilflos herumlaufen, nimmt man langsam schon als Running Gag in Kauf.

Rolf Ruediger Hamacher, Filmecho-Filmwoche, 16/99

Die junge Redaktionsassistentin Syd ermutigt die zurückgezogen lebende Fotografin Lucy Berliner wieder zur Kamera zu greifen. Die Fotos in Cholodenkos Regiedebüt stammen von der New Yorker Foto- und Videokünstlerin JoJo Whilden, die wie Nan Goldin stets die vertraute Umgebung portraitiert – Freunde, Familie, Geliebte. Auch die Fotographin im Film schließt sich nie von ihren Bildern aus, die immer auch vom Verhältnis des Portraitierten zu ihr erzählen. Lucy zeigt Syd ihr anderes Gesicht, der Film zeigt uns eine schöne Liebesgeschichte.

Annette Leweke, tip 10/99

High Speed Money 380

ROGUE TRADER **

Regie: James Dearden
Darsteller: Ewan McGregor (Nick Leeson), Anna Friel (Lisa Leeson), Yves Beneyton (Pierre Bonnefoy), Betsy Brantley (Brenda Granger), Caroline Lindsay (Ash Lewis), Nigel Lindsay (Ron Baker), Tim McInnerny (Tony Hawes), Irene Ng
Drehbuch: James Dearden, nach dem Buch »Rogue Trader« von Nicholas Leeson und Edward Whitley
Kamera: Jean-François Robin
Musik: Richard Hartley
Schnitt: Catherine Creed
Prod.Des.: Alan Macdonald
Prod.: James Dearden, Paul Raphael, Janette Day für Granada Film/David Paradine, GB 1999; 101 Min.
UA: 21.6.1999, Int. Filmfestspiele Cannes
Verleih: Advanced/-/-; 2.12.1999
FSK: ab 6 J. – FBW: wertvoll

Ewan McGregor glänzt in der Rolle des Nick Leeson, der mit seinen riskanten Börsenspekulationen im Alleingang die 200 Jahre alte Barings Bank in den Ruin trieb und damit 1995 das gesamte englische Bankensystem ins Wanken brachte. McGregor zeigt den Süchtigen im Broker, der locker mit Zahlen zockt und anfangs noch leidet, wenn er mal 50 Millionen Pfund an einem Tag verliert, später dann immer abgebrühter und kaputter wird. McGregors Performance bewahrt den hyperventilierenden Film vor dem Crash. *tip, 25/99*

(...) McGregor als Nick schwitzig vor Computerbildschirmen hockend, dann wieder mit seinen Banker-Kumpels beim Sushi-Essen, dann mit seinem

Luxusweib Lisa beim Shopping, aber richtig mitreißend ist das nie. Immerhin ist die Regie kompetent genug, seiner Nick-Leeson-Story nicht gänzlich die dramatische Luft abzulassen, man ödet sich also nicht an. Aber wirklich gesehen haben muss man »High Speed Money« auch nicht.
Hans-Joachim Neumann, Zitty, 24/99

Hilary and Jackie 381
HILARY AND JACKIE ****+

Regie: Anand Tucker
Darsteller: Emily Watson (Jacqueline Du Pre), Rachel Griffiths (Hilary Du Pre), James Frain (Daniel Barenboin), David Morrissey (Kiffer Finzi), Charles Dance (Derek DuPre), Celia Imrie (Iris Du Pre), Rupert Penry-Jones (Piers Du Pre), Bill Paterson (Cello-Lehrer)
Drehbuch: Frank Cottrell-Boyce, nach dem Buch »A Genius in the Family« von Hilary und Piers Du Pre
Kamera: David Johnson
Musik: Barrington Pheloung, Caroline Dale (Cello)
Schnitt: Martin Walsh
Prod.Des.: Alice Normington
Prod.: Nicolas Kent, Andy Paterson für Oxford Films/Film Four, USA 1998; 120 Min.
UA: 5.9.1998, Int. Filmfestspiele Venedig
Verleih: PolyGram/Universal/Elite; 5.8.1999
FSK: ab 12 J., ffr. – FBW: Wertvoll

Die Lebensgeschichte der Schwestern Hilary und Jacqueline Du Pré, von denen die zweite als gefeierte Konzertcellistin 1987 42jährig gestorben ist, stützt sich auf die Memoiren der Überlebenden. Der Film berichtet schmucklos, wie's (vielleicht) war, ohne nach einem Sinn zu suchen, den die wahre Geschichte gar nicht haben kann. Niemand hätte einen solchen Stoff erfinden können (oder erfinden wollen). Emily Watson glänzt als große Leidende in der Rolle der Jackie. *Zoom, 4/99*

(...) Darüber hinaus aber ist der Film eine exemplarische Künstler- und Geschwistergeschichte, geprägt vom frühen Eltern-Ehrgeiz, von Ruhmes-Eifersucht, Talent-Egozentrik und Star-Einsamkeit: Ein Entwicklungsdrama von hoch sensibler Dynamik.(...)
Die Tragödie läßt legitime Sentimentalität zu. Der Musikerfilm (mit dem zentralen Thema des E-Moll-Cellokonzerts von Elgar, gespielt von Caroline Dale) hat Brillanz. Die Psycho-Studie aber ist die zeit- und talentübergreifende allgemeingültige Erfahrungsgeschichte vom Geschwistermachtkampf in der Familie, von Antrieb und Resignation im Gelingen und Scheitern – ein Drama, das alle Gefühle mobilisiert. Und ein großer Schauspielerfilm dazu. *Ponkie, AZ, 5.8.99*

James Frain und Emily Watson

(...) Es ist ein Film, der den einen zu Herzen geht und den die anderen als kitschig und sogar verlogen ablehnen mögen, ein Film, in den die einen sich hineinzuversetzen bereit sind, und den die anderen als traumfabrikhaft und kintoppartig abtun möchten. (...)
Thomas Engel, Der Gildendienst, 5/99

Hilfe, ich habe eine Familie 382
BORROWED HEARTS **
TV

Regie: Ted Kotcheff
Darsteller: Roma Downey (Kathleen Russell), Sarah Rosen Fruitman (Zoey Russell), Eric McCormack (Sam Field), Shawn Alex Thompson (Dave), Hector Elizondo (Javier DelCampo), Janet Bailey (Charly), Barbara Gordon (Bridget), Kevin Hicks
Drehbuch: Earl Wallace, Pamela Wallace
Kamera: Michael Storey

Schnitt: Ralph Brunjes
Prod.Des.: Rolf Harvey
Prod.: Mary Kahn für Atlantis Films/CTV, Kanada 1997; 91 Min.
EA: Filmfest München 1998
TV: 26.12.1999, ZDF, 15.25

Kathleen Russell, eine alleinerziehende Mutter, arbeitet in einer Fabrik und träumt davon, sich die Anzahlung auf ein Haus für sich und ihre siebenjährige Tochter Zoey leisten zu können. Sam Field ist der Besitzer der Fabrik, in der Kathleen arbeitet. Er ist ohne Familie. Um aber den familienfreundlichen mexikanischen Industriellen Javier DelCampo zu beeindrucken, der möglicherweise Sams Fabrik kaufen möchte, »mietet« sich Sam Kathleen nebst Tochter und simuliert den Familienvater.

Himalaya 383

HIMALAYA – L'ENFANCE D'UN CHEF ***

Regie: Eric Valli
Darsteller: Thilen Lhondup, Lhapka Tsamchoe, Gurgon Kyap, Karma Tensing, Karma Wangiel
Drehbuch: Eric Valli, Olivier Dazat, Jean-Claude Guillebaud, Louis Gradel, Jacques Perrin
Kamera: Eric Guichard, Jean Paul Meurisse
Musik: Bruno Coulais
Schnitt: Marie-Josephe Yoyotte
Prod.: Jacques Perrin, Christophe Barratier für Galatée/ France 2 Cinema/Guéville/Bac/Antelope/J.M.H. mit Canal+/CNC, Frankreich/GB/Schweiz 1999; 108 Min.
UA: 10.8.1999, Int. Filmfestspiele Locarno
FSK: o. A., ffr.

Ein Karawanenführer ist gestorben. Dessen Vater glaubt, ein junger Mann habe ihn umgebracht, um selber Führer zu werden. Zwischen dem Alten und dem Jungen entbrennt ein Streit auch darum, ob dem Verstand oder der göttlichen Tradition zu folgen sei. Ein aufwendiger, spektakulärer, intelligenter Abenteuerfilm mit beeindruckenden Landschaftsaufnahmen, der Tibet und dessen Bewohner nicht bloß als schöne Kulisse nützt, sondern mit einer gewissen Ernsthaftigkeit betrachtet.
Zoom, 8/99

(...) Für Eric Vallis überraschungslose Dramaturgie und Längen, die man stoisch meditativ überwinden muss, entschädigen großartige Bilder von wilden Landschaften und puren Menschen. *Angie Dullinger, AZ, 23.12.99*

(...) Doch wie da Sturheit und Misstrauen doch nur eine Form von Rechtschaffenheit und Vitalität sind, wie sich alles zum Guten wendet, wie da über Generationen und Geschlechter hinweg letztlich sehr modern, also trotz der Macho- und Patriarchensprüche eher partnerschaftlich gearbeitet wird, das ist wohlfeil für die Empfindlichkeiten der Zweitausendeins-Kundschaft arrangiert, dient sich an als Bildstreifen zur Weltmusik-CD, als Kitschbad in der kuriosen Mischung aus Esoterik- und Landarbeitssehnsucht. Szenenweise ist das fast erhaben, aber nur, wenn man das kritische Bewusstsein herunterdimmt. Sonst ist es auch ein wenig Trachtenfest. *Thomas Klingenmaier, Stgt. Zeitung, 23.12.99*

Hin und weg 384

☐ TV

Regie: Hanno Brühl
Darsteller: Daniel Brühl (David), Katharina Schüttler (Natascha), Wolfgang Häntsch (Davids Vater), Marion Reuter (Nataschas Mutter), Marius Fischer (Rico, 5–7 Jahre), Jan-Georg Raffelt (Body), Antje Lewald (Uschi)
Drehbuch: Franz Liersch
Kamera: Reinhard Grossmann
Musik: Andreas Schilling
Schnitt: Margot Löhlein
Prod.Des.: Mario Dublanka
Prod.: WDR, BRD 1999; 88 Min.
TV: 10.11.1999, ARD, 20.15

Der minderjährige Daniel, dessen Vater wegen Steuerhinterziehung im Gefängnis ist, soll zur Geldbeschaffung nach Amsterdam fahren und eine nicht legal erworbene Heiligenfigur verkaufen. Er nimmt seine Freundin Natascha mit, deren Mutter im Gefängnis in U-Haft sitzt.

Hinterholz 8

385
***

Regie: Harald Sicheritz
Darsteller: Roland Düringer, Nina Proll, Wolfgang Böck, Alfred Dorfer, Lukas Resetarits, Herwig Seeböck, Eva Billisch
Drehbuch: Roland Düringer, Harald Sicheritz, nach dem gleichn. Bühnenstück von Roland Düringer
Kamera: Walter Kindler
Musik: Lothar Scherper, Peter Herrmann
Schnitt: Ingrid Koller
Prod.: Danny Krausz, Kurt Stocker für DOR Film, Österreich 1998;
110 Min.
Verleih: Kinowelt/-/filmladen/; Sept. 1998 (AU), 27.5.1999
FSK: ab 6 J., ffr.
FBW: Wertvoll (Österreich)

Dies ist der erfolgreichste österreichische Film seit »Sissi«-Tagen, mit allein 800.000 Zuschauern in den engen Grenzen der Alpenrepublik. Der Kabarettist Roland Düringer adaptiert in »Hinterholz 8« sein Soloprogramm über verzweifelte »Häuslbauer« fürs Kino und führt darin einen Kleinbürgeralptraum mit erstaunlicher Konsequenz zu Ende. Das romantische Eigenheim erweist sich als irreparable Ruine, der Schornstein fällt, die Ehe zerbricht. Die Erzählung ist funktionell arrangiert, die filmische Form leider eine Nebensache, dafür stehen stimmige Charakter im Vordergrund.
Robert Weixelbaumer, tip, 12/99

Roland Düringer

Die Komödie wird schwärzer und schwärzer, Familienkriege entbrennen, Verarmung droht, Skelette ragen aus dem abgesackten Keller. Die Odyssee durch Handwerker-Land, Immobilienmakler-Land, Baumarkt-Land und Besserwisser-Land nimmt die grotesken Ausmaße eines tragikomisch-masochistischen Höllenvergnügens an.

P.S.: Da die Wiener Prolos mit Wörtern herumhauen wie mit Zementsäcken, läuft der Film nördlich des Mains mit Untertiteln. Die Österreicher als Sprach-Exoten. *Ponkie, AZ, 27.5.99*

(...) Wer baut oder jemals gebaut hat, wird die Ausgangslage von Harald Sicheritz' österreichischer Komödie nachvollziehen können. Nur leider verliert der Film alsbald den halbwegs realistischen Boden unter den Füßen, vor allem aus einem Grund: Vater Herbert ist ein derart elefantöser Depp vor dem Herrn, daß ihm nicht nur restlos alles schief geht, sondern das Schiefgegangene geradezu phantastische Formen annimmt. Eine solche Dramaturgie der ewigen Steigerung ist allerdings nur bedingt unterhaltsam. Nach etwa einer Stunde hat man denn auch so ziemlich die Nase voll von dem apokalyptischen Pfusch und wünscht sich nur noch eines: sofortige Einstellung der Bauarbeiten. *Hans Joachim Neumann, Zitty, 11/99*

Hochwürdens Ärger mit dem Paradies

386
**
TV

Regie: Otto W. Retzer
Darsteller: Hans Clarin (Pfarrer), Hans Hinterseer (Dr. Hans Seefellner), Eva Habermann (Lisa), Elke Winkens (Luise Urban), Dagmar Koller (Mitzi), Gerhard Zemann (Bürgermeister Max Pflanzer), Gudrun Velisek (Alma), Johanna Hohloch (Lissy)
Drehbuch: Erich Tomek
Kamera: Gerhard Vandenberg
Musik: Georg Gabler, Willie Spanbloechel
Prod.: BRD/Österreich 1996; 87 Min.
TV: 18.6.1999, ARD, 20.15

Die Wörthersee-Erbschloß-Puff-Heiratsklamotte ermöglichte es einem stocktalentlosen Hitparaden-Schlagerfuzzi-Idol, mit zwei ebenso unbedarften Tittenfräuleins durch Schloß und Lotterplüsch zu schäkern. Da halfen auch Hochwürden Hans Clarin und der Leichenschau-Kollege von Kommissar Rex, Gerhard Zemann als fieser Bürgermeister, nichts mehr: In den Wörthersee-Puffs jodeln die Lederhosen von vorgestern. *Ponkie, AZ, 21.6.99*

Hold You Tight 387

YUE KUAI LE, YUE DUO LUO ***

Regie: Stanley Kwan
Darsteller: Chingmy Yau (Ah Moon/Rosa Gao), Sunny Chan (Fung Wai), Eric Tsang (Tong), Ko Yue-Lin (Jie), Sandra Ng (Videohändlerin), Tony Rayns (Rosas Freund), Lanie Gibson, (Hausangestellte)
Drehbuch: Jimmy Ngai, nach der Idee von Elmond Yeung
Kamera: Kwan Pun-Leung
Musik: Yu Yat-Yiu, Keith Leung
Schnitt: Maurice Li
Prod.: Raymond Chow; Benny Wong (Ass.Prod.) für Golden Harvest Film/Kwan's Creation Workshop, Hongkong/China 1997; 99 Min.
EA: 15.2.1998, Int. Filmfestspiele Berlin, »Wettbewerb«
Verleih: -/-/trigon; Oktober 1999

Eine überraschende urbane Liebesgeschichte. Männer und Frauen treffen aufeinander und jede Begegnung verändert die Perspektive auf die jeweils nicht Anwesenden. Jede Figur kommt sich selber näher über die Wahrnehmung der jeweils anderen. Stanley Kwan hat seinen Reigen rund um die junge Star-Schauspielerin Chingmy Yau herum gebaut, die in einer faszinierenden Doppelrolle alle Register von gelangweilt, verunsichert und verführerisch bis knallhart und patzig ziehen kann. *Film, 10/99*

(...) Alles ist statisch, schön bunt ausgeleuchtet und mit der passenden Musik unterlegt, eine Art Werbefilm für die Innenarchitektur der Seele oder jedenfalls das, was sich Stanley Kwan darunter vorstellt. Berührungspunkte zwischen der Betrachterin und dem Gesehenen: weit und breit keine.
Susanna Nieder, Der Tagesspiegel, 16.2.98

Die Hölle nebenan 388

THE NEAR ROOM ***
TV

Regie: David Hayman
Darsteller: Adrian Dunbar (Charlie Colquhoun), David O'Hara (Harris Hill), David Hayman (Dougie Patterson), Julie Graham (Elise Grey), Tom Watson (Frazer Hill), James Ellis (Pat), Robert Pugh (Eddie Harte), Emma Faulkner (Tommy Stirling)
Drehbuch: Robert Murphy
Kamera: Kevin Rowley
Musik: James Grant, Paul McGeechan
Schnitt: Martin Sharpe
Prod.Des.: Andy Harris
Prod.: Leonard Crooks für Inverclyde, GB 1995; 90 Min.
UA: 20.8.1995, Edinburgh Film Festival
TV: 8.3.1999, 3sat, 22.15

Reporter sucht nach seiner verschollenen Tochter und deckt einen Kinderschänder-Skandal auf, in dem einflußreiche Personen verwickelt sind.

Hollywoodismus 389

HOLLYWOODISM – JEWS, MOVIES AND THE AMERICAN DREAM ***
TV

Regie: Simcha Jacobovici
Darsteller: Sprecher: R.H. Thomson
Drehbuch: Simcha Jacobovici, nach dem Buch »An Empire of Their Own: How the Jews Invented Hollywood« von Neal Gabler
Kamera: Mark Mackay
Musik: Aaron Davis, John Lang
Schnitt: Reid Dennison
Prod.: Elliott Halpern, Simcha Jacobovici für Associated Prod./Channel 4/ZDF/Arte/A+E Network, Kanada 1997; 98 Min.
EA: 12.2.1998, Int. Filmfestspiele Berlin, »Panorama: Dokumente«
TV: 21.3.1999, Arte, 23.00

Ein Film über die Gründer Hollywoods und das Bild Amerikas, das sie geprägt haben, über jene kleine Gruppe jüdischer Einwanderer, die eine junge technische Erfindung – die »lebenden Bilder« – zur einflußreichsten Kunstgattung und zum wichtigsten Massenmedium des 20. Jahrhunderts gemacht haben. (...) *Katalog Berlinale*

Holstein Lovers

390
***
TV

Regie: Uwe Janson
Darsteller: Nadja Tiller (Carla), Günther Schramm (Tony), Nils Nelleßen (Moritz), Mario Irrek (Ingo), Olaf Rauschenberg (Dominique), Oliver Bröcker (Jens), Martin Glade (Michael), Marlene Marlow (Nele)
Drehbuch: Doris J. Heinze
Kamera: Philipp Timme
Schnitt: Katja Dringenberg
Prod.Des.: Christian Kettler
Prod.: Heike Richter-Karst für Allmedia für NDR, BRD 1998; 90 Min.
TV: 24.3.1999, ARD, 20.15

Carla und Tony richten in einem Herrenhaus in Schleswig-Holstein eine Schule für Latin Lovers ein. Carla verliebt sich in ihren gelehrigsten Schüler Moritz, der Ausnahme unter den derben holsteinischen Jungs, während Tony eifersüchtig wird.
Regisseur Uwe Janson (vor zehn Jahren mit »Verfolgte Wege« noch ein hoffnungsvolles Kino-Talent) gab sich alle Mühe, der hohlwangingen Story mit Kurzfilm-Potenz ein filmisches Gesicht zu verpassen und schenkte ihr eine fast poetische Optik, die sie freilich nicht verdiente. (...)
W. O. P. Kistner, AZ, 26.3.99

Homegrown

391
HOMEGROWN
**
Video

Regie: Stephen Gyllenhaal
Darsteller: Billy Bob Thornton (Jack Madsen), Hank Azaria (Carter), Kelly Lynch (Lucy), Ryan Phillippe (Harlan), Jon Bon Jovi (Danny), John Lithgow (Malcolm/Robert Stockman), Jamie Lee Curtis (Sierra Kahan), Ted Danson (Gianni Saletzzo)
Drehbuch: Nicholas Kazan, Stephen Gyllenhaal, nach einer Story von Jonah Raskin, Stephen Gyllenhaal
Kamera: Greg Gardiner
Musik: Trevor Rabin
Schnitt: Michael Jablow
Prod.Des.: Richard Sherman
Prod.: Jason Clark für Rollercoaster/ Lakeshore, USA 1998; 101 Min.
Vertrieb: VCL Video; Januar 1999
FSK: ab 12 J.

Drei Marihuana-Bauern beschließen, nachdem ihr Hauptabnehmer vor ihren Augen ermordet wird, es selbst mit Dealen zu versuchen. Vager Balance-Akt zwischen Slapstick-Comedy und Drogen-Thriller mit gut aufgelegten Darstellern.

Die Honigfalle – Verliebt in die Gefahr

392
**
TV

Regie: Axel de Roche
Darsteller: Hannes Jaenicke (Thomas Kopper), Agnieszka Wagner (Lulu), Gesche Tebbenhoff (Karin Kastner), Isabelle von Siebenthal (Angelika Sawade), Holger Handtke (Kaki), Wilfried Hochholdinger (Jost), Rolf Becker (Dr. Mandlik), Michael König (Dr. Kemmer)
Drehbuch: Wolfgang Limmer
Prod.: BRD 1998; 93 Min.
TV: 20.4.1999, SAT.1, 20.15

Neuer Staatsanwalt, auf Polit-Parties permanent von zudringlicher Yellow-Press-Schnepfe sexuell belästigt, fängt sich in der »Honigfalle« einer Mafia-Nutte. Der rechtsradikale Erpresser-Reigen kann mit der letzten Kurzrolle des verstorbenen Günter Strack als Justizsenator eine Archiv-Notiz ergattern. Aber damit erschöpft sich das Interesse an Bombenleger-Erotik und Polit-Korruption aus dem großen TV-Movie-Mustopf. *Ponkie, AZ, 22.4.1999*

Hoods – so gut wie tot

393
HOODS
***
TV

Regie: Mark Malone
Darsteller: Joe Mantegna, Kevin Pollak, Jennifer Tilly, Vincent Berry, Seymour Cassel, Joe Pantoliano
Drehbuch: Mark Malone
Kamera: Tobias Schliessler
Musik: Anthony Marinelly
Schnitt: Robert Russel
Prod.: Robert Vince, William Vince für Carmine Prod., USA 1997; 92 Min.
EA: Filmfest Hamburg 1998
TV: 1.3.1999, Premiere, 17.30

Angelo Morelli, desillusionierter Sohn eines todkranken Gangsterbosses, hat an seinem 50. Geburtstag nichts zu lachen. Erst schenkt ihm sein bester Freund eine Uhr, die wahrscheinlich geklaut ist. Dann eröffnet ihm seine Exfreundin, daß sie einen psychopathischen Killer heiraten wird. Schließlich wird ein Lagerhaus seiner Familie in die Luft gejagt. Die Geburtstagsparty fällt aus. Statt dessen ordnet der sieche Boss unter dem Sauerstoffzelt an: Der Schuldige muß sterben, Carmine Della-Rosa. Das Dumme: Keiner hat diesen Namen je gehört. *Filmfest Hamburg 1998*

Hot Dogs – Wau, wir sind reich 394

***

Regie: Michael Schoemann
Drehbuch: Karin Howard, Joe Steuben, nach einer Idee von Ute Schoemann-Koll
Musik: Gregor Narholz
Schnitt: Hans Lösch
Prod.Des.: Walter Kössler
Prod.: Dietmar Kablitz, Michael Schoemann für ORB/EIV Ent./ZDF, BRD 1998; 84 Min.
Verleih: PolyGram, UIP/-/Monopol Pathé/ Universal Video; 1.4.1999 – FSK: o. A., ffr.

Ein kluger Papagei und fünf Hunde setzen sich erfolgreich gegen zwei geldgierige Nichtstuer durch, die das ihnen von einer tierliebenden alten Dame vererbte Haus wegnehmen wollen. Die Animationsfabel über eine Gesellschaft, in der Ausgestoßene zur Selbsthilfe greifen müssen, um ihr Überleben angesichts geld- und genußgieriger Nichtstuer zu sichern, die das recht auf ihrer Seite wissen, verliert sich im billigen Entertainment schriller Späße, stampfender Musik und »starker« Sprüche. Für kleinere Kinder stellenweise etwas zu gruselig. *Multimedia*

(...) Ein allenfalls technisch überzeugender, inhaltlich enttäuschender Zeichentrickfilm, der sich an Disneys »Aristocats« (1970) anlehnt, aber die Chance zu einer eigenen ästhetischen Identität verschenkt. Auch führen einzelne Abweichungen vom Vorbild zu für Kinder kaum verständliche Verwicklungen. *Zoom, 4/99*

Hugo, das Dschungeltier 395

JUNGLEDYRET HUGO – DEN STORE FILMHELT

****

Regie: Flemming Quist Möller, Stefan Fjeldmark
Sprecher: Lutz Riedel, Björn Schalla, Inken Sommer, Bettina Weiss, Jan Spitzer, Klaus Lochthove, Melanie Haggege, Michael Bauer
Drehbuch: Flemming Quist Möller, nach seinem gleichn. Kinderbuch
Musik: Anders Koppel
Prod.: Per Holst für A. Film/Per Holst Film, Dänemark 1993; 73 Min.
Verleih: Impuls/-/-/VMP Video; 18.8.1994
FSK: o. A., ffr. – FBW: Wertvoll

Hugo, das kuschelige Dschungeltier, wird von einer alternden Schauspielerin begehrt, in der Großstadt verfolgt und zeitweilig in einen Zoo eingesperrt, aus dem er sich selbst befreit. Sympatischer Zeichentrickfilm für Kinder.

Hühnerdreck & Asche – Ein Besuch im Paradies 396

***

Regie: Karl Prossliner, Peter Freiß
Darsteller: Bir Bahadur Tamang, Jid Bahadur Tamang
Kamera: Peter Freiß
Musik: Walter Andreas Christen
Schnitt: Walter Andreas Christen
Prod.: Lukas Stepanik für ExtraFilm/ Columbus Media, Österreich 1998; 68 Min.
Verleih: -/filmladen/-; November 1998

Zwei Männer aus einem Dorf in Nepal besuchen Wien und geben ihre Meinung über die Lebensart von Menschen ab, die in ihren Augen im Paradies leben. Ein wertvoller Beitrag zur Vermittlung der Erforschung von ökologischen, theologischen und ökonomischen Aspekten der tibeto-burmesischen Kultur in Gegenüberstellung zur mitteleuropäischen Stadtkultur. *Multimedia*

Der Hund aus der Elbe 397

□ TV

Regie: Mirko Zeuschner
Darsteller: Tobias Pippig (Matthias), Fjodor Olev (Alex), Yasemin Büyüksapci (Rachma), Jona Mues (Kai), Robert Viktor Minich (Ringo)
Drehbuch: Bernd Schadewald, Donald Kraemer, nach dem Roman »Der aus den Docks« von Mario Giordano
Kamera: Frank Küpper
Musik: Jonas Schoen
Schnitt: Monika Schuchardt
Prod.Des.: Eric Rüffler
Prod.: Dirk R. Düwel für Studio Hamburg mit ZDF/Der Kinderkanal, BRD 1998; 82 Min.

UA: 28.6.1999, Filmfest München
TV: 18.9.1999, Kinderkanal, 12.00

Zwei 13jährige Jungen retten einen schwerverletzten Pitbull, den sie Otto nennen, aus der Elbe. Als Otto entführt wird und für blutige Schaukämpfe scharfgemacht wird, überschlagen sich die Ereignisse, und die Freunde wollen Otto befreien.

Hurenstreik – Eine Liebe auf St. Pauli 398

□
TV

Regie: Martin Enlen
Darsteller: Sandra Speichert (Sandy/Isabelle), Niels-Bruno Schmidt (Nikolaus), Barbara Auer (Elisa), Monika Bleibtreu, Domenika Niehoff
Prod.: BRD 1998; 90 Min.
TV: 10.2.1999, RTL, 20.15

Soviel gleich mal vorweg: Dies ist ein Märchen, ein Hurenmärchen, Hänsel und Gretel in der Herbertstraße sozusagen. Also nicht, daß da einer kommt von wegen, das Ganze sei ausgesprochen kitschig und unrealistisch. Natürlich ist dieser Film ziemlich kitschig und unrealistisch, und er hat ein Happy-End, bei dem es selbst hartgesottenen Romantikern ein wenig zuviel wird – spätestens dann, als die Chef-Hure Elisa mit ihrem neuen Lover in Titanic-Pose auf einem Hamburger Hafenschiff herumflattert (...)

Karin Steinberger, SZ, 10.2.1999

Hurlyburly 399

HURLYBURLY

**
Video

Regie: Anthony Drazan
Darsteller: Sean Penn (Eddie), Kevin Spacey (Mickey), Robin Wright-Penn (Darlene), Chazz Palminteri (Phil), Garry Shandling (Artie), Anna Paquin (Donna), Meg Ryan (Bonnie)
Drehbuch: David Rabe, nach einem Theaterstück von David Rabe
Kamera: Gu Changwei
Musik: David Baerwald, Steve Lindsey
Schnitt: Dylan Tichenor
Prod.Des.: Michael Haller
Prod.: Anthony Drazan, Richard Gladstein, David Hamburger für Storm Ent., USA 1998; 122 Min.
UA: 10.9.1998, Int. Filmfestspiele Venedig
Vertrieb: VMP Video; 21.5.1999
FSK: ab 16 J.

Drei Freunde aus dem Filmbusiness und ihr Leben: Frauen, Koks, Alkohol und endloses Geschwätz. Der Film tut das, was er seinen Protagonisten vorwirft: Er nimmt sich (und sie) zu ernst. Überlanges Laber-Palaver.

Der Hüter des Feuers 400

LE GARDIEN DU FEU

****
TV

Regie: Michèle Porte
Darsteller: André Marcon (Goulven Dénès), Nathalie Boutefeu (Adele Lezurec), Jean-Pierre Germain (Hervé Louarn), Solenn Jarniou
Drehbuch: Michèle Porte, nach dem gleichnamigen Roman von Anatole Le Braz
Prod.: Frankreich 1994; 87 Min.
TV: 12.3.1999, Arte, 20.45

Am äußersten Ende der Bretagne, an der Pointe de Finistère, spielt sich im Leuchtturm eine Tragödie ab. Goulven Dénès, der Leuchtturmwärter, sperrt seine Frau Adele zusammen mit seinem Helfer Louarn in dem Gebäude ein und läßt sie dort grausam zugrunde gehen. Bevor er auch sich selbst tötet, beschreibt er in seinem Tagebuch, wie es zu dieser schrecklichen Tat gekommen war. (...) *Pressetext*

I Got The Hook Up 401

I GOT THE HOOK UP **

Regie: Michael Martin
Darsteller: Master P (Black), A.J. Johnson (Blue), Gretchen Palmer (Lorraine), Frantz Turner (Dalton), Richard Keatz (Jim Brady), Joe Estevez (Lamar Hunt), William Knight (Polizeibeamter), Anthony Boswell (Little Brother)
Drehbuch: Master P, Leroy Douglas
Kamera: Antonio Calvache
Schnitt: T. David Binns
Prod.: Master P, Jonathan Heuer für Shooting Star Prod. mit No Limit/Priority, USA 1997;
89 Min.
Verleih: Kinowelt/-/-/Kinowelt Video; 15.7.1999
FSK: ab 12 J., ffr.

Rap-Star Percy Miller alias Master P kämpft als Kleinkrimineller mit großen Gangstern und dämlichen FBI-Beamten. Ein Film wie ein Gangsta-Rap, voller obszöner Kraftausdrücke, unterlegt mit HipHop-Rhythmen. Es geht um Sex, Drogen, Gewalt und Habgier. Macho-Kerle ohne Moral prügeln, schießen und stehlen, geldgeile Girls ohne Hemmungen locken mit blanken Brüsten und Hintern. Die Welt urbaner Afroamerikaner als niveauloses Affentheater mit grotesken Gestalten.

Ralph Umard,
tip, 15/99

(...) Die Geschichte hätte nicht einmal für einen dreiminütigen Videoclip genug Stoff hergegeben. Aber Master P besitzt mit No Limit Records das zur Zeit wohl populärste Hiphop-Label der USA und setzt von jeder darauf veröffentlichen Platte (die im übrigen alle gleich klingen) so viele Einheiten ab, daß er wohl nicht mehr weiß, was er mit seinem Geld anfangen soll. Also hat er seine spätpubertären Phantasien in eine Art filmischer Loseblattsammlung umgesetzt. Und die zeigt nichts anderes als den auf Zelluloid gebannten Größenwahn eines Dummbeutels.

Stgt. Zeitung,
17.7.99

Master P und Anthony Johnson

I Woke Up Early The Day I Died 402

I WOKE UP EARLY THE DAY I DIED **

Regie: Aris Iliopulos
Darsteller: Billy Zane (verrückter Dieb), Sandra Bernhard (Sandy Sands), Tippi Hedren (Maylinda), Carel Struycken (Prediger), Abraham Benrubi Eartha Kitt, Andrew McCarthy (Cop), Will Patton (Prediger), Christina Ricci
Drehbuch: Edward D. Wood
Kamera: Michael F. Barrow
Musik: Larry Groupe
Schnitt: Dody Dorn
Prod.Des.: Maia Javan
Prod.: Chris Hanley, Bill Zane für Muse/ Cinequanon, USA 1997; 85 Min.
EA: 30.6.1998, Filmfest München
Verleih: Kinoinitiative/-/-/Kinowelt Video; 19.8.1999, Berlin

Das Kuriosum guthin: Nach dem Drehbuch des »schlechtesten Regisseurs aller Zeiten«, Ed Wood (1924–1978), dem das Filmfest '95 ein Special widmete, initiierte Nachlaß-Verwalter und Produzent Chris Hanley diese hirnrissig schräge Krimi-Groteske um einen

Irren, der die Raubesbeute in einem Sarg versteckt hatte und nacheinander alle Beerdigungsgäste abmurkst. Keine Dialoge (so wollte es Ed Wood), nur Röcheln, Schreie, Schüsse.

Angie Dullinger, AZ, 30.6.98

Ich bin kein Mann für eine Frau 403

**
TV

Regie: Michael Lähn
Darsteller: Robert Atzorn (Johannes Müller), Christine Neubauer (Barbara Müller), Sigal Padovicz (Steffi Müller), Patrick Gehlen (Timo Müller), Sylvia Haider (Marion Krollmann), Patricia Moresco (Elisabeth Koslowski), Rolf Zacher (Kuno Bronk), Ralf Schermuly (Pater Bruno)
Drehbuch: Felix Huby, Gunther Scheuthle
Kamera: Frank Brühne
Prod.: Novafilm, BRD 1998; 88 Min.
TV: 19.5.1999, ZDF, 20.15

Mit einem Motiv aus der Ära Methusalem begann's: Versicherungsdetektiv Müller überführt Juwelierspaar des vorgetäuschten Einbruchs, weil das Glas des zerschmetterten Schaufensters außen und nicht innen lag. Adäquat profund ging's weiter. Müller lebt als Quasi-Bigamist mit Ehefrau in Berlin und als Kapitän bzw. Europa-Abgeordneter mit Nebenfrauen in Hamburg und Köln. Mit insgesamt fünf Kindern. Und das seit 15 Jahren. Via Handy und Internet wurde er vom Nachwuchs entlarvt. Die Frauen verharrten in altertümlicher Anbetung – und unser Lehrer Dr. Atzorn stammelte bei unbequemen Fragen. Mehr »Komik« gaben Buch und Inszenierung nicht her. Die Musik war bei Diana Ross geklaut und der Schluß geriet besonders bodenlos bescheuert. Unterm Strich eine Frechheit.

W. O. P. Kistner, AZ, 21.5.99

Ich Chef, du Turnschuh 404

****+
TV

Regie: Hussi Kutlucan
Darsteller: Hussi Kutlucan (Dudie), Senta Moira (Frau Dutschke), Wiebke Inn (Nina), Heinz-Werner Kraehkamp (Chef), Özay Fecht, Moutlak Osman, Augustine Thulah, Nadia el Sahragti-Denk
Drehbuch: Hussi Kutlucan
Kamera: Lars Barthel
Prod.: Margarita Woskanjan Filmprod., BRD 1998; 93 Min.
UA: Filmfest Hamburg 1998
TV: 27.7.1999, ZDF, 22.45, »Das kleine Fernsehspiel«

(...) Die Odyssee des armenischen Asylbewerbers nimmt ihren Ausgangspunkt auf einem Containerschiff in Hamburg, das als Anlaufstelle für Flüchtlinge aus aller Welt dient. Hier beginnt deren Überlebenskampf in Deutschland, prallen kulturelle Gegensätze aufeinander. (...) *ZDF-Journal*

Ich habe nein gesagt 405

***
TV

Regie: Markus Imboden
Darsteller: Martina Gedeck (Doris Wengler), Jörg Schüttauf (Werner Wengler), Dieter Pfaff (Danzer), Gundula Köster (Elke), Elizabeth Goder (Tanja), Gertrud Roll (Erika), Peter Davor (Ricki), Swetlana Schönfeld
Drehbuch: Annemarie Schoenle
Kamera: Rainer Klausmann
Musik: Stephan Zacharias
Schnitt: Susanne Peuscher
Prod.Des.: Myriande Heller
Prod.: Filmpool, BRD 1999; 87 Min.
TV: 4.10.1999, ZDF, 20.15

Sie passen halt nicht zusammen – der Kfz-Mechaniker, dem der Sinn nach Spießer-Familienglück steht und der über sein Sex-Objekt jederzeit verfügen will – und die lebenslustige Verkäuferin mit dem Drang zum Theater, die den Hau-Ruck-Sex nicht mag. Wie sich in diesem Schlichtmilieu eine Tragödie von Jähzorn, Eifersucht, Hass und Verzweiflung entwickelt, das geht an die Nieren, weil jeder seinen Anteil daran hat.
Markus Imboden hat das Drama mit allen Charakterfallen und Sackgassen von Männer- und Frauen-Verhalten sensibel inszeniert. Ein Psychogramm der Ehe-Illusionen. *Ponkie, AZ, 6.10.99*

Ich kann's kaum erwarten 406

CAN'T HARDLY WAIT

**

Regie: Harry Elfont, Deborah Kaplan
Darsteller: Jennifer Love Hewitt (Amanda), Ethan Embry (Preston), Charlie Korsmo

(William), Lauren Ambrose (Denise), Peter Facinelli (Mike), Seth Green (Kenny), Erik Palldadino, Alexander Martin
Drehbuch: Harry Elfont, Deborah Kaplan
Kamera: Lloyd Ahern
Musik: David Kitay, Matthew Sweet
Schnitt: Michael Jablow
Prod.Des.: Marcia Hinds-Johnson
Prod.: Jenno Topping, Betty Thomas; Karen Koch (Co-Prod.) für Tall Tress, USA 1998; 104 Min.
Verleih: Columbia TriStar/-/-/Columbia TriStar Video; August 1999
FSK: ab 12 J.

Autor in spe liebt von Ferne die Campus-Schöne, und auch sonst gibt's viel Liebesfreud und Liebesleid. Einfallslose Highschool-Anekdoten mit genügsamen Teenies als Zielpublikum.

Ich küsse dich, ich töte dich

407
□
TV

IMPLICATED

Regie: Irving Belateche
Darsteller: William McNamara (Tom Baker), Amy Locane (Ann Campbell), Cara Keough (Katie), Frederic Forrest (Detective Luddy), Philip Baker Hall (Mr. Sawyer), Priscilla Barnes (Chloe), Richard Tyson (Carl Everett), Roger Clinton (Lt. Carney)
Drehbuch: Irving Belateche, Webb Millsapps, nach dem Roman von Frank Wyka
Kamera: Carl Bartels
Prod.: Kanada 1998; 91 Min.
TV: 29.3.1999, ZDF, 22.15

Tom entführt gemeinsam mit seinem Arbeitgeber Carl dessen achtjährige Tochter Katie, um von der reichen Mutter Lösegeld zu erpressen. Unter dem Vorwand, es handele sich um einen Babysitterjob, macht Tom seine ahnungslose Freundin Ann zur Komplizin.

Ich liebe Dick

408
***+

DICK

Regie: Andrew Fleming
Darsteller: Kirsten Dunst (Betsy Jobs), Michelle Williams (Arlene Lorenzo), Jim Breuer (John Dean), Will Ferrell (Bob Woodward) Dave Foley (Bob Haldeman), Teri Garr (Helen Lorenzo), Ana Gasteyer (Rose Mary Woods), Devon Gummersall (Larry Jobs), Dan Hedaya (Dick)
Drehbuch: Andrew Fleming, Sheryl Longin
Kamera: Alexander Gruszynski
Musik: John Debney; Ralph Sall (supervisor)
Schnitt: Mia Goldman
Prod.Des.: Barbara Dunphy
Prod.: Gale Anne Hurd für Phoenix/Pacific Western Prod., USA 1999; 95 Min.
Verleih: Columbia TriStar/-/-/Columbia TriStar Video; 2.12.199
FSK: ab 6 J., ffr.

Ein Film über zwei Praktikantinnen im Weißen Haus und einen Präsidenten, der Dreck am Stecken hat. Kommt Ihnen bekannt vor? Es ist nicht so, wie Sie denken. Zwei spätpubertierende Polit-Groupies dürfen den Hund von Richard Nixon ausführen und entdecken dabei, dass Herrchen ein Schweinehund ist: Watergate revisited. Leider krankt »Ich liebe Dick« an dem gleichen Problem wie die meisten Parteiprogramme: Auf Papier ist alles viel besser als in Wirklichkeit. Der Elan des Films weicht Halbherzigkeiten, ein Zickzack-Kurs zwischen Satire und Klamotte kostet »Ich liebe Dick« die anfangs hohen Sympathiewerte.

Lars Olav Beier, tip, 25/99

(...) Diese ziemlich alberne Komödie wirkt wie ein zu lang geratener Witz. Lassen wir doch mal zwei Teenager schuld sein am Fall des Präsidenten, dachten sich Regisseur Andrew Fleming und seine Drehbuchautorin Sheryl Longin. Doch dieser Einfall ist leider nicht abendfüllend. Zwar werden in Musik und Kleidung die schrillen Siebziger hübsch wiedererweckt, Dan Hedaya gibt einen tollen Nixon ab und die Journalisten Woodward und Bernstein werden als Volltrottel verulkt. Doch das ständige Gekreische der Gören nervt einfach furchtbar.

Martin Schwarz, Zitty, 25/99

Ich liebe meine Familie, ehrlich

409
**
TV

Regie: Stefan Lukschy
Darsteller: Suzanne von Borsody (Julia Schiller), Marco Hellenthal (Anton Schiller), Nico Hellenthal (Philipp Schiller), Friederike Grasshoff (Anna Schiller), Wolke Hegenbarth

(Lena Schiller), Rosemarie Fendel (Tante Isolde), Gunter Berger (Wolf Schiller), Leonard Lansink (Jens Zumbelt)
Drehbuch: Krystian Martinek, nach dem gleichnamigen Roman von Anna Johann
Kamera: Constantin Kesting
Musik: Christian Bruhn
Prod.: BRD 1998; 87 Min.
TV: 16.4.1999, ARD, 20.15

Allmählich muß man einen Bogen um sogenannte »tolle Frauen« machen, denn in der ARD-Reihe »Lauter tolle Frauen« sind sie schlimmer als alle »Lindenstraßen«-Mütter zusammen.
In der Komödie ist Mutter Julia TV-Journalistin, was sonst, und von vier Kindern, Hund, untreuem Ehemann, faden Aufträgen (Interviews mit Hundertjährigen) und Tante Isolde umzingelt.
Trotzdem könnte der Zuschauer ebensogut eine Kanne Baldriantee aufbrühen. *Ponkie, AZ, 19.4.1999*

Ich schenk' dir meinen Mann 410

***
TV

Regie: Karola Hattop
Darsteller: Hannelore Elsner (Hanna), Jürgen Heinrich (Artur), Ursula Karven (Julia), Rosemarie Fendel (Fita Vonstein), Stephanie Philipp (Petita)
Drehbuch: Claudia Keller, Henriette Piper, nach dem Roman von Claudia Keller
Kamera: Hartmut E. Lange
Prod.: Fritz Wagner Film, BRD 1998; Jeweils 90 Min.
TV: 3.1.1999, 5.1.1999, ZDF, jeweils 20.15

Mann betrügt Ehefrau; diese ist geschickt und arbeitet mit eigenen Methoden gegen die Nebenbuhlerin.
(...) Hanna hier, Hanna dort, Hanna macht alles, ein bißchen einfältig und ganz darauf erpicht, nur nicht aus der Graue-Maus-Rolle zu fallen.
Damit es auch der Allerletzte merkt, hat Regisseurin Karola Hattop knüppeldick aufgetragen. Mit Andeutungen hält sie sich nicht auf, es muß schon der Holzpfahl sein. Mit dem winkt sie nicht, den wirft sie dem TV-Kunden förmlich an den Kopf – mit Wucht. Als Artur Heiligabend blauäugig fragt, »Bleibt Hanna den ganzen Abend in der Küche?« muß die zickige Schwiegermutter antworten: »Sei doch froh! Bei dem Personalmangel!« Aha!
Daß solche Überdeutlichkeit nicht zu stillen Tagen im Klischee führt, haben die Zuschauer einzig und allein der Hauptdarstellerin zu verdanken. (...)
Hans Hoff, Rheinische Post, 3.1.1999

Ich weiß noch immer, was Du letzten Sommer ... 411

I STILL KNOW WHAT YOU DID LAST SUMMER **

Regie: Danny Cannon
Darsteller: Jennifer Love Hewitt (Julie James), Freddie Prinze jr. (Ray Bronson), Brandy (Karla Wilson), Mekhi Phifer (Tyrell), Muse Watson (Ben Willis, der Fischer), Matthew Settle (Will Benson), Bill Cobbs (Estes)
Drehbuch: Trey Callaway, nach den Charakteren von Kevin Williamson und dem Roman von Lois Duncan
Kamera: Vernon Layton
Musik: John Frizzell
Schnitt: Peck Prior
Prod.Des.: Doug Kraner
Prod.: Neil H. Moritz, Erik Feig, Stokely Chaffin, William S. Beasley für Global Ent., USA 1998; 101 Min.
Verleih: Columbia TriStar/dto/20th Century Fox/Columbia TriStar Video; 29.4.1999
FSK: ab 16 J., ffr.

Der psychopathische Fischer aus Jim Gillespies »I Know What You Did Last Summer« (1997) will das junge Liebespaar, das im Film überlebte, töten und organisiert einen Urlaub auf den Bahamas, der zum Horrortrip wird. Abrupte Wechsel von gruseligen zu entspannten Stimmungen wirken sehr unrealistisch, was die Schocks beim Zuschauer jedoch nicht mindert. Ein auf ein junges Publikum zugeschnittener Thriller mit billigem open end, das jederzeit eine Fortsetzung ermöglicht. *Zoom, 4/99*

Ich wünsch dir Liebe 412

**
TV

Regie: Wiktor Grodecki
Darsteller: Dana Vavrová (Katja), Hardy Krüger jr. (Lucas), Marianne Sägebrecht (Uschi), Kurt Weinzierl (Herr Barzekian),

Veronika Faber (Frau Barzekian), Ingrid van Bergen (Katjas Mutter), Hark Bohm (Beerdigungsunternehmer), Mathieu Carrière
Drehbuch: Michael Fischa
Kamera: Vladimir Holomek
Musik: Jörg Rausch
Prod.: Novamedia für Pro7, BRD 1999; 90 Min.
TV: 28.5.1999, Pro7, 20.15

(...) Gehirntumor wird von Freundin mit arbeitslosem Schauspieler verkuppelt – zwecks Hebung letzter Lebensfreude. Zuschauer erheblich in seiner Lebensqualität beeinträchtigt.

Ponkie, AZ, 31.5.1999

(...) Leider wird aus dem anfangs schwarzhumorigen Stoff alsbald ein red- und tränenseliges Melodram. (...) Dabei zeigt Marianne Sägebrecht, wie es vielleicht gegangen wäre. Manchmal macht sie aus kleinen Versprechern ein Stück, improvisiert Leben inmitten der festgefahrenen Banalität. Vielleicht hat sie aber auch ganz einfach den besten Part: Sie darf als Strippenzieherin Theater machen, wohingegen andere leben müßten und doch bloß Sprechblasen produzierende Kunstfiguren sind.

Wilfried Geldner, SZ, 28.5.99

Idioten Dogma #2 413

IDIOTERNE DOGMA #2 ****

Regie: Lars von Trier
Darsteller: Bodil Jörgensen (Karen), Jens Albinus (Stoffer), Anne Louise Hassing (Susanne), Troels Lyby (Henrik), Nikolaj Lie Kaas (Jeppe), Henrik Prip (Ped), Luis Mesonero (Miguel), Louise Mieritz (Josephine)
Drehbuch: Lars von Trier
Kamera: Lars von Trier
Schnitt: Molly Malene Stensgaard
Prod.: Vibeke Windelov für Zentropa/ApS/DR TV mit Liberator/La Sept Cinema/Argus, Dänemark 1998; 117 Min.
UA: Int. Filmfestspiele Cannes 1998
EA: Filmfest Hamburg 1998
Verleih: Arthaus/Polyfilm/Monopole Pathé/Kinowelt Video; 22.4.1999
FSK: ab 16 J., ffr.

Eine Gruppe Erwachsener sucht ihr Heil im Verzicht auf Vernunft und Verstand. Sie spielen Idioten, um einen idealistischen Zustand der Unschuld zu erlangen. Die Radikalität ihres Meinungsführers drängt sie immer tiefer ins Experiment, bis sich die Grenzen zwischen Wahn und Spiel verwischen. Nach den Regeln von »Dogma 95« hergestellt, wirkt der Spielfilm durch die anekdotenhafte Erzählweise und die eingesetzte Handkamera sehr dokumentarisch. Auch wenn die Spannung zuweilen abfällt, gelingen neben humorvollen immer wieder ernste und emotional intensive Momente.

Regisseur Lars von Trier

Zoom, 4/99

(...) Oberguru Stoffer animiert zu immer exzessiveren Aktionen des ausgerufenen »Gagaismus«, auch zum Deppen-Outing im privaten Bereich

Auf zur Aktion Rudelb ... in ›Idioten‹

und unerfreulichem Gruppensex. Die ganze gespielte Anarchie bringt nix, weil Karen die einzig reine Seele, sie ad absurdum führt. Denn Karen leidet wirklich. Nach dem Tod ihres Babys. Vor so viel trister Authentizität kapituliert die Gruppe. Und der von Lars von Trier manipulierte Zuschauer sowieso. Der Film ist keineswegs verstörend, sondern nur störend.

Angie Dullinger, AZ, 22.4.99

Was hat Sie bei den »Idioten« so interessiert?

Ich wollte beobachten, was sich unter der Hülle unserer Zivilisation verbirgt, die wir durch unsere Erziehung verpaßt bekommen. Ich behaupte nicht, daß das Handeln meiner Akteure zur Nachahmung empfohlen wäre, für die meisten würde das nicht funktionieren. Aber bei meinen Filmen hat mich immer das Thema Zivilisation versus Natur interessiert. »Idioten« handelt von der Angst, die Kontrolle zu verlieren. Deswegen ist es mein bislang persönlichstes Werk. Denn das ist meine größte Furcht im Leben und bei meiner Arbeit. Darum geht es in der ganzen »Dogma«-Sache: Wir brechen alle Regeln. Wir entledigen uns aller Kontrollmechanismen. Meine vorherigen Filme waren geradezu manisch kontrolliert.

Kamen Sie zu der Idee von »Dogma« wegen den »Idioten«?

Beide Ideen entstanden zur selben Zeit. Gut beobachtet: zehn Punkte!

Manche verstehen »Dogma« als Parodie …

Nein, daß ist keine Parodie. Wir meinen das völlig ernst. Andernfalls können wir damit nicht arbeiten. Ich arbeite mit Humor, aber ich habe noch nie eine Parodie gemacht. Das gefällt mir nicht. Das Manifest soll einige Absichten aufzeigen. Wir wollen hervorheben, daß Film nicht nur eine Sprache für Individuen ist. Wir leben in einer Zeit, wo die Individualisierung der Menschen größer ist, denn je. Das hat eine gute und eine schlechte Seite. Aber man muß sich dieser Individualität entledigen, und eine neue Demut gegenüber dem Medium entwickeln.

Lars von Trier im Interview mit Dieter Oßwald, Die Welt, 21.4.99

Die Dogmen:

1. Es darf nur an einem Schauplatz gedreht werden. Sets und Requisiten sind verboten. (Wenn eine besondere Requisite für die Geschichte notwendig ist, muß ein Drehort gefunden werden, an dem die Requisite vorhanden ist.)
2. Der Ton darf niemals unabhängig von den Bildern produziert werden oder umgekehrt (Musik darf nur dann verwendet werden, wenn sie dort gespielt wird, wo die jeweilige Szene gedreht wird.
3. Es wird ausschließlich mit Handkamera gedreht. Jede Bewegung oder Bewegungslosigkeit, die mit der Hand erreicht werden kann, ist erlaubt.
4. Der Film muß in Farbe gedreht werden. Spezielle Beleuchtung wird nicht akzeptiert. (Wenn zu wenig Licht zur Verfügung steht, muß die Szene geschnitten werden oder eine einzelne Lampe an der Kamera angebracht werden.)
5. Optische »Spielereien« und Filter sind verboten.
6. Der Film darf keine oberflächliche Action beinhalten. (Mord, Waffen etc. dürfen nicht vorkommen.)
7. Zeitliche und geographische Verfremdungen sind verboten. (Das heißt: Der Film muß im Hier und Jetzt spielen)
8. Genrefilme sind nicht akzeptiert.
9. Das Filmformat muß Academy 35mm sein.
10. Der Regisseur darf weder in den Titeln noch im Abspann hervorgehoben werden. *nach Zitty, 9/99*

Im Netz der Dunkelheit 414

MY HUSBAND'S SECRET LIFE **

Video

Regie: Graeme Clifford
Darsteller: Anne Archer (Theresa Sullivan),

James Russo (Sal), Maria Conchita Alonso (Toni), Garry Chalk (Eddie), Henry Beckman (Christy), Michael Dobson, Marguerite Moreau (Eileen), Gerard Plunkett
Drehbuch: Georgia Jeffries
Kamera: David Geddes
Musik: Roger Bellon
Schnitt: Scott J. Kelly
Prod.: Scott White für Universal, USA 1998; 90 Min.
Vertrieb: CIC Video; 25.2.1999
FSK: ab 12 J.

US-Kabel-TV-Produktion um eine Polizisten-Witwe, die erfahren muß, daß ihr Mann nicht in Ausübung seiner Pflicht, sondern in einem Bordell sein Leben aushauchte. Konventioneller Kriminalfilm ohne sonderliche Überraschungen.

Im Netz der Leidenschaft 415
TARGET OF SUSPICION □
TV

Regie: Bob Swaim
Darsteller: Tim Matheson (Nick), Agnes Soral (Chandreau), Lysette Anthony (Jennifer), Noemi Kocher (Julie), Ronald Guttmann (Charles), Noemie Kocher (Julie), Eric Part (Claude Jubert), Claude Villers (Pierre)
Drehbuch: Christian Biegalski, Brian L. Ross, Benedict Popper
Kamera: François Catonné
Musik: Eric Demarsan
Schnitt: Suzanne Lang-Willar
Prod.: USA/Frankreich 1994; 90 Min.
TV: 10.8.1999, RTL2, 20.15; Titel: Heißes Verlangen

Geschäftsmann wird in Paris des Mordes an einem Model verdächtigt. Er taucht in die Unterwelt, um den Täter auf eigene Faust zu finden.

Im Schatten des Killers 416
BLACK LIGHT □
TV

Regie: Michael Storey
Darsteller: Michael Ironside (Inspektor Schumann), Tahnee Welch (Sharon Avery), Currie Graham (Larry Avery), Anne Marie Loder (Kommissarin Howard), Walter Mills
Drehbuch: Vincent Monton
Kamera: Michael Storey
Schnitt: Torin Stefanson
Prod.Des.: Hug Shakland
Prod.: Leanne Arnott, Torin Stefanson für Edge Ent, Kanada 1998; 91 Min.
EA: Filmfest München 1998
TV: 29.4.1999, Vox, 20.15

Die blinde Sharon Avery führt mit ihren Visionen die Polizei auf die Spur eines Kindermörders und wird dabei selbst zur Zielscheibe des Killers. *Pressetext*

Im Tal der Löwen 417
THE PLACE OF LIONS ***
TV

Regie: Audrey Cooke
Darsteller: Hugh Laurie (Steve Harris), Miriam Margolyes (Miss Cole), Alfred Molina (Scarface), Gye Edwards (Chris Harris)
Drehbuch: John Loy, nach dem Roman von Eric Campbell
Musik: John du Pre
Prod.: GB/Südafrika 1997; 95 Min.
TV: 31.12.1999, ARD, 8.25

Ein Löwe wird nach einem Flugzeugabsturz in Südafrika der Beschützer eines Jungen, der überlebt hat.

In einem Land vor unserer Zeit 6 – Der geheimnisvolle Berg 418
LAND BEFORE TIME 6 – THE SECRET OF SAURUS ROCK ***
Video

Regie: Charles Grosvenor
Drehbuch: Libby Hinson, John Loy
Musik: Michael Tavera
Schnitt: Jay Bixsen
Prod.: Charles Grosvenor für Universal Cartoon Studios, USA 1998; 74 Min.
Vertrieb: CIC Video; März 1999
FSK: o.A.

Neue Abenteuer von den Dinosaurier-Babies (diesmal richten sie an einem Zauberfelsen Schaden an) aus der offenbar nicht enden wollenden Serie.

In Gottes Hand 419
IN GOD'S HANDS **
Video

Regie: Zalman King
Darsteller: Patrick Shane Dorian (Shane), Matt George (Mickey), Matthew Steven Liu (Keoni), Shaun Tomson (Wyatt), Maylin Pultar (Serena), Bret Michaels (Phillips), Brion James (Captain), Brain L. Keaulana (Brian)
Drehbuch: Zalman King, Matt George
Kamera: John Aronson
Musik: Paradise

Schnitt: James Gavin Bedford, Joe Shugart
Prod.Des.: Marc Greville-Masson, Paul Holt
Prod.: Tom Stern für Tristar Pic., USA 1998; 94 Min.
Vertrieb: Columbia TriStar Home Video; 17.2.1999
FSK: ab 12 J.

Drei Windsurf-Fanatiker erleben beim Warten auf die Welle ihres Lebens diverse Abenteuer. Wie immer bei Zalman King: Faszinierend schöne, betörende Bildfolgen und ein peinliches Nichts an Story.

In Heaven 420

****

Regie: Michael Bindlechner
Darsteller: Xaver Hutter (Csiwi), Sylvie Testud (Valeska), Merab Ninidze (Levi)
Drehbuch: T.G. Téglásy Gergely
Kamera: Michael Kaufmann
Musik: Flora St. Loup
Schnitt: Eliska Stibrova
Prod.Des.: Monika Nüchtern
Prod.: Frames mit Edgar Reitz Filmprod., Österreich 1998; 102 Min.
Verleih: Neue Vision/Frame/-; 16.9.1999
FBW: Sehenswert (AU)

Die kurzzeitige, aber innige Freundschaft von drei Außenseitern – der 17jährige Csiwi lebt in einer zerbrochenen Familie, die anderen sind Ausländer mit miesen Jobs und bescheidenen Zukunftsaussichten – basiert auf der gemeinsamen Suche nach Liebe und Geborgenheit und dem Traum vom Aufbruch in ein besseres, erfülltes Leben. Der eigenwillig gestaltete, poetische und manchmal auch etwas spröde Streifen erzählt sanft und einfühlsam eine nur scheinbare banale Alltagsgeschichte. *multimedia*

(...) Der österreichische Kameramann Michael Bindlechner schafft in seinem Regiedebüt eine rare Qualität: In suggestiven Atmosphärebildern, unprätentiösen Dialogen rücken uns seine verlorenen Alltagshelden ganz nahe. Man fühlt mit ihnen. Auch ein Verdienst der großartigen jungen Schauspieler. (...) Ein wahrhaftiger kleiner Film, schwebend zwischen Leichtigkeit und Melancholie. *Angie Dullinger, AZ, 16.9.1999*

In letzter Konsequenz 421

JULIAN PO

**

Video

Regie: Alan Wade
Darsteller: Christian Slater (Julian Po), Robin Tunney (Sarah), Michael Parks (Vern), Cherry Jones (Lucy), Frankie R. Faison (Sheriff), Harve Presnell (Mayor), Allison Janney (Lilah), LaTanya Richardson
Drehbuch: Alan Wade, nach der Novelle »La Mort de Monsieur Golouga« von Branimir Scepanovic
Kamera: Bernd Heinl
Musik: Patrick Williams
Schnitt: Jeffrey Wolf
Prod.Des.: Stephen McCabe
Prod.: Joseph Pierson, Jon Glascoe für Cypress Films/Mindel/Shaw, USA 1997; 80 Min.
UA: 12.9.1997, Festival of American Cinema
Vertrieb: Concorde Video; 23.2.1999
FSK: ab 12 J.

Julian hat mit der Welt abgeschlossen und landet zufällig in einsamem Bergdorf. Dummerweise erzählt er den Bewohnern von seiner Suizidabsicht ... Hyperholpriges Sozio-Litera-Drama, langatmig bis auf der Stelle tretend und ohne rechten Clue. Eine Geduldsprobe.

In Memoriam Gyöngyössy Imre 422

****

TV

Regie: Katalin Petènyi, Barna Kabay
Darsteller: Hannelore Elsner, Sàndor Oszter, Hèdi Temessy, Mari Töröcsik
Kamera: Peter Jankura, Janos Kende, Sàndor Sara, Gabor Szabo, Laszlo Z. Szalay, Ferenc Szechenyi, Michael Teutsch
Musik: Zoltan B. Biro, Zoltan Jeney, Zoltan Pesko
Schnitt: Marta Revesz, Maria Nagy
Prod.: Barna Kabay für Magyar Televizio/Europa 2000/Satellit Film, Ungarn/BRD 1997; 82 Min.
UA: Herbst 1996, Filmmuseum München
TV: 8.5.1999, BR, 22.25

Einfühlsames Porträt über den Autor und Regisseur Imre Gyöngyössy, gedreht von seinen langjährigen Partnern. Gleichzeitig ein Stück Sozial- und Kulturgeschichte von Ungarn.

Indianersommer 3 423
THE EDUCATION OF LITTLE TREE ***
Video

Regie: Richard Friedenberg
Darsteller: James Cromwell (Großvater), Tantoo Cardinal (Großmutter), Joseph Ashton (Little Tree), Mika Boorem (kleines Mädchen), Christopher Heyerdahl (Pine Billy), Christopher Fennell (Wilborn), Graham Greene (Willow John), Leni Parker (Martha)
Drehbuch: Richard Friedenberg, nach einem Roman von Forrest Carter
Kamera: Anastas N. Michos
Musik: Mark Isham
Schnitt: Wayne Wahrman
Prod.Des.: Dan Bishop
Prod.: Jake Eberts; Louise Gendron, Lenny Young (Co-Prod.) für Allied/Lightmotive, USA 1997; 111 Min.
Vertrieb: (CIC) Paramount Video; Aug. 1999
FSK: o. A.

Verwaister Indianerjunge kommt durch engstirnige Behörden in ein Internat, doch der will zurück zur Natur. Angenehm zurückhaltendes Sozio-Drama, das mit edler Optik zu bestechen weiß.

Inferno der Flammen 424
HEAVEN'S FIRE **
TV

Regie: David Warry-Smith
Darsteller: Eric Roberts (Dean McConnell), Jürgen Prochnow (Quentin Darby), Cali Timmins (Fiona Dahl), Venus Terzo (Michelle), Kaj-Erik Eriksen (Jeremy McConnell), Lisa Marie Caruk (Amy Dahl), Alfred E. Humphreys (Ed Colby), Sheila Moore (Audrey Lordes)
Drehbuch: Robert Kerchner, Charles Moore
Kamera: Gordon Verheul
Musik: Deddy Tzur
Prod.: USA/BRD 1998; 87 Min.
TV: 25.9.1999, ARD, 22.25

Dean McConnell und seine Freundin Fiona treffen sich auf einer Besichtigungstour im US-Schatzamt, um ihre skeptischen Kinder Jeremy und Michelle auf ihre geplante Heirat einzustimmen. Im Tresorraum stößt Dean auf seinen Exkollegen Quentin Darby, dessen Bande gerade dabei ist, Druckplatten im Wert von 100 Millionen Dollar zu entwenden. Todesmutig versucht Dean den Raub zu verhindern, doch dabei kommt es zur Katastrophe. (...) *Pressetext*

Eine neue Scheußlichkeit ist im Kommen: die deutsch-amerikanische Gemeinschaftsproduktion. Nicht Fisch, nicht Fleisch – ein Stück genmanipuliertes Plastik.
Der US-Deutsch-Thriller mixt Terroristen-Bosheit mit Touristen-Panik im Tresor des US-Schatzamtes. Eric Roberts (der Gute) und Jürgen Prochnow (der Böse) turnen durch den Feuersturm. Blondfrisuren bleiben unbeschädigt. *Ponkie, AZ, 27.9.1999*

Infidelity – Ein tödlicher Seitensprung 425
INFIDELITY *
Video

Regie: Jon Hess
Darsteller: Gary Stretch (Shane Casey), Vanessa Sadler (Catherine Casey), John Schafer (Paul Decker), Tamara Mello ((Lola), Michael Dinelli ((Vinnie), Ivan Kane (Frankie)
Drehbuch: Jon Hess, Dana Holyfield
Kamera: Jon Hess
Musik: Kevin Hayes
Schnitt: Clint Hutchinson
Prod.: Stuart Levens, Jon Hess für Lava für Showcase Ent., USA 1998; 86 Min.
Vertrieb: VCL Video; 21.9.1999
FSK: ab 16 J.

Exboxer kommt abermals vom Pfad der Tugend ab und läßt sich auf einen Drogendeal mit der Mafia ein. Dämliche Dialoge, spekulativ eingestreute Sexsequenzen und eine haarsträubende Geschichte – Thrillerschrott.

Inline Cops 426
BLADE SQUAD **
Video

Regie: Ralph Hemecker
Darsteller: Corin Nemec (McKinnon), Lori Heuring (Jojo), Yancey Arias (Lank), Joy Bisco (Bravo), Kirk Baltz (Abe)
Drehbuch: W. Peter Iliff
Kamera: Anghel Deca
Musik: Joel Goldsmith
Schnitt: Alan Shefland
Prod.Des.: Bernard Hides
Prod.: Elliot Friedgen, USA 1998; 85 Min.
Vertrieb: Warner Home Video; 8.1.1999
FSK: ab 12 J.

Dieses langweilige US-TV-Movie erzählt von drei Cops, die auf Inline-Skates und mit Videokamera am Helm auf Verbrecherjagd gehen. Lächerliche Story, preiswerte Ausführung – verschwendete Zeit.

Die Insel in der Vogelstraße 427
THE ISLAND ON BIRD STREET ****
TV

Regie: Sören Kragh-Jacobsen
Darsteller: Patrick Bergin (Stefan), Jordan Kiziuk (Alex), Jack Warden (Boruch), James Bolam (Dr. Studjinsky), Stefan Sauk (Goehler), Simon Gregor (Henryk), Lee Ross (Freddy), Suzanna Hamilton (Stasyas Mutter)
Drehbuch: John Goldsmith, Tony Grisoni, nach dem Roman von Uri Orlev
Kamera: Ian Wilson
Musik: Zbigniew Preisner
Schnitt: David Martin
Prod.: Rudy Cohen, Tivi Magnusson für M&M/April Prod./Connexion Film, Dänemark/GB/BRD 1997; 107 Min.
UA: 19.2.1997, Int. Filmfestspiele Berlin, »Wettbewerb«
TV: 20.11.1999, Kinderkanal, 12.00

Die Nazis räumen ein jüdisches Ghetto in Polen, bringen die Menschen ins Konzentrationslager. Der 12jährige Alex kann sich retten, überlebt in Mauerlöchern mit Nahrung, die seine Maus für ihn aufspürt. Tage und Wochen lebt er in der ständigen Angst, doch noch entdeckt zu werden: Allein im Ghetto. Die Verfilmung des autobiographischen Romans von Uri Orlev beschreibt den starken Überlebenswillen eines Jungen in einer lebensunwürdigen Zeit.

Inspektor Gadget 428
INSPECTOR GADGET ***

Regie: David Kellog
Darsteller: Matthew Broderick (Inspector Gadget/Robo Gadget/John Brown), Rupert Everett (Sanford Scolex), Joely Fisher (Brenda), Michelle Trachtenberg (Penny), Andy Dick (Kramer), Cheri Oteri (Mayor Wilson), Michael G. Hagerty (Sikes), Dabney Coleman (Chief Quimby)
Drehbuch: Kerry Ehrin, Zak Penn, nach einer Story von Dana Olson, nach den Charakteren von Andy Heyward, Jean Chalopin, Bruno Bianchi
Kamera: Adam Greenberg
Musik: John Debney

Matthew Broderick

Schnitt: Thom Noble, Alan Cody
Prod.Des.: Michael White, Leslie Dilley
Prod.: Jordan Kerner, Roger Birnbaum, Andy Heyward; Lou Arkoff, Jean Chalopin für Walt Disney/Caravan Pic., USA 1999; 79 Min.
Verleih: Buena Vista/dto./dto./Buena Vista Video; 7.10.1999
FSK: ab 6 J., ffr. – FBW: Wertvoll

Ein Wachschutzbeamter wird nach einem explosiven Unfall in das ultimative crime-fighting-tool Inspektor Gadget umgebaut. In Disneys »Robocop für Kinder« bekommt er es mit einer postmodernen Variante von Captain Hook zu tun, dem bösen Mr. Claw. Schnelles, kurzweiliges Kino für einen verregneten Sonntagnachmittag im Kreise der Knirpse. Stubenrein und mit vielem technischen Spezialeffekt-Firlefanz. *tip, 21/99*

(…) Die Hauptfigur ist tatsächlich ein wandelndes »gadget«, eine Art Spielzeugkiste. Konzipiert als »Robocop« für Kinder, bleibt der Film uninspiriert, unlustig und in jeder Beziehung unangenehm unlogisch. *Film, 10/99*

(…) Herausgekommen ist dabei ein technisch hübsches, aber ansonsten harmloses Fantasy-Komödchen, das irgendwo zwischen »Mask« und »Austin Powers«, »Inspector Cluseau« und »James Bond« für kleine Kinder herumeiert. Immerhin und zum Glück dauert der ganze Budenzauber nur schlappe 77 Minuten.

Zu bedauern ist wieder einmal Matthew Broderick, dessen schauspielerische Ambitionen – wie zuletzt schon bei »Godzilla« – erneut von Effekten erdrückt werden: Als wanderndes Werkzeug darf er meist nur Knöpfe drücken. Ein ziemlicher Abstieg. Denn einst wurde Milchgesicht Matthew mal als Star gehandelt und in einem Atemzug mit Tom Cruise gehandelt – 1996 nach seinem Auftritt im Teenager-Klassiker »Ferris macht blau«.

Alber Baer, Rheinische Post, 8.10.1999

Instinkt

429

INSTINCT

****+

Regie: Jon Turteltaub
Darsteller: Anthony Hopkins (Dr. Ethan Powell), Cuba Gooding jr. (Theo Caulder), Donald Sutherland (Ben Hillard), Maura Tierney (Lyn Powell), George Dzunda (Dr. Murray), John Ashton (Dacks), John Aylward (Warden Keefer), Thomas Q. Morris (Pete)
Drehbuch: Gerald di Pego, inspiriert von dem Roman »Ishmael« von Daniel Quinn
Kamera: Philippe Rousselot
Musik: Danny Elfman
Schnitt: Richard Francis-Bruce
Prod.Des.: Garreth Stover
Prod.: Michael Taylor, Barbara Boyle; Richard Lerner, Brian Doubleday, Christine Steinberg (Co.-Prod.) für Touchstone/Spyglass Ent., USA 1999
Verleih: Buena Vista/dto./dto./Buena Vista Video; 15.7.1999
FSK: ab 12 J., ffr. – FBW: Wertvoll

Anthony Hopkins und Cuba Gooding jr.

Ein Forscher hat jahrelang zusammen mit Gorillas im afrikanischen Dschungel gelebt. Nachdem er Wilderer ermordet hat, landet er in einem amerikanischen Hochsicherheitsgefängnis. Einem aufstrebenden schwarzen Anwalt brächte die Resozialisierung des verwilderten, bislang stummen Forschers enormes Prestige ein, doch als dieser endlich spricht, gerät das Wertesystem des Anwalts ins Wanken. Ein dunkler kraftvoller Thriller, der dem Ursprung der Zivilisation nachspürt. *Zoom, 8/99*

(...) Eine spannende Charakterstudie, die gegen Ende so richtig schön traurig wird und neben Hopkins mit tollen Knuddelgorillas aufwarten kann.

Jörg Buttgereit, tip, 15/99

(...) Sehr schade, daß Turteltaub seinem interessanten Sujet mißtraute, gegen Schluß ins Pathos rutschte und letztlich doch wieder nach leichtem Entertainment schielte. Und das, obwohl ihm ein intelligenter Stoff mit zwei faszinierenden Schauspielern zur Verfügung stand, denen man durchaus hätte länger zusehen mögen.

W. O. P. Kistner, AZ, 15.7.99

Interview

430

THE INTERVIEW

****+

Regie: Craig Monahan
Darsteller: Hugo Weaving (Eddie Rodney Fleming), Tony Martin (John Steel), Aaron Jeffery (Wayne Prior), Paul Sonkkila (Det. Inspector Jackson), Michael Caton (Barry Walls)
Drehbuch: Craig Monahan, Gordon Davie
Kamera: Simon Duggan
Musik: David Hirschfelder
Schnitt: Suresh Ayyar
Prod.Des.: Richard Bell
Prod.: Bill Hughes für Globe Films/Australian Film Finance Corp. mit Australian Film Comm., Australien 1998; 101 Min.
Verleih: -/-/Columbus; Sept. 1999

Überfallartig dringen Polizisten frühmorgens in die Wohnung eines Arbeitslosen ein und verhaften ihn. Im Verhör entspinnt sich zwischen Angeklagtem und Polizei ein psychologischer Machtkampf, in welchem das Verhalten des

»Täters« erstaunliche Wandlungen durchmacht. Ein spannungsstarker Psychothriller, der raffiniert mit der huis-clos-Situation spielt. Die kühlen, von Grau- und Blautönen dominierten Räume werden in ihrer kafkaesken Atmosphäre durch die geschickte Kameraarbeit noch verstärkt. *Zoom, 8/99*

Intimate Relations 431

INTIMATE RELATIONS ***

Video

Regie: Philip Goodhew
Darsteller: Julie Walters (Marjorie), Rupert Graves (Harold), Matthew Walker (Stanley), Laura Sadler (Joyce), Holly Aird (Deirdre), Les Dennis (Maurice), Elizabeth McKechinie (Iris)
Drehbuch: Philip Goodhew
Kamera: Andrés Garreton
Schnitt: Pia di Ciaula
Prod.Des.: Caroline Greville-Morris
Prod.: Angela Hart, Lisa Hope, Jon Slan für Boxer Films/Paragon mit Handmade Films, GB/Kanada 1995; 102 Min.
EA: Int. Hofer Filmtage 1996
Vertrieb: Highlight Video; August 1999
FSK: ab 12 J.

50er Jahre, britische Provinz: Marjorie, mit kriegsversehrtem Mann und pubertierender Tochter »gesegnet«, nimmt jungen Exsoldaten als Untermieter. Auf authentischen Pfaden wandelndes Sozio-Drama, das von erstklassigen Darstellern und einem stimmigen Drehbuch getragen wird.

Into my heart 432

INTO MY HEART ***

Regie: Sean Smith, Anthony Stark
Darsteller: Rob Morrow (Ben), Claire Forlani (Nina), Jake Weber (Adam), Jayne Brook (Kat), Sebastian Roché, Nora Ariffin, Nelson Martiez, John Doumanian
Drehbuch: Sean Smith, Anthony Stark
Kamera: Michael Barrow
Musik: Michael Small
Schnitt: Merril Stern, Robert Reitano
Prod.Des.: Ford Wheeler
Prod.: Jean Doumanian für Mars Films/Sweetland Films, USA 1998; 97 Min.
UA: 12.9.1998, Festival of American Film
Verleih: -/-/Elite; August 1999

Yuppie-Anwalt Ben verführt Nina, die Frau des Schriftstellers Adam, welcher seit der Kindheit sein bester Freund ist. Als der sensible Adam den Liebesverrat entdeckt, stürzt er sich von einem Aussichtsturm. Die Koautoren und -regisseure Sean Smith und Anthony Stark gewähren den Darstellern ihres Ensemblestückes viele Freiräume und realisieren ein durchaus nuanciertes psychologisches Drama, wenn auch ihr Film letztlich etwas gar gepflegt und verhalten wirkt. *Zoom, 8/99*

Irrlichter 433

**

Regie: Christoph Kühn
Darsteller: Barbara Auer (Meta Foerster), Tobias Langhoff (Ralph Mettler), Adolf Spalinger (Harald Höllerer), Christian Redl (Prof. Havlik), Walo Lüond (Sepp Tresch), Hilde Ziegler (Sefi Tresch), Andrej Lajovic (Päuli), Volker Prechtl
Drehbuch: Carlo Meier, Christoph Kühn
Kamera: Peter Indergand
Musik: Alex Kirschner
Schnitt: Birgit Klingl
Prod.Des.: Barbara Becker
Prod.: Andres Pfäffli, François Doge, Danny Krausz für Ventura/Cinekas/Dor/SF DRS/ZDF/ORF, Schweiz/BRD/Österreich 1997; 90 Min.
UA: Int. Filmfestspiele Locarno 1997
Verleih: Cinecas/-/Titanicfilm; Sept. 1998 (CH), 15.4.1999

Ein kauziger Angestellter ist bereit, für ein Experiment drei Wochen allein in einer Höhle zu leben. Doch eine seismische Erschütterung schließt ihn zusammen mit einer ihm unangenehmen TV-Journalistin ein. Die Notsituation zwingt sie zur Zusammenarbeit, aus der Sympathie und schließlich Liebe wird. Zügig erzähltes, mit mystischen Elementen angereichertes Höhlendrama, das allerdings der profillosen Figuren und der holzschnittartigen Dramaturgie wegen spannungsarm bleibt. *Zoom, 9/98*

Ist Liebe nur ein Wort? 434

LA PAROLA AMORE ESISTE ****

Regie: Mimmo Calopresti
Darsteller: Valeria Bruni-Tedeschi (Angela), Fabrizio Bentivoglio (Marco), Marina Confalone (Sara), Gérard Depardieu (franz. Anwalt),

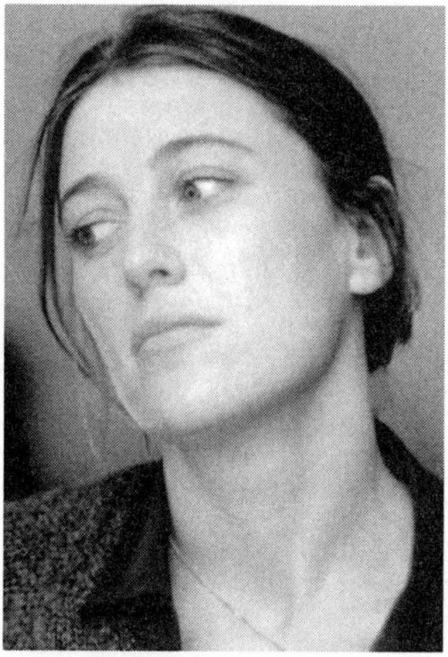

Valeria Bruni-Tedeschi

Valeria Milillo (Giovanna), Daria Nicolodi (Angelas Mutter), Emanuela Macchniz (Malvi), Giovanna Giuliani (Carlotta)
Drehbuch: Francesco Bruni, Mimmo Calopresti, Heidrun Schleef mit Doriana Leondeff
Kamera: Alessandro Pesci
Musik: Franco Piersanti
Schnitt: Massimo Fiocchi
Prod.: Donatella Botti für Bianca Film/Camera One/Arena/Hachette mit RAI/Canal+, Italien/Frankreich 1998; 84 Min.
UA: Int. Filmfestspiele Cannes 1998 »Quinzaine des Realisateurs«
EA: Hofer Filmtage 1998
Verleih: prokino/filmladen/Filmcoopi; 7.1.1999
FSK: ab 6 J., ffr.

Valeria Bruni Tedeschi spielt eine von inneren Zwängen getriebene Frau, die glaubt, der Wirklichkeit ihre eigenen Vorstellungen überstülpen zu können. Wegen seiner Hausnummer und der Farbe des Pullovers verliebt sie sich in einen Cello-Lehrer, dem sie anonym japanische Kurzgedichte zukommen läßt. Ein feinfühliger Film über die Diskrepanz zwischen Idealbild und Wirklichkeit. *Zoom, 2/99*

An manchen Filmen begeistert das Drehbuch, andere haben eine tolle Kamera. Um diesen Film zu beschreiben, muß man von seiner Hauptdarstellerin Valeria Bruni Tedeschi erzählen: von ihrem spröden Charme, ihrer eigensinnigen Schüchtenheit und zurückhaltenden Klugheit, die »Ist die Liebe nur ein Wort?« von Anfang bis Ende prägen. Selbst die Farben des Films, viel kühles Grau und Blau, scheinen sich an ihren Augen zu orientieren, an ihrem nordischen Typ. (...)
Tobias Kniebe, SZ, 7.1.99

It's in the Water 435

IT'S IN THE WATER ***

Video

Regie: Kelly Herd
Darsteller: Keri Jo Chapman (Alex Stratton), Teresa Garrett (Grace Miller), Derrick Sanders (Mark Anderson), Timothy Vahle (Tomas), Barbara Lasater (Lily Talbott), Nancy Chartier (Sloan), John Hallum (Spencer), Beverly May (Vivien Bracken)
Drehbuch: Kelli Herd
Kamera: Michael Off
Musik: Sara Hickman
Schnitt: Rusty Martin
Prod.Des.: Miller Crowe
Prod.: Jonathan E. Ladd für Herd Film mit Water Island Films, USA 1997; 99 Min.
UA: 21.6.1997, Lesbian & Gay Film Festival, San Francisco
Vertrieb: pro fun Video; November 1999
FSK: ab 12 J.

Die unbedachte Äußerung eines ortsbekannten Schwulen, seine Veranlagung rühre vom Trinkwasser her, erzeugt Panik in Azela Springs. Hübsche US-Spießergroteske mit teilweise drastischen Effekten, netten Lovestories und bitterbösem Humor.

Jack Frost

436
JACK FROST
***

Regie: Troy Miller
Darsteller: Michael Keaton (Jack Frost), Kelly Preston (Gabby Frost), Mark Addy (Mac Mac Arthur), Joseph Cross (Charlie Frost), Andy Lawrence (Tuck Gronic), Eli Marienthal (Spencer), Will Rothhaar (Dennis), Mika Boorem (Natalie)
Drehbuch: Mark Steven Johnson, Steve Bloom, Jonathan Roberts, Jeff Cesario
Kamera: Laszlo Kovacs
Musik: Trevor Rabin
Schnitt: Lawrence Jordan
Prod.Des.: Mayne Berke
Prod.: Mark Canton, Irving Azoff für Azoff Ent./Canton Co., USA 1999; 101 Min.
Verleih: Warner Bros./Warner Home Video; 25.2.1999
FSK: o. A., ffr. – FBW: Wertvoll

Ein Jahr nach dem frühen Tod kehrt die Seele eines jungen Vaters in einen Schneemann zurück, der mit dem Sohn nachholt, was im realen Leben aus Zeitmangel versäumt wurde.
(…) So wechselhaft wie unser Wetter ist auch dieser Fantasy-Familienfilm, der unentschieden zwischen amüsantem Slapstick-Witz, rührender Besinnlichkeit und penetrantem Kitsch hin- und herfegt. Daß Regisseur Troy Miller dabei arg aufdringlich mit der gutgemeinten, aber altertümlichen Botschaft, jeder verdiene eine zweite Chance hausieren geht, mag dem erwachsenen Betrachter die Stimmung verderben.
Albert Baer, Rheinische Post, 26.2.99

Jack's Baby

437
***+
TV

Regie: Jan Josef Liefers
Darsteller: Veronica Ferres (»Jack« Jacqueline), Jan Josef Liefers (Max), Anna Böttcher (Lissy), Wigald Boning (Paul), Bernd Michael Lade (Phil), Oliver Wnuck (Benno), Jörg Gudzuhn, Heio von Stetten
Drehbuch: Silke Neumayer
Kamera: Diethard Prengel
Musik: Jens Krause; Fury in the Slaughterhouse, J.J. Liefers (Songs)
Schnitt: Veronika Zaplata
Prod.: Helmut Dietl, Alfred Hürmer für Diana Film für SAT.1, BRD 1999; 92 Min.
TV: 17.10.1999, SAT.1, 20.15

Begattungsromantik der freien Marktwirtschaft: »Jack« ist Chefin in der Werbebranche und begehrt nebenbei ein selbstgenmachtes Kind (Termin-Koordination je nach Eisprung). Aber weil »Jack« so verklemmt ist wie ein Dutzend Handarbeitslehrerinnen aus den Fünfzigern und ihr ausgewählter Partner auch noch ein emotionaler Musiker-Wicht ist, gleicht das koitale Schwangerschaftsturnen eher einem aseptischen Videoclip für Single-Therapien. Der Dietl-Touch (künstlerische Leitung) funktioniert hier nicht.
Ponkie, AZ, 19.11.99

Jackpot – Krach in Atlantic City

438
SOUR GRAPES
***
Video

Regie: Larry David
Darsteller: Steven Weber (Evan), Craig Bierko (Richie), Matt Keeslar (Danny Pepper), Karen Sillas (Joan), Robyn Peterman (Roberta), Viola Harris (Selma), Orlando Jones (Digby), Jennifer Leigh Warren (Millie)
Drehbuch: Larry David
Kamera: Victor Hammer
Schnitt: Priscilla Nedd-Friendly
Prod.Des.: Charles Rosen
Prod.: Laurie Lennard für Castle Rock Ent., USA 1998; 89 Min.
Vertrieb: Columbis TriStar Home Video; 23.3.1999
FSK: ab 6 J.

Als einer den Hauptgewinn landet, geraten zwei Cousins im Spielcasino in Streit und lösen damit eine Lawine von dramatischen Ereignissen aus. Ganz unterhaltsame Komödie, die freilich weit unter ihren Möglichkeiten bleibt.

Jagabongo

439
KRIPPENDORF'S TRIBE
**
Video

Regie: Todd Holland
Darsteller: Richard Dreyfuss (James Krippendorf), Jenna Elfman (Veronica Micelli), Natasha Lyonne (Shelly), Gregory Smith (Mickey), Carl Michael Linder (Edmund), Stephen Root (Gerald Adams), Elaine Stritch (Irene Harding), Tom Poston (Gordon Harding)

Drehbuch: Charlie Peters, nach einem Roman von Frank Parkin
Kamera: Dean Cundey
Musik: Bruce Broughton
Schnitt: Jon Poll
Prod.Des.: Scott Chambliss
Prod.: Larry Brezner für Mora/Brezner/Steinberg/Tenenbaum/Dreyfuss/James Prod., USA 1998; 94 Min.
Vertrieb: Buena Vista Video; Sept. 1999
FSK: ab 6 J.

Verschusselter und verschuldeter Anthropologe erfindet zur Erschleichung von Forschungsgeldern Naturstamm in Neuguinea. Eines Tages muß er dessen Existenz beweisen. Primitivklamauk weit jenseits jeglicher Pointe.

Jakob der Lügner 440

JAKOB THE LIAR ***

Regie: Peter Kassovitz
Darsteller: Robin Williams (Jakob Heym), Alan Arkin (Frankfurter), Bob Balaban (Kowalsky), Hannah Taylor Gordon (Lina), Michael Jeter (Avron), Armin Mueller-Stahl (Kirschbaum), Liev Schreiber (Mischa), Nina Siemaszko (Rosa)
Drehbuch: Peter Kassovitz, Didier Decoin, nach dem gleichnamigen Roman von Jurek Becker
Kamera: Elemer Ragalyi
Musik: Edward Shearmur
Schnitt: Claire Simpson
Prod.Des.: Luciana Arrighi
Prod.: Marsha Garces Williams, Steven Haft; Nick Gillott (Co-Prod.) für Blue Wolf Prod. mit Kasso Inc., USA 1999; 120 Min.
Verleih: Columbia TriStar/dto./dto./Columbia TriStar Video; 18.10.1999
FSK: ab 12 J., ffr.

25 Jahre nach der preisgekrönten DEFA-Verfilmung kehrt Jurek Beckers Held wider Willen auf die Leinwand zurück. Diesmal spielt Robin Williams den jüdischen Pfannkuchenbäcker Jakob Heym, der im Winter 1944 den Bewohnern eines polnischen Ghettos mit erfunden Erfolgsmeldungen zur Weltkriegslage Hoffnung und Lebensmut wiedergibt. Bis auf die Titelrolle großartig besetzt, verfehlt der Film durch einen angestrengten Ghetto-Realismus à la »Schindlers Liste« wesentliche menschliche Aspekte der Romanvorlage. *tip, 23/99*

Das zu glatt inszenierte tödliche Drama fährt im Kielwasser von Benignis »Das Leben ist schön«, entwickelt aber nie ähnliche Kraft, auch wenn der schwarze Humor authentisch wirkt – im Gegensatz zur künstlichen Ausstattung und anderen kleinen Änderungen für das amerikaniche Publikum (Jazzmusik im offiziellen Volksempfänger-Programm – in Nazi undenkbar).
Trotz prominenter Besetzung, neben dem zur Lichtgestalt stilisierten Robin Williams auch Armin Mueller-Stahl als jüdischer Arzt, fehlt es an berührenden Momenten. Und wehmütig denkt man an Frank Beyers DEFA-Verfilmung (Silberner Bär, Berlinale 1974, Oscar-Nominierung), die mit einfacheren Mitteln eine größere Wirkung erzielte.
Margret Köhler, AZ, 28.10.99

(...) Zweite große Verfilmung des Romans von Jurek Becker, in der in eindringlichen Bildern und in hervorragender Darstellung und Regie an die Greuel des Holocausts erinnert und der Hoffnung als Kraft des Überlebens ein Mahnmal gesetzt wird. *Multimedia*

(...) Und doch: Wenn man etwa die Szenen der Räumung des Ghettos mit jenen in Spielbergs Film »Schindlers Liste« vergleicht, geht einem doch auf, wie tragisch hoch die Unterschiede zwischen einem Regisseur namens Peter Kassovitz und einem namens Spielberg sind.
Dies ist allemal ein gelungener Film. Ein gut gemeinter Film. Ein gut gespielter Film. Ein gut gemachter Film. Ein Film mit Mutterwitz, Galgenhumor und Trauer. Was ist es bloß, das einen davon abhielte, ihn erneut besichtigen zu wollen? Das so genannte Inhaltliche gewiss nicht. *Sebastian Feldmann, Rheinische Post, 29.10.1999*

»Ich habe mich mehr auf intellektueller als auf emotionaler Ebene damit auseinandergesetzt. Ich verfolge mit diesem Film keine persönliche Mission, sondern habe einfach nur versucht, eine gute Geschichte zu erzählen. Mir gefiel der Geist des Buches. In diesen Arbeitslagern war Humor wirklich eine Überlebenstechnik, um den Horror überhaupt ertragen zu können. Meine Eltern, die selbst im KZ waren, haben selbst Witze über den Holocaust gerissen. Für die Überlebenden war das niemals ein Tabu-Thema. Schwieriger ist das für einen Amerikaner wie Robin Williams, der in einer wohlsituierten Familie in Kalifornien aufgewachsen ist.« *Peter Kassovitz im Interview mit Birgit Heidsiek, Filmecho-Filmwoche, 23.10.1999*

James Bond – Die Welt ist nicht genug 441

THE WORLD IS NOT ENOUGH ***

Regie: Michael Apted
Darsteller: Pierce Brosnan (James Bond), Denise Richards (Dr. Christmas Jones), Sophie Marceau (Elektra King), Robert Carlyle (Renard), Robbie Coltrane (Valentin Zuhovsky), Claude Oliver Rudolph (Col. Akakievich), John Cleese (R), Desmond Llewelyn (Q)
Drehbuch: Bruce Feirstein, Neal Purvis, Robert Wade
Kamera: Adrian Biddle; Jonathan Taylor (2nd unit)
Musik: David Arnold
Schnitt: Jim Clark
Prod.Des.: Peter Lamont
Prod.: Michael G. Wilson, Barbara Broccoli für Albert R. Broccoli's EON Prod., USA 1999; 128 Min.
Verleih: UIP/UIP/Universal; 9.12.1999
FSK: ab 12 J., ffr. – FBW: Wertvoll

Der Auftrag, eine bedrohte Millionenerbin und das ehrgeizige Projekt einer kontinentalen Öl-Pipeline zu schützen, führt 007 wieder einmal in spektakuläre Bedrängnis. Den aufgewärmten Versatzstücken und Löchern in der Story stehen eine grandiose Eröffnungssequenz, ein schillerndes Bösewichtpaar, spritzige Dialoge und nicht zuletzt ein ideal besetzter Hauptdarsteller gegenüber – ein typischer Bond mit ungewöhnlich romantischen Anklängen. *Film, 12/99*

(...) Die Dramaturgie folgt dabei dem bekannten Bond-Dreischnitt, nämlich erst eine Action-, dann eine Liebesszene und schließlich etwas Dialogiges, bevor der Dreischritt wieder von vorne beginnt. Zwei kleine Unterschiede aber gibt es diesmal doch: Kein hässlicher Widerling bedroht die Welt, sondern die überaus attraktive Sophie Marceau. Und John Cleese ist dabei als Q's schussliger Assistent und wohl auch Nachfolger. *Hans-Joachim Neumann, Zitty, 25/99*

Pierce Brosnan und Denise Richards

Jane Street – Verführerischer Mond 442

JANE STREET □ TV

Regie: Vicangelo Bulluck
Darsteller: Linda Hoffman (Kim), D.K. Kelly (Marshall Catlin), Carrie Stevens (Sarah), Robert Gant (Jay), Teresa M. Markwell (Penelope Catlin), Jeanie Hackett (Gretchen), Gabriella Hall (Danielle), David Poynter (Mike)
Drehbuch: Chris Chisholm
Musik: Alex Wilkinson
Prod.: Playboy Ent./Mystique Films, USA 1996; 88 Min.
TV: 15.12.1999, Pro7, 23.25

Das Verhältnis mit ihrem verheirateten Chef schafft Kim Probleme... Das hätte sie sich doch denken können.

Jeanne d'Arc 443

JOAN OF ARC ** TV

Regie: Christian Duguay
Darsteller: Leelee Sobieski (Jeanne D'Arc), Jacqueline Bisset (Isabelle D'Arc), Powers Boothe (Jacques D'Arc), Neil Patrick Harris (König Charles), Maury Chaykin (Sir Robert

de Baudricourt), Olympia Dukakis (Mutter Babette), Jonathan Hyde (Herzog von Bedford), Robert Loggia (Pater Monet)
Drehbuch: Ronald Parker, Michael Miller
Kamera: Pierre Gill
Musik: Asher Ettinger, Tony Kosinec
Schnitt: Ralph Brunjes
Prod.Des.: Michael Joy
Prod.: Peter Bray für Alliance Atlantis, USA 1999; 240 Min.
UA: 16.5.1999, 18.5.1999, CBS, jeweils 21.00
TV: 28. und 29.11.1999, RTL, 20.15

Der amerikanische Zweiteiler veredelt seinen konventionellen Historienschinken-Standard samt Verklärungskitsch zwar durch Luxusbesetzung, belässt aber Frankreichs National-Ikone im schlichten Geschichtsbild der Schullesebuch-Einfalt.
Leelee Sobieski darf in kernseifenfrischer Bauernjugend erstrahlen in Ritterwams und Rüstung, den religiösen Überschwang diskret gedrosselt zu Diensten des Dauphin. Ihr dominierender Gegenspiele: Peter O'Toole als wortlistiger Bischof der Kirchenmacht, im Verein mit Maximilian Schell den dekorativen Scheiterhaufen vorbereitend. Shirley MacLaine fuchtelt als Feudal-Lady dazwischen, und Peter Strauss sorgt als Krieger für den weiterführenden Patriotismus. Es wird auch sentimental dazu gesungen und fromm jubiliert. Wer das aushält – wohl bekomm's. *Ponkie, AZ, 1.12.99*

Jenseits der Träume 444
IN DREAMS ***

Regie: Neil Jordan
Darsteller: Annette Bening (Claire Cooper), Aidan Quinn (Paul Cooper), Robert Downey jr. (Vivian Thompson), Stephen Rea (Dr. Silverman), Paul Guilfoyle (Detektiv Jack Kay), Dennis Boutsikaris (Dr. Stevens), Prudence Wright Holmes (Mary), Katie Sagona (Rebecca Cooper)
Drehbuch: Bruce Robinson, Neil Jordan, nach dem Roman »Doll's Eyes« von Bari Wood
Kamera: Darius Khondji; Peter Romano (Unterwasser)
Musik: Elliot Goldenthal
Schnitt: Tony Lawson
Prod.Des.: Nigel Phelps
Prod.: Redmond Morris, Stephen Woolley für Dream Works, USA 1998; 100 Min.
Verleih: UIP/UIP/UIP; 12.8.1999
FSK: ab 16 J., ffr.

Die Kinderbuchillustratorin Claire Cooper wird von düsteren Gedanken eines psychopathischen Mörders heimgesucht. Als der ihr ihre Tochter nimmt, beginnt für Claire der wahre Alptraum. Ein traumatisch-märchenhafter Thriller mit Horrorelementen, hervorragend fotografiert und mit einer herausragenden schauspielerischen Leistung von Annette Bening. Nur Robert Downey jr. als Kindermörder verfällt in gängige Psycho-Klischees. Gänsehauthorror mit Herz. Konsequenterweise ohne richtiges Happy-End. *Jörg Buttgereit, tip, 20/99*

(...) Jordans bester Film seit Jahren ist ein Genre-Mix aus Horrorfilm und Melodram. (...) Harte Kost ist der Film nicht deshalb, weil viel Blut fließt, sondern weil es keinen Hoffnungsschimmer gibt. (...) Der einzige Wunsch dieser Frau ist es, sich von dem Dämon zu befreien und dann zu sterben. Ziemlich deprimierend diese Geschichte, aber Jordan hat sie mit solch einem Enthusiasmus inszeniert, dass man ihm gern folgt. (...) *Frank Noack, Rheinische Post, 24.9.99*

Annette Bening

Jenseits des Schweigens 445
AFTER THE SILENCE □ TV

Regie: Fred Gerber
Darsteller: Jo Beth Williams (Pam), Kellie Martin (Laura), Alan Rosenberg (Ned), Aaron Kubey (Doug), Thomas Kopache (Ray), Billy Jayne (Mike), Donna Bullock (Amy), Jennifer Delora (Schwester Anne)
Drehbuch: Vivienne Radkoff
Kamera: Ousama Rawi
Musik: James McVay
Prod.: USA 1996; 88 Min.
TV: 8.1.1999, ARD, 0.30

Engagierter Sozialarbeiterin gelingt es, die gestörte taubstumme Laura in die Gesellschaft zu integrieren. Als daraus eine neue Abhängigkeit entsteht, kommt es zu einem Konflikt.

Jéromes Geheimnis 446
LE SECRET DE JEROME *** TV

Regie: Phil Comeau
Darsteller: Myriam Cyr (Julitte), Germain Houde (Jean Nicholas), Remy Girard (Cyrille), Denis Lapalme (Jérome), Andrea Parro (Molidje), Viola Leger (Modeste), Bernard Leblanc (Antoine), Isabelle Roy (Elizabeth)
Drehbuch: Jean Barbeau, Phil Comeau
Kamera: Eric Cayla
Musik: Marcel Aymar
Schnitt: Helene Girard
Prod.: Marie-Andrée Vinet, Barry Cowling für Allegro Film/Cine Groupe/Citadel Films/ National Film Board of Canada Prod. mit Telefilm/SOGIC, Kanada 1994; 94 Min.
UA: 23.9.1994
TV: 12.9.1999, Arte, 22.20

1683 wird an der Küste von Nova Scotia ein junger Mann angespült. Seine Beine sind amputiert und er spricht nicht. Im Haus von Juliette und Jean findet er Obdach und mit der Zeit entwickelt sich daraus ein Beziehungsdrama.

Jimmy the Kid 447
***+

Regie: Wolfgang Dickmann
Darsteller: Herbert Knaup (Dortmunder), Rufus Beck (Kelp), Roman Knizka (Mörsch), Nele Mueller-Stöfen (Charlie), Christiane Hörbiger (Mutter Mörsch), Leslie Malton (Dr. Scheuven), Japhi Ries (Beckmann), Sophie Moser (Jenny)
Drehbuch: Martin Rauhaus, Peter Wohlgemuth nach dem gleichn. Roman von Donald E. Westlake
Kamera: Wolfgang Dickmann
Musik: Ralph Wengenmayr
Schnitt: Corinna Dietz
Prod.Des.: Monika Bauert
Prod.: Peter Wohlgemuth, Irma Frey für Wohlgemuth Filmprod./ZDF, BRD 1998; 84 Min.
EA: 13.2.1999, Int. Filmfestspiele Berlin 1999, »Neue Deutsche Filme«
Verleih: Buena Vista/dto/-/Buena Vista Home Video; 6.5.1999
FSK: ab 6 J., ffr. – FBW: Besonders wertvoll

Aufgedrehte Komödie um drei Gentleman-Verbrecher im Großraum Köln. Anhand eines amerikanischen Schmökers wollen die Loser einen erfolgreichen Kidnapping-Fall nachstellen. Doch das Entführungsopfer stellt sich als gewifte Göre heraus, die mit enormen IQ ihren Gegnern voraus ist. Ihr Schwachpunkt gibt Anlaß für die gute Botschaft des Films: Kinder brauchen Liebe. Also ergänzen sich der IQ des Mädchens und der EQ, der emotionale Quotient, der Großfamilie um das Gangstertrio aufs angenehmste. Alles geht gut, selbst das Lösegeld wird gut angelegt. *tip, 10/99*

(...) Natürlich sieht man dem Film sein nicht gerade üppiges Budget an, hätte man sich manche der eingestreuten Action-Szenen dramaturgisch-ausgefeilter gewünscht und auch die funktionalen Bilder erinnern mehr an gehobene TV-Ästhetik als an großes Kino. Dafür überrascht die gegen die gängigen (Spannungs-)Erwartungen kontrapunktisch eingesetzte Musik von Ralph Wengenmayr und auch viele optisch hübsch eingesetzte Gags.
Rolf-Ruediger Hamacher, Filmecho-Filmwoche, 16/99

John Carpenter's Vampire 448
JOHN CARPENTER'S VAMPIRES **

Regie: John Carpenter
Darsteller: James Woods (Jack Crow), Daniel Baldwin (Tony Montoya), Sheryl Lee (Katrina), Thomas Ian Griffith (Valek), Tim Guinee (Pater Adam Guiteau), Maximilian Schell

James Woods jagt Vampire

(Kardinal Alba), Cary-Hiroyuki Tagawa, Mark Boone jr.
Drehbuch: Don Jacoby, nach dem Roman »Vampir« von John Steakley
Kamera: Gary B. Kibbe
Musik: John Carpenter
Schnitt: Edward A. Warschilka
Prod.Des.: Thomas A. Walsh
Prod.: Sandy King; Don Jacoby (Co-Prod.) für Storm King Prod., USA 1998; 107 Min.
Verleih: Arthaus/-/VCL Video; 8.7.1999
FSK: ab 18 J., nffr.

John Carpenter ist ein solider »Vampir-Western« gelungen, in dem er die Regeln der beiden Genres über Bord wirft, die ihm überholt oder unpraktisch erscheinen. In Bezug auf die Gewaltdarstellung erreicht Vampire selbst in der deutschen Fassung ein zufriedenstellendes Level. James Woods als Vampirjäger kommt cool. Maximilian Schell als ein an Gott zweifelnder Kardinal ist köstlich. Nur der Vampirmeister wirkt wie der Sänger einer albernen Grufti-Kapelle. *Jörg Buttgereit, tip, 15/99*

(...) Neben raren optischen Finessen und plumpen Peinlichkeiten (Rotblenden!) zeigt sich die Inszenierung weder innovativ noch elegant, die Dialoge dafür umso rüder und vulgärer, der Tenor des Ganzen zynisch, spekulativ und menschenverachtend. Carpenter hält sich bei der Story nicht lange bei lästiger Logik auf, walzt Effekte in Wiederholungen permanent platt und steigert sich in ein hysterisches Finale hinein, dessen Hyperpathos keinen Zweifel aufkommen läßt: Hier handelt es sich um Schund.

W. O. P. Kistner, 8.7.99

Jonas et Lila, a demain — 449

JONAS ET LILA, A DEMAIN ****

Regie: Alain Tanner
Darsteller: Jérome Robart (Jonah), Aissa Maiga (Lila), Natalia Dontcheva (Irina), Jean-Pierre Gos (Jean), Cécile Tanner (Cecile), Philippe Demarle (Pierre), Heinz Bennent (Anziano), Marisa Parades (Maria)
Drehbuch: Alain Tanner, Bernard Comment
Kamera: Denis Jutzeler
Musik: Michel Wintsch
Schnitt: Monica Goux
Prod.: Filmograph/Cap/Gemini mit TV SR/WDR Prod.: Alain Tanner, Gerard Ruey, Jean-Louis Porchet, Paulo Branco, Schweiz/Frankreich 1999; 120 Min.
UA: 24.9.1999, Int. Filmfestspiele San Sebastián
Verleih: -/-/Frenetic; November 1999

25 Jahre nach »Jonas qui aura 25 ans en l'an 2000« läßt Alain Tanner die Titelfigur seines erfolgreichsten Films wieder aufleben. Jonas ist Filmemacher geworden, lebt mit der im Senegal geborenen Lila zusammen in einer Altbauwohnung in Genf und verfolgt seine ersten Dokumentarfilmprojekte. Der spannungsvoll und leichtfüßig erzählte Film ist eine vielschichtige Meditation über das Filmemachen und die Frage nach dem guten Leben. *Film, 11/99*

Journey – Verlorene Erinnerungen — 450

JOURNEY □ TV

Regie: Tom McLoughlin
Darsteller: Jason Robards (Marcus), Brenda Fricker (Lottie), Meg Tilly (Min), Max Pomeranc (Journey), Eliza Dushku (Cat), Sal Lopez, Jason Dobring, Frances Conroy
Drehbuch: Patricia MacLachlan, nach ihrem Roman
Kamera: Kees van Oostrum
Musik: Patrick Williams
Schnitt: Scott Vickery
Prod.Des.: Fred Harpman
Prod.: Brent Shields; Patricia MacLachlan (Co-Prod.) für Hallmark, USA 1995; 120 Min.
UA: 10.12.1995, CBS, 21.00
TV: 5.1.1999, Premiere, 9.15

Landleben ohne Idylle. Erst verschwand der Vater spurlos und jetzt leben die zwei jungen Geschwister mit der Mutter und dem Großvater zusammen. Doch die Mutter haut auch ab.

Julias Wahn 451

***

Regie: Hannes Schönemann
Drehbuch: Hannes Schönemann
Kamera: Thomas Plenert, Lars Barthel, Johann Feindt
Musik: Lutz Wernicke
Schnitt: Reinhard Beetz
Prod.: Heino Deckert für MA.JA.DE mit Magic Hour/MDR/WDR, BRD/Niederlande/Dänemark 1999;
90 Min.
Verleih: Eigenverleih/-/-; 11.11.1999

Hannes Schönemann macht es einem nicht leicht mit seiner dokumentarischen Erzählung »Julias Wahn«. Es dauert eine sehr lange Weile, bevor die Geschichte zuschnappt. Man muß sich erst an manches gewöhnen: die monotone Off-Stimme, die pathetisch dahindampfenden weißen Schiffe, die stets zum Ausgangspunkt zurückkreiselnde und etwas undurchsichtige Spurensuche. Diese Undurchsichtigkeit aber ist das zentrale Thema der immer haarsträubender, beklemmender werdenden Erzählung über Julia Szabad: Dänin, Doppelagentin, einst Geliebte des Filmemachers, am Ende eine vor Angst und Mißtrauen heimgesuchte Tragödin des kalten Krieges. *tip, 24/99*

Der Junge der auszog, das Zaubern zu lernen 452

JOHNNY MYSTO: BOY WIZARD

□
TV

Regie: Jeff Burr
Darsteller: Toran Caudell (Johnny Mysto), Russ Tamblyn (Blackmoor), Michael Ansara (Lord Malfeasor), Amber Tamblyn (Sprout), Ian Abercrombie (Merlin), Patrick Renna (Glenn), Jack Donner (König Artus), Sarah Haseltine (Andrea)
Prod.: USA 1996;
91 Min.
TV: 13.5.1999, SAT.1, 8.00

Kinderfilm um den Hobby-Zauberer Johnny, der Merlin und König Artus befreien muss.

Der Junge und der Luchs 453

POIKA JA ILVES

****+
TV

Regie: Raimo O. Niemi
Darsteller: Konsta Hietanen (Tomi), Risto Tuorila (Onkel Jouko), Jarmo Mäkinen (Haapala), Antti Virmavirta (Vater), Kristiina Halttu (Helena), Rauno Ahonen (Jaska), Jussi Puhakka (Oula), Markku Huhtamo (Kalle Pokka)
Drehbuch: Ville Suhonen, Martin Daniel, nach der Idee von Ville Suhonen, Matti Haapanen
Kamera: Kari Sohlberg
Musik: Sören Hyldgaard
Schnitt: Jukka Nykänen
Prod.: Hannu Tuomainen; Henrik Danstrup, Jani Thiltges (Co-Prod.) für Wildcat/Samsa Film/Balboa 2, Finnland/Dänemark/Luxemburg 1998; 96 Min.
EA: 12.2.1999, Int. Filmfestspiele Berlin, »Kinderfilmfest«
TV: 12.9.1999, Premiere, 7.05

Tomi und sein Vater ziehen aus dem Süden Finnlands in den Norden des Landes, in die Nähe des nördlichsten Wildtierreservats der Welt. Tomis Vater ist Zoologe. Er will untersuchen, ob man in dieser Wildnis wieder Luchse ansiedeln kann. Die örtliche Bevölkerung ist gegen dieses Experiment. Sie befürchtet, daß die Luchse ihre Tiere reißen könnten. (...) *Katalog Berlinale*

K

K – Das Zeichen des Bösen 454

K ***

Regie: Alexandre Arcady TV

Darsteller: Patrick Bruel (Sam Bellamy), Isabella Ferrari (Emma Güter), Pinkas Braun (Joseph Katz/Karl Heinrich), Marthe Keller (Nora Winter), Jean-François Stévenin (Kommissar Cortès), Dieter Kirchlechner, Dan Tjordjman, Burkhard Heyl
Drehbuch: Alexandre Arcady, Antoine Lacomblez, nach dem Roman »Pas de Kaddish pour Sylberstein« von Guy Konopnicki
Kamera: Gerry Fisher
Musik: Philippe Sarde
Schnitt: Joele van Effenterre
Prod.Des.: Tony Egry
Prod.: Alexandre Arcady für New Light Films/TF1/Alexandre Films mit CNC/Canal Plus, Frankreich 1997;
135 Min.
TV: 20.12.1999, ZDF, 22.25

Ein brillanter, böse spannender französischer Politthriller über getarnte NS-Verbrecher im Fadenkreuz des Mossad. Der Total-Bluff (vermeintlicher alter KZ-Jude entpuppt sich als mörderischer Nazi) ist zwar so abenteuerlich ausgeknobelt, dass die Logik leidet. Aber Pinkas Braun ist phänomenal.

Ponkie, AZ, 22.12.99

Der Kaiser und sein Attentäter 455

JING KE CI QIN WANG / THE EMPEROR AND THE ASSASSIN ***

Regie: Chen Kaige
Darsteller: Gong Li (Lady Zhao), Zhang Fengyi (Jin Ke), Li Xuejian (Ying Zheng, König von Qin), Sun Zhou (Dan), Wang Zhiwen (Marquis Changxin), Chen Kaige (Premierminister Lu Buwei), Lu Xiaohe (Fan Yugi)
Drehbuch: Chen Kaige, Wang Peigong
Kamera: Zhao Fei
Musik: Zhao Jiping
Schnitt: Zhou Xinxia
Prod.Des.: Tu Juhua, Lin Qi
Prod.: Chen Kaige, Shirley Kao, Satoru Iseki für Shin/Le Studio Canal+/Pricel/NDF/Bejing Film mit China Film, China/Japan/Frankreich 1999; 160 Min.
UA: 6.5.1999, Int. Filmfestspiele Cannes
Verleih: Tobis/-/Universal; 9.12.1999
FSK: ab 12 J., ffr.

Gong Li und Li Xuejian

Chen Kaige, der neben Zhang Yimou wohl bekannteste Vertreter der sogenannten »Fünften Generation« der chinesischen Regisseure, hat mit seinem siebten Spielfilm »Der Kaiser und sein Attentäter« den teuersten unabhängig produzierten chinesischen Film aller Zeiten gedreht. 1999 in Cannes mit dem Preis der Technik ausgezeichnet, musste er seinen Film allerdings angesichts heftiger Proteste in seiner Heimat noch einmal umschneiden und um fast eine halbe Stunde kürzen. Herausgekommen ist dabei ein Historienspektakel, dessen handwerkliche Perfektion an die großen Hollywood-Epen vergangener Zeiten erinnert. (...)

Rolf-Ruediger Hamacher, Filmecho-Filmwoche, 48/99

Im dritten Jahrhundert vor Christus macht sich der Herrscher von Qin daran, die chinesischen Provinzen auf blutigem Weg zum späteren Riesenreich zu schmieden. Seine Geliebte verschafft ihm mittels eines vorgetäuschten Mordanschlages den Vorwand, seine Nachbarn anzugreifen.
Mit riesigem Aufwand pendelt der Film unentschlossen zwischen den menschlichen Dramen seiner Figuren und den ausgewalzt epischen Hintergrundtableaus und verliert sich dabei in eigentümlich episodischer Leere.

Film, 12/99

(…) Daß der Film in China mühelos sein Publikum findet, ist klar. Die Rechtfertigung des antiken Massenmordens gehört mittlerweile zum Mythos der chinesischen Staatsgründung. Aber auch an das Publikum des Auslandes wurde gedacht: Streng darf eine edle Dame, dargestellt von der schönen Gong Li, dem großen Schlächter ins Gewissen reden, zur Strafe für die ermordeten Verwandten und Kinder entzieht sie ihm ihre Liebe. Das hindert zwar den Schlächter nicht am Weitermachen, aber immerhin, jetzt ist es endlich klargestellt, daß es in China selbstverständlich schon immer eine Menschenrechtsbewegung gegeben hat. Ansonsten kann man sich vorstellen, wie der vorsorglich schon in mehrere »Kapitel« unterteilte Film schließlich, sorgfältig in Teilchen zerschnipselt, als Mehrteiler im Fernsehen durch viele, viele Länder wandern wird. »Der Kaiser und sein Mörder«, so sehr er sich als Großfilm gebärdet, ist in Wahrheit nur ein besonders teures kleines Fernsehspiel. *Wilfried Wiegand, FAZ, 31.5.99*

Kalmans Geheimnis 456

LEFT LUGGAGE ****+

Regie: Jeroen Krabbé
Darsteller: Isabella Rossellini (Frau Kalman), Maximilian Schell (Chajas Vater), Laura Fraser (Chaja), Jeroen Krabbé (Herr Kalman), Marianne Sägebrecht (Chajas Mutter), David Bradley (Hausmeister), Adam Monty (Simcha), Chaim Topol (Herr Apfelschnitt)
Drehbuch: Edwin de Vries, nach dem Roman »Twee Koffers Vol« von Carl Friedman
Kamera: Walter Van den Ende
Musik: Henny Vrienten
Schnitt: Edgar Burcksen
Prod.: Ate de Jong, Hans Pos, Dave Schram; Dirk Impens, Rudy Verzyck (Co-Prod.); Maria Peters, Edwin de Vries, Jeroen Krabbé (Ass.Prod.) für Left Luggage/ Favourite Films/Greystone Films, Niederlande/ Belgien/USA 1997; 100 Min.
EA: 12.2.1998, Int. Filmfestspiele Berlin, »Wettbewerb«
Verleih: Buena Vista/dto./dto./Buena Vista Video; 12.8.1999
FSK: ab 12 J., ffr. – FBW: Wertvoll

Eine knapp zwanzigjährige moderne Jüdin tritt eine Stelle als Kindermädchen in einem chassidischen Haushalt an, um sich dort vornehmlich um das jüngste Kind der Familie zu kümmern. Anfängliche Konflikte werden allmählich durch wachsenden Respekt und gegenseitiges Verständnis ergänzt. Der Film erinnert zwar in seinen Grundzügen an sogenannte »educational movies«, entwirft aber im Gegensatz zu vielen anderen Produktionen dieses Genres ein vielseitiges und differenziertes Bild zweier Kulturen, die einander bei allem Verständnis doch weitgehend fremd bleiben. *Multimedia*

(…) Wird dieser schwer klischeebeladene und nervtötend übersichtliche Film ein Erfolg im Kino, eine Art gesamteuropäischer »Kolja«? Vielleicht nicht dort, wohl aber auf diesem Festival. *Jan Schulz-Ojala, Der Tagesspiegel, 13.2.98*

Laura Fraser und Adam Monty

(…) Jeroen Krabbé (55), international anerkannter Schauspieler, hat in seine Adaption des autobiografischen Romans der jüdischen Autorin Carl Friedman vielleicht allzu forcierte Humanitätsappelle verpackt. Das ehrliche Engagement überzeugt dennoch.

Angie Dullinger, AZ, 13.8.99

(…) »Kalmans Geheimnis«, das ist Erinnerungsarbeit, die das Bekannte zutage fördert. Und weil die Filmmacher das ahnen, propfen sie ihrem rührseligen und zeitlupenhaft botschaftsschweren Werk noch eine Tragödie auf. Wenn der Tod auftritt, so wohl das Kalkül, muss einfach jede Kritik verstummen.

Rupert Koppold, Rheinische Post, 13.8.99

(…) Ein nachdenklich machender Film, der es auf Grund seiner sperrigen Thematik und des schockierenden unhappy ends im hochsommerlichen Mainstreamkino schwer haben dürfte. Bewegend, sehenswert und sehr europäisch!

Horst E. Wegener, Zitty, 17/99

Kansas Nights 457

THE LOCUSTS ***

Video

Regie: John Patrick Kelley
Darsteller: Kate Capshaw (Delilah Ashford Potts), Jeremy Davies (Flyboy), Vince Vaughn (Clay Hewitt), Ashley Judd (Kitty), Paul Rudd (Earl), Daniel Meyer (Joel), Jessica Capshaw (Patsy)
Drehbuch: John Patrick Kelley
Kamera: Phedon Papamichael
Musik: Carter Burwell
Schnitt: Kathryn Himoff, Erica Flaum
Prod.Des.: Sherman Williams
Prod.: Brad Krevoy, Steve Stabler, Bradley Thomas für Orion Pic., USA 1997; 120 Min.
Vertrieb: Columbia TriStar Video; 9.2.1999
FSK: ab 12 J.

50er Jahre in Kansas: Junger Streuner bleibt auf der farm einer geheimnisumwitterten Witwe hängen. Bis das Familiengeheimnis endlich aufgedröselt ist, dauert's zwar lange, aber Darsteller und Machart retten viel an diesem konventionellen Drama.

Kanzo Sensei 458

KANZO SENSEI ****

Regie: Shohei Imamura
Darsteller: Akira Emoto (Dr. Akagi), Kumiko Aso (Sonoko), Jyuro Kara (Umeoto), Masanori Sera (Toriumi), Jaques Gamblin (Piet), Keiko Matsuzaka, Misa Shimizu, Yukiya Kitamura
Drehbuch: Shohei Imamura, Daisuke Tengan, nach »Doctor Liver« von Ango Sakaguchi
Kamera: Shigeru Komatsubara
Musik: Yosuke Yamashita
Schnitt: Hajime Okayasu
Prod.: Shohei Imamura für Imamura/Toei/Tohoku shinsha/Kadokawa Shoten Japan/F 1998; 128 Min.
UA: Int. Filmfestspiele Cannes 1998 »außer Wettbewerb«
EA: Filmfest Hamburg 1998
Verleih: -/-/Filmcooperative; Mai 1999

Okayama, 1945: Der Arzt Akagi ist besessen vom scheinbar epidemischen Auftreten von Hepatitis und versucht, mit Hilfe einer Hure, eines Kriegsgefangenen, eines Priesters und eines drogensüchtigen Chirugen das Übel zu bezwingen, trotz Störung durch die Armee. Imamura würdigt in diesem Gegenstück zu »Kuroi ame« (1988) Menschlichkeit und altruistisches Pflichtbewußtsein in Kriegszeiten. Pulsierende, stellenweise hektische lebensbejahende Fabel, deren kurioses Figurenkabinett an Fellini gemahnt.

Zoom, 5/99

Käpt'n Blaubär – Der Film 459

***

Regie: Hayo Freitag
Drehbuch: Walter Moers
Kamera: Graham Tiernan
Musik: Wolfgang von Henke, Fred Timm, Joachim Schlüter
Prod.Des.: Gyula Szabo
Prod.: Hanno Huth für TFC-Trickcompany für Senator/Degeto, BRD 1999; 81 Min.
Verleih: Senator/-/Buena Vista; 16.12.1999
FSK: o. A., ffr. – FBW: Wertvoll

Mit dem Zeichentrickwerk schufen Regisseur und Drehbuchautor eine konsequent marxistische Film-Parabel. Unter der Oberfläche einer James-Bond-artigen Abenteuergeschichte (Käpt'n Blaubär jagt Dr. Feininger) verbirgt sich der elementare Kampf des

Käpt'n Blaubär und seine Jungs belegen die Fähigkeiten deutscher Animation

Guten und Wahren gegen die einzige echte Geisel der Menschheit: dem Kapitalismus. Das unvergessliche Finale knüpft an die legendären sowjetrevolutionären Filme von Sergej Eisenstein an. Gemeinsam mit Käpt'n Blaubär und Hein Blöd erheben sich die geknechteten Massen der Wellenzwerge gegen ihre Peiniger. *tip, 26/99*

(...) Ein in seiner Detailfülle bemerkenswerter Zeichentrickfilm mit herausragender erzählerischer Erfindungsgabe, wobei die intelligenten und anspielungsreichen Dialoge allerdings eher auf etwas ältere Zuschauer zugeschnitten sind. *Film, 1/2000*

Karnaval 460

KARNAVAL ***

Regie: Thomas Vincent
Darsteller: Amar Ben Abdallah (Larbi), Sylvie Testud (Bea), Clovis Cornillac (Christian), Dominique Baeyens (Doriane), Jean-Paul Rouve (Pine), Thierry Bertein (Gigi), Martine Godart (Beas Mutter), Hervé Pierre (Verhoeven)
Drehbuch: Maxime Sassier, Thomas Vincent
Kamera: Dominique Bouilleret
Musik: Krishna Levy
Schnitt: Pauline Dairou
Prod.: Alain Rozanes, Pascal Verroust; Thierry Abel, Pierre Alain Meier, Richard Boidin, Georges Goldenstern, Arlette Zylberberg (Co-Prod.) für ADR/Thelma Films/RTBF/Arte France Cinema, Frankreich/Belgien/Schweiz 1998; 90 Min.
EA: 11.2.1999, Int. Filmfestspiele Berlin, »Wettbewerb«
Verleih: -/-/Alhena; August 1999

Mit großer Sympathie für seine rauhbeinigen Protagonisten erzählt Regisseur Thomas Vincent vom proletarisch geprägten Karneval, den man alljährlich im nordfranzösischen Atlantikkaff Dünkirchen feiert. Sein rauhes Debüt ist eine hervorragende Studie über den Menschen in der Masse: wie anfängliches Befremden in das berauschende Gefühl körperlicher Entgrenzung umschlägt. Gleichzeitig berichtet Vincent von den kulturellen Differenzen zwischen algerischstämmigen und einheimischen Franzosen. *Zoom, 8/99*

Das Kätzchen 461

KOTJONOK ***

TV

Regie: Iwan Popow
Darsteller: Andrej Kusnetzow (Fedin), Ljudmila Arinina (Großmutter), Alexej Wojtjuk (Vater), Tatjana Gauz (Mutter), Marija Popowa (Tochter), Alexandr Popow (Sohn)

Drehbuch: Iwan Popow, Alexandr Marylow
Kamera: Wladimir Fastenko
Musik: Mark Minkow
Schnitt: Walerija Belo
Prod.: Elena Zyzina, Lermont Muradjan, Jewgenij Zdornow für Mosfilm Filmstudio »Krug«, Rußland 1996; 80 Min.
EA: 17.2.1997, Int. Filmfestspiele Berlin, »Kinderfilmfest«
TV: 16.10.1999, ARD, 11.00

Eine kleine Katze, die aussieht wie ein Tiger, bringt den Haushalt einer Musikerfamilie durcheinander.

Kayla – Mein Freund aus der Wildnis 462

KAYLA ***

Regie: Nicholas Kendall
Darsteller: Tod Fennell (Sam), Meredith Henderson (Jaynie), Bronwen Booth (Althea), Henry Czerny (Asa), Brian Dooley (August), Ricky Mabe (Ernie Wallace), Daniela Akerblom (Fräulein Washburn), Vlasta Vrana (Lyman Snow)
Drehbuch: Peter Behrens, nach dem Roman von Elizabeth Van Steenwik
Kamera: John Berrie, Jan Thijs
Musik: Milan Kymlicka
Schnitt: Jean-Maire Drot, Claude Palardy
Prod.: Colin Neale, Claudio Luca für Cine-Action/Telefilm Canada/Cable TV/WIC Ent./Taurusfilm, Kanada/BRD 1997; 100 Min.
EA: 14.2.1998, Int. Filmfestspiele Berlin; »KinderFilmFest« München 1998;
Verleih: Globus/-/Stamm; 25.2.1999
FSK: ab 6 J., ffr.

Ein 12-jähriger Junge gewinnt im Norden Kanadas zu Beginn der Zwanzigerjahre die Freundschaft eines Wolfshundes und bildet ihn gegen den Widerstand der Erwachsenen zum erfolgreichen Leithund seines Schlittengespanns aus. Ein in faszinierender Landschaft angesiedelter Abenteuerfilm für Kinder, der fern der üblichen Hektik von Actionfilmen einen eigenen erzählerischen Rhythmus findet. In den Sorgen und Konflikten des Jungen, der seinen Vater, einen berühmten Polarforscher, verloren hat, spiegeln sich zudem Fragen um Selbstfindung, Freundschaft, Familie und Solidarität.

Film, 12/99

Die Kehrseite der Welt 463

LE MONDE A L'ENVRES ***

Regie: Rolando Colla
Darsteller: Laurence Cote (Anne Bruneau), Denis Lavant (Yann Kerebel), Roschdy Zem (Nasser), Yann Collette (Doctor), Sara Capretti (Magali Lenoir), Jean-Claude Grenier, Loulou
Drehbuch: Rolando Colla, Hansjörg Schertenleib, Jean Jourdheuil, Gianluigi Toccafondo, Elena Pedrazzoli
Kamera: Peter Indergand
Musik: Alex Kirschner
Schnitt: Cecile Wehrli, Rolando Colla
Prod.: Peacock/Gaia/Fandango Film mit RTSI/Teleclub, Schweiz/Frankreich/Italien 1998; 100 Min.
UA: 14.8.1998, Filmfestival Locarno
Verleih: -/-/Filmcoopi; Februar 1999

(...) Der Film erhebt die Geschichte eines bretonischen Bauernmädchens, das im achtzehnten Jahrhundert zu Hause ausrückt, in Männerkleidern zur See fährt, entdeckt und auf wunderbare Weise von einem ihr einst zur Ehe versprochenen einfältigen Mann gerettet wird. Eine teils mit kühnem Schwung gespielte, teils malerisch animierte und hinreißend komponierte Märchenerzählung, für deren Bildkraft die Großleinwand wie geschaffen schien.

Kein Lächeln wie Deins ... 464

A SMILE LIKE YOURS **

Video

Regie: Keith Samples
Darsteller: Greg Kinnear (Danny Robertson), Lauren Holly (Jennifer Robertson), Joan Cusack (Nancy Tellen), Jay Thomas (Steve Harris), Jill Hennessy (Lindsay Hamilton), Christopher McDonald (Richard Halstrom), Donald Moffat (Dr. Felber), France Nuyen (Dr. Chin)
Drehbuch: Kevin Meyer, Keith Samples
Kamera: Richard Bowen
Musik: William Ross
Schnitt: Wayne Wahrman
Prod.Des.: Garreth Stover
Prod.: David Kirkpatrick, Tony Amatullo für David Kirkpatrick Prod., USA 1997; 98 Min.
Vertrieb: Columbia TriStar Video; 17.8.1999
FSK: ab 12 J.

Problem: Kinderwunsch. Bei Danny und Jennifer klappt's nicht mit dem

Nachwuchs, dafür bieten sich Seitensprünge an. Komödie mit magerer Gagausbeute.

Kickfire – Ohne jede Vorwarnung 465

BEST OF THE BEST 4 – WITHOUT WARNING *

Video

Regie: Phillip Rhee
Darsteller: Phillip Rhee, Ernie Hudson, Tobin Bell
Prod.: USA 1998; 118 Min.
Vertrieb: CIC (Paramount) Video
FSK: ab 18 J.

Skrupelloses Terrorkommando überfällt Verkehrsbehörde von L.A., um sich einen Truck der US-Notenbank zu krallen. Hirnloser Dauerkrawall.

Kikujiros Sommer 466

KIKUJIRO ****

Regie: Takeshi Kitano
Darsteller: Beat Takeshi (Kikujiro), Yusuke Sekiguchi (Masao), Kayoko Kishimoto (Kikujisos Frau), Yuko Daike (Masaos Mutter), Kazuko Yoshiyuiki (Masaos Großmutter), Beat Kiyoshi, Great Gidayu, Rakkyo Ide
Drehbuch: Takeshi Kitano
Kamera: Katsumi Yanagishima
Musik: Joe Hisaishi
Schnitt: Takeshi Kitano, Yoshinori Ota
Prod.: Masuyuki Mori, Takio Yoshida für Bandai Visual/Tokyo FM/Nippon Herald/ Office Kitano Prod., Japan 1999; 122 Min.
UA: 20.5.1999 Int. Filmfestspiele Cannes, Wettbewerb
EA: Int. Hofer Filmtage 1999
Verleih: Senator/Polyfilm/Frenetic; 18.11.1999
FSK: o. A., ffr.

Takeshi Kitano hat sich in seinem achten Spielfilm wieder von seinen depressiven Yakuza und gewalttätigen Cops verabschiedet. In »Kikujiros Sommer« gehört alle halbwegs friedliche Aufmerksamkeit dem achtjährigen Masao, der sich auf der Suche nach seiner Mutter auf den Weg in die japanische Provinz macht. Sein erwachsener, gleichwohl einigermaßen durchgedrehter Begleiter Kikujiro sorgt abwechselnd für

Beat Takeshi und Yusuke Sekiguchi verleben einen Sommer zusammen

notdürftige Beruhigung und erstaunliches Chaos. Kitanos Roadmovie ist ein wunderhübsch dahinplätscherndes, loses Reisejournal, surreale Slapsticheinlagen und eine große Portion despotischen Kitano-Humors sorgen ständig für Überraschungen.

Robert Weixlbaumer, tip, 24/99

(...) Ein stilles Roadmovie voller Magie und Fantasie – manchmal aber wird's doch allzu absurd und kitschigbunt. *Film, 11/99*

(...) Takeshi Kitano scheint hier wieder einmal von höherer Hand geleitet zu sein, bis fast zum Schluss. Nur gegen Ende wird er ein wenig zu verspielt, womit dieses Roadmovie die Ausfahrt zur lakonischen Perfektion seiner Meisterwerke »Sonatine« und »Hana-Bi« verpasst. Das macht aber eigentlich nichts. Kitano ist immer noch einer der spannendsten Filmemacher weit und breit, ganz unabhängig von der mythisch-kalten Yakuta-Welt, mit der er allgemein identifiziert wird – und es ist wunderbar, ihn einmal so warm und menschlich zu erleben.

Tobias Kniebe, SZ, 18.11.99

Killer 467

TUEUR A GAGES ****

Regie: Darezhan Omirbajev
Darsteller: Talgat Assetov, Roksana Abujowa
Drehbuch: Darezhan Omirbajev, Limara Jeksembajewa
Kamera: Boris Troshev
Musik: Wolfgang Amadeus Mozart
Schnitt: Rima Beljakowa, Claude Reznik
Prod.: Artcam, Frankreich/Kasachstan 1998; 80 Min.
Verleih: -/filmladen/-; März 1999

Um den bei einem Auffahrunfall entstandenen Blechschaden zu bezahlen, muß Marat einen Kredit bei einem neureichen Privatmann aufnehmen. Dieser kleine Vorfall stößt ihn aus seinem sicheren Leben und wird ihn schlußendlich zerstören. In dieser kasachischen Geschichte verpackt sind starke Bilder der Unsicherheit einer ganzen Gesellschaft. Ein nüchterner, in seiner geradlinigen Stringenz beeindruckender Film über ein Land, dessen bisheriges Wertesystem nicht mehr funktioniert, dass aber noch keine neuen, gesellschaftlich anerkannten Regeln und Ziele gefunden hat. Omirbajevs ästhetisches Bildkonzept setzt dabei in heute selten gesehener, ungebrochener Konsequenz auf klassische Ideale der Filmtheorie. *Multimedia*

Killer.Berlin.doc 468

*** TV

Regie: Bettina Ellerkamp
Darsteller: Max Andersson, Dagie Brundert, Alexander Christou, Elizabeth Felicella, Akiko Hada, Cornelia Klauss, Dieter Kölsch, Roswitha Kreil
Drehbuch: Bettina Ellerkamp
Kamera: Jörg Heitmann
Musik: Jim Lusted
Schnitt: Bettina Ellerkamp, Jörg Heitmann
Prod.: Dogfilm für ZDF »Das kleine Fernsehspiel«, BRD 1999; 74 Min.
UA: 11.2.1999, Int. Forum des Jungen Films, Berlin
TV: 26.4.1999. ZDF, 0.00

Junge Bewohner der künftigen Hauptstadt lassen sich auf ein mysteriöses »Mörderspiel« ein, um Alltagstrott und Lebensekel zu begegnen.

(...) Die Ästhetik aber, die dieser Film von der Hauptstadt entwirft, ist zwar ähnlich modisch wie sein Titel, doch durchaus anziehend. Eine »Skizze vom Berlin in der Zwischenzeit« ist »killer.berlin.doc.« mit seinen eingestreuten Statements über Architektur und »Berlin an sich« kaum. Eher wohl ein ziemlich ausufernder Insiderjoke, der auch außenstehenden Alt-Hauptstädtern Spaß machen dürfte: Vogelspinnen im Prinzenbad! *Sylvia Hallersleben, Der Tagesspiegel, 13.2.99*

Die Killerhand 469

IDLE HANDS **

Regie: Rodman Flender
Darsteller: Devon Sawa (Anton), Seth Green (Mick), Elden Henson (Pnub), Jessica Alba (Molly), Christopher Hart (Die Hand), Vivica A. Fox (Debi), Jack Noseworthy (Randy), Katie Wright (Tanya)
Drehbuch: Terri Hughes, Ron Milbauer
Kamera: Christopher Baffa
Musik: Graeme Revell
Schnitt: Stephen E. Rivkin
Prod.Des.: Greg Melton
Prod.: Andrew Licht, Jeffrey A. Mueller, Suzanne Todd, Jennifer Todd für Licht/Mueller Film/Team Todd Prod., USA 1999; 92 Min.
Verleih: Columbia TriStar/-/-/Columbia TriStar Video; 26.8.1999
FSK: ab 16 J., ffr.

Wieder mal Teenager-Horror an Halloween, made in USA. Diesmal macht sich die rechte Hand eines nichtsnutzigen Jungen blutig selbständig. Erste Opfer sind die geliebten Eltern.

(...) Erfrischend ungezwungen geht Regisseur Rodman Flender an das Horrorkomödienwerk, sowohl was die Charakterisierung der Hauptfiguren als auch die extreme Darstellung von Gewalt betrifft. Da wird gekifft und gemeuchelt, was das Zeug hält, und die Spezialeffektler haben ungefähr genausoviel zu tun wie die Lachmuskeln jenes Teils des Kinopublikums, das schon Sam Raimis »Evil Dead II« oder Peter Jacksons »Brain Dead« ganz toll fand. An diese beiden offensichtlichen Vorbilder kommt der Streifen mangels durchgängigem Tempo zwar nicht heran, Freunde des schlechten und blutigen Geschmacks dürften dennoch ihren Spaß an ihm haben.

Martin Schwarz, Zitty, 15/99

(...) Sicher kann man darüber streiten, ob die Filme von Abel Ferrara oder George Romero geschmackvoll sind. Doch was hier eineinhalb Stunden zu Punk-Rock abläuft, ist bar jeder Phantasie und Poesie und hat allenfalls Platz in der Kategorie der Gewalt-Videos.

Heiko R. Blum, Rheinische Post, 27.8.99

(...) Man könnte »Die Killerhand« als vorläufigen Höhepunkt einer Reihe von zunehmend bösartiger werdenden Highschool-Filmen sehen, Filmen wie »The Faculty«, »Eine wie Keine«, »Der zuckersüße Tod«, »Cruel Intentions« oder »Election«, in denen hemmungslos inszeniert und intrigiert, gemordet und vertuscht wird. Auch bei Anton und seinen Freunden beschränken sich die schulischen Aktivitäten auf einen Besuch der Highschool-Halloween-Party, bei der die drei mühelos jeden Frankenstein-Wettbewerb gewinnen könnten: Was macht es da schon, wenn man bereits tot ist – always look on the bright side of life.

Anke Sterneborg, SZ, 31.8.99

Ein Kind wird vermißt 470

TRIAL AND RETRIBUTION ***
TV

Regie: Aisling Walsh
Darsteller: David Hayman (D. Supt. Walker), Kate Buffery (D.I. North), Jake Wood (P.C. Barridge), Helen McCrory (Anita Harris), Rhys Ifans (Michael Dunn), Lee Ross (Peter James), George Rossi (D.S. Donaldson), Corin Redgrave (Rylands)
Drehbuch: Linda La Plante
Prod.: GB 1997; 102 Min.
TV: 30.10.1999, 6.11.1999, Arte, 22.35, 22.40

Die kleine Julie ist von einem Triebtäter mißbraucht und ermordet worden. Alles spricht gegen den Säufer Michael Dunn, doch einige Beweisstücke stellen sich als falsch heraus. Aus der einhelligen Vorverurteilung eines Verlierers wird der Kampf gegensätzlicher Ansichten um die Wahrheit eines Verbrechens. *Pressetext*

Kinder des Himmels 471

BACHEHA-YE ASEMAN ****

Regie: Majid Majidi
Darsteller: Mohammad Amir Naji, Bahare Seddiqi, Farrokh Hashemian, Fereshte Sarabandi, Karnal Mirkarimi
Drehbuch: Majid Majidi
Kamera: Parviz Malekzade
Schnitt: Hassan Hassandoost
Prod.: Institute for the Intellectual Development of Children and Young Adults, Iran 1997; 89 Min.
EA: Filmfest Hamburg 1997
Verleih: Arthaus/Kinowelt/-/Kinowelt Video; 9.9.1999
FSK: o. A., ffr.

Der kleine Ali verliert die Turnschuhe seiner Schwester und muß sie deshalb mit ihr teilen, wenn sie die Schule besuchen. Leider ist der Vater so arm und die Mutter so krank, daß keine neuen Schuhe gekauft werden können und Ali gewinnt beim Kindermarathon nicht den dritten Preis, ein Paar Turnschuhe, sondern den ersten. Berührende Kindergeschichte aus Teheran, die über die Informationsabsicht hinaus, das Schulwesen des Iran ins Licht zu rücken, authentische Blicke ins Familienleben der Armen ermöglicht. *Multimedia*

(...) Diese wunderschöne, im besten Sinne einfache Erzählung des jungen iranischen Regisseurs Majid Majidi (zurecht Oscar-nominiert als bester ausländischer Film) konzentriert sich auf die Gefühlswelt von Kindern, die den Problemen der Erwachsenen mit Einfallsreichtum und Mut begegnen. Ein herzergreifendes, auch humorvolles Lehrstück aus einer fremden Kultur, die uns so ganz nahe scheint.

Angie Dullinger, AZ, 9.9.99

(...) Seine kindlichen Zuschauer entführt der iranische Regisseur Majid Majidi in eine fremde Welt, in der die Unterschiede zwischen arm und reich besonders krass sind. Ähnlich wie das

Mädchen Razieh aus Jafar Panahis Film »Der weiße Ballon« verfolgt auch der Junge Ali beharrlich sein Ziel, ohne sich durch die Erwachsenen entmutigen zu lassen – so vermitteln diese »einfachen« Kinderfilme aus dem Iran neben der Geschichte ganz nebenbei auch deutliche Kritik an den gesellschaftlichen Zuständen des Landes.

Manfred Hobsch, Zitty, 19/99

Kinder des Moors 472

LES ENFANTS DU MARAIS ***

Regie: Jean Becker
Darsteller: Jacques Villeret (Riton), Jacques Gamblin (Garris), André Dussollier (Amedee), Michel Serrault (Pepe), Isabelle Carre (Marie), Eric Cantona (Jo Sardi), Suzanne Flon, Jacques Dufilho
Drehbuch: Sebastien Japrisot, nach einem Roman von Georges Montforez
Kamera: Jean-Marie Dreujou
Musik: Pierre Bachelet
Schnitt: Jacques Witta
Prod.Des.: Therese Ripaud
Prod.: Christian Fechner für Films Christian Fechner/UGCF/France2 Cinema/UGC Images/Rhone-Alpes Cinema/KJB Prod. mit Sofinergie 4 & 5/CNC/Canal Plus, Frankreich 1999; 115 Min.
Verleih: -/-/JMH; Dez. 1999

Eine Frau erinnert sich an ihre Kindheit im Marschland, an ihren trunkenen Vater und seinen aufrechten Freund. Der Regisseur des bissig-erotischen »L'été meurtrier« (1983) versucht sich hier in einer Kleinstadt- und Landschaftsidylle. Mit freiheitsliebenden Marschlandbewohnern und kleinbürgerlichen Städtern beschwört er eine Nostalgiestimmung herauf, die an die Pagnol-Verfilmungen erinnert, aber etwas zu idyllisch daherkommt.

Film, 12/99

Kinder des Zorns 5 – Feld des Terrors 473

CHILDREN OF THE CORN V – FIELD OF SCREAMS *
Video

Regie: Ethan Wiley
Darsteller: Stacey Galina (Alison), Alexis Arquette (Greg), Adam Wiley (Ezekiel), Greg Vaughan (Tyrus), David Carradine (Luke), Fred Williamson
Drehbuch: Ethan Wiley, nach einer Kurzgeschichte von Stephen King
Kamera: David Lewis
Musik: Paul Rabjohns
Schnitt: Peter David Flanagan
Prod.: Jeff Geoffray, Walter Josten für Miramax/Dimension Films/Blue Rider Pic., USA 1998; 79 Min.
Vertrieb: Highlight Video; März 1999
FSK: ab 16 J.

Brutale Kinder-Gang schlachtet reihenweise Erwachsene ab. Klingt gut, oder? Unsagbar billiges Horror-Filmchen.

Die Kinder von Beirut 474

WEST BEYROUTH – A L'ARBRI LES ENFANTS ****
TV

Regie: Ziad Doueiri
Darsteller: Rami Doueiri (Tarek), Mohamad Chamas (Omar), Rola Al Amin (May), Carmen Lebbos (Tareks Mutter), Joseph Bou Nassar (Tareks Vater)
Drehbuch: Ziad Doueiri
Kamera: Ricardo Jacques Gale
Musik: Stewart Copeland
Schnitt: Domenique Marcombe
Prod.: 3B/La Sept arte, Frankreich/Libanon/Belgien 1997; 105 Min.
TV: 11.9.1998, Arte, 20.45

Eine autobiografisch gefärbte Geschichte um Adoleszenz und erste sexuelle Erfahrungen zweier 14jähriger Libanesen und eines gleichaltrigen Mädchens christlicher Konfession in Beirut der ersten Jahre des von 1975 bis 1991 dauernden Bürgerkriegs. Der Film verknüpft überzeugend eine effiziente Erzähldramaturgie mit nachdenklich stimmenden, träumerischen Elementen, kritisiert grundsätzlich das Verhalten von Männern im Krieg und plädiert wirksam für Toleranz und gegen religiösen Fanatismus.

Zoom, 5/99

Kinski Paganini 475

PAGANINI ***

Regie: Klaus Kinski
Darsteller: Klaus Kinski (Nicolo Paganini), Debora Kinski (= Deborah Caprioglio) (Antonia Bianchi), Nikolao Kinski (Achille Paganini),

Bernard Blier (Caffarelli), Marcel Marceau (Mime), Dalila Di Lazzaro (Baroness), Donatella Rettore, Eva Grimaldi
Drehbuch: Klaus Kinski
Kamera: Pier Luigi Santi
Musik: Nicolo Paganini, gespielt von Salvatore Accardo
Schnitt: Klaus Kinski
Prod.: Augusto Caminito für Scéna Film/Reteitalia President Films, Italien/Frankreich 1989; 85 Min.
Verleih: Carsten Frank/-/-; 7.11.1999

Dem ekstatischen Violinvirtuosen aus dem 19. Jahrhundert widmete Kinski seine einzige Regiearbeit, er selbst hatte darin seinen letzten großen Kinoauftritt. Der Film, der jetzt erst in die deutschen Kinos gelangt, nimmt das historische Charakterbild nur zum Vorwand für ein erigiertes Selbstporträt, roh und angstlos zusammengezimmert, dabei sagenhaft eitel und von bekannter Triebhaftigkeit geprägt. Mädchen und Frauen verzehren sich nach dem schwarzmähnigen Kunstungeheuer, die bessere Gesellschaft verachtet Paganini/Kinski dagegen so gut sie kann für Genie und Libido. Immer erstaunlich, gelegentlich schwer enervierend und generell völlig haltlos ist dieser Film, eigensinnig und einsam in der Filmlandschaft, ganz wie sein Schöpfer.

Robert Weixlbaumer, tip, 21/99

(...) Der Paganini-Film ist ein lang gehegtes Herzensprojekt von Kinski gewesen. Seit er in den sechziger Jahren in einem Wiener Geigengeschäft eine Abbildung Paganinis gesehen hat, war er wie besessen von dem Teufelsgeiger und Gothic-Musiker. Er spürte eine Seelenverwandtschaft mit diesem ebenso umjubelten wie geächteten Performance-Künstler des 19. Jahrhunderts. Die Triebhaftigkeit und das Getriebensein, die Grenzüberschreitung und die Kompromisslosigkeit Paganinis – darin sah Kinski Parallelen zu seinem eigenen Leben: Und in der Vermischung von Legende und Wahrheit, der Verquickung von Leben und Show beim düster-romantischen Musiker Ähnlichkeiten zu seiner eigenen Karriere. Nach 20 Jahren und unzähligen Anläufen konnte er das Projekt 1987 in Italien verwirklichen: eine Filmbiografie Paganinis als Selbstporträt.

Obwohl Kinski mit unglaublichem Einsatz die Werbetrommel rührt, ist dem Film kein Erfolg beschieden. In Cannes wird er abgelehnt. Nur in Italien und Japan läuft der Film. In zwei Ländern, die empfänglich sind für ein Kino der Rituale. Gut zehn Jahre nach seiner Herstellung kommt Kinskis rares Werk der Leidenschaft, das bei Underground-Cineasten unterdessen den Stellenwert eines film maudit gewonnen hat, endlich auch in unsere Kinos, im Eigenverleih eines Kinski-Aficionados. Zehn Jahre habe ihn der Film verfolgt, nachdem er ihn Ende der Achtziger in Italien gesehen habe, sagt der Verleiher. Die Besessenheit setzt sich also fort. Die Sehnsucht nach anderen Möglichkeiten, auch im Kino, die den Film durchzieht, wird selbst in der sorgfältigen Kino-Edition spürbar. (...)

Hans Schifferle, SZ, 7.10.99

Kiriku und die Zauberin 476

KIRIOU ET LA SORCIERE ***

Regie: Michel Ocelot
Deutsche Sprecher: Harald Leipnitz, Mo Asumang, Gabriel Wanka, Claudia Urbschat-Mingrel, Udo Wachtveitl
Drehbuch: Michel Ocelot
Kamera: Daniel Borenstein
Musik: Youssou N'Dour
Schnitt: Dominique Lefever
Prod.Des.: Thierry Million
Prod.: Didier Brunner, Jacques Vercruyssen, Paul Thitges für Les Armateurs/Odec Kid Cartoons/Monipoly/Trans Europe/Studio O/France 3/Cinema/RTBF, Frankreich/Belgien/Luxemburg 1999; 75 Min.
Verleih: MFA/filmladen/Frenetic; 7.10.1999
FSK: o. A., ffr.

Nach einem afrikanischen Märchen entstand dieser Zeichentrickfilm über ein vorwitziges Baby, das sich unerschrocken gegen eine übelwollende Zauberin wehrt. Ästhetisch einigermaßen getreu an afrikanischer Kunst orientiert, funktioniert der Film nach

›Die Zauberin‹

einer klassischen Abenteuerdramaturgie: Es gilt, viele und schwierige Prüfungen zu bestehen, bevor das Happy-End lacht. In Frankreich wurde das nette Filmchen als »Anti-Disney« enthusiastisch gefeiert. *Film, 10/99*

(...) Im Gegensatz zur naiv-bunten Disney-Welt und dem Schrillen in Optik und Akustik beim japanischen Animationsfilm überraschen die Realisatoren dieses Märchenstoffs durch Ruhe, Klarheit und einfache Bilder in schönen, warmen Farben. Das liegt wohl nicht zuletzt daran, dass Autor und Regisseur Michel Ocelot seine Kindheit in Guinea verbracht hat, die westafrikanische Kultur liebt, in mehereren Dutzend Kurzfilmen sein gefühl für Poesie erprobt hat. (...)
Heiko R. Blum, Rheinische Post, 8.10.99

(...) Am wichtigsten aber ist die Botschaft an die kleinen Zuschauer im Kino, dass es nicht auf die dicksten Muskeln, den größten Körper und die gewalttätigsten Waffen ankommt, wenn man um sein Recht kämpfen will, und dass sich ein kleiner Außenseiter mit Witz und Ideen allemal durchsetzen kann. Statt gleich zum Angriff überzugehen, stellt der kleine Kiriku die entscheidende Frage. Warum ist die böse Zauberin so böse?
Anke Sterneborg, SZ, 12.10.99

Kiss My Blood 477

KISS MY BLOOD *
Video

Regie: David Jazay
Darsteller: Benno Fürmann, Anja Fischer, Thomas Haydn
Prod.: BRD 1998; 80 Min.
Vertrieb: Screen Power Video; Mai 1999
FSK: ab 16 J.

Über 700jährige Blutsaugerin freundet sich mit Hausfrauen-Frusti an, aber dann taucht ein Vampirjäger auf. Erschreckend ist an diesem Mach-Werk nur seine dilettantische Mach-Art.

Kleine Fische, große Fische 478

RIENS DU TOUT ***
TV

Regie: Cédric Klapisch
Darsteller: Fabrice Luchini, Odette Laure, Jean-Pierre Darroussin, Marc Berman
Drehbuch: Cédric Klapisch
Kamera: Dominique Colin
Musik: Jeff Cohen
Schnitt: Francine Sandberg
Prod.: Adeline Lecallier; Alain Rocca (Ass.Prod.) für Lazennec/MK2/France 3 Cinéma/CEC Rhône-Alpes mit Canal Plus/Soficas Sofinergie 2 und 3/Centre National de la Cinématographie/Procirep, Frankreich 1992; 95 Min.
UA: 11.11.1992, Paris
TV: 17.2.1999, BR, 0.05

Das große Pariser Warenhaus »Les Grandes Galéries«: Der neue Manager Monsieur Lepetit soll mit modernsten Methoden der Verkaufsstrategie unter Berücksichtigung des »human factor« das Kaufhaus auf Vordermann bringen. Seine Strategie geht voll auf, die Gewinnausschüttung nach einem Jahr ist imponierend. Doch Monsieur Lepetit hat umsonst gekämpft. Der Verkauf der »Grandes Galéries« ist beschlossene Sache, er hat dafür gesorgt, daß der Verkaufspreis gestiegen ist. Lepetit schlägt sich auf die Seite der kleinen Fische, der von der Kündigung bedrohten Belegschaft. *Pressetext*

Kleine Lügen unter Freunden 479

BAD MANNERS ***
TV

Regie: Jonathan Kaufer
Darsteller: David Strathairn (Wes), Bonnie Bedelia (Nancy), Saul Rubinek (Matt), Caroleen Feeney (Kim)
Drehbuch: David Gilman
Kamera: Denis Maloney
Musik: Fra Newborn
Schnitt: Robin Katz
Prod.: J. Todd Harris für Davis Ent. Classics, USA 1996; 87 Min.
EA: Filmfest Hamburg 1997
TV: 3.7.1999, Vox, 20.15

Wes hat gerade seinen Professorenposten an der Universität verloren. Zusammen mit seiner Ehefrau Nancy erwartet er zum Wochenende den versponnenen Musikwissenschaftler Matt. Zu ihrer Überraschung bringt Matt seine attraktive Freundin Kim mit. Wes kann nicht verwinden, daß Matt und Nancy während des Studiums eine Affäre hatten, und in seinem Frust zeigt er den Gästen seine Abneigung ganz offen. (...) *Katalog Filmfest Hamburg*

Kleiner König Midas 480

THE MIDAS TOUCH ***
TV

Regie: Peter Manoogian
Darsteller: Trevor O'Brien (Billy), Ashley Lyn Cafagna (Hannah), Joey Simmrin (Leon), David Jeremiah (Willy), Marla Cotovsky (Cora), Danna Hansen (Großmutter), Shannon Welles (Hexe)
Prod.: USA 1996; 91 Min.
TV: 6.6.1999, SAT.1, 15.05

Fantasymärchen für Kinder über den pädagogischen Merksatz »Gold ist nicht alles«.

Kleiner Vogel 481

PAJARICO *
TV

Regie: Carlos Saura
Darsteller: Alejandro Martinez (Manu), Dafne Fernandez (Fuensanta), Francisco Rabal (Großvater), Manuel Bandera (Onkel Juan), Eusebio Lazaro (Onkel Fernando), Juan Luis Galiardo (Onkel Emilio), Luisa San José (Tante Beatriz), Violeta Cela (Tante Lola)
Drehbuch: Carlos Saura
Kamera: José Luis Lopez-Linares
Musik: Alejandro Masso
Schnitt: Julia Juaniz
Prod.: Cocha Diaz, Javier Castro; Ricardo Evole (Ass.Prod.) für Filmart, Spanien 1997; 98 Min.
UA: 31.8.1997, Int. Filmfest Montreal
TV: 1.12.1999, BR, 23.40, OmU

Der zehnjährige Manu wird während einer ernsthaften Ehekrise seiner Eltern zu Verwandten nach Südspanien geschickt. Die Erlebnisse in der exzentrischen Großfamilie und seine erste Liebe lassen Manu heranreifen. *Pressetext*

Kleines Tropikana 482

TROPICANITA ****

Regie: Daniel Diaz Torres
Darsteller: Peter Lohmeyer (Hermann Pangloss, deutscher Tourist), Vladimir Cruz (Polizist/Schriftsteller), Carlos Cruz (Antiquitätenhändler), Enrique Molina (Polizeichef), Thais Valdés (Silvia), Corina Mestre (Dora), Luisa Perez Nieto
Drehbuch: Eduardo del Llano, Daniel Diaz Torres
Kamera: Raul Pérez Ureta
Musik: Edesio Alejandro
Schnitt: Marita Lores
Prod.Des.: Erick Grass
Prod.: Camilo Vives, Antonia Navra, Jose Ramon Gauchegni, Tania Reichert-Felidades für Productora Cinematografica ICAI/Bertelsmann Media Group/Universum, Kuba/Spanien/BRD 1997; 115 Min.
UA: 14.9.1998, Filmfestival Toronto
EA: 27.6.1998, Filmfest München
Verleih: Kairos, OmU/-/-/BMG (Ufa) Video; 23.9.1999
FSK: ab 12 J., ffr.

Eine Krimiparodie aus Havanna. Die Spurensuche eines Deutschen wird zum tödlich-turbulenten Fiasko, und ein Dorfpolizist mit Drang zu Größerem erlebt seine Sternstunde. Irrwitzig, schnell und äußerst vertrackt – Regisseur Daniel Diaz Torres ist nichts heilig, schließlich bietet der Alltag in Cuba

›Kleines Tropikana‹

genügend Stoff für ein großes Gelächter. *Christina Moles Kaupp, tip, 20/99*

Ein spannendes Krimi-Vexierspiel ist diese vergnügliche Schnurre des Kubaners Daniel Diaz Torres mit dem wunderbaren Peter Lohmeyer in der Hauptrolle. Als toter deutscher Tourist, Schnapsflasche im Arm, Engelsflügel auf dem Rücken, liegt er anfangs in einem Hinterhof Havannas. Dann allerdings bringt er als Flashback die karibisch surreale Handlung ins Rollen, und man kommt aus dem Staunen über die bizarren Ereignisse und Typen nicht heraus. *Franke Hauck, AZ, 27.6.91*

Der König der Löwen 2 – Simbas Königsreich 483

THE LION KING – SIMBA'S PRIDE ***

Video

Regie: Darrell Rooney
Drehbuch: Flip Kobler, Cindy Marcus
Musik: Nick Glennie Smith
Schnitt: Peter N. Lonsdale
Prod.: Jeannine Roussel für Disney Ent./ Walt Disney Television Animation, USA 1998; 79 Min.
Vertrieb: Buena Vista Home Video; März 1999
FSK: o.A.

Simbas neugierige Tochter Kiara gerät ins Schattenland und begegnet dort dem Löwenjungen Kovu. Passable US-TV-Fortsetzung des Kino-Welterfolgs.

Der König und ich 484

THE KING AND I ***

Video

Regie: Richard Rich
Darsteller: Die Figuren und ihre Originalstimmen: Miranda Richardson (Anna Leonowens), Martin Vidnovic (The King of Siam), Ian Richardson (Kralahome), Darell Hammond (Master Little)
Drehbuch: Peter Bakalian, Jaqueline Feather, David Seidler
Kamera: James D. Koford
Musik: Richard Rodgers
Prod.: James G. Robinson, Arthur Rankin, Peter Bakalian für Morgan Creek/Rankin/Bass/Nest, USA 1999; 87 Min.
Vertrieb: Warner Video; 25.11.1999
FSK: o. A.

Die Engländerin Anna soll am Hof des Königs von Siam unterrichten, doch beide Kulturen prallen hart aufeinander. Annehmbare, nicht übermäßig aufwendige Zeichentrickversion des gleichnamigen Musicals und des aktuellen US-Remakes (»Anna und der König«).

Kopfleuchten 485

****

Regie: Mischka Popp, Thomas Bergmann
Drehbuch: Mischka Popp, Thomas Bergmann
Kamera: Jörg Jeshel
Schnitt: Peter Przygodda
Prod.: Mischka Popp, Thomas Bergmann für Pilotfilm/ZDF, BRD 1998; 90 Min.
UA: Int. Hofer Filmtage 1998
Verleih: Pegasos/-/Stamm; 15.4.1999
FSK: ab 6 J., ffr.

(...) Die Kamera versucht, ihre Wahrnehmung der Welt wiederzugeben. Die Filmemacher sind fasziniert, werben für Toleranz und eine Vielfalt der Formen. Das fasziniert, erst im letzten Drittel langweilt der Film ein wenig durch Aufzählung. So gutmeinend aber ist dieser Film, daß er die Einsamkeit und das Leiden seiner Figuren auch immer wieder verharmlost. *Martina Knoben, SZ, 3.11.98*

Dokumentarfilm über Personen, die an Krankheiten oder Verletzungen des Gehirns leiden. Sympathische, vorsichtige Erkundung von geistigen Phänomenen, die der Volksmund etwas

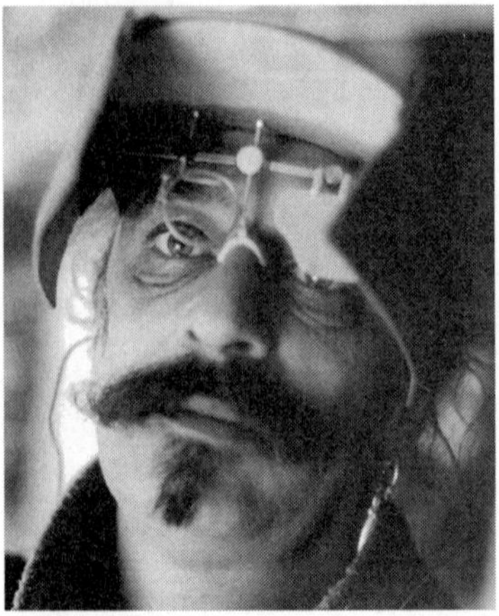

›*Kopfleuchten*‹

hilflos, aber treffend mit Analogien wie »nicht ganz dicht« umschreibt. In der Begegnung mit solchen Menschen scheinen Würde und eine eigenwillige Genialität auf, die durch ihre »Spezialbegabungen« auch zum Nachdenken über das Wunder des Bewußtseins anregt. *Zoom, 5/99*

(...) Der Film versucht sich weder in wissenschaftlichen Erklärungen, noch in Kommentaren, Gemeinsames und Übergreifendes festzuhalten; er dokumentiert, zählt auf, lässt die Personen und ihre höchst persönliche Situation für sich selbst sprechen.
Heiko R. Blum, Rheinische Post, 6.8.99

Der Kopp

486
**
TV

Regie: Michael Mackenroth
Darsteller: Dietmar Schönherr (Jürgen Kopp), Alexandra Kamp (Tanja Pollack), Björn Casapietra (David Wille), Benjamin Sadler (Carl Vrese), Sabine Vitua (Yvonne), Katka Kurze (Elke), Udo Swann (Georg Schaller)
Drehbuch: Karl Heinz Willschrei
Prod.: Nostro Film für SAT.1, BRD 1998; 91 Min.
TV: 9.5.1999, SAT.1, 20.15

Der synthetische Schachbrettkrimi setzt Dietmar Schönherr als Fahnder Kopp in einen Rollstuhl und schafft seinen zwei Assi-Jungturnern Platz für den Action-Kleinkram: Ein Drahtschlingen-Psychopath, abtrünniger Expolizist und Schachstratege, verübte unentwegt Sado-Rache. Das war's dann. *Ponkie, AZ, 11.5.1999*

Kreuzfeuer

487
***
TV

Regie: Thomas Roth
Darsteller: Michael Schottenberg (Glockner), Sophie Rois (Madame Colette), Karl Markovics (Glockners Kollege)
Drehbuch: Gerhard Roth
Prod.: Österreich 1997; 90 Min.
TV: 10.3.1999, 3sat, 22.25

Einem selbstmörderischen Attentat knapp entgangen und offiziell für tot erklärt, kämpft Kommissar Glockner aus dem Untergrund weiter gegen die Russenmafia und korrupte Polizisten. Die Ermordung seiner Geliebten macht ihn zum Rasenden. Der Showdown am Zentralfriedhof ist ein erster Vernichtungsschlag. *AZ TV-Journal*

Die Kriegerin

488
***
Video

SOLDIER'S SWEETHEART

Regie: Thomas Michael Donnelly
Darsteller: Kiefer Sutherland (Rat), Georgina Cates (Marianne), Skeet Ulrich (Fossie), Daniel London (Eddie), Louis Vanaria (Bobbie D), Larry Gilliard Jr. (Shoeshine), Christopher Birt (Sanders)
Drehbuch: Thomas Michael Donnelly, nach den Kurzgeschichten »Sweetheart of the Song Tra Bong« von Tim O'Brien
Kamera: Jacek Laskus
Musik: Gary Chang
Schnitt: Anthony Sherin
Prod.Des.: Dough Kraner
Prod.: William S. Gilmore für Paramount/Viacom/Showtime, USA 1998; 112 Min.
EA: 9.6.1998, Seattle Film Festival
Vertrieb: CIC (Paramount) Video; Juli 1999
FSK: ab 16 J.

Freundin eines US-Soldaten findet beim Besuch des Liebsten in Vietnam Geschmack am Krieg und will an die Front. Leicht bescheuerte Story, die sich zunehmend der Düsternis hingibt.

Die kritische Masse – Film im Underground 489

***

Regie: Christian Bau
Mit: Bazon Brock, Hellmuth Costard, Werner Grassmann, Helmut Herbst, Andy Hertel, Werner Nekes, Dore O., Kurt Rosenthal
Drehbuch: Christian Bau
Kamera: Barbara Metzlaff, Hanno Krieg
Musik: Alfred Harth
Schnitt: Ursula Höf
Prod.: Peter Stockhaus für Die Thede, BRD 1998; 110 Min.
Verleih: Silver Cine/-/-; Januar 1999

Im Oktober 1967 avanciert Hamburg für kurze Zeit zum schillernden Zentrum der Film-Avantgarde. Drei Tage und drei Nächte werden auf einem Film-In in einem umgebauten Ladenlokal Undergroundfilme gezeigt – gegen den amerikanischen Filmimperialismus, gegen das kommerzielle Unterhaltungskino, aber auch gegen den Jungen Deutschen Film. Im Frühjahr 1968 gründen die Regisseure, die sich in Anlehnung an Handwerksberufe »Filmmacher« nennen, die erste deutsche Filmkooperative. Mit Filmausschnitten, Fotos und Interviews dokumentiert Christian Bau diese spannende Epoche des cineastischen Aufbruchs und politischen Widerstands.
Annette Kilzer, tip, 2/99

Kubanisch rauchen 490

***

Regie: Stephan Wagner
Darsteller: Simon Licht (Paul), Thomas Morris (Bernd), Wolfgang S. Zechmayer (Erwin), Eva-Maria Straka (Eva), Tatjana Alexander (Lisa), Seymour Cassel (Dragan), Leon Askin
Drehbuch: Stephan Wagner
Kamera: Thomas Benesch
Musik: Peter Ponger, Alexander Zlamal
Schnitt: Gunnar Wanne-Eikel
Prod.Des.: Thomas Olah
Prod.: Stephan Wagner für Blow-up/ Kuba Film, Österreich/BRD 1998; 88 Min.
EA: Int. Hofer Filmtage 1998
Verleih: Basis/Einhorn/-; 19.8.1999

Bernd ist Kleingangster mit dem Wunsch nach einer bürgerlichen Existenz, aber das Kapital, das er sich leiht, um mit einem Freund einen Altwarenhandel zu eröffnen, stammt aus den gleichen dunklen Verbindungen, aus denen er sich lösen will. Stephan Wagners Low-budget-Spielfilmdebüt atmet in seinen erfreulich unpittoresken, von kleinen Pointen durchsetzten Wienbildern den Geist der 60er-Jahre, das kühle Schwarzweiß addiert dazu den Noir-Ton. Die leicht unkonzentrierte Kombination von Beziehungsfilm und Genrespiel kann mit hochkarätiger Verstärkung rechnen: Seymour Cassel zieht als Gangsterboß im Hintergrund die Fäden und läßt sich die Schulden mit Blut begleichen.
Robert Weixlbaumer, tip, 19/99

(...) Im grobkörnigen Schwarzweiß komponiert, entwickelt sich eine gerade in den Nuancen der vier Zweierkonflikte glaubwürdig angelegte Geschichte, die sich an Motiven der klassischen Tragödie und des film noir orientiert.
Multimedia

(...) Ach ja, der Titel: Kubanisch rauchen bedeutet, die Asche so lange wie möglich stehen zu lassen; bedeutet auch, aus einer kleinen Sache so viel wie möglich herauszuziehen. Wenn man das überträgt auf das Budget dieses Films, dann wurde jeder Schilling maximal genutzt. *Rupert Koppold, Rheinische Post, 15.10.99*

Die Kunst des Sterbens 491

ERROR IN JUDGMENT

**
TV

Regie: Scott Levy
Darsteller: Joanna Pacula (Dr. Liz Harmon), Joe Mantegna (Eric), Paul Dooley (Jack Albert), Sung Hi Lee (Toni), Kate Jackson (Shelley), David Milbern (Peter), Jessica Hopper (Rita), Michael Sutton (James)
Drehbuch: Robert Winogron
Kamera: Michael Michniewicz
Musik: Stan Ridgway
Prod.: USA 1998; 89 Min.
TV: 24.7.1999, ARD, 23.25

Suizidgefährdete Malerin verhilft Galeristen zum Erfolg und dessen Ehefrau zu Zweifeln.

Der Kurier des Zaren 492
IL CORRIERE DELLO ZAR ***
TV

Regie: Fabrizio Costa
Darsteller: Paolo Seganti (Michael Strogoff), Lea Bosco (Gräfin Nadja Krasow), Hardy Krüger jr. (Iwan Ogareff), Esther Schweins (Sangarra), Heio von Stetten (Jules Vermont), Daniel Ceccaldi (Graf Krasow), Giovanni Lombardo Radice (Feofar Khan), Lorenzo Mattei (Boris)
Drehbuch: Enrico Medioli, Patrizia Pistagnesi, nach dem Roman von Jules Verne
Kamera: Giancarlo Ferrando
Musik: Marco Frisina
Schnitt: Jenny Loutfy
Prod.: BRD/Italien 1999; 87 Min.
TV: 27.12.1999, 28.12.1999, ARD, jjeweils 20.15

In der Kostümschinken-Neuverfilmung von Jules Vernes' Edelmut&Schurkerei-Abenteuer mimt Paolo Seganti den schönen Strogoff, gejagt von Finsterling Hardy Krüger jr. und Zigeunerin Esther Schweins, beglückt von Lea Bosco, genervt von Quasseljournalist Heio von Stetten. Viel Reitergetümmel und Tartarengeheul.
Ponkie, AZ, 29.12.99

Kurt Gerron's Karussell 493
****

Regie: Ilona Ziok
Darsteller: Bente Kahan, Ute Lemper, Ursula Ofner, Ben Becker, Max Raabe, Schall & Rauch, Camilla Spira, Renée St. Cyr
Drehbuch: Ilona Ziok
Kamera: Jacek Blawut, Heiko Merten, Aicke Fricke, Antonin Danhil
Musik: Norman Meiritz, Amadeus Reineck
Schnitt: Christina Graff, Silke Regele, Erik Mischijew
Prod.: Ilona Ziok, Thomas Mertens; Frank Roumen, Vera Lastuvkova (Co-Prod.) für TV-Ventures mit Nederlands Filmmuseum/Vera Vista/Arte/SFB, BRD/Niederlande/Tschechische Republik 1998; 65 Min.
UA: 13.2.1999, Int. Filmfestspiele Berlin, »Panorama: Dokumente«
EA: Dokumentarfilmfestival München
Verleih: Salzgeber/-/-; 13.5.1999
FSK: o. A., ffr. – FBW: Besonders wertvoll

Ein technisch, dramaturgisch und inhaltlich stimmiges Filmportrait des Sängers, Schauspielers und Regisseurs Kurt Gerron, der 1928 mit dem Lied von Mackie Messer in der Uraufführung der »Dreigroschenoper« zum Star avancierte und 1944 von den Nazis wegen seiner jüdischen Herkunft in die Gaskammer geschickt wurde. Der Film beleuchtet Gerrons schillernde Persönlichkeit und vermittelt auch einen Eindruck von seinen letzten Monaten im Konzentrationslager, wo er im Auftrag der Nazis in der trügerischen Hoffnung aufs Überleben den Propagandafilm »Der Führer schenkt den Juden eine Stadt« drehte. *Ralph Umard, tip, 11/99*

Der Kuss der Sirene 494
SIREN'S KISS **
TV

Regie: Edward Holzman
Darsteller: Bobby Johnston (Leo Kessler), Robert L. Newman (Mark), Dixie Jayne Beck (Karen), Kristen Knittle (Beth), Catherine Weber (Claire), Edward Holzman (Mr. Sands), Seigel Sky (Lois), Kelly Cook
Drehbuch: April Moskwitz
Musik: Richard Bronskill
Prod.: Axis Films Int., USA 1995; 89 Min.
TV: 2.6.1999, Pro7, 23.00

Der einst weltberühmte Maler Leo Kessler steckt in einer Krise: Seine Frau will ihn verlassen, künstlerisch ist er am Tiefpunkt angelangt. Um sich zu inspirieren, sucht Leo eine neue Muse – und findet gleich zwei davon. (...)
Pressetext

L.A. Without a Map 495

L.A. WITHOUT A MAP ***

Regie: Mika Kaurismäki
Darsteller: David Tennant (Richard), Vanessa Shaw (Barbara), Vincent Gallo (Moss), Julie Delpy (Julie), Cameron Bancroft (Patterson), James LeGros (Takowsky), Saskia Reeves (Joy), Steve Huison (Billy)
Drehbuch: Richard Rayner, Mika Kaurismäki, nach dem Roman »Los Angeles Without A Map« von Richard Rayner
Kamera: Michel Amathieu
Musik: Sebastien Cortella
Schnitt: Ewa J. Lind
Prod.Des.: Caroline Hanania
Prod.: Julie Baines für Dan Films/ Euro American/Matianna Films, GB/Finnland/Frankreich 1999; 107 Min.
Verleih: TiMe/-/-/BMG Video; 16.9.1999
FSK: ab 6 J., ffr.

Der britische Begräbnis-Unternehmer Richard reist aus dem verklemmten Schottland seiner Zufallsbekanntschaft Barbara ins brodelnde Los Angeles nach. Die angehende Schauspielerin arbeitet dort als Serviererin und läßt sich von dem egomanisch-arroganten Regie-Frischling Patterson mit Versprechungen hinhalten. Richard passt sich dem »Easy-Living«-Klima an, findet bei dem durchgeknallten Musiker Moss Unterkunft und einen Job als Poolreiniger, ja er läßt sich sogar von der allgemeinen Kreativhysterie anstecken und verfasst selbst ein Skript. Kaurismäki tippt die Gags an, ohne sie auszuwalzen, läßt zuweilen auch Durchhänger zu und bemüht sich etwas mit dem Ende, aber unter dem Strich ist ihm ein liebenswerter Film gelungen.

W. O. P. Kistner, AZ, 16.9.99

Die Ehekomödie büßt unter der cinephilen Konstruktion allerdings an Reizen ein. Weder für die Trennung noch für die schlussendliche Versöhnung des Paares ist ein handfester, also in der Biografie der Figuren glaubwürdig verankerter Grund aufgefallen. Doch vor allem fehlt Kaurismäki die beschwingte Souveränität, mit der ein Truffaut der Liebe zum Kino und zu den Menschen Flügel wachsen ließt. Manchmal ist es ratsam, nicht allzu forsch in die Fußstapfen seiner Vorbilder zu treten, da man in ihnen auch versinken kann.

Michael Kohler, FR, 16.9.99

Wie schwierig war es, »L.A. Without a Map« zu finanzieren?

Ziemlich langwierig, insgesamt hat es drei Jahre gedauert. Es gab Angebote

Ohne Karte in L.A.

aus Amerika für diesen Film, aber dann wäre es ein amerikanischer Film geworden, und ich wollte einen europäischen machen, diesen Außenseiter-Blick haben. Im Endeffekt kam das Geld aus zehn verschiedenen Quellen, aus England, Frankreich, Deutschland, Luxemburg, Schweden, Finnland. Aber dadurch hatten wir die Kontrolle, und ohne die kann ich nicht arbeiten.

Mika Kaurismäki im Interview mit Frauke Hanck, Blickpunkt Film, 30.8.99

Lagrimas Negras 496

LAGRIMAS NEGRAS ****+

Regie: Sonia Herman Dolz
Darsteller: La Vieja Trova Santiaguera
Drehbuch: Kees Ryniks, Sonia Herman Dolz
Kamera: Melle Van Essen
Musik: La Vieja Trova Santiaguera
Schnitt: Gys Zevenbergen
Prod.: Ryniks Films, Niederlande 1997; 76 Min.
Verleih: Endirectocom/polyfilm/Fama Film; 4.2.1999
FSK: o. A., ffr.

Ein Portrait des Son-Quintetts »La Vieja Trova Santiaguera« (Die alten Troubadoure) aus Kuba, das traditionelle Musik des Landes im Stile der fünfziger Jahre spielt und dessen Mitglieder – zwischen 63- und 84jährige – erst etwa seit 1994 weltweit berühmt wurden. Es verbindet Gespräche mit den fünf »soneros« und einem Bericht ihrer Europatournee 1997. Trotz etwas verklärender Bilder aus Kuba gelingt es der Regisseurin, das Lebensgefühl jener Generation und das Ineinander von Leben und Musik poetisch zu verdichten sowie wichtige Seiten von Kubas sozialistischer Geschichte aufzuzeigen.

Zoom, 6–7/99

Land of the Free – Tödliche Ideale 497

LAND OF THE FREE **

Video

Regie: Jerry Jameson
Darsteller: Lisa Darr (Annie Jennings), Larry Cedar (Green), John Furey (Luckenbill), Chris Lemmon (Thomson), Charles Robinson (McCaster), Cody Dorkin (Randy), Robert Torti (Fitzpatrick), Candy Azzara
Drehbuch: Maria James, Ronald Jacobs, Jerry Jameson
Kamera: Ken Blakey
Musik: Stephen Cohn
Schnitt: Stephen Adrianson
Prod.Des.: John DeCuir jr.
Prod.: Ronald Jacobs, John Kelly (Co-Prod.), Jeff Albert (associate), Sam Sleiman (line) für PM Ent., USA 1997; 92 Min.
Vertrieb: MVW Video; 25.11.1999
FSK: ab 18 J.; gekürzte Fassung 87 Min. ab 16 J.

Rechtsradikaler Terrorist steht kurz davor, zum Senator gewählt zu werden, doch er verdirbt es sich mit seinem aufrechten Wahlkampfleiter. Story: Banane, Action: billig, Darsteller: verkniffen, Zuschauer: sauer.

Der lange Weg zum Mars 498

SPECIAL REPORT: JOURNEY TO MARS ***

Video

Regie: Robert Mandel
Darsteller: Alfre Woodard (Moderator), Keith Carradine (Kapitän Eugene Slader), Judge Reinhold (TV-Reporter)
Drehbuch: Augustus Taylor, nach einer Story von Rasha Drachkovitch
Prod.: Paramount Pic., USA 1996; 86 Min.
Vertrieb: CIC Video; Januar 1999
FSK: ab 6 J.

Kurzweilige US-Fernsehproduktion, die im Stile einer TV-Live-Übertragung die dramatischen Umstände einer fiktiven Mars-Mission schildert.

The Last Bandit 499

THICK AS THIEVES ***

Video

Regie: Scott Sanders
Darsteller: Alec Baldwin (Mackin), Andre Braugher (Dink), Rick Harris (Rodney), Michael Jai White (Pointy), David Byrd (Sal Capetti), Rebecca De Mornay (Petrone), Richard Edson (Danny), Robert Milano (Riles)
Drehbuch: Scott Sanders
Kamera: Christopher Walling
Musik: Chris Beck
Schnitt: John Pace
Prod.Des.: Denise Pizzini
Prod.: Donald Zuckerman, Glen Zoller,

Jon Steingart für Moonstone Ent., USA 1999; 94 Min.
UA: 29.1.1999 Sundance Film Festival
Vertrieb: BMG (Advanced) Video; 14.12.1999
FSK: ab 16 J.

Charmanter Meisterdieb wird zum Rächer, als er nach einem Bruch von seinen Mittelsleuten umgebracht werden soll. Nette Krimikomödie mit attraktiver Besetzung.

Last Days of Disco 500

LAST DAYS OF DISCO ***

Regie: Whit Stillman
Darsteller: Chloe Sevigny (Alice), Kate Beckinsale (Charlotte), Christopher Eigeman (Des), Matt Keeslar (Josh), Mackenzie Astin (Jimmy), Matthew Ross (Dan)
Drehbuch: Whit Stillman
Kamera: John Thomas
Musik: Mark Suozzo
Schnitt: Andrew Hafitz, Jay Pires
Prod.Des.: Ginger Tougas
Prod.: Whit Stillman; Cecilia Kate Roque, Edmund Roch (Co-Prod.) für Gramercy Pic., USA 1998; 113 Min.
Verleih: Warner Bros.; 21.10.1999
FSK: ab 12 J., ffr. – FBW: wertvoll

Wenn eine Handvoll Harvard-Absolventen in ihrer Sitzecke hocken und smarte Ansichten austauschen, anstatt zu tanzen, dann bricht das zwar mit der Tradition der Discofilme, aber dafür veranschaulicht es, wie Anfang der 80er Jahre Disco bzw. die Utopie ekstatischer Körperzustände einer unaufhaltsamen Vertextung zum Opfer fiel. Alice, Charlotte, Josh oder Jimmy erläutern, was Disco war und wurde, aber Beziehungen, Karriere und der Geschlechter-Diskurs in »Susi und Strolch« kommen ebenfalls zur Sprache. Manchmal wünscht man sich, daß jemand die Musik aufdreht, aber immerhin: »The Last Days of Disco« ist der erste Discotheoriefilm, den es gibt. *Kerstin Stolt, tip, 22/99*

(...) Man könnte Stillmanns Schwanengesang auf die Diskoära, der noch nicht einmal einen guten Soundtrack zu bieten hat, aber auch einfach überflüssig finden. *Stgt. Zeitung, 21.10.99*

(...) Diesem Film den üblen deutschen Untertitel »Nachts wird Geschichte gemacht« zu verpassen, fügt sich in eine Reihe von Maßnahmen, mit denen der Verleih sein eigenes Produkt zu torpedieren versucht: Der Start des 1998 entstandenen Werks wurde über Monate hinweg verschoben, ein Presseheft nicht erstellt, immerhin aber ein einseitiges Infoblatt über den Inhalt und den Stilblüten-Hinweis auf den Disco-Soundtrack, der das Sitzenbleiben im Kino schwer macht. So schlecht ist die Musik nun wirklich nicht – und der Film auch nicht.
Im Gegensatz zu »Studio 54«, im Vorjahr mit mäßigem Erfolg in unseren Kinos, schreibt sich Whit Stillman (»Metropolitan«, »Barcelona«) nicht dem Oberflächenreiz dieser Ära, sondern versucht sich an einem intellektuellerem Ansatz: dem Soziogramm einer Gruppe von Menschen, deren Schicksal in einer Nobeldisco der 80er ihren Kulminationspunkt findet.
W. O. P. Kistner, AZ, 21.10.99

(...) Was uns Whit Stillman, Regisseur von Metropolitan und Barcelona, hier zumutet, ist ein fast zweistündiges Gelaber über Anmache und Oberflächlichkeiten, wohl formuliert, aber unsäglich öde. Nur wenige Bonmots unterbrechen den Redefluss der Protagonisten. Einzig Alice scheint manchmal durch dieses Dickicht aus Plattitüden zu blicken. So sehnt man sich dem Ende der Disco-Ära und dem Ende dieses Streifens entgegen. Und man freut sich endlich einmal, in den Neunzigern zu leben. Was ja auch wieder etwas hat. Danke, Whit!
Martin Schwarz, Zitty, 22/99

The Last Marshal 501

THE LAST MARSHAL **

Video

Regie: Mike Kirton
Darsteller: Scott Glenn (McClary), Constance Marie, William Forsythe, Randall Batinkoff, Vincent Castellanos, Raymond Cruz, Wayne Duvall (Vanmeter)
Kamera: Michael Bonvillain

Prod.: Vincent Newman, Joey Nittolo, Tucker Tooley; Joyce Marie Brusasco (Co-Prod.) für Mike Kirton, USA 1999; 94 Min.
Vertrieb: Ascot Video; Juni 1999
FSK: ab 18 J.

US-Marshall McClary reist von Texas an, um in Florida mit Drogendealern aufzuräumen. Preisgünstig produzierte Video-Action-Konfektion von der Stange.

Last Rites – Sakramente für einen Mörder 502
LAST RITES **
Video

Regie: Kevin Dowling
Darsteller: A. Martinez, Embeth Davidtz (Dr. Lauren Riggs), Hasibo Habeeb, Randy Quaid (Jeremy Dillion), Aidan Rea
Musik: Mark Mothersbaugh, Rusty Andrews
Prod.: John V. Stuckmeyer für Universal, USA 1998; 89 Min.
Vertrieb: CIC Video; Nov. 1999
FSK: ab 16 J.

Dreifacher Mörder wird bei Hinrichtung vom Blitz getroffen und fühlt sich seitdem als visionäres Medium. Passables Knast-Thriller-Drama mit einigen überraschenden Wendungen.

Last to Surrender 503
LAST TO SURRENDER **
Video

Regie: David Mitchell
Darsteller: Roddy »Rowdy« Piper, Han Soo Ong, Andy Yim
Prod.: USA 1998; 91 Min.
Vertrieb: Screen Power Video; Dez. 1999
FSK: ab 18 J.

Unkonventioneller L.A.-Cop und pedantischer Hongkong-Polizist sollen im Team gegen ostasiatisches Drogenkartell punkten. Routinehafter Formelfilm mit viel Blut und null Substanz.

Late Show 504
***

Regie: Helmut Dietl
Darsteller: Harald Schmidt (Conrad »Conny« Scheffer), Thomas Gottschalk (Hannes Engel), Veronica Ferres (Maria Keller), Jasmin Tabatabai (Carla Sperling), Karl Markovics (Tschurli Nowak), Olli Dittrich (Andi Wollner), Otto Schenk (Dr. August Beer), Sabine Orléans (Rose)
Drehbuch: Helmut Dietl, Christoph Müller
Kamera: Gernot Roll
Musik: Stephan Zacharias
Schnitt: Inez Regnier
Prod.Des.: Albrecht Konrad
Prod.: Helmut Dietl, Alfred Hürmer für Diana Film/WDR, BRD 1998; 107 Min.
Verleih: Constantin/dto/Elite/VCL Video; 25.2.1999
FSK: ab 12 J., ffr. – FBW: Wertvoll

Der Programmdirektor eines Kölner TV-Senders, der jenseits aller Grenzen des guten Geschmacks auf die Einschaltquoten seiner spekulativen Nachtshows schielt, entdeckt einen Radiomoderator als neues Talent und vermarktet ihn gegen alle Widerstände und Intrigen. Satire auf die Gepflogenheiten des privaten Fernsehgeschäfts, die in betont grellen Karikaturen und aufgesetzten Verbalinjurien ohne tieferen Erkenntniswert versandet. Schwankend zwischen Kalauern und Aphorismen, reflektiert der Film nie ernsthaft die Mechanismen des Mediums und bietet formal zudem allenfalls solides Kunsthandwerk. *Zoom, 4/99*

(...) Ein Knaller der verrotteten Branchenmentalität, die sich der Zuschauermentalität andient. Ist Peter Weirs »Truman Show« die surrealistische Medienvariante, so ist Dietls »Late Show« deckungsgleich mit Real-TV – also eigentlich nicht komisch, sondern

Harald Schmidt und Thomas Gottschalk

nur bodenlos versaut. Aber Late-Show-Voyeure, die wir alle sind, ist kein Dirty Harry zu dirty. Und Dietls Dirty Harrys sind die besten. *Ponkie, AZ, 25.2.99*

(…) »Late Show« fügt sich also maßgerecht in Dietls Universum, aber das kann auf Dauer nicht die Frage verdrängen, ob der Film auch für sich bestehen kann. Und auch wenn es langweilig ist, einem Regisseur stets vorzuhalten, seine früheren Sachen seien besser gewesen, so gilt das auch diesmal. Thomas Gottschalk und Harald Schmidt geben ihr Bestes – aber das reicht nur für einen halben Film. Am Ende bleiben sie so blaß wie alle anderen Figuren. Es fehlt ihnen, was die »Münchner Geschichten« oder »Monaco Franze« auszeichnete: ein Herz, das auch wider besseren Wissens des Regisseurs schlägt. Das nennt man Hoffnung. Davon lebt auch das Kino.
Michael Althen, SZ, 24.2.99

»Fahren Sie doch mal nach Köln in diese Außenbezirke, wo sich diese Fernsehstudios konzentrieren. Da wird Unterhaltungsfernsehen produziert. Dort entsteht eine Art flächendeckendes TV-Proletariat. Bei den Machern merkt man, wie dieses Wegwerffernsehen schon auf sie abgefärbt hat. Wie ihr Bewußtsein dadurch geprägt wurde. Man hat das Gefühl, den Menschen wird ihre Kreativität aus den Körpern gesogen.« *Helmut Dietl im Interview mit Hellmuth Karasek und Stephan Lebert, Der Tagesspiegel, 17.2.99*

WDR-Intendant Fritz Pleitgen: »Mit Helmut Dietl wollen wir Programm-Highlights entwickeln, die mehr bieten als im Fernsehalltag üblich. Die ›Late Show‹ ist ein Medienereignis, das bundesweit große Beachtung finden wird.«

»Ich hatte letzten Sommer etwas Streß, nachts mit Dietl gedreht, tagsüber McDonald's-Werbung, abends die Sendung. Aber die Arbeit war sensationell. Wenn Dietl einem sagt, sag diesen Satz doch mal so, und wie er das dann erklärt. Der zieht den Schauspielern wie mit dem Skalpell die Haut ab. Das geschieht bei ihm so beiläufig. Zu mir hat er bei einem Mittagessen gesagt, ob ich mein Leben als großer Zyniker beenden möchte, ob das nicht langweilig sei, ob ich nicht meine romantische Seite entwickeln möchte? Da habe ich geantwortet, ich weiß nicht, ich bin den Weg des Sarkasmus schon zu weit gegangen. Er schaute mich an und sagte in seinem Münchner Tonfall: Oder nicht weit genug. Das hat gesessen.«
Harald Schmidt im Interview, Der Tagesspiegel, 10.1.99

»Ich frage mich natürlich auch, wo ich eigentlich stehe. Im Laufe meines Berufslebens hatte ich immer wieder Anflüge, dem Zynischen zu verfallen – zynisch in dem Sinne von menschenverachtend. Ich nehme aber für mich in Anspruch, daß es mir gelungen ist, dieses Menschenverachtende zu vermeiden und immer nur knapp daran vorbeizusegeln. Man hätte Grund genug zynisch zu werden, wenn man eine Weile im Leben und in diesem Geschäft unterwegs ist. Das wäre aber ein großer Fehler, weil Zynismus schwächt die Kreativität ganz enorm. Man hat dann nichts mehr zu sagen, und das, was man noch zu sagen hat, interessiert keinen mehr. So kann ich nicht leben. Ich denke, daß ich mich immer auf einem Drahtseilakt zwichen dem Grenzzynischen, dem Sarkastischen und dem Ironischen bewegt habe. Nach wie vor werden meine Figuren von mir nicht denunziert und vor allen Dingen in ihrer Opfereigenschaft dargestellt – als Opfer von Systemen und Opfer ihrer Selbst. Wenn aber alles nur noch aus Abneigung heraus geschieht, dann muß man aufhören.
Helmut Dietl im Interview mit Hans-Joachim Neumann, Zitty, 5/99

Latin Lover – Wilde Leidenschaft auf Mallorca 505

** TV

Regie: Oskar Roehler
Darsteller: Marie Bäumer (Anna Glaser), Thomas Heinze (Frank Glaser), Leon Boden

(Carlos Sanchez), Luci van Org (Evi), Arthur Brauss (Helmut Glaser), Uta Schmidt-Caneva (Frau Glaser), Wolfgang Wimmer (Marc), Gisela Gard (Manuela)
Drehbuch: Georg Marioth, nach der Idee von Oskar Roehler
Kamera: Tomas Erhart
Musik: Konstantin Wecker
Schnitt: Uli Schön
Prod.Des.: Christoph Simons
Prod.: Eberhard Junkersdorf, Dietmar Güntsche, Bioskop-Film für RTL, BRD 1999;
92 Min.
TV: 14.4.1999, RTL, 20.15

(...) Zur Musik von Konstantin Wecker rieb sich Innenarchitektin Anna zwischen ihrem Gatten und ihrem iberischen One-Night-Stand (Latin Lover ohne Haare und wohl im Crash-Kurs Spanisch gelernt) auf, bis auch der dümmste Dialog (»Störe ich deine Ehe?«) gesprochen, das schlimmste Klischee verbraucht und die unsinnigste Kamerafahrt absolviert war.

W. O. P. Kistner, AZ, 16.4.99

Lautlose Schreie – Eine Frau in Gefahr 506

**
TV

Regie: Erwin Keusch
Darsteller: Jenny Gröllmann (Katharina Dorn), Christian Wittmann (Günther Roth), Rita Lengyel (Franziska Dorn), Eva-Maria Meinecke (Großmutter Dorn), Rolf Illig (Achim Holl sen.), Christina Schönfeld (Elvira Ranft), Gunter Schoß (Lars Baumüller), Andras Fricsay Kali Son (Achim Holl)
Drehbuch: Wolfgang Brenner
Prod.: BRD 1996;
87 Min.
TV: 22.6.1999, SAT.1, 20.15

Justiz-Minithriller ließ Jenny Gröllmann als Staatsanwältin Dorn auf Irrpfaden wandeln und einen Vergewaltiger einer gehörlosen Frau verurteilen, der's gar nicht war. Der unschuldige Bösling (von Andras Fricsay Kali Son mit penetrantem Überdruck gemimt) wird aber doch rehabilitiert, weil Dorns vorlaute Tochter den wahren Unhold mit einer Videolist überführt. Solides Krimi-Handwerk.

Das Leben auf Erden 507

LA VIE SUR TERRE ***

Regie: Abderrahmane Sissako
Darsteller: Abderrahmane Sissako, Nana Baby, Mohamed Sissako, Bourama Coulibaly, Keita Bina Gaoussou
Drehbuch: Abderrahmane Sissako
Kamera: Jacques Besse
Schnitt: Nadia Ben Rachid
Prod.: Haut et Court/La Sept arte, Mali/Frankreich 1998; 61 Min.
EA: 12.2.1999, Int. Forum des Jungen Films, Berlin
Verleih: -/-/Frenetic; Mai 1999

Ein in Frankreich lebender mauretanischer Regisseur reist an der Schwelle zum neuen Jahrtausend nach Mali, um seinen Vater zu besuchen und das dortige Leben zu filmen. Entstanden ist ein Kaleidoskop aus Impressionen des dörflichen Lebens. Kommunikation, Westafrika als Teil der Welt, Weggehen und Wiederkommen: Um diese Themen kreist Abderrahmane Sissakos Film, wobei er keine einfach lesbare Botschaft auf die Leinwand bringt. Er ist vielmehr ein stiller, poetischer Essay – eine Art meditatives Gedicht.

Zoom, 5/99

Das Leben ein Pfeifen 508

LA VIDA ES SILBAR ****

Regie: Fernando Perez
Darsteller: Luis Alberto Garcia (Elpidio), Coralia Veloz (Julia), Claudia Rojas (Mariana), Bebe Perez (Bebe), Isabel Santos (Chrissy), Joan Manuel Reyes (Ismael), Rolando Brito (Dr. Fernando)
Drehbuch: Fernando Pérez, Humberto Jimenez, Eduardo del Llano
Kamera: Raul Perez Ureta
Musik: Edesio Alejandro
Schnitt: Julia Yip
Prod.Des.: Rafael Rey, Raul Oliva
Prod.: ICAIC/Wanda Films, Kuba/Spanien 1999; 106 Min.
EA: 11.2.1999, Int. Forum des Jungen Films, Berlin
Verleih: Pegasos/-/trigon; November 1999 (CH), 20.1.2000

Julia, Elpidio und Mariana sind in Havanna auf der Suche nach dem Glück. Die allwissende Erzählerin Bebe waltet dabei als feenhafte Schicksalskupplerin. In virtuoser Parallelmontage werden die drei verschiedenen Geschichten zu einer einzigen verknüpft. Die metaphorische Bildsprache überhöht und spiegelt kritisch und mit Humor die Realität des heutigen Kuba. Ein Meisterwerk, das überzeugt, unterhält und berührt. *Film, 11/99*

(...) Diese sinnliche Hommage an das Leben und die Freiheit ist gleichzeitig auch eine zärtliche Liebeserklärung an Havanna und seine optimistischen Bewohner, die mit Tricks ihr Chaos organisieren. Und wenn Bébé am Ende die magische Glücksformel für das Havanna des 21. Jahrhunderts verrät, möchte man vor lauter Kinoseligkeit ein Liedchen pfeifen.
Margret Köhler, AZ, 22.1.2000

Ein Leben hat keinen Preis 509

TABLEAU FERRAILLE □
TV

Regie: Moussa Sene Absa
Darsteller: Ismael Lô (Daam), Ndèye Fatou Ndaw (Gagnersiri), Therno Ndiaye (Président), Ndèye Bineta Diop (Kiné), Amadou Diop (Gora)
Drehbuch: Moussa Sene Absa
Prod.: Frankreich/Senegal 1996; 89 Min.
TV: 6.8.1999, Arte, 0.10, OmU

Geschichte vom Aufstieg und Fall eines ehrenwerten Ministers im Senegal. Als Opfer einer Intrige verliert er alles: Posten, Familie und Selbstwertgefühl. Zuletzt endet er dort, wo er angefangen hat: im Wellblechhütten-Dorf Tableau Ferraille. *Pressetext*

Das Leben: Eine Lüge 510

UN HEROS TRES DISCRET ****+
TV

Regie: Jacques Audiard
Darsteller: Mathieu Kassovitz (Albert Dehousse), Anouk Grinberg (Servane), Sandrine Kimberlain (Yvette), Albert Dupontel (Dionnet), Nadia Barentin (Madame Louvier/Madame Revuz/Frau des Generals), Jean-Louis Trintignant, Bernard Bloch, Françoise Chattot
Drehbuch: Alain Le Henry, Jacques Audiard, nach dem Roman von Jean-François Deniau
Kamera: Jean-Marc Fabre
Musik: Alexandre Desplat
Schnitt: Juliette Welfling
Prod.Des.: Michel Vandestien
Prod.: Patrick Godeau für Aliceleo/Lumiere/France 3 Cinema/M6 Films/Initial Groupe, Frankreich 1996; 105 Min.
UA: 15.5.1996, Int. Filmfestival Cannes »Wettbewerb«
EA: Filmfest Hamburg 1996
TV: 3.3.1999, Premiere, 16.00

(...) Der Film erzählt die Geschichte des ganz unpoetischen Poeten Albert Dehousse, der sich zwei Monate nach Kriegsende endlich entschließt, ein Held der Resistance zu werden. Schon immer hatte der träumerische Feigling anderen damit imponiert, vorgefundene Heldentaten als eigene Erfindung aufzutischen. Begabt mit einem außergewöhnlichen Gedächtnis, ist er der geborene Hochstapler, der es bald zum Virtuosen in der Fertigkeit bringt, andere felsenfest etwas glauben zu machen, was ihnen nie widerfahren ist.
Audiard gelingt hier nicht nur das hinreißende Porträt eines im Grunde ganz schüchternen Windhunds, der selber am meisten über seine Tollkühnheit erstaunt ist. Sein Film ist natürlich auch ein sarkastischer Seitenhieb auf die französische Neigung zu grandeurhafter Legendenbildung, welche ganz besonders die Resistance mit einem Tabu belegt hat. (...) *Peter Buchka, SZ, 18.5.96*

Lebenskünstlerinnen – Sieben Frauen – ihre Erfahrungen mit Krebs 511

***
Video

Regie: Gesine Meerwein, Katharina Gruber
Drehbuch: Gesine Meerwein, Katharina Gruber
Kamera: Petra Enderlin
Prod.: Projekt »Lebenskünstlerinnen«, Deutschland 1999; 110 Min.
Vertrieb: Feministisches Archiv; Juni 1999

Der Titel verrät überdeutlich, worum es geht: Sieben an Krebs erkrankte Frauen berichten über ihren Umgang mit der Krankheit. Für den interessierten Zuschauer, der sich auf das tabuisierte

Thema einzulassen vermag, sicherlich ein erhellendes, wenngleich durchaus auch anstrengendes Dokument.

Lebewohl Morgen 512

HOSCAKAL YARIN ****

Regie: Reis Celik
Darsteller: Berhan Sinsek (Deniz), Tuncel Necmioglu (Verteidiger), Tuncel Kurtiz (Richter)
Prod.: Türkei 1998; 110 Min.

Im Mai 1972 wurden drei Studentenführer, die im Untergrund die »Türkische Volksbefreiungsarmee« gegründet hatten, zum Tode verurteilt und hingerichtet. Der Film rekonstruiert, nicht ohne einige formale Schwächen, die Verhaftung und die zur bloßen Farce verkommende Gerichtsverhandlung und hält zuletzt ein heftiges Plädoyer gegen die Todesstrafe. Im Mittelpunkt steht dabei stets der als Patriot, Idealist und Charismatiker gezeichnete Deniz Gezmis. Eigentlich ein Wunder, dass es diesen Film überhaupt gibt: Die Analogien zum Fall Öcalan sind kaum zu übersehen. *Claus Löser, tip, 23/99*

Lebewohl Pavel 513

VAARWEL PAVEL □
TV

Regie: Rosemarie Blank
Darsteller: Valery Kuchareschin (Alexej Petrov), Boris Khvoles (Pavel), Isil Zabludowskij (Großvater), Kostia Smirnov (Oleg), Tatiana Zhuraleva (Nina Alexandrovna), Tatiana Grogorieva (Mayakovskaya), Maria Pliatkovskaya (Nadja), Viktor Semenovsky
Drehbuch: Rosemarie Blank
Kamera: Martin Gressmann
Schnitt: Jan Wouter van Reijen
Prod.: René Scholten; Monique Van Welzen, Wim Odé (Co-Prod.) für Studio Nieuwe Granden/NPS/ZDF, Niederlande/BRD 1998; 97 Min.
EA: 11.2.1999, Int. Filmfestspiele Berlin, »Panorama: art & essai«
TV: 14.9.1999, ZDF; 00.20

Ein Journalist wird zunehmend in die dunklen Machenschaften der russischen Halbwelt verwickelt, seinen Sohn Pavel beunruhigt das.

Legalese 514

LEGALESE ***
Video

Regie: Glenn Jordan
Darsteller: James Garner (Norman Keane), Edward Kerr (Roy Guyton), Gina Gershon (Angela Beale), Mary-Louise Parker (Rica Martin), Kathleen Turner (Brenda Whitlass), Brian Doyle-Murray (Roy's Vater), Scott Michael Campbell (Randy Mucklan), Keene Curtis (Richter Handley)
Drehbuch: Billy Ray
Kamera: Tobias Schliessler
Musik: Stewart Copeland
Schnitt: Bill Blunden
Prod.: Cindy Hornickel, Glenn Jordan, J. Paul Higgins für TNT/New Line TV Prod., USA 1998; 90 Min.
Vertrieb: Highlight (Arcade) Video; Mai 1999
FSK: ab 12 J.

Jung-Anwalt soll sich als Verteidiger einer Schauspielerin bewähren, die unter Mordverdacht steht. Die Fäden zieht im Hintergrund sein Chef ... Originelle Story mit Seitenhieben auf Medien und Justiz, solide inszeniert, stark besetzt.

Die Legende vom Ozeanpianisten 515

LA LEGGENDA DEL PIANISTA SULL'OCEANO ****

Regie: Giuseppe Tornatore
Darsteller: Tim Roth (Neunzehnhundert), Pruitt Taylor Vince (Max), Melanie Thierry (Das Mädchen), Bill Nunn (Danny Boodmann), Peter Vaughan (Geschäftsinhaber), Niall O'Brien (Hafenvorsteher), Alberto Vasquez (Maschinist), Clarence Williams III (Jelly Roll Morton)
Drehbuch: Giuseppe Tornatore, nach dem Bühnenmonolog »Novecento« von Alessandro Baricco
Kamera: Lajos Koltai
Musik: Ennio Morricone
Schnitt: Massimo Quaglia
Prod.Des.: Francesco Frigeri
Prod.: Francesco Tornatore für Medusa Film/Sciarlo, Italien 1998; 125 Min.
Verleih: Concorde/dto./Rialto; 23.9.1999
FSK: ab 6 J., ffr.
FBW: Besonders wertvoll

Ein Findelkind auf einem Ozeandampfer wird von der Besatzung aufgenom-

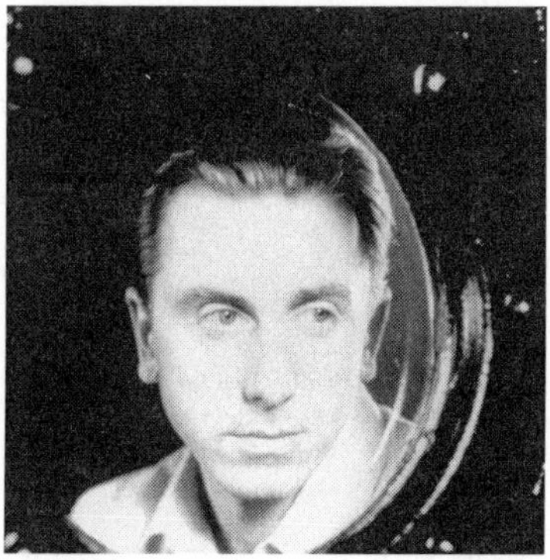

Tim Roth

men, wird zum Pianisten und verbringt sein ganzes Leben auf diesem Schiff, das zwischen den Kontinenten pendelt. Kunstvoll und eindrücklich erzählt Giuseppe Tornatore nicht nur eine ungewöhnliche Geschichte, sondern gestaltet eine Parabel über die Kunst und den Künstler, inszeniert eine poetische existentielle Reflexion über die Notwendigkeit der Auseinandersetzung mit den Grenzen des Lebens. *Multimedia*

Seit er 1988 mit »Cinema Paradiso« das Publikum verzauberte, geht Guiseppe Tornatore unbeirrt den Weg des großen (nicht gigantomanischen!) Erzählkinos. Auch mit seinem neuen Oeuvre bleibt Tornatore seinem unverwechselbaren Stil treu: Aus einm Theatermonolog des italienischen Literatur-Stars Alessandro Baricco klöppelte er mit Hingabe einen Stoff, aus dem Kinoträume sind; sinnlich, dramatisch und poetisch – ein Kunststück schon die Prozedur, die filmische Umsetzung erst recht. (…)
Fesselnd die hochsensible Inszenierung, die so filigran wie imposant ihr märchenhaftes, melancholisches, zutiefst menschliches Sujet transportiert. In der Tat paradiesisches Kino – zeitlos schön und einer der seltenen Glücksfälle von Film, die man unbedingt mehr als einmal ansehen muß.

W. O. P. Kistner, AZ, 23.9.99

Der Legionär 516

THE LEGIONNAIRE **

Regie: Peter MacDonald
Darsteller: Jean-Claude van Damme (Alain Lefevre), Steven Berkoff (Steinkampf), Nicholas Farrell (Mackintosh), Adewale Akinnuoye-Agbaje (Luther), Daniel Cattagione (Guido), Jim Carter (Lucien), Ana Sofrenovic, Joseph Long
Drehbuch: Sheldon Lettich, Rebecca Morrisson nach einer Idee von J. C. van Damme, Sheldon Lettich
Kamera: Doug Milsome
Musik: John Altman; Randy Gershon (supervisor)
Schnitt: Christopher Tellefson, Mike Murphy
Prod.Des.: Charles Jh.Wood
Prod.: Edward R. Pressman, J.-C. van Damme, P. MacDonald für Long Road/ Quadra/Long Road mit Helkon, USA 1999; 99 Min.
Verleih: Helkon/filmladen/-/Ascot Video; 10.6.1999
FSK: ab 12 J., ffr.

Alain ist Boxer und widersetzt sich in Marseille den Anweisungen der örtlichen Mafia. Einzige Chance zu überleben scheint ihm, bei der Fremdenlegion anzuheuern. Dort findet er Kameraden, doch den darauffolgenden Einsatz in Marokko überlebt er als einziger. Während der Kämpfe muß Alain seinen Freunden beim Sterben helfen, denn – so sagt es der Film – es ist würdiger, sich selbst zu richten, als gefangengenommen zu werden.
Neben dieser unerträglichen, menschenverachtenden Ideologie ist »Der Legionär« auch sonst am untersten Rand der Jean-Claude-van-Damme-Erwartungsskala und so wirklich in jeder Hinsicht entbehrlich. *Multimedia*

Eine Leidenschaft in der Wüste 517

PASSION IN THE DESERT ***

Regie: Lavinia Currier
Darsteller: Ben Daniels (Augustin Robert), Michel Piccoli (Jean-Michel Venture de Paradis), Paul Meston (Grognard), Kenneth Collard (Offizier), Nadi Odeh (Beduine)
Drehbuch: Lavinia Currier, Martin Edmunds,

nach dem Roman von Honoré de Balzac
Kamera: Alexei Rodionov
Musik: José Nieto
Schnitt: Nicolas Gaster
Prod.Des.: Amanda McArthur
Prod.: Lavinia Currier für Roland Film, USA 1997; 93 Min.
EA: 29.6.1998, Filmfest München
Verleih: Movienet/-/-; 26.8.1999

Ein in der Sahara verirrter Franzose verliebt sich in ein Leopardenweibchen, das seine zärtlichen Gefühle erwidert und ihn mit Nahrung versorgt. Bis auf schöne Landschafts- und Tieraufnahmen ein banales Machwerk. Die kriegerische Rahmenhandlung in dieser exotischen Beziehungsgeschichte ist nur Staffage. *Ralph Umard, tip, 19/99*

(...) Ihr Film entwickelt sich nicht zufällig wie eine Meditation, die gelegentlich die Geduld ihrer Zuschauer strapaziert: Lavinia Currier ist Buddhistin, auch deshalb verzichtet sie auf die gängige Hierarchie zwischen Mensch und Tier wie auf die gängige Anthropomorphisierung. Ihr ist die Begegnung konkret, das überträgt sich in die Filmbilder, die trotz trainierter Tiere unter fast dokumentarischen Bedingungen entstanden: Die Crew saß im Zelt, die Kamera versteckt, die Akteure waren in freier Wildbahn. (...)
Veronika Rall, FR, 28.8.99

Lernen zu leben 518
LA MAISON D'ALEXINA ***
TV

Regie: Mehdi Charef
Darsteller: Cécile Bois (Alexina), Philippe Clay (Raffin), Fahd Acloque (Abou), Stéphane Caillard (Momo), Anthony Decadi (Pierre)
Drehbuch: Mehdi Charef, nach seinem Roman
Prod.: Frankreich 1998; 85 Min.
TV: 11.6.1999, Arte, 20.45

Eine »Sonderklasse« von schwererziehbaren Schülern lernt allmählich durch die engagierte Hilfe der jungen Lehrerin Alexina, Vertrauen zu haben und mit den bitteren Erfahrungen in ihrer Kindheit zu leben.

Lesson Before Dying – Nachhilfestunden in der Todeszelle 519
A LESSON BEFORE DYING ***
TV

Regie: Joseph Sargent
Darsteller: Don Cheadle (Grant Wiggins), Cicely Tyson (Tante Lou), Mekhi Phifer (Jefferson), Irma P. Hall (Miss Emma), Brent Jennings (Reverend Ambrose), Lisa Arrindell Anderson (Vivian Baptiste), Frank Hoyt Taylor (Sheriff Guidry), Stuart Culpepper (Henri Pichot)
Drehbuch: Ann Peacock, nach dem gleichnamigen Buch von Ernest J. Gaines
Kamera: Donald M. Morgan
Musik: Ernest Troost
Schnitt: Michael Brown
Prod.Des.: Charles C. Bennett
Prod.: Robert Benedetti; Celia Costas (Co-Prod.) für HBO, USA 1999; 120 Min.
UA: 22.5.1999, HBO, 20.00
TV: 1.11.1999, Premiere, 5.45

Starkes, dokumentarisch wirkendes Drama über einen zum Tode verurteilten.

Letters from a Killer 520
LETTERS FROM A KILLER **
Video

Regie: David Carson
Darsteller: Patrick Swayze (Race Darnell), Roger E. Mosley (Horton), Gia Carides (Lita), Kim Myers (Gloria), Bruce McGill (Brinker)
Drehbuch: Nicholas Hicks-Beach, Shelley Miller
Kamera: John A. Alonzo
Musik: Dennis McCarthy
Prod.: Bertil Ohlson, Peter Snell für J&M Ent., USA 1998; 99 Min.
Vertrieb: VMP (Kinowelt) Video; 6.9.1999
FSK: ab 16 J.

Kaum aus dem Gefängnis, wo er sieben Jahre unschuldig wegen angeblichen Frauenmords saß, beginnt für Race die nächste Hölle: eine Frauenmordserie erschüttert die Stadt. Lächerlich konstruierter, nur an Schau- und Schockeffekten interessierter Billig-Thriller.

Die letzte Chance 521
***
TV

Regie: Erwin Keusch
Darsteller: Michael Mendl (Gerd Platzek), Jennifer Nitsch (Katharina Schachtschneider), Ron Herrmann (Tom), Achim Grubel (Bosetzky), Alexander Radszun (Theelen), Andreas Maria Schwaiger (Gerlach), Karl-Michael

Vogler (Schachtschneider), Gertrud Roll (Frau Schachtschneider)
Drehbuch: Jürgen Pomorin
Kamera: Tomas Erhart
Musik: Andreas Koebner
Schnitt: Dagmar Lichius
Prod.: Sytze van der Laan für Filmpool, BRD 1998; 88 Min.
TV: 17.5.1999, ZDF, 20.15

Desillusionierter Anwalt legt noch einmal los, um einer Mandantin das Sorgerecht für ihren Sohn zu erstreiten. (...) Glaubhaft? Nicht doch. Halt gerade so spannend, daß man nicht wegrennt bei der Mutation vom Staranwalt zum Grabredner. *Ponkie, AZ, 19.5.99*

Die letzte Nacht 522

LAST NIGHT ***

TV

Regie: Don McKellar
Darsteller: Don McKellar (Patrick), Sandra Oh (Sandra), Callum Keith Rennie (Craig), Sarah Polley (Jennifer), David Cronenberg (Duncan), Geneviève Bujold
Drehbuch: Don McKellar
Kamera: Douglas Koch
Musik: Alexina Louie, Alex Pauk
Schnitt: Reginald Harkema
Prod.: Rhombus Media/La Sept Arte/ Haut&Court, Kanada/Frankreich 1998; 90 Min.
TV: 4.12.1998, Arte, 20.45

Ein apokalyptisches Szenario, das davon ausgeht, daß die Welt am 31. Dezember 1999 um Mitternacht untergeht: Es fokussiert auf einzelne Personen, welche ihre letzten Stunden auf ganz unterschiedliche Weise verbringen wollen und beschreibt gleichzeitig den Zusammenbruch des öffentlichen Lebens in Toronto. Der deprimierende Film stellt, episodisch angelegt und formal solide, die Frage, was in einer solchen Schicksalsstunde zu tun ist, wird aber seinem schwierigen Thema nicht immer ganz gerecht. *Zoom, 5/99*

Der letzte Sommer 523

LE DERNIER ETE ***

TV

Regie: Claude Goretta
Darsteller: Jacques Villeret (Georges Mandel), Catherine Frot (Béatrice Bretty), Jean Davy (Marschall Pétain), Hanns Zischler (Deutscher Offizier), Emilie Delaunay (Claude Mandel)
Drehbuch: Jean-Michael Gaillard, nach dem Buch »Georges Mandel« von Nicolas Sarkozy
Prod.: Frankreich 1997; 79 Min.
TV: 18.8.1999, WDR, 23.30

Biographie über Georges Mandel und Beitrag zur neueren Vergangenheitsbewältigung der wenig ruhmreichen Jahre deutsch-französischer Kollaboration im Zweiten Weltkrieg. Der Film räumt mit dem Mythos der französischen Widerstandsbewegung, von General de Gaulle bis François Mitterand, von allen Staatspräsidenten gepflegt und gehegt, auf. *AZ TV-Journal*

Die letzte Zigarette 524

THE LAST CIGARETTE ****+

TV

Regie: Kevin Rafferty, Frank Keraudren
Kamera: Kevin Rafferty, Frank Kerandren
Musik: Margaret Crimmins, Paul Hsu
Schnitt: Frank Keraudren
Prod.: Gerd Hacker, Steve Hendel, Kevin Rafferty für Drifting Smoke/Cologne Cartoon/ BBC/BR/Arte/Learning Channel mit Telepool, USA 1999; 82 Min.
EA: 2.7.1999, Filmfest München
TV: 12.11.1999, Arte, 22.05

Der Film wirft einen Blick auf die mysteriöse Anziehungskraft des Tabaks, auf seine Mythologien und kulturelle Bedeutung in der Geschichte. Hollywood-Clips, Zigarettenwerbung und Antiraucher-Filme, Kongreßdebatten und Tabak-Esoterik verbinden sich zu einer unterhaltsamen und dynamischen Erkundung eines tödlichen Gegenstands. Die Dokumentation blickt auch mit satirischer Distanz auf die derzeitigen Kämpfe zwischen Tabaklobby und Anti-Raucher-Lobby in den USA und die bemerkenswert unzivilisierten Taktiken, die beide Seiten in ihren Feldzügen anwenden. *Katalog Filmfest München*

Letzter Atem 525

***

TV

Regie: Bernd Böhlich
Darsteller: Claudia Michelsen (Jutta Lingner), Henry Hübchen (Carl Lingner), Florian Martens (Sascha Hohenfels), Hark Bohm (Professor Conrad), Lili Bohm (Sophie Lingner), Rolf Hoppe (Juttas Vater), Christine Hoppe, Monika Lennartz

Drehbuch: Bernd Böhlich
Kamera: Peter Ziesche
Musik: Tamas Kahane
Prod.: Scorpio Film, BRD 1998; 89 Min.
TV: 12.4.1999, ZDF, 20.15

Unter den Gehirntumor-Melodramen ein respektables Vorzeigestück: »Letzter Atem« holt die Alltagsbanalitäten aus dem Ehebruch- und Trennungslamento, das plötzlich zur Existenzfrage wird. Was anfangen mit dem halben Jahr, das noch bleibt?
Das Kind macht Terror, der Ehemann kämpft vergebens, der Liebhaber ist ein überforderter Alkoholiker – und die Todeskandidatin von 32 (hervorragend: Claudia Michelsen) wird von Berufsehrgeiz, Mutterpflicht, Lebensgier und selbstmörderischer Wut chaotisch umgetrieben. Ein herber Querschläger im Seelenkino. *Ponkie, AZ, 14.4.99*

Lewis & Clark & George 526

LEWIS & CLARK & GEORGE **
Video

Regie: Rod McCall
Darsteller: Rose McGowan (George), Salvator Xuereb (Lewis), Dan Gunther (Clark), Art LaFleur, Aki Aleong, James Brolin, Paul Bartel
Drehbuch: Rod McCall
Kamera: Michael Mayers
Musik: Ben Vaughn
Schnitt: Ed Marx
Prod.Des.: John Huke
Prod.: Dan Gunther, J. Todd Harris; Ed Cathell III. (Co-Prod.); Tom Traub (Ass.Prod.) für J. Todd Harris, USA 1996; 84 Min.
UA: 21.1.1997, Sundance Film Festival
Vertrieb: Kinowelt Video; 29.11.1999

Zwei Westentaschen-Gauner, einer ein Killer, der andere Computerfreak, und eine Lolita – ein Trio infernal, das eine blutige Spur durch den US-Südwesten zieht. Tarantinos Enkel bescheren uns gewalttätige Unterhaltung ohne jeglichen Nährwert.

Liebe aus Träumen geboren 527

INDISCRETION OF AN AMERICAN WIFE **
TV

Regie: George Kaczender
Darsteller: Anne Archer (Julia Burton), Michael Murphy (Russell Burton), Andrea Occhipinti (Matteo Corbinelli), Belinda Sinclair (Libby), Elizabeth Page (Sarah Burton), Frances Nacman (Marge Snyder), Marzia Ubaldi (Floriana Corbinelli), Alessandra Casella (Claudia Corbinelli)
Drehbuch: Emily Tracy
Kamera: Raffaello Monteverde
Musik: Misha Segal
Prod.: USA/Italien 1997; 87 Min.
TV: 11.6.1999, ARD, 20.15

Vernachlässigung der Gattin bei US-Diplomaten in Italien führt landschafts- und mentalitätsbedingt zu Ehebruch mit Latin Lover. Eine Gemütsdarbietung von lähmendem Ermüdungseffekt. *Ponkie, AZ, 14.6.99*

Liebe ist stärker als der Tod 528

***+
TV

Regie: Dominique E. Othenin-Girard
Darsteller: Ursula Karven (Judith Weiß), Bernhard Bettermann (Daniel), Timothy Peach (Mark Wittbeck), Adelheid Kleineidam (Karin), Petra Kelling (Dorothea), Anne Kanis (Schwester Sarah), Geno Lechner (Schwester Ina), Andreas Schmidt (Stefan Carpenter)
Drehbuch: Rodica Döhnert
Kamera: Sven Kirsten
Prod.: Doris Zander für teamWorx für RTL, BRD 1999; 93 Min.
TV: 3.11.1999, RTL, 20.15

Die ehrgeizige Neurochirurgin Judith Weiß verliebt sich kurz vor ihrer Hochzeit mit dem Anästhesisten Mark in den Musiker Daniel. Bei einem tragischen Unfall wird Daniel schwer verletzt, fällt ins Koma und stirbt. Judith darf die letzten Stunden mit dem bewußtlosen Daniel verbringen, schläft mit ihm und wird schwanger. Darüber gab es im Blätterwald größere Aufregung, aber die Karawane der Quotensuchhunde zieht weiter.

Liebe, lieber nicht! 529

LOVE STINKS ****

Regie: Jeff Franklin
Darsteller: French Stewart (Seth Winnick), Bridgette Wilson (Chelsea Turner), Bill Bellamy (Larry Garnett), Tyra Banks (Holly Garnett), Steve Hytner (Marty Mark), Jason Bateman (Jesse Travis), Tiffani-Amber

Thiessen (Rebecca Melini), Shanna Moakler (Tawny)
Drehbuch: Jeff Franklin
Kamera: Uta Briesewitz
Musik: Bennett Salvay; Sterling Meredith, Dawn Soler (supervisor)
Schnitt: Richard Candib
Prod.Des.: Pamela A. Marcotte
Prod.: Adam J. Merims, Todd Hoffman für Baumgarten/Prophet Ent., USA 1999; 94 Min.
Verleih: Advanced/-/-; 16.12.1999
FSK: ab 12 J., ffr. – FBW: Wertvoll

Spätestens mit den derben Späßen der Farrelly-Brüder (»Verrückt nach Mary«) ist der schlechte Geschmack im Mainstreamkino salonfähig geworden. Sperma im Haar, einarmige Bowling-Brüder? Alles kein Problem, solange die Charaktere schrullig-charmante Loosertypen sind. »Liebe? Lieber nicht!« würde nur zu gerne ein ebensolches Antidot zur romantischen Komödie bilden, doch versagt dabei auf der ganzen Linie. Bei seinen Versuchen, den kleinen und großen Widrigkeiten des täglichen Beziehungswahnsinns möglichst elegant entgegenzutreten, wirkt der Protagonist wie der VIVA-Lämmermann mit korrekterem Haarschnitt. Angestrengt, peinlich und tumb.
tip, 26/99

(...) Jeff Franklin ist Produzent, Autor und Regisseur von Comedy-Serien im Fernsehen. »Love Stinks« bietet einige wüste Geschmacklosigkeiten und unterhaltsame Gemeinheiten. Aber für die große Leinwand reicht die Routine der witzigen Repliken im 30-Sekunden-Takt doch nicht aus. *Karim Zendagui, Rheinische Post, 17.12.99*

Liebe und weitere Katastrophen

530
***
TV

Regie: Bernd Fischerauer
Darsteller: Senta Berger (Franziska Ackermann), Friedrich von Thun (Max Weiß), Suzanne von Borsody (Mechthild Weiß), Michael Mendl (Rainer Ackermann), Matthias Schloo (David), Bobby Brederlow (Bobby), Katrin Ackermann (Brigitte), Bernadette Heerwagen (Celine)
Drehbuch: Dr. Gabriela Sperl
Kamera: Bernd Neubauer
Schnitt: Dorothee Maass
Prod.Des.: Jörg Neumann
Prod.: Bernd Burgemeister für TV-60 Filmprod., BRD/Österreich 1998; Jeweils 90 Min.
TV: 20./21./27./28.1.1999, ARD, jeweils 20.15

Der eine Sohn besprüht nachts mit Freunden Eisenbahnwaggons, der andere leidet unter dem Down-Syndrom, die Schulden nehmen astronomische Ausmaße an, und dann zieht noch der arrogante Psychologie-Professor Max Weiß in die Nachbarvilla: Nur ein Bruchteil der Probleme, die die Autorin der armen Verlegerswitwe Franziska Ackermann ins Drehbuch schrieb, auf daß sie diese in vier Folgen vor unseren Augen und Ohren durchlebe und bewältige. Dabei ließ die Autorin ärgerlicherweise keinen einzigen denkbaren oder undenkbaren Zufall aus, die Wege der in Folge 1 noch heftig widerspenstigen Franzi mit denen von Max zu kreuzen. Ansonsten ließ sie es kräftig menscheln, benutzte aufgesetzten Jugend-Jargon und legte fleißig die Zündschnüre für die dräuenden Katastrophen in den folgenden Folgen. Bewegte sich die Story also knapp über Vorabendserien-Niveau, geriet dem Regisseur die Inszenierung zügig und dicht, retteten die durchwegs starken Darsteller über Plot-Plattheiten hinweg. (...)
W. O. P. Kistner, AZ, 22.1.99

Die Liebenden des Polarkreises

531
***

LOS AMANTES DEL CIRCULO POLAR

Regie: Julio Medem
Darsteller: Fele Martinez, Najwa Nimri, Nancho Novo, Maru Valdivieso, Peru Medem, Sara Valiente, Victor Hugo Oliveira, Kristel Diaz
Drehbuch: Julio Medem
Kamera: Kalo F. Berrida
Musik: Alberto Iglesias
Schnitt: Ivan Aledo
Prod.Des.: Sadur Idarreta, Montse Sanz
Prod.: Sogetel/Le Studio Canal+, Spanien/Frankreich 1998; 114 Min.
EA: 29.6.1999, Filmfest München
Verleih: -/-/ Filmcooperative; Juni 1999

Otto und Ana wachsen als Stiefgeschwister auf und leben eine heimliche Liebesbeziehung. Nach der Trennung ihrer Eltern bleiben sie über eine telepathische Seelenverwandtschaft verbunden, die sie nach Jahren erneut zusammenführt. Ellipsenhafte, auf mehreren Zeitebenen angelegte Liebesgeschichte mit metaphysischem Überbau. Der an sich faszinierende, strenge Aufbau steht derart stark im Vordergrund, dass die Geschichte fast nur noch als funktionales Element eines geometrischen Konstrukts erscheint.
Zoom, 6-7/99

Ein liebenswerter Tolpatsch 532

PRIWET DURALEJ ***

TV

Regie: Eldar Rjasanow
Darsteller: Wjatscheslaw Polunin (De Roulin/Juri), Tatjana Drubitsch (Pauline/Xenia), Tatjana Dogilewa (Swetlana), Boris Schtscherbakow (Fjodor), Alexander Schirwindt (Parteiführer), Eldar Rjasanow (Buchhändler)
Drehbuch: Alexej Timm
Kamera: Pawel Lebeschew, Wladimir Nachabzew
Prod.: Rußland 1996;
111 Min.
TV: 6.5.1999, ZDF, 0.20

Der Lehrer Juri Kabulkow hat seine Stellung verloren, seine Frau hat sich von ihm getrennt und macht als Imageberaterin Karriere, während er für die Moskauer Stadtreinigung Denkmäler schrubbt. Er trifft die fast blinde Xenia und findet bei ihr Liebe, Glück und Juwelen, und Xenia bekommt ihr Augenlicht nach einer Operation wieder zurück.

Lieber böser Weihnachtsmann 533

***

TV

Regie: Ben Verbong
Darsteller: Jennifer Nitsch (Kim Ziegler), Miroslav Nemec (Oliver Ziegler), Rufus Beck (Dieter Barth), Sabine Vitua (Nicole), Sonja Bertram (Marie Ziegler), Clemens Jakubetz (Jonas Ziegler)
Drehbuch: Uli Stephan
Musik: Hans Günther Wagener
Prod.: Pro7, BRD 1999; 90 Min.
TV: 14.12.1999, Pro7, 20.15

Der Journalist Oliver Ziegler und seine Familie warten auf den Weihnachtsmann. Als der endlich erscheint, beginnt ein Alptraum: Hinter der Maske steckt der Mörder Dieter Barth, über den Oliver vor zehn Jahren reißerische Berichte verfaßt hatte. Nun will sich Barth rächen, indem er das Familienidyll der Zieglers zerstört. *Pressetext*

(...) Nach einem zähen ersten Drittel gewinnt der Film allmählich die nötige Rasanz für einen Thriller, bleibt dabei aber angenehm unspektakulär. Allerdings wissen die Zusachauer weit vor den Zieglers, wie sich der Weihnachtsmann rächen will. Eine richtige Weihnachtsüberraschung bleibt also aus.
Stefan Fischer. SZ, 14.12.99

Lieber gestern als nie 534

THE MAN WITH RAIN IN HIS SHOES / L LUVIA EN LOS ZAPATOS ***

Regie: Maria Ripoll
Darsteller: Douglas Henshall (Victor Bukowski), Lena Heady (Slyvia Weld), Penelope Cruz (Louise), Mark Strong (Dave Summers), Gustavo Salmeron (Rafael), Eusebio Lazaro (Don Miguel)
Drehbuch: Rafa Russo
Kamera: Javier Garcia Salmones
Musik: Luis Mendo,Bernardo Fuster, Angel Illarramendi
Schnitt: Nacho Ruiz-Capillas
Prod.: Juan Gordon für Esicma/Paragon/ Hand Made Films/CLT-UFA Int./Mandarin Films/Wild Rose, Spanien/GB/Luxemburg/ Frankreich 1998;
95 Min.
EA: Filmfest Hamburg 1998
Verleih: AFM/-/-; 23.9.1999
FSK: ab 6 J., ffr.

Am Tag der Hochzeit seiner von ihm vergötterten Exfreundin Sylvia, bekommt der Schauspieler Victor die zweite Chance seines Lebens: Eine mysteriöse Bardame geleitet den Verzweifelten auf eine Müllhalde, wo ihm zwei magische Männer ein One-Way-Ticket in die Vergangenheit schenken. Doch

die läßt sich nicht so einfach manipulieren.
Kein Euro-Mischmasch, sondern ein durchaus origineller Flirt zwischen britischer Lakonie (Drehort: London) und iberischer Fabulierkunst, der seine Story-Potenzen zwar nicht ausschöpft, doch angenehm unterhält.

W. O. P. Kistner, AZ, 23.9.99

(...) Eine weitere gut gemeinte Was-wäre-wenn-Komödie, bei der sich die Figuren bis zur Erschöpfung in ausgeklügelten Drehbuchzufällen, getimter Schicksalsakrobatik und unausgegorenen Gefühlen verheddern.

Iris Depping, tip, 20/99

Der Liebesbrief 535
***

LOVE LETTER

Regie: Peter Ho-Sun Chan
Darsteller: Kate Capshaw (Helen), Blythe Danner (Lillian), Ellen DeGeneres (Janet), Geraldine McEwan (Miss Scattergoods), Juliane Nicholson (Jennifer), Tom Everett Scott (Johnny), Tom Selleck (George), Gloria Stuart (Eleanor)
Drehbuch: Maria Maggenti, nach einem Roman von Cathleen Schine
Kamera: Tami Reiker
Musik: Luis Bacalov
Schnitt: Jacqueline Cambas
Prod.Des.: Andrew Jackness
Prod.: Sarah Pillsbury, Midge Sanford, Kate Capshaw; Karen Koch (Co-Prod.) für Sanford/ Pillsbury Prod./ Dreamworks, USA 1999; 87 Min.
Verleih: UIP/-/-; Video Universal 23.9.1999
FSK: o.A., ffr.

Im Mittelpunkt der Geschichte steht ein Buchgeschäft. Helen ist eine geschiedene Frau in den Vierzigern, die den Laden mit Hilfe der immer auf ein Date wartenden Janet und zweier Studenten leitet. Die romantischen Wallungen in ihrem Leben sind dem Joggen gewichen, auch wenn der örtliche Feuerwehrmann ihr offensichtlich sein Herz geschenkt hat. In dem verträumten Küstenstädtchen scheint also keine(r) so richtig glücklich zu sein. Da findet Helen einen anonymen Liebesbrief, der nicht nur ihre Gefühle heftig in Wallung bringt.

Andreas Fuchs, Filmecho-Filmwoche, 24/99

Die Liebesdienerin 536
**
TV

Regie: Maris Pfeiffer
Darsteller: Julia Jäger (Laura Larsson), Barbara Auer (Britta Bauer), August Zirner (Alexander Hoffmann), Laszlo Horwitz (Lennart Larsson), Hans-Dieter Jendreyko (Claus Theobald), Kai Scheve (Ulli Kühn), Eva Maria Schneider-Reuter (Dagmar), Uwe Rohde (Frank)
Drehbuch: Cynthia Allison
Prod.: Daniel Zuta Filmprod. für RTL, BRD 1997; 90 Min.
TV: 2.6.1999, RTL, 20.15

(...) Alleinerziehende Profi-Personalberaterin (bezaubernd, aber vergeudet: Julia Jäger) eröffnet als dralle Italienerin verkleidet Partnervermittlung. Fatal, daß auch ihre hyperzickige Chefin (Barbara Auer, von der wir jetzt auch endlich wissen, daß sie chargieren kann) Kundin bei ihr wird.
Wer kauft bei den Fernsehsendern diesen bodenlosen Schrott auf? So viele Vettern kann's doch gar nicht geben ...

W. O. P. Kistner, AZ, 4.6.1999

Ein Lied von Liebe und Tod 537
****

Regie: Rolf Schübel
Darsteller: Joachim Król (Lászlo Szabó), Stefano Dionisi (András Aradi), Ben Becker (Hans Eberhard Wiek), Erika Marozsán (Ilona Várnai), Sebastian Koch (Eichbaum), László Kisch (Schnefke), Wanja Mues (Herr Wendel), Karl Fischer (Herr Svoboda)
Drehbuch: Ruth Toma, Rolf Schübel, nach dem Roman »Das Lied vom traurigen Sonntag« von Nick Barkow
Kamera: Edward Klosinski
Musik: Detlef Friedrich Petersen, Rezsö Seress
Schnitt: Ursula Höf
Prod.: Richard Schöps, Aron Sipos für Studio Hamburg/Dom Film mit WDR/Premiere/Arte/TF2/PolyGram/Focus, BRD 1999; 114 Min.
UA: 1.10.1999, Filmfest Hamburg
Verleih: UIP/-/-/Universal Video; 21.10.1999
FSK: ab 12 J., ffr – FBW: Besonders wertvoll

In den Dreißigerjahren beginnen der Besitzer und der Pianist eines Budapester Spezialitätenrestaurants die gleiche Frau zu lieben. Sie arrangieren sich, bilden eine funktionierende, entspannende Dreierbeziehung, die jäh mit der

Joachim Król, Stefano Dionisi und Erika Marozsán

Besetzung Ungarns durch die Deutschen in eine Tragödie gleitet. Ein mit den Mitteln des Trivialfilms inszeniertes Drama, das den Bogen von der anfangs eher oberflächlichen präsentierten Romantik zur fatalen Geradlinigkeit des NS-Regimes findet, diese Verbrechen aber emotional und glaubwürdig anklagt, und zuletzt versöhnlich abschließt. *Multimedia*

(...) Regisseur Schübel peppt seine schmale Geschichte mit Anekdoten, romantischem Geplänkel und ein paar geschmacklosen Witzen auf. Redlich im Ansatz, aber viel zu kurzschlüssig konstruiert: Allein Joachim Król als trauriger Gastronom sticht aus dem Ensemble heraus. *tip, 22/99*

(...) Wenn eine der Produktionen dieses Kinoherbstes das Zeug dazu hat, dem kläglich abgetauchten Film neuen Auftrieb zu geben und den allgegenwärtigen Hollywood-Melodramen Paroli zu bieten, dann diese wunderbar ausbalancierte Geschichte um eine ausgelassene Menage à troi und die Wirrungen der Liebe, in die auf grausame Weise die Irrungen der Politik hineinfahren.

Gerald Jung, Zitty, 22/99

(...) »Das Lied vom traurigen Sonntag« heißt der Roman Nick Barkows, auf den der Film sich ebenso stützt wie auf die gleichnamige Komposition von Rezsö Seress, die Mitte der dreißiger Jahre tatsächlich in einem Budapester Lokal entstand und als »Hymne der Selbstmörder« traurige Berühmtheit erhielt, als läge dem bittersüßen Lied ein unheilvoller Zauber inne. Um Schübels Film hat es dabei eine nicht minder eigentümliche Bewandtnis. Solange der Regisseur und seine Drehbuchmitautorin Ruth Toma sich über die Vorlage erheben, in der pastos hingetupften, in glückstraurigen Momenten duftigen Liebesgeschichte um Ilona, eine für den Film eigens erfundene Figur – so lange bleiben die Szenen bei aller ausgemalten Farbigkeit behende und verführerisch verspielt. Für die Konfronta-

tion des Schöngeists aber mit dem brachial nach oben drängenden Kleinbürger, um die es dem Roman hauptsächlich zu tun ist, findet Schübel in der Folge eher verschlissene Bilder, die sich vom Klischee nicht mehr zu lösen vermögen. Selbst jene Schauspielerin, die ohne Zweifel die Entdeckung dieses Films ist, weiß sich gegen den jähen Umbruch nicht gefeit: Erika Marozsán, als Ilona soeben noch eine erotische Verheißung, dass ihr jeder erliegen muss, auch der Zuschauer, presst ihre Natürlichkeit plötzlich ins Korsett gemimten Schmerzes, eine Empfindung, die allein der unvergleichliche Joachim Król in der Balance halten kann. (...)
Hans-Dieter Seidel, FAZ, 15.10.99

(...) Die aktuellen deutschen Filme, die sich in den Kulissen der Nazizeit tummeln, geben vor, politisch korrekte »gute Absichten« mit dem Kulinarischen des Kinos zusammenzubringen. Gemäß der Apothekerlogik soll die bittere Pille »Nazizeit« mit dem Zuckerguss des Melodrams versehen werden. Mit diesem Konzept kann man vielleicht Filmfördergremien beeindrukken, aber das Vorgebliche »Sowohl-als-auch« der Filme endet immer in einem »Weder-noch«. Die Filme sind weder ästhetisch noch in ihrem politisch-aufklärerischem Impuls von Belang. (...)
Rainer Gansera, SZ, 13.10.99

Like It Is 538
LIKE IT IS ***+

Regie: Paul Oremland
Darsteller: Roger Daltrey (Kelvin), Dani Behr (Paula), Ian Rose (Matt), Steve Bell (Craig), Christopher Hargreaves (Tony), P.J. Nichols (Jamie)
Drehbuch: Robert Gray
Kamera: Alistair Cameron
Musik: Don McGlasham
Schnitt: Jan Langford
Prod.Des.: Tim Sykes
Prod.: Tracey Gardiner 1998;
100 Min.
Verleih: Salzgeber/-/-; 2.12.1999

Gelungene Liebesgechichte mit einer subtilen Milieuschilderung um einen schwulen Straßenboxer, der seiner großen Liebe in die Londoner Glitzerwelt folgt, dort jedoch nicht richtig Fuß fassen kann – weder privat, noch beruflich – und schließlich desillusioniert nach Blackpool zurückkehrt.
Uli Buchner

(...) »Like it is« hat außer der noch recht unverbrauchten Beziehungsfilmvariante Boy-Meets-Boy nicht viel zu bieten. Paul Oremlands Film ist weder originell erzählt bzw. gefilmt, noch können die unerfahrenen Darsteller überzeugen. Einzig Ex-Who-Frontman Roger Daltrey kann als schleimiger, manipulativer Manager ab und an für amüsante Momente sorgen.
Michael Meyns, Zitty, 25/99

Lilians Story 539
LILIAN'S STORY ☐ TV

Regie: Jerzy Domaradzki
Darsteller: Ruth Cracknell (Lilian Singer), Barry Otto (John Singer/Albion Singer), Toni Collette (Lilian jung), John Flaus (Frank Stroud), Iris Shand (Tante Kitty), Susie Lindeman (Jewel), Anne Louise Lambert (Lilians Mutter), Essie Davis (Zara)
Drehbuch: Steve Wright, nach einem Buch von Kate Grenville
Kamera: Slawomir Idziak
Musik: Cezary Skubiszewski
Schnitt: Lee Smith
Prod.Des.: Rogert Ford
Prod.: Marian MacGowan für CML Prod., Australien 1995;
94 Min.
EA: Int. Filmfestspiele Berlin, 1995
TV: 27.10.1999, WDR, 23.15

Die Geschichte einer starken Frau, die sich nicht unterkriegen läßt und auch noch im hohen Alter auf ihrem Glücksanspruch besteht.

Limbo – Wenn der Nebel sich lichtet 540
LIMBO ****+

Regie: John Sayles
Darsteller: Casey Siemaszko (Bobby Gastineau), David Strathairn (Joe Gastineau), Mary Elizabeth Mastrantonio (Donna de Angelo),

Vanessa Martinez ((Noelle de Angelo), Leo Burmester (Harmon King), Kathryn Grody (Frankie), Kris Kristofferson (Smilin'Jack), Rita Taggart (Lou)
Drehbuch: John Sayles
Kamera: Haskell Wexler, Larry Goldin (2nd unit)
Musik: Mason Daring
Schnitt: John Sayles
Prod.Des.: Gemma Jackson
Prod.: Maggi Renzi für Green/Renzi Prod., USA 1999; 126 Min.
UA: Internat. Filmfestspiele Cannes 22.5.1999
EA: Filmfest München 1999
Verleih: Columbia TriStar-/Buena Vista/Columbia TriStar Video; 9.9.1999
FSK: ab 12 J., ffr.

Amerikas Autorenfilmer John Sayles kommt hier dem Mainstream so nahe wie nie zuvor und bleibt doch souverän. Eine mit ihrer Tochter von Beziehung zu Beziehung und von Engagement zu Engagement ziehende Country-Sängerin trifft auf einen kanadischen Fischer, der mit seiner Vergangenheit nicht klarkommt. Gestrandet in der Wildnis, finden der Mann, die Frau und das Mädchen zueinander. Packend erzählt, mit einem verblüffend offenen Schluss. *Film, 9/99*

(...) Sayles gelingt es diesmal nicht, zahlreiche Schicksale und Geschichten miteinander zu verknüpfen. Mitten im Film gibt er das Vorhaben auf und flüchtet mit drei Protagonisten auf eine einsame Insel. *Lars Oliver Beier, tip, 14/99*

(...) »Wenn der Nebel sich lichtet« ist seit dem Kultfilm von 1978 »Rückkehr nach Secaucus« sicherlich der eindringlichste Film von John Sayles. Obwohl er zu den wichtigsten und unbeirrbarsten Regisseuren des unabhängigen Kinos gehört, wurde er bei uns leider kaum bekannt. Vielleicht kann dieses kleine Meisterwerk, übrigens vom berühmten Haskell Wexler fotografiert, dazu beitragen. *Heiko R. Blum, Rheinische Post, 3.9.1999*

Was bedeutet eigentlich der Originaltitel »Limbo«?

Ich bin katholisch erzogen. Limbo ist der Platz der ungetauften Seelen, die sich noch einmal zwischen Gut und Böse entscheiden dürfen. Im Gegensatz zum Fegefeuer als Übergangsort zu Himmel und Hölle ist Limbo ein Schwebezustand. In dem befindet sich meine Hauptfigur Joe. Ihm geht es nicht schlecht, aber fühlt sich auch nicht glücklich. Glück erfordert Wagemut. Ich möchte dem Zuschauer sagen: Wer kein Risiko auf sich nimmt, wird zwar überleben, aber nie das Glück erleben.

Sie gelten als »Independent«, arbeiten aber für ein großes Studio. Wie funktioniert das?

Ich halte es für unwichtig, woher das Geld kommt, solange ich meine Unabhängigkeit bewahre. Ich bestehe auf der letzten Kontrolle. Wer das ablehnt, mit dem arbeite ich nicht. Was nützt mir Geld, wenn ich nicht mehr stolz auf mein Werk sein kann? Im Vietnamkrieg hieß es mal, man muß ein Dorf zerstören, um es zu retten. Aufs Filmgeschäft übertragen heißt das, da werden oft Filme zerstört, nur damit man sie machen kann. Wem nützt dieser Kannibalismus?

Gibt es überhaupt noch ein unabhängiges Kino?

Dem Gedanken der kreativen Freiheit und der Kompromisslosigkeit fühlen sich nur wenige Regisseure wie Martin Scorsese, Spike Lee oder die Coen-Brüder verpflichtet, aber auch Tim Burton und James Cameron, die fast nur für die großen Studios arbeiten. Der derzeitige Jugendwahn verpufft irgendwann. In den 60er und 70er Jahren produzierte man in Hollywood noch Kunstfilme mit tollen Schauspielern. Die dienen jetzt nur als Dekoration für tolle Spezialeffekte. Heute drehen Twens Filme, die nur noch ein Aufguss dessen sind, was im Kino um die Ecke läuft. Das mag technisch interesant sein, aber nicht vom Inhalt und Gefühl her. *John Sayles im Interview mit Margret Köhler, AZ, 2.9.99*

›Keid Ensa – Die List der Frauen‹

Die List der Frauen 541
KEID ENSA ****

Regie: Farida Benylazid
Darsteller: Samira Akariou (Aicha), Rachid El Quali (Der Prinz), Fatima Bensaidance (Dada Mbarka), Abderrahim Bayga (Bilal), Anima Alaoui (Lallamina), Hammadi Amor, Mohamed Razine, Amina Rachid
Drehbuch: Farida Benlylazid
Kamera: Serge Palatsi
Schnitt: Kahena Attia
Prod.: Tingitania/Waka/Touza/Céphéide Prod., Marokko/Schweiz 1999; 90 Min.
EA: 12.2.1999, Int. Forum des Jungen Films, Berlin
Verleih: Neue Visionen/-/-; 23.9.1999
FSK: o. A., ffr.

Die mit zeitgenössischer Rahmenhandlung versehene, märchenhafte Parabel erzählt von der Überlegenheit weiblicher Geduld und List gegenüber stillschweigendem, männlichem Herrschaftsanpruch. Opulent in Farben, Kostümen und Schauplätzen, wirken die Inszenierungskonventionen bisweilen befremdlich. Darin liegt allerdings auch der Reiz dieses Filmes: An keiner Stelle kokettiert er mit westlich geprägten Schemata des Erzählens. Die Marokkanerin Farida Benylazid muss derzeit als einzige Frau gesehen werden, die in ihrer Heimat als Regisseurin arbeitet – arabisches Kino mit Seltenheitswert. *Claus Löser, tip, 20/99*

Little Toni 542
KLEINE TEUN ***

Regie: Alex von Warmerdam
Darsteller: Annet Malherbe, Ariane Schluter, Alex von Wamerdam, Tomas te Wierik, Sebastiaan te Wierik
Drehbuch: Alex von Warmerdam
Kamera: Marc Felperlaan
Musik: Alex von Warmerdam
Schnitt: Stefan Kamp
Prod.: Graniet, Niederlande 1998; 95 Min.
Verleih: Kairos/-/Look Now; 4.11.1999
FSK: ab 12 J., ffr.

Die dominante Keet und ihr Mann Brand leben in einer abgestumpften, kinderlosen Beziehung auf dem Land. Weil Brand weder lesen noch schreiben kann, engagiert seine Frau eine junge Lehrerin aus der Stadt. Daraus entwickelt sich eine Ménage à trois, die zu einem bösen Ende führt. Multitalent Alex von Warmerdam inszenierte die an einen Schwank erinnernde Komödie mit trockenem Humor und viel Liebe zum Detail. Falsche Moral und Sprachlosigkeit der Hauptfiguren finden ihre Entsprechung in beengenden Innen- und Außenräumen. *Zoom, 4/99*

(...) Doch Hollands Kino-Enfant terrible Alex van Warmerdam (neben Hauptrolle und Regie auch noch für Drehbuch, Musik, Malerei und Produktion verantwortlich) lässt sich nicht lange bitten, er spitzt seine Menage à trois zur Beziehungskatastrophe zu, hat sichtlich Freude daran, stets die schlimmstmögliche Wendung auszutesten. So vergeht die Zeit bis zum Finale dank galliger Dialoge, absurder Momente und dem schauspielerischen Mut zur Selbstentblößung wie im Flug.
Horst E.Wegener, Zitty, 23/99

Little Voice 543
LITTLE VOICE ****

Regie: Mark Herman
Darsteller: Michael Caine (Ray Say), Brenda Blethyn (Mari), Jim Broadbent (Mr. Boo), Ewan McGregor (Billy), Jane Horrocks (Little Voice), Annette Badland (Sadie), Philip Jackson (George), Adam Forgerty (Rausschmeißer)

Drehbuch: Mark Herman, nach dem Bühnenstück »The Rise and the Fall of Little Voice« von Jim Cartwright
Kamera: Andy Collins
Musik: John Altman; Bob Last (supervior)
Schnitt: Michael Ellis
Prod.Des.: Don Taylor
Prod.: Elizabeth Karlsen; Laurie Borg (Co-Prod.) für Scala/Miramax Films, GB/USA 1998; 97 Min.
EA: 12.2.1999, Int. Filmfestspiele Berlin, »Panorama«
Verleih: Scotia/Constantin/Rialto/BMG Video; 24.6.1999
FSK: ab 12 J., ffr. – FBW: Besonders wertvoll

Von ihrer vulgären, wortgewaltigen und herrschsüchtigen Mutter Mari terrorisiert, wird Laura immer stiller und unzugänglicher, bis sie verschüchtert und schattengleich, nur noch selten gesehen und »Little Voice« gerufen wird. Der abgehalfterte Talent-Scout Ray Say, den Mari aufgerissen hat, wittert die große Chance seines Lebens, als er Little Voices Begabung entdeckt, mit ihrer Stimme Marilyn Monroe oder Judy Garland zum Leben zu erwecken. Die britische Komödie mit furiosem Wortwitz, in der Brenda Blethyn als Mari brilliert, geht auf ein Theaterstück zurück, daß eigens für Jane Horrock und ihre Fähigkeit, berühmte Stimmen detailgenau wiederzugeben, geschrieben wurde. Wirkungsvoll wird diese Anlage benutzt, um voller Komik die märchenhafte Geschichte einer jungen Frau zu erzählen, die einmal ins Scheinwerferlicht tritt, bevor sie sich entschließt ihr eigenes Leben zu führen. *Multimedia*

(...) Mari versucht nach dem Tod ihres Mannes mit aller Gewalt, das Leben zu genießen. Sie trinkt viel, treibt sich in Bars herum und gabelt dort den erfolglosen Showmanager Ray Say auf. Der glaubt fest, in Maris Tochter Little Voice den kommenden Gesangsstar entdeckt zu haben. Nur daß das extrem schüchterne Mädel so gut wie kein Wort spricht und ihre Zeit mit dem Abspielen alter Schallplatten verbringt. – Den sozialkritischen Unterton läßt Herman diesmal völlig außen vor. Seine etwas dünne Geschichte gleichen die großartigen Schauspieler aus. Jane Horrocks ist als kleines Mädchen mit

Bühnenszene aus ›Little Voice‹

großer Stimme einfach hinreißend. Und Ewan McGregor mischt auch wieder mit: als taubenzüchtender Elektriker.

Martin Schwarz, Zitty, 4/99

»Vom Business habe ich nicht viel Ahnung. Aber ich denke, daß wichtigste am Independent-Kino sind die menschlichen Geschichten. Die Leute haben genug davon, Gebäude explodieren zu sehen. Sie wollen mal wieder zu Tränen gerührt werden. Ich selbst kombiniere gerne Komödie und Tragödie, am liebsten in ein und derselben Szene: das Publikum lacht, aber mit Schuldgefühlen. Ich halte das für ein realistisches Bild des Lebens, für den richtigen Ton.« *Mark Herman im Interview mit Franke Hanck, Blickpunkt Film, 23/99*

Live in Peace 544

LIVE IN PEACE ***

Regie: Hu Bing-liu
Darsteller: Pan Yu (Axi), Bai Xue-yun (Shan), Sun Min (Adong), Wang Hong (Afang)
Drehbuch: Ma Wei-jun
Kamera: Zheng Hua
Musik: Cheng Das-hao
Schnitt: Hu Jian-wei
Prod.: Fan Lian-yu für Pearl River Studio, China 1999; 102 Min.
Verleih: Universal, UIP, OmU/-/-; 22.7.1999
FSK: o. A., ffr.

Wenn betagte Mütter unbedingt mit dem Kopf durch die Wand wollen und an den Kochkünsten der Schwiegertöchter herumnörgeln, wird solche Vehemenz meistens mit mildem Lächeln unter Altersstarsinn abgehakt. Achselzuckend entschuldigt sich Adong denn auch bei seiner Frau für die barsche Art seiner Mutter Axi. Auch im Umgang mit der neuen Haushaltskraft perfektioniert die durchtriebene Alte das Meckern um des Meckern willens, so daß das junge Dienstmädchen ihr bald nicht mehr widerstehen kann. Denn hinter dem Gekeife verbirgt sich mehr als Trauer und Frustration. Nach und nach kommt in diesem chinesischen Generationsfilm ein Leben zum Vorschein, das sich nie an den gegebenen Umständen eingerichtet hat. Am Ende wird Axi dem abgehetzten Jungvolk zeigen, was eine Harke ist. *tip, 16/99*

(...) Das ist thematisch ganz interessant, nur leider zu augenscheinlich inszeniert und zu vorhersehbar erzählt. Was bleibt, ist deshalb eine bezaubernde betagte Schauspielerin, durch deren gramiges und verdrossenes Auftreten wie in einem transparent gemalten Bild die Grundierung, das freundliche, warmherzige Wesen hindurchschimmert.

Jennifer Bleek, Zitty, 15/99

Lola und Bildikid 545

***

Regie: Kutlug Ataman
Darsteller: Gandi Mukli (Lola), Erdal Yildiz (Bili), Baki Davrak (Murat), Inge Keller (Ute), Celal Perk (Sehrazat), Mesut Özdemir (Kalipso), Murat Yilmaz (Iskender), Hakan Tandogan (Fatma Souad)
Drehbuch: Kutlug Ataman
Kamera: Chris Squires
Musik: Arpad Bondy
Schnitt: Ewa J. Lind
Prod.Des.: John Di Minico
Prod.: Martin Hagemann; Zeynep Özbatur, Martin Wiebel (Co-Prod.); Mary Jane Skalski (Ass.Prod.) für Zero Film/WDR/Arte/C & O Prod./Boje-Buck Film, BRD 1998; 95 Min.
UA: 11.2.1999, Int. Filmfestspiele Berlin, »Panorama«
Verleih: Delphi/-/-; 18.2.1999 (Berlin), 11.3.1999
FSK: ab 16 J., ffr.

Bili ist ein schwuler türkicher Macho und liebt die türkische Transe Lola. Das ein türkisches Transvestitenmilieu in Berlin überhaupt existiert, dürfte sich mittlerweile herumgesprochen haben. Atamans Film schreit es in aller Buntheit heraus und liefert die damit verbundenen Konflikte, Schizophrenien und Surrealitäten bis in die Nebenrollen gleich mit. Ein Bazar aus Komödie, Melodram, Blutrauschkrimi, Coming-out-Film und Utopie – mit Erdal Yildiz als strahlender Märchenmacho mit Realitätsverlust. *Iris Depping, tip, 5/99*

(...) Bei der Inszenierung kann man sich schwer des Eindrucks erwehren, daß einige spekulative Elemente die mangelnde Fähigkeit zur Schauspielerführung und zur psychologischen Vertiefung übertünchen sollten. Dazu paßt dann der ebenso aufgesetzt melodramatische wie blutrünstige Schluß. Ein fragwürdiger Film, der weniger verwirrt als verärgert.

W. O. P. Kistner, AZ, 12.3.99

(...) Nicht immer ganz stilsicher in Szene gesetzt und ganz schön dick aufgetragen, reißt aber dank der glänzenden Schauspieler und des speziellen Ambientes mit. Ein bemerkenswerter Film, der hoffentlich nicht nur eine Minderheit interessiert.

Martin Schwarz, Zitty, 5/99

Marc Hosemann und Nicolette Krebitz

Long Hello and Short Goodbye 546

**

Regie: Rainer Kaufmann
Darsteller: Nicolette Krebitz (Melody), Marc Hosemann (Ben), Sunnyi Melles (Aurelia), Axel Milberg (Percy), Dietrich Hollinderbäumer (Kahnitz), Martin Glade (Dennis), Katja Riemann (Ida), Hannelore Hoger (Therapeutin)
Drehbuch: Jeff Vintar, Martin Rauhaus
Kamera: Klaus Eichhammer
Musik: Fetisch & Meister
Schnitt: Ulli Christen
Prod.Des.: Knut Loewe
Prod.: Henrik Meyer, André Fahning für Studio Hamburg Letterbox/Warner Bros., BRD 1999; 95 Min.
UA: Filmfest München 1999
Verleih: Warner/dto./-/Warner Video; 15.7.1999
FSK: ab 16 J., ffr. – FBW: Wertvoll

Melody soll als verdeckte Ermittlerin das Vertrauen des Panzerknackers Ben gewinnen. Als schrägen Krimi tarnt Rainer Kaufmann seine manieristische Liebesgeschichte zwischen Lüge und Verrat, mit Drahtziehern und solchen, die es gerne wären. Ein filmischer Seiltanz zwischen Kalauer-Raspelei und stilisiertem Leerlauf, der auf formaler Ebene amüsieren will, indem repetitive Dialoge und stilisierte Filmfiguren die Dramaturgie mutwillig unterwandern. Ein eigenartig umständliches Vergnügen.

Iris Depping, tip, 15/99

(...) Bei aller Hochachtung vor Kaufmanns artifiziellem Formwitz: Soviel Selbstzweck-Raffinement fällt schließlich nur noch auf den Wecker. Aber vielleicht finden sich ja Kultclubs für die Eleganz des leeren Formelkinos.

Ponkie, AZ, 15.7.99

(...) Sicher, das ist bei allem Spaß oft recht oberflächlich; es ist in der Stilisierung nicht konsequent, und man hätte sicher einen weniger belanglosen Plot wählen können. Doch das ist im ersten Teil so knallig, bunt und spannend, daß man seinen Spaß haben kann, und es ist viel ehrlicher als viel dumme, anspruchsbanale Geschichten, die man uns im Kino serviert. Und Nicolette Krebitz ist allemal das Ansehen wert.

Heiko R. Blum, Rheinische Post, 16.7.99

Sie arbeiten sehr stark mit Stilisierungen.

Mein Film versucht, so etwas wie eine Oper zu sein mit Figuren aus der Schwarzen Serie. »Long Hello and & Short Goodbye« ist so wie die heutige Musik – gesampelt. In der Oper kann mal jemand 20 Minuten lang sterben und dabei singen, es ist ritualisierte und stilisierte Unterhaltung.
Mich interessiert die Einsamkeit, das Getriebensein. Ich arbeite mit Kinoformen, transportiere sie mit einer gewis-

sen Ironie in die Jetztzeit. »Long Hello und Short Goodbye« ist ein neoromantischer Thriller, der zu einer Reise in eine eigens für die Geschichte erfundene Welt verführt. Er ist aber auch eine Verbeugung vor dem Film noir, denn ich liebe das Morbide und Abgründige. Trotzdem ist es kein Zitate-Film, sondern losgelöst von all diesen Werken zu betrachten.

Befürchten Sie, das Publikum zu verstören?

Solange man das Publikum nicht verliert, kann man es ruhig irritieren. Reibungsflächen und Widersprüche tun einem Film gut. So vergißt man ihn nicht so schnell. Ich möchte in Zukunft noch weiter gehen, noch mehr herausfordern. Für mich sind die schönsten Filme gleichzeitig heiter und abgründig. So empfinde ich das Leben. (...)

Rainer Kaufmann im Interview mit Margret Köhler, AZ, 4.7.99/ Blickpunkt Film, 26/99

Lorca – Mord an der Freiheit 547

THE DISAPPEARANCE OF LORCA ***

Video

Regie: Marcos Zurinaga
Darsteller: Andy Garcia (Lorca), Esai Morales (Ricardo), Edward James Olmos (Lozano), Jeroen Krabbé (Col. Aguirre), Marcela Wallerstein (Maria Eugenia), Giancarlo Giannini (Taxifahrer), José Coronado (Nestor Gonzalez), Marcela Wallerstein (Maria Engenia)
Drehbuch: Marcos Zurinaga, Juan Antonio Ramos, Neil Cohen
Kamera: Juan Ruiz-Anchia
Musik: Mark McKenzie
Schnitt: Carole Kravetz
Prod.Des.: Gil Parrondo
Prod.: Enrique Cerezo, Marcos Zurinaga, Spanien/Puerto Rico 1997; 109 Min.
Vertrieb: Columbia Tristar Video; 9.2.1999
FSK: ab 16 J.

Aufwendiges, bestbesetztes Drama, das einige der wichtigsten Stationen im Leben von Spaniens berühmtesten Dichter, Gabriel Gárcia Lorca, schildert.

The Loss of Sexual Innocence 548

THE LOSS OF SEXUAL INNOCENCE ***

Regie: Mike Figgis
Darsteller: Julian Sands (Nic), Saffron Burrows (Zwillinge), Stefano Dionisi (Lucca), Kelly MacDonald (Susan), Gina McKee (Susans Mutter), Jonathan Rhys-Meyers (Nic mit 16), Bernard Hill (Susans Vater), Rossy De Palma (Blinde Frau)
Drehbuch: Mike Figgis
Kamera: Benoit Delhomme
Musik: Mike Figgis
Schnitt: Matthew Wood
Prod.Des.: Jessica Worrall, Mark Long, Giorgio Desideri
Prod.: Mike Figgis, Annie Stewart; Barney Reisz (Co-Prod.) für The Red Mullet, GB 1998; 105 Min.
UA: 23.1.1999, Sundance Film Festival
EA: 17.2.1999, Int. Filmfestspiele Berlin, »Panorama«
Verleih: Tobis/-/-/BMG (Ufa) Video; 29.4.1999
FSK: ab 12 J., ffr.

Das ganze Leben besteht einzig daraus, daß jeder nach und nach seine Unschuld verliert, und das nicht nur in sexueller Hinsicht. Diese Weisheit will uns der Regisseur in seinem neuen Film vermitteln. Dazu erzählt er in Episoden aus den Kindheits-, Jugend- und Erwachsenenerinnerungen eines Mannes, schildert Szenen, die für die Entwicklung von Bedeutung waren und sind. Und damit auch jeder kapiert, versetzt Figgis das Ganze noch mit einer modernen Variante von Adams und Evas Vertreibung aus dem Paradies – noch so ein Verlust der Unschuld. Das Ergebnis ist ein nur schwer verdauliches Werk, das trotz der schönen Bilder von seiner alles beherrschenden Message erdrückt wird. *Martin Schwarz, Zitty, 4/99*

(...) Parallel dazu zeigt der Regisseur als Parabel den Sündenfall von Adam und Eva im Paradies, den Verlust von Unschuld. Dabei verheddert er sich allerdings in aufgesetzter Symbol- und Kopflastigkeit.
Die permanenten Vor- und Rückblenden irritieren, die nur manchmal gelungene Mischung aus Fiktion und Realität wirkt wenig erhellend. Überzeugend

dagegen die fast magischen Bilderwelten, und ein ausgefallener Soundtrack, die die Schwächen des Films vergessen lassen. *Margret Köhler, AZ, 29.4.99*

(…) Hin und her geht's durch Figgis Episoden-Sammelsurium – man braucht eine ganze Weile, bis einem die kompliziert verschachtelten Zusammenhänge klar erscheinen. Auch dann wirken diese filmischen Variationen des Verlusts menschlicher Unschuld oftmals symbolüberfrachtet, bleiern, prätentiös, können die bilder- und klangwuchtigen Einfälle des begabten Regie-Visionärs das Interesse des Publikums nicht wirklich wachhalten. Im Grunde treibt Figgis viel Aufwand um fast nichts.
Horst E.Wegener, Zitty, 9/99

Wäre es da nicht besser, in England zu arbeiten? Die Filmindustrie boomt, es gibt finanzielle Anreize?

Da herrscht die reinste Vetternwirtschaft, kassieren erfolgreiche Produzenten ab, die keine Subventionen benötigen. Die Filmindustrie funktionierte immer schon als eine Art Selbstbedienungsladen.
Mike Figgis im Interview mit Margret Köhler, AZ, 29.4.99

Louise (Take 2) 549

LOUISE (TAKE 2) ***

Regie: Siegfried
Darsteller: Elodie Bouchez (Louise), Roschdy Zem (Remy), Gérald Thomassin (Yaya), Antoine du Merle (Gaby), Bruce Myers, Naguim Bendidi, Abdel Houari, Lou Castel (Vater)
Drehbuch: Siegfried
Kamera: Siegfried, Vincent Buron, Hervé Lode
Musik: Siegfried
Schnitt: Hervé Schneid
Prod.: Jean Cazas für Initial/Le Studio Canal+/Ciné Valse/Sofica Cofimages/Sofica Images, Frankreich 1998; 115 Min.
UA: Int. Filmfestspiele Cannes 1998
EA: Filmfest Hamburg 1998
Verleih: Arsenal/-/Filmcooperative; 5.8.1999

Die Pariser Metro ist der Schauplatz dessen, was die junge Louise und ihre Kollegen »la grande vie« nennen, das große Leben: herumstreunen, klauen, sich vergnügen, sich lieben jenseits aller Eingliederung in soziale Zwänge. Das Pariser Multitalent Siegfried, von Haus aus Musiker, geht mit diesem Film seiner zweiten Begabung nach und realisiert mit der bezaubernden Elodie Bouchez in der Titelrolle einen Liebesfilm, der in Textur und Atmosphäre oft einer stimmungsvollen Jazz-Improvisation gleicht. *Zoom, 8/99*

Frankreichs Filmnachwuchs ist fast immer für Überraschungen gut. Eines der neuen Talente heißt Siegfried und nennt seinen vollständigen Namen nur Zollbeamten. Das Konzept des am Konservatorium ausgebildeten Musikers: »Ganz einfach: Du nimmst die Kamera und du rennst«. In seinem packenden Regie-Debüt führt er in das Paris der Herumtreiber und Gauner, in mit Handkamera aufgenommenen wakkeligen Bildern zeichnet er eine Metropole ohne Glanz, experimentiert mit Formen und Farben. (…)
Margret Köhler, AZ, 5.8.99

(…) Ein Film gewiß mit etlichen Mängeln. Verliebtheit in die Atmosphäre, überlastet gelegentlich von einem allzu gestelzten Dialog. Doch die Liebe zu den Personen lässt das immer wieder vergessen. *Heiko R. Blum Rheinische Post, 6.8.99*

Love Walked in – Tödliches Spiel 550

LOVE WALKED IN **

Video

Regie: Juan J. Campanella
Darsteller: Denis Leary (Jack Morise), Aitana Sanchez-Gijon (Vicky Rivas), Terence Stamp (Fred Moore), Michael Badalucco (Eddie Bianco), Danny Nucci (Cousin Matt), Gene Canfield (Joey), Marj Dusay (Mrs. Moore), Neal Huff (Howard)
Drehbuch: Lynn Geller, Larry Golin, Juan J. Campanella, nach dem Roman »Niel tiro del final« von José Pablo Feinmann
Kamera: Daniel Shulman, James Cressanthis
Musik: Wendy Blackstone
Schnitt: Darren Kloomok
Prod.Des.: Michael Shaw

Prod.: Jempsa Ent./Apostle Pic., USA 1997; 86 Min.
Vertrieb: Columbia TriStar Video; 27.7.1999
FSK: ab 12 J.

Desillusionierter Barpianist treibt seine Frau in eine gutdotierte Sexintrige – und erlebt eine Überraschung. Immer unglaubwürdiger werdender Psychokrimi mit sich wacker schlagendem Hauptdarsteller-Trio.

Lover oder Loser 551

THIS YEAR'S LOVE ***

Regie: David Kane
Darsteller: Kathy Burke (Mary), Jennifer Ehle (Sophie), Ian Hart (Liam), Douglas Henshall (Danny), Catherine McCormack (Hannah), Dougray Scott (Cameron), Emily Woof (Alice), Sophie Okonedo (Denise)
Drehbuch: David Kane
Kamera: Rob Alazraki
Musik: Simon Boswell
Schnitt: Sean Barton
Prod.Des.: Sarah Greenwood
Prod.: Michel Camarada für Kismet mit Scottish Art Council/National Lottery Fund, GB 1999; 108 Min.
Verleih: Tobis/-/Rialto; Dez. 1999 (CH), 27.1.2000

Drei Frauen, drei Männer und Gott Amor: Daraus rekrutiert sich das Personal dieser Komödie. Ausgangspunkt ist eine Hochzeit, an der die Braut vom Seitensprung ihres Mannes erfährt, worauf sie sich gleich von ihm trennt. Nun kommen vier weitere Figuren ins Spiel, ein Liebeskarussell beginnt sich zu drehen, jede hat eine Affäre mit jedem. Der in der Gegenwart und in realistisch wirkender Umgebung angesiedelte, formal solide Film kann zwar zu Beginn etliche Lacher verbuchen, doch geht ihm bald einmal der Schnauf aus, vor allem, weil die Geschichte zu absehbar daherkommt. *Film, 12/99*

Lovers 552

LOVERS (DOGMA 5) ****

Regie: Jean-Marc Barr
Darsteller: Elodie Bouchez (Jeanne), Sergej Trifunovic (Dragan), Geneviève Page (Alice), Dragan Nicolic (Zlatan), Thibault de Montalembert (Jean-Michel)

Jean-Marc Barr

Drehbuch: Jean-Marc Barr, Pascal Arnold
Kamera: Jean-Marc Barr
Musik: Valérei Albert
Schnitt: Brian Schmitt
Prod.Des.: Françoise Rabut
Prod.: Pascal Arnold, Jean-Marc Barr für oloda/Bar-Nothing mit TF1/Canal+/Film Four, Frankreich 1999; 101 Min.
UA: Int. Filmfestspiele Cannes 1999 »Quinzaine des Réalisatuers«
EA: Filmfest München 1999
Verleih: Prokino/-/-; 11.11.1999
FSK: ab 6 J., ffr.

Dragan, ein junger Maler aus dem ehemaligen Jugoslawien, betritt eine Buchhandlung, und Jeanne, das Mädchen hinter der Kasse beschließt sofort, sich in ihn zu verlieben. Nach zehn Minuten Kinozeit sind die beiden ein Paar, und von da an fürchtet man um sie. Denn wer ist Dragan überhaupt? Jeanne weiß es nicht, und der Zuschauer ist ratlos wie sie. Der fünfte Film, der das Siegel des »Dogma«-Manifests trägt, und der erste, der nicht aus Dänemark kommt. »LOVERS ist eine Paris-Geschichte, die in ihrer Einfachheit und Intimität an die Nouvelle Vague erinnert.« *Tobias Kniebe, SZ, 28.6.99*

Der erste nichtdänische Dogma-Film erzählt konsequent schlicht und hautnah eine europäische Liebesgeschichte im winterlichen Paris. Eine junge französische Buchverkäuferin und ein illegal in Paris lebender Kunstmaler aus Exjugoslawien verlieben sich, nachdem sie nur wenige Worte auf englisch gewechselt haben. Filmemacher Jean-Marc Barrs eigenhändig geführte digitale Kamera folgt mit dynamischer Neugier den emotionalen Verwandlungen seiner eigenwilligen Hauptfiguren und macht an ihnen die wechselhafte Anatomie der Liebe sichtbar.

Iris Depping, tip, 24/99

Zum Heulen schön (sogar für Männer) ist dieses Regiedebüt des frankokanadischen Schauspielers Jean-Marc Barr. Es geht um Liebe, um die bedingungslos hingabevolle Liebe zwischen der kleinen Pariser Buchhändlerin Jeanne (Frankreichs Jungstar Elodie Bouchez, bezaubernd natürlich) und dem brotlosen Künstler Dragan aus Exjugoslawien. Solche Geschichten haben meist ein melodramatisches Ende. Lassen sie sich nicht abschrecken vom Zertifikat Dogma der wilden dänischen Kino-Erneuerer, die der Forderung nach originalen Schauplätzen, Bildern und Tönen schon mal Emotionen opfern. Unter der Regie von Chef-Dogmatiker Lars von Trier hat Jean-Marc Barr sein Talent bewiesen (»Europa«, »Breaking the Waves«), er gehört also zur Familie. Und erfüllt die Regeln. Manchmal wackeln die Bilder von Barrs Handkamera, verhuschen die Dialoge; seinen Protagonisten lässt er aber soviel Spielraum, dass der Zuschauer immer das Gefühl hat, eine authentischen Geschichte zu erleben. (…)

Angie Dullinger, AZ, 11.11.99

(…) »Lovers« ist nicht nur der erste französische Dogma-Film, sondern auch der erste Dogma-Beitrag, der nicht um eine Familiengeschichte kreist: »Durch die Technologie verändert sich die Erzählweise. Lars und Thomas (Vinterberg) haben mit zwei Kameras und zwei Tonmännern gearbeitet, sie mussten eine Menge Charaktere im Auge behalten. Uns ging es um ganz intime Gefühle, nur zwischen der Kamera, die ich selbst geführt habe, und den Schauspielern. Statt um formale Perfektion ging es uns um diese emotionale Intimität, und plötzlich fühlten wir uns wie Mack Sennet, der Anfang des Jahrhunderts auf ähnlich einfache Weise gearbeitet hat.« (J.-M. Barr)

Anke Sterneborg, SZ, 16.11.1999

Lucky People Center International 553

LUCKY PEOPLE CENTER INTERNATIONAL **

Regie: Johan Söderberg, Erik Pauser
Kamera: Jan Röed
Musik: Lucky People Center
Schnitt: Erik Pauser, Johan Söderberg
Prod.: Lars Jönsson; Peter Aalbäk Jensen für Memfis Film/Zentropa, Schweden 1998; 81 Min.
Verleih: MFA/polyfilm/Look Now!; 2.9.1999
FSK: ab 12 J., ffr.

Die schwedischen Multimediakünstler Erik Pauser und Johan Söderberg sind um die Welt gereist und ziehen nun Bilanz: In rund einem Dutzend Porträts außergewöhnlicher Menschen wird die Natur der technisierten Welt gegenüber gestellt und gefragt, wie reich unsere Gesellschaft an mystischen und ekstatischen Lebensweisen ist. Eine Dokumentation in bester Videoclip-Ästhetik – voller Magie, herausragend montiert und mit einem treibenden Klangteppich unterlegt. *Film, 12/99*

(…) In der Tat kommen die Macher dieses Films von der Musik: »Lucky People Center« ist eine nach einem geschlossenen Technoclub in Göteborg benannte schwedische Musikgruppe, die mit elektronischen Sounds und gesampleten Stimmen arbeitet, und ihre Arbeit zunehmend ausweitet, von den Tönen der Musik zu Video- und Filmbildern und Life Performances. Bisher schnipselten sie ihre Videoclips aus Archivmaterial zusammen, für ihren ersten langen Spielfilm drehten sie erstmals eigenes Material. So ist Lucky

People Center International eine Mischung aus sinnenstrotzendem Reisebericht, provozierendem Pamphlet, überlangem Musikclip und philosophischem Gedicht.

Anke Sterneborg, SZ, 6.9.99

Die Lüge 554

SINON, OUI

*

TV

Regie: Claire Simon
Darsteller: Catherine Mendez (Magali), Emmanuel Clarke (Alain), Lou Castel (Vater), Agnes Regolo (Myriam), Claude Merlin (Lemeur)
Drehbuch: Claire Simon
Kamera: Richard Copans
Musik: Archie Shep, Catherine Ringer
Schnitt: Catherine Quesemand
Prod.Des.: Michel Vandestien
Prod.: Catherine Jacques für Zelie/La Sept Cinema/French Prod./Verseau mit Canal Plus/CNC/Telefilm Canada,
Frankreich/ Kanada 1997; 119 Min.
UA: 12.5.1997, Int. Filmfestspiele Cannes
TV: 29.10.1999, Arte, 23.50

Eine junge Frau versucht, ihren Freund an sich zu binden, indem sie behauptet, sie sei schwanger. Und je länger sie an dieser Lüge festhält, desto hohler wirken natürlich die Gesten ihrer Umgebung. Aber so genau der Film eine bestimmte Tristesse der Vorstädte von Nizza einfängt, so wenig vermag er sich auf Schuldzuweisungen einlassen. (...)

Michael Althen, SZ, 22.5.97

Lügen wie gedruckt 555

COMME ELLE RESPIRE

****+

Regie: Pierre Salvadori
Darsteller: Marie Trintignant (Jeanne), Guillaume Depardieu (Antoine), Jean-François Stevenin (Marcel), Serge Riaboukine (Barnaby), Blanchette Brunoy (Madeleine), Michele Moretti (Jeanne's Mutter), Bernard Verley (Jeanne's Vater)
Drehbuch: Daniele Dubroux, Pierre Salvadori, Marc Syrigas
Kamera: Gilles Henry
Musik: Camille Bazbaz
Schnitt: Hélène Viard
Prod.Des.: Yan Arlaud
Prod.: Philippe Martin; Gerard Louvin (Co-Prod.) für Les Film Pelléas/Glem Film/ La Sept Cinema/France 2 mit Canal+/CNC/Procirep, Frankreich 1998; 105 Min.
EA: Filmfest München 1998
Verleih: Les Film du Losange

Die ausgeflippte chronische Lügnerin Jeanne ergattert sich in Paris eine Au-pair-Stelle, indem sie sich als Millionärstochter ausgibt. Die Story schafft Komplikationen: Zwei Ganoven entführen sie, um Lösegeld von der vermeintlich reichen Familie zu erpressen.

Pressetext

Lulu on the Bridge 556

LULU ON THE BRIDGE

****+

Regie: Paul Auster
Darsteller: Harvey Keitel (Izzy Maurer), Mira Sorvino (Cecilia Burns), Gina Gershon (Hannah), Willem Dafoe (Dr. Van Horn), Mandy Patinkin (Philip Kleinman), Vanessa Redgrave (Catherine Moore), Don Byron (Tyrone Lord), Richard Edson (Dave Reilly)
Drehbuch: Paul Auster
Kamera: Alik Sakharov
Musik: Graeme Revell; John Lurie, Lounge Lizards
Schnitt: Tim Squyres
Prod.Des.: Kalina Ivanov
Prod.: Greg Johnson, Amy Kaufman, Peter Newman für Redeemable Features,
USA 1998; 104 Min.
Verleih: Tobis/Constantin/Pathé Films/BMG (Ufa) Video; 25.3.1999
FSK: ab 12 J., ffr.

Harvey Keitel

Martin Lüttge als Lupo und Ilknur Boyraz

Ein New Yorker Jazzmusiker, schwer verletzt durch einen Amokläufer, kann nicht mehr Saxophon spielen und verliert dadurch seinen Lebensinhalt, findet aber einen mysteriösen magischen Stein und die große Liebe, die ihm die Chance gibt, ein besserer Mensch zu werden. Eine rätselhafte, mystisch-poetische Geschichte in schönen Bildern, die aber trotz der guten, bemühten Besetzung oft sperrig, frustrierend und wenig überzeugend wirkt. Wer den Streifen als originelles Experiment betrachtet, sich inspirieren läßt und sich den vielschichtigen Deutungsmöglichkeiten öffnet, mag das Sujet interessant finden. *Multimedia*

(...) Der darstellerisch überzeugende Film über die Kraft der Liebe gibt sich zwar geheimnisvoll, doch es gelingt ihm nicht, Dinge jenseits des Formulierbaren zumindest anzutönen. Das liegt an der zu konventionellen Gestaltung, die einzig durch ein faszinierendes Farbkonzept besticht. *Zoom, 4/99*

Bei den Filmfestspielen in Cannes haben Sie für Ihr Regiedebüt ziemlich Prügel bezogen. Haben Sie das inzwischen verschmerzt?

Prügel ist ein viel zu harmloses Wort dafür. Ich bin ja regelrecht geschlachtet worden. Es war ein einziges Blutbad. So viel Aggression, Häme und Haß ist mir noch nie zuvor in meinem Leben begegnet. Ich fühlte mich zwei Wochen lang wie der Heilige Sebastian – von Pfeilen durchbohrt. *Paul Auster im Interview mit Ulrich Lössl, Zitty, 7/99*

Lupo und der Muezzin 557

****

Regie: Dagmar Wagner
Darsteller: Martin Lüttge (Lupo), Elisabeth Schwarz (Lilo), Gruschenka Stevens (Bea), Jürgen Tarrach (Jochen), Stefan Viering (Bürgermeister), Ilknur Boyraz (Seyhan), Ercan Durmaz (Mehmet), Helga Uthmann (Martha B.)
Drehbuch: Dagmar Wagner
Kamera: Igor Luther, Charlie van Damme
Musik: Gert Wilden jr.
Schnitt: Heidi Handorf
Prod.Des.: Bernd Lepel
Prod.: Helmut Dietl, Alfred Hürmer für Diana Film für BR/WDR/ARTE, BRD 1998; 85 Min.
UA: Int. Hofer Filmtage 1999

In einer Kleinstadt prallen die Kulturen aufeinander: Der Neubau des Karnevalsvereins konkurriert mit der geplanten Moschee. Der Film erzählt mit viel Ironie und skurrilen Figuren die komisch-groteske Geschichte vom alltäglichen Rassismus in der Provinz. *Pressetext*

Mac Cool und der Piratenschatz

558
***

THE REAL MACAW

Regie: Mario Andreacchio
Darsteller: Jamie Croft (Sam Girdis), Jason Robards (Großvater Ben Girdis), Deborra-Lee Furness (Beth Girdis), Joe Petruzzi (Rick Girdis), John Waters (Dr. Lance Hagen), Petra Yared (Kathy Girdis), Simon Chan (Phillip Blythe), Gerry Connolly
Drehbuch: Bruce Hancock, Matthew Perry
Kamera: David Foreman
Musik: Bill Conti
Schnitt: Edward McQueen Mason
Prod.Des.: Ross Major
Prod.: Margot McDonald; Bruce Hancock, Timothy Prescott, Rock Bester für REP/Becker Ent. mit Australian Film Finance Corp./Bellwether Film mit South Australian Film/Film Queensland/NSW Film & Television 1997; 92 Min.
Verleih: Jugendfilm/-/-/VCL Video; 22.7.1999
FSK: o. A., ffr. – FBW: Wertvoll

Der sprechende Papagei Mac Cool ist 149 Jahre alt und weiß, wo ein Piratenschatz vergraben liegt. Aber erst als der alte Ben, bei dem er lebt, ins Altersheim abgeschoben werden soll, vertraut er sein Geheimnis dem Teenager Sam an. Die beiden machen sich auf den Weg zur Schatzinsel – doch sind sie leider nicht die einzigen, die von dem Vermögen wissen. So wird die Reise zur halsbrecherischen Verfolgungsjagd, und aus Sam und Mac Cool werden unzertrennliche Freunde. Ein spannendes Abenteuer mit einem tierisch guten Hauptdarsteller! *tip, 16/99*

(...) Die spannende Kinderkomödie ist zum einen eine doppelte Verfolgung der Verfolger, Sams besorgte Eltern auf der Suche nach ihrem verschwundenen Sohn, zum anderen handelt sie aber auch von einem doppelten Vater-Sohn-Konflikt, denn das Verhältnis zwischen Ben und seinem Filius ist ebenso brüchig wie das zwichen Sam und dessen alten Herrn. Bis alles wieder ins Lot kommt, sind Überraschungen nicht ausgeschlossen: Wo einst die Piraten ihre Beute vergruben, steht heute ein Luxushotel – und so führt die Expedition direkt ins Abwassersytem, wo schon Dr. Hagen lauert. Die Schauspieler geben sich zwar alle Mühe, aber selbst ein erfahrener Charakterdarsteller wie Jason Robards als Großvater muß gegenüber einem frech-gesprächigen Papagei eindeutig den Kürzeren ziehen.
Manfred Hobsch, Zitty, 15/99

(...) Statt Mac Cool pfiffige Dialoge in den Schnabel zu legen, haben die Filmemacher ihre Aufmerksamkeit auf den nahtlosen Übergang vom realen zum digitalen Papagei gerichtet. Daß sie dank der Technik nun theoretisch alles bewerkstelligen könnten, gibt den Tieren im Film nicht die Freiheiten, die sie im Kinderbuch genießen: Es macht sie endgültig zu Sklaven fader Drehbücher. *Thomas Klingenmaier, Stgt. Zeitung, 23.7.99*

Das Mädchen aus der Torte

559
***+
TV

Regie: Peter Weck
Darsteller: Rainhard Fendrich (Christian Zeiler), Heio von Stetten (Dr. Victor Stolze), Max Tidof (Paul), Marion Mitterhammer (Katharina Buchheim), Friedrich von Thun (Karl Buchheim), Gudrun Landgrebe (Marie-Luise Buchheim), Ursula Buschhorn (Miriam), Veit Stübner (Rolli Baumann)
Drehbuch: Rolf-René Schneider
Kamera: Fabian Eder
Musik: Rainhard Fendrich
Prod.: BRD 1999; 90 Min.
TV: 1.10.1999, ARD, 20.15

TV-Schmonzette um heimliche und unglückliche Liebe als Melange zwischen Ufa und Wien-Film zubereitet. Einfach herzig.

Madeline

560
***

MADELINE

Video

Regie: Daisy von Scherler Mayer
Darsteller: Frances McDormand (Miss Clavel), Nigel Hawthorne (Lord Covington), Hatty Jones (Madeline), Ben Daniels (Leopold der Tutor), Stéphane Audran (Lady Conving-

ton), Arturo Venegas (spanischer Botschafter), Katia Caballero, Chantal Neuwirth
Drehbuch: Mark Levin, Jennifer Flackett, nach dem gleichn. Buch von Ludwig Bemelmans
Kamera: Pierre Aim
Musik: Michel Legrand
Schnitt: Jeffrey Wolf
Prod.Des.: Hugo Luczyc-Wyhowski
Prod.: Saul Cooper, Pancho Kohner, Allyn Stewart für Jaffi Films Prod., USA 1998; 89 Min.
Vertrieb: Columbia Tristar Video; 1.7.1999
FSK: o. A., ffr.

Madeline und ihre Freunde retten »ihr« Waisenhaus vor der Schließung. Sympathischer Kinderfilm mit kleinen Schwächen.

The Mall – Flutkatastrophe im Shopping-Center

561
**
Video

TERROR IN THE MALL

Regie: Norberto Barba
Darsteller: Kai Wiesinger (Chris), Rob Estes (Glen), Shannon Sturges (Sheri), David Soul (Roger), Angeline Ball (Suzanne), George Anton, Terence Maynard, Danny Webb II.
Drehbuch: John M. Mandel, Dan Gordon
Kamera: Cristiano Pogany
Musik: Christopher Franke
Schnitt: Roberto Silvi
Prod.: Konstantin Thoeren für Wolper TV, USA/BRD 1998; 85 Min.
Ufa Video, Titel: Dark Rain
TV: 22.9.1999, RTL, 20.15

Bei RTL kam mal wieder viel zusammen: Orkan, Wolken- und alsbald ein Dammbruch schlossen eine Handvoll Menschen im überschwemmten Konsumtempel ein. Unter ihnen ein mehrfacher Mörder. Und das Gebäude stand auch noch auf einem Feld hochexplosiven Methans. Ein Glück, daß nicht noch ein Jumbo in die Fluten stürzte oder ein Meteorit.

W. O. P. Kistner, AZ, 24.9.99

Manchmal kommen sie wieder 3

562
**
Video

SOMETIMES THEY COME BACK FOR MORE/FROZEN

Regie: Daniel Zelik Berk
Darsteller: Max Perlich (Lieutenant Brian Shebanski), Jennifer O'Dell (Mary), Clayton, Rohner (Captain Sam Cage), Chase Masterson (Major Callie O'Grady), Michael Stadvec (Captain Robert Reynolds), Douglas Stoup (Lieutenant Barnes), Damian Chapa (Dr. Carl Schilling)
Drehbuch: Adam Grossman, Darryl Sollerh, Stephen King, nach seiner Story »Sometimes They Come Back«
Kamera: Christopher Walling
Musik: Barry Langsbard
Schnitt: Todd Clark
Prod.Des.: Trae King
Prod.: Diana Zahn, Daniel Zelik Berk; Deborah Ann Henderson (Line-Prod.) für Trimark Pic., USA 1998; 86 Min.
Vertrieb: BMG Video; Juni 1999
FSK: ab 16 J.

US-Militärstation in der Antarktis wird von aggressiven Aliens heimgesucht. Gewiß, manchmal kommen sie wieder, doch nun sind sie schon zweimal zu oft wiedergekommen – ödes Horror-Spektakelchen.

Ein Mann fällt nicht vom Himmel

563
**
TV

Regie: Sibylle Tafel
Darsteller: Roman Knizka (Paul Binder), Katrin Bühring (Julia), Maria Bachmann (Lilly)
Drehbuch: Maria Bachmann
Kamera: Wolfgang Aicholzer
Prod.: Dieter Ulrich Aselmann für d.i.e. film, BRD 1998; 90 Min.
TV: 21.12.1998, ZDF, 20.15

Es geht nicht direkt um einen Mann, sondern um einen Designer-Schnösel. In der niedlich-dümmlichen Romanze verbandelt er sich mit einer niedlich-dümmlichen Dorfkrankenschwester zu einer Schickispießer-Dümmelei.

Ponkie, AZ, 23.12.98

Ein Mann für gewisse Sekunden

564
**
TV

Regie: Bernhard Stephan
Darsteller: Katja Weitzenböck (Jenna Wissbach), Carin C. Tietze (Marie Cholewa-Wissbach), Hansa Czypionka (Christoph Cholewa-Wissbach), Matthias Reim (Tony Cazzone), Tom Mikulla (Michael)
Drehbuch: Evelyn Holst
Kamera: Anton Peschke
Prod.: Bavaria Film, BRD 1999; 90 Min.
TV: 7.6.1999, ZDF, 20.15

Die fortschrittliche Singlefrau, die ein selbstgemachtes Baby zur Selbstfindung benötigt, bedient sich im Notfall eines Spermaspenders (Studentenjob mit eingebautem Erpressungspotential). In der kargen neudeutschen Familienmatratzenposse reicht aber das Sperma weder fürs Intelligenz-Erbe noch für den genetischen Romantiker-Charme. Einzig Hansa Czypionka bringt ein bißchen angeborene Erotik zustande – dieweil seine Gattin, Fotografin und Zweikindermutter, einem abgetakelten Pop-Superstar hinterherschmatzt, der den Sexappeal eines abgelatschten Dieter-Bohlen-Turnschuhs verbreitet. Ihre Schwester, die Karrierejournalistin, holt sich ihre Schwangerschaft wiederum vom alleingelassenen Czypionka und benutzt den Spermastudenten als Vorzeigevater. (...) *Ponkie, AZ, 9.6.99*

Ein Mann stürzt ab 565

***+
TV

Regie: Heide Pils
Darsteller: Andreas Schmidt-Schaller (Achim Kettner), Cordelia Wege (Charly Kettner), Katrin Saß (Edith Kettner), Martin Glade (Mischa), Birge Schade (Paula)
Drehbuch: Heide Pils
Kamera: Wolfgang Treu
Musik: Hannes König
Schnitt: Barbara Büscher-Grimm
Prod.: Hans Günther Imlau für Sator-Film, BRD 1998; 87 Min.
UA: Filmfest Hamburg 1998
TV: 18.1.1999, ZDF, 20.15

Auf der Jagd nach der Einschaltquote ist Autocrash immer das Sicherste. Dafür liefert der Pro7-Thriller die nötigen Blechschäden. Aber die Skurrilstory ist ein bißchen der aparten Besetzung angepaßt und streift den Sozialgrusel des Kindermärchens: Als unbeholfene Banker-Schreckschraube gesellt sich Doris Schretzmayer zu einem Taxifahrer mit Tochter. Wegen eines falschen Kontoauszugs werden sie von Profikiller Edgar Selge und einem Autokonzern gejagt. Versteht kein Mensch, hat aber als Bösewicht-Schmierentheater Unterhaltungswert.
Ponkie, AZ, 17.5.99

Männer sind wie Schokolade 566

***
TV

Regie: Uwe Wilhelm
Darsteller: Jennifer Nitsch (Linda Lano), Max Tidof (Mike Badon), Stefan Jürgens (Donald), Peter Sattmann (Peter), Monika Hansen (Mutter Lano), Otto Sander (Vater Lano), Eva Hassmann (Barbara Lano), Jessica Stockmann (Susanne)
Drehbuch: Christina Kallas, Uwe Wilhelm, nach dem gleichn. Roman von Tina Grube
Kamera: Arthur A. Ahrweiler
Musik: Achim Gieseler
Prod.: BRD 1998; 87 Min.
TV: 19.3.1999, ARD, 20.15

Jennifer Nitsch im Art-Direktor-Streß auf der Tolle-Frauen-Piste: Die Schokoladenmänner sind schmackhafte Osterhasen und alles wird gut.

Männer sind zum Küssen da 567

MEN
**
TV

Regie: Zoe Clarke-Williams
Darsteller: Sean Young (Stella James), John Heard (George Babbington), Dylan Walsh (Teo Morrison), Richard Hillman (Frank), Karen Black (Alex), Beau Starr (Tony), Shawnee Smith (Clara), Glenn Shadix (Neil)
Drehbuch: Zoe Clarke-Williams, Karen Black James Andronica, nach einem Roman von Margaret Diehl
Kamera: Susan Emerson
Musik: Mark Mothersbaugh
Schnitt: Annamaria Szanto, Stephen Eckelberry
Prod.Des.: Clovis Chamberet
Prod.: Paul Williams für Shonderosa Prods./Hillman/Williams Prods., USA 1997; 92 Min.
TV: 12.6.1999, ZDF, 22.15

Die US-Libido-Socke zog sich in der amerikanischen Erotik-Waschmaschine lang und länger. Weil die Köchin Stella in L.A. dauernd damit beschäftigt war, ihre sexuellen Bedürfnisse an unterschiedlichen Männern auszuprobieren (was der Durchschnittsmann bekanntlich nicht leiden kann, weil er sowas darf, aber das Mädchen nicht). Ehe die Küchenfee endlich alle durchgetestet hatte, dazu auch noch einen Stall voller lesbischer Bohème-Zicken bewirtet und über alle Seelenprobleme palavert hatte, wuchs schon Efeu über der Mattscheibe. *Ponkie, AZ, 14.7.1999*

Männer und andere Katastrophen 568

**

TV

Regie: Ulli Baumann
Darsteller: Heike Makatsch (Judith), Dominic Raacke (Leo), Ulrike Folkerts (Rebecca), Irm Hermann (Frau Kiebig), Steffen Wink (Holger), Jeannette Arndt (Katja), Barbara Philipp (Bille), Walter Kreye (Vater)
Drehbuch: Jessica Schellak, Kerstin Oesterlin, nach dem Roman von Kerstin Gier
Kamera: Konstantin Kröning
Musik: Achim Hagemann
Prod.: BRD 1998; 88 Min.
TV: 30.4.1999, ARD, 20.15

Eine brav auf der Stelle trippelnde Pechvogelkomödie: Wo Heike Makatsch hintritt, da ist eine Pfütze, ein Loch oder sonst eine Falle. Aber was dabei zu Bruch geht, wird flugs in Designer-Dekorationen verwandelt. Und die Kulleraugen-Maus läßt endlich ihren eitlen Rennfahrerkerl sausen, um sich einem netten Schüchternen zu widmen. So jagt das Nichts das andere.
Ponkie, AZ, 31.4.99

Marrakesch 569

HIDEOUS KINKY

***

Regie: Gilles MacKinnon
Darsteller: Kate Winslet (Julia), Said Taghmaoui (Bilal), Bella Riza (Bea), Carrie Mullan (Lucy), Pierre Clementi (Santoni), Sira Stampe (Eva), Abigail Cruttenden, Ahmed Boulane
Drehbuch: Billy McKinnon, nach dem Roman von Esther Freud
Kamera: John de Borman
Musik: John Keane
Schnitt: Pia Di Ciaula
Prod.Des.: Louise Marzaroli, Pierre Gompertz
Prod.: Ann Scott für The Film Consortium/BBC mit The Art Council of England/Greenpoint/AMLF, GB/Frankreich 1998; 98 Min.
Verleih: Prokino/Stadtkino/Monopole Pathé; 15.4.1999
FSK: ab 6 J., ffr.

Die junge Julia flieht vor ihrem problematischen Londoner Alltag nach Marokko. Mit ihren zwei Töchtern genießt

Kate Winslet mit Filmtochter

sie im Hippie-Stil zwischen Mut und Verantwortungslosigkeit die scheinbare Freiheit und versucht, eine neue Spiritualität und sich selbst zu finden. Geldmangel und Krankheiten der Kinder zwingen schließlich zur Rückkehr. Die gut gespielte Aussteiger-Geschichte überzeugt mit ansprechenden Bildern, die Julias Freiheitsgefühl erfahrbar machen. *Zoom, 4/99*

(...) Bei diesem schlichten Epos aus dem neugierigen Blickwinkel der Kinder spart er nicht an Nostalgie und Hippie-Klischees, garniert das Ganze mit einer Prise Nordafrika-Zauber. Was Wirklichkeit sein soll, wirkt wie Kunstgewerbe.
Einen Roman in ein Drehbuch umzuschreiben, ist für den Engländer so, »als nehme man ein Auto auseinander, um

es als Motorrad wieder zusammenzubauen«. Als Mechaniker versagt der Regisseur, der Umbau ist mißlungen. Was bleibt, sind verführerische Bilder aus dem Maghreb.

Margret Köhler, AZ, 15.4.99

Die Maske des Schreckens 570

WITHOUT WARNING ***+

TV

Regie: Catherine Millar
Darsteller: Arkie Whiteley (Megan Turner), Steve Bastoni (Arch Whitelaw), Mark Lee (David Turner), Kym Wilson (Josie Newman), Norman Kaye (Max Fischer), Max Phipps (Mayberry), Stephen O'Rourke (Sergeant Ridley), Pat Bishop (Cecile Bannerman)
Drehbuch: Peter Yeldham, nach seinem gleichnamigen Roman
Kamera: Geoff Burton
Musik: Mike Perjanik
Prod.: USA 1998; 92 Min.
TV: 10.7.1999, ARD, 23.25

Zwei Computerfreaks, er böser Erpresser, sie brave Ehefrau, nutzen das Ding für ihre Zwecke und zeigen, wer besser damit umgehen kann.

Masumiyet 571

MASUMIYET ***

Regie: Zeki Demirkubuz
Darsteller: Güven Kirac (Yusuf), Derya Alabora (Ugur), Haluk Bilginer (Bekir), Melis Tuna (Cilem)
Drehbuch: Zeki Demirkubuz
Kamera: Ali Utku
Musik: Cengiz Onural
Schnitt: Mevlüt Kocak
Prod.: Zeki Demirkubuz, Nihal G. Koldas für Mavi Filmcilic, Türkei 1997; 110 Min.
EA: Filmfest Hamburg 1998
Verleih: Kinoinitiative/-/-; Dez. 1999

Yusuf, der gerade aus dem Gefängnis entlassen wurde, schließt Freundschaft mit Bekir, der einer attraktiven Hure verfallen ist und mit ihr und deren Kind durch die Lande zieht. Nach dem Selbstmord des Freundes verliebt er sich erfolglos in die eigenwillige Frau. Temperamentsausbrüche, triste Absteigen und stoisches Sitzen vor laufenden Fernsehern bebildern diese schleppend inszenierte türkische Milieustudie.

Iris Depping, tip, 26/99

Matrix 572

THE MATRIX ****+

Regie: Andy Wachowski, Larry Wachowski
Darsteller: Keanu Reeves (Neo), Laurence Fishburne (Morpheus), Carrie Anne Moss (Trinity), Hugo Weaving (Agent Smith), Gloria Foster (Oracle), Joe Pantoliano (Cypher), Marcus Chong (Tank), Paul Goddard (Agent Brown)
Drehbuch: Andy Wachowski, Larry Wachowski
Kamera: Bill Pope
Musik: Don Davis
Schnitt: Zach Staenberg
Prod.Des.: Owen Paterson
Prod.: Joel Silver; Dan Crachiolo für Silver Pic., USA 1998; 136 Min.
Verleih: Warner Bros./dto./dto./Warner Video; 17.6.1999
FSK: ab 16 J., ffr.

Im 22. Jahrhundert sind Roboter an der Macht und halten die unwissenden Menschen in einer virtuellen Welt gefangen. Cyber-Punk-Rebellen wittern im Computergenie Neo den Befreier der Menschheit, holen ihn zu sich und erschaffen ihn neu. Kung-Fu-technisch perfekt ausgebildet erreicht er das Unmögliche erst, als er an sich selber glaubt. Der inhaltlich komplizierte

Keanu Reeves und Carrie Anne Moss

Science-Fiction-Film bietet unglaubliche special effects und eine Atmosphäre zwischen Traum und Wirklichkeit, die trotz Futuristik Wärme birgt.
Zoom, 6/99

(...) Wir downloaden uns hier Spurenelemente aus Huxleys »Schöner neuer Welt«, Anleihen aus »Alien«, »Blade Runner«, »Terminator« und ostasiatischem Kickboxer-Dächerhüpfen in unser Futuristenhirn (es ist das Jahr 2199). Gutmensch Morpheus (Laurence Fishburn) sucht sich einen »Erwählten«, den Computerhacker (Keanu Reeves), um mit ihm und der fliegenden Superfrau Trinity (Carrie Anne Moss) die von Maschinenbösmenschen manipulierte Scheinrealität »Matrix« auszuhebeln.
Die Denkspiele um Realität und Illusion, um getäuschte Wahrnehmung und das Kraftfeld der Gedanken wäre als Science-Fiction-Material ein spiritueller Knaller. Aber die Süchtigen der digitalen Zauberwelt sind derart besessen von der pausenlosen Überdosis an rabiaten Kampfszenen (und vom Druck des Immer-noch-schneller), daß der Film zu einer einzigen feuerspeienden, stampfenden Schußwaffe wird: Die Knarre ist das choreographische Lustobjekt der Guten gegen die Bösen – die Droge für den letzten Kick.
Das virtuelle Spiel mit der Wahrnehmungstäuschung gilt aber auch für die Loslösung dieser Computer-Ästhetik von der Realität des perversen amerikanischen Waffenfetischismus: Die Auslöschungs- und Vernichtungsgelüste der vermeintlich Zukurzgekommenen (wie der Kinder von Littleton) finden in solchen Video-Orgasmen die Erfüllung jenseits des Hirns. *Ponkie, AZ, 17.6.99*

Matter of Trust 573

MATTER OF TRUST ***
Video

Regie: Joey Travolta
Darsteller: C. Thomas Howell (Mike), Joan Severance (Theresa), Nick Mancuso (Peter), Robert Miano (Ben), Jennifer Leigh Warren (Janet), Randee Heller (Stoddard), Corby Timbrook, David E. Ornston
Drehbuch: John Penney
Kamera: Dan Heigh
Musik: Jeff Lass
Schnitt: Rich Cowen, Will Wuorinen
Prod.Des.: Joe Lemmon
Prod.: Richard Salvatore, Julia Verdin; John Penney, Joan Severance (Co-Prod.) für Two Sticks/Shoreline Ent., USA 1998; 86 Min.
Vertrieb: VCL Video; 21.12.1998
FSK: ab 16 J.

Bei einer Serie von Prostituierten-Morden gerät auch die Polizei ins Zwielicht. Ein aufrechter Cop und eine unerfahrene Staatsanwältin wollen den Sumpf trockenlegen. Einigermaßen ansprechend umgesetzter Allerwelts-Plot mit den obligaten Klischees.

Matusalem II – Der letzte der Beauchesne 574

MATUSALEM II – LE DERNIER DES BEAUCHESNE □
TV

Regie: Roger Cantin
Darsteller: Marc Labreche (Ambroise Dubuc de Beauchesne), Emile Proulx Cloutier (Olivier St-Pierre), Steve Gendron (Laurent St-Pierre), Marie-France Monette (Hélène Laufleur), Magali Gevaert (Béatrice Levallet), Raymond Cloutier (El Diablo), Germain Houde (Père Lachaise), Patricia Perez
Drehbuch: Roger Cantin
Kamera: Eric Cayla
Musik: Milan Kymlicka
Schnitt: Richard Comeau
Prod.: Jacques Bonin, Claude Veillet für Les Films Vision 4 mit Telefilm Canada/Cable Prod./Fund/SODEC, Kanada 1997; 98 Min.
TV: 13.11.1999, SuperRTL, 12.40

Verliebter Schüler fürchtet, am falschen Tag seine Zeitreise in die Vergangenheit antreten zu müssen.

Maui Heat – Das erotische Paradies 575

MAUI HEAT □
TV

Regie: Jake Kesey
Darsteller: Kim Dawson (Laura), Doug Jeffery (Mitch), Michael Anderson (Jake), Kimberly Rowe (Dakota), Kim Yates (Carly), Teresa Langley (Shawn)
Drehbuch: Lynn Isenberg
Musik: Jim Goodwin

Prod.: Playboy, USA 1996; 90 Min.
TV: 26.5.1999, Pro7, 23.00

Exotische Insel, Fotos für den Bademodenkatalog, Eifersucht – alles nach dem bewährten Playboy-Rezept.

Max & Bobo 576

MAX & BOBO ****+

Regie: Frédéric Fonteyne
Darsteller: Alfred Pea (Max), Jan Hammenecker (Bobo), Stéphane Auberghen, Dominique Baeyens, Muriel Bersy, Angelo Bison, Frédéric Bodson
Drehbuch: Philippe Blasband
Kamera: Virginie Saint-Martin
Musik: Jeannot Sanavia
Schnitt: Sandrine Deegen
Prod.: Patrick Quinet für Artemis mit Samsa/Les Productions Lazennec/RTL-TVI, Belgien/Frankreich/Luxemburg 1998; 80 Min.
UA: Filmfestival Mannheim-Heidelberg 1998
Verleih: -/-/Frenetic; Dez. 1998
FSK: ab 14 J.

Ein heruntergekommener Prominentenfriseur, der seine Existenz auf Lügen aufbaute, und ein naiver Clochard, der seine Jugend in Heimen verbrachte, schließen sich einander an, leben in den Tag hinein und rauben ein Juweliergeschäft aus. Doch danach verrät der Coiffeur seinen neuen Freund. Erst auf diesem moralischen Tiefpunkt sieht er seine Schuld ein. Eine parabelhafte, mit feinem Sarkasmus und formal geschickt erzählte Geschichte um Freundschaft und Liebe, die sprituelle Fragen nach Schuld und Erlösung stellt.

Zoom, 12/98

Max Q – Emergency Landing 577

MAX Q **
Video

Regie: Michael Shapiro
Darsteller: Bill Campbell (Clay Jarvis), Paget Brewster (Rena Winter), Ned Vaughn (Scott Hines), Geoffrey Blake (Jonah Randall), Tasha Smith (Karen Daniels), Denis Arndt (Don Mitchum), Christopher John Fields (Elliot Henschel), Kevin McNulty (Oz Gilbert)
Drehbuch: Robert J. Avrech, Marty Kaplan
Kamera: Glen MacPherson
Musik: Nick Glennie-Smith
Schnitt: Michael Schweitzer
Prod.Des.: Douglas Higgins
Prod.: David Roessell; Jonathan Littman (Co-Prod.) für Jerry Bruckheimer Films mit Touchstone TV, USA 1998; 83 Min.
UA: 19.11.1998, ABC, 21.00
Vertrieb: Buena Vista (Touchstone) Video; Sept. 1999
FSK: ab 12 J.

Raumschiff kommt bei Routinemission so in Turbulenzen, daß eine Rückkehr zur Erde fraglich ist. Mit sichtlich geringen Mitteln produzierter NASA-Werbeclip für allerbescheidenste Science-Fiction-Ansprüche.

Meet the Deedles 578

MEET THE DEEDLES **
Video

Regie: Steve Boyum
Darsteller: Paul Walker (Phil Deedle), Steve Van Wormer (Stew Deedle), John Ashton (Captain Douglas Pine), A.J. Langer (Lt. Jesse Ryan), Robert Englund (Nemo), Megan Cavanagh (Mo), Eric Braeden (Elton Deedle), M.C. Gainey (Major Flower)
Drehbuch: James Herzfeld, Dale Pollock
Kamera: David Hennings
Musik: Steve Bartek
Schnitt: Alan Cody
Prod.Des.: Stephen Storer
Prod.: Aaron Meyerson, Dale Pollock; Christopher Cronyn, Rick Johnson (Ass.-Prod.) für Walt Disney/Peak/DiC Ent., USA 1998; 90 Min.
Vertrieb: Ascot Video; April 1999
FSK: ab 6 J.

Zwei verwöhnte Fabrikanten-Söhnchen geraten statt ins Feriencamp in einen Nationalpark, wo sie Erdhörnchen bekämpfen sollen. Gagfreie Albernheit.

Mega Mountain Mission 579

3 NINJAS: HIGH NOON AT MEGA MOUNTAIN **
Video

Regie: Sean McNamara
Darsteller: Mathew Botuchis (Rocky Douglas), Michael O'Laskey II (Colt Douglas), James Paul Roeske (Tum Tum Douglas), Victor Wong (Großvater Mori), Loni Anderson (Medusa), Hulk Hogan (Dave Dragon), James Varney (Bad Ninja Lothar), Chelsey Earlywine (Amanda Morgan-Green)
Drehbuch: Sean McNamara, Jeff Phillips

Kamera: Blake T. Evans
Musik: John Coda
Schnitt: Annamaria Szanto
Prod.Des.: Chuck Connor
Prod.: James Kang, Yoram Ben-Ami für Sheen Prod. mit Leeds/Ben-Ami Prod., USA 1998; 90 Min.
Vertrieb: Columbia TriStar Video; 1.5.1999
FSK: ab 16 J.

Drei »Ninja-Brüder« und ihr Muskelidol legen sich mit »Mega-Terroristin« an, die einen Vergnügungspark okkupiert hat. Reichlich blödsinniger Action-Komödien-Quark.

Megacities 580

***

Regie: Michael Glawogger
Drehbuch: Michael Glawogger
Kamera: Wolfgang Thaler
Schnitt: Andrea Wagner
Prod.: Erich Lackner, Rolf Schmid für Lotus/Fama, Österreich/Schweiz 1998; 94 Min.
Verleih: Arsenal/Lotus/Fama; Sept. 1998 (AU), 17.6.1999

Bedenklich an »Megacities« ist nicht nur die flotte Ästhetisierung der Armut, sondern vor allem Glawoggers Grenzgang zwischen Dokument und Fiktion. Unmerklich gerät die Reportage zur spekulativen Nachinszenierung. So werden die Slumbewohner noch einmal ausgebeutet. *tip, 13/99*

Der Meienberg 581

***

Regie: Tobias Wyss
Darsteller: Lothar Baier, Liliane und Jean Bonvin, Hugo Bütler, Iso Camartin, Roland Gretler, Otmar Hersche, Franz Hohler, Fam. Meienberg
Drehbuch: Tobias Wyss
Kamera: Otmar Schmid
Schnitt: Mirjam Krakenberger
Prod.: Alfi Sinninger für Catpics, Schweiz 1999; 84 Min.
Verleih: -/-/Columbus; Oktober 1999
FSK: ab 14 J., ffr. (CH empfohlen)

In seinem Dokumentarfilm entwirft Tobias Wyss die Porträtskizze eines Unbequemen. Aus Gesprächen mit Bekannten, aus TV-Aufzeichnungen und Textausschnitten von Niklaus Meienberg fügt er ein Puzzle zusammen, das die Widersprüche in dieser Persönlichkeit nicht glättet und spüren lässt, wie sehr einer wie Meienberg der Schweiz heute fehlt. *Film, 10/99*

Mein großer Freund Joe 582

MIGHTY JOE YOUNG ***

Regie: Ron Underwood
Darsteller: Bill Paxton (Gregg O'Hara), Charlize Theron (Jill Young), Rade Serbedzija (Strasser), Peter Firth (Garth), David Paymer (Harry Ruben), Naveen Andrews (Pindi), Regina King (Cicily Banks), Robert Wisdom (Kweli)
Drehbuch: Mark Rosenthal, Lawrence Konner, nach dem Drehbuch von Ruth Rose und der Story von Merian C. Cooper
Kamera: Don Peterman, Oliver Wood
Musik: James Horner
Schnitt: Paul Hirsch
Prod.Des.: Michael Corenblith
Prod.: Ted Hartley, Tom Jacobson; Michael Fottrell für Walt Disney mit RKO, USA 1998; 111 Min.
Verleih: Buena Vista/dto./dto./Buena Vista Video; 1.7.1999
FSK: ab 6 J., ffr. – FBW: Wertvoll

Eine Frau bringt einen riesigen Gorilla – ihre beiden Mütter haben das Leben durch Wilderer verloren – aus Sicherheitsgründen von Afrika in ein Reservat in den USA. Dort tauchen die Wilderer wieder auf, der zahme Gorilla bricht aus, es kommt zum Tumult, das Tier verliert beinahe sein Leben. Ein formal routiniert gemachtes Remake des gleichnamigen Films von Ernest B. Schoesack (USA 1949), das – Abenteuer- und Liebesgeschichte in einem – geschickt mit den Gefühlen des Publikums jongliert und zwischen Sentimentalität und Drama pendelt. *Zoom, 6-7/99*

(...) Die Geschichte des Primatenungetüms, das als friedlicher Diener eines weißen Mädchens im Dschungel lebt, bis beide mit falschen Versprechungen in einen Vergnügungpark in den USA gelockt werden, ist ein geistloses Remake des selbst schon miesen »Mighty Joe Young« von 1949. Man hatte hier so etwas wie »King Kong Light« versucht und war übel damit durchgefallen: Die paar lustigen Szenen des Originals hat das Team um Regisseur Ron Underwood nun konsequent entfernt, den klebrigen Kitsch aber übriggelassen. Joe, von unverständigen Menschen mit Schußwaffen gejagt, rettet schnaubend und keuchend ein Kind vom brennenden Riesenrad: Dabei glotzt er so beifallheischend sentimental umher, daß wir offenbar weniger den Edelmut der Kreatur als die taschenspielerflinke Verschmelzung von Computertrick und Gummikostüm bewundern sollen.

Thomas Klingenmaier, Stgt. Zeitung, 2.7.99

Mein Kind muß leben

583
***
TV

Regie: Diethard Klante
Darsteller: Heinz Hoenig (Franz Wagner), Margarita Broich (Claudia Wagner), Jürgen Hentsch (Prof. Schwarz), Johanna Klante (Marion Wagner), Barbara Herschbach (Evi), Stefan Kurt (Dr. Klee)
Drehbuch: Diethard Klante
Kamera: Johannes Hollmann
Schnitt: Bernd Lorbiecki
Prod.Des.: Frank Chamier
Prod.: Dietrich Mack für SWF, BRD 1997; 90 Min.
EA: Filmfest München 1998
TV: 13.2.1998, Arte, 20.45; 3.2.1999, ARD, 20.15

Bei der ARD ragte wieder einmal Qualität hervor: Das auf einer wahren Begebenheit beruhende TV-Spiel von Diethard Klante ging unter die Haut. Nach einem Unfall fällt Evi, Tochter des Möbelhändlers Wagner, durch eine Hirnverletzung in ein Wachkoma, das Ärzte für unheilbar halten. Den bedingungslosen Kampf Wagners für das Überleben seiner Tochter und gegen den Zynismus, die Arroganz und Ignoranz der Ärzte packte Klante in einen besonnenen Plot und eine intensive Inszenierung, bei der die Darsteller bis in allerkleinste Rollen paßgenau besetzt waren. *W.O.P.Kistner, AZ, 5.2.99*

Mein liebster Feind

584
****

Regie: Werner Herzog
Mit: Claudia Cardinale, Eva Mattes, Beat Preser, Guillermo Rios, Andrés Vicente, Justo Gonzales, Benino Moreno Plácido, Baron v.d. Recke; Sprecher: Werner Herzog
Drehbuch: Werner Herzog
Kamera: Peter Zeitlinger
Musik: Popol Vuh
Schnitt: Joe Bini
Prod.: Lucki Stipetic für Werner Herzog Filmprod./Zephir/Café Prod./BBC/ARTE/WDR/BR/YLE Finnland/Independent Film Channel N.Y, BRD 1999; 99 Min.
UA: 17.5.1999, Int. Filmfestspiele Cannes
EA: 27.6.1999, Filmfest München
Verleih: Zephir/filmladen/Stamm; 7.10.1999
FSK: ab 12 J., ffr. – FBW: Wertvoll

Werner Herzog rekapituliert anhand vieler Filmdokumente und sehr persönlich gehaltener Erinnerungen die Haßfreundschaft mit Klaus Kinski, dem 1991 verstorbenen, in einigen seiner bedeutendsten Filme maßgeblich am Erfolg beteiligten Hauptdarsteller. Wutausbrüche und Drohungen Kinskis sind neben ihre hochgradig konzentrierte Arbeit und ihre manchmal sichtbare, freundschaftliche Nähe montiert. Daraus ergibt sich ein Bild zweier völlig konträrer Temperamente mit beinhartem Durchsetzungswillen, ihrer Überzeugung von der eigenen Genialität, aber auch vom Wissen der Qualitäten der anderen. *Multimedia*

(...) Bei aller Wucht der Erinnerung ist diese Dokumentation des souverän selbstironischen Erzählers Herzog auch feinste Unterhaltung, voller Witz und Emotion. Am Ende sehen wir den notorischen Wüterich Kinski sanft mit tropischen Schmetterlingen spielen. Mit einem selbstvergessenen Lächeln um den lasterhaften Mund. Gegen die eigene Vernunft, sagte Herzog beim AZ-Gespräch zum Filmfest München, hätte er dies Bilder plaziert und damit Kitsch riskiert. Auch das war es wert. Denn Kinski war auch ein großes Kind, staunend und liebenswert.

Angie Dullinger, AZ, 7.10.99

(...) Man wird ein wenig müde, wenn Kinski wiederholt, einer Struwwelpeterfigur gleich, mit dem Fuß zu stampfen beginnt – die Energie, die er da entwickelt, bringt ihn nicht recht voran.

Sein Hass hat wie sein Spiel Tendenz zur Lethargie, zur Stagnation. Und wie die groteske Vitalität für nichts und wieder nichts verpufft in diesem angestrengten »Du Sau«, in diesen pubertären pornografischen Sentenzen, das ist von rührender Komik. Da ist es beinah absurd, wenn der Maniac Kinski plötzlich Verteidiger findet, in Eva Mattes zum Beispiel, die mit ihm den »Woyzeck« drehte in Prag. (...)

Fritz Göttler, SZ, 7.10.99

Mein süßer kleiner Arsch 585

MON BEAU PETIT CUL **

Regie: Simon Bischoff
Mit: Jean Neuenschwander, Abdenbi
Drehbuch: Simon Bischoff
Kamera: Simon Bischoff
Musik: Jilala, Daka Marakschia, Sidi Sliman
Schnitt: Sergio Buzi
Prod.: Simon Bischoff für S.B. Filmprod./ SF DRS, Schweiz 1997; 105 Min.
Verleih: GM, OmU/-/Rialto; Nov. 1998 (CH), 9.9.1999
FSK: ab 16 J.

Dokumentarfilmer Simon Bischoff begleitet den Alltag des wohlhabenden Schweizer Pensionärs Jean Neuenschwander, der in Tanger seit 13 Jahren lebt und das reichhaltige Angebot an hübschen jungen Männern genießt. Über Jahrzehnte sind in Marokko schwule Sex- und Lebenshierarchien gewachsen. Wie ein aufmerksamer, geduldeter Zeuge bewegt sich die Kamera in diesem eigenartig stimmigen Universum aus Geld, Ruhestandsmentalität und willigen Männerärschen.

Iris Depping, tip, 19/99

Mein Traummädchen von nebenan 586

EIGHT DAYS A WEEK □ TV

Regie: Michael Davis
Darsteller: Joshua Schaefer (Peter), Keri Russell (Erica), R.D. Robb (Matt)
Drehbuch: Michael Davis
Prod.: USA 1997; 89 Min.
TV: 9.10.1999, Arte, 22.40

Wie man das Herz der Angebetenen erreicht oder Beharrlichkeit führt oft zum Ziel.

Meine Heldin 587

L' ENNUI ***+

Regie: Cédric Kahn
Darsteller: Charles Berling (Martin), Sophie Guillemin (Cécilia), Arielle Dombasle (Martins Frau), Robert Kramer (Meyers), Alice Grey, Maurice Antoni
Drehbuch: Laurence Ferreira Barbosa, Cedric Kahn, nach »La Noia« von Albert Moravias
Kamera: Pascal Marti
Schnitt: Yann Dedet
Prod.: Paolo Branco für Gemini/IMA/Madrgoa mit Studio Canal+/CNC, Frankreich 1998; 122 Min.
EA: Filmfest Hamburg 1998
Verleih: MFA/-/Alhéna; 17.6.1999
FSK: ab 16 J., ffr.

Der an allem fürchtlich desinteressierte Autor Martin verfällt einer einfältigen jungen Frau. Die quälende Beziehung wird von seinen wahnhaften Projektionen dominiert. Die Verfilmung von Moravias Roman »La noia« (1960), der weniger durch literarische Qualitäten als wegen seiner erotischen Schilderungen bekannt wurde, bringt ein paar dynamische, bewegende Sequenzen von Martins Liebeswahn auf die Leinwand, ist insgesamt aber vor allem zäh.

Zoom, 6–7/99

Paarte Moravia in seinem Buch noch Erotik und Emotionen, ist auf der Leinwand nur noch der nackte Sex übriggeblieben. Was nützt denn das, etwas zu denken, blödelt Cecilia einmal. Regisseur Kahn und damit dem Film hätte es vielleicht etwas geholfen! Und Charles Berling? Er hält eifrig seinen Hintern in die Kamera und erinnert einen daran, daß er seinen Ruhm mit einem Film begründete, dessen Titel im Zusammenhang mit diesem Schwachsinn einen neuen Klang bekomt: Ridicule.

Peter Claus, Zitty, 13/99

(...) ein kalter, ernüchternder Film über die Unmöglichkeit der Liebe mit viel nackter Haut und provozierenden Sexszenen, die seltsam unerotisch wirken.

Einziges Hilfs- und Ausdrucksmittel für einen in seiner Seele zutiefst beschädigten Mann bleibt die Sprache. Und die wird bewußt als quälender Dauerbeschuß bis an die Grenze des Erträglichen eingesetzt. Fast könnte man mit dem armseligen Häufchen Elend Mitleid haben.

Margret Köhler, AZ, 17.6.99

Das Meisterspiel

588
****

Regie: Lutz Dammbeck
Darsteller: Sprecherin: Hannelore Hoger
Drehbuch: Lutz Dammbeck
Kamera: Eberhard Geick, Thomas Plenert, Leo Potesil
Musik: J.U. Lensing
Schnitt: Margot Neubert-Maric
Prod.: Lutz Dammbeck für Lutz Dammbeck Filmprod./WDR, BRD 1998; 106 Min.
UA: 11.2.1999, Int. Forum des Jungen Films
ST: 6.5.1999
Verleih: Silver Cine/-/-

Dokumentarfilm über die möglichen Umstände und Hintergründe eines Attentats auf die Bilder des österreichischen Malers und Übermalers Arnulf Rainer 1994. Verflechtungen der möglichen Täterszene mit den Jungstars der österreichischen Rechtsradikalen um Jörg Haider sind Thema, aber auch die bizarre Faszination, die für rechte Intellektuelle Umstürzler vom früheren antiautoritären Wiener Aktionismus auszugehen scheint.

Claudia Lenssen, tip, 10/99

Menschenjagd

589
***
TV

Regie: Markus Bräutigam
Darsteller: Ulrich Bähnk (Jochen Haller), Petra Kleinert (Elke Gebsattel), Georgia Stahl (Gabi Haller), Dieter Landuris (Mathias Henrich), Sven Koller
Drehbuch: Theo Regnier
Kamera: Egon Werdin
Prod.: Monaco-Film, BRD 1998; 86 Min.
TV: 4.1.1999, ZDF, 20.15

Man weiß von Anfang an in dem TV-Film, daß der Täter der Patenonkel des Kindes war: Der typische Vertuschungstotschlag (das Mädchen wollte schreien) – und um von sich abzulenken, hetzt der Schlosser die Dörfler auf den Klavierlehrer. Steigert sich so hinein, daß er am Ende eigenhändig den Unschuldigen totschlägt, als die anderen im letzten Moment zurückschrecken. So, als könne er mit der Stellvertretersühne in seinem eigenen Gewissen Ordnung schaffen.
Unglückliche Zufälle und vorurteilsgeladene Pomadigkeit der Polizei wirken zusammen, und zu spät erkennt die Mutter, was wirklich vorgeht. Ein Film ohne reißerische Extradrücker, dessen grausame Logik ebendarum an die Nieren geht.

Ponkie, AZ, 7.1.1999

Menschenkind

BELOVED

590
***

Regie: Jonathan Demme
Darsteller: Oprah Winfrey (Sethe), Danny Glover (Paula), Thandie Newton (Beloved), Kimberly Elise (Denver), Beah Richards (Baby Suggs), Lisa Gay Hamilton (junge Sethe), Anthony Chrisholm, Albert Hall
Drehbuch: Akosua Busia, Richard LaGravenese, Adam Brooks, nach dem Roman von Toni Morrison
Kamera: Tak Fujimoto
Musik: Rachel Portman
Schnitt: Carol Littleton, Andy Keir
Prod.Des.: Kristi Zea
Prod.: Edward Saxon, Jonathan Demme, Gary Goetzman, Oprah Winfrey, Kate Forte für Touchstone, Harpo, USA 1998; 172 Min.
UA: 16.10.1998, N.Y.
Verleih: Buena Vista/Buena Vista Home Video; 15.4.1999
FSK: ab 16 J., ffr. – FBW: Besonders wertvoll

(...) Wie der Roman so ist auch der Film (der sich mit Ausnahme des etwas hoffnungsvolleren Schlusses weitgehend an die Vorlage hält) keine leichte Hollywood-Kost: Die Handlungsstränge sind zum Teil verwirrend, eine Mischung von realistischen und phantastischen Szenen provoziert Widersprüche, Fragen bleiben offen.
Der Film hat es an den Kassen demzufolge schwer, obwohl er in den ersten Wochen rund 10 Millionen Dollar einspielte. Dies ist vor allem der Popularität seiner Produzentin und Haupt-

darstellerin, der erfolgreichen Talkshow-Moderatorin Oprah Winfrey, zu verdanken. »Oprah« ist eine der beliebtesten und einflußreichsten Persönlichkeiten in den USA. Bücher, die sie zum Beispiel in ihrem monatlichen »Book Club« empfiehlt, werden in der Regel in wenigen Tagen zu Bestsellern. Zehn Jahre hat Winfrey in Hollywood um die Verfilmung des Romans gekämpft. Die meisten Filmstudios lehnten das Projekt ab, weil sie sich keinen kommerziellen Erfolg versprachen. Oprahs Aufstieg zur erfolgreichsten Talkshow-Moderatorin und ihre Bereitschaft, »Beloved« durch ihre eigene Produktionsfirma Harpo produzieren zu lassen, brachte jedoch schließlich die Disney-Tochtergesellschaft Touchstone dazu, sich an dem Projekt zu beteiligen.

Neue Zürcher Zeitung, 1/99

Auf die schwierige Gratwanderung zwischen politischer Realität, Mystik und hemmungsloser Emotionalität hat sich Jonathan Demme hier begeben. Der in allen Genres versierte Regiseur (»Das Schweigen der Lämmer«) packte die Adaption von Toni Morrisons Bestseller aber beherzt an – trotz des Erwartungsdrucks von seiten der mächtig betroffenen TV-Lady Oprah Winfrey, die sich als Koproduzentin und Hauptdarstellerin einen »Lebenswunsch« erfüllen wollte.
Demme gewann dem gewaltigen Sklaven-Drama um die Schrecken der Vergangenheit, die ein dämonisches Eigenleben entwickeln, auch stille, suggestive Momente ab. Dennoch ist der sozialhistorische Überdruck dieses fast dreistündigen Opus immer spürbar – und mancher Zuschauer überfordert mit artifiziellen Flashbacks und Rückblenden, mystischem Geraune. (...)

Angie Dullinger, AZ, 15.4.99

Glauben Sie, Schuld und Sünde werden von Generation zu Generation direkt vererbt?

Das ist eine schwierige Frage, die sich auch den Deutschen stellt. Also, ich persönlich empfinde keine Schuld. Ich glaube auch nicht, daß wir für die Sünden unserer Vorväter büßen müssen. Dadurch würde unsere Last unerträglich schwer. Wir haben allerdings durchaus die Pflicht, dafür zu kämpfen, daß solche Dinge nie wieder geschehen – die Amerikaner ebenso wie jedes andere Volk der Erde.

In den USA interessieren sich nur wenige für »Menschenkind«.

Tatsächlich sind Filme mit schwarzen Themen, ob sie vom weißen Regiestar Steven Spielberg oder vom schwarzen Spike Lee, kommerziell fast immer ein Flop und kommen in Europa oft gar nicht ins Kino.

Haben Sie eine Erklärung?

Ich denke, das liegt daran, daß wir im Kino wie im Leben zuerst das Angenehme suchen. Wir sehen lieber Menschen, denen wir ähneln wollen – Tom Cruise oder Cameron Diaz – statt solche, die sind, wie wir selbst. Das ist ganz normal und an sich auch nicht schlimm. Es ist eben schade, daß der weiße Zuschauer, der sich nur weiße Filme ansieht, nichts von der ungeheuer spannenden Vielfalt dort draußen mitbekommt, die buchstäblich Farbe ins Leben bringt.

Wobei das schwarze Millionenpublikum auch nicht viel anders reagiert.

Stimmt. Was Weiße und Schwarze offensichtlich teilen, ist die Sehnsucht nach purer Unterhaltung. Filme, wie Spielbergs »Amistad« bieten keinen bequemen Eskapismus. Die Leute schauen sich lieber »Lethal Weapon« an, als ernsthafte Betrachtungen über die Rassenfrage.

Jonathan Demme im Interview mit Eckhard Vollmar, Focus, 12.4.99

Mercenary 2 – Söldner des Todes

591 **

MERCENARY II: THICK & THIN

Video

Regie: Philippe Mora
Darsteller: Olivier Gruner (Captain Carl Hawk May), Claudia Christian (Patricia Van Lier),

Robert Townsend (Charlie Love), Nicholas Turturro (Major Ray Domino)
Kamera: Carlos Gonzalez
Musik: Roger Neill
Prod.: Kathy Jordan, Avi Nesher, USA 1997; 96 Min.
Vertrieb: VCL Video; Juli 1999
FSK: ab 16 J.

Hinterlistige Millionärin schickt zwei Exsöldner in die Höhle von Drogenbaronen, die dort ihren Gatten gefangenhalten. Durchsichtig konstruierter, spekulativer Action-Knaller – nur für absolute Vielseher geeignet.

Message In A Bottle 592

MESSAGE IN A BOTTLE ***

Regie: Luis Mandoki
Darsteller: Kevin Costner (Garry Blake), Robin Wright-Penn (Theresa Osborne), Paul Newman (Dodge Blake), John Savage (Johnny Land), Illeana Douglas (Lina Paul), Robbie Coltrane (Charlie Toschi), Jesse James (Jason Osborne), Bethel Leslie (Marta Land)
Drehbuch: Gerald Di Pego, nach dem Roman von Nicholas Sparks
Kamera: Caleb Deschanel
Musik: Gabriel Yared
Schnitt: Steven Weisberg
Prod.Des.: Jeffrey Beecroft
Prod.: Denise De Novi, Jim Wilson, Kevin Costner für Tig Prod. mit De Novi Pic./ Le Studio Canal plus, USA 1999; 131 Min.
Verleih: Tobis/Constantin/Universal/ BMG (Ufa) Video; 26.8.1999
FSK: ab 6 J., ffr. – FBW: Wertvoll

Die angespülte Flaschenpost eines Unbekannten erreicht direkt das Herz der einsamen Theresa. Ihre Recherche führt sie zu dem Witwer Garry. Aber schnell zeigt sich, dass dessen Trauer jeder neuen Liebe im Wege steht. Mit Hilfe von Garrys Vater kommt es zum Gesinnungswandel, allerdings zu spät. Die ruhige Romanze mit melodramatischem Einschlag überzeugt nicht nur Freunde des Genres mit exzellentem Schauspiel sowie stimmungsvollen Landschaftsbildern. *Zoom, 8/99*

Zwei Protagonisten, die nicht wissen, was sie (sich) sagen sollen, können einen Film ganz schön in die Länge ziehen – diesen nun auf über zwei Stunden. Damit gelang Seelchen-Filmchen-Regisseur Luis Mandoki so etwas wie die Erfindung der neuen Langsamkeit: Dieser fadenscheinige Sentimentalitätsbrei wurde in der Inszenierung noch reichlich breit getreten. (...) Wäre da nicht ein famoses Trio (Robbie »Fitz« Coltrane als Theresas Chef, Illeana Douglas als Kollegin und der umwerfende Paul Newman als Costner-Vater), das für zeitweilige Humor-Brisen sorgte, würde die hohle Romantik-Nußschale noch schneller in ihrer eigenen Langeweile-Flaute kentern.
W. O. P. Kistner, AZ, 26.8.99

Robin Wright-Penn

(...) Nichts gegen Romantik des Briefeschreibens und die seit den Tagen der Kinderliteratur Enid Blytons vergessene Kommunikationsform von Flaschenpost und wasserfester Tinte. Es wäre ein schöner Stoff für einen vierminütigen Musikclip, vorzugsweise zum Song »Sailing« von Rod Stewart. Die Art, wie diese Geschichte auf 132 Minuten entwickelt wird, allerdings ist von einer Lieblosigkeit, die gerade den Romantikern unter der Zuschauerschaft Hohn sprechen müsste.
Daniel Kothenschulte, FR, 31.8.99

Meyer Lansky – Amerikanisches Roulette 593

LANSKY ***

TV

Regie: John McNaughton
Darsteller: Richard Dreyfuss (Meyer Lansky),

Eric Roberts (Ben Siegel, 40 Jahre alt), Anthony LaPaglia (Charlie Luciano, 30–40 Jahre alt), Beverly d'Angelo (Teddy Lansky), Illeana Douglas (Anna Lansky), Francis Guinan (Kefauver)
Drehbuch: David Mamet, teilweise nach dem Buch »Meyer Lansky: Mogul of the Mob« von Uri Dan, Dennis Eisenberg, Eli Landau
Kamera: John A. Alonzo
Musik: George S. Clinton
Schnitt: Elena Maganini
Prod.Des.: Edward T. McEvoy
Prod.: Fred Caruso für HBO mit Frederick Zollo Prod., USA 1998; 120 Min.
UA: 27.2.1999, HBO, 20.00
TV: 1.11.1999, Premiere, 10.50

Dokumentarisch wirkender Spielfilm über den Mafiaboss Meyer Lansky und seine Zeit.

Mickey Blue Eyes 594

MICKEY BLUE EYES ***

Regie: Kelly Makin
Darsteller: Hugh Grant (Michael Felgate), James Caan (Frank Vitale), Jeanne Tripplehorn (Gina Vitale), Burt Young (Vito Grazioso), James Fox (Philip Cromwell), Joe Viterelli (Vinnie), Gerry Becker (Agent Connell), Maddie Corman (Carol)
Drehbuch: Adam Scheinman, Robert Kuhn
Kamera: Donald E. Thorin
Musik: Basil Poledouris
Schnitt: David Freeman
Prod.Des.: Gregory Keen
Prod.: Elizabeth Hurley, Charles Mulvehill für Simian Films für Castle Rock, USA 1999; 102 Min.
Verleih: Universal, UIP/UIP/Universal Video; 4.11.1999
FSK: ab 6 J., ffr. – FBW: wertvoll

Michael ist ein braver Angestellter in einem angesehenen Auktionshaus und stellt ausgerechnet der Tochter eines wichtigen Mitglieds der italienischen Mafia einen Heiratsantrag, dem sie erst zustimmt, als sie Michael das feste Versprechen abgerungen hat, nie mit ihrem Familienclan irgendwelche Geschäfte abzuwickeln. Doch schon ein wenig später hat er seinen neuen Verwandten einige Gefälligkeiten zugestanden und seine Probleme erweitern sich explosionsartig. Das FBI ist informiert, er hat eine Leiche am Hals, sein eigener Schwiegervater soll ihn ermorden und

Hugh Grant und Jeanne Tripplehorn

seine Braut ahnt von all dem nichts. Eine köstliche, rasante Komödie.
Multimedia

(...) Lach mal wieder über die Mafia – diese Komödienvariante hatten wir zuletzt in dem großartigen »Alles Nervensache« mit Robert De Niro und Billy Crystal. An den reicht dieses Werk von Kelly Makin zwar bei weitem nicht heran, trotzdem sorgt der kanadische Regisseur für vergnügliche 105 Minuten, bei denen allerdings mancher der vielen Gags ins Alberne abdriftet. Hugh Grant mimt einmal mehr überzeugend den Briten in feindlicher Umgebung (USA genannt), und gemeinsam mit James Caan als Schwiegervater sorgt er für den Höhepunkt des Films: Nachhilfestunden für einen Engländer im Italoslang – ein echter Brüller und ein Unding für die deutsche Synchronisation. *Martin Schwarz, Zitty, 8.11.1999*

(...) So laviert der Film zwischen Witz und tödlichem Ernst hin und her und versucht, aus beidem Kapital zu schlagen. Mit den Charakterdarstellern Caan und Young gelingt das, mit den gefühlsintensiven Figuren gelingt es weniger. Gerade die weibliche Hauptfigur Gina ist mit Jeanne Tripplehorn nicht überzeugend besetzt. Tränen und Leidenschaft wirken allzu aufgesetzt, der Anteil italienischen Blutes in ihren Adern ist vermutlich denkbar gering. Und in der märchenhaften Schlussumarmung mit Hugh Grant sieht man nicht zwei junge Liebende, dem Unglück knapp entronnen, sondern ein doch nicht mehr ganz taufrisches Paar aus der Traum- und Schauspielerfabrik Hollywood. *Anja-Rosa Thöming, FAZ, 8.11.99*

Wie sieht ein normaler Tag im Leben von Hugh Grant aus?

Ich komme ganz schwer aus dem Bett. Ich sitze eine halbe Stunde da wie unter Schock. Dann trinke ich Tee. Dann gehe ich raus und kaufe Zeitungen. Dann kehre ich zurück und fange an, sie zu lesen. Und ungefähr drei Stunden später bin ich bereit für den neuen Tag. Ein sehr langsamer Prozess. Dann gehe ich ins Büro. Um sechs machen wir dann eine Flasche Wein auf. Wenn wir dann beschwipst sind, fängt das Telefon an zu klingeln. Anrufe aus L.A., wegen der Zeitverschiebung. Dann machen wir zwei Stunden lang beschwipste Konversation mit L.A. Und dann gehe ich manchmal in den Pub.
Hugh Grant im Interview mit Rupert Koppold, Stgt. Zeitung, 22.10.99

Midaq Alley 595

EL CALLEJON DE LOS MILAGROS ***

Regie: Jorge Fons
Darsteller: Ernesto Gómez Cruz (Don Ru), Maria Rojo (Dona Cata), Salma Hayek (Alma), Bruno Bichir (Ábel), Delia Casanova (Eusebia), Daniel Gimenez Cacho (José Luis), Claudio Obregón (Don Fidel), Luis Felipe Tovar (Güicho)
Drehbuch: Vicente Lenero, frei nach dem Roman »Die Midaq-Gasse« von Nagib Mahfuz
Kamera: Carlos Marcovich
Musik: Lucia Alvarez
Schnitt: Carlos Savage
Prod.: Alfredo Ripstein jr., Gerardo Barrera für Alameda Films/Imcine/Foude de Formento, Mexiko 1994; 140 Min.
UA: 14.2.1995, Int. Filmfestspiele Berlin, »Wettbewerb«
FSK: ab 12 J.

Nach einer Vorlage des ägyptischen Literaturnobelpreisträgers Mahfus schildert Fons die großen und kleinen Schicksale von Menschen in einer vitalen Nachbarschaft. Eine mexikanische Soap-Opera extremer Gefühle und aufleuchtender Ironie. *Angie Dullinger, AZ, 16.2.95*

(...) Die alte Geschichte von den Schafen (überwiegend weiblich) und den Wölfen (ausschließlich männlich). Besonders tolldreiste Geschichten sind hier nicht geboten, aber immerhin, man unterhält sich (auch mal mit seinem Nachbarn). (...) *Jan Schulz-Ojala, Der Tagesspiegel, 15.2.95*

Mifune – Dogma 3 596

MIFUNES SIDSTE SANG – DOGME 3 *****

Regie: Sören Kragh-Jacobsen
Darsteller: Iben Hjejle (Liva), Anders W. Berthelsen (Kresten), Jesper Asholt (Rud), Emil Tarding (Bjarke), Anders Hove (Gerner), Sofie Graböl (Claire), Paprika Steen (Pernille), Mette Bratlann (Nina)
Drehbuch: Sören Kragh-Jacobsen, Anders Thomas Jensen
Kamera: Anthony Dod Mantle; Torben Forsberg (2nd unit)
Musik: Thor Backhausen, Karl Bille, Christian Sievert
Schnitt: Valdis Oskarsdottir
Prod.: Brigitte Hald, Morten Kaufmann für Nimbus Film/Zentropa/DRTV/SVT Drama, Dänemark/Schweden 1998; 101 Min.
UA: 13.2.1999, Int. Filmfestspiele Berlin, »Wettbewerb«
Verleih: Concorde/dto/Rialto; 27.5.1999
FSK: ab 12 J., ffr. – FBW: Besonders wertvoll

Der smarte Kresten hat den beruflichen wie privaten Aufstieg geschafft, als er die Tochter seines Chefs heiratet. Da muß er zurück auf den heimischen Bauernhof, um sich nach dem Tod seines Vaters um seinen leicht verrückten Bruder Rud zu kümmern. Er wird mit seiner Vergangenheit und Abstammung konfrontiert, die er vor seinen neuen Freunden verheimlicht hat. Um den Hof wieder auf Vordermann zu bringen, engagiert er eine Haushälterin – ausgerechnet die schöne Liva, die als Pro-

Anders W. Berthelsen und Jesper Asholt

stituierte arbeitet und vor anonymen Drohungen flüchtet. Trotz existenzieller Themen wie Tod, Abhängigkeit, Krankheit ist der dritte Dogma-Film eine leichte, zart hingetupfte Sommerkomödie, deren Glück schier ansteckend ist. *Annette Kilzer, tip, 12/99*

(…) »Mifunes letzter Gesang« – wild, laut, brachial. Und trotzdem eine romantische Komödie mit Dogma-Sünden wie Filmmusik und Kameras auf Stativen – als wolle Kragh-Jacobsen die Rebellen mit den Kinovätern ein wenig versöhnen.

Gerald Kroll, Die Welt, 15.2.99

The Mighty – Gemeinsam sind wir stark 597

THE MIGHTY ****

Regie: Peter Chelsom
Darsteller: Elden Henson (Max Kane), Kieran Culkin (Kevin Dillon), Sharon Stone (Gwen Dillon), Gena Rowlands (Gram, Max' Großmutter), Harry Dean Stanton (Grim, Max' Großvater), Gillian Anderson (Loretta)
Drehbuch: Charles Leavitt, nach dem Buch »Freak the Mighty« von Rodman Philbricks
Kamera: John de Borman
Musik: Peter Gabriel, Trevor Jones
Schnitt: Martin Walsh
Prod.Des.: Caroline Hanania
Prod.: Jane Startz, Simon Fields; Don Carmody , Bob Weinstein, Julie Goldstein für Miramax Int./Scholastic/Simon Fields, USA 1998; 100 Min.
Verleih: Scotia/Constantin/Rialto/BMG (Ufa) Video; 6.5.1999
FSK: ab 6 J., ffr. – FBW: Wertvoll

Max ist dumm und stark, Kevin ist gescheit und körperlich behindert. Die zwei 13jährigen werden Freunde und entwickeln sich zu einem unschlagbaren, rittermäßig mutigen Duo, das Prüfungen zu bestehen und Dämonen der Vergangenheit zu besiegen hat. Der

Anders W. Berthelsen in ›Mifune – Dogma 3‹

dritte Spielfilm des Briten Peter Chelsom zeichnet die Welt der Halbwüchsigen stimmig in einer Form des »magischen Realismus«. Ein Film über zwei Außenseiter auf dem Weg Richtung Selbstbestimmung, mehrheitlilch aber fein poetisch, mit beachtlichen Darstellern. *Zoom, 12/98*

(...) Ein Familientränendrücker und Toleranz anmahnendes Routineprodukt: Chelsom stemmt sich nicht vehement genug gegen Standard-Vorgaben von derlei Genre-Variationen, gewinnt den Kampf mit den Konventionen allenfalls formal, wo ihm optisch sehr hübsche Passagen gelingen, verliert er aber inhaltlich auf weiter Front.

Elden Henson und Sharon Stone

Daß man dies nicht schmerzlich zu spüren bekommt, liegt an den unglaublich prägnanten Leistungen der beiden Jung-Darsteller Henson und Culkin sowie – zu einem kleineren Teil – an Besetzungspretiosen wie Sharon Stone, Gena Rowlands and Harry Dean Stanton. *W. O. P. Kistner, AZ, 6.5.99*

(...) Mag der Regisseur die Realität noch so beschönigen, so herrscht in »The Mighty« doch eine anrührende, geradezu altmodische Menschlichkeit. Chelsom schreckt auch nicht vor der Botschaft zurück: daß ein Leben, von welchen Katastrophen es auch gefährdet werden mag, trotzdem gelebt werden sollte, mit Anstand und mit Tapferkeit. *H.G. Pflaum, SZ, 6.5.99*

Millennium Love – Ich habe dich nie vergessen

598
**+
TV

Regie: Peter Timm
Darsteller: Floriane Daniel (Katja), Roman Knizka (Tom), Chantal de Freitas (Nina), Oliver Stokowski (Frank »Doc« Hermann), Brit Gülland (Vera), Frank Stieren (Dominik), Christopher Zümbalt (Notarzt)
Drehbuch: Georg Heinzen
Kamera: Achim Poulheim
Musik: Rainer Michel
Schnitt: Bettina Staudinger
Prod.Des.: Axel Werner
Prod.: Heike Wiehle-Timm für Relevant Film für RTL, BRD 1999; 93 Min.
UA: 1.7.1999, Filmfest München
TV: 1.12.1999, RTL, 20.15

An den Hamburger Landungsbrücken trennen sich 1989 Katja und Tom mit dem Versprechen, sich Silvester 1999 dort wieder zu treffen.
Für Kommerz-TV-Geübte blieb der Verlauf des recht handlungsgeizigen, dafür klischeetriefenden Romänzchens so vorhersehbar wie der Einbruch der Werbeblöcke ins Geschehen.
W. O. P. Kistner, AZ, 3.12.99

Milo

599
MILO
☐
TV

Regie: Pascal Franchot
Darsteller: Asher Metchik (Milo), Paula Cale (Marian), Antonio Fargas (Kelso), Jennifer Jostyn (Claire), Raeven Kelly (Kendra)
Prod.: USA 1996; 87 Min.
TV: 13.5.1999, SAT.1, 0.20

Bei Doktorspielen mit dem Arztsohn Milo wird die Schülerin Claire schwer verletzt, ihre Freundin May sogar getötet. Einige Jahre später ertrinkt Milo. Als Claire 15 Jahre später als Lehrerin an ihre alte Schule zurückkehrt, scheint der Tote wieder auferstanden. Eine Mordserie erschüttert die Stadt, und Claire begegnet einem Jungen, der Milo wie aus dem Gesicht geschnitten ist. *Pressetext*

Misled 600

MISLED *

Video

Regie: Zeke Gonzales, Todd Tjersland
Darsteller: Gerardo Estevez, Devon Nunnally
Prod.: USA 1998; 90 Min.
Vertrieb: Screen Power Video; 28.07.1999
FSK: ab 18 J.

Krieg in New York City: Schwarzer Drogenbaron zieht gegen zu strenge Gesetze zu Felde. Inhaltlich wie formal von erschütternder Einfalt geprägtes Action-Machwerk.

Mission 2002 601

AIR BOSS 2: PREEMPTIVE STRIKE **

Video

Regie: John Christian Ingvordsen
Darsteller: Frank Zagarino, Kayle Watson, Scooter McGray, Debbie Rochon
Prod.: Sultan Films, USA 1998; 88 Min.
Vertrieb: VCL Video; 21.12.1998
FSK: ab 16 J.

Space-Shuttle-Pilot kommt Komplott zwischen CIA und Unterwelt auf die Spur. Erbärmlich langweilige Science-Fiction-Ware für den Video-Grabbeltisch.

Mit fünfzig küssen Männer anders 602

***

TV

Regie: Margarethe von Trotta
Darsteller: Senta Berger (Marie), Ulrich Pleitgen (Dietrich), Konstantin Wecker (Gerd), Hans-Peter Hallwachs (Eugen), Gerd Wameling (Udo), Eleonore Weisgerber (Anna), Heinrich Schafmeister (Bernhard), Tina Ruland (Petra)
Drehbuch: Alistair Beaton, Martin Henning, nach dem Roman von Dorit Zinn
Kamera: Stefan Spreer
Musik: Konstantin Wecker
Prod.: BRD 1998; 87 Min.
TV: 9.4.1999, ARD, 20.15

Die erotische Notdienstkomödie entbehrt nicht sarkastischer Giftigkeit (männliches Sex-Selbstbewußtsein und das mobbingbedrohte Berufsleben von Karrierekerlen betreffend). Und sie glänzt durch Edelbesetzung: Senta Berger und Ulrich Pleitgen eheverbandelt, Hans Peter Hallwachs und Martin Feifel als Aushilfslover. Daniela Ziegler als Galeristenzicke, Konstantin Wecker als Künstler-Hausfreund. Und Maler-Ruhm der Gattin bändigt Midlife-Frust.

Ponkie, AZ, 12.4.99

Models 603

***

Regie: Ulrich Seidl
Darsteller: Vivian Bartsch (Vivian), Tanja Petrovsky (Tanja), Lisa Grossmann (Lisa), Elvyra Geyer (Elvyra), Werner Hotzy (Vivians Freund), Oliver Ottenschläger, Alex Greinecker, Attila Szabo
Drehbuch: Ulrich Seidl
Kamera: Hans Selikovsky, Jerzy Palacz, Ortrun Bauer
Schnitt: Christof Schertenleib
Prod.: Kurt J. Mrkwicka für MR-Film, Österreich 1998; 118 Min.
UA: 13.2.1999, Int. Filmfestspiele Berlin, »Panorama: art & essai«
EA: Max Ophüls Preis, Saarbrücken 2000
Verleih: -/polyfilm/-; Sept. 1999

(...) Vivian, Tanja und Lisa sind Models, sie posieren stundenlang vor der Kamera, verdienen viel Geld, machen die Nacht zum Tage. Doch glücklich sind sie nicht. (...) Mit welcher Leidenschaft die ständig kosenden Frauen ihr Inneres nach außen kehren, das läßt einen des öfteren daran zweifeln, ob es sich hier wirklich um eine sehenswerte Dokumentation oder doch um einen raffiniert in Szene gesetzten Spielfilm handelt. *Martin Schwarz, Zitty, 4/99*

Moglis große Abenteuer 604

MOWGLI'S FIRST ADVENTURE **

Video

Regie: Michael McGreevey
Darsteller: Gary Collins (Prof. Warren Miller), Michael Beck (Prof. Gershwin Donovan), Lindsey Peter (Lindsey Miller), Sean Price-McConnell (Travis Donovan), Antonio Baker (Mowgli), Michael Des Barres (Kohabeez)
Drehbuch: Timothy Scott Bogart, nach den Geschichten aus »Das Dschungelbuch« von Rudyard Kipling
Kamera: Mario Cardona
Musik: Peter Bernstein
Schnitt: Tony Miller
Prod.: Timothy Scott Bogart für Elephant Eye Prod./Le Monde Ent., USA 1998; 90 Min.
Vertrieb: BMG (Ufa) Video; 7.12.1998
FSK: ab 6 J.

»Das Dschungelbuch« als Teenie-Abenteuer: Lindsey und Travis unternehmen mit ihren Vätern eine Expedition nach Indien – und treffen dort Mogli. Banal, spekulativ, überflüssig.

Monster Stories 605

MONSTERS 5 ***

Regie: Ken Meyers, David Severeid
Prod.: USA 1991

Siehe → Stephen Kings – Monster Stories

Moonbase 606

MOONBASE □ TV

Regie: Paolo Mazzucato
Darsteller: Scott Plank (John Russell), Jocelyn Seagrave (Dana Morgan), Samantha Phillips (Frau), Robert O'Reilly (Stark), Randy Vasquez (Masani), Gretchen Palmer (Mina), Kurt Fuller (Deckert), Pierce Stack (Will)
Drehbuch: Brian DiMuccio, Dino Vindeni
Musik: Michael Sherwood
Prod.: USA 1997; 82 Min.
TV: 27.5.1999, Pro7, 0.25

Im Jahr 2045 sind die Gefängnisse auf Raumstationen verlegt, welche die Erde im Orbit umkreisen. Dort leben die gefährlichsten Verbrecher des Universums. In einem dieser Gefängnisse planen acht Häftlinge die Flucht – aus 380.000 Kilometer Höhe. (...) *Pressetext*

Mord auf dem Campus 607

MURDER IN A COLLEGE TOWN □ TV

Regie: Bradley Wigor
Darsteller: Kate Jackson (Rose Earl), Drew Ebersole (Bobby Earl), Matthew Settle (Tom Stahl), Kristian Alfonso (Chelsea Coates), Gary Basaraba (Jack Dietrick), Neal Huff (Michael Earl), Sean McCann (Mr. Earl), Vincent Corazza (Mark)
Drehbuch: Joseph Maurer, nach einem authentischen Fall
Kamera: William Wages
Musik: David Bell
Prod.: USA 1997; 81 Min.
TV: 17.7.1999, ARD, 23.25

Sohn verschwindet, Mutter besorgt, Detektiv ermittelt. TV-Mainstream wie gehabt.

Mord unter Tage 608

TROP TARD ****+ TV

Regie: Lucian Pintilie
Darsteller: Razvan Vasilescu (Dumitri Costa), Cecilia Barbora (Alina Ungureanu), Victor Rebengiuc (Elephant Foot), Dorel Visan (The Präfekt), Ion Fiscuteanu (Oana), Florin Calinescu (Maireanu), Mircea Rusu (Munteanu)
Drehbuch: Lucian Pintilie, Rasvan Popescu, nach dem Roman von Rasvan Popescu
Kamera: Calin Ghibu
Schnitt: Victoria Nae
Prod.: Marin Karmitz, Veronique Cayla für MK2/Cinema Studio of the Ministry of Culture/ La Sept Cinema Prod., Franreich/Rumänien 1996; 101 Min.
UA: Int. Filmfestspiele Cannes 1996 »Wettbewerb«
TV: 24.9.1999, Arte, 23.30

Rumänien: Dumitru Costa ist seit kurzem Staatsanwalt. Sein erster Fall ist ein mysteriöser Todesfall in einem Bergwerk. War es ein Unfall oder ein Verbrechen? Bei seinen Nachforschungen verliebt er sich in die junge Ingenieurin Alina. Dann kommen zwei weitere Bergarbeiter ums Leben, noch dazu in einer Grube, die seit langem geschlossen ist. (...) *Pressetext*

Mörder 609

ASSASSIN(S) **** TV

Regie: Mathieu Kassovitz
Darsteller: Michel Serrault (Wagner), Mathieu Kassovitz (Max), Mehdi Benoufa (Mehdi), Robert Gendreu (Vidal), Daniele Lebrun (Max' Mutter)
Drehbuch: Mathieu Kassovitz, Nicolas Boukhrief
Kamera: Pierre Aim
Musik: Carter Burwell
Schnitt: Mathieu Kassovitz, Yannick Kergoat
Prod.: Christophe Rossignon für Lazennec Film mit Le Studio Canal Plus/La Sept Cinema/TF1 Films/Kasso/ZDF/Arte, Frankreich 1996; 134 Min.
UA: 15.5.1997, Int. Filmfestival Cannes
TV: 7.6.1999, Arte, 22.30, OmU

Der alternde Profikiller Wagner will den jungen Max zu seinem Nachfolger ausbilden, der sich aber als ungeeignet erweist. Ganz anders ist dagegen der 13jährige Videofreak Mehdi, der die Gewalt liebt und schon bald einen schrecklichen Amoklauf vor der Schule startet.

Die Mörderin 610

****
TV

Regie: Christian von Castelberg
Darsteller: Suzanne von Borsody (Marga Nielsen), Ann-Kathrin Kramer (Ulrika Mertens), Jan Josef Liefers (Ulrikes Freund), Jürgen Hentsch (Professor), Laura Syniawa (Franziska), Marie Anne Fliegel (Margas Mutter), Peter Fitz (Margas Vater), Annekathrin Bürger (Ulrikes Mutter)
Drehbuch: Stefan Kolditz
Kamera: Reinhard Schatzmann
Musik: Andi Müller
Schnitt: Karin Nowarra
Prod.: Norbert Sauer für UFA Fernsehprod. für ZDF, BRD 1998;
89 Min.
TV: 1.3.1999, ZDF, 20.15

(...) Dieses hermetische Psychothriller-Weltbild ist elegant – fast möchte man sagen: todschick – in Szene gesetzt. Ähnlich elegant ist auch das Design der Dialoge. Weniger elegant sind allerdings die Wendungen, die die Geschichte nimmt, obwohl sich Stephan Kolditz ziemlich offenkundig von Minette Walters' brillantem Kriminalroman »Die Bildhauerin« hat inspirieren lassen. Aber allein durch inspirierte Adaption und hochgestochenes Design kommt kein guter Fernsehfilm zustande. *Sybille Simon-Zülch, SZ, 1.3.99*

Mörderische Abfahrt – Skitour in den Tod 611

**
TV

Regie: Curt M. Faudon
Darsteller: Thomas Heinze (Richard), Carin C. Tietze (Monika), Heio von Stetten (Maximilian), Rupert Frazer (George), Alexander Peskov (Dimitri), Francois-Eric Gendron (Jean-Philipe), Jerry Cala (Roberto), Marina Suma (Gabriella)
Drehbuch: Curt M. Faudon, Brendan Somers
Kamera: Martin Stingl
Prod.: Dieter Pochlatko; Ronald Mühlfellner (Co-Prod.) für Epo-Film/Bavaria für SAT.1, BRD 1998; 93 Min.
TV: 19.1.1999, SAT.1, 20.15

Der erste fiel mit durchgeschnittener Kehle in ein Lawinenloch. Da waren's nur noch fünf. Die tanzen dann Walzer beim Silvesterball, damit wir merken: Aha, wir sind bei Diplomatens.
Was eigentlich vorgeht in dem Sciencethriller wird nie ganz klar (Schmugglergeschäfte? Russenmafia? Spionage?). Aber die Fünf brechen mit einer Bergführerin (taff: Carin C. Tietze) zur Such-Skitour auf, um den verschollenen Bergkameraden aufzustöbern.
Das Mysteriöse besteht fortan darin, daß immer einer in irgendein Loch fällt und daß keiner weiß, wer den anderen der Reihe nach eine Kugel in den Kopf schießt. Der Countdown mit dem Oberbösewicht verschmäht kein durchgesäbeltes Bergführerseil, um den restlichen beinahe Gemeuchelten ein Tiroler Alpentrauma zu verpassen.
Ponkie, AZ, 21.1.99

Mörderischer Pakt 612

THE LESSER EVIL

***
Video

Regie: David Mackay
Darsteller: David Paymer (George), Arliss Howard (Ivan), Tony Goldwyn (Frank), Colm Feore (Derek), Jack Kehler (Det. Hardaway), Richard Riehle (Det. Smits), Mason Adams (Vater), Anne Haney (Mother)
Drehbuch: Jeremy Levine, Stephan Schultze
Kamera: Stephan Schultze
Musik: Don Davis
Schnitt: Bret Marnell
Prod.Des.: Jeremy Levine
Prod.: Dan Helberg, David Mackay, Jeremy Levine, Stephan Schultze für Moondog Prod., USA 1998; 93 Min.
UA: San Diego Filmfestival 1998
VCL Video
TV: 6.12.1999, ZDF, 22.25; 27.4.199
FSK: ab 16 J.

US-Psychothriller nach bekanntem Muster, der vier Jugendfreunde auf Gedeih und Verderb zusammenspannt, als nach 20 Jahren die Leiche ihres Opfers gefunden wird. Charaktertest (Pfarrer, Anwalt, Polizist, Geschäftsmann) mit Todesfolge. *Ponkie, AZ, 8.12.99*

Ein mörderisches Paar 613

COPPIA OMICIDA ****

TV

Regie: Claudio Fragasso
Darsteller: Raoul Bova (Dario), Raz Degan (Vito), Laura Morante (Carla), Francesca Schiavo (Luciana), Thomas Kretschmann (Domenico), Jacques Sernas (Godard)
Drehbuch: Claudio Fragasso, Rossella Drudi
Kamera: Blasco Giurato
Musik: Pino Donaggio
Prod.: Filmauro Italien 1997; 93 Min.
TV: 13.9.1999, ZDF, 22.25

Zusammen mit seiner Frau stellt Dario fest, daß ihre vertrauten Nachbarn als Auftragskiller arbeiten. Als sie deren Wohnung überwachen, geraten sie selbst in tödliche Gefahr. *AZ TV Journal*

Mörderjagd – Eine Frau schlägt zu 614

MURDER IN MY MIND ***

TV

Regie: Robert Iscove
Darsteller: Nicollette Sheridan (Callain Pearson), Stacy Keach (Agent Cargill), Peter Outerbridge (Jack Bolinas), Ian Tracy (Leonard), Peter Fleming (Robert Bedsoe), David Kaye, (Peter Traynor), Stellina Rusich
Drehbuch: Tom Swale
Kamera: Jan Kiesser
Musik: Michael Colombier
Schnitt: Susan B. Browdy
Prod.Des.: Jill Scott
Prod.: George W. Perkins, USA 1996; 88 Min.
TV: 17.8.1999, SAT.1, 20.15

Um einen grausamen Serienkiller zur Strecke zu bringen, gibt sich die junge FBI-Agentin Callain Pearson für ein riskantes wissenschaftliches Experiment her: Sie läßt sich Gehirnzellen eines Opfers des »Headhunters« implantieren, um so die letzten Stunden von Selena Wells noch einmal zu durchleben. *Pressetext*

Ein echter Schmarrn, der alles verbrät, was erfolgversprechend und zielgruppengerecht sich anbietet.

Mordmotiv: Mutterliebe 615

MOTHER KNOWS BEST □

TV

Regie: Larry Shaw
Darsteller: Christine Elise (Laurel), Joanna Kerns (Celeste Cooper), Grant Show (Ted Rogers), Sherman Augustus (Cutler), Kristen Dalton (Lynn), David Spielberg (George), Jeanette O'Connor (Harriet), Jessica Walter (Joan)
Drehbuch: Lisa Friedmann Block, Kathy Kirtland Silverman, nach einer wahren Begebenheit
Musik: Patrick Williams
Prod.: USA 1997; 86 Min.
TV: 26.5.1999, Pro7, 20.15

Celeste Cooper möchte ihre Tochter Laurel reich verheiraten und gibt eine Partnerschaftsannonce auf. Als sich Laurel tatsächlich in den vermeintlich reichen Ted verliebt und sich herausstellt, daß er nur KFZ-Mechaniker ist, engagiert die Mutter einen Killer.

Mortal Kombat: Conquest 616

MORTAL KOMBAT: CONQUEST *

Video

Regie: Oley Sassone, Reza Badivi, Chip Chalmers
Darsteller: Daniel Bernhardt (Siro), Paolo Montalban (Kung Lao), Kristanna Loken (Taja), Tracy Douglas, Bruce Locke, Jeffrey Meek, Jennifer Renton, Percy Brown
Kamera: Christopher Faloona
Musik: Jonathan Sloate
Schnitt: Ray Daniels, Rick Roberts
Prod.Des.: Orivs Rigsby
Prod.: Sean Catherine Derek, Wayne Morris; Dean Barnes (Co-Prod.) für Thershold Ent., USA 1998; 78 Min.
Vertrieb: VCL Video; Sept. 1999
FSK: ab 16 J.

Nach zwei Kinofilmen jetzt die US-TV-Serie, die nach dem gleichnamigen Videospiel entstand. Der ewige Kampf Gut gegen Böse, Einzelkämpfer gegen die Abgesandten der Hölle. Sterbenslangweilig und völlig wirr.

Move on up 617

□

TV

Regie: Alex Ross
Darsteller: Neal Edmond (Tommy), Regine Zimmermann (Jessie), Steffen Münster (Didi), Rainer Reiners (Armin), Stefan Lochau (Günther), Heiko Schendel (Ingo), Wolfgang Wimmer (Rudi), Uwe Manske (Frank)
Drehbuch: Alex Ross
Kamera: Martin Parry
Prod.: Lucas Schöner für Dschungel Film, BRD 1998; 90 Min.
TV: 28.6.1999, ZDF, 0.10, »Das kleine Fernsehspiel«

Tommy ist seinem deutschen Urlaubsflirt Jessie von England nach Berlin gefolgt. Dort allerdings erlebt er eine böse Überraschung. Jessie hat genug mit ihren eigenen Problemen zu tun und keine Lust, sich auch noch während der EM '96 um einen fußballverrückten Briten zu kümmern. So bleibt Tommy nichts übrig, als sich einen Job zu suchen – als Möbelpacker. (...) *Pressetext*

Mr. Murder – Er wird dich finden ... 618

MR. MURDER ***+

TV

Regie: Dick Lowry
Darsteller: Stephen Baldwin (Marty/Alfie Stillwater), James Coburn (Drew Oslett sen.), Julie Warner (Paige), Kaley Cuoco (Charlotte), Don Wood (James Stillwater), K. Callan (Alice Stillwater), Don McManus (Clocker), Bill Smitrovich (Lt. Lowbock)
Drehbuch: Stephen Tolkin, nach dem Bestseller von Dean R. Koontz
Prod.: USA 1997; 98 Min.
TV: 28.2.1999, 1.3.1999, Pro7, jeweils 20.15

Eine Gruppe von Wissenschaftlern versucht, eine Art Übermensch zu züchten. Das Experiment mißlingt: Ein kaltblütig mordendes Monster namens Alfie entsteht. Dann wird es bizarr und ist nur noch für Fans interessant.

Mr. Nice Guy 619

YATGO HO YAN/ NO MORE MR.NICE GUY **

Regie: Samo Hung
Darsteller: Jackie Chan (Jackie), Richard Norton (Giancarlo), Gabrielle Fitzpatrick (Diana), Miki Lee (Miki), Karen McLymont (Lakisha), Vince Poletto (Romeo), Barry Otto (Baggio), Rachel Blakely (Sandy) Samo Hung (Cyclist)
Drehbuch: Edward Tang, Fibe Ma
Kamera: Raymond Lam
Musik: J. Peter Robinson
Schnitt: Peter Cheung
Prod.Des.: Horace Ma
Prod.: Chua Lam für Raymond Chow/Golden Harvest, Hongkong/USA 1997; 88 Min.
Verleih: Kinowelt/Constantin/-/BMG (Universum) Video; 17.6.1999
FSK: ab 12 J., ffr.

Ein Fernsehkoch gerät zufällig in die Auseinandersetzung zwischen einer Drogenbande und einer Journalistin und stellt sich als präzise Kampfmaschine heraus, die die Guten unterstützt und die Bösen niederhaut. Jackie-Chan-Film, dessen dümmliche Story Vorwand für die üblichen Zerstörungs- und Prügelorgien ist. Uneinheitlich im Stil, ununterbietbar in den Dialogen und auch in der Action nur selten originell oder witzig. *Multimedia*

(...) Die bescheidene Handlung sowie das Fehlen überzeugender Schauspieler stört etwas. Aber es geht um Action. Faust-Fecht-Fans werden zufrieden vor der Leinwand hocken und zucken, ja bestimmt auch über die blöden Witzchen lachen. Viel Spaß, Jungs. *tip,13/99*

Die Mumie 620

THE MUMMY ***

Regie: Stephen Sommers
Darsteller: Brendan Fraser (Rick O'Connell), Rachel Weisz (Evelyn), John Hannah (Jonathan), Kevin O'Connor (Beni), Oded Fehr, Arnold Vosloo (Imhotep), Jonathan Hyde (Ägyptologe), Erick Avari (Kurator)
Drehbuch: Stephen Sommers, nach einer Story von Stephen Sommers, Lloyd Fonvielle, Kevin Jarre
Kamera: Adrian Biddle
Musik: Jerry Goldsmith
Schnitt: Bob Ducsay
Prod.Des.: Allan Cameron
Prod.: James Jacks, Sean Daniel für Alphaville für Universal, USA 1998; 125 Min.
Verleih: UIP/UIP/UIP/Universal Video; 3.6.1999
FSK: ab 12 J., ffr. – FBW: Wertvoll

Ein vor 3000 Jahren lebendig begrabener ägyptischer Hohepriester wird zu neuem Leben erweckt und erfüllt Archäologen und Schatzsucher gleichermaßen mit Schrecken. Neuverfilmung des alten Karl-Freund-Stoffes von 1932. Die an klassischen Vorbildern des Abenteuer- und Monumentalfilms orientierte Inszenierung bemüht sich bei aller äußerlichen Effekthascherei um einen ironischen Unterton, der den Film zumindest streckenweise amüsant macht. Dabei geht mit der Vergröberung des Stoffs zum Event Movie die intime Atmosphäre der Vorlage verloren. *Zoom, 6–7/99*

(...) Das Seltsame ist nur, daß man letztlich auf Seiten der Mumie ist, weil sie einst für eine verbotene Liebe verflucht worden ist – man wünscht ihr geradezu ein Happy-End.
Michael Althen, SZ, 7.6.99

(...) Trotz stimmungsvoller Horrorelemente und reichlich spektakulärer Spezialeffekte wird der Film durch nervige komödiantische Einlagen verwässert. Man wird zwar unterhalten, aber nie erschreckt. *tip, 12/99*

Die Original-Mumie mit Boris Karloff hat damals 196.161 Dollar gekostet – wie teuer war Ihre?

Wir liegen etwas darüber. Das ursprüngliche Budget war mit 75 Millionen Dollar angesetzt. Da wir uns bei der Post-Produktion beeilen mußten, haben wir etwas überzogen und liegen knapp unter 80 Millionen Dollar. Gut ein Viertel des Etats ist in die Spezialeffekte geflossen. Industrial Light & Magic hat uns genauso viel gekostet wie ein Mel Gibson.

Brendan Fraser und Rachel Weisz

Mußten Sie sich beeilen, weil Ihnen Star Wars im Nacken saß?

Es wäre keine gute Idee, mit einem Special-Effect-Film erst nach »Star Wars« zu starten, wenngleich unsere Mumie ganz andere Effekte bietet. Wir haben an dem Drehbuch sechs Jahre gearbeitet, es gab ganz verschiedene Konzepte vom zeitgenössischen Drama bis zum blutigen Horrorfilm. Beteiligt waren im Laufe der Zeit so unterschiedliche Leute wie Clive Barker, Joe Dante oder John Sayles. Die jetzige Version ist ein romantischer Abenteuer-Action-Film mit Humor, etwa im Stil von »Indiana Jones«. Und er ist viel aufwendiger geworden als ursprünglich geplant. *Produzent James Jacks im Interview mit Dieter Oswald, Filmecho/Filmwoche, 22.5.99*

Muppets aus dem All 621

MUPPETS FROM SPACE ***

Video

Regie: Tim Hill
Darsteller: Die Originalstimmen und ihre Rollen: Dave Goelz (Gonzo, Bunsen Honeydew, Waldorf, the Birdman), Steve Whitmire (Kermit, Rizzo, Beaker, Cosmic Fish)
Drehbuch: Jerry Juhl, Joseph Mazzarino, Ken Kaufman
Kamera: Alan Caso
Musik: Jamshied Sharifi
Schnitt: Michael A. Stevenson, Richard Pearson
Prod.Des.: Stephen Marsh
Prod.: Brian Henson, Martin G. Baker; Timothy M. Bourne, Alex Rockwell (Co-Prod.) für Jim Henson Pic., USA 1999; 88 Min.
Vertrieb: Columbia TriStar Video; 16.12.1999
FSK: o. A., ffr.

Der große Gonzo entdeckt, dass er ein Alien ist, empfängt Botschaften in seinem Buchstaben-Müsli und gerät in Gefahren, aus denen ihn seine Freunde mit Hilfe einer unsichtbar machenden Gummi-Ente befreien müssen. Am Ende sind alle existenziellen Fragen unseres Daseins geklärt, und die Außerirdischen erweisen sich als echte Party-Kings. *tip, 26/99*

(...) Doch das seit dem Tod vom Gründer Jim Henson traurig dahintrudelnden Puppentrickstudio der Muppets kann daraus weder eine Satire auf das Esoterik-Konglomerat noch eine halbwegs flott erzählte Kindergeschichte machen: Man muß zugucken, wie die Muppetrasselbande in einem Morast zäher, banaler Filmzitate und dümmlicher Gastauftritte – etwa von Catcherklops Hulk Hogan – untergeht und wie selbst ausgefeilte Charaktere wie Kermit und Miss Piggy als blasse Schatten ihrer selbst umherschleichen. Der Film wirkt mut- und schwunglos, als glaube keiner mehr an die Zukunft von Stoffpuppen im Zeitalter digitaler Tricks.

Thomas Klingenmaier, Stgt. Zeitung, 16.12.99

(...) Muppets aus dem All ist eine wilde Science-Fiction-Parodie, für Cineasten ein gefundenes Fressen aus allerlei Genre-Filmzitaten. Unterstützt werden die Puppen wie gewohnt von menschlichen Stars wie Andie MacDowell, Ray Liotta und F. Murray Abraham. Doch wirklich gelungen sind nur Miss Piggys Versuche, auch bei einer handfesten Prügelei ganz Dame zu bleiben und trotzdem zu gewinnen. Der Charme und Charakter der übrigen Muppets geht dagegen in all der Action etwas unter, allein der funkige Soundtrack (u.a. mit James Brown) versöhnt etwas mit den offensichtlichen Schwächen des Drehbuchs. *Sabine Ruthkowski, Zitty, 26/99*

Die Muse 622

THE MUSE ***

Regie: Albert Brooks
Darsteller: Albert Brooks (Steven Phillpps), Sharon Stone (Sarah), Andie MacDowell (Laura Phillips), Jeff Bridges (Jack Warrick), Mark Feuerstein (Josh Martin), Steven Wright (Stan Spielberg), Monika Mikala (Julie Phillips), Jamie Alexis
Drehbuch: Albert Brooks, Monica Johnson
Kamera: Thomas Ackerman
Musik: Elton John
Schnitt: Peter Teschner
Prod.Des.: Dina Lipton
Prod.: Herb Nanas für October Films, USA 1999; 97 Min.
Verleih: Kinowelt/Constantin/-; 2.12.1999
FSK: o. A., ffr.

Sharon Stone und Andie MacDowell

Ein überraschend arbeitslos gewordener Drehbuchautor wendet sich an eine faszinierende, wenn auch fürchterlich anstrengende Frau, die sich selbst als Muse ausgibt und auch wirklich einen inspirierenden Einfluß auf den krisengeschüttelten Schreiber zu haben scheint. Albert Brooks entlarvt in diesem von unzähligen Hollywoodlegenden bevölkerten Film mit viel Witz und satirischer Schärfe sowohl die hysterische Welt der Stars als auch den Versuch, in einer verrückten Welt ein kleinbürgerliches Leben zu führen.

Multimedia

(...) Brooks zielt mit seinen Einfällen immer derart haarscharf an der Realität vorbei, dass man ihm den allerunwahrscheinlichsten, die Muse nämlich, abnimmt. (...) *Michael Kohler, FR, 4.12.99*

Music of the heart 623

MUSIC OF THE HEART ***

Regie: Wes Craven
Darsteller: Meryl Streep (Roberta Guaspari), Aidan Quinn (Brian Sinclair), Angela Bassett (Janet Williams), Cloris Leachman (Assunta Guaspari), Gloria Estefan (Isabel Vasquez), Josh Pais (Dennis), Jay O. Sanders (Dan), Charlie Hofheimer (Nick)

Drehbuch: Pamela Gray, nach dem Dokumentarfilm »Small Wonders« von Allen und Lana Miller
Kamera: Peter Deming
Musik: Mason Daring
Schnitt: Patrick Lussier
Prod.Des.: Bruce Miller
Prod.: Marianne Maddalena, Susan Kaplan, Alan Miller, Walter Scheuer; Stuart Besser (Co-Prod.) für Craven/Maddalena Films, USA 1999; 124 Min.
Verleih: Arthaus/-/Rialto Film; Dez. 1999 (CH), 8.6.2000

Eine geschiedene Lehrerin bringt mit Geigenunterricht die Kinder aus East Harlem von der Straße und vermittelt ihnen – allen Widerständen zum Trotz – weit mehr als nur Musikkenntnisse. Verfilmung einer realen Geschichte, die leider durch Beschönigung des Milieus und Sentimentalisierung des Geschehens der Inspirationskraft der Story schadet. Meryl Streep gelingt dennoch eine psychologisch differenzierte Darstellung der Hauptfigur. *Film, 12/99*

Die Musterknaben 2

624
***
TV

Regie: Ralf Huettner
Darsteller: Jürgen Tarrach (Docker), Oliver Korittke (Dretzke), Sophie von Kessel (Heike), Walter Gonterman (Linseisen), Henriette Thiming (Mutter Docker)
Drehbuch: Ralf Huettner, Dominic Raacke
Kamera: Hannes Hubach
Schnitt: Veronika Zaplata
Prod.: Dieter Ulrich Aselmann für NDF für ZDF, BRD 1998; 87 Min.
EA: Filmfest München 1998
TV: 15.3.1999, ZDF, 20.15

Docker und Dretzke, der Dicke und der Dünne, haben sich im Kölner Ketchup- und Fritten-Mief von Ralf Huettners und Dominic Raackes Prolo-Bullenladen »Die Musterknaben« als Comic-Polizistenpaar etabliert: frech und schlau, gelegentlich saudämlich, werden sie dauernd von obercoolen Abzockern ausgenutzt (hier: Sophie von Kessel als Erpresser-Pornofotografin) und treten überall hinein. Ein Fettfinger- und Schmutzklebespaß der neudeutschen Anti-Ästhetik.
Ponkie, AZ, 3.7.98

Der Musterschüler

625
****

APT PUPIL

Regie: Bryan Singer
Darsteller: Ian McKellen (Kurt Dussander), Brad Renfro (Todd Bowden), Bruce Davison (Richard Bowden), Elias Koteas (Archie), Joe Morton (Dan Richler), Jan Triska (Isaac Weiskopf), Michael Byrne (Ben Kramer), Heather McComb (Becky Trask)
Drehbuch: Brandon Boyce, nach einer Story von Stephen King
Kamera: Newton Thomas Sigel
Musik: John Ottman
Schnitt: John Ottman
Prod.Des.: Richard Hoover
Prod.: Jane Hamsher, Don Murphy, Bryan Singer; Tom DeSanto (co-producer) für Phoeni/Bad Hat Harry, USA 1998; 111 Min.
UA: 21.8.1998, Int. Filmfestspiele Venedig »Notti e stelle«
EA: 16.10.1998
Verleih: Columbia TriStar/-/-/Columbia TriStar Video;
24.6.1999
FSK: ab 16 J., ffr.

»The Apt Pupil« ist keine Geschichtslektion – dazu setzen Singer und King zu sehr auf das Horror-Genre. Der Ernst erweist sich letztlich auch wieder als böses Spiel mit dem Teufel, das zwischen grellen Effekten und subtilem Grauen schwankt. Der Umgang mit Geschichte ist womöglich noch fahrlässiger als bei Spielberg. Aber das ist vielleicht der beste Trick der amerikanischen Erzähler: Uns weiszumachen, daß Geschichte erzählbar ist.
Michael Althen, SZ, 11.9.98

Auch Nazis gehen in Rente. Der Massenmörder Kurt Dussander ist in einer US-Kleinstadt untergetaucht und genießt den Ruhestand, bis er von dem 16jährigen Todd erkannt und dazu erpresst wird, von seinen Greueltaten im KZ zu berichten. Und eins-zwei-drei hat sich der Teenie auch schon beim charismatischen Verführer infiziert. Erst versagt der Musterschüler im Bett, dann klappt's nicht mehr in der Schule, schließlich wird er selbst zum Killer. Umgekehrt kommt auch Dussander prompt wieder auf den Geschmack, sobald er erst mal wieder eine SS-Uniform angelegt hat, und kehrt zu alten Unsitten zurück, etwa Katzen vergasen. Ziemlicher Stephen-King-Murks.

Annette Kilzer, tip, 14/99

(...) Die Zuschauer meines Films sollen sich erst für einen alten Mann erwärmen, um sich dann daran zu erinnern, daß er als SS-Offizier Tausende von Menschen auf dem Gewissen hat. In Kings Buch fühlt sich ein Junge von ihm angezogen und endet als Serienmörder, der auf Autos schießt. Im Film habe ich mir das abgegriffene Thema vom Serienmörder gespart und mich auf Kings brillante Analyse des Bösen konzentriert, denn mich interessierte eher der Einfluß des alten Europa auf die amerikanische Gesellschaft. Dabei wollte ich die Gewalt nicht feiern, sondern nur als Kniff nutzen.

Bryan Singer im Interview mit Markus Rothe, SZ, 24.6.99

Mut zur Liebe 626

CORRERE CONTRO ***

TV

Regie: Antonio Tibaldi
Darsteller: Stefano Dionisi (Pablo), Massimo Bellinzoni (Daniel), Stefania Rocca (Chiara), Pierfrancesco Favino, Giorgio Tirabassi, Mauro Marino, Damiano Capocitti
Drehbuch: Nino Bizzarri, Ivan Roberto Orano, Guglielmo Enea
Kamera: Luca Biazzi
Musik: Franco Piersanti
Schnitt: Simona Paggi
Prod.: Domenico Procacci, Francesco Tarquini für Fandango für RAI, Italien 1996; 94 Min.
TV: 14.11.1998, Arte, 22.35, OmU

Daniel leistet in einer Klinik Zivildienst und hat Mühe, sich mit dem an den Rollstuhl gefesselten Therapeuten Pablo anzufreunden. Als sie eine Sängerin kennenlernen, werden sie zu Konkurrenten. *AZ TV-Journal*

My Giant 627

MY GIANT **

Video

Regie: Michael Lehmann
Darsteller: Billy Crystal (Sammy Kanin), Gheorghe Muresan (Max), Kathleen Quinlan (Serena Kanin), Jere Burns (Weller), Joanna Pacula (Lillianna), Zane Carney (Nick Kanin), Rider Strong (Justin Allen), Steven Seagal (er selbst)
Drehbuch: David Seltzer, nach einer Story von Billy Crystal, David Seltzer
Kamera: Michael Coulter
Musik: Marc Shaiman
Schnitt: Stephen Semel
Prod.Des.: Jackson DeGovia
Prod.: Billy Crystal für Face Prod./Castle Rock, USA 1998; 97 Min.
Vertrieb: Columbia TriStar Video; 10.10.1999

Chaotischer Agent stößt in Rumänien auf einen 2-Meter-20-Mann, den er unbedingt in Hollywood zum Star machen will. Biedere Unterhaltungsware, die allzuoft in Klamauk und Plattitüden kippt.

Nach dem Fall

628
***

Regie: Frauke Sandig, Eric Black
Drehbuch: Frauke Sandig, Eric Black
Kamera: Eric Black
Prod.: Birgit Mulders, BRD 1998
Verleih: Eigenverleih/-/-; 28.10.1999

Pünktlich zehn Jahre nach dem Fall der Mauer macht sich dieser Film auf Spurensuche nach ihren Resten – dabei geht es sowohl um die konkret sichtbaren, architektonischen Rudimente als auch um die viel beschworene »Mauer in den Köpfen«. Aktuelle Bilder vom Potsdamer Platz oder der Bernauer Straße dienen als visuelle Folie für Aussagen von vier Zeitungen und zwei Theoretikern. Einerseits reich an verblüffenden, weil assoziationsreichen Bildern, überstrapaziert das ssay andererseits seine inhaltlichen Metaphern und ästhetischen Methoden.

Claus Löser, tip, 23/99

Die Nacht des Schmetterlings

629
****

NEITOPERHO

Regie: Auli Mantila
Darsteller: Leea Klemola (Eevi), Elina Hurme (Ami), Rea Mauranen (Anja), Robin Svartstöm (Jusu)
Drehbuch: Auli Mantila
Kamera: Heikki Färm
Musik: Risto Tissalo
Schnitt: Ritta Poikselkä
Prod.: Tero Kaukomaa für GNUfilms, Finnland 1997; 90 Min.
Verleih: Fingerprints/-/-; 14.1.1999

Wie schön, daß es Filmzeitschriften gibt. Wir fanden im »film-dienst« eine sachliche Kritik:
Eine junge Frau, die sich von ihrer einzigen Bezugsperson, der Schwester, verraten fühlt, bricht aus, um andernorts nach Liebe und Geborgenheit zu suchen. Auf ihrem Weg hinterläßt sie Verstörung, Angst und tiefe Veletzung, ohne selbst Schuld zu empfinden. Der Debütfilm zeichnet die Studie eines in seiner Einsamkeit gefangenen, seelisch verletzten Menschen, der sich hilflos in Gewalt flüchtet, sobald eigene Wünsche und Ansprüche nicht erfüllt werden. Der Film beschreibt die Abgründe der Heldin kühl und sezierend und teilt sein Erschrecken ohne moralisch erhobenen Zeigefinger mit.
(...) Beeindruckendes Spielfilm-Debüt, das seine Stärke aus der Kunst des Weglassens zieht und aus der großartigen Leistung der Hauptdarstellerin, einer amoklaufenden Alice im Wunderland mit schuldig-unschuldiger Ambivalenz. *Claus Löser, tip, 2/99*

Eine Nacht in New York

630
***

200 CIGARETTES

Regie: Risa Bramon Garcia
Darsteller: Ben Affleck (Barkeeper), Casey Affleck (Tom), David Chapelle (Taxifahrer) , Diaz Guillermo (Dave), Angela Featherstone (Caitlyn), Janeane Garofalo (Elli), Gaby Hoffmann (Stephie), Kate Hudson (Cindy)
Drehbuch: Shana Larsen
Kamera: Frank Prinzi
Musik: Bob und Mark Mothersbaugh
Schnitt: Liza Zeno Churgin
Prod.Des.: Ina Mayhew
Prod.: Betsy Beers, David Gale, Van Toffler für Paramount/Lakeshore mit MTV/Dogstar, USA 1999; 101 Min.
EA: 26.6.1999, Filmfest München
Verleih: Scotia/-/Elite Film/BMG Video; 25.11.1999
FSK: ab 12 J., ffr.

In der Silvesternacht 1981 kreuzen sich die Wege eines guten Dutzend junger Leute, die ein gemeinsames Ziel haben: eine Party in New Yorks East Village. Dabei mischen sie alle mehr oder weniger intensiv beim »Ich-muß-in-dieser-Nacht-unbedingt-noch-einen-abkriegen«-Spiel mit, das für einige die lang ersehnte Liebe, für andere nur Enttäuschungen bereithält. Theaterhaft inszenierter Geschlechter-Reigen, dessen geschwätzige und ihren Humor meist aus Zweideutigkeiten beziehende Dialoge jeden Esprit vermissen lassen. Trotz Großaufgebot an Hollywood-Nachwuchsstars setzt der Film auch schauspielerisch nur vereinzelte Glanzlichter. *Film, 12/99*

(...) Bemerkenswert an diesem redseligen Reigen ist nur die großteils prominente Besetzung, die die Regisseurin ihrer Zeit als Casting-Chefin in Hollywood verdankt. *Angie Dullinger, AZ, 25.11.99*

Nachtgestalten 631

****

Regie: Andreas Dresen
Darsteller: Dominique Horwitz (Victor), Meriam Abbas (Hanna), Oliver Bäßler (Jochen), Susanne Bormann (Patty), Michael Gwisdek (Peschke), Ricardo Valentim (Feliz), Ade Sapara (Ricardo), Imogen Kogge (Rita), Horst Krause
Drehbuch: Andreas Dresen, Lalla Stieler
Kamera: Andreas Höfer
Musik: Cathrin Pfeifer, Reiner Rohloff
Schnitt: Monika Schindler
Prod.Des.: Claudia Jaffke
Prod.: Peter Rommel für Peter Rommel Prod. mit SFB/MDR/ORB/Arte und Studio Babelsberg Independents, BRD 1998; 104 Min.
UA: 14.2.1999, Int. Filmfestspiele Berlin
Verleih: MFA/filmladen/Columbus; 12.8.1999
FSK: ab 12 J., ffr.

Dem 35jährigen Andreas Dresen gelingt ein Episodenfilm von einer Qualität, die beinahe an Jim Jarmusch oder Robert Altman heranreicht: Lakonisch der Humor, suggestiv die Bilder, anrührend und genau gezeichnet die Charaktere. Verlierer sind es, natürlich, deren kleine Schicksale sich in einer Nacht des Papst-Besuches in Berlin treffen. Christliche Heilsbotschaften kriegen Gottes verlorene, zugedröhnte oder besoffene Schäfchen nur zufällig über Radio oder TV mit. (...)
Angie Dullinger, AZ, 16.2.99

(...) »Nachtgestalten« will zwar von all diesen Dingen nichts wissen, sondern dem oktroyierten Kapitalismus (Dresen ist Ostler) die Maske wegreißen – aber immer hat er für seine Figuren wirklich etwas übrig und verachtet sie nicht auch noch. *Mariam Lau, SZ, 17.2.99*

(...) Dresen ist ein guter Autor und Regisseur. Daß er sich für die dramatische Verknüpfung dieser Schicksale ausschließlich ein Schmuddelmilieu ausgesucht hat, ist allerdings nicht jedermanns Sache. Die unbestrittenen Fähigkeiten dieses Filmemachers verdienen die Auseinandersetzung mit einem besseren Stoff.
Thomas Engel, Der Gildendienst 3/99

(...) Der Film macht Hoffnung – nicht nur in seinen Geschichten und für seine

Dominique Horwitz, Meriam Abbas und Horst Krause

Leute, sondern auch dank seiner exzellenten Machart, dank Temperament und Pfiff. Ein Silberner Bär für Gwisdek und der Deutsche Filmpreis in Silber waren bislang der Lohn.

Sebastian Feldmann, Rheinische Post, 13.8.99

(...) Nun aber erst »Nachtgestalten«. Freunde, das ist ein deutscher Film, ohne Aber und Wenn, nur sieht man darin keine Faxenmacher, sondern so was wie wirkliche Menschen.

Urs Jenny, Der Spiegel, 9.8.99

(...) Blickt man im Vergleich auf britische und französische oder auch manche amerikanische Produktionen, so beschleicht einen zuweilen der lästerliche Verdacht, den deutschen Filmemachern geht es schlicht – noch? – nicht schlecht genug, um einen wirklich wütenden oder witzigen Film hinzulegen.

Simone Mahrenholz, Die Welt, 12.6.99

»Ich habe in Babelsberg an der Filmhochschule studiert und da einen gewissen traditionellen Stil des Filmemachens erlernt, was mir in den ersten Jahren handwerklich auch viel geholfen hat. Aber irgendwann hatte ich das Gefühl, in den Ausdrucksmöglichkeiten festgefahren zu sein. Da »Nachtgestalten« einen größeren Zugriff auf Realität erfordert, haben wir versucht, neue Wege zu gehen, um dichter an die Wirklichkeit ranzukommen. Wir haben auf große Lichttechnik verzichtet, haben die Kamera lieber auf die Schulter genommen. Wir haben mit Schauspielern improvisiert und versucht, andere Freiheiten zu schaffen, die dem Film auch ein anderes Gesicht geben.

Haben Sie diese Techniken aus Ihren Dokumentarfilmen übernommen?

Es ist nicht ganz einfach, dokumentarische Techniken auf den Spielfilm zu übersetzen. Man sagt, wir wollen in einem ganz kleinen Team arbeiten, aber dann braucht man doch immer einen gewissen Apparat, um eine größere Geschichte in Film umzusetzen.«

Andreas Dresen im Interview mit Blickpunkt Film, 7/99

›Nachtgestalten‹

»Nachtgestalten« bietet einen Ausschnitt, spielt zu einer Uhrzeit, in der man die Reste des Tages zusammenkehrt. Da liegen Menschen, die zur Gesellschaft gehören, die man aber gerne übersieht. Eine Liebesgeschichte zwischen Obdachlosen in der Nacht kann man ebenso dramatisch empfinden wie die eines Paares im Penthouse am Tag.

Wird in einer Stadt wie Berlin die Brüchigkeit von Beziehungen eher deutlich?

Berlin zwischen zwei Systemen im Kalten Krieg, das prägt. Heute knallen die unterschiedlichsten Gefühle und Mentalitäten aufeinander. In der Berlin-Atmosphäre kann man sich durchaus wohl fühlen, wenn man schlampig mit sich und der Welt umgeht.

Michael Gwisdek im Interview mit Margret Köhler, AZ, 12.8.99

Wir haben die Fernsehrechte für neun Jahre abgegeben. Aber der Sender wollte sie zuerst für einen viel längeren Zeitraum. Wenn man ein schwieriges Projekt wie »Nachtgestalten« finanzieren will, ist man leider in einer schlechten Verhandlungsposition. Man ist auf das Fernsehen angewiesen und muß dessen Bedingungen akzeptieren.

Wie lief die übrige Finanzierung?

Wir haben »Nachtgestalten« zu je 50 Prozent mit Fernseh- und mit Fördergeldern realisiert. Natürlich hätte ich gerne auch vorab mit einer Garantiesumme von einem deutschen Verleih oder einer Weltvertriebsfirma gearbeitet. Aber der Film schien ja zunächst keinerlei erkennbaren Marktwert zu haben.

Das hat sich mit der Einladung in den Berlinale-Wettbewerb geändert.

Ja, und plötzlich gab es auch Interesse von seiten der Verleiher. Die haben den Film aber weiterhin sehr vorsichtig eingeschätzt, nur auf das Label Berlinale gesetzt: Der Film ist im Wettbewerb, darauf können wir aufbauen. Nachdem »Nachtgestalten« auf dem Festival dann sehr gut ankam, hatte sich meine Verhandlungsposition stark verbessert.
Peter Rommel im Interview mit Merten Worthmann, Berliner Zeitung, 16.6.99

Die nackte Wahrheit über Männer und Frauen 632

DENIAL **
Video

Regie: Adam Rifkin
Darsteller: Patrick Dempsey (Sam), Jonathan Silverman (Joel), Christine Taylor (Sammie), Amy Yasbeck (Claudia), Ryan Alosio (Isaac), Jason Alexander (Art), Angie Everhart, Leah Lail (Sophie)
Drehbuch: Adam Rifkin
Kamera: Francis Kenny
Musik: Tyler Bates
Schnitt: Peter Schink
Prod.Des.: Steve Hardie
Prod.: Brad Wyman, Louise Rosner für Kushner-Locke/Tapestry Films, USA 1998; 89 Min.
Vertrieb: VMP (Kinowelt) Video; 12.7.1999
FSK: ab 16 J.

Eine Erotik-Komödie wie das wahre Sexualleben der Amerikaner: einfallslos, langatmig und unbefriedigend.

Naked City – Justice with a Bullet 633

NAKED CITY – JUSTICE WITH A BULLET **
Video

Regie: Jeff Freilich
Darsteller: Scott Glenn (Sgt. Muldoon), Courtney B. Vance (Halloran), Robin Tunney (Merri), Kathryn Erbe (Sarah), Giancarlo Esposito (Chaz), Eli Wallach (Deluca), Tony Bill (Calvin), Sebastian Roche (Marco)
Drehbuch: Jeff Freilich
Kamera: Miroslaw Baszak
Musik: Ashley Irwin
Schnitt: David Hicks
Prod.Des.: Franco De Cotiis
Prod.: Jeff Freilich für Paramount TV, USA 1998; 103 Min.
Vertrieb: (CIC) Paramount Video; Aug. 1999
FSK: ab 16 J.

Der Alltag eines selbstredend unkonventionell agierenden Undercover-Cops in New York. Steril wirkender Pilotfilm zu einer US-TV-Serie ohne Überraschungen.

'ne günstige Gelegenheit 634

**

Regie: Gernot Roll
Darsteller: Benno Fürmann (Gosbert Klee), Armin Rohde (Thilo »Abo« Abegast), Rebecca Immanuel (Charlotta Valdez), Herbert Knaup (Georg Rübenacker), Karl Knaup, Hilmi Sözer (Drakonin), Ercan Durmaz, Ellen Ten Damme
Drehbuch: Thomas Oliver Walendy
Kamera: Gernot Roll, Michael Bartlett
Musik: Ulrich Reuter
Schnitt: Hans Funck
Prod.: Jürgen Tröster, Henrik Meyer für Studio Hamburg Letterbox/Warner Bros., BRD 1999; 103 Min.
Verleih: Warner Bros.; 18.11.1999
FSK: ab 12 J., ffr.
FBW: Besonders wertvoll

Es ist der blanke Jammer. Gernot Roll, einer der besten deutschen Kameramänner, hatte es mal gereizt, Regie zu führen, und sei es auch der größte Schwachsinn. Das ist verständlich, und Roll hatte offensichtlich seinen Spaß: »Ballermann 6« war zwar niveaulos und platt, doch mag es dem Debütanten Vergnügen gemacht haben und vielen Kinozuschauern auch. Dass er es jetzt aber gleich zum zweiten und dritten Mal auf der gleichen Tief-Ebene versucht, gibt schon zu denken. Auf »Tach, Herr Doktor«, den hoffnungslosen Versuch, die wunderbare Kabarettfigur Heinz Becker, 1985 aus der Taufe gehoben, auf die Leinwand zu bringen, folgt jetzt der totale Abstieg mit »'Ne günstige Gelegenheit«. *Heiko R. Blum, Rheinische Post, 19.11.99*

›'ne günstige Gelegenheit‹

(...) Sympathisch ist dieser kleine Film allemal, weil er ohne größeren Anspruch daherkommt. Der international renommierte Kameramann Gernot Roll (»Die Zweite Heimat« von Reitz, »Rossini« von Dietl) weiß auch als Regisseur Pointen zu setzen, Schauspieler blühen und Zuschauer lachen zu lassen. Muß ja kein großer Wurf sein. 'ne günstige Gelegenheit ist auch was wert. *Angie Dullinger, AZ, 18.11.99*

(...) Immer wenn du denkst, dümmer geht's nicht mehr, kommt wieder eine deutsche Klamotte daher. In seinem Film vom kleinen Verlierer, dessen Kumpel vom Campingplatz und beider Geisel schafft es der Regisseur Gernot Roll, die Biederkeit der Sechzigerjahre-Gaunerkomödie mit der Ballermann-Geschmacklosigkeit der Neunzigerjahre zu paaren. Lustige Hüte und abgeschnittene Finger. Viele Trottel und eine Nutte, die behauptet: »Heißar Kaffää ist wie heißä Liebää«. Man rutscht auf Scheiße aus und fällt auch sonst gern um. Der Held sagt alle zwölf Sekunden »kotz die Wand an«. Das haarige Gangsterduo aus Pankrikistan sagt »Corega Tabs«, wenn es »tut mir leid« meint. Hahaha. Da muss jetzt gelacht werden. Weil ja gerade der Humorhöhepunkt erreicht wurde.
Ruppert Koppold, Stgt. Zeitung, 18.11.99

Nein! – Zeugen des Widerstandes in München 1933–1945 635

***

Regie: Katrin Seybold
Sprecherin: Isolde Barth
Drehbuch: Katrin Seybold
Kamera: Thomas Schwan, Gerardo Milsztein, Kristian Gripenberg, Franz Xaver Kringer
Musik: Hanning Schröder
Schnitt: Arne Sinnwell
Prod.: Katrin Seybold Film, BRD 1998; 54 Min.
UA: 15.10.1998, ARRI, München
EA: 16.2.1999. Int. Filmfestspiele Berlin, »Panorama«
Verleih: Eigenverleih/-/-/absolut Medien; Okt. 1999

Dokumentarfilm über den Widerstand unterschiedlichster Parteien, Gruppen und Personen gegen das Naziregime in München.

Netforce 636

NETFORCE

Regie: Robert Lieberman
Prod.: USA 1998

Siehe → Tom Clancys Netforce

Netz der Begierde 637

LYING EYES

***
TV

Regie: Marina Sargenti
Darsteller: Cassidy Rae (Amy Miller), Vincent Irizarry (Derek Bradshaw), Ashlee Levitch (Dana), Allison Smith (Jennifer), Sherry Hursey (Ruth)
Drehbuch: Paul B. Margolis
Kamera: Alan Caso
Prod.: Hearst Ent., USA 1996; 87 Min.
TV: 5.3.1999, ZDF, 23.45

Durch die Affäre mit einem verheirateten Anwalt wird Schülerin Amy zur Zielscheibe eines Verrückten.
SZ TV-Beilage

Neue Eva 638

LA NOUVELLE EVE

***

Regie: Catherine Corsini
Darsteller: Karin Viard (Camille), Pierre-Loup Rajot (Alexis), Catherine Frot (Isabelle), Sergi Lopez (Ben), Mireille Roussel (Louise), Nozha

Khouadra (Solveig), Laurent Lucas (Emile), Valentine Vidal (Sophie)
Drehbuch: Catherine Corsini, Marc Syrigas
Kamera: Agnes Godard
Schnitt: Sabine Mamou
Prod.: Paulo Branco für Gemini Films/Arte France Cinéma mit Mandragoa/Canal plus/CNC, Frankreich 1998;
94 Min.
EA: 12.2.1999, Int. Filmfestspiele Berlin, »Panorama: art & essai«
Verleih: -/-/Xenix; Juni 1999

Camille lehnt traditionelle Familienstrukturen heftigst ab, lebt bewusst Promiskuität und Libertinage aus. Bis sie dem verheirateten Alexis verfällt und sich mit alberner Verzweiflung verliebt gebärdet, was letztlich zu ihrem kaum glaubhaften Gesinnungswandel führt. Die »neue Eva« der unauffälligen Komödie setzt sich aus altbekannten Frauentypen zusammen. Ihr nicht ernst gemeinter Diskurs führt oft zu Gelächter auf Kosten der fahrigen Hauptfigur.
Zoom, 6–7/99

Ein neuer Tag im Paradies 639
ANOTHER DAY IN PARADISE ***

Regie: Larry Clark
Darsteller: James Woods (Mel), Melanie Griffith (Sid), Vincent Kartheiser (Bobbie), Natasha Gregson Wagner (Rosie), James Otis (Reverend), Paul Hipp, Brent Briscoe, Peter Sarsgaard
Drehbuch: Christopher Landon, Stephen Chin, nach dem Buch von Eddie Little
Kamera: Eric Edwards
Musik: Howard Paar
Schnitt: Luis Colina
Prod.Des.: Aaron Osborne
Prod.: Larry Clark, Stephen Chin, James Woods für Chines Bookie Pic., USA 1998;
101 Min.
UA: 11.9.1998, Int. Filmfestspiele Venedig »Nights and Stars«
Verleih: Advanced/filmladen/-/BMG Video, Titel: Another Day in Paradise; 13.5.1999
FSK: ab 16 J., ffr.

›Ein neuer Tag im Paradies‹

Vier gutaussehende Junkies tun sich zur lässigsten Kleinfamilie zusammen, die jemals über die Straßen Amerikas geschippert ist. Erst langsam sammeln sich dabei hinter der Oberfläche aus großspurigen Gesten und Retro-Look (60er Jahre) auch Konflikte an. Womit nicht nur der Traum von einer heilen Familie baden geht – Regisseur Larry Clark, der noch in »Kids« nur auf äußere Bewegungen achtete, entdeckt peu à peu das Innenleben seiner Figuren. Das ermöglicht nicht nur James Woods und Melanie Griffith, so fies und fertig zu sein wie lange nicht, sondern auch einen richtigen Plot – na ja fast.
Kerstin Stolt, tip, 20/99

Zehn Jahre nach Gus van Sants »Drugstore Cowboy« bekommen nun auch die Neunziger ihr drogenimprägniertes 70er-Jahre Road-Movie mit Kultcharakter. Drei Jahre nach seinem provozierenden Debüt »Kids« überrascht Larry Clark mit einem deutlich kommerzielleren Film, in dessen Mittelpunkt ein von James Woods und Melanie Griffith gespieltes Outlaw-Pärchen steht. *Steffen Heinke, Filmecho/Filmwoche, 45/98*

(…) Eine Glamourisierung dieses Lebens erwartet den Zuschauer indes nicht. Denn das Paradies zeigt bald sein wahres höllisches, von beängstigenden Kreaturen verzerrtes Gesicht. Wie schon in »Kids« ist Familie Illusion oder Strafe, und das Leben ein Bewährungskampf, in dem Sentimentalität Luxus bleibt. Deshalb, und nicht seiner Drogenthematik wegen, ist Clarks Zweitwerk ein bewußtseinserweiternder wichtiger Film.

Peter Koberger, Blickpunkt Film, 33/99

Wie kamen Sie auf die Idee, ausgerechnet einen Superstar wie Melanie Griffith als alternde Junkie-Braut zu besetzen?

Ich habe in ihr immer eine gewisse Verletzlichkeit gesehen, und genau das wollte ich für diese Rolle. Ich finde, Melanie hat lange Zeit niemanden dargestellt, sondern meistens nur Melanie Griffith gespielt. Ich habe ihr das auch ganz ehrlich gesagt und ihr erklärt, dass sie für meinen Film mehr Mut braucht. Sie hat diesen Mut bewiesen, und ich finde, sie spielt diese Junkie-Braut unglaublich schonungslos, offen und verletzlich. Deshalb gibt sie in meinem Film alles andere als eine Glamour-Performance. Es gab kein Glamour-Licht, keinen Weichzeichner und auch nicht die übliche Spezial-Beleuchtung für die Haare. Meistens haben wir überhaupt keine Scheinwerfer benutzt. Allenfalls im Restaurant kamen ein paar grüne Neon-Röhren zum Einsatz. Melanie sieht zwischendurch richtig abgefuckt aus. Dabei ist sie eine wunderschöne Frau.

Hatte sie Schwierigkeiten mit diesem Erscheinungsbild?

Clark: (lacht) Klar, wir hatten unsere Kämpfe. Manches von dem, was ich wollte, hat sie einfach nicht eingesehen. Sie hat mich dann aber meinen Kram machen lassen und ließ sich von James Woods mitziehen, sie ist eben ein Profi. Nach Beendigung der Dreharbeiten rief sie mich an und sagte, ich hätte recht gehabt, und es sei ihre beste Rolle seit 20 Jahren. Ich fand das eine schöne Geste. Überhaupt, ich glaube, ich habe in meinem ganzen Leben noch keine Frau getroffen, die soviel Klasse hat.

Larry Clark im Interview mit Katja Nicodemus, tip, 20/99

Johnny Depp in ›Die neun Pforten‹

Die neun Pforten 640

THE NINTH GATE ****

Regie: Roman Polanski
Darsteller: Johnny Depp (Dean Corso), Frank Langella (Boris Balkan), Lena Olin (Liana Telfer), Emmanuelle Seigner (Das Mädchen), Barbara Jefford (Baroness Kessler), Jack Taylor (Victor Fargas), José Lopez Rodero (Pablo und Pedro Ceniza), James Russo (Bernie)
Drehbuch: Enrique Urbizu, John Brownjohn, Roman Polanski, nach dem Roman »El Club Dumas« von Arturo Perez-Reverte
Kamera: Darius Khondji
Musik: Wojciech Kilar, gespielt von den Prager Philharmonikern, dirigiert von Stephan Konicek
Schnitt: Herve Deluze
Prod.Des.: Dean Tavoularis
Prod.: Roman Polanski; Inaki Nunez, Antonio Cardenal, Alain Vannier, Mark Allan (Co-Prod.) für R.P. Prods./Orly Films mit Artisan Ent./TF1/Kino Vision, Origen/Bac Films/Canal Plus/Via Digital, Frankreich/Spanien 1999; 127 Min.
Verleih: 20th Century Fox/dto/Elite Film; 16.12.1999
FSK: ab 12 J., ffr.

Roman Polanski knüpft wieder an seine mystizistischen Anfänge im Genre des Horrorfilms an: Er erzählt vom Buchhändler Dean Corso, der einem Kunden eine Satans-Beschwörungsfibel beschaffen soll und dabei zwischen unheilvolle Mächte gerät. Sein Film kommt durchaus amüsant, atmosphärisch und unterhaltsam daher, wirkt angesicht der jüngsten Gruselfilme aber auch etwas bodenständig, fast schon kunsthandwerklich. *Film, 12/99*

(...) Man wird die meisten früheren Polanskihelden in Corso wiederfinden, vom Studenten aus »Messer im Wasser« bis Harrison Ford – und nicht zuletzt Polanski selbst. Das Glück trifft jeden – seine Filme preisen das einfache Leben. Loblieder auf die Gewöhnlichkeit, den Kleinbürger. In den Quartiers von Paris hat er die Geborgenheit gefunden, die er aus seiner Heimat kennt. Er ist entschlossen, sie so lange auszukosten, wie das möglich ist. Sein neuer Film, manchmal schauerlich, aber eigentlich immer ungeheuer zärtlich, löst manches, was in Polanskis Werk bisher sich verknotet hatte. Und wenn man am Ende genau hinsieht, entdeckt man ein lange verzögertes, aufgeschobenes Happy-End zum »Tanz der Vampire«. *Fritz Göttler, SZ, 15.12.99*

Wie sind Sie an dieses Projekt gekommen, eine persönliche Entscheidung?

Ja, wie alle meine Filme. Selbst wenn ich einen Stoff angeboten bekomme, gibt es immer irgendwann den Moment der persönlichen Entscheidung, dafür oder dagegen. Ich habe auch noch nie davon gehört, daß man einem Regisseur die Pistole auf die Brust setzt. Bei »The Ninth Gate« war es so, daß der spanische Produzent Inaki Nuñez die Rechte an dem Roman und ein Drehbuch von Enrique Urbizu hatte. Mit seinem französischen Partner Alain Vannier fragte er bei mir an – und ich las als erstes den Roman, der mir sehr gefiel. Also schrieb ich eine neue Drehbuchversion zusammen mit Urbizu und meinem Freund und häufigen Koautor John Brownjohn. Es gibt außerdem eine kleine amerikanische Beteiligung durch die Firma Artisan Entertainment.

Sie haben selbst mitproduziert?

Ja, denn es war nicht so einfach, den Film zu finanzieren. Man fängt immer wieder bei Null an. Ich wollte mit Johnny Depp arbeiten, er war von Anfang an dabei. Leider sind große Produzenten wie Sam Spiegel, Carlo Ponti, Dino de Laurentiis, David Selznick, die für ihre Regisseure kämpfen, selten geworden. Als Regisseur kann man sich hinter dem starken Produzenten verstecken, ihn mit dem Kampf um die Finanzen allein lassen und hat es leichter. In Europa muß man als Regisseur mehr Aufgaben übernehmen als in Amerika, und da ein Film immer teurer wird, als man es erwartet hat, muß man sich immer wieder sagen lassen: Ich würde den Film schon produzieren, aber nicht zu diesem Preis. An diesem Punkt hat Filmemachen ganz und gar nichts mehr mit dem Spielen mit elektrischen Eisenbahnen zu tun.

Sie arbeiten in Europa – wie sehen Sie die Chancen des europäischen Films?

Wenn es um künstlerische Kreativität geht, wird jedes Land seine eigene Identität behalten. Die Tatsache, daß Europa zusammenkommt, hat damit zu tun. Und in Zukunft wird sich durch die neuen Technologien vieles tun und ändern, denn sie machen es möglich, uns besser auszudrücken. Das schlägt sich notwendigerweise im Niveau der Stories nieder, da wird es immer gute und weniger gute geben. Aber ich glaube an nationale Identitäten, aus denen heraus sich verschiedene Entwicklungen ergeben. Letztlich geht es in jedem Fall nur darum, eine gute Geschichte zu erzählen.

Roman Polanski im Interview mit Frauke Hanck, Blickpunkt Film, 12.7.99

Wollen Sie trotzdem weiter mit Stars arbeiten?

Stars sind nun mal eine Publikumsattraktion. Was ihre Gehälter nicht weniger obszön macht. Wie kann sich ein Travolta, der 20 Millionen Dollar einstreicht, solche Flausen leisten? Aber es gibt Gegenbeispiele: Sigourney Weaver hat für »Der Tod und das Mädchen« nur ein Drittel ihrer üblichen

Gage verlangt. Auch Johnny Depp war sehr diszipliniert.

Sie sind auch nicht gerade billig. Ihnen geht der Ruf voraus, immer das Budget zu überziehen.

Wenn Sie am Schluss einen Stapel Filmrollen haben wollen, der Ihren Vorstellungen entspricht, müssen Sie dazu alle in Ihrer Macht befindlichen Mittel einsetzen. Außerdem: Bei meinen letzten drei Filmen habe ich nicht überzogen.

Die haben auch nicht besonders viel Geld eingespielt.

Die Hollywood-Studios machen heute nichts anderes mehr, als ihre Dollars zu zählen. Früher konnte es passieren, dass ein großartiger Film entstand und nicht den erwarteten Erfolg hatte. Trotzdem waren die Studios stolz auf ihn. Heute erleben Sie so etwas nicht mehr. Deshalb gibt es auch weniger gute Filme.

Also ist Ihre Begeisterung fürs Filmgeschäft doch gebrochen.

Was das reine Geschäft angeht, ja. Diese Manager-Typen müssen irgendwie ihre Existenz rechtfertigen, deshalb veranstalten sie Besprechungen. Die heißen dann »Kreativ-Besprechungen«, dabei machen sie sich dann »kreative Notizen«. Nur: Es ist absolut ausgeschlossen, dass eine solche Masse von Leuten einen guten Einfall produziert. Filme lassen sich nicht im Komitee machen. *Roman Polanski im Interview mit Rüdiger Sturm, Die Woche, 6.8.1999*

Was heißt typisch deutsch?

Ich erkläre es an einem Beispiel: Wenn ich eine Oper in Italien inszeniere, herrscht Chaos. Am Abend vor der Premiere möchte man sich aufhängen, weil nichts klappt. Und dann kommt das Wunder in letzter Minute. In Deutschland ist alles bis ins Kleinste vorbereitet, man schafft viel. Aber bei der winzigsten Änderung kriegen alle die Krise. Schon ein Möbelstück auf der Bühne auszutauschen, gilt als Verbrechen.

Was interessiert Sie als Film-Regisseur an Opern-Inszenierungen?

Opern- und Theater-Inszenierungen machen mir einfach Spaß, besonders nach einem anstrengenden Film. Ich empfinde sie als eine Mischung aus Therapie und Urlaub.

Roman Polanski im Interview mit Margret Köhler, Berliner Morgenpost, 30.9.99

1997 – Rustems Notizen mit Zeichnungen 641

***

1997 – SAPISI RUSTEMA S RISUNKAMI

Regie: Ardak Amirkulow
Darsteller: Assel Shaimukhammedowa, Erzhan Rustembekow, Talgat Zhanybekow
Drehbuch: Erzhan Rustembekow, N. Turebaew
Kamera: Renat Kosai, Alexander Rubanow
Schnitt: Aiman Kistauowa, Claude Reznik
Prod.Des.: Larissa Reshetowa, G. Tleulin
Prod.: ARDFilm/National Prod. Centre, Kasachstan 1998; 80 Min.
EA: 15.2.1999, Int. Forum des Jungen Films, Berlin
Verleih: Freunde/-/-; 15.4.1999

Sensible Beschreibung des Alltags und des Lebensgefühls in Almaty im Stile eines Tagebuchs. Die Dialoge erinnern in ihrer Diktion an Jim Jarmusch.

Zitty, 4/99

Nichts als die Wahrheit 642

****+

Regie: Roland Suso Richter
Darsteller: Kai Wiesinger (Peter Rohm), Götz George (Josef Mengele), Karoline Eichhorn (Rebecca Rohm), Doris Schade (Hilde Rohm), Peter Roggisch (Heribert Vogt), Bastian Trost (Felix Hillmann), Stephan Schwartz (Daniel Ginsberg), Peter Rühring (Dr. Füglein)
Drehbuch: Johannes W. Betz, nach dem Originaldrehbuch von Christopher und Kathleen Riley
Kamera: Martin Langer
Musik: Harald Kloser
Schnitt: Peter Adam
Prod.Des.: Bettina Schmidt

Prod.: Werner Koenig; Götz George, Edward R. Pressmann (Co-Prod.) für Helkon mit Studio Babelsberg, BRD 1999; 128 Min.
Verleih: Helkon/-/-; 23.9.1999
FSK: ab 12 J., ffr.
FBW: Wertvoll

Der Film erzählt den (fiktiven) Prozeß vor einem deutschen Gericht gegen den berüchtigten KZ-Arzt Josef Mengele und die bravouröse Leistung seines Anwalts, der sich schließlich gegen seinen Mandanten stellt.

(...) Schon im Vorfeld sorgte diese Produktion für Schlagzeilen, weil Kai Wiesinger und Götz George nicht nur ihre Gagen zurückgestellt, sondern sich auch an der Finanzierung beteiligt haben. Ihr Vertrauen in die Geschichte und Regisseur Roland Suso Richter haben sich gelohnt. »After the Truth« ist zweifellos der mutigste deutsche Film der vergangenen Jahre, der die Frage nach Schuld und Sühne, nach Wahrheit und Gerechtigkeit eindrucksvoll in einen gesellschaftlichen Kontext einbettet. *Volker Gunske, tip, 20/99*

(...) Die Argumentationssprünge und die Assoziationsketten sind oft abenteuerlich und erlauben das Weiterfabulieren in Richtung Gen-Technologie. Einleuchtend ist das nur, wenn Verstrickungen sichtbar werden: Wenn etwa die Mutter des Anwalts sich an ihr Schweigen als junge Krankenschwester in einem Behinderten-Kinderheim erinnert. Und immer, wenn authentische KZ-Bilder das überhebliche Geschwätz des alten Mannes widerlegen, dann gewinnt der Film seine stärkste Aussagekraft. Ob Widerspruch provozierend oder Debatten anregend: Es ist kein Film, der gleichgültig lassen kann.
Ponkie, AZ, 23.9.99

(...) Mag sein, dass »Nichts als die Wahrheit« Mengele entzaubern wollte: Das Ergebnis, von heute an in knapp 200 deutschen Kinos zu besichtigen, heißt Verklärung – und das macht diesen formal durchaus bemühten, personell ziemlich eitlen und inhaltlich sehr naiven Film so gefährlich. Ein gigantischer Irrtum – dass Götz George eine Million aus seinem Vermögen reinsteckte, als verschiedene Förderinstitutionen absprangen, dass die Crew auch sonst auf Bezahlung vorerst verzichtete (womit jetzt schon fast geworben wird), macht ihn um keinen Deut besser. *Jan Schulz-Ojala, Der Tagesspiegel, 22.9.99*

Kai Wiesinger und Götz George in ›Nichts als die Wahrheit‹

(...) Während die Amerikaner Filme produzieren, um Geld zu machen, brauchen »wir Deutsche« Filme als Therapie, um Schuldgefühle loszuwerden, die wir zwar angeblich nicht haben, die uns aber verfolgen wie Phantomschmerzen einen Amputierten. Wer so symbolisch leidet, der macht auch netsprechende Filme. Das ist nicht mehr die Gnade der späten Geburt, das ist der Fluch der eingebildeten Krankheit. der gnadenlose Idealismus hat wieder gnadenlos zugeschlagen. Rette sich, wer kann. *Henryk M. Broder*

Der Film in der spanischen Presse:

»El Mundo« bezeichnete den Film als ein fesselndes und mutiges Werk, als eine »gewaltige Verurteilung des Nazismus« und des Holocausts. Das Gegenteil meinte »El Pais«: Der Film sei zwar gewissenhaft, aber dennoch ein »nichtiger Schwindel«, der, sicherlich ohne es zu wollen, »letztlich das verteidigt, was er anzugreifen beabsichtigt«. Es handele sich um einen »brillanten und spektakulären kommerziellen Streich«, der dazu geschaffen sei, Geld zu verdienen, schrieb Spaniens meistverkaufte politische Tageszeitung weiter. Zudem würden zu viele Genres – wie Thriller, Melodram, Prozessdrama und Horrorfilm – gemischt. Für »Diario 16« wiederum geht das Thema »in der vorausschaubaren Manier der eher simplen und klischeehaften US-Prozessfilme unter«.

A Night At The Roxburry 643

A NIGHT AT THE ROXBURRY **

Regie: John Fortenberry
Darsteller: Will Ferell (Steve Butabi), Chris Kattan (Doug Butabi), Molly Shannon (Emily), Dan Hedaya (Mr. Butabi), Loni Anderson (Mrs. Butabi), Elisa Donovan (Cambi), Gigi Rice (Viveca), Lochlyn Munro (Craig)
Drehbuch: Steve Koren, Will Ferell, Chris Katan
Kamera: Francis Kenny
Musik: David Kitay
Schnitt: Jay Kamen
Prod.Des.: Steven Jordan
Prod.: Amy Heckerling, Lorne Michael; Marie Cantin, Steve Koren (Co-Prod.) für Paramount/SNL, USA 1998;
83 Min.
UA: 2.10.1998, N. Y.
Verleih: UIP/-/-/CIC Video;
8.7.1999
FSK: ab 6 J., ffr.

(...) Zum Haddaway-Sound (»What is love«) hampeln und rempeln und grimassieren sich die beknackten Brüder durch ihre beknackte Geschichte: Sie wollen unbedingt in den angesagten Roxbury-Club, dürfen aber nicht, weil sie erstens nicht auf der Gästeliste stehen und zweitens zu blöd sind. Weil sie aber durch einen Zufall doch hineinkommen, geht der Film noch eine Stunde weiter, und aus lauter Not lacht man dann auch mal über die Hampelmänner.
tip, 16/99

(...) Ein kurzes, infantiles Vergnügen.
Zitty, 14/99

Nimm mich mit 644

EMPORTE-MOI ***

Regie: Léa Pool
Darsteller: Karine Vanasse (Hanna), Pascale Bussières (Mutter), Miki Manojlovic (Vater), Alexandre Mérineau (Paul), Anne-Marie Cadieux (Prostituierte), Monique Mercure (Großmutter), Charlotte Christeler (Laura), Nancy Huston (Lehrerin)
Drehbuch: Lea Pool, Nancy Huston, Monique H. Messier
Kamera: Jeanne Lapoirie
Musik: Jan Garbarek
Schnitt: Michel Arcand
Prod.: Lorraine Richard; Alfi Sinninger, Carole Scotta (Co-Prod.) für Cité-Amérique Cinéma TV/Catpics, Kanada/Schweiz/Frankreich 1998;
95 Min.
UA: 11.2.1999, Montreal »Rendez-vous du Cinema Quebecois«
EA: 20.2.1999, Int. Filmfestspiele Berlin, »Wettbewerb«
Verleih: / /Columbus;
April 1999 (CH)

Ruhig und facettenreich zeichnet der Film den Übergang einer 13jährigen zur Erwachsenen anhand ihrer Ablösung von der Familie, ihrer Sinnsuche

Karine Vanasse und Alexandre Mérineau in ›Nimm mich mit‹

sowie ihrer aufkeimenden Liebe und Sexualität.
Der Rückblick aus der Sicht einer Erwachsenen auf die Pubertät im Montreal der sechziger Jahre besticht durch eine überzeugende Hauptdarstellerin, mutet aber etwas unentschlossen und dadurch auch leidenschaftslos an.

Zoom, 4/99

No Sex

645
**
TV

Regie: Josh Broecker
Darsteller: Kai Scheve (Paul Liebermann), Nadja Uhl (Isabell Jacobi), Pit-Arne Pietz (Hannes Steinbrecher), Hanns Zischler (Friedrich Liebermann), Christiane Krüger (Vera Liebermann), Peter René Lüdicke (Stefan Wagner), Martin Gruber (Patrick), Tonio Arango (Marko)
Drehbuch: Eva Zahn, Volker A. Zahn
Kamera: Holly Fink
Musik: Jens Langbein, Robert Schulte Hemming
Schnitt: Elke Carmincke
Prod.Des.: Ulrich Schröder
Prod.: Katharina M. Trebitsch, Jutta Lieck für Objectiv Film, BRD 1999;
88 Min.
TV: 18.10.1999, ZDF, 20.15

Die deutsche Biedermann-Romanze paddelte in seichtem Komödiengewässer, um den alten Beweis zu erbringen, dass Erotik im Kopf stattfindet.
Doch unseren gesammelten Woody Allen (»Was Sie schon immer über Sex wissen wollten ...«) können wir gleich vergessen, denn wir sind im Comedy-Land des deutschen Gemüts. Der auf Erfolg gepolte Jung-Architekt Paul fällt ins Loch der Misserfolge: Sein Musterhaus stürzt ein, Vater schmeißt ihn raus. Sein Penis reagiert in Panik und stellt sich tot. Die nette Kellnerin, die ein Kind von einem verkifften Rocker-Blödian hat und bei Paul als Untermieterin einzieht, verliebt sich – aber er kann nicht. Viagra bringt auch nur Verdruss. In solchen Fällen sind dann immer solide Heiratsbewerber zur Hand (Sicherheit! Winkelglück!) – ehe eine berufliche Erfolgssträhne den Leistungskrüppel wieder auf Vordermann bringt und das Objekt aus der Erschlaffung erweckt. Ein Seifenblasenkomödchen wie viele, reif für einen Problem-Durchlauf bei Beckmann.

Ponkie, AZ, 20.11.99

No Tomorrow 646
NO TOMORROW **
Video

Regie: Master P
Darsteller: Gary Busey, Gary Daniels, Jeff Fahey, Pam Grier, Master P, Frank Zagarino
Kamera: Bela Trutz (Steadicam, 2nd unit)
Prod.: ? Pepin, ? Merki für No Limit Film, USA 1998; 91 Min.
Vertrieb: Ascot Video; 5.11.1999
FSK: ab 18 J.; geänderte Fassung 85 Min., ab 16 J.

Rechtsterrorist bekommt via Chinesen-Mafia Zugriff auf Atomwaffen, doch seine Organisation wird von einem Einzelkämpfer unterwandert. Pam Grier blieb die einzig erfreuliche Erscheinung in diesem stupiden Action-Dauerkracher.

Nordrand 647
****+

Regie: Barbara Albert
Darsteller: Nina Proll (Jasmin), Edita Malovcic (Tamara), Michael Tanczos (Roman), Tudor Chirila (Valentin), Astrit Alihajdaraj (Senad)
Drehbuch: Barbara Albert
Kamera: Christine A. Maier
Schnitt: Monika Willi
Prod.: Erich Lackner; Martin Hagermann, Rolf Schmid (Co-Prod.) für Lotus/Zero/Fama Film mit ZDF/Arte/ORF/SRG/SF DRS, Österreich/BRD/Schweiz 1999; 109 Min.
UA: 2.9.1999, Venedig Film Festival
EA: Int. Filmtage Hof 1999
Verleih: -/polyfilm/Fama; Dezember 1999

Fünf junge Menschen verschiedenster Herkunft laufen sich in Wien im Herbst 1995 über den Weg und teilen für eine kurze Zeit ihre Ängste, Hoffnungen und Wünsche. Die Österreicherin Barbara Albert erzählt in ihrem Regiedebüt die Geschichte einer Figurengruppe und orientiert sich dabei an Modellen wie Robert Altmans »Short Cuts«. Gekonnt hält sie die Fäden ihrer weit verzweigten Erzählung zusammen und realisiert eine gelungene Mischung aus Milieuschilderung und Zeitbild.

Film, 12/99

Der einundzwanzigste Bezirk jenseits der Donau, vornehmlich ein Arbeiterviertel, das nichts übrig hat für wohlfeile Wien-Klischees, wird zum Mikrokosmos, wo noch so impulsives Hin und Her über den allfälligen Stillstand nicht hinwegtäuschen kann. Das Quintett junger Menschen hat eigentlich nichts miteinander zu schaffen und ist doch von kundiger Geberhand in ein Spiel gemischt worden, das von ihnen fordert, sich zu ändern und zugleich sie selbst zu bleiben. Sorgsame, in vielschichtigen Episoden aufgeblätterte Beobachtungen sind das, die in der Verlorenheit die Sehnsucht nach Nähe aufspüren und im abweisenden Gebaren ein trotz allem verzweifeltes Hoffen.

Hans-Dieter Seidel, FAZ, 4.9.99

Nosferatu – Vampirische Leidenschaft 648
NOSFERATU DIARIES: EMBRACE OF THE VAMPIRE ☐
TV

Regie: Anne Goursaud
Darsteller: Martin Kemp (Vampir), Alyssa Milano (Charlotte), Jennifer Tily (Marika), Charlotte Lewis (Sarah), Harrison Pruett (Chris), Jordan Ladd (Eliza), Robbin Julien (Rob), David Portlock (Peter)
Drehbuch: Halle Eaton, Nicole Coady, Rick Bitzelberger
Musik: Joseph Williams
Prod.: USA 1995; 86 Min.
TV: 16.5.1999, Pro7, 23.05

Verliebter Vampier wird seinen Prinzipien untreu.

›Nordrand‹

Julia Roberts und Hugh Grant in ›Notting Hill‹

Hugh Grant mit Drehbuchautor Richard Curtis

Notting Hill

649

NOTTING HILL

****

Regie: Roger Mitchell
Darsteller: Julia Roberts (Anna Scott), Hugh Grant (William Thacker), Hugh Boneville (Bernie), Emma Chambers (Honey), Rhys Ifans (Spike), Tim McInnerny (Max), Gina McKee (Bella), James Dreyfus (Martin)
Drehbuch: Richard Curtis
Kamera: Michael Coulter
Musik: Trevor Jones
Schnitt: Nick Moore
Prod.Des.: Stuart Craig
Prod.: Duncan Kenworthy für Notting Hill Prod./Working Title, GB 1999;
124 Min.
Verleih: Universal/-/Monopole Pathé/ Universal Video; 1.7.1999
FSK: o. A., ffr.
FBW: Wertvoll

Wills Londoner Buchladen läuft schlecht, und eine Frau hat er auch nicht. Da taucht die berühmte Hollywood-Diva Anna Scott im Geschäft als Kundin auf, und schon beginnt eine ungewöhnliche Liebesgeschichte zwischen einer Pretty Woman und einem männlichen Aschenputtel, die allerdings wegen sensationsgeilen Boulevardjournalisten fast Schiffbruch erleidet. Drehbuchautor Richard Curtis lieferte die brillante Vorlage für eine mediensatirische, von Julia Roberts und Hugh Grant mit Selbstironie gespielte, famose Screwball Comedy der neunziger Jahre. *Zoom, 6–7/99*

Natürlich weiß man sofort, wie die Sache enden wird, wenn der berühmteste Filmstar der Welt den Reisebuchladen von William Thacker betritt. Doch bei einer romantischen Komödie kommt es vor allem auf die lust- und qualvolle Verzögerung an. Und so stehen vor der endgültigen Umarmung jede Menge Katastrophen, Mißverständnisse, Rückzieher. Julia Roberts und Hugh Grant veranstalten ein transatlantisches Gipfeltreffen für hemmungslose Romantiker und machen »Notting Hill« zu einer kongenialen Synthese aus »Pretty Woman« und »Vier Hochzeiten und ein Todesfall«. *Volker Gunske, tip, 14/99*

(...) Wenn Zeit vergeht in diesem Märchen, fallen natürlich keine Kalenderblätter, wie das noch in den Vor-Bildern der fünfziger Jahre passierte: Michael Coulter dreht eine Fahrt durch die Portobello Road über vier Jahreszeiten hinweg, eine waghalsige, schnittlose Strecke. Nur Pedanten stört, daß sie inspiriert wurde von Theo Angelopoulos (Die Wanderschauspieler). Er verdichtete dabei alles auf Brennpunkte von Politik und Geschichte und klärte auf. Hier ist es Romantik pur, die den betört, der es zuläßt.

Christa Maerker, FR, 30.6.99

Nur ein toter Mann ist ein guter Mann 650

**

Regie: Wolf Gremm TV
Darsteller: Thekla Carola Wied (Ursula Winkler), Dieter Mann (Walter Winkler), Rolf Becker (Ludwig Fehr), Lambert Hamel (Willi Wontura), Franziska Bronnen (Frau Wontura), Michael Roll (Lutz Wolf), Johannes Terne (Uwe Schwarzenberg), Juraj Kukura (Reinhard Ehler)
Drehbuch: Wolf Gremm, nach dem Roman von Gaby Hauptmann
Kamera: Carl-F. Koschnik
Musik: Pino Donaggio
Prod.: BRD 1998;
87 Min.
TV: 27.3.1999, ARD, 20.15

Die Kriminalkomödie reduziert Thekla Carola Wied auf zweieinhalb sarkastische Mundwinkel – und Augenbrauenzuckungen, während sie den diversen Dominapuff-Männchen vom Stamme der Jäger, Sammler und Steuerhinterzieher den finalen Erpresser-Kick verpaßt.

Diese Meuchel-Witwe ist eher ein plumpruppiger Schikanier-Besen als eine raffinierte Männervernichterin. Ein zäher Trampel-Comic mit dem Psycho-Schraubenzieher schräg von hinten ins schläfrige Gemüt gebohrt. *Ponkie, AZ, 29.3.99*

NY – Streets of Death 651

NAKED CITY – A KILLER CHRISTMAS ***
Video

Regie: Peter Bogdanovich
Darsteller: Scott Glenn (Sgt. Scott Muldoon), Courtney B. Vance (Officer James Halloran), Laura Leighton (Gerry Millar), Barbara Williams (Eva), Nigel Bennett (Soloff), Lisa Vidal (Lori Halloran), Al Waxman (Burt), Jason Blicker (Alonzo)
Drehbuch: Jeff Freilich, Christopher Trumbo
Kamera: James Gardner
Musik: Hummie Mann
Schnitt: David Baxter
Prod.Des.: Franco De Cotiis
Prod.: Jeff Freilich für Paramount Network TV Prod./Magnum Prod., USA 1998; 92 Min.
Vertrieb: (CIC) Paramount Video; Okt. 1999
FSK: ab 12 J.

Serienkiller formt sich das Gesicht eines Entführungsopfers zurecht und begeht mit dessen »Identität« seine Untaten. Solide inszenierter US-TV-Krimi mit kompliziertem Plot.

Oh, Tano! Für Dich lohnt es zu sterben

652
****

TANO DA MORIRE

Regie: Roberta Torre
Darsteller: Ciccio Guarino (Tano Guarrasi), Enzo Paglino (Enzo), Mimma D. DeRosalia (Franca), Maria Aliotta (Caterina), Anna Lorenzo, Lorenzo la Rosa, Giacomo D'Ignoto, Francesca Di Cesare
Drehbuch: Roberta Torre, Gianluca Sodaro, Enzo Paglino
Kamera: Daniele Cipri, Giuseppe Schifani
Musik: Nino d'Angelo
Schnitt: Giogio Franchini
Prod.: Donatella Palermo, Loes Kamsteeg für ASP mit Dania Film/VIP National Audiovisual Lucky Redl, Rai TRE Telepin, Italien 1997; 80 Min.
UA: 25.8.1997, Int. Filmfestspiele Venedig
EA: 15.2.1998, Int. Forum des Jungen Films, Berlin
Verleih: MOP, OmU/-/-; 12.8.1999

Die lustvoll schräge Trash-Seite des Kults um die Mafia feiert in Roberta Torress' ursprünglich als Videodokumentation geplanter, aber während des Drehs geschickt umfunktionierter Musical-Farce um die Dons, ihre Familien und ihre Vorlieben für fröhliche schrille Feste. Die Geschichte um die Ermordung des Metzgers und Mafiabosses Tano Guarrasi aus dem Stadtviertel Vucciria in Palermo mag authentisch sein, aber dieser Hintergrund dient nur als Ausgangspunkt für eine ausgelassene und gelegentlich arg kreischende Kasperle- und Schlagversion um die entfesselten Italo-Klischees.

Blickpunkt Film, 34/99

Okami – Am Totenfluß

653
***

KOZURE OKAMI: SANZU NO KAWA NO UBAGURUMA

Video

Regie: Kenji Misumi
Darsteller: Tomisaburo Wakayama (Itto Ogami), Akihiro Tomikawa (Daigoro), Yunosuke Ito, Tomoko Mayama, Fumio Watanabe, Shigeru Tsuyuguchi, Kayo Matsu, Minoru Ooki
Drehbuch: Kazuo Koike, nach dem gleichnamigen Comic von Kazuo Koike und Goseki Kojima
Kamera: Chishi Makiura
Musik: Hideaki Sakurai
Schnitt: Toshio Taniguchi
Prod.: Shintaró Katsu, Hisaharu Matsubara für Katsu Prod., Japan 1972; 90 Min.
Vertrieb: Rapid Eye Video; Dezember 1998

Zweiter Teil der Spielfilmserie (siehe »Okami – Das Schwert der Rache«)

Okami – Das Schwert der Rache

654
***

KOZURE OKAMI: KO O KASHI UDE O KASHI TSUKAMATSURU

Video

Regie: Kenji Misumi
Darsteller: Tomisaburo Wakayama (Itto Ogami), Akihiro Tomikawa (Daigoro), Yunosuke Ito, Tomoko Mayama, Fumio Watanabe, Shigeru Tsuyuguchi
Drehbuch: Kazuo Koike, nach dem gleichnamigen Comic von Kazuo Koike, Goseki Kojima
Kamera: Chishi Makiura
Musik: Hideaki Sakurai
Schnitt: Toshio Taniguchi
Prod.: Shintaró Katsu, Hisaharu Matsubara für Katsu Prod., Japan 1972; 90 Min.
Vertrieb: Rapid Eye Video; Dezember 1998

Japan im späten Mittelalter: Der Schwertkämpfer Itto Ogami und sein kleiner Sohn Daigoro ziehen durch die Lande, um jene zu finden, die einst den Rest der Familie auslöschten. Erster Teil einer insgesamt sechsteiligen, zwischen 1972 und 1974 entstandenen Spielfilmserie.

One Tough Cop

655
**

ONE TOUGH COP

Video

Regie: Bruno Barreto
Darsteller: Stephen Baldwin (Bo Dietl), Chris Penn (Duke Finnerty), Gina Gershon (Josephine »Joey« O'Hara), Mike McGlone (Richie La Cassa), Paul Guilfoyle (Frankie Salvano), Amy Irving (FBI Agent Jean Devlin), Victor Slezak (FBI Agent Bruce Payne), Luis Guzman (Gunman Popi)
Drehbuch: Jeremy Iacone, nach dem gleichn. Buch von Bo Dietl
Kamera: Ron Fortunato
Musik: Bruce Broughton
Schnitt: Ray Hubley
Prod.Des.: Perri Gorrara

Prod.: Michael Bregman, Martin Bregman für Patriot Pic., USA 1998; 90 Min.
EA: 24.9.1998 Mill Valley Film Festival
Vertrieb: VMP (Kinowelt) Video; 24.8.1999
FSK: ab 16 J.

Aufrechter Polizist kommt wegen zweier Freunde, einer bei der Mafia, der andere ein versoffener Zocker, in die Klemme. Belangloser Polizeifilm mit mehr als einem Klischee pro Minute.

Der Onkel vom Mars 656

MY FAVORITE MARTIAN **

Regie: Donald Petrie
Darsteller: Christopher Lloyd (Onkel Martin), Jeff Daniels (Tim O'Hara), Elizabeth Hurley (Brace Channing), Daryl Hannah (Lizzie), Wallace Shawn (Coleye), Christine Ebersole (Mrs. Lovelei Brown), Michael Lerner, Ray Walston (Armitan)
Drehbuch: Sherri Stoner, Deanna Oliver, nach der TV-Serie von John L. Greene
Kamera: Thomas Ackerman
Musik: John Debney
Schnitt: Malcolm Campbell
Prod.Des.: Sandy Veneziano
Prod.: Robert Shapiro, Jerry Leider, Mark Toberoff für Walt Disney, USA 1999; 94 Min.
Verleih: Buena Vista/dto./dto./Warner Video; 20.5.1999
FSK: ab 6 J., ffr. – FBW: Wertvoll

Ein TV-Reporter wird Zeuge der Bruchlandung eines Ufos, an dessen Bord sich ein quirliger Marsmensch befindet, der sich in Menschengestalt in sein Haus einschleicht, um dort das beschädigte Gefährt zu reparieren. Während der Reporter zögert, öffentlich über seinen neuen Freund zu berichten, ist den beiden bereits eine böse Forschungstruppe auf der Spur. Der Film basiert auf der Science-Fiction-TV-Serie »My Uncle from Mars« der sechziger Jahre und ist eine plumpe Parodie auf SF-Klassiker. *Zoom, 5/99*

Daryl Hannah und Jeff Daniels

(...) So wechseln sich langbärtige Boulevardkomödiensituationen mit vielen filmischen Taschenspielertricks ab und lassen das Werk in den Modefarben Blödsinn, Unsinn und Schwachsinn changieren. *W. O. P. Kistner, AZ, 20.5.99*

Os Mutantes – Kinder der Nacht 657

OS MUTANTES ****+

Regie: Teresa Villaverde
Darsteller: Ana Moreira (Andreia), Paulo Pereira (Zezito), Alexandre Pinto (Pedro), Teresa Roby (Andreia's Mutter), Helder Tavares (Franklin), Nelson Varela (Ricardo), José Raposo, António Capelo
Drehbuch: Teresa Villaverde
Kamera: Acácio de Almeida
Schnitt: Andrée Davanture
Prod.Des.: Sérgio Costa
Prod.: Jacques Bidou; Karl Baumgartner, Richard Boidin, Gabriela Cerqueira, Georges Goldenstern für Mutante Filmes/JBA/Pandora/FMB/La Sept Cinéma/Arte, Portugal/Frankreich/BRD 1998; 117 Min.
EA: Filmfest Hamburg 1998
Verleih: Pegasos, OmU/-/-; 1.7.1999
FSK: ab 12 J., ffr.

Zwischen Besserungsanstalten und Hafenmauern spielt Teresa Villaverdes dritter Spielfilm, der in einer langen kunstvollen Parallelmonatge von Andreia, Pedro und Ricardo erzählt, portugiesischen Heimkindern, von ihren Eltern abgeschoben, ungeliebt, voller Engergie und Ungeduld, jedoch richtungslos und zum Scheitern verdammt. »Os mutantes« stellt Schockmomente zu Traumbildern, mitleidslose Gewalt neben friedliches Miteinander, Sozial-

realismus zu katholischer Symbolik. Eine atemberaubende visuelle Tour de force, in der Bunuels »Olvidados« auf Larry Clarks »Kids« treffen.
Christoph Terhechte, tip, 14/99

(...) Die distanzlose Anteilnahme des Films erweist sich rasch als Betroffenheitsklausel einer filmenden Weltenrichterin: Die armen Kinder hatten doch nie eine Wahl. Aber der Zuschauer, der die Beweihräucherung der Gleichgültigkeit unter Zuhilfenahme solch vollmundig utopischer Zuweisungen wie der Mutantenschaft ertragen soll, der hat sie. Wer einen Film sehen möchte, der über wahrhaft befremdliche Lebensbedingungen und die Auswege, die Menschen zwischen Bombay und Moskau daraus suchen, eine ehrliche, von den Anmaßungen des Mitleids ungetrübte Auskunft gibt, dem sei an dieser Stelle Michael Glawoggers Dokumentarfilm »Megacities« empfohlen. *Heike Kühn, FR, 3.7.1999*

(...) So ist »Os Mutantes« ein ruhiger Film geworden, trotz der Drastik seines Sujets. Aber er erreicht ganz ohne rasante Schnitte oder reißerische Bilder eine beispiellose Eindringlichkeit.
Dorothee Schöpfer, Stgt. Zeitung, 22.7.1999

Oskar und Leni

658
***

Regie: Petra Katharina Wagner
Darsteller: Christian Redl (Oskar), Anna Thalbach (Leni), Elisabeth Trissenaar (Ella Grothe), Reiner Heise (Heinz), Nadja Engel (Tanja, Lenis Kollegin), Günter Junghans (Fritz Grothe), Wookie Mayer (Maria
Drehbuch: Petra Katharina Wagner
Kamera: Peter Polsak
Musik: Simon Jeffes
Schnitt: Erik Stappenbeck
Prod.Des.: Karin Bierbaum
Prod.: Erik Stappenbeck, Jörg Wagner für Indigo mit ZDF, BRD 1998; 90 Min.
EA: Int. Filmfestspiele Berlin 1999, »Neue deutsche Filme«
Verleih: Basis/-/-; 6.5.1999

Leni hat Oskar in der U-Bahn getroffen. Er hat sie geküßt und ist gleich wieder ausgestiegen. Fortan sucht sie den Unbekannten in ganz Berlin. Eine Liebesgeschichte, die den Anfang verpaßt hat, den es nun in den scheinbar sinnlosen Irrwegen, Zufällen und Blindheiten des Großstadtgetümmels wiederzufinden gilt. Ein Film, der ein bißchen zu verliebt in seine abstrakte Idee ist und seine Figuren durch Sprache und Stilisierung letztlich in der Konstruktion gefangenhält.
Iris Depping, tip, 11/99

(...) Der gewaltige Kunstanspruch der Regisseurin bleibt unerfüllt. Zuviel gewollt, wenig erreicht.
Angie Dullinger, AZ, 2./3.6.99

Otomo

659
****

Regie: Frieder Schlaich
Darsteller: Isaach de Bankolé (Otomo), Eva Mattes (Gisela), Hanno Friedrich (Heinz), Barnaby Metschurat (Rolf), Lara Kugler (Simone), Sigrid Burkholder (Anna)
Drehbuch: Klaus Pohl, Frieder Schlaich
Kamera: Volker Tittel
Musik: Freundeskreis
Schnitt: Magdolna Rokob
Prod.Des.: Anne Schlaich
Prod.: Irene von Alberti, Thomas Lechner für Filmgalerie 451/ZDF, BRD 1999; 85 Min.
UA: Int. Hofer Filmtage 1999
Verleih: MFA/-/-; 11.11.1999
FBW: Wertvoll

Basierend auf einer wahren Begebenheit aus dem Jahre 1989 greift Frieder Schlaich in seinem zweiten Spielfilm die Geschichte des Asylbewerbers Frederic Otomo aus Kamerun auf. Die Geschichte der am Ende einer Kette unglücklicher Zufälle stehenden Verzweiflungstat bewegte vor zehn Jahren vor allem Stuttgart, wo der Fall Otomo drei Todesopfer forderte.
Steffen Heinke, Filmecho-Filmwoche, 44/99

(...) Und dann hockt Otomo im Niemandsland, irgendwo am Wasser, und ein Mädchen steht plötzlich neben ihm und drückt ihm eine Blume in die Hand. Die Szene ist ein Zitat aus »Frankenstein«, in dem es einem Kind fast gelingt, das Monster aus seiner autisti-

schen Fremdheit zu lösen. Aber aus seinem Genre herausgenommen und in Otomos Leben hineingestellt, wirkt dieses Zitat merkwürdig verrutscht und falsch. Genauso wie die Szenen mit der noch jungen Großmutter des Mädchens (Eva Mattes), die sich von diesem schwarzen Mann nicht bedroht fühlt, die ihn nach dem Namen fragt, ihn einlädt und ihm im Wohnzimmer afrikanische Tänze vorführt.
Man weiß schon, was diese für den Film zentralen Stellen sagen wollen. Man weiß es nur zu gut. Ob die Filmemacher das nun wollten oder nicht: Hier soll etwas erklärt, hier soll etwas geklärt werden. Aber damit wird die verstörende Distanz zu Otomo aufgegeben. Man könnte auch sagen: Der Film tritt Otomo zu nahe.
Und mit seiner Erklärung liefert er, wohl unabsichtlich, auch eine Einordnung und damit auch eine Beruhigung. Die Tat auf der Gaisburger Brücke – die Enge, die Hektik, das Umstelltsein – zeigt Schlaich in beklemmend intensiven Szenen. Und nach dieser Tat hält der Film den Atem an, die Kamera schaut von ganz oben herab, kein Ton ist mehr zu hören. Das sind große Szenen. Aber es sind zu wenige. Und sie kommen zu spät. *Rupert Koppold, Stgt. Zeitung, 6.11.1999*

Der Ötztal-Mann und seine Welt

660
***

Regie: Kurt Mündl
Darsteller: Arthur Bürger, Klaus Christian Michar, Martin Hirzi, Horst Manarin, Helmut S. Müller, Barbara Sommer
Drehbuch: Kurt Mündl
Kamera: Kurt Mündl, Franz Cee
Musik: Erich Buchebner, Chris Scheidl
Schnitt: Kurt Mündl, Franz Cee
Prod.: Kurt Mündl für Power Of Earth, Österreich 1999; 95 Min.
Verleih: Movienet/Constantin/-; November 1999 (AU), 4.2.2000

Die 1991 gefundene, über fünftausend Jahre alte Eismumie aus den Ötztaler Alpen ist sozusagen die Identifikationsfigur dieses fast dokumentarisch anmutenden Spielfilms über eine Gruppe von Jägern, Sammlern und (in bescheidenem Ausmaß) Ackerbauern aus der Jungsteinzeit. Sachlich, nüchtern und akribisch genau bis in die Details wird das beschwerliche Alltags- und Sozialleben dieser Menschen nachempfunden – ein Stück anschaulichen, lebendigen, trotz der begrenzten wissenschaftlichen Erkenntnisse aus dieser Epoche auch glaubhaften Geschichtsunterrichts.
Dank der kraftvollen, schönen Bildsprache bietet der Streifen auch ein eindringliches Erlebnis von Naturverbundenheit und des Ausgeliefertseins an zuweilen übermächtige Naturgewalten.
Multimedia

The Outfit

661
THE OUTFIT
**
Video

Regie: John Christian Ingvordsen
Darsteller: Lance Henriksen (Dutch Schultz), Martin Kove (Agent Baker), Billy Drago (Lucky Luciano), Rick Washburn (Red), Josh Mosby (Legs Diamond), John Christian (Bone Conn), Allen Gilmore (Washburn), Julie Lynch (Kiki)
Drehbuch: J. Christian Ingvordsen, Steven Kaman, Whitney Ransick
Kamera: Steven Kaman
Musik: Gary Topper
Schnitt: Steven Kaman
Prod.Des.: Therese DePrez
Prod.: J. Christian Ingvordsen, Steven Kaman für Sultan Films, USA 1993; 110 Min.
Vertrieb: Astro Video; Juli 1999

Kleine FBI-Spezialeinheit leistet zu Zeiten der Prohibition als einzige dem Verbrechen Widerstand. Formelhafter Gangster-Krimi mit hoher Leichenzahl und geringer Spannung.

Outside Ozona

662
OUTSIDE OZONA
***
Video

Regie: J.S.Cardone
Darsteller: Robert Forster (Odell Parks), Kevin Pollak (Wit Roy), Sherilyn Fenn (Marcy Duggan), David Paymer (Alan Defaux), Penelope Ann Miller (Earlene Demers), Swoosie Kurtz (Rosalee), Taj Mahal (Dix Mayal), Meat Loaf (Floyd Bibbs)
Drehbuch: J.S.Cardone
Kamera: Irek Hartowicz
Musik: Taj Mahal, Jonny Lee Schell

Schnitt: Amanda I. Kirpaul
Prod.Des.: Martina Buckley
Prod.: Carol Kottenbrook, Scott Einbeinder für Sandstorm, USA 1998; 100 Min.
Vertrieb: Columbia TriStar Video; 21.12.1999
FSK: ab 16 J.

Eine Handvoll Menschen macht sich aus unterschiedlichsten Motiven auf den Weg nach Ozona – unter anderem auch ein Frauenmörder. Leidlich origineller, mit vielen Besetzungsknüllern, Gags und Wendungen aufwartender Thriller.

Over the Rainbow 663
**

Regie: Jan Peter
Darsteller: Pascal Ulli (Ray), Mareike Fell (Astrud), Mina Tander (Marie), Dirk Felsenheimer, Annett Renneberg (Iris), Bela B. Felsenheimer (Spin)
Drehbuch: Yury Winterberg, Jan Peter
Kamera: Sönke Hansen
Musik: Jean-Marie Gilles, Nikolai Tomás
Schnitt: Michael Radeck
Prod.Des.: Peter Weber
Prod.: Simone Baumann, Jan Peter, Yuri Winterberg für L.E. Vision/Zolcer TV/Euroline/MDR, BRD 1998; 90 Min.
Verleih: Arsenal/-/-; 16.9.1999
FSK: ab 12 J., ffr

Die Geschichte dreier 15jähriger Mädchen, die anlässslich einer Wette einen vermeintlich wilden Rockstar in seinem Haus belagern, soll das Lebensgefühl der jungen Generation wiederspiegeln, kommt aber in etwa so authentisch daher, als sei sie von Herbert »Derrick« Reinecker verfasst. Und für den beabsichtigten Psychothriller mit vornehmlicher Konzentration auf einen einzigen Schauplatz hätte man – neben einem besseren Durchbruch – anstelle der üblichen Serien-Dutzendgesichter wohl auch Schauspieler eines anderen Kalibers benötigt. *tip, 20/99*

(...) Und sobald hier jemand Radio oder Fernseher einschaltet, ist just dann vom umherschleichenden Frauenmörder die Rede: solche Aufmerksamkeitslenkung mit dem Zaunpfahl zählt hier schon zu den subtileren Momenten. Dabei zeigen Mareike Fell, Anett Renneberg und Mina Tander als Fangirls wenigstens jene neuen Gesichter, die das deutsche Kino so verzweifelt sucht. Es verbraucht sie dann dummerweise immer mit Filmförderungsschotter wie »Over The Rainbow«.
Thomas Klingenmaier, Stgt. Zeitung, 16.9.99

(...) Leider – und daran kann das hübsche Trio nichts ändern – läuft das Ganze zum Ende aus dem Ruder. Vom Teenager-Film über einen Psychothriller bis zum Horrorstück mit klassisch knarrenden Türen – da verzetteln sich die Macher und tischen dem Betrachter zu viel auf. Weniger wäre mehr gewesen. *Albert Baer, Rheinische Post, 17.9.99*

Oxygen 664
OXYGEN
***
Video

Regie: Richard Shepard
Darsteller: Maura Tierney (Madeline Foster), Adrien Brody (Harry), James Naughton (Clark Hannon), Terry Kinney (Tim), Laila Robins (Frances), Dylan Baker (Jackson Lantham)
Drehbuch: Richard Shephard
Kamera: Sarah Cawley
Musik: Rolfe Kent
Schnitt: Adam Lichtenstein
Prod.Des.: Rowena Rowlings
Prod.: Jonathan Stern, Richard Shephard, Carole Curb Nemoy, Mike Curb für Abadob/Paddy Wagon Prod., USA 1999; 90 Min.
Vertrieb: Ascot Video; Mai 1999
FSK: ab 16 J.

Gefaßter Entführer gibt den Ort, an dem er sein Opfer lebendig begraben hat, nicht preis, weil er in die Kriminalgeschichte eingehen will. Eine engagierte Polizistin müht sich, ihn weichzukochen ... Vergleichsweise zurückhaltend in Szene gesetzter Krimi mit Ansätzen von Psychologie.

P

Palmer's Pick-up – Ein abgefahrener Trip 665

PALMER'S PICK-UP: AN AMERICAN ROADSHOW ODYSSEY ☐ TV

Regie: Christoper Coppola
Darsteller: Robert Carradine (Bruce Palmer), Richard Hillman (Pearl), Patrick Kilpatrick (Bo), Rosanna Arquette (Dawn), Morton Downey jr. (Dick Cash), Charles Fleischer (Sarah), Alice Ghostley (Eleanor), Grace Jones
Drehbuch: Nick Johnson, Christopher Coppola
Kamera: Mark Kohl
Musik: Jim Fox
Schnitt: Nick Johnson
Prod.Des.: Paul Greenstein
Prod.: Alain Silver; Gary Smith (Co-Prod.) für Plaster City/Winchester Films, USA 1998; 109 Min.
EA: 20.2.1999, Int. Filmfestspiele Berlin, »Panorama«
TV: 29.12.1999, Vox, 0.10

Zwei Männer werden angeheuert, jemandem eine Kiste zu übergeben. Als sich auch noch andere dafür interessieren, beginnt ein Rennen gegen die Zeit.

Patch Adams 666

PATCH ADAMS ***

Regie: Tom Shadyac
Darsteller: Robin Williams (Patch Adams), Daniel London (Truman), Monica Potter (Carin), Philip Seymour Hoffman (Mitch), Bob Gunton (Dean Walcott), Imma P. Hall (Joletta), Harvey Presnell (Dean Anderson), Josef Sommer (Dr. Eaton)
Drehbuch: Steve Oedekerk, nach dem Buch »Gesundheit: Good Health Is a Laughing Matter« von Hunter Doherty Adams und Maureen Mylander
Kamera: Phedon Papamichael
Musik: Marc Shaiman
Schnitt: Don Zimmerman
Prod.Des.: Linda DeScenna
Prod.: Mike Farrel, Barry Kemp, Marvin Minoff, Charles Newirt; Steve Oedekerk, Devorah Moos-Hankin (Co-Prod.) für Blue Wolf/Farrell-Minow/Bungalow 78, USA 1998; 115 Min.
UA: 25.12.1998
Verleih: UIP/UIP/UIP; Universal Video; 25.3.1999
FSK: ab 6 J., ffr. – FBW: Wertvoll

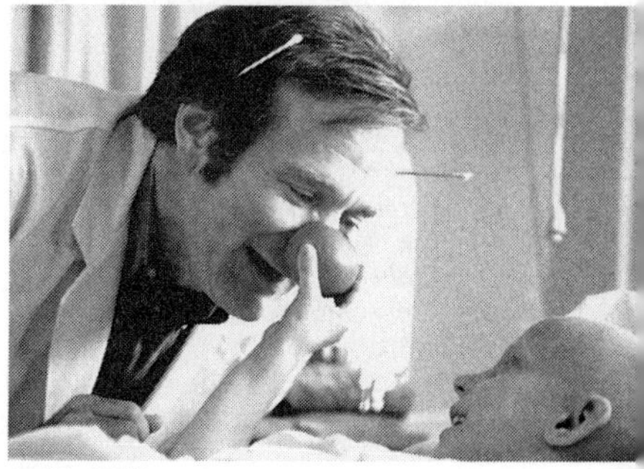

Robin Williams

Lachen ist die beste Medizin, lautet das Motto des Medizinstudenten Adams, der Kommilitonen und Professoren mit unkonventionellen Behandlungsmethoden schockt. Er ist überzeugt, daß menschliche Zuwendung für Patienten ebenso wichtig ist wie Medikamente. Die Tragikomödie mit Robin Williams basiert auf der Biographie des wahren Dr. Adams, der heute noch in seinem »Gesundheitsinstitut« praktiziert.
Ralph Umard, tip, 7/99

(...) Eine wahre Geschichte, verfilmt zu einer manchmal allzu rührseligen Hollywood-Komödie mit fulminantem Happy-End, das für vergossene Tränen belohnt. *Zoom, 4/99*

(...) Ein erzählerisch und formal triviales, ganz auf den Hauptdarsteller Robin Williams zugeschnittenes Mainstreamrührstück, das auf penetrante Weise Witzigkeit und Weltverbesserung zu verbinden versucht. *Multimedia*

Patlabor 2 – The Movie 667

KIDO KEISATSU PATOREBA ***

Regie: Mamoru Oshii
Drehbuch: Kazunori Itoh
Kamera: Katzuhiko Ito
Musik: Kenji Kawai
Schnitt: Shuichi Kakesu
Prod.: Shin Unozawa, Tsuyoshi Hamawatari, Mitsuhisa Ishikawa für Bandai/Tokokushinsha

Film, Japan 1993; 109 Min.
Verleih: REM/-/-; Ascot Video; März 1997 (Video), 15.7.1999
FSK: ab 12 J.

Patlabors sind riesige von Menschen gesteuerte Roboter. Eine ganze Truppe dieser gewaltigen Erscheinungen soll Tokio vor dem Untergang retten, nachdem die japanische Hauptstadt bereits mehrfach von schrecklichen Terrorakten heimgesucht wurde. Ein detailreicher, vertrackter Science-Fiction-Thriller, der durch düstere Opulenz und seine fantastische Animationstechnik besticht. *Film, 1/2000*

The Patriot 668

THE PATRIOT **

Video

Regie: Dean Semler
Darsteller: Steven Seagal (Wesley McClaren), Gailard Sartain (Floyd Chisolm), L.Q. Jones (Frank), Silas Weir Mitchell (Pogue), Camilla Belle (Holly), Dan Beene (Richard Bach), Damon Callazo (Lieutenant Johnson), Whitney Yellow Robe (Ann)
Drehbuch: William Heine, nach seinem Buch »The Last Canadian«
Kamera: Stephen F. Window
Musik: Stephen Edwards
Schnitt: Derek Brechin
Prod.Des.: Eve Canly Turner
Prod.: Julius R. Nasso, Steven Seagal, Howard Baldwin, Victor Hulang für Interlight/Baldwin/Cohen Prod., USA 1998; 86 Min.
Vertrieb: Ascot Video; 26.2.1999
FSK: ab 16 J.

Privatmiliz erbeutet biologischen Kampfstoff und richtet damit mittlere Katastrophe an. Mit plumper Öko-Message ausgestatteter Politkrimi, der ob der fehlenden Brutalität die Steven-Seagal-Fangemeinde in Depressionen stürzen dürfte.

Pauls Reise 669

***

Regie: René Heisig
Darsteller: Peter Lohmeyer (Michael), Niccolo Casagrande (Paul), Annett Kruschke (Barbara), Jan Gregor Kremp (Charly), Nathalie Cellier (Charlotte)
Drehbuch: René Heisig
Kamera: Fritz Seemann
Musik: Fury in the Slaughterhouse
Schnitt: Melanie Werwie
Prod.Des.: Josef Sanktjohanser
Prod.: Alena Rimbach, Herbert Rimbach für Avista Film, BRD 1998; 88 Min.
UA: Filmfest München 1998
Verleih: Silver Cine/-/-; 14.1.1999
FSK: ab 6 J., ffr. – FBW: Wertvoll

Konventionelle Vater-Sohn-Läuterungsgeschichte aus der auf Kleinstfamilienteilung geschrumpfte Scheidungsgesellschaft: Der vom Leukämie-Rückfall bedrohte Paul versteckt sich im Laster des Lernfahrer-Vaters, um an dessen Fahrt nach Spanien teilzunehmen. Daß Eltern oft keine Ahnung haben von den eigenen Kindern, wird von Peter Lohmeyer als Scheidungsvater in einer rauhen Psychostudie zum Lernprozeß gemacht: Tribut an Kindersehnsucht und -phantasie. Regisseur René Heisig, studierter Mediziner, drosselte zum Glück gängige Genre-Sentimentalität. *Ponkie, AZ, 30.6.98*

Payback 670

PAYBACK ***

Regie: Brian Helgeland
Darsteller: Mel Gibson (Porter), Gregg Henry (Val Resnick), Maria Bello (Rosie), David Paymer (Stegman), Bill Duke (Detective Hicks), William Devane (Carter), Deborah Kara Unger (Lynn), Lucy Liu (Pearl)
Drehbuch: Brian Helgeland, Terry Hayes, nach dem Roman »The Hunter« von Richard Stark
Kamera: Ericson Core
Musik: Chris Boardman
Schnitt: Kevin Stitt
Prod.Des.: Richard Hoover
Prod.: Bruce Davey für Icon, USA 1998; 101 Min.
Verleih: Warner Bros./dto./dto./Warner Home Video; 11.3.1999
FSK: ab 16 J., ffr.

Mel Gibson als gnadenloser Rächer kämpft im Alleingang gegen ein Gangstersyndikat. Die inkohärente Handlung ist zu absurd, die nur grob skizzierten Kunstfiguren sind zu komisch für einen Thriller und für eine Actionkomödie nicht witzig genug. So hinterläßt das zynische Machwerk trotz einiger spekulativer Kampfszenen und

Mel Gibson

eines guten Soundtracks (mit Musikern wie Jimi Hendrix) einen schalen Eindruck. *Ralph Umard, tip, 6/99*

(...) Formal brillanter, atmosphärischer Thriller nach einem Roman von Donald E. Westerlake alias Richard Stark (1967 von John Boorman unter dem Titel »Point Black« erstmals verfilmt), der zwar beste Unterhaltung bietet, aber penetrant auf das Good-guy-Image von Superstar Mel Gibson zugeschnitten ist und die Schärfe des Originals nicht erreicht. *Zoom, 4/99*

Der Peitschenmeister 671
***

Regie: Daniel Nocke
Drehbuch: Daniel Nocke
Kamera: David Schultz
Musik: Stephan Brüggenthies
Prod.: Sylvia Sabiwalsky für Filmakademie Baden-Württemberg, BRD 1997; 60 Min.
UA: Max Ophüls Preis, Saarbrücken 1998
Verleih: Eigenverleih/-/-; August 1999

»Der Peitschenmeister« diskutiert gerne über Modelle und Spannungshärten seiner Arbeitsgeräte und kann Pfusch nicht ausstehen. Als sich der Technokrat jedoch verliebt, wird er seinen Prinzipien untreu und ist schließlich der Dummme. Regisseur Daniel Nocke gelingt mit seinem an der Filmakademie entstandenen Animationsfilm eine böse Satire auf die Beamtenmentalität: Die exquisit ausgeleuchteten Knetfiguren reden in absurden Klischees, und die Revolution, die den absoluten Fürsten hinwegfegt, besitzt die gleiche Moral wie Sartres »Im Räderwerk«: Hinterher ist alles genau wie vorher. *tip, 16/99*

Pelham Bay Park 672
TAKING OF PELHAM ONE TWO THREE ***+
Video

Regie: Félix Enriquez Alcala
Darsteller: Edward James Olmos (Det. Anthony Piscotti), Vincent D'Onofrio (Mr. Blue), Donnie Wahlberg (Mr. Grey), Richard Schiff (Mr. Green), Lisa Vidal (Babs Cardoza), Tara Rosling (Mr. Brown), Lorraine Bracco (Det. Ray), Kenneth Welsh
Drehbuch: April Smith, nach einem Romam von John Godey und dem Drehbuch von Peter Stone
Kamera: Félix Enríquez Alcala
Musik: Stewart Copeland
Schnitt: Robert A. Ferretti
Prod.Des.: Gary Constable
Prod.: Karen Moore für Trilogy/MGM TV, USA 1998; 86 Min.
Vertrieb: Warner (MGM/UA) Video; April 1999
FSK: ab 16 J.

Ambitioniertes US-TV-Remake des Kinoklassikers »Stoppt die Todesfahrt der U-Bahn 123« von 1974: Vier Männer bringen eine U-Bahn in ihre Gewalt, nehmen Geiseln und fordern fünf Millionen Dollar Lösegeld. Wer die Vorlage nicht kennt, könnte sich gut unterhalten ...

Eine perfekte Liebe 673
PARFAIT AMOUR! ***
TV

Regie: Catherine Breillat
Darsteller: Isabelle Renauld (Frédérique), Francis Renaud (Christophe), Laura Saglio, Alain Soral, Delphine de Malerbe, Coralie Gengenbach, Marie Lebée, Alice Mitterand
Drehbuch: Catherine Breillat
Kamera: Laurent Dailland
Schnitt: Agnès Guillemot, Katia Chelli
Prod.: Georges Benayoun für Dacia Films, Frankreich 1996; 113 Min.
EA: Filmfest Hamburg 1996
TV: 29.11.1999, Arte, 22.35

Von der Endstation Sehnsucht in den Abgrund. Das erschütternde und authentische Porträt einer verhängnisvollen Liebesaffäre zwischen einem 28jährigen Mann und einer fast 10 Jahre älteren Frau hat ein reales Verbrechen als Vorlage. (...)

Dorothee Tackmann, Katalog Filmfest Hamburg

Ein perfekter Ehemann 674

AN IDEAL HUSBAND ****+

Regie: Oliver Parker
Darsteller: Rupert Everett (Lord Arthur Goring), Julianne Moore (Mrs. Laura Cheveley), Jeremy Northam (Sir Robert Chiltern), Cate Blanchett (Lady Gertrud Chiltern), Minnie Driver (Mabel Chiltern), John Wood (Earl of Caversham), Jeroen Krabbé (Baron Arnheim), Lindsay Duncan (Lady Markby)
Drehbuch: Oliver Parker, nach dem Stück von Oscar Wilde
Kamera: David Johnson
Musik: Charlie Mole
Schnitt: Guy Bensley
Prod.Des.: Michael Howells
Prod.: Barnaby Thompson, Uri Fruchtmann, Bruce Davey für Arts Council of England/ Fragile Film mit Icon Prod./Pathe/Miramax, Le Studio, Canal Plus, GB/USA 1999; 98 Min.
UA: 20.4.1999, Int. Filmfestspiele Cannes
Verleih: Kinowelt/dto./Universal; 18.11.1999
FSK: o. A., ffr.

Alle wollen ihn, nur er will nicht. Der reiche Schönling Arthur pflegt stattdessen lieber die Liebe zu sich selbst – und das recht ausgiebig. Doch sein Vater mag diesen extravaganten Lebensstil nicht länger dulden: Arthur soll schnellstmöglich unter die Haube. Regisseur und Drehbuchautor Oliver Parker hat Oscar Wildes Klassiker um politische Korruption und amouröse Intrigen clever für die Leinwand adaptiert und ein wunderbarer Rupert Everett glänzt in der Rolle des unwiderstehlichen Dandys. *Film, 12/99*

(...) Der Film lohnt sich nicht nur als filmischer Augenschmaus in Sachen »Schöner Wohnen« vor 1900. Wenn sich am Ende die Paare gefunden und wieder versöhnt haben, hat nicht nur Held Arthur auf das Amüsanteste eine

Rupert Everett und Cate Blanchett

Menge über Leben und Liebe gelernt. Denn die Gesellschaftsregeln am Ende des 19. Jahrhunderts ähnelten in ihren strengen Regeln einem Schachspiel, das beherrscht sein wollte; an den Regeln des Herzens aber hat sich bis heute wenig geändert.

Sabine Rutkowski, Zitty, 26/99

(...) Oscar Wilde ist ein Moderner, er hat sich der alten Bühnenformen bedient in der Ahnung, dass erst im Zeitalter der Kinematographie seine geschichten ihre wahre Auferstehung erleben werden. Wie Oliver Parker seine Dialoge inszeniert, das hat mehr mit Bunuel oder Bresson zu tun – sie kommen so knallhart wie dessen Noten zu Kinematographen. (...)

Fritz Göttler, SZ, 24.12.1999

(...) Am Ende nach kurzweiligen eineinhalb Stunden erkennt der Zuschauer, dass es im viktorianischen England nicht viel besser stand, als heute.

Heiko R. Blum, Rheinische Post, 24.12.99

Pfadfinder

675
□
TV

Regie: Georg Maas
Darsteller: Norbert Horschmann, Gunnar Schillings, Victoria Rhoades, Ursula Schillings, Caroline Horschmann-Peo, Gisela Rauber, Bernie Peo, Michelle Downey
Drehbuch: Georg Maas, Thomas von Benningsen
Kamera: Matl Findel, Georg Maas, Thomas von Benningsen
Prod.: Dieter Zeppenfeld für Zinnober Filmprod., BRD 1998;
100 Min.
TV: 4.1.1999, ZDF, 0.00, »Das kleine Fernsehspiel«

Der Film stellt zwei Freunde vor: Norbert, der einen weltweiten Schmuckhandel betreibt, und Gunnar, der in Südafrika eine Mineralwasserquelle besitzt und außerdem Musik macht. (...) Sie sind beide im Deutschland der späten Hippie-Zeit aufgewachsen, und ihre Lebensentwürfe sind von diesen Einflüssen deutlich geprägt worden. (...) *ZDF-Journal*

Phantasm IV

676
PHANTASMU OBLIVION
*
Video

Regie: Don Coscarelli
Darsteller: Reggie Bannister (Reggie), Michael Baldwin (Mike), Bill Thornbury (Jody), Heidi Leigh (Jennifer), Bob Ivy (Trooper), Angus Scrimm
Drehbuch: Don Coscarelli
Kamera: Chris Chomyn
Musik: Reggie Bannister, Steve Morrell, Fred Myrow, Malcolm Seagrave, Christopher L. Stone
Schnitt: Scott J. Gill
Prod.Des.: Naython Williams
Prod.: Don Coscarelli; Michael Baldwin (Co-Prod.) für Starway Int., USA 1998;
85 Min.
UA: Fantasy Filmfest 1998
Vertrieb: Highlight Video;
Juli 1999
FSK: ab 16 J.

Mike und Reggie auf der Suche nach »Tall Man«, dem Totengräber an der Schwelle zum Reich der Toten. Ein von schier grenzenloser Dummheit gekennzeichneter Zombie-Mischmasch mit allerlei wirren Sprüngen und schrillbunten Apercus.

Das Phantom der Oper

677
IL FANTASMA DELL'OPERA
***

Regie: Dario Argento
Darsteller: Julian Sands (Phantom), Asia Argento (Christine), Andrea Di Stefano (Raol De Chagny), Coralina Cataldi-Tassoni (Honorine), Nadia Rinaldi (Carlotta), Istvan Bubick (Ignace), Zoltan Barabas (Poligny), Lucia Guzzardi (Madame Giri)
Drehbuch: Dario Argento, Gerard Brach, nach dem gleichnamigen Roman von Gaston Leroux
Kamera: Ronnie Taylor
Musik: Ennio Morricone
Schnitt: Anna Napoli
Prod.Des.: Antonello Geleng, Csaba Stork
Prod.: Giuseppe Colombo, Aron Sipos für Medusa/Focus/Rete Italia, Italien/Ungarn 1998; 102 Min.
Verleih: Movienet/polyfilm/-; Columbia TriStar Video; 25.2.1999
FSK: ab 18 J., ffr.

Paris 1877. Im Opernhaus geschehen grausige Dinge. Die junge Sopranistin begegnet schließlich dem Phantom, das in den unterirdischen Katakomben haust, seit es als Kind ausgesetzt und von Ratten aufgezogen wurde. Sie ist von ihm gleichzeitig fasziniert und abgestoßen, während er sich zu ihrem mordenden Mentor aufschwingt. Düster, elegisch und für seine Maßstäbe mit erstaunlich wenig Gore hat Dario Argento den Roman von Gaston Leroux adaptiert und Julian Sands dabei als ein Monster ohne Maske, aber dafür mit tiefschwarzer Seele inszeniert.
Annette Kilzer, tip, 5/99

Was haben Sie gegenüber der Vorlage verändert und warum?

Nur ein paar Dinge. Vor allem wollte ich unbedingt die Maske weglassen, hinter der das Phantom sein Gesicht versteckt. Heutzutage gibt es Special effects, mit denen man alles machen kann. Aber an dieses Alles-machen-Können haben wir uns zu sehr gewöhnt. Ich wollte, daß der Schrecken, den das Phantom verbreitet, aus dessen Innerem kommt. Es hat eine verunstaltete Seele, kein verunstaltetes Gesicht.
Dario Argento im Interview mit Hans-Joachim Naumann, Zitty, 5/99

Pi 678

PI ***

Regie: Darren Aronofsky
Darsteller: Sean Gullette (Maximilian Cohen), Mark Margolis (Sol Robeson), Ben Shenkman (Lenny Meyer), Pamela Hart (Marcy Dawson), Stephen Pearlman (Rabbi Cohen), Samia Shoaib (Devi), Ajay Naidu, Kritsyn Mae-Anne Lao
Drehbuch: Darren Aronofsky
Kamera: Matthew Libatique
Musik: Clint Mansell
Schnitt: Oren Sarch
Prod.Des.: Matthew Marraffi
Prod.: Eric Watson für HarvestFilm Works/Trouth&Soul/Plantain, USA 1997; 85 Min.
Verleih: Arsenal/polyfilm/-; Kinowelt Video; 8.4.1999
FSK: ab 12 J., ffr.

Das in kontrastreichem, grobkörnigem Schwarzweiß gehaltene Regiedebüt des New Yorkers Aronofsky schildert den Leidensweg eines genialischen Mathematikers, der der Weltformel auf der Spur zu sein glaubt und dabei in die Fänge kabbalistischer Mystiker und skrupelloser Börsenspekulanten gerät. Beeindruckend ist die filmische Umsetzung der Entfremdung und ein Erlebnis vor allem die akustische Komponente des Films. Mit Geräuschen und synthetischer Musik bringt er den betäubenden Kopfschmerz des Getriebenen, die Euphorie und die Angst zum Ausdruck.
Christoph Terhechte, tip, 8/99

(...) Der Trip ins Innere eines verlorenen Individuums, das mit der Außenwelt nichts mehr zu tun haben will, jeden Menschen als Mischung aus Spion und Alien betrachtet, erfordert zunächst Überwindung und Geduld. Auch am Ende ist man nicht viel klüger als zuvor. Durchhalten heißt es. Denn nach der ersten quälenden halben Stunde entwickelt »Pi« eine eigenartige Faszination – nicht nur für Anhänger der Chaostheorie und Liebhaber experimenteller Spielereien.
Margret Köhler, AZ, 8.4.99

(...) Mit einem Minibudget von 60 000 Dollar finanzierte Aronofsky seinen Film. Er gab 100 Dollaranteilscheine aus und versprach den Investoren 150 Dollar pro Anteil bei Erfolg des Films. Alle Filmcrewmitglieder erhielten das gleiche Honorar, kleinere Rollen wurden mit Familienmitgliedern und Freunden besetzt. Auf dieser Low-Low-Budget-Basis gelang Aronofsky ein formal faszinierender Film, der es auf fast magische Weise schafft, den Zuschauer sukzessive in die Gedankenwelt des Protagonisten zu ziehen. (...)
Margret Köhler, Blickpunkt Film, 9/99

Place Vendôme 679

PLACE VENDOME ***

Regie: Nicole Garcia
Darsteller: Cathérine Deneuve (Marianne), Jean-Pierre Bacri (Jean-Pierre), Emmanuelle Seigner (Nathalie), Jacques Dutronc (Battistelli), Bernard Fresson (Vincent Malivert), François Berleand (Eric Malivert), Phlippe Clevenot (Kleiser), Lászlo Szabo (Charlie Rosen)
Drehbuch: Nicole Garcia, Jacques Fieschi
Kamera: Laurent Dailland
Musik: Richard Robbins
Schnitt: Luc Barnier, Françoise Bonnot
Prod.: Alain Sarde für Les Film Alain Sarde/TF1 Films/Les Films de l'Etang/Alhena/Angel's/Canal Plus mit CNC/Studio Images 3, Frankreich 1998; 117 Min.
UA: 1.9.1998, Int. Film Festival, Venedig
Verleih: Advanced/filmladen/Alhéna/BMG (Advanced) Video; 6.5.1999
FSK: ab 12 J., ffr.
FBW: Besonders wertvoll

Ein nobler Pariser Juwelier, von ehemaligen Geschäftspartnern des Handels mit gestohlenen Diamanten bezichtigt, wird in einen Strudel von Intrigen und Verrat gerissen und bringt sich um. Seine Witwe weigert sich, das Geschäft zu verkaufen, läßt sich vielmehr auf ein riskantes Geschäft ein und gerät in einen Krieg zwischen französischen Diamantenhändlern und einem russischen Syndikat. In dieser undurchsichtigen Geschichte voller Klischees beeindruckt lediglich Catherine Deneuve als souveräne Schauspielerin der Spitzenklasse. *Zoom, 5/99*

Cathérine Deneuve in ›Place Vendôme‹

Plätze in Städten 680

**

Regie: Angela Schanelec
Darsteller: Sophie Aigner (Mimmi), Friederike Kammer (Mimmis Mutter), Kartie Eckerfeld (Mimmis Freundin), Martin Jackowski (Christoph), Jerome Robart (Nicolas), Sebastian Charles (Marc), Vincent Brancher (Yves), Marie-Lou Sellem (Irene)
Drehbuch: Angela Schanelec
Kamera: Reinhold Vorschneider
Schnitt: Angela Schanelec, Bettina Böhler
Prod.: Florian Körner, Michael Weber, Angela Schanelec für Schramm Film mit ZDF, BRD 1997;
115 Min.
UA: 22.5.1998, Int. Filmfestival Cannes
Verleih: fsk/-/-; 3.6.1999

Mimmi ist 18 und steht kurz vor dem Abitur. Schule, Musikhören, ein Verehrer, eine Affäre, die Klassenfahrt – Mimmi weiß noch nicht, wohin sich ihr Leben bewegt, und auch ihre Regisseurin gibt nicht vor, es zu wissen. Angela Schanelec schaut Mimmi beim Radfahren zu, beim Schlafen, beim Essen. Manchmal geht Mimmi im Halbdunkel einfach ihren Gedanken nach. Das alles filmt Schanelec in einem Rhythmus, der sich der Wahrnehmung ihrer Hauptfigur annähert. Und sie nimmt sich die Freiheit, weiterzuschauen, in Einstellungen, die da anfangen, wo so etwas wie Handlung längst aufgehört hat. Knappe zwei Stunden lang hat man das Glück, völlig unvoreingenommen einer fremden Existenzbahn zu folgen.

Katja Nicodemus, tip, 12/99

(...) Das ist die Schwäche des Films, daß sein ästhetisches Konzept zu bald durchschaubar wird und die wiederkehrenden Kompositionen von Fremdheit und Unbehaustheit zu wenig bieten. (...) *Michael Althen, SZ, 25.5.98*

The Players Club 681

THE PLAYERS CLUB **

Video

Regie: Ice Cube
Darsteller: Lisa Raye (Diana Armstrong/Diamond), Bernie Mac (Dollar Bill), Monica Calhoun (Ebony), A.J. Johnson (Li'l Man), Ice Cube (Reggie), Alex Thomas (Clyde), Jamie Foxx (Blue), Chrystale Wilson (Ronnie)
Drehbuch: Ice Cube
Kamera: Malik Sayeed
Musik: Hidden Faces; Frank Fitzpatrick (supervisor)
Prod.Des.: Dina Lipton
Prod.: Patricia Charbonnet für Cube/Charbonnet Prod., USA 1998; 104 Min.
Vertrieb: BMG Video; 14.12.1999
FSK: ab 16 J.

Alleinerziehende Studentin verdient sich ihr Geld als Stripperin – und gerät zwischen allerlei Fronten. Drittklassiges Comedy-Krimi-Drama mit spekulativem Erotik-Touch.

Playing by Heart 682

PLAYING BY HEART ***

Regie: Willard Carroll
Darsteller: Gillian Anderson (Meredith), Ellen Burstyn (Mildred), Sean Connery (Paul), Anthony Edwards (Roger), Angelina Jolie (Joan), Jay Mohr (Mark), Ryan Phillippe (Keenan), Dennis Quaid (Hugh)
Drehbuch: Willard Carroll
Kamera: Vilmos Zsigmond
Musik: John Barry
Schnitt: Pietro Scalia
Prod.Des.: Melissa Stewart
Prod.: Meg Liberman, Willard Carroll, Tom Wilhite; David Witz, Kurt Albrecht, Kacy Andrews (Ass.Prod.) für Hyperion Morpheus Prod., USA 1998; 120 Min.
EA: 15.2.1999, Int. Filmfestspiele Berlin, »Wettbewerb«
Verleih: -/-/Elite; Mai 1999 (CH)

Angelina Jolie, Sean Connery und Gena Rowlands

Acht Tage lang mancherlei Spielarten der Liebe und ein wenig Tod in Los Angeles: Ehepaare streiten sich, eine Mutter lenkt ihren Sohn vom baldigen Tod ab, Singles stolpern philosophierend durch die Nachtlokale – William Carroll schustert teils hervorragend besetzte Episoden patchworkartig zusammen. Ihm schwebte eine choreographisch inszenierte Gesamtschau nach dem Vorbild Robert Altmans vor, doch fehlen ihm hierfür sowohl die kühle Distanz als auch die dramaturgischen Fähigkeiten. *Zoom, 5/99*

Belanglos amüsant der von Star-Besetzung zehrende Beziehungsreigen von Hollywood-Newcomer Willard Carroll. Nix Neues aus L.A., nur wieder ein Versuch, Woody Allen oder Robert Altman zu kopieren. Als streitbar-liebendes Paar mit 40 Jahren Ehe im Kreuz liefern sich Gena Rowlands und Sean Connery gepflegte Rededuelle. Eine widerborstige Theaterregisseurin und eine toughe Jungschauspielerin finden nach Minikatastrophen ihren Mr. Right und eine frustrierte Hausfrau zurück zum angetrauten Lügenmaul. Am Ende vereint die schicken Stadt-Neurotiker ihr Familien-Schicksal. Schade um die Chancen in Dialog- und Situationswitz.
Angie Dullinger, AZ, 19.2.99

Pleasantville 683

PLEASANTVILLE ***

Regie: Gary Ross
Darsteller: Tobey Maguire (David/Bud), Reese Witherspoon (Jennifer/Mary Sue), Jeff Daniels (Mr. Johnson), Joan Allen (Betty), William H. Macy (George), J. T. Walsh (Big Bob), Don Knotts, Paul Walker
Drehbuch: Gary Ross
Kamera: John Lindley
Musik: Randy Newman
Schnitt: William Goldenberg
Prod.Des.: Jeanine Oppewal
Prod.: John Kilik, Robert J. Degus, Steven Soderbergh, Gary Ross; Allen Alsobrook, Allison Thomas, Edward Lynn, Andy Borowitz, Susan Borowitz (Co-Prod.) für Larger Than Life Prod., USA 1998; 123 Min.
UA: 16.9.1998, Toronto Filmfestival
Verleih: Concorde/-/-; 4.3.1999
FSK: ab 6 J., ffr. – FBW: Besonders wertvoll

Nach einem Streit um die Fernbedienung finden sich zwei Teenager unvermittelt in einer alten Seifenoper aus den Fifties wieder. Während die forsche Jennifer unter Prüderie und Puritanismus leidet, genießt ihr Bruder David die Idylle einer Welt, die scheinbar noch in Ordnung ist. Die wunderbare Mischung aus Schwarzweiß-und Farbfilm ist weniger Medienkritik als vielmehr ein klassischer Zeitreise-Film.

Annette Kilzer, tip, 6/99

(...) Seit »Forrest Gump« hat kein Film revolutionäre Computertechniken mit soviel Charme in seine Story eingebettet wie dieser. Eine mit kreativer Phantasie und Leichtigkeit angereicherte, garnicht oberflächliche Moral-Parabel, die modernste Technik in den Dienst einer wundervollen Geschichte stellt und zwei Stunden lang verzaubert.

W. O. P. Kistner, AZ, 4.3.99

Pledge Class 684

PLEDGE NIGHT *

Video

Regie: Paul Ziller
Darsteller: Todd Eastland (Bonner), Wendy McMahon (Wendy), Will Kempe (Acid Sid), Joey Belladonna (Young Sidney Snyder), Dennis Sullivan (Bodine), Craig Derrick (Cagle), David Neal Evans (Goodman), Robert Lentini (Silvera)
Drehbuch: Joyce Snyder
Kamera: Big Jack Smith
Musik: Anthrax, Todd Rice
Schnitt: Paul Ziller
Prod.: Joyce Snyder, USA 1989; 85 Min.
Vertrieb: Astro Video; Juli 1999

Serienkiller wütet diesmal im Studentenmilieu. In jeder Hinsicht inakzeptables Horror-Machwerk.

Plunkett & Macleane 685

PLUNKETT & MACLEANE ***

Regie: Jake Scott
Darsteller: Robert Carlyle (Will Plunkett), Liv Tyler (Lady Rebecca), Jonny Lee Miller (Capt. James Macleane), Ken Stott (Cance), Michael Gambon (Lord Chief Justice Gibson), Alan Cumming (Lord Rochester), Terence Rigby (Harrisson), Claire Rushbrook
Drehbuch: Robert Wade, Neal Purvis, Charles McKeown, nach dem Originaldrehbuch von Selwyn Roberts
Kamera: John Matheson; Martin Grosup
Musik: Craig Armstrong
Schnitt: Oral Norrie Ottey
Prod.Des.: Norris Spencer
Prod.: Tim Bevan, Eric Fellner, Rupert Harvey für Working Title Prod., GB 1998; 101 Min.
Verleih: UIP/dto./UIP/Universal Video; 30.9.1999
FSK: ab 16 J., ffr. – FBW: Wertvoll

Mitte des 18. Jahrhunderts treibt in England ein ungleiches Räuberpaar sein Unwesen: der aristokratische Gentleman-Gauner MacLeane und der heruntergekommene Exapotheker Plunkett. Mit vereinten Talenten nehmen sie die High Society aus. Als sich jedoch MacLeane unsterblich in eine junge Lady verliebt, beginnt für die beiden ein gefährlicher Mehrfrontenkampf. Ein manierierter Film in gelackter Ästhetik, der für eine amüsante Gaunerballade zu zäh und für ein satirisches Sittengemälde zu beliebig inszeniert ist.

Film, 10/99

(...) Trotz prachtvoller Ausstattung, die Historisches mit der Gegenwart kombiniert, und edler Werbefotografie schlafen einem bei dieser Abenteuer-Komödie die Füße ein. Zwanghaft versucht man sich an anarchistisch respektlosem Humor à la Monty Python. Vergeblich. Die deutsche Synchronisation ist grausam.

Jörg Buttgereit, tip, 21/99

Pocahontas 2 – Die Reise in eine neue Welt 686

POCAHONTAS 2 – JOURNEY TO A NEW WORLD ***

Video

Regie: Bradley Raymond, Tom Ellery
Darsteller: Die Originalstimmen und ihre Figuren: Irene Bedard (Pocahontas), Judy Kuhn (Pocahontas – Gesang), Billy Zane (John Rolfe), David Ogden Stiers (Ratcliffe), Jean Stapleton (Mrs. Jenkins), Russell Means (Powhatan), Linda Hunt (Grandmother Willow), Donald Gibson (John Smith)
Drehbuch: Allen Epstrin, Cindy Marcus, Flip Kobler
Musik: Lennie Niehaus, Marty Panzer, Larry Grossman (Songs)
Schnitt: Colleen Halsey

Prod.Des.: Dennis Greco
Prod.: Alan Zaslove, Jeannine Roussel für Walt Disney Pic., USA 1998; 71 Min.
Vertrieb: Buena Vista Video; März 1999
FSK: o.A.

Fortsetzung des Kino-Zeichentrickfilms direkt für die Videovermarktung: Die Heldin wird mit einer Friedensmission nach London geschickt und lernt dort britischen Snobismus kennen. Süßliches, mit wenigen Dialogspitzen versehenes Disney-Abenteuer.

Pola X

687
POLA X
****+

Regie: Léos Carax
Darsteller: Cathérine Deneuve (Marie), Guillaume Depardieu (Pierre), Katerina Golubeva (Isabella), Delphine Chuillot (Lucie), Laurent Lucas (Thibault), Petruta Catana (Razeika), Michaella Silaghi, Patachom Sharuna Bartas
Drehbuch: Léos Carax, Jean-Paul Fargeau, Lauren Sedofsky, inspiriert von Herman Melvilles Roman »Pierre or the Ambiguities«
Kamera: Eric Gauthier
Musik: Scott Walker
Schnitt: Nelly Quettier
Prod.Des.: Laurent Allaire
Prod.: Bruno Pesery; Karl Baumgartner, Kenzo Horikoshi, Ruth Waldburger für Pola/Theo Films/France 2 cinema/Pandora/Vega/Euro Space mit Canal+/La Sept/Arte/Degeto/TSR, Frankreich/BRD/Japan/Schweiz 1998; 134 Min.
UA: 13.5.1999, Int. Filmfestspiele Cannes
EA: 3.7.1999, Filmfest München
Verleih: Arthaus/; 9.12.1999
FSK: ab 18 J., ffr.

Ein junger Schriftsteller, der alle bürgerlichen Bande hinter sich lässt, um mit seiner von der familie verstoßenen Schwester in Paris in inzestuöser Beziehung zu leben, scheitert künstlerisch und menschlich an seinem Anspruch der radikalen »Wahrheit«. Allegorische Bilder und die geheimnisvolle Emotionalität der Figuren machen den Film zu einem spannenden Wagnis.
Iris Depping, tip, 26/99

Der Franzose Leos Carax variiert das von ihm bevorzugte Thema des amour fou und gestaltet es bewusst pathetisch. Ein junger Mann flieht sein exquisites soziales Umfeld, um mit seiner großen Liebe in den Slums zu leben. Geholfen ist dem Paar damit nicht; beide zeichnet der hartnäckige Wille zum wunschlosen Unglück aus. Bewundernswert die Fähigkeit des Regisseurs, seine Protagonisten durch visuelle Exzesse und den gehetzten Montage-Rhythmus zu charakterisieren. *Film, 10/99*

(...) »Pola X« ist ein Film, den man entweder liebt oder hasst. Etwas dazwischen wird es für die meisten Zuschauer bei Carax' neuem Werk nicht geben. »Pola X« führt herkömmliche Sehgewohnheiten rasch ad absurdum, der Zuschauer muss bereit sein, die wenig stringente Dramaturgie zu ignorieren, um die Exzessive Bilderwucht des Regisseurs würdigen zu können.
Carax adaptierte zusammen mit zwei Koautoren den 1852 erschienenen Roman »Pierre ou les Ambiguites« (»Pierre oder im Kampf mit der Sphinx«) des »Moby-Dick«-Autors Herman Melville, reihte die Initialen zum Filmtitel aneinander und versah sie mit einem X. *Thilo Wydra, Filmecho-Filmwoche, 49/99*

(...) Schon einmal hat sich mit dem Stoff ein großes Talent ruiniert. Herman Melville schrieb »Pierre, Or the Ambiguities« unmittelbar nach seinem Jahrhundertbuch »Moby Dick« – ein Flop, der Melville zwang, die Schriftstellerei aufzugeben und jahrzehntelang als Zollbeamter im New Yorker Hafen zu arbeiten. Möge es Carax mit der Adaption des Romans nicht ähnlich ergehen. Der Mann hat nämlich Talent, wovon auch in »Pola X« noch hier und da kühne Bildkompositionen zeugen. Aber schon murmelt Carax kryptisch davon, nicht mehr drehen zu wollen. Hoffen wir das beste.
Hans-Joachim Neumann, Zitty, 25/99

(...) Einerseits findet der Regisseur Bild-Metaphern von ungekannter Schönheit für diese Chronik einer Verzweiflung, andererseits ergeht er sich in Manierismen von höchst unfreiwilliger Komik. War man eben noch im Bann der Tragödie, möchte man ob der gestelzten Dialoge fassungslos lachen. Und abspringen von diesem artifiziellen Zug ins Nichts. (…)

Angie Dullinger, AZ, 9.12.1999

(…) Immerhin hat »Pola X« einen deutschen Coproduzenten, Karl Baumgartner, und wurde zum teil mit Fördergeldern in Nordrhein-Westfalen gedreht – auch wenn das dem deutschen Kino keine Spur weiterhilft. »Pola X« ist ohnehin ein Film aus einem Niemandsland, das irgendwo zwischen Genie und Wahnsinn liegt, ein Phantomfilm, der aus den Gräbern aufsteigt, kurz ins Sonnenlicht blinzelt und wieder ins Reich der Schatten verschwindet. *Michael Althen, SZ, 15.5.1999*

(…) Andere Einstellungen hingegen wirken unfreiwillig komisch. Gegen Ende des Films ziehen Isabelle und Pierre in eine weitläufige Fabrik, die wie eine schlechte Kunstinstallation aussieht. Hier fliegen Funken zwischen schwerer Maschinerie, dort sitzen Gestalten am Computer, in einem Graben tobt ein infernalisches Orchester, draußen auf dem Hof üben Guerillas den Nahkampf, während Isabelle in ihrer Zelle musiziert und Pierre in der seinen schreibt. Kann man an der Darstellung des Scheiterns scheitern? Man kommt nicht umhin, in Pierre Valombreux das Alter Ego seines Regisseurs zu sehen. Doch Carax folgt der Geschichte, ohne sie zu reflektieren. Dabei verliert er sich als Filmemacher. Man kann darüber spekulieren, ob dieses Scheitern gewollt ist. Darin, dass es gezeigt wird, liegt der Mut dieses Films. »Pola X« ist schlecht. »Pola X« ist schmerzlich. Aber »Pola X« ist grandios. *Veronika Rall, Die Zeit, 9.12.1999*

In Melvilles Roman heißt es: »Alles ist Traum. Wir träumen, daß wir träumen, wir träumen«. In »Pola X« gibt es einige ausdrücklich als Träume gekennzeichnete Passagen, aber der Film hat auch sonst über weite Strecken Traumcharakter.

(…) »Pola X« ist mein erster Film, der so etwas wie eine Story-Linie hat, der fast klassisch eine Geschichte erzählt. Von dem Augenblick an, wo Pierre nachts im Wald die Begegnung mit Isabelle hat, durchquert der Film verschiedene Kreise – wie die Sphären in Dantes »Göttlicher Komödie« –, die man Traumkreise nennen könnte, die aber

Guillaume Depardieu auf dem Weg ins Unglück in ›Pola X‹

umfassender verschiedene Bewußtseinssphären und Realitätsebenen sind. Ich halte »Pola X« für den interessantesten meiner Filme, weil mir da die Abstufungen dieser Ebenen am besten gelungen sind. *Leos Carax im Interview mit Rainer Gansera, SZ, 9.12.1999*

Posen '56 688
POZNAN '56 ****+
TV

Regie: Filip Bajon
Darsteller: Tadeusz Szymkow (Stan), Michal Zebrovski (Zenek), Mateusz Hornung (Peter), Arkadiusz Walkowiak (Darek), Agata Kaluszka, Bronislaw Pawlik, Robert Wieckiewicz, Olaf Linde-Lubaszenko
Drehbuch: Filip Bajon, Andrzej Gorny
Kamera: Lukasz Kosmicki
Musik: Michal Lorenc
Schnitt: Wanda Zeman
Prod.: Leszek Pieszko für Studio Filmowe Dom/Telewizja Polska/Fundacja Poznan '56 Prod., Polen 1997; 109 Min.
EA: 16.7.1997, Karlovy Vary Film Festival
TV: 19.11.1999, Arte, 00.25

Am 28. Juni 1956 findet in Posen ein Arbeiteraufstand statt. An diesem historischen Tag geht ein Teil der Einwohner auf die Straße, um gegen das herrschende Regime zu demonstrieren. Dieser Aufstand ist eine Vorstufe zur Protestbewegung der Danziger Leninwerft mit Lech Walesa an der Spitze.
Die anfangs friedliche Aktion endet in Gewalt und Tod. Anhand von Einzelschicksalen der Aufständischen, Erwachsenen wie Kindern, wird ein packendes Panorama gesellschaftlicher Umwälzungen entworfen, die das Leben der Beteiligten stark veränderten. »Posen 56« erzählt mit dokumentarischem Blick und dramaturgischer Raffinesse das Drama dieses fehlgeschlagenen Aufstandes. *Pressetext*

Power Rangers in Space 689
POWER RANGERS IN SPACE *
Video

Regie: Isaac Florentine, Worth Keeter
Darsteller: Tracy Lynn Cruz (Ashley Hammond/Yellow Ranger), Patricia Ja Lee (Cassie Chan/Pink Ranger), Christopher Khayman Lee (Andros/Red Ranger), Justin Nimmo (Zhane/Silver Ranger), Roger Velasco (Carlos Valertas/Black Ranger), Selwyn Ward (TJ Johnson/Blue Ranger), Melody Perkins (Astronema/Karone), Paul Schrier (Farkus »Bulk« Bulkmeyer)
Drehbuch: Judd Lynn, Jackie Marchand
Kamera: ? Rosenberg
Musik: Kenneth Burgomaster, Jim Cushinery, Paul Christian Gordon, Jeremy Sweet, Ron Wasserman, Inon Zur
Schnitt: Billy DiCicco, Ronald LaVine
Prod.: Jonathan Tzachor; Judd Lynn, Scott Page-Pagter, Paul F. Rosenthal (Co-Prod.); Sanford Hampton (Line-Prod.) für Renaissance-Atlantic/Saban/Toei, USA 1998; 86 Min.
Vertrieb: Fox Video; Juni 1999
FSK: ab 12 J.

Die Titelhelden begegnen im All ihren bösen, bösen Replikanten. Hochnotalberner Schrott zur allgemeinen Verdummung.

Der Preis der Begierde 690
FATAL AFFAIR □
TV

Regie: Marc S. Grenier
Darsteller: C. Thomas Howell (Mack Maddox), Maxim Roy (Laura Maddox), Jay Underwood (Ezra Tyler), Mark Camacho (Walt Rosenblum), Louis di Bianco (Det. Deleone), Melissa Galianos (Jojo), Bryn McAuley (Daisy Maddox), Minor Mustain (Ray Wolfson)
Drehbuch: Michael Rauch
Kamera: Georges Archambault
Musik: Normand Corbeil
Prod.: USA 1998; 91 Min.
TV: 31.7.1999, ARD, 23.20

Justizkrimi um Untreue, Verdächtigungen, Gewalt und Schuld in bewährter US-TV-Manier.

Preis der Unschuld 691
***
TV

Regie: Gabriel Barylli
Darsteller: Gabriel Barylli (John Steinmetz), Katrin Ritt (Maria), Mathieu Carrière (Richard Weymann), Peter Ketnath (Martin), Bryan Addinall (Winston), Evelyn Palek (Tante Gertrud)
Drehbuch: Gabriel Barylli
Prod.: Dieter Ulrich Aselmann für d.i.e. Film für SAT.1, BRD 1998; 94 Min.
TV: 23.2.1999, SAT.1, 20.15

Die Waise Maria gerät als »Miss Europe« in üble Machenschaften. Ja, das hört man immer wieder.

Der Prinz von Homburg
692 ***

IL PRINCIPE DI HOMBURG DI HEINRICH VON KLEIST

Regie: Marco Bellocchio
Darsteller: Andrea Di Stefano (Prinz von Homburg), Barbara Bodulova (Natalia), Toni Bertorelli (Elector), Anita Laurenzi (Electress), Fabio Camilli (Hohenzollern), Bruno Corazzari (Kottwitz)
Drehbuch: Marco Bellocchio, nach dem Schauspiel von Heinrich von Kleist
Kamera: Giuseppe Lanci
Musik: Carlo Crivelli
Schnitt: Francesca Calvelli
Prod.: Piergiorgio Bellocchio für Filmalbatros mit Istituto Luce, Italien 1997; 85 Min.
UA: 20.3.1997, Int. Filmfestspiele Cannes
Verleih: VCL (Concorde) Video; März 1999
FSK: ab 6 J.

Respektable Kleist-Verfilmung um einen emotionalen Prinzen, der vor lauter Verliebtheit bei einer Schlacht versagt. Anspruchsvoll realisiertes Drama mit ansprechenden Darstellern.

Projekt: Pandora
693 □ TV

THE PANDORA PROJECT

Regie: Jim Wynorski, John Terlesky
Darsteller: Daniel Baldwin, Erika Eleniak, Richard Tyson, Tony Todd, Jeff Yagher, Bo Jackson, Robert Hegyes
Drehbuch: John Terlesky
Kamera: Andrew V. Rossotto
Musik: Deddy Tzur
Schnitt: Daniel Duncan
Prod.Des.: Gilbert Alan
Prod.: John Terlesky für CineTel Prod., USA 1998; 89 Min.
TV: 6.11.1999, Premiere, 3.45

Vor seiner Hochzeit muss ein CIA-Agent noch seinen ehemaligen Partner ausschalten, weil der nicht mehr zu den »guten Jungs« gehört.

Pronto
694 *** Video

PRONTO

Regie: Jim McBride
Darsteller: Peter Falk (Harry Arno (Henri Arnaud)), Glenne Headly (Doris »Joyce« Patton), James LeGros (Raylan Givens), Sergio Castellitto (Tommy »the Zip) Bucks), Walter Olkewicz (Jimmy »the Cap« Capetore), Luis Guman (Buck Torres), Bradford Tatum (Nick »Joe Macho« Testa), Laird Stuart (Earl Crowe)
Drehbuch: Michael Butler, nach einem Roman von Elmore Leonard
Kamera: Affonso Beato
Musik: John Altman
Schnitt: Milton Moses Ginsberg
Prod.Des.: John Jay Moore
Prod.: Richard Berg, Allan Marcil, Chris Danton für Showtime, USA 1997; 96 Min.
Vertrieb: Columbia TriStar Video; 23.11.1999
FSK: ab 16 J.

Bei der Mafia in Ungnade gefallener Buchmacher flieht nach Italien – verfolgt von Verlobter, der Staatsanwaltschaft und der Mafia. Kurzweilige Mafiakrimi-Komödie mit spielfreudigem Ensemble, allen voran der Hauptdarsteller.

Propaganda
695 ****

PROPAGANDA

Regie: Sinan Cetin
Darsteller: Kemal Sunal (Mehdi), Metin Akpinar (Rahim), Meltem Cumbul (Filiz), Rafet El Roman (Adem), Ali Sunal, Meral Orhonsay
Drehbuch: Sinan Cetin, Gülin Tokat
Kamera: Rebekka Haas
Musik: Sezen Aksu
Schnitt: Aylin Tinel
Prod.Des.: Ismet Ergün, Yudum Yontan
Prod.: Cemil Cetin, Sinan Cetin für Plato Film, Türkei 1999; 110 Min.
Verleih: Warner Bros/-/dto.; 14.10.1999
FSK: ab 6 J., ffr. – FBW: Besonders wertvoll

In einem abgelegenen osttürkischen Dorf ziehen Soldaten und Zollbeamte eines tages eine Grenze aus Stacheldraht mitten durch den Ort und errichten einen Schlagbaum. Die Einwohner werden dadurch willkürlich in Inländer und Ausländer gespalten, ganze Familien getrennt. Eine ironische Parabel, die sich ernsthaft mit dem Konflikt von gewachsener Tradition und individueller Verantwortung mit staatlicher Willkür und Regulierungswut auseinandersetzt. *Multimedia*

(...) Wie politisch brisant die Geschichte über sture Staatsdiener und die Ausgrenzung eines Teiles der Bevölkerung für türkische Zuschauer ist, lässt sich schwer sagen. Immerhin aber hatte

»Propaganda« in der Türkei mehr Besucher als »Titanic«, der gleichzeitig in die Kinos kam. Populärer kann Kritik aber auch kaum verpackt werden. Die Geschichte ist so erzählt, dass sie jeder verstehen kann. Und das ist bei so einem Thema ganz und gar nicht verkehrt. *Tobias Kniebe, SZ, 19.10.1999*

(...) Je stärker sich diese Provinz-Mär aufschaukelt, desto mehr wird einem bewusst, wie zeitlos sie ist: Sture Paragraphenreiter empfindet man schließlich rund um den Globus als ätzend. Mit sichtlichem Gespür fürs Inszenieren von kleinen Alltagsdramen, die ins Chaos einmünden, leuchtet Filmer Sinan Cetin seine tragikomödiantische Grenzgroteske aus und erspart uns dabei dröges Politkino genauso wie sabbeliger Fernsehspielästhetik.
Horst E.Wegener, Zitty, 21/99

Der Prophet 696
THE PROPHET **
Video

Regie: Fred Olen Ray
Darsteller: Don »The Dragon« Wilson (Jarrid), Alexander Keith (Vicki), Paul Michael Robinson (Hunter), Arthur Roberts (Richard), Barbara Steele (Agent Oakley), Eric Lawson (Agent Johnson), Rick Dean (Sagan), Jenna Bodnar (Coby)
Drehbuch: Ron McKernan
Kamera: Gary Graver
Musik: W. Peter Miller
Schnitt: Timothy Wynn
Prod.: Ashok Amritray, Andrew Stevens für Royal Oaks/Concorde-New Horizons/Amritaj-Stevens Prod., USA 1998; 87 Min.
Vertrieb: VPS Video; August 1999
FSK: ab 18 J.

Elite-Agent bekommt es mit einem hellseherisch begabten Terroristen-Quintett zu tun. Kickboxen, Action, Horror und Science-Fiction wurden hier zu einem klebrigen Brei verrührt.

Psycho 697
PSYCHO **

Regie: Gus Van Sant
Darsteller: Vince Vaughn (Norman Bates), Anne Heche (Marion Crane), Julianne Moore (Lila Crane), Viggo Mortensen (Sam Loomis), William H. Macy (Milton Arbogast), Robert Forster (Dr. Simon), Philip Baker Hall (Sheriff Chambers), Anne Haney (Mrs. Chambers)
Drehbuch: Joseph Stefano, nach dem gleichnamigen Roman von Robert Bloch

Trotz Grenzzaun siegt die Liebe in ›Propaganda‹

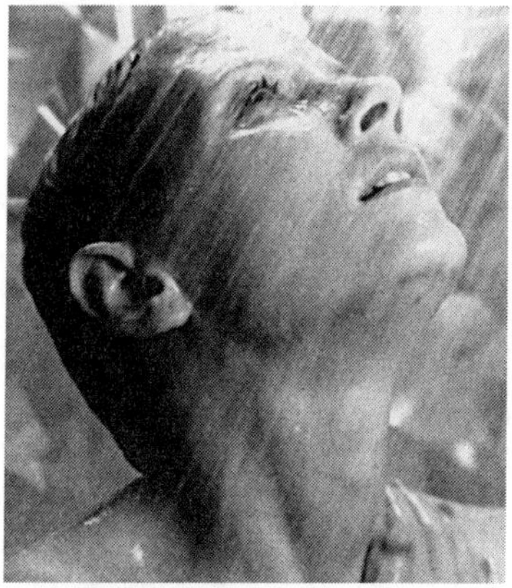

Anne Heche in ›Psycho‹

Kamera: Christopher Doyle
Musik: Bernard Herrmann, Danny Elfman (Adaption)
Schnitt: Amy Duddleston
Prod.Des.: Tom Foden
Prod.: Brian Grazer, Gus Van Sant für Imagine Ent. Prod., USA 1998;
109 Min.
Verleih: UIP/UIP/UIP/Universal Video; 7.1.1999
FSK: ab 12, ffr.

Eine junge Angestellte hat einen hohen Geldbetrag veruntreut und wird auf der Flucht von einem schizophrenen Motelbesitzer ermordet. Neuverfilmung des meisterhaften Hitchcock-Thrillers von 1960. Das Konzept, der Vorlage Einstellung für Einstellung zu folgen, scheitert ebenso wie die gelegentlichen Versuche, dennoch »modernisierende« Lichter aufzusetzen. Eine sinnlose Verschwendung von Talent und Geld.

Zoom, 1/99

Psycho Sisters 698

PSYCHO SISTERS *

Video

Regie: Pete Jacelone
Darsteller: Theresa Lynn (Jane Sicole), J.H. North (Jackie Sicole), Anthony Bruno, Nancy Sirianni, Jeffrey Stackhouse
Drehbuch: Pete Jacelone
Kamera: Timothy Healy
Musik: Francis Anthony McGlynn, Dennis Peterson
Schnitt: Frank Terranova
Prod.: Michel L. Raso; Karl Petry (Ass-Prod.), USA 1997;
78 Min.
Vertrieb: Dominik (Incredibly Strange) Video; April 1999
FSK: ab 18 J.

Ein neues Genre beginnt sich zu etablieren: Garagenfilme, benannt nach dem Ort, an dem sie vermutlich entstanden. Dieser erzählt von männermordenden Schwestern. Mit »Film« hat das nur noch wenig zu tun.

Pünktchen und Anton 699

****

Regie: Caroline Link
Darsteller: Elea Geissler (Pünktchen), Max Felder (Anton), Juliane Köhler (Bettina Pogge), August Zirner (Richard Pogge), Meret Becker (Elli Gast), Sylvie Testud (Laurence), Gudrun Okras (Dicke Bertha), Benno Fürmann (Carlos)
Drehbuch: Caroline Link, nach dem gleichnamigen Roman von Erich Kästner
Kamera: Torsten Breuer

Max Felder und Elea Geissler

Musik: Niki Reiser
Schnitt: Patricia Rommel
Prod.Des.: Susann Bieling
Prod.: Peter Zenk, Uschi Reich für Bavaria/Lunaris/ZDF, BRD 1998;
108 Min.
UA: Int. Filmfestspiele Berlin, 1999 »Sondervorführung«
Verleih: Buena Vista/dto./dto./Buena Vista Home Video; 11.3.1999
FSK: o.A., ffr. – FBW: Wertvoll

Caroline Link bei den Dreharbeiten zu ›Pünktchen und Anton‹

Zwei Kinder aus unterschiedlichen Gesellschaftsschichten bewahren sich ihre couragierte Freundschaft allen Schwierigkeiten zum Trotz und bringen ihre Eltern dazu, ihr Leben zu überdenken. Die Neuverfilmung des Kinderbuch-Klassikers von Erich Kästner überzeugt dank einem sensiblen Drehbuch und großartigen Darstellern rundum. Eine Adaption, die durch kluge Eigenständigkeit dem Geist der Vorlage näherkommt, als dies eine buchstabengetreue Bebilderung je könnte. *Zoom, 4/99*

Ansprechende Neuverfilmung des bekannten Buches von Erich Kästner aus dem Jahre 1930 um die Freundschaft zweier Zehnjähriger, des reichen Mädchen Pünktchen mit dem armen Anton. Sie erreicht, daß die Eltern sich mehr mit ihr beschäftigen und ihren Freund und dessen kranke Mutter ins Ferienhaus an der Nordsee mitnehmen. Von Caroline Link mit viel Einfühlung in menschliche Beziehungen schwungvoll und mit etlichen Musiknummern inszenierter Familienfilm zum Lachen für die Kinder und zum Nachdenken für die Eltern. *Multimedia*

»Ich versuche, den Erfolgsdruck nicht an mich herankommen zu lassen. Ich weiß aber, daß man es in Deutschland nicht so leicht mit Familienfilmen hat. Es würde mich freuen, wenn er ankommt, aber ich denke nicht gleich an die Zuschauerzahlen.«
Caroline Link in: Blickpunkt Film, 7/99

Rabid Grannies 700
RABID GRANNIES *

Video

Regie: Emmanuel Kervyn
Darsteller: Catherine Aymerie, Caroline Braekman, Danielle Daven, Raymond Lescot, Elliot Lison, Michel Lombet, Anne Marie Fox, Paule Herreman
Drehbuch: Emmanuel Kervyn
Kamera: Hugh Labye
Musik: Peter Castelain, J.B. Castelain
Schnitt: Philippe Ravoet
Prod.Des.: Luke Bertrand
Prod.: Stardust, Belgien 1989; 83 Min.
Vertrieb: Astro Video; April 1999

Die Nachfrage (und die fragwürdige Praxis der FSK) spült derlei Elaborate jetzt, zehn Jahre nach Entstehen, gewinnbringend in die Videotheken: Zwei alte Damen verwandeln sich in mordende Monstren. Unter jeglicher Diskussion.

Die Rache der Carola Waas 701
****+

TV

Regie: Diethard Klante
Darsteller: Franziska Walser (Carola Waas), Sebastian Koch (Bernd Waas), Rudolf Kowalski (Axel Becker), Noemi Steuer (Jutta), August Zirner (Edgar Manholt), Florian Leander Lichti (Harald Manholt), Christine Buchegger (Birgit Manholt), Edgar Selge
Drehbuch: Diethard Klante, nach dem Motiv von Wolfgang E. Neumann
Kamera: Franz Rath
Musik: Jochen Schmidt-Hambrock
Prod.: Arbor TV, BRD 1998; 90 Min.
TV: 14.6.1999, ZDF, 20.15

Die Ausgangsposition ist nicht ungewöhnlich: Tödlicher Autounfall mit Fahrerflucht – die Überlebende wird mit dem Verlust ihrer Familie nicht fertig. Die präzis und lakonisch auf die Entwicklung einer Psychose konzentrierte Inszenierung von Diethard Klante (Fernsehfilm der Woche) gewinnt ihre außergewöhnliche Intensität durch den Schauspieler-Einsatz von Franziska Walser: Sie spielt in die Ausmaße einer antiken Tragödie hinein – dabei äußerst sparsam, streng und hemmungslos explodierend im emotionalen Ausbruch. Die Kontrastfiguren – August Zirner als unfallflüchtiger Lehrer, bei dem sich Schwäche und Feigheit zur Gemeinheit verhärten, Rudolf Kowalski als hilfloser Freund, Naomi Steuer als Schwester mit Althaß, Florian Leander Lichti als Sohn des Lehrers – geraten in den Sog einer Psycho-Katastrophe: Eine Tragödie mit Widerhaken. *Ponkie, AZ, 16.6.1999*

Rache hat ein Gesicht 702
A FACE TO KILL FOR **

Video

Regie: Michael Toshiyuki Uno
Darsteller: Crystal Bernard (Allison Bevensl), Brudy Coleman (Conrad), Doug Savant, Barry Corbin, Billy Dean, Libby Villari
Prod.: Paramount TV, USA 1998; 88 Min.
Vertrieb: CIC (Paramount) Video; 25.11.1999
FSK: ab 12 J.

Betuchte Pferdezüchterin fällt auf einen Mann herein, der ihren Vater töten und sie selbst in den Knast befördern läßt. Braver, lahmer, US-TV-Krimi für sehr verregnete Abende.

Rache ist süss 703
REVENGERS'COMEDIES

Regie: Malcolm Mowbray
Prod.: GB/Frankreich 1997

Siehe → Hering auf der Hose

Racheengel – Die Stimme aus dem Dunkeln 704
***

TV

Regie: Thorsten Näter
Darsteller: Götz George (Dr. Meinfeld), Carin C. Tietze (Hauptkommissarin König), Tim Bergmann (BKA-Kommisssar Martin Blank), Chiara Schoras (Tanja), Dieter Pfaff (Gabriel), Tim Wilde (Kommissar Langer), Emily Behr (Corinna), Victor Schefé (Karl)
Drehbuch: Caroline Hecht, Jochen Pahl
Kamera: Thomas Erhart
Musik: Sigi Mueller
Prod.Des.: Maximilian Johannsmann
Prod.: Dietmar Güntsche, Eberhard Junkersdorf für Bioskop für Pro7, BRD 1999; 95 Min.
TV: 1.10.1999, Pro7, 20.15

Die »Racheengel«-Thriller-Methode nach Pro7-Art: Immer eine Umdrehung zuviel, hektisch aufgemotzt, plump dämonisiert. Der Psycho-Horror um Mord in Hypnose spielt mit den Grusel-Elementen der Irrenhaus-Szenerie und macht die Schauspieler zu plakativen Masken. *Ponkie, AZ, 4.10.1999*

Radiofreccia 705

RADIOFRECCIA ***

Regie: Luciano Ligabue, Antonello Grimaldi
Darsteller: Stefano Accorsi (Freccia), Luciano Federico (Bruno), Enrico Salimbeni (Tito), Roberto Zibetti (Boris), Alessio Modica (Iena), Francesco Guccini (Adolfo), Patrizia Piccinini (Marzia), Serena Grandi (Freccias Mutter)
Drehbuch: Antonio Leotti, L. Ligabue, nach seinen Kurzgschichten »Fuori i dentro il borgo«
Kamera: Arnaldo Catinari
Musik: Luciano Ligabue
Schnitt: Angelo Nicolini
Prod.Des.: Stefano Giambanco
Prod.: Domenico Procacci für Fadango mit Medusa, Italien 1998; 112 Min.
UA: 12.9.1999, Int. Filmfestspiele Venedig »Night and Stars«
Verleih: -/-/MFD; Juni 1999

Ein alternatives Privatradio schließt kurz vor dessen 18. Geburtstag. In den letzten beiden Programmstunden erzählt der Betreiber seinen Zuhörern die Lebensgeschichte eines am Heroin zugrunde gegangenen Freundes, der dem Radio seinen Namen gab. Mit viel Rock- und Jazzmusik jener Zeit zeichnet der Film in episodenhaften Szenen ein teils atmosphärisches Bild nonkonformistischer junger Italiener um 1975 herum, bleibt aber mit seinem effekthascherischen und unverbindlichen Erzählstil an der Oberfläche haften. *Zoom, 6-7/99*

Ratrace 706

***

Regie: Valentin Hitz
Darsteller: Haymon Maria Buttinger, Proschat Madani, Roman Kaminski, Michaela Leutzenhof, Stefan Wieland, Christian Weinberger
Drehbuch: Valentin Hitz
Kamera: Martin Gschlacht
Musik: Bruno Pisek, Heinz Ditsch
Schnitt: Torsten Heinemann
Prod.: Martin Gschlacht, Valentin Hitz, Markus Wogrolly, Österreich 1999; 64 Min.
Verleih: -/Eigenverleih/-; Juni 1999

Schauplatz ist ein anarchistisches, zukünftiges Wien, in dem nur noch Organe Wert besitzen. Der Organabsauger Kater weidet seine Opfer aus, um damit seinen Spieltrieb bei Rattenrennen finanzieren zu können. Gleichzeitig sucht er wieder Kontakt zu Maria, seiner ehemaligen Liebe, zu finden. »Ratrace« ist ein pessimistischer Thriller über Menschen mit Hirn, die in der Sehnsucht nach Vergangenem leben, und bereits Gehirnamputierten, die nur im Momentan agieren. Zukunft ist somit ausgeschlossen. Der Diplomfilm von Valentin Hitz ist im düsteren, grobkörnigen Schwarzweiß gehalten und schafft eine morbide, spannende Atmosphäre mit ironischen Zwischentönen. *Multimedia*

Raus aus Amal 707

FUCKING AMAL ****

Regie: Lukas Moodysson
Darsteller: Alexandra Dahlström (Elin), Rebecca Liljeberg (Agnes), Erica Carlson (Jessica), Mathias Rust (Johan Hult), Stefan Hörberg (Markus), Ralph Carlsson (Agnes' Vater Olaf), Maria Hedberg (Agnes Mutter Karin), Axel Widegren (Oskar)
Drehbuch: Lukas Moodysson
Kamera: Ulf Brantas
Schnitt: Michal Leszcylowski, Bernhard Winkler
Prod.: Lars Jönsson für Memfis mit Zentropa/Film I Väst/SVT Drama, Schweden 1999; 89 Min.
UA: Int. Filmfestspiele Berlin 1999
Verleih: Concorde/filmladen/Look Now!; 2.12.1999
FSK: ab 12 J., ffr.

Wenn sich ein Mädchen in ein Mädchen verliebt, ist das selten einfach. Schon gar nicht in einer Kleinstadt wie Amal. Dennoch ist Agnes von der – vermeintlichen – Schulschlampe Elin angetan. Zaghaft finden die beiden zueinander, von den Mitschülern argwöhnisch beobachtet. Das pointierte

Drehbuch und die herausragenden Darstellerinnen porträtieren das Chaos ums Erwachsenwerden mit viel Fingerspitzengefühl. Ein wunderbares Stück Kino über jene Zeit des Lebens, in der einem die weite Welt zu eng ist.

Film, 10/99

(...) Mit lebendiger Handkamera blickt dieser ungekünstelte Film auf die Unbeholfenheiten, Ödnisse und Verletzungen unter Jugendlichen, während wir mit der stillen tapferen Agnes um die Erfüllung der ersten großen Liebe zittern. *Iris Depping, tip, 25/99*

Raven Warrior – Die Auserwählte

708
*
Video

THE CHOSEN ONE: LEGEND OF THE RAVEN

Regie: Lawrence Lanoff
Darsteller: Carmen Electra (McKenna Ray), Shauna Sand Lamas, Michael Stadvec, Conrad Bachmann
Prod.: Michael Herz, Lloyd Kaufmann für Troma, USA 1997; 88 Min.
Vertrieb: Böhling (Platinum Edition) Video; März 1999
FSK: ab 18 J.

Das Gute repräsentierende Indianergöttin schlüpft in Landfrau und läßt sie im Kampf gegen das Böse massenmorden. Ein auch handwerklich schwer zu unterbietendes Schwachsinnsprodukt.

Ravenous – Friss oder stirb

709
**

RAVENOUS

Regie: Antonia Bird
Darsteller: Guy Pearce (Capt. John Boyd), Robert Carlyle (Colqhouves), Jeremy Davies (Toffler), Jeffrey Jones (Hart), John Spencer (General Slauson), Stephen Spinella (Knox), Neal McDonough (Reich), David Arquette (Cleaves)
Drehbuch: Ted Griffin
Kamera: Anthony B. Richmond
Musik: Michael Nyman
Schnitt: Neil Farell
Prod.Des.: Bryce Perrin
Prod.: Adam Fileds, David Heyman für Adam Fields/Heyday Films, GB/USA/Mexiko 1998; 100 Min.
UA: Sundance Film Festival
Verleih: 20th Century Fox/-/-; 25.11.1999
FSK: ab 18 J., nffr.

(...) Regisseurin Antonia Bird setzt auf knochige Schockeffekte wie menschliche Gliedmaßen im Suppentopf und kannibalische Orgien in Großaufnahme. Das ist hübsch unappetitlich, interessant aber nicht. Und wenn schließlich in einem zentralen Dialog alle Moral als »letzte Bastion eines Feiglings« abgetan wird, ist das nur noch doof. Frau Bird aber toppt sogar noch das: Während Mister Menschenfresser und mögliches Hors d'oeuvre, Soldat Boyd, über die Zukunft von Leben und Sterben parlieren, weht im Zentrum des Bildes penetrant die amerikanische Flagge. Offenbar soll der geschmacklose Gruseleintopf so mit politpsychologischer Tiefe gewürzt werden. Doch wird das dünne Süppchen damit nur endgültig versalzen.

Peter Claus, Zitty, 24/99

Erzählt wird eine historisch wahre Geschichte aus dem amerikanisch-mexikanischem Krieg von 1846/47. Als eine Truppe von Einwanderern für Monate auf ihrem Weg nach Kalifornien von Schneemassen eingeschlossen wird, fallen sie übereinander her. Was anfänglich zur Selbsterhaltung dient, wird zur Sucht.

Rebecca – Liebe ist nicht angesagt

710
□
TV

JUST FRIENDS

Regie: Maria Burton
Darsteller: Anthony Palermo, Anita Barone, Barbara Alyn Woods, Hal Linden, Tim Bohn, Allen Lulu
Drehbuch: Chuck Rose
Kamera: Joseph Montgomery
Musik: Jim Latham
Schnitt: Dave Harris
Prod.Des.: Erica Frazier
Prod.: Jordan L. Leibert, Kim Adelman, Maria Burton für Scintillating Prod., USA 1996; 109 Min.
EA: 1.12.1996
TV: 1.4.1999, Premiere, 16.20

Redneck Zombies 711

REDNECK ZOMBIES *

Video

Regie: Pericles Lewnes
Darsteller: Steve Sooy, Anthony M. Carr, Keith Johnson, Ken Davis (Patient Eins), Stan Morrow (Dr. Kildare), Brent Thurston-Rogers (Dr. Casey), Lisa M. DeHaven (Lisa Dubois), Tyrone Taylor
Drehbuch: Fester Smellman, nach einer Story von Zoofeet, P. Floyd Piranha
Kamera: Ken Davis
Musik: Adrian Bond
Schnitt: Edward Bishop
Prod.: Pericles Lewnes, George Scott; William E. Benson (Ass-Prod.) für Trans World/Full Moon, USA 1997; 90 Min.
Vertrieb: Astro Video; März 1999

Hinterwäldler trinken chemischen Kampfstoff und mutieren zu grunzenden Kannibalen. Ekelhafte »Horror-Komödie«.

Reine Nervensache 712

ANALYZE THIS ****

Regie: Harold Ramis
Darsteller: Robert De Niro (Paul Vitti), Billy Crystal (Ben Sobel), Lisa Kudrow (Laura MacNamara), Joseph Viterelli (Jelly), Chazz Palminteri (Primo Sindone), Bill Macy (Isaac Sobel), Leo Rossi (Carlo Mangano), Kyle Sabihy (Michael Sobel)
Drehbuch: Peter Tolan, Harold Ramis, Kenneth Lonergan
Kamera: Stuart Dryburgh
Musik: Howard Shore
Schnitt: Christopher Tellefsen
Prod.Des.: Wynn P.Thomas
Prod.: Paula Weinstein, Jane Rosenthal für Baltimore/Spring Creek/Face Tribeca, USA 1999; 103 Min.
Verleih: Warner Bros./dto/dto/Warner Home Video; 20.5.1999
FSK: ab 12 J., ffr. – FBW: Wertvoll

Der New Yorker Mafia-Boß Paul Vitti hat urplötzlich unerklärliche Hemmungen bei der Ausübung seiner kriminellen Tätigkeit. Durch Zufall gerät er an einen Psychoanalytiker, von dem er sich Heilung erwartet. Das Reich der Paten und Good Fellas kollidiert in Harold Ramis Komödie mit dem Stadtneurotiker-System. Aus diesem culture clash zweier geschlossener Gesellschaften entwickelt sich konsequent

Robert De Niro und Billy Crystal

der allerschönste Wahnwitz. Ein Angebot, daß man nicht abschlagen kann.
Volker Gunske, tip, 11/99

Reise zur Sonne 713

GÜNESE YOLCULUK ****

Regie: Yesim Ustaoglu
Darsteller: Nazmi Oirix (Berzan), Newroz Baz (Mehmet), Mizgin Kapazan (Arzu), Nigar Aktar, Ara Güler (Süleyman Bey), Iskender Bagcilar
Drehbuch: Yesim Ustaoglu
Kamera: Jacek Petrycki
Musik: Vlatko Stefanovski
Schnitt: Nicolas Gaster
Prod.: Berhooz Hashemian; Phil van der Linden, Pit Reithmüller (Co-Prod.) für Istinai Filmler & Reklamlas/The Film Company/Medias Res/ZDF, Türkei/Niederlande/BRD 1999; 109 Min.

Nazmi Oiriz

UA: 16.2.1999, Int. Filmfestspiele Berlin, »Wettbewerb«
Verleih: Pegasos/-/trigon; 10.6.1999
FSK: ab 12 J., ffr.

Ein junger Türke gerät im explosiven politischen Spannungsfeld Istanbuls in die Mühlen der Staatswillkür. Aus der – tragisch endenden – Freundschaft zu einem kurdischen Aktivisten schöpft er dann Kraft für die Suche nach der eigenen Identität und der Position im Spannungsfeld von Intoleranz und Diskriminierung. Ein formal bestechender, sinnhaltiger Film, der von Laiendarstellern hervorragend interpretiert wird.

Zoom, 8/99

(...) Autorenfilmerin Yesim Ustaoglu verzichtet klug auf plakative Polit-Statements. Ihr melancholisch anrührendes Road-Movie spricht für sich – als Apell an Menschlichkeit in einer verzweiflungsvollen Welt. Die Bilder, teils dokumentarisch hart, teils poetisch, geschaffen von dem polnischen Kameramann Jacek Petzrycki, bleiben in der Erinnerung bestehen.

Angie Dullinger, AZ, 10.6.1999

Rendezvous mit dem Teufel 714

****+

Regie: Thomas Berger
Darsteller: Jasmin Tabatabai (Valerie Henninger), Heinz Hoenig (Jacob Vogel), Felix Eitner (Alex Müller), Rüdiger Vogler
Drehbuch: Dieter Schleip, nach der Originalvorlage von Thomas Berger, Barbara Jago
Kamera: Pit Janzen
Musik: Thorsten Breuer
Schnitt: Claudia Bobsin
Prod.Des.: Helga Borsche
Prod.: Kerstin Dobbertin von Fürstenberg, Harald Kügler für Olga Film für Pro7, BRD 1999;
93 Min.
UA: 28.6.1999, Filmfest München

(...) Binnen eines Jahres sind sechs Frauen bestialisch mißhandelt und ermordet worden. Kommissarin Valerie Henninger sucht den Täter – bislang ohne Erfolg. Als der toughe Hauptkommissar Vogel neuen Schwung in die Ermittlungen bringen soll, wird es für sie noch schwerer, sich in der Männerwelt zu behaupten. (...)

Katalog Filmfest München

(...) Nur auf den ersten Blick präsentierte sich »Rendezvous mit dem Teufel« als gut durchdachter Thriller. Bei näherem Hinsehen wirkte der Plot dann doch wie von der Stange. Allein Jasmin Tabatabai als verunsicherte Ermittlerin konnte ihrer Rolle etwas Authentisches und damit Sehenswertes abgewinnen. Heinz Hoenig versagte dagegen als sensibler Hardliner auf der ganzen Linie. Sein bulliger Habitus verkommt diesmal vollends zur Attitüde. Und auch Felix Eitner durfte hier nicht viel mehr zeigen als das übliche Dr. Jekyll-&-Mr.-Hyde-Geraune. (...)

Klaudia Brunst, Berliner Zeitung, 20.9.1999

Heinz Hoenig und Jasmin Tabatabai

Rendezvous mit einem Fremden 715

BEFORE THE NIGHT

Regie: Talia Shire
Prod.: USA 1994

Weiterer Titel für → Eine heiße Affäre

Rendezvous mit Joe Black 716

MEET JOE BLACK

***

Regie: Martin Brest
Darsteller: Brad Pitt (Joe Black), Anthony Hopkins (William Parrish), Claire Forlani (Susan Parrish), Marcia Gay Harden (Allison),

Jake Weber (Drew), Jeffrey Tambor (Quince), David S. Howard (Eddie Loane), Lois Kelly-Miller
Drehbuch: Bo Goldman, Ron Osborne, Jeff Reno, Kevin Wade, inspiriert von dem Theaterstück »Death Takes a Holiday« von Alberto Casella, adaptiert von Walter Ferris und dem Filmdrehbuch von Maxwell Anderson und Gladys Lehman
Kamera: Emmanuel Lubezku
Musik: Thomas Newman
Schnitt: Joe Hutshing, Michael Tronick
Prod.Des.: Dante Feretti
Prod.: Martin Brest; David Wally (Co-Prod.) für City Light, USA 1998;
189 Min.
UA: 30.10.1998
Verleih: UIP/UIP/UIP/Universal Pict.; 4.1.1999
FSK: ab 6 J., ffr. – FBW: Wertvoll

Anthony Hopkins und Claire Forlani

Ein Medienmogul soll an seinem 65. Geburtstag in die Ewigkeit abberufen werden. Der Tod macht ihm in Gestalt eines jungen Mannes schon vorher die Aufwartung, hilft ihm bei der Säuberung seines Konzerns und verliebt sich in seine Tochter. Routiniert, aber allzu langfädig inszeniertes Melodrama. Reizvoll sind das Zusammenspiel der Hauptakteure sowie einige situationskomische Szenen mit dem »Sensemann« im »upper-class«-Milieu von Manhattan. *Zoom, 1/99*

(...) Meet Joe Black ist ein anrührender, amüsanter und zum Schluß ein wenig langatmiger Film über die Freude am Leben und die Schwierigkeit loszulassen. Es ist ein altmodischer Film über die Aufgaben, vor die das Leben einem stellt, und über die verschiedenen Möglichkeiten, sie zu erfüllen. Es ist ein Film, an dessen Ende die Gerechtigkeit wieder hergestellt wird, weil jeder bekommt, was er verdient. Und schließlich ist »Meet Joe Black« vor allem ein Film mit Brad Pitt, der drei Stunden lang in beinahe jeder Einstellung zu sehen ist. Wenn man Brad Pitt nicht mag, ist das sicher ein wenig eintönig. Andernfalls sollte man sich diesen Genuß nicht entgehen lassen.
Daniela Sannwald, FR, 14.1.99

Wenn man jahrzehntelang und mit viel Herzblut an einem Film arbeitet, wie nahe gehen einem dann die teilweise wirklich bösartigen US-Kritiken?

Na, da war ich erstmal ziemlich... sagen wir: verwirrt. Es ist eine Sache, wenn Kritiker einen Film einfach nicht mögen, aber in diesem Fall... die Kritiker waren ja regelrecht wutentbrannt über den Film. Ich habe so etwas noch nicht erlebt. Keine Ahnung, was die Kritiker so aufgebracht hat. Viele von ihnen, das finde ich bemerkenswert, haben den Look des Filmes aufgegriffen. Der Film sieht ihnen zu gut, zu opulent aus, und diese Geschmacksfrage haben sie mit einer Aggressivität behandelt, die mir noch nicht begegnet ist. Na ja.
Ich war eine Woche ziemlich angekratzt, und dann dachte ich mir, die Kritiken sind derart überzogen und haben so total jeden vernünftigen Maßstab gesprengt – da kann ich mich gar nicht drauf einlassen. Heute finde ich das nur noch ... bizarr.

Es heißt, »Joe Black« habe 85 Millionen Dollar gekostet, aber als Produzent des Filmes wissen Sie das sicher genauer.

Weswegen ich mich daran gewöhnt habe, solche Zahlen grundsätzlich nicht zu kommentieren.

...und bei solchen Summen stellt sich doch wahrscheinlich auch für einen

Kritiker die Frage, was für soviel Geld am Ende auf der Leinwand ist.

Es ist ja nicht so, daß die Filme heute deswegen so teuer geworden sind, weil die Filmemacher sich in Extravaganzen suhlen. Wir haben es schlicht mit einer Inflation der Kosten zu tun. »Beverly Hills Cop« zum Beispiel, einen der ersten großen und teuren Action-Filme dieses Genres, haben wir für ungefähr 13 Millionen Dollar gemacht. Wenn ich genau den selben Film heute drehen würde, ohne irgendwas anders zu machen, dann hätten wir es mit 65,7 Millionen zu tun. Die Kosten sind einfach explodiert.

Nach dem enttäuschenden Start von »Joe Black« mußte der Studiochef Casey Silver seinen Hut nehmen. Möchten Sie darüber vielleicht lieber nicht reden?

Wieso nicht? Casey ist einer meiner besten Freunde. Und als Casey gehen mußte, hat er zu mir gesagt: Wenn ich dafür rausgeschmissen werde, daß ich mich hinter dich und George Miller (Regisseur des ebenfalls enttäuschend gestarteten Sequels von »Ein Schweinchen namens Babe«) gestellt habe, dann gehe ich doch hoch erhobenen Hauptes.

Wer weiß, vielleicht wird »Joe Black« ja trotz allem ein Knüller an den europäischen Kinokassen?

Warum nicht? Vielleicht in Schweden. Im Land Ingmar Bergmans kann man damit vielleicht mehr anfangen.

Martin Brest im Interview mit Jürgen Egger, SZ, 14.1.99

Requiem für eine romantische Frau

717

****

Regie: Dagmar Knöpfel
Darsteller: Sylvester Groth (Clemens Brentano), Janina Sachau (Auguste Bußmann), Jeanette Hain (Bettine Brentano, spätere von Arnim), Felix von Manteuffel (Simon Moritz Bethmann), Anian Zollner (Achim von Arnim), Edgar Selge (Friedrich Karl von Savigny), Renée Dumont (Jakob Grimm)
Drehbuch: Dagmar Knöpfel, nach Hans Magnus Enzensberger
Kamera: Igor Luther
Musik: Joschi Schumann
Schnitt: Peter Przygodda
Prod.Des.: Silke Buhr
Prod.: Dagmar Knöpfel, Horst Knechtel,

Janina Sachau und Sylvester Groth

Joachim Sturmes, Thomas Tannenberger, Stefan Jonas, Jürgen Bifang für Knöpfel/ARTE/HR/WDR/BR/Das Werk/ Cinecas, BRD 1998;
100 Min.
Verleih: -/TiMe/-; 18.3.1999
FSK: ab 12 J., ffr.
FBW: Besonders wertvoll

Augusta Bußmann und Clemens Brentano versuchen eine klassische Liebe zu leben. Doch sie scheitern an ihren gegenseitigen übergroßen Erwartungen.
In prägnanten Szenen wird die fatale Liebesgeschichte zwischen dem romantischen Dichter Clemens Brentano und der Bankierstochter Auguste Bußmann erzählt. Während Brentano dem abstrakten Ideal einer neuen Natürlichkeit huldigt, fordert seine ungestüme Geliebte genau dies (und sehr konkret) ein. Der Film lebt ganz wesentlich von Enzensbergers Treatment sowie von Igor Luthers wunderbar ausgeleuchteten Bildern. Größtes Pfund bleibt allerdings das Naturtalent Janina Sachau in der Rolle der Auguste Bußmann. Lange nicht war eine derart vitale wie sinnliche, zugleich in sich gekehrte und an den Zwängen der Konvention scheiternde Frauenfigur auf den hiesigen Leinwänden zu erleben.

Claus Löser, tip, 7/99

(...) Ein dreißigjähriger egozentrischer Poet, jeglichen Brotberuf ablehnend, verliebt sich in eine Siebzehnjährige, deren Begeisterungsfähigkeit und erotische Hingabe ihn entzücken – und deren kichernde, besitzergreifende Ganztagswollust ihm bald so auf die Nerven fällt, daß er sie nur noch loswerden will.
Denn der romantische Dichter will über Liebe schreiben, er will sie nicht leben. Sie aber will ihn ganz haben, mit Haut und Haaren, sofort und immer. So vollzieht sich ein Liebeshaßmelodram, das zeitweilig so aussieht wie ein Scheidungskrawall aus der TV-Reihe »Ehen vor Gericht«. (...) Ein virtuoser Katastrophenfilm der ausgelebten Explosiv-Gefühle – Romantik als vorprogrammiertes Unglück. *Ponkie, AZ, 18.3.99*

Revenant – Sie kommen in der Nacht 718

REVENANT **

Video

Regie: Richard Elfman
Darsteller: Casper van Dien (Dallas), Natasha Gregson Wagner (Nico), Rod Steiger (Van Helsing), Natasha Lyonne (Rachel), Robert Pastorelli, Udo Kier (Vincent)
Drehbuch: Matthew Bright
Kamera: Robin Brown
Musik: Danny Elfman, Michael Wandmacher
Schnitt: Larry Bock
Prod.: Chris Hanley, Brad Wyman für Storm Ent., USA 1998; 91 Min.
Vertrieb: (Kinowelt) VMP Video; 23.4.1999
FSK: ab 16 J.

Kein Geringerer als Vampirjäger Van Helsing (bekannt aus »Dracula«) mischt sich in den in Los Angeles tobenden Krieg zwischen zwei Blutsaugerbanden ein. Allenfalls netter Trash ...

Die Rezepte eines verliebten Kochs 719

LES MILLE ET UNE RECETTES ***
DU CUISINIER AMOUREUX TV

Regie: Nana Djordjadze
Darsteller: Pierre Richard (Pascal Ichac), Micheline Presle (Marcelle Ichac), Nino Kirtadze (Cecilia Abachidze), Jean-Yves Gautier (Anton Gogoladze), Temour Kamkhadze (Sigmund Gogoladze), Ramaz Tchkihvadze (General Ordion), Kakhi Kavsadze (Präsident Jordania), Gouram Pirtskhalava (Platon)
Drehbuch: Irakli Kvirikadze, André Graill
Kamera: Guiorgui Beridze
Musik: Goran Bregovic
Schnitt: Vessela Martschewski, Irakli Kvirikadze
Prod.: Marc Ruscart für Les Films du Rivage/Studio Adam et Eve mit La Sept Cinema/Babelsberg Studio/CMC/Sotra/Innova, Georgien/Frankreich 1996; 105 Min.
UA: 16.5.1996, Int. Filmfestival Cannes
TV: 18.1.1999, Arte, 20.45; 12.12.1999, ARD, 23.30

Georgien in den 20er Jahren. Der französische Globetrotter und Gourmetkoch Pascal Ichac verliebt sich in die lebensfrohe Fürstin Cecilia Abachidze. Sie eröffnen ein florierendes Lokal, doch die Revolution zerstört ihr Glück. Pascal verliert das Restaurant und Cecilia, die vom hitzköpfigen Offizier Sigmund Gogoladze zur Heirat gezwungen wird. Durch Kochrezepte beweist Pascal ihr jedoch seine ungebrochene Leidenschaft. *Pressetext*

Rien sur Robert 720

RIEN SUR ROBERT ****+

Regie: Pascal Bonitzer
Darsteller: Fabrice Luchini (Didier Temple), Sandrine Kiberlain (Juliette Sauvage), Valentina Cervi (Aurélie Coquille), Michel Piccoli (Ariel Chatwick-West), Bernadette Lafont (Mme. Sauvage), Laurent Lucas (Jérôme Sauveur), Denis Podalydès (Martin), Valérie Boutefeu (Violaine Rachat)
Drehbuch: Pascal Bonitzer
Kamera: Christophe Pollock
Schnitt: Suzanne Koch
Prod.: Jean-Michel Rey, Philippe Liégeois für Rezo Films/Assise/France 2 Cinéma, Frankreich 1998; 110 Min.
EA: 13.2.1999, Int. Filmfestspiele Berlin, »Panorama«
Verleih: TiMe/-/Alhena; 30.12.1999

Didier Temple wäre gern ein anderer. Umso mehr, als man ihn wegen eines fahrlässig geschriebenen Artikels angeprangert und die Freundin ihn mit sexuellen Eskapaden provoziert. Das Porträt eines Pariser Stadtneurotikers überzeugt durch eine starke Besetzung und Dialogwitz. In seinen Teilen besticht das Komödiantische mehr als das Ernste. Dass der Antiheld keine Erlössung findet, ist sympathisch. *Zoom, 8/99*

(...) Nach »Encore« legt Pascal Bonitzer, der langjährige Drehbuchautor von Jacques Rivette und André Téchiné, auch mit seinem zweiten Film einen geistreichen Diskurs über Kopfgeburten und Komplexe eines krisengeschüttelten Helden hin. »Rien sur Robeert« könnte auch als Kommentar zum Verhältnis zwischen Männern und Weiblein im ausgehenden Jahrtausend gelesen werden. Alle projizieren, imaginieren und reden aneinander vorbei, dabei ist die wahre Liebe zum Grapschen nahe. *Anke Leweke, tip, 27/99*

(...) »Robert ist eine sehr komische Geschichte, eine richtige Marivaudage,

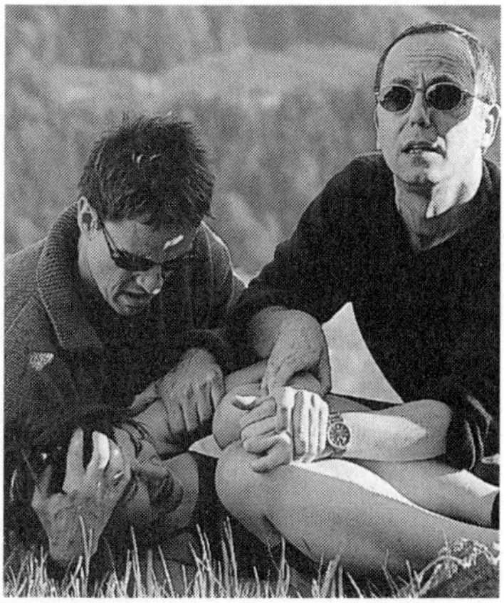

›Rien sur Robert‹

die dann den Zuschauer in dunkle, komplexe, schmerzhafte Regionen führt. Der Wechsel ist abrupt – ein Risiko. Dadurch geht der Film auf Distanz zum übrigen Kino heute, das gröber, heftiger, realistischer ist. Ich mache einen Realismus à la Rohmer.« (...)
Pascal Bonitzer im Gespräch mit Fritz Göttler, SZ, 17.2.99

Ripper – Der Schlitzer 721

THE RIPPER ***

Video

Regie: Jamet Meyers
Darsteller: Michael York (Inspektor Charles Warren), Patrick Bergin (James Hanson), Essie Davis (Lady Evelyn Bookman), Gabrielle Anwar (Florry), Samuel West (Prinz Eddie), Adam Couper, Olivia Hamnett, Karen Davitt
Drehbuch: Robert Rodat
Kamera: Martin McGrath
Musik: Mason Daring
Schnitt: Elba Sanchez-Short
Prod.Des.: Tim Ferrier
Prod.: Allison Lyon Segan für Mutual/Starz! Pic./Michael R.Joyce Prod., USA 1997; 96 Min.
Vertrieb: CIC Video; März 1999
FSK: ab 16 J.

Das London des 19. Jahrhunderts wird von einem Prostituierten-Mörder in Atem gehalten. Die Spur führt ins Königshaus ... TV-Film mit prominenten Namen auf der Besetzungsliste und einem achtbar aufbereiteten »True Crime«-Plot.

Rivalinnen der Liebe 722

**
TV

Regie: Karola Zeisberg-Meeder
Darsteller: Katja Woywood (Cassie McGann), Tina Ruland (Leonora von Wagner), Walter Sittler (Tyrone Ross), Manou Lubowski (Dexter), Rolf Becker (Tomas), Gila von Weitershausen (Mrs. Wagner), Jana Leipziger (Erin)
Drehbuch: Barbara Engelke, nach Motiven des Romans »To Hear A Nightingale« von Charlotte Bingham
Kamera: Marc Prill
Musik: Richard Blackford
Prod.: BRD 1999; 90 Min.
TV: 3.12.1999, ARD, 20.15

Als wolle sich die ARD mit dieser nachgemachten Pilcher-Sülze nun extra als Schnarch-Ecke für die Mottenkugel-Kundschaft ausweisen (weil doch die Jüngeren sowieso nicht zuschauen), wird hier ein unglaublich alberner Prinz- und Aschenputtel-Muff verzapft. Dienstmädchen-Roman nannte man derlei zu Zeiten der Courths-Mahler – aber die konnte es wenigstens. Der edle, aber verschuldete Pferde-Trainer Walter Sittler, mit der edlen, aber armen Katja Woywood verehelicht und von der reichen Nachbarszicke Tina Ruland begehrt, zerschellt in den Klippen seiner Ländereien, und die Rivalenweiber reiten für das Erbe um die Wette. Arm und edel gewinnt, reich und fies verliert. Noch Fragen? *Ponkie, AZ, 6.12.99*

Robot Ninja 723

ROBOT NINJA
*
Video

Regie: J.R. Bookwalter
Darsteller: James L. Edwards (Scully), Burt Ward, Hans Kenneth Hammerstrom, Michael Kemper, Bill Morrison, Linnea Quigley (Miss Barbeau), Scott Spiegel, Michael Todd
Prod.: USA 1989; 80 Min.
Vertrieb: Screen Power Video; März 1999
FSK: ab 18 J.

Comic-Zeichner schlüpft nach Überfall selbst in die Rolle seines Helden und nimmt Rache, aber keine Rücksicht. Eine dieser Bodenlosigkeiten, mit denen sich derzeit Kohle machen läßt – auch und gerade wenn sie schon zehn Jahre auf dem häßlichen Buckel haben.

Rocky Marciano 724

ROCKY MARCIANO
**
Video

Regie: Charles Winkler
Darsteller: Jon Favreau (Rocky Marciano), Penelope Ann Miller (Barbara Cousins), Judd Hirsch (Al Weill), Tony Lo Bianco (Frankie Carbo), Duane Davis (Joe Louis), Rino Romano (Allie Colombo), George C. Scott (Pierino Marchegiano), Rhoda Gemignani (Pasquelina Marchegiano)
Drehbuch: Charles Winkler, Dick Beebe, nach einer Story von Larry Golin
Kamera: Paul Sarossy
Musik: Stanley Clarke
Schnitt: Clayton Halsey
Prod.Des.: Lindsey Hermer-Bell
Prod.: Rob Cowan für MGM/Orion Home Ent., USA 1999; 96 Min.
Vertrieb: Warner (MGM/UA) Video; Aug. 1999
FSK: ab 12 J.

Das Leben des US-Boxers Marciano, der in den vierziger und fünfziger Jahren zum Nationalhelden avancierte. Banale, wenig einfallsreiche Biographie.

Romance 725

ROMANCE
****+

Regie: Catherine Breillat
Darsteller: Caroline Ducey, Sagamore Stévenin, François Berléand, Rocco Siffredi, Reza Habouhossein, Fabien de Jomaron, Emma Colberti, Ashley Wanninger
Drehbuch: Catherine Breillat
Kamera: Yorgos Arvanitis
Musik: DJ Valentine, Raphael Tidas
Schnitt: Agnes Guillemot
Prod.: Jean-François Lepetit für Flach/CB/Arte France Cinéma, Frankreich 1999; 93 Min.
EA: 30.9.1999, Filmfest Hamburg
Verleih: Arthaus/-/Alhéna; Juni 1999 (CH), 25.5.2000

Marie ist unglücklich, da Paul sie liebt, aber nicht befriedigt. So sucht die Verzweifelte einen Mann fürs Sexuelle. Das lange, im Off selbstreflektierte Experimentieren endet unerfüllt und beinahe absurd mit einer lieblosen Schwangerschaft sowie dem Tod Pauls. Die Autorenfilmerin Catherine Breillat inszenierte mit persönlichem Stil, ihre Darstellung der Sexualität ist pornografisch, aber nicht leicht konsumierbar.

Zoom, 6-7/99

Romantic Fighter

726
□
TV

Regie: Rainer Matsutani
Darsteller: Christian Oliver (Dennis), Thure Riefenstein (Wulf), Drago Ragutin (Pjotr), Piotr Olev (Nicolai), Ako Michael Hintzen (Thai), Chiara Schoras (Tanja), Theresa Hübchen (Lara), Michael Schiller (Irokese)
Drehbuch: Christian Limmer, Sven Ulrich, Stefan Kornatz
Kamera: Gerhard Schirlo
Prod.: Novamedia, BRD 1999; 96 Min.
TV: 12.3.1999, Pro7, 20.15

Deutscher Regienachwuchs tummelt sich im Knochenbrechermilieu. Warum eigentlich? Dieses Schrott-Genre wird wirklich gut genug bedient.

Rosenzweigs Freiheit

727
****+
TV

Regie: Liliane Targownik
Darsteller: Christoph Gareissen (Michael), Benjamin Sadler (Jakob), Gertrud Roll (Mutter), Peter Roggisch (Anwalt Ahrendt), Felix von Manteuffel (Staatsanwalt Keil), Pierre Franckh (Penner), Monika Bleibtreu (Richterin), Bernd Stegemann (Dr. Braun)
Drehbuch: Liliane Targownik
Kamera: Johannes Hollmann
Musik: Peter Ponger
Schnitt: Olga Bartel
Prod.Des.: Jörg Höhn
Prod.: Susan Schulte für SWF, BRD 1998; 90 Min.
UA: Int. Hofer Filmtage 1998
TV: 17.2.1999, ARD, 20.15

Gerade hat er einen Brandanschlag auf ein Asylbewerberheim überlebt, schon wird er mir nichts dir nichts angeklagt, einen stadtbekannten Neonazi-Führer ermordet zu haben. Das Trauma und der Wahnsinn folgen auf dem Fuße, aber auch die Rettung eilt wehenden Mantels herbei. Michaels Bruder Jakob, ein langmähniger Anwalt, nimmt den Kampf gegen die Glatzen und die Justiz auf. Am Ende triumphieren Juden, Vietnamesen und Obdachlose gegen Skins und Staatsanwälte. Eine schöne Vorstellung, die aber auf billigste Weise von Regisseurin Liliane Targownik exerziert wird. Die Guten siegen einzig und allein, weil sie gut sind und es sich durch ihre Opferrolle verdient haben. Das ist Gesinnungskino der langweiligsten Sorte und erzählt nichts von der neudeutschen Wirklichkeit. *Volker Gunske, tip, 24/98*

Nur in die Nähe des Abgrunds traut sich auch Liliane Targownik mit »Rosenzweigs Freiheit«, der die Liebe eines Deutschen zu einer Vietnamesin, Ausländerfeindlichkeit und die Schwierigkeit zweier deutscher Juden, Enkel von Holocaust-Opfern, mit ihrer Vergangenheit zu einem Gerichtskrimi verquickt. Wie die Opfer mit ihrer Wut auf die Täter umgehen, untersucht die Regisseurin sehr viel bescheidener als »Meschugge«, der ein verwandtes Thema hat, in eine Fernsehästhetik gezwängt, mit vielen Kompromissen und trotzdem fesselnd. Da ist viel zu viel Psychologie im Spiel, aber im Zentrum steht eine verbotene Frage: Haben die Opfer diesmal zurückgeschlagen?

Martina Knoben, SZ, 3.11.98

(...) Der Plot und Personen sind frei erfunden, die politischen Ereignisse sind es nicht. Alle fremdenfeindlichen

›Rosenzweigs Freiheit‹

Angriffe im Film beruhen auf Tatsachen. Fünf Jahre lang konnte die Autorin keinen Produzenten von ihrem Projekt überzeugen, bis sich 1997 mit dme heutigen SWR doch ein Geldgeber fand. Am schwierigsten sei es ihr gefallen, so Targownik, Gewalt in Bildern zu erzählen, ohne voyeuristisch zu werden. *Jochen Eversmeier*

The Rounder Girls 728
***

Regie: Sabine Derflinger, Bernhard Pötscher
Darsteller: Mit: Tini Kainrath, Lynne Kieran, Kim Cooper, Geri Schuller (Rounders Girls)
Drehbuch: Sabine Derflinger, Bernhard Pötscher
Kamera: Bernhard Pötscher
Schnitt: Michael Hudecek, Daniel Pöhacker
Prod.: Sabine Derflinger, Bernhard Pötscher, Österreich 1999; 88.
UA: Int. Hofer Filmtage 1999

Zurückhaltend sachlich, aber auch sehr frisch, lebendig und persönlich präsentiert diese einfühlsame Dokumentation die Wiener Soul-Gruppe »The Rounder Girls« ihren Werdegang, die aktuelle Karrieresituation und ihre Wünsche und Hoffnungen für die Zukunft. Das kurzweilig geschnittene Mosaik aus Interviewteilen, Probe- und Auftrittsszenen läßt vielleicht den Wunsch nach längeren zusammenhängenden Programmteilen offen, ist aber auch in der vorliegenden Form ansprechend, informativ und unterhaltsam. *Multimedia*

Rounders 729
ROUNDERS ***

Regie: John Dahl
Darsteller: Matt Damon (Mike McDermott), Edward Norton (Worm), John Turturro (Joey Kinish), Gretchen Mol (Jo), Famke Janssen (Petra), John Malkovich (Teddy KGB), Martin Landau (Abe Petrovsky), Michael Rispoli (Grama)
Drehbuch: David Levien, Brian Koppelman
Kamera: Jean Yves Escoffier
Musik: Christopher Young
Schnitt: Scott Chestnut
Prod.Des.: Rob Pearson
Prod.: Joel Stillermann, Ted Demme für Spanky Pic., USA 1998; 120 Min.
UA: 11.9.1998, Int. Filmfestspiele Venedig 1998
Verleih: -/-/Rialto; April 1999

Ein Jurastudent ist vom Pokern um Geld besessen, was seine Verlobte stört und den Aufbau einer seriösen Karriere behindert. Der Mann will sich bessern, doch seiner tumber Freund lockt ihn wieder in die Halbwelt und verleitet ihn zu riskanten Spielrunden mit der Mafia. Bald ist lebensgefährlicher Zoff angesagt. Regisseur John Dahl möchte das Poker-Milieu im intellektuellen Stil eines David Mamet präsentieren, doch seine Charaktere wirken plakativ, und der effekthascherisch-manierierte Plot plündert gnadenlos die Klischees des Spielerfilm-Genres. *Zoom, 4/99*

Rudolph mit der roten Nase 730
RUDOLPH THE TED-NOSED ***
REINDEER ... Video

Regie: Bill Kowalchuk
Darsteller: Deutsche Stimmen und ihre Charaktere: Tristano Casanova (Rudolph), Nina Hagen (Stormella), Wolfgang Völz (Santa Claus), Cosma Shiva Hagen (Zoey), Udo Wachtveitl (Doogle), Thomas Fritsch (Slyly)
Drehbuch: Michael Aschner
Musik: Al Kasha, Michael Lloyd, Michael Schanze (Titelsong)
Prod.: William R. Kowalchuk für Tundra/ Goodtimes, USA 1998; 85 Min.
Vertrieb: Intertainment Video; 8.11.1999
FSK: o. A.

Seit den 30er Jahren zählt jenes Rentier Rudolph zu den beliebtesten Weihnachtsfiguren in den USA. Um seinen Wunsch, trotz seiner roten Nase einmal den Schlitten von Santa Claus ziehen zu dürfen, strickten die Autoren eine nette, um Toleranz buhlende Story.

Rugrats – Der Film 731
THE RUGRATS MOVIE ***

Regie: Norton Virgien, Igor Kovalyov
Darsteller: Die Figuren und ihre deutschen Sprecher: Angela Quast (Tommy), Eva Michaelis (Chuckie), Monika Barth (Angelica), Micaela Kreißler (Lil), Reinhilt Schneider (Phil), Katja Brügger (Didi), Klaus Peter Kähler (Stu), Tanja Schumann (Dylan)

Drehbuch: David N. Weiss, David Stem
Musik: Mark Mothersbaugh
Schnitt: John Bryant
Prod.Des.: Dima Malanitchev (künstl. Leitung)
Prod.: Gabor Csupo, Arlene Klasky für Nickelodeon/Klasky Csupo für Paramount, USA 1998; 80 Min.
Verleih: UIP/UIP/UIP/CIC Video; 13.5.1999
FSK: ab 6 J., ffr.

Sechs sprachbegabte Kleinkinder zwischen drei Monaten und drei Jahren geraten in einen Wald und erleben Abenteuer mit ausgerissenen russischen Zirkusaffen, bevor sie der Vater der beiden jüngsten Kinder, ein chaotischer Spielzeugerfinder, wohlbehalten wiederfindet. Der im einfachen Stil gezeichnete Animationsfilm mit musikalischen Einlagen basiert auf einer erfolgreichen amerikanischen TV-Serie. Trotz einiger Oberflächlichkeiten gelingt es dem Film, in frechem Humor verpackte Werte wie Freundschaft, Loyalität und Grosszügigkeit glaubhaft zu vermitteln. *Zoom, 5/99*

Runner 732

DAVANDEH ****

Regie: Amir Naderi
Darsteller: Majid Nirumand (Amiro), Musa Torkizadeh, Ali Reza Gholamzadeh, Mohammad Nawazi, Ch. Bechkal, A. Pasdarzadeh, M. Kabiri, H. Nazari
Drehbuch: Amir Naderi, B. Gharipur
Kamera: Firuz Malekzadeh
Schnitt: Bahram Beyzai
Prod.Des.: Amir Naderi
Prod.: Fathola Dalili für Institut für die geistige Entwicklung von Kindern und jungen Erwachsenen, Iran 1984; 94 Min.
EA: 28.6.1991, Filmfest München
Verleih: Pegasos/Stadtkino/Cinélibre; 3.6.1999

Der 13jährige Amiro wohnt alleine in einer Baracke am Strand. Sein Geld verdient er mit dem Einsammeln leerer Flaschen. Immer wieder veranstaltet Amiro mit seinen Freunden Wettrennen – wenigstens beim Spiel kann man Sieger sein. Amir Naderis vor 15 Jahren entstandener Film zeigt ein Iran jenseits der offiziellen Bilder, zeigt Kinder, die nie Lesen und Schreiben gelernt haben, die schon als Kleine schwer schuften müssen. Die Kamera dokumentiert nicht nur, sie nimmt die subjektive Sicht eines Jungen ein, der sich seinem Schicksal stellen wird. *Anke Leweke, tip, 12/99*

Running Woman 733

RUNNING WOMAN **

Video

Regie: Rachel Samuels
Darsteller: Theresa Russell (Emily Russo), Andrew J. Robinson (Captain Gibbs), Gary Graham (John Delaney), Eddie Velez (Reuben Alvarez), Anthony Crivello (Detective Harris)
Drehbuch: Rachel Samuels
Kamera: Chris Manley
Musik: Christopher Lennertz
Schnitt: Sonya Polonsky
Prod.: Roger Corman für Pacific Trust/ New Horizons, USA 1998; 95 Min.
Vertrieb: Highlight Video; Juni 1999
FSK: ab 16 J.

Bei einem Überfall läßt Emilys Sohn sein Leben, sie selbst gerät unter Mordverdacht und taucht unter. Logik, Psychologie und Dramaturgie machen Bocksprünge – ein dümmlicher Action-Krimi.

Rush Hour 734

RUSH HOUR ***

Regie: Brett Ratner
Darsteller: Jackie Chan (Inspektor Lee), Chris Tucker (Det. James Carter), Tom Wilkinson (Thomas Griffin), Elizabeth Pena (Tania Johnson), Philip Baker Hall (Capt. Diel), Mark Rolston (Agent Russ), Tzi Ma (Conul Han), Rex Linn (Agent Whitney)
Drehbuch: Jim Kouf, Ross Lamanna, nach der gleichn. Story von Ross Lamanna
Kamera: Adam Greenberg
Musik: Lalo Schifrin
Schnitt: Mark Helfrich
Prod.Des.: Robb Wilson King
Prod.: Roger Birnbaum, Jonathan Glickman, Arthur Sarkissian für New Line Cimema, USA 1998; 98 Min.
Verleih: Kinowelt/Constantin/Rialto/DMG (Ufa) Video; 25.3.1999
FSK: ab 12 J., ffr.

Jackie Chan als Honkonger Kripobeamter in Hollywood, der mit einem schwarzen Chaoten-Cop einen Ent-

Chris Tucker und Jackie Chan

führungsfall löst. Der Kung-Fu-Artist wartet in seiner klamaukigen Action-Komödie wie gewohnt mit allerhand akrobatischen Bravournummern auf, für die Komik ist diesmal vor allem sein US-Kollege Chris Tucker zuständig als großspuriger Maulheld mit einer noch größeren Klappe als Cassius Clay.
Ralph Umard, tip, 7/99

Nach der Rückgabe Hongkongs an China entführt ein ehemaliger britischer Polizeioffizier die Tochter des chinesischen Konsuls in Amerika. Ein aus China eingeflogener Polizist und sein amerikanischer Betreuer nehmen sich gegen den Willen ihres Vorgesetzten dieses Falls an. Eine vegnügliche Actionkomödie, die von den unterschiedlichen Talenten ihrer beiden Hauptdarsteller lebt: Jackie Chan bringt akrobatische Kampfkunst, Chris Tucker entwaffnend naive Mimik und Dialogwitz ein. *Zoom, 4/99*

(...) Die Struktur des Buddy-Movie hält dazu her, überdrehte, dialogbetonte Szenen mit der üblichen Action Jackie Chans zu verbinden. Insgesamt bestenfalls durchschnittlich und höchstenfalls für bedingungslose Fans. *Multimedia*

Rushmore 735

RUSHMORE ***

Regie: Wes Anderson
Darsteller: Jason Schwartzman (Max Fischer), Bill Murray (Herman Blume), Olivia Williams (Rosemary Cross), Seymour Cassel (Bert Fischer), Brian Cox (Dr. Guggenheim), Mason Gamble (Dirk Calloway), Sara Tanaka (Margaret Yang), Stephen McCole (Magnus Buchan)
Drehbuch: Wes Anderson, Owen Wilson
Kamera: Robert Yeoman
Musik: Mark Mothersbaugh
Schnitt: David Moritz
Prod.Des.: David Wasco
Prod.: Barry Mendel, Paul Schiff; John Cameron (Co-Prod.) für Touchstone/American Empirical, USA 1998; 89 Min.
UA: 6.9.1998, Filmfestival Telluride; Filmfestival Toronto
EA: 30.6.1999, Filmfest München
Verleih: Buena Vista; November 1999

Der fünfzehnjährige Exzentriker Max Fisher ist eine Art sonderliche Berühmtheit an seinem College. Sein Leben kommt mehr und mehr in Unordnung, als er und sein Förderer, ein Industrieller, sich gleichzeitig in eine Lehrerin der Schule verlieben. Wes Andersons zweiter Film entwirft ein geradezu absurdes Universum, in dem sein Protagonist heranwächst, unter dessen Oberfläche jedoch immer wieder tiefe Melancholie durchscheint.
Multimedia

Ryhiner's Business 736

****

Regie: Mike Wildbolz
Darsteller: Ludy Kessler (Sprecher)
Drehbuch: Hans Rohner, Mike Wildbolz
Kamera: Thomas Hardmeier
Musik: Ivo Antognini
Schnitt: Marianne Quarti
Prod.: Mike Wildbolz für Studio Ludiano, Schweiz 1998; 89 Min.
Verleih: -/-/Lang; November 1999

Dokumentarfilm auf der Fährte des Tierfängers und -händlers Peter »Pief« Ryhiner (1920–1975), der überzeugt war, vom Aussterben bedrohte Tierarten könnten im Zoo überleben. Aus Bild- und Filmdokumenten sowie Interviews mit Verwandten, Freunden, Kollegen und Zeitzeugen entsteht ein differenziertes Bild des legendären Weltenbummlers, Abenteurers, Lebemanns und Alkoholikers, der immer mehr zum melancholischen Außenseiter vereinsamte. *Film, 11/99*

Sabrina – Verhext in Rom 737
SABRINA GOES TO ROME **
Video

Regie: Tibor Takacs
Darsteller: Melissa Joan Hart (Sabrina/Sophie), Eddie Mills (Paul), James Fields (Travis), Tara Charendoff (Gwen), Erik Alexander, Nick Bakay, Mario De Candia, Alessandro Giannini
Drehbuch: Daniel Berendsen, Nicholas Factor, nach einer Story von Barney Cohen, Kathryn Wallack
Kamera: Adolfo Bartoli
Musik: Danny Lux
Schnitt: Marcus Manton
Prod.: Ovidio G. Assonitis, Melissa Joan Hart, Kenneth R. Koch; Stuart Bass (Co-Prod.) für Paramount TV, USA 1998; 86 Min.
Vertrieb: CIC (Paramount) Video; 12.8.1999
FSK: ab 12 J.

Amerikanische Nachwuchshexe entdeckt in Rom Kollegin und macht mit ihr die Stadt unsicher. Spezialfolge der US-TV-Serie »Sabrina – total verhext« für pubertierende Mädels.

Safe Passage 738
SAFE PASSAGE ***
TV

Regie: Robert Allan Ackerman
Prod.: USA 1994
TV: 22.8.1996, Premiere, 20.15

Erschien bereits 1995 auf Video. Deshalb vollständige Angaben und Kritik im Heyne Filmjahrbuch 1996.

Sam Suffit 739
SAM SUFFIT ***
TV

Regie: Virginie Thévenet
Darsteller: Aure Atika (Eva), Philip Bartlett (Peter), Rossi de Palma (Chichi), Claude Chabrol (Monsieur Denis), Jean-François Balmer (Monsieur Albert), Bernadette Lafont (Evas Mutter), Marilu Marini (Tatiana Gracchi), Cyliane Guy
Drehbuch: Virginie Thévenet, Michka Assayas
Kamera: Jean-François Robin, José Luis Alcaine
Musik: Keziah Jones
Schnitt: Cathérine Renault, Luc Barnier
Prod.Des.: Carlos Conti
Prod.: Michel Propper, Edward Myerson, Rachel Tabori für Prod. du 3ème Etage/Paris Eiga/Cité Films/Paravision Int./Parafrance Communications/Figerindo/Victor Musical Industries/Canal Plus/Investimage 3/Centre National de la Cinématographie, Frankreich 1992; 95 Min.
EA: 28.6.1992, Filmfest München
TV: 25.8.1999, BR, 0.05

Die Französin Eva arbeitet als Stripperin in einem schäbigen Nightclub an der Flanierallee Barcelonas. Als man sie wieder einmal um ihre Gage bringen will, schnappt sie sich die Kasse und setzt sich in ihre Heimat ab. (...) Eva faßt den Entschluß, sich endlich eine bürgerliche Existenz zu schaffen. Kühn bewirbt sie sich um eine Stelle im Rathaus ihrer Vaterstadt – und das mit Erfolg. Aber so leicht, wie sie gedacht hat, ist es nicht, sich von heute auf morgen vom Paradiesvogel in einen Spatzen zu verwandeln. *Pressetext*

Samurai Fiction 740
SAMURAI FICTION ***

Regie: Hiroyuki Nakano
Darsteller: Mitsuru Fukikoshi (Heishiro Inukai), Tomoyasu Hotei (Rannosuke Kazamatsuri), Morio Kazame (Hanbei Mizoguchi), Tamaki Ogawa (Koharu Mizoguchi), Mari Natsuki (Okatsu),Taketoshi Naito (Kanzen), Kei Tani, Hirohi Kanbe
Drehbuch: Hiroshi Saito, Hiroyuki Nakano
Kamera: Yujiro Yajima
Musik: Tomoyasu Hotei
Schnitt: Kiyoharu Miyazaki, Hiroyuki Nakano
Prod.: Takaaki Ezaki, Hiroto Kimura, Kaora Hayashi, Tsuyoshi Takashiro für Samurai Fiction Prod., Japan 1998; 111 Min.
Verleih: REM/-/-; 8.4.1999

Das Schwert des Shoguns ist von dem bösen Samurai Kazamatsuri gestohlen worden. Schande. Der gute Samurai Heishiro ist ihm auf den Fersen. Zaghaft und schöngeistig schwelgt Videoclip-Regisseur Hiroyuki Nakano in Breitwandaufnahmen. Der Mensch und die Natur in schwarzweiß fotografierten, edlen Bildern. Das hat Stil. Ein bißchen zuviel Stil. Gepflegte Schwertkampfunterhaltung. Kunstvoll und betont heiter. Pop eben.
Jörg Buttgereit, tip, 8/99

(...) Im Herzen dieses sympathischen Märchens über Samurais, Ninjas und Yakuzas steckt also ein Entwicklungsroman. Und den Ehrenkodex des Samurai überträgt Nakanao auch auf das Filmemachen. Er ist selbst noch ein junger Wilder, der brilliert mit spektakulären Effekten. Doch in manchen schönen Passagen zeigt sich, daß er schon etwas gelernt hat von den alten Meistern. *Hans Schifferle, SZ, 10.4.99*

(...) Da rockt der Roll, da pumpen die Beats wenn die Schwerter im Takt zusammenkrachen. Der Regisseur Hiroyuki Nakano hat Einstellungen bei seinem Idol Akira Kurosawa abgeschaut und seinen Humor an den schlechteren Bud-Spencer-Filmen geschult. In dieser Spannweite bewegt sich der Film. Der pure Comic. Und nichts für die Hochkultur-Fraktion. Ein Happy End darf da nicht fehlen. Deshalb können wir uns mit dem alten Samurai freuen, daß er endlich Beamter werden darf und Inukai seine Tochter ehelicht. Dank Wiedergeburt enden japanische Märchen übrigens anders: Und weil er schon gestorben ist, lebt Inukai noch heute! *Julian Hanich, Der Tagesspiegel, 8.4.99*

Sawdust Tales 741

SAWDUST TALES □ TV

Regie: Baris Pirhasan
Darsteller: Hugh O'Connor (Isaac), Julia Brendler (Meerjungfrau), Károly Eperjes (Abib), Tuncel Kurtiz, Michael Schenk
Drehbuch: Baris Pirhasan, nach der Kurzgeschichte von Bilge Karasu
Kamera: Jürgen Jürges
Musik: The Simple Minds, Peter Ogi
Schnitt: Jamie Trevill
Prod.: Pit Riethmüller für Medias Res/Focus Film/Medyapim mit Linda Film/BR/Arte/Magyar Televizió, BRD/Türkei/Ungarn 1997; 90 Min.
TV: 3.5.1999, Arte, 1.05

Eine bunt zusammengewürfelte Zirkustruppe befindet sich auf der Flucht vor dem Bürgerkrieg. Die Drahtseiltänzer Isaac und Abib, Adoptivvater von Isaac, sowie eine Meerjungfrau, in die Isaac sich verliebt, stehen im Mittelpunkt der Geschichte. Das fahrende Volk der Zirkusleute ist Sinnbild für die Entwurzelung des Menschen, für Vertreibung und Exil. *Pressetext*

Der Schandfleck 742

**** TV

Regie: Julian Roman Pölsler
Darsteller: Hans-Michael Rehberg (Josef Reindorfer), Bernadette Heerwagen (Leni), Sophie Pflügler (Burgl), Frances Fulton-Smith (Simon Engert), Manfred Zapatka (Florian), Lisa Kreuzer (Aloisia), Simon Schwarz (Florian Herlinger), Fritz Egger (Leo Reindorfer)
Drehbuch: Julian R. Pölsler, Franz Xaver Sengmüller, nach dem Roman von Ludwig Anzengruber
Kamera: Fabian Eder
Musik: Hans-Jürgen Buchner »Haindling«
Prod.Des.: Susanne Quendler
Prod.: Günter Prantl (Prod.-Ltg.) für Sonne, Mond und Sterne für BR/ORF, BRD 1999; Jeweils 90 Min.
TV: 31.10.1999, 1.11.1999, BR, jeweils 19.45

Der Film gehört zum Genre der schlichten, unparfümierten Heimatfilme jenseits des Komödienstadels: Ein bitteres Bauerndrama von Sitte und Ordnung, von brutalen Besitz-Spielregeln der Generationen – und von Dienstboten-Bosheit als Ventil im Herr- und Knechtgefüge. Da sich zwar die Zeiten geändert haben, aber nicht die menschlichen Charakterstrukturen und Reaktionen auf Kränkungen, sind Anzengruber-Stoffe nicht unmodern geworden. (...) Der 2. Teil wird dann leider überladen mit allzuviel Schicksalsfracht, als Leni einen reichen Bauern heiratet, während ihr Ziehvater von den eigenen Kindern seine Härte zurückbekommt: Ein Lear, der zum Sterben bei seinem »Schandfleck« Zuflucht findet. Aus einem Guß: die »Haindling«-Musik. *Ponkie, AZ, 3.11.99*

Scharfe Beute – Heiße Ware 743

A ROCK IN A HARD PLACE ** TV

Regie: Ron Moler
Darsteller: Frank Rodriquic (Tom), Christine Cornell (Cynthia), Greg Neid (Keating), Ray

Raglin (Nicolas), Alina Kalev (Carmella), Terry Rose (Captain Murdoch)
Drehbuch: Mike Kesey, Naomi L. Selfman
Musik: Sean Murray, Shawn K. Clement
Prod.: Playboy Ent., USA 1997; 98 Min.
TV: 27.1.1999, Pro7, 23.10

Zusammenphantasierte Krimigeschichte, die hinter Palmen und Strandschönheiten verblaßt. *SZ TV-Beilage*

Schatten des Grauens 744
SHADES OF GRAY **
TV

Regie: Jag Mundhra
Darsteller: Kelly Burns (Gray Goodman), Doug Jeffery (Jack Kincaid), Tom Reilly (Frank Maxwell), Kathy Shower (Joyce Walker), Michelle Helm (Amy), Cranville Ames (Sheriff Mitch Walker), Blake Adams (Seth), Mary Swenson (Alice Walker)
Drehbuch: Carl Austin
Musik: Alan Dermarderosian
Prod.: USA 1995; 103 Min.
TV: 7.1.1999, Pro7, 23.10

Die Polizei-Zeichnerin Gary trennt sich von ihrem Freund, dem Polizisten Kincaid, und zieht in ihre Heimat zurück, wo sie bald darauf einen Trucker heiratet. Als ein Mädchen ermordet wird, paßt die Täterbeschreibung auf ihren Ehemann.

Schatten eines Zweifels 745
SHADOW OF DOUBT **
Video

Regie: Randal Kleiser
Darsteller: Melanie Griffith (Kitt Devereux), Tom Berenger (Jack Campioni), Wade Dominguez (Bobby Medina), Jey Lewis (Al Grodon), Nina Foch (Sylvia Saxon), Craig Sheffer (Laird Atkins), Huey Lewis (Al Gordon), John Ritter
Drehbuch: Myra Byanky, Raymond De Felitta
Kamera: Craig Haagensen
Musik: Joel Goldsmith
Schnitt: Jeff Gourson
Prod.: Adam Kline für Largo Ent., USA 1998; 98 Min.
Vertrieb: Starlight Video; Okt. 1998, Juni 1999
FSK: ab 16 J.

Verworrener und spannungsarmer, wenngleich gut besetzter Erotik-Thriller um Staranwältin, die bei der Verteidigung eines mordverdächtigen Rap-Musikers in ein Wespennest aus Intrigen und Korruption stößt.

Der Schatz, der vom Himmel fiel 746
***

Regie: Wolfram Paulus
Darsteller: Lisa Trischler (Lucy), Nino Kratzer (Flori), Ozan Caliskanoglu (Ali), Rolf Zacher (Henry), Dietmar Mössmer (Heiner), Ahmet Ugurlu, Claudia Zöhrer, Giulio Ricciarelli
Drehbuch: Wolfram Paulus, Wolfgang Haberl
Kamera: Hans Selikovsky
Musik: Sedar Ateser, Andy Baum
Schnitt: Adi Wallisch
Prod.: Josef Koschier für SK Film, Österreich 1999; 82 Min.
Verleih: -/Einhorn/-; September 1999

Die recht geglückte Mischung aus Ferienfilm, Kinderkrimi und modern-orientalischem Märchen erzählt das Abenteuer des türkischen Buben Ali, der seinen Großvater in Demre besucht, seine Schulkollegen Fiori und Lucy trifft, die auch dort Urlaub machen, und mit ihnen sowie dem »guten Geist« Ahmet zwei tolpatschige Juwelendiebe zur Strecke bringt. Formal eher durchschnittliche aber solide und gefällig gestaltete Unterhaltung aus dem Reich der Tagträume, mit sympathischem Humor und völkerverbindender Aussage. *Multimedia*

Schau nie nach unten! Die Angst am Abgrund 747
WES CRAVEN PRESENTS: DON'T LOOK DOWN □
TV

Regie: Larry Shaw
Darsteller: Megan Ward (Carla Engel), Billy Burke (Mark Engel), Terry Kiney (Dr. Paul Sadowski), Angela Moore (Jocelyn), William McDonald (Ben), Kate Robbins (Hallie), Aaron Smolinski (Zak), Tara Spencer-Nairn (Rachel)
Drehbuch: Gregory Goodell
Prod.: Wes Craven, USA 1998; 86 Min.
TV: 16.6.1999, RTL, 20.15

Mitglieder einer Selbsthilfegruppe gegen Höhenangst werden ermordet bis Carla Engel merkt, dass sie von jemanden verfolgt wird.

Schicksal
748
MEKTOUB ****+
TV

Regie: Nabil Ayouch
Darsteller: Rachid El Ouali, Amal Chabli, Mohammed Miftah, Faouzi Bensaidi
Prod.: Marokko 1997;
90 Min.
EA: 12.2.1999, Int. Forum des Jungen Films, Berlin, »Neues marokkanisches Kino«
TV: 6.7.1999 Arte, 23.5

Beschreibung der tiefen Kluft zwischen Arm und Reich im Gewand eines modernen Thrillers.

Schlaflos in New York
749
THE OUT-OF-TOWNERS ***

Regie: Sam Weisman
Darsteller: Steve Martin (Henry Clark), Goldie Hawn (Nancy Clark), John Cleese (Mr. Mersault), Oliver Hudson (Alan Clark), Mark McKinney (Greg)
Drehbuch: Marc Lawrence, nach dem Originaldrehbuch von Neil Simon
Kamera: John Bailey
Musik: Marc Shaiman
Schnitt: Kent Beyda
Prod.Des.: Ken Adams
Prod.: Robert Cort, Robert Evans, David Madden, Scott Rudin, Teri Schwartz für Robert Evans/Cherry Alley/Cort/Madden, USA 1998; 90 Min.
Verleih: UIP/UIP/UIP/CIC Video; 16.12.1999
FSK: ab 6 J., ffr. – FBW: Wertvoll

Eigentlich ganz nett: Henry und Nancy stellen fest, daß ihre 27-jährige Ehe ziemlich eingerostet ist. Doch warum bloß müssen die beiden im Hinblick auf ein völlig absehbares Happyend in einer einzigen Nacht in New York derart viele haarsträubende Sex- und andere Abenteuer erleben? Und abgesehen davon – da mag auch der wunderbare John Cleese nicht darüber hinwegtäuschen – sind Goldie Hawn und Steve Martin zusammen in einem Film einfach nicht auszuhalten. *Film 12/99*

(…) Das Remake von »Nie wieder New York« (mit Jack Lemmon) erreicht zwar nicht die subtile Hysterie der Vorlage von Neil Simon, schlägt aber aus der uramerikanischen Mentalitätskluft zwischen Klein- und Großstadt mitunter vergnügliches Kapital.
Gerhard Midding, tip, 26/99

(…) Was bleibt, ist braves, harmlos vehäckseltes Unterhaltungsfutter für Juxkinofreunde, Abteilung reiferes Alter. (…) *Ruprecht Skasa-Weiß, Stgt.Zeitung, 16.12.99*

(…) Trotz der relativ banalen Geschichte und trotz der Besetzung mit dem tumb-derben Steve Martin und Goldie Hawn, die diesen Habitus mit nervöser Zappligkeit konterkariert, ist »Schlaflos in New York« sehenswert.
Daniela Sannwald, Frankf. Rundschau, 17.12.99

Schlaraffenland
750
****+

Regie: Friedemann Fromm
Darsteller: Franka Potente (Mona Wendt), Heiner Lauterbach (Mark Popp), Jürgen Tarrach (Wolfi Berner), Roman Knizka (Michi Holzner), Bernd Tauber (Worzig), Ken Duken (Laser), Daniel Brühl (Checo), Tom Schilling (Dannie)
Drehbuch: Christoph Fromm
Kamera: Jo Heim
Musik: Manu Kurz
Schnitt: Eva Schnare
Prod.Des.: Rainer Schaper
Prod.: Kirsten Hager, Eric Moss für Hager Moss/Alta Vista/BA/Studio Babelsberg/Pro7, BRD 1999; 114 Min.
UA: Filmfest Hamburg 1999
Verleih: Buena Vista/dto./-;
28. 10.1999
FSK: ab 16 J., ffr. – FBW: Besonders wertvoll

Eine Clique von Jugendlichen in einem Einkaufszentrum gerät in lebensbedrohliche Schwierigkeiten, als eine Gruppe aus der Bahn geratener Securityleute in räuberischer Absicht durch das Zentrum zieht und sie mit in den Abgrund reißt. Ein auf »schrill« gestylter, dramaturgisch schwachbrüstiger Actionfilm, dessen moralische Botschaft sich als Sammlung kleinbürgerlicher Ressentiments gegenüber Jugendlichen entpuppt. *Multimedia*

(…) Zugegeben: Einige dramaturgische Schwächen zu viel hat der Film von Friedemann Fromm auf dem

Franka Potente und Daniel Brühl

Buckel, und auch einige Dialog-Sequenzen wirken so, als wären sie zwischen Tür und Angel verfasst worden. Aber trotz aller Vorbehalte ist »Schlaraffenland« ein rasant gemachtes und mitunter durchaus spannendes Kinostück. *Albert Baer, Rheinische Post, 12.11.99*

(...) Nicht auf dem Campus wie in amerikanischen Teenie-Filmen, sondern im Kaufhaus herrscht bei Friedemann Fromm Mord und Totschlag. Der Regisseur versucht das Porträt einer orientierungslosen Jugend auf der Suche nach dem ultimativen Kick zu entwickeln. Dabei verheddert er sich zwischen hehrem Anspruch und holpriger Ausführung. (...) *Margret Köhler, AZ, 11.11.99*

(...) Friedemann Fromms erster Kinofilm ist ein äußerst spannendes und hoch moralisches Abenteuer. »Schlaraffenland« zeigt, welch dünne Scheidewand die Spielzeugpistole vom Maschinengewehr, den Konsumrausch von der Apokalypse trennen kann. Der Tod ist hier kein ästhetisches Ereignis, sondern das schmerzhafte Ende des Strebens nach Glück. Wer vom Weihnachtsmann das Paradies erwartet, muss mit der Hölle rechnen. *Alexander Kissler, FAZ, 25.11.99*

Das Schloß meines Vaters 751

***
TV

Regie: Karola Hattop
Darsteller: Heikko Deutschmann (Dr. Maximilian von Stenhagen), Julia Jäger (Meike Kröslin), Matthias Zahlbaum (Bernd Augat), Gundula Köster (Venke Karbow), Alexander Schubert (Freddy Penzlin), Lissy Tempelhof (Lina Weber), Günter Naumann (Manfred Penzlin), Jürgen Heinrich (Wolf Apel)
Drehbuch: Charlotte Drews-Bernstein
Kamera: Hermann Dunzendorfer
Musik: Andi Slavik, Susanne Kemmler
Schnitt: Angelika Sengbusch
Prod.Des.: Lothar Holler
Prod.: Ulrich Otte für Aspekt Telefilm, BRD 1999; 89 Min.
TV: 27.12.1999, ZDF, 20.15

Ost-West-Zwittermelodram im Nach-Wendegeist der Resignation: Der Junkersohn, heimgekehrt auf ehemaligen mecklenburgischen Grundbesitz, und die Ossi-Bäckereichefin – beide eingeklemmt zwischen neuen Ossi-Baulöwen und alten Bauern-Sturköpfen. Manchmal denkt man, jetzt müsste gleich Sonja Ziemann oder sonst irgendein Ufa-Schwarzwaldmädel dem jungen Grafen tief ins Auge blicken – aber ganz so bescheuert ist es dann doch wieder nicht. Die Enteignungswinkelzüge im Treuhand-Geflecht der Begünstigungen werden in diesem Heimat-Drama zur Lovestory der klassenlosen Gesellschaft gemildert (trotz Sozialhäme »Grafen heiraten keine Bäckerinnen«).
Der Junggraf und die Jungbäckerin, über Romantik-Wiesen lustwandelnd, das Schloss zum Museum zu machen (Geschichte!) oder ein Luxushotel hinzuklotzen. *Ponkie, 29.12.99*

Der schmale Grat 752

THE THIN RED LINE
****

Regie: Terrence Malick
Darsteller: Sean Penn (First Sgt. Edward Welsh), Adrien Brody (Corp. Fife), Jim Caviezel (Priv. Witt), Ben Chaplin (Priv. Bell), George Clooney (Cap. Charles Bosche), John Cusack (Cap. John Gaff), Woody Harrelson (Sgt. Keck), Elias Koteas (Cap. James Staros)
Drehbuch: Terrence Malick, nach dem gleichnamigen Roman von James Jones

Kamera: John Toll
Musik: Hans Zimmer
Schnitt: Leslie Jones, Saar Klein, Billy Weber
Prod.Des.: Jack Fisk
Prod.: Robert Michael Geisler, Grant Hill, John Roberdeau für Phoenix/Geisler-Roberdeau Prod., USA 1998; 170 Min.
UA: 25.12.1998, N.Y.
Verleih: 20th Century Fox/dto.; 25.2.1999
FSK: ab 16 J., ffr.

Auf einer idyllischen Pazifikinsel muß eine amerikanische Infanterie-Einheit gegen einen von den Japanern besetzten Hügel anrennen. Ein ungewöhnlicher Kriegsfilm, der die poetische Beschwörung des einfachen Lebens in der unschuldigen Natur mit dem Wahnsinn der Gewaltexzesse des Menschen konfrontiert und mit individuellen existentiellen Reflexionen unterlegt. Eindrücklich und verstörend in seinem eigenwilligen und engagierten Stil, verweigert der Film übliche Erzähl- und Identifikationsmuster und wird zur grundsätzlichen Parabel. *Multimedia*

»Der Schmale Grat« bekam bei der Berlinale den Goldenen Bären. Doch so recht scheint Malicks schauspielerisch und optisch durchaus eindrucksvoller, ehrenwerter Versuch, die Lautstärke von Gewehren, MGs und Granaten mit der Ruhe der Natur, dem stillen Kreisen der Gedanken oder Hans Zimmers Filmmusik zu versöhnen, nicht gelungen. Denn sonst würde man sich den Film ja gern ein zweites Mal ansehen.

Sebastian Feldmann, Rheinische Post, 26.2.99

Ben Chaplin und Woody Harrelson

(...) Als am 23. Juni 1997 die Dreharbeiten begannen, war das Verhältnis so zerrüttet, daß die Produzenten beschlossen, im Abspann boshafterweise Malicks Exfrau zu danken, von der er sich gerade hatte scheiden lassen. Wenn es noch eines Beweises bedurft hätte – Malick hat ihn geführt: Film ist Krieg. Aber das war noch nicht das Ende: Malick drehte Szenen mit Bill Pullman und Lukas Haas und schnitt sie am Ende raus; ließ Billy Bob Thornton eine Off-Erzählung sprechen und entschied sich dann für acht andere Erzählstimmen; schrieb eine Rolle für Gary Oldman und sagte ihm dann, er brauche ihn doch nicht; ließ Elias Koteas sich auf die Rolle eines jüdischen Offiziers vorbereiten und ließ ihn dann einen Griechen spielen.

Malick hatte am Ende 100 Tage in Australien gedreht, 24 auf den Solomon Inseln und drei in den USA – und hat in dem ganzen Chaos weder Zeit noch Budget überschritten. Und jetzt wurde er, obwohl alle dachten, daß neben Spielbergs »Ryan« kein Platz für einen zweiten Kriegsfilm sei, von der Academy für besten Film, bestes Drehbuch und beste Regie nominiert. Das Warten hat sich gelohnt. *Michael Althen, SZ, 12.2.99*

Schmetterlinge der Nacht 753

***

Regie: Andrea Lechner
Darsteller: Dieter Landuris (Richie), Katja Giammona (Eva), Dietmar Mössmer (Killer), Detlef Bothe (Killergehilfe), Richard Rigan, Julia Thurnau, Herman van Ulzen, Rüdiger Hacker
Drehbuch: Andreas Lechner
Kamera: Dixie Schmiedle
Musik: Andreas Weidinger
Schnitt: Bernd Schlegel
Prod.Des.: Didi Richter
Prod.: Andreas Lechner für Berg Film, BRD 1999; 82 Min.
UA: Int. Hofer Filmtage (nicht im Katalog)
EA: 13.12.1999, Filmuseum München
Verleih: Eigenverleih/-/-

(...) Die »Geschichte« ist simpel: Der junge Taxifahrer Richie trifft per Zufall auf die von ihrem Vater-Mann frisch geschiedene und verfolgte Eva. Richies Kollege Rolf rächt sich am zwielichtigen Taxi-Unternehmer Riedhammer (Richie Rigan) für seine Entlassung mit dem Diebstahl einer Diskette. Auf ihr sind die Vernetzungen eines lokalen Gangster-Clans per Datensatz dokumentiert. Killer werden angeheuert, bringen Rolf um und sind Richie samt Eva und Diskette auf der Spur. Das Ende ist nur scheinbar tragisch – denn Anderls Schmetterlinge schlüpfen ja in die Ewigkeit. (...) *Max Freisleder, SZ, 13.12.99*

Das Schneckenrennen 754

LA COURSE DE L'ESCARGOT □ TV

Regie: Jérôme Boivin
Darsteller: Eric Métayer (Albert), Isabelle Pasco (Margot), Didier Benureau (Honoré le notaire), Yves Alfonso (Fine l'Aubergiste), Fred Ulysse (Père Braxos)
Drehbuch: Laurent Benegui
Prod.: Flach Film, Frankreich 1997; 87 Min.
TV: 16.7.1999, Arte, 20.45

Der arbeitslose Albert aus Paris hat von seinem Onkel ein Haus auf dem Land inklusive Schneckenzucht geerbt. Er zieht also in die ungeliebte Provinz und staunt über die Leidenschaft der Bevölkerung, Schneckenrennen zu veranstalten. Auf dem Weg in seine neue Heimat trifft er Margot, die ausgerechnet eine Doktorarbeit über Schnecken schreibt. *AZ TV-Journal*

Schnee in der Neujahrsnacht 755

***

Regie: Thorsten Schmidt
Darsteller: Jürgen Tarrach (Toto), Tamara Simunovic (Natalia), Lisa Martinek, Barbara Rudnik (Carola), Christoph Maria Orth, Dieter Landuris (Frank), Hannes Jaenicke (Zippo), Eric Burdon (Rory)
Drehbuch: Stefan Kolditz
Kamera: Klaus Eichhammer
Musik: Ralph Wienrich
Schnitt: Claudia Wolscht
Prod.Des.: Thomas Freudenthal
Prod.: Norbert Sauer; Christian Ganderath für UFA mit WDR/ARTE/Buena Vista/Mr. Brown Ent./Universum, BRD 1999; 100 Min.
UA: Int. Hofer Filmtage 1999
Verleih: Buena Vista/-/-; 16.12.1999
FSK: ab 12 J., ffr. – FBW: Besonders wertvoll

Dieter Landuris und Jürgen Tarrach

Hoch hinaus wollen viele in diesem Film. Die Silvesterraketen, die blonden Gernegroß-Gangster, der irische Bomberpilot. Vor allen Dingen will aber der Regisseur hoch hinaus, das Großmannsstreben lässt ihn seine Figuren schnell aus den Augen verlieren. Unbeholfener Versuch, Robert Altmans »Short Cuts« in die Hauptstadt zu verlegen. *Anke Leweke, tip, 26/99*

Millenniumsfieber im Kino: In Thorsten Schmidts sympathischem Debütfilm fordert am 31. Dezember 1999 ein Berliner DJ seine Hörer auf, die letzte Nacht des Jahrhunderts zu einer Nacht der Wunder zu machen. Das blaue Wunder in diesem poetischen Großstadtmärchen erlebt Exknacki Toto. Auf seiner ersten Tour als Busfahrer hat er plötzlich die schwangere Russin Natalia am Hals und muss einen toten Koks-Dealer entsorgen. (...) *Margret Köhler, AZ, 16.12.99*

(...) In seinem Spielfilmdebüt bedient sich Thorsten Schmidt ungeniert bei einem der besten und einflussreichsten Filme der letzten Jahre: »Short Cuts«.

Im Gegensatz zu Robert Altmans faszinierendem Großstadtporträt, das auf brillante Weise mehrere, scheinbar unzusammenhängende Geschichten verknüpfte, vermag Schmidt jedoch nicht die einzelnen Erzählstränge fließend miteinander zu verbinden. Zwar hat der Film einen betont märchenhaften Charakter, zeichnet sich in einigen Szenen auch durch berührende Momente aus, über weite Strecken merkt man ihm aber zu sehr das Bemühen um Leichtigkeit an. Was bleibt, wie leider allzu häufig im aktuellen deutschen Film, sind somit nur einzelne Momente, die überzeugen, besonders Hannes Jaenicke als poetischer DJ und Tamara Simunovic als wunderschöne, geheimnisvolle Russin. Als ganzes aber fehlt die Linie, von den betont coolen, arg an »Pulp Fiction« angelehnten Gangstern ganz zu schweigen. *Michael Meyns, Zitty, 26/99*

Schneller Dezember 756

***

Regie: Marco Hausammann-Gilardi, Stephan Laur
Darsteller: Tanja Kübler, Urs Werner, Andreas Ramani, Clemens Schick, Inigo Gallo, Ernst Jenni
Drehbuch: Marco Hausammann-Gilardi, Stephan Laur
Kamera: Brian D. Goff, Nicola Belucci
Musik: Manuel Montanana
Schnitt: Marco Hausammann-Gilardi, Stephan Laur
Prod.: Mahagi/tara, Schweiz 1998; 101 Min.
Verleih: -/-/Langfilm; Mai 1999

Innerhalb weniger Dezembertage verändert sich das Leben einer Programmiererin radikal: sie entdeckt, dass ihr Betrieb mit der russischen Mafia Geschäfte macht, und dass ihr Freund die Firma mehr liebt, als sie. Sie verliebt sich in einen Strassenkünstler und nimmt mit diesem den Kampf gegen die Mafia auf. Der in Basel angesiedelte Wirtschaftskrimi leidet zwar an stereotypen Figuren und einer konventionellen Handlung, wurde aber mit authentisch wirkendenden Handkamera-Aufnahmen und einer rasanten Montage interessant gestaltet. *Zoom, 5/99*

Die schöne Taubenzüchterin 757

LA FABULA DELLA BELLA PALOMERA ***

Video

Regie: Ruy Guerra
Darsteller: Ley Latorraca (Orestes), Claudia Ohana (Fulvia), Tonia Carrero (Orestes' Mutter), Dina Sfat (Andrea), Chico Diaz (Fulvias Ehemann), Cecil Thire (Patient), Ruy Rezende (Typograph), Julio Levy (Kellner)
Drehbuch: Ruy Guerra, Gabriel Garcia Marquez, nach einer Story von Gabriel Gárcia Márquez
Kamera: Edgar Moura
Musik: Egberto Gismonti
Schnitt: Mair Tavares
Prod.: Joao Alfredo Viegas für Television Espanola/International Network Group, Brasilien/Spanien 1987; 92 Min.
EA: Filmfest München 1987
Vertrieb: Planet Video (auch OmU); Juli 1999
FSK: ab 12 J.

Reicher Müßiggänger verliebt sich in verheiratete Taubenzüchterin. Márques-Adaption, lieblos heruntergekurbelt und ohne Überraschungen.

Schöne Venus 758

VENUS BEAUTE (INSTITUT) ****+

Regie: Tonie Marschall
Darsteller: Natalie Baye (Angèle), Bulle Ogier (Nadine), Samuel Le Bihan (Antoine), Jacques Bonaffe (Jacques), Mathilde Seigner (Samantha), Audrey Tautou (Marie), Robert Hossein, Edith Scob
Drehbuch: Tonie Marschall, Marion Vernoux, Jacques Audiard
Kamera: Gérard de Battista, Eric Brun, Stéphane Degnieau
Schnitt: Jacques Comets, Mike Fromentin
Prod.: Gilles Sandoz für Agat/Arte France Cinéma/Tabo Tabo mit Canal+, Frankreich 1998; 105 Min.
Verleih: Arsenal/-/Alhéna; Mai 1999 (CH), 30.3.2000

Angèle, reife Angestellte eine Schönheitssalons, hat nach traumatischen Erlebnissen mit der ›grausamen Liebe‹ abgeschlossen. Die überraschende Liebeserklärung eines jungen Verehrers verwirrt und öffnet sie schließlich. Nur wenige Stilmomente unterbrechen die Vorherrschaft der Halbtotalen. Einförmig verläuft der Film auch im Emotionalen. Allein die eindrucksvolle Hauptdarstellerin Nathalie Baye ragt aus der zu leise geratenen Komödie um den Mikrokosmos des Schönheitssalons heraus. *Zoom, 5/99*

Das schönste Geschenk 759
THE SWEETEST GIFT ***
TV

Regie: Stuart Margolin
Darsteller: Helen Shaver (Mrs. Martin), Diahann Carroll (Mrs. Wilson), Tisha Campbell (Ruby Wilson), Kristin Fairlie (Kate Martin), Dylan Provencher (Justin Martin), Marc Donato (Chip Martin), Brent Meyer (Luther), William S. Taylor (Mr. Wilson), Maurice Dean Wint
Drehbuch: Rosa Jordan
Kamera: Ron Stannett
Musik: Lawrence Shragge
Schnitt: Bill Goddard
Prod.Des.: Harold Trasher
Prod.: Patrick Whitley für Temple Street Prod., Kanada 1998; 97 Min.
EA: 12.2.1999, Int. Filmfestspiele Berlin, »Kinderfilmfest«
TV: 6.4.1999, Premiere, 9.00

Als die Ziege Sugar ausreißt, bemühen sich Justin, Kate und Chip, sie wieder einzufangen. Sie findet sich schließlich bei den Wilsons, ihren Nachbarn. Die sozialen und rassischen Konflikte wirken aufgesetzt. Die schwierige Annäherung zwischen einer weißen und einer schwarzen Familie endet in unsäglich vielen kitschigen Umarmungen.
Gudrun de Frenne, Zitty, 4/99

Die Schreckensfahrt der Orion Star 760
VOYAGE OF TERROR □
TV

Regie: Brian Trenchard-Smith
Darsteller: Lindsay Wagner (Dr. Stephanie Tauber), Michael Ironside (McBride), Martin Sheen (Henry Northcutt), Horst Buchholz (Kapitän), William B. Davis (Dr. Norman Ellisy), Katharine Isabelle (Aly Tauber), Brian Dennehy (Präsident), Nathaniel Deveaux (James Coleman)
Drehbuch: Mel Frohman
Kamera: Gordon Verheul
Musik: Brahm Wenger
Prod.: USA/BRD 1998; 89 Min.
TV: 17.9.1999, ARD, 20.15

Unbekannter Virus legt das Kreuzfahrtschiff »Orion Star« lahm. Seuchenforscherin kontra intriganten Präsidentenberater, aber natürlich gewinnt das Gute.

Schrei – Denn ich werde dich töten! 761
**
TV

Regie: Robert Sigl
Darsteller: Katharina Wackernagel (Nina), Nils Nelleßen (Tom), Marlène Meyer (Anne), Niels Bruno (Philip), Rita Lengyel (Eva), Sandra Leonhard (Jessica), Raphael Vogt (Jan), Enie van de Maiglockjes (Jasmin)
Drehbuch: Kai Meyer
Prod.: Real-Film für RTL, BRD 1999; 93 Min.
UA: Fantasy Filmfest 1999
TV: 10.11.1999, RTL, 20.15

Am Abend der Abi-Fete wird für eine Gruppe von Schülern der feierliche Anlaß zum blutigen Albtraum, denn eine dunkle Gestalt geistert mordend durch die finsteren Schulkorridore. Die sonst so vertraute Schule verwandelt sich in einen Ort des Schreckens. *Pressetext*

Schrei lauter 762
DECAMPITATED *
Video

Regie: Matt Cunningham
Darsteller: Mike Hart (Garrett), Jonathon Scott (Vince), Thomas Martwick (Roger), Steve Ladden (Toby), Christine Paterson (April), Bethany La Voo (Paige), Amy Gordon (Candace)
Drehbuch: Matt Cunningham, Ryam Lowery, Carolyn Miller, Brian Walters
Kamera: Kenny Carmack
Prod.: Matt Cunningham, Eric Gardner, Ryan Lowery, Carolyn Miller, Brian Walters, Bret Wortley für Troma/Sneaky Pig, USA 1998; 92 Min.
Vertrieb: Troma Video; 15.2.1999
FSK: ab 18 J., gekürzte Fass., 86 Min., ab 16 J.

Beim Campen in den Bergen wird eine Handvoll Jugendlicher von ominösen Freaks attackiert. Blutiger Splatterfilm auf »Scream«-Basis.

Schrille Nächte in New York 763
THE VELOCITY OF GARY **
Video

Regie: Dan Ireland
Darsteller: Salma Hayek (Mary Carmen),

Vincent D'Onofrio (Valentino), Thomas Jane (Gary), Chad Lindberg (Kid Joey), Olivia D'Abo (Veronica), Shawn Michael Howard (CoCo), Khalil Kain (Venus), Danny Arroyo (Julio)
Drehbuch: James Still
Kamera: Claudio Rocha
Musik: Peitor Angeli
Schnitt: Luis Colina
Prod.Des.: Amy B. Ancona
Prod.: Vincent D'Onofrio, Dan Lupovitz, Dan Irela für Cineville/Ventanarosa Films, USA 1998; 97 Min.
Vertrieb: Columbia TriStar Video; 28.9.1999
FSK: ab 12 J.

Selten führte ein Titel so in die Irre: In Wahrheit handelt es sich um ein Aids-Melodram, allerdings um ein dramaturgisch höchst fragwürdiges, mutmaßlich autobiographisches und letztlich unbefriedigendes.

Der Schuh 764
THE SHOE ***

Regie: Laila Pakalnina
Darsteller: Igors Buraks (Andrej), Vadim Grossmans (Volodja), Jaan Tätte (Juhan), Vilke Liman (Vilka), Jevgeniis Ivanicevs (Major Johanson), Olegs Teterins (Mamedor), Andrejs Garkavi (Leutnant), Ivars Brakovkis (Kristaps)
Drehbuch: Laila Pakalnina
Kamera: Gints Berzins
Schnitt: Sandra Alksne
Prod.Des.: Juris Pakalnins
Prod.: Christoph Meyer-Wiel für Schlemmer Film/ARTE/ZDF/Hargla/Signpost, Lettland/BRD 1998; 83 Min.
UA: 22.5.1998, Int. Filmfestspiele Cannes »Un Certain Regard«
EA: Filmfest München 1998
Verleih: Silver Cine/-/Stamm; April 1999

Während des kalten Krieges in den fünfziger Jahren finden sowjetische Soldaten auf einem lettländischen Strand, der Teil der bewachten russischen Grenze ist, einen Frauenschuh. In einer lächerlichen Militäraktion suchen sie im benachbarten Dorf nach der Frau zum Schuh, wobei sie jedoch von den Bewohnern ignoriert werden. Der schwarzweiß gedrehte Film dokumentiert bildstark und wortkarg den Alltag eines von Soldaten beschatteten Lebens. Glänzend in der Kameraführung, jedoch streckenweise langfädig. *Zoom, 4/99*

Schule der Verführung 765
PETITS DESORDRES AMOUREUX ***
TV

Regie: Olivier Péray
Darsteller: Bruno Putzulu (Lionel), Vincent Elbaz (Alain), Smadi Wolfman (Claire), Sarah Grappin (Sophie), Béatrice Palme (Sylvia), Cécile Tanner (Myriam), Frédéric Quiring (Alvarez), Robert Bouvier (Lebel)
Drehbuch: Eric Assous, Olivier Péray
Kamera: Carlo Varini
Musik: David Moreau
Schnitt: Anna Ruiz
Prod.: David Kodsi für K'ien Prod./Alinéa Films/Zen/Expand Images/Cisa/Les Films de l'Arlequin/Ventura Films/Igeldo Komunikazioa, Frankreich/Schweiz/Spanien 1997; 95 Min.
EA: 18.2.1998, Int. Filmfestspiele Berlin, »Panorama«
TV: 2.8.1999, ZDF, 22.15

(...) Verlagslektor Lionel – umschwärmter Frauenheld – wettet mit Alain: Sie wählen ein sensibel wirkendes Mädchen aus, mit dem Lionel binnen zehn Tagen eine Nacht verbringen soll – ohne Sex. Geht das? Lionel erklärt der Erwählten also etwas von Freundschaft. Diese setzt jedoch alles daran, ihn zu verführen. Andernfalls fehle das Beste, erklärt sie rigoros. Leider hat der Film zu viele Perspektiven und Töne. Was anfangs als Wette und Komödie gedacht war, erweist sich später als Psychogramm eines Gestörten – das aber auch nicht weiter untersucht wird. Aus der leichten Komödie erwächst ein Film mit dramaturgischen Blockaden. Dennoch ist das charmante Werk nicht ohne Erkenntnis und Komik. *Simone Mahrenholz, Der Tagesspiegel, 20.2.1998*

Schule des Begehrens 766
L' ECOLE DE LA CHAIR ****

Regie: Benoît Jacquot
Darsteller: Isabelle Huppert (Dominique), Vincent Martinez (Quentin), Vincent Lindon (Chris), Marthe Keller (Madame Thorpe), François Berléand (Soukaz), Daniele Dubroux (Dominiques Freundin), Bernard Le Coq (Cordier), Jean-Claude Dauphin (Louis-Guy)

Drehbuch: Jacques Fieschi, nach dem Roman »Nikutai Nogakko« von Yukio Mishima
Kamera: Caroline Champetier, Brigitte Taillandier
Schnitt: Luc Barnier
Prod.Des.: Katia Wyszkop
Prod.: Fabienne Vonier für Orsand/VMP/ La Sept Cinéma/Bel Age/Samsa, Frankreich 1998; 105 Min.
UA: Int. Filmfestspiele Cannes 1998
EA: Int. Filmwochenende Würzburg 1999
Verleih: Arsenal/filmladen/-; 4.2.1999

(...) Ein sensibler Film der Unter- und Zwischentöne, sehr genau, sehr privat und nie sentimental. Und im Gesicht von Isabelle Huppert ist zu lesen, wie in einem Buch. *Ponkie, AZ, 11.2.1999*

Eine arrivierte Single-Frau »hält« sich einen jungen Geliebten, der sich nicht domestizieren läßt und an Mann und Frau Gefallen findet. Die triebhafte Beziehung endet in einem verletzenden Machtkampf, an dessen Ende die Selbstfindung der »Verliererin« steht. Benoit Jacquot verläßt sich in diesem psychologisch spannendem Melodram über den Ausverkauf der Liebe auf seine grandiose Heldin Isabelle Huppert und den Charme der Bourgeoisie. Exquisiter Geschlechterkrieg für Fortgeschrittene. *Margret Köhler*

Schüsse durchs Herz 767

SHOT THROUGH THE HEART ***

TV

Regie: David Attwood
Darsteller: Linus Roache (Vlado), Vincent Perez (Slavko), Lia Williams (Maida), Adam Kotz, Lothaire Bluteau
Drehbuch: Guy Hibbert, nach einer realen Begebenheit
Kamera: Gabor Szabo
Musik: Edward Shearmur
Schnitt: Tim Welburn
Prod.Des.: Barbara Dunphy, Henri Pischinger
Prod.: Francine LeFrac für HBO mit Alliance/TMA/Company für HBO, USA 1998; 109 Min.
EA: 30.6.1999, Filmfest München
TV: 3.12.1999, Premiere, 17.20

Geschichte zweier Freunde, die durch den Bürgerkrieg in Jugoslawien zu Feinden werden. Während Slavko zur serbischen Armee eingezogen wird, müssen der Kroate Vlado und seine muslimische Frau Maida im belagerten Sarajevo aushalten. Allmählich wandelt sich Vlado vom Idealisten zum eiskalten Killer. *Katalog Filmfest München*

Die Schützes 1989–1999 – Wir machen weiter 768

****

Regie: Wolfgang Ettlich
Kamera: Hans-Albrecht Lusznat
Musik: Dieter Schleip
Schnitt: Monika Abspacher
Prod.: Wolfgang Ettlich für MGS mit BR/WDR, BRD 1998; 111 Min.
UA: 17.2.1999, Int. Filmfestspiele Berlin, »Neue deutsche Filme«
Verleih: Filmemacher/-/-; 17.6.1999
FSK: o. A., ffr. – FBW: Besonders wertvoll

Dritter Teil der Langzeitdokumentation (1989 bis 1998) über eine Familie in der ehemaligen DDR, die sich nach der Wende voller Optimismus als Selbständige eine eigene Existenz aufzubauen versuchen und immer wieder kläglich scheitern.
Seit 1989 besuchte ein kleines Kamerateam um Wolfgang Ettlich immer wieder das erzgebirgische Städtchen Zschopau und die dort lebende Familie Schütze. Deren anfängliche Euphorie angesichts der sich bietenden privatwirtschaftlichen Freiräume kehrte sich schnell um – einem kurzen Kapitel des Aufstiegs folgten viele Stadien des Scheiterns. Der Film legt Zeugnis ab von einem fast aberwitzig anmutenden Trotz gegen den Lauf der Dinge, den »einfache Leute« wie die Schützes an den Tag zu legen vermögen.
Claus Löser, tip, 13/99

Schwarze Katze, weißer Kater 769

CHAT NOIR, CHAT BLANC / CRNA MACKA, BELI MACOR ****

Regie: Emir Kusturica
Darsteller: Severdzan Bajram (Matko Destanov, Zares Vater), Florijan Ajdini (Zare Destanov), Salija Ibraimova (Afrodita), Branka Katic (Ida), Srdjan Todorovic (Dadan Karambolo), Zabit Memedov (Zarije Destanov, Zares Großvater)

Drehbuch: Emir Kusturica, Gordan Mihic
Kamera: Thierry Arbogast, Michel Amathieu
Musik: Nele Karajlic, Vojislav Aralica, Dejan Sparavalo
Schnitt: Svetolik Mica Zajc
Prod.Des.: Milenko Jeremic
Prod.: Karl Baumgartner für Pandora/Ciby 2000/France2 Cinema/Komuna mit Canal+/BR, Frankreich/Jugoslawien/BRD 1998; 129 Min.
UA: Int. Filmfestspiele Venedig 1998
Verleih: Arthaus/Stadtkino/Filmcoopi/Arthaus Video; Nov. 1998 (CH), 28.1.1999
FSK: ab 6 J., ffr.

Mit unbändiger Vitalität und unerschöpflichen Einfällen wird ein fiktives Zigeunerleben an den Ufern der Donau geschildert – mit Liebespaaren, Schlaumeiern, Gaunern und übersteigerten Klischees. Dank den exaltierten, grotesken Episoden und Figuren ist Emir Kusturica das Kunststück gelungen, die meist häßlichen und überzeichneten Figuren im Verlauf des Films immer sympathischer erscheinen zu lassen – geradezu ein Lehrstück in Tolerenz.

Zoom, 11/98

(...) Kusturica pflegt mit seinem verwegenen Laienensemble seine Lust am opulentem Kitsch, Slapstick und Selbstzitat und verliert sich in einer hysterischen Gewalttour beinahe ganz in Skurrilitäten. Aber sein dritter Akt fügt dann doch alles mit versöhnlicher Eleganz zu einer runden, erstaunlich fröhlichen Liebes- und Wundergeschichte zusammen.

Robert Weixlbaumer, tip, 3/99

Was ist das Typische an Ihren Filmen?

Alle meine Filme haben das gleiche Problem. Der Rhytmus ist im allgemeinen langsam, das Tempo dagegen zu schnell. In jedem Film spiegelt sich diese innere Welt des Regisseurs. Meine Arbeit ist determiniert von der Kamera. Geschichten muß man sich nicht mit Worten erzählen, allein schon durch die Kameraposition greife ich einen Aspekt auf, definiere die Bedeutung des Schauspielers.

Nach »Underground« wollten Sie Ihre Karriere an den Nagel hängen. Jetzt präsentieren Sie wieder kraftvolles Kino. Warum?

Ich war damals erbost über die Anschuldigungen, »Underground« sei Propaganda für die Serben. Das wurmte mich und vergällte mir den Spaß am Filmemachen. Aber dann hat es mich wieder gepackt. Eigentlich wollte ich nur einen kleinen Dokumentarfilm über die Musiker aus »Underground« drehen. Doch einmal angefangen, sprudelten die Ideen nur so, fiel mir eine Szene nach der anderen ein. Ich habe mich dann mit Gordan Mihic, dem Drehbuchautor von »Time of the Gipsies«, zusammengesetzt und plötzlich war ich mitten in einem Spielfilm.

Emir Kusturica im Interview mit Margret Köhler, Blickpunkt Film, 3/99

»Ich liebe die Realität und versuche gleichzeitig in eine Phantasiewelt zu flüchten. Am Anfang eines Filmes stehe ich mit beiden Beinen fest auf dem Boden, dann hebe ich ab. Wie aus einem Instinkt heraus.«

Emir Kusturica im Interview mit Margret Köhler, AZ, 28.1.99

Schwarze Tränen 770

NO LAUGHING MATTER **

Video

Regie: Michael Elias
Darsteller: Suzanne Somers (Emma), Chad Christ (Charlie), Selma Blair (Lauren), Robert Desiderio (Richard), Ann Bosler (Corrie), Frank Gerrish (George), James Brewster Thompson, Brad Slocum
Drehbuch: Michael Elias, Ted Kristian, Stuart Werbin
Kamera: Reed Smoot
Musik: Lennie Niehaus
Schnitt: Laura Krumholz
Prod.Des.: Gary Constable
Prod.: Universal TV, USA 1998; 86 Min.
Vertrieb: CIC Video; 25.3.1999
FSK: ab 12 J.

Polizistenwitwe ergibt sich aus Gram dem Alkohol und läßt sich wie ihren Sohn verkommen. Doch Rettung naht ... Simpel gestrickter US-TV-Film um das Schicksal alleinerziehender Mütter. Schluchz.

Schwarzes Blut

771
***+
TV

Regie: Diethard Klante
Darsteller: Sebastian Koch (Patrick Schönfeldt), Jennifer Nitsch (Barbara Vandam), Jürgen Hentsch (Prof. Höhl), Udo Schenk (Leo Rabanus), Christof Wackernagel (BKA-Mann Grund), Gerald Alexander Held (BKA-Mann Hinspeter), Paul Bakibinga (Max), Matthias Fuchs (Herr Leclerc)
Drehbuch: Diethard Klante, Dieter Schenk
Kamera: Lothar E. Stickelbrucks, Diethard Prengel
Musik: Jochen Schmidt-Hambrock
Prod.: Berliner Spiele, BRD 1998; 89 Min.
TV: 26.4.1999, ZDF, 20.15

Oh wie sind sie doch gemein, die Pharma-Schurken in Berlin, Amsterdam und Uganda: Machen mit verseuchten Blutkonserven Geschäfte und morden quer durch Betrieb und Verwandtschaft (erschießen oder überfahren). Im Krimi rennt Sebastian Koch um sein Leben, immer treu und brav auf den Spuren einer dümmlichen Suaheli-Dolmetscherin deren Onkel, der Pharma-Boss mit der betrügerischen Botschaftsratte in Uganga gemeinsame Sache macht. Aber kein Mordauto kann den schönen Sebastian Koch derart zu Brei fahren, daß er nicht schnell wieder fit für Schurkenentlarvung und Happy End wäre. *Ponkie, AZ, 28.4.99*

Schweinchen Babe in der großen Stadt

772
***

BABE – PIG IN THE CITY

Regie: George Miller
Darsteller: Magda Szubanski (Esme Hogett), James Cromwell (Arthur Hogett), Mary Stein (Landlady), Mickey Rooney (Flugly Floom), Julie Godfrey, Roscoe Lee Browne (Sprecher); Charaktere und ihre deutschen Sprecher: Hans Nitschke (Bauer Hoggett), Sonja Deutsch (Bäuerin Hoggett), Anne Helm (Babe)
Drehbuch: George Miller, Judy Morris, Mark Lamprell, nach den Charakteren von Dick King-Smith
Kamera: Andrew Lesnie
Musik: Nigel Westlake; Song »That I'll do« von Randy Newman, gesungen von Peter Gabriel
Schnitt: Jay Friedkin, Margaret Sixel
Prod.Des.: Roger Ford
Prod.: George Miller, Doug Mitchell, Bill Miller für Kennedy Miller Prod. für Universal, USA 1998; 97 Min.
Verleih: UIP/UIP/UIP/Universal Video; 28.1.1999
FSK: ab 6 J., ffr. – FBW: wertvoll

Babe, das Schweinchen ist zurück. Im ersten Film hütete es Schafe, jetzt hat es eine Mission: die Farm des Bosses vor den bösen Pfändern zu retten. deswegen zieht es in die Stadt und tritt dort auf Affen, Hunde und Katzen. Liebenswürdig und tolpatschig wie Schweinchen ist, richtet es eine Menge Unsinn, aber auch viel Gutes an. Ein Film mit köstlichen visuellen Effekten und ab und zu zum Krummlachen, Unterhaltung nicht nur für die Kleinen.

Zoom, 2/99

(...) Doch, Miller & Co. sollten bei dieser zweiten Ferkelei nach »Ein Schweinchen namens Babe« einiges bedauern. Typisch in solchen Fällen: man sucht den ersten Erfolg zu übertrumpfen, walzt die erprobten Pointen gehörig aus, und Geld spielt sowieso keine Rolle mehr. Das Ur-Schwein kam noch mit 30 Millionen aus, heimste weltweit 250 Millionen Dollar ein, dazu einen Oscar für die visuellen Effekte und sechs weitere Nominierungen. »Babe II« verschlang schon wegen der inflationär eingesetzten Computeranimationen über 80 Millionen Dollar. »Babe III« geriete dann wohl zu einem Schwein von titanischem Ausmaß.

Andreas Conrad, Der Tagesspiegel, 28.1.99

Scorpio One – Jenseits der Zukunft

773
**
Video

SCORPIO ONE

Regie: Worth Keeter
Darsteller: Robert Carradine (Carter), Jeff Speakman (Jared Stone), Robin Curtis (Shannon Broy), Steve Kanaly (Commander Wilson), George Murdock (C.I.A. Dir. Wilfred Parlow), Judith Chapman (Gibson), Brent Huff (Till), Lance LeGault (Senator Treadwell)
Drehbuch: Steve Latshaw
Kamera: Doyle Smith
Musik: David Wurst, Eric Wurst

Schnitt: Jeffrey Schwarz
Prod.: Ashok Amritraj, Andrew Stevens für Cabin Fever/Royal Oaks Ent., USA 1997; 89 Min.
Vertrieb: MVW Video; 28.10.1999
FSK: ab 16 J.

Nach Explosion gleitet Raumstation führerlos durchs All. Ein Spezialistenteam soll helfen. Die übliche Trash-Action-Dröhnung für Genre-Junkies.

Scream and Die 774

DEARLY DEVOTED / DEVIL IN THE FLESH **
Video

Regie: Steve Cohen
Darsteller: Rose McGowan (Debbie Strand), Alex McArthur (Peter), Peg Shirley (Fiona), J.C. Bandy (Janie Magray), Sherrie Rose (Marilyn), Krissy Carlson (Meegan), Phil Morris (Det. Joe Rosales), Robert Silver (Det. Phil Archer)
Drehbuch: Michael Michaud, Kelly Carlin-McCall, Robert H. McCall, Steve Cohen
Kamera: Joseph Montgomery
Schnitt: Michael Thibault
Prod.Des.: Anuradha Mehta, Radha Mehta
Prod.: Richard Brandes, Kurt Anderson für Unapix Ent./Prostar/Le Monde Ent., USA 1998; 87 Min.
Vertrieb: BMG (Ufa) Video; 15.3.1999
FSK: ab 16 J.

Banaler Thriller um elternloses US-Girl, das bei den bigotten Großeltern zur Mordfurie heranreift.

Der sechste Sinn 775

THE SIXTH SENSE ****

Regie: M. Night Shyamalan
Darsteller: Bruce Willis (Malcolm Crowe), Toni Collette (Lynn Sear), Olivia Williams, Anna Crowe, Haley Joel Osment (Cole Sear), Donnie Wahlberg (Vincent Gray), Glenn Fitzgerald (Sean), Mischa Barton (Kyra Collins)
Drehbuch: Manoj Night Shyamalan
Kamera: Tak Fujimoto
Musik: James Newton Howard
Schnitt: Andrew Mondshein
Prod.Des.: Larry Fulton
Prod.: Frank Marhall, Kathleen Kennedy, Barry Mendel für Spyglass Ent., USA 1999; 107 Min.
Verleih: Constantin/-/Buena Vista; 30.12.1999
FSK: ab 16 J., ffr. – FBW: Wertvoll

Ein subtiler Horrorfilm, ohne Blut und und Schleim, verspritztes Gehirn oder

Bruce Willis und Haley Joel Osment

rausgepoppte Augäpfel. Statt dessen so leise und unspektakulär, dass man gar nicht merkt, wie Furcht und Grauen, Grusel und Beklemmung von einem Besitz ergreifen: Der Kindepsychologe Dr. Malcolm Crowe nimmt sich des verstörten achtjährigen Cole Sears an. Der Junge hat Angst, will sich niemanden anvertrauen und seine alleinerziehende Mutter nicht beunruhigen. Doch der Arzt gibt nicht auf, und schließlich offenbart Cole ihm sein Geheimnis: Er kann Tote sehen … *Annette Kilzer, tip, 28/99*

(…) Verschworen und minutiös durchgeplant, entschlüsselt sich der Plot in einer völlig unerwarteten Sequenz – blauäugig hat man alle offen daliegenden Hinweise übersehen. Ein fulminanter Film, so unkonventionell, wie es sonst nur Träume sind. *Film, 1/2000*

(…) Erstaunlich, dass ein so ruhiger, unspektakulärer Film in den USA ein so gewaltiger Publikumserfolg war. Neben vielen Übrraschungen gibt es eine weitere: Bruce Willis, der kraftvolle Action-Held, spielt diesen Dr. Crowe überzeugend sensibel, ruhig, ohne Mätzchen. *Heiko R.Blum, Rheinische Post, 31.12.99*

Die Seekönigin 776

***

Regie: Vaclav Vorlicek
Darsteller: Max Urlacher (Prinz Viktor), Jitka Schneider (Prinzessin Odette), Ivana Chylkova (Seekönigin), Jan Niklas (König Richard), Sunnyi Melles (Königin), Jan Hrusinsky (Stefan), Miroslav Taborsky, Jirina Bohdalova
Drehbuch: Milos Macourek, Vaclav Vorlicek, nach Motiven aus »Der Schwanensee« von Peter Tschaikowski
Kamera: Rudolf Blahacek
Musik: Ondrej Soukop
Schnitt: Dalibor Lipsky
Prod.Des.: Pavel Liptak
Prod.: Karel Dirka; Rudolf Biermann für Art-Oko Film, BRD 1998;
92 Min.
UA: Filmfest München 1998
Verleih: Jugendfilm/-/-;
9.12.1999
FSK: o. A., ffr.

(...) Obwohl diese klassische Märchengeschichte mit ihren Anleihen von »Schwanensee« bis Hans Christian Andersen zunächst ein wenig altbacken anmutet, ist es gerade die klare Sprache des Märchens mit ihren symbolkräftigen Inhalten und die ungemein sorgfältige Machart, die schließlich überzeugt, denn die versierten Märchenfilmer Vaclav Vorlicek und sein Drehbuchautor Milos Macourek, die mit ihren TV-Mehrteilern »Die Märchenbraut« und »Der Zauberer Rumburak« in den achtziger Jahren für Begeisterung sorgten, entfachen ein Feuerwerk phantastisch-trickreicher Einfälle. *Manfred Hobsch, Zitty, 25/99*

Sehnsucht nach Havanna 777

TERRES ETRANGERES – COULEUR HAVANE

□

TV

Regie: Patrick Grandperret
Darsteller: Jean-Yves Gautier (Pierre), Ofélia Medina (Mayra), Saulius Luitkus (Pablo), Patrick Bouchitey (Nico), Yvonne Kerouedan (Nathalie), Maurice Najman (Maurice), Jean-Paul Bonnaire (Daniel), Jean Luisi (Jean)
Drehbuch: Patrick Grandperret
Prod.: Frankreich 1998;
87 Min.
TV: 15.11.1999, Arte, 22.35, OmU

Der französische Dramatiker Pierre fährt mit einer Theatergruppe in die kubanische Hauptstadt Havanna, um dort eines seiner Stücke aufzuführen. Es handelt von der Liebe zweier Guerilla-Kämpfer, einer Venezolanerin und einem französischen Freiwilligen. Pierre hat die Geschichte vor 30 Jahren mit Mayra in Kuba wirklich erlebt. (...) Als Pierre Mayra tatsächlich wieder trifft, muß er feststellen, daß die Dinge damals nicht so waren, wie es schien. (...) *Pressetext*

Eine sehr englische Ehe 778

A RATHER ENGLISH MARRIAGE

***

TV

Regie: Paul Seed
Darsteller: Albert Finney (Reggie), Tom Courtenay (Roy), Joanna Lumley (Liz), Priyanga Elan (Dr. Swann), Ursula Howells (Mary), Aileen O'Gorman (Grace)
Drehbuch: Andrew Davies, nach der Idee von Angela Lambert
Kamera: Claire Tovey
Musik: Jim Parker
Schnitt: Dave King
Prod.Des.: Adam Richards
Prod.: BBC Screen, GB 1998; 103 Min.
EA: Int. Filmwochenende Würzburg 1999
TV: 19.10.1999, Berlin1, 22.45

Die Geschichte zweier älterer Männner, deren Frauen beide am gleichen Tag im gleichen Krankenhaus versterben. Aus der zufälligen Begegnung des dominanten lebenslustigen Reggie, ein ehemaliger Kampfflieger, und dem eher schüchternen und zurückhaltenden Roy, einem ehemaligen Milchmann, entwickelt sich eine ungewöhnliche, aber rührende Beziehung. *Katalog Filmwochenende Würzburg*

Seite an Seite 779

STEPMOM

***

Regie: Chris Columbus
Darsteller: Julia Roberts (Isabel), Susan Sarandon (Jackie), Ed Harris (Luke), Jena Malone (Anna), Liam Aiken (Ben), Lynn Whitfield (Dr. Sweikert), Darell Larson, Mary Louise Wilson
Drehbuch: Gigi Levangie, Jessie Nelson, Steven Rogers, Karen Leigh Hopkins, Ron Bass

Kamera: Donald M. McAlpine
Musik: John Williams
Schnitt: Neil Travis
Prod.Des.: Stuart Wurtzel
Prod.: Wendy Finerman, Chris Columbus, Mark Radcliffe, Michael Barnathan für Wendy Finerman and 1492, USA 1998; 125 Min.
Verleih: 20th Century Fox/Columbia TriStar/20th Century Fox/Columbia TriStar Video; 28.1.1999
FSK: ab 6 J., ffr.

Die beiden Kinder eines geschiedenen New Yorker Anwalts opponieren gemeinsam mit ihrer Mutter gegen dessen wesentlich jüngere Geliebte. Als einstige Ehefrau unheilbar an Krebs erkrankt, entwickelt sich zwischen den Konkurrentinnen eine vorsichtige Annäherung. Psychologisch feinfühlige Schilderung eines Familienkonflikts, der durch seine ökonomische Einbettung in einer finanziell sorgenfreien Umgebung aber beträchtlich an Glaubwürdigkeit verliert und außerdem einer widersprüchlichen konservativen Ideologie anhängt. *Zoom, 2/99*

Seite an Seite sind Julia Roberts und Susan Sarandon

Serial Killer 780

POSTMORTEM **

Video

Regie: Albert Pyun
Darsteller: Charlie Sheen (James McGregor), Michael Halsey (Ballantine), Ivana Milicevic (Gwen Turner), Stephen McCole (George), David Walker (David Corey)
Drehbuch: John Lowry Lamb, Robert McDonell
Kamera: George Mooradian
Musik: Anthony Riparetti
Prod.: Tom Karnowski, Gary Schmoeller für Filmwerks/Imperial Ent., USA 1998; 100 Min.
Vertrieb: Ascot Video; 7.6.1999
FSK: ab 16 J.

Serienkiller narrt einen in Schottland urlaubenden US-Cop und bringt ihn unter Mordverdacht. Unglaubwürdiger Psychothriller aus der unteren Regionalliga.

Serial Lover 781

SERIAL LOVER ****

Regie: James Huth
Darsteller: Michèle Laroque (Claire Doste), Albert Dupontel (Insp. Eric Cellier), Elise Tielrooy (Alice Doste), Michel Vuillermoz (Charles), Gilles Privat (Ruitchi), Zinedine Soualem (Hakim), Antoine Basler (Sacha), Didier Benureau (Helgen)
Drehbuch: Romain Berthomieu, James Huth, Hugo Jacomet
Kamera: Jean-Claude Thibaut
Musik: Bruno Coulais
Schnitt: Scott Stevenson
Prod.Des.: Pierre-Emmanuel Chatiliez, Jean-Baptiste Poirot
Prod.: Philippe Rousselet; Brahim Chioua, Pierre Heros (Co-Prod.) für Le Studio Canal+/France 2 Cinema/Captain Movies mit Canal +/Sofica Sofinergie 4, Frankreich 1998; 83 Min.
EA: Fantasy Filmfest 1998 »Eröffnungsfilm«
Verleih: Highlight/Constantin/-/Highlight Home Video; 18.3.1999
FSK: ab 16 J., ffr.

Claire will sich an ihrem 35. Geburtstag für den Mann ihres Lebens entscheiden. Darum hat sie ihre drei Lover samt bestem Freund zu einem alles entscheidenden Abendessen eingeladen. Doch statt einer Hochzeit gibt es noch vor dem Dessert vier Todesfälle – und für Claire geht der Alptraum bei der Leichen-Entsorgung erst richtig los. In seiner schwarzen Komödie »Serial-Lover« inszeniert James Huth einen schrägen Todes-Reigen voll blutrünstigem Slapstick – einfach aus Spaß an der sadistischen Freud. Saukomisch und saublutig. *Volker Gunske, tip, 7/99*

(...) In 84 Minuten brennt Huth ein Feuerwerk an rabenschwarzer Situationskomik und oft unvorhersehbaren Pointen ab, tobt sich vergnüglich auf der Leinwand aus und konterkariert damit ebenso virtuos wie nonchalant gewaltästhetisierende Pseudo-Komödien à la Tarantino. Wer diesen Film versäumt, ist selber Schuld.
W. O. P. Kistner, AZ, 18.3.99

The Set Up – Die Falle 782
THE SET UP ***
TV

Regie: Strathford Hamilton
Darsteller: Billy Zane (Charlie Thorpe), Mia Sara (Gina Sands), James Russo (Kliff), Louis Mandylor (Pauly), Tom »Tiny« Lister (Leon), Margaret Avery (Olivia Dubois), Mark Rolston (Ray Harris), James Coburn (Jeremiah Cole)
Drehbuch: Michael Thoma, nach dem Roman von James Hadley Chase
Musik: Conrad Pope
Prod.: USA 1995; 87 Min.
TV: 26.1.1999, Pro7, 22.25

Der Meisterdieb Charlie Thorpe wurde bei einem Supercoup überrascht, seine Frau wurde getötet, er kam für sechs Jahre ins Gefängnis. Nach seiner Entlassung entwickelt er ein einbruchsicheres Alarmsystem und wird von Gangstern erpreßt, bei der Überlistung seines Systems zu helfen.

Shadow Warriors – Rache um jeden Preis 783
SHADOW WARRIORS 2 **
Video

Regie: Jon Cassar
Darsteller: Terry »Hulk« Hogan, Carl Weathers, Martin Kove, Shannon Tweed
Drehbuch: Cal Clements, nach einer Story von Michael Berg, Douglas Schwartz
Kamera: David Geddes
Musik: Ken Harrison
Schnitt: Charles E. Robichaud
Prod.Des.: Jill Scott
Prod.: Arvi Liimatainen für Alliance mit TNT/Crescent Ent., USA 1998; 90 Min.
Vertrieb: BMG (Universum) Video; 8.6.1999
FSK: ab 18 J.

Fünf Söldner kämpfen für das Gute in der Welt und gegen Entführer, Terroristen und was sich sonst noch vor ihre Fäuste und Flinten verirrt. Zusammenhangloses Actionfilmchen der beschämend bescheidenen Sorte.

Shakespeare in Love 784
SHAKESPEARE IN LOVE ****

Regie: John Madden
Darsteller: Joseph Fiennes (William Shakespeare), Gwyneth Paltrow (Viola de Lesseps), Geoffrey Rush (Philip Henslowe), Judi Dench (Queen Elisabeth), Simon Callow (Tilney), Colin Firth (Lord Wessex), Imelda Staunton (Kindermädchen), Ben Affleck (Ned Alleyn)
Drehbuch: Marc Norman, Tom Stoppard
Kamera: Richard Greatrex
Musik: Stephen Warbeck
Schnitt: David Gamble
Prod.Des.: Martin Childs
Prod.: Davit Parfit, Donna Gigliotti, Harvey Weinstein, Ed Zwick, Marc Norman für Bedford Falls Prod., USA 1998; 123 Min.
EA: 14.2.1999, Int. Filmfestspiele Berlin
Verleih: UIP/UIP/UIP/Universal Video; 4.3.1999
FSK: ab 6 J., ffr. – FBW: Besonders wertvoll

Während der junge William Shakespeare 1594 an der Beendigung seiner Schreibblockade und der Fertigstellung einer neuen Komödie arbeitet, schleust sich eine junge theaternärrische Aristokratin als Mann verkleidet in die Schauspielertruppe Shakespeares ein. Als er den Schwindel bemerkt, verliebt er sich in sie und findet in der jungen Frau außerdem seine Muse wieder. Der filmhandwerklich fehlerlose und ausgezeichnet gespielte Film kombiniert Informationen zum Elisabethanischen Theater mit Elementen aus der Biographie Shakespeares und erzählt auf diese Weise eine im wesentlichen auf name dropping beruhende Entstehungsgeschichte von »Romeo und Julia«. Ein gefälliges und amüsantes Stück Kino-

Gwyneth Paltrow

unterhaltung, wenngleich kein Meisterwerk. *Multimedia*

(...) Ein bis ins Detail stimmungsvoll komponiertes intelligentes Kinostück, wie man es selten sieht. Und immer wieder sehen möchte.
Angie Dullinger, AZ, 4.3.99

Wir hatten 25 Millionen Dollar, für ein Projekt dieser Größenordnung nicht zuviel. Die Ausstattung war enorm teuer. Hinter den Shepperton Studios in London mußten wir nicht nur zwei Theater nachbauen, sondern ein ganzes Stadtviertel vom Bordell bis zu Shakespeares Bleibe.

Joseph Fiennes

Können Sie sich jetzt vor Angeboten kaum noch retten?

Miramax wollte mir sofort ein nächstes Projekt aufbrummen. Ich möchte aber etwas Abstand gewinnen. Und erst dann einen zeitgenössischen Stoff anpacken – sonst gelte ich womöglich nur noch als Historien-Hansel.
John Madden im Interview mit Margret Köhler, AZ, 4.3.99

Shall we dance 785
SHALL WE DANCE ****+

Regie: Masayuki Suo
Darsteller: Koji Yakusho (Shohei Sugiyama), Tamiyo Kusaraki (Mai Kishikawa), Naoto Takenaka (Tomio Aoki), Eriko Watanabe (Toyoko Takahashi), Akira Emoto (Toru Miwa), Yu Tokui (Tokichi Hattori), Hiromasa Taguchi (Masahiro Tanaka), Reiko Kasamura (Tamako Tamura)
Drehbuch: Masayuki Suo
Kamera: Naoki Kayano
Musik: Yoshikazu Suo
Schnitt: Jun'ichi Kikuchi
Prod.Des.: Kyoko Heya
Prod.: Yasuyoshi Tokuma, Shoji Masui, Yuji Ogata für Altamira/Daiei/NTV Network/Hakuhodo/Nippan, Japan 1996; 135 Min.
Verleih: Buena Vista/dto/dto/Buena Vista Home Video; Dezember 1997 (CH); 13.5.1999
FSK: o. A., ffr. – FBW: Besonders wertvoll

Ein 42jähriger japanischer Angestellter verliebt sich in eine wildfremde Tänzerin. Um sie kennenzulernen besucht er den Tanzkurs, doch die Liebe bleibt unerfüllt. Dennoch öffnen beide ihre Seelenpanzer und lernen Gefühle zu offenbaren – Chance für einen Neuanfang. Die betörende Liebesgeschichte ohne das übliche Happy-End, zeigt Menschen aus dem Japan von Heute, die sich dem Leben mit allen Risiken ausliefern und ihre Träume Wirklichkeit werden lassen. *Margret Köhler*

(...) Ein wunderschöner, zarter, auch sehr komischer Film über eine verschwiegene Liebe und die kleinen Fluchten. Mit großartigen Nebenfiguren, slapstickhaften Tanzszenen und liebevollen Details.
Daniel Kothenschulte, tip, 11/99

Showdown in der Hölle
786
DEATH VALLEY
□
TV

Regie: Carl Colpaert
Darsteller: Eric Roberts (Colin), Camilla Overbye Roose (Caroline Keller), Angus MacFayden (Fred Colbert), Joe Viterelli
Prod.: USA 1997; 89 Min.
TV: 10.9.1999, SAT.1, 0.20

Liebe, Intriegen, Eifersucht, Killer – Fernsehunterhaltung vom Autorenfließband wie gehabt.

Sicilia!
787
SICILIA!
****+

Regie: Jean-Marie Straub, Danièle Huillet
Darsteller: Gianni Buscarino (Silvestro), Angela Nugara (Mutter), Vittorio Vigneri (Scherenschleifer), Carmelo Maddio (Orangenverkäufer), Angela Duranti, Simone Nucatola, Ignazio Trombello, Giovanni Interlandi
Drehbuch: Daniele Huillet, Jean Marie Straub, nach der Erzählung »Conversation in Sicily« von Elio Vittorini
Kamera: William Lubtchansky
Prod.: Jean-Marie Straub, Daniele Huillet für Pierre Grise Prods./Martine Marignac/CNC/AliaFilm/Enzo Porcelli/Istituto Luce/HR/WDR, Frankreich/Italien 1999; 66 Min.
UA: Febr. 1999, Cinémathèque Française, Paris
EA: 19.5.1999, Int. Filmfestspiele Cannes
Verleih: Filmmuseum, OmU/Stadtkino/-; 16.4.1999, Filmmuseum Frankfurt

Nach langem Aufenthalt im Norden Italiens kehrt Silvestro nach Sizilien zurück, um seine Mutter zu besuchen. In vier schlichten Episoden, deren Kargheit eine große Intensität erzeugt, erzählt der Film von den Zufallsbekanntschaften, die er auf seiner Reise durch Sizilien macht, sowie von der zentralen Begegnung mit seiner Mutter. Die idealisierten Erinnerungen Silvestros, der auf der Suche nach seiner Vergangenheit zurückkehrt, treffen dabei auf die Geschichten und Sehnsüchte derjenigen, die geblieben sind, ohne daß der Film eine Entscheidung über die Vergangenheit trifft. Ein Werk, das ohne den Glanz bekannter Schauspieler zeigt, daß Kino große Kunst sein kann. *Multimedia*

(...) Sehr wohl möglich, dass das Filmverständnis der Straubs von Anfang an die Einsicht war, durch die das Kino die Welt der Töne, der Sprache vom Sinn befreit, die Fesseln der Schrift gesprengt hat. *Frieda Grafe, SZ, 16.12.1999*

Sieben Tage bis zum Glück
788
**
TV

Regie: Peter Ily Huemer
Darsteller: Sophie Schütt (Angela Siebert), Mirco Nontschew (Stefan Fischer), Gregor Törzs (Peter Matthias), Anna Loos (Karen Siebert), Anja Kruse, Nikol Voigtländer, M. Adebisi
Drehbuch: Michel Wallerstein, Linda Fidler Wendell
Prod.: BRD 1998; 90 Min.
TV: 12.5.1999, RTL, 20.15

(...) Blondchen verguckt sich eine Woche vor der Hochzeit mit ihrem Chef (nicht jeder Komiker ist auch ein Schauspieler: Mirko Nontschew) in einen Maler (wohl nach Oberweite besetzt worden: Gregor Törzs). Eine verklemmte Spießer-Klamotte mit Bildern wie aus der Frühstücksmargarine-Werbung. Öd. *W. O. P. Kistner, AZ, 14.5.99*

Die Siebtelbauern
789
****

Regie: Stefan Ruzowitzky
Darsteller: Simon Schwarz (Lukas), Sophie Rois (Emmy), Lars Rudolph (Severin), Julia Gschnitzer (Old Nane), Ulrich Wildgruber (Danninger), Elisabeth Orth (Rosalind), Tilo Prückner (Großknecht), Susanne Silverio (Lisbeth)
Drehbuch: Stefan Ruzowitzky
Kamera: Peter von Haller
Schnitt: Britta Burkert-Nahler
Prod.: Danny Krausz, Kurt Stocker für DOR Film mit ORF/BR/Austrian Film Institute, Österreich 1997; 90 Min.
UA: 2.2.1998, Filmfestival Rotterdam
EA: Max Ophüls Preis, Saarbrücken 1998
Verleih: Ventura/filmladen/Look Now!/absolut MEDIEN; April 1998 (Österr.), 4.3.1999
FSK: ab 12 J., ffr.

(...) Der formal überzeugende, moderne Heimatfilm spielt zwischen den Weltkriegen und erzählt eine zeitlose Geschichte von Macht und Ohnmacht. Eine überhöhte, archaische Filmballade

Vom Knecht zum Herrn: ›Die Siebtelbauern‹ von Stefan Ruzowitzky

in kantig wirkenden, comichaften Bildern, mit ausgezeichneten Darstellern.

Zoom, 1/99

(...) Eine hinterkünftig wuchtige und dabei ganz stille Parabel vom Blutpreis der Hoffnungen. Und tatsächlich ein moderner Heimatfilm, ohne bemühten Dialekt, voller kluger Metaphern. Um Land und Menschen geht es, um deren Rest an Würde im Niedergang. In Amerika wäre das dann ein Western.

Angie Dullinger, AZ, 4.3.99

(...) Autor und Regisseur Ruzowitzky hat mit seinem ursprünglich für das Fernsehen gedrehten Film Aufsehen erregt, und dies nicht zu unrecht. Er

beweist einen außergewöhhnlich gewordenen Stilwillen: knappe Dialoge, karge Gesten, kurze Szenen, eigenwillige Einstellugen, schöne Gemälde – und einen festen Standpunkt.
Thomas Engel, Der Gildendienst 4/99

The Silence 790
THE SOKUT ****+

Regie: Mohsen Makhmalbaf
Darsteller: Tahmineh Normatova (Khorshid), Nadereh Abdelahyeva (Nadereh), Golbibi Ziadolahyeva (Khorsids Mutter), Hakem Ghasssem (Händler), Araz M. Mohamadli
Drehbuch: Mohsen Makhmalbaf
Kamera: Ebrahim Ghafori
Schnitt: Mohsen Makhmalbaf
Prod.: Marin Karmitz für MK2/France 3 cinema, Iran/Frankreich 1998; 76 Min.
UA: Int. Filmfestspiele Cannes 1998
Verleih: Kairos/-/Frenetic; August 1999

Der blinde Korhit und seine Mutter sind arm. Um ihre Wohnung zu behalten, arbeitet der blinde Junge bei einem Instrumentenbauer als Stimmer. Weil er immer zu spät kommt verliert er die Arbeit. Dafür gewinnt er die Welt der Musik und Poesie. Das gleichnishafte orientalische Märchen vom Sinn des Lebens – »Nutze den Augenblick« – verwebt sehr minimalistisch Klänge und Bilder und Beethovens Fünfte als Leitmotiv. *Zoom, 8/99*

»1990 wurde ich daran gehindert, ›Time of Love‹ im Iran zu drehen. Also ging ich in die Türkei. Teile meines Films »The Cyclist« habe ich in Pakistan gedreht. Vor zwei Jahren wurde die Zensur schlimmer und schlimmer, und ich wollte den Iran verlassen, um ganz im Ausland zu arbeiten. Aber ich wollte im Orient bleiben – in Indien zum Beispiel. Am Ende entschied ich mich für Tadschikistan. Hätte ich ›Le Silence‹ im Iran gedreht, hätte ich ganz bestimmt viele Konzessionen machen und alles Mögliche ändern müssen.«
Mohsen Mahkmalbaf nach Katalog Filmfest München 1999

Silvia Prieto 791
SILVIA PRIETO ***

Regie: Martin Rejtman
Darsteller: Rosario Bléfari, Gabriel Fernández Capello, Mirtha Busnelli, Valeria Bertucelli
Drehbuch: Martin Rejtman
Kamera: Paula Grandio
Musik: Gabriel Fernández Capello
Schnitt: Gustavo Codella
Prod.: Martin Rejtman, Hernán Musaluppi, Argentinien 1998; 92 Min.
EA: 16.2.1999, Int. Forum des Jungen Films, Berlin; 30.6.1999, Filmfest München
Verleih: Freunde/-/-; 30.9.1999

Ein Zufall bringt die 27jährige Silvia Prieto auf die Spur einer Frau gleichen Namens, die wie sie in Buenos Aires lebt. Daraus entwickelt sich ein kompliziertes Spiel mit Identitäten und Interferenzen. *Zitty, 4/99*

Simon Birch 792
SIMON BIRCH ***

Regie: Mark Steven Johnson
Darsteller: Ian Michael Smith (Simon Birch), Joseph Mazzello (Joe Wenteworth), Ashley Judd (Rebecca Wenteworth), Oliver Platt (Ben Goodrich), David Strathairn (Reverend Russell), Dana Ivey (Großmutter Wenteworth), Beatrice Winde (Hilde Grove), Jan Hooks (Miss Leavey)
Drehbuch: Mark Steven Johnson, nach dem Roman »A Prayer for Owen Meany« von John Irving
Kamera: Aaron E. Schneider
Musik: Marc Shaiman
Schnitt: Betsy Heimann
Prod. Des.: David Chapman
Prod.: Mark Birnbaum; Billy Higgins (Co-Prod.) für Hollywood/Caravan Pic., USA 1998; 113 Min.
UA: Filmfestival Montreal 1998
Verleih: -/-/Buena Vista; Juni 1999

Simon Birch ist von Geburt an schwerstbehindert, kaum jemand glaubt an sein Überleben. Doch er wächst im festen Glauben heran, dass Gott etwas Großes mit ihm vorhat. So ist es auch: Simon hilft nämlich in einem ungastlichen Dorfumfeld mit, dass der einzige Freund die geheimgehaltene Identität seines Vaters erfährt. Beziehungsdrama mit schönen komödiantischen und tragischen Momenten, die von jungen Darstellern gut gemeistert werden. Aber es gelingt dem Regisseur nicht, die Handlung über eine routinierte melodramatische Erzählweise hinauszutragen. *Zoom, 6-7/99*

(...) Ist das Stück, halb Kinder-, halb Familienfilm, auch in fast allem vorhersehbar, entbehrt es doch in seiner lebendigen Schilderung dieses Kleinstadtlebens des szenischen Einfallsreichtums noch – bei aller Naivität- der positiven Ausstrahlung.
Thomas Engel, Der Gildendienst, 3/99

Since you've been gone 793

SINCE YOU'VE BEEN GONE ***
Video

Regie: David Schwimmer
Darsteller: Teri Hatcher (Maria Goldstein), Lara Flynn Boyle (Grace Williams), David Schwimmer (Robert S. Levitt), Philip Rayburn Smith (Kevin MacEldowney), Joey Stotnick (Zane Levy), Joy E. Gregory (Mollie Rusk), Laura Eason (Electra Pollack), Heidi Stillman (Holly Petuto)
Drehbuch: Jeff Steinberg
Kamera: Denis Lenoir
Musik: Pray for Rain
Schnitt: Kevin Tent
Prod.: Richard N. Gladstein für Miramax, USA 1998;
95 Min.
Vertrieb: Highlight Video; 13.9.1999
FSK: ab 12 J.

Zehn Jahre nach dem Highschool-Abschluß treffen sich eine Handvoll »Ehemalige« in einem Chicagoer Hotel. Harmlos-versöhnliche Revue aus Neurosen, zerplatzten Träumen und Alltäglichkeiten. Das gab es schon deutlich besser.

Sindbad – Die Schlacht der Schwarzen Ritter 794

SINDBAD – THE BATTLE OF THE DARK KNIGHTS □
TV

Regie: Alan Mehrez
Darsteller: Richard Grieco (Sindbad), Mickey Rooney (Sage), Lisa Ann Russell (Shalazar), Dean Stockwell (Bophisto), Dante Basco (Prinz Hogn), Jonathan Fraser (Sindbads Vater), Zelda Rubinstein (Micha), Anthony Medwetz
Drehbuch: Alan Mehrez, Elvisto Restaino
Musik: Gregor Narholz
Prod.: USA 1997; 81 Min.
TV: 17.10.1999, Pro7, 14.05

Sindbad, mittlerweile im Dienste des Kaisers von China, wird gerufen, um seine Heimat zu beschützen.

Die Singlefalle – Liebesspiele bis zum Tod 795

□
TV

Regie: Michael Keusch
Darsteller: Sandra Speichert (Julia Hollander), Doreen Jacobi (Katherin Schmidt), Ralph Herforth (Markus Springer), Charlotte Schwab (Emma Hollander), Pasquale Aleardi (Max), Tamara Rohloff (Helena Berg), Giulia Siegel (Rebecca), Steffen Münster
Drehbuch: Andrew Findlay
Prod.: Zeitsprung Film für RTL, BRD 1999; 90 Min.
TV: 13.10.1999, RTL, 20.15

Eine junge Polizistin ermittelt undercover in der Welt der reichen Singles und gerät dabei in einen Strudel aus Mord, Sex und Erpressung. *Pressetext*

Sir Arthur Conan Doyle's Lost World 796

SIR ARTHUR CONAN DOYLE'S LOST WORLD **
Video

Regie: Bob Keen
Darsteller: Patrick Bergin (Challenger), Jayne Heitmeyer (Amanda), David Nerman (John Roxton), Julian Casey (Malone), Gregorlane Minot-Payeur (Djena), Jack Langedijk (Maplewhite), James Bradford (Lord Thomas), Martin Sims
Drehbuch: Jean LaFleur, Léopold St-Pierre
Kamera: Barry Gravelle
Schnitt: Isabelle Levesque
Prod.: Luc Campeau, John Landis, Danny Rossner, Murray Shostak für Canadian Film, USA 1998; 94 Min.
Vertrieb: VCL Video; 26.1.1999
FSK: ab 12 J.

Wenig ansprechende Trivialversion von Steven Spielbergs Multiknüller: Auf der Suche nach Dinosauriern trifft (selbstredend bunt zusammengewürfelte) Expeditionsgruppe auf Neandertaler und andere Exotika.

Sitcom 797
SITCOM ***

Regie: François Ozon
Darsteller: Evelyne Dandry (Mutter), François Marthouret (Vater), Marina De Van (Tochter), Adrien De Van (Sohn), Lucia Sanchez (Hausangestellte), Stéphane Rideau (Freund), Jules-Emmanuel Eyoum Deido (Abdu)
Drehbuch: François Ozon
Kamera: Yorik Le Saux
Musik: Eric Neveux
Schnitt: Dominique Petrot
Prod.: Olivier Delbosc, Marc Missionier für Fidélité/Le Studio Canal Plus, Frankreich 1997; 80 Min.
EA: 17.2.1998, Int. Filmfestspiele Berlin, »Panorama«
Verleih: MFA/polyfilm/Monopole Pathé; 25.12.1998 (Österr.), 25.3.1999
FSK: ab 16 J., ffr.

Als der Vater einer französischen Familie aus der gehobenen Mittelschicht eines Abends eine Laborratte als Haustier mitbringt, gerät das scheinbar harmonische Zusammenleben aus den Fugen und die sexuellen Beziehungen beginnen die Grenzen bürgerlicher Wohlanständigkeit zu sprengen. Parodie auf die Familienklischees von TV-Seifenopern, die den schrägen Gesellschaftsdemontagen eines John Waters nacheifert, aber ihrerseits boulevardesken und slaptickhaften Stereotypen verhaftet bleibt und in ein aufgesetzt absurdes Ende mündet. *Zoom, 4/99*

(...) Ein bizarres Kaleidoskop der kulminierenden, kulminierenden und nicht mehr im Zaum zu haltenden unterdrückten Triebe, ein zartbitter-böser Leinwand-Gegenentwurf zur keimfreien Serienkost, die uns auf der Mattscheibe mit ihren Spießer-Klischees einlullen soll. François Ozon hält sich, von einigen, größtenteils unnötigen Trash-Effekten abgesehen, zurück, bleibt mit seiner Perspektive eher spöttisch als spekulativ. Auch wenn das Finale ein wenig unrund gerät: Man unterhält sich prächtig.

W. O. P. Kistner, AZ, 25.3.99

Skin Flick 798
SKIN FLICK **

Regie: Bruce LaBruce
Darsteller: Steve Masters (Dieter), Eden Miller (Dirk), Tom International (Reinhold), Ralph Steel (Wolfgang), Tim Vinzent (Manfred), Nikki Richardson (Cameltoe)
Drehbuch: Bruce LaBruce
Kamera: James Carman
Musik: Alan Pasqua
Schnitt: Manfred Mancini, Jörg Andreas
Prod.: Bruce LaBruce für Cazzo/Millivres & Suzuki Akihiro/Stance, GB/BRD 1999; 70 Min.
Verleih: GMfilms/-/-/Pro Fun Video; 29.4.1999

Schwuler Softcore-Porno um eine Neonazi-Skin-Gang. Die Skinheads in Kultregisseur Bruce LaBruces' Film tun so, als wären sie nicht schwul, und haben trotzdem ständig schwulen Sex in allen Varianten, ganz wie es die narrative Logik eines Pornos gebietet. Ein höchst subversives Werk, das die homosexuelle Fetischisierung der knallharten Buben gegen ihren Faschismus nahezu karthartisch ausspielt. Satirisch, paradox, irrwitzig über schwule Grenzen hinaus. *Iris Depping, tip, 10/99*

(...) Als wäre es nicht genug, den Stil der avantgardistischen Pornos der siebziger Jahre wiederzubeleben, versucht er außerdem herauszufinden, warum immer mehr Schwule den Skinhead-Look übernehmen. Allerdings bleibt es bei einem Versuch, denn im Endprodukt überwiegen dann die Sexszenen. Von denen sind jedoch in der vorliegenden um 50 Minuten gekürzten Softcore-Version wenig übriggeblieben. So ist eine in jeder Hinsicht unbefriedigende Mischung herausgekommen: Zu wenig Handlung für einen Spielfilm, zu wenig Sex für einen Porno. *Zitty, 9/99*

Slappy und die Rasselbande 799
SLAPPY AND THE STINKERS **
Video

Regie: Barnett Kellman
Darsteller: B.D. Wong (Morgan Bringway), Bronson Pinchot (Roy), Jennifer Coolidge (Harriet), Joseph Ashton (Sonny), Gary LeRoi Gray (Domino), Carl Michael Lindner (Witz),

Scarlett Pomers (Lucy), Travis Tedford (Loaf)
Drehbuch: Bob Wolterstorff, Mike Scott
Kamera: Paul Maibaum
Musik: Craig Safan
Schnitt: Jeff Wishengrad
Prod.Des.: Ivo Christante
Prod.: Sid, Bill und Jon Sheinberg für Tristar Pic., USA 1998; 76 Min.
Vertrieb: Columbia TriStar Video; 12.8.1999
FSK: 6 J.

Fünf Kinder entführen aus dem Zoo einen Seelöwen, um ihm die Freiheit zu schenken. Mit Primitivhumor »angereicherte« Kinderklamotte.

Small Time 800

SMALL TIME **

Regie: Shane Meadows
Darsteller: Mat Mand (Malc), Dena Smiles (Kate), Shane Meadows (Jumbo), Gena Kawecka (Ruby), Jimmy Hynd
Drehbuch: Shane Meadows
Kamera: John Arnold
Musik: Gavin Clarke
Schnitt: David Wilson
Prod.: Dominic Dillon, Shane Meadows für Big Arty, GB 1996; 60 Min.
EA: Filmfest Hamburg 1997
Verleih: Kairos/-/Xenix; Febr. 1998 (CH), 14.1.1999

Armselig, wie der Titel schon sagt, ist das Milieu einer englischen Industriegegend, in der sich kleine Gaunereien und Auseinandersetzungen von ein paar arbeitslosen Kumpels abspielen. Der mit bescheidensten Mitteln gedrehte Film mag als Stellenbörse gedient haben, findet ab und zu auch witzige Momente in seiner Unbedarftheit, macht jedoch vor allem deutlich, daß gewöhnlicher Alltag einer Fiktionalisierung bedarf, um auf der Leinwand genießbar zu werden. *Zoom, 2/98*

So haben wir gelacht 801

COSI RIDEVANO ***

Regie: Gianni Amelio
Darsteller: Enrico Lo Verso (Giovanni), Francesco Giuffrida (Pietro), Fabrizio Gifuni (Pelaia), Rosaria Danze (Lucia), Claudio Contartese (Rosario), Domenico Ragusa (Simone), Simonetta Benozzo (Ada), Pietro Paglietti (Battista)
Drehbuch: Gianni Amelio
Kamera: Luca Bigazzi
Musik: Franco Piersanti
Schnitt: Simona Paggi
Prod.Des.: Giancarlo Basili
Prod.: Vittorio Cecchi Gori, Rita Cecchi Gori für Cecchi Gori Group, Italien 1998; 127 Min.
UA: Filmfestspiele Venedig 1998
EA: 29.6.1999, Filmfest München
Verleih: Prokino/filmladen/-; 22.7.1999
FSK: ab 12 J., ffr.

Das Schicksal eines sizilianischen Brüderpaars in Turin Ende der Fünfzigerjahre vor dem Hinergrund des Konflikts zwischen Süd- und Norditalien: Der Ältere schuftet für beide, der Jüngere zieht – schlechten Gewissens – das Dolce Vita vor. Wenn der Regisseur ihr von Schuld und Pflichtbewusstsein geprägtes Verhältnis überraschend umkippen lässt, bekommt sein Film eine melodramatische Struktur, die an einigen Stellen jedoch so verknappt gehalten ist, dass sie ungewollt absurd wird.
Film, 9/99

(...) Trotz einiger berührender Momente, die Sprachlosigkeit zwischen den Protagonisten, ihre Hilflosigkeit und ihr Ausgeliefertsein an eine für sie fremde Gesellschaft – versinkt das politisch gutgemeinte Werk in Sozialkitsch. Zusätzlich irritieren Zeit- und Handlungssprünge, ein langatmiger Erzählrythmus, das undefinierbare Bruderverhältnis, eine sporadisch auftauchende, aber wenig verarbeitete homoerotische Komponente.
Der Blick der Sizilianer auf den reichen Norden erinnert an den der Albaner auf Italien in »Lamerica«, aber es fehlt hier an emotionaler Stärke. Amelio erweckt kein Interesse an seinen Figuren, die sich in einer dramatisch wenig durchdachten Geschichte verlieren.
Margret Köhler, AZ, 22.7.99

Die Verleihung des »Goldenen Löwen« an den italienischen Regisseur Gianni Amelio bei den Filmfestspielen von Venedig hat in Italien eine politische Debatte ausgelöst. Die ultrarechte Oppositionspartei »Nationale Allianz« will von Kulturminister Walter Veltroni eine Stellungnahme vor dem Parlament erzwingen: Veltroni habe angeblich Druck auf die Jury ausgeübt, damit diese den Film »So haben sie gelacht« von Amelio zum Sieger des Festivals erklärte. Anlaß des Vorwurfs war die Behauptung eines privaten Radiosenders, Veltroni habe den Jury-Präsidenten Ettore Scola angerufen. Die Oppositionspartei vermutet, daß Veltroni möglicherweise in Übereinstimmung mit dem Senator der christdemokratischen Volkspartei (PPI), Vittorio Cecchi Gori, handelte, der der Produzent des Siegerfilms ist. Festivalsieger Amelio erklärte, die Verdächtigungen verdienten keine Antwort.

epd, nach SZ, 1.6.1999

Sofies Welt

SOFIES VERDEN

802
**

Regie: Erik Gustavson
Darsteller: Silje Storstein, Tomas von Brömsen (Alberto Knox), Andrine Saeter (Sofies Mutter), Björn Floberg (Major Albert Kann), Edda Trandum Grjotheim (Jorunn), Arne Haakenaasen Dahl (Georg), Silje Storstein (Hilde Moller Knag), Minken Fosheim (Hildes Mutter)
Drehbuch: Petter Skavlan, nach dem Roman von Jostein Gaarder, adaptiert von Erik Gustavson
Kamera: Kjell Vassdal
Musik: Randall Meyers
Schnitt: Anne Andressen
Prod.Des.: Bjarle Ulfstein
Prod.: Oddvar Bull Tuhus, John M. Jakobsen für NRK Drama/Filmkameratene/SF Norge, Norwegen 1999; 112 Min.
Verleih: Constantin/-/Rialto; 2.12.99
FSK: ab 6 J., ffr.

Die 14-jährige Sofie surft an der Hand ihres Philosophielehrers durch die opulent ausstaffierte Ideengeschichte, vorbei an Schweinebacke Sokrates und tristen mittelalterlichen Pestilenzopfern, hinein in die Kathedrale namens Renaissance, und irgendwie hört die Historie dann mit der russischen Revolution auf (sicher in Lenins Sinne). Philosophie- und Weltgeschichte als Disneyland. *tip, 25/99*

Wenn ein Buch weltweit 15 Millionen Mal über den Ladentisch geht, zählen

›Sofies Welt‹

Filmproduzenten auf die Lesergemeinde als Zuchschauer. Mit der Verfilmung von Jostein Gaarders Bestseller sollte die Rechnung nicht aufgehen. Koautor und Regisseur Erik Gustavson schreckt in diesem aufwendig inszenierten und mit Special Effects garnierten Familienspektakel vor stärkstem Tobak nicht zurück. (...)
Die imposanten Bilder der mit 10 Millionen Dollar teuersten norwegischen Produktion können den Mangel an Emotion nicht verdecken. Bei der häppchenweise verabreichten Historien-Dosis dachte der frühere Werbefilmer wohl an die parallel entstehende 10-teilige Fernsehserie. Der rasante Ritt durch philosophische Gefilde mit dröhnendem Soundtrack vernachlässigt kindliche Träume. *Margret Köhler, AZ, 2.12.99*

(...) Das wirkliche Fiasko dieses Films liegt in der Verkennung des Wesentlichen: Mehr als zweitausend Jahre lang haben sich Philosophen, Wissenschaftler und Künstler bemüht, sich und uns Klarheit über die Welt zu verschaffen. Gustavson jedoch betreibt zwei Stunden lang das genaue Gegenteil.
Nicht genug, dass keines seiner auftretenden Genies Zeit bekommt, irgendeine Idee wirklich auszuformulieren – im

dunklen Tann, den Sofie durchstreift, haust neben Eulen, Ziegen und Schaben die europäische Märchenprominenz: Pinocchio lugt durchs Unterholz, Rottkäppchen trippelt einher und die drei Musketiere fechten. »Sofies Welt« möchte gleichzeitig auch ein Fantasy-Film sein und steckt zudem voller Anspielungen auf andere Regisseure, von Eisenstein über Jean Cocteau bis Woody Allen. (...) *H. G. Pflaum, SZ, 7.12.99*

(...) Wie aber könnte man »Sofies Welt« verfilmen? Nachdem man sich Erik Gustavsons Versuch angeseen hat, weiß man eines genau: So nicht! Was in dem Film »Sofies Welt« passiert, ist nämlich nicht die Popularisierung von Philosophie. Es ist nicht mal deren Trivialisierung, sondern deren Auflösung. Die fiktive Hilfskonstruktion von Gaarder wird bei Gustavson zum Hauptthema. Und dieses wiederum gerät zu einem Bilderreigen, in dem die Rumpel- und Pumpelhaftigkeit schlechten Laientheaters durch ein paar Special Effects aufgemotzt wird.
Rupert Koppold, Stgt. Zeitung, 2.12.99

Söhne 803

ERZI ****

TV

Regie: Zhang Yuan
Darsteller: Li Maojie (Vater), Fu De-Rung (Mutter), Li Touji (1. Sohn), Li Wei (2. Sohn)
Drehbuch: Ning Dai
Kamera: Zhang Jian
Schnitt: Feng Shuangyuan
Prod.: Zhang Yuan, Wang Shi-ze für Beijing Expression Culture, China 1995; 95 Min.
EA: Filmfest Hamburg 1996
TV: 25.6.1999, 3sat, 23.40

(...) Für das realistisch-fiktive Familienporträt »Söhne« hat Zhang Yuan seine Nachbarn, eine Alkoholikerfamilie, sich selbst spielen lassen. Den Familienvater holte er für die Dreharbeiten aus der psychiatrischen Anstalt. Anhand der vier Menschen – die zwei arbeits- und orientierungslosen Söhne, die Zusammenhalt fordernde Mutter und der tyrannische Vater – zeigt Yuan in unprätentiöser Form Zerrissenheit, Zerstörungswut, Agonie, aber auch die verzweifelte Suche nach Liebe und Wärme. (...) *Dorothee Tackmann, Katalog Filmfest Hamburg*

Der Solist – Kein Weg zurück 804

**

TV

Regie: Carlo Rola
Darsteller: Thomas Kretschmann (Philip Lanart), Iris Berben (Maja Stein), Jenny Schily (Sonja Marquardt), Wolfgang Maria Bauer (Herbert Kliess), Matthias Fuchs (Rüming), Peter Roggisch (Grabowski), Bernd Stegemann (Krüger), Armin Marewski (Dinter)
Drehbuch: Holger Karsten Schmidt
Kamera: Thomas Merker
Musik: Georg Kleinebreil
Schnitt: Friederike von Normann
Prod.Des.: Detlef Provvedi
Prod.: Oliver Berben für Moovie – the art of entertainment für ZDF, BRD 1998; 90 Min.
UA: 2.7.1999, Filmfest München
TV: 30.10.1999, ZDF, 20.15

Hamburg im naßkalten November. Bei einem Autounfall wird eine Frau zwischen zwei Autos zerquetscht, zeitgleich ereignet sich ein brutaler Unterweltmord. Nach einiger Zeit meldet sich eine mysteriöse Zeugin bei den ermittelnden Beamten. Doch bald stellt sich heraus, daß die Spur mitten hinein in die Polizeibehörde selbst führt.
Katalog Filmfest München

Ein Sommernachtstraum 805

WILLIAM SHAKESPEARE'S MIDSUMMER NIGHT'S DREAM ***

Regie: Michael Hoffman
Darsteller: Kevin Kline (Nick Bottom), Michelle Pfeiffer (Titania), Rupert Everett (Oberon), Stanley Tucci (Puck), Calista Flockhart (Helena), Anna Friel (Hermia), Christian Bale (Demetrius), Dominic West (Lysander)
Drehbuch: Michael Hoffman, nach dem gleichnamigen Stück von William Shakespeare
Kamera: Oliver Stapleton
Musik: Simon Boswell
Schnitt: Garth Craven
Prod.Des.: Luciana Arrighi
Prod.: Leslie Urdang, Michael Hofman; Anne Wingate (Co-Prod.) für Fox Searchlight/ Regency Ent. mit Taurus Film, USA 1999; 120 Min.

Kevin Kline und Michelle Pfeiffer

UA: 14.5.1999, N. Y.
Verleih: 20th Century Fox/dto./-; 21.10.1999
FSK: ab 6 J., ffr. – FBW: Besonders wertvoll

Adelstochter Hermia liebt Lysander. Heiraten aber soll sie den flatterhaften Demetrius, der seinerseits von der glubschäugigen Helena verfolgt wird. Dem unseligen Ehediktat entziehen sich alle vier durch Flucht in Oberons Zauberwald, wo der Waldchef und sein Handlanger es einrichten, dass die Liebe am Ende doch die Richtigen trifft. Der Engländer Michael Hoffman verlegt Shakespeares Komödie ins Italien des 19. Jahrhunderts und inszeniert lustvolles Unterhaltungskino mit Starbesetzung. *Film, 10/99*

(...) Ausstattungs-Schnick-Schnack, Goldstaub und Glitzerkitsch contra Atmosphäre, Witz und Tempo – Theater kitschig abgefilmt statt straff verfilmt. *W. O. P. Kistner, AZ, 21.10.99*

(...) Und was macht Hoffman daraus? Einen konturlosen Niedlichkeitsbrei, in dem fast alle Gestalten wie von der Volljährigkeit überraschte Hummelfigürchen blässlich und betulich ihre Porzellanersatzgrimassen in die Kamera recken und Shakespeareverse säuseln wie andere Leute Vogelstimmen nachmachen, mit einem gewissen Stolz, den Klang hinzukriegen, aber ohne Ahung, was welcher Teil des Liedchens jetzt bedeutet. Hoffman verlagert das Stück in die Toskana zur Zeit eines märchenhaften Jahrhundertwechsels, inszeniert also weder modern noch historisch, noch abstrakt, noch irgendwie phantasievoll, sondern aufdringlich putzig: Dies sind die völlig verkitschten Kulissen der sprichwörtlichen guten alten Zeit, dies ist der zentrale Kutschbahnhof aller Wirklichkeitsflucht.

Thomas Klingenmaier, Stgt. Zeitung, 23.10.99

Sonnenallee 806

***

Regie: Leander Haußmann
Darsteller: Katharina Thalbach (Mutter), Henry Hübchen (Vater), Detlev Buck (ABV), Ignaz Kirchner (Heinz), Alexander Scheer (Mischa), Alexander Beyer (Mario), Theresa Weißbach (Miriam), Elena Meißner (Sabrina)
Drehbuch: Thomas Brussig, Leander Haußmann
Kamera: Peter Joachim Krause, Jörg Widmer (Stadicam)
Musik: Stephen Keusch, Paul Lemp, Einstürzende Neubauten
Schnitt: Sandy Saffeels
Prod.: Claus Boje, Detlef Buck; Katrin Schlösser, Doris Kirch für Boje Buck/Ö-Film/SAT.1, BRD 1998;
94 Min.
Verleih: Delphi/-/filmladen; 7.10.1999
FSK: ab 6 J., ffr. – FBW: Besonders wertvoll

In einer modellhaft nachempfundenen DDR findet sich eine Gruppe Jugendlicher hin- und hergerissen zwischen Loyalität und Opposition. Ihre Nöte und Freuden münden schließlich in den Mauerfall. Die authentische Ausgangssituation wurde vom Theaterregisseur Leander Haußmann in seinem Kinodebüt zu einem Mikrokosmos erweitert, in dem sich möglichst viele typische Verhaltensweisen und Situationen ansiedeln lassen, um zur Quersumme DDR verwurstet zu werden. Abgegriffene Gags, die oft auf Schadenfreude basieren, und vorrangig auf oberflächliche Wiedererkennungseffekte angelegte Anekdoten machen den Film zum langweiligen Nummernprogramm. Hinzu kommt eine zumindest fahrlässig zu nennende politische Unbekümmertheit. *Claus Löser, tip, 21/99*

Elena Meißner, Alexander Beyer, Alexander Scheer, Teresa Weißbach, David Müller, Patrick Güldenberg, Robert Stadtlober und Martin Moeller

(…) Eine bunte Komödie über das Leben in der DDR in den Siebzigern. Der Film zeigt, dass der Osten nicht nur Tummelplatz von Apparatschiks, Spitzeln und Spießern war, sondern auch echte Pop-Kultur zuließ. Eine herzhafte Schilderung des DDR-Alltags, nie bloß denunzierend, sondern ironisch und vital zugleich. *Film, 11/99*

(…) das mag ein historisch falsches Bild sein, aber doch eines, das die Bedeutung des Privaten in einer Gesellschaft betont, die jeden Winkel des Ich als Kollektivraum benaspruchen wollte. Vielleicht ist »Sonnenallee« gar kein genauer Film über den damaligen Alltag im Arbeiter-und-Bauern-Staat, sondern einer über die heutige Sehnsucht, wie es bitte gewesen sein soll. Ein wichtiger, da komischer und damit mehrheitsfähiger Beitrag zur Seelenerkundung der Nation ist er aber auch in diesem Fall. *Thomas Klingenmaier, Stgt. Zeitung, 7.10.99*

(…) »Helden wie wir« transportiert zu viel von dem, was in »Sonnenallee« zu kurz gekommen ist: Dort wurde die DDR zum Musical stilisiert mit Erich Honecker als »Fiddler on the Roof«. Der Film ist dermaßen perfekt durchgestylt, dass ihm das Entscheidende aus dem Blickfeld gerät: Die DDR war zwar unfreiwillig komisch, ihren Opfern aber nicht zum Lachen zumute. (…) *Hans Christoph Buch, Der Tagesspiegel, 9.11.99*

(…) Das Porträt einer DDR-Generation im Mief, in Schlaghosen und mit hautengen Pullis wird eigentlich liebenswürdig ausgebreitet. Aber der Inszenator Haußmann will es als Debutant offenbar der Konkurrenz zeigen, dass er auch als Filmer alles Mögliche kann. Und so überinszeniert er seine Kurzgeschichtensammlung, bringt, weil er glaubt, Tempo gehört zum Geschäft, Hektik herein und heiße Luft. (…) *Sebastian Feldmann, Rheinische Post, 8.10.99*

(…) Zu den Dreharbeiten ist man nicht auf die Straße gegangen, »Sonnenallee« wurde vollständig im Studio Babelsberg gedreht; hoch subventioniert, hat man dort eine Berliner Straße einschließlich Grenzübergang und Mauer hingebaut. Immer wieder halten die Filmbilder das Pappmaché ins Bild, immer wieder wirken die Szenen durcharrangiert, gerade als ob der real existierende Sozialismus schon immer etwas Surreales besessen hätte: So auch Haußmann: »Ein unangenehmer Gedanke, dass man versucht, diesen vollkommen unrealen Zustand, in dem wir damals gelebt haben, realistisch zu machen. Dann wird es langweilig. Dann wird es Fernsehspiel.« »Sonnenallee« dagegen ist recht betrachtet eine Kreuzung aus Kammerspiel und Musical, Haußmanns erste Regiearbeit liegt nicht so weit von seinem Fach, wie man annehmen könnte. Die Farbkomposition in DDR-Ästhetik, die Sorgfalt in Dekors und Kostüm laden die Bilder mit einer Künstlichkeit auf, die bewundernswert ist und einem anderen Realismus gehorcht: dem des gegenwärtigen Umgangs mit Geschichte . (...)

Veronika Rall, FR, 7.10.99

Kann man sich denn heute schon über die Mauer lustig machen?

Ich sehe dies in der Tradition von Lubitschs »Sein oder Nichtsein«. Grundsätzlich würde ich gerne mal einen Mauerschützen in einem Film verteidigen. Keiner sollte jemanden verurteilen, der nicht dort oben gestanden hat. Es war nicht so einfach, danebenzuschießen. Und nicht jeder hatte die Kreativität, sich bei der Armee zum Narren zu machen, wie es mir gelungen ist.

Schließt diese Toleranz auch die IM ein, deren Spitzeldienste Sie am eigenen Leib zu spüren bekommen haben?

Als Außenstehender kann man nur schwer beurteilen, ob jemand ein Verräter war und was ihn dazu bewogen hat. Und jeder sollte sich auch selbst fragen, wie man sich in einer ähnlichen Situation selbst verhalten hätte. Deshalb sollte die Öffentlichkeit bei der Bewertung ihres Verhaltens menschlicher verfahren.

Koautor Thomas Brussig sagt, dass er mit seinem Bestseller »Helden wie wir« provozieren wollte, mit diesem Buch versöhnen. Kann dies gelingen?

So sehr ich Thomas schätze, da hat er sich zu viel vorgenommen. Ich würde mich schon freuen, wenn sich keiner

Am Set von Sonnenallee: Kameramann Peter-Joachim Krause, Detlev Buck und Regisseur Leander Haußmann

langweilt und sich die Eltern mit ihren Kindern über diese Zeit unterhalten. Und dass man begreift, dass die DDR ein Teil der gemeinsamen Vergangenheit Deutschlands ist. Der Mauerfall war nicht nur mit einem Identitätsverlust im Osten verbunden.

Leander Haußmann im Interview mit Katharina Dockhorn, Zitty 21/99

Nachdem das Drehbuch zu »Sonnenallee« fertig war, haben Sie beschlossen, den Stoff noch einmal literarisch zu bearbeiten. Warum?

Zum einen war für viele schöne Geschichten, die Leander Haußmann und ich im Laufe der Zeit entwickelt haben, im Film kein Platz mehr. Und dann gab es ja auch irgendwo den Punkt bei der Arbeit, an dem die Interessen auseinander liefen. Leander wollte einen Liebesfilm, ich wollte eine Mauerkomödie machen. Und weil ich diesen Stoff ja liebte, habe ich mich noch einmal an die Geschichte gesetzt.

Durch den nostalgisch-verklärenden Tonfall läuft »Sonnenallee« sowohl als Buch wie als Film manchmal Gefahr, die DDR-Wirklichkeit zu verharmlosen. Konnten oder wollten Sie nicht kritischer mit dem SED-Staat umspringen?

Das hielt ich nicht für nötig, weil das Buch gar nicht versucht, die reale DDR auszuleuchten, sondern sich mit den Erinnerungen an die DDR beschäftigt. Dieser Ansatz war natürlich schwieriger als bei »Helden wie wir«. Damals hatte ich ein Interview mit Christa Wolf gelesen, in dem sie sagte, ihr sei schon '68 beim Einmarsch in die CSSR klar gewesen, dass die DDR-Gesellschaft keine Chance mehr hatte. Darauf habe ich reagiert, indem ich einen Romanhelden erschuf, der eben an dem Punkt, an dem die Schriftstellerin Chrita Wolf sagt, ab hier war es aus und vorbei, geboren wird. Ihre Bemerkung hatte mich ziemlich geärgert. Wenn sie das alles tatsächlich wusste, dann hätte sie das ja auch in ihren Büchern so deutlich sagen können.

Welche Wirkung erhoffen Sie sich von der Art der Verklärung, die Ihr Roman betreibt?

Ich bin ja nun ein sehr moralischer Mensch (lacht). Deshalb denke ich, dass das Buch tatsächlich geeignet ist, dieses deutsch-deutsche Missverständnis ein bisschen aufzuhellen. Ich hoffe, dass die Westler verstehen lernen, dass die Ostdeutschen, wenn sie sich an die DDR gerne erinnern, diesen Staat trotzdem nicht wiederhaben wollen. Den Ostdeutschen muss dagegen klar werden, dass die Erinnerungen an die DDR nicht geeignet sind, Tagespolitik zu machen. *Thomas Brussig im Interview mit Volker Gunske und Sven S. Poser, tip, 21/99*

Sonntagsengel 807
SONDAGSENGLER ****+

Regie: Berit Nesheim
Darsteller: Marie Theisen (Maria), Björn Sundquist (Marias Vater), Hildegunn Riise (Frau Tunheim), Sylvia Salvesen (Marias Mutter), Martin Dahl Garfalk (Olav)
Drehbuch: Berit Nesheim, Lasse Glomm, nach dem Roman »Sondag« von Reidun Nortvedt
Kamera: Arne Borsheim
Musik: Geir Bohren, Bent Åserud
Schnitt: Lilian Fjellvaer
Prod.: Grete Rypdal, Oddvar Bull Tuhus für NRK Drama/Norsk Filminstitut, Norwegen 1996; 85 Min.
Verleih: Matthias/-/-/FWU; Sept. 1999
FSK: ab 6 J.

Die junge Tochter eines Pfarrers im Norwegen der 50er Jahre verläßt ihren autoritären Vater und ihre kleinbürgerliche Umwelt und geht ihren eigenen Weg.

The Sore Losers – Schlechte Verlierer 808
THE SORE LOSERS *
Video

Regie: John Michael McCarthy
Darsteller: Jack Oblivian (Blackie), Kerine Elkins (Kerine), Mike Maker (Mike), D'Lana Tunnell (D'Lana), Hugh Brooks (Tuthpick), Ghetty Chasun, Jim Townshend, David F. Friedman
Drehbuch: John Michael McCarthy

Kamera: Darin Ipema
Schnitt: Denise Mustafa
Prod.: Emmy Collins, Tricia Fudge, Darin Ipema, John Michael McCarthy, Kim McCarthy, Dan Spector, Wheat für Brig Broad Guerilla, USA 1998; 81 Min.
Vertrieb: Incredibly Strange Video; 18.1.1999
FSK: ab 18 J.

Außerirdischer kehrt nach 42 Jahren auf die Erde zurück, um im Auftrag des Teufels zwölf Menschen zu töten. Es werden mehr ... Gewaltverherrlichender, präpubertärer Banalschrott.

SOS. Barracuda II

809
***
TV

Regie: Michel Bielawa
Darsteller: Nick Wilder (Jan Fehrmann), Crissy Schulz (Lisa Beuys), Wolfgang Krewe (Hendrik Krüger), Phillip Moog (Sven Witte), Verona Feldbusch (Mona), Heinz Hoenig (Picard), Maren Gilzer (Michelle), Nadine Tschanz
Drehbuch: Marc Terjung
Kamera: Reginald Naumann
Prod.: Phoenix Film für RTL, BRD 1999; 90 Min.
TV: 19.2.1999, RTL, 20.15

Gangster kapert ein Fährschiff, um an die millionenschweren Wertpapiere im Tresor heranzukommen. Aber da gibt es noch den braven Bootsmann Krüger ...

Spacecenter Babylon 5 – Der Fluß der Seelen

810
BABYLON 5/B5 – THE RIVER OF SOULS
**
Video

Regie: Janet Greek
Darsteller: Jerry Boyle (Michael Garibaldi), Tracy Scoggins (Captain Elizabeth Lochley), Jeff Conaway (Security Chief Zack Allan), Ian McShane (Dr. Robert Bryson), Martin Sheen (The Soul Hunter)
Drehbuch: J. Michael Straczynski
Kamera: Frederick V. Murphy II
Musik: Christopher Franke
Schnitt: Suzanne Sternlight
Prod.: John Copeland für Warner Bros Pay TV/Cable & Network Features/TNT, USA 1998; 90 Min.
Vertrieb: Warner Home Video; September 1999
FSK: ab 12 J.

Alle Folgen dieser US-TV-SCience-Fiction-Serie können wir nicht einzeln aufführen. Deshalb stellvertretend für die mittlerweile xxx Folgen auf Video ein Beispiel. In dieser Folge beschäftigen sich die Mitwirkenden mit Seelenwanderung. Mit schauerlichem Ergebnis.

Spaceman

811
ROCKETMAN
**
Video

Regie: Stuart Gillard
Darsteller: Harland Williams (Fred Z. Randall), Jessica Lundy (Julie Ford), William Sadler (»Wild Bill« Overbeck), Jeffrey DeMunn (Paul Wick), James Pickens jr. (Ben Stevens), Beau Bridges (Bud Nesbitt), Peter Onorati (Gary Hackman)
Drehbuch: Craig Mazin, Greg Erb, nach einer Story von Oren Aviv, Craig Mazin, Greg Erb
Kamera: Steven Poster
Musik: Michael Tavera
Schnitt: William D. Gordean
Prod.Des.: Roy Forge Smith
Prod.: Roger Birnbaum; Jamie Masada, Peter Safran (Co-Prod.) für Walt Disney/Caravan/Gold/Miller Prod., USA 1997; 94 Min.
Vertrieb: Buena Vista Home Video; Febr. 1999
FSK: ab 6 J.

Computer-Idiot wird als Astronaut für eine Mars-Mission angeheuert. Ungeheuer nervtötender Weltall-Klamauk, in den sich Beau Bridges als einziger Schauspieler verirrt hat.

Speed Train – Todesfahrt in die Hölle

812
HIJACK
**
Video

Regie: Worth Keeter
Darsteller: Jeff Fahey (Eddie Lyman), Ernie Hudson jr. (Jennings), Ernie Hudson sr. (Senator Douglas Wilson), Frank McRea, Patrick Kilpatrick (Carl Howard), Larry Manetti, Robert Miano (John Gathers), Beth Toussaint
Drehbuch: Steve Latshaw
Kamera: Doyle Smith
Schnitt: Brett Hedlund, Lewis Schoenbrun
Prod.Des.: Candi Guterres
Prod.: Ashok Amritraj, Andrew Stevens für Royal Oaks Ent., USA 1998; 91 Min.
Vertrieb: VCL Video; 21.9.1999
FSK: ab 18 J.

Suspendierter Elitesoldat fährt justament mit dem Zug in Urlaub, den ein rechtsradikaler Terrorist zu kapern gedenkt. (Wie oft hatten wir das schon?) Weder Spannung noch Logik dürfen in diesem Discount-Actioner ihr häßliches Haupt erheben.

Ein Spezialist 813

UN SPECIALISTE ****

Regie: Eyal Sivan
Mit: Adolf Eichmann
Drehbuch: Eyal Sivan, Rony Brauman
Kamera: Leo T. Hurwitz
Musik: Béatrice Thiriet, Yves Robert, Krishna Levy
Schnitt: Audrey Maurion
Prod.: Armelle Laboire, Eyal Sivan, Elke Peters, Erich Lackner, Martine Barbé, Amit Breuer (Ass.-Prod.) für Momento/BIFF/Lotus Film/Image Création/Amythos, Frankreich/BRD/Österreich/Belgien/Israel 1998; 123 Min.
EA: 12.2.1999, Int. Filmfestspiele Berlin, »Sondervorführung«
Verleih: Arsenal/filmladen/Filmcooperative; 11.11.1999

Der Prozess gegen Adolf Eichmann, der im Dritten Reich die Deportation der Juden organisierte, ist der einzige Prozess gegen Nazi-Verbrecher, der vollständig gefilmt wurde. Aus bislang unveröffentlichtem Videomaterial der Gerichtsverhandlung in Jerusalem 1961 hat Regisseur Eyal Sivan eine Betrachtung über Verantwortung und die Unfähigkeit montiert, die von Hannah Arendts Buch »Eichmann in Jerusalem« inspiriert ist. Dabei hat er das historische Material neu geschnitten und gegliedert in Themen wie Zwangs-Emigration, Wannsee-Konferenz oder Reichssicherheits-Hauptamt. Ein scharfsinniger Essay, der ganz ohne Off-Kommentar auskommt, über einen verbrecherischen Bürokraten, Gehorsam und Gesetzestreue in einem terroristischen Staat. *Volker Gunske, tip, 24/99*

(...) Eyal Sivan hat wenig Ehrfurcht vor dem Material. Was man sieht, ist das Ergebnis einer offensiven Bearbeitung. 350 Stunden hatte Leo Hurvitz

›Ein Spezialist‹

1961 mit vier Videokameras aufgenommen, die erste Video-Dokumentation für das Fernsehen außerhalb der Studios. 70 Stunden waren seither zugänglich, der Rest war archiviert. Diesen Rest hat Sivan umkopiert, gesichtet, katalogisiert, optisch auf den neuesten Stand gebracht. (...) Der Film leistet für die historische Forschung nichts Neues, für die filmische Geschichtsschreibung aber Pionierarbeit. Es geht um Vergegenwärtigung. Ein Thema ist nicht damit abgehandelt, daß es verfügbar ist. Es muß der Zeit gerecht und dargereicht werden. Das zumindest eint Spielbergs Shoah-Foundation mit Eyal Sivan, der den Film bald in die Kinos bringen will. Wenn eine Journalistin in der Pressekonferenz nach der Notwendigkeit eines Films über den »Henker« Eichmann fragt, beantwortet sie die Frage selbst. Den »Henker« Eichmann gab es gar nicht. Man las von ihm. Jetzt sieht man ihn. *Gerald Koll, Die Welt, 15.2.99*

Ihr Film basiert auf Hannah Arendts Buch »Eichmann in Jerusalem. Ein Bericht von der Banalität des Bösen«. Was bedeutet Ihnen diese Arbeit?

Jeder in diesem Gerichtssaal schaute damals zu den Opfern, und das war ja auch eminent wichtig. Hannah Arendt aber richtete ihren Blick auf den Täter. Außerdem war sie die einzige, die den hier verhandelten Genozid als politisches Ereignis betrachtete und versuchte, vom Täter das Porträt eines modernen Kriminellen zu geben. Sie müssen auch wissen, dass keines ihrer Bücher je ins Hebräische übersetzt worden ist.

»Ein Spezialist« hat oft Spielfilmcharakter. Wie ist Ihre Haltung zur Glaubensfrage der Authentizität des Dokumentarischen?

Ich will dieser ausweglosen Opposition von dokumentarischer und fiktionaler Arbeit eine andere Haltung entgegensetzen. Wir nennen unseren Film »eine Inszenierung ausgehend von Archivbildern«. Wir stellen im Vorspann unsere Darsteller vor: Eichmann als Angeklagter. In der Rolle des Staatsanwalts: Gideon Hausner usw. Die historischen Figuren »spielen« mit. Und da sie reale Darsteller auf der Leinwand der Geschichte sind, sind sie die Idealbesetzung. Alles andere ist, zugegeben, willkürliche Auswahl. Die Welt ist unüberschaubare Vielfalt, jedes Bild ist eine Entscheidung – und die stellt man zur Disposition.

Eyal Sivan im Interview mit Ralph Eue, Berliner Morgenpost, 16.11.99

Spiceworld – Der Film 814
SPICE WORLD ***

Regie: Bob Spiers
Darsteller: Emma Bunton (Emma, Baby Spice), Geraldine Halliwell (Geri, Ginger Spice), Melanie Brown (Mel B, Scary Spice), Melanie Chisholm (Mel C, Sporty Spice)
Drehbuch: Kim Fuller, nach einer Idee der Spice Girls und Kim Fuller
Kamera: Clive Tickner
Musik: Paul Hardcastle
Schnitt: Andrea MacArthur
Prod.Des.: Grenville Horner
Prod.: Uri Fruchtmann, Barnaby Thompson; Peter McAleese (Co-Prod.) für Fragile Films, GB 1997; 92 Min.
Verleih: PolyGram, UIP/PolyGram/Monopole Pathé/PolyGram Video; 1.1.1998
FSK: o. A., ffr.

Darauf haben wir sehnsüchtig gewartet: Die hormongesteuerte, atemberaubend erfolgreiche britische Girlie-Gruppe »Spice Girls« legt ihren ersten Film vor. Für Fans ein Must. Emma, Mel B, Mel C, Victoria und Geri zeigen uns, unter der unauffälligen Regie von Bob Spiers in Pseudo-Action, was so Sache ist im fünftägigen und alle Genres sprengenden Alltag einer aufregenden Formation an Girl-Power. Inhalt und Aussage sind gleich null; das Augen-Pulver trifft Liebhaber ins Herz.

AZ, 31.12.98

Spiel der Götter 815
PHÖRPA ****

Regie: Khyentse Norbu
Darsteller: Jamyang Lodro (Orgyen), Orgyen Tobgyal (Geko), Neten Chokling (Lodo)
Drehbuch: Khyentse Norbu
Kamera: Paul Warren
Musik: Douglas Mills
Schnitt: John Scott
Prod.: Malcolm Watson, Raymond Steiner für Coffee Stain Prods., Australien/Bhutan 1999; 94 Min.
UA: 6.5.1999 Int. Filmfestspiele Cannes »Quinzaine des Réalisateurs«
EA: Filmfest München 1999
Verleih: Advanced/filmladen/-; 28.10.1999
FSK: o. A., ffr. – FBW: Wertvoll

Im Sommer 1998 versetzt die Fußball-WM in Frankreich die Mönche eines tibetanischen Klosters in helle Aufregung. Als eine Handvoll Novizen wegen ihrer Begeisterung sogar in Konflikt mit der Klosterordnung gerät, lenkt die geistliche Führung überraschend ein und gestattet den jungen Fans, für das Endspiel einen Fernseher nebst Satellitenschüssel zu organisieren – mit turbulenten Folgen. Mit viel Herz und wenig Geld inszenierte Khyentse Norbu, selbst hoher buddhistischer Würdenträger, diesen ersten Film in tibetischer Sprache, dessen Figuren das persönliche Schicksal ihrer (Laien-) Darsteller widerspiegeln. *tip, 23/99*

(...) Ein Kuriosum von stillem Humor und unaufdringlicher Weisheit ist das Filmdebüt des buddhistischen Lamas Khyentse Norbu. Authentisch die hoch-

Fußballfieber im Kloster

konzentrierten Laiendarsteller (tibetanische Mönche in einem Exilkloster in Indien) und die kleinen ergreifenden Ereignisse während der Fußball-Weltmeisterschaft '98. *Angie Dullinger, AZ, 28.10.1999*

(...) Regisseur Khyentse Norbu kann sich rühmen, den ersten Kinofilm eines tibetanischen Mönches angefertigt zu haben. Und er lässt ganz frontal Welten aufeinander prallen: Hier die ruhige und nach innen gekehrte Welt des Buddhismus, dort der Fußballwahn. Der als äußerst tolerant bekannten Religion liegt es fern, andere Lebensweisheiten oder -überzeugungen abzulehnen. So amüsiert sich der (westliche) Zuschauer königlich über die Anstrengungen der Mönche, am größten Sportevent des Jahres 1998 teilzuhaben. Erzählt wird das von Norbu in ganz und gar unhektischen, gemächlichen Bildern, die viel sympathische Wärme verströmen. Ein echtes Kino-Ereignis, frei nach dem preußischen Motto: Möge jeder nach seiner Facon selig werden, ob mit oder ohne Fußball. Aber viel lieber mit. *Martin Schwarz, Zitty, 22/99*

Wie reagieren Ihre Landsleute darauf, dass ein religiöser Würdenträger, der einem bekannten Kloster vorsteht und diverse geistliche Zentren und Schulen leitet, sich als Filmemacher versucht?

Viele Tibeter verstehen nicht, was ich tue. Sie erwarten von mir, dass ich auf einem Thron sitze und meinen religiösen Pflichten nachkomme. Zur selben Zeit erkennen immer mehr junge Tibeter, dass der Film ein sehr machtvolles Medium ist, das man für bessere Zwecke nutzen kann, als das bisher der Fall war.

Gibt es manchmal Probleme, die Lebensweise eines buddhistischen Mönchs mit der Hektik des Filmgeschäfts zu verbinden?

Meine Natur verlangt, dass ich Ruhe bewahre, in meinen Meditatioen und meinen geistigen Übungen fortfahre. Filmemachen ist das komplette Gegenteil davon. Wenn man einen Film machen will, braucht man Geld. Um dieses Geld aber zu bekommen, muss man jedem erzählen, dass man etwas Besonderes ist. Meine geistigen Übungen sagen mir jedoch, dass ich nichts Besonderes bin, dass ich bescheiden zu sein habe. Manchmal ist da tatsächlich ein Konflikt.
Khyentse Norbu im Interview mit Sven S. Poser, tip, 23/99

Das Spiel der Verführung 816
DEADLY CHARADES ☐ TV

Regie: Kelley Cauthen
Darsteller: Lesli Kay Sterling (Julie Sharp), Julie Hughes (Vicki Anders), Shea Farrell (Guy Sharp), Frank Grillo (Vince Carlucci), David Andriole (Leon), Cliff Potts (Tate), Kimberly Rowe (Sandy)
Drehbuch: Stephen Johnston
Musik: Nicholas Rivera
Prod.: Playboy Ent., USA 1996; 88 Min.
TV: 1.9.1999, Pro7, 23.10

Erotik-Krimi nach Playboy-Rezept.

Spike Lee's Spiel des Lebens 817
HE GOT GAME ***

Regie: Spike Lee
Darsteller: Denzel Washington (Jake Shuttlesworth), Ray Allen (Jesus Shuttlesworth), Milla Jovovich (Dakota Burns), Rosario Dawson

(Lala Bonilla), Hill Harper (Coleman »Bogger« Sykes), Zelda Harris (Mary Shuttlesworth), Jim Brown (Spivey), Joseph Lyle Taylor (Crudup)
Drehbuch: Spike Lee
Kamera: Malik Hassan Sayeed
Musik: Aaron Copland; Public Enemy (Songs); Alex Steyermark (supervisor)
Schnitt: Barry Alexander Brown
Prod.Des.: Wynn Thomas
Prod.: Jon Kilik, Spike Lee für 40 Acres and a Mule Filmworks, USA 1998; 134 Min.
Verleih: Kinowelt/dto./-/Kinowelt Home Video; 21.1.1999
FSK: ab 12 J., ffr.

Jake Shuttlesworth hat seinen Sohn in jungen Jahren mit viel Härte im Basketballspiel trainiert, um ihm seine Zukunft außerhalb der Sozialbauten von Coney Island zu sichern. Jahre später bemüht sich der mittlerweile als Mörder verurteilte Jake um eine Beziehung zu seinem berühmt gewordenen Sohn Jesus, um den die Basketballmannschaften aller Colleges im Lande buhlen. Bilder, die die Ästhetik des Basketballspiels zu bestimmen versuchen, eine an Mustern des sozialen Dramas orientierte mit Pathos angereicherte Vater-Sohn-Beziehung: Moralisch engagierte (fiktionale) Fallstudie, die im Basketball einen Ausweg aus der sozialen Benachteiligung sieht. *Multimedia*

(...) Immer wenn sich Spike Lee dem Anmut des Basketballspiels hingibt und darüber seine sozialpädagogischen Ansprüche vergißt, weht ein frischer Luftzug durch den Film. Doch gerade die vereinzelten Momente zweckfreier Schönheit lassen uns um so stärker spüren, wie sehr Lee alles instrumentalisiert, um den Zuschauer von seinen Ansichten zu überzeugen und ihn zu belehren. Er ist ein Regisseur, der so gut wie nichts, was ihm vor die Linse kommt, unkommentiert lassen kann. Nur selten gibt er der Wirklichkeit Gelegenheit, für sich selbst zu sprechen. Doch eines ist Filmregisseuren und Basketballtrainern gemein: Wer alles bis ins kleinste am Reißbrett plant, kann das Herz der Zuschauer nicht gewinnen. *Lars-Olav Beier, FAZ, 26.1.99*

Sprung – Jetzt oder nie! 818

SPRUNG **

Video

Regie: Rusty Cundieff
Darsteller: Tisha Campbell (Brandy), Rusty Cundieff (Montel), Paula Jai Parker (Adina), Joe Torry (Clyde), John Witherspoon (Detective), Jennifer Lee (Veronica), Clarence Williams (Großvater), Moon Jones
Drehbuch: Rusty Cundieff, Darin Scott
Kamera: Joao Fernandes
Musik: Peter A. Block
Schnitt: Lisa Bromwell
Prod.Des.: Terence Foster
Prod.: Darin Scott für Trimark Pic., USA 1998; 105 Min.
Vertrieb: Columbia TriStar Home Video; 27.4.1999
FSK: ab 12 J.

Hyper-blöde schwarze Sex-Comedy zum Abgewöhnen: Zwei Mädels und zwei Jungs treffen sich in der Disco und während das eine Paar schon miteinander aktiv ist, läßt sich das zweite damit noch etwas Zeit.

Die Spur 819

□

Regie: Peter Ott
Darsteller: Frank Apitz, Petra Bogdahn, Harald Halgarth, Udo Thies
Drehbuch: Peter Ott
Kamera: Stefan Canham
Prod.: Peter Ott Filmprod., BRD 1997; 90 Min.
EA: Max Ophüls Preis, Saarbrücken 1998
Verleih: Eigenverleih/-/-; 25.2.1999

Ein Detektiv (...) wird für einen Fall von vermuteter Geldwäsche engagiert. Daraus ergibt sich ein Todesfall. Von der Frau des Toten wird der Detektiv mit der Aufklärung seines Todes beauftragt. Hinter dem Fall tun sich immer weitere Komplotte auf, die bis in die deutsche Osteuropapolitik während des Krieges zurückreichen. (...)

Katalog Max Ophüls Preis

St. Pauli Nacht 820

***

Regie: Söhnke Wortmann
Darsteller: Armin Rhode (Manfred), Benno Fürmann (Johnny), Oliver Stokowski (Der Friese), Florian Lukas (Sven), Valerie Niehaus (Dorit), Ill-Young Kim (Rasta Robby), Maruschka Detmers (Ulrike), Axel Milberg (Peter)

Drehbuch: Frank Göhre
Kamera: Tom Fährmann
Musik: Peter Wolf
Schnitt: Hans Funck
Prod.Des.: Thomas Freudenthal
Prod.: Kirsten Hager, Eric Moss; Benjamin Hertmann für Hager Moss mit Sevenpictures, BRD 1998; 95 Min.
Verleih: Buena Vista/dto./-; August/September 1999
FSK: ab 12 J., ffr. – FBW: Wertvoll

Mehr als ein Dutzend Figuren schickt Regisseur Söhnke Wortmann durch den Kiez: hartgesottene Zuhälter, aufgetackelte Transsexuelle, Exknakkis, streitende Ehepaare, bekiffte Taxifahrer, einsame Singles. St. Pauli als Umschlagplatz von Sex, Verbrechen und Sehnsucht. Leider schielt Wortmann bei seinen ineinander verzahnten Kurzgeschichten meistens auf den schnellen Witz. So verschenkt er die geballte Schauspiel-Power, die er um sich gesammelt hat, das Großstadtpanorama bleibt nur Stückwerk, und St. Pauli verkommt zur austauschbaren Kulisse, vor der sich einfach nur viele kurzatmige Geschichten abspielen, die sich hin und wieder mal kreuzen.
Volker Gunske, tip, 19/99

(...) Sehr zwiespältig, was Wortmann und Autor Frank Göhre uns da an unausgegorenem Stoff servieren: Einzelne liebevolle Charakterzeichnungen stehen vielfach der Eindimensionalität in anderen Figuren, die kalt lassen, und der Eingleisigkeit in der Story, die über Strecken langweilt, gegenüber. Zu brav, wenngleich für Wortmanns Verhältnisse handwerklich erstaunlich professionell, kommt dieser Film daher, der so gerne was besonderes wäre. Und wenn es so etwas wie »sterilen Schmuddel« noch nicht geben sollte, dann hat Wortmann ihn nun erfunden. *W.O.P. Kistner, AZ, 2.9.99*

(...) Eine nach Regeln der Fernsehdramaturgie umgesetzte Produktion, die ein wenig deutsches Fernsehspiel mit den vordergründigsten visuellen Elementen aus Filmen wie »Exotica« oder »Pulp Fiction« mischt und daraus ein nichtssagendes, unspannendes, aber aufwendig in Szene gesetztes und exzellent bebildertes Filmchen zusammenstoppelt. Eine talentierte Crew produziert einen Film über Nichts.
Multimedia

Ihre Karriere verlief etwas achterbahnmäßig. Wie gehen Sie mit Erfolg und Mißerfolg um?

Achterbahn stimmt nicht. »Mr. Bluesman« war der einzige Mißerfolg, und der schmerzte natürlich. Ich habe damals meine Wunden geleckt und für den nächsten Film daraus gelernt. Die direkte Reaktion darauf war »Der bewegte Mann«, der erfolgreichste deutsche Film der letzten 20 Jahre. »Das Superweib« war ein kommerzieller Erfolg mit 2,4 Millionen Zuschauern. Künstlerisch ist das eine andere Sache. Zugegeben, »Der Campus« blieb hinter den Erwartungen zurück.

Kann der deutsche Film weiterhin mit Ihnen rechnen?

Mir war der deutsche Film immer wichtig, aber der wird momentan von allen Seiten torpediert. Ständig muß ich Stellung nehmen zur Krise des deutschen Films. Welche Krise eigentlich? Nie gab es so viele gute deutsche Filme wie in den vergangenen Jahren. Diese negative Stimmung nervt mich und deshalb werde ich den nächsten Film in Amerika drehen. *Sönke Wortmann im Interview mit Margret Köhler, AZ, 1.9.99*

»Die Produktionsgeschichte war abenteuerlich. Es gab allein 14 Drehbuchfassungen. Regisseure wie Carl Schenkel, Dominik Graf, Nico Hofmann und Lars Becker waren an Bord, wollten aber Überakzentuierungen in Richtung Action, Ostasien, Einsamkeit oder politische Korrektheit. Das Kuriose: Der Film war voll durchfinanziert, aber es gab keinen Regisseur. Im Urlaub auf Formentera hat die Produzentin dann Sönke Wortmann angesprochen, gleichzeitig bekam ich für meine achte Fassung den Drehbuchpreis. Von da an liefen die Ereignisse aufeinander zu. Jetzt

Benno Fürmann

haben die Leute vom Verleih Buena Vista Dollarzeichen in den Augen. Na, mal sehen.« *Frank Göhre im Interview mit Helmut Ziegler, Die Woche, 3.9.1999*

(...) Gewiss, die Episoden sind von unterschiedlicher Qualität, die besten sind jene, die einen Schuss Tarantino enthalten – insgesamt aber bewegt sich der Reigen über Stricher und Streuner, amüsiergeile Businessleute und frustrierte Singles doch nah am Klischee des Fernsehfilms der Woche. Man kennt die Typen und ihre Texte, man ahnt ihre Schicksale, man hat das im Kino (zum Beispiel in Uwe Schraders »Mau Mau«) schon wahrhaftiger und weniger gelackt gesehen. (...)
Roland Müller, Stgt. Zeitung, 2.2.1999

Star Force Soldier 821
SOLDIER **

Regie: Paul Anderson
Darsteller: Kurt Russell (Todd), Jason Scott Lee (Caine 607), Connie Nielsen (Sandrea), Sean Pertwee (Mace), Michael Chiklis (Jimmy Pig), Gary Busey (Church), Jason Isaac
(Col. Mekum), Mark Bringleson (Rubrick)
Drehbuch: David Webb Peoples
Kamera: David Tattersall
Musik: Joel McNeely
Schnitt: Martin Hunter
Prod.Des.: David L. Snyder
Prod.: Jerry Weintraub; Jeremy Bolt (Co-Prod.) für Morgan Creek/Impact, USA 1998; 98 Min.
UA: 23.10.1998
Verleih: Highlight/Einhorn/-/Highlight Video; 10.6.1999
FSK: ab 18 J., ffr.; gekürzte Fass. 91 Min., ab 16 J.

Vierzig Jahre Drill, Gehorsam und lebensgefährliche Kampfeinsätze in allen Krisenregionen der Welt. Und was ist der Lohn? Der Soldat Kurt Russell wird ausgemustert, gegen eine effizientere Kampfmaschine ausgetauscht und auf einem Müllplaneten entsorgt. Pfui, wie fies! Dafür lernt der taffe Krieger bei einer Hippiekommune wie man Salat anpflanzt und daß auch harte Männer weinen dürfen. Doch als es ans Eingemachte geht und Invasoren das verlorene Paradies annektieren, sind die schonungslosen Kampftugenden des stolzen Recken wieder gefragt. Dummdreistes Pathos, Pappmaché-Kulissen und die schlechtesten Computer-Effekte seit der Erfindung von Tetris.
Annette Kilzer, tip, 13/99

Star Wars Episode I – Die dunkle Bedrohung 822
STAR WARS: EPISODE I – THE PHANTOM MENACE ***+

Regie: George Lucas
Darsteller: Liam Neeson (Qui-Gon Jinn), Ewan McGregor (Obi-Wan Kenobi), Natalie Portman (Queen Amidala), Jake Lloyd (Anakin Skywalker), Pernilla August (Shmi Skywalker), Frank Oz (Yoda), Ian McDiarmid (Senator Palpatine), Oliver Ford Davis (Sio Bibble)
Drehbuch: George Lucas
Kamera: David Tattersall, Gilles Nuttgens (2nd unit)
Musik: John Williams
Schnitt: Paul Martin Smith
Prod.Des.: Gavin Bocquet
Prod.: Rick McCallum für Lucas Film, USA 1999; 133 Min.
Verleih: 20th Century Fox/dto./dto.; 19.8.1999
FSK: ab 6 J., ffr. – FBW: wertvoll

Die Mitglieder eines intriganten Handelsimperiums wollen den friedlichen Planeten Naboo besetzen und das Volk ausrotten. Prinzessin Amidala und ihre Jedi-Ritter können den Kosmischen Krieg nicht verhindern.
Die Kritiker rümpfen die Nase »Ist doch schon alles mal dagewesen«, und

das Publikum stürmt die Kinos. Einnahmerekord: Am ersten Tag in den US-Kinos spielte er 28,5 Mio. Dollar, schlappe 52,4 Mio. Mark ein. Stand sogar im Feuilleton der Süddeutschen Zeitung. Vielleicht als Hinweis für Herrn Eichel, wg. Schulden verringern. (...) Mit dem Weltraummärchen »Star Wars« schlug George Lucas 1977 eine Bresche für pures, von Anspruch weitgehend befreites Popkornkino. Sein neuer Film erzählt die Vorgeschichte der Saga: Wie es dazu kam, dass eine Horde sympathischer Rebellen gegen den bösen Darth Vader kämpfen mußte. Weil der 55-jährige Lucas seine pubertären Impulse auslebt, ist auch dieser Teil passabel. Pluspunkte: Atemberaubende visuelle Effekte sowie brillant choreographierte Laserschwertduelle. Weniger überzeugend dagegen das unterkühlte Spiel der Darsteller.

Zoom, 8/99

(...) Lustige Bimbos, verschlagene Juden, das parlament als Quasselbude – es ist lange her, daß ein Mainstream-Produkt soviel Rassismus, Antisemitismus, Biologismus und reaktionäre Ideologie in großen Schöpflöffeln verteilt hat. Abgeshen davon ist auch die Action weitgehend schlapp und langweilig. *tip, 19/99*

(...) Damals wirkte Lucas wie ein Freibeuter, der ganze Einstellungsfolgen aus dem Zauberer von Oz, The Searchers oder Nahkampfszenen aus Kriegsfilmen einfach kopierte. Heute gleicht er dem Hausmeister seines Universums – gefangen im eigenen Echoraum. Hinter der High-Tech-Benutzeroberfläche verbirgt sich eine diffuse, muffige Anti-Haltung, ein altgewordener Kindertraum von fernen Galaxien, der sich selbst bitter ernst nimmt. Dass Star Wars, wie Pauline Kael damals gallig schrieb, das Publikum infantilisierte, muss er heute damit bezahlen, dass sein ideales Publikum die Acht- bis Zehnjährigen sind. Lucas hat die Landschaft des populären Kinos umgepflügt – und sie in eine Monokultur verwandelt. Der Zauber der Kindlichkeit ist kindisch geworden, der Charme, dem jeder Religionsstifter den späteren Papst voraus hat, verblasst. Dafür ist der Schöpfer heute so reich wie der Stellvertreter Gottes. Mindestens. (...)

Peter Körte, FAZ, 18.8.99

(...) Also: Muß man das gesehen haben? Wenn es einem nur ums Kino geht, wohl nicht. Wenn man aber den Weltgeist der Globalisierung am Werk sehen will, dann führt kein Weg vorbei an der Dunklen Bedrohung.

Hans-Joachim Neumann, Zitty, 17/99

Was, Mr. Lucas, ist für Sie die Essenz der Star-Wars-Legende?

Glaube und Hoffnung sind sicherlich ein zentrales Thema. Für mich sind die Star-Wars-Filme nicht sechs Streifen, sondern ein Film, dem eben noch zwei Teile fehlen. So habe ich sie vor fast dreißig Jahren konzipiert. Ich arbeite mit dem Stoff wie ein Komponist mit einem musikalischen Thema, das er ständig variiert. Es gibt gewisse Noten, Melodien, die immer neu interpretiert und ständig in einer neuen Tonart moduliert werden. Die Tonart dieser ersten Episode hat die Notenschlüssel Solidarität, Humanität, Kooperation. Es ist die simple Erkenntnis, daß alles, was du tust, einen Effekt auf andere hat – und umgekehrt.

Das klingt fast wie »Liebe deinen Nächsten wie dich selbst«. Hat Ihnen deshalb Francis Ford Coppola vorgeschlagen, Sie sollten doch gleich eine Religion gründen?

(lacht) Das ist ziemlich weit hergeholt. Und es ist auch ganz sicher nicht meine Absicht, eine Ersatzreligion zu liefern. Wenn man sich den Star-Wars-Kult allerdings genauer anschaut, kann man schon zu diesem Schluß kommen. Ich muß zugeben, daß die Begeisterung der Leute für mich manchmal sehr bizarre Formen annimmt.

Allerdings machen Sie sich diesen Enthusiasmus clever zunutze: Keine

Pepsi-Dose ohne Star-Wars-Aufdruck, der ganze gigantische Merchandising-Apparat, die Gimmicks, Videospiele, Playstations, Websites …

Warum sollte ich diese Schiene nicht nutzen? Das Geld stecke ich in meine fünf Firmen, darunter auch Lucas Digital, die aus Industrial Light & Magic und Skywalker Sound besteht. Ich investiere Unsummen in neue Technologien, setze neue Standards, experimentiere mit neuen Medien und Kommunikationsformen. Im Grunde genommen bin ich einer der wenigen echten Independent-Regisseure der Welt. Was ich in diesem Zusammenhang wirklich skandalös finde ist, daß es in Amerika nur wenige Kinos gibt, die ein den Star-Wars-Filmen adäquates Abspielequipment haben. Da gibt es noch viel zu tun.

Haben Sie manchmal das Gefühl, der Moralwächter der westlichen Welt zu sein?

Ich bin ein ganz normaler Mensch. Aber in den USA ist die Tendenz unter der Bevölkerung sehr groß, Filmstars, Models oder andere Menschen des öffentlichen Lebens als Super-Menschen zu sehen. Glauben Sie mir: Gerade »Hollywood-People« taugen am wenigsten als Vorbilder.

Finden Sie es nicht komisch, daß diese »Erlösersehnsucht« sich ausgerechnet auf Ihre Jedi-Ritter kapriziert?

Womit wir wieder bei der Ersatzreligion wären (lacht). Nein, noch einmal: Star Wars spiegelt auf eine Art alle Weltreligionen wider. Es ist meine Art, die Mysterien des Seins in Bilder zu fassen. Kino-Bilder, um Gottes willen.

Sind Sie religiös?

Ich habe mich schon auf dem College sehr für Anthropologie interessiert und tue das immer noch. Ich halte mich natürlich auch für einen spirituellen Menschen. Aber eine eindeutige religiöse Ausprägung habe ich nicht.

Werden Sie auch bei den nächsten beiden Star-Wars-Episoden Regie führen?

Ja. Ich bin jetzt soweit, daß ich mir das zutraue. Wie Sie vielleicht wissen, hatte ich in der Vergangenheit immense Schwierigkeiten beim Drehbuchschreiben. Es war eine Sache, die komplette Star-Wars-Saga auf fast sechshundert Seiten niederzuschreiben. Aber sie aufzusplitten, in Szenen und Dialoge zu fassen, das war jedes Mal eine Tortur. Doch auch diesbezüglich bin ich reifer und sicherer geworden.

Hat man als Multimillionär noch Träume?

Natürlich. Jeden Tag. Ich freue mich schon sehr darauf, in nicht so ferner Zukunft alle sechs Star-Wars-Episoden hintereinander zu sehen. So waren sie schließlich gedacht.

Und es wird Sie nicht stören, daß die »neuen« drei Teile technisch viel elabo-

Liam Neeson, Ewan McGregor und Jake Lloyd

rierter sind als die »alten« vor zwanzig Jahren?

Überhaupt nicht. Es geht darum, daß das ganze Fantasy-Abenteuer von A bis Z zu sehen. Natürlich ist die direkte Bildauflösung eine Revolution. Vergleichbar mit dem Sprung von der Freskenmalerei zum Ölbild. Ich spreche nicht nur von der dritten Dimension, sondern von der Möglichkeit, an einem Bild immer wieder zu arbeiten, es zu übermalen, zu verbessern. Und letztlich ist es auch eine Frage der Kontrolle.

Dann ist es sicher auch nur eine Frage der Zeit, wann Sie Schauspieler digitalisieren werden?

Das wird wohl nicht so schnell geschehen. Denn abgesehen davon, daß die Technologie noch lange nicht so weit ist – es würde zum Beispiel das Dreifache kosten, eine Fantasy-Figur wie Jar Jar Binks digital zu animieren, als sie von einem Schauspieler darstellen zu lassen und dann computertechnisch zu bearbeiten. *George Lucas im Interview mit Ulrich Lössl, Zitty, 17/99*

Starkey 823

DIVORCING JACK ***

Regie: David Caffrey
Darsteller: David Thewlis (Dan Starkey), Rachel Griffiths (Lee Cooper), Robert Lindsay (Michael Brinn), Jason Isaacs (»Cow« Pat Keegan), Richard Gant (Charles Parker), Laura Fraser (Margaret), Laine Megaw (Patricia), Bronagh Gallagher (Taxifahrerin)
Drehbuch: Colin Bateman, nach seinem gleichnamigen Roman
Kamera: James Welland
Musik: Adrian Johnston
Schnitt: Nick Moore
Prod.Des.: Claire Kenny
Prod.: Robert Cooper; Frank Mannion, Georges Benayoun (Co-Prod.) für Scala mit IMA/Le Studio Canal+/BBC/Winchester/The Arts Council of England/The Arts Caunci of Northern Ireland, GB 1997; 110 Min.
Verleih: Advanced/-/-/BMG Video; 10.6.1999
FSK: ab 16 J., ffr. – FBW: Wertvoll

Pulp Fiction aus Belfast: Ein trunksüchtiger Journalist wird unschuldig des Mordes verdächtigt und von Polizei und Terroristen gehetzt in diesem wenig bekömmlichen Genre-Cocktail aus Sauflustspiel, Milieustudie, Politfarce und Actionspektakel. Die Handlung wirkt grotesk, die Figuren lebensfern, die politische Lage wird kaum erhellt und der Schauplatz Nordirland bleibt bloße Kulisse.
Ralph Umard, tip, 13/99

(...) Der Terror in Nordirland läßt sich kaum erklären, er wird nur in Gang gehalten vom Wahnsinn der Gangster, aber das merkt man bestenfalls ihren Handlangern an, die Bosse sehen aus wie Politiker. Genau darin liegen der bittere Ernst und die Authentizität dieses chaotischen Films, der auch die Genres wild durcheinander wirbelt, von der Komödie bis zum finstersten film noir. Auch so wird klar, daß auf die alten Kategorien kein Verlaß mehr ist.
H.G. Pflaum, SZ, 11.6.99

Start frei für die Liebe 824

A CHANCE OF SNOW ☐
TV

Regie: Tony Bill
Darsteller: JoBeth Williams (Maddie), Michael Ontkean (Matt), Barbara Barrie (Ruth), Dey Young (Kathryn), Peter Syvertsen (Craig), Dina Merrill (Merilee Parker), Charles Durning (Earl), Traci Christofore (Kirby)
Prod.: USA 1998; 87 Min.
TV: 24.12.1999, ZDF, 23.20

Zerstrittenes und getrennt lebendes Ehepaar kommt sich wg. »schlechtem Wetter« bei einem Flughafenaufenthalt wieder näher.

State of Dogs – Ein Hundeleben 825

NOHOI ORON ☐
TV

Regie: Peter Brosens, Dorjkhandyn Turmunkh
Darsteller: Nyam Dagyrantz (Hirte), Baatar Galsansukh (Poet), Purevdavaa Oyungerel
Drehbuch: Peter Brosens, Dorjkhandyn Turmunkh
Kamera: Heikki Farm, Sakhya Byamba
Musik: Charo Calvo
Schnitt: Octavio Iturbe
Prod.: Peter Brosens für Inti/Balthazar/Juniper/Magic Hour/Point of View/Robch Toli

mit Eurimages, Belgien/Niederlande/Finnland/Dänemark/Mongolei 1998; 91 Min.
UA: 12.9.1998, Int. Filmfestspiele Venedig
TV: 22.9.1999, Arte, 23.20

Versponnene Spiel-Dokumentation über einen Hund, der sich an sein vergangenes Leben in der Mongolei erinnert.

The Steal 826

THE STEAL □ TV

Regie: John Hay
Darsteller: Alfred Molina (Cliff), Helen Slater (Kim), Peter Bowles (Lord Childwell), Dinsdale Landen (Sir Wilmont), Heathcote Williams (Jeremiah Harper), Stephen Fry (Alan Wimborne), Brian Pringle, Patricia Hayes
Drehbuch: John Hay
Kamera: Ronnie Taylor
Musik: Barry Kirsch
Schnitt: David Martin
Prod.Des.: Phil Roberson
Prod.: Gary Kurtz, Barbara Stone für Poseidon Pic., GB 1995; 91 Min.
TV: 11.11.1999, RTL2, 1.30

Schwarze englische Komödie.

Stella di Mare – Hilfe, wir erben ein Schiff 827

*** TV

Regie: Xaver Schwarzenberger
Darsteller: Erwin Steinhauer (Friedrich Prantner), Ulrike Beimpold (Nina Prantner), Veronica Csarmann (Sophie Prantner), Theresa Böhler (Marie Prantner), Götz Spielmann (Vermittler), Michael Parenti (Dirnbacher), Giampiero Bianchi, Aldo Marchesan
Drehbuch: Ulli Schwarzenberger
Prod.: BR/ORF, BRD/Österreich 1999; 90 Min.
TV: 13.10.1999, ARD, 20.15

Kurz vor ihrem totalen Bankrott erreicht die Prantners eine frohe Botschaft: Ihr alter Onkel Sepp vererbt ihnen eine Luxusyacht. Die Familie reist nach Italien – und steht fassungslos vor einem völlig verrosteten, uralten Kahn. *SZ TV-Beilage*

Stephen King – Monster Stories 828

MONSTERS 5 ** Video

Regie: Ken Meyers, David Severeid
Darsteller: Tom Noonan, John Saxon, Lisa Waltz
Prod.: Richard P. Rubinstein, USA 1991; 100 Min.
Vertrieb: Madison Video; 2.9.1999
FSK: ab 18 J.

Drei Episoden aus der Feder der Grusel-Gurus und vor gut acht Jahren für das US-Fernsehen bluttriefend, spekulativ und unappetlich in Szene gesetzt.

Stephen Kings Sturm des Jahrhunderts 829

STORM OF THE CENTURY *** Video

Regie: Craig R. Baxley
Darsteller: Timothy Daly (Mike Anderson), Debrah Farentino (Molly Anderson), Colm Feore (Andre Linoge), Casey Siemaszko (Alton »Hatch« Hatcher), Jeffrey DeMunn (Robbie Beals), Juliane Nicholson (Cat Withers), Dyllan Christopher (Ralph Anderson), Soo Garay (Melinda Hatcher)
Drehbuch: Stephen King
Kamera: David Connell
Musik: Gary Chang
Schnitt: Sonny Baskin
Prod.Des.: Craig Stearns
Prod.: Rainfall, Greengras Prod., USA 1999; 83 Min.
Vertrieb: Warner Video; 10.12.1999
FSK: ab 12 J.

Während eines Unwetters müssen sich die Einwohner der Atlantikinsel Little Tall auch noch mit einem Fremden herumschlagen, der scheinbar wahllos Menschen tötet oder sie in den Tod treibt. Angeblich die bisher ambitionierteste TV-Adaption einer Stephen-King-Vorlage, doch die Storystränge verknüpfen sich nur schwer, zuweilen fällt auch eine Luftloch-Masche, und an rüder Gewalt mangelt es dem Finale auch nicht.

Still Crazy 830

STILL CRAZY ***

Regie: Brian Gibson
Darsteller: Stephen Rea (Tony Costello), Billy Connolly (Hughie), Jimmy Nail (Les Wickes), Timothy Spall (David Baggot), Bill Nighy (Ray Simms), Juliet Aubrey (Karen Knowles), Helena Berstrom (Astrid Simms), Bruce Robinson (Brian Lovell)
Drehbuch: Dick Clement, Ian La Frenais
Kamera: Ashley Rowe

Stephen Rea, Hans Matheson, Bill Nighy, Timothy Spall und Jimmy Nail

Musik: Clive Langer; Tarquin Gotch, Steve Daggert (supervision)
Schnitt: Peter Boyle; Niven Howie
Prod.Des.: Max Gottlieb
Prod.: Amanda Marmot; Steve Clark-Hall (Line-Prod.) für Marmot Tandy für Columbia mit Greenlight Fund, GB 1998; 95 Min.
UA: 30.10.1998, N.Y.
EA: Int. Filmfestspiele Berlin 1999
Verleih: Columbia TriStar/-/-/Columbia TriStar Video; 22.4.1999
FSK: ab 12 J., ffr.

Eine erfolglose Rockband soll nach zwanzig Jahren wieder vereinigt werden. Schneller als die Noten haben die Altrocker ihre gegenseitigen Abneigungen wieder eingeübt. Nach vielen Rückschlägen kann auch der legendäre Lead-Gitarrist motiviert werden, so daß es doch noch zum Reunion-Konzert kommt. Ein Musikfilm, der trotz potenter Besetzung und humoristisch angelegter Typen so unoriginell bleibt wie seine veraltete Rockmusik und weder Zeitstimmung aufkommen lässt noch Interesse hervorruft. *Zoom, 4/99*

»Ich bin vor zwei Jahren zurückgezogen. Es war Zeit, nach 16 Jahren in Hollywood nach Hause zu kommen. Man verschwendet dort so viel Zeit mit Projekten, die dann nie verwirklicht werden. Schließlich ist man froh, wenn man überhaupt Arbeit hat. Deshalb verlieren so viele Regisseure ihre eigene Handschrift. Ich möchte mich jetzt auf die Themen konzentrieren, die mich interessieren. Und nicht zuletzt bin ich durch und durch Engländer. Wir sprechen zwar die gleiche Sprache wie die Amerikaner, doch wir mißverstehen uns oft. Als ich nach Hollywood kan, habe ich meine Arbeit distanziert betrachtet und Witze darüber gerissen. Das war ein großer Fehler. Die Leute können dich nicht einordnen, wenn man keinen Wind macht.«

Brian Gibson im Interview mit Katharina Dockhorn, Zitty, 9/99

Stille Nacht – Heilige Nacht 831

***+
TV

Regie: Thomas Stiller
Darsteller: Barbara Auer (Marianne), Christian Berkel (Richard), Marek Harloff (Frank), Charlotte Schwab (Simone), Dominique Horwitz (Joachim), Lutz Teschner (Kramer)
Drehbuch: Thomas Stiller
Kamera: Marc Liesendahl
Musik: Wilhelm Stegmeier
Schnitt: Roswitha Gnädig
Prod.Des.: Jörg Höhn
Prod.: Susan Schulte für SWR, BRD 1999; 90 Min.
UA: 1999 Filmfest München
TV: 22.11.1999, Arte, 22.40

Die obligate Weihnachtsdemontage der trauten Familien-Idylle: Heiliger Abend in der Berghütte mit Geiselnahme durch eine Bankräuberbande.
Der Psychothriller zelebriert den Horror des einsamen Ortes, abgeschnitten von der Restwelt und ohne Aussicht auf Rettung: Zwei Paare mit Sohn spielen Familie – und als die Gangster mit ihrem Erpressungsterror und Bosheitssadismus dazwischenschlagen, krachen die Beziehungsbrüche wie Hass-Splitter auseinander. Wahrheitsgewitter für Harmoniekrüppel – ein Gruselstück.

Ponkie, AZ, 24.11.1999

Stille Nacht, Heilige Nacht 832

BUSTER & CHAUNCEY'S SILENT NIGHT

**
Video

Regie: Buzz Potamkin
Darsteller: Die deutschen Sprecher und ihre Figuren: Buster (Thomas Fritsch), Chauncey (Manou Lubowski), Christina (Alisa Palmer), Huffenmeier (Gert Wiedenhofen), Vater Josef

(Kai Taschner), Gretchen (Petra Lamy), Graf Rausch (Randolf Kronberg)
Drehbuch: George Taweel, Rob Loos, nach einer Idee von William R. Kowatchuk
Musik: John van Eps
Schnitt: John Ludin
Prod.Des.: Daniel Haskett (Charakter Des.)
Prod.: Buzz Potamkin, USA 1998; 49 Min.
Vertrieb: Columbia TriStar Video; 1.10.1999
FSK: o. A.

Gar putzige Weihnachtsgeschichte von Mäusen und Menschen. Und das schönste: Schon nach 49 Minuten ist sie vorbei.

Stille Wasser sind tief 833

MEFIE-TOI DE L'EAU QUI DORT ***
TV

Regie: Jacques Deschamps
Darsteller: Maruschka Detmers, Robin Renucci, Marina Golovine, Jean Benguigui, Frankye Pain, Gamil Ratib
Drehbuch: Jacques Deschamps, Olivier Lorelle
Kamera: Eric Guichard
Musik: Béatrice Thriet
Schnitt: Anne Weil
Prod.: Lazennec Diffusion, Frankreich 1996; 110 Min.
EA: Filmfest Hamburg 1997
TV: 5.7.1999, Arte, 22.10

(...) Der Dokumentarfilmer Jacques Deschamps schafft es in seinem ersten Spielfilm, zum steten Plätschern des Wassers drei so verrückte, verwunschene Geschichten zu erzählen, daß aus dem Bachlauf am Ende ein echter Lebenslauf wird. (...) *Michael Althen, SZ, nach Katalog Filmfest Hamburg*

Stimmen aus dem Grab 834

VICTIM OF THE HAUNT □
TV

Regie: Larry Shaw
Darsteller: Sharon Lawrence (Patricia Johnson), Beau Bridges (Charles Johnson), Shirley Knight (Delia), Alex D. Linz (Jonathan), Lawrence Pressman (Dr. Winston), Emily Bridges (Molly), Kathleen Lloyd (Laurette), James Pickens jr. (Stan Cornelson)
Drehbuch: Karen Clark
Kamera: Bryan England
Musik: Wendy Blackstone
Prod.: USA 1996; 82 Min.
TV: 22.10.1999, ARD, 1.25

Nach dem Umzug in die Vorstadt glaubt die Frau eines Truck-Fahrers, daß es in ihrem neuen Haus spukt. Der Mann hält seine Frau für überspannt. Als er jedoch entdeckt, daß ihr Traumhaus auf einem Friedhof errichtet wurde, geht der Spuk erst richtig los.
Pressetext

Stimmen aus der Schattenwelt 835

VOICES FROM A LOCKED ROOM ***
Video

Regie: Malcolm Clarke
Darsteller: Jeremy Northam (Philip Heseltine/Peter Warlock), Tushka Bergen (Lily Buxton), Allan Corduner (Oscar Butterworth), Hilton McRae (Gerald Duffy), Bronwen Mantel (Madge Ryan), Dilys Laye (Mrs. Heseltine), Domini Blythe (Lady Milford), Colin Fox (Sir Thomas Beecham)
Drehbuch: Peter Barnes, Nicholas Meyer
Kamera: Lauro Escorel
Musik: Elliott Goldenthal
Schnitt: Jonathan Shaw
Prod.Des.: Francois Seguin, Galen Johnson
Prod.: Dina de Luca, Cary Brokaw für Avenue Pic.mit Applause Film, GB/USA 1998; 88 Min.
Vertrieb: Columbia TriStar Video; 31.8.1999
FSK: ab 12 J.

Die biographische Story des britischen Musikkritikers Phillip Heseltine, dessen Leben auch sein anderes Ich, der manische Komponist Peter Warlock, bestimmte. Um Anspruch bemühtes Seelen- und Liebesdrama, exquisit ausgestattet und blendend gespielt.

Stirb nicht ohne mir zu sagen, wohin du gehst 836

NO TE MUERAS SIN DECIRME A DONDE VAS ****

Regie: Eliseo Subiela
Darsteller: Mariana Arias (Rachel), Dario Grandinetti (Leopoldo), Oscar Martinez, Monica Galán, Tincho Zabala, Leonardo Sbaraglia, James Murray, Ricardo Fassan
Drehbuch: Eliseo Subiela
Kamera: Hugo Colace
Musik: Pedro Aznar
Schnitt: Marcela Saenz
Prod.: Gabriel Boero für Artear/Instituto Nacional de Cine y Artes Visuales, Argentinien 1995; 113 Min.
Verleih: Kairos/-/trigon; April 1996 (CH), Juni 1999

(...) Verglichen mit Filmen wie Matrix oder eXistenZ, die virtuelle, längst nicht mehr illusorische Realitäten erforschen und richtige Einsteckbuchsen im Körper für solche Kabel vorführen, wirkt die Idee mit dem Hut zwar naiv und das kinematographische Glücksversprechen in Gestalt der Frau rührselig. Gearde durch die Naivität seiner Bilder und das unschuldige Pathos der Inszenierung vermag der Film aber an den Ursprung der Kinematographie und die Kraft der Illusion zu erinnern, der wir früher einmal erlegen sind. Eine Liebeserklärung an ein vergangenes Kino also, anrührend altmodisch und gefühlsbewegend. *Jennifer Bleek, Zitty, 15/99*

(...) Große Gefühle, Kitsch und inteligente Reflexionen über Psyche und Kino, Leben und Traumfabrik. Fantastisch un dhumorvoll erzählt, für alle, die noch an die große Liebe glauben.
Christina Moles Kampp, tip, 15/99

Der verheiratete Filmvorführer Leopoldo hat ein Gerät erfunden, mit dem sich seine Träume auf der Leinwand darstellen lassen. Eines Tages erscheint ihm die schöne Rachel, nur für ihn sichtbar, und begleitet ihn.

Storm 837

STORM **
Video

Regie: Harris Done
Darsteller: Martin Sheen (General Roberts), Luke Perry (Ron Young), Alexandra Powers (Major Tanya Goodman), David Moses (Platt), Robert Knott (Holt), Rene Estevez (Marc McClure)
Drehbuch: Patrick Phillips, Phillip Roth, Diane Fine, Harris Done
Kamera: Ben Kufrin
Musik: Nathan Wang
Schnitt: Michael Mayhew, Andrew Marges
Prod.Des.: David Huang
Prod.: Ken Olandt, Phillip J. Roth, Jeff Beach für UFO United/Storm Prod., USA 1998; 88 Min.
Vertrieb: BMG (Ufa) Video; 29.6.1999
FSK: ab 12 J.

Der neue Führer der Katastrophenschutz-Truppe muß erkennen, daß der heraufziehende Sturm eine fehlgeleitete Biowaffe des Militärs ist. Industrie-Action für Vielseher, allen anderen sei abgeraten.

Storm Chasers – Im Auge des Sturms 838

STORM CHASERS: REVENGE OF THE TWISTER □
TV

Regie: Mark Sobel
Darsteller: Kelly McGillis (Jamie Marshall), Wolf Larson (Will Stanton), Liz Torres (Wallace Houston), Adrian Zmed (Smitty), James MacArthur (Frank Del Rio), Martin Evans (Jim Marshall), Tanya Reichert (Melanie)
Drehbuch: Jeff Wynne
Musik: Ken Williams
Prod.: Kanada/USA 1998; 94 Min.
TV: 12.5.1999, Pro7, 20.15

Umwelt-Katastrophenfilm im Windschatten von »Twister«.

Stormcatcher 839

STORMCATCHER **
Video

Regie: Anthony Hickox
Darsteller: Dolph Lundgren, Mystro Clark, Kylie Bax
Prod.: USA 1999; 90 Min.
Vertrieb: Highlight Video; 8.11.1999
FSK: ab 18 J.

US-General will mit Waffengewalt die Regierung zur Rücknahme von Militär-Budget-Kürzungen zwingen. Hoffnungslos hirnloses Futter für Waffen-Technik-Fetischisten.

Strahlen des Wahn 840

***+
TV

Regie: Bruno D. Kiser
Darsteller: Laura Del Sol (Laura Tobler), Stefan Gubser (Martin Fischer), Daniel Legler (Dr. Paul Peterson), Sabine Berg (Julia Peterson), Hans Peter Hallwachs (Dr. Friedrich Tobler), Erik Desmarestz (Dr. Weber), Eric Do (Dr. Li Wong), Hubert Kramar
Drehbuch: Bruno D. Kiser
Kamera: Philippe Cordey
Musik: Benoît Pimont
Prod.: Schweiz/Österreich/Frankreich 1997; 85 Min.
TV: 27.2.1999, WDR, 22.20

Der Psychiater Dr. Paul Peterson versucht mit einer neuen Methode Schizophrenie zu heilen. Als sich die gesamte

Familie während der Weihnachtsfeiertage trifft, drohen mysteriöse Machenschaften des Psychiaters aufzufliegen.

Straight Shooter 841
STRAIGHT SHOOTER ***

Regie: Thomas Bohn
Darsteller: Dennis Hopper (Frank Hector), Heino Ferch (Volker Bretz alias Straight Shooter), Katja Flint (Oberstaatsanwältin Regina Toelle), Jürgen Schornagel (Kriminalrat Andreas Berndt), Hannelore Hoger (Innenministerin Lena Hoelldobler), Ulrich Mühe (Staatssekretär Markus Paufler), Bernhard Bettermann (Hauptkommisar Ingolf Pasternak, Nicole Leon (Sanna)
Drehbuch: Thomas Bohn
Kamera: Peter von Haller, Mike Bartlett (Steadicam)
Musik: Ulrich Reuter
Schnitt: Norbert Herzner
Prod.Des.: Matthias Kammermeier
Prod.: Joseph Vilsmaier, Hanno Huth für Perathon/Senator Film, BRD 1998; 86 Min.
Verleih: Senator/Constantin/-/BMG (Ufa) Video; 15.4.1999
FSK: ab 12 J., ffr.

Mit Mordanschlägen auf »Verantwortliche«, bis hin zur Innenministerin, versucht ein Exfremdenlegionär, die Schließung eines Kernkraftwerkes – die Ursache, wie er meint, für den Verlust seiner Familie – zu erpressen. Nur sein ehemaliger Ausbilder kann die »perfekte Kampfmaschine« stoppen, sodaß es schließlich zum tödlichen Duell der beiden gleichermaßen brutalen Männer kommt. Der wichtige, aber nur angerissene gesellschaftspolitische Hintergrund kann dem überwiegend solide inszenierten, aber doch deutlich mit blutrünstig-schockierenden Effekten operierenden Thriller nicht den nötigen Tiefgang verleihen. *Multimedia*

(...) So bleibt ein auf ein dramaturgisches solides Drehbuch gestützter gehobener Actionfilm mit Dennis Hopper als Star – und mit leider reichlich papiernen Dialogen.
Thomas Engel, Der Gildendienst, 4/99

(...) Anders als in ähnlich gelagerten US-Filmen wird der mörderische Psychopath also nicht durch Geld- oder Machtgier motiviert. Der Shooter, vom Schmerz zerstört, vollstreckt eine persönliche Rache, die ihn menschlich und mehrdimensional macht.
Leider kann »Straight Shooter« aus dieser vielversprechenden Konzeption keinen Nutzen ziehen. Statt den Shooter im Lauf der Geschichte zu einer komplexen Figur zu formen und seine innere Zerrissenheit zu zeigen, degradiert ihn der Plot zu einem Wüterich, der dauernd Leute liquidiert. Vergeblich wartet man darauf, daß es zu einer verbalen Konfrontation mit seinem Lehrer Hector oder mit der Staatsanwältin Toelle kommt, und die Talente von Heino Ferch werden an eine Figur vergeudet, die mehr und mehr zum sadistischen Terminator verkommt (und so alle Sympathien verspielt).
Jürgen Veile, Filmecho-Filmwoche, 15/99

Heino Ferch und Katja Flint

The Straight Story – Eine wahre Geschichte 842
STRAIGHT STORY ****

Regie: David Lynch
Darsteller: Richard Farnsworth (Alvin Straight), Sissy Spacek (Rose), Harry Dean Stanton (Lyle), Everett McGill (Tom), Jane Galloway Heitz (Dorothy), Jennifer Edwards-Hughes (Brenda), Barbara Robertson (Derr Woman), John Farley (Thorwald)
Drehbuch: David Lynch, Mary Sweeney, John Roach
Kamera: Freddy Francis

Musik: Angelo Badalamenti
Schnitt: Mary Sweeney
Prod.Des.: Jack Fisk
Prod.: Mary Sweeney, Neal Edelstein, Alain Sarde für Les Films Alain Sarde/Le Studio Canal Plus/Picture Factory, Frankreich, USA 1999;
111 Min.
UA: 21.5.1999, Int. Filmfestspiele Cannes
Verleih: Senator/Constantin/Frenetic; 2.12.1999
FSK: ab 12 J., ffr.

Ein 73jähriger gebrechlicher und fast blinder Mann macht sich mit einem umgebauten Rasenmäher auf den Weg, um seinen gut 500 Kilometer entfernt lebenden Bruder nach langem wiederzusehen. Das wahrscheinlich langsamste Road-Movie aller Zeiten stellt in seiner schlichten, schnörkellosen Erzählform eine lebenserfahrene Figur in den Mittelpunkt, es erzählt von Tragödien, Erinnerungen und Hoffnungen. David Lynch, der sich bislang durch komplexe und düstere Visionen Amerikas einen Namen gemacht hat, zeigt sich in seinem jüngsten Film von einer völlig unerwarteten Seite und erweist sich dabei als Meister dieses für ihn neuen Fachs. *Multimedia*

(...) Alvins Begegnungen unterwegs sind wahre, überaus gut gespielte menschliche Kabinettstückchen, die man mit Vergnügen oder teilweise auch mit einem Kloß im Hals erlebt. Wer wie Lynch aus einer so kleinen Geschichte etwas derart Packendes machen kann, gehört zu den Großen seines Faches.
Thomas Engel, Der Gildendienst, 10/99

(...) Mit dem ehemaligen Hollywood-Stuntman und nachmaligen Gelegenheitsdarsteller Richard Farnsworth hat Lynch dabei den entscheidenden Glücksgriff getan; sein Alvin strahlt Ruhe und Selbstgewissheit aus, die allein der absonderlichen Story Halt und Glaubwürdigkeit verleihen. Dies ist vor allem sein Film. Im Gesamtoeuvre des Regisseurs aber wird »The Straight Story« wohl nur einen Platz am Rand einnehmen – als weiteres Beispiel für den bizarren Geist David Lynchs, der vor nichts zurückschreckte, auch nicht vor der totalen Idylle.
Hans-Joachim Neumann, Zitty, 25/99

Richard Farnsworth auf Tour

(...) »Eine wahre Geschichte« ist wie »Twin Peaks« ohne Leiche oder wie »Blue Velvet« ohne das abgeschnittene Ohr in der Wiese. Wenn es in diesem Film einen Schlag tut, dann nicht um die heile Welt im Kleinstadtparadies zu disqualifizieren, sondern um klarzustellen, wie es um die Gesundheit von Alvin Straight bestellt ist, dem der Arzt nach seinem Sturz sagt, er solle besser auf sich aufpassen. Alvin ist aber nicht der Typ, der sich von Ärzten etwas sagen lässt oder gar auf seinen Körper hören möchte. Der alte Cowboy besorgt sich einfach einen zweiten Gehstock und wankt weiterhin mehr oder minder aufrecht durchs Leben. (...)
Michael Althen, SZ, 1.12.1999

Wie sind Sie denn auf die Geschichte aufmerksam geworden?

Meine Lebenspartnerin, die Produzentin Mary Sweeney, hat 1994 – wohl zusammen mit Millionen anderer – die Geschichte in der New York Times gelesen. Sie war davon so fasziniert, dass sie unbedingt die Rechte an der Geschichte haben wollte, die zu dieser Zeit allerdings schon vergeben waren. Ganze vier jahre hat es gedauert, bis

Mary sie erwerben konnte. Eines Tages sagte sie dann zu mir: »David, hier ist der Stoff für deinen neuen Film!« Da ich normalerweise meine Filmthemen immer selbst entwickle, war ich anfangs sehr skeptisch. Aber nach der Lektüre des Drehbuchs war klar, dass ich diesen Film machen musste.

Hatten Sie keine Angst, Ihr Publikum vor den Kopf zu stoßen?

Auch wenn es arrogant klingen sollte: Wenn ich einen Film mache, denke ich an mein Publikum zuletzt. Ein Künstler, der sein Schaffen nach finanziellem Erfolg ausrichtet, ist mir von Grund auf suspekt. Auf eine gewisse Weise ist »The Straight Story« der extremste Film, den ich je gemacht habe.

Der Film erinnert etwas an »The Elephant Man«.

Ich bin sehr froh, dass auch andere das so sehen. Er ist auf emotionaler Ebene dem »Elephant Man« sehr ähnlich. Aber vielleicht habe ich auch nur einmal tief eingeatmet, bevor ich mich wieder mit den dunklen, ungesunden Dingen des Lebens beschäftige. Aber fragen Sie mich nicht, was das genau sein wird. *David Lynch im Interview mit Ulrich Lössl, Zitty, 25/99*

Strangeland 843

DEE SNIDER'S STRANGELAND *

Video

Regie: John Pieplow
Darsteller: Kevin Gage (Detective Mike Gage), Elizabeth Pena (Toni Gage), Brett Harrelson (Steve Christian), Robert Englund (Jackson Roth), Dee Snider (Captain Howdy/Carleton Hendricks), Linda Cardellini (Genevieve Gage), Ivonne Coll (Rose Stravelli), Tucker Smallwood
Drehbuch: Dee Snider
Kamera: Goran Pavicevic
Musik: Anton Sanko; Barry Cole (supervisor)
Schnitt: Jeff Kushner, Joe Woo Jr.
Prod.Des.: Debbie DeVilla
Prod.: David L. Buchel, Dee Snider für Skooting Gallery, USA 1998; 92 Min.
Vertrieb: Columbia Tristar Video; 21.12.99
FSK: ab 18 J.

Durchgeknallter Irrer entführt via Internet-Kontakte junge Frauen, an denen er seine Piercing-Künste ausprobiert. Hier ist nicht nur der Protagonist krank, sondern der Rest dieses Gruselschunds ist es auch.

Stringer – Duell mit dem Tod 844

STRINGER **

Video

Regie: Klaus Biedermann
Darsteller: Elie Semoun (Filo), Christina Perry (Marie), Jean-Michel Martial (Syd), Burt Reynolds (Wolko), Anna Thomson, Edie Falco (Woody)
Drehbuch: Klaus Biedermann, Jean-Paul Jody, Alain Le Henry, Dominique Roulet
Kamera: John C. Newby
Musik: Ludovic Segnier
Schnitt: Juliette Welfing
Prod.: Claude Kunetz, Marc Piton, Andrew Fierberg für Paris New York Prod./MGM/Double A/M6 Films/Canal Plus, Frankreich 1998; 88 Min.
Vertrieb: BMG (Ufa) Video; 18.5.1999
FSK: ab 16 J.

Filmstudent übernimmt Job als rasender Reality-TV-Reporter und erliegt dem Reiz der spektakulären Sensationen. Wieder mal eine verwunderliche Konstellation: Deutscher Regisseur inszeniert eine französische Produktion als Erstling mit einem US-Star in der Nebenrolle. Das Ergebnis: unbedeutende Videoware.

Die Stunde des Löwen 845

**

TV

Regie: Niki Stein
Darsteller: Stefan Kurt (Harald Löwe), Doreen Jacobi (Bibi von Ohlen), Ralph Herforth (Kommissar Brander), Tamara Rohloff (Christina Löwe), Helmut Griem (Prof. Winterfeld), Peter Lohmeyer (Unbehaun), Oliver Broumis (Bendix), Kati Stüdemann (Sue)
Drehbuch: Hansjörg Thurn
Musik: Ulrik Spies, Jackie Engelke
Prod.: Pro7/Novamedia, BRD 1999; 91 Min.
TV: 21.5.1999, Pro7, 20.15

Den Bock zum Gärtner gemacht: Ausgerechnet Pro7 ließ auf sein Sex&Crime-Publikum den Läuterungsmedienthriller los. Die »Late-Show«-Variante vom zynischen Talk-Moderator Löwe, der aus seiner seriösen Journalisten-

schülerin eine skrupellose Kommerztussi gemacht hat und dessen Ehefrau vom Moral-Medienprofessor entführt wird zwecks Zeichen gegen die verkommenen TV-Sitten – das ist eine Ethiklektion für Karrierekrüppel. Spannend. Allein es fehlt der Glaube.
Ponkie, AZ, 25.5.1999

Stunden der Gewalt 846
EVERY 9 SECONDS □ TV

Regie: Kenneth Fink
Darsteller: Gail O'Grady (Janet), Christopher Meloni (Richard Sutherland), Amy Pietz (Carrie), Michael Riley (Ray), Emily Hampshire (Missy), Scott Speedman (Greg), Djanet Sears (Eleanor), Cassandra van Wyck (April)
Drehbuch: Adam Greenman
Kamera: Ken Kelsch
Musik: Peter Rodgers Melnick
Schnitt: Paul Dixon
Prod.Des.: Alistair Macrae
Prod.: Adam Greenman; Deborah Wolsh (Ass.Prod.) für Freyda Rothstein/Jean Abounader/Hearst Ent., USA 1997; 85 Min.
TV: 4.10.1999, ZDF, 22.25

Engagierte Journalistin verhindert eine Familienkatastrophe. *Pressetext*

Sturm des Jahrhunderts 847
STORM OF THE CENTURY

Regie: Craig R. Baxley
Prod.: USA 1999

siehe → Stephen Kings Sturm des Jahrhunderts.

Der Sturm in den Weiden 848
THE WIND IN THE WILLOWS *** Video

Regie: Terry Jones
Darsteller: Steve Coogan (Maulwurf), Eric Idle (Ratte), Terry Jones (Kröte), Anthony Sher (Wiesel), Nicol Williamson (Dachs), John Cleese, Stephen Fry, Bernard Hill
Drehbuch: Terry Jones, nach einer Novelle von Kenneth Grahame
Kamera: David Tattersall
Musik: John Du Prez; Songs: John Du Prez, Terry Jones, Andre Jacquemin, Dave Howman
Schnitt: Julian Doyle
Prod.Des.: James Acheson
Prod.: John Goldstone, Jake Eberts für Sony Pic. für Columbia/Allied Filmmakers, GB 1997; 90 Min.
EA: Filmfest Hamburg 1998
Vertrieb: Columbia TriStar Video; 1.6.1999
FSK: ab 6 J.

Hübsche Märchenverfilmung über eine Handvoll Tiere, die durch die Automobil-Manie eines reichen Kröterichs in ein turbulentes Abenteuer gestürzt werden. Dank hervorragender Darsteller, unter anderem der kompletten Monty-Python-Truppe, ein Vergnügen für jung und alt.

Südsee, eigene Insel 849
***

Regie: Thomas Bahmann
Darsteller: Hannes Knaup (Albert Bursche), Andrea Sawatzki (Sabine Bursche), Alexandra Maria Lara (Sandra Bursche), Nils Nelleßen (Fred), Ben Becker (Dr. Helmut Kunert), Katharina Abt (Melanie Kunert), Dominik Fink (Kevin Kunert), Jürgen Schornagel
Drehbuch: Thomas Bahmann, Hans Turner; Catarina Raacke (Dramaturgie)
Kamera: Hannes Hubach
Musik: Rainer Kühn
Schnitt: Hansjörg Weißbrich
Prod.Des.: Matthias Müsse
Prod.: Thomas Häberle, Christian Becker; Hanno Huth, Alfred Holighaus für Indigo/Senator mit SAT.1/Traumwerk, BRD 1998; 96 Min.
Verleih: Senator/Constantin/-/BMG Video; 8.7.1999
FSK: ab 6 J., ffr.

Familie Bursche ereilt das größte anzunehmende Unglück des Mittelstands: Der Urlaub fällt flach. Als Opfer eines Anlagebetrugs ist Papa Bursche, Karrieremann mit verwöhnter Tochter, kriselnder Ehe und neidischen Nachbarn, von einem Tag auf den anderen pleite. Damit das keiner merkt, versteckt sich die ganze Familie vierzehn Tage im eigenen Keller und macht dort Urlaub. Leider kippt die satirische Ausgangssituation sehr schnell in eine infantile Zerstörungsodyssee um, bei der es nur darum zu gehen scheint, so viele bürgerliche Statussymbole wie möglich zu zerdeppern. *Iris Depping, tip, 15/99*

(...) Das Personal ist bis in Gastauftritte (Franka Potente als Supermarktkassiererin) gut besetzt. Zwar verschießt der Regie-Debütant den größten Teil seines Pulvers in der ersten Hälfte, dennoch hält sich die Stimmung. Und wenn am Ende der langweilige Karrierist Bursche die subversive Lust am Bösen entdeckt, und schlitzohrig seine Feinde in die Pfanne haut, freut man sich diebisch. *Margret Köhler, AZ, 8.7.99*

(...) Vom Ansatz her ein guter Stoff für eine bissige Satire, die aber hier eher zahnlos ausfällt, weil der nötige schwarze Humor fehlt. Die biedere Inszenierung und die ansprechenden Schauspielerleistungen rufen beim Zuschauer wohl eher mitleidsvolle als amüsierte Reaktionen hervor. *Multimedia*

(...) Zwar fehlt dem Film etwas die satirische Schärfe, dank eines guten, nicht zu sehr in Albernheiten abdriftenden Drehbuchs und glaubwürdigen Akteuren (angeführt von Herbert Knaup, Andrea Sawatzki und Ben »Biberkopf« Becker) unterhält der Streifen gleichwohl ganz prima. Heiteres Sommerkino für jedermann. *Martin Schwarz, Zitty, 14/99*

(...) Nicht übel, dieses Drehbuch und dieses Erstlingskinowerk von Thomas Bahmann. Nicht ganz so glatt und genau im Timing, wie man es aus Hollywood geliefert bekommen hätte, aber durchaus witzig und unterhaltsam: solide deutsche Komödienkost mit einer ganzen Reihe netter Gags sowie sympathischen Schauspielern. *Joseph Heinrichs, Rheinische Post, 9.7.99*

Suicide Kings 850
SUICIDE KINGS ***

Regie: Peter O'Fallon
Darsteller: Christopher Walken (Carlo Bartolucci/Charlie Barret), Denis Leary (Lono Veccio), Henry Thomas (Avery Chasten), Jay Mohr (Brett Campell), Sean Patrick Flanery (Max Minot), Jeremy Sisto (T.K.), Laura R. Harris (Elise Chasten), Johnny Galecki
Drehbuch: Josh McKinney, Gina Goldman, Wayne Allan Rice, nach der Story »The Hostage« von Don Stanford
Kamera: Christopher Baffa
Musik: Graeme Revell
Schnitt: Chris Peppe
Prod.Des.: Clark Hunter
Prod.: Morrie Eisenman, Wayne Allan Rice für Eyes 'n' Rice, USA 1997; 106 Min.
EA: 27.6.1998, Filmfest München
Verleih: -/Stadtkino/-/VCL Video; September 1999
FSK: ab 16 J.

Der Thriller um zwei ineinander verschachtelte Entführungen in New York ist trotz seines spannungsgeladenen, dynamischen Aufbaus vor allem ein Psychokrimi, der sich kammerspielartig auf die ebenso subile wie dramatische Auseianandersetzung zwischen fünf jungen Männern und einem Mafioso, den sie gefangenhalten und dem sie einen Finger abgeschnitten haben, konzentriert. Dichte Atmosphäre, differenzierte Charakterzeichnung und sehr gute Darstellerleistungen lassen den insgesamt nicht überragenden Streifen zum fesselnden Kinoerlebnis werden. *Multimedia*

Die Sünde der Engel 851
*** TV

Regie: Wolf Gremm
Darsteller: Gudrun Landgrebe (Julia Beerbaum), Jens Eulenberger (Daniel/Ralf Beerbaum), Gabi Gottschalk (Tina Weiss), Hans-Peter Hallwachs (Philip Beerbaum), Ulrich Pleitgen (Andreas Dalberg), Niko Iliades (Daniel als Kind), Marcel Iliades (Ralf als Kind), Leon Boden (Fred Kaminski)
Drehbuch: Wolf Gremm, nach dem gleichn. Roman von Charlotte Link
Kamera: Carl F. Koschnick
Schnitt: Kerstin Kexel
Prod.: Regina Ziegler für Regina Ziegler Filmprod., BRD 1998; 90 Min.
TV: 5.6.1999, ZDF, 20.15

Pathetisch wie der Titel auch die Psycho-Plattheiten des ZDF-Samstagskrimis und Zwillingsgrusels. Der Psychopathenzwilling sitzt in der Psychiatrischen wegen Frauenmord – und justament drei Monate vor seiner Entlassung (geheilt!) tauscht sein gesunder Zwillingsbruder auf Wunsch der Mama mit ihm die Rollen, damit der Arme endlich wieder Freiheit schnuppern kann. *Ponkie, AZ, 7.6.1999*

(...) An der mallorquinischen Steilküste verflacht zusehends der anfänglich noch interessante Zwillings-Film. Die erst noch märchenhafte Trivialität wird zum leeren Gelaber, versackt im verquälten Indianerspiel-Showdown. (...) *Wilfried Geldner, SZ, 7.6.99*

Der süße Kuß des Todes 852

A KISS SO DEADLY ****

TV

Regie: Chuck Bowman
Darsteller: Charles Shaughnessy (Tom), Charlotte Ross (Amanda), Dedee Pfeiffer (Katherine Ross), Noelle Parker (June), Kerrie Keane (Addy), Tom Breznahan (Todd)
Drehbuch: Nevin Schreiner
Kamera: Karl Herrmann
Prod.: USA 1996; 87 Min.
TV: 17.5.1999, ZDF, 22.15

Das obligate amerikanische Midlife-Männerdrama vom gutbürgerlichen Familienvater im Banne einer Lotter-Lolita aus der Studenten-WG seiner Tochter. Papi triebmordet das Objekt seiner Begierde, und »Der süße Kuß des Todes« beendet die verhängnisvolle Affäre. Noch Fragen? *Ponkie, AZ, 19.5.99*

Sweet Little Sixteen 853

***

TV

Regie: Peter Patzak
Darsteller: Heikko Deutschmann (Michael »Mickey« Kleist), Christian Berkel (Thomas Reiner), Julia Bremermann (Eva Reiner), Cosma Shiva Hagen (Sophie Reiner), Jeanne Tremsal (Karin Stein), Andras Fricsay Kali Son (Sattler), Robert Hoffmann (Leo Metzner), Theresa Scholze (Greta)
Drehbuch: David Gilman
Prod.: Pro7, BRD 1999; 94 Min.
TV: 26.3.1999, Pro7, 20.15

In »Sweet Little Sixteen« zieht eine pubertäre Disco-Maus das Verhängnis an: Unsterblich verliebt in einen Polizisten, der sich als serienmordernder Psychopath entpuppt, wird die kleine Königin aller Schmollmund-Lolitas, Jungtalent Cosma Shiva Hagen, durch alle Thriller-Ängste gejagt.

Swing Vote – Eine entscheidende Stimme 854

SWING VOTE **

Video

Regie: 1999
Darsteller: Andy Garcia (Joseph Michael Kirkland), Harry Belafonte (Will Dunn), Robert Prosky (Chief Justice), Ray Walston (Clore Cawley), James Whitmore (Daniel Morrissey), Kate Nelligan (Sara Marie Brandywynne), Milo O'Shea (Harlan Greene), Albert Hall (Hank Banks)
Drehbuch: Ron Bass, Jane Rusconi
Kamera: Johnny E. Jensen
Musik: Harry Gregson-Williams
Schnitt: Christopher Cibelli
Prod.Des.: Linda Burton
Prod.: Chad Oman, Jonathan Littman, Richard Brams für Jerry Bruckheimer Films mit Columbia TriStar TV, USA; 120 Min.
UA: 19.4.1999, ABC, 21.00
Vertrieb: Columbia TriStar Video; Okt. 1999
FSK: ab 6 J.

Das Urteil in einem Abtreibungsprozeß hängt von einem jungen Richter ab. Spannungsarmes Gerichtsdrama mit ansehnlicher Besetzungsliste.

Tach Herr Doktor

855
***+

Regie: Gernot Roll, Gerd Dudenhöffer
Darsteller: Gerd Dudenhöffer (Heinz Becker), Sabine Urig (Hilde Becker), Horst Krause (Dr. Schenkberg), Petra Zieser (Frau Schenkberg), Henning Hoffstein (Maier Kurt), Susanna Simon (Frau Rickerbick), Herman van Ulzen, Verena Araghi, Michael Gräwe
Drehbuch: Gerd Dudenhöffer
Kamera: Gernot Roll
Musik: Peter Thomas
Schnitt: Hans Funck
Prod. Des.: Christoph Simons
Kostüme: Ute Schwippert
Prod.: Reinhard Klooss für Odeon, BRD 1999; 91 Min.
Verleih: Senator/-/-; 28.10.1999
FSK: o. A., ffr.

Gerd Dudenhöffer gibt in dieser »modifizierten Heinz-Becker-Folge« den grantigen Saarländer Spießbürger vom Dienst, der sich eine Fehde mit seinen Nachbarn, den vornehmen Schenkenbergs, liefert.
Es geht um Garten, um nächtlichen Krach und Dialekt. Undiszipliniertes, schreiend lautes Mallorca-Lachen wird es nicht geben, eher genüssliches Höhö-Geschmunzel. Ein recht niedlicher, altmodischer Film. *tip, 23/99*

(...) Aber was der Kabarettist Dudenhöffer sonst so zusammenläppert, das ist enttäuschend.
Der feiste Besserverdiener (Horst Krause), seine pikierte Frau und die quietschige Sekretärin scheinen der Witzseite von »Quick« entsprungen zu sein, und dass sich Herrn Dokters Sekretärin ins Haus schmuggelt, um bei der Party ihres geliebten Bosses dauernd die Klamotten zu wechseln, das ist ein Griff in die Klamottenkiste des deutschen Wirtschaftswunderkinos. So was guckt sich auch Heinz Becker nur im Fernsehen an, und zwar fünf Minuten, dann beginnt er, am Apparat herumzubasteln.

Thomas Klingenmaier, Stgt. Zeitung, 30.10.99

Talos – Die Mumie

856
TALOS THE MUMMY
**
Video

Regie: Russell Mulcahy
Darsteller: Jason Scott Lee (Riley), Louise Lombard (Samantha Turkel), Sean Pertwee (Bradley Cortese), Lysette Anthony (Claire), Michael Lerner (Marcus), Jack Davenport (Bartone), Honor Blackman (Chief Inspector Shea), Christopher Lee (Sir Richard Turkel)
Drehbuch: John Esposito, Russel Mulcahy, Keith Williams
Kamera: Gabriel Beristain
Musik: Stefano Mainetti
Schnitt: Armen Minasian
Prod.Des.: Bryce Walmsley
Prod.: Daniel Jakub Sladek, Jeffrey White für Cine Grande/7th Voyage/K.N.B. EFX Group/Pharaohs/ Carousel, USA/GB/Luxemburg 1998; 88 Min.
EA: Fantasy Filmfest 1998
Vertrieb: VPS Video; 6.10.1999
FSK: ab 18 J.

Talos, der unsterbliche, erwacht in London zu neuem Leben: Mit einem Amulett will er die Weltherrschaft erlangen und dafür geht er über zahllose Leichen ... Videoantwort auf die Kino-»Mumie«: brutal, primitiv und jenseits jeglicher Logik.

Tanger – Legende einer Stadt

857
****+

Regie: Peter Goedel
Darsteller: Armin Mueller-Stahl (Hanson), Lisa Martino (Marie Levant), Martin Kluge (Hanson als junger Mann), Ulrich Klaus Günther (William S. Burroughs), Mohammed Mrabet (marokkanischer Erzähler)
Drehbuch: Alfred Hackensberger, Roberto de Hollanda, Peter Goedel, Yves Pasquier
Kamera: Ulrich Jaenchen
Musik: Khalil Chahine
Schnitt: Agape Dorstewitz
Prod.Des.: Mustapha Tabit, Ingrid Henn
Prod.: Peter Goedel, Yves Pasquier für Peter Goedel Film mit BR/WDR/Winkelmann/Paladin Film, BRD/Frankreich 1997/98; 102 Min.
UA: Int. Hofer Filmtage 1997
Verleih: Filmwelt/-/-; 23.9.1999
FSK: ab 6 J., ffr.

Im Mittelpunkt des Films: Tanger – das Tor Europas zu Afrika, mit dem legen-

dären Ruf aus den 40er und 50er Jahren, als die Stadt als internationale Zone ein Tummelplatz verrückter Millionäre und berühmter Künstler war, ein Brennpunkt für Geheimagenten und Ganoven aller Art, ein Mekka der Spekulanten und Hasardeure, ein Eldorado der vergnügungssüchtigen Haute Volée.
(...) Peter Goedel hat es verstanden, mit seiner kunstvollen Chronik diese Ambivalenz zu visualisieren und zu einem sehenswerten Traktat über Kunst und Politik, Kultur und Geschichte zu formen. *Heinz Holzapfel, Rheinische Post, 3.3.2000*

Tanz in die Freiheit 858
DANCING AT LUGHNASA ***

Regie: Pat O'Connor
Darsteller: Meryl Streep (Kate Mundy), Michael Gambon (Jack Mundy), Catherine McCormack (Christina Mundy), Kathy Burke (Maggie Mundy), Sophie Thompson (Rose Mundy), Brid Brennan (Agnes Mundy), Rhys Ifans (Gerry Evans), Darrell Johnston (Michael Mundy)
Drehbuch: Frank McGuinness, nach dem gleichnamigen Theaterstück von Brian Friel
Kamera: Kenneth MacMillan
Musik: Bill Whelan
Schnitt: Humphrey Dixon
Prod.Des.: Mark Geraghty
Prod.: Noel Pearson; Gerrit Folsom (Line-Prod.) für Ferndale Film für Capitol/Sony Pic./Channel Four mit Bord Scannannah Eireann/The Irish Film Board/Radio Telefis Eireann, GB/Irland/USA 1998; 95 Min.
UA: 4.9.1998, Telluride Filmfestival
Verleih: Advanced/Filmladen/-/BMG Video; 18.2.1999
FSK: ab 6 J., ffr. – FBW: Wertvoll

Seit dem Romantikdrama »Circle of Friends – Im Kreis der Freunde«, das 1996 bei uns floppte, fand keine Regie-Arbeit des Iren Pat O'Connor mehr den Weg in unsere Kinos. Und auch sein jüngstes Oeuvre trägt nicht gerade die Insignien des Mainstream-Knüllers, sondern wendet sich trotzig an jene, für die Kino noch etwas mit Emotionen und nicht mit Betäubung der Sinne zu tun hat (...) Auf einem keltischen Fest kulminiert dann die besonnen erzählte Geschichte, die O'Connor nach einem Theaterstück von Brian Friel mit unaufdringlich-sensiblem Lokal- und Zeitkolorit in Szene setzte. Meryl Streep paßt sich glänzend in das Ensemble unbekannterer Kollegen ein, ohne jemals durch ihre Präsenz zu dominieren. Liebenwert und ein wenig veträumt – ein Irland-Fundstück, melancholisch, sprö-de absolut action-und gewaltfrei. *W. O. P. Kistner, AZ, 4.2.99*

Wie kommt es, daß es in einem kleinen Land wie Irland so viele gute Regisseure und Schauspieler gibt?

Auch in der Literatur haben wir viele Talente. Vielleicht liegt es daran, daß wir auf einer Insel leben und immer unter der Knute der Engländer standen, die uns ihren Willen aufzwangen. Da konzentriert man sich auf versteckte Fähigkeiten, entwickelt eigene Formen des Widerstandes, die auch darin bestehen können, spezifische Geschichten zu erzählen. Leider geht diese Fähigkeit nach und nach verloren; die jungen Leute gehen lieber in die Disco.

Sie haben in Amerika bisher drei Filme gedreht. Fällt es Ihnen leichter in Ihrer irischen Heimat zu arbeiten?

Natürlich ist da ein ganz anderes Gefühl, weil ich meinen Wurzeln, meinem Humor näher bin. Aber ich bin in erster Linie ein Mensch, dann erst Ire. Und als Filmemacher muß man immer wieder etwas Neues entdecken. Überall.
Pat O'Connor im Interview mit AZ, 4.2.99

Tarzan 859
TARZAN ****+

Regie: Kevin Lima, Chris Buck
Die Originalstimmen und ihre Rollen: Brian Blessed (Clayton), Glenn Close (Kala), Minnie Driver (Jane), Tony Goldwyn (Tarzan), Nigel Hawthorne (Professor Porter), Lance Henriksen (Kerchak), Wayne Knight (Tantor), Alex D. Linz (Young Tarzan)
Drehbuch: Tab Murphy, Bob Tzudiker, Noni White, nach dem Roman »Tarzan and the Apes« von Edgar Rice Burroughs
Musik: Phil Collins (Songs), Mark Mancina (score), Chris Montan (producer)

Von Ast zu Ast animiert

Schnitt: Gregory Perler
Prod.: Bonnie Arnold für Walt Disney, USA 1999; 88 Min.
Verleih: Buena Vista; 11.11.1999
FSK: ab 6 J., ffr. – FBW: Besonders wertvoll

Nach 47 Realverfilmungen die erste Animationsversion der bekannten Tarzangeschichte. Von den Disneystudios in der erwartbaren hohen technischen Qualität gestaltet, sind am ehesten die liebevolle Gestaltung der Tierfiguren und die spektakulären Aktionszenen hervorzuheben. In seinen Botschaften immer moderat und »politisch korrekt« ein Vergnügen für Freunde des Genres.
Multimedia

Farbenprächtig und von unglaublicher Tiefenwirkung ist Disneys neuestes Dschungelmärchen und sensationell sind die Nebenfiguren. Wirklich schlimm wird's aber, wenn Jane mit Stöckelschuhen und Schnürrock in den Urwald schreitet, die Gorillas zu erforschen. Flugs wird das englische Fräulein vom gestählten Jüngling in die Lüfte gehievt, derweil sich ihr dusseliger Professor-Vater, der Albert Einstein verdächtig ähnlich sieht, mit einem stämmigen Bösewicht herumschlägt. Ein tiefer Griff in die Klischeekiste.
Film, 11/99

(...) Zum Schluss muss ein Wort zur Musik gesagt werden, denn weghören kann man nicht. Immer wenn Phil Collins singt, möchte man auf den nächsten Ast springen und die Flucht antreten. Vielleicht hat Tarzan ja auf diesem Weg das Baumsurfen entdeckt.
Patrick Bahners, FAZ, 13.11.99

Tarzan und die verlorene Stadt 860

TARZAN AND THE LOST CITY **
Video

Regie: Carl Schenkel
Darsteller: Casper Van Dien (Tarzan), Jane March (Jane), Steven Waddington (Nigel Ravens), Winston Ntshona (Mugambi) Rapulana Seiphemo (Kaya), Ian Roberts (Capt. Dooley)
Drehbuch: Bayard Johnson, J. Anderson Black, nach Stories von Edgar Rice Burroughs
Kamera: Paul Gilpin
Musik: Christopher Franke
Schnitt: Harry Hitner
Prod.Des.: Herbert Pinter
Prod.: Stanley Canter, Dieter Geissler, Michael Lake für CineVox/Alta Vista Prod. mit Village Roadshow-Clipsal Film, USA 1998; 102 Min.
Vertrieb: VCL Video; 27.4.1999
FSK: ab 12 J.

Lord Greystoke alias Tarzan muß aus England zurück in den Busch, um dort den Bösewichtern auf die Finger zu klopfen. Allenfalls von optischem Reiz, bei der Geschichte stehen die Klischees Schlange.

Taxandria 861

TAXANDRIA ***
TV

Regie: Raoul Servais
Darsteller: Armin Mueller-Stahl (Virgilius/Karol), Andrew Sachs (Superintendent), Jan Richard Kattan (Jan), Elliott Spiers (Aime), Katja Studt (Ailee), Cris Campion (Klooster), Daniel Emilfork (First Minister), Julien Schoenaerts (Bonze/Leader)
Drehbuch: Frank Daniel, Raoul Servais, Alain Robbe-Grillet, nach der Idee von Raoul Servais
Kamera: Walther van den Ende, Gilberto Azevedo
Musik: Kim Bullard
Schnitt: Chantal Hymans
Prod.Des.: Yvan Buyere, Hubert Pouille
Prod.: Dominique Standaert für Iblis/Bibo/ Les Prods. Dussart mit Praxine/NOSTV/

Mafilm/BRTN/RTBF/ HR/Canal Plus/TVCF/ FilmNet, Belgien/BRD/Frankreich 1995; 86 Min.
UA: 7.5.1995, Filmfestival Brüssel
TV: 1.12.1999, ARD, 23.30

Armin Mueller-Stahl erklärt als Leuchtturmwärter einem Inkognito-Prinzen die Welt – Raoul Servais' Polit-Parabel in künstlichen Kunstkulissen kippte häufig in krausen Kinderkram mit überquellender Visualsymbolik ab, künstlerische Ambition und Resultat klafften weit auseinander, und einige Dialoge entlarvten die antiquierten Quellen: »Ein Text ist ein Text ist ein Text ist ein Text«. *W. O. P. Kistner, AZ, 3.12.99*

Teatro di Guerra 862

TEATRO DI GUERRA ****
Regie: Mario Martone
Darsteller: Andrea Renzi, Anna Bonaiuto, Iaia Forte, Roberto de Francesco, Marco Baliani, Tonio Servillo
Drehbuch: Mario Martone
Kamera: Pasquale Mari
Schnitt: Jacopo Quadri
Prod.: Lucky Red Teatri Uniti, Italien 1998; 110 Min.
Verleih: -/-/Filmcooperative; Mai 1999

Eine freie Theatergruppe erarbeitet 1994 in einem Kleintheater Neapels Aischylos' Bruderkriegs-Drama »Sieben gegen Theben«. Sie wollen damit auch im von serbischen Truppen belagerten Sarajevo auftreten. Der Film verbindet dichte Probenszenen mit alltägliche Problemen der schlecht bezahlten Theaterleute und mit ausschnitthaften kleinen Geschichten aus dem Leben der Hauptfiguren. Die ausbalancierte Mischung aus Fiktion und Realität, Theater und Film bietet eine vielschichtige Reflexion über Fragen nach Sinn und Möglichkeiten der Kunst in Zeiten der Gewalt. *Zoom*

Tee mit Mussolini 863

TE CON IL DUCE / TEA WITH MUSSOLINI ***

Regie: Franco Zeffirelli
Darsteller: Cher (Elsa), Judi Dench (Arabella), Joan Plowright (Mary), Maggie Smith (Lady Hester), Lily Tomlin (Georgie), Baird Wallace (Luca), Charlie Lucas (Luca als Kind), Massimo Ghini (Paolo)
Drehbuch: John Mortimer, Franco Zeffirelli, nach »The Autobiography of Franco Zeffirelli«
Kamera: David Watkin
Musik: Alessio Vlad, Stefano Arnaldi
Schnitt: Tariq Anwar
Prod.: Riccardo Tozzi, Giovannella Zannoni, Clive Parsons/Prod. für Medusa/Cattleya/Cineritmo/Film&General, Italien/GB 1999; 118 Min.
Verleih: UIP/UIP/UIP; Juni 1999 (CH), 6.1.2000
FSK: ab 6 J., ffr. – FBW: Besonders wertvoll

Eine Gruppe exzentrischer englischer Ladies in den 30er-Jahren in Florenz: Sie kümmern sich um einen italienischen Jungen und leben, ungerührt von der sich zuspitzenden politischen Situation ihr eigenes Leben. Erst sehr spät wird ihr Vertrauen in Mussolini erschüttert. Eine schön und irritationsfrei erzählte Geschichte, die aus der Darstellung selbstbewußter Schrulligkeit und Weltfremdheit ihre zentralen Emotionen bezieht – und damit einem herausragenden Schauspielerinnenensemble prachtvolle Entfaltungsmöglichkeiten gibt. Der liebevoll verklärende Blick auf die Personen und das unprägnante, glatte Bild der Epoche ist nur dem schlüssig, der das Erzählte als autobiographische Episode Zeffirellis

Franco Zeffirelli und Baird Wallace

identifizieren kann. Gehobenes Unterhaltungskino, das ernsthafte Irritationen meidet. *Multimedia*

(...) Zeffirelli verzichtet auf Fragen nach Schuld oder Verantwortung, beläßt es bei Andeutungen und übernimmt die poltitische Naivität seiner Protagonisten. Das mag gewollt sein, hinterläßt aber Unbehagen. Dennoch kann man sich dem Charme und der Kraft der Schauspielerinnen nicht entziehen. *Margret Köhler*

Der italienische Regisseur Franco Zeffirelli blendet in seinem autobiographisch eingefärbten Film zurück in seine Kindheit während der Regierungszeit von Mussolini. Trotz ansprechender schauspielerischer Leistung vermag der Film nicht zu überzeugen. Die Perspektive des Jungen ist zuwenig konsequent durchgezogen und es fehlt an einer durchgehenden dramatischen Linie. Darüber hinaus ist die Darstellung der Mussolini-Zeit derart verklärtnaiv, dass der Film nicht viel zur Erhellung dieses Kapitels der italienischen Geschichte beiträgt. *Zoom, 6/99*

Terminus Paradies 864

TERMINUS PARADIS ****

Regie: Lucian Pintilie
Darsteller: Costel Cascaval (Mitou), Dorina Chiriac (Norica), Gheorghe Visu (Vatasescu), Victor Rebenguic (Grigore Cafanu), Razvan Vasilescu (Capt. Burci), Dan Tudor, Doru Ana, Petrica Gheorghiu
Drehbuch: Lucian Pintilie, Rasvan Popescu, Radu Aldulescu
Kamera: Calin Ghibu, Silviu Stavila
Schnitt: Victoria Nae, Claudine Bouche
Prod.: Marin Karmitz für MK2 Prod./Le Studio mit Canal Plus/La DDC, Frankreich 1998; 99 Min.
UA: 31.8.1998, Filmfestival Venedig
EA: 26.6.1999, Filmfest München

Nach einem One-Night-Stand mit der minderjährigen Kellnerin Norica, die bereits einem anderen versprochen ist, versucht Schweinehirt Mitou ihrer Beziehung mit Waffengewalt den Weg zu ebnen. Die mit einfachen Mitteln inszenierte Geschichte eines amour fou spiegelt soziale Missstände im heutigen Rumänien und setzt dem vordergründig wirkungslosen Widerstand der Unterdrückten mit der finalen Plansequenz ein hoffnugsvolles Denkmal. Eine Entdeckung ist Schauspielerin Dorina Chiriac in ihrer Debütrolle als lasziv-verspielte Norica. *Zoom, 5/99*

Terror im Weißen Haus 865

LOYAL OPPOSITION □
TV

Regie: Mark Sobel
Darsteller: Joan Van Ark (Elisabeth Lane), Nick Mancuso (General James Metzger), Lloyd Bochner (Mark Hayden), Corbin Bernsen (John Gray), Rick Springfield (Lowell Barkley), Joel Palmer (Kevin Lane), Garvin Cross (Williams), Kevin Hayes (Brian Stone)
Drehbuch: Jeff Wynne, Christopher Canaan
Musik: Ken Williams
Prod.: USA 1998;
94 Min.
TV: 30.6.1999, Pro7, 20.15

Terrorist kidnappt den Präsidenten und gibt den Militärs dadurch nochmal Diskussionsstoff über das »Wie-machen-wir-das-jetzt«.

TGV-Express 866

TGV ****

Regie: Moussa Touré
Darsteller: Makéna Diop (Rambo), Bernard Giraudeau (Roger), Philippine Leroy-Beaulieu (Sylvia), Al Hamadou Traoré (Demba), Joséphine M'Boup
Drehbuch: Moussa Touré, Alain Choquart
Kamera: Alain Choquardt
Musik: Wasis Diop
Schnitt: Josie Miljevic
Prod.: Jean-François Lepetit, Bernard Girandeau, Moussa Touré für Flach Film/ Les Films de la Saga/Les Films du Crocodile, Senegal/Frankreich 1997; 90 Min.
Verleih: Kairos/-/trigon; 29.4.1999
FSK: ab 12 J., ffr.

In einem Reisebus auf der Linie Dakar-Conakry trifft sich eine scheinbar zufällig zusammengewürfelte Reisegruppe. Aus einer comedie humaine heraus entwickelt sich bald eine tragikomisch gefärbte Sozialstudie, schließlich sogar ein handfestes Politdrama. Ein hervorragend gespieltes und politisch kluges Roadmovie, in dem – ohne Ethnoschnörkel und aufgesetzte Folklore – in allegorischen Bildern auf den Wandel der afrikanischen Gesellschaft hingewisen wird. *Zoom, 2/99*

(...) »TGV Expreß« ist das seltene Beispiel eines rundum gelungenen afrikanischen Unterhaltungsfilms, der in sich bündige Dramaturgie, stilvolle Inszenierung und nicht zuletzt eine unaufdringlich formulierte Botschaft zu vereinen weiß. *Claus Löser, tip, 10/99*

Pierce Brosnan und Rene Russo

Die Thomas Crown Affäre 867

THE THOMAS CROWN AFFAIR ****+

Regie: John McTiernan
Darsteller: Pierce Brosnan (Thomas Crown), Rene Russo (Catherine Bannning), Denis Leary (Det. Michael McCann), Frankie Faison (Det. Paretti), Faye Dunaway (Psychologin), Ben Gazzara (Andrew Wallace), Charles Keating (Golchan), Mark Magolis
Drehbuch: Leslie Dixon, Kurt Wimmer, nach dem Originaldrehbuch von Alan R. Trustman
Kamera: Tom Priestley; John Sullivan (2nd unit, auch Regie)
Musik: Bill Conti
Schnitt: John Wright
Prod.Des.: Bruno Rubeo
Prod.: Pierce Brosnan, Beau St. Clair; Roger Paradiso (Co-Prod.) für Irish Dream Time für MGM, USA 1999;
113 Min.
Verleih: UIP/UIP/UIP; 2.9.1999
FSK: ab 6 J., ffr. – FBW: Wertvoll

Ein Millionär stiehlt aus Erlebnishunger wertvolle Gemälde und wird von einer hübschen Versicherungsagentin verfolgt, die sich am Ende in ihn verliebt. Neuverfilmung von »Thomas Crown ist nicht zu fassen« (USA 1967), der neben unblutiger Action auch einiges an Liebesromantik, Humor, Dekor und Mode zu bieten hat. Fernab jeglicher Realität wirkt der aufwendig gestaltete Film ein wenig bedächtig und »korrekt«. *Multimedia*

(...) Schöne Menschen in edelstem Ambiente, Kino als teure Fortsetzung des Neckermann-Katalogs, zelebrierter Luxus ohne den geringsten Tiefgang, etwas dekadenter Witz, ein wenig süffisantes Geplänkel, raffinierte Riffifi-Tricks und ein gerüttelt Maß an Oberflächenspannung – fast perfektes Entertainment für die 90er Jahre.
W. O. P. Kistner, AZ, 2.9.99

John McTiernans Version des Steve-McQueen-Klassikers ist der seltene Glücksfall eines Remakes, welches das Original mit kraftvolleren, präziseren Strichen übermalt.
Er inszeniert die Konfrontation des Millionendiebs aus purer Langeweile und der gewieften Versicherungsagentin als erotisches Duell mit verlockend offenem Visier. (...)
Gerhard Midding, tip, 19/99

(...) »Perfect nonthink entertainment« nennt Leonard Maltins kurzatmiger Filmführer das Original, was durchaus anerkennenswert gemeint ist. Wenn McTiernan Gleiches trotz der schwierigen Besetzung gelingt, ist das schon eine Leistung.
Und wenn schließlich sogar ausgerechnet Sting, zum distinguierten Jazz-Interpreten gereift, eine imponierende Version von Michel Legrands unsterblichen Titelsong »The Windmills Of Your Mind« beisteuert, dann hat Thomas Crown längst sein Spiel gewonnen. *Daniel Kothenschulte, FR, 6.9.99*

Verspühren Sie ähnliche Langeweile wie Ihr Held – in Ihrem Job an der Spitze angekommen?

Na ja, daß ich eine Produktionsfirma gegründet habe, könnte ein kleiner Hinweis sein. *Pierce Brosnan im Interview mit Rudolf John, Kurier, Wien, 29.8.99*

Thunderbolt 868
PIKLIK FO / PI LI HUO **
Video

Regie: Gordon Chan
Darsteller: Jackie Chan (Chan Fohto/ »Jackie«), Anita Yuen (Amy Ip), Michael Wong (Steve Cannon), Thorsten Nickel (Cougar), Chor Yuen (Onkel Tung), Yuzo Kazama, Mari Eguro, Sing Kuei-on
Drehbuch: Gordon Chan, Chan Hing-ka, Kwok Wai-chung
Kamera: Chan Kwong-yan, Lam Kwok-wah, Wong Wing-hang, Tseng Tsiu-keung, Lau Hung-chun, Kwan Chi-ching
Schnitt: Peter Cheung
Prod.: Leonard C.H. Ho für Golden Harvest Prod., Hong Kong 1996;
108 Min.
Vertrieb: Kinowelt Home Video; 17.6.1999
FSK: ab 16 J.

Jackie Chan als Rennfahrer: Er tritt gegen einen superbösen Megagangster an. Die übliche Melange aus Kampfsport, Action und Pubertärklamotte.

Thursday – Ein mörderischer Tag 869
THURSDAY **
Video

Regie: Skip Woods
Darsteller: Thomas Jane (Casey Wells), Mickey Rourke (Kasarov), Aaron Eckhart (Nick), Paulina Porizkova (Dallas), James LeGros (Billy), Glenn Plummer
Drehbuch: Skip Woods
Kamera: Denis Lenoir
Musik: Luna
Schnitt: Paul Trejo, Peter Schink
Prod.Des.: Chris Anthony Miller
Prod.: Alan Poul, Skip Woods, Christine Sheaks für Propaganda, USA 1998; 87 Min.
Vertrieb: Universal Video; Juni 1999
FSK: ab 18 J., gekurzte Fass., 77 Min., ab 16 J.

Exgangster und Jezt-Architekt holt die Vergangenheit ein. Tarantino für (geistig) Arme: konfus, gewalttätig, blutig.

Tief wie der Ozean 870
THE DEEP END OF THE OCEAN ***

Regie: Ulu Grosbard
Darsteller: Michelle Pfeiffer (Beth Cappadora), Treat Williams (Pat Cappadora), Whoopi Goldberg (Candy Bliss), Jonathan Jackson (Vincent), Ryan Merriman (Sam), John Kapelos (George Karras), Tony Musante (Angelo), Michael McElroy (Ben)
Drehbuch: Stephen Schiff, nach den Roman von Jaquelyn Mitchard
Kamera: Stephen Goldblatt
Musik: Elmer Bernstein
Schnitt: John Bloom
Prod.Des.: Dan Davis
Prod.: Kate Guinzberg, Steve Nicolaides für Mandalay Ent./Via Rosa/Columbia TriStar/Sony Pictures, USA 1999;
108 Min.
Verleih: Constantin/polyfilm;
12.8.1999
FSK: ab 6 J., ffr.

Bei einer Wiedersehensfeier wird der dreijährige Sohn einer erfolgreichen Fotografin entführt und bleibt neun Jahre lang verschollen, bis er unerwartet wieder auftaucht. Die mühsam überwundene Familienkrise flammt wieder auf, weil die Mutter ihren Sohn dem Adoptivvater zurückgibt und der ältere Bruder unter Schuldgefühlen leidet. Nach einem internationalen Bestseller gefühlswirksam verfilmtes Familiendrama um Verlust, Trauerarbeit und Integration. *Multimedia*

Whoopi Goldberg und Michelle Pfeiffer

(...) Jacquelin Mitchards Romanvorlage war in den USA ein Megaseller, die Rollen sind stimmig besetzt und Ulu Grosbard (»Der Liebe verfallen«) versteht sein Geschäft. Trotzdem krankt die Story an ihrer allzu kalkulierten Dramatik und an dem doch sehr konstruierten Wiederauftauchen Bens – obwohl eigentlich damit erst der interessantere Teil des Films einsetzt: die Frage nach Blutsbande, Zuneigung und Identität. *Gerald Jung, Zitty, 17/99*

(...) Dennoch ragt Grosbards Werk aus dem Angebot an konfektionierten Kinogefühlen nicht allein wegen seiner beiden glaubwürdigen Hauptdarsteller Pfeiffer und Williams heraus, die erfolgreich gegen billige Sentimentalitäten anspielen. *W. O. P. Kistner, AZ, 12.8.99*

(...) Wäre da nur nicht dieser aufdringliche Soundtrack, der einen permanent daran erinnert, dass hier große Gefühle erzeugt werden wollen. Und auch das Zuckerguss-Ende, das so tut, als könne eine Kinderseele das Drama unbeschadet überstehen, hat dieser Film wirklich nicht verdient. *Dorothee Schöpfer, Stgt. Zeitung, 12.8.99*

Tiger Woods – Der Traum meines Lebens 871

THE TIGER WOODS STORY **

Video

Regie: LeVar Burton
Darsteller: Keith David (Earl Woods), Khalil Kain (Tiger Woods), Freda Foh Shen (Tida Woods), John Cho (Jerry Chang), Kathryne Dara Brown (Holly), Gary LeRoi Gray, T. J. Hall, Albert Hall
Drehbuch: Takashi Bufford
Kamera: Frank Byers
Musik: Camara Kambon
Schnitt: Tom Walls
Prod.Des.: Bruce Buchner
Prod.: Jerry Goldman für Paramount TV/MTV/Showtime Networks, USA 1998
Vertrieb: CIC Video; 21.1.1999
FSK: o. A.

Ziemlich rührselige US-TV-Biographie des afroamerikanischen Golf-Cracks Tiger Woods.

Tisch No. 6 872

***

Regie: Carola-Noelle Hauck
Drehbuch: Carola-Noelle Hauck
Kamera: Hans-Peter Eckardt, Gunnar Fuß, Knut Schmitz
Musik: Beate Hétenyi
Schnitt: Stephan Krummbiegel, Raimund Barthelmes
Prod.: Filmakademie BW/Gambit Film- und Fernsehprod., BRD 1998; 83 Min.
UA: Int. Hofer Filmtage 1998
Verleih: Arsenal; 21.10.1999
FSK: ab 16 J., ffr. – FBW: Besonders wertvoll

Vier Medizinstudenten absolvieren den Pathologiekurs, wo sie zum ersten Mal einen toten Menschen sehen. Schon nach einigen Tagen ist der Leichnam für viele nur noch ein Arbeitsobjekt. *Zitty, 4/99*

Dokumentation über einen Anatomiekurs an der Universität Freiburg. Was für die Studenten ein notwendiger, aber auch belastender Ausbildungsabschnitt ist, werden viele Zuschauer als heftige Zumutung empfinden, zumal sich der Sinn des Filmes nicht erschließt. Durch den Einbezug genredramaturgischer Mittel verliert der Film zudem an dokumentarischer Seriosität und wird zur filmischen Belastungsprobe. *Hans Messias, film-dienst 21/99*

Tobias Totz und sein Löwe 873

***

Regie: Thilo Rothkirch, Piet de Rycker
Darsteller: Sprecher: Hape Kerkeling, Nena, Ingolf Lück, Mirco Nontschew
Drehbuch: Thilo Rothkirch, Bert Schrickel
Musik: Nikolau Glowna, Siggi Mueller
Prod.: Eberhard Junkersdorf, Thilo Graf Rothkirch für Munich Animation/von Rothkirch/Cartoon Fillm/Stupid Studio/Warner Bros., BRD 1999;
77 Min.
Verleih: Warner Bros./dto./-; 30.9.99
FSK: o. A., ffr. – FBW: Besonders wertvoll

Der Tierwärter Tobias Totz reist nach Afrika, um für seinen Lieblinglöwen eine Löwin zu suchen und den Freund einer Zebradame aufzuspüren. Dumme Tierfänger betäuben ihn und andere Wildtiere, können aber das gute Ende damit nicht verhindern. Ein Zeichentrickfilm, der sich eher an jüngere Kinder wendet, die harte Action und Geschrei noch nicht bevorzugen. Der »kölsche« Zungenschlag bereitet möglicherweise Schwierigkeiten im Verständnis. *Multimedia*

(...) Ein Film, der sowohl an Benjamin Blümchen als auch an den »König der Löwen« erinnert, dessen Animationen allerdings nicht überzeugen. *tip, 21/99*

Der Tod in deinen Augen 874

***
TV

Regie: Michael Rowitz
Darsteller: Thomas Kretschmann (Billy Tanauer), Aglaia Szyszkowitz (Laura Tilmann), Dominique Horwitz (Leo Lohmann), Walter Kreye (Helmut Reiger), Aleksandar Jovanovic (Adrian Zuto)
Drehbuch: Michael January, Benjamin Parmentier
Prod.: Oliver Schündler, Jim Veres für Bavaria Film für SAT.1, BRD 1999;
92 Min.
TV: 16.3.1999, SAT.1, 20.15

Einer jener Angstthriller, in denen eine Behinderung (blind, taub, stumm, lahm) eine Zeugin in höchste Gefahr bringt. In dem Krimi ist die Malerin Laura fast taub, kann aber Lippenlesen und erfährt so von einem Mordplan. Und verliebt sich in einen, von dem sie nicht ahnt, daß er dazugehört.
Bau-Korruption und Polit-Intrige als Spannungsbogen – ein Ohren-Grusler. *Ponkie, AZ, 18.3.99*

(...) Wenn man herausbekommen will, warum aus einem schönen Ansatz nur ein mittlerer Fernsehfilm wurde, muß man vielleicht wissen, daß es sich beim Drehbuch um eine Adaption eines amerikanischen Stoffes handelt. Der Schauplatz wurde aus San Francisco nach Hamburg verlegt. Obwohl von der ursprünglichen Intention wenig geblieben ist, scheint die Tendenz nicht nur bei SAT.1 zu amerikanischen Vorlagen zu gehen: Man hofft, sich drüben einen Markt frischer Talente zu erschließen. Auch die leicht plastifizierten amerikanischen Erzählweisen fürchtet man nicht. *Wilfried Geldner, SZ, 16.3.1999*

Tod in einer Sommernacht 875

ONE HOT SUMMER NIGHT □
TV

Regie: James A. Contner
Darsteller: Erika Eleniak (Kelly Moore Brooks), Brian Wimmer (Richard Linski), Tobin Bell (Vincent »Coop« DeVille), Stephen Macht (Abel Ganz), Anne De Salvo (Chris Spina), Lochlyn Munro (Det. Eddie Beltran), Christopher Darden (Earl Mingus), Barry Bostwick (Art Brooks)
Drehbuch: Michael O'Hara
Kamera: Peter Benison
Musik: Stacy Widelitz
Prod.: USA 1997; 83 Min.
TV: 20.3.1999, ARD, 22.20

Misshandelte Ehefrau zieht einen naiven Anwalt in ihr Mordkomplott gegen ihren Mann mit hinein.

Der Todesengel 876

*
Video

Regie: Andreas Bethmann
Darsteller: Manila May, Marc Fehse, Timo Rose
Drehbuch: Andreas Bethman
Prod.: Andreas Bethmann, BRD 1998; 92 Min.
Vertrieb: Screen Power Video; 31.3.1999
FSK: an 18 J.

Amateur-Video, das mit der Zeile »Unser Film bricht alle Tabus!!!« beworben wird. Was meinen die blos? Die Rachestory gibt inhaltlich wie formal dem Wort »katastrophal« neue Dimensionen.

Todesengel 877

***
TV

Regie: Markus Fischer
Darsteller: Ulrich Mühe (Dr. Leon Stein), Cosma Shiva Hagen (Laura Stein), Margot Gödrös (Bernarda)
Drehbuch: Regine Kühn
Kamera: Philippe Cordey
Prod.: Novafilm, BRD 1998; 90 Min.
TV: 13.3.1999, ZDF, 20.15

Leon Stein erzieht seine 15jährige Tochter Laura seit dem tödlichen Autounfall seiner Ehefrau allein. Als Laura von ihren Wassersportfreunden bei einer Feier vergewaltigt wird, will ihr Vater ihr rechtliche Genugtuung verschaffen. Die Jugendlichen werden aber nur zu einer geringen Jugendstrafe verurteilt, woraufhin Laura einen Selbstmordversuch unternimmt.

Die Todesfahrt der MS Seastar 878

**
TV

Regie: Mark von Seydlitz
Darsteller: Ralf Bauer (Sven Tauchert), Oana Solomonescu (Anne Tauchert-Martin), Udo Wachtveitl (Kranz), Tyron Ricketts (Nico Behrend), Bruno Maccallini (Schiffskoch Mario), Valea Scalabrino (Laura), Rolf Kantes (Kapitän van Bergen)
Prod.: BRD 1999; 95 Min.
TV: 19.11.1999, Pro7, 20.15

Dieser US-Mustern nachgeäffte Terroristen-Orgasmus gehört zur Kategorie »vergeudete Lebenszeit« und erfüllt den Tatbestand böswilliger Umweltverschmutzung. Ein gewisser Udo Wachtveitl spielt den Irren vom Dienst: Altersvorsorge-Panik in der Mimen-Zunft? *Ponkie, AZ, 22.11.99*

Die Todespuppe von Köln 879

**
TV

Regie: Christiane Balthasar
Darsteller: Ann-Kathrin Kramer (Sonja Kessler), Robert Stadlober (Jan Kessler), Reiner Schöne (Werner Nielsen), Max Herbrechter (Reinhard Kessler), Charlotte Schwab (Kommissarin Rudolph), Claus Dieter Clausnitzer (Prof. Steenbeck), Georg Prang (Arnold)
Drehbuch: Holger Badura
Prod.: Michael Smeaton für FFP Ent. für SAT.1, BRD 1999; 120 Min.
TV: 5.10.1999, SAT.1, 20.15

Ein Mann stirbt, Frau und Sohn trauern – doch den Fernsehzuschauer läßt das kalt. (...) Kurz, der Krimi wirkt von Beginn an wie eine Schlaftablette, obgleich der Autor durchaus ein heißes Eisen anfaßt: Medizinische Menschenversuche, betrieben von eitlen, ehrgeizigen und von Profitgier getriebenen Wissenschaftlern. Doch ach, statt glaubwürdiger Charaktere laufen auch hier, im intriganten Wissenschaftsbetrieb, Figuren über den Bildschirm, die derart eindimensional wirken, daß man am liebsten in den Kasten springen möchte, um sie zu schütteln. (...) Die rührselige Familiengeschichte von dem zickigen Stiefsohn, der sich zum Musterknaben entwickelt, und dessen aufopferungsbereiter Stiefmutter, die zum kämpferischen Superweib wird, peppt den Film auch nicht gerade. (...) *Gitta Düperthal, FR, 7.10.99*

Todestaumel 880

LOVING ... DEADLY
□
TV

Regie: Kris Kertentz
Darsteller: Jonathan Ward (Jesse), Sarah Lassez (Melody), David Warner (Grant), Terry Kiser (Walter), Shirley Anne Field (Madam), Frank Marth (John), Richard Lynch (Mel), Burt Goodman (Priester)
Drehbuch: Daniel Giro
Musik: Howard Pfeifer
Prod.: Kris Kertentz, USA 1995; 97 Min.
TV: 25.2.1999, Pro7, 23.20

Exknackie und Prostituierte kämpfen gegen illegalen Babyhandel.

Der Todeszug 881

***
TV

Regie: Jörg Lühdorff
Darsteller: Jörg Schüttauf (Martin Koch), Claudia Michelsen (Nadja), Frank Röth (Paul), Denise Zich (Jessica), Jürgen Schornagel (Innenminister), Frank Jordan (Marc)
Drehbuch: Tobias Saalfeld
Musik: Oliver Bihler
Prod.: Pro7, BRD 1999; 95 Min.
TV: 5.11.1999, Pro7, 20.15

Ein Castor-Transport wird entführt. Über die Lösung des Problems sind Behörden und Betreiber unterschiedlicher Auffassung.
(...) Dem Regiedebütanten Jörg Lühdorff gelang ein straff und spannend inszenierter Actionthriller. Die Castor-Transporte werden zwar mangels Genehmigungen frühestens Anfang nächsten Jahres wieder in den deutschen Fernsehnachrichten zum Thema. Doch die liefern die umstrittenen und auch bekämpften Züge trotz der spekulativen Story den passenden Aufhänger für eine dichte Geschichte über eine brüchige Vater-Tochter-Beziehung und über skrupellosen Machtmissbrauch.

»Das ist nicht Verantwortung, sondern Politik«, heißt es an einer Stelle. (...)
Dieter Denl, Stgt. Zeitung, 5.11.99

Der Todfeind – Ein Mann rächt seine Frau 882
EXTREME DURESS □
TV

Regie: Lee H. Katzin
Darsteller: Eric Roberts (Robert Woodfield), Hannes Jaenicke (Martin Ritter), Tatjana Patitz (Leigh), Dean Stockwell (Charlie Mains), Rif Hutton (Sidney), Steve Franken (Jerry)
Drehbuch: John Jarell
Prod.: USA/BRD 1998; 95 Min.
TV: 30.4.1999, SAT.1, 20.15

Der durchgekämpfte Freispruch gegen die Mordanklage wird für den Rechtsanwalt zum Bumerang.

Eine tödliche Blondine 883
THE CORPORATE LADDER ****
TV

Regie: Nick Vallelonga
Darsteller: Anthony John Denison (Matt Taylor), Kathleen Kinmont (Nicole London), Talisa Soto (Susan Taylor), Jennifer O'Neill (Irene Grace), Ben Cross (Jay Williams), Meilani Paul (Bianca), Robert R. Shafer (Jack Sherman), Karen Roe (Katrina)
Drehbuch: Christopher Reed
Musik: Jan Hammer
Prod.: USA 1996; 103 Min.
TV: 24.3.1999, Pro7, 23.10

Wie gehabt: Nach der Affäre die Rache der Verlassenen.

Tödliche Schatten 884
**
TV

Regie: Diethard Klante
Darsteller: Heinz Hoenig (Stephan), Stefan Kurt (Heinz), Hans Michael Rehberg (Heinz' Vater), Imogen Kogge, Diethard Klante
Drehbuch: Diethard Klante
Prod.: BRD 1999
TV: 20.10.1999, ARD, 20.15

Das verquast-verquälte Märchen von zwei Freunden Heinz und Stefan, ein Märchen von Schuld und Sühne, Tod und Freundschaft. Dreißig Jahre nachdem sein jüngerer Bruder tragisch zu Tode kam und sich die Wege der daran nicht ganz unschuldigen Freunde trennten, erkennt Heinz, inzwischen Maler, in einer Kirche Stefan, inzwischen Mönche wieder. Zum Wiedersehensleid gesellt sich der Tod von Pater Stephans Lieblingsschüler und dass Heinz dem Stephan im Beichtstuhl den Mord gesteht. Stephan wird verhaftet und in die Psychiatrie geschafft.
Heinz' Frau befreit ihn und sie landen dort, wo alles Unheil begann: Bei Heinz' Vater, der Heinz einst den Tod des Bruders anlastete (Verflucht seist Du. In alle Ewigkeit. Verflucht!) und jetzt auch noch Unsinn faselt.
Au weia! Eine pathetiche Schauermär und ein vulgär-psychologischer Keulenschlag ins Genick des Zuschauers.
W. O. P. Kistner, AZ, 22.10.99

Tödliche Vergeltung 885
RECOIL **
Video

Regie: Art Camacho
Darsteller: Gary Daniels (Ray Morgan), Gregory McKinney (Lucas Cassidy), Tomas Kopache (Captain Trent), Billy Maddox (Brown), John Sanderford (Arnold »Cat« Canton), Robin Curtis (Julie Sloan), Kelli McCarty (Tina Morgan), Maurice Lamont (Officer Boorman)
Prod.: Pephi/Merhi Sam Sleiman (Line-Prod.) für PM Ent., USA 1997; 93 Min.
Vertrieb: MVW Video; März 1999
FSK: ab 18 J. (gekürzte Fassung 85 Min.)

Live und in Farbe erschießt vor laufeden TV-Kameras Polizeidetektiv den Sohn eines Mafiapaten – und bekommt dadurch eine ganze Menge Ärger. Ausgeleierter Action-Ramsch.

Tödliches Territorium 886
THE TERRITORIANS ****
TV

Regie: Michael Offer
Darsteller: Steve Vidler (Robert McCabe), Aaron Pedersen (Tom Daly), Peter Adams (Sarge Kennedy), Susan Lyons (Anne McCabe), Jamie Croft (Josh McCabe), Kristen Boys (Sally), Robert Mammone (Terry Gittoes), Greg Smith (Norm Shelley)
Drehbuch: Ted Roberts
Kamera: David Foreman
Prod.: Australien 1996; 90 Min.
TV: 26.4.1999, ZDF, 22.15

Altes Muster, perfekte Machart: Zwei Kontrastpolizisten (Detective aus Sidney und junger Aborigine) jagen Serienkiller in Australiens Weite. Dunkle Magie der überscharfen Sinne.
Ponkie, AZ, 28.4.99

Todsünden – Die zwei Gesichter einer Frau 887

**
TV

Regie: Carlo Rola
Darsteller: Iris Berben (Cathrin/Vera), Vadim Glowna (Gregor Altmann), Ralf Schermuly (Dr. Victor Reck), Anian Zollner (Claudio Fernandez), Patrizia Moresco (Jessica), Karina Kraushaar (Tanja), Tao Mi La (Rosalie)
Drehbuch: Norbert Ehry, Werner Thal, Uwe Wilhelm (lt. Vorspann)
Kamera: Thomas Merker
Prod.: Moovie Ent. für RTL, BRD 1999; 90 Min.
TV: 8.12.1999, RTL, 20.15

(...) Exakt kommerzgetimte Spannungs-Dramaturgie einer Hochglanz-Schmonzette, deren Trivialität und Unglaubwürdigkeit unter der ironisierenden Regie hinwegschmolz zu hübsch stilisierten Kitsch mit extravaganten Autos, zuweilen eigenwilligem Soundtrack und einer stets edlen Optik.
W. O. P. Kistner, AZ, 10.12.99

Tokyo Eyes 888

TOKYO EYES
****+

Regie: Jean-Pierre Limosin
Darsteller: Shinji Takeda (K), Hinano Yoshikawa (Hinano), Tetta Sugimoto (Roy), Kaori Mizushima (Naomi), Takeshi Kitano (Yakuza)
Drehbuch: Jean-Pierre Lomosin, Santiago Amigorena, Philippe Madral, Yuji Sakamoto
Kamera: Jean-Marc Fabre
Musik: Xavier Jamaux
Schnitt: Danielle Anezin
Prod.: Hengameh Panahi, Kenzo Horikoshi für Lumen/Euro Space, Frankreich/Japan 1998; 98 Min.
UA: Int. Filmfestspiele Cannes 1999 »Un Certain Regard«
EA: Filmfest Hamburg 1998
Verleih: Pegasos/OmU/-/-; 14.10.1999
FSK: ab 12 J., ffr.

Der französische Regisseur Jean-Pierre Limosin beschloss eines Tages bei der Vorbereitung eines für Paris konzipierten Filmprojekts, seine Geschichte mit einer japanischen Crew vor und hinter der Kamera zu realisieren. Das Experiment hat sich gelohnt. Die Liebesgeschichte zwischen einem erfolglosen Attentäter und einer lebenshungrigen Kosmetikerin ist weder Neo-Noir-Thriller noch reine Lovestory, sondern eine Liebeserklärung an die Stadt selbst, aufgenommen mit großen, neugierigen Augen, keine unbedingt realistische Reflexion. *tip, 22/99*

(...) Neben den als TV-Idole geltenden Hauptdarstellern Shinji Takeda und Hinano Yoshikawa steht die alles registrierende Kamera, die eine nervöse Bilderwelt einfängt. Tokio und seine Menschen sind integrativer Bestandteil dieses surrealen Trips in ein Japan der Gegensätze, wo Kurosawas »Sieben Samurai« und traditionelle Werte den Kids ein Buch mit sieben Siegeln sind. In diesem Vexierspiel ist nichts, wie es scheint, der Sog aus virtueller und wirklicher Welt ein fremdes Faszinosum. *Margret Köhler, AZ, 15.10.99*

(...) Vieles an Tokyo Eyes erinnert an Wong-Kar Wais Großstadt-Melodramen – sei es die offene Handlungsstruktur, der Einsatz von Popmusik und ganz besonders die ausgefeilte Ästhetik. Bestimmt von »coolen« Schauplätzen, in denen die banalen Dialoge eine geradezu unwirkliche Tiefe erlangen, springt die Perspektive der Kamera zwischen den Charakteren hin und her, erzeugt Nähe und Distanz. Immer wieder sieht man dabei durch die Brille des Killers, die so stark und verzerrend ist, dass sie nur einen verschwommenen Blick auf das Tokio der neunziger Jahre ermöglicht. *Michael Meyns, Zitty, 21/99*

Der Tölpel 889

LE PALTOQUET
***
TV

Regie: Michel Deville
Darsteller: Fanny Ardant (Lotte), Daniel Auteuil (Journalist), Richard Bohringer (Doktor), Philippe Léotard, Jeanne Moreau, Michel

Piccoli, Claude Piéplu (Professor), Jean Yanne (Kommissar)
Drehbuch: Michel Deville, nach der Novelle »On a tué pendant l'escale« von Franz-Rudolf Falk
Kamera: André Diot
Musik: Dvorak, Janacek
Schnitt: Raymonde Guyot
Prod.: Rosalinde Damamme für Eléfilm/Erato Films/Soprofilms/TF1 Films/Sofia-Sofima mit C.N.C., Frankreich 1986;
92 Min.
UA: 13.8.1986, Paris
TV: 12.7.1999, Arte, 20.45

Die Stammgäste eines unheimlichen Hafencafés werden zu Hauptverdächtigen in einem Mordfall. Nach einer Reihe von Unfällen und Mordversuchen ermittelt der Kommissar den Schuldigen. Selbstreflexiver, durchgestylter Krimi mit prominenter Besetzung, der trotz seines Humors und geistreicher Dialoge zur Geduldprobe für den Zuschauer wird.

Tom Clancys Netforce 890

NETFORCE **
Video

Regie: Robert Lieberman
Darsteller: Scott Bakula (Alex Michaels), Joanna Going (Toni Fiorelli), Brian Dennehy (Lowell Davidson), Kris Kristofferson (Steve Day), Judge Reinhold (Will Stiles), CCH Pounder (Sandra Knight), Paul Hewitt (Jay Gridley), Chelsea Field (Morgan Michaels)
Drehbuch: Lionel Chetwynd
Kamera: David Hennings
Musik: Jeff Rona
Schnitt: Alan Shefland
Prod.Des.: Richard Lewis
Prod.: Dennis E. Doty; Howard Alston (Co-Prod.); Peggy Griffin, Steve Lofaro, Robert Shapiro (Ass.Prod.) für Cates/Doty/C.P. Group mit Greengrass, USA 1998;
240 Min.
UA: 1.2.1999, 4.2.1999, ABC, jeweils 21.00
Vertrieb: BMG (Ufa) Video Teil 1, 75 Min., Teil 2, 80 Min.; 10./30.8.1999
FSK: ab 16 J. (Teil 1), ab 12 J. (Teil 2)

In diesem US-TV-Zweiteiler thematisiert der Autor die Gefahren des Internets, von dem er offensichtlich keine Ahnung hat. Und auch der Rest dieser Schwachen Vorstellung kommt ziemlich fragwürdig daher.

Top Jets – Angriff aus den Wolken 891

TACTICAL ASSAULT □
TV

Regie: Mark Griffiths
Darsteller: Rutger Hauer (Captain John »Doc« Holiday), Robert Patrick (Colonel Lee Banning), Isabel Glasser (Jennifer Banning), Ken Howard (General Horace White), Dey Young (Dr. Mildred Baxter)
Drehbuch: David Golden
Prod.: USA 1997; 85 Min.
TV: 12.1.1999, Pro7, 20.15

Der noch vom Irak-Krieg traumatisierte Colonel Banning muß mit seinem Waffenbruder in Bosnien erneut Kampfeinsätze fliegen. Müder Psycho-Action-Thriller. *SZ TV-Beilage*

Total Defense 892

IN HER DEFENSE **
Video

Regie: Sidney J. Furie
Darsteller: Michael Dudikoff (Andrew Carfield), Marlee Matlin (Jane Claire), Daniel Pilon (Robert St. Laurenti), Sophie Lorain (Debra Turner), Robbie O'Neill (Frank Miller)
Drehbuch: Marc Lynn, Jeffrey M. Rosenbaum
Kamera: Curtis Peterson
Musik: Paul Zaza
Schnitt: Denis Papillon
Prod.Des.: Richard Tassé
Prod.: Jean-Marc Félio für Les Films St-Paul/ Prod. de Films SD, Kanada 1998; 90 Min.
Vertrieb: Ascot Video; 23.4.1999
FSK: ab 12 J.

Junger Anwalt verteidigt seine eigene Geliebte vor Gericht gegen den Vorwurf, ihren Gatten getötet zu haben. Das hat er selbst besorgt. Überkonstruiertes Konstrukt fürs übersättigte Vielgucker-Publikum.

Tötet Mrs. Tingle! 893

TEACHING MRS. TINGLE ***

Regie: Kevin Williamson
Darsteller: Helen Mirren (Mrs. Tingle), Katie Holmes (Leigh Ann Watson), Jeffrey Tambor (Coach Wenchell), Barry Watson (Luke Churner), Marisa Coughlan (Jo Lynn Jordan), Liz Stauber (Trudie Tucker), Michael McKean (Principal Potter), Molly Ringwald (Miss Banks)
Drehbuch: Kevin Williamson

Kamera: Jerzy Zielinski, Rick Bota (2nd unit)
Musik: John Frizzell
Schnitt: Debra Neil-Fisher
Prod.Des.: Naomi Shohan
Prod.: Cathy Konrad; Paul Hellerman (Co-Prod.) für Konrad Pic./Interscope Comm., USA 1999; 95 Min.
Verleih: Kinowelt/Constantin/Rialto Film; Nov. 1999
FSK: ab 12 J., ffr.

High-School-Absolventin Leigh Ann will zur Luxusuni nach Harvard, doch es fehlt ihr der Sechser (beste Note, die Red.) in Geschichte. Von Lehrerin Mrs. Tingel, die das Fach unterrichtet, wird sie ihn nicht bekommen, denn die haßt die fesche Musterschülerin. Doch Leigh Ann ist bereit, ihren Weg nach Harvard mit Leichen zu pflastern. »Scream«-Schreiber Kevin Williamson debütiert mit dieser leidlich unterhaltsamen Horror-Komödie als Regisseur. *Film, 12/99*

Eine schwarze Komödie, die ein bisschen schwarz, aber kaum komisch ist. Drei Teenager dringen in das Haus ihrer fiesen Lehrerin ein, fesseln sie und wissen dann nicht mehr so richtig weiter. Das aber tun sie ziemlich aufgeregt, weshalb viel Turbulenzen, aber wenig Spannung aufkommt. Wirklich sehenswert an dem Regiedebüt des »Sream«-Erfolgsautors Kevin Williamson ist nur Helen Mirren als garstige Pädagogin, die mit ihren Giftspritzen für unterhaltsame Gemeinheiten sorgt. Ihren Hass auf die langweiligen Schüler kann man jedenfalls gut verstehen. *tip, 24/99*

Barry Watson, Katie Holmes und Marisa Coughlan

(…) Was als relativ anspruchsvolle geistige Auseinandersetzung mit pointierten Dialogen und dichter Atmosphäre beginnt, verflacht zum Beinahe-Horrortrip mit um einiges plumperen und banaleren Effekten. *Multimedia*

(…) Helen Mirrens glänzende Darstellung sorgt dafür, dass »Tötet Mrs. Tingle!« im Vergleich mit den zahllosen High-School-Filmen, die zur Zeit die Kinos verstopfen, das Klassenziel erreicht. *Karim Zendagui, Rheinische Post, 12.11.99*

Toulouse-Lautrec 894

LAUTREC ***

Regie: Roger Planchon
Darsteller: Régis Royer (Toulouse-Lautrec), Elsa Zylberstein (Suzanne Valadon), Anemone (Countess Lautrec), Claude Rich (Count Lautrec), Jean-Marie Bigard (Aristide Bruant), Hélène Babu (La Goulue), Elisabeth Vitali, Claire Borotra
Drehbuch: Roger Planchon
Kamera: Gérard Simon
Musik: Jean-Pierre Fouquey
Schnitt: Isabelle Devinck
Prod.Des.: Jacques Rouxel
Prod.: Margaret Ménégoz für Les Films du Losange/Le Studio Canal plus/France Cinema/Sociedad General de Cine mit CNC/Canal plus, Frankreich 1998; 127 Min.
UA: Int. Filmfestspiele Venedig 1998
Verleih: MFA/filmladen/Filmcooperative; 11.2.1999
FSK: ab 12 J., ffr.

Schwerfälliges Bilderbogenspektakel über das frivole Leben des kleinwüchsigen Malers Henri Toulouse-Lautrec. Als possenreißender Zwerg frönt der adelige Maler den Bordellmädels, dem Impressionismus und dem musealem Dirty-Talking. Er trifft auf Van Gogh und Renoir, philospohiert mit seinem Eltern über libertine Gemeinplätze, bis schließlich Syphilis und Irrsinn seinem Dasein ein frühes, aber unsäglich langatmiges Ende bereiten. *Iris Depping, tip 4/99*

(...) Roger Planchon beschleunigt in »Lautrec« das Schicksal des gleichnamigen Malers zum Musical, in dem die Szenen zwar keine Musik, aber doch die Auftritte und Abgänge von Musical-Nummern besitzen. Die Figuren haben Charakter, aber kaum Lust zum Atmen, und die Geschichte hat wohl Drive, aber am Ende keinen Rhythmus. Und wenn die gut ausgeleuchteten Szenen mit Toulouse-Lautrecs Vorbildern zur Deckung kommen, dann ist der Effekt derselbe, wie wenn man Marina Castelnuovo auf der Terrasse des »Excelsior« einen Moment lang für Liz Taylor hält – die Sache hält einem zweiten Blick nicht stand. *Michael Althen, SZ, 9.9.98*

Trance 895

TRANCE ***

Video

Regie: Michael Almereyda
Darsteller: Alison Elliot (Nora), Jared Harris (Jim), Lois Smith (Großmutter), Christopher Walken (Joe Ferriter)
Drehbuch: Michael Almereyda
Kamera: Jim Denault
Musik: Simon Fisher-Turner
Schnitt: Steve Hamilton, Tracy Granger
Prod.Des.: Ginger Tougas
Prod.: Mark Amin, David L. Bushell für Trimark Pic., USA 1998;
91 Min.
EA: 12.2.1999, Int. Forum des Jungen Films, Berlin
Vertrieb: Columbia TriStar Video; Okt. 1999
FSK: ab 16 J.

Mysteriöse Druidin, zu neuem Leben erweckt, verbreitet bei US-Familie in Irland Angst und Schrecken. Hanebüchene Geschichte, aber semiprominente Namen auf der Besetzungsliste – Horror der sanften Art.

Der Traum vom Glück 896

RADIANT CITY □

TV

Regie: Robert Allan Ackerman
Darsteller: Kirstie Alley (Gloria Goodman), Harvey Atkin (Mr. Lewis), Gil Bellows (Bert Kramer), Adam Brazier (Doo Wop 3rd), Sally Cahill (Ruthie), Dick Callahan (Pete), John E. Campbell (Sheldon), Jason Deperis (Angelo)
Drehbuch: Lewis Colick
Kamera: Sandi Sissel
Musik: David Mansfield
Schnitt: Rick Shaine
Prod.Des.: Barbara Dunphy
Prod.: Timothy Marx, USA 1996; 92 Min.
TV: 28.11.1999, RTL2, 5.45

Hausfrau und Mutter nimmt heimlich einen Job an um ihrer Familie zu helfen.

Der Traum vom schlafenden Hund 897

□

TV

Regie: Marcel Gisler
Darsteller: Frederic Andrau (Fögi), Vincent Branchet (Ben), Urs Peter Halter (Töbe), Martin Schenkel (Ritch), Jean-Pierre von Dach (Wäde), Jessica Frueh (Benis Mutter), Gilles Tschudi (Wirsling), Sebastian Krähenbühl (Reto)
Drehbuch: Marcel Gisler, Rudolf Nadler, nach dem Roman »Ter Fögi ische Souhung« von Martin Frank
Kamera: Sophie Maintigneux
Musik: Rainer Lingk
Schnitt: Bettina Böhler
Prod.Des.: Hanspeter Remund
Prod.: Vega/Arena/Avventura/SF DRS mit Canal Plus/WDR/Teleclub, Schweiz/Frankreich 1998;
95 Min.
TV: 10.11.1999, ARD, 23.00

Der 16-jährige Schüler Beni hat sich in den Rockmusiker Fögi verliebt. Es ist Benis erste große Liebe, und er lebt sie mit einer solchen Hingabe, daß er sich für seinen innerlich zerrissenen Freund zum Sklaven erniedrigt und schließlich sogar auf den Strich geht, um das gemeinsame Leben und Fögis Drogensucht zu finanzieren. (...) *Pressetext*

Träume wachsen nicht auf Bäumen 898

EN LOPPE KAN OGSA GO ****

Regie: Stellan Olsson
Darsteller: Christina Brix Christensen (Rosa), Niels Hausgaard (Rosas Vater), Erik Clausen (Rinkjoer), Leif Sylvester (Jorgensen), Anne Margarethe Dahl (Rosas Mutter)
Drehbuch: Erik Clausen
Kamera: Hasse Welin
Musik: Andy Pape
Schnitt: Ghita Beckendorf

Prod.: Henrik Moller-Sorensen für Nordisk/ASA Film, Dänemark 1996; 96 Min.
Verleih: Matthias-Film/-/-; November 1999
FSK: ab 6 J.

Liebevolles, bejahendes Porträt eines jungen heranwachsenden Mädchens in einer dänischen Kleinstadt, das trotz ihrer Behinderung ihren Weg geht.

Traumfrau mit Nebenwirkungen 899

***
TV

Regie: Thomas Freundner
Darsteller: Chrissy Schulz (Cora Schiller), Thomas Heinze (Ivan Remky), Anna Loos (Uli), Philipp Mauritz (Thomas), Wolf-Dietrich Berg (Herbert Hennemann), Christoph Eichhorn (Arne), Gila von Weitershausen (Tante Elsie), Jens Peter Nünemann (Tim Knopf)
Drehbuch: Peter Probst, Amelie Fried, nach dem gleichn. Roman von Amelie Fried
Kamera: Florian Ballhaus
Prod.: Veith von Fürstenberg für Bavaria Film für ZDF, BRD 1998; 90 Min.
TV: 1.1.1999, ZDF, 21.45

Cora ist 25 und steckt mitten in einer Lebenskrise, denn ihr Freund hat sie betrogen, und sie verliert ihren Job. Es dauert etwas bis sie ihr Leben und die Liebe wieder im Griff hat.

Treibsand 900

LES SABLES MOUVANTES

□
TV

Regie: Paul Carpita
Darsteller: Daniel San Pedro (Manuel), Ludivine Vaillat (Mado), Beppe Clerici (Roger), Guy Belaidi (Mouloud), Aurelia (Mado als Kind) Philippe Dormoy, Laurence Ragon
Drehbuch: Paul Carpita, Bernard Stora
Kamera: Peter Chappell
Prod.: Patrick Deshayes für Les Films de La Liane/Luna/Road Movies III mit NDR/Arte, Frankreich/BRD 1996; 100 Min.
TV: 19.3.1999, Arte, 23.50

Manuel, der illegale Tagelöhner aus Spanien, und Mado, seine französische Freundin – eine Liebesgeschichte in der Camarque der 50er Jahre. Auf der Gegenseite: korrupte Immobilien- und Agrar-Spekulanten und ihre Handlanger. Ein tragischer Tod im Treibsand, für die Liebenden ein Happy-End.

Trick 901

TRICK

***

Regie: Jim Fall
Darsteller: Christian Campbell (Gabriel), John Paul Pitoc (Mark), Tori Spelling (Katherine), Lorri Bagley (Judy), Brad Beyer (Rich), Steve Hayes (Perry), Clinton Leupp (Miss Coco Peru), Kevin Chamberlin
Drehbuch: Jason Schafer
Kamera: Terry Stacey
Musik: David Friedman
Schnitt: Brian A. Kates
Prod.Des.: Jody Asnes
Prod.: Eric d'Arbeloff, Jim Fall, Ross Katz; Robert Hawk (Co-Prod.) für Roadside Attractions/Good Machine, USA 1998; 89 Min.
EA: 12.2.1999, Int. Filmfestspiele Berlin, »Panorama: art & essai«
Verleih: Tobis/Constantin/-; 23.9.1999
FSK: ab 12 J., ffr.

Eine sturmvolle Bude sorgt dafür, dass ein One-Night-Stand zur großen Liebe mutiert. Nicht das Was, sondern das Wie macht die eher glatt gebügelte als realistisch zupackende Komödie zum Schmunzelvergnügen. Das der schüchterne Musicalkomponist Gabriel und der knackige Go-Go-Tänzer Mark sich »kriegen«, gerade weil sie sexuell nicht zu Potte kommen, wird liebenswert gagig erklärt und von Darstellern interpretiert, die mit Elan und Einfühlungsvermögen bei der possierlichen Sache sind. *Lothar Lambert, tip, 20/99*

Tristan und Isolde – Eine Liebe für die Ewigkeit 902

IL CUORE E LA SPADA

**
TV

Regie: Fabrizio Costa
Darsteller: Ralf Bauer (Tristan), Lea Bosco (Isolde), Joachim Fuchsberger (König Marke), Mandala Tayde (Brangäne), Cedric Baumier (Junger Tristan), Pierre Cosso (Kurvenal), Adalberto Maria Merti (Andret), Bekim Fehmiu (Gormond)
Drehbuch: Lucio de Caro
Prod.: Guido Lombardo für Titanus//Mediaset/ Taurus Film/Canal Plus für SAT.1, BRD/Italien/Frankreich 1998; jeweils 98 Min.
TV: 13.5.1999, 14.5.1999, SAT.1, jeweils 20.15

(...) Das Epos erzählt die Geschicht einer Amour fou, einer ekstatischen

und verzehrenden Liebe, die außer sich nichts kennt und sich über alles Gesellschaftliche rücksichtslos hinwegsetzt – um den Preis der Selbstvernichtung. Nichts davon wurde in der Darstellung der beiden Protagonisten auch nur annähernd spürbar. Man merkt es eben, daß der smarte Ralf Bauer sich beim Surfen wohler fühlt als bei Schwertgefuchtel und Transzendentalerotik. Lea Bosco ihrerseits spielte die rotblonde Schönheit mit so unbeweglichem Gesicht und so unterkühltem Charme, daß leidenschaftliche Annäherungen à la »Basic Instinct« kaum vorstellbar waren. Eigentlich wäre der apathische König Marke Joachim Fuchsbergers der rechte Partner für sie gewesen. So dehnte sich das zähe Spektakel vier Stunden hin, von Regisseur Fabrizio Costa ohne Dramatik, Phantasie und Eros inszeniert. Als sich Isolde schließlich in Tristans Schwert stürzt (denn ein Liebestod an gebrochenem Herzen wäre nach all dem unglaubwürdig gewesen), kam das zwei Stunden zu spät.
Stgt. Zeitung, 17.5.1999

Tromeo & Juliet 903

TROMEO & JULIET **
Video

Regie: Lloyd Kaufman
Darsteller: Will Keenan (Tromeo Que), Jane Jensen (Juliet Capulet), Debbie Rochon (Ness), Valentine Miele (Murray Martini), Steve Gibbons (London Arbuckle), Sean Gunn (Sammy Capulet), Maximillian Shaun (Cappy Capulet), Steven Blackehart (Benny Que)
Drehbuch: James Gunn, nach dem Stück von William Shakespeare
Kamera: Brendan Flynt
Musik: Willie Wisely, Motorhead, Superchunk, Ass Ponys, The Meatmen
Schnitt: Frank Reynolds
Prod.Des.: Roshelle Berliner
Prod.: Lloyd Kaufman, Michael Herz; Line Prod.: Franny Baldwin für Troma Prod., USA 1996; 102 Min.
Vertrieb: Troma Video; Jan. 1998, Berlin; Aug. 1999

Lloyd Kaufman, Regisseur, Drehbuchautor, Produzent und Godfather der Kultfirma Troma fuhr alles auf, um seiner Shakespeare-Adaption stolze Werte auf der nach oben offenen Trash-Skala zu bescheren: Live-Piercing und Silikonbrüste, abgehackte Finger und Plastikhirn-Julia wird von der lesbischen Köchin verführt, und der Familienzwist zwischen Cappy Capulet und Monty Que reicht bis in die Zeit zurück, als die beiden Herren noch gemeinsam Pornos drehten. Da kann sich selbst der gute alte William S. das Lachen nicht verkneifen. *Annette Kilzer, tip, 1/98*

Trümpi 904

****

Regie: Iwan P. Schumacher
Mit: Anton Bruhin, Markus Flückiger, Spiridon S. Schischgin, Fedora S. Gogolewa, Leo Tadagawa
Drehbuch: Iwan P. Schumacher
Kamera: Otmar Schmid
Musik: Anton Bruhin, Markus Flückiger, Spiridon S. Schischigin, Fedora S. Gogolewa, Leo Tadagawa
Schnitt: Anja Bombelli
Prod.: Ventura, Schweiz 1999; 70 Min.
Verleih: -/-/Look Now!; Juni 1999

Der Maultrommel-Virtuose Anton Bruhin wird auf einer Reise von Zürich über die Innerschweiz, Jakutien und Sibirien bis nach Tokio begleitet, wobei das kleine Volksinstrument im Mittelpunkt der Begegnungen steht. Beeindruckend ist, wie Bruhin fast ausschließlich über Musik und Rhythmen, mit Mimik und Gestik, mit Witz und Sensibilität über alle sprachlichen und kulturellen Schranken hinweg kommuniziert. Der Dokumentarfilm verzichtet auf jeglichen Kommentar, vertraut ganz den stimmungsvollen Bildern, den packenden Tönen und Rhythmen. *Zoom, 6–7/99*

A Twist of Faith 905

A TWIST OF FAITH **
Video

Regie: Chris Angel
Darsteller: Andrew McCarthy (Henry Smith), Michael Ironside (Alex Hunt), Suzy Joachim (Monika Stoeks), Matthew Laurance (Frankovich), Lauren Diewold (Shannon Smith), Sean Day Michael (Robert Smith), L. Harvey Gold (Rourke), Guy Fuchion (Samuels)
Drehbuch: Richard Zywothkiewicz

Kamera: Danny Nowak
Musik: Peter Allen
Schnitt: Derek Whelan
Prod.Des.: Troy Hansen
Prod.: John A. Curtis, Evan Tylor für Prophecy Ent., Kanada 1999;
95 Min.
Vertrieb: Highlight Video; Okt. 1999
FSK: ab 12 J.

Von religiösen Visionen geplagter Workaholic-Cop bekommt es auch noch mit einem religiös motivierten Serienkiller zu tun. Billiger Abklatsch des Horrorthrillers »Sieben«, auch schauspielerisch ein Schauerstück.

Two Shades Of Blue 906

TWO SHADES OF BLUE **

Video

Regie: James D. Deck
Darsteller: Adrienne-Joi Johnson (Lisa), Robert Knott (Lou Alvarez), Marlee Matlin, Eric Roberts, Gary Busey, Rachel Hunter, Patsy Pease, Matt Saha
Drehbuch: Ted Wiliams
Prod.Des.: Ladislav Wilheim
Prod.: David Glasser, Joey Horvitz für Cutting Edge Ent., USA 1999;
100 Min.
Vertrieb: VPS; 22. Juli 1999
FSK: ab 16 J.

Erotikthriller-Autorin gerät in den Verdacht des Gattenmords, doch dieses fade Abziehbildchen von »Basic Instinct« kommt nie so recht in Schwung. Solide Darsteller, aber ärmliche Inszenierung.

Tycus 907

TYCUS **

Video

Regie: John Putch
Darsteller: Todd Allen (Menkees), Dennis Hopper (Peter Crawford), Peter Onorati (Jake), Chick Vennera (Stan Alton), Finda Hughes (Amy), Blake Clark (Commander), Phil Hawn
Drehbuch: Kevin Goetz, Michael Goetz
Kamera: Ross Berryman
Musik: Alexander Baker, Clair Marlo
Schnitt: David H. Lloyd
Prod.: Ashok Amritraj, Andrew Stevens, Elie Samaha für Tycus Prod., USA 1998; 90 Min.
Vertrieb: VPS Video; Juni 1999
FSK: ab 18 J.

Aus Angst vor einem auf die Erde zurasenden Kometen baut Milliardär unterirdisches City-System, das er hermetisch abriegeln läßt. Discount-Ausgabe von »Deep Impact« und ähnlichem Plunder.

Uncut

908

UNCUT

**

Regie: John Greyson
Darsteller: Matthew Ferguson (Peter Cort), Michael Achtman (Peter Koosens), Damon D'Oliveira (Peter Denham), Maria Reidstra (Polizistin), Daniel MacIvor (Nachrichtensprecher)
Drehbuch: John Greyson
Kamera: Kim Derko
Musik: Andrew Zealley
Schnitt: Dennis Day
Prod.: John Greyson für Grey Zone, Kanada 1997; 92 Min.
EA: 18.2.1998, Int. Filmfestspiele Berlin, »Panorama: art & essai«
Verleih: Eigenverleih/-/-; 14.1.1999

Experimentelles Filmpamphlet. Copyright als Form der »Beschneidung« in jedem erdenklichen Wortsinn. Beschneidung von Kunst, Geschichte und Geschlechtsorganen, die nicht dem Schutz der Personen dient, sondern der Erhaltung gesellschaftlicher, sprich heterosexueller Machtverhältnisse. Doku-Material mit schwulen Künstlern, die den Paradoxien des Copyrights ausgesetzt waren, mischt sich mit satirischer Fiktion um eine Fotomontage der siebziger, die Kanadas Premierminister Trudeau mit einem Mann im Bett zeigt.
Iris Depping, tip, 2/99

(...) Dennoch hinterläßt »Uncut« denselben Gesamteindruck wie die bisherigen Film Greysons (»Zero Patience«, »Lilies«): Er ist voller Ideen, die leider dilettantisch umgesetzt wurden.
Frank Noack, Der Tagesspiegel, 14.1.99

Und alles wegen Mama

909

***
TV

Regie: Hermine Huntgeburth
Darsteller: Uwe Ochsenknecht (Franz Zucker), Eva Mattes (Hilda Zucker), Frank Giering (Benny Zucker), Jochen Nickel (Konrad Kaminski), Andrea Sawatzki (Steffi Kaminski), Katja Studt (Marion), Karl Makowics (Rudnik)
Drehbuch: Volker Einrauch, nach der Idee von Lothar Kurzawa, Volker Einrauch
Kamera: Martin Kukula
Musik: Rainer Lingk
Schnitt: Bettina Böhler
Prod.Des.: Sabine Pawlik
Prod.: Josefine Film, BRD 1998; 90 Min.
UA: Filmfest Hamburg 1998
TV: 31.3.1999, ARD, 20.15

(...) Papa, Sohn und letztlich auch Mama sind arbeitslos. Das riecht nach sozialkritischem Problemfilmchen, ist aber eine wunderbar verspielte Komödie geworden, die noch dazu mit einer ziemlich exquisiten Besetzung auftrumpft. *Karin Steinberger, SZ, 31.3.99*

... und raus bist Du

910

STIKKFRI

***

Regie: Ari Kristinsson
Darsteller: Bergthóra Aradottir (Hrefna), Freydis Kristofersdóttir (Yrsa), Hlynur Helgi-Hallgrimmsson (Steini), Halldóra Björnsdóttir (Hrefnas Mutter), Ingvar Eggert Sigurdsson (Hilmar)
Drehbuch: Ari Kristinsson, nach einer Idee von Hrafn Gunlaugsson
Kamera: Halldór Gunnarsson
Musik: Valgeir Gudjönsson
Schnitt: Steingrimur Karlsson
Prod.: Fridrik Thör Fridriksson/Ari Kristinsson für Iceland Film Corp., Island 1997; 82 Min.
Verleih: Matthias/-/-; Dezember 1999
FSK: o. A., ffr.

Die hübsche isländische Krimikomödie über eine scheinbare Kindesentführung belegt einmal mehr die führende Stellung Skandinaviens im europäischen Kinderfilmschaffen. Witzige Dialoge, ein einfallsreiches Drehbuch und überzeugende Jungdarsteller machen den mehrfach ausgezeichneten Spielfilm von Ari Kristinsson zu einem veritablen Kinovergnügen für Klein und Groß.

Und tschüss ... auf Mallorca

911

**+
TV

Regie: Karsten Wichniarz
Darsteller: Benno Fürmann (Günni), Gesine Cukrkowski (Benny), Christian Kahrmann (Jürgen), Tom Mikulla (Raoul), Chrissy Schulz (Silke), Sascha Fernau (Daniel), Paul Herwig (Eberhard), Jürg Löw (Bernd)
Prod.: BRD 1995; 93 Min.
TV: 17.1.1999, RTLplus, 20.15

Urlaub auf Mallorca, Raoul glaubt an Spass total. Leider geht bereits von Anfang an alles schief. Im Flieger sitzen lauter Prolos, dann ist das Gepäck verschwunden, und im Hotel weiß man nichts von einer Reservierung. Und krimminelle Elemente treiben ihr Unwesen …

Ungeküsst 912

NEVER BEEN KISSED ***

Regie: Raja Gosnell
Darsteller: Drew Barrymore (Josie Geller), David Arquette (Rob Geller), Michael Vartan (Samuel Coulson), Molly Shannon (Anita), John C. Reilly (Gus), Garry Marshall (Rigfort), Sean Whalen (Merkin), Leelee Sobieski (Aldys)
Drehbuch: Abby Kohn, Marc Silverstein
Kamera: Alex Nepomniaschy
Musik: David Newman, Michele Kuznetsky, May Ramos-Oden (supervisor)
Schnitt: Debra Chiate, Marcelo Sansevieri
Prod.Des.: Steven Jordan
Prod.: Sandy Isaac, Nancy Juvonen; Jeffrey Downer für Flower Films/Bushwood Pic., USA 1999; 107 Min.
Verleih: 20th Century Fox/dto./dto.; 18.11.1999
FSK: ab 6 J., ffr. – FBW: Wertvoll

Eine junge Journalistin kehrt in die Schule zurück, um einen Report über die Befindlichkeit der amerikanischen Jugend zu schreiben. Dabei wiederholt sich der Albtraum ihrer Jugend, als sie erneut auf allgemeine Ablehung stößt. Amüsante Highschool-Komödie, die sich konsequent der Erfahrungswelt der ewigen Außenseiterin annimmt und dabei nicht zuletzt durch das mutige Spiel der Hauptdarstellerin überzeugt.
Film, 11/99

Drew Barrymore mit Freundinnen auf der Parkbank

(…) Bis Aschenputtel und putziger Pauker sich an der Penne finden, dauert es lang. Zu lang. Da hilft auch das märchenhaft inszenierte Happy-End (Kuss und Schluss im Scheinwerferlicht des Stadions) nicht mehr. Die sacharinsüße Komödie über die Wandlung vom Entlein zum Schwan hinterlässt einen eher faden Nachgeschmack. *Margret Köhler, AZ, 18.11.99*

(…) In dieser Routinekomödie bietet immerhin Drew Barrymores ungebremster Mut zur Hässlichkeit einen gewissen Reiz. *Karim Zendagui, Rheinische Post, 19.11.99*

Universal Soldier – Die Rückkehr 913

UNIVERSAL SOLDIER: THE RETURN **

Regie: Mic Rodgers
Darsteller: Jean-Claude Van Damme (Luc Deveraux), Michael Jai White (Seth), Heidi Schanz (Erin), Xander Berkeley (Dylan Cotner), Justin Lazard (Capt. Blackburn), Kiana Tom (Maggie), Daniel von Bargen (General Radford), James Black (Sergeant Morrow)
Drehbuch: William Malone, John Fasano, nach den Charakteren von Richard Rothstein, Christopher Leitch, Dean Devlin
Kamera: Michael A. Benson
Musik: Don Davis
Schnitt: Peck Prior
Prod.Des.: David Chapman
Prod.: Craig Baumgarten, Allen Shapiro, Jean-Claude Van Damme für Baumgarten Prophet Ent. mit IndieProd Long Road Prods., USA 1999; 82 Min.
Verleih: Columbia TriStar/-/-/Columbia TriStar Video; Langfass. ab 18 J.; 2.9.1999
FSK: ab 16 J., ffr.

Schlampig zusammengeschustert entspinnt sich die Story des einst künstlich wiederbelebten Soldaten, der diesmal gegen einen Supercomputer antreten muss, dessen Sicherungen durchgebrannt sind. Das hochtechnisierte Ungetüm hat die kleine Tochter des tapferen Recken kidnappen lassen und hetzt ihm eine Truppe computergesteuerter Maschinensoldaten auf den Hals. Im

Gefolge dieser simplen Story entwickelt sich ein auf Dauer ermüdendes Sammelsurium von Prügel- und Ballerszenen, die nicht einmal den anspruchslosesten Actionfan befriedigen dürften. Warum dieser abgedroschene Aufguss eines einstigen Erfolgsfilms nicht schnurstracks in den Videotheken-Regalen gelandet ist, ist noch die spannendste Frage. *Albert Baer, Rheinische Post, 2.9.99*

Universal Soldier 2 914

UNIVERSAL SOLDIER II *

Video

Regie: Jeffrey Woolnough
Darsteller: Matt Battaglia (Luc Devereaux, GR 44), Andrew Jackson (Sgt. Andrew Scott, GR 13), Eric Bryson (Peterson, GR 80), Kevin Ruhston (Martinez, GR 81)
Drehbuch: Peter M. Lenkov
Kamera: Russ Goozee
Musik: Ivan Doroschuk, John Kastner, Steve Pecile
Schnitt: Mike Lee
Prod.: Nancy Chapelle, Robert Wertheimer für Catalyst/Durrant/Pigel/Unisol Prod., Kanada 1998; 93 Min.
Vertrieb: VCL Video; 26.1.1999
FSK: ab 18 J., gekürzte Fass. 88 Min., ab 16 J.

US-TV-Fortsetzung des Kinohits: Militärwissenschaftler rüsten mittels Hightech im Krieg gefallene Soldaten zu Kampfmaschinen hoch. Billig, seicht, brutal und zynisch – einfallsloser Aufguß der ursprünglichen Idee.

Universal Soldier 3 915

UNIVERSAL SOLDIER III *

Video

Regie: Jeffrey Woolnough
Darsteller: Matt Battaglia (Luc Devereaux/GR44), Chandra West (Veronica Reynolds), Jeff Wincott (Sgt. Eric Devereaux/GR87), Roger Periard (McNally), Juan Chioran (Charles Clifton), Claudette Roche (Grace/GR83), Jovanni Sy (Max), John Laing (Martin Daniels)
Drehbuch: Peter M. Lenkov
Prod.: Catalyst Ent./Durrant Fox/Rigel/Unisol Prod., USA 1998; 90 Min.
Vertrieb: VCL Video; 23.3.1999
FSK: ab 18 J., gekürzte Fass. 89 Min. ab 16 J.

Alles wie gehabt, wer Teil 2 mag, ist auch hier gut bedient.

Unschuldige Biester 916

***+

TV

Regie: Stefan Schneider
Darsteller: Mina Tander (Vanessa), Janina Flieger (Laura), Diana Amft (Kathi), Sebastian Münster (Thomas Baumann), Marie-Lou Sellem (Martina Baumann), Tobias Schenke (Axel), Walter Sittler (Dieter Hermann), Katharina Meinecke (Carola Hermann)
Drehbuch: Kit Hopkins
Prod.: Traumwerk für RTL, BRD 1999; 90 Min.
TV: 6.10.1999, RTL, 20.15

Schülerinnen-Clique der fiesen Art stiftet mehr als nur Unheil an.

Die unschuldige Mörderin 917

IN DEFENSE OF MURDER □

TV

Regie: Chuck Bowman
Darsteller: Rosanna Arquette (Stacey Keane), Steven Eckholdt (Richard Younger), Lochlyn Munro (Justin Decker), Teryl Rothery (Dr. Ellen Abrams), Garry Chalk (Sergeant Gabe Sawyer), Fulvio Cecere (Det. Celio), Lawrence Monoson (Philly Ross), Malcolm Stewart (Stephen Rose)
Drehbuch: Tom Gates, Paul Stefaniak
Kamera: Peter Benison
Musik: Stacy Widelitz
Prod.: USA 1997; 85 Min.
TV: 6.3.1999, ARD, 22.25

Rechtsanwältin, die oft Vergewaltiger verteidigt, wird selbst vergewaltigt und ersticht ihren Peiniger. Sie läßt die Leiche verschwinden und wird bald von einem geheimen Zeugen erpreßt. *SZ TV-Beilage*

Unter der Haut 918

BAJO LA PIEL ****+

TV

Regie: Francisco J. Lombardi
Darsteller: Ana Risueno (Marina), Jose Luis Ruiz Barahona (Percy Corso), Diego Bertie (Gino), Jorge Rodriguez Paz, Gianfranco Brero
Drehbuch: Franciso Lombardi, Augusto Cabada
Kamera: Teodoro Delgado
Prod.: Tornasol, Peru/Spanien/BRD 1996; 114 Min.
EA: Filmfest Hamburg 1996
TV: 22.2.1999, ZDF 22.15

Eine Mordserie von unvorstellbarer Brutalität versetzt die Bewohner eines abgelegenen Dorfes in den peruanischen Anden in Angst und Schrecken. Ihre Ermittlungen führen den schüchternen Polizeileutnant Percy Corso und die attraktive Gerichtsmedizinerin Marina tief in die Vergangenheit. Der Täter scheint sich ein Vorbild an alten indianischen Opferzeremonien genommen zu haben. Ein angesehener Anthropologe, Spezialist für präikaische Mythen, gerät in Verdacht. (...)

Andrea Schloßmann, Katalog Filmfest Hamburg

Untersuchung an Mädeln 919

***

Regie: Peter Payer
Darsteller: Anna Thalbach, Elke Winkens, Max Tidof, Otto Sander, Martin Brambach, Branko Samarovski, Regina Fritsch, Marcus Bluhm
Drehbuch: Wolfgang Beyer, Peter Peyer, nach dem gleichn. Roman von Albert Drach
Kamera: Andreas Berger
Musik: Werner Pirchner
Schnitt: Britta Nahler
Prod.: Danni Krausz, Kurt Stocker für DOR Film, Österreich 1999; 90 Min.
EA: Max Ophüls Preis, Saarbrücken 2000
Verleih: -/filmladen/-; April 1999 (AU)
FBW: sehenswert (AU)

In einem heuchlerisch-spießbürgerlichen Dorf leben zwei junge Frauen, schon mehrmals von Männern mehr oder weniger direkt mißbraucht, die aber an ihrer Lebensfreude und sexueller Freizügigkeit festhalten. Sie werden Freundinnen und teilen sogar ihren Liebhaber. Als ein Mann verschwindet, mit dem sie Kontakt hatten, hält man sie sofort für Mörderinnen, die gerichtliche Untersuchung wird für sie zu einer Art »Hexenjagd«. Psychologisch und sozialkritisch interessante, formal sehr eigenwillige Satire von zuweilen beklemmend dichter Atmosphäre, manchmal aber auch zu gekünstelt, spröde und ermüdend. *Multimedia*

Urban Ghost Story 920

URBAN GHOST STORY

***
Video

Regie: Genevieve Jolliffe
Darsteller: Jason Connery, Stephanie Buttle, Heather Ann Foster
Kamera: John Walker
Musik: Rupert Gregson Williams
Schnitt: Eddie Hamilton
Prod.Des.: Simon Pickup
Prod.: Chris Jones für Living Spirit Pictures, GB 1998; 90 Min.
UA: 25.8.1998, Edinburgh Film Festival »Focus on British Cinema«
Vertrieb: Highlight Video; 8.11.1999
FSK: ab 16 J.

Die von Alltagssorgen geschüttelte Heather bekommt auch noch Besuch von einem Poltergeist. Achtbar gelungene Kreuzung aus Soziodrama und Horrorthriller.

Urlaub auf Leben und Tod 921

***
TV

Regie: Manuel Siebenmann
Darsteller: Christian Redl (Paul Kaminski »Popeye«), Frank Stieren (Robert Kaminski »Redford«), Burghart Klaussner (Albrecht Seibel), Michaela Merten (Clara Seibel), Laura-Charlotte Syniawa (Patrizia Seibel)
Drehbuch: Monika Simon, Helmut Dettmann
Prod.: BRD 1999; 93 Min.
TV: 30.3.1999, SAT.1, 20.15

Familie mit Wohnmobil auf Urlaubsfahrt bekommt zwei unerwünschte Mitfahrer: den Raubmörder Paul und seinen Bruder.

Urlaub im Orient 922

***
TV

Regie: Michael Wenning
Darsteller: Felix Eitner (Martin), Floriane Daniel (Nina), Said Taghmaoui (Raschid), Julia Jäger (Hannah), Bernd Michael Lade (Dr. Cordes), Peer Jäger (Michael Goodman), Julia Thurnau (Karin), Frederike Wagner (Eike)
Drehbuch: Oliver Simon
Prod.: Nico Hofmann für teamWorx, BRD 1999; 90 Min.
TV: 17.11.1999, RTL, 20.15

(...) Ein solider Abenteuerfilm, der weitgehend ohne melodramatische Sperenzchen auskommt (...). Schade nur, daß dann doch ein bißchen zu viel in der Wüste herumgelaufen wird. Der Film hat genügend Thrill, als daß er diese sandige Version von »So weit die Füße tragen« noch benötigte.

Hans-Heinrich Obuch, SZ, 17.11.99

Vaglietti zum Dritten

923
****+

Regie: Alfredo Knuchel
Darsteller: Stefano Vaglietti
Drehbuch: Alfredo Knuchel
Kamera: Norbert Wiedmer, Peter Guyer
Musik: Bruno Spoerri, Pol Brennan
Schnitt: Kathrin Plüss
Prod.: Alfredo Knuchel für Alfredo Knuchel/SRG/SF DRS, Schweiz 1999; 90 Min.
EA: Max Ophüls Preis, Saarbrücken 2000
Verleih: -/-/Fama; Oktober 1999
FSK: ab 14 J. empfohlen

Der Amateurboxer Stefano Vaglietti, ehemaliger Schweizer Meister im Superschwergewicht, hatte privat einige Tiefschläge zu verkraften: Drogensucht, reichlich gestörte Beziehungen; schließlich komplettierte eine Anklage wegen Vergewaltigung seine Misere. Ohne dieser Vita moralisch zu Leibe zu rücken, dokumentiert Alfredo Knuchels gut gelungener und unterhaltsamer Film die Versuche des Boxers, im Leben und im Ring wieder Fuß zu fassen. *Zoom, 6-7/1999*

Ein Vater im Alleingang

924
□
TV

Regie: Diethard Küster
Darsteller: Mark Keller (Philipp Kolberg), Isabella Parkinson (Isabell), Ulrich Faulhaber (Prof. Maybach), Marie-Lou Sellem (Cora Ohlkamp), Ramin Yazdani (Abu Farrat), Jennifer Ostermann (Lilli Kolberg), Sophia Marleen Dietrich (Bianca), Mike Matuszak (Roland)
Drehbuch: Zsolt Bács, Frank Isenthal
Prod.: BRD 1999; 97 Min.
UA: 14.9.1999, SAT.1, 20.15
TV: 14.9.1999, SAT.1, 20.15

Eine Giftspur zieht sich von Hamburg bis nach Nordafrika: Um seine Tochter zu retten, heftet sich der verzweifelte Philipp Kolberg an die Fersen arabischer Giftgas-Händler. *Pressetext*

Velocity Trap

VELOCITY TRAP

925
**
Video

Regie: Phillip J. Roth
Darsteller: Olivier Gruner (Raymond Stokes), Alicia Coppola (Beth Sheffield) Ken Olandt (Nick), Bruce Weitz (Capt. Fenner), Ray Oriel (Cruz), Jorja Fox (Pallas), Jason Simmons (Simms), Victor Love (Fallout), Craig Wasson (Dawson)
Drehbuch: Patrick Phillips, Phillipp J. Roth
Kamera: Phillip D. Schwartz
Musik: Jim Goodwin
Schnitt: Christian McIntire
Prod.Des.: David Huang
Prod.: Elizabeth Weintraub, Ken Olandt, Phillipp J. Roth, Christian McIntire für Unified Film, USA 1998; 86 Min.
Vertrieb: BMG (Advanced) Video; Febr. 1999
FSK: ab 16 J.

In nicht allzu ferner Zukunft, wenn die Anarchie regiert, stellt sich Ex-Cop einer Söldnerbande entgegen, die es auf die Staatsfinanzen (!) abgesehen hat. Billiges Sci-Fi-Abenteuer nach dem üblichen »Ein Guter gegen den bösen Rest«-Prinzip.

Das verflixte Babyjahr – Nie wieder Sex?!

926
***
TV

Regie: Markus Bräutigam
Darsteller: Susanna Simon (Lisa Landauer), Andreas Herder (Carsten Landauer), Ina Weisse (Sophia Blohm), Tim Bergmann (Peter Blohm), Loretta Pflaum (Britta Klunter), Gilbert von Sohlern (Herr Grimm), Andreas Geiss (Herr Kastenholz), Peter Rappenglück (Willi)
Drehbuch: Beate Langmaack
Kamera: Kay Gauditz
Musik: Chris Walden
Prod.: BRD 1999; 94 Min.
UA: 5.5.1999, RTL, 20.15
TV: 5.5.1999, RTL, 20.15

Der erste Nachwuchs stürzt zwei Pärchen in Libido-Engpässe, denen die beiden Babyjahre-Absolventen, Anti-Muttertier und Macho-Eumel, mit Ehebruch im Parkgebüsch Abhilfe schaffen – bis sie die falschen Kinder nach Hause bringen. Von den Zutaten (Klischees, Klamauk, Sex) ein einheimischer Eintopf, einigermaßen genießbar serviert, für einige Nebenrollen hätte man aber Schauspieler engagieren sollen.
W. O. P. Kistner, AZ, 7.5.99

Verführt – Eine gefährliche Affäre 927

***
TV

Regie: Michael Karen
Darsteller: Katja Woywood (Sonia), Peter Sattmann (Tilmann), Benjamin Sadler (Josef), Zsolt Bács (Max), Ragna Pitoll (Karin), Katja Riemann, Angelika Milster, Axel Pape
Drehbuch: Nathalie Scharf, Nick Baker-Monteys
Prod.: Helmar Baum, Udo Bomnüter, Alexander Dannenberg für Valerian Film mit Studio Babelsberg Independants Brandenburg, BRD 1998; 96 Min.
TV: 2.3.1999, SAT.1, 20.15

Es beginnt als spielerischer Internet-Obszönitätenflirt online – und endet als mörderischer Horrorthriller offline: Das dunkle Computer-Grenzüberschreitungsspiel mit der Sexualität, mit dem SAT.1-Waschpulvertitel »Verführt – Eine gefährliche Affäre« geschlagen, ist nicht ganz so blöde, wie vom »großen SAT.1-Film« zu erwarten.
Die oberflächliche Disco-Gans Sonja landet auf einer Internet-Fährte und ist neugierig und leichtsinnig genug, sich mit dem Lover der Verschwundenen auf erotische Phantasien einzulassen.
Ein spannendes Risiko-Netzwerk setzt die Gruselängste unter Strom und läßt aus dem Sex-Kick ein Massaker werden. Aber was ein »Chatroom« ist, weiß der Internet-Laie trotzdem immer noch nicht. *Ponkie, AZ, 4.3.99*

Verhandlungssache 928

THE NEGOTIATOR
****

Regie: F. Gary Gray
Darsteller: Samuel L. Jackson (Danny Roman), Kevin Spacey (Chris Sabian), David Morse (Com. Adam Beck), Ron Rifkin (Com. Frost), John Spencer (Al Travis), J.T. Walsh (Terence Niebaum), Siobahn Fallon (Maggie), Paul Giamatti (Rudy)
Drehbuch: James DeMonaco, Kevin Fox
Kamera: Russell Carpenter
Musik: Graeme Revell
Schnitt: Christian A. Wagner
Prod.Des.: Holger Gross
Prod.: David Hoberman, Arnon Milchan; Albert Beveridge (Co-Prod.) für Monarchy/New Regency mit Taurus Film, USA 1998; 138 Min.

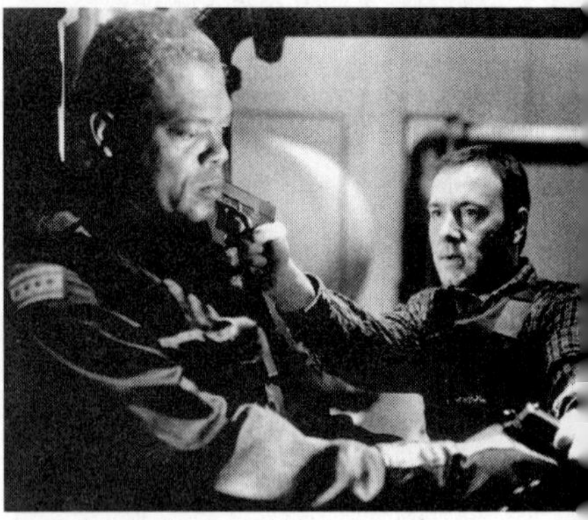

Samuel L. Jackson und Kevin Spacey

Verleih: 20th Century Fox/dto./-; 30.9.1999
FSK: ab 16 J., ffr.
FBW: Wertvoll

Danny Roman ist Verhandlungsspezialist bei Geiselnahmen. Als sein bester Freund, der einem polizeiinternen Korruptionsfall auf der Spur ist, ermordet wird, deuten alle Indizien auf Roman. Als letzten Ausweg, seine Unschuld zu beweisen und die wahren Mörder ausfindig zumachen, greift Roman auf seine Profession zurück: Er wird selbst zum Geiselnehmer. Mit großem filmischen Aufwand im Herzen von Chicago gedreht, bieten die Bilder alle erwartbaren Elemente eines riesigen Polizeieinsatzes. Die Handlung wird solide erzählt, bleibt jedoch immer im sicheren Thrillerrepertoire. *Multimedia*

(…) »Verhandlungssache« hält sich an die Formel des Actionfilms und füllt sie doch mit so viel Innovation, dass sie fast wie neu erscheint. Das ist Professionalismus in seiner schönsten Form, angefangen vom Drehbuch über Regie, Kamera und Lichtsetzung bis hin zu drei Darstellern, deren Fähigkeiten wundervoll genutzt werden. (…)
Hanns Georg Rodek, Die Welt, 30.9.99

(…) Regisseur Gray ist zur Zeit der einzige schwarze Hollywood-Regisseur, dem man ein großes Budget zugesteht,

nachdem Spike Lee die kommerziellen Hoffnungen nicht erfüllt hat. Das Spielfilmdebüt des Musical-Video-Machers »Friday«, mit geringem Budget gedreht, war 1995 eine große Kinoüberraschung; sein zweiter Film »Set It Off« kam weltweit ins Kino.
War es da eine Bankangestellte, die zur Bankräuberin wurde, so wechselt hier ein ebenso aufrechter Polizist zur anderen Seite. Wieder beweist der ehemalige Spezialist für Musikvideos, dass er sich auf der Action-Kinoszene sicher bewegen kann. Dabei spielt der Schauplatz, ein gigantisches Hochhaus mit all seinen Treppen, Winkeln und Fluchten, eine entscheidende Rolle – neben dem brillanten Schauspieler-Ensemble.
Überraschend, die übliche Spannungsgeschichte, in einem neuen Licht zu zeigen. Zwar ist es ein ganz normaler Geiselthriller, den man bald wieder vergessen wird, doch er hält den Zuschauer 140 Minuten in Atem. *Heiko R. Blum, Rheinische Post, 1.10.99*

Verliebt in eine Unbekannte 929

**+
TV

Regie: Gabriel Barylli
Darsteller: Heio von Stetten (Leon), Cecilia Kunz (Lucia), Gesche Tebbenhoff (Conny), Jürgen Tarrach (Ecki), Michael Sideris (Michi), Sabrina White (Rosi), Hans Holzbecher (Assistenzarzt), Gabriel Barylli (Psychiater)
Drehbuch: Thomas Kirdorf
Kamera: Achim Poulheim
Musik: Dieter Schleip
Prod.: Rainhold Elschot für Network Movie, BRD 1999;
90 Min.
TV: 6.12.1999, ZDF, 20.15

Romantisch soll's sein. Vielleicht auch ein bißchen poetisch: Der Liebesblitz von Koma-Patient zu Krankenschwester. Aber die amouröse Komödie hat weder Timing noch tragfähigen Charme – auch wenn die Altgefährtin des Neuverliebten noch so temperamentgeladen ihrem Abzocker-Job nachgeht. In diesem synthetischen Strickwerk hält man so viele Säusel-Durchhänger einfach nicht aus. *Ponkie, AZ, 8.12.99*

Verliebt in Sally 930

HOME FRIES ***
Video

Regie: Dean Perisot
Darsteller: Drew Barrymore (Sally), Luke Wilson (Dorian), Catherine O'Hara (Mrs.Lever), Jake Busey (Angus), Shelley Duvall (Mrs. Jackson)
Drehbuch: Vince Gilligan
Kamera: Jerzy Zielinski
Musik: Rachel Portman
Schnitt: Nicholas C.Smith
Prod.Des.: Barry Robinon, Phil Dagort
Prod.: Mark Johnson, Barry Levinson, Lawrence Kasdan, Charles Newirth für Home Fries Prod., USA 1998; 93 Min.
Vertrieb: Warner Video; Okt. 1999
FSK: ab 12 J.

Hochschwangere Imbiss-Serviererin wird Zeugin, wie ihr verheirateter Lover von seinen Söhnen getötet wird. Einer verliebt sich in sie ... Ziemlich abstruse Komödie.

Verlockende Falle 931

ENTRAPMENT ***

Regie: Jon Amiel
Darsteller: Sean Connery (MacDougal), Catherine Zeta-Jones (Virginia »Gin« Baker), Ving Rhames (Thibadeaux), Will Patton (Hector Cruz), Maury Chaykin (Conrad Greene), Kevin McNally (Haas), Terry O'Neill (Quinn), Madhav Sharma
Drehbuch: Ronald Bass, Michael Hertzberg
Kamera: Phil Meheux
Musik: Christopher Young
Schnitt: Terry Rawlings
Prod.Des.: Norman Garwood
Prod.: Sean Connery, Michael Hertzberg, Rhonda Tollefson für New Regency Enterprises/Fountainbridge mit Taurus Film, USA 1998; 113 Min.
UA: Int. Filmfestspiele Cannes 1999
Verleih: 20th Century Fox/dto./dto./Fox Video; 27.5.1999
FSK: ab 12 J., ffr. – FBW: Besonders wertvoll

Ein alternder Meisterdieb und eine junge Versicherungsdetektivin hecken gemeinsam eine Reihe spektakulärer Einbrüche aus. Ron Bass' Drehbuch ist eine Hommage ans Genre der »big caper movies«, ein raffiniertes Spiel um List und Täuschung, bei dem Logik und Wahrscheinlichkeit maßvoll auf der Strecke bleiben. Jon Amiel hat es mit

Catherine Zeta-Jones und Sean Connery

leichter Hand als überaus sinnliche Choreographie inszeniert und kann sich ganz auf die Chemie zwischen Sean Connery und Catherine Zeta-Jones verlassen. *Gerhard Midding, tip, 12/99*

(...) Da Amiel auch bei der Intrige die Zügel schleifen läßt und das Lockvogel-Motiv zeitweilig völlig in Vergessenheit gerät, verliert die Romanze im Fortgang der Handlung spürbar an Reiz. In der Rolle des zum Superhirn beförderten Bond-Girls ist Catherine Zeta-Jones nicht mehr als ein appetitlicher Happen, der sich vor dem mutwillig auf Diät gesetzten Connery von seiner Schokoladenseite zeigt. Das Magenknurren trägt gleichwohl der Zuschauer davon, dem weder ein saftiges Genrestück noch ein parodistisches Potpourri geboten wird.
Michael Kohler, FR, 26.5.99

Verratene Freundschaft – Ein Mann wird zur Bestie 932
***
TV

Regie: Kaspar Heidelbach
Darsteller: Klaus J. Behrendt (Ulf Danner), Tim Bergmann (Tony Tremp), Dieter Mann (Dockard), Denise Virieux (Rola Stewart), Regula Grauwiller (Monika Danner), Leon Boden (Thomas Gierden), Dirk Martens (Geller), Jan Gregor Kremp (Manuel Rossa)
Drehbuch: Ulrike Stephan
Prod.: Polyphon für SAT.1, BRD 1999; 92 Min.
TV: 1.6.1999, SAT.1, 20.15

(...) Der Rachefeldzug eines posttraumatisch gestreßten Polizisten wächst sich zu einem Amoklauf aus, bei dem irgendwann nicht mehr klar ist, worum es eigentlich geht. Selbst sein ehemaliger Partner muß ihn jagen, Gut kämpft gegen Böse, Schwarz gegen Weiß. Dabei ist die Schlußverkündigung durchaus noch aktuell: »Wer die Macht hat, der hat die Argumente«, sagt der Gute, bevor er die Dienstwaffe abgibt. Stimmt. Deshalb dreht sich alles um Instinktverhalten, um Revierverteidigung, Rudelkampf und Nesttrieb. So gesehen ist das gar kein Thriller, sondern ein Tierfilm. *Uta-Maria Heim, Der Tagesspiegel, 3.6.1999*

Verrückt in Alabama 933
CRAZY IN ALABAMA ****

Regie: Antonio Banderas
Darsteller: Melanie Griffith (Lucille), David Morse (Dove), Lucas Black (Peejoe), Cathy Moriarty (Earlene), Meat Loaf Aday (Sheriff John Dogett), Rod Steiger (Judge Mead), Richard Schiff (Norman), John Beasley (Nehemiah)
Drehbuch: Mark Childress, nach seinem Roman
Kamera: Julio Macat
Musik: Mark Snow
Schnitt: Maysie Hoy, Robert C. Jones
Prod.Des.: Cecilia Monthiel
Prod.: Meir Teper, Linda Goldstein Knowlton, Debra Hill, Diane Sillan Isaacs für Green Moon mit A Meir Teper, USA 1999; 112 Min.
UA: Int. Filmfestspiele Venedig
Verleih: Columbia TriStar/-/Buena Vista; 18.11.99
FSK: ab 12 J., ffr.

1965: Eine Frau bringt ihren tyrannischen Mann um und reist Richtung Hollywood, um Karriere zu machen. Ihr Neffe wird Zeuge des Mordes eines Polizisten an einem Schwarzen und beschließt auszusagen, was viele Weiße schockiert. Antonio Banderas verknüpft in seinem Regiedebüt zwei Storys, dabei ist diejenige um die Mörderin so skurril, daß das soziale Engagement, welches er in den Szenen über den Kampf der schwarzen Bevölkerung auf die Leinwand bringt, nicht zum Tragen kommt. Ein formal und darstellerisch solider, ansonsten seltsam unentschlossener Film. *Film, 11/99*

Nach 51 Filmen als Schauspieler will Antonio Banderas zeigen, daß er auch als Regisseur bestehen kann. In einer tragikomischen Geschichte aus den Sechzigern erzählt er von einer Frau, die sich auf sehr rigose Weise emanzipiert. Sie befördert ihren miesen Gatten ins Jenseits und wagt mit seinem Kopf im Gepäck den Aufbruch ins glamouröse Hollywood. (...) *Margret Köhler, Blickpunkt Film, 37/99*

(...) Und so geht es munter weiter mit einem fröhlichen Mix aus altsurrealistischem Bunuel – der hier allerdings nie für voll genommen wird – und hispanoamerikanischem Roadmovie zwischen Las Vegas und Beverly Hills; mit Satire auf Hollywoods Hohlköpfe und Dünnbrettbohrer, auf Rassismus im Freibad, wo keine Schwarzen schwimmen dürfen und dennoch reinspringen; ach nein, es ist alles viel zu gut gemeint und überhaupt viel zu viel (...) *Sebastian Feldmann, Rheinische Post, 19.11.99*

(...) Beim diesjährigen Filmfest von Venedig fand kein zweiter Wettbewerbsbeitrag ein auch nur annähernd so kontroverses Echo. Buhs und Bravos hielten sich die Waage. Schon allein das spricht für die schillernde Komödie. Dazu kommen Intelligenz und Schliff der Inszenierung. *Peter Claus, Zitty 24/99*

»Crazy in Alabama« – Antonio Banderas' erster Spielfilm – läuft gerade in den Kinos. Sie haben eine Hauptrolle darin.

Aber Antonio hat mir keine Liebesszenen gegeben. Nur einmal, da musste ich einen Pagen im Hotelaufzug küssen. Kaum hatte ich Lippenkontakt, hörte ich Antonio: »Okay, Cut!« Keine Wiederholung, der Kuss war wohl perfekt, zu perfekt vielleicht. Aber im Ernst: Von Antonio als Filmemacher kann ich nur schwärmen. Der weiß, was er will – wie Hitchcock. Und nicht nur wie Hitch, sondern wie ... wie heißt der Typ nochmal, dieser Spanier, von dem Antonio immer so schwärmt. Er hat viel von ihm. Brunel, oder so ähnlich.

Buñuel?

Buñuel, ja, Mann. Shit. Ich kann mir nie Namen merken. Ich bewundere ihn wirklich, meinen Mann. Er war sich anfangs nicht sicher, wie er mit mir umgehen sollte auf dem Set, süß nicht? Für Antonio bin ich die »Lady«. Und eben nicht die alte Schrulle am Arm des Latino-Halbgotts – oh, diese Mistblätter!

Sie sind 42 – und sehen blendend aus.

Sparen Sie sich das, Sie haben sich vorhin schon alles versaut. Im Ernst, ich tu, was ich kann. Gestern hab ich mir den Hintern abgeradelt. Den ganzen Strand von Malibu bis hinunter nach Marina del Rey. Aber seien wir ehrlich: Wenn ich mir den Kopf absäbeln und auf einen zwanzigjährigen Körper schrauben lassen könnte, ich würde nicht zögern. *Melanie Griffith im Interview mit Patrick Roth, SZ, 23.11.99*

Natürlich hätte das Studio mich gerne auch vor der Kamera gesehen. Sozusagen als Kassenmagnet. Aber ich hätte das billig gefunden. Und ich wollte auch nicht in meinem ersten Film mei-

Melanie Griffith und Antonio Banderas

ne Frau küssen. Unser Privatleben ist öffentlich genug. Mein erster Film sollte bescheiden sein. Ich weiß, welche Knöpfe ich bei einem Schauspieler drücken muss. Bei mir selbst bin ich noch unsicher.

Wie ist es, als Regisseur mit der eigenen Frau zusammenzuarbeiten?

Erst hatte ich Angst, sie als Schauspielerin nicht richtig behandeln zu können. Aber wir waren das optimale Team: Tagsüber drehten wir und nachts haben wir uns die Muster angeschaut und diskutiert. Es ist unser Film.

Sind Sie jetzt am Ziel Ihrer Karriere?

Vor neun Jahren kam ich als Nobody nach Amerika. Seitdem ist viel passiert, ich entdecke neue Fähigkeiten, konnte viel ausprobieren. In meinen wildesten Träumen hätte ich mir nicht vorstellen können, einmal in Hollywood mitzumischen.

Ärgert es Sie nicht, wenn Sie als Spanier den Latin Lover mimen müssen?

Es macht mich sauer, wenn ein spanischstämmiger Mann darauf reduziert wird. Dabei findet man in den USA Latinos in allen gesellschaftlichen Schichten und Positionen. Dieses Klischee ist ein geistiges Armutszeugnis.

Sieht man Sie in Zukunft mehr als Regisseur oder als Schauspieler?

Mein Traum wäre es, einen Film im Jahr als Hollywood-Schauspieler zu machen, um dann als Regisseur nicht auf Kassen-Ergebnisse schielen zu müssen. Zur Zeit bereite ich mein nächstes Projekt vor, »Malaga is Burning« über den Spanischen Bürgerkrieg.

Antonio Banderas im Interview mit Margret Köhler, AZ, 16.11.99

Verschleppt – Laß meinen Sohn nicht sterben! 934

HAVE YOU SEEN MY SON? ☐ TV

Regie: Paul Schneider
Darsteller: Lisa Hartman-Black (Lael Pritcher), William Russ (Van), Anne Francis (Catherine), Alex Doduk (Ace), Scott Hylands (Solomon), Carmen Argenziano (Chief Hernan), Sergio Calderon (Temo), Jameson Parker (Mike Pritcher)
Drehbuch: Vivienne Radkoff
Prod.: Lisa Hartman-Black, USA 1996; 91 Min.
TV: 5.1.1999, Pro7, 20.15

Geschiedener Vater verschleppt siebenjährigen Sohn nach Mexiko, wo gerade eine Choleraepidemie wütet. Mutter muss ihn natürlich auf eigene Faust retten.

Versprich mir, dass es den Himmel gibt 935

☐ TV

Regie: Martin Enlen
Darsteller: Sandra Speichert (Cora), Mehmet Kurtulus (Louis), Sonsee Ahray (Stella), Boris Aljinovic (Max), Elisabeth Trissenaar (Johanna), Norbert Ghafouri (Manager)
Drehbuch: Andy T. Hoetzel, Ina Siefert
Kamera: Gerhard Schirlo
Schnitt: Monika Abspacher
Prod.Des.: Su Proebster
Prod.: Axel Kühn, Wilfried Seegers, BRD 1999; 84 Min.
TV: 24.11.1999, RTL, 20.15

Nach einer Krebsbehandlung beschließt Cora ihr Leben bewußter zu gestalten. Da trifft ihr Freund ausgerechnet seine Jugendliebe wieder.

Very Bad Things 936

VERY BAD THINGS ***

Regie: Peter Berg
Darsteller: Christian Slater (Robert Boyd), Cameron Diaz (Laura Garrety), Daniel Stern (Adam Berkow), Jeanne Tripplehorn (Lois Berkow), Jon Favreau (Kyle Fisher), Jeremy Piven (Michael Berkow), Leland Orser (Charles Moore), Joey Zimmerman (Adam Berkow Jr.)
Drehbuch: Peter Berg
Kamera: David Hennings
Musik: Stewart Copeland; Sterling Meredith (supervisor)
Schnitt: Dan Lebental
Prod.Des.: Dina Lipton
Prod.: Michael Schiffer, Diane Nabatoff, Cindy Cowan für Interscope mit Ball Parc, USA 1998; 100 Min.

UA: 12.9.1998, Toronto Film Festival
Verleih: Splendid/Einhorn/Elite Film/
Ascot Video; 13.5.1999
FSK: ab 18 J., ffr.; geänderte Fass. 91 Min.,
ab 16 J.

An einer Junggesellenparty in Las Vegas lassen fünf gestandene Männer noch einmal so richtig die Sau raus: dabei tötet einer von ihnen aus Versehen eine Prostituierte. Sie versuchen zwar noch, die Spuren zu verwischen, doch dabei wird alles nur noch schlimmer. Der Film ist eine makabre Komödie um Familienwerte und Liebe. Vor allem der entlarvende Schluß wirft ein Schlaglicht auf die US-Gesellschaft und spart nicht mit hämischer Kritik.
Zoom, 2/99

(...) Erst ganz zum Schluß findet diese Krimikomödie, die immer so tut, als sei sie schrecklich überdreht, überraschend zum richtigen Ton: Die Schlußsequenz geriet rasend komisch. Doch da sind dann schon fast 100 eher nervtötende als nervenzehrende Minuten an uns vorübergezogen, die in puncto Pointen und Spannung so ziemlich alles schuldig blieben. Schade, das hätte ein makabrer Knaller werden können.
W. O. P. Kistner, AZ, 12.5.99

La vida es filmar 937
LA VIDA ES FILMAR ****+

Regie: Beat Borter
Mitwirkende: Fernando Pérez, Raul Pérez Ureta, Luis Alberto Garcia, Isabel Santos
Drehbuch: Beat Borter
Kamera: Adriano Moreno
Musik: Alejandro Frómeta
Schnitt: Elaine Santos, Beat Borter
Prod.: ojala-film, Schweiz 1998;
54 Min.
Verleih: -/-/Cinematograph; Nov. 1999

Havanna im Sommer 1998; Fernando Pérez dreht »La vida es silbar«. Zahlreiche Schaulustige folgen den Dreharbeiten. Sie und das Filmteam äußern ihre Ansichten über Film, Glück und Zukunft. Ohne die Handlung des entstehenden Spielfilms zu verraten, werden die Produktionsbedingungen und

›La vida es filmar‹

Pérez' künstlerisches Credo einsehbar. Konzentriert und kurzweilig gibt die gelungene Homage an einen großen Regisseur zugleich ein aktuelles Stimmungsbild Kubas. *Film, 11/99*

La vie ne me fait pas peur 938
LA VIE NE ME FAIT PAS PEUR ****

Regie: Noemie Lvovsky
Darsteller: Magali Woch (Emilie), Ingrid Molinier (Ines), Julie-Marie Parmentier (Stella), Camille Rousselet (Marion), Valeria Bruni-Tedeschi (Emilie's Mutter), Jean-Luc Bideau (Emilie's Vater), Valerie Mairesse, Jacques Spiesser
Drehbuch: Noemie Lvovsky, Florence Seyvos
Kamera: Agnes Godard, Bertrand Chatry
Musik: Bruno Fontaine
Schnitt: Michel Klochendler
Prod.Des.: Yves Fournier
Prod.: Bruno Pesery, Ruth Waldberger für Arena Films/Vega Film Prod. mit Arte/CNC, Frankreich/Schweiz 1999;
111 Min.
Verleih: -/-/Filmcooperative; Oktober 1999

Überdreht rasen vier Menschen durch die Pubertät. Einfühlsam und witzig bringt die Französin Lvosky dieses Lebensgefühl auf den Punkt. Die Inszenierung spielt geschickt zwischen verschiedenen Genres und erreicht in den überraschenden Bildideen eine wunderbare Leichtigkeit. Als einziger

Schönheitsfehler entpuppt sich der wenig überzeugende Schluss, was aber in diesem furiosen Kaleidoskop der weiblichen Adoleszenz kaum ins Gewicht fällt. *Film, 10/99*

Viehjud Levi 939

****

Regie: Didi Danquart
Darsteller: Bruno Cathomas (Levi), Caroline Ebner (Lisbeth), Ulrich Noethen (Ingenieur Köhler), Eva Mattes (Kreszenz), Martina Gedeck (Fräulein Neuner), Bernd Michael Lade (Paul), Gerhard Olschewski (Horger), Caroline Ebner
Drehbuch: Didi Danquart, Martina Döcker, nach dem Theaterstück von Thomas Strittmater
Kamera: Johann Feindt
Musik: Cornelius Schwehr
Schnitt: Katja Dringenberg
Prod.Des.: Susanne Hopf
Prod.: Martin Hagemann, Erich Lackner, Susan Schulte, Werner Schweizer, Susann Wach-Rosza für Zero Film mit Dschoint Ventschr/Lotus Film/SF DRS/SWR/Arte, BRD/Schweiz/Österreich 1998; 95 Min.
UA: 12.2.1999, Int. Forum des Jungen Films, Berlin
EA: 27.8.1999, St. Georgen; 9.9.1999, Leipzig
Verleih: Arsenal/polyfilm/Frenetic/Arthaus Video; 30.9.1999
FSK: ab 6 J., ffr. – FBW: Wertvoll

(...) Im Jahr 1933 verändert sich das Leben in einer abgelegenen Schwarzwald-Region dramatisch, als mit Bahnarbeiten aus der Stadt auch die nationalsozialistische Ideologie Einkehr hält. Ein bislang geachteter jüdischer Viehhändler wird plötzlich zur Zielscheibe rassistischen Hasses. Einfühlsam gespielte und inszenierte Adaption eines Theaterstücks, die zeigt, wie sich unter dem äusseren Druck der Ereignisse moralische und menschliche Werte relativieren. *Film, 11/99*

(...) Daß dem Film dennoch etwas von Heimatfilm und Fernsehspiel anhaftet, liegt weniger am durchweg exzellenten Ensemble als daran, daß der Film sich vom Sprachgerüst des Bühnendramas nur schwer löst. Nur den Schluß wollte der Regisseur nicht so stehenlassen. In Strittmatters Theaterstück kommt Levi

Bruno Cathomas und Caroline Ebner

am Ende um, ein Selbstmord wird vorgetäuscht und jeder im Dorf könnte der Mörder gewesen sein. Im Film verläßt er nach einem Streit das Dorf, Ende offen. Die Figur war dem Regisseur zu sympathisch, um sie sterben zu lassen.
Christina Tilmann, Der Tagesspiegel, 13.2.1999

(...) Ein Drama zwischen Personen, die einander kennen, Gefühle verbergen oder sie einfach nicht geradewegs aussprechen können. Nach den vielen gescheiterten Nazi-Filmen der letzten Zeit findet »Viehjud Levi« endlich eine konsequente klare und spannende Form. *Claudia Lenssen, tip, 21/99*

Die vielen Abenteuer von Winnie Puuh 940

THE MANY ADVENTURES OF WINNIE THE POOH

** Video

Regie: Wolfgang Reitherman (Episoden 1, 2); John Lounsbury (Episode 3)
Drehbuch: Larry Clemmons, Ralph Wright, Xavier Atencio, Ken Anderson, Vance Gerry, Dick Lucas, Winston Hibler, Julius Svendsen, nach den Erzählungen von Alan Alexander Milne
Musik: Richard M. Sherman, Robert B. Sherman
Schnitt: Tom Acosta, James Meton
Prod.: Wolfgang Reitherman für Walt Disney Prod., USA 1977; 71 Min.
Vertrieb: Buena Vista Home Video; März 1999
FSK: o. A.

Angejahrte Zeichentrick-Stories rund um einen Stoffbären, der an die Klientel unter sechs Jahren verscherbelt werden soll.

Virtual Girl 941
VIRTUAL GIRL **
Video

Regie: Richard Gabai
Darsteller: Charlie Curtis (Cynthia Lee), Richard Gabai (Fred Renfield), Max Dixon (John Lewis), Warren Draper (Charlie R. Poppy), Miche René Straub (Karen Lewis), Scott Larsen (Raynes)
Drehbuch: L.A. Maddox, Richard Gabai
Kamera: Theo Angell
Musik: Larry Berliner, Michael Morrell
Schnitt: John Shepphird
Prod.Des.: Marcelle Gravel
Prod.: Bradley Fuller für American Film Partners, USA 1998;
83 Min.
Vertrieb: BMG (Advanced) Video; 14.5.1999
FSK: ab 16 J.

Virtuelles Sex-Girl tötet reihenweise Programmierer. Auf High-Tech getrimmtes Video-Spiel für die Erotik-Vielseher-Fraktion.

Virus 942
VIRUS ***

Regie: John Bruno
Darsteller: Jamie Lee Curtis (Kit Foster), William Baldwin (Steve Baker), Donald Sutherland (Captain Everton), Joanna Pacula (Nadia), Marshall Bell (J.W. Woods Jr.), Julio Oscar Mechoso (Squeaky), Sherman Augustus (Richie), Cliff Curtis (Levani)
Drehbuch: Chuck Pfarrer, Dennis Feldman, nach der gleichn. Comic-Serie von Chuck Pfarrer
Kamera: David Eggby
Musik: Joel McNeely
Schnitt: Scott Smith
Prod.Des.: Mayling Cheng
Prod.: Gale Anne Hurd für Univeral, USA 1998;
99 Min.
Verleih: UIP/UIP/UIP/VCL Video; 20.5.1999
FSK: ab 16 J., ffr.

Eine auf Energie beruhende Lebensform nistet sich in den Computern eines russischen Forschungsschiffes ein, tötet die Besatzung und benutzt ihre Opfer als Ersatzteillager, um blutrünstige Roboter herzustellen. Erst die Crew eines Bergungsschiffes macht nach zahlreichen Verlusten dem Grauen ein Ende. Ganz auf grausame Spezialeffekte bauender Science-Fiction-Horrorfilm, dessen comicartige Charaktere keinerlei Anteilnahme aufkommen lassen und der seine Spannung vergeblich in aufdringlicher Musik und vorhersehbaren Verfolgungsjagden sucht.
Zoom, 8/99

(...) Das halbstündige Finale im dunklen Schiffsbauch steigert sich schließlich zum chaotischen Mummenschanz: eine tumultöse Montage zerstört jede Orientierung und beendet einen Film, der – nicht nur gemessen an besseren Vorgängern – seinem Stoff nie gerecht geworden ist. *Jürgen Veile, Filmecho-Filmwoche, 19/99*

(...) Manchmal erscheint John Brunos Film wie eine Fortsetzung der »Alien«-Saga. Schon die Konstellation einer Crew, die auf einem riesigen Schiff mit fremdartigen Wesen ringt, verweist darauf, und die insektenähnlichen Roboter wirken wie Verwandte von H.R. Gigers tödlichen Kreaturen. Und wenn Jamie Lee Curtis Auge in Auge mit dem Hochtechnologiewesen kämpft, steckt darin auch eine Reminiszenz an Lieutenant Ripley im Angesicht des Aliens. In »Virus« werden das Science-Fiction-Kino und der Katastrophenfilm zu einem nervenaufreibendem Spektakel gebündelt. Schnörkellos treibt der Film das Tempo voran, inklusive Schock-

Jamie Lee Curtis

effekten und Gewalt. Doch gleichzeitig – auch das verbindet den Film mit der »Alien«-Tetralogie – schimmert durch die Actionoberfläche ein Merkmal gelungener Genrefilme: Der Film erzählt etwas über die Ängste unserer Zeit.

Julian Hauch, Der Tagesspiegel, 20.5.99

The Vivero Letter – Der Fluch des Schatzes 943

THE VIVERO LETTER **

Video

Regie: H. Gordon Boos
Darsteller: Robert Patrick (James Wheeler), Fred Ward (Andrew Fallon), Chiara Caselli (Catherina Cararra), John Verea (Raoul Gato), Daniela Alviani (Milena Brava), Tom Poster (Ray Wheeler)
Drehbuch: Denne Bart Petitclerc, Arthur Sellers, nach einem Roman von Desmond Bagley
Kamera: Fabrizio Lucci
Musik: Paul Rabjohns
Schnitt: Steve Nevius
Prod.: Raffaello Monteverde für Promark Ent./Videal, USA 1998; 96 Min.
Vertrieb: VPS Video; Mai 1999
FSK: ab 16 J. (»Expedition in die grüne Hölle« ist die gekürzte Fassung von »Fluch des Schatzes« ab 12 J.)

In Costa Rica will US-Cop den mysteriösen Tod seines Bruders klären – und wird natürlich in noch mysteriösere Abenteuer verwickelt. Billige Action-Ware mit überforderten Schauspielern.

Voilà – Eine schöne Familie 944

VOILA □

TV

Regie: Michel Piccoli
Darsteller: Maurice Garrel (Constantin), Audrey Guillaume (Mireille), Dominique Blanc (Rose), Roland Amstutz (René), Bernard Bloch (Marcel), Pascal Elso (Henri)
Drehbuch: Michel Piccoli, Thomas Chrysson
Kamera: Laurent Machuel
Musik: Arno
Prod.: Frankreich/BRD 1997; 92 Min.
TV: 29.5.1999, WDR, 22.15

Der Patriarch Constantin regiert mit straffer Hand seine chaotische Großfamilie, die aus drei Söhnen mit deren jeweiligen Familien besteht.

Voll auf der Kippe 945

**

TV

Regie: Wolfgang Büld
Darsteller: Mike Krüger (Nico Reimer), Rolf Zacher (Claas), Katharina Schubert (Sonja), Robert Viktor Minich (Onno), Angelika Bartsch (Rita), Rifka Lodeizen (Trixie), Heiner Bremer
Drehbuch: Peter Pursche
Kamera: Rainer Gutjahr
Musik: Detlef Schmitz, Jörg Schnabel
Schnitt: Irene Abel
Prod.: Peter Lohner (Producer) für Real-Film, BRD 1999;
90 Min.
TV: 11.6.1999, RTL, 20.15

Die vermutlich als Satire-Comic gedachte Nikotin-Posse benagt zweieinhalb Einfälle aus dem Nichtraucherkrieg gegen die Lungenkrebsanwärter und macht Mike Krüger als Raucherhasser (Trauma durch Qualm-Eltern!) zum Opfer der kriminellen Zigarettenindustrie. Auch die Lockweibchen holen aus dem Asthma-Film nur einen dünnen Klamottenhusterer heraus.

Ponkie, AZ, 14.6.99

Vollmond 946

****+

Regie: Fredi M. Murer
Darsteller: Hanspeter Müller (Anatol Wasser), Lilo Baur (Irene Escher), Benedict Freitag (Max Escher), Mariebelle Kuhn (Emmi Escher), Sara Capretti (Yvonne Botta), Max Rüdlinger, Yolande Moreau, Joseph Scheidegger
Drehbuch: Fredi M. Murer
Kamera: Pio Corradi
Musik: Mario Beretta
Schnitt: Loredana Cristelli
Prod.Des.: Susanne Jauch
Prod.: Marcel Hoehn; Peter Spoerri (Prod.-Ltg.) für T&C/Pandora/Aréna mit DRS/SRG/WDR/Canal+/Arte/ORF, Schweiz/BRD/Frankreich 1997; 124 Min.
EA: Int. Hofer Filmtage 1998
Verleih: Pegasos/-/Columbus; Juli 1998 (CH), 23.9.1999

Fredi M. Murer erzählt sein altes Thema (Kinder-/Elternbeziehungen) in »Vollmond« als okkultes Endzeittraktat. Zwölf Kinder aller Schichten und Landessprachen verschwinden bei Vollmond in ein Utopia. Man, meist Vater, hatte keine Zeit für sie. Bringt der Exodus die Eltern zur Einsicht?

›Vollmond‹

Eine ultimative Aufforderung der mystischen Kinder soll sie befördern. Doch der Kontakt in einer Live-Sendung des Fernsehens kommt nicht zustande, mehr Kinder werden den Exodus antreten. Sein Anliegen liegt schwer wie Blei auf diesem Millenniumsfilm. Dazwischen immer wieder bizarre Szenen väterlichen Schmerzes, z.B. wenn der ehemalige Schaubühnendarsteller Gerd David sein Cello zerhaut. *Claudia Lenssen, tip, 20/99*

(...) Ein kurioser Thriller des Schweizer Autorenfilmers Fredi M. Murer und das Psychogramm einer Gesellschaft, die es verlernt hat, Dingen auf den Grund zu gehen. *Angie Dullinger, AZ, 23.9.99*

(...) Welcher Teufel Fredi M. Murer zu dieser ökologisch verbrämten Rattenfänger-Variante mit Pseudotiefgang inspiriert hat, weiß man nicht. Das Resultat der Bemühungen erinnert jedenfalls an eine abstruse Kombination von Endzeitstimmmung, Hysterie und parapsychologischer Kaffeesatzleserei. Gegen Schluß des Hokuspokus ersetzt ratlose Langeweile die anfänglich gut aufgebaute Spannung. Was als Kritik an einer wirtschaftlich orientierten Gesellschaft gedacht war, die mutwillig ihre Ressourcen zerstört, entpuppt sich als verquastete Psychopädagogik, an der wahrscheinlich nur Esoteriker und Mondsüchtige Gefallen finden.
Margret Köhler, Blickpunkt Film, 36/99

Vom Fliegen und anderen Träumen 947

THE THEORY OF FLIGHT ****+

Regie: Paul Greengrass
Darsteller: Kenneth Branagh (Richard), Helena Bonham Carter (Jane), Gemma Jones (Anne), Sue Jones Davies (Catherine), Holly Aird (Julie), Ray Stevenson (Gigolo)
Drehbuch: Richard Hawkins
Kamera: Ivan Strasburg
Musik: Rolfe Kent; Paul Brouck, Dana Sano (supervision)
Schnitt: Mark Day
Prod.Des.: Melanie Allen
Prod.: Helena Spring, Ruth Caleb für Distant Horizon/BBC, GB 1998; 100 Min.
UA: 10.9.1998, Toronto Film Festival
Verleih: Tobis/Constantin/-/BMG (Ufa) Video; 22.4.1999
FSK: ab 12 J., ffr.

Jane, wegen einer neurologischen Erkrankung an den Rollstuhl gefesselt, und ihr Betreuer Richard, eine charakterlich nicht sehr gefestigte »Künstlernatur«, reifen beide an ihrer zart-spröden Freundschaft. Doch Janes Wunsch, vor ihrem nahen Tode noch ein sexuelles Erlebnis zu haben, führt zur neuerlichen Krise zwischen ihnen. Der mutige Versuch, sich mit der vielschichtigen Problematik auseinanderzusetzen, überzeugt nicht ganz, weil manche Ideen zu konstruiert und überzogen wirken, wodurch auch die zunächst realistische und vertretbare psychologisch-ethische Ausrichtung des heiklen Themas ins Wanken gerät. Der auch formal etwas uneinheitliche Stil hinterläßt dank des berührenden, ruppig-liebevollen Humors und der ansprechenden Darstellerleistungen insgesamt doch einen positiven Eindruck. *Multimedia*

Helena Bonham Carter und Kenneth Branagh

Es gibt Filme, die vor ehrenwerter Betroffenheit, die sie moralinsauer verabreichen, keinen Spaß machen. Dieser verbindet zwei schwer vereinbare Dinge miteinander: Er erzählt mit leichter Hand eine an sich ernste Geschichte, lädt zum Nachdenken ein, und unterhält auf hohem Niveau.
(...) Eine optimistisch-sympathische und filmisch pfiffige Romanze mit Handicap, die man mit einem besonders guten Gefühl verläßt.
W.O.P. Kistner, AZ, 22.4.99

Der Vulkan 948
***

Regie: Ottokar Runze
Darsteller: Nina Hoss (Marion von Kammer), Meret Becker (Tilly von Kammer), Christian Nickel (Martin Korella), Udo Samel (Prof. Benjamin Abel), Katharina Thalbach (Mutter Schwalbe), Sylvester Groth (Walter Konradi), Stefan Kurt, Rainer Strecker (Theo Hummel)
Drehbuch: Rebecca Hughes, Ursuala Grützmacher-Tarbon, Ottokar Runze, nach dem gleichn. Roman von Klaus Mann
Kamera: Michael Epp
Musik: Dmitri Schostakowitsch, Friedrich Holländer, Hanns Eisler, Bob Lenox
Schnitt: Rebecca Runze
Prod.Des.: Bernd Gaebler
Prod.: Ottokar Runze, Antoine de Clermont-Tonnerre; Helga Bähr für O. Runze/Mact/Lichtblick/PS Film mit ZDF/ Chanel+, BRD/Frankreich 1998; 103 Min.
UA: 29.8.1999, Filmfestival Montreal
Verleih: Arsenal/-/-; 21.10.1999
FSK: ab 12 J., ffr. – FBW: Besonders wertvoll

Adaption des gleichnamigen Romans von Klaus Mann: Im Paris der späten 30er Jahre fristen deutsche Künstler, Juden, Kommunisten und andere vom Zugriff der Gestapo bedrohte Menchen ihr Dasein im Exil. Die Sängerin Marion von Kammer stößt zu diesem Kreis und engagiert sich im politischen Widerstand. Anhand ihrer Geschichte werden Spannungen innerhalb der Emigrantenszene verfolgt, aber auch das unaufhaltsame Vordringen der Nationalsozialisten, die ihr Spitzelnest nach Frankreich vorgeschoben haben. Leider kommt diese Literaturverfilmung derart klischeebeladen und so uninspiriert daher, dass einem schon nach wenigen Minuten die Lust am Zusehen vergeht. *tip, 22/99*

(...) Professor Benjamin Abel bleibt eine blasse Figur. Zu wohlgenährt das rundliche Gesicht, zu soigniert sieht der neue Anzug für einen verfolgten Geistesmenschen aus, der sich erst in Amerika wieder sicher fühlen darf. Die properen Kostüme sind ein grundsätzlichen Problem des Films, der doch, auch wenn er das Heute mitdenkt, klar auf historische Genauigkeit setzt. Von den bei Klaus Mann oft erwähnten »speckigen« Anzügen und »nicht mehr frischen Hemden« sieht man hier nichts; auch Marion schaut immer etwas zu gepflegt und modisch aus. Bei allem Elend um sie herum scheint es der starken Protagonistin noch ziemlich gut zu gehen – denn Kleidung ist ja nicht nur ein Barometer der aktuellen Kassenlage, sondern auch ein Spiegel der inneren Befindlichkeit. (...)
Anja-Rosa Thömig, FAZ, 20.10.1999

(...) Runze nivelliert so, anstatt zu radikalisieren, und diese Kritik trifft ebenso seine Zusammenlegung und Zusammenfassung der Gestalten des Buchs. Da treffen sich Leute, die sich im Roman nie zu Gesicht bekommen, weil der eine nach Amsterdam, der andere nach Prag geflüchtet ist. Da hat die Kupplerin ein Einsehen mit dem Passbedarf der Bürgerstochter und verschafft ihr kurz und preiswert einen anderen Ehemann. Zu Gunsten der Kontingenz der filmischen Erzählung kappt Runze präzise die Inkontingenz des Exils. Figuren, die im »Vulkan« noch die ganze Kraft der eigenen, besonderen Existenz tragen, degradiert der Film zu Projektionen der Hauptfiguren. Ganz zu schweigen von den zahlreichen Polit-Diskussionen, die das Mannsche Epos genauso lesenswert wie unlesbar machen. Sie kommen bei Runze schlicht nicht vor. (...)
Veronika Rall, FR, 21.10.99

Sylvester Groth und Meret Becker

W

Wachgeküßt 949
LIVING OUT LOUD ***

Regie: Richard LaGravenese
Darsteller: Holly Hunter (Judith), Danny DeVito (Pat), Queen Latifah (Liz Bailey), Martin Donovan (Bob Nelson), Richard Schiff (Philly), Elias Koteas (Der Küsser), Suzanne Shepherd, Mariangela Pino
Drehbuch: Richard LaGravenese
Kamera: John Bailey
Musik: George Fenton
Schnitt: Jon Gregory, Lynzee Klingman
Prod.Des.: Nelson Coates
Prod.: Danny DeVito, Michael Shamberg, Stacey Sher; Eric McLeod (Co-Prod.) für Jersey Film, USA 1998; 100 Min.
UA: 8.9.1998 Filmfestival Boston; Filmfestival Toronto 1998
Verleih: Kinowelt/-/Frenetic/BMG (Ufa) Video; 4.2.1999
FSK: ab 12 J., ffr.

Beziehungspuzzle zwischen grundverschiedenen, einsamen Personen, die um ihr Selbstwertgefühl ringen. Judith ist von ihrem Mann verlassen worden. Der Spieler Pat, Fahrstuhlführer in Judiths Apartmenthaus, hat Ehefrau und Tochter verloren, und Liz ist Nachtclubsängerin mit lesbischen Neigungen. Judith sucht bei Pat Trost, doch der verliebt sich in sie, und Judith beginnt mit Liz eine Frauenfreundschaft. New Yorker Stadtgeschichten um die Liebe, ohne aufgesetzte Happy-Ends, excellent gespielt und solide inszeniert. *Zoom, 2/99*

Ein wahres Verbrechen 950
TRUE CRIME ****

Regie: Clint Eastwood
Darsteller: Clint Eastwood (Steve Everett), Isaiah Washington (Frank Beachum), Denis Leary (Bob Findley), Lisa Gay Hamilton (Bonnie Beachum), James Woods (Alan Mann), Bernard Hill (Luther Plunkitt), Diane Venora (Barbara Everett), Michael Mc Kean (Reverend Shillermann)
Drehbuch: Larry Gross, Paul Brickman, Stephen Schiff, nach dem gleichn. Roman von Andrew Klavan
Kamera: Jack N. Green
Musik: Lennie Niehaus
Schnitt: Joel Cox
Prod.Des.: Henry Bumstead
Prod.: Clint Eastwood, Richard D. Zanuck, Lili Fini Zanuck für Malpaso/Zanuck Company, USA 1999;
127 Min.
Verleih: Warner Bros./dto./dto./Warner Home Video; 29.4.1999
FSK: ab 12 J., ffr. – FBW: Besonders wertvoll

Journalist alter Schule versucht in letzter Minute einen Schwarzen vor der Hinrichtung in San Quentin zu retten. Während das moralische Argument gegen die Todesstrafe einen vorhersehbaren Verlauf nimmt, wird die dinosaurierhafte Existenz des handelnden Helden bald zum eigentlichen Thema. Als notorischer Raucher, Frauenheld und Zyniker führt uns Eastwood eine aussterbende Spezies vor Augen, der man auch bereitwillig nachtrauert, solange sie wie Eastwood aussieht.
Kerstin Stolt, tip, 8/99

(…) Die allzu konstruierte Story dient Clint Eastwood als Aufhänger für eine weitere Neuauflage seiner gemilderten Macho-Figur, die in einer Welt voller Ideologien der eigenen Nase nach geht und für die Wahrheit kämpft. Trotz einigen witzigen Einlagen ein Gebrauchskrimi unter dem Niveau der Beteiligten. *Zoom, 4/99*

(…) Clint Eastwoods neuester Film bewegt sich einerseits völlig im Rah-

Clint Eastwood und Isaiah Washington

men konventioneller Genregrenzen, die er aber auf der anderen Seite durch seine präzise Erzählweise und seine zurückhaltende Dramaturgie konsequent umgeht und ausdehnt. *Multimedia*

(...) Seit langem schon ist jeder neue Film von und mit Clint Eastwood ein besonderes Ereignis. Wie nur wenige hält er sich strikt an die wichtigsten der alten (und altmodischen) Konventionen des klassischen Hollywood-Kinos: Geschichten zu erzählen, ohne sie mit schnellen Effekten oder vordergründigen Gags zu erschlagen, und dabei Menschen ins Zentrum zu rücken, die typisch sind für die jeweilige Zeit, nicht alltäglich, sondern stets um einige Grade überhöht, damit sie um so überzeugender strahlen. *Norbert Grob, 29.4.99*

A Walk On The Moon 951

A WALK ON THE MOON ***

Regie: Tony Goldwyn
Darsteller: Diane Lane (Pearl Kantrowitz), Viggo Mortensen (Walker Jerome), Liev Schreiber (Marty Kantrowitz), Anna Paquin (Alison Kantrowitz), Tovah Feldshuh (Lilian Kantrowitz), Bobby Boriello (Daniel)
Drehbuch: Pamela Gray
Kamera: Anthony Richmond
Musik: Mason Daring
Schnitt: Dana Congdon
Prod.Des.: Dan Leigh
Prod.: Dustin Hoffman, Tony Goldwyn, Jay Cohen, Neil Koenigsberg, Lee Gottsegen, Murray Schisgal; Josette Perotta für Punch mit Village Roadshow/Groucho Film, USA 1999;
107 Min.
UA: 29.1.1999, Sundance Film Festival
Verleih: -/-/Elite; Mai 1999
FSK: ab 12 J.

Den Mondlandungs-Sommer 1969 verbringt die allzu jung verheiratete Pearl ohne ihren Gatten im jüdischen Feriendorf. Im benachbarten Woodstock erreicht die Hippie-Ära ihren Höhepunkt. Die eingeengte Pearl gönnt sich einen belebenden Seitensprung, was für familiäre Konflikte sorgt. Tony Goldwyn kontrastiert Pearls Emanzipation mit dem sexuellen Erwachen ihrer Tochter. Dank präziser Milieuschilderung und guten Darstellern wächst sein Regiedebüt über das Klischee hinaus. *Zoom, 5/99*

Warlock: Das Geisterschloß 952

WARLOCK III: THE END OF INNOCENCE **

Video

Regie: Eric Freiser
Darsteller: Ashley Laurence Boti, Ann Bliss, Angel Boris, Paul Francis, Richard C. Hearst, Jan Schweiterman, Bruce Payne
Drehbuch: Bruce David Eisen, Eric Freiser
Kamera: Andrew Turman
Musik: David Reynolds
Schnitt: Greg Finton
Prod.Des.: Ian Bailie
Prod.: Bruce David Eisen für Trimark Pic., USA 1999; Fa.
Vertrieb: BMG Video; 23.11.1999
FSK: ab 18 J.

Studentin Kris erbt ein unheimliches Haus und begegnet darin einem teuflischen Kunstkenner. Der übliche Spuk, die üblichen Effekte, das übliche Gähnen ...

Warten ist der Tod 953

***

TV

Regie: Hartmut Schoen
Darsteller: Ulrich Tukur (Jürgen Venske), Jörg Schüttauf (Hans-Peter Laux), Barbara Auer (Gertrud Venske), Henry Hübchen (Klaus Kellermann), Thomas Thieme (Max Glöckler), Isabell Gerschke (Sylvia Matthes), Anja Kling, Walter Schmidinger
Drehbuch: Hartmut Schoen
Kamera: Peter Döttling
Musik: Matthias Frey
Schnitt: Vessela Martschewski
Prod.Des.: Eduard Krajewski
Prod.: Dagmar Rosenbauer für Multimedia, BRD 1999; Jeweils 90 Min.
TV: 27.8./28.8.1999, Arte, 20.45;
6.11./8.11.1999, ZDF, 20.15

Die altersbedingt aus dem Dienst entlassenen Jetpiloten wollen durch einen Raub ihre Altersbezüge aufbessern. Leider können sie nicht lange genug darauf warten, das Geld auszugeben.

Warum unser Junge? 954

OUR BOY ***

TV

Regie: David Evans
Darsteller: Ray Winstone (Woody), Pauline

Quirke (Sonia), Perry Fenwick (Phil), Rowena Cooper (Sue), Neil Dudgeon (DC Spence), Nicola Duffett (Mrs. Spence)
Drehbuch: Tony Grounds
Kamera: Oliver Curtis
Schnitt: Chris Ridsdale
Prod.Des.: Rod Stratfold
Prod.: Joanna Willett für Wall To Wall TV für BBC-TV, GB 1997;
90 Min.
EA: Filmfest München 1998
TV: 18.2.1999, BR, 22.00

Woody Williamson, ein kleiner Hehler aus der Londoner Arbeiterklasse, und seine Frau Sonia sind vom Unfalltod ihres Sohnes Lee erschüttert. Als die Polizei einen Verdächtigen in dem Fall von Fahrerflucht ausfindig macht, sinnt Woody in seiner Wut auf Rache.

Waschen, schneiden, legen 955

**

Regie: Adolf Winkelmann
Darsteller: Guildo Horn (Hans Anton Schatz), Susanna Simon (Melanie Kahn), Sissi Perlinger (Gloria de Vries), Stephan Kampwirth (Karl-Heinz), Paul Schäfer (Kevin de Vries), Ursula Karusseit (Mutter Schatz), Ulrich Wildgruber (Vater Schatz), Henriette Thimig (Frau Hermann)
Drehbuch: Johannes Kram, Adolf Winkelmann, Stefan Weigl, Michael Klaus, nach einer Idee von Johannes Kram
Kamera: David Slama; Sebastian Meuschel (Steadycam)
Schnitt: Andrea Mertens
Prod.Des.: Uli Hanisch
Prod.: Michael Eckelt, Volker Stollberg für Neue Impuls Film/Warner Bros., BRD 1999;
90 Min.
Verleih: Warner Bros./-/-; 9.12.1999
FSK: o. A., ffr. – FBW: Wertvoll

Viel zu spät tapst der Grand-Prix-Teilnehmer und ehemalige Schlager-Kultstar Guildo Horn nun als Schauspieler durchs Bild. »Waschen Schneiden Legen« ist wie ein schlechter Friseurbesuch. Der Auftakt – Waschen nebst Kopfmassage – bleibt der schönste Part. Danach folgen schlappe Gags, die dem charmanten Glücksritter nicht gerecht werden können. Der Meister hat wesentlich mehr Format, das er in billigen Klamotten nur verliert.
Christina Moles Kaupp, tip, 26/99

So, nun könnte man die Beratungen des Kultusministers Naumann mit der deutschen Filmindustrie, warum niemand deren Produkte sehen will, auf eine solide Basis stellen. Die Beratenden müssten sich nur den Guildo-Horn-Film anschauen – dann würde Ihnen klar, warum die Branche keine Zuschauer lockt. *Thomas Klingenmaier, Stgt. Zeitung, 9.12.99*

Waterboy 956

THE WATERBOY **

Regie: Frank Coraci
Darsteller: Adam Sandler (Bobby Boucher), Fairuza Balk (Vicki Vallencourt), Kathy Bates (Mama Boucher), Jerry Reed (Red Beaulieu), Henry Winkler (Coach Klein), Blake Clark (Farmer Fran), Larry Gilliard jr. (Derek Wallace), Rob Schneider (Townie)
Drehbuch: Tim Herlihy, Adam Sandler
Kamera: Steven Bernstein
Musik: Alan Pasqua
Schnitt: Tom Lewis
Prod.Des.: Perry Andelin Blake
Prod.: Robert Simonds, Jack Giarraputo; Ira Shuman (Co-Prod.) für Touchstone, USA 1998;
90 Min.
UA: 6.11.1998, N.Y.
Verleih: Buena Vista/dto./dto.; 15.4.1999
FSK: o.A., ffr.

Bobby ist 31 Jahre und geistig ein wenig hinter der seinem Alter angemessenen Entwicklung zurückgeblieben. Von allen verspottet wird er wegen seines Jobs als Wasserträger einer Football-College-Mannschaft, bis er durch einen Zufall zum Star und Erfolgsgaranten der Mannschaft wird. Inhaltsleere Komödie, in der ungeordnet und unmotiviert sämtliche mögliche komödiantische Elemente eingebracht werden und durch überzogene Darstellung, Regie und schließlich sehr schlechte Synchronisation zu einer filmischen Zumutung verkommen. *Multimedia*

(...) Daß die Geschichte vom ersten Moment an vorhersehbar ist, kann man dem Film nicht wirklich vorwerfen, ist doch die Vorhersehbarkeit gerade Voraussetzung für diese Art der Brachial-

Dirk Borchardt, Henriette Heinze und Hilmar Thate in ›Wege in die Nacht‹

komödie. Und die Subversivität dieser grellen Farce ist auch durchaus sympathisch. Das einzige, was man dem Film vorwerfen kann, ist, daß er nur selten richtig witzig ist. Und das liegt daran, daß seine Figuren zu hundert Prozent Karikaturen sind: »Waterboy« gönnt sich und dem Publikum keine Sekunde Normalität.

Tilman Weigele, Stgt. Zeitung, 15.4.99

Wege in die Nacht

957
****

Regie: Andreas Kleinert
Darsteller: Hilmar Thate (Walter), Cornelia Schmaus (Sylvia), Henriette Heinze (Gina), Dirk Borchardt (Rene), Ingeborg Westphal (Kellnerin), Roland Schäfer
Drehbuch: Johan Bergk
Kamera: Jürgen Jürges
Musik: Andreas Hoge, Steven Gerling
Schnitt: Gisela Zick
Prod.Des.: Gabriele Wolff
Prod.: Frank Löprich, Katrin Schlösser für Ö-Filmproduktion mit Studio Babelsberg Independents, BRD 1999; 98 Min.
UA: 13.5.1999 Int. Filmfestspiele Cannes »Quinzaine des Réalisatuers«
EA: Filmfest München 1999
Verleih: Basis/-/-; 25.11.1999 (verschoben auf 2000)

Ein ehemaliger DDR-Funktionsträger findet sich zehn Jahre nach dem Fall der Mauer in den Ruinen seiner Lebensideale. Ohne Arbeit und Anerkennung muss er zudem erleben, wie sich seine Frau von ihm entfremdet. Um sich gegen den Lauf der Dinge zu stemmen, gründet er eine Art Privatarmee, mit der er im nächtlichen Berlin für Ordnung und Sicherheit sorgen will. Durch die fast testamentarische Konzentration auf die Hauptfigur gelingt es Regie und Buch, die Untiefen des Stoffes zu umschiffen. Hinzu kommen die traumwandlerische Kameraarbeit von Jürgen Jürges sowie ein grandioser Hilmar Thate in der Hauptrolle. Ein wichtiger Film – weder Klagegesang auf die versunkene DDR noch Thesenschrift gegen das neue, vereinte Deutschland.

Claus Löser, tip, 25/99

(...) Andreas Kleinerts Film lebt von Jürgen Jürges phantastischer Schwarzweißphotographie, die immer wieder einen Ausdruck findet für das, was gemeint, aber nicht gesagt wird, also für das, was den Helden bedrängt, aber hinter seiner unbeweglichen Miene verschlossen bleibt. Diese Art verquäl-

ter Seelenlandschaften, durch die sich der Film bewegt, ist ja eigentlich typisch für jenes deutsche Kino, von dem man sich hierzulande seit einiger Zeit abzusetzen versucht. Kleinert, der noch in der DDR auf die Filmschule ging, macht Filme, als er habe er diese Entwicklung verschlafen – das ist nicht unbedingt ein Schaden, weil er im Unterschied zu den meisten anderen Regisseuren offenbar weiß, was und wie er erzählen möchte. (...)
Michael Althen, SZ, 15.5.99

Was darf der Gute, um dem Bösen das Handwerk zu legen? Alles, sagt der Idealist, als Genosse Werksdirektor nach der Wende um Befehlsgewalt, Ansehen und Arbeit gebracht, und wütet mit einem Selbstjustiztrupp durch nächtliche U-Bahnen, um rassistische Schläger und Brutal-Chaoten zu züchtigen. Ein böser, düsterer Psychopathenfilm, in dem ein verbitterter Macht- und Ordnungsmensch (grandios: Hilmar Thate als zorniger, verletzter Moralist) sich in eine irreparable, selbstgerechte Fanatikerwut hineinsteigert. Finstere, tragische Ost-Tristesse als Psycho-Spätfolge der DDR nach der Wende.
Ponkie, AZ, 1.7.99

(...) Bewundernswert wie Hilmar Thate hier einem Mann Gestalt gibt, der nur im Befehlston reden kann, und in Panik gerät, weil er nichts mehr zu sagen hat. Das gespenstische Psychogramm eines ohnmächtigen Kleinbürgers, der beginnt, Amok zulaufen. Mit der Präzision einer klinischen Diagnose hat Andreas Kleinert einen Psycho-Thriller inszeniert, der als gesellschaftspolitische Warnung verstanden werden will. Unter diesem Aspekt ist »Wege in die Nacht« der immerhin in Cannes auch schon die Quinzaine eröffnete, sicherlich der wichtigste unter den neuen deutschen Filmen. *Rainer Gansera, SZ, 29.6.99*

In sperrigen Schwarzweißbildern erzählt Kleinert von der Ohnmacht beim Verlust der Macht, von der unaufhaltsamen Spirale, die einmal in Gang gesetzte Gewalt auslöst. Und auch das Berlin-Bild des Andreas Kleinert wird keinen Tourismus-Preis gewinnen: verfallene Fabrikruinen, trübe Straßenzüge, desillusionierte Menschen. Und mittendrin ein wunderbar agierender Hilmar »König von St. Pauli« Thate, der hier zum verzweifelten »König der S-Bahn« mutiert. In seinem Spiel manifestiert sich eindrucksvoll, wohin Selbstjustiz (die ja irgendwie in uns allen schlummert) letztlich führt: in die Nacht.
Martin Schwarz, Zitty, 24/99

Hilmar Thate und Roland Schäfer

Wehrlos – Die Tochter des Generals 958

THE GENERAL'S DAUGHTER ***

Regie: Simon West
Darsteller: John Travolta (Paul Brenner), Madeleine Stowe (Sarah Sunhill), James Cromwell (General Campbell), Timothy Hutton (Colonel Hutton), Leslie Stefanson (Elisabeth Campbell), Daniel von Bargen (Chief Yardley), Clarence Williams III (Colonel Fowler), James Woods (Colonel Moore)
Drehbuch: Christopher Bertolini, William Goldman, nach dem Roman von Nelson DeMille
Kamera: Peter Menzies jn.
Musik: Carter Burwell
Schnitt: Glen Scantlebury
Prod.Des.: Dennis Washington

Prod.: Mace Neufeld für Mace Neufeld – Robert Rehme Prod. für Paramount, USA 1999;
116 Min.
Verleih: -/-/UIP/CIC Video; 18.11.1999
FSK: ab 16 J., ffr.
FBW: Besonders wertvoll

Auf einem Armeegelände wird die schöne Tochter des Generals nackt, gefesselt und erdrosselt gefunden. Militärcop Brenner soll ermitteln, begleitet von einer Exflamme und Vergewaltigungsspezialistin. Üble sexuelle Machenschaften, Mißbrauch und Verrat sickern aus dem Armeesumpf ans Licht, und Brenner steht bald vor einer Gewissensfrage. Politisch korrekter Schund über die Not der Frau in der Männerdomäne Armee, effekthascherisch inszeniert und von John Travolta und James Woods (zu) gut gespielt.
Film, 11/99

(...) Zum Höhepunkt der schauspielerisch reifen Leistungen, die alle Darsteller bis in die kleinste Nebenrolle zeigen, gerät ein rasant scharfzüngiges Dialog-Duell, das sich Travolta und Woods liefern. *Albert Baer, Rheinische Post, 19.11.99*

Einer jener Filme, die Unbehagen hinterlassen: ehrlich in Handwerk und Gesinnung, indifferent für den Zuschauer. Man will sich nicht unbedingt mit Themen befassen wie Psycho-Terror, sexuellem und anderem Macht-Mißbrauch in der US-Army und Familien, mit politisch-sozialem Lügenwahnsinn. Und wird doch dazu gezwungen. Angenehm ist das nicht, aber spannend. (...)
Ein Hollywood-Thriller, widersprüchlich und deshalb aufregend.
Angie Dullinger, AZ, 18.11.99

(...) Dass der Regisseur sein schwieriges Thema in ein Mainstream-Gewand kleidet, ist ein interessanter Versuch. Je länger der Film dauert, um so mehr tritt aber die Armee-Analyse gegenüber dem Mainstream-Thriller in den Hintergrund. So verlässt man das Kino nicht wirklich befriedigt. Denn wer tatsächlich am Ende als der Schuldige entlarvt wird, ist das Unwichtigste an dieser Geschichte. *Rüdiger Suchsland, FR, 19.11.99*

»Unser Wissen über europäische Filme ist sehr begrenzt. Wir kennen vieles gar nicht. Geld spielt natürlich eine wichtige Rolle. Wenn man einen Film wie ›Wehrlos‹ macht, verdient man viel. Für mich war das in erster Linie ein Thriller, spannende Unterhaltung. Für meinen Regisseur Simon West ist es allerdings ein sehr persönlicher Film. Ihm geht es um den Verrat des Vaters an der Tochter.«
Madeleine Stowe im Interview mit Rüdiger Suchsland, MM, 16.11.99

John Travolta und Madeleine Stowe

Weihnachtsmann aus Leidenschaft 959

A DIFFERENT KIND OF CHRISTMAS ☐ TV

Regie: Tom McLoughlin
Darsteller: Shelley Long (Elizabeth), Bruce Kirby (Weihnachtsmann), Nathan Lawrence (Tommy), Barry Bostwick (Frank), Richard K. Olsen (Henry), Nancy McLoughlin (Susan), Robert Raiford (Richter Whitman), Troy Simmons (Lester)
Prod.: USA 1996;
88 Min.
TV: 24.12.1999, ZDF, 15.00

Gutmensch versucht im Kostüm des Weihnachtsmanns ganzjährig Freude zu bereiten und das mit Erfolg.

Ein Weihnachtsmärchen – Wenn alle Herzen schmelzen 960

** TV

Regie: Johannes Fabrick
Darsteller: Götz Otto (Tschak), Max Riemelt (Lukas), Susanne Schäfer (Barbara), Clelia Sarto (Tanja), Lisa Maria Potthoff (Marietta), Lisa Kreuzer (Elsa), Wilfried Labmeier (Polizist), Cornelia Bernoulli
Drehbuch: Thommie Bayer
Kamera: Robert Neumüller
Prod.: Bernd Burgemeister für TV-60 Filmprod., BRD 1999; 92 Min.
TV: 15.12.1999, RTL, 20.15

Fernfahrer mit einer Menge Probleme nimmt seinen Sohn mit auf eine abenteuerliche Reise nach Italien. Dabei kommen sie sich näher, aber die Probleme verfolgen sie. »Und als die hyperprofane Handlung nicht mehr auf der Stelle trat, sondern stillstand, führte man flugs eine Tramper-Lolita, hernach einen herzigen Hirtenhund ein oder erzwang brachial mit der dramaturgischen Brechstange eine (entsetzlich dilettantisch inszinierte) Schlägerei«.

W. O. P. Kistner in der AZ

Die Weisheit der Krokodile 961

THE WISDOM OF CROCODILES ****

Regie: Poh-Chih Leong
Darsteller: Jude Law (Steven Griscz), Elina Loewenson (Anna Levels), Timothy Spall (Inspector Healey), Kerry Fox (Maria Vaughan), Jack Davenport (Detectiv Roche), Colin Salmon (Martin), Rick Lamont, Ashley Artus
Drehbuch: Paul Hoffman
Kamera: Oliver Curtis
Musik: John Lunn, Orlando Gough
Schnitt: Robin Sales
Prod.Des.: Andy Harris
Prod.: David Lascelles, Carolyn Choa für Zenith/Goldwyn/Foundry/Entertainment, GB 1998; 98 Min.
Verleih: Arthaus/polyfilm/Rialto/Kinowelt Video; 10.6.1999
FSK: ab 16 J., ffr.

In London stillt ein verführerischer Serienkiller seinen Liebeshunger, indem er weiblichen Opfern das Blut aussaugt wie ein Vampir. Bei einer aparten Ingenieurin wird der Schmarotzer dann selber aus Liebe schwach. Ein unkonventioneller, aber wenig packend inszenierter Fantasy-Thriller.

Ralph Umard, tip, 13/99

(…) Po-Chih Leong ist ein konsequenter Stilist, verrät seine Fabel aber niemals an artifiziellen Chic. Die Ästhetik der Bilder ist gestützt von poetischem Tiefgang. Leider scheint die Dramaturgie zu langsam, zu ausgewalzt. Dennoch: Entsetzt fühlt der verunsicherte Mensch dem gefräßigen Reptil in sich nach. *Angie Dullinger, AZ, 10.6.99*

Welcome Back, Mr. McDonald 962

RAJIO NO JIKAN ****

Regie: Koki Mitani
Darsteller: Toshiaki Karasawa (Kudo), Kyoka Suzuki (Miyako Suzuki), Masahiko Nishimura (Ushijima), Keiko Tada (Nokko Senbon), Takehiko Ono, Shiro Namiki, Yasukiyo Umeno, Jun Inoue
Drehbuch: Koki Mitani, nach dem gleichnamigen Theaterstück von Koki Mitani und Tokyo Sunshine Boys
Kamera: Kenji Takama, Junichi Tozawa
Musik: Takayuki Hattori
Schnitt: Hirohide Abe
Prod.Des.: Tomio Ogawa
Prod.: Chiaki Matsuhita, Hisao Masuda für Fuji Television/Toho mit Premier, Japan 1997; 103 Min.
EA: 15.2.1998, Int. Forum des Jungen Films, Berlin
Verleih: -/polyfilm/xenix; April 1999 (AU), Juni 1999 (CH)

(…) Ist das Leben nicht überall genauso, möchte man sagen. In stilistischer Hinsicht ist das eine Falle: Regisseur Koki Mitani hat ausdrücklich versucht, alle japanischen Filmtraditionen weit westlich zu überholen und, bis zur Auswahl der Schauspieler, einen möglichst amerikanischen Film zu machen.

Silvia Hallensleben, Der Tagesspiegel, 15.2.98

Kurz vor der Live-Aufführung des melodramatischen Hörspiels »Das Schicksal einer Frau« ist die Welt noch in Ordnung. Als aber die weibliche Hauptdarstellerin ihren Namen von Ritsuko zu Mary Jane umändert und somit den

David Strathairn und Mary Elizabeth Mastrantonio in ›Wenn der Nebel sich lichtet‹

ersten Anstoss zur Veränderung des Hörspiels gibt, ist kein Halten mehr. Während der Übertragung ändert die Geschichte mehrere Male ihre Richtung, sehr zum Spass der Zuschauer. Eine japanische Komödie, die an Billy Wilders bissige Satiren erinnert, etwas gemildert durch die Rolle der romantischen Hausfrau, die auch ein »Postino« sein könnte. *Zoom, 6-7/99*

Wenn der Nebel sich lichtet 963

LIMBO ***

Regie: John Sayles
Prod.: USA 1999

Siehe → Limbo – Wenn der Nebel sich lichtet

Wenn die Sterne das Meer küssen 964

QUAND LES ETOILES RECONTRENT LA MER ☐ TV

Regie: Raymond Rajaonarivelo
Darsteller: Jean Rebenjamina (Kapila), Barbara Razanajao (Fara), Rondro Rasoanaivo (Raivo), Jospeh Ranizafilahy (Kleiner Dieb), Aimée Razafindrafarasoa (Blinde Frau), Louis Vahandanitra (Vater)
Drehbuch: Raymond Rajaonarivelo, Santiago Amigorena, Suzanne Schiffman
Kamera: Bruno Privat
Musik: Manu Katche
Schnitt: Nathalie Hubert
Prod.: Jacques Le Glou für Jacques Le Glou Audiovisuel/La Sept Cinema, Frankreich/Madagaskar 1996; 77 Min.
TV: 13.8.1999, Arte, 23.45, OmU

Film aus Madagaskar über jahrtausendealte Mythen, die mit der totalen Sonnenfinsternis verbunden werden. Der Junge Kapila wird während einer solchen Sonnenfinsternis geboren und muß sich deshalb einer grausamen Prüfung unterziehen.

Wenn Guffman kommt 965

WAITING FOR GUFFMAN **
Video

Regie: Christopher Guest
Darsteller: Christopher Guest (Corky St. Claire), Eugene Levy (Dr. Allan Pearl), Fred Willard (Ron Albertson), Catherine O'Hara (Sheila Albertson), Parker Posey (Libby Mae Brown), Lewis Arquette (Old Man Wooley), Matt Keeslar (Johnny Savage), Paul Dooley
Drehbuch: Christopher Guest, Eugene Levy
Kamera: Roberto Schaefer
Musik: Christopher Guest, Michael McKean, Harry Shearer
Schnitt: Andy Blumenthal
Prod.Des.: Joseph T. Garrity
Prod.: Karen Murphy für Pale Morning Dun für Castle Rock, USA 1996; 84 Min.
UA: 21.8.1996, Boston Film Festival
Vertrieb: Columbia TriStar Video; 2.3.1999
FSK: o.A.

US-Provinzstadt engagiert ausgeflippten Regisseur für die Inszenierung ihrer 150jährigen Geschichte. Hätte amüsant werden können, aber nahezu alles verplätschert in unausgegorenen Pointen.

Wenn Männer fallen 966

REGARDE LES HOMMES TOMBER ***

Regie: Jacques Audiard
Darsteller: Jean-Louis Trintignant (Marx), Jean Yanne (Simon), Mathieu Kassovitz (Johnny), Bulle Ogier (Louise), Christine Pascal (Sandrine), Yvon Back, Yves Verhoeven, Marc Citti
Drehbuch: Alain Le Henry, Jacques Audiard, nach dem Roman »Triangle« von Teri White
Kamera: Gerard Stérin
Musik: Alexandre Desplat
Schnitt: Juliette Welfing, Monique Dartonne
Prod.Des.: Jacques Rouxel
Prod.: Didier Haudepin für Bloody Mary/France 3 Cinéma, Frankreich 1994; 98 Min.

UA: 26.4.1994, Int. Filmfestspiele Cannes
EA: Filmfest München 1995
Verleih: -/-/Alhéna; September 1995

Die »Série noire« erweist sich als eine der zählebigsten Gattungen des heutigen Kinos. In diesem Film gibt sie allerdings von ihrer typisch französischen Ausprägung eine höchst eigenwillige, unheroische Variante von origineller, manchmal fast dokumentarischer Art. Schäbige, verlorene Gangster, jämmerliche Randfiguren, versuchen in einer Welt zu überleben, die ihnen längst über den Kopf gewachsen ist, und in der sie als hoffnungslose Anachronismen erscheinen. Die Altmimen Jean-Louis Trintignant und Jean Yanne spielen völlig anders als gewohnt: direkter, wahrer, engagierter.
Zoom

Wer liebt, dem wachsen Flügel 967
**

Regie: Gabriel Barylli
Darsteller: Maximilian Schell (Hochberg), Lisa Martinek (Maria), Heio von Stetten (Christian), Gudrun Landgrebe (Lisa), Ralf Bauer (Martin), Verona Feldbusch (Ricarda), Gertraud Jesserer (Wiener Dame), Lambert Hamel (Dr. Schneider)
Drehbuch: Gabriel Barylli
Kamera: Achim Poulheim
Musik: Enjott Schneider, Patrick Büttmann
Schnitt: Andreas Herzog
Prod.Des.: Heidi Lüdi
Prod.: Rikolt von Gagern für Tele München/Clasart, BRD 1999; 98 Min.
Verleih: Concorde/-/-/VCL Video; 8.4.1999
FSK: ab 6 J., ffr. – FBW: Wertvoll

In dieser romantischen Liebeskomödie mit märchenartigen Elementen und einem Hauch von feiner Ironie geht es um einen gefühlvollen Sammler nostalgischer Gegenstände und seine ebenfalls sehr sympathische Gefährtin, die aber kurzfristig in die Rolle einer eiskalten Geschäftsfrau gedrängt wird. An dieser Überforderung droht die trotz aller Gegensätzlichkeiten sehr glückliche junge Ehe zu zerbrechen. Die positive Aussage, belegt durch gute Charakterzeichnung und kluge Dialoge, wird in dem flott und schwerelos inszenierten Streifen mit viel Humor und Charme transportiert, überaus ansprechende Darstellerleistungen und betont schöne Bilder lassen den Film ebenso überzeugend wie vergnüglich erscheinen, vor allem für Zuschauer, die Gefühlskino mögen. *multimedia*

(...) Zudem blamieren sich die Darsteller auch noch nach Kräften mit Dialogen, die man sonst nicht einmal im großen TV-Roman eines Privatsenders durchgehen ließe. *tip, 8/99*

(...) Doch das meiste ist der Bodensatz im Klischeekochtopf deutscher Beziehungskomödien – grober Unfug in durchgestylten Altbauwohnungen, von den Traditionen der Screwball-Comedies völlig unbeeindruckt. Und über den Fehler, Ralf Bauer in der Rolle von Marias verhindertem Liebhaber hemmungslos chargieren zu lassen, kann auch Maximilian Schell nicht hinwegtrösten. Die Idee, die Geschichte streckenweise ins Märchenhafte abdriften zu lassen, ist eigentlich nicht schlecht – aus den Zutaten hätte vielleicht noch etwas werden können. Aber Eintopf bleibt Eintopf, da kann man machen, was man will.
Susan Vahabzadeh, SZ, 8.4.99

Da haben wir's wieder: Die deutschen Kritiker sind böse und ungerecht. Nur der Wiener Kritiker sah den Film richtig. Oder konnt' nur er den Schmäh verkraften?

Wer zum Teufel ist Juliette? 968
QUIEN DIABLOS ES JULIETTE? ***

Regie: Carlos Marcovich
Darsteller: Yuliet Ortega, Fabiola Quiroz, Victor Ortega, Jorge Quiroz, Michele Ortega
Drehbuch: Carlos Marcovic
Kamera: Carlos Marcovic
Musik: Alejandro Marcovic
Schnitt: Carlos Marcovic
Prod.: Carlos Marcovic; Gerardo Garza, Eduardo Barajas, Simon Bross, Judith Padlog (Ass.Prod.) für December Error/Alameda Films (Ass.Prod.), Mexiko 1997; 93 Min.
UA: 31.8.1997, Telluride Filmfestival 1998

Verleih: Pegasos/-/-; 25.2.1999
FSK: ab 6 J., ffr.

Juliette lebt in Kuba von Gelegenheitsprostitution, Fabiola ist ein mexikanisches Topmodel. Zwei Mädchen mit verschiedenem Lebenswandel, aber ähnlichen seelischen Verletzungen. Carlos Marcovichs Dokumentarfilm wählt den Weg der spielerischen Annäherung, die unauffällig in die therapeutische Intensität umkippt, und macht so hinter der abgebrühten Fassade Herzlichkeit, Stärke und Schmerz sichtbar. *Iris Depping, tip, 5/99*

Werner – Volles Rooäää!!! 969

**

Regie: Gerhard Hahn
Die Sprecher und ihre Figuren: Klaus Büchner (Werner), Andi Feldmann (Andi Röhrich, Käptn Brassmann), Harald Wehmeyer (Scheckni + K1), Raymond Voß (Präsi), Jan Fedder (Herbert), Axel Ludwig (Günzelsen), Friederike Sabin (Fräulein von de Blotz)
Drehbuch: Rötger Feldmann, Andi Feldmann, Christian Sievers, nach den Comics von Brösel
Musik: Harry Schnitzler, Jens Busch, Klaus Büchner, Andreas Fahnert
Schnitt: Jodie Steinvorth, Ringo Waldenburger
Prod.: Jens Nieswand für Achterbahn, BRD 1999; 80 Min.
Verleih: Constantin/dto/Filmcooperative; 16.9.1999
FSK: ab 6 J., ffr.

Mit wildem Einfallsreichtum gelingt es Werner und seinen Freunden, das durch die zwielichten Machenschaften des Baulöwen Günzelsen bedrohte Wohnviertel zu retten. Bölkstoffgetränkt, versteht sich.
Später fliegt dann andauernd was in die Luft, und andauernd wird irgendwas kaputt gemacht, und dabei hat man die Flasche am Hals (Bölkstoff) und pisst und kotzt in regelmäßigen Abständen, und zum Schluss ist alles vollgeschissen. Ein Klasse Film. Falls man zwischen vier und viereinhalb ist. (…) *tip, 20/99*

(…) Comic-Held Werner rettet mit seinen biersaufenden Rocker-Freunden seine Heimatstadt vor einem geldgierigen Großstadtspekulanten. Belangloser Zeichentrickfilm nach einem erfolgreichen Szene-Comic, der sich allenfalls durch seine Grobschlächtigkeit und den kompletten Mangel an Humor auszeichnet. *Film, 10/99*

(…) Seichter, aber aufrichtiger Zeichentrickfilm, der für Gruppenpopcornunterhaltung keine schlechte Wahl ist. *Multimedia*

(…) Der Rest hat keinen anderen Zweck, als mit den immergleichen Standardsituationen des Werner-Universums beim Zuschauer Standard-Wiedererkennungswerte hervorzurufen. Zumindest das ist gelungen – Wer Werner kennt, hat Volles Rooäää bereits x-mal gesehen. Auch ohne ins Kino zu gehen. *Hans-Joachim Neumann, Zitty, 19/99*

(…) Der im Untertitel versprochene »Fäkalstau im Knöllerup« entlädt sich leider fortwährend – sei es in sexistischen oder – besonders uncool – ausländerfeindlichen Witzen. Der vorherrschende Spaß ist allerdings nur im einfachsten Sinne anrüchig: Im Kampf gegen Immobilienhai Günzelsen wird die Jauche zum wichtigsten Kampfgut.

›Werner‹

Volles Rooäää spritzt es dann Fäkalien und Katzenstreu auf den neureichen Klassenfeind. Es ist nicht ohne Ironie, dass gerade der am meisten vom zu erwartenden Massenerfolg profitieren wird: Nicht von ungefähr kommt der Kinostart gerade recht zur Ausgabe der neuen Constantin-Aktien von Bernd Eichinger, dessen Verleih das Werner-Werk in Umlauf bringt. Animiert mit wieder einmal verlorener Liebesmüh, hat dieser geballte Unfug nur noch einen Zweck: »Das muss (Kino-)kasseln.« *Daniel Kothenschulte, FR, 17.9.99*

Wes Cravens Carnival of Souls 970

CARNIVAL OF SOULS **

Video

Regie: Adam Grossman
Darsteller: Bobbie Phillips (Alex Grant), Shawnee Smith (Sandra Grant), Larry Miller (Louis Seagram), Paul Johansson (Michael), Cleavant Derricks (Sid), Henry g. Sanders (Officer Soby), Anna K. McKown (Elaine), Sidney Berger (Cop)
Drehbuch: Adam Grossman, nach dem gleichn. Film von Herk Harvey, Drehbuch John Clifford
Kamera: Christopher Baffa
Musik: Andrew Rose
Prod.Des.: Aaron Osborne
Prod.: Phillip B. Goldfine, Lisa Harrison, Michael Melzer, Peter Soby jr. für Trimark Pic., USA 1998;
90 Min.
Vertrieb: Highlight Video; 18.1.1999
FSK: ab 16 J.

Junge Frau wird vom Mörder ihrer Mutter verfolgt. Als sie glaubt, ihm entkommen zu sein, taucht er in ihren Träumen wieder auf. Ein wie so oft völlig überflüssiges, überdies quietschbuntes Remake des Schwarzweißklassikers aus dem Jahr 1962.

The West Side Waltz 971

THE WEST SIDE WALTZ □

TV

Regie: Ernest Thompson
Darsteller: Shirley MacLaine (Margaret Mary Elderdice), Liza Minnelli (Cara Varnum), Jennifer Grey (Robin Oiseau), Kathy Bates (Mrs. Goo), Robert Pastorelli
Drehbuch: Ernest Thompson, nach seinem gleichn. Bühnenstück
Kamera: Steve Yaconelli
Musik: Patrick Williams Schnitt Robert Florio
Prod.Des.: Donald Light-Harris
Prod.: Randy Sutter für A.C.I., USA 1995;
89 Min.
EA: Filmfest München 1996
TV: 7.11.1999, RTL2, 6.05

Das einsame Leben einer musischen Witwe ändert sich, als sie durch eine Kontaktanzeige Robin Oiseau kennenlernt.

Whatever – Was soll's 972

WHATEVER **

Video

Regie: Susan Skoog
Darsteller: Liza Weil (Anna Stockard) Chad Morgan (Brenda Talbot), Frederick Forrest (Mr. Chaminksy), Kathryn Rossetter (Carol Stockard), Dan Montano (Zak), John G. Connolly (Woods), Gary Wolf (Eddie), Mary Jo Roth (Amy Peck), Marc Riffon (Martin)
Drehbuch: Susan Skoog
Kamera: Michael F. Barrow, Michael Mayers
Musik: Walter Salas-Humara
Schnitt: Sandy Guthrie
Prod.Des.: Dina Goldman
Prod.: Ellin Baumel, Kevin Segalla, Susan Skoog, Michelle Yahn für Sony Pic./Circle/Duart Films/Anyway Prod., USA 1998; 109 Min.
Vertrieb: Columbia TriStar Home Video; 14.9.1999
FSK: ab 16 J.

Zwei unterschiedliche Freundinnen, die eine pflichtbewußt, die andere draufgängerisch, in den achtziger Jahren. Nicht gerade vor Einfallsreichtum strotzendes Melodram.

White Raven – Diamant des Todes 973

WHITE RAVEN **

Video

Regie: Andrew Stevens
Darsteller: Ron Silver (Tully Windsor), Roy Scheider (Tom Heath), Joanna Pacula (Julia Konneman), Hannes Jaenicke (Dockmonish), Jack Recknitz (Inspector Zielinski)
Drehbuch: Michael Blodgett, nach seinem gleichn. Roman
Kamera: Michael Slovis
Musik: David Wurst, Eric Wurst
Schnitt: Brett Hedlund
Prod.: Ashok Amritraj für Royal Oaks/Cabin

Kevin Kline und Will Smith in ›Wild Wild West‹ von Barry Sonnenfeld

Fever, USA 1998; 89 Min.
Vertrieb: MVW Video; 25.2.1999
FSK: ab 18 J, gekürzte Fass., 85 Min., ab 16 J.

Der letzte KZ-Schlächter will das Geheimnis um einen wertvollen Diamanten nicht mit ins Grab nehmen. Er gibt einem Journalisten einen Hinweis ... Ungelenk konstruierter und in Szene gesetzter Politthriller, der nur von der Prominenz seiner Besetzung lebt.

Wild Angel 974

VILDÄNGEL ****

Regie: Christer Engberg
Darsteller: Matthias Barthelsson (Jim), Nina Marin (Linda), Patrik Johannsson (Reijo), Frederik Gunnarsson (Conny), Martin Wikström (Viktor), Ann-Sofie Rase (Stina)
Drehbuch: Christer Engberg
Kamera: John O. Olsson
Musik: Christer Engbert
Schnitt: Hakan Karlsson
Prod.: John O. Olsson für Giraff Film/Kulturskolan Hosterierth/Filmpool Nord/Svensk Filmindustrie, Schweden 1997; 92 Min.
Verleih: KJF, OmU/-/-/KJF; Nov. 1999
FSK: ab 12 J.

Lehrer und Schüler einer Sonderschule studieren ein selbst erarbeitetes Musical ein und gelangen dadurch zu einem neuen Selbstverständnis.

Wild Wild West 975

WILD WILD WEST ***

Regie: Barry Sonnenfeld
Darsteller: Will Smith (James West), Kevin Kline (Artemus Gordon/Präsident Grant), Salma Hayek (Rita Escobar), Kenneth Branagh (Dr. Arliss Loveless), M. Emmet Walsh (Coleman), Ted Levine (General »Bloodbath« McGrath), Frederique van der Wal, Musetta Vander
Drehbuch: S.S. Wilson, Brent Maddock, Jeffrey Price, Peter S.Seaman, nach der Story von Jim und John Thomas
Kamera: Michael Ballhaus
Musik: Elmer Bernstein, Titelsong interpretiert von Will Smith
Schnitt: Jim Miller
Prod.Des.: Bo Welch
Prod.: John Peters, Barry Sonnenfeld für Peters Ent., USA 1999; 106 Min.
UA: 30.7.1999, New York City
Verleih: Warner Bros./dto./dto./Warner Video; 29.7.1999
FSK: ab 16 J., ffr. – FBW: Wertvoll

Der rachsüchtige Dr.Loveless attackiert kurz nach Ende des amerikanischen Bürgerkrieges mit futuristischen Kampfmaschinen die US-Regierung. Zwei sehr unterschiedliche special agents können ihn durch Starrsinn und Ideereichtum stoppen. Mit oft anzüglichem Humor vermischt der Film das Cowboy-Genre mit digital animierter Science-Fiction und soll an »Men in Black« anknüpfen. Der teure Pop-Corn-Film lässt aber die Dichte des Vorgängers vermissen. Herausragend: Kenneth Brannagh als Loveless.

Zoom, 8/99

(...) Der Film überzeugt als wild zusammengewürfeltes Ausstattungsmonstrum übervoll mit irrwitzigen Details, die das Western-Ambiente mit einem rostigen Science-Fiction-Look brechen. Besonders durchgeknallt ist Kenneth Branagh in der Rolle des Dr. Loveless, ohne Unterleib auf einem Rollstuhl in einer gigantischen Metallspinne thronend. *tip, 16/99*

(...) Ein »Retro-Science-Fiction-Film vor Westernknüller« (Presseheft) soll das sein, und es sieht so aus, als habe Jules Verne sich in die Prärie verirrt. Von allem etwas, und am Ende bleibt nichts. Männer in Westen schießen, reiten, prügeln sich (beinahe) um die obligate Schöne (Salma Hayek) und kriechen am Ende auf der Stahlspinnne in den Sonnenuntergang. Da rettet auch Will Smiths HipHop-Track nichts mehr. Vermutlich hat Dr. Loveless selbst Regie geführt.

Peter Körte, FR, 30.7.99

Wilde Nächte 976

WILDLY AVAILABLE **

Video

Regie: Michael Nolin
Darsteller: Kristoffer Tabori (Joe Goodman), Jennifer Sommerfield (Wendy), Jane Kaczmarek (Rita Goodman), Lou Rawls (Jazzman), Rachel Crane (Samatha Goodman)
Drehbuch: Michael Nolin
Kamera: William D. Barber
Musik: Jerry Styner
Schnitt: Janice Engel
Prod.: Julie Bilson Ahlberg, Michael Nolin für Paramount TV, USA 1997;
100 Min.
Vertrieb: CIC (Paramount) Video; 16.12.1999
FSK: ab 16 J.

Heimliche Sadomaso-Spiele mit einer Stripperin wirbeln das traute Eheleben eines Familienvaters durcheinander. Nur: Wen interessiert's? Schwaches Beziehungsdrama auf TV-Niveau.

Wilder Kaiser – Hochzeit mit Hindernissen 977

□

TV

Regie: Marco Serafini
Darsteller: Michael Roll (Johann Leitner), Ursula Buschhorn (Eva Leitner), Krystian Martinek (Carlo Ambach), Karin Thaler (Anita Egger), Simon Beckord (Florian), Enzi Fuchs (Maria Leitner), Gerhart Lippert (Toni Kirchbichler), Max Krückl (Pfarrer Friedl)
Drehbuch: Marco Serafini
Kamera: Bernd Neubauer
Prod.Des.: Roger Katholing
Prod.: Rainer Schäfer für Mecom, Österreich 1999; 85 Min.
TV: 28.12.1999, ZDF, 20.15

Auch auf der Berghütte gibt es Beziehungsprobleme, wenn man angesichts majestätischer Berggipfel nicht ehrlich zueinander ist.

Winchell 978

WINCHELL □

TV

Regie: Paul Mazursky
Darsteller: Stanley Tucci (Walter Winchell), Glenne Headly (Dallas Wayne), Paul Giamatti (Herman Klurfeld), Christopher Plummer (Franklin D. Roosevelt), Xander Berkeley (Gavreau), Kevin Tighe, Frank Medrano, Vic Polizos
Drehbuch: Scott Abbott, nach dem Buch »Walter Winchell: His Life and Times« von Herman Klurfeld
Kamera: Robbie Greenberg
Musik: Bill Conti
Schnitt: Stuart Pappe
Prod.Des.: Marcia Hinds-Johnson
Prod.: Stan Wlodkowski für Fried Film mit HBO, USA 1998; 105 Min.
EA: 27.6.1999, Filmfest München
TV: 3.11.1999, Premiere, 1.15

Amüsanter Film über einen der einflussreichsten Gesellschaftsreporter, sprich

Klatschreporter, der USA der von den 20er Jahren bis in die 50er aktiv war.

Wing Commander 979
WING COMMANDER **

Regie: Chris Roberts
Darsteller: Freddie Prince Jr. (Chris Blair), Saffron Burrows (»Angel« Deveraux), Matthew Lillard (»Maniac« Marshall), Tcheky Karyo (Paladin), Jürgen Prochnow (Gerald), David Suchet (Sansky), David Warner (Tolwyn), Ginny Holder (Rosie Forbes)
Drehbuch: Kevin Droney
Kamera: Thierry Arbogast
Musik: Kevin Kiner
Schnitt: Peter Daves
Prod.Des.: Peter Lamont
Prod.: Todd Moyer, USA 1999; 100 Min.
Verleih: Jugendfilm/-/-/20th Century Fox Home Video; 23.12.1999
FSK: ab 12 J., ffr.

Eine Space-Schmonzette im Retro-Stil: Die Raumflotten-Kapitäne des Jahres 2654 erinnern im Habitus an britische Seeoffiziere des 19. Jahrhunderts, tragen Strickjacken auf der Kommandobrücke und verfeuern nicht Laserstrahlen, sondern »Breitseiten« mit Torpedos. Dass die Konföderation sich gegen eine menschenfeindliche Rasse von Außerirdischen zu verteidigen sucht, ist schön und gut, lästig ist hingegen, dass sich der Film in ziemlich unterbelichteten, frauenfeindlichen Gefilden bewegt: Weibliche Piloten erzeugen den meisten aumschrott, der Rest der Damenschaft muss geile Gespielinnen für blonde Machos abgeben.
Ralph Umard, tip, 25/99

(...) »Wing Commander« fällt, was Charaktere, Dialoge und Handlung angeht, ein ganzes Stück hinter das zu Grunde liegende Computerspiel zurück, auch wenn der Spielerfinder Chris Roberts für Drehbuch und Regie verantwortlich zeichnet. Fände man solchen Stumpfsinn auf dem heimischen Computerbildschirm, hätte man sofort den Verdacht, dass ein Virus am Werk sei. *Thomas Klingenmaier, Stgt. Zeitung, 23.12.99*

Winter 54 980
HIVER 54, L'ABBE PIERRE ***

Regie: Denis Amar
Darsteller: Lambert Wilson (Pater Pierre), Claudia Cardinale (Hélène Vannier), Robert Hirsch (Raoul), Antoine Vitez, Laurent Terzieff, Philippe Leroy-Beaulieu, Vladimir Vordanov, Bernard Lefort
Drehbuch: Marie Devort, Denis Amar
Kamera: Gérard de Battista
Musik: Philippe Sarde
Schnitt: Jacques Witta
Prod.: Christian Ardan für Prod. Belles Rives/Midship Associés, Frankreich 1989; 100 Min.
UA: 1.11.1989, Paris
Verleih: AFM/-/-/afm Video; Febr. 1999

Solider, aber uninspierierter Film über die Arbeit des französischen Priesters Abbé Pierre, der für seine Leistungen mehr verdient hätte, als diesen braven Film über sein Leben.

Der wirklich allerletzte Streich der Olsen-Bande 981
OLSEN-BANDENS SIDSTE STIK ***

Regie: Tom Hedegaard
Darsteller: Ove Sprogöe (Egon Olsen), Morten Grunwald (Benny Frandsen), Poul Bundgaard (Kjeld Jensen), Tommy Kenter (Kjeld Jensen, als Double), Björn Watt-Boolsen (Hallandsen), Henrik Koefoed (Holm-Hansen)
Drehbuch: Henning Bahs
Kamera: Peter Klitgaard
Musik: Bent Fabricius-Bjerre
Schnitt: Grete Möldrup
Prod.: Erik Crone für Nordisk Film, Dänemark/BRD 1999; 93 Min.
Verleih: Arsenal/-/-; 18.11.1999
FSK: o. A., ffr.

Im Osten wird das legendäre Olsenbanden-Trio kultisch verehrt, im Westen eher belächelt – nach 18 Jahren gibt es jetzt ein Comeback: Die Altersschwäche macht allerdings nicht nur den Hauptdarstellern (Durchschnittsalter: 72,3 Jahre) schwer zu schaffen, bei den Dreharbeiten starben auch noch Hauptdarsteller Poul Bundgaard und Regisseur Hedegaard. Dass die Klamotte trotz der Todesfälle fertigggestellt wurde, hat darum einen schalen Beigeschmack: So musste der bereits schwer

erkrankte Poul Bundgaard in der Rolle des dicken Kjeld bzw. nach seinem Tod dessen Double im Rollstuhl durch die Handlung gefahren werden, was schon mehr als makaber ist.
Dabei hat Drehbuchautor Henning Bahs die Sache mit der Altersschwäche in seine 14. Geschichte (über die behäbige Jagd nach einem hochexplosiven Koffer) recht selbstironisch eingebaut – wenn er etwa Egon Olsen als stocktauben Anstaltspatienten bei einer TV-Talkshow auftreten lässt. Doch dieser Hauch von Satire schwindet rasch, denn die Reanimation der Späße aus den siebziger Jahren wirkt eigentlich nur noch »mächtig gewaltig« angestaubt. Das Ergebnis ist für eine Komödie tragisch: Man kann nicht lachen, sondern versinkt vor Rührung im Kinosessel. Ein Sternchen aus Mitleid …

Manfred Hobsch, Zitty, 24/99

With Or Without You 982

WITH OR WITHOUT YOU ***+

Regie: Michael Winterbottom
Darsteller: Christopher Eccleston (Vincent Boyd), Dervla Kirwan (Rosie Boyd), Yvan Attal (Benoit), Julie Graham (Cathy), Alun Armstrong (Sammy), Lloyd Hutchinson (Neil), Michael Liebmann (Brian), Doon MacKichan (Deidre)
Drehbuch: John Forte
Kamera: Benoit Delhomme
Musik: Adrian Johnson
Schnitt: Trevor Waite
Prod.Des.: Mark Tildesley
Prod.: Andrew Eaton; Gina Carter (Co-Prod.) für Revolution Films, GB 1999; 90 Min.
UA: 2.9.1999 Int. Filmfestspiele Venedig »Cinema of the Present«
Verleih: Kinowelt/-/-; 6.1.2000
FSK: ab 12 J., ffr.

(…) Man vermisst bei der Schilderung von Figuren und Situationen die emotionale Wärme und eine funktionierende Chemie, bleibt also unberührt beim finalen Showdown. Langatmig, ja zuweilen auch berechenbar die Inszenierung, die sich überdies weit entfernt von nahrhaftem Kinofutter etwa auf TV-Niveau bewegt. *W. O. P. Kistner, AZ, 5.1.2000*

Wolfsliebe 983

□ TV

Regie: Susanne Zanke
Darsteller: Susanne Schäfer (Dr. Karin Aich), Michael Schiller (Franz Leitner), Verena Lehmenhecker (Laura Leitner), Gabriel Barylli (Carl Leitner), Martin Lüttge (Wiesner), Franz Buchrieser (Obermait), Sepp Schauer (Schenk)
Drehbuch: Walter Kärger
Kamera: Tamas Ujlaki
Prod.: BRD/Österreich 1999; 90 Min.
TV: 29.12.1999, ARD, 20.15

Innerhalb eines Umweltprojektes will die junge Biologin Karin Aich im Bayerischen Wald Wölfe aussiedeln. Dabei stößt sie auf den erbitterten Widerstand der Leute aus der angrenzenden Ortschaft. Nur der Waldbauer Franz Leitner und seine zwölfjährige Tochter Laura zeigen Interesse für das Vorhaben, während sein Bruder Carl sich zum Anführer der Gegenpartei macht. (…) *Pressetext*

Wonderland 984

WONDERLAND ****

Regie: Michael Winterbottom
Darsteller: Shirley Henderson (Debbie), Gina McKee (Nadia), Molly Parker (Molly), Ian Hart (Dan), John Simm (Eddie), Stuart Townsend (Tim), Kika Markham (Eileen), Jack Shepherd (Bill), Peter Marfleet
Drehbuch: Laurence Coriat

Regisseur Michael Winterbottom

Gina McKee, Peter Marfleet, Shirley Henderson und Ian Hart in ›Wonderland‹

Kamera: Sean Bobbit
Musik: Michael Nyman
Schnitt: Trevor Whaite
Prod.Des.: Mark Tidesley
Prod.: Michele Camarda, Andrew Eaton für Polygram/BBC/Kismet/Revolution Films, GB 1999;
109 Min.
UA: Int. Filmfestspiele Cannes 1999
EA: 2.10.1999, Filmfest Hamburg
Verleih: UIP/-/Universal; 25.11.1999
FSK: ab 12 J., ffr. – FBW: Besonders wertvoll

Fast schon dokumentarisch werden einige Tage aus dem Leben von drei Schwestern in Londons Vorstädten geschildert. Ein Familienfilm, der bewußt auf den üblichen zentralen Anlaß verzichtet, der die Figuren an einem Ort zusammenführen würde, und zugleich ein überzeugend alltägliches Bild der Menschen und ihrer Lebensumstände entwirft. Mit Handkamera vor Ort, mit echten Passanten statt Statisten und ohne Kunstlicht gedreht, besticht das gut gespielte Alltagsdrama nachhaltig.

Film, 12/99

(...) Von den Wundern eines Happy Ends wie es in Hollywood üblich ist, bleibt Winterbottoms »Wonderland« weit entfernt. Und doch lichten sich am Ende die düsteren Wolken ein wenig, und in der Ferne des morgendlichen Horizonts zeichnet sich eine leichte Morgenröte ab, ein noch nicht ganz sicher zu greifender Lichtschimmer.

Anke Sterneborg, SZ, 9.12.99

(...) In Winterbottoms Film überwiegt der Humor, der Optimismus, die Zuversicht, dass das Leben trotz aller Katastrophen zu meistern ist.

Joseph Heinrichs, Rheinische Post, 10.12.99

Yara 985
YARA ***+

Regie: Yilmaz Arslan
Darsteller: Yelda Reynaud (Hülya), Nur Sürer (Ayse), Halil Ergün (Onkel), Füsun Demirel (Tante), Necmettin Cobanoglu (Vater), Özay Fecht (Mutter)
Drehbuch: Yilmaz Arslan
Kamera: Jürgen Jürges
Musik: Rabih Abou-Khalil
Schnitt: André Bendocchi Alves
Prod.: Murat Kadioglu, Ruth Waldburger (Co-Prod.) für Yilmaz Arslan Filmprod. mit Gün-Izi/Vega Film/WDR, BRD/Türkei/Schweiz 1998; 99 Min.
UA: Int. Hofer Filmtage 1998, »Eröffnungsfilm«
Verleih: Pegasos, OmU/-/-; 24.6.1999
FSK: ab 12 J., ffr.

Mit betörend flirrenden Bildern fängt Kameramann Jürgen Jürges die orientalische Odyssee ein, doch Regisseur Yilmaz Arslan ist seiner Heldin nicht wohlgesonnen. Sie hat wenig Freude und viel Leid. Schließlich schickt das Drehbuch Hülya erst ins Gefängnis und dann in ein mustergültiges Irrenhaus – und alles nur, um holzschnittartig die Betroffenheitsthese zu illustrieren, daß die Zerrissenheit zwischen zwei Kulturen eine schlimme Sache ist.
Volker Gunske, tip, 24/98

Yen Town – Swallowtail Butterfly 986
SEWAROUTOIRU ***

Regie: Shunji Iwai
Darsteller: Hiroshi Mikumi (Fei-hong) Chara (Glico), Ayumi Ito (Ryou Ryanki), Andy Hui (Mao-fu), Atsuro Watabe (Ran), Tomoko Yamaguchi (Shen-mei), Nene Ohtsuka (Reiko), Kaori Momoi (Suzukino), Yosuke Eguchi
Drehbuch: Shunji Iwai
Kamera: Noboru Shinoda
Musik: Takeshi Kobayashi
Schnitt: Shunji Iwai
Prod.Des.: Yohei Taneda
Prod.: Shinay Kawai für Nippon Herald/Ace/Swallowtail/Rockwell Eyes mit Oorong-Shah/Pony Canyon/Fuji TV, Japan 1996; 146 Min.
UA: 1.5.1998, Asian Film Festival, London
Verleih: REM/-/-; 16.12.1999

In »Swallowtail« befinden wir uns mitten im Wasteland, in einem multikulturellen Ghetto außerhalb Tokios namens Yentown (der Name ist Programm): Dort jagen chinesische, japanische und internationale Desperados der schnellen Kohle nach, von der bürgerlichen Gesellschaft verachtet, aber in Wirklichkeit deren exakte Kopie. Gangster, Nutten, Verzweifelte und Zukurzgekommene scheinen das große Glück zu machen, als sie auf einer Audiocassette einen Code finden, mit dem sich Geldwechselautomaten betrügen lassen. Doch der Erfolg ist nur von kurzer Dauer. Der Club, den sie gründen, siecht dahin, nachdem die attraktive Sängerin Glico von der Mainstream-Industrie abgeworben wird, und statt der anfänglichen Solidarität schlägt die nackte Gier durch. Bandenkriege und Chaos sind die Folge. *Andreas Ungerböck, Schnitt, 1/2000*

You are dead 987
YOU ARE DEAD ***

Regie: Andy Hurst
Darsteller: Rhys Ifans (Eddie), John Hurt (Maitland), Claire Skinner (Jo), David Schneider (Ian), Barbara Flynn (Prof. Corner), John Benfield (Inspektor Badger), Roger Ashton-Griffiths, Rayner Bourton
Drehbuch: Andy Hurst
Kamera: Wedigo v. Schultzendorff
Musik: Robert Folk
Schnitt: Andrew Starke
Prod.Des.: Frank Bollinger
Prod.: Marco Weber für Atlantic Streamline, USA/BRD 1999; 96 Min.
Verleih: Concorde/dto.; 14.10.1999
FSK: ab 12 J., ffr.

Beim Überfall auf eine englische Bank entgleitet den drei Gangstern schon nach kurzem die Kontrolle. Nach vielen Tagen der Belagerung durch die Polizei ist die Bank völlig devastiert und es scheint, dass nur eine Frau diesen Bankraub überstanden hat. Beim Verhör dieser Überlebenden entspinnt

Rhys Ifans, erfolgreich in ›Notting Hill‹, in ›You are dead‹ nicht mehr wahrgenommen

sich mit vielen überkreuzten Rückblenden eine Ahnung, was denn wirklich in den Tagen der Bankbelagerung geschah, warum der Überfall geplant wurde, und warum die Geschichte schon 1977 begann. Mit den Stilmitteln, die der Unterhaltungsfilm seit den letzten 20 Jahren zu bieten hat, wird hier ein überaus kurzweiliger rasanter Gangsterfilm mit gutem Ende inszeniert, der dem erst 23-jährigen Regisseur ein vielversprechendes Potenzial zutrauen lässt. *Multimedia*

Zwei spätpubertäre Panzerknacker, ein skrupelloser Prolo-Bulle, ein krimineller Hypno-Therapeut, ein halbnackter, mörderischer Bankdirektor und ein alternder Profi-Schränker mit verlogener Tochter albern in dieser spannungslosen Geschichte eines missglückten Banküberfalls unkontrolliert herum. Konfus konstruiert, mit zahlreichen Rückblenden und aufgesetzten Filmzitaten versehen. *Ralph Umard, tip, 22/99*

(…) Ganz nebenbei zerstört Hurst auch die Regeln der Gattung selbst; er spielt mit ihnen auf außerordentlich effektvolle Weise und schafft einen gleichsam genrelosen filmischen Raum – ein Experiment, auf das sich das Publikum gerne einlassen wird. Es macht einfach Spaß, sich vom Kalkül und vom packenden »Drive« dieser irre konstruierten Geschichte gefangen nehmen zu lassen. *Joseph Heinrichs, Rheinische Post, 15.10.99*

Zärtliche Begierde 988

□
TV

Regie: Michael Keusch
Darsteller: Gesche Tebbenhoff (Anna), Tina Ruland (Christine), Christoph M. Orth (Martin), Ingolf Lück (Heiner), Lennard Barth (Timmy), Johanna Gehlen (Beate), Denise Virieux (Maren), Jasmin Rana Schöler (Jenny)
Drehbuch: Tobias Sallfeldt, Rolf Schilling
Prod.: BRD 1998; 90 Min.
TV: 17.2.1999, RTL, 20.15

Modedesignerin Christine hat es satt, die Macho-Attitüden ihres Mannes Martin der sie ständig betrügt, länger hinzunehmen: Sie zieht zu der Nachbarin Anna. Martin bekommt Panik, als er erfährt, daß Anna lesbisch ist, und heckt einen Plan aus, um seine Frau zu »retten«. *Pressetext*

Die Zauberfrau 989

***
TV

Regie: Ilse Hofmann
Darsteller: Iris Berben (Charlotte Pfeffer), Martin Benrath (Gustav), Rosemarie Fendel (Grete), Otto Kukla (Justus Streitacker), Andreas Nickl (Benjamin), Timothy Peach (Hannes Stuhlbein), Rüdiger Vogler (Ernstbert Schatz), Ralf Schmid (Bert)
Drehbuch: Angelika Kaps, nach dem Roman von Hera Lind
Kamera: Peter Döttling
Schnitt: Klaus Handorf
Prod.Des.: Jörg Neumann
Prod.: Uschi Reich für Bavaria für SAT.1, BRD 1998; 107 Min.
TV: 25.5.1999, SAT.1, 20.15

Charlotte Pfeffer ödet ihr Mann Ernstbert ebenso an wie ihre Auftritte in einer Daily-Soap, auch erotische Abenteuer lenken sie nicht ab. Sie entschließt sich, mit einem eigenen Theaterstück durch die Provinz zu tingeln, während Ernstbert einen Eroberungsfeldzug plant.
(…) »Die Zauberfrau« verknappt Boulevardmuster und aktualisiert sie mit selbstreferentieller Medienkritik. Angelika Kaps und Ilse Hofmann spannen ein Geflecht von Beziehungen und Anspielungen aus, das nur selten durchhängt und manche überraschenden Wendungen und Windungen ermöglicht. Hera Linds redseliger Romanvorlage gewinnen sie gewitzte Dialoge, pointierte Schnitte, vielsagende Lücken und knappe Rückblenden ab. (…)

Zehn Dinge, die ich an dir hasse 990

10 THINGS I HATE ABOUT YOU ***

Regie: Gil Junger
Darsteller: Heath Ledger (Patrick Verona), Julia Stiles (Katharina Stratford), Joseph Gordon-Levitt (Cameron James), Larisa Oleynik (Bianca Straford), David Krumholtz (Michael Eckman), Andrew Keegan (Joey Donner), Susan May Pratt (Mandell), Gabrielle Union (Chastity)
Drehbuch: Karen McCullah Lutz, Kirsten Smith
Kamera: Mark Irwin
Musik: Richard Gibbs
Schnitt: O. Nicholas Brown
Prod.Des.: Carol Winstead Wood
Prod.: Andrew Lazar; Jody Hedien für Mad Chance/Janet Ent. Prod. for Touchstone, USA 1999; 98 Min.
Verleih: Buena Vista/-/-/Buena Vista Video; 21.10.1999
FSK: ab 12 J., ffr. – FBW: Wertvoll

Noch eine Teenager-Komödie mit literarischem Hintergrund. Bianca ist hübsch, populär und ein wenig oberflächlich, ihre Schwester Kat klug, abweisend und unbeliebt. Um Bianca zum Abschlussball einladen zu können, muss ihr Verehrer aber zuerst seinen Freund überreden, Kat auszuführen – der Vater der jungen Frauen lässt nämlich die eine nicht ohne die andere ziehen. Genrekomödie nach Motiven von Shaklespeares »The Taming of the Shrew«, wie sie in Deutschland schon mehrfach als »Kohlhiesels Töchter« verfilmt wurden. *Film, 8/1999*

(…) Highschool-Komödie, die mit unbeschwertem Sitcom-Charme den Illusionen, Kraftproben und Verwicklungen junger Herzen folgt. (…)
Iris Depping, tip, 22/99

Heath Ledger am balzen

(…) Munter und recht lustig trudelt Gil Jungers Film so vor sich hin, beweisend, dass Shakespeare ohne Rücksicht auf Verluste sogar auf der High School funktioniert. Ab und zu schmuggelt er sogar ein paar Originalzitate in den Text, ohne dass das sonderlich auffiele. Die jungen Schauspieler sehen alle hübsch aus und sind begabt, und da der Film auf Nummer Sicher setzt, kann denn auch nichts schief gehen. (…)
Sebastian Feldmann, Rheinische Post, 22.10.99

Die Zeit der Jugend 991
A SOLDIER'S DAUGHTER NEVER CRIES ***

Regie: James Ivory
Darsteller: Kris Kristofferson (Bill Willis), Barbara Hershey (Marcella Willis), Leelee Sobieski (Channe Willis), Jesse Bradford (Billy Willis), Anthony Roth Costanzo (Francis Fortescue), Dominique Blanc (Candida), Jane Birkin (Mrs. Fortescue), Virginie Ledoyen (Billy's Mutter)
Drehbuch: James Ivory, Ruth Prawer Jhabvala, nach dem gleichn. Buch von Kaylie Jones
Kamera: Jean-Marc Fabre
Musik: Richard Robbins
Schnitt: Noelle Boisson
Prod.Des.: Jacques Bunoir, Pat Garner
Prod.: Ismail Merchant, Paul Bradley (Co-Prod.) für Merchant Ivory/British Screen, USA 1998; 127 Min.
UA: Filmfestspiele Venedig 1998
Verleih: Advanced/filmladen/Monopole Pathé/BMG Video; 4.3.1999
FSK: ab 6 J., ffr.

Basierend auf einem Roman der Tochter des US-Autors James Jones wird die Chronik einer Schriftsteller-Familie im mondänen Paris und im provinziellen North-Carolina erzählt. Im Zentrum steht der Prozess des Erwachsenwerdens der Tochter und ihres Adoptivbruders. Hervorragend besetztes, genau beobachtetes Gesellschaftsbild der sechziger und siebziger Jahre und ein subtiles, optimistisch geprägtes Porträt einer Familie, die auf Toleranz, Wärme und Fürsorge baut. *Zoom, 4/99*

(…) Im 50er- und 70er-Jahre-Decor von Paris begegnet man einer exzentrischen Idealfamilie, der Geist der Zeit wird so recht und schlecht am Rande mit eingefangen. Eine milde, bunte, freundliche Enttäuschung. *tip, 6/99*

Die Zeit ist aus den Fugen 992

Regie: Christoph Rüter
Prod.: BRD 1998
Verleih: Eigenverleih/-/-; Nov. 1999

Neues aus dem Heiner-Müller-Devotionalienhandel: Der Dokumentarfilmer Christoph Rüter hat vor zehn Jahren Heiner Müllers Probearbeit an »Hamlet/Hamletmaschine« am Deutschen Theater begleitet – eine Inszenierung, die, paralell zum Mauerfall entstanden, zu einem seltsamen Zeitdokument wurde: ein Versuch, »Hamlet« in die Labyrinthe des deutsch-deutschen Umbruchs zu übersetzen. *tip, 23/99*

Die Zeit mit Kathrin 993
***

Regie: Urs Graf
Darsteller: Mit: Kathrin Bohny, Lehrer und Schüler der Schauspielakademie Zürich
Drehbuch: Urs Graf
Kamera: Otmar Schmid, Werner Schneider, Björn Lindroos
Musik: Alfred Zimmerlin

Schnitt: Urs Graf
Prod.: Filmkollektiv Zürich, Schweiz 1999; 96 Min.
Verleih: -/-/LOOK NOW!; Sept. 1999

Der ebenso subtile wie faszinierende Dokumentarfilm begleitet während fast vier Jahren die Ausbildung einer jungen Frau, die als Schauspielschülerin ihre Möglichkeiten und Fähigkeiten ausprobiert und dabei menschlich und künstlerisch zu einer Persönlichkeit reift, die sich ihrer Möglichkeiten und Stärken, aber auch ihrer Grenzen bewusst ist. Die offene dramaturgische Struktur, die sorgfältig komponierten Bilder, die flüssige Montage und die sparsam eingesetzte Musik schaffen immer wieder Raum für Assoziationen und Reflexionen, so dass sich etwas vom Geheimnis der Kunst der Schauspielerei erahnen läßt. *Film, 9/99*

Zero Effect 994
ZERO EFFECT ***
Video

Regie: Jake Kasdan
Darsteller: Bill Pullman (Daryl Zero), Ben Stiller (Steve Arlo), Ryan O'Neal (Gregory Stark), Kim Dickens (Gloria Sullivan), Angela Featherstone (Jess), Hugh Ross (Bill), Sara DeVincentis (Daisy), Matt O'Toole (Kragan Vincent)
Drehbuch: Jake Kasdan
Kamera: Bill Pope
Musik: The Greyboy Allstars
Schnitt: Tara Timpone
Prod.Des.: Gary Frutkoff, Philip J. Messina
Prod.: Lisa Henson, Janet Yang, Jake Kasdan; Naomi Despress (Co.-Prod.) für Manifest Film Prod., USA 1998; 115 Min.
Vertrieb: Columbia TriStar Video; 17.1.1999
FSK: ab 12 J.

Der klügste Privatdetektiv, ein ebenso irrer wie genialer Psychopath, soll erpreßtem Top-Manager aus der Bredouille helfen. Überwiegend originell, aber auch überkonstruiert und mit ein paar Längen – in jedem Fall ein ungewöhnlicher Psychothriller.

Zeugin auf der Flucht 995
WITNESS FILES ***
TV

Regie: Douglas Jackson
Darsteller: Yancy Butler (Sandi Dickinson), David Nerman (Dennis McCoy), Barry Flatman (Frank Sutton), Mathew Harbour (Justin Dickinson), Alan Fawcett (Roland Sanderson), Tony Calabretta (Paulie Ranguso), Neil Kroetsch
Drehbuch: Cameron Kent
Kamera: Bert Tougas
Prod.: USA/Kanada 1998; 88 Min.
TV: 15.11.1999, ZDF, 22.25

Bill Pullman in ›Zero Effect‹

Für die ZDF-Reihe »Starke Frauen« hatte der US-kanadische Film den Thriller-Bonus einer gelernten Maskenbildnerin: Als Opfer einer Mafia-Intrige lässt sich Sandi auf eine Zeugenmanipulation ein und legt den Staatsanwalt in allerlei Masken aufs Kreuz. Schurkenverlade mit extravaganten Mitteln. *Ponkie, 17.11.1999*

Zivilprozess 996
A CIVIL ACTION ***+

Regie: Steven Zaillian
Darsteller: John Travolta (Jan Schlichtmann), Robert Duvall (Jerome Facher), Tony Shalhoub (Kevin Conway), William H. Macy (James Gordon), Jeljko Ivanbek (Bill Crowley), Bruce Norris (William Cheeseman), John Lithgow (Judge Skinner), Kathleen Quinlan (Anne Anderson)
Drehbuch: Steven Zaillian, nach dem gleichnamigen Roman von Jonathan Harr
Kamera: Conrad L. Hall
Musik: Danny Elfman
Schnitt: Wayne Wahrman
Prod.Des.: David Gropman

Prod.: Robert Redford, Scott Rudin, Rachel Pfeffer für Touchstone/Paramount, USA 1998; 115 Min.
UA: 25.12.1998, N.Y.
Verleih: UIP/UIP/UIP; 22.4.1999
FSK: ab 12 J., ffr. – FBW: Wertvoll

Ein stets dem eigenen Vorteil nachjagender Rechtsanwalt übernimmt den Entschädigungsprozess gegen zwei Industriekonzerne, die durch Wasserverseuchung für den Tod von acht Kindern verantwortlich sind. Je länger das Verfahren dauert, um so mehr findet sich der Anwalt persönlich involviert und setzt für die Fortsetzung des Prozesses schließlich sogar sein Privatvermögen und das seiner Kanzleipartner aufs Spiel. Der ehrenwerte Versuch, einen tatsächlichen Fall zu verfilmen, leidet unter psychologischen Schwächen und einer übertriebenen Faktentreue, die auf Kosten der dramatischen Wirkung geht. *Zoom, 4/99*

(...) Und wenn dies ein authentischer Fall ist, gibt es am Schluß keinen Sieger, keine triumphierende Gerechtigkeit: Dadurch, aber auch nur dadurch unterscheidet sich dieses »courtroom drama« von Steven Zaillian« (Regie und Buch nach einer Vorlage von Jonathan Harr) von anderen US-Justiz-Thrillern. Tempo und Spannung folgen nicht unbedingt gängigen Mustern, sondern eher den Fakten, die bisweilen etwas dröge aufgedröselt werden.
Ein weiteres, wenn auch kein flammendes Plädoyer gegen die in den USA herrschende Auffassung von Jurisprudenz und ihre Auswirkungen auf die Gerechtigkeit. *W.O.P. Kistner, AZ, 22.4.99*

»Ich hatte überhaupt keinen Ehrgeiz, Regie zu führen, aber 1992 machte ich eine sehr schlechte Erfahrung bei ›Jack the Bear‹, wo mir Regisseur Marshall Herskovitz das Drehbuch regelrecht wegnahm. Da versuchte ich, etwas mehr Kontrolle zu bekommen. Ich wollte das Buch und den Autor in mir schützen. Ich drehte ›Das Königsspiel‹, und die Arbeit mit Schauspielern und Kameramann Conrad Hall hat mir sehr gefallen. Mit Hall hätte ich am liebsten ›Zivilprozess‹ in Schwarzweiß gedreht, aber die Studios haben eine Aversion dagegen.«
Steven Zaillian im Interview mit Frauke Hanck, Blickpunkt Film, 17/99

»Ich hatte viel Geduld mit dem Regisseur. Wenn es sich bei Steven Zaillian nicht um ein erstklassiges Talent gehandelt hätte, wäre ich an die Decke gegangen. Denn er hat einen Take nach dem anderen gedreht. Nochmal, nochmal, scheinbar endlos. Aber ich wußte, daß es ihm ernst ist. Und hatte plötzlich große Freiheit. Selbst ich wußte nicht, was zwischen Zaillians ›Action!‹ und ›Cut!‹ entstehen würde! Es war herrlich. Manchmal erinnerte es mich an meine alten Tage, als ich noch viel Theater spielte. Ich kam mir vor wie eine jener Tschechow-Figuren, die immer im Abseits stehen.«

Zwischen Ihnen und Zaillian gab es nie Konflikte, die auf Ihrem Alters- und Erfahrungsunterschied beruht hätten?

»Überhaupt nicht. Das sind Gerüchte. Wenn ich das, was Zaillian hier geleistet hat, mit dem vergleiche, was Hollywood vor 30, 40 Jahren daraus gemacht hätte, kann ich nur dankbar sein. Früher hätte Hollywood daraus eine

John Travolta

Karikatur gemacht. Hier »die Guten«, dort »die Bösen« – keine Zwischentöne. Zaillian sorgt schon auf der Drehbuchebene für Differenzierungen. Überhaupt glaube ich, daß die jüngere Generation das Qualitätslevel der Filme gehoben hat.« *Robert Duvall im Interview mit Patrick Roth, SZ, 22.4.99*

Zu jung für ein Baby 997

FIFTEEN AND PREGNANT □ TV

Regie: Sam Pillsbury
Darsteller: Kirsten Dunst (Tina Spangler), Park Overall (Evie Spangler), David Andrews (Cal Spangler), Daniel Kountz (Ray)
Drehbuch: Susan Cuscuna
Kamera: James Bartle
Prod.: Hearst Ent., USA 1997; 87 Min.
TV: 14.3.1999, ZDF, 23.05

Beziehungs- und Schwangerschaftsprobleme einer 15jährigen.

Zu verkaufen 998

A VENDRE ****

Regie: Laetitia Masson
Darsteller: Sandrine Kiberlain (France Robert), Sergio Castellitto (Luigi Primo), Jean Francois Stévenin (Pierre Lindien), Chiara Mastroianni (Mireille), Roschdy Zem (Banker), Aurore Clement (Pierres Schwester), Mireille Perrier, Caroline Baehr
Drehbuch: Laetitia Masson
Kamera: Antoine Héberlé, George Diane
Musik: Siegfried
Schnitt: Ailo Auguste
Prod.Des.: Arnaud de Moléron
Prod.: Francois Cuel für Cuel Lavalette Le Studio Canal+, Frankreich 1998; 117 Min.
UA: Int. Filmfestspiele Cannes 1998
EA: Filmfest München 1998
Verleih: Arthaus/-/-; 24.6.1999
FSK: ab 16 J., ffr.

Nach dem Achtungserfolg von »Haben (oder nicht)« ist der zweite Langfilm von Laetitia Masson eine erstaunliche Kehrtwendung bigger than life in Cinemascope und nach dem klassischen Rückblenden-Muster des Film noir inszeniert, entwirft er das bruchstückhafte Porträt einer rätselhaften Frau, deren Leben eine ständige Flucht ist – vor sich selbst, ihrer Herkunft und dem ewigen Tauschhandel der Gefühle. Gegen Ende gerät der Regisseurin diese Lebensodyssee etwas zu zäh und konfus, aber ein gutes Darstellerensemble hilft über manche Längen hinweg. *Gerhard Midding, tip, 14/99*

Das kühl inszenierte Psychogramm über die Beziehungslosigkeit der 90er Jahre schmerzt in seiner Rigorosität, vermeidet jede Schönfärberei. Liebe ist hier weniger als ein Wort, ist Geschäft auf Gegenseitigkeit, kalkuliertes Geben und Nehmen. Die Angst, verletzt zu werden, sitzt tiefer als die vor der Einsamkeit. »Zu verkaufen« hinterläßt kein gutes Gefühl. Gerade das macht diesen schonungslosen Film so spannend. *Margret Köhler, AZ, 1.7.99*

(...) Laetitia Masson hatte mit ihrem ersten Film »Haben (oder nicht)« eine eigensinnige Heldin in die harte soziale Realität der französischen Provinz gestellt und dafür viel Anerkennung gefunden. »A vendre« als lehrhafter Untersuchungsfilm über ungerechte Tauschverhältnisse von Gefühlen, Geld und Macht gerät da manchmal etwas ortlos und abstrakt. Aber die Figuren, allen voran die rätselhafte Flüchtende, zeigen so viel irritierendes Eigenleben, daß auch der Zuschauer nicht in der bequemen Position des unbeteiligten Beobachters verharren kann. *Karim Zendagui, Rheinische Post, 2.7.99*

Der zuckersüße Tod 999

JAWBREAKER **

Regie: Darren Stein
Darsteller: Rose McGowan (Courtney Shayne), Rebecca (Julie Freeman), Julie Benz (Marcie Fox), Judy Greer (Fern Mayo), Chad Gayheart Christ (Zach Tartak), Ethan Erickson (Dane Sanders), Charlotte Roldan (Liz Pur), Pam Grier (Detektiv Vera Cruz)
Drehbuch: Darren Stein
Kamera: Amy Vincent
Schnitt: Troy Takaki
Prod.Des.: Jerry Fleming
Prod.: Stacy Kramer, Lisa Tornell für Film Kitt, USA 1999; 86 Min.
Verleih: Columbia TriStar/Columbia TriStar Video; 12.8.1999
FSK: ab 12 J., ffr.

Der Geburtstagsscherz geht gründlich schief. Eigentlich wollten Courtny, Julie und Marcie ihre Freundin Liz nur zum Frühstück entführen, doch plötzlich stehen sie mit ihrer Leiche da. Und ausgerechnet Fern Mayo, die von allen gehasste Dumpfbacke der Schule, kommt ihnen auf die Schliche. Beißende Satire auf die angeblich ach so heile Welt amerikanischer High Schools.
Annette Kilzer, tip. 17/99

(...) Eine leicht schwarz eingefärbte Teenie-Comedy des 26-jährigen Darren Stein mit satirisch-parodistischen Ambitionen und einigen originellen Ansätzen bei Story und Figuren. Dennoch: ziemlich trivial das Ganze.
W.O.P. Kistner, AZ, 13.8.99

(...) Doch nach zwanzig guten Minuten hart an der Grenze zur Klamotte versinkt der Film alsbald in jenen muffigen Klischees, die er doch eigentlich parodieren wollte und endet dann auch noch mit entsprechend pädagogisch wertvoller Botschaft. Schade eigentlich. *Jan Gymper, Zitty, 17/99*

Ein Zufall im Paradies 1000
***

Regie: Matthias von Gunten
Drehbuch: Matthias von Gunten
Kamera: Pio Corradi
Musik: Alex Kirschner
Schnitt: Anja Bombelli
Prod.: Marcel Hoehn, Schweiz/Österreich 1999; 88 Min.

Wie ist der Mensch entstanden und warum? Dieser Frage gehen Forscher und Forscherinnen in verschiedenen Gegenden Afrikas nach. Der Dokumentarfilm läßt sie zu Worte kommen, zeigt sie bei ihrer Arbeit. Ihre verschiedenen Ansätze werden nicht gegeneinander ausgespielt, sondern zu einem aussagekräftigen, stimmungsvollen Bild verwoben, wobei sich philosphische Dimensionen der Thematik vor allem aus der Montage, der Abfolge der Bilder und Szenen, erschliessen. Ohne zu viel akademische Details und doch seriös wird so ein eher trockenes Thema sinnlich erfahrbar gemacht. *Film, 9/99*

Zuflucht in Shanghai 1001
THE PORT OF LAST RESORT ****+

Regie: Joan Grossman, Paul Rosdy
Darsteller: Interviewpersonen: Fred Fields, Ernest Heppner, Illo Heppner, Siegmar Simon; Sprecher: Barbara Sukowa, Otto Tausig, Jaromir Borek, Erika Deutinger, Fritz von Friedl
Drehbuch: Joan Grossman, Paul Rosdy
Kamera: Wolfgang Lehner
Musik: John Zorn
Schnitt: Joan Grossman, Paul Rosdy
Prod.: Joan Grossman, Paul Rosdy, Lukas Stepanik für Pinball/Extrafilm, Österreich/USA 1998; 80 Min.
Verleih: -/polyfilm/-; Sept. 1998 (AU), Febr. 2000

Die sehr klar und schlicht aufgebaute, aber auf umfangreichen Recherchen beruhende Dokumentation berichtet über die jüdische Emigration nach Shanghai und die dortige jüdische Gemeinde »Little Vienna« zwischen 1938 und 1949. Aus nur spärlich vorhandenen Resten authentischen Materials entstand eine erstaunlich lebendige und eindringliche Bilderfolge. Die prägnanten Erzählungen der vier interviewten ehemals Betroffenen und die Kommentare zur politischen Situation in Shanghai zur Zeit des Chinesisch-Japanischen Krieges beleuchten nicht nur einige berührende persönliche Schicksale, sondern vor allem einen kleinen, aber nicht unbedeutenden Ausschnitt von Vertreibung und Holocaust.
Multimedia

Zug der Hoffnung / Zug des Lebens 1002
TRAIN DE VIE ****

Regie: Radu Mihaileanu
Darsteller: Lionel Abelanski, Rufus, Clément Harari, Michel Muller, Agathe de la Fontaine, Johan Leysen, Bruno Abraham-Kremer, Marie-José Nat
Drehbuch: Radu Mihaileanu
Kamera: Yorgos Arvanitis, Laurent Dailland
Musik: Goran Bregovic
Schnitt: Monique Rysselinck
Prod.: Frédérique Dumas, Marc Basnet, Cedomir Kolar, Ludi Boeken, Eric Dussart für Noé/Raphael Films mit 7A/Studio Canal Plus, Frankreich 1998; 103 Min.

UA: Int. Filmfestspiele Venedig 1998
Verleih: movienet/-/Filmcooperative; Sept. 1999 (CH), 23.3.2000

Um dem Holocaust zu entkommen baut eine jüdische Gemeinde einen falschen Deportationszug und flieht mit ihm nach Palästina. So unwahrscheinlich die Geschichte ist, so überzeichnet sind ihre Figuren und die ostjüdische Folklore in der Inszenierung im Stile Emir Kusturicas. Anknüpfend an die Tradition des jüdischen Humors, begegnet der Film dem Schrecklichen mit einer sympathischen, lebensbejahenden Komik. Eine unterhaltsame und ethisch unzweifelhafte Utopie. *Film, 9/99*

(…) Einen Schwank mit viel Musik hat der Regisseur da inszeniert. Ein fröhliches Schelmenstück mit lauter Schlomos, Jankeles und Mordechais. Eine Klamotte mit pompös-depperten Nazis, die leicht auszutricksen sind. Und vor allem: eine große Rettungsphantasie. Es darf gelacht werden während der Vorführung. Am Schluß jedoch, das weiß Radu Mihaileanu schon vorher, wird es ganz ruhig sein im Saal. Man müsse diese Geschichte, die im Film von dem Narren Schlomo erzählt wird, quasi von ihrem Ende her begreifen. »Alles verändert sich durch die letzte Einstellung«, sagt der vierzig Jahre alte Regisseur, der in Rumänien aufgewachsen ist und in den frühen achtziger Jahren nach Frankreich emigrierte. (…)
Rupert Koppold, Stgt. Zeitung, 28.11.99

(…) Der größte Unterschied zu »Das Leben ist schön« aber liegt vielleicht im Schluß beider Filme. Es ist eine ganz und gar gegenteilige Bewegung. Benigni streift den Kitsch, Mihaileanu – nein, dieses Ende muß jeder selber sehen. (…) *Kerstin Decker, Der Tagesspiegel, 12.6.99*

Zum Teufel mit den Millionen 1003

FOR RICHER OR POORER **
Video

Regie: Bryan Spicer
Darsteller: Tim Allen (Brad Sexton), Kirstie Alley (Caroline Sexton), Jay O. Sanders (Samuel Yoder), Michael Lerner (Phil Kleinman), Wayne Knight (Bob Lachman), Larry Miller (Derek Lester), Miguel A. Nunez jr. (Frank Hall), Megan Cavanagh (Levinia Yoder)
Drehbuch: Jana Howington, Steve Lukanic
Kamera: Buzz Feitshans IV.
Musik: Randy Edelman
Schnitt: Russell Denove
Prod.Des.: Stephen Hendrickson
Prod.: Sid, Bill & Jon Sheinberg; Michael S. Glick, Bruce Economou (Co-Prod.) für Sheinberg Prod., USA 1997;
115 Min.
Vertrieb: CIC (Universal) Video; März 1999
FSK: ab 6 J.

Von der Steuerfahndung gehetztes Society-Pärchen flieht aus New York und kriecht bei einer stockkonservativen Sekte auf dem Land unter. Weder die Kamera, noch der Rhythmus, noch die Musik stören – sondern die Story: Plumpe Pointen auf Kosten der Amish, ansonsten Leerlauf.

Zurück aufs Land 1004

MA TERRE □
TV

Regie: Bernard Malaterre
Darsteller: Jean-Marc Thibault (Fernand), Roger Souza (Dédé), Agnès Torrent (Yoyo), Marie-Joséphine Crenn (Laura), André Dupont (Jasou)
Drehbuch: Bernard Malaterre
Prod.: Frankreich 1998;
92 Min.
TV: 29.10.1999, Arte, 20.45

In dem kleinen Gebirgsdorf Saynac leben zwei starrköpfige Nachbarn seit Jahrzehnten in Feindschaft. Als die lebenslustige Yoyo mit ihrer Tochter aus Paris in das Dorf zieht, ist es mit der friedlich-feindlichen Koexistenz der Dörfler zu Ende. Die Männerwelt wird in Aufregung versetzt. *Pressetext*

Zwei in einem Boot 1005

***

Regie: Cornelia Grünberg
Darsteller: Günter Naumann (Opa Knut), Fabian Oscar Wien (Fabian), Marie Kliefert (Nadja), Alexander Grünberg (Hans), Dieter Wien (Herr Trebbin), Madeleine Wien-Lierk

(Frau Trebbin), Carl Kliefert (Christian), Andreas Grünberg
Drehbuch: Andreas Grünberg, Cornelia Grünberg
Kamera: Heiko Merten
Musik: Arne Eickenberg
Schnitt: Barbara Lüders
Prod.Des.: Daniel Beck
Prod.: Ottokar Runze für Ottokar Runze »Konrad Wolf« Filmprod./HFF/ARD, BRD 1998; 70 Min.
Verleih: Basis/-/-; 29.4.1999
FSK: ab 6 J., ffr.

Opa Knut geht mit seinen Enkeln Hans und Fabian auf Kanutour zum Adlernest. Plötzlich taucht die 14jährige Nadja auf und schließt sich an. Sie und Fabian streiten, beste Voraussetzungen für eine Romanze. Doch der Film entwickelt keine Beziehungen zwischen seinen Figuren, sondern jagt sie durch eine lose Abfolge von Schwierigkeiten, die in einem Herzanfall des Opas gipfeln. Viele Nebenarme, die sich zu keinem Erzählstrom sammeln, da muß die Aufmerksamkeit des Zuschauers irgendwann abtauchen.

Stefanie Dörre, tip, 10/99

Zwei Kinogesichter 1006

**

Regie: Luca und Marco Mazzieri
Darsteller: Stefanie Brenner, Hermann Weiskopf, Hans Brenner, Pepi Pittl, Thomas Gassner, Vanessa Weiskopf, Chiara Torelli
Drehbuch: Luca und Marco Mazzieri, Hermann Weiskopf
Kamera: Massimiliano Gatti
Musik: Ugo Laurenti, Florian Randacher
Schnitt: Carlo Fontana
Prod.: Hermann Weiskopf für Delta-Film, Österreich 1998; 87 Min.
Verleih: -/Delta/-; Mai 1999

Ein Tiroler und eine Deutsche fahren durch Tirol, um Internetanschlüsse zu verkaufen, scheitern aber an der Aufgabe und verlegen sich auf den Handel mit Bioprodukten. Langer Wirtschaftsfilm, dessen Spielhandlung zwar oberflächlich die soziale Frage fehlender Arbeitsplätze anspricht, im Grunde aber nur als »Job-Movie« über die Straßen Tirols surft. Aus den weithin unbekannten Darstellern sticht lediglich Hans Brenner in seiner letzten Rolle hervor.

Multimedia

Eine zweite Chance 1007

HOPE FLOATS ***

Regie: Forest Whitaker
Darsteller: Sandra Bullock (Birdee Pruitt), Marry Connick, jr. (Justin Matisse), Gena Rowlands (Ramona Calvert), Mae Whitman (Bernice Pruitt), Michael Paré (Bill Pruitt), Cameron Finley (Travis), Kathy Najimy (Toni Post)
Drehbuch: Steven Rogers
Kamera: Caleb Deschanel
Musik: Dave Grusin
Schnitt: Richard Chew
Prod.Des.: Larry Fulton
Prod.: Lynda Obst für Fortis Film, USA 1998; 114 Min.
Verleih: 20th Century Fox/-/-; 7.1.1999
FBW: Wertvoll

Berührendes Beziehungsdrama mit Sandra Bullock in einer Paraderolle als betrogene Ehefrau, die nach der Trennung von ihrem Mann unter Minderwertigkeitskomplexen leidet. Ihr Lebensinhalt beschränkt sich darauf, Frau und Mutter zu sein. Nur mühsam gelingt es ihr, mit Hilfe eines früheren Verehrers Selbstachtung sowie die Liebe ihrer kleinen, auf den Vater fixierten Tochter wiederzugewinnen.

Ralph Umard, tip, 2/99

Mae Whitman, Sandra Bullock und Gena Rowlands

Das zweite Dschungelbuch 1008

THE SECOND JUNGLE BOOK = MOWGLI AND BALOO ***

Regie: Duncan McLachlan
Darsteller: James Williams (Mowgli), Bill Campbell (Harrison), Roddy McDowall (King Murphy), David Paul Francis (Chuchundra), Gulshan Grover (Buldeo), Dyrk Ashton (Karait)
Drehbuch: Bayard Johnson, Matthew Horton, nach dem gleichn. Buch von Rudyard Kipling
Kamera: Adolfo Bartoli
Musik: John Scott
Schnitt: Markus Manton
Prod.: Raju Patel, USA 1997; 88 Min.
Verleih: AFM; 18.2.1999
FSK: ab 6 J.

Im Dschungel ist die Hölle los, denn der Amerikaner Harrison will Mowgli, der bei den Tieren des Dschungels aufgewachsen ist, für den Zirkus einfangen. Noch schlimmer treibt's der Onkel des Jungen, der ihm sogar nach dem Leben trachtet. Im Kampf um die Freiheit ist Mowgli auf die tatkräftige Unterstützung seiner tierischen Freunde angewiesen. *Blickpunkt Film, 3/99*

Der zweiunddreißigste August auf Erden 1009

UN 32 AOUT SUR TERRE ***

Regie: Denis Villeneuve
Darsteller: Pascale Bussières (Simone), Alexis Martin (Philippe), Richard S. Hamilton, Serge Theriault, Emmanuel Bilodeau, Paule Baillargeon, Frédéric Desager
Drehbuch: Denis Villeneuve
Kamera: André Turpin
Musik: Pierre Desrochers, Nathalie Boileau
Schnitt: Sophie Leblond
Prod.: Roger Frappier für Max Films, Kanada 1998; 88 Min.
UA: 21.5.1998, Int. Filmfestspiele Cannes »Uncertain Regard«
EA: Int. Hofer Filmtage 1998
Verleih: TiMe/filmladen/-; 18.2.1999
FSK: ab 12 J., ffr.

Nachdem sich Fotomodell Simone aus ihrem verunglückten Wagen gekämpft hat, scheint alles ein wenig anders als vorher. Es ist der 32. August. Anstatt ihre Agentur von dem Unfall zu informieren, fliegt sie mit einem alten Freund nach Salt Lake City, um in der Wüste ein Kind zu zeugen. Das Paar auf dem heißen Wüstenboden, so gleißend und horizontlos wie die Zimmerdecke der Intensivstation. Ein Film wie im Koma. *Iris Depping, tip, 5/99*

Zwischen allen Fronten 1010

LES ETRANGERS □ TV

Regie: Philippe Faucon
Darsteller: Karim Ben Sadia (Sélim), Yamina Amri (Mutter), Lakdar Smadi (Vater)
Drehbuch: Philippe Faucon
Prod.: Frankreich 1999; 71 Min.
TV: 13.9.1999, Arte, 22.35, OmU

Der 19jährige Algerier Sélim wird von seiner Familie verstoßen, weil er homosexuell ist, nur seine Mutter hält zu ihm. Er meldet sich als Freiwilliger zu den Blauhelmen in Bosnien, stößt aber auch dort auf Ablehnung und ist noch dazu wegen seines Glaubens ein Außenseiter.

Zwischen Rosen 1011

□ TV

Regie: Jürgen Flimm
Darsteller: Maximilian Schell (Carl), Julia Stemberger (Beatrice), Pinchas Zukerman (Geigenspieler), Derrick Weiser (Junge), Ellen Flimm, Maria Zimmermann, Evelyn Matzura, Anke Tegtmeyer
Drehbuch: Marc Neikrug, Jürgen Flimm, nach dem gleichn. Theaterstück von Marc Neikrug
Kamera: David Watkin
Musik: Marc Neikrug
Schnitt: Dagmar Hirtz
Prod.: Ulrich Lenze für Cinecentrum/WDR/BMG, BRD 1996; 74 Min.
EA: Int. Filmfestspiele Berlin 1997, »Neue deutsche Filme«
TV: 28.7.1999, West3, 23.45

Die Verfilmung des gleichnamigen Bühnenstücks des amerikanischen Komponisten und Konzertpianisten Marc Neikrug: Ein Film über die Tyrannei der Erinnerung – die Erinnerung eines jüdischen Geigers, der das Konzentrationslager Auschwitz überlebt hat. (...) *Katalog Berlinale*

Die Filmbranche: Jahresrückblick 1999

Januar

• Die SENATOR FILM AG notiert am 29. Januar erstmals an der Frankfurter Börse.

• Nach »Verhandlungsschwierigkeiten« mit Constantin vergibt Bauherr DEUTSCHER HEROLD das Projekt eines 4500-Plätze-Multiplex auf dem Münchener Mathäser-Areal an Village Cinemas.

• Tom Tykwer kündigt *Der Krieger und die Kaiserin* als sein nächstes Projekt an.

• John Travolta kündigt *Battlefield Earth*, einen Science-fiction-Stoff nach einem Roman von Scientology-Gründer L. Ron Hubbard, als nächstes Projekt an.

• HELKON gibt Pläne für Großprojekte *Nick Knatterton* und *Rainer Zufall* bekannt.

• Roland Emmerich gewinnt für sein Bürgerkriegsdrama *The Patriot* Mel Gibson als Hauptdarsteller.

Februar

• Am 3. Februar notiert die CINEMEDIA AG am Neuen Markt.

• Die Erstnotiz der INTERTAINMENT-AKTIE am Frankfurter Neuen Markt erfolgt am 8. Februar.

• Mit der konstituierenden Sitzung der FFA-Vergabekommissionen wird die erste offizielle Amtshandlung nach dem neuen FFG vollzogen.

• Die belgische Kinokette KINEPOLIS beteiligt sich mit 30 Prozent an Cinemaxx. Die Multiplex-Majors gründen das Joint-venture Kinemaxx BV.

• UNIVERSAL integriert die internationalen Aktivitäten von Polygram Filmed Entertainment in seine Strukturen.

• Die DEUTSCHE COLUMBIA TRISTAR FILMPRODUCTION kündigt erste Projekte an. Den Anfang macht Stefan Ruzowitzkys *Anatomie*.

• Jonathan Mostow dreht den aufwendigen U-Boot-Thriller *U-571* mit Matthew McConaughey in Cinécitta. Den 90-Mio.-Dollar-Film von Universal produzieren Dino und Martha De Laurentiis. Der »Boot«-erfahrene Produktionsdesigner Götz Weidner ist mit dabei.

• Samuel Jackson soll der »Shaft« der neunziger Jahre werden in John Singletons Remake des Blaxploitation-Klassikers.

• PERATHON-FILM, die Produktionsfirma von Joseph Vilsmaier, kündigt den Dreh der Marlene-Dietrich-Biographie *Marlene*, *Leo und Claire* und *Da tanzt der Bär* an.

März

• DISNEY wird in einem Joint-venture mit TODD-AO in München ein digitales Synchronstudio einrichten. Es soll im Jahr 2000 in Betrieb gehen.

• SPEAN BRIDGE, ein neuer Mitstreiter auf dem Multiplex-Parkett, plant zehn Projekte in Deutschland. Das erste Kino mit 2100 Plätzen soll 2001 im Hamburger Osten eröffnen.

• BAVARIA FILM übernimmt 74 Prozent der österreichischen Satel-Gruppe. Geschäftsführender Gesellschafter bleibt Michael Wolkenstein.

• Cinemaxx übernimmt vier Kinos von Omniplex über ein gemeinsames Joint-venture.

• Renny Harlin nutzt für seinen effektelastigen Monsterthriller *Deep Blue Sea* die »Titanic«-Studios.

• Kevin Spacey spielt in seiner selbstproduzierten Theater-Adaption *Hospitality Suite*.

• Claussen und Wöbke erwerben die Filmrechte an Benjamin Leberts Bestseller *Crazy* für Hans Christian Schmid.
• *Der kleine Vampir* wird für 33,5 Mio. Mark von Comet Film und Stonewood Communications auf die große Leinwand gebracht.
• Die österreichische CONSTANTIN übernimmt die Wiener Multiplexanteile der ehemals gemeindenahen Holding KIBA. Zehn weitere Kinos gehen an eine gemischte Betreibergruppe.
• UNIVERSAL schließt einen Vertrag mit Working Title ab.

April

• Der Schweizer Lizenzhändler HIGHLIGHT COMMUNICATIONS geht an die Börse.
• Am 12. April werden erstmals ODEON-FILM-Aktien am Frankfurter Neuen Markt gehandelt.
• Die Besucherzahl im ersten Quartal 1999 hat sich im Vergleich zum Vorjahreszeitraum um fast 20 Prozent verringert. Der Marktanteil deutscher Filme liegt bei 15 Prozent.
• Kultur-Staatsminister Michael Naumann trifft sich in Babelsberg mit Politikern und Vertretern der Filmwirtschaft, um das »Bündnis für Film« auf den Weg zu bringen.
• Roland Joffe dreht den 36-Mio.-Dollar-Historienfilm *Vatel* mit Gérard Depardieu und Uma Thurman.
• Kenneth Branagh dreht Shakespeares *Love's Labour's Lost* als Musical.
• Im Gerichtsstreit um die Rechte an dem Marcel-Comic *Spider-Man* bekommt Sony recht. James Cameron tritt von seinen Regieplänen zurück.
• John Woo beginnt nach Startverschiebungen mit *Mission: Impossible 2*. Keanu Reeves soll der »Shooter« werden für eine 15-Mio.-Dollar-Gage.
• UNIVERSAL verkauft die US-Firmen von Polygram sowie October Films an Barry Dillers USA Networks.

Mai

• Wim Wenders' Film ROAD MOVIES ist künftig unter dem Dach des Postproduktionshauses DAS WERK angesiedelt. Produzent Uli Felsberg will ab 2000 jährlich 20 Filme herstellen.
• Auf dem Gelände von Bavaria Film entsteht eine neue Halle nur für Spielfilmproduktionen mit 3000 Quadratmetern.
• Grünes Licht für Joel Silvers Hip-Hop-Kung-Fu-Variante von Romeo und Julia, *Romeo Must Die*.
• BUENA VISTA und Pixar weiter digital. Die nächste Zusammenarbeit wird *Monsters Inc.* sein, der Kinostart ist für 2001 geplant.
• Für die Filmrechte an Thomas Harris' Fortsetzung von *Das Schweigen der Lämmer, Hannibal*, zahlt Dino De Laurentiis die Rekordsumme von neun Mio. Dollar.
• Michael Schaacks Trickompany hat viel vor: Nach *Käpt'n Blaubär* kommen *Ottifanten* und *Barbarella*.
• Die US-Kinokette LOEWS CINEPLEX gründet mit Filmauro ein italienisches Joint-venture und will 200 Mio. Dollar investieren.
• *Star Wars: Episode 1* spielt als erster Film in der US-Geschichte innerhalb von fünf Tagen mehr als 100 Mio. Dollar ein.
• Der australische Medienunternehmer Kerry Packer kündigt eine Übernahme des australischen Kinokonzerns Hoyts Cinemas an.

Juni

• Christoph Ott kündigt seinen Abschied von Buena Vista an. Ab 1. Oktober ist er als drittes Vorstandsmitglied bei der Senator Film AG für den weltweiten Vertrieb und Marketing verantwortlich.

• Die INTERTAINMENT AG schließt einen europäischen Vermarktungsvertrag über 60 Filme in fünf Jahren mit Warner Bros. ab und besitzt damit einen wesentlichen Anteil am Warner-Output.

• Til Schweigers Produktionsfirma MR. BROWN gehört rückwirkend zum 1. Mai zu 51 Prozent der SENATOR FILM AG. Schweiger soll jährlich mindestens drei Filme als Produzent oder Regisseur realisieren. Die Firma zieht nach Grünwald bei München.

• RIALTO, die Produktionsfirma von Horst Wendtland, produziert *Otto – Der Katastrofenfilm*.

• Die Bret-Easton-Ellis-Adaption *American Psycho*, die acht Jahre bis zur Realisierung brauchte, wird postproduziert.

• MGM und UNITED ARTISTS (UA) werden fusioniert. Die Londoner MGM-Tochter G2 Films wird in United Artists International umgetauft.

• FOX übernimmt den internationalen Kinoverleih und Videovertrieb von MGM. MGM kündigt seinen Vertrag mit UIP zum 1. November 2000.

Juli

• Die drei größten deutschen Kinobetreiber, Ufa, Cinemaxx und Kieft & Kieft, kündigen ihre Mitgliedschaft beim HDF.

• BUENA VISTA und HELKON vereinbaren eine Zusammenarbeit im Filmvertrieb.

• Laut EDI verzeichneten die deutschen Kinos im ersten Halbjahr 1999 mit 61,8 Mio. rund elf Prozent weniger Besucher als im Vorjahr.

• Jean-Pierre Hoss übernimmt die Leitung des Centre National du Cinéma.

• DREAMWORKS annuliert seine Pläne für die Errichtung eines Studiogeländes auf dem »Playa Vista«-Gelände.

• Die Stadt Wien stellt ihre Reform des WFF vor und erhöht das Jahresbudget auf 110 Mio. Schilling.

• Der Prozeß zwischen Disney Co. und Jeffrey Katzenberg endet mit einem Vergleich, der Katzenberg 250 Mio. Dollar einbringt.

• Die Warner-Chairmen Bob Daly und Terry Semels geben ihren Rücktritt bekannt. Barry Meyer und Alan Horn treten das Erbe an.

• Leon de Winter und Eric Plesskow gründen ihr Filmstudio Pleswin.

• Brian De Palma dreht Disneys *Mission to Mars* mit Tim Robbins und Gary Sinise als wackere Astronauten. Währenddessen bereitet Warner seinen Konkurrenzfilm *Red Planet* mit Val Kilmer vor. Clip-Regisseur Anthony Hoffman soll inszenieren.

• Das erfolgreiche DIE MUMIE-Team Stephen Sommers und Brendan Fraser ist nicht nur im Gespräch für ein Sequel des Horror-Abenteuers, sondern auch für eine Neuverfilmung des Abenteuerklassikers *In 80 Tagen um die Welt*.

August

• KINOWELT beteiligt sich mit 20 Prozent am kanadischen Film- und TV-Konzern Alliance Atlantis Communications (AACI) und übernimmt 50 Prozent von dessen britischem Filmverleih. Kinowelt hält damit rund sechs Mio. Aktien des Unternehmens.

• CINERENTA startet seinen dritten Filmfonds für drei Hollywoodproduktionen. Insgesamt sollen bis 2001 150 Mio. Mark akquiriert werden.

• HYDE PARK Entertainment schließt mit DISNEY und MGM zwei First-Look-Verträge sowie einen Fünfjahresvertrag mit KIRCH und MEDIASET ab.

• Das US-Boxoffice feiert mit einem Sommerumsatz von drei Mrd. Dollar einen neuen Rekord.
• WARNER BROS. plant, Ende 2000 zwei Fortsetzungen des von den Wachowski-Brüdern als Trilogie angelegten Science-fiction-Hits *Matrix* direkt hintereinander zu drehen. Keanu Reeves, Laurence Fishburne und Carrie-Anne Moss sollen wiederkehren.
• Sylvester Stallone soll zum sechstenmal als Rocky in den Ring steigen. Er soll das Drehbuch schreiben, inszenieren und natürlich die Titelrolle spielen.

September

• VIACOM und CBS kündigen ihre Pläne für eine Fusion an.
• EU-Wettbewerbskommissar Karel van Miert erteilt UIP eine Befreiung von den Anti-Trust-Gesetzen der EU.
• Viviane Reding tritt die Nachfolge von Marcelino Oreja als EU-Kommissarin für Kultur und Bildung an.
• Disney-Chef Michael Eisner ernennt Sandy Litvack zum Executive Vice Chairman von Disney.
• CONSTANTIN geht an die Börse: Erstnotiz der Aktien am Neuen Markt ist am 13. September.
• ARTEMEDIA wird Betreiber des Babelsberger FX-Centers. Mit der Übernahme wird der Konkurs des Europäischen Filmzentrums Babelsberg (EFB) angewendet.
• SPLENDID vollzieht am 24. September den Börsengang.
• INTERTAINMENT schließt mit Fox einen Kofinanzierungs- und Distributionsvertrag, der Investitionen von 500 Mio. Dollar in 20 Fox-Koproduktionen beinhaltet. Zusätzlich wird ein Vertrag über den europaweiten Vertrieb von 60 Intertainment-Filmen vereinbart.

Oktober

• Die Media-Investment-Firma MM Media Capital Partners investiert 900 Mio. Dollar in US-Produktionen.
• Universal Pictures kündigt an, daß UNIVERSAL Pictures International (UPI) den Kinoverleih an UIP abgibt. Universal verlängert seinen Vertrag mit UIP um weitere fünf Jahre.
• UGC erwirbt für 359 Mio. Dollar von der Virgin-Gruppe rund 300 Kinosäle in Großbritannien und Irland.
• HELKON MEDIA AG notiert am 7. Oktober zum erstenmal am Neuen Markt.
• Senator gründet mit dem früheren United-Artists-Chef Eric Pleskow und dem Niederländer Leon de Winter das internationale Produktionsunternehmen AMBERLON PICTURES. Senator ist mit 51 Prozent, Pleskows und de Winters Firma Pleswin mit 49 Prozent beteiligt.
• Der TIME Filmverleih besteht als unabhängiges Unternehmen nicht weiter. Wolfram Tichy übernimmt alle Anteile und will TIME verstärkt für Eigenproduktionen nutzen.
• Die Regina Ziegler Filmproduktion erhält mit fünf Mio. Mark Produktionsförderung für Sidney Lumets *Die schöne Frau Seidenman* den höchsten je vergebenen Einzelbetrag von der Filmstiftung NRW.
• KINOWELT übernimmt den Traditionsverleih Jugendfilm.
• Xavier Koller dreht die Adaption von Kurt Tucholskys *Schloß Gripsholm* ab. Das Budget für die deutsch-schweizerisch-österreichische Gemeinschaftsproduktion liegt bei 10,4 Mio. Mark.

November

• Zwei Monate vor dem geplanten Drehstart von *Pearl Harbor* hat Buena Vista dem teuersten Film der Studiogeschichte grünes Licht erteilt. Das Studio bewilligte Jerry Bruckheimer und Michael Bay ein Budget von 145 Mio. Dollar.

• Auch ohne Arnold Schwarzenegger und James Cameron sollen die Sequels *Terminator 3 & 4* gedreht werden – acht Jahre nach *Terminator 2*.

• Nach Jahren der Spielfilmabstinenz bereitet Werner Herzog mit Tatfilm und Little Bird den Kinofilm *Unbesiegbar/Invincible* vor. Das Budget für die deutsche Koproduktion liegt bei 13 Mio. Mark.

• Nach Jonathan Demme hat nun auch Jodie Foster ihr Mitwirken bei der »Das Schweigen der Lämmer«-Fortsetzung abgesagt.

• PRO SIEBEN und CINEMAXX gründen das Verleih-Joint-venture SEVEN X, um kinotaugliche Produktionen des Senders auszuwerten. Als erster Film soll »Fußball ist unser Leben« starten.

• Stacey Snider wird alleiniger Chairman von Universal Pictures, nachdem CO-CHAIRMAN Brian Mulligan zum CFO der Universal-Mutter Seagram aufsteigt.

• Stewart Till gibt seinen Präsidentenposten bei United Pictures International auf.

• Binnen weniger Wochen werden in Wien vier Multiplexe mit zusammen über 11.000 Sitzplätzen eröffnet.

Dezember

• Leni Riefenstahl beschäftigt in- und ausländische Filmschaffende. Nur wenige Tage, nachdem Odeon Film ihre Pläne für eine Verfilmung des Lebens von Leni Riefenstahl bekanntgab, haben auch Jodie Foster und Egg Pictures ihre Pläne für eine Filmbio über die Filmemacherin wiederbelebt. Jodie Foster hält sich offen, auch die Hauptrolle zu spielen.

• Cinemaxx, Ufa und Kieft & Kieft gründen den Verband CINEROPA in Berlin. Er soll dem Strukturwandel der Kinolandschaft Rechnung tragen und sich den Herausforderungen des europäischen Multimarkts stellen.

• Die Ufa-Kinowerbung (UKW) beschließt die Umrüstung von 600 Leinwänden auf das System CECIS, um ab Herbst 2000 Werbebotschaften digital zu projizieren.

• Der angekündigte, 20 Mio. Mark schwere bayerische Bankenfonds geht an den Start. Erster Nutznießer ist die MPS-Produktion *Trouble Shooter – Bis zum letzten Mann*, der 500.000 Mark zugesprochen werden. Die Vergabe der Mittel geschieht über den FFF Bayern.

• Die mit der Verwaltung der Entwicklungsfonds beauftragte MEDIA-II-Agentur European Medie Aevelopment Agency (EMDA) kündigt ihre Schließung zum Jahresende an.

• Amy Pascal erhält den Posten eines Chairman von Columbia Pictures.

• Der ehemalige Venedig-Leiter Felice Laudadio wird Präsident der römischen Cinecittà-Studios.

Dank an das Branchenmagazin BLICKPUNKT: FILM, aus dem die meisten Informationen stammen.

Internationale Filmpreise

71. Academy Awards – Oscars 1999

Das war sie also: die letzte Verleihung des Oscar in diesem Jahrhundert – zumindest wurde sie als solche angepriesen. Daß es diesmal richtig spannend wurde, lag allerdings überhaupt nicht an dieser einmaligen Jahreszahl und auch nicht an den überraschenden Nominierungen und Gewinnern (an Überraschungen war die Veranstaltung in dieser Hinsicht so arm wie in den letzten Jahren), sondern an der Tatsache, daß Hollywood mit eigener Geschichte und US-amerikanischer Politik konfrontiert wurde. Und zwar in der Person des 89jährigen Elia Kazan, dem ein Oscar für sein Lebenswerk verliehen wurde.

Der Lifetime Achievement Award

»Die Verleihung spaltete das Publikum. Zwar hatten Robert de Niro und Martin Scorsese, die Kazan den Preis überreichten, Tränen der Rührung in den Augen, aber ein Großteil der Anwesenden verweigerte sich den üblichen ›standing ovations‹, und prominente Hollywood-Liberale wie Nick Nolte und Holly Hunter verschränkten demonstrativ die Arme.
Seit Monaten hatte die Gemeinschaft der Filmschaffenden über den Lifetime Achievement Award für Kazan gestritten. Denn so gewiß Kazan den Oscar für sein Gesamtwerk beanspruchen darf, so unverdient scheint die Ehrung für sein Leben. Am 10. April 1952 hat Kazan, der mit Filmen wie *Endstation Sehnsucht*, *Jenseits von Eden* und *Wilder Strom* das Kino der Nachkriegszeit beherrschte, vor dem Kongreßausschuß für uname-rikanische Aktivitäten ausgesagt und dabei acht seiner ehemaligen Freunde verraten. Sie waren, ebenso wie Kazan, Mitglied der kommunistischen Partei gewesen; aber sie hatten sich, anders als er, der Aufforderung zur Denunziation verweigert. Dafür mußten sie mit Berufsverbot und politischer Verfolgung bezahlen. Erst in den sechziger Jahren wurden viele Opfer dieser Hexenjagd rehabilitiert.« (Andreas Kilb, »Die Zeit«)

Hollywood hatte es plötzlich mit einem historischen Gespenst zu tun, das eigentlich nur noch in den Artikeln von Kulturkritikern virulent war; der Name dieses Gespensts ist Joseph McCarthy, Senator und Kommunistenjäger in den 50er Jahren, und zu seinem Informanten wurde Kazan.
»Eine Gruppe von Autoren, die Kazan damals denunzierte, hat jetzt zu Protesten aufgerufen. Kazan solle sich zumindest entschuldigen, fordern sie. ›Entschuldigen? Ein guter stalinistischer Begriff‹, ließ Kazan seine Anwältin ausrichten. ›Meine Gegner haben sich niemals dafür entschuldigt, Stalinismus und Kommunismus unterstützt zu haben.‹
Das Erstaunliche an der Auseinandersetzung ist die Schärfe, mit der sie geführt wird. ›Königs-Ratte‹ nennt ihn der Autor Sidney Zion. Charlton Heston hingegen, Schauspieler und Lobbyist für den ungehinderten Verkauf von Schußwaffen, spricht von ›stalinistischer politischer Korrektheit‹ der Kazan-Gegner.« (Eva Schweitzer, »Der Tagesspiegel«)

Begnini-Film mit drei Oscars

Bei den anderen Preisen verlief alles viel ruhiger: Mit *Der Soldat James Ryan* (5 Oscars) und *Shakespeare in Love* (7 Oscars) gewannen die beiden Favoriten in den wichtigsten Kategorien – ausgenommen die Auszeichnung für den besten Nebendarsteller, die an James Coburn für seine Rolle in *Der Gejagte (Affliction)* ging, und die Auszeichnung für den besten Hauptdarsteller, die Roberto Begnini für *Das Leben ist schön* gewann. Daß Begnini diesen Preis erhielt, war die einzige große Überraschung des Abends, denn der Italiener erhielt seit 1961 (Sophia Loren) den ersten Schauspieler-Oscar für eine Rolle in einem nicht englischsprachigen Film. Der Preisregen, der auf *Das Leben ist schön* bereits im letzten Jahr auf den europäischen Festivals niedergegangen war, setzte sich beim Oscar fort: Der Film gewann auch den Preis für den besten fremdsprachigen Film und für die beste Musik in der Kategorie Drama. Damit ist *Das Leben ist schön* sogar der erste nicht englischsprachige Film, der drei Oscars verliehen bekam. Dementsprechend euphorisch gab sich Begnini wieder: Wie schon im letzten Jahr bei der Verleihung des Europäischen Filmpreises bekundete der Komiker erneut, jetzt mit allen Anwesenden »Liebe machen« zu wollen – man sieht: Auch ein Begnini wird durch die Anhäufung von Preisen nicht origineller.

Aus deutscher Sicht gab es in diesem Jahr wenig Grund zur Euphorie; *Lola rennt* von Tom Tykwer wurde nicht für den Oscar nominiert. Immerhin wurde *Election Night*, eine dänisch-deutsche Koproduktion, als bester Kurzfilm ausgezeichnet, und bei der »kleinen« Oscar-Verleihung für Studentenfilme wählte die Academy of Motion Pictures and Sciences wie in den beiden Jahren zuvor eine deutsche Produktion zum besten Film: *Kleingeld* von Marc-Andreas Bocherts. Allerdings: »Zur Erfolgsquote der Studenten trägt bei, dass die Bundesrepublik als einziges Land sechs Filmhochschulen hat. Da jede Ausbildungsstätte nur ein Werk einreichen darf, sind die Chancen für ein deutsches Projekt ungleich höher.« (Christina Berr, Bernd Sobolla, »Der Spiegel«)

Doch zurück zu Roberto Begnini: Da wohl kaum einer der anwesenden Hollywood-Stars die Verleihung des Europäischen Filmpreises verfolgt hatte, wurde die Wiederholung des Witzes nicht bemerkt, und so wurde er erneut zum Liebling des Publikums. »Whoopi Goldberg hatte alle Mühe, den Mann auf seinem Platz zu halten und führte jovial und gewitzt durch den Abend. Aber das konnte nicht darüber hinwegtäuschen, daß Elia Kazan die Feier gründlich verdorben hatte.« (Michael Athen, »SZ«)

Die Nominierten und **Gewinner**:

Bester Film (Produzenten): *Elizabeth* (Alison Owen, Eric Fellner und Tim Bevan), *Das Leben ist schön* (Elda Ferri und Gianluigi Braschi), *Der Soldat James Ryan* (Steven Spielberg, Ian Bryce, Mark Gordon und Gary Levinsohn), ***Shakespeare in Love* (David Parfitt, Donna Gigliotti, Harvey Weinstein, Edward Zwick und Marc Norman)**, *Der schmale Grat* (Robert Michael Geisler, John Roberdeau und Grant Hill).

Regie: Roberto Benigni für *Das Leben ist schön*, **Steven Spielberg für *Der Soldat James Ryan (Saving Private Ryan)***, John Madden für *Shakespeare in Love*, Terrence Malick für *Der schmale Grat (The Thin Red Line)*, Peter Weir für *Die Truman Show*.

Hauptdarstellerin: Cate Blanchett als Queen Elizabeth I in *Elizabeth*, Fernunda Montenegro als Dora in *Central Station*, **Gwyneth Paltrow als Viola in *Shakespeare in Love***, Meryl Streep als Kate in *Familiensache (One True Thing)*, Emily Watson als Jacqueline in *Hilary und Jackie*.

Nebendarstellerin: Kathy Bates als Libvon in *Mit aller Macht (Primary Colors)*, Brenda Blethyn als Mari in *Little Voice*, **Judi Dench als Queen Elizabeth I in *Shakespeare in Love***, Rachel Griffiths als Hilary in *Hilary und Jackie*, Lynn Redgrave als Hanna in *Gods and Monsters*.

Hauptdarsteller: Roberto Benigni als Guido in *Das Leben ist schön*, Tom Hanks als Captain Miller in *Der Soldat James Ryan*, Ian McKellen als James Whale in *Gods and Monsters*, Nick Nolte als Wade Whitehouse in *Der Gejagte (Affliction)*, Edward Norton als Derek in *American History X*.

Nebendarsteller: James Coburn als Glen in *Der Gejagte (Affliction)*, Robert Duvall als Jerome in *Zivilprozeß*, Ed Harris als Christof in *Die Truman Show*, Geoffrey Rush als Phillip in *Shakespeare in Love*, Billy Bob Thornton als Jacob in *Ein einfacher Plan*.

Bester fremdsprachiger Film: *Central Station* (Brasilien), *Kinder des Himmels* (Iran), *Der Großvater* (Spanien), ***Das Leben ist schön*** (Italien), Tango (Argentinien).

Produktionsdesign: *Elizabeth* – John Myhre und Peter Howitt, *Pleasantville* – Jeannine Oppewall und Jay Hart, *Der Soldat James Ryan* – Tom Sunders und Lisa Dean Kavanaugh, ***Shakespeare in Love* – Martin Childs und Jill Quertier**, *Hinter dem Horizont* – Eugenio Zanetti und Cindy Carr.

Kamera: *Zivilprozeß* – Conrad L. Hall, *Elizabeth* – Remi Adefarasin, ***Der Soldat James Ryan* – Janusz Kaminski**, *Shakespeare in Love* – Richard Greatrex, *Der schmale Grat* – John Toll.

Adaptiertes Drehbuch: *Gods and Monsters* – Bill Condon, *Out of Sight* – Scott Frank, *Mit aller Macht (Primary Colors)* – Elaine May, *Ein einfacher Plan* – Scott B. Smith, *Der schmale Grat* – Terrence Malick.

Originaldrehbuch: *Bulworth* von Warren Beatty & Jeremy Pikser, *Das Leben ist schön* von Vincenzo Cerami und Roberto Benigni, *Der Soldat James Ryan* von Robert Rodat, ***Shakespeare in Love* von Marc Norman und Tom Stoppard**, *Die Truman Show* von Andrew Niccol.

Kostüme: Colleen Atwood – *Menschenkind (Beloved)*, Alexandra Byrne – *Elizabeth*, Judianna Makovsky – *Pleasantville*, **Sandy Powell – *Shakespeare in Love***, Sandy Powell – *Velvet Golmine*.

Dokumentarfilm: *Dancemaker* von Matthew Diamond und Jerry Kupfer, *The Farm: Angola, U.S.A.* von Jonathan Stack und Liz Garbus, ***The Last Days* von James Moll und Ken Lipper**, *Lenny Bruce: Swear to tell the Truth* von Robert B. Weide, *Regret to Inform* von Barbara Sonneborn und Janet Cole.

Kurzdokumentation: *The Personals: Improvisations on Romance in the Golden Years* von Keiko Ibi, *A Place in the Land* von Charles Guggenheim, *Sunrise over Tiananmen Square* von Shui-Bo Wang und Donald McWilliams.

Schnitt: *Das Leben ist schön* – Simona Paggi, *Out of Sight* – Anne V. Coates, ***Der Soldat James Ryan* – Michael Kahn**, *Shakespeare in Love* – David Gamble, *Der schmale Grat* – Billy Weber, Leslie Jones und Saar Klein.

Maske: ***Elizabeth*** **– Jenny Shircore**, *Der Soldat James Ryan* – Lois Burwell, Conor O'Sullivan und Daniel C. Striepeke, *Shakespeare in Love* – Lisa Westcott und Veronica Brebner.

Originalmusik (Musikal/Komödie): *Das große Krabbeln (A Bug's Life)* – Randy Newman, *Mulan* – Matthew Wilder, David Zippel, Jerry Goldsmith, *Patch Adams* – Marc Shaiman, *Der Prinz von Ägypten* – Stephen Schwartz, Hans Zimmer, ***Shakespeare in Love*** **– Stephen Warbeck.**

Originalmusik (Drama): *Elizabeth* – David Hirschfelder, ***Das Leben ist schön*** **– Nicola Piovani**, *Pleasantville* – Rundy Newman, *Der Soldat James Ryan* – John Williams, *Der schmale Grat* – Hans Zimmer.

Originalsong: *Armageddon* – »I Don't Want to Miss a Thing« Musik und Text von Diane Warren, *Quest for Camelot* – »The Prayer« Musik von Carole Bayer Sager und David Foster, Text von Carole Bayer Sager, David Foster, Tony Renis und Alberto Testa, *Der Pferdeflüsterer* – »A Soft Place to Fall« Musik und Text von Allison Moorer und Gwil Owen, *Babe: Pig in the City* – »That'll Do« Musik und Text von Randy Newman, ***Der Prinz von Ägypten*** **– »When You Believe« Musik und Text von Stephen Schwartz.**

Ton: *Armageddon* – Kevin O'Connell, Greg P. Russell und Keith A. Wester, *Die Maske des Zorro* – Kevin O'Connell, Greg P. Russell und Pud Cusack, ***Der Soldat James Ryan*** **– Gary Rydstrom, Gary Summers, Andy Nelson und Ronald Judkins**, *Shakespeare in Love* – Robin O'Donoghue, Dominic Lester und Peter Glossop, *Der schmale Grat* – Andy Nelson, Anna Behlmer und Paul Brincat.

Kurzfilm (Animation): ***Bunny*** **– Chris Wedge**, *The Canterbury Tales* – Christopher Grace und Jonathan Myerson, *Jolly Roger* – Mark Baker, *More* – Mark Osborne und Steve Kalafer, *When Life Departs* – Karsten Kilerich und Stefan Fjeldmark.

Kurzfilm: *Culture* – Will Speck & Josh Gordon, ***Election Night*** **– Kim Magnusson und Anders Thomals Jensen**, *Holiday Romance* – Alexander Jovy, *La carte postale* – Vivian Goffette, *Victor* – Simon Sundquist und Joel Bergvall.

Toneffekte: *Armageddon* – George Watters II, *Die Maske des Zorro* – David McMoyler, ***Der Soldat James Ryan*** **– Gary Rydstrom und Richard Hymns.**

Spezialeffekte: *Armageddon* – Richard R. Hoover, Pat McClung und John Frazier, *Mein großer Freund Joe (Mighty Joe Young)* – Rick Baker, Hoyt Yeatman, Allen Hall und Jim Mitchell, ***Hinter dem Horizont*** **– Joel Hynek, Nicholas Brooks, Stuart Robertson und Kevin Mack**

Ehren-Oscar: Elia Kazan.

American Cinema Foundation Freedom Award

Der Preis wurde im Rahmen des »Freedom Film Festival Berlin Section« in der polnischen Botschaft an **Andrzej Wajda** verliehen.

AFI – Life Achievement Award

Der Schauspieler **Harrison Ford** wurde für seine Lebensleistung vom Amerikanischen Film-Institut geehrt. Er ist der 28. Preisträger; zu den bisherigen Ausgezeichneten zählen John Ford, Orson Welles, Alfred Hitchcock, Kirk Douglas, Steven Spielberg und Dustin Hoffman.

51. Britischer Filmpreis der BAFTA

Die Britische Akademie für Film- und Fernsehkünste zeichnete 1999 ***Shakespeare in Love*** viermal aus – u.a. als bester Film und als beste Nebendarsteller **Judi Dench** und **Geoffrey Rush**. Sogar fünf BAFTA-Preise gingen an einen Film, der ebenso im elisabethanischen England spielt: ***Elizabeth*** von Shekhar Kapur. **Cate Blanchett** in der Titelrolle wurde als beste Schauspielerin prämiert. Dreimal wurde Peter Weirs ***Truman Show*** ausgezeichnet. Zum besten Schauspieler wurde einmal mehr **Roberto Begnini** für *Das Leben ist schön* gewählt, den Preis für den besten fremdsprachigen Film erhielt ***Central Station*** von Walter Salles, und **Elizabeth Taylor** wurde für ihr Lebenswerk ausgezeichnet.

Europäischer Filmpreis 1999

Die Verleihung des Europäischen Filmpreises wurde in diesem Jahr sehr unterschiedlich aufgenommen. Hans-Joachim Neumann (»Zitty«) fand, daß die Veranstaltung erneut nicht richtig »abhob«. »Der europäische Filmpreis kränkelt nach wie vor an verschwindender Resonanz beim Publikum« und an seinem »Hauptmanko«, auf einer »Fiktion namens ›Europäisches Kino‹ aufgebaut« zu sein. Zudem stieß Neumann zweierlei auf: Einmal, daß für den Dokumentarfilmpreis des TV-Senders Arte fast nur Arte-Produktionen nominiert waren und auch der Sieger, Wim Wenders *Buena Vista Social Club*, von Arte produziert wurde. »Da prämiert sich der Sender offenbar selbst.« Zum anderen wurde István Szabos *Sunshine* zunächst von der Auswahlkommission nicht nominiert. »Aus durchaus nachvollziehbaren Gründen, der Film ist kein großer Wurf. Dann wurde der Verschmähte plötzlich nachnominiert und schließlich gar mit drei Preisen regelrecht in den Himmel gehoben. Ein veritables Wunder, bei dem nur der Umstand stört, dass Regisseur Szabo Vorstandsmitglied der preisvergebenden Europäischen Filmakademie ist.«
Anke Sterneborg (»SZ«) sah alles etwas positiver: »Einen großen Sprung hat der European Film Award in diesem Jahr doch getan: Endlich wird er weltweit ausgestrahlt – live oder zumindest mit lediglich zwei Stunden Pannentoleranz. (...) Europa und Amerika, Kunst und Kommerz: Der Dualismus, aus dem heraus vor zwölf Jahren die Academy und ihr Preis gegründet wurden, geisterte schon durch die Lectures und Podiumsdiskussionen, die das Event flankiert – und war auch am Abend selbst immer wieder zu spüren. Wie bei den Oscars werden auch die Entscheidungen der europäischen Academy immer vorhersehbarer; im Zweifelsfall entscheidet sie sich eben eher für die bekannteren Gesichter, die renomierteren Namen, die emotionaleren Filme. (...) Es ist gewiß weiter verbesserungsfähig, dieses große work in progress, das den nüchternen Arbeitstitel ›European Film Award‹ trägt. Doch inzwischen kann die Veranstaltung den Spagat zwischen amerikanischem Entertainment und europäischem Kunstanspruch schon mit einigem Selbstbewußtsein im Scheinwerferlicht der Welt vorführen.«
Der Gewinner des Abends war Pedro Almodóvar, sein *Alles über meine Mutter* wurde als bester Film ausgezeichnet und seine Hauptdarstellerin Cecilia Roth als beste Darstellerin.

Ganz im Geiste des Europäischen Filmpreises verkündete Almodóvar nach der Preisverleihung: »Meine Filme kommen aus Spanien und gehen in Europa auf.«

Die Nominierten und **Gewinner**:

Bester Film: *Sunshine* von István Szabo (Kanada, Ungarn, Österreich, BRD), *Raus aus Åmål (Fucking Åmål)* von Lukas Moodysson (Schweden), *Mifune* von Sóren Kragh-Jacobsen (Dänemark), *Moloch* von Alexander Sokurow (Rußland), ***Alles über meine Mutter (Todo sobre mi madre)*** von Pedro Almodóvar (Spanien), *The War Zone* von Tim Roth (Großbritannien), *Rosetta* von Luc und Jean-Pierre Dardenne (Belgien).

Schauspieler: Anders W. Berthelsen (Dänemark) für *Mifune*, Rupert Everett (Großbritannien) für *An Ideal Husband*, **Ralph Fiennes** (Großbritannien) für *Sunshine*, Götz George (BRD) für *Nichts als die Wahrheit*, Philippe Torreton (Frankreich) für *Ça Commence Aujourd'hui (Es beginnt heute)*, Ray Winstone (Großbritannien) für *The War Zone*.

Schauspielerin: Nathalie Baye (Frankreich) für *Une Liaison Pornographique*, Penelope Cruz (Spanien) für *La Nina de tus Ojos* (The Girl of Your Dreams), Emilie Dequenne (Belgien) für *Rosetta*, Iben Hjejle (Dänemark) für *Mifune*, **Cecilia Roth** (Spanien) für *Alles über meine Mutter (Todo Sobre Mi Madre)*.

Drehbuch: Sasa Gedeon (Tschechische Republik) für *Navrat Idiota (Die Rückkehr des Idioten)*, Ayub Khan-Din (Großbritannien) für *East is East*, **István Szabo & Israel Horowitz** (Ungarn) für *Sunshine*.

Kamera: Yves Cape (Frankreich) für *L'Humanité*, Alexei Fyodorov (Rußland) für *Moloch*, **Lajos Koltai** (Ungarn) für *Die Legende vom Ozeanpianisten (La Legenda del Pianista sull'Oceano) & Sunshine*, Jacek Petrycki (Polen) für *Günese Yolculuk (Journey to the Sun)*.

Dokumentarfilm – Prix Arte: *Buena Vista Social Club*, Wim Wenders (BRD), *Herr Zwilling und Frau Zuckermann*, Volker Koepp (BRD), *La Chaconne d'Auschwitz*, Michel Daeron (Frankreich), *La Commission de la Verité*, André van In (Belgien), *Mein liebster Feind*, Werner Herzog (BRD), *Mobutu, Roi du Zaire*, Thierry Michel (Belgien), *Pripyat*, Nikolaus Geyrhalter (Österreich).

Kurzfilm: *Benvenuto a San Salvario*, Enrico Verra (Italien), *La difference*, Rita Küng (Schweiz), *Senhor Jeronimo*, Inès de Medeiro Portugal, *Vacancy*, Matthias Müller (BRD), *Wanted*, Milla Moilanen (Finnland).

Screen International Award (für einen nicht europäischen Film): ***Eine wahre Geschichte – The Straight Story*** von David Lynch (USA).

Europäischer Kritikerpreis (FIPRESCI): ***Adieu Plancher Des Vaches*** von Otar Iosseliani (Frankreich).

Fassbinder-Preis – Europäische Entdeckung: **Tim Roth** für sein Regiedebüt *The War Zone*.

Europäischer Beitrag zum Weltkino: Antonio Banderas (Spanien), **Roman Polanski** (Polen).

European Film Academy Lifetime Achievement Award: Ennio Morricone (Italien).

Publikumspreise: Regie: Pedro Almodóvar (Spanien) für *Alles über meine Mutter*.

Schauspieler: Sean Connery (GB) für *Entrapment*.

Schauspielerin: Catherine Zeta Jones (GB) für *Entrapment*.

24. Französischer Filmpreis César

»Zum 24. Mal wurden am Samstag abend in Paris die Césars vergeben, mit denen die Franzosen im eigenen Land dem Oscar Konkurrenz machen, und anders als in den vergangenen Jahren gab es eine Menge Gewinner, aber keinen klaren Sieger. (...) So sprang für jeden etwas heraus – nur der mit zwölf Nennungen meistnominierte Film *Place Vendôme* von Nicole Garcia mit Catherine Deneuve in der Hauptrolle ging leer aus. (...) Wie immer begeisterte an diesem Abend die Fähigkeit der Franzosen, sich als letztes Widerstandsnest gegen Hollywood zu feiern. Dieser Stolz – zu dem die diesjährigen Preisträger mit Ausnahme von Zonca ja nicht einmal unbedingt Anlaß geben – ist genau das, was bei Deutschen Filmpreisen fehlt.« (Michael Althen, »SZ«)

Bester Film: ***Liebe das Leben (La vie rêvée des anges)*** von Eric Zonca
Regie: Patrice Chéreau für *Wer mich liebt, nimmt den Zug.*
Darstellerin: Elodie Bouchez für *Liebe das Leben.*
Darsteller: Jacques Villeret für *Dinner für Spinner.*
Nebendarstellerin: Dominique Blanc für *Wer mich liebt nimmt den Zug.*
Nebendarsteller: Daniel Prévost für *Dinner für Spinner.*
Kamera: Eric Gautier für *Wer mich liebt nimmt den Zug.*
Musik: Tony Gatlif für *Gadjo Dilo.*
Drehbuch: ***Dinner für Spinner.***
Ton und **Schnitt:** ***Taxi.***
Ausstattung und **Kostüme:** ***Lautrec.***
Nachwuchspreise: Natacha Régnier für *Liebe das Leben*, **Bruno Putzulu** für *Petits désordre amoureux* und **Bruno Podalydès** für den Erstlingsfilm *Dieu seul me voit.*
Bester ausländischer Film: ***Das Leben ist schön*** von Roberto Begnini.
Ehren-Césars: Jean Rochefort, **Pedro Almodóvar** und **Johnny Depp.**

Prix Louis Delluc 1999

Otar Iosseliani, Regisseur aus Georgien, erhielt diesen französischen Filmpreis für *Adieu plancher des vaches.*

56. Golden Globe

Bezüglich der beiden großen Gewinner war der Golden Globe einmal mehr ein zuverlässiger Indikator für die spätere Vergabe der Oscars. *Der Soldat James Ryan* wurde zum besten Drama, *Shakespeare in Love* zur besten Komödie gewählt, und Steven Spielberg erhielt den Preis für die beste Regie. Lediglich bei den Preisen für die Darsteller wichen die Auslandsjournalisten in Hollywood von der Meinung der Academy ab.

Die Nominierten und **Gewinner**:

Bester Film – Kategorie Drama: *Elizabeth* (Working Title Films; Gramercy Pictures), *Gods and Monsters* (Regent Entertainment; Lions Gate), ***Der Soldat James Ryan*** (DreamWorks & Paramount Pictures; Dream Works & Paramount Pictures), *Der Pferdeflüsterer* (Touchstone Pictures; Buena Vista Pictures Distribution), *Die Truman Show* (Paramount Pictures; Paramount Pictures).
Schauspielerin – Kategorie Drama: Cate Blanchett *(Elizabeth)*, Emily Watson *(Hilary und Jackie)*, Fernanda Montenegro *(Central Station)*, Meryl Streep *(Familiensache)*, Susan Sarandon *(Seite an Seite – Stepmom)*.

Schauspieler – Kategorie Drama: Ian McKellen *(Gods and Monsters)*, **Jim Carrey** *(Die Truman Show)*, Nick Nolte *(Affliction)*, Stephen Fry *(Wilde)*, Tom Hanks *(Der Soldat James Ryan)*.
Bester Film – Kategorie Komödie/ Musical: *Bulworth* (Twentieth Century Fox; Twentieth Century Fox), *Patch Adams* (Blue Wolf/Farrell-Minoff/Bungalow 78 Productions; Universal Pictures), ***Shakespeare in Love*** (Miramax Films/Universal/Bedford Falls Company; Miramax Films/ Universal, Still Crazy Marmot Tandy Ltd.; Columbia Pictures Industries) *Die Maske des Zorro* (Amblin Entertainment; TriStar Pictures, Inc.), *Verrückt nach Mary* (Twentieth Century Fox; Twentieth Century Fox).
Schauspielerin – Kategorie Komödie/Musical: Cameron Diaz *(Verrückt nach Mary)*, Christina Ricci *(The Opposite of Sex)*, **Gwyneth Paltrow** *(Shakespeare in Love)*, Jane Horrocks *(Little Voice)*, Meg Ryan *(E-Mail für Dich – You've Got Mail)*.
Schauspieler – Kategorie Komödie/Musical: Antonio Banderas *(Die Maske des Zorro)*, John Travolta *(Mit aller Macht – Primary Colors)*, **Michael Caine** *(Little Voice)*, Robin Williams *(Patch Adams)*, Warren Beatty *(Bulworth)*.
Bester fremdsprachiger Film: *Central Station* (Brasilien – Arthur Cohn Productions; Sony Pictures Classics), *Hombres Armados (Men with Guns)* (USA (in spanisch) – Lexington Road Prods./Clear Blue Sky Prods.; Sony Pict.), *Tango* (Argentinien – Argentina Sona Film/Alma Ata Int'l Pict./Astrolabio Prod.; Sony Pictures Classics) *Festen (Das Fest)* (Dänemark – Nimbus Films Prod.; October Films), *De Poolse Bruid (Die polnische Braut)* (Niederlande – Motel Films/Ijswater Films).
Nebendarstellerin: Brenda Blethyn *(Little Voice)*, Judi Dench *(Shakespeare in Love)*, Kathy Bates *(Primary Colors)*, **Lynn Redgrave** *(Gods and Monsters)*, Sharon Stone *(The Mighty – Gemeinsam sind wir stark)*.
Nebendarsteller: Bill Murray *(Rushmore)*, Billy Bob Thornton *(Ein einfacher Plan)*, Donald Sutherland *(Without Limits)*, **Ed Harris** *(The Truman Show)*, Geoffrey Rush *(Shakespeare in Love)*, Robert Duvall *(Zivilprozeß – A Civil Action)*.
Regie: John Madden *(Shakespeare in Love)*, Peter Weir *(The Truman Show)*, Robert Redford *(Der Pferdeflüsterer)*, Shekhar Kapur *(Elizabeth)*, **Steven Spielberg** *(Der Soldat James Ryan)*.
Drehbuch: Andrew Niccol *(Die Truman Show)*, **Marc Norman/Tom Stoppard** *(Shakespeare in Love)*, Robert Rodat *(Der Soldat James Ryan)*, Todd Solondz *(Happiness)*, Warren Beatty/Jeremy Pikser *(Bulworth)*.
Originalmusik: Burkhard Dallwitz/Philip Glass *(Die Truman Show)*, Hans Zimmer *(Der Prinz von Ägypten)*, Jerry Goldsmith *(Mulan)*, John Williams *(Der Soldat James Ryan)*, Randy Newman *(Das große Krabbeln – A Bug's Life)*.
Bester Song: Reflection *(Mulan* – Matthew Wilder, David Zippel), The Flame Still Burns *(Still Crazy* – Mick Jones, Marti Frederiksen, Chris Difford), The Mighty *(The Mighty – Gemeinsam sind wir stark* – Trevor Jones, Sting), **The Prayer** *(Das magische Schwert – Die Legende von Camelot* – David Foster, Carole Bayer Sager), Uninvited *(City of Angels* – Alanis Morissette), When You Believe (*Der Prinz von Ägypten* – Stephen Schwartz).
Cecil B. de Mille Award: Jack Nicholson.

Gotham Award des Independent Feature Pro jects

Die amerikanische Filmvereinigung für unabhängige Filmemacher zeichnete **Meryl Streep** für ihr Lebenswerk aus.

Kritikerpreise des National Board of Review of Motion Pictures

»Die Filmkritiker mäkeln traditionell an den Entscheidungen der Academy; vermutlich verkünden die amerikanischen Vertreter dieser Zunft ihre Präferenzen deshalb so früh, um wenigstens dem einen oder anderen Academy-Mitglied vor den Oscarnominierungen nochmal klar zu machen, dass es nicht nur auf Erfolg, sondern auch auf Qualität ankommt.« (»SZ«) Bei der Oscar-Verleihung 2000 wird man sehen, ob die Empfehlungen der Kritiker bei der Academy angenommen wurden. Die Empfehlung für *Lola rennt* kommt freilich zu spät, denn Tykwers Film wurde für den Oscar bereits 1999 nicht nominiert. Ende 1999 vergaben die Kritiker folgende Preise:

Bester Film: ***American Beauty*** von Sam Mendes.
Regie: Anthony Minghella für *The Talented Mr. Ripley.*
Bester Dokumentarfilm: ***Buena Vista Social Club*** von Wim Wenders
Ausländische Filme: ***Lola rennt*** von Tom Tykwer, ***Der Kaiser und sein Attentäter*** von Chen Kaige, ***Alles über meine Mutter*** von Pedro Almodóvar, ***Cabaret Balkan*** und ***East-West.***
Darsteller: Janet McTeer für *Tumbleweeds* und **Russell Crowe** für *The Insider.*
Preis für das Lebenswerk: Clint Eastwood.
Preis für die Verteidigung der Meinungsfreiheit: Michael Mann.
Auch die Vereinigung der Filmkritiker in Los Angeles ehrte **Michael Manns** Arbeit – mit vier Preisen: sein neuer Film ***The Insider*** über die amerikanische Tabakindustrie wurde zum **besten Film** gekürt, er selbst zum **besten Regisseur**, sein Hauptdarsteller **Russell Crowe** zum besten Schauspieler und **Christopher Plummer** zum besten Nebendarsteller. Wim Wenders' ***Buena Vista Social Club*** wurde erneut zum besten Dokumentarfilm gewählt.

Internationale Filmfestivals und Filmtage

23. Trickfilmfestival Annecy

»Ein kanadischer und ein französischer Kurzfilm gingen verdientermaßen als die großen Gewinner des Wettbewerbs von Annecy, des nach wie vor führenden internationalen Trickfilmfestivals, hervor. ***When the Day Breaks*** der Kanadierinnen Wendy Tilby und Amanda Forbis, der schon die Goldene Palme in Cannes gewonnen hat, erhielt den **Grand Prix für Kurzfilme** und den **Fipresci-Preis**. Der 10-Minuten-Film erzählt in einer graphisch reizvollen Mixed-Media-Technik eine Parabel über die komplexen, unsichtbaren Verbindungen, die in einer Gemeinschaft zwischen den einzelnen bestehen. Gleich dreimal wurde ***Au bout du monde (Am Ende der Welt)***, ein neuer Zeichentrickfilm des Russen Konstantin Bronzit, ausgezeichnet: mit dem **Spezialpreis der Jury**, dem **Preis des Publikums** und dem **Prix Mike Gribble** für den komischsten Film. Das Werk des zweimaligen Grand-Prix-Gewinners von Annecy entstand im Rahmen des Artistes-en-Residence-Programms der französischen Folimage-Produktion. (...)
Unter den fünf deutschen Produktionen in der Kurzfilmkonkurrenz ragten Heinrich Sabls wild-absurder Puppentrickfilm *Mère Ubu*, eine Fortsetzung seines *Père Ubu*, und der bereits mehrfach preisgekrönte *Panther* von Vuk Jevremovic heraus. Eine **Lobende Erwähnung** ging in dieser Kategorie überraschend an den abstrakten, von der in München lebenden Österreicherin Bärbel Neubauer produzierten Film ***Feuerhaus*** für den von ihm selbst kreierten Soundtrack. Ebenfalls eine **Lobende Erwähnung** von der Studentenjury erhielt der bei der Berlinale mit dem Goldenen Bär ausgezeichnete Computerfilm ***Masks*** von Piotr Karwas, einem polnischen Austauschstudenten an der Filmakademie Baden-Württemberg.
Das Niveau der (28 offiziellen) Programme lag deutlich über dem des Vorjahres. (...) Mit rund 5000 akkreditierten Gästen und einer Gesamtbesucherzahl von offiziell 100000 Besuchern erreichte die 23. Ausgabe des seit 1998 jährlich veranstalteten Festivals eine Rekordbeteiligung.« (Joachim Kreck, »filmecho/filmwoche«)

Weitere Preise:

Jean-Luc Xiberras Preis für den besten Erstlingsfilm: ***Chudovische*** von Alexey Antonov.
Grand Prix für den besten Langfilm: ***Kirikou et la sorcière (Kirikou und die Hexe)*** von Michel Ocelot.
Grand Prix für den besten TV-Film: ***A viagem (Die Reise)*** von Christian Boustani.
Unicef Preis: ***Tic tac toc, mines antipersonnel*** von Gilles Macchia und Paul Gueutal.
Kinderpreis: ***Jolly roger*** von Mark Baker.
Kinderpreis für den besten TV-Film: ***Kouzelnem zvonu*** von Aurel Klimt.

49. Berlinale – Internationale Filmfestspiele Berlin

Eine der amüsantesten Schlagzeilen der Berlinale lieferte in diesem Jahr Ulrich Eckhardt, doch erst im Mai, also drei Monate nach dem Festival, denn es ging um eine alte Rivalität: »Ulrich Eckhardt, Chef der Berliner Festspiele, gilt als besonnener, unter

der Last seiner Verantwortung durchaus die Langeweile nicht scheuender Mann. Gestern überraschte er, selbst schon im Herbste öffentlichen Interesses stehend, mit der forschen Ankündigung, die Berlinale werde den großen Konkurrenten Cannes ›bald überflügeln‹. Wie das? Späte Frühlingsgefühle? Oder nur eine kulturpolitische Variante des Honecker-Prinzips ›überholen, ohne einzuholen‹ – gewissermaßen ›überflügeln, ohne abzubügeln‹?
Im Ernst: Das Filmfestival von Cannes, das wird jedem sonnenklar, der es auch nur einen Tag lang erlebt, ist das mit Abstand uneinholbarste Filmfestival der Welt. Die Regisseure drängt es, wenn's um Gold geht, zur Palme, nicht zum Bären, Hunderte von Gaffern stehen sich Tag für Tag die Beine in den Bauch, die Stadt verdoppelt für zwölf Tage mühelos ihre Einwohnerzahl. Wichtiger noch: Auf dem Filmmarkt in Cannes machen die Produzenten und Verleiher ihre bedeutendsten Geschäfte. Und, am wichtigsten wohl: Nicht nur die Stars, die als besonders wetterfühlig gelten, lieben den Frühling und das Meer. Schon Venedig, Konkurrenz Nr. 1, hat nur den oft schwülen Spätsommer zu bieten. Und Berlin? Lockt mit Erkältungen im Februar – und, zum Trost, zumindest mit dem Selbstbewußtsein einer Metropole.« (»Der Tagesspiegel«)
Doch man gab sich redlich Mühe, den Ansprüchen einer Metropole mit *dem* Filmfestival gerecht zu werden; so eröffnete erstmals ein Bundeskanzler, in Gestalt Gerhard Schröders, die Berlinale – doch der Kanzler hatte seine Lesebrille vergessen und mußte deswegen beim Festakt improvisieren. Heraus kam »gerade mal drei Minuten recht einfallsloser Text«, wie Miriam Lau von der »SZ« konstatierte. »Eberhard Diepgen mit seinem automatischen Sprachzertrümmerer, der penetrant von der ›Berinale‹ sprach, machte die Sache irgendwie nicht besser; und von Moritz de Hadeln mit seinem freudlosen Esperanto konnte die Fangemeinde im Hinblick auf erbauliche Worte noch nie viel erhoffen. (...) Dann doch lieber konsequenten Glamour! Die Schauspielerin Angela Molina, dieses Jahr Vorsitzende der Jury, weckte die schon etwas in sich zusammengefallenen Feiergesichter mit einem aufregend knallroten Tuch über busengünstigem ärmellosem Kleid und einem forschen Gelächter.« (Miriam Lau)
Der Wettbewerb war in diesem Jahr sehr gut besetzt, lediglich das Fehlen von Aki Kaurismäkis *Juha*, der im Forum lief, wurde mehrmals kritisiert. Eine Tendenz unter den Filmen machte Christiane Peitz (»Die Zeit«) wie folgt aus: »Der Schauplatz: ein finsterer, verkommener Ort. Auf den Hinterhöfen vertrocknet das Unkraut, die Subkultur deliriert in den Nachtclubs, und in den Crackhäusern New Yorks legen sich die Prostituierten zum Sterben in die Badewanne. Das Kino, wie es sich auf der diesjährigen Berlinale präsentierte, ist endlich in der Gegenwart angelangt. Aber es ist eine freudlose Zeit, bevölkert von den Verlierern und Vagabunden der Wohlstandsgesellschaft. Selten war auf einem Festival so viel zerstörtes Leben zu sehen, so viel bleiche Haut und nackter Beton. (...) Die Jahrtausendwende ist eine schlechte Zeit für Epiker. Angesichts der neuen Unübersichtlichkeit gelingen nur Short stories, Momentaufnahmen, Fragmente. Die Jury der 49. Berlinale hat den Goldenen Bären zu Recht an das meisterlichste unter diesen Fragmenten vergeben, Terrence

Malicks Kriegsfilm *Der schmale Grat.*« Über den Gewinner *Der schmale Grat* war sich die Presse sehr einig: »Malicks bewegendes Kriegsdrama lag qualitativ deutlich über allen anderen Beiträgen des diesjährigen Wettbewerbs. Lange Zeit war kein Berlinale-Sieg so verdient wie dieser.« (Rüdiger Suchsland, »Münchner Merkur«) »Zu Recht erhielt dieser Film die höchste Auszeichnung des Festivals.« (»Der Gildendienst«) Allein die Redaktion von »epd Film« war etwas enttäuscht: »Bei aller Zufriedenheit mit dem Wettbewerb bleibt doch ein Wermutstropfen: die beiden schönsten Filme des Wettbewerbs, Lea Pools *Emorte-moi (Nimm mich mit)* und Robert Altmans *Cookies Fortune*, hat zumindest die Hauptjury übersehen.« »Zum 13. Mal wurde der schwul-lesbische Filmpreis Teddy verliehen. Weltweit ist die Berlinale das einzige [große] Festival, das eine solche Plattform für schwul-lesbisches Filmschaffen hat. Der Teddy, so de Hadeln, zähle zu dem, was die Berlinale von Festivals wie Cannes und Venedig unterscheide: ›Wer wissen möchte, was die Besonderheit der Berlinale ist, hat auch hier eine Antwort: Unser Festival möchte mit diesem Preis seine Offenheit und Toleranz gegenüber allen – einschließlich sexueller – Minderheiten demonstrieren‹, hieß es im Grußwort.« (Cristina Nord, »taz«)

Eine wirkliche Besonderheit war in diesem Jahr auch das gute Staraufgebot: Bruce Willis, Meryl Streep, Sean Penn, Harvey Keitel, Patricia Arquette, Sandrine Bonnaire, Nick Nolte, allen voran **Shirley MacLaine**, der der Goldene Ehrenbär überreicht wurde. Ihr Auftritt nach der Vorführung von *Irma La Douce* vor dem Publikum war so furios wie man es von ihren Filmen gewohnt war. »In jungen Jahren spielte sie häufig das Mädchen, in das sich der Hauptdarsteller gleich zu Anfang hätte verlieben sollen. Meist ist sie intelligent, humorvoll und extrem partykompatibel, aber der depperte Held steigt erst den schlüsselreizenderen Weibern hinterher. So dauert es manchmal zwei Stunden, bis bei ihm das Zehnerl fällt, und dem Zuschauer kommt diese Anlaufphase sehr zu Gute, denn kaum eine Filmminute mit Shirley MacLaine ist Zeitverschwendung.« (Richard Oehmann, »Artechock«)

Weitere »Besonderheiten« der Berlinale erwähnte Detlef Kuhlbrodt in der »taz«: »Im 11. Berlinale-Newsletter von SAT.1 stand eine Hitliste der vergangenen Festivaldinge: ›Das kultigste Give Away: der SAT.1-Berlinale-Schreibblock im Handtaschenformat mit Filmgöttin-Cover & passendem Poster im gleichen Design‹; ›die fetzigste Party: die Bruce-Willis-Megafete im Planet Hollywood, veranstaltet von SAT.1‹; ›die charmanteste Berlinale-Moderatorin: Eva-Maren Büchner (SAT.1-Blitzlicht); ›die beste Berlinale-Lektüre: der tägliche SAT.1-Newsletter (...) zu genießen auf dem Designersofa der SAt.1-Presselounge‹. Nun denn.« Auch dies unterscheidet die Berlinale wohl von anderen Festivals.

Im nächsten Jahr wird die Berlinale umziehen, doch das »Festival wird nicht am Potsdamer Platz stattfinden, sondern hinter ihm, in relativ engen Straßen. (...) Wie die Berlinale im Jahr 2000 in der Praxis funktionieren wird, muß sich erst erweisen. Immerhin können die Festivalgäste weiterhin in den Zoopalast und das Delphi gehen, wo Wiederholungsvorstellungen stattfinden werden.« (»epd Film«)

Die Jury unter Vorsitz von Angela

Molina und Teilnahme von u.a. Katja von Garnier, Helmuth Karasek und Jeroen Krabbé – im letzten Jahr noch selbst Gewinner des »Blauen Engels« für sein Regie-Debüt *Kalmanns Geheimnis (Left Luggage)* – vergab folgende Preise:
Goldener Bär: ***Der schmale Grat*** von Terrence Malick.
Silberner Bär für die beste Regie: **Stephen Frears** *The Hi-Lo Country.*
Silberner Bär: David Cronenberg für *eXistenZ.*
Silberner Bär für die beste Darstellerin: **Maria Schrader** & **Juliane Köhler** *(Aimee und Jaguar).*
Silberner Bär für den besten Darsteller: **Michael Gwisdek** *(Nachtgestalten).*
Silberner Bär – Großer Preis der Jury: ***Mifune (Dogma 3)*** von Søren Kragh-Jacobsen.
Silberner Bär für eine herausragende Einzelleistung: **Marc Norman** und **Tom Stoppard** für das Drehbuch von *Shakespeare in Love.*
Lobende Erwähnung: John Toll für die Kamera-Arbeit in *Der schmale Grat*, der Regisseur **Bertrand Tavernier** für *Es beginnt heute (Ça commence aujourd'hui)* und die Darstellerin **Iben Hjejle** für *Mifune.*
Goldener Bär (Kurzfilm): **Sergej Ovtscharov** für *Faraon*, **Piotr Karwas** für *Masks.*
Silberner Bär (Kurzfilm): **Jeff Stark** für *Desserts.*
Der Blaue Engel (Preis der Europäischen Film- und Fernsehakademie; dotiert mit 50.000 DM): **Yesim Ustaoglu** für *Reise in die Sonne.*
Alfred-Bauer-Preis (Erstlingsfilm): **Thomas Vincent** für *Karnaval.*

Weitere Preise:

Goldener Ehrenbär: Shirley MacLaine.
Berlinale Kamera: Armen Medvedjev, **Robert Rodriguez**, **Meryl Streep.**
Friedensfilmpreis (10.000 DM): **Yesim Ustaoglu** für *Reise in die Sonne.*
Preis der Jury für das 28. Internationale Forum des jungen Films: *Dealer* von Thomas Arslan.
Wolfgang-Staudte-Preis (20.000 Mark): ***The Cruise*** von Benet Miller
Kirchenpreis der Ökumenischen Jury: ***Es beginnt heute*** von Bertrand Tavernier.
FIPRESCI-Preis: ***Es beginnt heute*** von Bertrand Tavernier.
Preis des Deutschen Kinderhilfswerkes (UNICEF-Jury): ***Mehr-e Maadary*** von Kamal Tabrizi und ***The Tic Code*** von Gary Winick.
Preis der Gilde deutscher Filmkunst-Theater: ***Cookie's Fortune*** von Robert Altman.
Preis des internationalen Verbandes der Filmkunst-Theater: ***The War Zone*** von Tim Roth.
Caligari-Preis des Bundesverbands Kommunale Filmarbeit (5.000 Mark): ***Viehjud Levi*** von Didi Danquart.
Don-Quijote-Preis der Federation Internationale de Cine-Clubs: ***Okraina*** von Pjotr Luzik.
Gläserner Bär (Kinderjury): ***The Tic Code*** von Gary Winick und ***Bror, min Bror*** von Henrik Ruben Genz.
Leserpreis der Berliner Morgenpost: ***Mifune*** von Søren Kragh-Jacobsen.
Leserpreis der Siegessäule: ***Trick*** von Jim Fall.
Leserpreis der Berliner Zeitung: ***Trans*** von Julian L. Goldberger.

Teddys (»schwul-lesbische Filmpreise«):

Bester Spielfilm: ***Raus aus Åmål*** von Lukas Moodysson (Schweden).
Kurzfilm: ***Liu Awaiting Spring*** von Andrew Soos (Australien).

Dokumentarfilm: ***The man who drove with Mandela*** von Greta Schillers (Südafrika).
Spezialpreis: Max Färberböcks ***Aimée und Jaguar***, Kutlug Atamans ***Lola & Bilidikid***, Monika Treuts ***Gendernauts***, Luc Feits ***Ferkel*** und Michael Brynntrups ***NYNY'n Why Not***.

Filmfestival Bologna 1999

»Es liegt nicht nur am Geld, wenn der europäische Film derzeit stagniert. Neben Finanzierungsgrundlagen fehlt ihm zur Zeit vor allem eines: Stars, Stars, Stars. Vielleicht wird ihr ästhetischer Einfluß überbewertet. Für die Vermarktung eines Films und als Identifikationsangebot an den Zuschauer sind sie jedoch nach wie vor unverzichtbar. Der Frühzeit des europäischen Starwesens widmete sich das Festival »Cinema Ritrovatro« in Bologna. Das beginnt 1910, als Asta Nielsen in *Abgründe* debütierte. Nach dem Erfolg dieses und ähnlich obsessiv freizügiger dänischer Filme wie *Der schwarze Traum* oder *Ballettänzerin* (1911) wurde sie nach Deutschland abgeworben und dort systematisch in Rollen der tragisch liebenden, weil ihre eigenen erotischen Wünsche ausdrückenden Frau vermarktet. (...) Das deutsche Starwesen war, was den weiblichen Teil anbetrifft, stets international. Die Nielsen ist Dänin, Pola Negri Polin, Tschechowa Russin, die Jacobini-Schwestern kommen aus Italien. Zu Beginn der Tonfilmzeit sind mehrsprachige Stars gefragt, etwa die Ungarin Käthe von Nagy oder die Engländerin Lilian Harvey. Sein außergewöhnlichstes Eigengewächs verliert der deutsche Film jedoch schnell an den US-Film. Mit Marlene Dietrich waren in Bologna drei Filme aus dem Jahr 1929 zu sehen, Produktionen also, die vor *Der Blaue Engel* entstanden sind. In *Gefahren der Brautzeit* sind Gesicht und Blick noch frei, kaum graphisch modelliert. In *Das Schiff der verlorenen Seelen* muß sie das ordentlich dauergewellte, noch kaum von Lichtgloriolen umspielte Haar (und ihre Haut) vor der marodierenden Mannschaft verteidigen. In *Die Frau, nach der man sich sehnt* ist ihre Modellierung bereits weit fortgeschritten: Blick und Augenlider sind schwer, weil schwarz-golden bemalt, die Brauen ebenso scharf nachgezogen wie der Nasenrücken. Es gibt bereits das ausgefeilte Augenlicht, nur noch eine Gesichtsfläche wird ins Licht gestellt und es werden Rahmen und Tableaus um Gesicht und Körper gelegt. Bei der Dietrich wird deutlich, daß Stars selten Schauspielerartisten sind, sondern präzis das Repertoire eindeutiger Gesten und Blicke abzuspulen haben, unterstützt von den regelrecht expressiv ausmodellierten Körperzeichen ihres dramatischen Typs.« (Jürgen Kasten, »Der Tagesspiegel«)

52. Festival International du Film Cannes

»Wenn wir beim Pferderennen wären, dann hätte man mit einer Wette auf die Hauptpreise in Cannes eine gigantische Quote erzielt. Wer die Sieger erraten hätte, müßte wahrscheinlich bis an sein Lebensende nicht mehr arbeiten.
Vor dem letzten Wochenende sah es so aus, als sei Pedro Almodóvars *Alles über meine Mutter* allenfalls von Atom Egoyans *Felicia's Journey* aufzuhalten und als würden Pedros Frauen und Egoyans Hauptdarsteller Bob Hoskins die Preise unter sich

ausmachen. Dann kam David Lynch mit seiner *Straight Story* und seinem Helden Richard Farnsworth – und alles war wieder offen. Aber diese drei Filme führten in sämtlichen Listen und Kritiken mit so deutlichem Abstand, daß man auf sie jederzeit viel Geld gesetzt hätte.« (Michael Althen, »SZ«)

Die Süddeutsche Zeitung fungierte 1999 bei der Cannes Berichterstattung tatsächlich mehr als die Informationsbroschüre eines Buchmachers denn als seriöse Tageszeitung; fast täglich wurden neue Zwischenstände im Kampf um die Goldene Palme vermeldet. Egal, was man davon halten mag, es reflektiert trefflich die Verhältnisse: In einer Zeit, in der ein Festival das andere ablöst bzw. die Filmfeste sich zeitlich überschneiden und jedes um die Aufmerksamkeit der Öffentlichkeit buhlen muß, zählen nur noch die Gewinner. Und selbst diese Filme werden nicht mit Sicherheit auf allen großen Filmmärkten ihre Käufer finden. Als Beispiel mag hier der renomierte amerikanische Independent-Regisseur Hal Hartley dienen, der für *Henry Fool* 1998 in Cannes den Preis für das beste Drehbuch erhalten hat. Der Film hat in Deutschland bis dato (Ende 1999) noch keinen Kino-Verleih gefunden.

Andererseits nimmt mit Zunahme der Festivals natürlich auch die Bedeutung des einzelnen Festivals ab. Das bedeutet wiederum, daß all die Favoriten von Cannes, also Almodóvar, Egoyan, Lynch und die noch ungenannten Jim Jarmusch mit *Gost Dog: The Way of the Samurai*, Leos Carax mit *Pola* X, Peter Greenaway mit *8½ Women*, Takeshi Kitano mit *Kikujiros Sommer* und John Sayles mit *Limbo*, also all die »Verlierer« von Cannes, in der Regel ohne Probleme ihren Verleiher in den deutschsprachigen Ländern finden, während der Kinostart der überraschenden Gewinner *L'humanité* und *Rosetta* noch unklar ist. Das mag natürlich auch daran liegen, daß die Liste der »Verlierer« sich wie ein »Who-is-Who« des internationalen Autoren-Kinos liest und diese Regisseure ihr Stammpublikum haben. Und es mag auch daran liegen, daß die Gewinner, von den Verleihern als zu sperrig beurteilt werden.

Jedenfalls sorgten die **Gewinner in Cannes** für große Meinungsverschiedenheiten; so lobte Michael Althen die Entscheidung der Jury als »mutig« und »richtig«: »Die Gebrüder Dardenne, die zuletzt mit *La promesse* auf sich aufmerksam gemacht haben, erzählen in *Rosetta* die Geschichte eines Mädchens, das mit ihrer Mutter, die Alkoholikerin ist, auf einem Campingplatz lebt und verzweifelt nach Arbeit sucht. Ihr Leben ist ein einziger Kampf, in dem sie sich auf eine zutiefst kindliche und doch auch allzu erwachsene Weise eingerichtet hat. (...) *Rosetta* ist packend und enervierend wie sonst nur die Filme der »Dogma«-Leute – und in gewisser Weise tragen die Dardenne-Brüder – und mit ihnen die Jury – jener Entwicklung im Weltkino Rechnung, wonach auch das Autorenkino mittlerweile träge und unbeweglich geworden ist und eine Erneuerung nur noch von ganz unten stattfinden kann – zurück zur Nahtstelle zwischen Realität und Fiktion.«

Mit *Rosetta* konnten sich die meisten Journalisten zumindest anfreunden, doch *L'humanité* stieß in der Regel auf harsche Kritik; Christiane Peitz urteilte in »Die Zeit« über *L'humanité*: Der Film bestehe aus zweieinhalb Stunden »mit quälend langen Einstellungen und grausamen Schock-

momenten, mit Starren, Staunen und gemächlicher Gangart. (...) Es liegt ein dumpfes, heiliges Raunen zwischen den Bildern. Die Franzosen, respektive ihre Großkritiker, lieben solchen Purismus und verwechseln ihn mit kompromißloser Kunst. Gilles Jacob, seit 21 Jahren Festivaldirektor von Cannes, setzte im diesjährigen Wettbewerb um die Goldene Palme auf etliche metaphysische Rätselfilme oder wahlweise auf die authentische Handkamera. Und so dauerten viele Festivalbeiträge zwei bis drei Stunden, denn den Puristen gelten die langsame Einstellung und die Echtzeit des verwackelten Bilds als Heilmittel gegen die schnellen Sensationen des Mainstreams. Nun gehört die Langsamkeit aber zu den schwersten Kunstkniffen des Kinos. Eine verweilende Kamera macht noch keinen Bresson und die dokumentarische Episode nicht automatisch einen Meister nach Art von Kiarostami. Sei's drum: Die Jury unter Leitung von David Cronenberg würdigte die neue Ästhetik der Strenge mit ihren wichtigsten Preisen. Der Grand Prix von Cannes ging an *L'humanité*, die Goldene Palme an die belgische Arbeitslosentragödie *Rosetta* von Luc und Jean-Pierre Dardenne. Die Laienschauspieler beider Filme erhielten außerdem sämtliche Darstellerpreise: ein Affront gegen alle, die die Schauspielkunst lieben. (...)
Bruno Dumont teilt mit, er habe in *L'humanité* alles Schöne vermeiden wollen, denn die Schönheit sei nicht der Ausdruck der Wahrheit. Das klingt gut, ist aber Blödsinn. Daß die Erde ein Jammertal sei, der Mensch ein trauriges Tier, die Liebe eine einzige Qual und der Künstler ein verkanntes Genie, behaupten nämlich nur jene, die sich das Jammern leisten können. Die bittere Moral – eine Luxusattitüde.«
Eine durchaus plausible Erklärung für die überraschende Entscheidung der Jury, der auch Holly Hunter, Jeff Goldblum und Doris Dörrie angehörten, lieferte Jan Schulz-Ojala vom »Tagesspiegel«: »Vielleicht hätte man es ahnen können. Nicht nur, weil Cronenberg, wie man hörte, seine Runde täglich besonders streng zu Sitzungen einberief; sondern auch, weil sich das Festival dieses Jahr mehr als je zum Laufsteg allumfassender Eitelkeiten entwickelte. Die Stars: Hießen sie noch Bob Hoskins oder Forest Whitacker, um nur zwei präsentable Palmen-Kandidaten zu nennen, oder eher Ronaldo, der plötzlich in Cannes auftauchte – und machten Namen wie Cathérine Deneuve oder Gong Li nicht längst viel mehr für Chopard und L'Oréal als für ihre Filme Reklame, zu schweigen von sogenannten Schauspielerinnen wie Claudia Schiffer und Laetitia Casta? Und wie weggekleistert erschienen die sozialen und politischen Risse unserer Zeit nicht nur im schönen Cannes, sondern in den zahllosen, allzu schön geratenen (Kostüm-) Filmen des Wettbewerbs? Da mag die Lust gekeimt sein, erst recht auf das Sperrige, das Extreme, auf das Messerscharfe zu setzen.«
Für Christina Petz war *Gost Dog* der schönste Film im Wettbewerb: Jarmuschs »poetische Meditation kommt ganz unorthodox mit einem Augenzwinkern daher.« Jan Schulz-Ojala teilte ihre Begeisterung: Jarmuschs *Ghost Dog: The Way of The Samurai* ist ein von Robby Müller phantastisch fotografierter und mit dem Ambient-Rap des Wu Tang Clans enorm suggestiv durchinstrumentierter Killer-Thriller, äußerst modern in seinem amerikanischen

Set und mit einem Plot von geradezu japanisch klassischer Strenge.«
Interessantes gab es auch vom »Marché International du Film« (MIF), von dem immer wieder behauptet wird, das eigentlich wichtige Ereignis in Cannes zu sein. Deutlich wurde hier einmal mehr das Mißverhältnis von **Markt und Festival**: »In Cannes wurde ein Vertrag für 16 weitere Dogma-Filme mit Budgets unter einer Million Dollar abgeschlossen. Um so erstaunlicher, daß der Wettbewerb, nachdem er letztes Jahr Thomas Vinterbergs *Fest* ausgezeichnet hat, diesmal verschlafen hat, an diese Entwicklung anzuknüpfen. Jean-Marc Barrs *Lovers* lief nur im Markt, und *The Blair Witch Project* wurde in der Quinzaine gezeigt. Der hat zwar mit den Dogma-Leuten um Lars von Trier nichts zu tun, lebt aber von deren Regeln.« (Michael Althen) »Auch wenn die Geschäfte der deutschen Firmen, Kinowelts 120 Millionen-Output-Deal mit New Line etwa, an der Croisette und in den drei täglich erscheinenden Festivalzeitschriften für Aufsehen sorgten: Im sechsten Jahr in Folge schaffte es kein (rein) deutscher Beitrag in den Wettbewerb um die Goldene Palme – Festivalpolitik oder Ausdruck der tatsächlichen Misere des deutschen Films? Immerhin aber nahmen drei deutsche Filme und drei weitere Koproduktionen am Gesamtprogramm teil.« (Rudolf Worschech, »epd Film«) Dazu zählten Werner Herzogs *Mein geliebter Feind*, der außer Konkurrenz lief, und *Wege in die Nacht* von Andreas Kleinert, der die Reihe »Quinzaine des Réalisateurs« eröffnete.
Alles in allem war es ein aufregendes Festival, dessen hohe Qualität man vielleicht erst mit etwas größerer Distanz erkennen wird. Zu viele Überraschungen und der grenzenlose Trubel an der Croisette machen es für jeden Kritiker schwer, den Durchblick zu bewahren, und plötzlich sind es die unterlaufenen Erwartungen und eine scheinbar offensichtliche Einfachheit, die irritieren. So attestierte Rudolf Worschech David Lynch, ihm sei die größte Überraschung des Festivals gelungen: »Zeichneten sich seine Filme bisher durch ihre Alptraumhaftigkeit und ihren doppelten Boden aus, so ist sein *The Straight Story* von einer geradezu verstörenden Simplizität.« Das mag Cannes am treffendsten charakterisieren: ein (mehr oder weniger) virtueller Ort, an dem man Einfachheit als verstörend wahrnehmen kann, ja vielleicht sogar muß.
Goldene Palme: *Rosetta* von Luc und Jean-Pierre Dardenne (Belgien).
Großer Preis der Jury: *L'humanité* von Bruno Dumont (Frankreich).
Darstellerin: Séverine Caneele für *L'humanité* und Emilie Dequenne für *Rosetta*.
Darsteller: Emmanuel Schotté für *L'humanité*.
Regie: Pedro Almodóvar für *Alles über meine Mutter (Todo sobre mi madre)*.
Drehbuch: Yuri Arabov und **Marina Koreneva** für *Der Moloch* von Alexander Sokurow (Rußland).
Preis der Jury: Manoel de Oliveira (Portugal) für *La lettre*.
Goldene Kamera für den besten Erstlingsfilm: **Murali Nair** (Indien) für *Marana Simhasanam*.
Technik-Preis: *Der Kaiser und sein Attentäter* von Chen Kaige (China).
Goldene Palme Kurzfilm: ***When the Day Breaks*** von Wendy Tilby und Amanda Forbis (Kanada).
Großer Jurypreis Kurzfilm: ***Stop*** von Rodolphe Marconi (Frankreich) und ***So-Poong*** von Song Ilgon.

FIPRESCI-Kritikerpreis: ***Peauneuve*** von Emilie Deleuze (Frankreich).
»Un Certain Regard«: ***Beautiful People*** von Jasmin Dizdar (Großbritannien).
Preis der Ökumenischen Jury: ***Alles über meine Mutter*** von Pedro Almodóvar.
Auszeichnung für ihr Lebenswerk: Faye Dunaway.

35. Chicago International Film Festival

Zwölf deutsche Filme bzw. deutsch-internationale Koproduktionen, waren in Chicago zu sehen, darunter befanden sich: *Nachtgestalten* von Andreas Dresen, die russisch-deutsche Koproduktion *Barak* von Valerij Ogorodnikov, *Mein liebster Feind* von Werner Herzog, die französisch-deutsche Koproduktion *Public Enemy* von Jens Meurer und *Herr Zwilling und Frau Zuckermann* von Volker Koepp.
Eine späte Auszeichnung erhielt in Chicago der Schauspieler **Michael Gwisdek**. Er »hat nach 15 Jahren den ihm bereits zu DDR-Zeiten verliehenen ›**Silbernen Hugo**‹ des Filmfestivals in Chicago entgegengenommen. Als Gwisdek damals die Auszeichnung als bester Schauspieler für den Film *Der Fall Bachmeier* erhielt, durfte er weder nach Chicago reisen noch die Auszeichnung bekanntgeben.« (»dpa«)

16. Internationales Kinderfilmfestival Chicago

Sehr viele Filme wurden von den verschiedenen Jurys in Chicago geehrt; darunter befanden sich der Gewinner des **»Carson Pirie Scott's Best of the Fest Prize«** Paul Simmons' ***The First of May*** mit Julie Harris, Joe DiMaggio und Mickey Rooney, der auch in Annecy ausgezeichnete ***Kirikou und die Hexe*** von Michel Ocelot und Caroline Links ***Pünktchen und Anton***, der mit dem ersten Preis in der Sektion »Feature Films and Videos« prämiert wurde.

Frauenfilmfestival in Créteil 1999

Der **Grand Prix der Jury** in der Kategorie Spielfilm ging in diesem Jahr an ***S Dniom Rojdenia*** der Russin Larisa Sadilova, den **Spezialpreis der Jury** erhielt Joan Chen für die US-amerikanisch-chinesische Koproduktion ***Xiu Xiu***. Die Australierin Nadia Tass erhielt für ***Amy*** den **Preis der Jury »Graine de cinéphage«** und der **Preis der Jury der Journalistinnenvereinigung AFJ** ging an ***Histoire d'une transmission*** von Marie-Hélène Rebois aus Frankreich.

25. Festival des amerikanischen Films in Deauville

»Konnte in diesem Jahr ein anderer Film den **Hauptpreis** gewinnen als die absurde Komödie ***Being John Malkovitch*** von Spike Jonze, die davon erzählt, wie einige ganz normale Menschen die Chance bekommen, in die Haut eines Filmstars zu schlüpfen? Auf Schritt und Tritt ist in Deauville eine überschwengliche Begeisterung zu spüren, eine ungebrochene Heldenverehrung bestimmt die Atmosphäre. So wirkt jeder Festivalbesuch auch für den Berichterstatter wie eine Rückkehr an jenen Ort, an dem alles begann: wo die Leidenschaft für das Kino ihren Ursprung hatte. (...) Kirk Douglas, Al Pacino und Robin Williams waren in diesem

Jahr Hommagen gewidmet. Hat Deauville mehr Stars zu bieten als der Himmel? Als gelte es diese Frage zu beantworten, richtete sich der Blick der Filme in diesem Jahr oft zum Himmel: ein erst stolzer, dann sorgenvoller Blick von Charlize Theron, wenn sie als *The Astronauts Wife* die Weltraummission ihres Mannes verfolgt; ein erotischer Blick, wenn die Liebe Rene Russo und Pierce Brosnan in *Thomas Crown ist nicht zu fassen* Flügel zu verleihen scheint; ein verzweifelter Blick in *Jakob der Lügner*, einer amerikanischen Adaption von Jurek Beckers Vorlage, wenn sich über dem Warschauer Getto die anfliegenden Bomber als deutsche erweisen.« (Lars-Olav Beier, »FAZ«)

26. Filmfestival Ghent

Über 160 Filme umfaßte das Programm des Festivals in Flandern, das neben internationalen Produktionen auch das gegenwärtige belgische Filmschaffen präsentierte und eine **Peter-Greenaway-Retrospektive** mit einer Ausstellung seiner Bilder verband. Im Wettbewerb liefen u.a. Andreas Kleinerts *Wege in die Nacht*, Anjelica Hustons *Agnes Browne* und Mike Figgis' *Miss Julie*. Die Jury, prominent besetzt mit den Schauspielern Amanda Plummer, Christopher Lee und Robert Forster, verlieh den **Preis für den besten Film**, mit rund 50.000 Mark dotiert, an Eric Vallis ***Himalaya (Himalaya – l'enface d'un chef)***. Der deutsche Filmemacher Veit Helmer wurde für seinen ersten abendfüllenden Spielfilm mit dem **Preis der internationalen Filmkritik** geehrt. »Die Jury zeichnete seinen Film ***Tuvalu*** wegen des ›harmonischen Blicks auf verschiedene Kulturen, die exzellente Fotografie und den burlesken Humor‹ aus, mit dem der Streifen die aktuelle Geschichte Europas nachzeichne.« (»dpa«)

21. Internationales Festival des Neuen Lateinamerikanischen Kinos in Havanna

Auf einem der bedeutendsten Filmfestivals Lateinamerikas liefen unter den 260 gezeigten Filmen *El Coronel no tiene quien le escriba (Der Oberst hat niemanden, der ihm schreibt)* des Mexikaners Arturo Ripstein nach dem Roman des kolumbianischen Nobelpreisträgers Gabriel Garcia Marquez und Wim Wenders' Porträt kubanischer Musiker, *Buena Vista Social Club*, das in Kuba umstritten ist: »Die Zeitung ›Juventud Rebelde‹, Organ des kommunistischen Jugendverbandes, hatte Wenders im Juli vorgeworfen, Kuba mit dem ›Blick eines oberflächlichen Touristen‹ gefilmt zu haben. Er habe von der kubanischen Hauptstadt Havanna ausschließlich ›zerfallene Häuser, eine unendliche Zahl von Schlaglöchern, Pfützen, überquellende Mülltonnen und allgegenwärtige schmutzige Hunde‹, gezeigt, beschwerte sich das Blatt.« (»dpa«)

34. Internationales Filmfestival Karlovy Vary

»Zehn Jahre nach dem Fall der Mauer ist auch in Karlovy Vary die Angleichung an westliche Wertvorstellungen unübersehbar. Die verspielten Fassaden des schon unter dem sozialistischem Regime als Einnahmequelle geschätzten Kurorts strahlen in frischem Rosa und Lavendel. (...) Auch in diesem Jahr bewiesen die 17 Preisanwärter des internationalen Wettbewerbs, dass es dem kleinsten unter den A-Festivals weder an cineastischem Wagemut noch an Humor mangelt. *Blockpost* von Aleksandr Rogozhkin (der für die beste Regie ausgezeichnet wurde – Anm. d. Red.) versetzt eine Gruppe junger russischer Soldaten in einen Außenposten, der in einer kaukasischen Bergregion die Zufahrtsstraße zu einem moslemischen Friedhof kontrolliert. Der Tod wird auf Kosten des Lebens bewacht. (...) Eine verhängnisvolle Vernetzung privater und politischer Animositäten führt in *Pelisky* von Jan Hrebejk zu einem Feuerwerk ganz anderer Art, das die tragikomische Brennweite des tschechischen Kinos aufs schönste offenbart. (...)

Filme, die neben der Retrospektive kasachischer Filme und der von Frank Strobel und dem Czech Symphony Orchestra begleiteten Wiederaufführung des restaurierten Stummfilms *Der Schatz* von G. W. Papst bestehen konnten, stammten aus der bereits legendären Festivalsektion ›East of the West‹: *Kinai Védelem* von Gábor Tompa führt ins Transsylvanien des Jahres 1962. (...) Wie aus einem Archiv vergessener Träume erscheint die Welt in Valdas Navasaitis *Kiemas*, an der die Bewohner eines einst prächtigen litauischen Patrizierhauses teilhaben wie die von der Arche ausgeschlossene Menschheit an der biblischen Sintflut. (...) Neben einem Film wie *Kiemas* wirkt der deutsche Wettbewerbsbeitrag *Wege in die Nacht* besonders larmoyant. Ein ehemaliger Genosse Direktor, der nach der Wende an Machtlosigkeit leidet, flüchtet sich in den Nächten seiner Paranoia zunächst als paramilitärischer Übervater eines schlagkräftigen Geschwisterpaars in Aktionen gegen Raufbolde und Rassisten, überfällt dann in gesteigertem Geltungswahn einen Juwelier und bringt sich schließlich um. Nicht einmal Hilmar Thate in der Rolle des führungsgeilen Sittenwächters kann die faule Lösung des Drehbuchs überspielen. Als dürfe im deutschen Film gegenwärtig nichts offen bleiben. Große Regisseure wussten immer um die Notwendigkeit schwarzer Löcher.« (Heike Kühn, »epd Film«) Die Jury war bezüglich der Leistung von Hilmar Thate wohl anderer Meinung, denn sie verlieh ihm den Preis für den besten Darsteller.

Zu Gast in Karlovy Vary waren in diesem Jahr unter anderem Woody Harrelson, John Landis und Amanda Plummer.

Grand Prix – Crystal Globe (dotiert mit 20.000 Dollar): ***Hachaverim shel Yana (Yanas Freunde)*** von Arik Kaplun.

Spezialpreis der Jury: ***Raus aus Åmål (Fucking Åmål)*** von Lukas Moodysson.

Lobende Erwähnung: ***Pelisky*** von Jan Hrebejk.

Regie: Alexandr Rogozhkin für *Blockpost (Checkpoint)*.

Schauspieler: Hilmar Thate für *Wege in die Nacht* von Andreas Kleinert

Schauspielerin: Evlyn Kaplun für *Hachaverim shel Yana* von Arik Kaplun.

Preis für einen außergewöhnlichen Beitrag zum Weltkino: Franco Zeffirelli.

Preis der Stadt Karlovy Vary: Nikita Michalkov für *The Barber of Siberia*.

Publikumspreis: ***Raus aus Åmål*** von Lukas Moodysson.

Philip Morris Freedom Award (dotiert mit 5.000 Dollar): ***Okraina*** von Petr Lutsik.

FIPRESCI-Preis: ***Cozy Dens*** von Jan Høebejk.

Lobende Erwähnung: ***Drop Dead Gorgeous*** von Michael Patrick Jann.
FICC-Preis (Don Quijote): ***Raus aus Åmål*** von Lukas Moodysson.
Lobende Erwähnung: ***La fille sur le pont*** von Patrice Leconte.
Preis der Ökumenischen Jury: ***A Reasonable Man*** von Gavin Hood.
Lobende Erwähnung: ***Hachaverim shel Yana*** von Arik Kaplun und ***Beautiful People*** von Jasmin Dizdar
Emil Radok Preis: ***Helluva Good Luck***.

36. Internationales Dokumentar- und Kurzfilmfestival Krakau

Der Grand Prix des Festivals, der **Goldene Drache**, ging 1999 an ***Chlebnyj dien*** von Siergiej Dworcewoj. Den **Silbernen Drachen** für die beste Dokumentation erhielten ***Exodus over de Donau*** von Peter Forgacs (der auch den **FICC-Preis** errang) und ***Taka historia*** von Pawel Lozinski. Piotr Karwas' ***Masks***, der in diesem Jahr auch in Annecy und auf der Berlinale ausgezeichnet wurde, wurde mit dem **Sibernen Drachen** für den besten Animationsfilm geehrt. ***Ziwot w Getto*** von Eldora Traykowa erhielt den **FIPRESCI-Preis**.

52. Internationales Filmfestival Locarno

»Die Gäste waren schon düpiert, bevor es richtig losging. Patrice Chéreau sagte kurzfristig ab – mit der profanen Ausrede, er wolle lieber zur Promotion seines Films in die USA. Schon hatte die Jury von Locarno keinen Vorsitzenden mehr. Es war nicht die letzte Attacke gegen das helvetische Selbstbewusstsein: Der mit dem Ehren-Leoparden ausgezeichnete Daniel Schmid ließ in seiner faden Farce *Beresina* ein russisches Call-Girl zur Schweizer Königin krönen und die geistige Elite des Landes von rüstigen Rentnern entsorgen – und sowas von einem Einheimischen! Und dann der Dokumentarfilm *Closed Country* – der aufräumt mit dem Mythos der Neutralität, indem er Schweizer Kollaboration mit den Nazis bei der Judenauslieferung zeigt. Auch die sieben Regisseure von *ID Schweiz* (sprich: Heidi) meldeten Zweifel an angesichts der multikulturellen Harmonie im Schweizer Sanatorium und verwiesen auf Dürrenmatts sarkastische Thesen vom Laborexperiment.« (Marcus Rothe, »SZ«)
Zur allgemeinen Stimmung trug dann leider auch nicht das Wetter bei, das einige Vorführungen auf der Piazza Grande verdarb. Lediglich die Vorführungen von *Beresina* und der restaurierten Fassung von Hitchcocks *The Birds* brachten die gewohnten Zuschauermengen in die Freiluftarena. Dem Wettbewerb wurde in diesem Jahr allgemein nur Mittelmaß attestiert; auch der deutsche Wettbewerbsbeitrag *Der Einstein des Sex*, eine Biographie Magnus Hirschfelds von Rosa von Praunheim, wurde von den meisten Journalisten als zu gefällig beurteilt. Hans-Jörg Rother von der »Frankfurter Allgemeinen Zeitung« meinte: »Es steht nicht gut um den jungen Film, zumindest im Spiegel des Locarneser Filmreigens.« Eine Ausnahme waren jedoch die französischen Beiträge:
»Die sowohl quantitativ als auch qualitativ überraschende Filmnation des Wettbewerbs, dem die sonst prägenden iranischen Beiträge fehlten, war heuer Frankreich – ein Faktum, dem die Jury bei der Verleihung der Leoparden Rechnung trug. Das her-

ausragendste Werk lieferte dabei zweifellos Noémie Lvovsky mit *La vie ne me fait pas peur*, einem phantasievollen und prallen Film über vier junge Französinnen, die über eine anstrengende Pubertät ins Leben hineinfinden. Die Lust an der stilistischen Gestaltung, die das Lebensabschnittsporträt prägt, und die filmische Risikobereitschaft der Autorin finden sich in abgeschwächter Form aber auch in den beiden anderen französischen Wettbewerbsbeiträgen. Außergewöhnlich sanft, fast zärtlich, zeichnet Laurent Bouhnik in *1999 Madeleine* das Leben einer französischen Näherin, deren Alltag sich lieb- und leblos dahinzieht, und die Kamera antizipiert ihr Sehnen nach dem Glück mit einer Wohnkulisse aus lauter Leere. Von ungeheurer Brutalität ist auf der anderen Seite Hélène Angels *Peau d'homme, cœur de bête*, die filmische Verarbeitung eines (autobiographischen) Kindheitstraumas. Mit der Rückkehr eines Sohnes in seine Familie in Südfrankreich, fünfzehn Jahre, nachdem er sie verlassen hat, beginnt sich dort eine Gewaltspirale in Bewegung zu setzen, die, so erahnt man, ihren Ursprung im Selbstmord des Familienoberhauptes hatte – und die sich ins beinahe Unerträgliche steigert. Dass eine Frau ein derartiges Gewalt-Karussell inszeniert, das Männer wie Frauen einschließt, erhitzte die (Kritik-)Gemüter im besonderen.
Dem weiblich dominierten französischen Filmschaffen kommt auch insofern Bedeutung zu, als es zu spiegeln scheint, was den Locarneser Jahrgang 1999 inhaltlich und formal in seinem Innersten zusammenhielt. Wieder und wieder sah man – wen wundert's: in einem Wettbewerb, der dem jungen und dem neuen Film gewidmet ist – Menschen auf der Suche nach sich selbst, nach der (großen) Liebe oder der Vergangenheit, sei es die persönliche oder jene von Familie und Staat.« (Nicole Hess, »Neue Zürcher Zeitung«)
Die **Roger Corman** und seinen »Schülern« gewidmete **Retrospektive** war enorm umfangreich: »So entpuppte sich die Retrospektive als eigenes Festival, was der Titel ›Special Sidebar: The Class of 1970: Joe Dante and the Second Corman Generation nur schwach erahnen ließ. Schüler und Kollegen, Vorbilder und Vorläufer Roger Cormans, des B-Film-Kings der sechziger und siebziger Jahre, wurden teils mit etlichen Werken vorgestellt, von Mario Brava und William Castle über Allan Arkush, Penelope Spheeris und Joe Dante bis hin zu Jonathan Demme, John Sayles, John Badham oder Paul Bartel, der nicht nur eigene Filme wie *Eating Raoul* präsentierte, sondern auch, in *Rock'n'Roll High School*, als Schauspieler zu bewundern war und überdies in der Festival-Jury saß.« (Bettina Thienhaus, »epd Film«)
Die Jury, unter anderem besetzt mit Produzent Jakob Claussen (Deutschland), der Schauspielerin Kati Outinen (Finnland) und Regisseur Samir (Schweiz), verlieh die folgenden Preise:
Goldener Leopard (großer Preis des Festivals und großer Preis der Stadt Locarno, dotiert mit 40.000 Schweizer Franken): ***Peau d'homme, cœur de bête (Menschliche Haut, tierisches Herz)*** von Hélène Angel (Frankreich) produziert von Pascal Caucheteux.
Siberner Leopard (dotiert mit 20.000 Schweizer Franken): ***Barak*** von Valerij Ogorodnikov (Rußland/Deutschland) produziert von L. Yermolnic und S. Archipov.

Siberner Leopard (20.000 Schweizer Franken): ***La vie ne me fait pas peur*** von Noémie Lvovsky (Frankreich/Schweiz) produziert von Bruno Pesery.
Bronzener Leopard: Véra Briole, Schauspielerin des Filmes *1999 Madeleine* von Laurent Bouhnik (Frankreich).
Bronzener Leopard: Serge Riaboukine, Schauspieler des Filmes *Peau d'homme, cœur de bête*.
Spezialpreis der Jury (dotiert mit 10.000 Schweizer Franken): ***El medina (Die Stadt)*** von Yousry Nasrallah (Ägypten/Frankreich), produziert von Humbert Balsan.
Lobende Erwähnung: *El milagro de P. Tinto* von Javier Fesser (Spanien) – »für seinen Stil, seinen Humor und seine Originalität«.
Der Preis der **FIPRESCI** ging an ***Nannan nünü*** von Ling Biyan.

43. London Film Festival

Das erfolgreichste Londoner Filmfest wurde am 18. November 1999 mit der europäischen Premiere von Sam Mendes' *American Beauty* in Anwesenheit des Regisseurs und des Hauptdarstellers Kevin Spacey beschlossen. Insgesamt wurde mit 159 Filmen 11% mehr als im Vorjahr eingenommen – über 120.000 Zuschauer konnte das Festival verbuchen. Und sie waren in bester Gesellschaft: Unter den offiziellen Gästen befanden sich Susan Sarandon, Tim Robbins, Spike Lee, Mike Leigh, Jim Jarmusch, Ang Lee, Ralph Fiennes, Tobey Maguire und Matthew McConaughy. Der Überraschungsgast des Festivals war Brad Pitt, der sich – wie der »Guardian« berichtete – in eine Vorführung von Harmon Korine's *Julien Donkey Boy* schlich, ohne vom Publikum bemerkt zu werden.

Der **FIPRESCI-Preis** ging an ***Boys Don't Cry***, Lynne Ramsays ***Ratcatcher*** wurde mit der **Sutherland Trophy** ausgezeichnet.

Filmfestival Mar Del Plata 1999

Auf dem am wenigsten bekannten aller »A-Festivals« im argentinischen Mar Del Plata kürte die internationale Kritikervereinigung **FIPRESCI** folgende Filme: ***Sokkotansi*** von Matti Ijas und ***Paris Tombuctu*** von Luis Garcia Barlanga als besten »iberoamerikanischen Film«; ***SLC Punk*** von James Merendino wurde mit einer lobenden Erwähnung bedacht.

23. Filmfestival Montreal

»Selten stößt man auf größeren Kino-Enthusiasmus als in der kanadischen Metropole der Provinz Québéc, die den Geist Europas mit dem der USA zu vereinen scheint. Für das jährliche ›Festival des Films du Monde‹ haben viele Urlaub genommen und kommen nicht selten auch aus den USA herüber. Bei so viel Begeisterung und angesichts dessen, dass die Presse nach zuletzt herber Kritik heuer dem Wettbewerb wieder ein hohes Niveau attestierte, schmerzte es weniger, dass Nordamerikas einzigem A-Festival mit internationalem Wettbewerb in puncto Anziehungskraft zunehmend von Toronto das Wasser abgegraben wird. Das dortige Festival, direkt auf Montreal folgend, sitzt im kanadischen Zentrum der Film-Industrie. Wer den US-Markt sucht, findet dort das bessere Sprungbrett, und so gehen viele inzwischen lieber zur Konkurrenz-Metropole.
Montreal genießt den Ruf, Toronto kommerziell unterlegen, aber kulturell überlegen zu sein. Man ist stolz darauf, Kunstfilm zu fördern statt

industrieller Massenware. Aus 68 Ländern kamen dieses Jahr fast 400 Filme, mit Schwerpunkten Lateinamerika und Irland. Doch auch Filme aus Albanien, Bosnien, Vietnam, Tadschikistan, Kirgisien, Aserbeidschan, Mali oder Singapur finden ihr Publikum – und mittendrin eine Geschichte des deutschen Animationsfilms (Gerd Gockells *Muratti und Sarotti*).« (Simone Mahrenholz, »Der Tagesspiegel«)

Deutschland war in Montreal sehr gut vertreten; neben Werner Herzogs *Mein liebster Feind* waren zu sehen: *Oi! Warning* von Dominik und Benjamin Reding, eine Geschichte über Skinheads im Ruhrpott, die auf großes Interesse stieß, und *Wege in die Nacht* von Andreas Kleinert, der im Wettbewerb lief. *Just in Time* von der Hannoveranerin Kirsten Winter erhielt den Preis für den besten Kurzfilm, und Nina Hoss gewann für ihre Darstellung in *Der Vulkan* den Preis für die beste Schauspielerin.

»Der kanadische Film dominierte das Festival neben dem französischen naturgemäß und zeigte dieses Jahr viel Starkes, aber wenig Herausragendes. Am spannendsten war Cathérine Annauds Dokumentation *French Kiss – la génération du rêve Trudeau*. In keinem Film erfuhr man mehr über Montreal, diese Stadt, die von den Visionen des damaligen charismatischen Premierministers Pierre Elliott Trudeau geprägt ist: seiner Idee eines vereinten bilingualen und multikulturellen Kanadas. Das auch filmisch mitreißende Porträt von acht Menschen aus der Generation der heute Mittdreißiger zeigte viel von den Traumata der Identitätssuche dieses Landes, von dem Riss, der durch die kanadische Gesellschaft in der Frage um ein unabhängiges Québéc heute mehr denn je geht.

Insgesamt gilt es dieses Festival zu schützen, das sich alljährlich eigensinnig auf dem amerikanischen Kontinent der Übermacht der US-Kinoindustrie entgegenstellt, auf dass sich das Wort Rainer Werner Fassbinders erfüllen möge: ›Montreal erscheint mir als das größte Hoffnungszeichen für die Kultur der westlichen Welt.‹« (Simone Mahrenholz)

Die unter anderem mit Fernando Solanas, Percy Adlon und Stephen Rea prominent besetzte Jury unter der Leitung der schwedischen Schauspielerin Bibi Andersson verlieh folgende Preise:

»Grand Prix of the Americas«: ***The Colour of Paradise*** von Majid Majidi (Iran).

Spezialpreis der Jury: ***Fuori dal mondo*** von Giuseppe Piccioni (Italien) und ***The Minus Man*** von Hampton Fancher (USA).

Regie: **Louis Bélanger** (Kanada) für *Post Mortem*.

Bester künstlerischer Beitrag: ***Goya en Burdeos (Goya in Bordeaux)*** von Carlos Saura (Spanien).

Schauspielerin: Nina Hoss für *Der Vulkan* von Ottokar Runze (BRD).

Schauspieler: Ken Takakura für *Poppoya* von Yasuo Furuhata (Japan).

Drehbuch: Pierre Jolivet und **Simon Michael** für *Ma petite entreprise* (Frankreich).

Kurzfilme: 1. Preis: ***Just in Time*** von Kirsten Winter (BRD); 2. Preis: ***Village of Idiots*** von Eugene Fedorenko and Rose Newlove (Kanada)

Weitere Preise:

Spezialpreis für das Lebenswerk: Ettore Scola.

»Special Grand Prix of the Americas«: **Michael Cacoyannis**, **Walt Disney** (überreicht an seine Tochter Diane Disney Miller), **Richard Dreyfuss**, **John Dunning & André Link**.

»Montreal Award« für das beste Erstlingswerk: ***Del Olvido al no me acuerdo*** von Juan Carlos Rulfo (Mexiko).
Lobende Erwähnung: ***Les convoyeurs attendent*** von Benoît Mariage (Belgien/Frankreich) und ***Torowisko*** von Urszula Urbaniak (Polen).
Air Canada Publikumspreis: *Postmen in the Mountains* von Huo Jianqi (China).
Best Canadian Fedex Film Award: ***Souvenirs intimes*** von Jean Beaudin.
FIPRESCI-Preis: ***Village of Idiots*** von Eugene Fedorenko und Rose Newlove (Kanada).
Lobende Erwähnung: ***Post Mortem*** von Louis Bélanger (Kanada).
Preis der Ökumenischen Jury: ***Goya in Bordeaux*** von Carlos Saura (Spanien).

Internationales Filmfestival Moskau 1999

»Bei der Eröffnung, dem Moskauer Sommerereignis, zeigten sich alle Wichtigkeiten der Stadt. Ein scherzender Premierminister Stepaschin, ein stolzer Bürgermeister Luschkow, ein unsicher wirkender KP-Chef sowie der Sex-Sittenwächter der Duma, Stanislaw Goworuchin. ›Normales Publikum‹ war kaum vertreten, dafür aber zahlreiche ›neue Russen‹ mit ihren langbeinigen, wahnsinnig jungen Frauen. Am Ende der Treppe vor dem ›Puschkinskaja‹, einem der wenigen Moskauer Kinos, welches sich von der Ausstattung her mit den Filmpalästen im Westen messen kann, stand Nikita Michalkow, Rußlands erfolgreichster Regisseur, eingehüllt in den obligatorischen Seidenschal. Mit ausgebreiteten Armen empfing er die internationalen Stars, welche dem Festival Flair verleihen sollten. (...)
Für dieses Jahr hatten sich die Organisatoren etwas Besonderes vorgenommen. Gezeigt werden sollten ausschließlich Filme, die noch nicht auf internationalen Festivals in Europa zu sehen waren. Eröffnet wurde dann allerdings mit Marco Bellocchios Kostümfilm *Die Amme*, der schon in Cannes im Wettbewerb zu sehen war. Insgesamt laufen in zehn Tagen mehr als 200 Filme, darunter etwa 100 russische. Im Panorama-Programm hat man drei regionale Schwerpunkte gesetzt: Filme aus Lateinamerika, Asien und dem Balkan. Am Wettbewerb nehmen 16 Filme teil, darunter zwei russische: *Strastnoi Bulvar* von Wladimir Chotinenko, ein philosophisches Märchen über einen Mann, der sein Leben an sich vorüberziehen läßt, und *Fara*, ein dramatisches Abenteuer von dem Kasachen Abai Karpykow.« (Ulrich Heyden, »Der Tagesspiegel«)

First Motovun Film Festival

Der sommerliche Festivalreigen ist um einen attraktiven Termin bereichert worden.
Für Cineasten und Kinoliebhaber, die interessante Filme sehen und ihre »Macher« in entspannter Atmosphäre kennenlernen wollen, ist Motovun, im Herzen Istriens (Kroatien) der neue Geheimtip.
Festivaldirektor Boris T. Matić und Regisseur Rajko Grlić als künstlerischer Leiter präsentierten an vier Tagen im August (nach Locarno) auf der Piazza und im Kino überwiegend Filme aus Europa, darunter *Lola rennt* und *Mifune*.
Eine besondere Würdigung erfuhren der Regisseur Branko Bauer und der kroatische Kameramann mit internationaler Reputation Tomislav Pinter.

15. Sundance Filmfestival in Park City

Bereits seit über zehn Jahren, seit Steven Soderbergh mit *Sex, Lügen und Video* gewann, ist das Sundance Festival »ein Jungbrunnen für das ideenarme, überkommerzialisierte Hollywood« (Vera Graf, »SZ«).
Die Hollywood-Scouts kommen seitdem in Scharen jeden Januar in die Provinz nach Utah, und viele Filmemacher haben natürlich berechtigte Hoffnungen, ihr nächstes Projekt mit Geldern aus Hollywood zu finanzieren. »Kritik an dieser Entwicklung kam diesmal von ganz oben. Robert Redford, der sich sonst selten ins Festivalgeschehen einmischt, brach sein gewohntes Schweigen. In einer Pressekonferenz ließ er durchblicken, er habe äußerst gemischte Gefühle diesen ›Marktplatz‹ betreffend. Überhaupt, klagte der Sundance-Gründer, seien die Spielfilme dieses Jahr glatter und professioneller, ließen aber die Originalität vermissen, die frühere Sundance-Filme ausgezeichnet habe. Der Festival-Veteran Peter Broderick von ›Next Wave Films‹ ist ganz seiner Meinung. Von einem ›*mainstreaming* der Independents‹ spricht Broderick: Viele Indies seien nur noch Hollywoodfilme mit bescheideneren Budgets, doch ohne jeden Experimentiergeist. (...)
Die Klagen über die schreckliche Kommerzialisierung gehen jedoch fast jedes Jahr in der Flut der erfreulichen Überraschungen unter. Dazu gehören dieses Jahr die Dokumentarfilme, die nicht nur den Kritiker der ›New York Times‹ zu einer Hymne hinrissen: ›Vergessen Sie die Spielfilme‹, beginnt sein Artikel: ›Jetzt ist der Dokumentarfilm dran.‹ Den großen **Jury-Preis** konnte Chris Smith – der gegen so renommierte Dokumentarfilmer wie Errol Morris und Michael Epstein antratt – mit ***American Movie*** davontragen. Der Film ist nicht nur die Geschichte eines spargeldünnen jungen Provinzamerikaners, der es gegen alle Widerstände fertigbrachte, einen Horrorfilm zu drehen – er ist auch das Porträt einer Generation: In jedem Kaff in den USA sitzen jugendliche ›hopefuls‹ mit der Kamera, die weder 20-Stunden-Arbeitstage noch die maximale Belastung ihrer Kreditkarten scheuen, um ihren ersten Film zu drehen und unter die Leute zu bringen. Geoffrey Gilmore und seine Kollegen, die bei Sundance die alljährliche Auswahl der Filme treffen, können davon ein Lied singen: Über 3.000 eingesandte Filme überfluteten das Festival in diesem Jahr.
Den begehrten **Publikumspreis für den besten Dokumentarfilm** gewannen die Erstlingsfilmer Roko und Adrian Belic mit *Genghis Blues*. (...) Tom Tykwer war schon abgereist und konnte daher seinen **Publikumspreis für den besten Spielfilm** in der World-Cinema-Kategorie nicht mehr entgegennehmen: ***Lola rennt*** teilt sich den Preis mit ***Train de vie*** von Radu Mihaileanu. Der große Gewinner unter den diesjährigen Spielfilmen, der nicht nur die **Grand-Jury-Auszeichnung**, sondern auch den **Publikumspreis** davontrug, heißt ***Three Seasons***, ein Film des jungen Vietnam-Amerikaners Tony Bui. Der Film verbindet die Frische des amerikanischen Independent mit einer eigenwilligen Poesie und ist ein Überraschungserfolg für Bui, der seinen Zuschauern viel abverlangt: Er erzählt seine Geschichten über das neue Vietnam in vietnamesischer Sprache mit Untertiteln.« (Vera Graf)

5. Slamdance Festival in Park City

Eine der Eigenarten des Sundance-Festivals ist die Anhäufung von gleichzeitig stattfindenden Gegenfestivals in Park City – der Geist der Unabhängigkeit treibt immer skurrilere Blüten. »Second Annual One Day Only No Dance Film and Multimedia Festival« hieß das neueste, und es fand in einem Hotelzimmer statt! Das »renommierteste« unter diesen Gegenfestivals ist Slamdance, und es »profilierte sich in den letzten Jahren als junge, experimentelle Plattform für die Erstlinge unter den Filmemachern. Inzwischen hat sich das herumgesprochen, und 1.700 Filme bewarben sich dieses Jahr bei Slamdance, das sichtlich professioneller und respektabler geworden ist.« (Vera Graf, »SZ«)
Großer Preis der Jury (Spielfilm): ***Chi Girl*** von Heidi Van Lier.
Großer Preis der Jury (Kurzfilm): ***Billy's Balloon*** von Don Hertzfeldt.
Publikumspreis (Spielfilm): ***Man of the Century*** von Adam Abraham.
Publikumspreis (Kurzfilm): ***12 Stops on the Road to Nowhere*** von Jay Lowi.
Dokumentarfilmpreis: ***Amerikan Passport*** von Reed Paget.

28. Internationales Filmfestival Rotterdam

»Das Filmfestival von Rotterdam, das sich seit seiner Gründung 1972 konsequent mit der Frage des Neuen im Kino befaßt, ist deshalb auch der ideale Ort für die erste großangelegte Untersuchung der ›digitalen Revolution‹ im Bereich der Laufbilder. Mit der Reihe ›Digital New Wave‹ hat man 1999 eine Art Kampfbegriff eingeführt, der die Diskussion der zweiten Kinojahrhundertwende maßgeblich mitbestimmen wird. Braucht das Kino als Material notwendig den Film? (...)
Das digitale Kino, dessen Spielformen in Rotterdam verhandelt wurden, kreist um zwei extreme Pole: ›Desktop Filmmaking‹ einerseits (in Analogie zum Desktop Publishing), also der auf Heimgeräten, künstlerisch autonom, sehr kostengünstig und dennoch professionell produzierte Film; und andererseits ›Silicon Cinema‹ – die Schwerindustrie der computergenerierten Bilder, die in Hollywood mittlerweile eine Hauptrolle spielen. (...)
Die Bandbreite der ›New Wave‹-Reihe – von Sasha Waltz' Ostberliner Performance-Video *Allee der Kosmonauten* bis zur neuen (Computer-) Tierparade *Das große Krabbeln* aus dem Hause Disney – ist ein schöner Spiegel des gesamten Festivals. Mit mehr als 300.000 Besuchern ist es nicht nur das größte Kulturereignis der Niederlande und das bestbesuchte Filmfestival der Welt, sondern zugleich ein unglaubliches Labor für die Konfrontation aller denkbaren Kinogelüste – von Hollywood über thailändische Gangsterfilme bis zum Avantgardefilm (ein Bereich, in dem in diesem Jahr Gustav Deutschs betörende 60-Minuten-Fantasie *Film ist* Furore machte: eine poetisch-ironische Montage aus alten wissenschaftlichen Filmen, die am Ende das Kino selbst zum Thema hat). (...)
Aus Frankreich stammen die schönsten Beiträge im Wettbewerb um die ›Tiger Awards‹, die dem Schaffen junger Regisseure gewidmet sind. Snadrine Veysset *(Gibt es Weihnachten Schnee?)* erzählt in ihrem zweiten Film *Victor ... pendant qu'il est trop tard* die fast märchenhafte Geschichte eines Buben, der nach seiner trau-

matischen Flucht aus dem Elternhaus eine neue Mutter, die Prostituierte Trish, aufgabelt. (...) Laurent Achards *Plus qu'hier, moins que demain* ist stärker noch als *Victor...* ein Film ›am Anfang‹. Diese Geschichte über das Glück und Gift von Jugend, Familie, Liebenlernen trifft auf eine deutlich ausgeklügelte Konstruktion. (...) Achards Film ist in jeder Hinsicht ein ›perfektes‹ (d.h. typisches) Debüt und wurde dafür auch mit einem der drei Tiger-Preise belohnt. Der perfekte (d.h. meisterliche) Debütfolgefilm ist dem Texaner Wes Anderson gelungen. Er lief außerhalb des Wettbewerbs, vielleicht weil er tatsächlich konkurrenzlos ist. (...) Es geht um den Liebestaumel eines übereifrigen 15jährigen Gymnasiasten, um Generations- und Klassenhindernisse und um das bittere Gefühl des Rückschlags beim Erobern der Welt. Doch Andersons Mis-en-scène ist selbst keineswegs übereifrig: Hier atmet jeder Raum und jede Figur in individuellem Takt; eine Vielzahl von gestischen Details und kleinen Beobachtungen füllt die ruhige CinemaScope-Leinwand des Films. (...) Von der Produktionsfirma Disney als High-School-Komödie beworben, ist *Rushmore* in Wahrheit ein Anti-Genrefilm: Das Eigene triumphiert in jeder Sekunde über das Typische. Ein Hollywoodfilm, der auf überraschende Weise den Geist des Festivals von Rotterdam in sich aufgenommen hat.« (Alexander Horwath, »epd Film«)

Tiger Awards:

Alexander Bashirov – *The Iron Heel of Oligarchy* (Rußland).
Laurent Achard – *Plus qu'hier, moins que demain* (Frankreich).
Christopher Nolan – *Following* (GB).

Publikumspreis: ***Festen*** von Thomas Vinterberg
FIPRESCI-Preis: ***Victor... pendant qu'il est trop tard*** – Sandrine Veysset. Eine lobende Erwähnung der FIPRESCI-Jury ging an das Rotterdamer Filmfestival für die Reihe »Exploding Cinema« und die »Verbindung von Film und visuellen Künsten«.
KNF-Preis der holländischen Filmjournalisten: ***La vida es silbar*** – Fernando Pérez.
NETPAC-Preis: ***The Servant's Shirt*** – Mani Kaul.
MovieZone Award: ***Buffalo '66*** – Vincent Gallo.

47. Internationales Filmfestival San Sebastián

»Mit einem neuen Festival-Palais, das den Festivalbunker in Cannes als lieblichen Ort erscheinen läßt, ist das 47. Festival Internacional de Cine in San Sebastián größer und unpersönlicher geworden, obwohl sich Festivalleiter Diego Galan nach wie vor alle Mühe gibt, den alten Charme zu bewahren. (Frauke Hanck, »Blickpunkt Film«)
»Hollywood kam gleich zu Beginn des Festivals nach San Sebastián. Nicht nur, dass Lawrence Kasdans hintersinnig, ironischer, liebevoll skurriler *Mumford* über einen ungewöhnlichen Psychiater in einem Provinznest mit kauzigen Einwohnern den internationalen Wettbewerb eröffnete. Auch Melanie Griffith wurde mit ihrem Mann Antonio Banderas, dem Spanier mit Hollywood-Karriere, für ihren nostalgisch-komödiantischen Hollywoodfilm *Crazy in Alabama* gefeiert. (...) Fast noch größeren Applaus aber bekam Melanies Mutter Tippi Hedren, eine von Hitchcocks berühmten Blonden, die *Die*

Vögel nun auch in San Sebastián persönlich präsentierte.«
(Frauke Hanck, »Rheinische Post«)
Auch Europa war stark vertreten, zu sehen waren unter anderem Mike Figgis' »neuester Low-Budget-Streich nach Strindberg, *Miss Julie*, mit einem wunderbaren Peter Mullan. Auch die spanischen Beiträge konnten sich sehen lassen. Bigas Lunas *Volaverunt* ist ein Historienfilm der großen Emotionen am Hofe Karls IV. Er behandelt die atemberaubende Haßliebe zwischen der Herzogin von Alba und dem Maler Goya. Aitana Sánchez-Gijón, von Luna mit der ihm eigenen Sinnlichkeit in Szene gesetzt, erhielt dann auch als beste Darstellerin die Silberne Muschel. Gut zur Geltung kamen Frauen auch in Garcia Querejetas psychologisch genauem Geschwister- und Familienfilm *Cuando vuelvas a mi lado* über die Erinnerungen, die nach dem Tod der Mutter lang verdrängte Geheimnisse aufklären. Geschichten von Menschen in Beziehungen und Konflikten standen im Mittelpunkt der meisten Filme. (...)
Leer ging der deutsche Beitrag *Nichts als die Wahrheit* von Roland Suso Richter aus, über einen fiktiven Prozeß gegen den Auschwitz-Arzt Mengele. Auch die deutschen Filme im ›Zabaltegi‹-Programm, der symbolisierende Debütfilm *Tuvalu* von Veit Helmer sowie die Berlin-Studie *Downhill City* des finnischen DFFB-Absolventen Hannu Salonen, erregten wenig Aufsehen.« (Frauke Hanck)
1999 wurde von der internationalen Kritikervereinigung FIPRESCI zum erstenmal ein **Grand Prix** für den besten Film des Jahres vergeben: Der Sieger ***Alles über meine Mutter*** von Pedro Almodóvar wurde knapp vor *Lola rennt* von Tom Tykwer und *Festen* von Thomas Vinterberg von allen Mitgliedern der Organisation gewählt (die anderen FIPRESCI-Preise werden von einer Jury vergeben). Die Preisverleihung fand im Rahmen des Filmfestivals San Sebastián statt.
Unter der Leitung des Jurypräsidenten Bertrand Tavernier wurden am 25. September folgende Preise verliehen:
Goldene Muschel für den besten Film: ***C'est quoi la vie?*** von François Dupeyron.
Silberne Muschel für den besten Regisseur: **Zhang Yang** für *Xizhao* (China) und **Michel Deville** für *La maladie de sachs* (Frankreich).
Spezialpreis der Jury: ***Jaime*** von Antonio-Pedro Vasconcelos (Luxemburg/Portugal/Brasilien).
Silberne Muschel für die beste Schauspielerin: **Aitana Sánchez-Gijón** für *Volaverunt* (Spanien/Frankreich).
Silberne Muschel für den besten Schauspieler: **Jacques Dufilho** für *C'est quoi la vie?* (Frankreich).
Kamera: Alfredo Mayo für *Cuando vuelvas a mi lado* (Spanien).
Drehbuch: Rosalinde Deville und **Michel Deville** für *La maladie de sachs* (Frankreich).
Lobende Erwähnung: ***Cuando vuelvas a mi lado*** von Gracia Querejeta (Spanien) und ***Under the Sun*** von Colin Nutley (Schweden/Finnland).
Preis für Nachwuchsregie: **Laurent Cantet** für *Ressources humaines*.

Weitere Preise:

Publikumspreis: ***Es beginnt heute (Ça commence aujourd'hui)*** von Bertrand Tavernier.
FIPRESCI-Preis: ***Soft Fruit*** von Christina Andreef.
Lobende Erwähnung: ***Wisconsin Death Trap*** von James Marsh.
Donostia-Preis: Vanessa Redgrave und **Anjelica Houston.**

5. Filmfestival Sarajevo

»Auch wenn Sarajewo jahrelang in den Schlagzeilen gestanden hat, dürften nicht allzu viele wissen, dass in der bosnischen Metropole nun schon zum fünften Mal ein Filmfestival stattfand. 80 Beiträge aus 27 Ländern waren es, die dieses Jahr präsentiert wurden. Allabendlich sahen jeweils gegen zweieinhalbtausend Besucher in Freiluftvorführungen auf einer Grossleinwand Erfolgsfilme wie *Notting Hill*, *Instinct*, *Shakespeare in Love* oder *Asterix und Obelix*. Kaum Neues gab es dagegen aus Ex-Jugoslawien beziehungsweise den Nachfolgestaaten zu sehen.

Das Open-air-Spektakel erinnert an die Piazza Grande in Locarno. Das Tessiner Festival hat auch Pate gestanden beim ersten Sarajewo-Festival. Im letzten Kriegswinter 1995 zeigte es auf Initiative seines Direktors Marco Müller in der belagerten Stadt eine Auswahl seiner Filme: eine Solidaritätsaktion, wie es sie damals von Künstlern aus verschiedenen Teilen der Welt gab. Aus jenen bescheidenen Anfängen entwickelte sich das inzwischen grösste bosnische Kulturereignis. Die Schweiz war diesmal nicht dabei. Dafür Österreich mit drei Filmen, von denen Ulrich Seidls Dokumentation ***Models*** den **Publikumspreis** errang. Deutschland war viermal präsent und wurde mit Jan Peters' Tagebuchfilm ***1.–31. Dezember*** ebenfalls ausgezeichnet. Die sehr persönliche Auseinandersetzung des jungen Hamburger Filmemachers mit dem Tod seines besten Freundes erhielt den Preis der Jury des internationalen Filmkritikerverbandes **FIPRESCI**. Weitere Filme kamen aus Japan, Taiwan, Ägypten, Spanien und Frankreich, inklusive des Gewinners des Grossen Preises der Jury von Cannes, Bruno Dumonts *L'humanité*. Zu den Rennern zählte *Lola rennt*. Außer der planmäßigen nächtlichen Ein-Uhr-Vorstellung musste noch eine zweite angesetzt werden.

Liefen einem nicht immer wieder Sfor-Soldaten in ihren Tarnanzügen über den Weg und stünde nicht auch mal ein Panzerfahrzeug an einer Kreuzung, könnte man fast schon an völlige Normalität glauben. Im Gegensatz zu den Ruinen, die den Weg vom Flughafen und alle Ausfallstrassen säumen, halten sich im Kern der Altstadt, abgesehen von den ausgebrannten grossen öffentlichen Gebäuden der Hauptpost und der Landesbibliothek, die Zerstörungen in Grenzen. Hier flanieren abends wie überall auf dem Balkan vor allem junge Leute auf den Boulevards und bevölkern zahlreiche Cafés.« (Heinz Kersten, »Neue Zürcher Zeitung«)

Serbische Produktionen gab es in diesem Jahr nicht zu sehen – wohl aus politischen Gründen. Dafür wurde der erste Film, der seit fünfzehn Jahren in Montenegro entstanden war, vorgeführt: *»Im Namen des Vaters und Sohnes* von Bozidar Nikolic ist eine Anklage aller Kriege, die seit dem Zerfall von Titos Erbe geführt wurden, die Tragikomödie um einen Vater, der sich dem patriotischen Taumel entgegenstellt und seinen Sohn gewaltsam daran hindert, einem Einberufungsbefehl Folge zu leisten.

Neue bosnische Produktionen gab's diesmal nicht. Im vergangenen Jahr waren die ersten Kurzfilme von Studenten der Kunstakademie zu sehen, die sie mit Unterstützung des Festivals drehen konnten. Fürs nächste Jahr hofft man auf weitere, genauso wie auf Fortschritt in der Rekonstruktion von zerstörten Kinos und einer nicht mehr existenten Verleihstruktur. Auch dafür zu sorgen, betrachtet das Festival als seine Aufgabe. Sarajevo ist eben doch kein Festival wie jedes andere.« (Heinz Kersten, »Der Tagesspiegel«)

25. Internationales Filmfestival Seattle

Das Festival im amerikanischen Bundesstaat Washington konnte 1999 einen neuen Rekord vermelden: 142.000 Zuschauer waren gekommen. Als Gäste reisten neben US-Stars wie Nick Nolte und Bruce Willis auch Tom Tykwer und Franka Potente an, und beide konnten sich darüber freuen, daß ***Lola rennt*** zum **besten Film** gekürt wurde. In einer Publikumswahl wurden auch die anderen Preise vergeben, und beinahe wäre Tykwer auch noch zum **besten Regisseur** gewählt worden. Letztlich überflügelte aber **John Sayles** den neuen deutschen Regiestar in der Zuschauergunst. Der Preis für den **besten Dokumentarfilm** ging – wie schon auf etlichen anderen Festivals 1999 – an Wim Wenders Porträt kubanischer Musiker: ***Buena Vista Social Club***.

32. Internationales Filmfestival Sitges

Beim auf den Fantasy-Film spezialisierten Filmfestival im katalonischen Sitges gab es neben den neuesten Produktionen des phantastischen Films – wie Cronenbergs *eXistenZ* oder *The Blair Witch Project* – auch ganz Weltliches zu sehen wie die deutschen Produktionen *Lola und Bilidikid* von Kutlug Ataman und *Der Einstein des Sex* von Rosa von Praunheim oder der ungarische Fußballfilm *6:3* von Peter Tímár. So waren die Retrospektiven einerseits **Dario Argento**, der auch den **Ehrenpreis** des Festivals erhielt, und andererseits Jacques Demy gewidmet. Als beste phantastische Filme prämierte man den Kurzfilm ***Vocación de martiro*** von Iván Ávila und ***Ringu*** von Hideo Nakata.

46. Filmfestival Sydney

Zum **populärsten australischen Film** 1999 wurde in Sydney ***Soft Fruit*** von Christina Andreef (in San Sebastián mit dem Preis der FIPRESCI ausgezeichnet) gewählt. Die **Publikumspreise** gingen an ***My Name is Joe*** von Ken Loach, ***Genghis Blues*** von Roko Belic und ***Desserts*** von Jeff Stark.

12. Internationales Filmfestival Tokyo

Der junge Berliner Filmemacher Fred Kelemen wurde gleich mit zwei Filmen nach Tokyo eingeladen. In der Sektion »Cinema Prism« lief *Frost*, und im Wettbewerb war *Abendland* zu sehen.

Der Regisseur Chang Tso-chi aus Taiwan war bereits wieder abgereist, im Glauben, ohnehin keinen Preis für seinen Film *Darkness and Light* auf dem japanischen A-Festival zu bekommen. Doch es kam mal wieder anders, und so mußte die junge Hauptdarstellerin des Films, Lee Kang-i, alle drei Preise entgegennehmen, die den Film zum großen Sieger des Festivals machten. Neben dem Asiatischen Filmpreis, dem Tokyo Gold Prize, nahm Lee den Grand Prix vom Vorsitzenden der Jury, Karel Reisz, in Empfang. Der Film handelt von einer 17jährigen Studentin, die für die Sommerferien in ein kleines Fischerdorf zu ihrer Familie zurückkehrt. Dort verliebt sie sich in einen

jungen Mann aus der Unterwelt, der in einem Bandenkrieg getötet wird.
Asiatischer Filmpreis: ***Darkness and Light*** von Chang Tso-chi (Taiwan).
Lobende Erwähnung: ***Dead or Alive*** von Takashi Miike.
Tokyo Gold Prize: ***Darkness and Light.***
Tokyo Grand Prix: ***Darkness and Light.***
Spezialpreis der Jury: ***Rainbow Trout.***
Regie: Martha Fiennes für *Onegin.*
Schauspieler: Carlos Alvares-Novoa für *Alone* von Benito Zambrano.
Schauspielerin: Maria Galiana für *Alone.*
Bester künstlerischer Beitrag: ***Luna Papa*** von Bakhtiar Khudojnazarov.

24. Toronto Film Festival

»Glitzer und Glamour – im Gegensatz zu Berlin kann das beim Filmfest in Toronto kein Problem werden! Dies Festival liegt eben ein bisschen näher an Hollywood, da springen die Stars schneller mal ins Flugzeug: Jeff Bridges und Nick Nolte, Danny de Vito und Bruce Willis, Susan Sarandon und Natalie Portman gaben sich die Ehre, und Kevin Spacey kam gleich zweimal: Erst stellte er den von der Mundpropaganda zum **›Sieger‹** dieses – wettbewerbsfreien – Festivals gekürten Beitrag ***American Beauty*** vor, dann rührte er noch die Werbetrommel für das stille Kammerspiel *The Big Kahuna*, in dem er seine spezielle Mischung aus beißendem Dialog und spöttischer Miene zelebriert. Er ist zudem als Produzent in dies Projekt involviert: ›Für mich war völlig klar, dass ich auch mit meinem eigenen Film hierher kommen wollte.‹ Wenn man dann noch Jim Jarmusch hört, der hier seinen Cannes-Beitrag *Ghost Dog* vorstellte, dann vermittelt sich der besondere Reiz dieses Festivals: ›Cannes ist gut, aber Toronto ist besser. Hier gibt es weniger Hype und ein Publikum, das tatsächlich kommt, um Filme zu sehen.‹ Die wahre Premiere von *Ghost Dog* habe für ihn erst hier stattgefunden. Was zählt in Toronto, ist tatsächlich die Lust, die Filme zu sehen, und wichtiger als der Presserummel sind allemal die Vertreter der Verleih- und Fernsehfirmen, über deren Deals täglich in den Zeitungen berichtet wird. (...)
Die in 24 Jahren stetig gestiegene Anziehung des Festivals lässt auch die Wege über den großen Teich kürzer werden. Auch die Europäer zeigen sich nun gerne hier, allen voran Catherine Deneuve, die mit Sandrine Bonnaire im altweibersommerlich lauen Toronto war, um Régis Warniers *Est Ouest* vorzustellen – sie führte die mit über 30 Filmen vertretene französische Delegation an. (...)
Auch Elton John war da, um erstmals als Filmproduzent Rede und Antwort zu stehen *(Women Talking Dirty)*, und der scheue Ralph Fiennes, der nicht nur István Szabos *Sunshine* – europäisches Panorama mit Familienchronik – repräsentierte, sondern auch den Spielfilmerstling seiner Schwester Martha, *Onegin*. Der hohe Anteil von Debütfilmen trägt viel zum frischen Flair des Festivals bei.« (Anke Sterneborg, »SZ«)
Auch Asien war in Toronto vertreten, und der **Preis der FIPRESCI** ging an ***Xizhao (Dusche)*** von Zhang Yang aus China.

7. Filmfestival Trencianske Teplice

»Daniel Olbrychski lächelte entschlossen, als die Bronzetafel mit sei-

nem Namen auf der ›Brücke des Ruhms‹ vor der feinen Jugendstilfassade des ›Corfu‹ enthüllt wurde. Zwei Tage darauf lächelte Sophia Loren ebenso zuversichtlich dem noch zahlreicheren Publikum zu, das einen Blick auf die römische Diva werfen wollte. (...) Deutlich am Vorbild von Karlovy Vary orientiert, hat das einwöchige, bislang völlig auf Sponsoren und Brüsseler Zuschüsse angewiesene Kinoevent den ideellen Zuspruch nötig. Denn anders als die Karlsbader Kollegen – nach deren Sieg über ein Gegenfestival in Prag – können die in Bratislava beheimateten Veranstalter den Glanz nicht von Weltpremieren beziehen, auch nicht aus der darniederliegenden slowakischen Filmindustrie, sondern sie benötigen angesehene Gäste, die Anziehungskraft genug besitzen.
Den schmalen Spielfilmwettbewerb um den ›Goldenen Schlüssel‹ kann man getrost vergessen, und trotzdem ist das auf drei Leinwände projizierte Programm nicht langweilig. Ernstzunehmen dürfte vor allem die Reihe ›Artefacts‹ sein, eine aus allen Richtungen zusammengetragene Sammlung dokumentarischer Arbeiten mit artifiziellem Anspruch. Hierzu gehörte auch der einzige slowakische Festivalbeitrag, *Die Legenden und Moritaten von Ladomirov*, der überzeugende Diplomfilm des erst 25jährigen Peter Kerekes. Binnen einer Kinostunde erzählen Bauern eines idyllisch gelegenen Dorfes, wie sie in den Jahrzehnten seit dem Ersten Weltkrieg immer wieder knapp mit dem Leben davongekommen sind – und andere nicht. Ende 1944 konnte man am Morgen von deutschen Soldaten, am Abend von Partisanen bedroht werden. Kerekes, der inzwischen selbst an der Kunstakademie in Bratislava lehrt, hat aber keinen Interviewfilm geschaffen, sondern setzte Bild und Ton oft kontrapunktisch gegeneinander, so daß ein zum Mitdenken, zuweilen sogar zum Lachen einladendes Filmwerk entstanden ist.« (Hans-Jörg Rother, »Der Tagesspiegel«) Kerekes Film wurde auf dem Leipziger Filmfestival mehrfach ausgezeichnet.

56. Mostra Internationale d'Arte Cinematografica – Filmfestspiele Venedig

Stanley Kubricks Vermächtnis *Eyes Wide Shut*, die Tendenz zum »Pornographischen« im Film, der neue Leiter des Festivals und natürlich die Gewinner der Löwen waren die großen Themen in Venedig 1999. Das Festival wurde mit *Eyes Wide Shut* eröffnet und hatte damit seinen ersten Höhepunkt – natürlich auch mit dem Erscheinen der veritablen Stars und Hauptdarsteller: das Ehepaar Tom Cruise und Nicole Kidman, das italienische Teenager und auch Journalisten zu Stürmen der Begeisterung hinriß.
»Alles Mögliche hatte man über diesen Film schon hören und lesen können. Er sei zu wenig dies und zu viel jenes. Zu langsam, zu leicht, zu zahm. Die Schauspieler seien zu schwach, die Sex-Szenen zu prüde, die Dialoge zu altbacken. Stimmt auf den ersten Blick alles – und ist am Ende doch nicht wahr. *Eyes Wide Shut* ist ein Meisterwerk, ein würdiges Vermächtnis, das auch ohne die bei Kubrick üblichen visuellen Effekte die Zuschauer von der ersten bis zur letzten Minute in seinen Bann zieht. Und das liegt daran, dass Kubrick darin sozusagen an die Wasserscheide allen Erzählens zurückgeht – zur Frage: Was ist Traum und was ist Wirklichkeit?« (Michael

Althen, »SZ«) »Stanley Kubricks letzter Film mit Nicole Kidman und Tom Cruise sorgt für einen glanzvollen Auftakt. (…) Schnitzler/Kubrick handeln von der Wahrheit der Träume, vom nackten, in allem – auch in der Sexualität – auf sich selbst gestellten Menschen. Und sie handeln von der Planetenferne zwischen Mann und Frau, sie messen sie ganz und gar aus.« (Jan Schulz-Ojala, »Der Tagesspiegel«)
»Der neue Direktor, Antonio Barbera, hatte schon vor Festivalbeginn gewarnt, dass Kubricks *Eyes Wide Shut* nur der programmatische Auftakt sei zu einem Festival, in welchem manches als pornographisch missverstanden werden könne, dem aber hoffentlich eine aufgeklärte Presse das Richtige entgegenzuhalten wisse.« (Pia Horlacher, »Neue Zürcher Zeitung«) Doch die Presse – zumindest die deutschsprachige – war nicht gerade begeistert über die vielen expliziten Darstellungen der Sexualität. Für Pia Horlacher lieferte dies »schliesslich nur noch Überdruss und Anlass zu dumpfem Grübeln«. Weiter fragt sie: »Ist der Kick der sexuellen Perversion das Bungee-Jumping der intellektuelleren (oder vielleicht nur älteren) Zeitgenossen?«
Jan Schulz-Ojala bestätigte: »Tatsächlich leidet Venedig dies Jahr an einem Übermaß an Fleischlichkeit – ob in Jane Campions *Holy Smoke* mit Kate Winslet und Harvey Keitel oder in Benoit Jacquots klassischem – oder soll man schon sagen: altmodischem – französischem Sittenbild *Pas de scandale* oder gar in den ins Kannibalistische tendierenden Filmen *Les amant criminels* von François Ozon. (…) Richtig Skandal gemacht hat nur der radikalste Film dieser Serie, *Gojitmal* (Lügen) von Jang Sung Woo – erst in Korea, wo der Film zensiert wurde und sein Drehbuchautor für ein paar Monate ins Gefängnis ging, und nun auch in Venedig. *Gojitmal* berichtet auf das demonstrativ Schmuckloseste von den Sadomaso-Erfahrungen eines Paares, er 38, sie 18. Erst prügelt er sie, dann sie ihn, und das Einzige, was die sogenannte Handlung vorantreibt, ist die wachsende Größe der Schlagwerkzeuge. (…)
Nun aber interveniert seit Tagen massiv der Vatikan, der dieses erotisierte (und deserotisierende) Festival mit offenbar besonders kritischer Leidenschaft studiert – und schon muss man auch ein missratenes Werk wie *Gojitmal* in Schutz nehmen. Der Vatikan mag keine unmittelbare politische Macht sein, aber als ideologische Kraft hinter den auch politischen Kulissen ist er nicht nur in Italien virulent wie immer. Die fortgesetzten Attacken seiner Kultur-Oberen Poupard und Pellegrini nicht nur gegen die Platzierung von *Gojitmal* im Wettbewerb gelten tatsächlich längst dem neuen Festival-Leiter Alberto Barbera persönlich. Einigermaßen perplex verfolgt man, mit welcher Selbstverständlichkeit diese Einmischung in Italien zur Kenntnis genommen wird. Man darf nur hoffen, dass solch plumpe Polit-Pressionen – im deutschen Kulturbetrieb würde derlei längst zu einem öffentlichen Aufschrei führen – folgenlos bleiben.«
Dem neuen Festivalleiter Alberto Barbera, gelobt für seine organisatorischen Fähigkeiten, bescheinigte man nicht nur aus diesen Gründen viel Mut bei der Programmauswahl: »Die Auswahl von Barbera und seiner kleinen Programmkommission ist ziemlich kühn. Nicht nur auf den ›neuen Territorien‹, unter den ›Träumen und Visionen‹ oder im ›Kino der

Gegenwart‹ (Titel der neuen Sektionen – Anm. d. Red.), wo das alte Kino und die Neuen Medien sich am Ende des Jahrhunderts vermählen sollen zwecks Fortpflanzung zu neuen Formen, tummelte sich schon einiges an Eklektischem und Experimentellem: stellvertretend der schrägste Beitrag war wohl die wilde surrealistische Komödie *Being John Malkovich*, die einen in das Labyrinth der geradezu lewis-carrollschen Phantasie eines blutjungen Amerikaners, Spike Jonze, purzeln liess.« (Pia Horlacher)

Wenig umstritten waren erneut nur wenige Filme, wie der allseits gelobte neue Woody Allen *Sweet and Lowdown*, der traditionsgemäß in Venedig außer Konkurrenz uraufgeführt wurde, mit Sean Penn in der Hauptrolle als egozentrischem Jazz-Gitarristen. Auch der Gewinner des Großen Preises der Jury, Abbas Kiarostamis *Der Wind wird uns tragen*, wurde meist gut besprochen: »Kiarostami zeigt wenig: Felder, Hügel, Olivenbäume, Lehmhäuser. Und er hört zu, wie die Dorfbewohner sich darüber verständigen, was auf der Leinwand verborgen bleibt. Der persische Regisseur plädiert für den unfertigen Film; erst an der Leerstelle zwischen den Worten und Bildern kann die Fantasie in Bewegung geraten. Dabei haftet seinen Bildern nie der sakrale Geruch des Purismus an. Sie wecken nur die kindliche Lust am Schauen. Während seine Regiekollegen dem Irrtum aufsitzen, das Kino sei die Kunst der Entblößung, gibt Abbas Kiarostami der Zuschauerin die Freiheit, ihre eigenen Seitenblicke zu wagen.« (Christiane Peitz, »Die Zeit«)

Von allen Seiten gelobt wurde der Gewinner des Regiepreises, Zhang Yuan, für seinen Film *Siebzehn Jahre*, der von der Rückkehr einer Frau aus dem Gefängnis zu ihrer Familie erzählt. Doch der Gewinner des Goldenen Löwen, *Kein einziger weniger* von Zhang Yimou, war wiederum umstritten: »Das Finale von *Kein einziger weniger* könnte einem kritischen Film die (medien-)satirische Spitze aufsetzen – und ist doch plan heroisch durch und durch; eben jene Volksbelehrung, wie sie sich die Zensoren einer gereiften Diktatur nach erfolgter behutsamer Sozialkritik nicht erbaulicher wünschen können.« (Jan Schulz-Ojala) Dagegen meinte Brigitte Werneburg (»taz«): »*Nicht einer weniger* muss nicht unbedingt der Propagandafilm für ein totalitäres Regime sein, als der er wegen des Happyends mit einigen erbaulichen Parteiparolen vielfach gerügt wurde. Man kann sich für das Drama der Kinder in der armen Provinzschule entscheiden, das Drama der dreizehnjährigen Wei Mingzhi, der Laiendarstellerin, die in ihrer bäuerischen Sturheit die große Leinwand absolut beherrscht.«

»Es hat schon seinen Grund, dass die drei Hauptpreise an Filme aus den entlegeneren Winkeln der Erde gingen, der Goldene Löwe an Zhang Yimous *Nicht einer weniger*, der Jury-Preis an Abbas Kiarostamis *Der Wind wird uns tragen* und der Regie-Preis an Zhang Yuans *Siebzehn Jahre*. Bei allen dreien ist eine Geduld am Werk, mit der den Dingen des Lebens ihr Platz zugewiesen wird, die im abendländischen Kino gerade nicht denkbar ist.« (Michael Althen)

Goldener Löwe für den besten Film: ***Nicht einer weniger*** von Zhang Yimou (China).

Großer Preis der Jury: *Le vent nous emportera (Der Wind wird uns tragen)* von Abbas Kiarostami (Iran).

Spezialpreis für die beste Regie: **Zhang Yuan** für *Siebzehn Jahre* (China).
Coppa Volpi für den besten Schauspieler: **Jim Broadbrent** (Großbritannien) in *Topsy Turvy* von Mike Leigh.
Coppa Volpi für die beste Schauspielerin: **Nathalie Baye** (Frankreich) in *Une Liaison Pornographique* von Frédéric Fonteyne.
Marcello-Mastroianni-Preis für die beste schauspielerische Nachwuchsleistung: **Nina Proll** (Österreich) in *Nordrand* von Barbara Albert.
Medaglia d'oro des Senatspräsidenten: **Marion Vernoux** für *Rien faire* (Frankreich).
Goldener Löwe für das Lebenswerk: **Jerry Lewis** (USA).
FIPRESCI-Preis: ***Der Wind wird uns tragen*** von Abbas Kiarostami und ***Being John Malkovich*** von Spike Jonze.

Vor der Premiere: Open Air beim Filmfestival Motovun

Filmfestivals und Filmtage Deutschland/Österreich/Schweiz

Berlinbeta version 2.0

»Bitte verwenden Sie die angegebene und vollständige Schreibweise für BERLINBETA version 2.0« hieß es in einem Schreiben der Veranstalter an die Presse – man wollte sich vermutlich wegen der schlechten Presse im letzten Jahr von der ersten Ausgabe des Festivals distanzieren und dem ganzen einen Modernität signalisierenden und computerkompatiblen neuen Anstrich geben. Doch die Journalisten wunderten sich natürlich: »Schade, dass ein relativ neues Festival, das sich erst noch etablieren will, nicht mit einem kurzen, einprägsameren Begriff benannt werden darf. Zumal es sich um ein Festival handelt, das weite Beachtung fordert. (...)
Die Veranstalter wehren sich gegen die Behauptung, Berlinbeta version 2.0 würde Filme zeigen, die noch keinen Verleih gefunden haben. Einige der Beiträge hätten schon einen, nur gebe es noch keinen Starttermin. Das, was dieses Festival sympathisch machen könnte – dass hier Filme laufen, die im Kino nur geringe Chancen haben –, wird also bestritten. Stattdessen verspricht Festivalleiter Andreas Döhler ›zukunftsorientierte Filme‹, will sein Mitarbeiter Marc Wohlrabe ›junge Kultur ausbauen‹ und ›Berlin attraktiv machen‹ – Floskeln, die keiner mehr glaubt. Auch setzen die Veranstalter eine Unzufriedenheit mit bestehenden Festivals voraus, die so gar nicht existiert.« (Frank Noack, »Der Tagesspiegel«)
Für Frank Noack waren die besten Filme des Festivals Goran Paskaljevics *Bure baruta (Das Pulverfass)*, der im letzten Jahr auf verschiedenen Festivals erfolgreich lief, *Plus qu'hier moins que demain* von Laurent Archard und der zauberhafte *Los amantes del Circulo Polar (Die Liebenden des Polarkreises)* von Julio Medem, der im Rahmen einer Werkschau des spanischen Regisseurs lief. »Die Veranstalter können stolz auf ihr Filmangebot sein. Und die Selbstdefinition im Programmheft muss man ja nicht lesen.« (Frank Noack)

5. Jüdisches Filmfest Berlin

Unter dem Motto »Jüdische Männer im Film« lief in Berlin unter anderm *Train de Vie* von Radu Mihaileanu: »Das ist der Film, der seinem Hollywood-Remake nicht entgehen wird. Denn sein Plot ist einfach genial, und nachdem Roberto Benigni die Tür zur Holocaust-Komödie weit aufgestoßen hatte und die Stelle der Türpfosten sogar mit zwei Oscars zieren durfte, gibt es keine Rücksichtnahmen mehr, alles noch einmal und natürlich viel fetter, teurer und vermeintlich beeindruckender zu erzählen.
Von *Train de vie* zu berichten heißt, von der Ungerechtigkeit der Welt zu sprechen. Denn es war das Projekt des jungen Regisseurs Radu Mihaileanu, das Benigni, freundlich ausgedrückt, darauf brachte, *Das Leben ist schön* zu schreiben. 1996 hatte Mihaileanu nämlich Benigni sein Drehbuch geschickt, um ihm die Hauptrolle des Erzählers anzubieten. Benigni lehnte ab und drehte in kürzester Zeit seinen eigenen Film. Nun hat er seine zwei Türsteher, und Radu Mihaileanu – obwohl sein Film

schon auf dem 8. Cottbuser Filmfest des jungen europäischen Films im November 1998 lief – noch immer keinen deutschen Verleih.« (Brigitte Werneburg, »taz«)

Filmfest Braunschweig 1999

Der erste Publikumspreis des Braunschweiger Filmfests, »**Der Heinrich**«, ging an den niederländischen Wettbewerbsbeitrag ***Die polnische Braut*** von Karim Traïdia. Auf den Plätzen folgten *Express, Express* von Igor Sterk und *Tuvalu* von Veit Helmer. Den von der Volkswagen Bank und der Feldschlößchen Brauerei gestiftete Preis von 20.000 Mark teilten sich der Münchner Filmverleih MFA und der Regisseur Traïdia, dessen Film am 6. Januar 2000 in die deutschen Kinos kam. »Das Geld werden wir für die Vermarktung nutzen«, erklärte Antonie Wittenberg von MFA.

»Martina Fuchs, Filmfest-Pressesprecherin, rechnet damit, dass die Zuschauerzahlen vom Vorjahr – 13.000 Besucher – auch diesmal wieder erreicht wurden (...). Besonderen Zuspruch fanden die Veranstaltungen um den kirgisischen Autor Tschingis Aitmatow. Allein dessen Lesung verfolgten 300 Besucher. Auch das Schauspielerporträt über Steffen Wink war recht begehrt. ›Wink war ein äußerst angenehmer Gast‹, betonte Martina Fuchs. ›DasPublikum lag ihm wegen seiner offenen, unkomplizierten Art zu Füßen.‹ Stargast Hilmar Thate hingegen war enttäuscht vom Publikum. Nachdem sich nur 50 Besucher für seinen 18 Jahre alten Film *Engel aus Eisen* interessiert hatten, urteilte der 68-Jährige: ›Schockierend!‹« (Ann Claire Richter und Markus Brich, »Braunschweiger Zeitungsverlag«)

9. Festival des Jungen Osteuropäischen Films in Cottbus

»Nach Jahren des Booms stagnierte das Festival in Cottbus auf hohem Niveau. Zwar wurde mit über 10.000 Besuchern ein neuer Rekord gemeldet, aber es waren auch weniger gut gefüllte Vorstellungen zu verbuchen. Daß sich Cottbus international etabliert hat, kam in der mit der Regisseurin Yolande Zaubermann *(Ivan und Abraham)*, Jacques Gerber (Quinzaine des réalisateurs), dem polnischen Superstar Katarzyna Figura *(Kiler)*, Meinholf Zurhorst (Arte) und Gary McVey (Freedom Film Festival) hochkarätig besetzten Jury zum Ausdruck, die jedoch die beiden besten Filme des Festivals ignorierte: Sasa Gedeons ***Navrat Idiota*** (**Publikumspreis**), eine Dostojewski-Adaption, die in eine tschechische Kleinstadt verlegt wurde, sowie Andres Salamons ***Közel a szerelemhez*** (**FIPRESCI-Preis**).« (»Blickpunkt: Film«) Jörg Taszman von der »Berliner Zeitung« war der gleichen Meinung: Gedeons *Navrat Idiota (Die Rückkehr des Idioten)*, der auch für den Europäischen Filmpreis in der Sparte Drehbuch nominiert wurde, »war der filmische Höhepunkt im diesjährigen Festival-Programm, das mit 104 Beiträgen aus 25 Ländern deutlich überdimensioniert war«. Der **Hauptpreis** des Festivals ging an den slovenischen Beitrag ***V leru***, der **ORB-Förderpreis** an ***Der Flug der Biene*** von Jamshed Usmonov.

femme totale 1999 in Dortmund

»Haben Frauenfilmfestivals überhaupt noch einen Sinn? Erscheint es nicht absurd, Programmatisches an der Biologie der Regieführenden festzumachen? Und hat nicht ausgerechnet eine Regisseurin, Caroline Link, gerade mit *Pünktchen und Anton* einen der misogynsten Filme der letzten Zeit gedreht? Der lief in Dortmund im Kinderprogramm. Das sei verziehen, hatte die ›femme totale‹, die mit der Kölner ›Feminale‹ im Jahresrhythmus alterniert, doch in ihren bisherigen sechs Durchläufen durch kluge Konzeptionierung alle obigen Einwände unterlaufen und sich einen einzigartigen Platz (nicht nur) in der (Frauen-)Festivallandschaft gesichert. Kein Frauenschutzraum also, sondern Forum für inhaltliche Debatten. Die Sowjetunion, Neue Technik und Horror standen in den letzten Jahren auf dem Programm. ›Large as life‹ hieß es dieses Jahr. Das ist gewaltig. Auch das Programm selbst drohte zu zersplittern: Vom ›Blues der alten Schachteln‹ zu den ›Unorten‹ und der ›Philosophie des Unterwegs‹ reichte das Spektrum an Unterreihen und -reihchen, das Blicke eröffnete, aber sie sich nicht wieder sammeln ließ. (…) Die »femme totale« ist ein kleines Festival mit begrenztem Publikumskontigent. Es gälte, das zu akzeptieren und zu einer Qualität zu machen. Weniger Filme, mehr Inhalt. Small is beautiful.« (Silvia Hallensleben, »Der Tagesspiegel«)

23. Duisburger Filmwoche

»Hier glaubt man schon lange nicht mehr daran, dass Dokumentarfilme von sich aus natürlich, wirklich, realistisch sind. Erst ein künstlicher, künstlerischer Prozess stellt diese Effekte her. Arbeit am Authentischen, die Konstruktion von Biografie und Geschichte sind deshalb Evergreens der Filmwoche. Genauso wie das Thema Erinnerungsarbeit, das Hans Dieter Grabe in ***Mendel lebt*** auf so schöne Weise remixte, dass er dafür den von der Arte-Jury vergebenen **Preis der deutschen Filmkritik** erhielt. (…)
Der mit 10.000 Mark dotierte **3Sat-Dokumentarfilmpreis** ging an Jan Peters ***Dezember, 1–31***. Den leider undotierten, von der Arte-Jury vergebenen **Förderpreis der deutschen Filmkritik** erhielt Volko Kaminsky für ***Divina Obsession***.« (Mathias Heybrock, »Frankfurter Rundschau«)

10. Internationales Filmfest Emden 1999

»Es hat auch geographische Gründe, wenn das Filmfest Emden jedes Jahr eine Reihe neuer Filme aus dem nahen Großbritannien und Holland zeigt, die unter sich in der Regel auch den Emder **Publikumspreis** ausmachen. Nachdem im letzten Jahr der niederländische Film *Left Luggage* von Jeroen Krabbe den Preis gewann, ging er diesmal wieder nach England: **Get Real** heißt der Sieger, ein von Regisseur Simon Shore gefühlvoll erzähltes Coming-Out-Drama eines englischen Oberschülers. (…)
In diesem Jahr ist das Filmfest auf die Insel Norderney gegangen, wo man einen Teil des Programms im historischen Kurtheater zu sehen bekam: einem der schönsten, barockverzierten Kinosäle Deutschlands. Emden selber ist dagegen berüchtigt für seine ekligen Abspielstätten. Der Saal der Volkshochschule wirkt wie der Saal einer Volkshochschule, im Verzehr-Kino Apollo bleibt die Beleuchtung auf den Tischchen in jeder Sitzreihe an, und während der Projektion nimmt ein Ober recht laut die Bestellungen auf. Wie wäre es, das ganze Filmfest einfach ins schöne Kino nach Norderney zu versetzen?« (Wilfried Hippen, »taz«)

13. Fantasy Filmfest

»Eine gewisse programmatische Unübersichtlichkeit gehört beim Fantasy-Filmfest zum Prinzip. Ist der Genrebegriff ›Fantasy‹ schon nicht der allergenaueste, so macht der Untertitel ›Internationales Festival für Science Fiction, Horror und Thriller‹ erst recht deutlich, dass bei dieser alljährlich durch Deutschland tingelnden Veranstaltung Genregrenzen eher großzügig ausgelegt werden.« (Holger Römers, »taz«)
»Bei aller Professionalität ist dieses Genre-Festival, das in München, Frankfurt, Köln, Berlin, Hamburg und Stuttgart zu sehen ist, eine labour of love seiner kenntnisreichen Macher geblieben.« (Hans Schifferle, »SZ«)
»Nach wie vor nimmt das Team um Rainer Stephan und Schorsch Müller von der Firma Rosebud Entertainment die Mühen dieser Festival-Tour auf sich, um den Zuschauern das zu bieten, was sie erwarten: Das Aufmischen ihrer Realität. Mit Hilfe von Originalfassungen und, immer noch wichtig: unzensierten Fassungen. Filme, die man sonst nie sehen würde, zumindest auf der Kino-Leinwand. Filme, deren deutsche Fassung erst in ein paar Monaten fertig ist. Filme, von denen man nicht geglaubt hat, sie noch einmal auf der Leinwand sehen zu können. Und Filme, die man nie wieder sehen möchte. (...)
Amerikanische Produktionen machen 1999 weniger als die Hälfte des Programms aus, dafür sind Filme aus Korea, Neuseeland und Schweden zu sehen. Dass die Filme aus Japan und Hongkong mit ihrem fantastischen Bilderreichtum, ihren charismatischen Darstellern und radikalen Plots zwischen Märchen- und Mörder-Motiven jeden Besuch lohnen, hat sich mittlerweile herumgesprochen. Im Zentrum stehen dieses Mal der verstörende Film *Intruder* mit Wu Chien Lien (aus *Eat Drink Man Woman*) als desillusionierte Mörderin sowie *The Stormriders*. Das bombastische Action-Märchen zählte 1998 in Hongkong an seinem ersten Wochenende mehr Besucher als *Titanic*. (Stefan Raulf, »Frankfurter Rundschau«)
Eine kleine Retrospektive war David Cronenberg, einem Meister des phantastischen Films, gewidmet. Zu sehen waren neben dem Klassiker *Videodrome* sein neuer Film *eXistenZ*. »*eXistenZ*, das ist ein trefflicher Name für das Spiel, das Cronenberg seit langem im Kino spielt, und nach ein paar Jahren, in denen er sich eher romantisch verklärt gab, ist er nun zu den harten Grundregeln zurückgekehrt.« (Fritz Göttler, »SZ«)

Kinderfilm- und Fernsehfestival Goldener Spatz in Gerra

»In diesem Jahr feierte das Kinderfilm- und Fernsehfestival ›Goldener Spatz‹ sein zwanzigjähriges Jubiläum. Seit 1979 kommen Kinderfilmemacher, Fernsehredakteure, Verleiher, Autoren und Kinobetreiber regelmäßig alle zwei Jahre ins thüringische Gerra, um die neuesten Produktionen auf dem Gebiet des deutschen Kinderfilmes zu sehen.« (Monika Osberghaus, »FAZ«) Nicht nur die Fachleute kamen, auch die Zuschauer: ca. 15.000 waren es 1999.
»Insgesamt wurde mit einer gewissen Bitterkeit festgestellt, daß ›das Fernsehen nicht mehr die Mutter des Kinderfilms ist‹, wie es der Produzent und Regisseur Thomas Draeger ausdrückte. Die öffentlich-rechtlichen Sendeanstalten haben immer weniger

Mut zu originären Eigenproduktionen. Das hängt natürlich auch damit zusammen, daß ihnen inzwischen viel mehr Sendezeit als früher zur Verfügung steht, aber nicht entsprechend mehr Mittel. Wie Draeger ausführte, schluckt von dem 35-Millionen-Mark-Etat des Kinderkanals die neue Serie *Schloß Einstein*, eine Art Wochen-Soap für Kinder, allein schon achtzehn Millionen, also gut die Hälfte. Daß die Qualität von *Schloß Einstein* in keinem Verhältnis zu diesem Aufwand steht, wurde zwar in Gesprächen am Rande geäußert, aber niemals laut ausgesprochen. Denn mit den Verantwortlichen möchte es sich natürlich niemand verderben; es sind die Leute, von denen man sich noch Aufträge erhofft.« (Monika Osberghaus)

Zum **besten Film** des Festivals wurde Guenther Meyers ***Der Spuk aus der Gruft*** von der Kinderjury gekürt, **Max Felder** bekam für seine Leistung in Caroline Links *Pünktchen und Anton* den **Darstellerpreis**. Die Profi-Jury wählte **Maria Teresa Camoglio** zur **besten Regisseurin** für *Liebe, Lügen und Geheimnisse*, und **René Heisig** erhielt den **Drehbuchpreis** für *Pauls Reise*. Weitere Preise gingen an ***Der Hund aus der Elbe*** von Miko Zeuschner und ***Anja, Anton und ... das Huhn*** von Karl-Heinz Käfer.

Diagonale 1999 – Festival des österreichischen Films in Graz

»Sechs Tage lang war Graz die Hauptstadt des österreichischen Films. Die Diagonale '99 war ein großer Erfolg, (...) die Summe vieler kleiner (und weniger großer) Vitalitäten. Die große Akzeptanz der Kurzfilmprogramme, die zwischen Avantgarde- und Dokumentarfilm changieren, läßt sich in Österreich damit erklären, daß die professionelle Spielfilm- und auch die ORF-Fernsehfilm-Produktion immer weniger in der Lage ist, auf die Erlebnisfähigkeit einer Generation einzugehen, die aus eigener Sicht und in Zukunft erst recht das Zentrum ist.« (Dietrich Kuhlbrodt, »epd Film«)

»Die Diagonale, von Christian Wulff und Christine Dollhofer hervorragend geführt, hat sich mit der zweiten Ausgabe in Graz als Festival des österreichischen Films etabliert. Für den gegenwärtigen Boom des österreichischen Kinos ist man durchaus mitverantwortlich, weil man bei aller ästhetischer Reflexion die Strukturen von Filmkultur sowie Wirtschaft im Auge behält und weiter ankurbeln will. Dass dem Wachstum der alpenländischen Filmmanufaktur freilich Grenzen gesetzt sind, wissen alle Beteiligten.« (Mathias Heybrock, »Film Bulletin«)

»›Die Dokumetarfilme sind das stärkste Genre. Wir wünschen diese Stärke für den Spielfilm‹, formulierte die Jury und vergab den **Großen Diagonale-Preis** für den besten österreichischen Kinofilm 1998/99 an den langen Dokumentarfilm ***Pripyat*** von Nikolaus Geyrhalter *(Das Jahr nach Dayton*, 1997*)*.« (Dietrich Kuhlbrodt) »*Pripyat* ist das Porträt der größten Stadt in der sogenannten ›Zone‹ rund um Tschernobyl. In diesem Gebiet mit dem Umfang von dreißig Kilometern dürfte eigentlich niemand leben, und doch ist es nicht unbewohnt. Da ist ein Bauernpaar, das es in der Emigration nicht ausgehalten hat und illegal zurückgekehrt ist. (...) Andere sind noch da, weil ihre Evakuierung vergessen wurde. (...) Doch die skurrilste Episode bildet die Führung durch das immer

noch in Betrieb befindliche Kernkraftwerk. Ein weißgekleideter, schnauzbärtiger Ingenieur versichert, daß nicht das geringste Unfallrisiko bestehe – er selbst sei dafür verantwortlich. Und wenn er sich selbst nicht vertrauen könne, wem dann? Schließlich gibt er zu, daß sein Beruf zumindest einen Nachteil hat: Seit Monaten bekommt er kein Gehalt ausgezahlt.« (Eva Menasse, »FAZ«)
Am Ende des Jahres wurde *Pripyat* auch für den europäischen Filmpreis nominiert, und beim Dokumentarfilmfestival in München wurde der Film mit dem Preis des Bayerischen Rundfunks ausgezeichnet. In Graz gingen weitere Preise an die Darsteller **Roland Düringer** für *Hinterholz 8*, einem der erfolgreichsten österreichischen Filme überhaupt, und **Sabrina Riedl** für *Beasty Girl*. **Peter Tscherkassky** erhielt für *Outer Space* den Preis für »innovatives Kino« (***Outer Space*** wurde auch beim **New Media Festival** in Austin, Texas mit dem »Gecko Award« für den **besten Kurzfilm** ausgezeichnet). Die Schwäche der österreichischen Spielfilmproduktionen führte nach Eva Menasse dazu, daß »einer der besten abendfüllenden Spielfilme, die auf der Diagonale zu sehen waren«, ein Film aus Tschechien war. »Im Special ›Festivals im Dialog‹ lief aus Karlsbad Petr Zelenkas *Knoflikari – Buttoners*, der in seiner Heimat bereits ein Kultfilm ist.«

Filmfest Hamburg 1999

»Wenn das Münchner Filmfest ein Supermarkt ist, dann ist das Hamburger ein Spezialitätengeschäft. Es gab auch große Namen: **Jim Jarmusch** erhielt den **Douglas-Sirk-Preis** und zeigte seinen neuesten Film *Ghost Dog: The Way of the Samurai*. Michael Winterbottom war zweimal vertreten, mit *Wonderland* und *With or Without You*, Peter Greenaway präsentierte *8 1/12 Women*.
Deutsche Filme wurden kurz vor ihrem Kinostart uraufgeführt, *Absolute Giganten*, *Ein Lied von Liebe und Tod* und *Schlaraffenland*. Insgesamt aber dominierten die kleinen Filme, unabhängige Produktionen, besonders aus Europa, Nordamerika und Asien – Spezialitäten. In Hamburg hat man 1999 die Festivaldauer von acht auf sechs Tage verkürzt und die Zahl der Filme von 104 im Jahre 1998 auf 85 verringert. Nur in einem Punkt ist Hamburg München unterlegen: Es gibt keine Retrospektive, ein überschaubares Programm also, natürlich auch mit Nieten, aber doch erstaunlich vielen Treffern. Und das Publikum spielte mit, war neugierig selbst auf unbekanntes: 25.000 Besucher in sechs Tagen.
Besonders schön waren zwei Schwarzweiß-Filme. Sie verzichteten auf die Farbe nicht aus materieller Not, sondern ästhetischer Notwendigkeit. In *Judi Berlin*, dem ersten Film von Eric Mendelsohn, beim Sundance Festival in den USA mit dem Regiepreis ausgezeichnet, treffen zwei Personen, zwei Bewegungen aufeinander. (...) Ähnlich rigoros in seiner Ästhetik ist *Bootleg Film* von Masahiro Kobayashi, einer von mehreren ungewöhnlichen japanischen Filmen. Der Film spielt im Winter und er handelt von zwei Männern in schwarzen Anzügen, die anfangs im Auto sitzen und später durch den Schnee stapfen. Ein älterer Gangster und ein jüngerer Polizist sind gemeinsam unterwegs zu einer Beerdigung: Die Tote war die Geliebte des Alten und die Frau des Jungen.« (Wilhelm Roth, »epd Film«)

10. Internationales Film Festival up and coming in Hannover

Die Preisträger der **Film Kometen** des Nachwuchsfestivals 1999 sind: **Anja Ahola** für *We Come from Underground* (Finnland), **Linda Västrik** für *Dad and Me* (Schweden), **Antoine Deschamps**, **Jovann Leblanc**, **Alban Vandekerkove** für *Starsheeps* (Frankreich), **Sandra Schiessl** für *Große Gefühle* (BRD), **Punxnot Dead** für *Hinterm Horizont* (BRD), **André Jagusch** für *American Showdown & Making of* (BRD).

33. Hofer Filmtage

»Fußball wurde in Hof schon immer gespielt. Doch bei den diesjährigen Hofer Filmtagen beschränkte sich die Präsenz des runden Leders nicht auf den rituellen Kick zwischen Regisseuren und Einheimischen. Diesmal zeigte man auch Filme über Fußball. Gelungen widerlegten sie alle das Vorurteil, dass kein Film so interessant sein könne wie ein echtes Spiel.« (Rüdiger Suchsland, »Münchner Merkur«)

»Der Österreicher Michael Glawogger widmete sich mit *Frankreich, wir kommen* dokumentarisch einer Reihe irrwitziger Fans, der Ungar Peter Tímár zeigte in *6:3* eine charmante Parabel zum legendären Ungarn-Sieg über England im Jahre '59, und der Trainer Rudi Gutendorf wurde in einer Dokumentation von Rudolph Herzog und Christian Weisenborn gewürdigt.« (Richard Oehmann, »telepolis«)

»Eine Komödie zum Thema gelang Tomy Wiegand. *Fußball ist unser Leben* handelt von vier Schalke-Fans, die einem träg gewordenen Star ihres Lieblingsvereins wieder auf die Sprünge helfen. Trotz einiger Durchhänger hat der Film viel Witz und vor allem eine Traumrolle für Uwe Ochsenknecht.« (Rüdiger Suchsland)

»An fünf prallvollen Kinotagen wurden 57 Lang- und 35 Kurzfilme gezeigt. Rund 27.000 Zuschauer sorgten für ausverkaufte Häuser. Dabei zeigte sich Badewitz einmal mehr als die Seele des Unternehmens.« (Sabine Dobel, »dpa«)

»Heinz Badewitz hatte ein Programm zusammengestellt, das auf bekannte Namen verzichtete und auch von den großen Festivals des Sommers weniger nachspielte als sonst, *Kikujiros Sommer* und *Felicia's Journey* aus Cannes etwa. Das deutsche Angebot war so umfangreich wie selten, mit ausnehmend vielen Erstlingsarbeiten.« (Rudolf Worschech, »epd Film«)

»Viel beklatscht wurde komischerweise *Schnee in der Neujahrsnacht*, der Erstling von Thorsten Schmidt. Eine Weihnachtsgeschichte für Pärchen in der Kuschelphase, nun gut. Leider aber auch ein Beispiel des derzeit grassierenden Aktionismus. Die lose verwobenen Episoden wurden so mit verschnarchten Sensationen, wie etwa einem entlaufenen Bären, angereichert, dass selbst einem guten Schauspieler wie Jürgen Tarrach keine Chance blieb als zu chargieren. (...)

Ökonomischer gingen Volker Einrauch und Klaus Krämer mit ihren Zutaten um. Des einen Reeperbahn-Komödie *Gangster* und des anderen makaberes Kammerspiel *Drei Chinesen mit dem Kontrabaß* sind beide vorzüglich besetzt und präzise geschrieben und inszeniert. Bald sollen sie im Kino zu sehen sein und sie lassen auf Dauer für eine gewisse Basisqualität hoffen. Leider wagen sich beide Regisseure nicht aus ihrem

Genre heraus. Auch deshalb erscheint der deutsche Film in diesem Herbst als eine Ansammlung verschiedener Projekte – und nicht Kunstwerke –, die mehr oder weniger gelungen sind. Ausgegangen wird von einer Aufgabenstellung, nicht von einer Inspiration.

Es ist also kein Wunder, dass in Hof nur *Erleuchtung garantiert* von Doris Dörrie mit Spannung erwartet wurde. Bei Dörrie weiß man nicht, was kommt. Sie kennt die Genres gut genug, um sie wieder vergessen zu können. So drehte sie diesmal auf Amateur-Videogeräten die dünne Erzählung von zwei sehr unterschiedlichen Brüdern, die in ein Zen-Kloster fahren. Die beiden lesen sich auf der Reise nach Japan aus dem Lehrbuch vor, darüber, dass Leben Leiden heiße, und über die Heiterkeit und Erhabenheit des Haubentauchers. (...)

Hätte der deutsche Film mehr von Dörries Sorte, vielleicht nicht alle Buddhisten, sondern auch wütende, versponnene oder kranke Filmemacher, dazu humorvolle Könner wie Einrauch und Krämer, dann könnte das Gewimmer über den Mangel an Qualität und Vielschichtigkeit eine Weile eingestellt werden.« (Richard Oehmann)

»Der **Hofer Filmpreis**, der traditionsgemäß an eine Persönlichkeit vergeben wird, die in besonderer Weise mit den Filmtagen verbunden ist, ging in diesem Jahr zum ersten Mal an einen ostdeutschen Filmemacher: **Andreas Kleinert**. Sein letzter Film *Wege in die Nacht*, der demnächst in unseren Kinos startet, lief in diesem Jahr in einer Nebenreihe in Cannes und sorgte dort für Aufmerksamkeit. In seiner Dankesrede betonte Kleinert, dass Hof im positiven Sinne eine ›familiäre Gemütlichkeit‹ ausstrahle, in der sich so mancher aufwärmen kann, dem sonst leicht klamm werden könnte in der ›eiskalten Filmbranche‹. Ein schöneres Kompliment kann sich kein Festival wünschen.« (Silke Johanna Räbiger, »Aachener Nachrichten«)

(Film-)politisch war auch einiges geboten: Staatsminister Michael Naumann lud zur zweiten »Bündnis für Film«-Gesprächsrunde, um mit Verbänden der Filmwirtschaft, den Filmschaffenden und den Fernseh-Anstalten über Verwertungsrechte, Förderungen und Engagement für den deutschen Film zu beraten.

42. Internationales Leipziger Festival für Dokumentar- und Animationsfilm

»Ein Eröffnungsfilm, das wird manchmal vergessen, ist nicht zur Erbauung der anwesenden Filmspezialisten gedacht, sondern als Anlass für den feierlichen Rahmen drumherum. Er sollte mindestens drei Voraussetzungen genügen: Er muß als Aushängeschild für Sponsoren und andere Gönner taugen, er darf nicht allzu schwer im Magen liegen und muss genug Stoff zum gepflegten Pausentalk bieten.

Der Eröffnungsfilm der 42. Leipziger Dokfilmwoche war da eine gute Wahl. Denn der Regisseur Peter Schamoni hat sich – nach Caspar David Friedrich und Niki de Saint-Phalle – mit *Ihre Majestät brauchen Sonne* einem Sujet zugewandt, das so gediegen wie populär ist und dazu noch filmisch unaufgearbeitet: Wilhelm II. Dabei bergen die Archive reichlich Bilder, bewegte und statuarische, Wochenschauen und Postkarten. Wilhelm, so Schamoni, war Deutschlands erster Medienstar.« (Silvia Hallensleben, »epd Film«)

Neben der Überfülle des Programms der zwei Festivals in einem wurde in diesem Jahr vor allem der Wettbewerb kritisiert: »Ganze sieben der 18 Wettbewerbsfilme waren echte Filme, also auf 16-mm- oder 35-mm-Filmmaterial gedreht, der Rest Beta-Videoproduktionen. Und so ein Video sieht nun mal, wenn es auf eine Großleinwand projiziert wird, immer aus wie eine Kopie, zu der man gerne das Original sehen würde. Außerdem verleitet die leichte Verfügbarkeit des Materials zur Schlamperei. So etwa in dem *Belgrader Tagebuch. Jasmina und der Krieg* von Dinko Tucakovic und Jasmina Tesanovic. (…) Auch *Taka Historia (So eine Geschichte)* des Polen Pawel Lozinski zeichnet sich neben Respektlosigkeit gegenüber dem Sujet durch den Leerlauf der Bilder aus. (…) *So eine Geschichte* hat in Leipzig die Goldene Taube für den Langfilm gewonnen. Dass der Vater des ausgezeichneten Regisseurs, Marcel Lozinski, Mitglied der preisvergebenden Jury war, ist zumindest schlechter Stil.« (Hallensleben)

»Flüchtig erstellte Videos, mit denen sich der Dokumentarfilm an zufällige Absichten verliert, und eine sich in alle möglichen Richtungen verlaufende, mal dieses, mal jenes streifende, doch selten etwas Umfassendes anbietende Programmgestaltung sind die Gefahren dieses Festivals.« (Hans-Jörg Rother, »FAZ«)

Bei aller Kritik gab es aber noch Positives zu vermelden: »Sicher gab es auch richtiges Kino in Leipzig. *Moritaten und Legenden aus Ladomirov* etwa von dem Slowaken Peter Kerekes, der die zweite Silberne Taube einheimste. Große Geschichte, gespiegelt in den Geschichten von einem Dutzend hinterwäldlerischer Dörfler. Geschichten, die so bunt und skurril daherkommen, als hätte man die Bilder des gregorianischen Malers Pirosmani zum Leben erweckt. Geschichten, die auch zeigen, dass nicht immer so einfach zu klären ist, ›was wirklich los war‹ (Festivalmotto). (…)

Ausgerechnet die ›Jugendjury Leipzig‹ hat ihren Preis an einen höchst komplexen Film vergeben, Matthias Müllers *Vacancy*, eine zwölfminütige Elegie auf die Stadt Brasilia und alle Retortenstädte der Welt und visuell einer der schönsten Filme des Festivals. Begründung: ›Unsere Augen werden größer und größer, wollen alles aufsaugen und bewahren. Vielen Dank für diesen Film.‹« (Sivia Hallensleben) *Vacancy* erhielt in Oberhausen den Hauptpreis der internationalen Jury und wurde auch für den Europäischen Filmpreis nominiert.

Goldene Taube (Dokumentarfilm über 45 Min., dotiert mit 10.000 DM): ***So eine Geschichte*** von Pawel Lozinski (Polen).

Golden Taube (Dokumentarfilm bis 45 Min., dotiert mit 6.000 DM): ***Allein*** von Dmitry Kabakov (Rußland).

Goldene Taube (Animationsfilm, dotiert mit 6.000 DM): ***When the day breaks*** von Wendy Tilby und Amanda Forbis (Kanada).

Silberne Taube (Dokumentarfilm über 45 Min., dotiert mit 6.000 DM): ***Moritaten und Legenden aus Ladomirov*** von Peter Kerekes (Slowakische Republik) und ***Algerien, das Leben geht weiter*** von Djamila Sahraoui (Frankreich, Algerien).

Siberne Taube (Dokumentarfilm bis 45 Min., dotiert mit 4.000 DM): ***Tod in Vignole*** von Olivier Smolders (Belgien).

Silberne Taube (Animationsfilm, dotiert mit 4.000 DM): ***Night of the***

carrots von Priit Pärn (Estland) und ***Pinocchio*** von Gianluigi Toccafondo (Italien, Frankreich).
MDR-Film-Preis: ***Benek Blues*** von Kataryna Maciejko-Kowalcyk (Polen).
Preis des Bundesumweltministeriums: ***Socialization of a Bull?*** von Zvonko Coh und Milan Eric (Slowenien).
»Planet«-Zuschauerpreis: ***The Last Enemy*** von Nitzan Gilady (Israel).
IG-Medien-Preis und **Preis der Ökumenischen Jury:** ***Moritaten und Legenden aus Ladomírov*** von Peter Kerekes.
Don Quixote Preis: ***Private Chroniken. Monolog*** von Vitalij Manski (Rußland).
Preis der Jugendjury Leipzig: ***Vacancy*** von Matthias Müller.
Mephisto-97,6-Publikumspreis: ***Au bout du monde*** von Konstantin Bronzit (Frankreich).

41. Nordische Filmtage in Lübeck

Filme aus Norwegen, Schweden, Dänemark, Island, Litauen, Estland und dem deutschen Norden gab es in Lübeck zu sehen. Die Werkschau war dem Regisseur Arne Skouen gewidmet. »Der 1913 geborene Norweger war der erste seiner Nationalität, der für einen Spielfilm-Oscar nominiert wurde. Sein Debüt, der realistische Klassiker *Straßenjungen* (1949), war Auslöser für die – auf der Berlinale bereits gefeierte – Jugendgang-Tragödie *Schpaa* von Erik Hoppe.« (Tanja Stünckel, »taz«)
»Das Orakel von der Trave hat gesprochen – und die 41. Nordischen Filmtage in Lübeck haben ihre Sensation. Der **NDR-Förderpreis**, mit 25.000 Mark dotierte Hauptauszeichnung des Festivals, ging völlig überraschend an ***Bye Bye Bluebird***. Der Spielfilm der färingischen Regisseurin Katrin Ottarsdóttir ist ein schrilles Roadmovie um zwei junge Frauen, Rannvá und Barba, die nach mehreren Jahren auf den Färöerinseln zurückkehren und als Paradiesvögel vom Kontinent das ruhige, nordatlantische Inselleben gründlich durcheinander bringen. Eine lobende Erwähnung – auch das eine Überraschung – fand die NDR-Jury für ***The Tough Ones (Häjyt)***, Aleksi Mäkeläs brutallakonischen Streifen um zwei Kleinkriminelle und deren Kampf um Anerkennung, der auch den **Kirchlichen Filmpreis** erhielt.« (»Hamburger Morgenpost«)

Filmfest Ludwigsburg/ Stuttgart 1999

»Die Erwartungen an das neu konzipierte Filmfest Ludwigsburg/Stuttgart vom 8. bis 13. Juni waren hoch. Allein schon wegen der Schlagzeilen, die das Hätschelkind der baden-württembergischen Medienpolitiker im vergangenen Herbst ausgelöst hatte.« (Reinhard Kleber, »filmecho/ filmwoche«)
»Damals kündigte der baden-württembergische Kultusminister Klaus von Trotha ein Festival des europäischen Films in Stuttgart an. Freilich ohne vorher diejenigen zu fragen, die sich schon seit Jahren mit viel Eifer, aber ohne viel Geld für den europäischen Film einsetzen. So erfuhren die Veranstalter der Französischen Filmtage in Tübingen erst aus der Zeitung, daß der Termin des neuen Filmfests mit dem eigenen kollidiert. ›Wenn wir nicht aufpassen, drücken die uns an die Wand‹, bangte Filmtage-Chef Dieter Betz. Auch Michael Kötz, der Leiter des Mannheim/Heidelberger Festivals, fühlte sich von der hinter

verschlossenen Türen ausgeheckten Konkurrenzveranstaltung düpiert. In einem offenen Brief an von Trotha bezeichnete er es als ›obszön‹ und ›einen Affront‹, daß sich das Land Baden-Württemberg in Stuttgart aus dem Stand heraus mit knapp einer halben Million Mark engagierte, einen ›Preis des Ministerpräsidenten‹ in Höhe von 100.000 Mark auslobte und gleichzeitig die Zuschüsse für Tübingen und Mannheim kürzte. Die beiden kleinen, aber hochangesehenen Festivals bestreiten ihre Etats (Tübingen 450.000 Mark, Mannheim 1,6 Millionen) je zur Hälfte aus Mitteln von Stadt und Land und dürfen auf keine Unterstützung seitens der Landesmediengesellschaft zählen. Für Stuttgart gelten diese Regeln nicht.

13 Filme aus Europa präsentierte das Filmfest im Wettbewerb, inklusive Nebenreihen kam man mit Ach und Krach auf 23 Filme. Bei Festivals mit vergleichbarem Budget wie Hof und Saarbrücken ist es durchaus üblich, in einer Woche rund 100 Filme zu zeigen. ›Mit dreizehn Filmen mach' ich in Tübingen eine Retrospektive‹, sagt Dieter Betz, der sich inzwischen zähneknirschend mit der Konkurrenz arrangiert hat und eine Sektion mit Mittelmeerfilmen ins Rennen schickte. Die Reihe, stiefmütterlich im Programm plaziert, zog nur wenige Zuschauer an.« (Oliver Fuchs, »taz«)

»Dafür stießen die Entscheidungen der Juries, die großzügige Preisgelder von rund 290.000 DM zu vergeben hatten, bei den Fachbesuchern auf breite Zustimmung.« (Reinhard Kleber)

Preis des baden-württembergischen Ministerpräsidenten (dotiert mit 100.000 DM): **Patrice Toye** für *Rosie*.

Preis für die beste schauspielerische Leistung (30.000 DM): **Annet Malherbe** für *Kleiner Toni*.

Verleiherpreis der Filmförderung Medien- und Filmgesellschaft (50.000 DM): ***Sola*** von Benito Zambrano.

Bester deutscher Kurzfilm: *Nicht auf den Mund* von Kathrin Feistl.

Bester europäischer Kurzfilm: ***Söhne der Erde*** von Elisabeth Leuvrey.

Viper 99 – 19. Internationales Festival für Film, Video und neue Medien Luzern

»Mit einem erneuten Publikumsrekord von 14.000 Eintritten in fünf Tagen (1998: 13.000 bei sechs Tagen) ging am Sonntag, 31. Oktober, das 19. Internationale Festival für Film Video und neue Medien Viper in Luzern erfolgreich zu Ende. Der Festivalschwerpunkt war dieses Jahr dem Thema ›Cut+Copy‹ gewidmet, wo in verschiedenen Veranstaltungen das Verhältnis von Original, Kopie und Wirklichkeit theoretisch und praktisch erkundet wurde. Besonders grosser Beliebtheit erfreuten sich das Viper-Special ›Super-8‹ und die als Mischung zwischen Internet-Café und Mediathek eingerichtete ›MediaLounge‹ am Hauptaustragungsort Casino Luzern. Im Internationalen Wettbewerb ging der **Viper International Award** (total 10.000 Franken) ex aequo an Matthias Müller, Deutschland, für seinen 16mm-Film ***Vacancy*** und an den Holländer Gerard Holthuis für seinen Film ***Hongkong*** (35mm). Im Schweizer Wettbewerb wurden Lea Jaecklin und Fenja Abraham für ihren Film ***Korrektes Verhalten zahlt sich aus*** mit dem **Viper Swiss Award** (5.000 Franken) ausgezeichnet. Den **Viper-Förderpreis** (eine digitale Videokamera) erhielt Sonja Wyss für ihr Video ***To Date***.« (Bilanz-Communiqué)

48. Internationales Filmfestival Mannheim-Heidelberg

»Grund zum Strahlen hatten nicht nur die Preisträgerinnen und Preisträger des Wettbewerbs – auch Festivaldirektor Dr. Michael Kotz war mehr als zufrieden: Mehr Zuschauer als jemals zuvor haben das 48. Filmfestival Mannheim-Heidelberg besucht, Filmmarkt und ›Mannheim Meetings‹ werden von der Filmwirtschaft mit immer größerer Aufmerksamkeit zur Kenntnis genommen, und auch Filmverleiher und Filmtheaterbetreiber sind mit neuen Impulsen nach Hause gefahren.« (»Rhein-Neckar-Zeitung«)

Das Programm wurde von Raimund Gerz (»epd Film«) allerdings als eher mäßig eingestuft, herausragend waren für ihn lediglich der Gewinner des Dokumentarfilmpreises *Schwarze Katze im Schnee* von Anu Kuivalainen, *Bye, Bye Bluebird* (Gewinner in Lübeck) von Katrin Ottarsdóttir und *Oi! Warning*, der auch auf dem Festival von Montreal gezeigt wurde. »Liebe und Eifersucht, Freiheit und Verantwortung, Probleme des Erwachsenwerdens – das sind traditionelle Themen in dem provozierend eigenwilligen deutschen Film *Oi! Warning* der Brüder Benjamin und Dominik Reding. Held des Films ist Janosch, den es zu seinem Vorbild, dem Skin Koma, nach Dortmund zieht. (…) Der Film ist gewalttätig im besten Sinn, weil er den Zuschauer durch starke Bilder, ein gutes Timing, stimmige, wenn auch zuweilen eindimensionale Charaktere sowie einen kraftvollen Soundtrack packt und damit das Lebensgefühl einer Subkultur, die den meisten über 30 eher fremd sein dürfte, dramaturgisch überzeugend umsetzt.«

»Auf wenig Gegenliebe stößt in Mannheim und Heidelberg die Erweiterung der Filmfestivals Ludwigsburg/Stuttgart, das seit diesem Jahr über den mit 100.000 Mark dotierten Preis des Ministerpräsidenten verfügt. Was den Film angehe, spiele die Musik klar in Mannheim und deshalb müsse der Filmpreis auch nach Mannheim.« (Martin Welker, »Allgemeine Zeitung«)

Bester Film: ***Understanding Jane*** von Caleb Lindsay, England.

Bester Dokumentarfilm: ***Schwarze Katze im Schnee*** von Anu Kuivalainen, Finnland.

Bester Kurzfilm: ***Quand j'etais photographe*** von Denis Polge/Laurent Perreau, Frankreich.

Spezialpreis in memoriam Rainer Werner Fassbinder: ***My Father's Angel*** von Davor Marjanovic, Kanada.

Spezialpreis der Jury: ***Les 4 saisons d'Espigoule*** von Christian Philibert, Frankreich.

Publikumspreis: ***Untersuchung an Mädeln*** von Peter Payer.

19. Internationales Festival der Filmhochschulen München

Das Münchner Studentenfilmfest wird mehr und mehr zum Problemkind. In diesem Jahr half es dann auch kaum, daß man mit Roland Emmerich den kommerziell erfolgreichsten Absolventen der Münchner Filmhochschule als Jurypräsident verpflichtete. Rainer Gansera von der »SZ« übte deutliche Kritik an den Organisatoren, insbesondere an Filmfest-Chef Eberhard Hauff, wie an den Filmemachern: »Die Pfiffe waren eher zaghaft und vereinzelt. Die Reaktion von Eberhard Hauff war heftig und beleidigt. (…) Gepfif-

fen wurde, als Hauff über die zeitliche Zusammenlegung des Festivals mit dem Filmfest sprach. Sie ist umstritten und wird vor allem von den Münchner Filmstudenten abgelehnt. Hauff verteidigte sie vehement: Sie beschere den Studentenfilmen zusätzliche Besucher, fördere die Kommunikation und werde ›in ein, zwei Jahren Früchte tragen‹. Vorerst sind die Besucherzahlen nicht gestiegen, und die Kommunikation zum Beispiel mit hiesigen Filmstudenten hat eher abgenommen, weil die sich doch eher für den Besuch des Filmfests entschieden haben. Warten wir auf die Früchte. (...)
Unter den Studentenfilmen, die sich an Genres orientierten, gab es keine besonderen Entdeckungen. Einige brave Krimis und Psychothriller waren geboten. Als Kuriositäten seien zwei Singspiel-Filme erwähnt. Aus München kam, mit dem vielversprechenden Titel *Nur Schreiner machen Frauen glücklich* (Marcus Rosenmüller) eine voralpenländische Operette zwischen Heimatkitsch und peinlich bemühter Lustigkeit. Am ›Tag der deutschen Filmschulen‹ wurde dieser Gaudi-Banalität unbegreiflicherweise der erste Preis verliehen. Das filmische Singspiel aus Berlin, *Alle für Arbeit* (Malika Ziouech), das die Revolte einer Arbeitslosen zeigt, war immerhin musikalisch differenzierter. Der Witz hielt sich allerdings auch bei diesem Agitpropmusical in engen Grenzen. (...)
Die Kraft unabhängigen Filmemachens demonstrierten indische Filmstudenten aus Poona, die Ehrengäste des Festivals waren. Sie brachten Filme mit, die ästhetisch und thematisch Unabhängigkeitserklärungen sind. Ästhetisch – weil sie nicht dem nacheifern, was in Bombay, der Filmmetropole Indiens (›Bollywood‹), an Genrekino produziert wird. Thematisch – weil sie sensible Portraits von Jugendlichen zeigen, die versuchen, ihren eigenen Weg zu gehen, in Abgrenzung vom traditionellen Lebensstil ihrer Eltern. (...)
Wo die Filmstudenten aus dem Umkreis ihrer eigenen Erfahrungen erzählten, hinterließen ihre Arbeiten den stärksten Eindruck – und zugleich auch das Gefühl eines Mangels. Es fehlte – auch den besten Filmen – die Entschiedenheit eines ästhetischen Wagnisses, wie man es in den Hochschulfilmen von Wim Wenders oder Jane Campion finden konnte. Die drehten ihre Studentenfilme mit dem Anspruch, daß sie das Kino neu erfinden müssen, um wirklich zu einem persönlichen Ausdruck zu gelangen. Ein Anspruch, der anmaßend klingen mag, aber diese Anmaßung ist genau das, was Studentenfilme brauchen, um der Harmlosigkeit des Übungsfilms zu entgehen. Man wünscht sich von ihnen, daß sie das Kino neu erfinden wollen, nach Wegen suchen, neue Pforten der Wahrnehmung aufzustoßen.«

17. Filmfest München

Auch beim Münchner Filmfest wurde die Organisation des Festivals kritisiert, mitunter auch nur belächelt: »›Kino total genial‹ lautete das etwas hilflose Motto des Filmfestes. Der Filmfesttrailer jedenfalls war schon mal genial – mißlungen. Der zu lang geratene Billigstwerbespot mauserte sich freilich bald zum liebsten Feind des Publikums und wurde stets lustvoll verhöhnt.« (Alexandra Seitz, »taz«) Julian Hanich vom »Tagesspiegel« kam offensichtlich aus dem Staunen nicht mehr heraus, er fühlte sich wie »Alice im Wunderland«: »Aus diesem Wunderland könnte

man viele Geschichten erzählen. Die vom Chef des Filmfests, Eberhard Hauff, zum Beispiel, der bei der Ehrung von Roman Polanski partout nur deutsch sprechen wollte – und den Geehrten deshalb nur bedingt an seinen Ausführungen teilhaben ließ. Oder die vom Festival-Trailer, der bei jeder Vorführung ausgelacht, ausgepfiffen, ausgebuht wurde. Man könnte auch die Verleihung des HypoVereinsbank-Preises erwähnen, die einer mäßig getarnten Werbeveranstaltung glich. Oder einen wunderbaren Satz über das Filmemachen zitieren, der in einer der Presseinfos zu lesen war und der als Kommentar über das Filmfestgeschehen nicht treffender sein könnte: »Es geht hier nicht um Leben und Tod – diese Sache ist wesentlich ernster.«
Die härteste Kritik lieferte jedoch H.G. Pflaum in der »SZ«. Nachdem er über die Programmgestaltung der letzten Jahre, das Publikum, das Filme bevorzugt, die in den nächsten zwei Wochen sowieso im Kino anlaufen, und die Organisation des Festivals geklagt hatte, endete er pessimistisch: »Die Mechanismen in München scheinen sich, auf viele Jahre hinaus verfestigt zu haben. Zwar verweist das Titelbild auf dem Katalog und den Plakaten diesmal immerhin auf Polanski mit seiner vollständigen Werkschau und sieht nicht mehr aus wie das Cover eines Miederwaren-Prospekts, aber Hauff formuliert das Motto im Analphabeten-Jargon: ›Kino total genial‹ – da ist nur noch ein kleiner Schritt zu ›Filme echt geil!‹«
Das Programm wurde positiver aufgenommen; neben den gewohnten Reihen mit amerikanischen Independents, jungem französischem und deutschem Kino, internationalen Kino- und TV-Produktionen und dem Kinderfilmfest gab es in diesem Jahr, eine Reihe mit südamerikanischen Filmen zu sehen. Die **Retrospektive** war **Roman Polanski** gewidmet und umfaßte alle Spielfilme und einige Kurzfilme des polnischen Regisseurs. Eine hervorragende Gelegenheit, Polanskis einmaligen Stil wieder zu genießen. Leider war sein damals noch nicht fertiggestellter *Die neunte Pforte (The Ninth Gate)* nicht zu sehen – er hätte sicher interessanten Gesprächsstoff für die Diskussionen um und mit Polanski geliefert. Dem französischen Produzenten **Marin Karmitz** wurde eine **Hommage** erwiesen. Er ist bekannt dafür, Autoren bzw. Regisseuren eine Chance zu geben, deren Projekte bei anderen Produktionsfirmen abgelehnt wurden – Karmitz produzierte so unter anderem Angelopoulos' *Der Bienenzüchter*, Kieslowskis Drei-Farben-Trilogie oder jüngst Chabrols *Die Farbe der Lüge*.
Gelobt wurden vor allem einige französische Filme: »Mehr als der mit dem ›High Hopes Award‹ ausgezeichnete *Lovers* (Regie: Jean-Marc Barr) sind Olivier Assayas *Fin Août, debut Septembre* und Pascal Bonitzers *Rien sur Robert*, die beide in München gezeigt wurden, von klassischer Zeitlosigkeit geprägt, die mit ihren starken, leidenschaftlichen Geschichten Hollywood auf Dauer eher widerstehen wird, als die formalistischen Spielereien von Barrs Erstling, der zugleich der fünfte ›Dogma‹-Film ist.« (Rüdiger Suchsland, »Münchner Merkur«)
»Eine Entdeckung der besonderen Art kam aus dem entlegenen Buthan. *Phörpa (Spiel der Götter)* ist der erste Film in tibetischer Sprache, nebenbei auch der erste Film, den ein buddhistischer Mönch gedreht hat. *Phörpa* schildert auf außerordentlich

unterhaltsame Weise, wie sich selbst ein ganzes Kloster der Macht von König Fußball nicht widersetzen kann.« (Alexandra Seitz)
Spiel der Götter bekam dank des regen Publikums- und Medieninteresses bald einen deutschen Verleih; besonders schade jedoch ist, daß zwei der schönsten Filme des Festivals, der amerikanische *Rushmore* von Wes Anderson und der spanische *Die Liebenden des Polarkreises* von Julio Medem, bis heute keinen Starttermin für die deutschen Kinos bzw. noch nicht einmal einen hiesigen Verleih haben – und das trotz ganz offensichtlichen Vermarktungspotentials; man denke nur an die letzten Erfolge des spanischen Films seit Pedro Almodóvar. *Rushmore* führte bei einer Pressevorführung gar zu einer seltenen Redaktion der versammelten Kritiker: nachdem sie sich während des Films köstlich amüsiert hatten, klatschten sie nach dem Abspann nahezu einhellig enthusiastisch Beifall!
Nicht einig waren sich die Kritiker bei den deutschen Produktionen. Während Maren-Kea Freeses *Zoë* bei den meisten noch relativ positiv besprochen wurde, spaltete der andere Hypo-Preisträger, Peter Thorwarths *Bang Boom Bang – Ein todsicheres Ding*, die Journalisten. Die einen lobten ihn als gelungene Komödie à la Coen/Tarrantino, die anderen bezichtigten ihn des billigen Plagiats. Nahezu alle waren sich aber darüber einig, wer der beste unter den in München vertretenen deutschen Regisseuren war: »Der interessanteste deutsche Film lief ausgerechnet in der Fernsehfilm-Reihe: *Deine besten Jahre* von Dominik Graf. Eine Frau (Martina Gedeck) erfährt genau an ihrem 36. Geburtstag von der Affäre ihres Mannes (Tobias Moretti). Später verliert sie diesen Mann mitsamt ihrem Sohn bei einem Unfall; sie muß mit Intrigen in der Verwandtschaft und Habgier im Betrieb kämpfen. (...) Dabei beweist der Film dreierlei: Erstens gehört Graf zu den visuell beeindruckendsten Regisseuren in diesem Land. Zweitens hat er mit Benedict Neuenfels einen überragenden Kameramann. Und drittens ist es immer wieder eine Freude, Martina Gedeck zuzusehen. Man muß fast eine Träne verdrücken, wenn man daran denkt, daß sich dieser Film an einem ZDF-Abend versendet und auf Nimmerwiedersehen im Äther verschwindet. Dominik Graf – ein trauriger, exemplarischer Fall des deutschen Kinos?« (Julian Hanich, »Der Tagesspiegel«)
Regieförderpreis der HypoVereinsbank: **Maren-Kea Freese** für *Zoë* und **Peter Thorwarth** für *Bang Boom Bang – Ein todsicheres Ding*.
High-Hopes-Award: *Lovers* von Jean-Marc Barr.
VFF-TV Movie Award (ausländischer TV-Film): **Gilles Sandoz**, ausführender Produzent von *Le petit voleur*, Regie: Eric Zonca.
VFF-TV Movie Award (deutsche TV Movie): **Gloria Burkert**, ausführende Produzentin von *Deine besten Jahre*, Regie: Dominik Graf.
Erneut wurde im Rahmen des Filmfest München der MediaNet Award vergeben, der Preis ist mit DM 50.000 dotiert und zeichnet jährlich herausragende internationale Kultur- und Bildungsprogramme aus.
MediaNet Award in Gold, verbunden mit DM 25.000: **Uli Kick** für *Bismuna – Ein Abenteuerfilm*.
MediaNet Award in Silber, verbunden mit DM 15.000: **Annie Goldson** für *Punitive Damage*.
MediaNet Award in Bronze, verbunden mit DM 10.000: **Olivier Ballande** für *Justice*.

Discovery Channel Award, dotiert mit DM 15.000: ***Borders*** von Eran Riklis.

14. Internationales Dokumentarfilmfestival München

»›View Across the Border‹ hieß das Motto des diesjährigen Festivals, ein schöner Leitsatz für eine Gattung, die es immer wieder schafft, uns mit dem Blick hinter vermeintliche oder tatsächliche Grenzen zu überraschen. Faszinierend und komisch der Perspektivenwechsel in ***Falkens Öga*** von Mikael Kristersson, der mit dem **Preis für den ›Besonderen Dokumentarfilm‹** ausgezeichnet wurde. Beobachtet werden ein Falkenpärchen und seine Jungen.« (Martina Knoben, »epd Film«) Ein bißchen gewundert haben sich einige Zuschauer, daß gerade dieser Film den Preis des Festivals erhielt, und die Begründung, Kristersson gelänge eine interessante Perspektive auf den Menschen – nämlich die Perspektive von Turmfalken – konnte auch nicht völlig überzeugen, sah man in dem Film doch die meiste Zeit, wie sich die Falken mit ihrer Brut beschäftigen. Aber die Preisverleihung verlief ohnehin etwas seltsam: Eine der Jurys beklagte einen »Mangel an Risikobereitschaft« seitens der Filmemacher. »Ein hartes Urteil, das die Regisseure in dieser Schärfe nicht verdient haben, dessen Tendenz aber stimmt. (...) Am Ende gab es noch ein wenig Streit. Für heftige Diskussionen nach der Preisverleihung sorgte die Begründung der Jury, warum Volker Koepps *Herr Zwilling und Frau Zuckermann* nicht ausgezeichnet worden war: Er sei ›ein herausragender Film ..., der uns wirklich verzaubert hat‹, so die Sprecherin der Jury, Helga Reidemeister. ›Dennoch haben wir uns anders entschieden, um jungen Talenten eine Chance zu geben.‹ Den mit 20.000 Mark dotierten **Dokumentarfilmpreis des Bayerischen Rundfunks** bekam ***Pripyat*** von Nikolaus Geyerhalter. Ob das Internationale Dokumentarfilmfestival München denn ein Nachwuchsfestival sei, wollte Koepp daraufhin wissen und reiste verärgert ab.« (Martina Knoben)

Neben einem internationalen Programm gab es München eine Dokumentarfilmreihe über Klaus Mann und seine Familie, eine Werkschau des indischen Dokumentarfilms der letzten drei Jahrzehnte und »Neue Filme aus Bayern« zu sehen. In dieser Reihe lief *Flaschen ziehen vorüber – Achternbusch trifft Kaurismäki*, und man konnte dabei unter anderem beobachten wie Herbert Achternbusch und Aki Kaurismäki aus Leidenschaft armdrücken – was sich zunächst nur skurril anhört hatte auch Qualitäten: »Frische, Beweglichkeit und vor allem eine spannungsreiche Nähe zum ›Objekt‹ seiner Beobachtungen. Qualitäten, die einem Großteil der ›Neuen Filme aus Bayern‹ abgehen. (...) (Rainer Gansera, »SZ«)

Diese spannungsreiche Nähe zeichnete auch zwei Filme aus dem internationalen Programm aus: *Divorce Iranian Style* von Kim Longinotto und Ziba Mir-Hosseini, der sehr unvoreingenommen die Arbeit eines iranischen Familiengerichts schildert, und *The Cruise* von Benet Miller, der bei der Berlinale mit dem Wolfgang-Staudte-Preis ausgezeichnet worden war und der von einem ganz besonderen Fremdenführer in New York erzählt.

»Der faszinierendste Film des Festivals war *Povinnost'* von Alexandr Sokurov. *Povinnost'* widersetzt sich der Einordnung in Spiel- oder Dokumentarfilm. Er verbindet Beobachtungen auf einem Schiff mit Wehrdienstleistenden in der Arktis mit einem literarischen Kommentar: Ein Offizier denkt über sein Leben, sein Leben in Rußland nach. (...) Sokurov erzählt nicht nur, er läßt den Zuschauer spüren, wie dieses Leben ist. Dafür braucht er Zeit – insgesamt 260 Minuten. (...) Aber er ist unter die Haut, ins Fleisch gekrochen, was man nur von wenigen Filmen des diesjährigen Festivals sagen kann.« (Martina Knoben, »epd Film«)

8. dokumentART – Filmfestival Neubrandenburg

»Wo in der Provinz gibt es schon regelmäßig Dokumentarfilme zu sehen? Im Mecklenburgischen Neubrandenburg bietet das Latücht-Kino neben Independent-Produktionen und Klassikern auch einige Dokfilmplätze. Im Latücht findet alljährlich im Herbst ein kleines Dokumentarfilmfest statt. Hervorgegangen aus dem nationalen Dok-Filmfestival der DDR wurde es als DokumentART nach der Wende neugegründet als eine dem formal avancierten kurzen Dokumentarfilm gewidmete Veranstaltung. Das Publikum aber wollte die trockene Kost nicht recht goutieren. Vor zwei Jahren dann schien das Festival mit der eigenen Spielstätte und einer regionalen Orientierung auf Osteuropa eine neue vielversprechende Richtung einzuschlagen. (...) Eine Werkstatt will die dokumentART sein, doch ein richtiges Festival auch. Osteuropa will man sich widmen, aber den Rest der Welt dabei nicht aussparen. Am Ende kommt bei so vielen Wünschen alles ein bißchen zu kurz. In Neubrandenburg sind die Fragen immer eine Spur zu unverbindlich höflich. Ein Publikumsfestival kann die dokumentART nicht werden. Um zur echten Filmwerkstatt zu werden, täte es ihr gut, sich stärker zu konzentrieren. (...)
Der **Preisträger** des Festivals machte die Erregtheit zum Programm. ***Superbalkan*** des albanischen Regisseurs Fatmir Koci ist eine 45-minütige impressionistische Tour-de-Force durch das heutige Albanien, mit der Frage nach dem Verhältnis von Kunst und Krieg. Der nervig treibende Soundtrack gibt dazu den Kommentar. *Pavasaris (Frühling)* des Litauers Valdas Navasaitis bewegt sich auf der Grenze zwischen Narration und Meditation. Der Film erzählt anhand zweier Menschen, einiger Hunde und viel Wasser vom Einzug des Frühlings in der litauischen Provinz. Alles sieht sehr authentisch aus. Dabei hat der Regisseur mindestens die Tonspur aufwendig nachbereitet. ***Pavasaris***, der mit einem Schneesturm anfängt, erhielt zu recht den **zweiten Preis**.« (Silvia Hallensleben, »Der Tagesspiegel«)
»Wichtigster Zweck der dokumentART ist aber der Brückenschlag nach Osteuropa (...) ›Durch unsere Biographie sind wir in Ostdeutschland doch auf Filme aus Tschechien, Russland oder Polen fixiert‹, erklärt Andreas Höntsch, Regisseur und Ausbilder am Rostocker Institut für neue Medien. Für ihn sind die vielen Gespräche mit Kollegen aus Osteuropa der besondere Reiz der Veranstaltung. ›In Deutschland findet der Film aus dem Osten ja sonst nirgendwo mehr statt.‹« (Dirk Böttcher, »Die Zeit«)

45. Internationale Kurzfilmtage Oberhausen

»Kontroversen waren vorauszusehen auf den 45. Internationalen Kurzfilm-

tagen in Oberhausen. Schon am Eröffnungsabend kam es zu Verstimmungen, als das Oberhausener ›Anti-Kriegs-Plenum‹ gegen den NATO-Einsatz in Ex-Jugoslawien demonstrierte. ›Don't think short‹ hatten sie angesichts des Festivalmottos ›Think short‹ aufgefordert und an die Tradition des Festivals erinnert. Der Regisseur Stefan Hayn, der am nächsten Tag seinen sehr persönlichen *Film über den Arbeiter* im deutschen Wettbewerb vorstellte, beschrieb die Reaktion von Publikum und Festivalleitung am Eröffnungsabend als ›Bankrotterklärung des Festivals‹. Er habe sich gewünscht, daß sich die Festivalleitung hinter die Demonstranten gestellt hätte. Ob die Reaktion im Publikum nun ›zynisches Gelächter‹ gewesen sei, wie Hayn beklagt oder ›Resignation‹, wie es der Münsteraner Professor Lutz Mommartz selbstkritisch nennt: Der Vorfall zeigt einen Wandel im Selbstverständnis des Festivals an. ›Wir diskutieren seit Wochen darüber, wie wir auf dem Festival mit dem Kosovo-Konflikt umgehen sollen‹, erklärt Festivalleiter Jan Henrik Gass, der sich dagegen verwahrt, ein ›Gesinnungsfestival‹ zu sein. ›Arbeit am (Film-)Material‹ ist für ihn die angemessene Form politischer Diskussion, und das Sonderprogramm ›Städte. Territorien‹ ist für ihn eine Form politischer Auseinandersetzung im kommunalen Rahmen.« (Christina Tilmann, »Der Tagesspiegel«)
»Mathias Müller, der den **Hauptpreis der internationalen Jury** erhielt, beschäftigt sich in ***Vacancy*** mit der Ende der fünfziger Jahre erbauten brasilianischen Modellstadt Brasilia und kombiniert Found Footage mit eigenem Material zu einem 14minütigen Requiem. (...) Die internationale Jury sollte den **›Preis des City-OManagements‹** an einen Film vergeben, der sich ›in herausragender Weise mit Stadt, Landschaften und Umwelt beschäftigt‹. Sie wählte André Chamans ***Wayn Yo!*** über die Straßenecke, an der der junge libanesische Regisseur aufgewachsen ist. Freunde und Verwandte spielen sich augenzwinkernd selbst. (...) Die karikierende Überzeichnung ändert nichts an dem zärtlichen Grundton dieser Liebeserklärung an den überschaubaren sozialen Raum der ganz persönlichen Nachbarschaft. Chamas hinreisend nostalgischer Film war durchaus typisch für das Wettbewerbsprogramm, soweit es sich mit dem Thema Stadt auseinandersetzte.« (Mathias Heybrock, »epd Film«)
»Nachdem das Festival schon vor Jahren mit der Zulassung von Videofilmen zum Wettbewerb Grenzen geöffnet hatte, ist nun die ›Trennung zwischen Pop- und Hochkultur obsolet geworden‹, wie Gass betont. Deshalb wurde in diesem Jahr zum ersten Mal ein mit 10.000 Mark dotierter Musikvideopreis namens **MuVi** verliehen. Daß eine ästhetische Bewertung von Videoclips bislang fehle, mahnte nicht nur Michael Althen von der ›Süddeutschen Zeitung‹. Auch die fünfköpfige MuVi-Jury bekannte sich zu einer gewissen Ratlosigkeit bei den Bewertungskriterien. Sucht man wie Pinky Rose (›Die Zeit‹) nach einer ›konsequent durchgehaltenen Idee‹, ging der Preis zurecht an Oliver Husain und Michel Klöfkorn für ihren **Clip zu ›Star Escalator‹** von Sensorama, der mit einfachsten Mitteln ein rhythmisches Ballett von Garagentoren inszeniert – und mit nur 8.000 Mark Produktionskosten ein echtes Independent-Produkt ist.« (Christina Tilmann) Der **große Preis der Stadt Oberhausen** ging an ***La différence*** von Rita Küng.

6. Filmfest Oldenburg

»Seit Anbeginn des Festivals schrieben sich die Veranstalter eine Präsentation der zu wenig wahrgenommenen US-Indies auf die Fahnen. (...) In diesem Jahr begeisterten allerdings nicht nur Juwelen der US-Indiekunst, sondern auch eine osteuropäische Low-Budget-Produktion. *Two Julias* der Ukrainerin Aliona Demianenko erzählt, von Mallarmé inspiriert, die visuell brillant aufgelöste Geschichte eines Liebesdreiecks, deren sich nicht von allen Seiten berührende Winkel eine Frau (die bezaubernde Schönheit Viktoria Malektrovich), ein Mann und eine Blume darstellen. (...)
Was das Filmfest in Oldenburg seit jeher auszeichnet, sind seine offenen Strukturen, die es jedermann bequem ermöglichen, Kontakt zu den Schauspielern und Regisseuren aufzunehmen, die sich erneut zahlreich in der Kulturetage aufhielten. Als bekanntester unter ihnen war einer der profiliertesten Darsteller der amerikanischen Filmgeschichte, der u.a. mit Kubrick, Parker und Altman drehte, die gesamte Zeit über anwesend: Matthew Modine. Er stellte sein Langfilmdebüt *If ... Dog ... Rabbit* vor, ein Film, der den Independent-Gedanken so konsequent transportiert, wie das Festival selbst.« (Oliver Baumgarten und Nikolaj Nikitin, »Der Schnitt«)

FilmFest Potsdam 1999

»Ganz sicher nicht schuld am geringen Besucherandrang war (...) das Programm des FilmFests. Natürlich, wenige der Filme in Potsdam waren echte Uraufführungen, vieles war schon an anderem Ort zu sehen, war schon vorab rezensiert, kommentiert, preisgekrönt worden. Trotzdem: Es wird noch lange dauern, bis Filme wie Aleksander Sokurows *Moloch*, Maren-Kea Freses *Zoe* oder Andreas Kleinerts *Wege in die Nacht* ins Kino kommen. Selbst der Eröffnungsfilm, Andreas Dresens schon vielfach gepriesener und auch in Potsdam wieder ausgezeichneter *Nachtgestalten* wird im Kino noch einige Wochen auf sich warten lassen.
Ein besonderes Merkmal, etwas, das Potsdam unverwechselbar heraushebt aus der Vielzahl der Festivals, haben die Veranstalter mit der Reihe ›Regionaleffekt‹ gefunden. Die Nähe zu den Babelsberger Filmstudios der beiden Film- und Fernsehhochschulen in Berlin und Potsdam (HFF und dffb) und die Vielzahl der in Berlin ansässigen Regisseure und Schauspieler lassen ein Interesse für in der Region produzierte Filme zumindest erwarten – zumal, wenn sie so gut sind wie dieses Jahr. ›Ein guter Jahrgang‹, betont auch Festivalleiterin Heidrun Podszus. Mit Juri Arabov, dem in Cannes ausgezeichneten Drehbuchautor zu *Moloch*, Andreas Dresen, Didi un Pepe Danquart, Volker Koepp, Maren-Kea Frese waren viele Regisseure und Darsteller zu den Vorführungen ihrer Filme anwesend.« (Christina Tilmann, »Der Tagesspiegel«)

20. Filmfestival Max-Ophüls-Preis in Saarbrücken

»Der neuere deutsche Film scheint ›erwachsen‹ zu werden – und damit liegt er ja im Trend der letzten Monate. Die Jahre, in denen ein erfolgreicher deutscher Film gleichbedeutend war mit einer (Beziehungs-)Komödie, sind wohl glücklicherweise endgültig vorbei. Die im Wettbewerb der Jubiläumsausgabe des Festivals gezeigten Arbeiten der Nachwuchsregisseure wiesen zum einen eine enorme Spannbreite auf. Sie reichte von der kalten, hektischen – und ziemlich überflüssigen – Großstadt-Ballade (*Angel Express* von Rolf Peter Kahl) über das bemühte Psychogramm eines vereinzelten jungen Mannes (*Curiosity & The Cat* von Christian Alvart) bis hin zum gutgemeinten und politisch korrekten Multikulti-Film (*Ich Chef, Du Turnschuh* von Hussi Kutlucan). Zum anderen: Die in früheren Jahren oft konstatierte Selbstbespiegelung einer bestimmten Szene oder das Schwelgen in den Beziehungskonflikten der Generation zwischen 20 und 30 war in diesem Jahr kaum aufzufinden. Daß mit *Die Hochzeitskuh* von Tomi Streiff auch eine Komödie der gröberen Art wieder im Programm war, tat dieser Tendenz keinen Abbruch. Von vielen Filmen des Wettbewerbs ging eine Ernsthaftigkeit im Umgang mit ihren Figuren aus, die in vergangenen Jahren nicht immer selbstverständlich war. Die Regisseure bemühen sich um eine genauere Personenzeichnung und um präzise Beobachtung.« (Rudolf Worschech, »epd Film«)

Max-Ophüls-Preis (dotiert mit 60.000 DM): ***Three Below Zero*** von Simon Aeby.

Förderpreis des Festivals (dotiert mit 10.000 DM): ***plus-minus null*** von Eoin Moore.

4. Schleswig-Holsteinisches Filmfest Augenweide

»Jubiläen allerorten: Die Kulturelle Filmförderung Schleswig-Holstein wurde zehn, das Kommunale Kino Kiel 20, und die LAG Film Schleswig-Holstein feierte sogar schon den 25. Geburtstag.« Es gab »ein üppiges Programm an Filmen zu begutachten, die auf die eine oder andere Weise mit dem Bundesland in Verbindung stehen und die zeigen, daß es auch jenseits von Detlev Buck Regisseure in der norddeutschen Tiefebene gibt. Insgesamt wurden fünf Blöcke gezeigt, in denen Underground-Projekte, Dokumentationen und kurze Spielfilme allesamt ihren Platz hatten. Zwischen Krzysztof Tuszynskis Elfminüter *Work & Play*, einem Experiment mit Computeranimationen, über Ute Storms plietschen Trickfilm *Moskito* bis zu dem in Israel gedrehten Liebesfilm *Sherut Taxi* von Holger Borggreve war alles drin.« (»TAZ«)

22. Internationale Grenzland-Filmtage in Selb

Im oberfränkischen Selb waren neben einigen Deutschlandpremieren, wie Grzegorz Linkowskis *Chassidische Ballade vom neuen Jahr*, ein Kurzporträt mit den drei neuesten Arbeiten des Schweizer Dokumentarfilmers Karl Saurer und russische Wochenschauen des 1918 gegründeten St. Petersburger Studios für Dokumentarfilm zu sehen. Die drei- bis zehnminütigen Nachrichten in Schwarzweiß wurden in Deutschland noch nie gezeigt.

Die Werkschau war dem polnischen Spiel- und Dokumentarfilmregisseur Marek Piwowski gewidmet. Neben einer Reihe von Kurzfilmen, darunter auch das neueste Werk *Der Schritt*, waren auch einige Langfilme zu sehen.

»Arbeitslos, aber gut drauf« war das Motto des Programms »I'm a loser, baby – Die Arbeitslosenrolle«, ein Beitrag zu einem *der* Themen in Deutschland. Markus Mischkowski und Kai Maria Steinkühler stellten in Selb gleich zwei Werke zu der Problematik vor: *Westend* (1997) und

Was tun (1998). Weitere Filme der Reihe waren Isabelle Feins *Nimm 2* (1998) und Kathrin Vorderwühlbeckes *Mother* (1995). Der französische Film *Ein Tag eines Arbeitslosen* (1997) von Sébastian Sort zeigt den Tagesablauf des arbeitslosen Christophe Aumont von morgens um 7 bis abends um 24 Uhr. Ein Bewerbungsgespräch, eine Verwechslung und dann noch zwei Zeugen Jehovas. Der Film, der ausschließlich in Christophes Küche spielt, beschreibt auf mitfühlende, aber witzige Weise die verzweifelte Suche nach einem Job.

34. Solothurner Filmtage

Die **Schweizer Filmpreise 1999** gingen in Solothurn an den Kurzfilm ***Pastry, Pain and Politics*** von Stina Werenfels, die Dokumentation ***Die Regierung*** von Christian Davi und den Spielfilm ***F. est un salaud*** von Marcel Gisler. Der **Nachwuchspreis Suissimage** wurde Esen Isik für ***Babami Hirsizlar Caldi*** verliehen. Beim Concours SSA für Animationsfilme ging der **Publikumspreis** an ***Zuppa Tartaruga*** von Karin Gemperle und der Jurypreis für das beste **Erstlingswerk** an ***Bingo*** von Raffaele Elia.

16. Französische Filmtage Tübingen-Stuttgart

»Zum sechzehnten Mal veranstaltet und nicht ganz freiwillig in den November verlegt, weil jähe Festivalkonkurrenz aus Ludwigsburg, dem europäischen Film verschrieben, den angestammten Tübinger Sommertermin okkupierte, dürfen sich die Französischen Filmtage weiterhin auf ihr Publikum verlassen. Nicht nur, weil siebzehntausend Besucher in sieben Tagen zu zählen waren, sondern weil deren Votum auch, was die Verleihung des mit 10.000 DM dotierten Förderpreises **›Fliegende Kamera‹** angeht, entschiedene Kennerschaft verrät. Der Schweizer Wettbewerbsbeitrag ***Attention aux chiens*** von François-Christophe Marzal ist ein listig erdachtes Hase-und-Igel-Spiel voller Finten und Fallen, in dem der Zuschauer sich mindestens so gerne düpieren lässt, wie der abgerissene, drogensüchtige Privatdetektiv im Zentrum des Geschehens diejenigen foppt, die er, selber ein Gejagter, zu jagen sucht.

Gleichfalls dem Publikum anheim gegeben war die Entscheidung über den erstmals ausgelobten **Verleihförderpreis**, von der Medien- und Filmgesellschaft Baden-Württemberg und von der Unifrance mit 40.000 Mark ausgestattet. Er fiel an Bertrand Taverniers Film ***Ça commence auhourd'hui (Es beginnt heute)***, der schon bei der Berlinale dieses Jahres mit gutem Grund aufhorchen ließ. (Hans-Dieter Seidel, »F.A.Z.«)

Veit Helmer, Regisseur des Festival-Highlights *Tuvalu*, nutzte die Abwesenheit namhafter Gäste, um sich und seinen gelungenen Märchenfilm in der neuen Reihe mit dem Titel ›C'est arrivé près de chez nous‹ zu präsentieren. Mit Erfolg: ***Tuvalu*** erhielt den **Prix de la Jeunesse**.« (»Blickpunkt: Film«)

9. Verzaubert Festival

»Zweifellos, es ist ein Lichtblick im trüben Spätherbst: das mit Lust, Liebe und Kenntnis gestaltete schwul-lesbische Filmfestival mit dem schönen Namen ›Verzaubert‹, das nach seinem Start in München durch die deutschen Großstädte zieht. Besonders deutlich wird in diesem Jahr, der neunten Ausgabe des Fests, dass die Grenzen zwischen Mainstream und

Underground, zwischen Filmen mit Schwulen und schwulem Kino immer durchlässiger werden. Mit einem Film wie Kimberley Peirces furiosem *Boys Don't Cry*, der Jugend- und Liebesfilm, Americana und Transsexuellen-Drama zugleich ist, scheint das New Queer Cinema gleichsam ein Coming Out zu haben und in eine noch näher zu definierende Kino-Zone vorzudringen, in der sich Kunst und Kult, Außenseitertum und Publikumswirksamkeit treffen. Eine weitere Tendenz lässt sich im letzten ›Verzaubert‹-Fest vor dem Millennium feststellen: eine neue Dominanz von Thrillern und Melodramen.« (Hans Schifferle, »SZ«)

37. Viennale – Internationale Wiener Filmfestwochen

»›Es ist ein tolles Festival. Sehr erfolgreich – trotz meiner Teilnahme‹, lobt lächelnd der Viennale-Präsident. Da wollen wir mitlächeln und ihm zum Understatement gratulieren. Denn von ›trotz‹ kann selbstredend keine Rede sein. Mit Eric Pleskow, dem Produzenten unzähliger Kino-Hits von *Amadeus* bis *Platoon*, gewann das Wiener Filmfest einen Mentor, um den es von der Konkurrenz beneidet wird.« (Gunther Baumann, »Der Kurier«)
Bezüglich der Zuschauerzahlen war die Viennale '99 tatsächlich erfolgreicher denn je, doch wurde auch leise Kritik am Programm geübt; es konzentrierte sich »auf traditionelle Werte und gereiftes Material, auf große (Regie-)Namen und (weitgehend) publikumssicheres internationales Kino.« (Stefan Grissemann, »Die Presse«) Diese Namen waren Lynch, Altman, Kitano, Cronenberg und Mamet – also lauter Regisseure, deren neue Arbeiten bereits auf anderen Festivals uraufgeführt worden sind. Darüber hinaus gab es die österreichische Premiere von *Nordrand* von Barbara Albert, deren Hauptdarstellerin Nina Proll in Venedig mit dem Nachwuchspreis ausgezeichnet wurde, und zwei Rekonstruktionen zu sehen:
»Zwei verlorene Söhne Hollywoods, der eine ein Gigant, der andere ein verspielter Narziß, wurden in Wien dieser Tage mit außerordentlichen Ehrungen bedacht. Orson Welles' schwarzen Krimi *Touch of Evil* stellte der Filmpublizist Jonathan Rosenbaum in jener Fassung vor, die jetzt, anläßlich der Laser-Disc-Edition, anhand eines 58-seitigen Memorandums neu geschnitten wurde. Welles hatte seine sorgfältig begründeten Wünsche nach Schnitt- und Ton-Korrekturen nach Ansicht des Rohschnitts verfasst, den das Studio weitgehend in Abwesenheit des Regisseurs hergestellt hatte. Mehr als 40 Jahre später also endlich Gerechtigkeit für Welles. Für Donald Cammell kommt die Viennale-Ehrung ebenfalls zu spät. 1996 hat dieser überlebende exzentrische Repräsentant eines psychedelisch bewegten Kinos in Hollywood Selbstmord begangen. In Amerika und England, wo er 1934 geboren wurde, ist letzthin bei den Cineasten geradezu ein Cammell-Fieber ausgebrochen. In Wien lief sein schmales ›Gesamtwerk‹, die Thriller *Demon Seed* und *White of the Eye* sowie der von Cammells Freund und Cutter Fred Mazzola rekonstruierte ›Director's Cut‹ von *Wild Side* (1995).« (Brigitte Desalm, »Kölner Stadt-Anzeiger«)
Die Entdeckungen waren für Stefan Grissemann »Chris Wilchas sarkastisches Dokument vom (Über-)Leben in einem amerikanischen Büro *(The Target Shoots First)*« und »*Damen-*

wahl, Viola Stephans ironisch-zielloses Porträt einer Gruppe gutsituierter Frauen. (...) Kathrin Resetarits' radikal offen erzählter Film *Fremde*, eine neue Arbeit aus Wien, ließ gleich weite Teile des gegenwärtigen französischen Realismus souverän hinter sich. Es gab hier also durchaus Werke zu sehen, mit denen man nicht rechnen konnte, Arbeiten, die einen erstaunen, faszinieren, aus heiterem Himmel treffen konnten. (...)
Die Probleme, wenn man nach einem Zahlenerfolg wie dem vorliegenden überhaupt davon sprechen mag, liegen auf der Hand: Sollte die Viennale, die vergleichbaren Filmfesten (etwa München) qualitativ immer noch weit überlegen ist, mehr vom Leben wollen, als einem interessierten Wiener Publikum bloß vorzuspielen, was die paar renommierten Premierenfestivals dieser Saison an unzweifelhaftem Qualitätskino – von Lynch bis Mamet, von Jarmusch bis Kitano – zu bieten hatten, wird man in Zukunft mutiger programmieren und weiter blicken müssen.
Der Blick aufs internationale Kino ist in dieser Form stark eingeengt auf wenige Territorien und bestimmte Darstellungsmuster. Daß es über Cannes, Berlin, Venedig und Locarno hinaus kaum noch etwas zu sehen, zu entdecken geben soll, ist nicht leicht zu glauben. Was der Viennale fehlt, sind nicht Intelligenz und Stilsicherheit, sondern der dringende Wunsch, im Verborgenen zu forschen, dort zu graben, wo der (gar nicht so lange) Arm der hohen europäischen Festivalherren nicht hinreicht.«

25. Internationales Filmwochenende Würzburg

Der nationale Festivalreigen beginnt traditionell mit Saarbrücken und Würzburg. Übers Wochenende nach Würzburg kamen unter anderem die Regisseure Philip Noyce, Benoît Jacquot und Andreas Dresen; der **Publikumspreis** wurde verliehen an **Paul Turner** aus Wales für *Pork Pie*, der **Kinder- und Jugendfilmpreis** an **Wu Tiang Ming** für *König der Masken*, der **Preis der Mitarbeiter der Main-Post** an **Dimitris Koutsiambassakos** für *Iraklis, o acheloos kai i giagia mou* und *Ypsoma 33*. Die **Kurzfilmpreise** gingen an ***Pas de deux*** von Matthias Lehmann, ***Road to Palermo*** von Marcel Gardelli und ***Sind Sie Luigi?*** von Stephan Brüggenthies.
Würzburg ist ein guter Beweis dafür, daß trotz Finanzknappheit durch das Engagement begeisterter Cineasten das Kinopublikum einer mittelgroßen Provinz- und Universitätsstadt Kino außerhalb des Mainstreams erleben kann.

Filmpreise und Auszeichnungen

Baden-Württembergischer Drehbuchpreis 1999

Der erste Baden-Württembergische Drehbuchpreis in Höhe von 50.000 DM wurde im Rahmen der 49. Berlinale an **Anne Wild** und **Stefan Dähnert** für *Was tun wenn's brennt* verliehen. Die Verfilmung des Drehbuchs soll von der Deutschen Columbia Tristar und Claussen und Wöbke (*23* und *Jenseits der Stille*) produziert werden.

11. Bayerischer Fernsehpreis

Der »Blaue Panther« ging 1999 unter anderem an **Oliver Hirschbiegel** für *Todfeinde – Die falsche Entscheidung*, **Dror Zahavi** für *Doppelter Einsatz – Die Todfreundin*, **Barbara Jago** und **Thomas Berger** für ihr Drehbuch zu *Busenfreunde 2 – Alles wird gut*, **Suzanne von Borsody** für *Dunkle Tage* und *Die Mörderin*, **Kathi Leitner** für *Einmal leben* und an **Dieter Pfaff** für *Sperling und der brennende Arm*.

20. Bayerischer Filmpreis

Am 15. Januar wurde der Bayerische Filmpreis zum 20. Mal verliehen. Insgesammt 880.000 DM wurden unter die Filmschaffenden gebracht, und dazu gab es wieder den »Pierrot« bzw. andere Figuren der Commedia dell'arte. Aber warum bekommt eigentlich ein Film oder ein Regisseur, der für ganz besonders gut befunden wurde, seit Jahren eine Symbolfigur aus der Theaterwelt verliehen? Glaubte man, der schnöden Welt des Films mit einem solchen Preis »hochkulturelle Weihen« verleihen zu müssen oder dachte jemand, daß es doch so oder so um Schauspielerei geht? Egal, jedenfalls bekommen die Filmemacher jetzt einen »Theaterpreis« – deutlich wird hier vor allem, daß es immer noch keine besonders ausgeprägte, spezifische Filmkultur in Deutschland gibt. Daß die Preise so gut dotiert sind, liegt eher am sehr begrüßten Wirtschaftsfaktor, den der Film darstellt, bzw. darstellen soll. Dementsprechend ist auch der Produzentenpreis mit 500.000 DM mit Abstand am höchsten dotiert und vernünftigerweise an die Produktion eines neuen Films zweckgebunden. In diesem Jahr konnten sich die Leute um Tom Tykwer von »X-Filme Creative Pool« über diesen Preis freuen, nachdem die Berliner Produktionsfirma bereits bei der letzten Verleihung den Nachwuchspreis der VGF erhalten hatte. Überhaupt entwickelt sich Tykwer zum »Wunderkind« des deutschen Films: nach den Preisen für *Winterschläfer* im letzten Jahr gab es für *Lola rennt* einen wahren Preisregen, der sich vor allem beim Deutschen Filmpreis fortsetzte.

Ministerpräsident Stoiber verlieh auf Vorschlag eines unabhängigen Auswahlausschusses, dem unter anderem Regisseure, Autoren, Kameraleute, Filmtheaterbesitzer und Filmkritiker angehören, folgende Preise:

Produzentenpreis an die Produktionsfirma **X-Filme Creative Pool** (Stefan Arndt, Wolfgang Becker, Dani Levy und Tom Tykwer) für die Filme *Lola rennt* und *Meschugge*.

Regiepreis (dotiert mit 50.000 DM) an **Max Färberböck** für den Film *Aimée und Jaguar*.

Nachwuchsregiepreis (dotiert mit je 30.000 DM) an **Fatih Akin** für den

Film *Kurz und schmerzlos* und **Marc Rothemund** für den Film *Das merkwürdige Verhalten geschlechtsreifer Großstädter zur Paarungszeit*.
Kamerapreis (dotiert mit 30.000 DM) an **Carl-Friedrich Koschnick** für die Kameraführung in dem Film *Meschugge*.
Drehbuchpreis (dotiert mit 30.000 DM) gemeinsam an **Doris Dörrie**, **Ruth Stadler** und **Rolf Basedow** für das Drehbuch des Films *Bin ich schön?*.
Preis für die beste Darstellerin (dotiert mit je 20.000 DM) an **Juliane Köhler** für die Rolle der Aimée in dem Film *Aimée und Jaguar* und **Maria Schrader** für die Rolle der Jaguar in dem Film *Aimée und Jaguar*.
Preis für den besten Darsteller (dotiert mit 20.000 DM) an **Ulrich Matthes** für die Rolle des Baron Sinclair in dem Film *Feuerreiter*.
Nachwuchsdarstellerpreis (dotiert mit 20.000 DM) an **August Diehl** für seine Leistung in der Rolle des Karl Koch in dem Film *23*.
Kinderfilmpreis (dotiert mit 30.000 DM) an **Caroline Link** für den Film *Pünktchen und Anton*.
Ehrenpreis an den Produzenten **Günter Rohrbach.**
Nachwuchsproduzentenpreis der Verwertungsgesellschaft für Nutzungsrecht an Filmwerken (VGF) (100.000 DM) an die **Dagmar-Knöpfel-Filmproduktion** für ihren Film *Requiem für eine romantische Frau*.

Deutscher Filmpreis 1999

Mit acht Auszeichnungen war Tom Tykwers *Lola rennt* der strahlende Sieger der diesjährigen Verleihung, die erstmals unter der Schirmherrschaft eines »Kulturstaatsministers« stattfand. Aber nicht nur Michael Naumann war ein Novum, sondern auch die noch namenlose Statuette, die den Gewinnern überreicht wurde, und der Ort der Festlichkeit: die Berliner Staatsoper unter den Linden. »Ohne die sonst obligatorischen Pannen und verpatzten Einsätze, ja geradezu mit gespenstischer Perfektion funktionierte diesmal die Verleihungsmaschinerie.« (Anke Sternenborg, »SZ«)
Allein Michael Naumann patzte, als er Hans-Christian Schmid als Produzenten von *23* vorstellte. »Auch ihm bleibt ein Jahr zum Üben, um beim nächsten Deutschen Filmpreis mit noch besseren Ergebnissen zu glänzen.« (»Blickpunkt Film«)
Jan Schulz-Ojala vom »Tagesspiegel« freute sich über den Erfolg und die Qualität von Hans-Christian Schmids *23* und insbesondere über Tykwers *Lola rennt*: »Diese eigenwillige, federleicht anmutende formale Spielerei, die bis in ihren Titel hinein die Bewegung feiert, hat in Deutschland bis heute 2,1 Millionen Zuschauer gefunden und ist mittlerweile, ohne auf Kompatibilität zu schielen, in 40 Länder verkauft (und startet dieses Wochenende, beflügelt durch zwei amerikanische Festivalpreise, in den USA). *Bin ich schön?* von Doris Dörrie geht dagegen eher leise auf die Reise, zwischen den Genres und ohne eigentliche Hauptpersonen – und hat auf dieses poetische, manchmal zum Kitsch hinüberflunkernde Abenteuer wie nebenbei über 800.000 Zuschauer mitgenommen.
Ganz im Heute angekommen sind jene Filme, die die Suche nach der kulturellen Identität multikulturell beantworten und hierfür alltagsverfügbare Themen finden – und damit Anschluß an europäische Kinostoffe, wie sie seit langem aus England und

seit einiger Zeit auch aus Frankreich zu uns kommen. Es sind Filme aus der europäischen Nachbarschaft, die – ein wenig Transpositionsphantasie vorausgesetzt – genausogut Filme aus unserer örtlichen Nachbarschaft sein könnten. Dieses Kino boomt vielleicht noch nicht, aber es wächst. Fatih Akins türkisch-serbisch-griechische Gangsterballade *Kurz und schmerzlos* gehört unbedingt dazu, ein Film, der passagenweise ungelenk sein mag, aber eine sympathische Kraft hat; und Andreas Dresens auf der Berlinale sehr erfolgreich präsentierter Film *Nachtgestalten* ist – vom schwarzen Flüchtlingskind bis zum Kleinstangestellten namens Peschke, vom Segelohr-Penner bis zur ruppigen Babystricherin – ein großer Wurf, eine Berlin-Sinfonie«. Dieser grundsätzlich positiven Wertung der nominierten Filme konnte sich Miriam Lau von der »SZ« nicht anschließen: »Ich möchte es mögen, aber es geht nicht!«
Ein Großteil der Gesamt-Prämie (5,2 Millionen Mark, damit ist der Filmpreis der höchstdotierte deutsche Kulturpreis) ging an die genannten Filme. Darüber hinaus war es wohl völlig unvermeidlich, daß Juliane Köhler und Maria Schrader einmal mehr als beste Darstellerinnen für den »reichlich rundgeschliffenen *Aimée und Jaguar*« (Jan Schulz-Ojala) ausgezeichnet wurden. Sprecher der zehnköpfigen Jury, der u. a. die Schauspielerin Jutta Hoffmann und der Regisseur Michael Verhoeven angehörten, war der Berliner Filmhistoriker Ulrich Gregor.
»Die schlechteste Wahl des Abends war aber eindeutig die Lindenoper. Der Filmpreis braucht einen frischeren, lustigeren Ort als diesen.« (Brigitte Werneburg, »taz«)
Bester Film: ***Lola rennt*** mit dem Filmpreis in Gold (dotiert mit 1 Million DM).
23 mit dem Filmpreis in Silber (800.000 DM).
Nachtgestalten mit dem Filmpreis in Silber (800.000 DM).
Hauptdarstellerin: Juliane Köhler für ihre Rolle in *Aimée & Jaguar* und **Maria Schrader** für ihre Rollen in *Aimée & Jaguar* und *Meschugge*.
Hauptdarsteller: August Diehl für seine Rolle in *23*.
Nebendarstellerin: Nina Petri für ihre Rollen in *Bin ich schön?* und *Lola rennt*.
Nebendarsteller: Herbert Knaup für seine Rolle in *Lola rennt*.
Regie: Tom Tykwer für *Lola rennt*.
Schnitt: Mathilde Bonnefoy *(Lola rennt)*.
Kamera: Frank Griebe *(Lola rennt)*
Musik: Niki Reiser *(Meschugge* und *Pünktchen und Anton)*.
Ehrenpreis: Egon Günther.
Bester ausländischer Film: ***Das Leben ist schön*** von und mit Roberto Benigni.
Erstmals wurden zusätzlich zwei undotierte **Publikumspreise** verliehen:
Kinofilm des Jahres: ***Lola rennt.***
Schauspieler/in des Jahres: Franka Potente.

William Dieterle Filmpreis 1999

Im Stadtmuseum Ludwigshafen wurden **Lutz Dammbeck** (Hauptpreis für *Das Meisterspiel*) und **Fatih Akin** (Sonderpreis für *Kurz und schmerzlos*) sowie **Armin Biehler** (lobende Erwähnung für *Sammlerglück und Mehrwegflaschen*) geehrt. Neben der Würdigung der Preisträger wurde in einem Gespräch mit ihnen der derzeitigen Stand und die künftige Entwicklung des deutschen Films sowie der Kinolandschaft diskutiert.

35. Adolf-Grimme-Preis

Beim Fernsehwettbewerb des Deutschen Volkshochschulverbandes wurden in der Sparte »Fiktion und Unterhaltung« der dreiteilige Film *Der Laden* – eine Gemeinschaftsproduktion der Sender ORB, WDR, SWR, MDR, BR und ARTE – zweifach ausgezeichnet: Ein Preis ging an den Schauspieler **Martin Benrath**, stellvertretend für alle Darsteller; der Regisseur **Jo Baier** erhielt sogar den **Adolf-Grimme-Preis in Gold**. Weitere Preisträger dieser Kategorie sind die holländische Schauspielerin **Renée Soutendijk** und die Regisseurin **Connie Walther** für das ZDF-Fernsehspiel *Hauptsache Leben*, **Oliver Storz** (Buch und Regie) und die drei Hauptdarsteller **Karoline Eichhorn**, **Stefan Kurt** und **Bruno Ganz** für *Gegen Ende der Nacht* (SDR, ORF, SF-DRS), **Frank Beyer** für die Verfilmung der Manfred-Krug-Geschichte *Abgehauen* (WDR, NDR), **Xaver Schwarzenberger** und die Darsteller **Tobias Moretti**, **Christine Neubauer** und **Gabriel Barylli** für *Krambambuli* (BR, ORF, SWR) sowie der von der Filmakademie Baden-Württemberg für das ZDF hergestellte Animationsfilm ***Der Peitschenmeister*** von Daniel Nocke.
In der Sparte »Information und Kultur« (die typische Unterscheidung einer schulischen Institution; als ob die oben genannten »Fiktionen« keinen kulturellen Wert haben könnten) erhielt **Dominik Graf** seinen **dritten Adolf-Grimme-Preis in Folge** für die Dokumentation über seinen Vater, den Schauspieler Robert Graf, *Denk ich an Deutschland – Das Wispern im Berg der Dinge* (BR, WDR, ARTE). Für die unter der Federführung des WDR entstandene internationale Koproduktion *Fenster zur Welt – Das andere Algerien* wurden die Filmemacher **Azzedine Meddour**, **Patrice Barrat** und **Dierk Ludwig Schaaf** ausgezeichnet. Weitere Adolf-Grimme-Preise dieser Sparte gingen an: **Wilfried Huismann** und **Klaus Schloesser** für *Machtspieler – Friedrich Hennemann und der Untergang der Bremer Vulkan* (RB, WDR), **Werner Kubny**, **Enno Hungerland** und **Volker Anding** für *Ratten* (WDR, ARTE) und **Uta König** für *Eine Frau im Männerknast* (NDR).
In der Sparte »Spezial« ging ein Adolf-Grimme-Preis an **Thomas Schadt** für die Summe seiner überdurchschnittlichen Dokumentarfilmleistungen: *Augenzeugen* (BR, ARTE), *Der Kandidat* (SWR) und *Leben ohne Arbeit* (SWF, SR). Der **Publikumspreis** ging ebenfalls an **Thomas Schadt** für die Dokumentation über Gerhard Schröders Wahlkampf, *Der Kandidat*. Einen **Sonderpreis des nordrhein-westfälischen Kultusministeriums** erhielt **Hermann Vaske** für *Das ABC der Werbung – Wie man die Leute von ihrem Geld trennt* (ZDF, ARTE).

Hessischer Filmpreis 1999

Die neunteilige Kurzfilm-Reihe ***Winterspruch*** über den Komponisten Hanns Eisler – ein Werk von zehn hessischen Filmemachern – erhielt den mit 100.000 DM dotierten Hessischen Filmpreis 1999. Der zweite Preis (30.000 Mark) ging an die Dokumentation ***Fremdgehen. Gespräche mit meiner Freundin*** von Eva Heldmann, der dritte Preis (20.000 Mark) an den Performance-Film ***One Pussy Show***. Daphne Charizani erhält für ihr Drehbuch zu dem Dokumentarfilm ***Make Up*** den Drehbuchpreis (15.000 Mark). Der Hochschulpreis geht an die **Hochschule für Gestaltung in Offenbach** und die **Städelschule in Frankfurt**. Unter den Lichtspielhäusern wurde das Nauheimer Programmkino **Ried-Casino** ausgezeichnet.

Ernst-Lubitsch-Preis 1999

Tom Tykwer erhielt für Drehbuch und Regie von *Lola rennt* den von Billy Wilder 1957 angeregten Ernst-Lubitsch-Preis, der für die beste komödiantische Leistung im deutschen Film verliehen wird und vom Berliner Club der Filmjournalisten gestiftet ist.

Friedrich-Murnau-Preis 1998

Als **Jacques Rivette** im Dezember 1998 in Bielefeld den Friedrich-Murnau-Preis überreicht bekommen sollte, war er wegen Krankheit verhindert. 1999 wurde die Preisverleihung im Pariser Goethe-Institut nachgeholt, »wo Rivette sichtlich gerührt den Preis entgegennahm. Eigentlich akzeptiere er nie Preise, ›aber bei einem Murnau darf man nicht Nein sagen‹. Er habe aus dessen Filmen gelernt, wie durch fließende Bewegungen von Kamera und Schnitt filmische Figuren im Raum eine geradezu magische Wirkung entfalten.« (»SZ«)

Schweizer Filmpreis 1999

Siehe 34. Solothurner Filmtage.

UFA-Filmpreis 1999

Der Preis für den erfolgreichsten Film in Deutschland ging zum drittenmal hintereinander an die **20th Century Fox**. Nach *Independence Day* und *Titanic* in den letzten Jahren zog 1999 erwartungsgemäß *Star Wars – Episode I* die meisten Zuschauer (7,9 Millionen) in die deutschen Kinos.

Konrad-Wolf-Preis 1999

Den mit 10.000 DM dotierte Preis der Akademie der Künste Berlin-Brandenburg für herausragende künstlerische Leistungen in der Film- und Medienkunst erhielt die Filmemacherin **Ula Stöckl**. Ihr 1968 gedrehter Film *Neun Leben hat die Katze* wurde bei der Preisverleihung vorgeführt. Der Preis erinnert an den 1982 verstorbenen DDR-Regisseur Konrad Wolf.

Zusammenstellung von Max Herrmann

Filmliteratur

Neuerscheinungen deutschsprachiger Filmliteratur

Klappern gehört zum Handwerk, das weiß auch die Filmbuchbranche. Da wird uns ein »ultimatives« Filmbuch hier und das »Standardwerk« des Kinos dort angeboten. Ob die Werbung hält, was sie verspricht, sei dahingestellt. Aber in Neuen-Medien-Zeiten, wo laut über den Zusammenbruch der Buchkultur nachgedacht wird, und bei der augenblicklichen Stagnation des Kinobesuchs in Deutschland müssen sich die Verlage überlegen, wie sie zum Lesen verlocken. Ein anspruchsvolles Filmbuch zu verlegen, ist hierzulande immer noch ein wirtschaftliches Wagnis. Selbst wenn, wie es scheint, nicht weniger gelesen wird als früher, und der moderne Medienmensch die Seiten (noch) nicht nur am Bildschirm durchblättert. Zumindest der Buchausstoß legt dies nahe. Über 150 deutschsprachige Neuerscheinungen zum Kino haben wir wieder aufgelistet.

Beim Lesen dem Verführerischen des Kinos auf die Spur kommen, seine Mechanismen entdecken und doch, beim nächsten Kinobesuch, wieder in die totale Filmillusion eintauchen können – nur wissender –, das versuchen gute Filmbücher zu vermitteln. Und so führen einige von ihnen den Leser zu einer uneingeschränkt fesselnden Begegnung mit drei großen Regisseuren der Kino-Geschichte: Stanley Kubrick, Alfred Hitchcock und François Truffaut. Allein sieben Bücher sind dem Genie Kubrick gewidmet. Sein letzter Film »Eyes wide shut« und sein unerwarteter Tod haben die Autoren angestachelt. Standardwerk bleibt jedoch die erstmals auf deutsch erschienene, überarbeitete und einzige autorisierte »Stanley Kubrick«-Biographie von Alexander Walker. Lesenswert auch Rolf Thissens Band vor allem wegen der beiden langen Gespräche mit Jan Harlan und Andrew Birkin, die als Produzent bzw. Assistent für Kubrick gearbeitet haben. Als Informationen aus erster Hand gewähren sie einen direkten Einblick in die Arbeitsweise des großen Filmkünstlers.

Wer Neues über Kubrick entdecken will, stößt auf den aufwendigen Ausstellungsband »Stanley Kubrick – Still Moving Pictures«, Kubrick als Fotograf. Mit 17 Jahren erhielt er eine Anstellung beim Magazin »Look« für das er in der Zeit zwischen 1945 und 1950 arbeitete. Der attraktive Bildband präsentiert einzigartige Fotos, und der spätere Kino-Visionär Kubrick läßt sich darin durchaus erkennen. Ansonsten gilt für Kubrick wie für Hitchcock: Sie sind die Lieblingsobjekte der Autoren. Über keine anderen Filmemacher wird ebenso viel gemutmaßt wie geschrieben. Dem Meister des Suspense hat man zum 100. Geburtstag ausgiebig gehuldigt. Der Berg an Hitchcock-Büchern ist mächtig gewachsen. Daß dabei Seiten-Volumen nicht alles ist, beweist Enno Patalas mit seinem schmalen »Alfred Hitchcock«-Bändchen. Auf knapp 160 Seiten gelingt dem renommierten Filmpublizisten eine profunde wie unterhaltsame Einführung in das Universum des Leinwandmagiers. Biographisches und Filmanalyse kommen hier auf spannende Weise zusammen.

Ein uneingeschränktes Muß für Filmbuch-Fans ist ohne Frage endlich die adäquate und vollständige deutsche Ausgabe von François Truffauts »Hitchbook«, wie er selbst sein Buch mit den berühmten Hitchcock-Interviews nannte. Zwar liegt die abgespeckte Version des aufwendigen Originals bei uns unter dem griffigen Titel »Mr. Hitchcock, wie haben Sie das gemacht?« bereits in der 20. Auflage vor, aber erst die Neuauflage macht die Gespräche der beiden Meisterregisseure zu einem wahren Lese- und Sehvergnügen. Es ist eine Prachtausgabe geworden – opulent die Ausstattung, die Bildauswahl und das Layout. Wie überhaupt Bücher von und über Truffaut seit Jahren zu den Highlights der reichhaltigen Buchproduktion zählen, dank des unermüdlichen Einsatzes seines deutschen Herausgebers Robert Fischer. So darf der Filmfan sich freuen über die deutsche Veröffentlichung der großartigen »François Truffaut Biographie« von Antoine de Baecque und Serge Toubiana. Wie ein Roman liest sich das spannende, geradezu unanständig dicke Buch über den Mann, der das Kino und die Frauen liebte. Der Glücksfall einer Biographie, die zudem mit einem umfangreichen und zuverlässigen Apparat ausgestattet ist.

Und noch einmal Truffaut: »Die Lust am Sehen« versammelt zum erstenmal in deutscher Sprache 63 herzerfrischende Texte des Regisseurs über das Kino, bewunderte Regisseure, Schriftsteller und Schauspielerinnen. Eine Fortsetzung seines Buches »Die Filme meines Lebens«, die jedoch erst nach Truffauts Tod 1984 anhand seiner hinterlassenen Konzepte veröffentlicht wurde.

Über 150 Bücher zum Kino, selbstredend ist dabei auch der Deutsche Film präsent. Mit »Das Weimarer Kino – aufgeklärt und doppelbödig« will der Filmwissenschaftler Thomas Elsaesser neue grundlegende Einsichten in vergangene Glanzzeiten des deutschen Kinos eröffnen. Die Werke von Murnau, Lang, Lubitsch und Pabst unterzieht er einer komplexen, luziden Neubetrachtung. Ein brillant argumentierendes, leider oft zu akademisches Buch, das hoffentlich die Debatte um den »phantastischen« und »expressionistischen« Film wieder belebt. Bestimmt kein Bestseller, aber ein wichtiges Buch.

Einen Beitrag zur Geschichte des deutschen Nachkriegsfilms liefert Richard Blank mit der Biographie »Jenseits der Brücke, Bernhard Wicki – Ein Leben für den Film«. Aus 50 Stunden Tonbandaufzeichnungen hat der Autor ein packendes wie unkritisches Porträt destilliert. Mit Leidenschaft erinnert sich der besessene Filmemacher Wicki an seine großen Erfolge, aufreibende Dreharbeiten und seine Kräche mit den Stars. Und nach Wickis Tod im Januar 2000 ist der Band trotz seiner Schwächen eine erste lesenswerte Erinnerung an den großen Regisseur und Schauspieler.

Verlage stoßen aus. Kritiker empfehlen oder lehnen ab. Was letztlich gelesen wird, weiß niemand genau. Nur die Autoren schreiben und schreiben. Einer der fleißigsten und besten hierzulande ist Georg Seeßlen. Diesmal spürte er der Geschichte und Mythologie des Polizeifilms nach. »Copland« ist ein weiterer informativer Band seiner mittlerweile zum deutschen Fimbuchklassiker avancierten Reihe »Grundlagen des populären Kinos«. Wer es mehr mit den großen Namen hält, literarischen Plauderton mag und sein Interesse an gehobenen Klatsch befriedigen möchte, der greift zu Barbara Learnings Monroe-Buch. »Jenseits des Mythos«, wie der Untertitel der Biographie vollmundig verspricht, wagt sich die Autorin allerdings kaum vor, nach wie vor wird Altbekanntes ausgebreitet. Denoch, es ist eine der besseren der unzähligen Marilyn-Publikationen.

Soviel Glück hat Romy Schneider leider nicht gehabt. In »Die andere Romy« kommt zu Wort, wer den Star kannte, sich aber dazu noch nicht geäußert hat: Friseure, Skilehrer, Modeschöpfer u.v.a. Herausgekommen ist dabei unbedarftes Nähkästchengeplausche, das man schnellstens in die Bibilothek der Peinlichkeiten verbannen sollte.

Aber Fans sind bekanntlich nicht so leicht zu erschüttern. Um ihrem Idol nahe zu sein, nehmen sie vieles in Kauf. »Stars sind aus Gold, sie strahlen Wärme aus, und wir wollen doch nichts anderes, als näher ans Feuer zu rücken«, so jedenfalls bringt es William Goldman in »Das Hollywood Geschäft« auf den Punkt. Goldmans kurzweiliger Blick hinter die Kulissen der Traumfabrik ist nach langer Zeit wieder als Reprint erhältlich.
Wer partout nah ans Star-Feuer rücken will, der darf sich mit Sophia Loren an den Küchenherd stellen. Italienische Küche à la Sophia und Anekdoten gibt die Filmdiva in »Rezepte & Erinnerungen« preis. Hier geht die Liebe zum Kino buchstäblich durch den Magen. Der Gedankensprung zu einem der feinsinnigsten Gourmets der Filmgeschichte fällt an dieser Stelle leicht: Hannibal Lecter der Kannibale geht wieder um, seziert und tranchiert Mensch und Tier. »Hannibal« Thomas Harris' phänomenale Fortsetzung seines kongenial verfilmten Romanschockers »Das Schweigen der Lämmer« – führt den Leser einmal mehr in die abgründige Welt der Faszination des Bösen. Und egal ob die Verfilmung des Schauerromans wieder mit den Stars Anthony Hopkins und Judie Forster zustande kommt, Harris' Phantasien sind so zupackend und mörderisch gut, daß der Leser die Leinwand nicht einen Moment vermißt. »Hannibal« – das beste Kino im Kopf. Soviel zur Filmliteratur 1999. Viel Spaß beim Lesen.

Rolf Selas

1. Film-Geschichte und -Theorie, Genre

Dirk Blothner: **Erlebniswelt Kino.** Über die unbewußte Wirkung des Films. Bastei-Lübbe Verlag, Bergisch Gladbach.

Francesco Bono, Paolo Caneppele, Günter Krenn (Hg.): **Elektrische Schatten.** Beiträge zur österreichischen Stummfilmgeschichte. Filmarchiv Austria, Wien.

Elisabeth Bronsen: **Heimweh – Illusionsspiel in Hollywood.** Verlag Volk & Welt, Berlin.

Paolo Caneppele, Günter Krenn (Hg.): **Film ist Comics.** Wahlverwandtschaften zweier Medien. Die Projektionen des Filmstars Louise Brooks in den Comics von John Striebel bis Guido Crepax. Filmarchiv Austria, Wien.

Rudolf Drux (Hg.): **Der Frankenstein-Komplex.** Suhrkamp Verlag, Frankfurt a.M.

Michael D. Eisner: **Disney ist jeden Tag ein Abenteuer. Stationen einer Karriere.** Heyne Verlag, München.

Thomas Elsaesser: **Das Weimarer Kino –** Aufgeklärt und doppelbödig. Vorwerk 8, Berlin.

Christine Engel (Hg.): **Geschichte des sowjetischen und russischen Films.** Verlag J.B. Metzler, Stuttgart.

Neil Gabler: **Das Leben ein Film.** Die Eroberung der Wirklichkeit durch das Entertainment. Berlin Verlag, Berlin.

Meg Gehrts: **Weiße Göttin der Wangora.** Eine Filmschauspielerin 1913 in Afrika. (Die Autorin erzählt von den ungewöhnlichen Dreharbeiten bei Dokumentar- und Spielfilmen mit dem Afrikaforscher und Filmemacher Hans Schomburg 1913/14 in Togo.) Hammer Verlag, Wuppertal.

William Goldman: **Das Hollywoodgeschäft.** Hinter den Kulissen der amerikanischen Filmindustrie. (Neuauflage plus Skript von »Zwei Banditen«) Bastei-Lübbe Verlag, Bergisch Gladbach

Stefan Hammond, Mike Wilkins: **Sex und Zen und eine Kugel in den Kopf.** Der Hongkong-Film. Heyne Verlag, München.

Jörg Helbig: **Die Geschichte des britischen Films.** Verlag J.B. Metzler, Stuttgart.

Heinz-B. Heller, Hartmut Winkler (Hg.): **Medienwissenschaft.** Ein Gegenstand – viele Wissenschaften. Schüren Verlag, Marburg.

Wilma Kiener: **Die Kunst des Erzählens.** Narrativität in dokumentarischen und ethnographischen Filmen. UVK Medien, Konstanz.

Hans Krah (Hg.): **Geschichte(n) NS-Film – NS-Spuren heute.** Verlag Ludwig, Kiel.

Massimo Locatelli: **Bela Balazs.** Die Physiognomik des Films. Vistas Verlag, Berlin.

Martin Loiperdinger: **Film & Schokolade.** Stollwerks Geschäfte mit lebenden Bildern. (Buch plus VHS-Kassette) Stroemfeld/Roter Stern, Frankfurt a.M.

Stefan Mannes: **Antisemitismus im nationalsozialistischen Film.** *Jud süss* und *der ewige Jude.* Teiresias Verlag, Köln.

Wolfgang Mühl-Benninghaus: **Das Ringen um den Tonfilm.** Strategien der Elektro- und der Filmindustrie in den 20er und 30er Jahren. Droste Verlag, Düsseldorf.

Hans-Harald Müller, Andreas Stuhlmann (Hg.): **Richard A. Bermann alias Arnold Höllriegel.** Hollywood – Wien und zurück. (Reportagen, Feuilletons, Theater- und Filmkritiken des Journalisten Höllriegel der als Bermann 1939 im Amerikanischen Exil starb.) Picus Verlag, Wien.

Josef Müller, Reinhold Zwick (Hg.): **Apokalyptische Visionen.** Film und Theologie im Gespräch. Katholische Akademie Schwerte.

Willem Jan Otten: **Das Museum des Lichts.** Über 30 große Filme dieses Jahrhunderts. Residenz Verlag, Salzburg.

Stefan Otto: **Für eine Handvoll Dollar.** Die Geburt des Italo-Western (Essay plus Text des Films von Sergio Leone). Verlag Uwe Wiedleroither, Stuttgart.

Erwin Panofsky: **Stil und Medium im Film.** Die ideologischen Vorläufer des Rolls-Royce-Kühlers. (Neuausgabe) Fischer Verlag, Frankfurt a.M.

Massimo Perinelli: **Liebe ’47 – Gesellschaft ’49.** Geschlechterverhältnisse in der deutschen Nachkriegszeit. (Untersuchung am Beispiel von Wolfgang Liebeneiners *Liebe ’47.)* LIT Verlag, München.

Brigitte Peucker: **Verkörpernde Bilder – das Bild des Körpers.** Film und die anderen Künste. Vorwerk 8, Berlin.

Claus Pias, Joseph Vogl u.a. (Hg.): **Kursbuch Medienkultur.** Die maßgeblichen Theorien von Brecht bis Baudrillard. DVA, Stuttgart.

Joachim Polzer (Hg.): **Weltwunder der Kinematografie – Beiträge zur Kulturgeschichte der Filmtechnik.** Polzer Media Group, Potsdam

»Das Private.« (Texte über das Private im Film) *Arbeitsgemeinschaft Cinema* (Hg.), Chronos Verlag, Zürich.

Ernest Prodolliet: **Der NS-Film in der Schweiz im Urteil der Presse 1933–1945.** Chronos Verlag, Zürich.

Elizabeth Prommer: ***Kinobesuch im Lebenslauf.*** Eine historische und medienbiographische Studie. (Rückblick auf die Kinopublikumsforschung seid 1895 und Interviews mit 100 Kinobesuchern von heute.) UVK Medien, Konstanz.

Prümm/Bierhoff/Körnich (Hg.): **Kamerastile im aktuellen Film.** Berichte und Analysen. Schüren Verlag, Marburg.

Irmgard Schenk (Hg.): **Dschungel Großstadt.** Kino und Modernisierung. Schüren Verlag, Marburg.

Hans-Joachim Schlegel (Hg.): **Die subversive Kamera.** Zur anderen Realität in mittel- und osteuropäischen Dokumentarfilmen. UVK Medien, Konstanz.

Wolfgang Schüler: **Edgar Wallace.** Ein Leben wie im Film. Biographie. Militzke Verlag, Leipzig.

Georg Seeßlen: **Copland.** Geschichte und Mythologie des Polizeifilms. Schüren Verlag, Marburg.

Harro Segeberg (Hg.): **Die Perfektionierung des Scheins.** Das Kino der Weimarer Republik im Kontext der Künste. Fink Verlag, München.

Marcus Stiglegger: **Sadiconazista.** Faschismus und Sexualität im Film. gardez! Verlag St. Augustin.

Michael Töteberg (Hg.): **Szenenwechsel.** Momentaufnahmen des jungen deutschen Films. Rowohlt Verlag, Reinbek.

Piotr Uklanski: **The Nazis.** (Europäische und Hollywood-Stars in der Rolle von Nazi-Offizieren und -Soldaten.) Scalo Verlag, Zürich.

Karsten Visarius (Hg.): **Der Film der Wörter.** Fünfzig Jahre evangelische Filmpublizistik. GEP, Frankfurt a.M.

Jürgen Wilke (Hg.): **Mediengeschichte der Bundesrepublik Deutschland.** Böhlau Verlag, Köln/Wien.

2. Handbücher, Nachschlagewerke, Kataloge

Andreas Bertler, Harry Lieber: **Hölle auf Erden.** (Überarbeitete Ausgabe des Horror- und Fantasy-Nachschlagewerks) Verlag Bertler + Lieber.

Hans Michael Bock (Hg.): **Lexikon** Regisseure und Kameraleute. Rowohlt Verlag, Reinbek.

Jean Claude Carrière, Pascal Bonitzer: **Praxis des Drehbuchschreibens.** Alexande,r Verlag, Berlin

Rainer Dick: **Lexikon der Filmkomiker.** Lexikon Imprint Verlag, Berlin.

Jens Eder: **Dramaturgie des populären Films.** Drehbuchpraxis und Film theorie. LIT Verlag, Münster.

Jovann Evermann: **Der Serien-Guide.** Das Lexikon aller Serien im Deutschen Fernsehen von 1978 bis heute. (4 Bde.) Schwarzkopf & Schwarzkopf, Berlin.

Marcel Feige: **Alien-Lexikon.** E.T., die Gremlins, Alf, Spock & Co. Das große Buch der Außerirdischen. Lexikon Imprint Verlag, Berlin.

Marcel Feige: **Das große Lexikon über Stephen King.** Lexikon Imprint Verlag, Berlin.

C.P. Hant: **Das Drehbuch**. Praktische Filmdramaturgie. (erweiterte Neuauflage) Verlag Zweitausendeins, Frankfurt a.M.

Lothar R. Just: **Film-Jahrbuch 1999.** Über 1000 Filme. Alle Erstaufführungen im Kino, Fernsehen, Video. Deutschland, Österreich, Schweiz. Heyne Verlag, München.

Lothar Just (Hg.): **Heyne Filmlexikon.** (Lexikon in zwei Bänden, komplett aktualisierte Neuausgabe) Heyne Verlag, München.

Harald Keller: **Kultserien und ihre Stars**. Rowohlt Verlag, Reinbek.

Ulrich J.Klaus: **Deutsche Tonfilme** – Jahrgang 1939. Ulrich J. Klaus Verlag, Berlin.

Thomas Koebner (Hg.): **Filmregisseure.** Biographien, Werkbeschreibungen, Filmographien. Reclam Verlag, Leipzig.

Friedrich Kohle, Camilla Döge-Kohle (Hg.): **Medienmacher heute.** Bleicher Verlag, Gerlingen.

Lexikon des internationalen Films – Ergänzungsband 1998. *Kath. Institut für Medieninformation* (Hg.). Rowohlt Verlag, Reinbek.

John Naughton, Adam Smith: **Kino.** (Taschenbuch-Führer durch die Filmhistorie) Prestel Verlag, München.

OSCAR – Stars, Triumphe und Skandale. Heyne Verlag, München

Peter Rabenalt: **Flimdramaturgie.** Vistas, Berlin.

Religion im Film – Lexikon mit Kurzkritiken und Stichworten zu über 2000 Kinofilmen. (Neu und aktualisiert) KiM – Leserservice, Köln.

Horst Schäfer, Walter Schobert (Hg.): **Fischer Film Almanach 1999.** Filme, Festivals, Tendenzen. Mit TV- und Video-Erstaufführungen. Fischer Verlag, Frankfurt a.M.

Gottfried Schlemmer, Brigitte Mayr (Hg.): **Der österreichische Film von seinen Anfängen bis heute.** (Loseblattsammlung, die den österreichischen Film in Einzelporträts vorstellt) Synema-Publikatione, Wien.

Siegfried Tesche: **Das Große James Bond Buch.** Henschel Verlag, Berlin.

Ronald B. Tobias: **20 Masterplots.** (Für angehende Autoren) Verlag Zweitausendeins, Frankfurt a. M.

Mark W. Travis: **Das Filmteam.** Kreative Zusammenarbeit zwischen Regisseur; Drehbuchautoren und Schauspielern. Verlag Zweitausendeins, Frankfurt a. M.

Christian v. Aster: **Horror-Lexikon.** Lexikon Imprint Verlag, Berlin.

3. Autobiographien, Biographien, Monographien

a) Regisseure

Geoff Andrew: **Stranger than Paradise.** Mavericks – Regisseure des amerikanischen Independent Kinos. Bender Verlag, Mainz.

Lars-Olav Beier, Georg Seeßlen (Hg.): **Alfred Hitchcock.** Bertz Verlag, Berlin.

Richard Blank: **Jenseits der Brücke.** Bernhard Wicki – Ein Leben für den Film. Econ Verlag, München.

Rainer Crone, Petrus Graf Schaesberg (Hg.): **Stanley Kubrick.** Still Moving Pictures. Fotografien 1945 – 1950. Verlag Schnell & Steiner, Regensburg.

Antoine de Baecque, Serge Toubiana, Robert Fischer (Hg.): **François Truffaut.** Biographie. vgs Verlagsgesellschaft, Köln.

Dirk Fleiter, Matthias Mellinghaus: **Knowing is enough.** Hal Hartley und seine Filme. Belleville Verlag, Wien.

Achim Forst: **Breaking the Dreams.** Das Kino des Lars von Trier. Schüren Verlag, Marburg.

Jean-Luc Godard: **istoire(s) Du Cinema** (1988–1998). Fünf CDs, vier Textbände mit deutscher und englischer Übersetzung von Godars Kommentar. Verlag ECM.

Norbert Grob, Rolf Aurich, Wolfgang Jacobsen (Hg.): **Otto Preminger.** (Die erste umfassende deutschsprachige Monografie zum Werk des Regisseurs) Jovis Verlag, Berlin.

Ronald M. Hahn, Volker Jansen: **Alfred Hitchcock.** Meister der Angst. Knaur Verlag, München.

Bernd Kiefer, Marcus Stiglegger: **Die bizarre Schönheit der Verdammten – die Filme von Abel Ferrara.** Schüren Verlag, Marburg.

Welf Kienast, Wolfgang Struck (Hg.). **Körpereinsatz – Das Kino der Kathryn Bigelow.** Schüren Verlag, Marburg.

Andreas Kilb, Rainer Rother u.a.: **Stanley Kubrick.** Bertz Verlag, Berlin.

Alexander Kluge: **In Gefahr und größter Not bringt der Mittelweg den Tod.** (Der Band versammelt die wichtigsten, vielfach vergriffenen Texte und Essays zu Film und Medien-Politik). Vorwerk 8, Berlin.

Susanne Marschall, Bodo Witzke (Hg.): **»Wir sind alle Menschenfresser«.** Georg Stefan Troller und die Liebe zum Dokumentarischen. Gardez! Verlag, St. Augustin.

Michael Menne, Michael Töteberg (Hg.). **Rainer Werner Fassbinder – »Der Müll, die Stadt und der Tod« – Ein Theaterstück als Tabu.** Belleville Verlag, Wien.

Otto Mörth (Hg.): **Marc Adrian.** Das filmische Werk. Sonderzahl Verlag, Wien.

Satyajit Ray: **Eine Textauswahl.** Österreichisches Filmmuseum, Wien.

Leni Riefenstahl. (Katalog zur Ausstellung im Filmmuseum Potsdam). Henschel Verlag, Berlin.

Leni Riefenstahl und der deutsche Bergfilm. (Katalog zur Ausstellung) Theaterwiss. Slg. Köln.

Sebastian Ruppe: **Carlos Saura und das spanische Kino.** Zeitkritik im Film: Untersuchungen zu »Los Golfos« (1959), und »Deprisa, Depri-sa« (1980). Verlag Walter Frey, Berlin.

Enno Patalas: **Alfred Hitchcock.** dtv, München.

»Sohrab Shahid Saless. Bericht über ein abgekürztes Leben.« Katalog zur Ausstellung. Freunde der Deutschen Kinemathek, Akademie der Künste Berlin.

Georg Seeßlen, Fernand Jung: **Stanley Kubrick und seine Filme.** Schüren Verlag, Marburg.

Donald Spoto: **Alfred Hitchcock und seine Filme.** Heyne Verlag, München.

Rolf Thissen: **Stanley Kubrick.** Der Regisseur als Architekt. Heyne Verlag, München.

Francois Truffaut in Zusammenarbeit mit *Helen G. Scott:* **Truffaut/Hitchcock.** Vollständige Ausgabe. Diana Verlag, München.

François Truffaut: **Die Lust am Sehen.** (Hg. Robert Fischer) Verlag der Autoren, Frankfurt a. M.

Alexander Walker, Sybil Taylor, Ulrich Ruchti: **Stanley Kubrick.** Leben und Werk. Henschel Verlag, Berlin.

Susanne und Hartmut Wiesner (Hg.): **Eine Hälfte des Horizontes.** Paul und Menno de Nooijer. (Foto und Textbuch über das holländische Fotografen- und Filmemacher-Paar Nooijer.) Filmfestival Büro im Pumpwerk, Wilhelmshaven.

b) Stars

David Bassom: **George Clooney.** Vom Serienarzt zum Hollywoodstar. Henschel Verlag, Berlin.

David Bassom: **Ewan McGregor.** Von Trainspotting bis Star Wars. vgs Verlagsgesellschaft, Köln.

Richard Brem, Theo Ligthart (Hg.): **Hommage a Hedy Lamarr.** edition selene, Wien.

Jackie Chan, Jeff Yang: **Jackie Chan. Autobiographie.** (plus kommentierte Filmografie) Heyne Verlag, München.

Anton Cobijn: **Still Lives.** (Bildband. Cobjins Motive sind die Stars der Film- und Musikszene) Schirmer/Mosel Verlag, München.

Sibylle Duda, Luise F. Pusch: **Wahnsinns Frauen.** (Drei Bde. in Kassette) Suhrkamp Verlag, Frankfurt a. M.

Whoopi Goldberg: **Einfach Whoopi.** Knaur Verlag, München.

F.B. Habel: **Verrückt vor Begehren. Die Filmdiven der Stummfilmzeit.** Schwarzkopf & Schwarzkopf, Berlin

Manfred Hobsch: **Film ab – Heinz Erhardt.** Verlag Schwarzkopf & Schwarzkopf, Berlin.

Unda Hörner: **Lauren Bacall und Humphrey Bogart.** Rowohlt Verlag, Berlin.

Gabriele Jatho (Red.): **Hommage Shirley MacLaine.** Jovis Verlag, Berlin.

Thomas Jeier: **Robert Redford – Superstar und Filmemacher.** (7. aktualisierte Ausgabe) Heyne Verlag, München.

Uwe Klöckner-Draga: **Wirf weg, damit du nicht verlierst...** Lilian Harvey, Biographie eines Filmstars. Edition q, Berlin.

Peter Michalzik: **Gustav Gründgens.** Der Schauspieler und die Macht. Quadriga Verlag, Berlin.

Sophia Loren: **Rezepte & Erinnerungen.** (Ital. Küche, Familienfotos und Autobiographisches). Heyne Verlag, München.

Christian Lukas: **Ewan McGregor.** Sein Weg zu den Sternen – von Trainspotting bis Star Wars. Heyne Verlag, München.

Renate Möhrmann: **Ingrid Bergman und Roberto Rossellini.** Rowohlt Verlag, Berlin.

Christopher Reeve: **Immer noch ich – Mein zweites Leben. Schneekluth, München.**

Brian J. Robb: **Ewan McGregor. Von Trainspotting bis Star Wars.** Henschel Verlag, Berlin.

Marika Rökk: **Das Marika-Rökk-Fan-Album.** Edition Art-Wings, München.

Jens Rosteck: **Zwei auf einer Insel.** Lotte Lenya und Kurt Weil. Propyläen Verlag, Berlin.

Carl Schell: **Wir waren vier.** Erinnerungen. Verlag Langen-Müller, München.

Thomas Schröder: **Berühmte Liebespaare.** Insel Verlag, Frankfurt a.M.

Jürgen Seibold: Leonardo DiCaprio. Heyne Verlag, München.

Marie Louise Steinbauer: **Die andere Romy**. Momentaufnahmen. Marion von Schröder Verlag, München.

Rolf Thissen: **Veronica Ferres.** Facetten eines Stars. Heyne Verlag, München. Rat–Pack, die Mafia und der große Traum vom Glück. Heyne Verlag, München.

Veronique Vial: **Frauen vor 10 Uhr morgens. Fotografien.** Mit einem Vorwort von Sean Penn. Verlag Schirmer/Mosel, München.

Dagmar Walach: **Aber ich habe nicht mein Gesicht.** Gustav Gründgens – Eine Deutsche Karriere. Henschel Verlag, Berlin.

Gunna Wendt: **Helmut Qualtinger.** Ein Leben. Franz Deuticke Verlagsgesellschaft, Wien.

Meinolf Zurhorst: **Julia Roberts.** Heyne Verlag, München.

4. Film und Literatur

Alexander Askoldov: **Heimkehr nach Jerusalem.** (Roman des Regisseurs von Die Kommissarin) Verlag Volk & Welt, Berlin.

Paul Auster: **Timbuktu.** Rowohlt Verlag, Reinbek.

Bertrand Blier: **Der Dessousverkäufer.** (Erotischer Roman des Regisseurs). vgs Verlagsgesellschaft, Köln.

Thomas Brussig: **Am kürzeren Ende der Sonnenallee.** (Roman) Verlag Volk & Welt, Berlin.

Hans Magnus Enzensberger: **Requiem für eine romantische Frau.** Die Geschichte von Auguste Bußmann und Clemens Brentano. Insel/Suhrkamp Verlag, Frankfurt a.M.

Arnon Grünberg: **Statisten.** Roman. Suhrkamp Verlag, Frankfurt a.M.

Thomas Harris: **Hannibal.** Verlag Hoffmann & Campe, Hamburg.

Alfred Hitchcock: **Meine Lieblingsmorde.** Crime Stories. Scherz Verlag, München.

Michael Madsen: **Shooting. 53 Gedichte.** Amerikanisch/deutsch, mit einem Vorwort von Dennis Hopper. (Ein Hollywood-Star als Lyriker) Tropen Verlag, Köln.

Christian Sova: **Stapelton, Massachusetts. Roman.** (Die 60ger Jahre, der amerikanische Traum und zwei Freunde und die Liebe zum Kino) Reclam Verlag, Leipzig.

Nicholas Sparks: **Message in a Bottle.** Weit wie das Meer. Roman. Heyne Verlag, München.

5. Das Buch zum Film

(Drehbücher, Produktionsnotizen, Gespräche, Kommentare)

007 – Die Welt ist nicht genug. Das offizielle Buch zum Film. Burgschmiet Verlag, Nürnberg.

Pierre Billard: **Asterix & Obelix gegen Cäsar.** Das Buch zum Film. Ehapa Verlag, Stuttgart.

Laurent Bouzereau, Jody Duncan: **Star Wars – The Making of Episode I.** Burgschmiet Verlag, Nürnberg.

Helmut Dietl, Christoph Mueller: **Late Show** – Ein Drehbuch mit vielen Fotos und einem Vorwort von Harald Schmidt. Piper Verlag, München.

Jürgen Haase (Hg.): **Die Braut.** Das Buch zum Film um Goethe und Christiane Vulpius von Egon Günther. Parthas Verlag,

Leander Haußmann (Hg.): **Sonnallee.** Das Buch zum Farbfilm. (Drehbuch) Quadriga Verlag, Berlin.

Stephen King: **Der Sturm des Jahrhunderts.** Drehbuch. Heyne Verlag, München.

Ingelore König (Hg.): **Bis zum Horizont und weiter.** Das Buch zum Film. Henschel Verlag, Berlin.

Peter Paul Kubitz: **Berlin – Ecke Bundesplatz. Oder wie das Leben so spielt.** (Mit Bildern aus den Filmen). Henschel Verlag, Berlin.

Stanley Kubrick, Frederic Raphael: **Eyes Wide Shut.** (Drehbuch plus dessen Vorlage, A. Schnitzlers »Tramnovelle«.) Fischer Verlag, Frankfurt a. M.

Marc Norman, Tom Stoppard: **Shakespeare in Love.** (Drehbuch). Goldmann Verlag, München.

Frederic Raphael: **Eyes Wide Open.** Eine Nahaufnahme von Stanley Kubrick. (Der Autor von *Eyes Wide Shut* erzählt über seine Erfahrungen mit Kubrick und das Entstehen des Films.) Ullstein Verlag, Berlin.

Stephen J. Sansweet: **Star Wars** – Alle Sammlerstücke zur Trilogie. Heel Verlag.

Tazio Secchiaroli: **Fellini (8 1/2.)** te Neues Verlag, Kempen.

Steven Spielberg (Hg.): **Die letzten Tage.** Der Holocaust in Ungarn. (Basierend auf dem Film von James Moll) vgs Verlagsgesllschaft, Köln.

Star Wars Episode I Die Risszeichnungen. vgs Verlagsgesellschaft, Köln.

Star Wars Episode I Die illustrierte Enzyklopädie. vgs Verlagsgesellschaft Köln.

D.A. Stern: **Blair Witch Projekt.** Ein Dossier. Goldmann Verlag, München.

Michael Töteberg (Hg.): **Absolute Giganten.** Das Filmbuch. (Film von S. Schipper) Europa Verlag, Hamburg.

Soundtracks 1999

Verzeichnis sämtlicher (kommerzieller) Soundtracks zu Filmen, die 1999 ihre Deutschland-Premiere auf Leinwand, Video und im Fernsehen erlebten. Gelistet sind Originaltitel, Label und Referenznummer der Compact Disc. In der Regel handelt es sich dabei um den Score; Sampler und Songkompilationen sind mit * gekennzeichnet.

8 MM – EIGHT MILLIMETER	Silva Screen FILMCD 313
10 THINGS I HATE ABOUT YOU	Hollywood 0102542HWR*
THE 13TH FLOOR	BMG 74321 70793 2*
THE 13TH WARRIOR	Varèse Sarabande VSD 6038
23 – NICHTS IST SO WIE ES SCHEINT	Virgin 8 47062 2*
200 CIGARETTES	Mercury 538 738-2*
20.000 LEAGUES UNDER THE SEA	Prometheus PCD 143
ABSOLUTE GIGANTEN	Motor 547 998-2*
THE ACID HOUSE	EMI 4 98207-2
AIMEE & JAGUAR	Red Moon 3984-26407-2*
ALEGRIA	RCA 09026 63454 2
ALICE IN WONDERLAND	Varèse Sarabande VSD 6021
ALLES BOB!	BMG 74321 67181 2*
LOS AMANTES DEL CIRCULO POLAR	BMG 74321 62188 2
AMERICAN HISTORY X	EMI 5 56781 2
ANOTHER DAY IN PARADISE	V2 27040-2
APT PUPIL	RCA 09026 63319 2
ARLINGTON ROAD	Milan 74321 65152 2
ASTERIX ET OBELIX CONTRE CESAR	Epic 494233-2*
THE ASTRONAUT'S WIFE	Sire 31067-2
AT FIRST SIGHT	Milan 74321 65510 2*
AUSTIN POWERS –	Maverick 9362-47348-2*
THE SPY WHO SHAGGED ME	Maverick 9362-47538-2*
BABE – PIG IN THE CITY	Geffen GED 25310
BANG BOOM BANG	BMG 74321 64177 2*
BELOVED	Epic 492679-2
BETTER THAN CHOCOLATE	Will 33666-2
BIG DADDY	Columbia 494395-2*
THE BLAIR WITCH PROJECT	Gold Circle GC 0120-2*
BLAST FROM THE PAST	Capitol 4 98690 2*
BLUE STREAK	Epic 495491-2*
BOWFINGER	Varèse Sarabande VSD 6040
BREAKFAST OF CHAMPIONS	Capitol 5 22280 2*
BRIDE OF CHUCKY	SPV 0851858-2*
BUENA VISTA SOCIAL CLUB	World Circuit WCD 050*
A BUG'S LIFE	Disney 0106342DNY
BULWORTH	Interscope IND 90160*
	RCA 09026 63253 2
CELEBRITY	Milan 74321 64071-2*
CHAT NOIR, CHAT BLANC	Barclay 559 350-2
A CIVIL ACTION	Hollywood 0100872HWR

CLAY PIGEONS	Universal UND 53152*
LE COMTE DE MONTE CHRISTO	Prometheus PCD 130
COOKIE'S FORTUNE	RCA 74321 66110 2
THE CORRUPTOR	Jive 052311-2
CRAZY IN ALABAMA	Silva Screen FILMCD 322
CRUEL INTENSIONS	Virgin 8 48264 2*
DANCE WITH ME	Epic 491125-2*
DANCING AT LUGHNASA	Sony CK 60585
DAWSON'S CREEK	Columbia 494369-2*
DEEP BLUE SEA	Varèse Sarabande VSD 6063
THE DENTIST II	Citadel STC 77120
DETROIT ROCK CITY	Mercury 546 565-2*
DROP DEAD GORGEOUS	Sire 31067-2
EDTV	Warner Bros 9362-47310-2*
END OF DAYS	Geffen 490 508-2*
	Varèse Sarabande VSD 6099
ENTRAPMENT	Restless 74321 67254 2
EXISTENZ	RCA 09026 63478 2
EYES WIDE SHUT	Warner Sunset 9362-47450-2*
THE FACULTY	Columbia 493038-2*
IL FANTASMA DELL'OPERA	IMG 1338-2
FIGHT CLUB	Restless 74321 71643 2
FORCES OF NATURE	DreamWorks 450 111-2*
THE GENERAL	Milan 74321 63946 2
THE GENERAL'S DAUGHTER	Milan 74321 69474 2
GLOOMY SUNDAY	WEA 8573-80172-2
GO	Columbia 494523-2*
GOODBYE, LOVER	Milan 35876-2
DER GROSSE BAGAROZY	EMI 5 56938 2*
GUMMO	Domino WIGCD 052*
DIE HÄUPTER MEINER LIEBEN	BMG 74321 68232 2*
HALF BAKED	MCA 11723*
HANUMAN	Tsunami TOS0305
THE HAUNTING	Varrèse Sarabande VSD 6054
HE GOT GAME	Def Jam 558 130-2*
	Sony CK 60593
HELDEN WIE WIR	Amiga 74321 69976 2*
THE HI-LO COUNTRY	TVT 8290-2*
HIDEOUS KINKY	Silva Screen FILMCD 311
HILARY AND JACKIE	Sony SK 60394
HIMALAYA	Virgin 8 48645-2
HOPE FLOATS	RCA 09026 63255 2
	Capitol 4 96904 2*
HOT DOGS	BMG 74321 64733 2*
I STILL KNOW WHAT YOU DID …	Warner Bros 9362-47276-2*
AN IDEAL HUSBAND	BMG 74321 66922 2
IN DREAMS	Varèse Sarabande VSD 6001
INSPECTOR GADGET	Edel 0058782ERE*
INSTINCT	Varèse Sarabande VSD 6041
THE IRON GIANT	Rhino RN 75943*
	Varèse Sarabande VSD 6062
JACK FROST	Mercury 538 598-2*

JOHN CARPENTER'S VAMPIRES	Milan 74321 59338 2
KÄPT'N BLAUBÄR	Epic 496878-2*
KIKUJIRO	Alhambra A 8954
KURT GERRONS KARUSSELL	Red Moon 3984-27075-2*
LAST DAYS OF DISCO	Columbia 491213-2*
LATE SHOW	Virgin 8 47410 2*
LAUTREC	Laban 9800928-2
LA LEGGENDA DEL PIANISTA SULL'OCEANO	Sony CK 66767
LIMBO	Columbia CK 69994
LITTLE VOICE	Capitol 4 98071 2*
LIVING OUT LOUD	RCA 09026 63363 2*
LONG HELLO AND SHORT GOODBYE	Virgin 8 47869 2*
THE LOSS OF SEXUAL INNOCENCE	Philips 462697-2
LULU ON THE BRIDGE	Blue Note 4 95317 2*
THE MATRIX	Maverick 9362-47390-2*
	Varèse Sarabande VSD 6026
MEET JOE BLACK	Universal UND 53229
MESCHUGGE	Motor 559 979-2*
MESSAGE IN A BOTTLE	Atlantic 7567-83179-2
	Atlantic 7567-83163-2*
MICKEY BLUE EYES	Milan 74321 69991 2*
THE MIGHTY	Pangea 10028-2
MIGHTY JOE YOUNG	Hollywood 0100902HWR
THE MUMMY	Decca 466 458-2
MUPPETS FROM SPACE	Sony 496559-2*
	Varèse Sarabande VSD 6060
THE MUSE	Rocket 546 517-2
NE GÜNSTIGE GELEGENHEIT	Epic 496689-2*
THE NEGOTIATOR	BMG 74321 62176 2
NEVER BEEN KISSED	Capitol 4 98505-2*
THE NINTH GATE	Silva Screen FILMCD 321
NOAH'S ARK	Varèse Sarabande VSD 6027
NOTTING HILL	Island 546 428-2*
ONE TRUE THING	Varèse Sarabande VSD 5972
THE OPPOSITE OF SEX	Daring CD 3034
THE OTHER SISTER	Columbia 494336-2*
THE OUT-OF-TOWNERS	Milan 74321 67193 2
PATCH ADAMS	Universal UND 53245
PAYBACK	Varèse Sarabande VSD 6003
PI	Silva Screen FILMCD 312
PLEASANTVILLE	Columbia 492594-2*
	Varèse Sarabande VSD 5988
POLA X	Barclay 547 608-2
PSYCHO	Geffen GED 25313*
PÜNKTCHEN UND ANTON	BMG 74321 65399 2
RANDOM HEARTS	Sony SK 51336
THE RUGRAT'S MOVIE	Interscope IND 90181*
RUNAWAY BRIDE	Columbia 494 873-2*
RUSH HOUR	Def Jam 558 663-2
SCHLARAFFENLAND	Epic 496442-2*
SERIAL LOVER	Virgin 8 47335-2*

SHAKESPEARE IN LOVE	Sony CK 63387
THE SIEGE	Varèse Sarabande VSD 5989
A SIMPLE PLAN	Silva Screen FILMCD 310
THE SIXTH SENSE	Varèse Sarabande VSD 6061
SLUMS OF BEVERLY HILLS	RCA 09026 63269 2*
SOFIE'S VERDEN	RCA 74321 73170 2
SOLDIER	Varèse Sarabande VSD 5985
A SOLDIER'S DAUGHTER NEVER CRIES	Capitol 4 97060 2*
SONNENALLEE	EastWest 3984-29871-2*
ST. PAULI NACHT	BMG 74321 69397 2*
STAR WARS I: THE PHANTOM MENACE	Sony SK 61806
STEPMOM	Sony SK 61649
STILL CRAZY	London 556 089-2*
STRAIGHT SHOOTER	EastWest 3984-27102-2*
THE STRAIGHT STORY	Windham Hill 01934 11513 2
SÜDSEE, EIGENE INSEL	Ceraton CTST 6001
TACH HERR DOKTOR	BMG 74321 71233 2
TARZAN	Disney 0105282DNY (dt) Disney 0102472DNY (engl)
TEACHING MRS. TINGLE	Capitol 4 97430-2* Varèse Sarabande VSD 6064
THE THEORY OF FLIGHT	RCA 09026 63376 2
THE THIN RED LINE	RCA 09026 63382 2
THE THOMAS CROWN AFFAIR	Pangea 153 986-2
TOBIAS TOTZ UND SEIN LÖWE	EastWest 3984-29863-2*
TODO SOBRE MI MADRE	Universal 025676208-2
UNIVERSAL SOLDIER 2	BMG 74321 68810 2
URBAN LEGEND	Milan 74321 63477-2
WAKING NED DEVINE	Decca 460 939-2
THE WATERBOY	Hollywood 0100922HWR
WER LIEBT, DEM WACHSEN FLÜGEL	Koch 224222
WERNER VOLLES ROOÄÄÄ!!!	Edel 008416-2ACH*
WILD WILD WEST	Interscope IND 90344* Varèse Sarabande VSD 6042
WILLIAM SHAKESPEARE'S A MIDSUMMER NIGHT'S DREAM	Decca 466 098-2
THE WING COMMANDER	Sonic Images SCI 8905-2
THE WINSLOW BOY	DRG 12617-2
WONDERLAND	Virgin 8 48207-2
THE WORLD IS NOT ENOUGH	MCA 112 161-2
WOO	Epic 491 121-2*
YOU'VE GOT MAIL	Atlantic 7567-83153-2* Varèse Sarabande VSD 6015

Diskographie von Viktor Rotthaler (Soundtrack Research)

Das Internet – Der schnellste Weg zur Filmbranche

Kinoprogramme

http://www.informatik.rwth-aachen.de/FilmStudio/links/kinos.html
Eine gute Übersicht lokaler Programme.
http://www.cinema.de/
Zentrale Suchmaschine von Cinema

Filmbesprechungen (Auswahl)

film-dienst
http://www.film-dienst.de
Bislang bescheiden. Wurde zum Jahreswechsel 1999/2000 zum umfassenden, teilweise kostenpflichtigen Portal für Film und Fernsehen umgebaut. Auch Abfrage des Lexikon-Bestandes.

Systhema-Movienews
http://www.systhema.de/Service/Movienews/Movienews_Haupt.html
Systhema, der Verlag des »Lexikon des Internationalen Films« mit Kritiken des film-dienst aus den letzten Jahren.

epd-Film
http://www.epd.de/film/film.html
Inhaltsverzeichnis und Auszüge der seriösen Besprechungen aus dem Hause der evangelischen Publizistik. Suchfunktion und Archiv alter Kritiken.

Cinema
http://www.cinema.de/
Das bunte Glanzmagazin tritt auch online mit der gleichen Mischung aus Kinobegeisterung, gemäßigter Kritik, Gewinnspielen und Erotik auf.

Der Schnitt
http://www.schnitt.com/
Engagiertes Magazin mit einzelnen Besprechungen

Meteor – Texte zum Laufbild
http://www.quintessenz.at/meteor
Edles Magazin aus Österreich mit tiefergehenden Schwerpunkten und Texten.

FILMtabs
http://www.arena.de/FILMtabs/
Ca. 3.000 vernetzte Filmkritiken der letzten 10 Jahre. Newsletter. Kritiken für Handheld-Computer.

Spielfilm.de
http://spielfilm.de/
Reines Online-Magazin im Boulevardstil: Schnelle News, »heiße Themen«, Verlosungen.

Film. Die Schweizer Kinozeitschrift
http://www.film.ch/
Avancierte Site im Umbau (vormals Zoom).

Zoom-Archiv
http://www.zoom.ch/archiv/kritarch.html
Hier liegen noch die Jahrgänge 98/99 von Zoom.

Filmbulletin
http://www.filmbulletin.ch/
Nur die Inhalte der guten Schweizer Filmzeitschrift.

Telepolis
http://www.heise.de/tp/deutsch/inhalt/kino/default.html
Hintergründiges mit Hang zum Digitalen.

Kino.ch
http://kino.ch/
Schweizer Online-Magazin mit ausführlichen Informationen, Verlosungen und deutsch-schweizer Kinoprogrammen.

World Socialist Web Site, deutsch
http://www.wsws.org/de/kultur/film.shtml
Das Filmgeschäft aus kommunistischer Sicht.

Kabel 1
http://www.kabel1.de/filmlexikon/
Hier fängt die Filmgeschichte 1996 an!

Queer-View
http://www.queer-view.com/contents/starter-vorschau.htm
Genaue Besprechungen aus schwulem/lesbischem Blickwinkel.

Filmgeschichte

http://www.cinegraph.de/
»Daten, Fakten und Hintergründe zur Geschichte des deutschsprachigen Films«. Die Standard-Loseblattsammlung traut sich nur ganz vorsichtig, ihr Material online zu bringen. Infos zu Kongressen und Publikationen.

Stiftung Deutsche Kinemathek
http://www.kinemathek.de/index_alt.html

Deutsches Institut für Filmkunde (Frankfurt)
http://www.filminstitut.de

Quellen zur Filmgeschichte (speziell der Stummfilmzeit)
http://www.unibw-muenchen.de/campus/Film/wwwfilmbi.html
Reichhaltige Privat-Initiative mit vielen Daten und Links.

100 Jahre Kino
http://www.ipool.de/100kino/
Eine interessante Web-Geschichte.

Festivals (Auswahl)

FilmFestival.com
http://www.filmfestivals.com/
Eine ganze Site um den internationalen Festivalzirkus. Dort auch über die Suchmaschine weitere deutsche Festivals.

Festival International du Film in Cannes
http://www.festival-cannes.fr/
Bei der 99er-Ausgabe war Streaming-Video der Trend.

Mostra Internazionale d'Arte Cinematografica Venedig
http://www.comune.lucca.it/venezia/welcome.html

Internationale Filmfestspiele Berlin
http://www.berlinale.de/
Nach Video-Hype 99 ein klarer Neuentwurf.

Internationales Forum des Jungen Films
http://www.fdk-berlin.de/forum.html
Reichhaltiges Archiv

Locarno
http://www.pardo.ch/
Für alle Fans: Der Quick-Time-Rundblick der Piazza!

Filmfest München
http://www.filmfest-muenchen.de/

Internationales Filmfestival Mannheim-Heidelberg
www.mannheim-filmfestival.com

Filmfestival Max-Ophüls-Preis – Saarbrücken
http://www.saarbruecken.de/sbnet/04/ophuels/op00_01.html

Hofer Filmtage
http://www.hofer-filmtage.de

Feminale
http://www.feminale.de/
Das Frauenfilmfestival zusammen mit der …

Femme Total
http://www.femmetotale.de/

Filmfest Hamburg
http://www.filmfesthamburg.de/

Duisburger Filmwoche
http://www.duisburg.de/filmwoche

Internationales Filmwochenende Würzburg
http://www.wuerzburg.de/ifw/

Grenzland Filmtage Selb
http://grenzland-filmtage.de/

Fantasy Filmfest
http://fantasyfilmfest.de/archiv/
Inoffizielles Archiv aller Filme, die bisher liefen.

Internationale Kurzfilmtage Oberhausen
http://www.kurzfilmtage.de

Filmfest Oldenburg
http://www.filmfest-oldenburg.de/

Viennale
http://www.viennale.or.at

Institutionen

FFA – Filmförderungs-Anstalt
http://www.ffa.de/
Nachrichten, Besucherzahlen, Film-Hitslisten, Förderungsentscheidungen und -regeln.

Arbeitsgemeinschaft Dokumentarfilm
HTTP://www.agdok.de/
Grundsätzliches zum Dokumentarfilm, Datenbank und Mitgliederliste.

FWU – Institut für Film und Bild in Wissenschaft und Unterricht
http://www.fwu.de/
Medienangebote und Kontakte zu den Bildstellen bzw. Medienstellen.

FIPRESCI
http://www.fipresci.org/
Internationaler Verband der Filmkritik mit Übersicht der FIPRESCI-Preise, Festivals und Interna.

Hauptverband Deutscher Filmtheater (HDF)
http://www.kino-df.de/kino_hdf.htm

European Film Academy
http://www.europeanfilmacademy.org/Die mit dem europäischen Filmpreis.

Export-Union des deutschen Films
http://www.german-cinema.de/

Goethe-Institut
http://www.goethe.de/z/wwfilm/allgem/deimpr.htm
Sehr sorgfältiger »WegWeiser zum deutschen Film«

Filmförderung

FilmFernsehFonds Bayern
http://www.fff-bayern.de

Filmboard Berlin-Brandenburg
http://www.filmfoerderung-berlin.de/

Filmbüro Bremen
http://tumix.is-bremen.de

FilmFörderung Hamburg
http://www.filmfoerderung-hamburg.de/

Filmstiftung NRW
http://www.filmstiftung.de/

Filmbüro NW
http://www.filmbuero-nw.de

Filmförderung des NDR
http://www.lts-nds.de

Film & Medienbüro Niedersachsen
http://www.filmbuero-nds.de

MFG Medien- und Filmgesellschaft Baden-Württemberg
http://www.mfg.de

Filmboard Berlin-Brandenburg
http://www.filmboard.de

Media-Programm
HTTP://www.mediadesk.de/
Die Filmförderung der Europäischen Union.

Verleiher

Bei allen Verleihern wird ein Mix aus Information, Gewinnspielen und Multimedia angeboten.

Verband der Filmverleiher e.V.
http://www.vdfkino.de
Starttermine und Kinoprogramme

Kinoweb
http://www.kinoweb.de/
Ein versuchter Zusammenschluß der deutschen Verleiher

Arthaus
http://www.arthaus-filmverleih.de

Buena Vista
http://www.movie.de/BVI/index.html

Columbia TriStar
http://www.columbiatristar.de/

Concorde
Keine deutsche Site

Constantin
http://www.constantinfilm.de/

Delphi
http://www.bojebuck.de

edition Salzgeber
http://www.salzgeber.de/

Helkon Filmverleih GmbH
http://www.helkon.de

Highlight
http://www.highlightfilm.de

Jugendfilm
http://www.jugendfilm.de/

Kinowelt
http://www.kinowelt.de/

Pegasos
http://www.pegasosfilm.de

Progress Film-Verleih
http://www.progress-film.com

Rapid eye movies
http://www.rapideyemovies.de/menu.html

Scotia
http://www.scotia.de

Senator
http://www.senatorfilm.de

Tobis
http://www.tobis.de

Trigon-Film
http://www.trigon-film.ch/
Für asiatischen, afrikanischen und sonstigen vernachlässigten Film.

Twentieth Century Fox
http://www.foxfilm.de

UIP
http://www.uip.de

Warner
Keine deutsche Site

Datenbanken

Internet Movie Database (IMDb)
http://us.imdb.com/
Die umfangreichste internationale Datenbank.

movieline
http://www.movieline.de/
Die umfangreichste deutschsprachige Datenbank für den internationalen Film.

Kurzfilm-Datenbank
http://www.kurzfilm.de/
Deutsche Datenbank mit Suchfunktionen und kurzen Texten.

Museen

Deutsches Filmmuseum Frankfurt
http://www.deutsches-filmmuseum.de
Klare Infos zu Ausstellungen, Archiv, Bibliothek und Kino.

Filmmuseum München
http://www.artechock.de/arte/mfm/index.html

Knappe Einführung und Kinoprogramm.

Filmmuseum Düsseldorf
http://www.rp-online.de/duesseldorf/filmmuseum/

Metaseiten

Film-Studio
http://www.informatik.rwth-aachen.de/FilmStudio/allgem/www_links.html
Sehr umfangreiche Linksammlung.

Mediaweb
http://206.83.163.18/film_tv/index.html
Ein kleines Portal zu verschiedenen Untersites wie Filmförderung. Branchenbuch, Ausbildung, Terminkalender, Nachrichten.

Screenlink
http://www.screenlink.de/
Portalversuch mit riesiger, sortierter Linkliste.

Film (CH)
http://www.film.ch/link.asp
Die exzellente und originelle Linkliste der Schweizer Zeitschrift Film (vormals Zoom) mit Schweizer Schwerpunkten.

Zoom
http://www.zoom.ch/links/linkspez.htm#top
Ein reichhaltiger Restbestand von Zoom-Online

Alle deutschen Webkataloge kümmern sich immer aktuell um Film:

Dino
http://www.dino-online.de/seiten/go05f.htm

Yahoo
http://de.dir.yahoo.com/Unterhaltung/Kino_und_Filme/

Netscape
http://directory.mozilla.org/World/Deutsch/Kunst/Film_und_Video/

Ripley
http://www.ripley.de

Jump Cut
http://www.geocities.com/Athens/Ithaca/3075/knoererkompass-linx-filmkrit.html
Bemerkenswerte Privatsammlung.

Filmlinks.de
http://filmlinks.de/
Noch ein »Katalog für Filmseiten«. Leider nur wenige Links.

Hochschulbibliothek der HFF Potsdam
http://www.bibl.hff-potsdam.de/webadress/user/index.html
Eine der größten Filmbibliotheken Deutschlands bietet Zugriff auf ihren Onlinekatalog und interessante Links zum Thema Film und Fernsehen.

Weitere interessante Sites

Bavaria-Film
http://www.bavaria-film.de
Selbstdarstellung, die Unternehmen und Unterhaltung vereint.

Kirch
http://www.kirchgruppe.de/
Der Medienkonzern.

Die Oscars
http://www.oscar.com/

Cultmovies
http://www.cyberm.de/film/index.html
Bestechendes Design mit ein paar hundert knappen Einträgen.

Dubbing.de
http://www.dubbing.de
Webkatalog »für Filmprofis« und Filmschaffende. Newsletter.

Die Filmschaffenden
http://www.die-filmschaffenden.de/
Links zu vielen Berufsverbänden.

Zusammengestellt von Günter H. Jekubzik

Hit-Box
Die 100 erfolgreichsten Filme 1999 in Deutschland

Titel	Verleih	Besucher Verleih	Start
Star Wars: Episode I	Fox	7 957 432	19.08.99
Notting Hill	Universal	5 352 537	01.07.99
Die Mumie	UIP	4 874 697	03.06.99
Die Braut, die sich nicht traut	Buena Vista	4 850 554	30.09.99
Matrix	Warner	4 268 184	17.06.99
Tarzan	Buena Vista	4 249 041	11.11.99
James Bond 007 – Die Welt ist nicht genug	UIP	3 656 844	09.12.99
Das große Krabbeln	Buena Vista	3 584 174	11.02.99
Asterix & Obelix gegen Cäsar	Constantin	3 506 919	18.03.99
E-Mail für Dich	Warner	3 501 973	11.02.99
Shakespeare in Love	UIP	3 283 939	04.03.99
Rush Hour	Kinowelt	3 145 745	25.03.99
Werner – Volles Rooäää!!!	Constantin	2 771 446	16.09.99
Wild Wild West	Warner	2 495 087	29.07.99
Star Trek – Der Aufstand	UIP	2 430 844	31.12.98
Eine wie Keine	Kinowelt	2 147 122	22.07.99
Message in a Bottle	Tobis	2 146 716	26.08.99
Das Geisterschloß	UIP	2 090 488	14.10.99
Der Staatsfeind Nr. 1	Buena Vista	2 083 557	17.12.98
Eiskalte Engel	Kinowelt	2 047 418	26.08.99
Sonnenallee	Delphi/Central	1 912 487	07.10.99
Big Daddy	Columbia TriStar	1 866 928	04.11.99
End of Days – Nacht ohne Morgen	Buena Vista	1 793 696	02.12.99
Rendezvous mit Joe Black	UIP	1 742 006	14.01.99
Ausnahmezustand	Fox	1 726 267	21.01.99
Pünktchen und Anton	Buena Vista	1 705 492	11.03.99
Schweinchen Babe in der großen Stadt	UIP	1 632 063	28.01.99
Das Leben ist schön	Scotia/Buena Vista	1 456 745	12.11.98
Mulan	Buena Vista	1 386 635	19.11.98
Payback	Warner	1 378 771	11.03.99
Verlockende Falle	Fox	1 234 421	27.05.99
Reine Nervensache	Warner	1 207 126	20.05.99
Aimée und Jaguar	Senator	1 180 224	11.02.99
Deep Blue Sea	Warner	1 178 446	28.10.99
Blair Witch Project	Arthaus	1 169 154	25.11.99
Auf die stürmische Art	UIP	1 099 047	06.05.99
Seite an Seite	Columbia TriStar	1 067 502	28.01.99
Austin Powers – Spion in geheimer …	Kinowelt	1 063 872	14.10.99
Ich weiß noch immer was …	Columbia TriStar	1 058 880	29.04.99
Düstere Legenden	Columbia TriStar	1 027 676	04.02.99
Der Diamanten Cop	Columbia TriStar	946 773	25.11.99
8 MM	Columbia TriStar	930 743	01.04.99
Mein großer Freund Joe	Buena Vista	915 614	01.07.99
Buena Vista Social Club	Senator	890 098	17.06.99
Late Show	Constantin	849 928	25.02.99
Fight Club	Fox	842 848	11.11.99
Der Prinz von Ägypten	UIP	827 855	17.12.98
Eyes Wide Shut	Warner	810 274	09.09.99

Titel	Verleih	Besucher Verleih	Start
John Carpenters Vampire	Arthaus	800 630	08.07.99
Instinkt	Buena Vista	738 690	15.07.99
Der 13. Krieger	Concorde	716 922	09.09.99
Faculty – Trau keinem Lehrer	Kinowelt	701 112	22.04.99
Der schmale Grat	Fox	700 508	25.02.99
23	Buena Vista	686 031	14.01.99
Die Thomas Crown Affäre	UIP	642 954	02.09.99
Mickey Blue Eyes	Universal	609 145	04.11.99
10 Dinge, die ich an Dir hasse	Buena Vista	608 952	21.10.99
Die Truman Show	UIP	605 837	12.11.98
Bowfingers große Nummer	UIP	586 856	28.10.99
Inspektor Gadget	Buena Vista	548 116	07.10.99
Verhandlungssache	Fox	543 214	30.09.99
Ungeküsst	Fox	542 163	18.11.99
Patch Adams	UIP	523 913	25.03.99
Blade	Kinowelt	509 454	03.12.98
Eve und der letzte Gentleman	Kinowelt	508 380	23.09.99
Tobias Totz und sein Löwe	Warner	508 019	30.09.99
Waterboy	Buena Vista	507 280	15.04.99
Käpt'n Blaubär	Senator	505 867	16.12.99
Eine zweite Chance	Fox	505 249	07.01.99
Der Onkel vom Mars	Buena Vista	485 861	20.05.99
Verrückt nach Mary	Fox	469 420	29.10.99
Mr. Nice Guy	Kinowelt	455 124	17.06.99
Lang lebe Ned Devine	Helkon	452 023	25.03.99
Auf immer und ewig	Fox	432 860	24.12.98
Bang Boom Bang	Senator	431 031	26.08.99
Alles Routine	Fox	429 993	10.06.99
Das Fest	Arthaus	418 536	07.01.99
Wehrlos – Die Tochter des Generals	UIP	360 083	18.11.99
Zauberhafte Schwestern	Warner	334 356	17.12.98
American History X	Kinowelt	329 341	25.02.99
Ein Lied von Liebe und Tod	Universal	315 649	21.10.99
EDtv	UIP	313 531	05.08.99
Arlington Road	Universal	307 768	01.04.99
Ein Sommernachtstraum	Fox	307 432	21.10.99
Der Guru	Buena Vista	303 253	03.06.99
Marrakesch	Prokino	301 445	15.04.99
Virus	UIP	296 938	20.05.99
Schwarze Katze, Weißer Kater	Arthaus	292 763	28.01.99
Rugrats – Der Film	UIP	291 300	13.05.99
Die neun Pforten	Fox	290 504	16.12.99
Psycho	UIP	272 127	07.01.99
Central Station	Buena Vista	265 194	24.12.98
Antz	UIP	257 680	05.11.98
Der große Bagarozy	Constantin	257 522	07.10.99
Celebrity – Schön. Reich. Berühmt	Arthaus	242 479	08.04.99
Alles über meine Mutter	Arthaus	238 292	04.11.99
Der Pferdeflüsterer	Buena Vista	237 528	24.09.98
Ein wahres Verbrechen	Warner	236 907	29.04.99
Nichts als die Wahrheit	Helkon	223 717	23.09.99
Liebe Deine Nächste!	Delphi/Central	211 752	24.12.98

Die Rangfolge der Filme ergibt sich aus den vom Verleih gemeldeten Besucherzahlen.
Zeitraum: 31. Dezember 1998 bis 29. Dezember 1999. Für Filme, die nicht mehr in den aktuellen Listen des Verleiher-Verbandes aufgeführt sind, wurden die Besucherzahlen mit Stand 29. Dezember 1999 aktualisiert.
Mit freundlicher Genehmigung von Filmecho–Filmwoche

Die Top 100 in den USA

(4. Januar 1999 bis 2. Januar 2000)

Platz	Titel	Verleiher	Einspiel in $
1	**Star Wars: Episode 1**	Fox	430.443.350
2	**The Sixth Sense**	Buena Vista	276.374.826
3	**Toy Story 2**	Buena Vista	208.578.664
4	**Austin Powers 2**	New Line	205.444.716
5	**Matrix**	Warner	171.414.892
6	**Tarzan**	Buena Vista	170.824.884
7	**Big Daddy**	Sony	163.479.795
8	**Mummy**	Universal	155.270.725
9	**Die Braut, die sich nicht traut**	Paramount	152.054.428
10	**Blair Witch Project**	Artisan	140.539.099
11	**Die Welt ist nicht genug**	MGM/UA	117.877.025
12	**Notting Hill**	Universal	116.089.678
13	**Doppelmord**	Paramount	114.032.117
14	**Wild Wild West**	Warner	113.764.409
15	**Reine Nervensache**	Warner	106.735.819
16	**Wehrlos – Die Tochter des Generals**	Paramount	102.705.852
17	**American Pie**	Universal	102.676.591
18	**Inspektor Gadget**	Buena Vista	97.360.069
19	**Sleepy Hollow**	Paramount	92.839.722
20	**Das Geisterschloß**	Dreamworks	91.240.529
21	**Shakespeare in Love***	Miramax	90.879.333
22	**Verlockende Falle**	Fox	87.704.396
23	**Pokémon – Der Film**	Warner	84.091.099
24	**Payback**	Warner	81.526.121
25	**Stuart Little**	Sony	79.403.127
26	**The Green Mile**	Warner	76.682.014
27	**Deep Blue See**	Warner	73.648.142
28	**American Beauty**	Dreamworks	71.017.815
29	**Patch Adams***	Universal	69.524.563
30	**Die Thomas Crown Affäre**	MGM/UA	69.282.369
31	**Der Diamantencop**	Sony	67.760.741
32	**Bowfingers große Nummer**	Universal	66.384.775
33	**Life**	Universal	63.886.029
34	**Der Knochenjäger**	Universal	63.716.000
35	**Eine wie keine**	Miramax	63.366.989
36	**End of Days – Nacht ohne Morgen**	Universal	63.137.000
37	**Three Kings**	Warner	59.223.104
38	**Zivilprozess***	Buena Vista	56.483.516
39	**Eyes Wide Shut**	Warner	55.655.882
40	**Ungeküsst**	Fox	55.474.756
41	**Auf die stürmische Art**	Dreamworks	52.900.680
42	**Varsity Blues**	Paramount	52.894.169
43	**Message in a Bottle**	Warner	52.823.114
44	**South Park**	Paramount	52.037.603
45	**Stigmata**	MGM/UA	50.014.865
46	**Deuce Bialow: Male Gigolo**	Buena Vista	46.091.676
47	**Das Leben ist schön***	Miramax	45.837.544
48	**Any Given Sunday**	Warner	45.752.119
49	**Seite an Seite***	Sony	41.059.289
50	**House on Haunted Hill**	Warner	40.489.824
51	**Der talentierte Mr. Ripley**	Paramount	39.771.649
52	**Der 200-Jahre-Mann**	Buena Vista	39.296.255
53	**Eiskalte Engel**	Sony	38.267.302
54	**10 Dinge. die ich an dir hasse**	Buena Vista	38.178.166
55	**E-Mail für Dich***	Warner	37.818.652
56	**Der Onkel vom Mars**	Buena Vista	36.850.101
57	**8 MM**	Sony	36.610.578

Platz	Titel	Verleiher	Einspiel in $
58	**Fight Club**	Fox	36.515.098
59	**Der schmale Grat***	Fox	35.373.004
60	**Aus Liebe zum Spiel**	Universal	35.188.640
61	**Der Prinz von Ägypten***	Dreamworks	34.906.357
62	**Instinkt**	Buena Vista	34.105.207
63	**Mickey Blue Eyes**	Warner	33.864.342
64	**The Best Man**	Universal	33.522.000
65	**Der 13. Krieger**	Buena Vista	32.698.899
66	**October Sky**	Universal	32.543.572
67	**Lake Placid**	Fox	31.770.414
68	**Begegnung des Schicksals**	Sony	31.092.696
69	**Superstar**	Paramount	30.150.814
70	**Mystery Men**	Universal	29.762.011
71	**Dogma**	Lions Gate	28.983.260
72	**Schlaflos in New York**	Paramount	28.544.120
73	**Ganz normal verliebt**	Buena Vista	27.807.627
74	**Galaxy Quest**	Dreamworks	27.311.918
75	**Die Baby-Gang**	Sony	27.145.696
76	**An Deiner Seite**	Universal	27.100.030
77	**Eve und der letzte Gentleman**	New Line	26.511.114
78	**Das große Krabbeln***	Buena Vista	26.378.119
79	**The Insider**	Buena Vista	26.112.068
80	**Der Soldat James Ryan***	Dreamworks	25.343.189
81	**The Wood**	Paramount	25.059.640
82	**Arlington Road**	Sony	24.747.161
83	**Anna und der König**	Fox	24.732.782
84	**Der Mondmann**	Universal	24.374.000
85	**T-Rex***	Imax	24.269.919
86	**Der Gigant aus dem All**	Warner	23.159.305
87	**Mein großer Freund Joe***	Warner	22.483.932
88	**ED tv**	Universal	22.430.682
89	**Auf den ersten Blick**	MGM/UA	22.359.652
90	**Mysteries of Egypt***	Destination	22.310.662
91	**The Bachelor**	New Line	21.266.456
92	**Echoes**	Artisan	21.133.087
93	**Doug – Der erste Film**	Buena Vista	19.440.089
94	**Summer of Sam**	Buena Vista	19.288.130
95	**Ein perfekter Ehemann**	Miramax	18.542.974
96	**Being John Malkovich**	USA Films	18.243.969
97	**Überall nur nicht hier**	Fox	18.215.284
98	**Everest***	Macgillivray	17.978.481
99	**Lang lebe Ned Devine!***	Fox	17.837.631
100	**Drive Me Crazy**	Fox	17.813.484

* Gesamtergebnis der Filme, die bereits 1998 gestartet sind

Der Soldat James Ryan	Dreamworks	216.173.322
Das große Krabbeln	Buena Vista	162.798.565
Patch Adams	Universal	135.019.563
E-Mail für Dich	Warner	115.757.269
Der Prinz von Ägypten	Dreamworks	101.257.900
Shakespeare in Love	Miramax	100.291.009
Seite an Seite	Sony	91.077.127
Everest	Macgillivray	74.210.369
Das Leben ist schön	Miramax	57.247.384
Zivilprozess	Buena Vista	56.709.981
Mein großer Freund Joe	Buena Vista	50.632.037
Der schmale Grat	Fox	36.393.442
T-Rex	Imax	27.215.332
Mysteries of Egypt	Destination	26.662.980
Lang lebe Ned Devine!	Fox	24.792.251

Mit freundlicher Genehmigung von Blickpunkt: Film — Quelle: ACNielsen EDI

Die besten US-Starts 1999

(1. Januar bis 31. Dezember 1999)

Platz	Titel	Verleih	Start	Einspiel in $
1	**Star Wars: Episode 1**	Fox	19.05.99	64.810.970
2	**Austin Powers 2**	New Line	11.06.99	54.917.604
3	**Die Mumie**	Universal	07.05.99	43.369.635
4	**Big Daddy**	Sony	25.06.99	41.536.370
5	**Wild Wild West**	Warner	30.06.99	36.434.750
6	**James Bond 007: Die Welt ist …**	MGM/UA	19.11.99	35.519.007
7	**Die Braut, die sich nicht traut**	Paramount	30.07.99	35.055.556
8	**Tarzan**	Buena Vista	16.06.99	34.221.968
9	**Das Geisterschloss**	Dreamworks	23.07.99	33.435.140
10	**Pokémon – Der Film**	Warner	10.11.99	31.036.678

Quelle: ACI Nielsen, EDI, nach Blickpunkt: Film

Die besten ausländischen Filme in den USA 1999

(4. Januar 1999 bis 2. Januar 2000)

Platz	Titel	Verleih	Start	Einspiel in $
1	**Notting Hill**	Universal	28.05.99	116.089.678
2	**Pokémon – Der Film**	Warner	10.11.99	84.091.099
3	**Das Leben ist schön***	Miramax	23.10.98	45.837.544
4	**Lang lebe Ned Devine!****	Fox	20.11.98	19.456.791
5	**Ein perfekter Ehemann**	Miramax	18.06.99	18.542.974
6	**Being John Malkovich**	USA Films	29.10.99	18.243.969
7	**Tee mit Mussolini**	MGM/UA	14.05.99	14.399.139
8	**Johanna von Orleans**	Sony	12.11.99	14.131.298
9	**Black Mask**	Artisan	14.05.99	12.504.289
10	**Die rote Violine**	Lions Gate	11.06.99	9.495.408
11	**Twin Dragons**	Miramax	09.04.99	8.359.717
12	**Lola rennt**	Sony Classics	18.06.99	7.230.856
13	**Buena Vista Social Club**	Artisan	04.06.99	6.918.494
14	**Extreme**	BLDJF/IMAX	02.04.99	6.757.445
15	**Eine wahre Geschichte**	Buena Vista	15.10.99	4.381.158

* Gesamtergebnis am US-Boxoffice: 57.247.384 Mio. Dollar; ** Gesamtergebnis am US-Boxoffice: 24.792.251 Mio. Dollar Quelle: ACNielsen EDI, nach Blickpunkt: Film

Die TOP 10 in Österreich 1999

Platz	Titel	Verleih	Besucher
1	**Star Wars: Episode 1**	Fox	686.000
2	**Notting Hill**	UIP	617.000
3	**Die Braut, die sich nicht traut****	Buena Vista	565.000
4	**Tarzan****	Buena Vista	539.000
5	**Matrix**	Warner	441.000
6	**Asterix & Obelix gegen Caesar**	Constantin	435.000
7	**Die Mumie**	UIP	407.000
8	**E-Mail für Dich**	Warner	388.000
9	**Das große Krabbeln****	Buena Vista	386.000
10	**Shakespeare in Love**	UIP	318.000

* Daten bis 51. Woche; ** noch im Kinoeinsatz; Quelle: Fachverband der Lichtspieltheater, nach Blickpunkt: Film

Die TOP 10 in der Schweiz 1999

Platz	Titel	Besucher
1	**Notting Hill**	660 333
2	**Star Wars – Episode 1**	515 907
3	**Shakespeare in Love**	429 192
4	**E-Mail für Dich**	395 224
5	**Asterix & Obelix gegen Caesar**	384 238
6	**Matrix**	379 556
7	**Die Braut, die sich nicht traut**	332 896
8	**Die Mumie**	289 548
9	**Das große Krabbeln**	278 736
10	**Verlockende Falle**	263 943

Besucherzahlen von Procinema Schweiz, Stand: Ende November, nach Filmecho–Filmwoche

Die TOP 10 in Frankreich 1999

Platz	Titel	Besucher in Mio
1	**Astérix & Obélix**	8,93
2	**Star Wars – Episode 1**	6,98
3	**Mulan**	5,79
4	**Matrix**	4,57
5	**Notting Hill**	4,42
6	**Der Prinz von Ägypten**	3,58
7	**Verrückt nach Mary**	3,55
8	**1001 Dalmatiner**	3,11
9	**Wild Wild West**	3,06
10	**Die Mumie**	3,05

Quelle: Film Français. Stand: Anfang Dezember 1999, nach Filmecho–Filmwoche

Die erfolgreichsten Filme in England 1999

Platz	Titel	Besucher in Mio
1	**Star Wars – Episode I**	81,4
2	**Notting Hill**	49,2
3	**Das große Krabbeln**	46,9
4	**Austin Powers 2**	41,3
5	**Shakespeare in Love**	32,7
7	**Matrix**	29,9
6	**Die Mumie**	28,2
8	**Tarzan**	25,8
9	**Blair Witch Project**	23,7
10	**The Sixth Sense**	22,6
11	**Rugrats**	21,5
12	**American Pie**	21,3
13	**Staatsfeind Nummer 1**	18,3
14	**Little Voice**	13,3
15	**Deep Blue Sea**	12,8

Quelle: Screen. Zeitraum: 27.11.1998 bis 28.11.1999, nach Filmecho–Filmwoche

Die TOP 10 1999 in Deutschland

(* vorläufig: 1. Januar bis 19. Dezember 1999)

Platz	Titel	Besucher
1	**Star Wars – Episode 1**	7.950.147
2	**Notting Hill**	5.346.134
3	**Die Braut, die sich nicht traut**	4.836.143
4	**Die Mumie**	4.821.505
5	**Matrix**	4.284.134
6	**Tarzan**	3.735.973
7	**Asterix & Obelix**	3.536.851
8	**E-Mail für Dich**	3.501.973
9	**Das große Krabbeln**	3.493.322
10	**Shakespeare in Love**	3.247.357

Quelle: AC Nielsen/EDI

Die Zahlen weichen leicht von der Liste der Top 100 ab, weil andere Quellen zugrunde liegen.

Die Senkrechtstarter 1999 in Deutschland

Titel	Verleih
BOGEY IN PLATIN (fünf Mio. Besucher in 50 Tagen)	
Star Wars – Episode 1	Fox
BOGEY IN GOLD (drei Mio. Besucher in 30 Tagen)	
Die Braut, die sich nicht traut	Buena Vista
Die Mumie	UIP
Matrix	Warner
Tarzan	Buena Vista
BOGEY IN SILBER (zwei Mio. Besucher in 20 Tagen)	
Notting Hill	UIP
E-Mail für Dich	Warner
Asterix & Obelix gegen Caesar	Constantin
Das große Krabbeln	Buena Vista
Rush Hour	Kinowelt
Werner – Volles Rooäää!!!	Constantin
Wild Wild West	Warner
Star Trek 9 – Der Aufstand	UIP
James Bond – Die Welt ist nicht genug	UIP
BOGEY IN BRONZE (eine Mio. Besucher in 10 Tagen)	
Das Geisterschloß	UIP
End of Days – Nacht ohne Morgen	Buena Vista
BOGEY IN BRONZE (1000 Besucher pro Startkopie)	
Rendezvous mit Joe Black	UIP
Shakespeare in Love	UIP
Buena Vista Social Club	Senator
Sonnenallee	Delphi
Propaganda	Warner

Das Branchenblatt »Blickpunkt: Film« vergibt »Bogeys« für Filme, die vom Starttag an besonders erfolgreich sind.

Die 20 erfolgreichsten deutschen Filme 1999

Platz	Titel	Besucher
1	**Asterix & Obelix gegen Caesar***	3.547.370
2	**Werner – volles Rooäää!!!**	2.771.144
3	**Sonnenallee**	2.037.675
4	**Pünktchen und Anton**	1.700.452
5	**Aimee und Jaguar**	1.177.740
6	**Käpt'n Blaubär**	877.120
7	**Late Show**	849.928
8	**Buena Vista Social Club**	840.710
9	**23 – Nichts ist so wie es scheint**	620.656
10	**Tobias Totz und sein Löwe**	512.291
11	**Bang Boom Bang**	425.128
12	**Liebe Deine Nächste**	364.296
13	**Gloomy Sunday – Ein Lied von Liebe und Tod**	323.703
14	**Schwarze Katze/Weißer Kater***	292.763
15	**Der große Bagarozy**	256.862
16	**Nichts als die Wahrheit**	229.680
17	**Tach Herr Doktor**	208.070
18	**Die Häupter meiner Lieben**	199.290
19	**Helden wie wir**	176.986
20	**St. Pauli Nacht**	168.703

Quelle: FFA, Verband der Filmverleiher, zusammengestellt vom Informationsbüro Film des Film-FernsehFonds Bayern.
* Koproduktion Stand: 11.01.2000

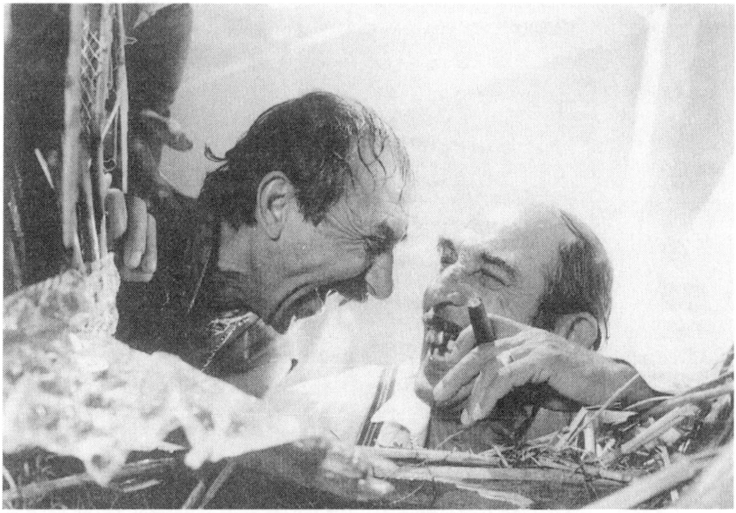

Wenig deutsch: ›Schwarze Katze, weißer Kater‹ von Emir Kusturica

Filmförderung 1999

13th Floor
4.000.000 (P), 250.000 (V), NRW

23 – Nichts ist so, wie es scheint
1.280.000 (P), 350.000 (V), 80.000 (PE) FFF; 1.118.648 (P), 150.000 (V) NRW; 900.000 (P), 250.000 (V) FFA

Absolute Giganten
450.000 (P), 250.000 (V), 30.000 (DB) FFA; 500.000 (P), 150.000 (V) FFH; 450.000 (P), 150.000 (V) NRW; 500.000 (P) BMI

Aimee & Jaguar
3.000.000 (P), 250.000 (V) NRW; 1.250.000 (P), 300.000 (V) FBB; 1.000.000 (P), 500.000 (V) FFF; 1.000.000 (P), 250.000 (V) FFA; 800.000 (P), 150.000 (V) FFH; 800.000 (P) BMI

Alles Bob!
1.600.000 (P), 100.000 (V) NRW; 1.500.000 FF (P) EUI; 600.000 (P), 200.000 (V) FFA

Angel Express
300.000 (P), 77.500 (V) FBB; 7.000 (V) FFN

Aprilkinder
300.000 (P), 50.000 (V), 15.000 (DB) FFH

Asterix & Obelix gegen Caesar
3.500.000 (P), 400.000 (V) FFF; 1.200.000 (P) FFA; 4.000.000 FF (EUI)

Die Atempause – La Tregua
1.500.000 (P), 185.000 (V) NRW

Babar – König der Elefanten
100.000 (V) FFF

Der Ball
500.000 (P), 100.000 (V) FBB; 100.000 (P) FFA; EUI (P)

Bang, Boom, Bang – Ein todsicheres Ding (M.Bergmann)
1.300.000 (P), 200.000 (V), 80.000 (DB) NRW; 500.000 (P), 150.000 (V) FFF; 500.000 (P), 100.000 (V) FFA; 53.000 (DB) FFH

Barracuda – Vorsicht Nachbar!
900.000 (P), 130.000 (V) NRW

Das Bergwerk – Franz Fühmann
80.000 (P), 17.500 (V) FFH

Bill Diamond – Geschichte eines Augenblicks
50.000 (V) FFF

Bis zum Horizont und weiter
300.000 (P), 200.000 (V) FBB; 200.000 (V) MDM; 100.000 (V) FFA

Die Blume der Hausfrau
166.000 (P), 27.100 (V) MFG

Bob Marley – Live in Concert
50.000 (V), 30.000 (PP) MFG

Die Braut
1.750.000 (P) MDM; 700.000 (P), 100.000 (V) FBB; 70.000 (V) FFA

Brigitte und Marcel – Golzower Lebensweg
150.000 (P) BMI; 100.000 (P) FBB

Buena Vista Social Club
100.000 (V) FFA; 50.000 (V) NRW

Croupier
2.100.000 (P), 200.000 (V) NRW

Dealer
25.000 (PE), 7.000 (V) FBB

Drei Herren
350.000 (P), 65.000 (V) MFG; 400.000 ÖS (K), 210.000 ÖS (F) ÖFI

Fette Welt
1.565.000 (P), 125.000 (V) FFF; 535.000 (P), 131.000 (V) FFH; 500.000 (P), 50.000 (V) FFA; 450.000 (P) BMI

Flammen im Paradies
200.440 (PP), 56.000 (V) NRW

Flucht in den Dschungel – Die deutschen Emigranten von Rolandia
200.000 (P) BMI; 30.000 (V) FFF

Gendernauts
100.000 (P), 53.000 (V) 12.306 (F) FFH

Gloomy Sunday – Ein Lied von Liebe und Tod
2.070.000 (P), 250.000 (V), 80.000 (DB) NRW; 1.200.000 (P), 200.000 (V), 60.000 (D) FFH; 2.730.000 FF (P) EUI; 600.000 (P), 300.000 (V) FFA; 500.000 (P) BMI;

Der große Bargarozy
3.000.000 (P), 200.000 (V) FFF; 500.000 (P), 200.000 (V) FFA

Günese Yolculuk (Journey to Sin)
1.100.000 FF (EUI)

Die Häupter meiner Lieben
1.600.000 (P), 150.000 (V) FFF; 150.000 (V) FFA

Hans im Glück
400.000 (P), 70.000 (V) FBB; 30.000 (V) FFA

Helden in Tirol
50.000 (V) FFA; 650.000 ÖS (K) ÖFI

Helden wie wir
1.300.000 (P), 250.000 (V) MDM; 1.200.000 (P) FBB; 150.000 (V) FFA

Herr Zwilling und Frau Zuckermann
247.000 (P) BMI; 38.000 (V) FFA; 35.000 (P) KFM

Hot Dogs – Wau, wir sind reich!
1.400.000 (P), 200.000 (V) FFA; 1.200.000 (P), 200.000 (V) FFF; 600.000 (P) MFG

Irrlichter
500.000 (P) FFF, 1.200.000 FF (P) EUI

Jimmy the Kid
500.000 (P), 100.000 (V) FFA; 1.700.000 (P), 150.000 (V) 80.000 (DB), 75.000 (PE) NRW

Julias Wahn
9.000 (V) MDM; 75.000 (P), 7.000 (V) KFM; Media II (PE)

Käpt'n Blaubär
3.500.000 (P) NRW; 1.800.000 (P) FFA; 1.200.000 (P), 200.000 (V) FFH; 300.000 (P) KFB

Kleines Tropikana – Tropicanita
9.500 (V), FNW

Kopfleuchten
30.000 (V) HKF

Die kritische Masse
150.000 (P), 85.000 (V) FFH

Kubanisch Rauchen
50.000 (V) FBB

Kurt Gerrons Karussell
220.000 FF (P) (EUI); 50.000 (P) MFG; 35.000 (V), 11.900 (U) FBB; 30.000 (G) KFN; 50.000 (V) FNW;

Late Show
2.219.716 (P) NRW; 700.000 (P), 400.000 (V) FFF; 250.000 (V) FFA

Lola und Bilidikid
700.000 (P), 150.000 (V) FBB; 200.000 (P), 100.000 (V) NRW

The Long Hello and Short Goodbye
2.200.000 (P), 200.000 (V) FFH; 600.000 (P), 300.000 (V) FFA; 600.000 (P) FFF; 450.000 (P) BMI

Mein liebster Feind – Kinski
230.000 (V), 200.000 (P) NRW; 30.000 (V) FFF

Das Meisterspiel
115.000 (P), 20.000 (V), 8.000 (U), 8.000 DM bes. Maßnahme FFH; 90.000 (P), 49.516 (V) NRW; 50.000 (P), 30.000 (PE) KFM

Meschugge
1.100.000 (P), 200.000 (V), 184.497 (PE) NRW; 250.000 (V) FFA; 100.000 (V) FFF; ??200.000 DM (V), FBB

Nachtgestalten
850.000 (P), 356.000 (V) FBB; 500.000 (P) BMI; 200.000 (V) FFA; 100.000 (P), 7.000 (V) KFM; 50.000 (V) MFG

'Ne günstige Gelegenheit
500.000 (P) FFA; 300.000 (P) MDM

Nichts als die Wahrheit – After the truth
750.000 (P), 400.000 (V) FFF; 450.000 (P) BMI

Oskar und Leni
50.000 (V) FBB

Otomo
475.000 (P), 45.000 (PE) MFG; 120.000 (P), 30.000 (DB), 9.500 (V) FFH; 100.000 (P) SKJ

Over the rainbow
510.000 (P), 250.000 (PP), 160.000 (V) MDM; 650.000 (P) KFS; 350.000 (P) BMI

Pauls Reise
550.000 (P), 80.000 (V) FFF; 200.000 (P) MFG; 150.000 (P) SKJ; 8.000 (DB) HRF

Plätze in Städten
32.000 (F) FBB

Pola X
2.293.742 (P), 200.000 (V), 104.000 (PE) NRW

Pünktchen und Anton
2.200.000 (P), 560.000 (V) FFF; 1.500.000 (P), 300.000 (V) FFA; 300.000 (P) BMI; 200.000 (P) HRF; 175.000 (V) NRW; 100.000 (V) FBB

Requiem für eine romantische Frau
549.605 (P), 287.000 (V) 27.000 (DB) FFF; 150.000 (V) FFA; 30.000 (V) FNW

Rosenzweigs Freiheit
Schlaraffenland: 2.500.000 (P) NRW; 1.921.229 (P) FFF; 800.000 (P) FBB; 500.000 (P), 100.000 (V) FFA

Schnee in der Neujahrsnacht
1.000.000 (P) FBB; 1.000.000 (P) FFA; 575.000 (P), NRW; 691.582 (P) MFG; 100.000 (P) SKJ

Schwarze Katze, weißer Kater
650.000 (P), 200.000 (V) FFH; 300.000 (P), 113.000 (V) NRW

Der Schuh – The Shoe
250.000 (P), 24.374 (V) NRW

Sonnenalle
2.500.000 (P), 300.000 (V) FBB; 500.000 (P) BMI; 250.000 (V) FFA; 75.000 (V) FFH

Ein Spezialist
111.386 (V) NRW

Die Spur
Media II (PE)

St. Pauli Nacht
1.500.000 (P), 50.000 (V) FFH; 1.194.865 (P), 300.000 (V) FFF; 550.000 (P), 300.000 (V) FFA; 300.000 (P) BMI

Straight Shooter
2.100.000 (P), 350.000 (V) NRW; 1.300.000 (P), 350.000 (V) FFA; 400.000 (P), 250.000 (V) FFF

Südsee, eigene Insel
900.000 (P), 27.000 (DB) FFF; 800.000 (P), 250.000 (V) FFA; 450.000 (P) FBB; Media II (PE)

Tach, Herr Doktor
1.200.000 (P), 200.000 (V) FFF

Tisch No. 6
44.000 (V) MFG

Tobias Totz und sein Löwe
2.500.000 (P), 220.000 (PE) FBB; 2.500.000 (P) FFF; 700.000 (P), 350.000 (V) FFA; 750.000 (P) BMI; 80.000 (DB) FFH

Viehjud Levi
1.200.000 (P); 86.000 (V), 40.000 (DB) MFG; 1.200.000 FF (P) EUI; 100.000 (P), 96.145 (V) BMI; 30.000 (V) FBB

Vollmond
750.000 (P), 126.980 (V) NRW; 400.000 (P) MFG

Der Vulkan
1.350.000 (P), 75.000 (V) FFH; 1.000.000 (P) NRW; 500.000 (P) BMI

Waschen, Schneiden, Legen
2.300.000 (P) NRW

Wege in die Nacht
140.000 (P), 30.000 (V) FBB; 35.000 (V) MDM;
30.000 (P) KFM

Wer liebt, dem wachsen Flügel
2.280.000 (P), 250.00 (V) FFF

Werner – Volles Rooäää
1.500.000 (P) FBB; 1.000.000 (P) NRW; 1.000.000 (P) FFA

Wir machen weiter (Die Schützes – Ein Leben in Deutschland)
100.000 (P), 50.000 (V), 5.000 (F) FFF

Yara
700.000 (P) MFG; 200.000 (P) HRF; EUI (P)

You Are Dead
1.500.000 (P) NRW

Zwei in einem Boot
150.000 (P), 10.000 (V) FBB; 30.000 (P) SKJ

Abkürzungen:

BMI – Bundesministerium des Innern
EUI – EURIMAGES
FBB – Filmboard Berlin–Brandenburg
FFA – Filmförderungsanstalt
FFF – FilmFernsehFonds Bayern
FFH – FilmFörderung Hamburg
FFN – Filmförderung Niedersachsen
FNW – Filmbüro NW
HKF – Hessen Kulturelle Filmförderung
HRF: – Hessische Rundfunk Filmförderung
KFB – Kulturelle Filmförderung des Bundes
KFM – Kulturelle Filmförderung Mecklenburg-Vorpommern
KFN – Kulturelle Filmförderung Nordrhein Westfalen
KFS – Kulturelle Filmförderung Sachsen
MDM – Mitteldeutsche Medienförderung
MFG – Medien- und Filmgesellschaft Baden-Württemberg
NRW – Filmstiftung Nordrhein-Westfalen
ÖFI – Österreichisches Filminstitut
SKJ – Stiftung Kuratorium Junger Deutscher Film

DB: Drehbuch, F: Festivalbeteiligung, G: Grundausstattung,
PE: Projektentwicklung, P: Produktion, PP: Postproduktionsförderung,
U: Untertitelung, V: Verleih und Vertrieb

Zusammengestellt von Frank Heine

Filmförderer Herbert Huber am Set von ›Requiem ...‹ mit Regisseurin Dagmar Knöpfel und Kameramann Igor Luther

Verstorbene Filmschaffende 1999

A

Allen, David (54)
Geb. 1945. Gest. 16.8.1999, Santa Ana/Kalifornien.
Der amerikanische F/X-Künstler zauberte die ›Oscar‹-nominierten Spezialeffekte für *Das Geheimnis des verborgenen Tempels* (1985), die mit phantastischen Einfällen wie dem Ritter aus Kirchenfensterglas das London des jugendlichen Sherlock Holmes belebten.
Allens Karriere begann mit den Effekten für *Als die Dinosaurier die Welt beherrschten* (1970) und *Flesh Gordon* (1972). Erste Erfolgsproduktionen versorgte er mit *Das Tier* (1980) und *Caveman* (1981). Er schuf die beklemmend surrealen Puppentrickeffekte für die B-Produktion *Dolls* (1986) und verspielte Effekte für die Millionenprojekte *Das Wunder in der 8. Straße* (1987), *Ghostbusters II* (1989) und *Liebling, ich habe die Kinder geschrumpft* (1989). Animierte Figuren waren seine Spezialität, wie auch der singende Italiener im Vorspann zu *Oscar* (1991). Letztlich übernahm Allen die Regie für *Puppetmaster II* (1990) und *The Primevals* (1999).

Allyn, William (71)
Geb. 22.1.1927, New York.
Gest. 3.1.1999, Los Angeles.
Der amerikanische Produzent war neben seiner langjährigen Fernseharbeit für die Erfolgsproduktionen *Reich und berühmt* (1981) von George Cukor und *Seitensprünge* (1988) von Joel Schumacher verantwortlich. Ein Remake von *Bühneneingang* (1937) konnte Allyn nicht vollenden.

Armitage, Graham (63)
Geb. 1935, Manchester.
Gest. 6.3.1999, Südafrika.
Der britische Schauspieler erhielt für die Darstellung des König Ludwig XIII. in dem grell-obszönen Spektakel *Die Teufel* (1970) von Ken Russell die ›Palme‹ von Cannes als Nebendarsteller.
Im Alter von elf Jahren stand Armitage auf der Bühne. In seinen rund 50 Filmen spielte er wieder für Russell als Prinz Balukia in *Tschaikowsky – Genie und Wahnsinn* (1970) und als Michael in *Boyfriend (Ihr Liebhaber)* (1971). Außerdem war Armitage in den TV-Serien *Mit Schirm, Charme und Melone* und *Simon Templar* zu sehen. Eine seiner letzten Rollen hat Armitage in *Kickboxer V* (1994) und in der TV-Produktion *Hard To Forget* (1998).

Attenhofer, Elsie (90)
Geb. 21.2.1909, Lugano.
Gest. 17.6.1999, Bassersdorf/Kanton Zürich.
Die Schweizer Komödiantin spielte Tante Dete in *Heidi* (1952) und Tante Katie in *Der kühne Schwimmer* (1957). Bekannt wurde Attenhofer durch das legendäre Kabarett »Cornichon«, das sie 1934 gründete. Im Kino spielte Attenhofer außerdem die Hauptrolle der Nelly in der biederen Komödie *Ja sooo!* (1935) und die Annie in *Die mißbrauchten Liebesbriefe* (1940).

Axton, Hoyt (61)
Geb. 25.3.1938, Duncan/Oklahoma.
Gest. 26.10.1999, Helena/Montana.
Der beliebte amerikanische Folksänger spielte den liebenswert-verrückten Erfinder und Familienvater Rand Peltzer in *Gremlins – Kleine Monster* (1983), der in Chinatown den süßen pelzigen Mogwai entdeckt und damit die Schar teuflischer Monster in die weihnachtliche Kleinstadt trägt.
Axton entsprach dem fröhlichen dickleibigen Bild eines Countrysängers, Archetyp und Parodie des Midwest-

amerikaners. In seiner erfolgreichen Musikkarriere schrieb er die Lieder »No Song« für Ringo Starr und »The Pusher« für Steppenwolf, bereits seine Mutter hatte Erfolg als Liedschreiberin mit »Heartbreak Hotel« für Elvis Presley.
Weitere Filmrollen hatte Axton als Vater in *Der schwarze Hengst* (1979) und als Pater Levesque in *Wir sind keine Engel* (1989) sowie als böser Viehbaron in dem Umweltthriller *Der schleichende Tod* (1982). Humor bewies Axton in *Die unglaubliche Reise in einem verrückten Flugzeug* (1980), er ist nur eine Einstellung lang zu sehen, in der er plötzlich von oben ins Bild blickt. Seinen letzten von rund 30 Kino- und TV-Auftritten hatte Axton als Mayor Ed Biddle in *King Cobra* (1999).

B

Bannen, Ian (71)
Geb. 29.6.1928, Alrdie.
Gest. 4.11.1999, Knockies Straight.
Der renommierte schottische Bühnen- und Filmnebendarsteller erlebte zuletzt seinen großen Durchbruch als Hauptdarsteller in der wundervollen Komödie *Lang lebe Ned Devine* (1998), in der Bannen als gerissener Dorfbewohner einen toten Lottokönig am Leben erhält. In *Der Flug des Phönix* (1965) war der hochgewachsene, schwarzhaarige Bannens in der Rolle des Crow als bester Nebendarsteller nominiert.
Bannen gehörte in gut 80 Rollen eher zu den »unsichtbaren« Darstellern, neben denen bzw. durch die Hauptdarsteller glänzen konnten. Regisseure wie Arthur Hiller waren voll des Lobes und betonten Bannens Charme und seine Souveränität. Bannen spielte an der Seite von Paul Newman in John Hustons *Der Mackintosh-Mann* (1973) und Ben Kingsley in Richard Attenboroughs *Gandhi* (1982). In Sidney Lumets *Ein Haufen toller Hunde* (1965) spielte Bannen Unteroffizier Harris, in

Ian Bannen

Michael Apteds *Gorky Park* (1983) den undurchsichtigen Russen Jamskoj und in Louis Malles *Verhängnis* (1992) den Großvater.
Nach *Lang lebe Ned Devine* drehte Bannen *Best, To Walk With Lions* und *The Testimony Of Taliesin Jones*. Weitere Filmangebote standen aus – Bannen starb durch einen Autounfall Nahe Loch Ness.

Bergman, Mary Kay (38)
Geb. 5.6.1961.
Gest. 11.11.1999, Los Angeles.
Die amerikanische Stimmkünstlerin sprach Animationsfiguren in *Die Schöne und das Biest* (1991), *Hercules* (1997), *South Park – Der Film* (1999) und *Star Wars: Episode I* (1999). Als Batgirl/Barbara Gordon war sie in *Batman & Mr. Freeze: SubZero* (1998) zu hören. Sie beging Selbstmord.

Berry, John
(geb. Jak Szold) (82)
Geb. 1917, Bronx/New York.
Gest. 29.11.1999, Paris.
Der amerikanische Regisseur inszenierte den Eddie-Constantine-Film

Küsse, Kugeln und Kanaillen (1955). Seichte wie sozialengagierte Themen zeichneten Berry aus, er gehörte zu der politisch engagierten Garde seiner Gilde und so verließ er Hollywood nach dem John-Garfield-Noir *Steckbrief 7–73* (1951) wegen der aufkommenden McCarthy-Hetze.
Berry begann am Orson Welles' Mercury Theater, arbeitete für RKO und Paramount: Er drehte sein Debüt *Miss Susie Slagle's* (1945) mit Lilian Gish, *Morgen und alle Tage* (1946) und *Dick und Doof erben eine Insel* (1951). In seinem Wahlkunstexil Frankreich gelang es ihm nur schwer, Fuß zu fassen, und er hielt Kontakte in die USA. Zumeist inszenierte er für das Fernsehen oder drehte komödiantische Filme wie die Don-Juan-Posse *Der große Verführer* (1951) und *Ich habe recht und du bist schuld* (1977), sowie das engagierte Sklavendrama *Die schwarze Sklavin* (1957) und das Harlem-Sozialdrama *Claudine* (1974). In den USA drehte Berry erneut Auftragsarbeiten wie *Die Bären sind nicht zu bremsen* (1978) und zuletzt wieder in Frankreich das Jugenddrama *French Streetfighters* (1987)
Zum Ende war der politische Mensch wieder in ihm geweckt. Das Farbigendrama *Boesman And Lena* sollte sein nächster Film werden, das er bereits erfolgreich als Theaterstück aufgeführt hatte.

Bettecken, Wilhelm (79)
Geb. 19.11.1919, Wuppertal.
Gest. 2.8.1999.
Bettecken war ein Pionier der katholischen Filmarbeit. Neben Gremientätigkeiten wie für die FSK war Bettecken ein Mitbegründer der engagierten Filmzeitschrift ›film-dienst‹, die 1999 ihr 50jähriges Bestehen feierte.

Bogarde, Dirk (78)
(geb. Derek Jules Gaspard Ulrik Niven van den Bogaerde)
Geb. 28.3.1921, London.
Gest. 9.5.1999, London.

Dirk Bogarde

Gustav von Aschenbach wartet mit Schminke verlaufenem Gesicht in tiefer Trauer um die unerfüllte Liebe eines Jungen auf sein Sterben in *Tod in Venedig* (1970).
»Bogarde war der Inbegriff des kultivierten, zurückhaltenden, kränklichen, still vor sich hin leidenden Europäers.« (Frank Noack, ›Der Tagesspiegel‹) – das kokettierende Image homosexueller Verführung verband das Leben des begehrenswerten exzentrischen englischen Schauspielers.
Bogarde war ein Publikumsliebling der *Doktor*-Filme wie *Aber, Herr Doktor …* (1954), als ihn Joseph Losey für *Der schlafende Tiger* (1954) entdeckte. Bereits 1960 gab Bogarde sein Hollywood-Debüt als Frank Liszt in *Nur wenige sind auserwählt,* aber er wollte mehr sein als der konventionelle Komödiant und Liebhaber. Zum Charaktermimen und Schwulenidol wurde Bogarde als mexikanischer Killer im hautengen Lederkostüm in *Sommer der Verdammten* (1960) und als der bisexuelle Anwalt Melville Farr in dem Krimi *Der Teufelskreis* (1961) sowie schließlich in Joseph Loseys Psychodrama *Der Diener* (1963): Bogarde gelang als Diener, der seinen Herrn zum Abhängigen macht, der Imagewechsel ins dramatische Fach. Angebote aus Hollywood schlug er vielfach aus, während ihm die Rolle für *Lawrence von Ara-*

bien kurz vor Drehbeginn entzogen wurde.
Bogardes Spezialität war es, zwischen Extremen zu pendeln, zwischen den Geschlechtern, Herren und Dienern, Sadisten und Masochisten. Unter Losey spielte er erneut dramatische und ausgefallene Rollen: in *King and Country* (1964) den Verteidiger eines Deserteurs, in *Modesty Blaise – Die tödliche Lady* (1965) – einem comicartiger Agententhriller – den bisexuellen Bösewicht Gabriel und in *Accident – Zwischenfall in Oxford* (1966) den Hochschulprofessor, der mit Studenten beiden Geschlechtes Verhältnisse pflegt – wie bei ihrem *Diener*-Erfolg schrieb Harold Pinter das Drehbuch. Seine Rolle des Liebhabers eines Playgirls in *Darling* (1966) bescherte ihm nach *Der Diener* den zweiten ›British-Award‹, eine ›Oscar‹-Nominierung seiner introvertierten Darstellungen blieb ihm verwehrt.
Ein erneutes kurzes Gastspiel in Hollywood führte zu den Hauptrollen der Dramen *Alexandria – Treibhaus der Sünde* (1968) von Georg Cukor und *Ein Mann wie Hiob* (1968) von John Frankenheimer.
Doch Bogarde blieb dem europäischen Kino verbunden, das seinem exzentrischen Gemüt scheinbar mehr Spielraum ließ, z.B. als der sadomasochistische SS-Offizier in *Der Nachtportier* (1973).
Er spielte für Visconti in *Die Verdammten* (1969) und natürlich in *Tod in Venedig*. Nach *Eine Reise ins Licht – Despair* (1977) von Rainer Werner Fassbinder zog sich Bogarde nach gut 60 Kinorollen aus dem Filmgeschäft bis auf wenige TV-Auftritte zurück. Er betätigte sich als erfolgreicher Romanautor und erhielt den Ritterschlag zum Sir.
Zuletzt holte ihn der nahende Tod auf die Leinwand: In *Daddy Nostalgie* (1990) von Bertrand Tavernier ist Bogarde der Vater von Jane Birkin, der mit ihr, kurz vor seinem sicheren Tod, sein Leben melancholisch aufarbeitet.

Bowles, Paul (88)
Geb. 30.12.1910, New York.
Gest. 18.11.1999, Tanger/Marokko.
Der berühmte Autor lieferte die autobiographisch gefärbte Romanvorlage des pompösen Wüstendramas *Himmel über der Wüste* (1989) von Bernardo Bertolucci mit Debra Winger und John Malkovich als amerikanisches Ehepaar in Nordwestafrika. Bowles selbst spielte die Figur des Erzählers und sprach seine eigenen Worte: »Wie oft wird man noch den Vollmond aufsteigen sehen? Vielleicht zwanzigmal. Und doch scheint alles grenzenlos.«
Außerdem dienten verschiedene Geschichten von ihm als Vorlage zu dem ebenfalls in Afrika spielenden Episodenfilm *Paul Bowles' Halbmond* (1994) von Frieder Schlaich & Irene von Alberti, erneut mit Bowles als kommentierendem Erzähler.

Box, Betty Evelyn (78)
Geb. 25.9.1915, Beckenham.
Gest. 15.1.1999.
Die britische Produzentin gehörte zu den Erfolgsgrößen der britischen Nachkriegsfilmszene. Box produzierte die Unterhaltungsfilme *Miranda* (1948), *Aber, Herr Doktor ...* (1954) und *Verschwörung der Herzen* (1960).

Bresson, Robert (92)
Geb. 25.7.1907, Bromont-Lamothe.
Gest. 18.12.1999, Paris.
Der eigenwillige französische Regisseur schuf einen stilisierten Kinorealismus, der sich zwischen Neorealismus und Nouvelle vauge bewegte. Zeit seines Lebens wurde Bresson als strenger Formalist zur Legende, sein Mythos läßt seine ›nur‹ 13 Filme wie *Tagebuch eines Landpfarrers* (1950), *Pickpocket* (1959) und *Das Geld* (1982) fast nebensächlich erscheinen. »Einer der letzten Künstler und Heiligen des Kinos«, nannte ihn Fritz Göttler (›SZ‹). Es gibt keinen vergleichbaren Regisseur, eventuell Carl Theodor Dreyer, obgleich Bresson für viele Regisseure wie Martin Scorsese und Louis Malle

Robert Bresson

ein Vorbild war. Bresson verweigerte gespielte Gefühle und nutzte deshalb Laiendarsteller, seine sogenannten ›Modelle‹, die emotionslos ihre Texte aufsagten und oft wie Schatten über die Leinwand huschten: In der Reduktion des Formellen erzeugte Bresson eine mystische Qualität. Bresson erklärte seinen formell streng kalkulierten Stil: »Die Form bildet und erzieht weit mehr als der Inhalt« und »Alle Gefühle kommen aus der Mechanik und aus der Zurückhaltung und nicht aus einer künstlichen Erregung.« Sein nüchternes Kalkül erinnert an den diesjährig verstorbenen Meisterregisseur und Kontrollfreak Stanley Kubrick.
Nach dem Studium der Literatur und Philosophie kam der Sohn eines Offiziers als Drehbuchautor zum Film. Der Krieg, in dem Bresson über ein Jahr in deutsche Kriegsgefangenschaft geriet, verhinderte zunächst seine Regiekarriere. Bresson debütierte mit *Das Hohelied der Liebe* (1943) und stellte anhand einer Novizin theologische Fragen nach Schuld und Sühne. Mit *Tagebuch eines Landpfarrers* gelang ihm sein erstes befremdliches Meisterwerk, in dem er unermüdlich den seelischen Kampf eines sterbenskranken Pfarrers zeigt. Sein Lebensthema wurde die Selbstverwirklichung des Menschen aus dem Glauben für die Freiheit in einer christlichen Welt. Seine künstlerische Kompromißlosigkeit, die auf eine realitätsgetreue wie karge Einfachheit der Bilder und schnörkellose Erzählweise setzte, wodurch er eine eindringliche Ausdruckskraft erzeugte, führte dazu, daß er in den ersten 20 Jahren nur sechs Filme realisieren konnte.
Die minutiöse Darstellung der Gefängnisflucht eines Widerstandskämpfers in *Ein zum Tode Verurteilter ist entflohen* (1956) machte ihn zum Liebling des modernen französischen Kinos. Sein nächstes Meisterwerk *Pickpocket* war ein Montagebravourstück, das gleich einem Ballett das virtuose Handwerk von Taschendieben in minimalisitischer Formalsprache aus Groß- und Detailaufnahmen zu einer ellipsenhaften Form verbindet. Es folgte der in fast dokumentarischem Stil inszenierte *Der Prozeß der Jeanne d'Arc* (1961), der das Gerichtsverfahren der Ritterin an Tatsachen orientiert und ohne offensichtliche dramaturgische Spannungsbögen in asketischen Bildern zeigt – die Regisseure der Nouvelle vauge waren begeistert. Auch *Lancelot, Ritter der Königin* (1973) bot kein Historiengemälde, sondern war ein Gedankenmodell ohne die Gralsgeschichte. Bressons Interesse an der Theologie, von

der er sich selbst distanziert zeigte, kam deutlich in *Zum Beispiel Balthasar* (1956) hervor: In völliger Ablehnung der Schauspieler als Vieh dient in gleichnishafter spiritueller Erzählweise ein geschundener Esel, als Stellvertreter für das Leiden der Menschen, als Interpretation der Passionsgeschichte des Evangeliums.
Die Dramen *Mouchette* (1966) *Die Sanfte* (1969), *Vier Nächte eines Träumers* (1970), *Der Teufel möglicherweise* (1976) standen im Schatten des eigenen Werkes. *Das Geld* (1982) zeigte wie durch unglückliche Zufälle ein paar Blüten eine Reihe von Menschen in ihr Unglück stürzen. Hier vereinte Bresson noch einmal alle Merkmale seines Schaffens zu einem provokanten Film über die Unmenschlichkeit des Menschen.
Danach zog sich Bresson zurück und bot seinem »Kinematograph«, wie er sein ernstes Kino der Essenz nannte, einen würdigen Abschluß.

Brooke, Hillary (84)
Geb. 8.9.1914, Astoria/New York.
Gest. 25.5.1999, Bonsall/Kalifornien.
Die amerikanische Schauspielerin war die Mutter des Jungen, der die Außerirdischen in dem C-Kultfilm *Invasion vom Mars* (1953) entlarvte. Ihr Debüt hatte Brooke als »Blond On Stage« in *Zauberer der Liebe* (1939) – als stets elegante Blondine war Brooke in den Prestigeproduktionen *Die Waise von Lowood* (1944), *Mit den Augen der Liebe* (1944) und *Der Mann, der zuviel wußte* (1956) zu sehen.
Ihre größte Rolle hatte Brooke in *Der Weg nach Utopia* (1945) aus der *Road-to*-Serie als Kate neben Bob Hope und Bing Crosby. In der beliebten 50er-Jahre-Sitcom *My Little Margie* spielte sie die Roberta Townsend.

Brown, Vanessa (71)
(geb. Smylia Brind)
Geb. 24.3.1928, Wien.
Gest. 21.5.1999, Woodland Hills/ Kalifornien.
Die attraktive Schauspielerin war die Jane neben Lex Barker in *Tarzan und das Sklavenmädchen* (1950).
In den 40er Jahren kam die gebürtige Österreicherin nach Hollywood, und spielte hier auch zeitweilig auch unter dem Namen Tessa Brind. In der romantischen Komödie *Ein Gespenst auf Freiersfüßen* (1947) verkörperte Brown den Erwachsenenpart der Hauptrolle neben der jungen Natalie Wood. Einen größeren Auftritte hatte sie außerdem in *Die Erbin* (1949) neben Montgomery Clift und Olivia de Havilland.
Nach gut 50 Filmen in einem Jahrzehnt heiratete Brown und zog sich, bis auf kleine Leinwandauftritte, aus dem Geschäft zurück.

Brox, Bobbe (98)
Gest. 2.5.1999,
Glen Falls/New York.
Die amerikanische Sängerin spielte in dem »Brox Sisters«-Trio nach Showerfolgen in den 20er Jahren in *The Hollywood Revue Of 1929, King Of Jazz* (mit Bing Crosby) und *Spring Is Here*. Brox war die letzte Überlebende des Trios.

Büchi, Ella (70)
Gest. 4.12.1999.
Die Schweizer Schauspielerin hatte den Part des Gretchens in *Faust* (1960) an der Seite von Gustav Gründgens, für den Ella Büchi auch in seinen Theaterinszenierungen des Stückes spielte.

C

Caballero, Francisca (83)
Gest. 10.9.1999, Madrid.
Die spanische Darstellerin hatte mehrere Rollen in den Filmen ihres Sohnes Pedro Almodóvar – sie waren eher Insidergags, so wie Hitchcock aufzutreten pflegte. In *Kika* (1995) spielte Caballero die hausbackene Vertreterin eines Literaturprogrammes, die Peter Coyote interviewt.

Calhoun, Rory (76)
(geb. Francis Timothy McCown)
Geb. 8.8.1922, Los Angeles.
Gest. 28.4.1999, Burbank/Kalifornien.
Der amerikanische Schauspieler schlug sich als Rauhbein durch Western und Abenteuerfilme: als junger Postkutscher in *Die silberne Peitsche* (1953) oder als grimmiger Ganove Harry Weston in *Fluß ohne Wiederkehr* (1954) von Otto Preminger.
Zu Beginn seiner Karriere in den 40er Jahren hatte Calhoun eine Kleinstrolle in dem Laurel-&-Hardy-Film *Stierkämpfer wider Willen* (1945). Seine Zeit als B-Western-Star verbrachte er mit rohen B-Western wie *Heißer Atem* (1955), *Einer gegen fünf* (1957) oder *Stadt ohne Sheriff* (1963) und der TV-Serie *The Texan* (1958–60). In dieser Zeit war Calhoun auch hinter der Kamera aktiv und schrieb *Ritt in die Hölle* (1957). Allein in den 50er Jahren drehte er 30 seiner gut 80 Filme.
In den 60er Jahren fand er, wie die B-Stars Stewart Granger und Lex Barker, sein Glück im europäischen B-Film und spielte die Hauptrollen der Abenteurer und Krieger in *Das Geheimnis von Monte Christo* (1960), *Der Koloß von Rhodos* (1960) und *Marco Polo* (1961). Seitdem wurden Calhouns Auftritte, wie der eines Bürgerkriegsgenerals in dem Fernsehmehrteiler *Die Blauen und die Grauen* (1982), rar.
Eine Reminiszenz an sein Werk erhielt er in *Angel* (1983) und *Angel kehrt zurück* (1984). Hier hilft er als alternder Cowboy Kit Carson auf dem verruchten Hollywood Boulevard einer jungen Prostituierten Selbstjustiz zu üben. Der alternde Cowboy war auch seine letzte Rolle in *Pure Country* (1992).

Carabella, Flora (73)
Geb. 15.2.1926, Rom.
Gest. 20.4.1999, Rom.
Die italienische Schauspielerin war in Nebenrollen in *Der Messias* (1975) von Roberto Rossellini und in *Casotto* (1977) von Sergio Citti mit Jodie Foster zu sehen.
In ihrer kleinen Kinokarriere spielte Carabella in *Die Basilisken* (1963) in der größeren Rolle der Luciana Bonfanti und *The End Of The World In Our Usual Bed In A Night Full Of Rain* (1977) von Lina Wertmüller. Zuletzt war sie Mutter Superior in *Donne in un giorno di festa* (1993) von Salvatore Maria.

Cass, Peggy (74)
(geb. Mary Margaret Cass)
Geb. 21.5.1924, Boston/Massachusetts.
Gest. 8.3.1999, New York.
Die amerikanische Schauspielerin war in der Wirtschaftsdepressionskomödie *Die tolle Tante/Auntie Mame* (1958) für den ›Oscar‹ als beste Nebendarstellerin nominiert.
Im Kino war die erfolgreiche Theaterdarstellerin außerdem in *Happy-End … und was kommt dann?* (1952) und *April entdeckt Hawaii* (1961) als Komödiantin zu sehen.

Chiaki, Minoru (82)
(geb. Katsuharu Sasaki)
Geb. 30.7.1917, Hokkaido.
Gest. 2.11.1999, Tokio.
Der Schauspieler war der letzte Überlebende der glorreichen Kämpfer in *Die sieben Samurai* (1953) von Akira Kurosawa, er spielte Heihachi.
Wie Toshiro Mifune war Chiaki ein Lieblingsdarsteller von Kurosawa, elf Filme drehten sie zusammen, z. B. *Rashomon – Das Lustwäldchen* (1950) und *Die verborgene Festung* (1958).

Chapman, Marguerite (81)
Geb. 9.3.1918, New York.
Gest. 31.8.1999, Burbank/Kalifornien.
Die amerikanische Schauspielerin setzte ihre Kinospitzen als Sekretärin Miss Morris in *Das verflixte siebente Jahr* (1955) und war als attraktive Hotelbesitzerin Kate Hardison in *Abrechnung in Coroner Creek* (1948) neben Randolph Scott zu sehen.
Das ehemalige Fotomodell hatte ihre beste Zeit in den 40er Jahren. Chapman

spielte wichtige Nebenrollen in Komödien wie *Charlie Chan im Wachsfigurenkabinett* (1940) und die Hauptrollen in den Kriegsdramen *Destroyer* (1943) neben Glenn Ford und *Appointment in Berlin* (1943) mit George Sanders.

Chiao, Roy (72)
Geb. 1927, Schanghai.
Gest. 16.4.1999, Seattle/Washington.
Der asiatische Schauspieler erhielt den ›Hong-Kong-Award‹ für seine Darstellung des ehemaligen Kampffliegers und erkrankten Schwiegervaters in dem sanft-heiteren *Sommerschnee* (1996) von Ann Hui. In *Bloodsport* (1988) spielte er den Karatelehrer Tanaka von Jean Claude Van Damme, der den Tod seines Meisters blutig im Ring rächt. Chiao spielte seit *Xian Mu Dan* (1955) in zahlreichen nationalen Komödien und Fantasyfilmen. Eine kleine Rolle hatte er in *Indiana Jones und der Tempel des Todes* (1984) als Gangster Lao Che.

Clementi, Pierre (57)
Geb. 28.9.1942, Paris.
Gest. 28.12.1999, Paris.
Der französische Schauspieler umwirbt als der junge Ganove Marcel mit glitzernden Silberzähnen, Gesichtsnarbe und langem schwarzem Ledermantel in *Belle de Jour – Schöne des Tages* (1967) Catherine Deneuve als masochistische Prostituierte, was ihm sein Leben kostet. Clementi spielte gewalttätig, aber nicht ohne Sympathien, was ihm den Ruf eines Engels und eines Dämons einbrachte. Er war wie »Klaus Kinski die Inkarnation des infernalischen Bösewichts, des vom Haß Gezeichneten. Spezialisiert war er auf zwielichtige, gruselige Figuren, die aus der Nacht kamen.« (Gerhard R. Koch, ›FAZ‹)
Clementi spielte in mehreren B-Pictures, hatte jedoch das Glück, für hervorragende Regisseure zu arbeiten, wie bei seinem Debüt in *Der Leopard* (1962) von Visconti und in *Der große Irrtum* (1969) von Bernardo Bertolucci, in

Pierre Clementi

dem er als schwuler Chauffeur zum Anlaß der Tragödie wird. Er bevorzugte obskure Rollen in ungewöhnlichen Filmen: Als unschuldiger Jüngling brillierte Clementi in der frivolen Historienkomödie *Benjamin – aus dem Tagebuch einer männlichen Jungfrau* (1967), ebenfalls mit Catherine Deneuve. Er spielte die Doppelrolle in dem kannibalistischen Fleischpamphlet *Der Schweinestall* (1969) von Pier Paolo Pasolini und den Schizophrenen in *Partner* (1968) von Bernardo Bertolucci nach Dostojewskijs »Der Doppelgänger«.
Im wahren Leben erregte er Aufsehen, als er 1972 wegen Drogen für 17 Monate hinter Gitter wanderte, worin er eine rechtspolitische Verschwörung sah. Nach diesem Karriereknick zog er sich weitgehend von der Leinwand zurück und wandte sich dem Theater und dem Undergroundfilm zu, wo er seine Experimentierfreude ausleben konnte. Zu seinen wenigen Filmen gehören die provokante Episodencollage *Sweet Movie* (1973), das dekadente Historiendrama *Quartett* (1981), das Sci-Fi-Spektakel *Es ist nicht leicht ein Gott zu sein* (1989) und zuletzt der Ausstei-

gerwüstenfilm *Marrakesch* (1998). Es bleibt die Erinnerung an Clementi als ein schwarzer Engel.

Cody, Iron Eyes (91)
(geb. Oscar DeCorti)
Geb. 3.4.1907, Gueydan/Lousiana.
Gest. 4.1.1999, Los Angeles.
Der amerikanische Ureinwohner spielte jahrzehntelang rund 80mal den ›Indianer‹. Cody gehörte zum Stab in *Entscheidung am Big Horn* (1965), *Nevada Smith* (1966), *Der Mann, den sie Pferd nannten* (1970) und *Chaos im Camp* (1987).
In den Credits tauchte Cody schlicht als »Indianer«, »Indianerhäuptling« oder »Indianer Joe« auf, in *Nyoka – Herrin der Beduinen* (1942) war er »Araber«.

Corby, Ellen (87)
(geb. Ellen Hansen)
Geb. 3.6.1911, Racine/Wisconsin.
Gest. 14.4.1999, Los Angeles.
Die amerikanische Schauspielerin war die ›Emmy‹-gekrönte Oma Walton der TV-Serie *Die Waltons*. Für das Familiendrama *Geheimnis der Mutter* (1948) war Corby als beste Nebendarstellerin für den ›Oscar‹ nominiert.
Weitere bekannte ihrer über 100 Filme sind die Klassiker *Ist das Leben nicht schön?* (1946), *Sabrina* (1954), *Vertigo* (1958) und *Wiegenlied für eine Leiche* (1964).

Cohrs, Eberhard (78)
Geb. 4.1.1921, Dresden.
Gest. 17.8.1999, Diensdorf.
Der bekannte DDR-Komiker spielte in der Defa-Historienkomödie *Hauptmann Florian von der Mühle* (1968) den überheblichen Dorfgendarm, den Manfred Krug mit Gemüse bewirft. In *Nelken in Aspik* (1976) war er der neurotische Puppenspieler an der Seite von Armin Mueller-Stahl.
Der kleinwüchsige Darsteller mit breitem sächsischem Akzent war der Publikumsliebling der TV-Show *Hallo, Eberhard*. 1977 verließ Cohrs die DDR, ohne jedoch den Erfolg im Westen fortzusetzen, er blieb nur der lustige Sidekick für Komiker wie Harald Juhnke, Dieter Hallervorden und Rudi Carell oder spielte auf der Bühne lustige Rollen wie Sam Hawkins. Zuletzt war er in *Mann ist so jung, wie man sich fühlt* (1990) zu sehen.

Costa e Silva, Manuel (60)
Geb. 19.3.1938, Lissabon.
Gest. 26.1.1999, Lissabon.
Der portugiesische Kameramann bestimmte die Bildgestaltung für *Das Verhängnis der Liebe* (1978) von Manoel de Oliveira. Costa e Silva galt als Meister der Schwarzweißfotographie und war selbst als Dokumentarfilmer bei *A Grande Roda* (1969) und Spielfilmregisseur bei *A Moura Encantada* (1985) tätig.

Crane, Harry (85)
Geb. 1914, New York.
Gest. 16.9.1999, Beverly Hills.
Der amerikanische Comedy-Autor schrieb Laurel & Hardys *Schrecken aller Spione* (1943) und Abbott & Costellos *Abenteuer im Harem* (1944). Crane war ein begehrter Dialogautor, der für die musikalische Komödie *Erfüllte Träume* (1946) und Stars wie Jerry Lewis, Bing Crosby und Dean Martin schrieb.

Crichton, Charles (89)
Geb. 6.8.1910, Wallasey.
Gest. 14.9.1999, London.
Der britische Regisseur bestach mit seinem ›Oscar‹-nominierten Alterserfolg *Ein Fisch namens Wanda* (1987), eine spöttische Abrechnung mit britischen und amerikanischen Eigenarten im Monty-Python-Stil. Crichton war ein Meister der Komödie, die er als sehr ernste Angelegenheit ansah.
Hauptdarsteller John Cleese beschrieb Crichton als autoritären, aber herzlichen Menschen. Während der Dreharbeiten trug er ein T-Shirt mit der Aufschrift »Alter und Skrupellosigkeit werden immer über Jugend und Talent siegen«.

Crichton war einer jener Regisseure, deren Namen im Gegensatz zu seinen Filmen kaum jemand kennt. Zu seinen bekanntesten Filme gehören *Einmal Millionär sein/Das Glück kam über Nacht* (1951), in dem Alec Guinness als schüchterner Bankbeamter die Goldbarren einer Diebesbeute in Modell-Eifeltürme schmilzt, *Titfield-Express* (1952), in dem Kleinstädter ihre Bahn verteidigen, und *Mister Miller ist kein Killer* (1959) mit Peter Sellers als Buchhalter. Crichtons Stoffe bestachen dadurch, Alltagsmenschen in bizarre Ereignisse zu stürzen.
Crichton begann mit dem subtilen Kriegsdrama *Those In Peril* (1944) und mit dem makabren Episodenfilm *Traum ohne Ende* (1945). Es folgten sympathische Filme jeden Genres wie *Die kleinen Detektive* (1946), *Ein Kind war Zeuge* (1952), *Versuchsmaschine CB5* (1956). Seine Hollywoodkarriere scheiterte sogleich am Set von *Der Gefangene von Alcatraz* (1961), wo er durch John Frankenheimer ersetzt wurde. Seinen vorerst letzten eines guten Dutzend an Filmen drehte Crichton bereits in den 60ern mit *Wer einen Tiger reitet* (1965).
In den 70er folgten Regiearbeiten für die Fernsehserie *Mondbasis Alpha 1* und *Mit Schirm, Charme und Melone*. Fast 25 Jahre nach Ende der Kinokarriere drehte er mit dem *Ein Fisch namens Wanda*-Erfolg den krönenden Abschluß seiner Karriere.

Crisp, Quentin (90)
(geb. Dennis Charles Pratt)
Geb. 25.12.1908, Carshalton.
Gest. 21.11.1999, Manchester.
Der englische Performancekünstler und Autor war einer der ersten Engländer, der sich offen zu seiner Homosexualität bekannte. Mit *Wie man sein Leben lebt* (1975) wurde Crisps 1968 erschienene Autobiographie »The Naked Civil Servant« mit John Hurt als hervorragendem Hauptdarsteller verfilmt. »Crisp gehörte zu jenen britischen Exzentrikern, die Flamboyanz zum Lebensinhalt gemacht haben. Als die Homosexualität noch verboten war, lief er mit lackierten Fingernägeln und bemaltem Gesicht herum. [...] Als ihn ein Beamter der US-Botschaft fragte, ob er die Homosexualität ausübe, erwiderte Crisp, er übe nie, denn er sei schon perfekt.« (Gina Thomas, ›FAZ‹)
Crisp spielte in allen Showbusineßklassen eine Rolle. In *Orlando* (1993) war er als Queen Elizabeth zu sehen und zeigte, daß sein schauspielerisches Talent nicht nur auf Selbstdarstellung reduziert war. Außerdem spielte er in *Naked in New York* (1994) sich selbst und in der Transvestiten-Komödie *To Wong Foo, Thanks for Everything, Julie Newmar* (1995) den New Yorker Richter. Seine letzte Rolle hatte Crisp in *Homo Heights* (1998).

D

D'Almeida e Silva, Fernando
Geb. 1945, Maputo.
Gest. 28.7.1999, Lissabon.
Der portugiesische Regisseur und Mitbegründer des nationalen Filminstituts drehte seit den 70ern zahlreiche Dokumentarfilme sowie die Spielfilme *Mocambique, um ano de Independencia* (1979), *Amenic* und zuletzt *A Tempestade da Terra*.

d'Amato, Joe (62)
(geb. Aristide Massaccesi)
Geb. 15.12.1936, Rom.
Gest. 23.1.1999.
Der italienische Regisseur ist eine Trashlegende einschlägiger billiger Genrefilme wie dem Erotikfilm *Black Emanuelle* (1976) oder dem Kannibalenstreifen *Man-Eater* (1980). Der kommerziell bedachte d'Amato galt als freundlich-familiärer und leidenschaftlicher Filmemacher, dem mit *Die Rotröcke* (1974) ein grundsolider Western gelang.
D'Amato lernte das Filmgeschäft von klein an, er selbst drehte und produzierte über 100 Filme, teils unter Pseud-

onymen. Als Oscar Faradine drehte er seinen ersten Film *Kopfjagd* (1972). Es folgten fast ausschließlich Schmuddelfilme, die aus einer Mischung aus Sex, Sklaven und Zombies bestanden. Dabei gelang es ihm, seine *Black-Emanuelle*-Darstellerin Laura Gemser, die später auch in *In der Gewalt der Zombies* (1979) für ihn spielte, als ›Kultstar‹ zu etablieren.

In den 80er Jahren wandte sich d'Amato, stets das kommerzielle Kalkül im Auge, neben Softsexfilmen wie *Sklavin für einen Sommer* (1984) oder *Top Model* (1987) dem Hardcore-Porno zu. Zu seinen letzten Erotikfilmen gehörten *Valentino – Durch die Betten Hollywoods* (1997) und *Experiences* (1998).

Dayton, Danny (75)
Geb. 20.11.1923, Jersey City/New Jersey.
Gest. 6.2.1999, Los Angeles.
Der amerikanische Schauspieler und TV-Serien-Regisseur hatte kleine Rollen in den Genrefilmen *Liebe auf den ersten Biß* (1978) als Billy und *Ed Wood* (1994) als Soundman.

Dean, Eddie (91)
(geb. Edgar Dean Gloslup)
Geb. 9.7.1907, Posey/Texas.
Gest. 4.3.1999, Thousands Oaks/Kalifornien.
Als singender Cowboy war Dean in B-Western-Ware der 30er und 40er Jahre wie *Shadow Valley* und *Tumbleweed Trail* zu sehen. Außerdem hatte er Rollen an der Seite von Hopalong Cassidy und Gene Autry.

DeVol, Frank (88)
Geb. 20.9.1911, Moundsville/West Virginia.
Gest. 27.10.1999, Lafayette.
Der amerikanische Komponist war ein Allroundtalent des Showbusineß. Neben Melodien für das Fernsehen komponierte DeVol die ›Oscar‹-nominierten Soundtracks der so unterschiedlichen Klassiker *Bettgeflüster* (1959), *Wiegenlied für eine Leiche* (1964), *Cat Balou – hängen sollst Du in Wyoming* (1965) und *Rat mal, wer zum Essen kommt* (1967).

Dmytryk, Edward (90)
Geb. 4.9.1908, Grand Forks/Kanada.
Gest. 1.7.1999, Encino/Kalifornien.
Der amerikanische Regisseur inszenierte das Meisterwerk *Die Caine war ihr Schicksal* (1954). Sein Ruf als Regisseur wurde durch die Aussage vor dem McCarthy-Komitee, nachdem er als einer der »Hollywood Ten« zu einer Haftstrafe verurteilt worden war, überschattet. Die Verachtung als Judas traf ihn deswegen härter als Elia Kazan, der ohne langes Zögern ausgesagt hatte. Die Frage nach der Schuld, Mitschuld und Unschuld thematisiert Dmytryk mit der Meuterei auf dem Kriegsschiff der Caine, an deren Ende die Frage steht, warum niemand dem Kapitän geholfen hat. In der zynischen Weltdarstellung seiner Filme ist Dmytryk vielfach wiederzuerkennen.

Dmytryk schuf den Noir-Klassiker *Murder, my Sweet* (1944), die Propagandahetze *Stahlgewitter* (1945) und das verunglückte Prof.-Unrat-Remake *Der blaue Engel* (1959), aber er bestach mit intelligenten Genrefilmen wie dem Atomparanoia-Thriller *Die 27. Etage* (1964). Das Dramatische suchte er in inneren Konflikten, so daß ihm hervorragende Genrearbeiten wie der »Problem«-Western *Warlock* (1958) mit Richard Widmark und Henry Fonda als rivalisierende Sheriffs oder das erfolgreiche Kriegsdrama *Die jungen Löwen* (1957) mit Marlon Brando und das packende Bergsteigerdrama *Berg der Versuchung* (1956) mit Spencer Tracy.

Der Sohn russischer Einwanderer arbeitete in seiner Jugend als Filmvorführer und als Cutter in Diensten der Paramount für Georg Cukor und Henry Hathaway, bis er 1935 für *The Hawk* die Regie für den ersten von rund 50 Filmen übernahm. Mit *Kreuzfeuer* (1947) erreichte seine Karriere den ersten Höhepunkt, er gehörte zu den wichtigsten Regisseuren in Hollywood. Zu die-

sem Zeitpunkt ereilte ihn die McCarthy-Kommission und er sagte aus: Sein Ansehen war verloren. Er spürte den Zorn der vermeintlich Gerechten von allen Seiten – einzig sein Ruf als früher Meister des ›film noir‹ blieb weitgehend unbeanstandet.
An seinem 90. Geburtstag schien er schon längst verstorben. Dmytryk: »Mein Ruf ist dahin, niemand nennt meinen Namen, wenn über große Regisseure gesprochen wird.« Während Kazan mit dem Ehren-›Oscar‹ 1999 rehabilitiert wurde, blieb Dmytryk in Vergessenheit. Billy Wilder sagte über die ›Hollywood Ten‹, daß nur zwei talentiert gewesen seien und die anderen nur unfreundlich – unfraglich war Dmytryk einer der wenigstens zwei. Die tragische Figur im glamourösen Hollywood setzte seine Arbeit fort: Seine Filmthemen waren Loyalität, menschliche Charakterstärke, verkannte Persönlichkeiten oder Entscheidungsnotstand.
Dmytryk drehte bis zu den 70er Jahren, in denen nach *Die gebrochene Lanze* (1954), *Die Unersättlichen* (1963) seine Karriere mit *Blaubart* (1972) und dem billigen Selbstjustizthriller *Ein Mann rechnet ab* (1975) niederging.
Sein milieugetreues Wirtschaftsdepressionsdrama *Haus der Sehnsucht* (1949) hielt Dmytryk selbstbewußt für einen der besten 10 Filme aller Zeiten. Der Kapitän ist von Bord gegangen.

Douglas, Robert (89)
Geb. 9.11.1909, Bletchy/ Buckinghamshire.
Gest. 11.1.1999, Los Angeles.
Der britische Schauspieler und Regisseur spielte in *Ivanhoe – Der schwarze Ritter* (1952) den Normannenführer Sir Hugh De Bracy mit sympathischen Zügen, die ihn, im Gegensatz zu seinem arroganten Kompagnon De Bois-Guilbert, vor dem tödlichen Schwertstoß durch den edlen Ritter Ivanhoe bewahren.
Der ehemalige Londoner Bühnendarsteller hatte große Rollen in *Over The Moon* (1936) neben Rex Harrison, *Die Liebesabenteuer des Don Juan* (1949) als Herzog de Lorca neben Errol Flynn und *Die Söhne der drei Musketiere* (1952) als Lavalle. Douglas wechselte zur Regie, inszenierte *Die entscheidende Stunde* (1962) und etablierte sich als angesehener TV-Regisseur, z.B. durch *Columbo: Bei Einbruch Mord* (1976).

Dugowson, Maurice (61)
Geb. 23.8.1938, Saint-Quentin.
Gest. 11.11.1999, Paris.
Der französische TV- und Kinoregisseur inszenierte und schrieb das sensible Drama *F wie Fairbanks* (1976) mit Miou-Miou, Patrick Dewaere und Michel Piccoli, in dem ein Arbeitsloser mit dem Namen des Schauspieleridols zu kämpfen hat.
Dugowson arbeitet zunächst für das Fernsehen, bis er mit dem an Jacques Tati erinnernden skurrilen Film *Lily, hab mich lieb* (1974) debütierte. Melancholie durchzog *Auf Wiedersehen, bis Montag* (1976) mit Miou-Miou. Schließlich arbeitete Dugowson wieder hauptsächlich für das Fernsehen, wie für den Krimi *Wir singen im Chor* (1987). Seine letzten Filme inszenierte Dugowson mit *La poudre aux yeux* (1994) und *Che El* (1997).

E

Elliott, Ross (82)
Geb. 18.6.1917, Bronx/New York.
Gest. 12.8.1999, Los Angeles.
Der profilierte amerikanische TV- und Broadwaydarsteller der 70er Jahre hatte Serienrollen in *I Love Lucy, Rawhide* und *Kobra: Übernehmen sie*. Im Kino trat Elliott in *Stoßtrupp Gold* (1969), *Endstation Hölle* (1972), *Flammendes Inferno* (1974) und *Sag ja zur Liebe* (1975) auf.

Everett, Francine (79)
Geb. 1920.
Gest. 27.5.1999, New York.
Die amerikanische Schauspielerin war

zuletzt neben Sidney Poitier in dem Thriller über Rassenhaß *Der Haß ist blind* (1950) zu sehen.
Everett hatte ihre erfolgreichste Zeit in den 30er und 40er Jahren. Sie hatte rund 50 Kleinstauftritte als Sängerin in Musicals und spielte in den Low-Budget-Black-Filmen *Keep Punching* (1939), *Big Timers* (1945) und *Dirty Gerty From Harlem U.S.A.* (1946).

F

Fehr, Rudi (87)
Geb. 6.7.1911, Berlin.
Gest. 16.4.1999, Los Angeles.
Der deutsche Cutter war zusammen mit seiner Tochter Kaja für den Schnitt von *Die Ehre der Prizzis* (1985) für den ›Oscar‹ nominiert. »Ein Cutter darf keinen eigenen Stil haben, er soll den Stil des Regisseurs interpretieren«, war Fehrs schlichte Zauberformel.
Fehr arbeitete in Berlin bis 1933 für Sam Spiegel und schnitt außerdem ungenannt *Der Tunnel* (1933). Über Wien und London kam er nach Hollywood, wo er zunächst deutsche Filme für Warner Bros. übersetzte. Für *My Love Came Back* (1941) mit Olivia De Havilland bekam er seinen ersten Credit als Cutter. Seine Karriere führte zu Großproduktionen: Fehr schnitt *Hafen des Lasters* (1948), *Ich beichte* (1953), *Bei Anruf Mord* (1954), *Das Kabinett des Dr. Bondi* (1953) und zuletzt *Im Land der Pharaonen* (1955).
Warner war Fehrs Heimatfirma. Mit Jack Warner verstand sich Fehr glänzend. Als Fehr gegen seinen Willen in den 50ern zum Producer erhoben wurde und bereit war zu gehen, übertrug ihm Warner die Leitung der Postproduktion. Mit 65 schied Fehr offiziell bei Warner aus, arbeitete aber für die Firma und als Postproduktionschef für Coppolas »Zoetrope« fort, z.B. stellte er die englischen Fassungen von *Fanny & Alexander* und *Väter und Söhne* her und schnitt für ihn *Einer mit Herz* (1981).
1985 folgte er dem Ruf von John Huston, für den er *Hafen des Lasters* geschnitten hatte, für *Die Ehre der Prizzis* an den Schneidetisch zurückzukehren. Bis zu seinem Lebensende blieb Fehr als Forscher, Lehrer und Berater in Sachen Film tätig.

Frank, Horst (69)
(geb. Horst Bernhard Wilhelm Frank)
Geb. 28.5.1929, Lübeck.
Gest. 26.5.1999, Heidelberg.
Der deutsche Schauspieler war der Gangster, Ganove und Bösewicht par excellence in deutschen Krimis und europäischer B-Genre-Ware der 60er Jahre. Mit seiner Coolness und unvergleichlich rauher Stimme war er prädestiniert für Genrerollen und überzeugte noch in billigster Ware als eiskalter blonder Verbrecher. Selbstironisch merkte Frank an, daß er für Deutschland lieber geküßt als getötet hätte.
»Eine Art deutsche Antwort auf Richard Widmark, aber eingesetzt in den (Neben-)Rollen eines Henry Silva.« (Rolf-Ruediger Hamacher, ›film-dienst‹) Frank galt als ausdrucksstarker wie schwieriger Darsteller, dem sein Renommee oft völlig egal schien, so daß sich Vergleiche mit Klaus Kinski aufdrängen.
In den 50er Jahren begann Frank trotz nicht abgeschlossener Schauspielausbildung eine erfolgreiche Bühnenkarriere. Die Rolle des Feiglings Albon Droste in dem II.-Weltkriegs-Fliegerdrama *Der Stern von Afrika* (1957) machte ihn bekannt.
Es folgten beeindruckende Nebenrollen als Selbstmörder in *Haie und kleine Fische* (1957), als Mörder in *Der Greifer* (1957), als Zeuge Jehovas in *Das Mädchen Rosemarie* (1958) und Krimineller in *Bumerang* (1960). Hier spielte Frank den für ihn typischen zerrissenen Außenseiter, »der seine innere Unsicherheit mit coolem Gehabe, kaltem Blick und sadistischem Zug um die Mundwinkel überspielt.« (Hamacher, ›film-dienst‹)

Horst Frank

Für Hans Albers, Hans Jörg Felmy bis Lino Ventura erwies sich Frank als hervorragender »supporting actor«. In den 60ern folgten eine Reihe billiger Western und Abenteuerstreifen – meistens wahre Schundfilme –, in denen er wie Kinski auf die Bösewichter vorprogrammiert war. Frank spielte neben Lee van Cleef ganz in Weiß den Bösewicht in *Drei Vaterunser für vier Halunken* (1972) und war der Schurke in *Die Flußpiraten vom Mississippi* (1963), *Die Rache des Dr. Fu Man Chu* (1966), *Marquis de Sade: Justine* (1968) *Die neunschwänzige Katze* (1970) und *Fluchtweg St. Pauli – Großalarm für die Davidswache* (1971).
Die 70er brachten den TV-Ruhm unter anderem in *Operation Ganymed* (1977) und üblichen Krimiserien wie *Derrick*. Unvergessen bleibt er dem TV-Publikum als Bösewicht in dem Serienhit der 70er *Timm Thaler,* in dem er das Lachen eines Jungen kauft.
Schließlich ging Frank zur Bühne zurück und spielte bis kurz vor seinem Tod in *Bullets over Broadway*. Im Fernsehen spielte er in dem Roadmovie *Geiselfahrt ins Paradies* (1998) und im Kino in *Die Menschen sind kalt* (1998) von Popikone Andreas Dorau den Museumsdirektor.

Franklin, Harry S. (88)
Geb. 6.7.1910, Kitchener/Ontario.
Gest. 7.5.1999, Los Angeles.
Der kanadische Filmemacher schrieb und inszenierte die Serie *The Big Army Picture* und verfaßte das Drehbuch zu dem bezaubernden Kindertierfilm *Roter Staub* (1956) von dem diesjährig verstorbenen Irving Rapper.

Freda, Riccardo (90)
Geb. 24.2.1909, Alexandria.
Gest. 20.12.1999, Rom.
Der italienische Regisseur war ein König der B-Movies. Er drehte rund 40 Filme mit einschlägigen Titeln wie *Spartacus, der Rebell von Rom* (1953), *Agent 0-1-7 auf heißer Spur* (1961) und *Maciste in der Gewalt der Tyrannen* (1962).
Mit dem Kostümabenteuer *Schwarzer Adler* (1946) nach Puschkins »Dumbrowsyk« gelang Freda ein gelungenes Debüt.
Es folgte *Der mysteriöse Chevalier* (1946) mit Vittorio Grassman als Casanova. Pompöse Stoffe wurden Fredas Sache, den Neorealismus hielt er für einen mißglückten Zufall. In seinen folgenden Filmen über die Antike waren für Fritz Göttler (›SZ‹) die Zeichen vom Ende des Studiosystems und des klassischen Abenteuerkinos unverkennbar, welche von Fredas Melancholie, Einsamkeit und Todessehnsucht abgelöst wurden.
Zu Fredas letzten Arbeiten zählt der Wallace-Film *Das Gesicht im Dunkeln* (1969), die Alte-Testament-Sex-Version der Erwin C. Dietrich-Produktion *In der Glut des Mittags* (1970) und *D'Artagnans Tochter* (1994), den Bertrand Tavernier beendete, der bereits für *Frank Collins 999 – Mit Chloroform geht's besser* (1967) als Autor für Freda tätig war.

G

Gerson, Betty Lou (84)
Geb. 20.4.1914, Chattanooga/ Tennessee.
Gest. 12.1.1999, Los Angeles.
Die amerikanische Schauspielerin sprach mit unvergessen bombastischer Stimme die Cruella De Vil in Disneys *Pongo und Perdita – 101 Dalmatiner* (1961). Gerson war die Erzählerin in *Cinderella* (1950), leibhaftig trat sie als Schwester Anderson in *Die Fliege* (1968) in Erscheinung.

Gebhardt, Fritz (73)
Geb. 2.2.1926, Halle.
Gest. 1999
Der Defa-Dokumentarfilmer und -autor drehte das Porträt *... klug zu sorgen, was vonnöten auf Erden* (1975) über Thomas Mann und schrieb die Drehbücher zu Heiner Carows *Martins Tagebuch* (1956) und Gerhard Jentschs *Ein Jaldati singt* (1962).
Der als autoritär geltende Filmemacher war seit 1953 im Geschäft, drehte rund 30 Dokumentationen, zumeist Porträts und verfaßte rund 60 Drehbücher.

Gildo, Rex (63)
(geb. Ludwig Alexander Hirtreiter)
Geb. 2.7.1936, München.
Gest. 26.10.1999, München.
Der deutsche Schlagerstar war ein Vorzeigeschönling in den Schlagerfilmen der 50er und 60er wie *Meine Nichte tut das nicht* (1961) mit Conny Froebess und *Was ist den bloß mit Willi los?* (1970) mit seiner Duettpartnerin Gitte Haenning. Gildo endete als ein Gustav Aschenbach des Schlagers.
Der ausgebildete Sänger und Schauspieler begann hoffnungsvoll in *Immer wenn der Tag beginnt* (1957) neben Ruth Leuwerik und dem Krimimelodram *Schmutziger Engel* (1958), doch das bundesdeutsche Unterhaltungskino sog ihn förmlich in 30 Filmen wie *Hula-Hopp, Conny* (1958) und *Mit Siebzehn weint man nicht* (1960) auf und ließ ihn mit Abflauen dieser Phase der Nach-68er fallen. Gildo blieben seine zwei Schlagerhits »Speedy Gonzales« und »Fiesta Mexicana«, dessen Ruf »Hossa« samt Gildo zur eigenen Parodie verkam: Gildo hatte offensichtliche Probleme mit dem Altern, er versuchte als der ewig junge, tiefgebräunte, gefönte Beau zu bestehen. Seine Auftritte wurden immer unbedeutender, er wurde verhöhnt, Skandalgeschichten über Alkoholprobleme machten sich breit. Er starb an den Folgen eines Selbstmordversuches und wurde damit zur tragischen Figur des zur Fröhlichkeit angehaltenen Schlagergeschäftes, für das er eine Ikone war.

Gilkyson, Terry (83)
(geb. Hamilton H. Gilkyson III.)
Geb. 17.6.1916, Phoenixville/ Pennsylvania.
Gest. 15.10.1999, Austin/Texas.
Der amerikanische Sänger und Texter schrieb das für den ›Oscar‹ nominierte Lied »The Bear Necessities« – »Versuch's mal mit Gemütlichkeit« aus *Das Dschungelbuch* (1968).
Außerdem schrieb Gilkyson das Lied »My Heart Was An Island« zum Schweizer-Familie-Robinson-Abenteuer *Dschungel der Tausend Gefahren* (1960).

Gold, Ernest (77)
Geb. 18.7.1921,Wien.
Gest. 17.3.1999, Santa Monica/ Kalifornien.
Der österreichische Komponist schuf den mit einem ›Oscar‹ prämierten Soundtrack zu *Exodus* (1960) sowie die für den ›Oscar‹-nominierte Musik zu *Das letzte Ufer* (1959), *Eine total, total verrückte Welt* (1963) und *Das Geheimnis von Santa Vittoria* (1969).
Die Musikerfamilie Gold floh 1938 vor den Nazis in die USA, wo sich Gold wenig erfolgreich als Konzertkomponist versuchte. Bereits im Alter von 13 hatte er seine erste Oper geschrieben. In Hollywood komponierte er mit *Hyänen der Prärie* (1947) einen der ersten sei-

ner 44 Soundtracks, u.a. die Musik für *Zeugin der Anklage* (1958).
Mit Stanley Kramer verband Gold eine enge Erfolgsarbeit: Neben den für den ›Oscar‹ nominierten Filmen komponierte er für Kramer meist epische von satten Streichern unterlegte Soundtracks für *Stolz und Leidenschaft* (1956), *Flucht in Ketten* (1958), *Wer den Wind sät* (1959), *Das Urteil von Nürnberg* (1961) und *Das Narrenschiff* (1964). Eine von Golds letzten Kompositionen war *Steiner – Das Eiserne Kreuz* (1977).

Goldstone, James (68)
Geb. 8.6.1931, Los Angeles.
Gest. 5.11.1999, Shaftsbury/Vermont.
Der amerikanische Film- und Fernsehregisseur war Garant handwerklich souveräner Spektakel wie das packende Autorennfahrerdrama *Indianapolis* (1969) mit Paul Newman und Joanne Woodward und der erfolgreiche Katastrophenthriller *Achterbahn* (1976) und *Der Tag, an dem die Welt unterging* (1979). Goldstone verstand sich, wie der »Katastrophen«-Filmer John Guillermin, eher auf technische Abläufe, als daß er eine eigene künstlerische Handschrift entwickelte. Der ›Emmy‹-Preisträger lernte beim Fernsehen, für das er den Pilotfilm *Where No Man Has Gone Before* (1966) von *Raumschiff Enterprise* inszenierte.
Vor seiner Erfolgszeit in den 70er Jahren drehte er solide Krimis wie *Der Chef: Ein beinah tödlicher Fall* (1967), *Die nackte Tote* (1967), *Wo Gangster um die Ecke knallen* (1971), einer der frühen Filme von Robert De Niro. In den 80ern drehte Goldstone wieder TV-Filme wie das Sci-Fi-Teenager-Spektakel *Die Galaxis der Gesetzlosen* (1987) und zuletzt den an François Truffauts *Die Braut trug Schwarz* angelehnten Krimi *Braut in Schwarz* (1990).

Goodhart, William (74)
Geb. 1925, New Haven.
Gest. 20.10.1999, Shelter Island/New York.
Der erfolgreiche amerikanische Broadwayautor verfaßte die Drehbücher zu dem mißlungenen Teufelsfilm *Exorzist II – Der Ketzer* (1977) von John Boorman und dem banalen Kunstfliegerdrama *Clou Dancer* (1979) mit David Carradine.

Graham, Ronny (79)
(geb. Ronald Montcrief Stringer)
Geb. 26.8.1919, Philadelphia/Pennsylvania.
Gest. 4.7.1999, Century City/Kalifornien.
Der amerikanische Drehbuchautor und langjährige Standup-Komödiant schrieb die TV-Serie *MASH* und war Koautor für *Chaos-Express* (1984) von Richard Lester und für die Mel-Brooks-Filme *Sein oder Nichtsein* (1983) und *Mel Brooks' Spaceballs* (1987). Als Schauspieler war Graham bereits in *Gallipoli* (1981) als Wallace Hamilton aufgetreten, in *Sein oder Nichtsein* spielte er Sondheim und schrieb die Lieder, wie den provokanten »Hitler-Rap«. Er war bis zu den letzten Filmen ein fester Mitarbeiter von Brooks.

Green, Joseph (71)
Geb. 1928, Baltimore.
Gest. 1.9.1999, New York.
Der amerikanische Filmemacher schrieb und inszenierte den obskur geschmacklosen Frankensteinverschnitt *Der Kopf, der nicht sterben durfte* (1959).
Die Medved-Brüder nominierten den Film in ihrem »Golden Turkey Award« für die schlechtesten Filme aller Zeiten in der Kategorie der »hirnlosesten aller Gehirnfilme« – es gewann *They Saved Hitler's Brain*.
Als Filmdebüt schuf und produzierte Green in den 50ern die Serie *Slaves Of Beauty* mit Morey Amsterdam. Er wurde als Verleiher ausländischer Filme wie denen von Claude Chabrol tätig und inszenierte schlußendlich *The Perils Of P.K.* (1986).

H

Hall, Huntz (79)
(geb. Henry Richard Hall)
Geb. 15.8.1919, New York.
Gest. 30.1.1999, North Hollywood.
Der amerikanische Schauspieler verkörperte den Sach der »Dead End Kids«. Die Komödienkurzreihe der ›Bowerys‹ war in Deutschland in Spielfilmlänge als *Wer lacht – fliegt raus* (1954) zu sehen.
Hall trat mit seinem ›Gangstergesicht‹ neben James Cagney und Humphrey Bogart in den Warner-Bros-Krimis *Chicago* (1938) und *Schule des Verbrechens* (1938) auf. Er hatte über 120 Parts, er spielte in *Landung in Salerno* (1945), *Gentle Giant* (1967), *Herbie groß in Fahrt* (1974), *Valentino* (1977), *Cyclone* (1987) und zuletzt in *Auntie Lea's Meat Pies* (1993) als Farmer.

Hellberg, Martin (94)
Geb. 31.1.1905, Dresden.
Gest. 1.11.1999, Bad Berka.
Der Defa-Regisseur wurde am bekanntesten als Schauspieler in der ironisch angelegten Rolle des alten ironischen Goethe neben Lilli Palmer in *Lotte in Weimar* (1984) von Egon Günther.
Hellbergs Filmkarriere begann als Schauspieler in der Operette *Die blonde Carmen* (1935). Als KPD-Mitglied erhält er keine Arbeit mehr, er floh jedoch nicht, noch nicht – erst nach dem II. Weltkrieg verließ er die BRD Richtung DDR. Hier war er insbesondere als Theaterregisseur tätig, in den 50er und 60er Jahren drehte er gut 15 Filme, mit deren formalen Gewagtheiten er mehrmals aneckte. Nach seinem propagandistischen Debüt *Das verurteilte Dorf* (1952), in dem sich westdeutsche Bauern gegen einen US-Militärflughafen wehren, und *Das kleine und das große Glück* (1953), der Alltagsbeobachtungen aus der DDR liefert, etablierte sich Hellberg als Spezialist für Klassikeradaptionen wie *Kabale und Liebe* (1959) und *Minna von Barnhelm* (1962). Seine letzte Filmregie war der wenig überzeugende *Viel Lärm um nichts* (1964). Seit 1964 lebte Hellberg als Autor in Weimar.
Seine letzte Kinorolle hatte Hellberg in *Mephisto* (1980) von Istvan Szabo.

Herlihy, Ed (89)
Geb. 14.8.1909, Boston/
Massachusetts.
Gest. 30.1.1999, New York.
Der national berühmte amerikanische Radio-, Reportagen- und Werbesprecher spielte in *The King of Comedy* (1982) sich selbst. Außerdem spielte Herlihy für Woody Allen in *Zelig* (1982), *Hannah und ihre Schwestern* (1985) und *Radio Days* (1987). Zuletzt war er als Joe Louis Announcer in *Malcolm X* (1992) zu sehen.

Heuser, Loni (91)
Geb. 22.1.1908, Düsseldorf.
Gest. 6.3.1999, Berlin.
Die deutsche Schauspielerin war die »Schreckschraube vom Dienst« im deutsch-österreichischen Belustigungskino der 50er Jahre. In *Der müde Theodor* (1957) und *Drei Mann in einem Boot* (1961) war Heuser die Ehefrau mit Mutterwitz von Heinz Ehrhardt – »Die Mütter, Erbtanten, Ehedrachen und Xanthippen, aber auch die leicht frivolen Damen von Welt, die Loni Heuser spielte, waren trotz ihrer chargierenden Quasseligkeit immer liebenswert, elegant und durchaus geistreich.« (Rainer Heinz, ›film-dienst‹)
Heusers Karriere begann mit *Fräulein Casanova* und *Ich tanze mit dir in den Himmel hinein* (beide 1952). In ihrer Paraderolle war sie in *Heute nacht passiert's* (1952) und *So ein Millionär hat's schwer* (1959) als Schwiegermutter von Theo Lingen bzw. Peter Alexander zu sehen. Ihre letzte Rolle hatte sie als Cosima Schulze erneut neben Ehrhardt in *Willi wird das Kind schon schaukeln* (1972).
Zum Ende ihrer Karriere in den 70er Jahren ging Heuser in Operetten, Revuen und Kabaretts auf die Bühne

zurück, in denen sie in den 30er Jahren ihre Karriere erfolgreich begonnen hatte.

Hurwicz, Angelika (72)
Geb. 29.4.1922, Berlin.
Gest. 26.11.1999, Bergen (Niederlande)
Die deutsche Schauspielerin, Regisseurin und Autorin spielte in Brechts Theaterensemble die stumme Kattrin in *Mutter Courage und ihre Kinder*, das in der gleichnamigen Defa-Dokumentation von (1961) filmisch eindrucksvoll festgehalten wurde.
Reine Kinorollen hatte Hurwicz eher wenig. Am eindrucksvollsten blieb sie als Ilse in *Unser täglich Brot* (1949) von Slatan Dudow und Landarbeiterin Hede in *Schlösser und Katen* (1957) von Kurt Maetzig. In der BRD hat die vielbeschäftigte Theaterschauspielerin zwei Auftritte als Hauptdarstellerin in den Fernsehspielen von Peter Lilienthal *Das Martyrium des Peter O'Hey* (1964) und *Abschied* (1965).
Zuletzt trat Hurwicz als Mutter Wilms im Schimanski-Tatort *Der Pott* (1989) auf.

J

Jacobs, Werner (89)
Geb. 24.4.1909, Berlin.
Gest. 24.1.1999, München.
Der deutsche Regisseur und ›Bundesfilmpreis‹-Träger war ein versierter Spezialist des Komödien- und Schlagerfilms von *Im weißen Rößl* (1960), *Heintje – Ein Herz geht auf Reisen* (1969) bis *Das fliegende Klassenzimmer* (1973).
Jacobs galt als uneitler vielseitiger Filmemacher, der sein Handwerk von der Synchronisation in den 30er Jahren, über Schnittarbeiten für die Wochenschau *Welt im Film* in den 40er Jahren erlernt hatte. Mit dem Klamauk *Der weißblaue Löwe* (1952) debütierte er erfolgreich im Spielfilmbereich.
Jacobs drehte neben *Heidi* (1965), zumeist für den Produzenten Franz Seitz, rund 50 deutsche Unterhaltungsfilme, darunter *Freddy und das Lied der Südsee* (1962), *Die Lümmel von der ersten Bank* (1967) oder *Willi wird das Kind schon schaukeln* (1972). Es gab kaum einen Star des deutschen Wirtschaftswunders, mit dem Jacobs nicht zusammenarbeitete: Er drehte mit Vico Torriani, Peter Kraus, Freddy Quinn, Peter Alexander, Hans Moser, Heinz Erhardt, Roy Black und vielen mehr, die Jacobs souverän in Szene setzte.

Jaggberg, Kurt (77)
(geb. Kurt Jagersberger)
Geb. 1922, Neustadt.
Gest. 27.12.1999.
Der österreichische Schauspieler erlangte seine größte Popularität in der Titelrolle der Fernsehserie *Oberinspektor Marek*. Neben zahlreichen TV- und Kinofilmen spielte Jaggberg in den 60ern in *Stahlnetz*, in den 70ern in *Tatort* Bezirksinspektor Wirz und in den 80ern in *Tatort* Oberinspektor Hirth.

James, Brion (54)
Geb. 25.2.1945, Beaumont/
Kalifornien.
Gest. 7.8.1999, Los Angeles.
»Wach auf ... Zeit zu sterben«, waren die legendären Worte des US-Schauspielers als Replikant Leon in *Der Blade Runner* (1982), der in einer apokalyptischen Welt um mehr Lebenszeit ringt.
James gehörte zu der Garde der »Bad Guys«, die stets im zweiten oder dritten Glied stehen, doch durch seinen Stiernacken, das fliehende Kinn und den stechenden Blick war er eine markante Persönlichkeit. Er leihte sein Gesicht reihenweise billigen Produktionen wie *Brain Smasher* (1993) von Albert Pyun, spielte aber immer wieder für die namhaften Regisseure Lawrence Kasdan in *Silverado* (1985), Paul Verhoeven in *Fleisch und Blut* (1985), Luc Besson in *Das fünfte Element* (1997) und Walter Hill, der James regelmäßig einsetzte, z.B. als einarmigen Cajun in *Die letzten Amerikaner* und den mysteriösen

Iceman in *Und wieder 48 Stunden* (1989). Hill hatte James in *Ein stahlharter Mann* (1974) seine erste Rolle gegeben.
Eine große Rolle hatte James als durchgeknallter Kammerjäger Coddish in *Die Killer-Akademie – Crime Wave* (1985) von Sam Raimi, erinnernswert blieb er auch in kleinen, aber feinen Rollen wie als Studiochef in *The Player* (1992). Eine seiner letzten von gut 130 Kino- und TV-Rollen in den 80er und 90er Jahren spielte er in einer Gastrolle als Killer in *Kai Raabe gegen die Vatikankiller* (1998), und sprach erneut die berühmten Worte: »Wach auf...«

Jeffrey, Peter (70)
Geb. 18.4.1929, Bristol.
Gest. 25.12.1999, London.
Der englische Schauspieler war der Rektor in der legendären Schülerrevolutionärsgeschichte *If ...* (1968) von Lindsay Anderson.
Der seit den 50er Jahren schauspielerisch aktive Jeffrey hatte außerdem prägnante Nebenrollen als David Porath in *Die Akte Odessa* (1974) und als Sultan in dem farben- und effektprächtigen *Die Abenteuer des Baron Münchhausen* (1988).

Jones, Henry (86)
Geb. 1.8.1912, Philadelphia/ Pennsylvania.
Gest. 17.5.1999, Los Angeles.
Der amerikanische Schauspieler profilierte sich mit seinem Bulldoggen-Gesicht in *Vertigo* (1958) als monologisierender Leichenbeschauer und *Zwei Banditen – Butch Cassidy und Sundance Kid* (1968) als Fahrradverkäufer.
Seit den 40er Jahren spielte Jones in über 300 Theater- und Fernsehstücken und etwa 40 Kinofilmen als Nebendarsteller wie z.B. *This Is The Army* (1943), *Der »schärfste« aller Banditen* (1970) und zuletzt in *Grifters* (1989) als Simms, in *Dick Tracy* (1990) als Night Clerk und in *Arachnophobia* (1990) als Dr. Sam Metcalf.

Jungeboldt, Werner (77)
Geb. August 1922.
Gest. 19.8.1999, Dortmund.
Der deutsche Filmkritiker gehörte zu den Wegbereitern der katholischen Filmkritik. Der Jurist und Filmenthusiast arbeitete bis zuletzt: Jungeboldt war Mitglied vieler Jurys, seine Bestreben war es, das Kino Film populär zu machen, da er annahm, daß Charlie Chaplin, Ingmar Bergman oder François Truffaut zur Grundbildung gehören werden, so wie seine Generation Schiller und Goethe gelesen hat.

K

Kahn, Madeline (57)
Geb. 29.9.1942, Boston/ Massachusetts.
Gest. 3.12.1999, Manhattan/New York.
Die amerikanische Schauspielerin erhielt für ihre Rolle als Flittchen Trixie Delight in *Paper Moon* (1972) und als Marlene-Dietrich-Parodie Lilly in *Is' was, Sheriff?/Der wilde, wilde Westen* (1973) eine ›Oscar‹-Nominierung als beste Nebendarstellerin. Mel Brooks lobte ihre Vielseitigkeit als Komödiantin und Charakterdarstellerin, was ihr in Hollywood den Ruf »Chamäleon des Kinos« einbrachte.
Ihr Kinodebüt bot Kahn in dem Musical *Küß mich, Kätzchen* (1965). Ihren ersten aufregenden Auftritt lieferte sie als Verlobte von Ryan O'Neal in *Is' was Doc?* (1971), in dem sie sich mühelos gegenüber Barbara Streisand behaupten konnte. »Immer verdrießlich bis borniert, ist Madeline Kahn hier zum Brüllen komisch, wenn sie O'Neals somnabuler Entrücktheit ihren rein diesseitigen Pragmatismus entgegensetzt.« (Rainer Heinz, ›film-dienst‹)
Für Brooks spielte sie erneut in *Frankenstein Junior* (1974), *Höhenkoller* (1977) und *Mel Brooks' verrückte Geschichte der Welt* (1981). Auf der Leinwand trat sie seltener auf und spielte erfolgreich auf der Bühne und im

Madeline Kahn wie Mel Brooks sie schuf

Fernsehen. Sie spielte viel in Komödien, als Gegenspielerin von Miss Piggy in *Muppet Movie* (1979) und als Jerry Lewis' Zwillingsschwester in *Slapstick* (1982). Weitere Hauptrollen hatte sie in den Komödien *Ene Mene Mu und Präsident bist du* (1980), *Alle Mörder sind schon da* (1985) und *Lifesavers* (1995) und den Dramen *The Sisters Rosenzweig* (1993) und *Nixon* (1995). Zuletzt sprach Kahn in *Das große Krabbeln* (1998) das Insekt Gypsy und spielte in *Judy Berlin* (1999) als Alice Gold.

Kanin, Garson (86)
Geb. 24.11.1912, Rochester/New York.
Gest. 13.3.1999, Manhatten.
Der mit einem ›Oscar‹ prämierte amerikanische Komödienautor und -regisseur vereinte in *Die Frau, von der Mann spricht* zum erstenmal das Traumpaar Spencer Tracy und Katherine Hepburn.
Der erfahrene Broadwayregisseur inszenierte als jüngster Hollywoodregisseur mit 25 Jahren das Erfolgsdebüt *A Man To Remember* (1937). Es folgten *Die Findelmutter* (1939) mit Ginger Rogers und David Niven, *Meine liebste Frau* (1940), *Tom, Dick und Harry* (1940), *Pokerspiel für zwei* (1968) und zuletzt *Some Kind Of Nut* (1969).
Danach arbeitete Kanin nur noch als Autor für Theater, Fernsehen und Kino. Er schrieb *Die ist nicht von gestern* (1950) und *The Girl can't help it* (1956). In Zusammenarbeit mit seiner Frau Ruth Gordon entstanden die Spencer & Hepburn-Filme *Ehekrieg* (1949) und *Pat und Mike* (1952). Gordon und Kanin lernten sich 1942 kennen und waren bis zum Tod unzertrennlich, gemeinsam schrieben sie fünf Drehbücher – die 1985 verstorbene Autorin ist als die fidele Hauptdarstellerin in *Harold und Maude* (1971) unvergessen.
Mit Carol Reed drehte Kanin den Dokumentarfilm *The True Glory* (1945), der mit dem ›Oscar‹ ausgezeichnet wurde. Für die Drehbücher zu *Ein doppeltes Leben* (1946), *Ehekrieg* und *Pat und Mike* waren er und Gordon für den ›Oscar‹ nominiert. Anerkennung bekam Kanin außerdem in vielen Filmbüchern über Hollywood, in denen er seine Erinnerungen über Samuel Goldwyn oder Tracy & Hepburn niederschrieb.

Kardos, Ferenc (62)
Geb. 4.12.1937, Galanta.
Gest. 6.3.1999.
Der ungarische Regisseur inszenierte die nüchternen Dramen *Festtage* (1967) und *Unbändige Heiducken* (1974). Den letzten von über 20 Filmen drehte er mit *A Világ legkisebb alapítványa* (1997).

Kelley, Daniel Patrick (80)
Geb. 1919.
Gest. 21.10.1999, Burbank/Kalifornien.
Der amerikanische Produzent verband seit den 70er Jahren die Partnerschaft mit Regisseur George Roy Hill, mit dem Kelley als ausführender Produzent *Garp und wie er die Welt sah* (1982) und *Funny Farm* (1988) realisierte.

Kelley, DeForest (79)
Geb. 20.1.1920, Atlanta/Georgia.
Gest. 11.6.1999, Los Angeles.
»Er ist tot, Jim«, waren häufig die Worte des US-Schauspielers als Dr. McCoy in der TV- und Kinoserie *Raumschiff Enterprise* bzw. *Star Trek*. Hier lieferte sich Kelley als humanistischer Bordarzt mit dem trockenen Logiker Mr. Spock stets amüsante Streitgespräche. Kelley ist mit dieser Rolle, die er knapp vier Jahrzehnte verkörperte, im Leben und auf der Leinwand alt geworden – in der Nachfolgeserie trat er sogar kurz als 130jähriger Dr. McCoy auf.
Seine Schauspielkarriere begann mit der Hauptrolle in dem film-noir *Angst in der Nacht* (1947) und setzte sich in kleinen Schurkenrollen in Krimis und Western fort, z.B. *Schakale der Unterwelt* (1955) und *Der Mann mit dem goldenen Colt* (1959). Klassisch gut war Kelley als Morgan Earp in *Zwei rechnen ab* (1957) neben Kirk Douglas und Burt Lancester.
Den »Harte-Männer«-Rollen folgte der Erfolg als Weltraumarzt. Kelley war nie ein erfolgreicher Mime, doch selbstbewußt lehnte er im Gegensatz zu anderen Enterprise-Darstellern minderwertige Rollen ab. Mit dem Ende der Serie *Raumschiff Enterprise* beendete Kelley 1969 seine Karriere vorerst und setzte sie ein Jahrzehnt später mit dem Aufleben als Kinoserie fort, die mit *Star Trek VI – Das unentdeckte Land* (1991) endete.

DeForest Kelley

Kiley, Richard (76)
Geb. 31.3.1922, Chicago/Illinois.
Gest. 5.3.1999, Warwick/New York.
Der mit ›Tony‹ und ›Emmy‹ preisgekrönte amerikanische Schauspieler war der Pilot in Stanley Donens *Der kleine Prinz* (1974) und spielte Mr. Dunn in Richard Brooks *Auf der Suche nach Mr. Goodbar* (1976). Weitere Kinorollen hatte Kiley in *Die Saat der Gewalt* (1955), *Endlose Liebe* (1981) und zuletzt in *Phenomenon* (1996) als Dr. Wellin und *Patch Adams* (1999) als Dr. Titan.

King, Brett (78)
Geb. 29.12.1920.
Gest. 14.1.1999, Palm Beach/Florida.
Der amerikanische Schauspieler hatte ein gutes Dutzend Rollen neben John Wayne, Bette Davis oder Robert Ryan in Kriegsfilmen wie *Kesselschlacht* (1949) und *Stählerne Schwingen* (1951).

Klein, Albert (95)
Geb. 1904, Frauenburg.
Gest. 26.1.1999, Berlin.
Der deutsche Kinokritiker baute nach der Flucht aus Nazideutschland das »Litauische Filmstudio« auf und arbeitete vielfach als Rezensent für Filme. Mit Raya Kruk realisierte Klein Filme über das Exil wie z.B. *Fast verwehte Spuren* (1986) über den Schauspieler Alexander Granach.

Kline, Herbert (89)
Geb. 13.3.1909, Davenport/Iowa.
Gest. 5.2.1999, Los Angeles.
Der amerikanische Dokumentarfilm-

pionier war für *The Challenge ... A Tribute To Modern Art* (1974) für den ›Oscar‹ nominiert. Kline bestach durch seine sozialpolitisch geprägten Inszenierungen über den spanischen Bürgerkrieg in *Spaniens Herz* (1937), Hitlers Überfall auf die Tschechoslowakei in *Krise* (1939) und dem Ausbruch des II. Weltkrieges in *Lights Out In Europe* (1940). Für die Aufnahmen von Massenkundgebungen in *Krise* hatte sich Kline als Nationalist getarnt – er selbst nannte sich einen »Auslandskorrespondenten der Leinwand«.

Nach einer Vorlage von John Steinbeck inszenierte Kline mit *The Forgotten Village* (1941) einen Film über das Landleben in Mexiko, mit *My Father's House* (1947) war er einer der ersten, der den Holocaust thematisierte.

Im Spielfilmbereich war Kline mit *A Boy, A Girl And A Dog* (1946) wenig erfolgreich. Die McCarthy-Ära sorgte mit der Schwarzen Liste für eine lange Karrierepause bis Anfang der 70er Jahre. Sein letzter Film war *The Challenge Of Greatness* (1976).

Kochenrath, Hans-Peter (63)
Gest. 26.11.1999.
Er war ein Filmpionier des Fernsehens. Kochenrath gelang es, zwischen Kultur und Unterhaltung ein anspruchsvolles Programm zu entwickeln, für das er seit den 70er Jahren bei ZDF und Arte Filme produzierte und vermittelte.

Konsalik, Heinz G. (78)
Geb. 28.5.1921, Köln.
Gest. 3.10.1999, Salzburg.
Der deutsche Erfolgsautor von 155 Liebes-, Abenteuer- und Kriegsgeschichten lieferte den Stoff zu gut zwei Dutzend Verfilmungen, die wie *Der Arzt von Stalingrad* (1958), *Strafbataillon 999* (1959) oder *Ein toter Taucher nimmt kein Gold* (1973) solide Genreware boten.

Bereits als Gymnasiast schrieb Konsalik seinen ersten Roman über Indianer. Der Exotismus, von Sexszenen durchsetzt, wurde sein Markenzeichen. Es folgten Erfahrungen als Kriegsberichterstatter in Frankreich und an der Ostfront. Konsalik wurde mehrfach Landserromantik mit faschistoiden Zügen vorgeworfen. Er selbst meinte, er hätte stets gegen Krieg, Dummheit und die Intoleranz geschrieben und für die Liebe. Seine Liebe zu seiner chinesischen Lebensgefährtin Ke Gao schrieb er in dem Roman *Der schwarze Mandarin* nieder. Nach seiner Vorlage entstanden zuletzt *Mayday – Flug in den Tod* (1997) und *Eine Sünde zuviel* (1998).

Kowalski, Frank (73)
Geb. 2.5.1926.
Gest. 3.6.1999, Panorama City/ Kalifornien.
Der amerikanische Schauspieler und Drehbuchautor schrieb zu *Bring mir den Kopf von Alfredo Garcia* (1974) mit Regisseur Sam Peckinpah die Story.

Kowalskis Karriere begann als Kinderdarsteller in Warner-Bros.-Krimis wie *Chicago – Engel mit schmutzigen Gesichtern* (1938) neben James Cagney und Humphrey Bogart. Außerdem spielte er in *Sssnake Kobra* (1973) den Hawker.

Krahl, Hilde (82)
(geb. Hilde Kolancy)
Geb. 10.1.1917, Brod/Kroatien.
Gest. 28.6.1999, Wien.
Der österreichische Ufa-Star spielte die Anna in der Adaption des weltberühmten Nachkriegsdramas »Draußen vor der Tür« *Liebe 47* (1949) von ihrem Ehemann Wolfgang Liebeneiner. Die tragische Rolle der erniedrigten Postmeister-Tochter Dunja, die in *Der Postmeister* (1940) als Prostituierte endet, gehört zu ihren beeindruckendsten Leistungen. Ihre Rollen legte sie stets sehr ambivalent an, hart und sanft, verführte und wurde verführt. »Zur Schönheit ihrer Darstellung gehörte die Schönheit der Stimme, die Schönheit der Sprache.« (Georg Seeßlen, ›epd-film‹)

Nach ihrem Debüt in *Die Puppenfee* (1936) spielte Krahl in *Serenade* (1937)

Hilde Krahl

für ihren Kinoentdecker Willi Forst die Hauptrolle des jungen Mädchens Irene, das um die Liebe ihres Mannes, eines Musikers, kämpft. Es folgten die Hauptrollen in *Anuschka* (1941), *Weiße Schatten* (1950) und in *Die Mücke* (1954). Daneben hatte sie obskure Auftritte wie als Präsidentin der »Weltschutzkommisssion« in dem österreichischen Staatsfilm *1. April 2000* (1952).
Krahl spielte großen Rollen wie Clara Schumann in *Träumerei* (1944) und behauptete sich neben den großen Herren wie Heinrich George in *Die Postmeister* und Gustaf Gründgens in *Das Glas Wasser* (1960) – ihre letzte große Rolle, bevor Krahl sich der Bühne zuwandte und nur noch kleine Rollen, z.B. in *Der Hund von Blackwood Castle* (1967), spielte. »Für die Bühne hatte sie gern die erhabenen Rollen (Medea, Mutter Courage, Cleopatra, A.d.R.) reserviert, die großen Damen und Ladies, im Kino suchte sie mit natürlichen Rollen die Noblesse und Distanz aufzuheben.« (Fritz Göttler, ›SZ‹)
Als 80jährige hatte Krahl ihren letzten Auftritt in der TV-Serie *Bruder Esel*.

Kramer, Robert (60)
Geb. 22.6.1939, New York.
Gest. 10.11.1999, Rouen.
Der Filmemacher und Kinophilosoph schuf provozierende Agitationsfilme voll poetischer Konfusion, wie sie sonst nur Chris Marker oder zum Teil Wim Wenders schufen. *Ice* (1970) war der Abschluß einer außergewöhnlichen Trilogie, in der Kramer als Regisseur, Autor, Kameramann und Darsteller im Reportagestil die Gedankenwelt der 60er einfing. Als Darsteller war Kramer auch neben Sam Fuller als Kameramann mit Sonnenbrille und Pudelmütze in *Der Stand der Dinge* (1982) von Wim Wenders zu sehen.
Seine Filme zeugten von künstlerischem und geistigem Engagement, wie bereits die Titel verraten: *Szenen aus dem portugiesischen Klassenkampf* (1977) oder *Vietnam, Ausgangspunkt* (1993). Auch Kramers letzter fertiggestellter *Cities Of The Plains* (1999) setzt die ihm eigene Tradition labyrinthartiger, fragmentarischer Filmessays fort.

Kubrick, Stanley (70)
Geb. 26.7.1928, New York.
Gest. 7.3.1999, St. Albans/England.
»Nur noch Sterne« waren die letzten Worte des Astronauten Bowman in *2001* (1968). Gott ist tot, sprach Zarathustra. Mit Stanley Kubrick starb der vielleicht beste Regisseur unserer Zeit. Neben Sergej Eisenstein und Orson Welles war Kubrick der Innovateur des Kinos. Seine wenigen Filme, ein gutes Dutzend, sind Meisterwerke, Meilensteine ihres Genres, wahre Monolithen für Filmkünstler. Kurz vor seinem Tod wurde sein letzter Regiemarathon *Eyes wide Shut* (1999) nach 18 Monaten Drehzeit aufgeführt, fünf Tage später verstarb der amerikanische Regisseur in seinem Wahlkunstexil England, in dem der reiseängstliche Mensch seit den 60er Jahren seine Welten vom 18. Jahrhundert bis Vietnam selbst erschuf. Mit 17 Jahren war er bereits ein hochdotierter Fotograph von ›Look‹. Mit

25 drehte und schnitt er seinen ersten Langfilm *Fear And Desire* (1953). Damit gelang Kubrick der direkte Schritt vom Kinozuschauer zum Regisseur, ohne eine Fachhochschule besucht zu haben oder eine Assistenz gemacht zu haben. Die Montage war für ihn die schöpferische Kraft der filmischen Realität, die Essenz des Kinos, da Buch oder Kamera nur anderen Künsten geliehen waren. Bescheiden erklärte der Vielseher, daß ihn die vielen schlechten Filme ermutigt hatten, es besser zu machen. Kubrick arbeitete die nächsten Jahre für die großen US-Majors, bis er sich nach seiner Übersiedlung nach England mit dem Recht auf den Final Cut Warner Bros. verschrieb.

Der leidenschaftliche Schachspieler galt als paranoider Kontrollfreak, ein Genie und Filmwahnsinniger, der förmlich als eine 1-Mann-Filmarmee seine Filme entwickelte. Kubrick kümmerte sich um alles: Er suchte von Beginn an Gegenstände vom richtigen MG bis zur Zahnbürste aus und wiederholte Szenen bis zu 127mal. Er liebt Dinge und haßt Menschen, meint Pauline Kael und umschreibt den einzigen künstlerischen Vorwurf, der Kubrick häufig gemacht wurde, nämlich ein eiskalter Didakt zu sein. Sein prächtiges Historiendrama *Barry Lyndon* (1975) zeugt davon. Kühl erzählt Kubrick das Sittengemälde, dabei scheint das perfekte Handwerk ins Detail streng kalkuliert und bietet über hunderttausend Filmgemälde in drei Stunden.

Einen ›Oscar‹ hat Kubrick damit nie gewonnen und teilt sich das Schicksal mit Alfred Hitchcock und John Ford, sein großartigster Film *2001* wurde von der Academy-Komitee sogar für die Nominierung als ›Bester Film‹ verschmäht und von der Kritik zum Teil niedergemacht, wie von Chefkritikerin Pauline Kael, die einen »Amateurfilm« sah.

Sein Gesamtwerk ist schillernd, Kubrick wiederholte sich nie in der Stoffwahl, einzig den Krieg thematisierte er mehrfach. Kubrick war immer auf der Suche nach neuen Stoffen und Techniken, die immer länger dauern sollte – drei Filme drehte er in den letzten 20 Jahren, jetzt wird es kein Warten mehr geben: »Je mehr Filme man bereits gedreht hat, um so eingeengter ist man auch bei dieser Wahl«, sagte Kubrick, der fast jedes Genre erforsch-

Stanley Kubrick

te und edelte – einen Western drehte er nicht (zu Ende), die Produktion von *Der Besessene* (1959) verließ er vorzeitig, Marlon Brando beendete sie in fast typisch kubrickscher filmbesessener Manier.
Kubrick drehte Science-Fiction, Historienfilme, Krimis, Krieg und Horror und zeigte die Bestie Mensch in allen Jahrhunderten mit viel Sarkasmus und Musik, die z.B. die Gewaltszenen in *Uhrwerk Orange* (1971) zum Ballett stilisierte. Die Musik bekam bei ihm ohnehin neue Dimensionen verliehen. Kubrick entdeckte hier das Grauen in Beethovens Neunter wie in dem Lied »I'm Singing In The Rain«, ebenso wie in *Shining* (1980) in dem tausendfach geschriebenen Satz »All work and no play makes Jack a dull boy/Verschiebe nicht auf morgen, was du heute kannst besorgen« – der Auftakt zu einem nicht endenwollenden, nervenzerrenden Amoklauf. Jacques Demy soll bei *Uhrwerk Orange* vor Wut geheult haben. Jacques Rivette meinte, Kubrick sei eben eine Maschine, ein Mutant, ein Marsmensch ohne jedes menschliche Gefühl, deshalb könne er so gut Maschinen filmen wie in *2001*.
Kubrick galt als der düsterere Prophet, die Filme waren keinen Läuterungen, sondern Frontalangriff auf Auge und Nerven. Unmenschlich war Kubrick in seiner meisterhaften Inszenierung von Räumen, sei es der Bodenunterstand in *Wege zum Ruhm* (1957), der ›War Room‹ in *Dr. Seltsam* (1963) oder der Weltraum in *2001*, seine Figuren wurden hier klein und handlungsunfähig hineingestellt als wären sie Schachfiguren: »Wer ins Kino geht, um glücklicher herauszukommen, als er hineingegangen ist, wird bei Kubrick nicht froh. Das Leben ist in seinen Filmen ein Schachbrett, und die Menschen sind nur Figuren. Manchmal hat man den Eindruck, hier spiele ein Freak die genialen Partien zweier Großmeister nach. Und daß sie stets mit einem Patt enden, ist als Ausblick in die Zukunft der Menschheit ein nicht unbedingt befriedigender Ausgang.« (Michael Althen, ›SZ‹)
Klare Antworten schien er nicht geben zu wollen oder zu können, Ordnung und Chaos bestimmen seine Werke, Disziplin und Amokläufe, eine Ratlosigkeit, die ihn in den Perfektionismus getrieben haben mag. Der extraordinäre Kampfschrei *Full Metal Jacket* (1987), sein vorletzter Film, zeugte von der trostlosen Verweigerung, Lösungen oder Enden zu geben.
Glücklicher machen seine Filme nicht, aber reicher. Kubrick entführt den Zuschauer in eine andere Welt die leibhaftig wird, ob in die Vergangenheit von *Barry Lyndon* oder die Zukunft von *2001*, ein Film, der selbst wenn er Vergangenheit sein wird, ungebrochene Faszination ausdrücken wird in seiner geheimnisvollen Aura, die seinen Schöpfer umgab. Seit letztes langjährig geplantes Projekt handelt von künstlicher Intelligenz *A.I.:* Es ist die Skizze einer kinderlosen Frau, die einen Androiden adoptiert, der einem fünfjährigen Jungen ähnelt. Der Androide wurde perfekt darauf programmiert, ein kleiner Junge zu sein. Doch die Mutter bringt es nicht übers Herz, ihn zu lieben.

Kulik, Buzz (76)
Geb. 23.7.1922, Kearney/New Jersey.
Gest. 13.1.1999, Los Angeles.
Der amerikanische TV- und Kinoregisseur inszenierte den Kopfgeldjäger-Actionthriller *Jeder Kopf hat seinen Preis* (1980) – Steve McQueens letzter Film.
Kulik begann nach dem II. Weltkrieg im Filmgeschäft zu arbeiten. Er drehte in den 50ern Fernsehepisoden zu *Rauchende Colts* und *Twilight Zone* und inszenierte schließlich Filme wie *Frühreife Generation* (1961), *Pancho Villa reitet wieder* (1967), *Der Spürhund* (1973), *Der Mann in der Todeszelle* (1977) und *Zu jung ein Held zu sein* (1988).
Als TV-Regisseur erntete Kulik Lob und Preise für *A Storm In The Summer*

(1970) und die Miniserien wie *Kane & Abel* (1985).

L

Landowski, Marcel (84)
Geb. 1915.
Gest. 22.12.1999, Paris.
Der französische Komponist schrieb die Soundtracks zu *Gigi* (1948) und *Geheimpolizei ... Alarmstufe 1* (1958).

Lendrich, Walter (83)
Geb. 1916.
Gest. 15.7.1999, Berlin.
Der deutsche Theaterschauspieler gehörte zu den einprägsamen Nebendarstellern der Defa-Ära. In *Effi Briest* (1970) war Lendrich als Gieshübel zu sehen. Er spielte in *Das Kaninchen bin ich* (1965), *Lotte in Weimar* (1975) oder *Des Henkers Bruder* (1979) – oft hatten seine Rollen nicht einmal Namen. Sein Kollege Eberhard Esche sagte zu ihm: »Du wolltest die großen Rollen und nahmst die kleinen und spieltest sie groß.«

Lieffen, Karl (72)
(geb. Carel Frantisek Lifka)
Geb. 17.5.1926, Ossek.
Gest. 13.1.1999, Starnberg.
Der deutsche Schauspieler hatte seine bekannteste Rolle in *Tadellöser & Wolff* (1975) als schrulliger Vater, der »Ansage mir frisch« zu sagen pflegte. Wie auf den Leib geschrieben, wirkte die Hauptrolle der Comicverfilmung *Nick Knattertons Abenteuer* (1958) als Knickerbocker-Detektiv mit Pfeife und kantigem Kinn. Der hagere, leicht skurril wirkende Lieffen spielte zumeist verschlagene, verschrobene Figuren wie etwa sein hakenschlagender Chauffeur in *Eins, Zwei, Drei* (1962). Lieffen war der Bösewicht vom Dienst und spielte dies, genauso wie volkstümliche Rollen, scharf profiliert. Lieffen selbst sagte über sich: »Ich liebe es, das Böse zum Flimmern zu bringen, seinen Charme zu zeigen.«

Karl Lieffen

Lieffen war gleichfalls in circa 250 Nebenrollen im Fernsehen und im Kino zu sehen. In rund 20 Folgen verkörperte er Inspektor Janot in *Dem Täter auf der Spur.*
Zu seinen Kinorollen gehörten der Bürokollege von Heinz Rühmann in *Ein Mann geht durch die Wand* (1959) oder der Geldhai in *Otto – Der Film* (1985). Letzte Leinwandauftritte hatte Lieffen in *Rennschwein Rudi Rüssel* (1995) und *Rohe Ostern* (1996).
Seinen letzten Auftritt hatte er in der letzten Folge des TV-Dauerbrenners *Derrick.* »Karl Lieffen, der sich seiner darstellerischen Fähigkeit durchaus bewußt war und deshalb in Interviews eine gewisse Unbescheidenheit durchschimmern ließ, war Komiker und Bösewicht in einem.« (Rainer Heinz; ›film-dienst‹)

Lind, Della (93)
(geb. Greta Batzler)
Geb. September 1906, Wien.
Gest. 11.6.1999, Key West/Florida.
Die österreichische Schauspielerin war die kapriziöse Diva Anna Hoepfel

Albert in dem grotesken *Dick & Doof als Salontiroler* (1938).
Seit den 30ern drehte Lind in ihrem Heimatland Filme wie *Dolly macht Karriere* (1930) mit Oskar Karlweis und ging über England mit ihrem Mann, dem Komponisten Franz Steininger, nach Hollywood, wo sie an der Seite von Laurel & Hardy ihren einzigen großen Erfolg feierte.

Llewelyn, Desmond (85)
Geb. 12.9.1914, Newport.
Gest. 19.12.1999, East Sussex.
Die Rolle des Waffenmeisters Q machten den britischen Schauspieler weltberühmt. Der kauzige Tüftler überraschte den MI6-Superagent James Bond 007 und den Zuschauer immer wieder mit ausgefallenen Waffen und Spezialgeräten wie dem Aston Martin mit Schleudersitz, dem tauchfähigen Lotus und dem Minikampfhubschrauber »Little Nellie«. Diese Gimmicks gehörten zum Erfolg von 007 wie die Bond-Ladies. Q, der Quartermaster, gehörte neben den Figuren M und Miss Moneypenny zu den festen Größen der Reihe. Llewelyn, der seit *Liebesgrüße aus Moskau* (1963) die Rolle ausfüllte, war der langjährigste Bond-Serien-Darsteller.
Llewelyn behauptete von sich selbst, nicht einmal einen Videorecorder bedienen zu können.
Llewelyns Karriere begann bereits 1930 in *Ask A Policeman*, doch der begeisterte Theaterschauspieler bekam kaum andere Engagements, nachdem er als Q abgestempelt worden war. Ein paar seiner wenigen Filme waren *Tschitti Tschitti Bäng Bäng* (1968), der ebenfalls aus Ian Flemings Feder stammte, und zuletzt die SAT.1-TV-Produktion *Computer-Crash 2000* (1999). Mit *Die Welt ist nicht genug* (1999) leitete Llewelyn das Ende seiner Figur ein und trat seinen Part an John Cleese als neuen Waffenmeister ab und schrieb seine Biographie »Q: The Life Of Desmond Llewelyn«. Er starb bei einem Autounfall.

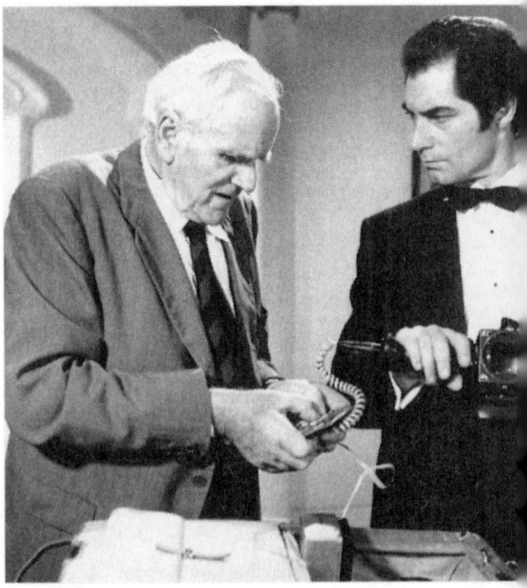

Desmond Llewelyn (links)

Loebinger, Lotte (93)
Geb. 10.10.1905, Kattowitz.
Gest. 9.2.1999, Berlin.
Die ostdeutsche Schauspielerin war die emanzipierte Funktionärin Hertha Scholz in *Frauenschicksale* (1952) von Slatan Dudow.
Ihre Karriere begann mit der kleinen Rolle der Isenta in *M* (1931). Sie floh vor den Nazis und spielte im Exil in der Sowjetunion weiter. Nach dem II. Weltkrieg hatte sie Mutterrollen in *Irgendwo in Berlin* (1946), *Grube Morgenrot* (1948) und *Das kalte Herz* (1950), spielte aber auch komische Rollen wie die Muhme in Konrad Wolfs Debüt *Einmal ist keinmal* (1950). Vorrangig war sie am Theater tätig, ihren letzten Kinoauftritt gab sie in *Adamski* (1992) als Oma.

Long, Joan (73)
Geb. 1925, Victoria.
Gest. 2.1.1999, Sidney.
Die australische Filmemacherin schrieb das Historiendrama *Eine Frau geht ihren Weg* (1975) von Donald Crombie und sorgte mit ihrer Produktion der Peter-Weir-Filme für die Renaissance der australischen Filmindustrie.

Seit 1948 war Long aktiv im Filmgeschehen. Sie schrieb bzw. produzierte die renommierten Filme *Wanderkino Pym* (1977), *Puberty Blues* (1981) sowie *Silver City* und *Silver Emerald* mit Nicole Kidman. Außerdem engagierte sie sich mit Dokumentarfilmen für die Geschichte des einheimischen Kinos. Ihre Filme waren insgesamt für 23 Australische Filmpreise nominiert.

Lowitz, Siegfried (84)
Geb. 22.9.1914, Berlin.
Gest. 27.6.1999, München.
Der preisgekrönte deutsche Schauspieler war von 1977–1986 101mal Kommissar Köster in der TV-Serie *Der Alte*. Lowitz hätte ein deutscher Spencer Tracy sein können: »Er war ein knorrig widerborstiger Typ, aufrecht, aber oft übellaunig. Hübsch war es immer, wenn er über die immer etwas muffig wirkenden Gesichtszüge einen Hauch von Schalkhaftigkeit wehen ließ, wenn er bei aller Resignation im Habitus Lebenserfahrung, gar Lebensfreude erahnen ließ.« (Thomas Thieringer, ›SZ‹)
Seit 1933 feierte Lowitz auf der Bühne Erfolge. Neben vielen Theaterhauptrollen spielte Lowitz in der Nachkriegszeit prägnante Nebenrollen im Kino: dem intriganten Rokoko-Kammerherr in *Herrscher ohne Krone* (1956), den Amtsrichter in *Rose Bernd* (1957), den zynischen Wehrmachtsleutnant in *Haie und kleine Fische* (1957) oder einen geschundenen Kriegsgefangenen in *Der Arzt von Stalingrad* (1958).
Als Kommissar trat Lowitz mehrfach in den Edgar-Wallace-Filmen wie *Der Frosch mit der Maske* (1959) oder *Der Hexer* (1964) sowie in *Es geschah am hellichten Tag* (1958) und *Die unsichtbaren Krallen des Dr. Mabuse* (1961) auf, seine gedrungene Figur und knarrende Stimme hinterließen bleibende Eindrücke.
Im Fernsehen spielte er die Hauptfiguren in den TV-Straßenfegern *Die Gentlemen bitten zur Kasse* (1966), *Der Trinker* (1967) und *Krebsstation* (1970). Zuletzt sah ihn der Zuschauer in *Allein gegen die Mafia* und dem Melodrama *Eine Frau geht ihren Weg*.

Ludwig, Rolf (73)
Geb. 28.7.1925, Stockholm.
Gest. 27.3.1999, Berlin.
Der deutsche Volksschauspieler war der Professor in dem Defa-Kultfilm *Die Legende von Paul und Paula* (1973).
Ludwig hatte als Kabarettist im Kriegsgefangenenlager seine Schauspielerei begonnen. Seit dem Debüt in *Sein großer Sieg* (1952) spielte er gut 50 Nebenrollen wie den Diener Mager in *Lotte in Weimar* (1974), aber auch die Titelfigur des arbeitslosen Kellners in der Satire *Der Hauptmann von Köln* (1956). Weitere Filme sind *Der Fall Gleiwitz* (1961) und *Sansibar* (1987) sowie *Nikolaikirche* (1995), in dem er als Pfarrer Reichenbork zu sehen war.
Sein Lebenswerk war vor allem mit dem Regisseur Egon Günther verbunden, mit dem er *Lotte in Weimar* und zuletzt *Die Probe* (1995) drehte, hier war Ludwig König Lear und Narr zugleich.

Lüdcke, Marianne (55)
Geb. 22.7.1943, Berlin.
Gest. 31.5.1999, Frankreich.
Die deutsche Filmemacherin inszenierte das dreiteilige Jugend-Obdachlosen-Drama *Die große Flatter* (1974) nach einem Roman von Leonie Ossowski.
Lüdcke etablierte sich durch engagiertes Kino über das Proletariat: Ihr Debüt *Die Wollands* (1972) handelt über streikende Arbeiter, gedreht in der Tradition des Weimarer Arbeiterfilmes, koinszeniert von Ingo Kratisch, mit dem Lüdcke ebenso *Familienglück* (1975) und *Die Tannerhütte* (1976) drehte.
Die dffb-Absolventin verband in ihren politischen Fernsehspielen didaktische Elemente durch dramatische Spannung, wodurch Lüdcke erschütternde Studien wie das Asyldrama *Die Abschiebung* (1985) gelangen. »Eine Sensibilität zeichnete diese Filme aus, eine Sympathie, die selbst der geforder-

ten Fernsehdramaturgie Widerstand leistete, und erfolgreich balancierten die Filme zwischen Idylle und Streik, Existenzminimum und Euphorie.« (Fritz Göttler, ›SZ‹)
In den letzten Jahren ihrer Karriere war Lüdcke für das Fernsehen als Regisseurin von Teilen der Krimireihen *Tatort* und *Peter Strohm* tätig.

M

Marischka, Georg (77)
Geb. 29.6.1922, Wien.
Gest. 9.8.1999, München.
Der österreichische Regisseur und Schauspieler feierte seine größten Erfolge mit den O.W.-Fischer-Filmen *Hanussen* (1955), *Peter Voß, der Held des Tages* (1959) und *Axel Munthe, der Arzt von San Michele* (1962). Als Darsteller trat Marischka als strenger Musikkritiker Boettner-Salm in *Monaco Franze, der ewige Stenz* (1983) und polternder Ministerpräsident in *Kir Royal* (1986) wuchtig in Erscheinung. »Eine großartige Charge«, lobte der ›epd-film‹, »ein untersetzter Mann, mit einem schiefen Mund, immer etwas verdrießlich blickend, der fleischgewordene Wiener Schmäh.« Einen fast legendären Auftritt hatte Marischka in dem Olympia-Geiseldrama *Die 21 Stunden von München* (1976). An der Seite von William Holden als Polizeichef spielte er den damaligen Bundesaußenminister Hans Dietrich Genscher.
Der Sohn von *Sissi*-Regisseur Ernst Marischka und Neffe von *Laß jucken, Kumpel*-Regisseur Franz Marischka verdingte sich in den 40ern bei Willi Forst, dem er bei *Die Sünderin* (1950) assistierte. Marischka debütierte im selben Jahr mit der gelungenen Musikkomödie *Der fidele Bauer* (1950) mit Paul Hörbiger, Rudolf Carl und Heinrich Gretier. Wie bereits seine Vorfahren bereicherte er das deutsch-österreichische Unterhaltungskino mit den eher unterbelichteten Karl-May-Adaptionen *Die Sklavenkarawane* (1958) und *Das Vermächtnis des Inka* (1965), sowie der preisgekrönten Simmelverfilmung *Mit Himbeergeist geht alles besser* (1962).
Die letzten drei Jahrzehnte wandte sich Marischka dem Schauspiel zu: Er spielte in *Lieb Vaterland, magst ruhig sein* (1975) und war in den Serien und Filmen von Helmut Dietl wie *Schtonk!* (1991) als Von Klantz zu sehen. Im US-Film war er in *The Boys from Brazil* (1977) als Offizier Gunther zu sehen. Zuletzt spielte Marischka den gerissenen Dorfbürgermeister in *Forsthaus Falkenau*.

Markes, Larry (77)
Geb. 24.9.1921, Brooklyn/New York.
Gest. 19.5.1999, Los Angeles.
Der amerikanische TV- und Filmautor schrieb zusammen mit seinem Partner Michael Morris die leichten Komödien *Monsieur Cognac* (1963) mit Tony Curtis und *Der Fuchs geht in die Falle* (1962) mit Kirk Douglas.

Mason, Margaret (58)
Geb. 1941, Phoenixville/ Pennsylvania.
Gest. 26.3.1999, Silverdale/ Washington.
Die amerikanische TV-Serien-Schauspielerin aus *The Wild, Wild West* war im Kino in Kleinrollen in *Botschafter der Angst* (1962) und den Komödien *Blindgänger der Kompanie* (1958), *Wie man Erfolg hat, ohne sich besonders anzustrengen* (1966) und *Hotel für Liebespaare* (1963) zu sehen. Bis Anfang der 90er Jahre spielte Mason im Fernsehen vorzugsweise in Soaps wie *General Hospital*.

Mature, Victor (84)
Geb. 29.1.1915, Louisville/Kentucky.
Gest. 4.8.1999, Rancho Santa Fé/ Kalifornien.
Der amerikanische Darsteller von hünenhafter männlich-heroischer Statur war ein Star des Sandalenfilms wie *Das Gewand* (1953), das er als Deme-

Victor Mature

trius neben Richard Burton füllte. Er war ein Mann fürs Grobe, fürs Animalische, Exotische, Unzivilisierte und spielte Figuren wie Samson und Hannibal und brachte dämlichste Dialoge aufrichtig herüber. Charakterrollen hatte Mature als verratener Gangsterspitzel Nick Bianco in dem dokumentarisch angehauchten ›film-noir‹ *Der Todeskuß* (1947) und als todkranker Revolverheld Doc Holliday in *Faustrecht der Prärie* (1946). Trotz dieser Leistungen galt Mature als mimisch untalentiert. Groucho Marx äußerte sich einst, daß Mature größere Titten hatte als die Hauptdarstellerin. Mature selbst sagte: »Ich bin kein Schauspieler, und es gibt 64 Filme, die das beweisen.«

Der Sohn eines österreichischen Scherenschleifers spielte seit 1939 körperbetonte Heldenrollen in pompösen Antik-Schinken: als prähistorischer Jäger in *Eine Millionen Jahre vor Christi Geburt* (1940), biblischer Titan Samson in *Samson und Delilah* (1949), römischer Hauptmann in *Androkles und der Löwe* (1952), feuriger Löwenbezwinger in *Sinuhe, der Ägypter* (1954) und karthagischer Feldherr in *Hannibal* (1960). Seine Karriere führte von den Bombastproduktionen eines Darryl F. Zanuck in die Tiefebene des italienischen Sandalenfilms.

Mature verzichtete auf lächerliche Altersrollen, wie Tony Curtis, ein einstiger Konkurrent. Mit einer amüsanten Selbstparodie in der Komödie *Jagt den Fuchs!* (1966) von Vittorio de Sica beendete Mature seine Karriere und kehrte nur für Gastrollen auf die Leinwand zurück. Eine schöne Abschiedsrolle hatte er in dem TV-Film *Samson & Delia* (1984), in dem er den Vater von Samson, seine einstige Rolle, spielte.

McCann, Donal (56)
Geb. 7.5.1943, Dublin.
Gest. 18.7.1999, Harold's Cross/Irland.
Der irische Bühnendarsteller spielte in John Hustons letztem Film *The Dead – Die Toten* (1987) nach James Joyces Roman neben Anjelica Huston die Hauptrolle des melancholisch grübelnden Neffen Gabriel.
McCanns Lebenswerk ist eng verbunden mit Neil Jordans Filmen, in dessen *Angel* (1981), *High Spirits* (1988) und *Miracle* (1991) er spielte. Weitere sehenswerte Auftritte hatte McCann in *Jenseits von Afrika* (1985) als Doktor und *Gefühl und Verführung* (1996) als alternder Ian Grayson.

Michaels, Mickey S. (67)
Geb. 9.10.1931, Santa Monica/Kalifornien.
Gest. 20.3.1999, Los Angeles.
Der amerikanische Set-Decorator war für die Ausstattung von *Airport* (1970) und *Airport '77* (1977) für den ›Oscar‹ nominiert. Michaels sorgte außerdem für die Dekorationen von *Jagd auf Roter Oktober* (1990), *Die Nackte Kanone 2 1/2* (1991), *Das Kartell* (1994) und *Crimson Tide* (1995) sowie den TV-Serien *Kampfstern Galactica* und *Deep Space Nine*.

Millowitsch, Willy (90)
Geb. 8.1.1909, Köln.
Gest. 20.9.1999, Köln.
Der kölsche Volksschauspieler unzähliger Theaterstücke hatte viele Auftritte im deutschen Lustspielkino des Wirtschaftswunders. Mit rheinischem Frohsinn spielte Millowitsch in den Possen *Willy, der Privatdetektiv* (1960) und *Der Hochtourist* (1961). Gelungene Nebenauftritte hatte Millowitsch beispielsweise in *Die Landärztin* (1958) als übermotivierter Geschäftsmann. In der US-Produktion *Hilfe, die Amis kommen* (1985) war er Chevy Chases vermeintlicher Onkel Fritz Spritz aus Bayern! Seine letzte von rund 50 Kinorollen hatte Millowitsch als typisch kölscher Jung neben Mario Adorf in *Pizza Colonia* (1991). Immer wieder spielte er die Rolle des TV-Kommissars Klefisch, die ihm sehr gefiel.
Bis kurz vor seinem Tod stand er auf der Bühne, sein Wunsch, hier zu sterben, erfüllte sich nicht.

Mills, Donald (84)
Geb. 29.4.1915, Piqual/Ohio.
Gest. 13.11.1999, Los Angeles.
Der amerikanische Sänger war der letzte Überlebende der 20er-Jahre-Erfolgsgruppe »The Mills Brothers«, deren erster Millionenhit »Tiger Rag« das trommelnde Begleitthema des genialen Automobilerfinders Preston Tuckers in *Tucker* (198) von Francis Ford Coppola war.
Die Mills' selbst traten in Filmen der 30er Jahre wie *Twenty Million Sweethearts* (1934) mit Dick Powell leibhaftig auf.

Miyagawa, Kazou (91)
Geb. 25.2.1908, Kyoto.
Gest. 7.8.1999, Tokio.
Der japanische Kameramann war für die exzellente Fotographie von Akira Kurosawas prächtigen Filmen *Rashomon* (1950), *Yojimbo* (1961) und *Kagemusha* (1980) zuständig.
Miyagawa erlernte in den 20er Jahren das Filmhandwerk und wurde in den 30ern Kameramann. Er führte bei *Erzählungen unter dem Regenmond* (1953), *Sansho Dayu – Ein Leben ohne Freiheit* (1954) und *Abschied in der Dämmerung* (1959) die Kamera. Zuletzt war Miyagawa für die historische deutsch-japanische Liebesgeschichte des 19. Jahrhunderts *Die Tänzerin* (1988) von Masahiro Shinoda tätig.

Miller, Buzz (75)
Geb. 23.12.1923, Snowflake/Arizona.
Gest. 23.2.1999.
Der amerikanische Tänzer tanzte Cha-Cha mit Judy Holliday in *Anruf genügt – komme ins Haus* (1959) von Vincente Minnelli.

Miller, Harvey (63)
Geb. 15.6.1935.
Gest. 8.1.1999, Los Angeles.
Der amerikanische Schauspieler und Drehbuchautor verfaßte das für den ›Oscar‹ nominierte Skript zu *Schütze Benjamin* (1979). Er spielte in *Big* (1988) den Personaldirektor, in *Freundinnen* (1988) den Regisseur und *Zeit des Erwachens* (1990) den Krankenhausdirektor.
In den 50er Jahren war Miller Comedy-Autor für Dick Gregory, Shecky Green, Alan King und Sandy Baron. Er schrieb und inszenierte *Die Weißkittel – Dümmer als der Arzt erlaubt* (1985), *Getting Away With Murder* (1996). Als Autor war er außerdem für die Bücher von *Jekyll und Hyde – die schärfste Verwandlung aller Zeiten* (1982) und *Highway 2* (1984) verantwortlich.

Molin, Lars (56)
Geb. 1924.
Gest. Februar 1999.
Der schwedische Romancier und Regisseur inszenierte den sozialkritischen Arbeiterfilm *Dynamit* (1977). *Die tätowierte Lady* (1998) wurde mit dem ›Emmy‹ ausgezeichnet.

Moore, Clayton (85)
Geb. 14.9.1914, Chicago/Illinois.
Gest. 28.12.1999, Los Angeles.

Der amerikanische Cowboydarsteller spielte die Titelrollen in *Jesse James reitet wieder* (1947), *Zorro im Wilden Westen* (1949) und *Buffalo Bill In Tomahawk Territory* (1952).
Der ehemalige Zirkusakrobat galt als »King of the Serials«, in denen ihm Linda Stirling, die »Queen of the Serials« häufig zur Seite stand, wie ebenfalls der als Schurke und »King of the Heavies« bekannte Roy Barcroft. *Jesse James* bot beste Unterhaltung der aus *Western von gestern* bekannten Republic-Western, daß sogar auf einen Sidekick-Komiker wie z.B. Fuzzy verzichtet wurde. Moore spielte von den 30er bis 60er Jahren, ein weiterer von ihm verkörperter Westernheld war der Lone Ranger in *Der weiße Reiter* (1956) und *Der Held mit der Maske* (1958).

Moorse, George (63)
Geb. 1.5.1936, New York.
Gest. 30.7.1999, Köln.
Der amerikanische Regisseur verfilmte zu Zeiten des »Neuen deutschen Films« mit *Kuckucksjahre* (1967) und *Der Griller* (1968) unterhaltsam gedachte und gemachte Zeitgeistporträts in München und Berlin. Moorse war neben Geissendörfer die treibende Kraft für die TV-Serie *Die Lindenstraße*. Über die deutschen Jungfilmer äußerte sich Moorse, sie seien korrumpiert von der Sucht verstanden zu werden.
Der Lyriker und Redakteur Moorse kam Ende der 50er Jahre in die BRD. Zwischen der Beat-Kultur und Flower-Power-Ära etablierte sich Moorse als APO-Lyriker und Undergroundfilmer mit seinem collageartigen (holländischen) Debüt *Zero in the Universe* (1965) über einen bevorstehenden amerikanischen Bürgerkrieg. Er verfilmte *Der Findling* (1966) von Kleist und den ›Bundesfilmpreis‹-Träger *Lenz* (1970) nach Büchner. Es folgten *Daniel* (1980) und *Brandmale* (1982). Besonders das Bild Schwabing wurde durch Moorse und seinen eng verbundenen, ebenfalls dieses Jahr verstorbenen Kameramann Gérard Vandenberg geprägt.

George Moorse

Morses letzte Fernseharbeit beschreibt die Brockenbesteigung des jungen Goethe.

Moreno, Zully (79)
(Zulema Esther Gonzales Bordan)
Geb. 17.19.1920, Buenos Aires.
Gest. 25.12.1999, Buenos Aires.
Die argentinische Schauspielerin war in der *Sissi*-ähnlichen Prinzessingeschichte *Ein Thron für Christine* (1960) neben Christine Kaufmann und Dieter Borsche zu sehen. In ihrer Heimat spielte Moreno in die verführerische Abenteurerin in dem Melodrama *König der Bettler* (1948).

Morton, Gary (74)
Geb. New York.
Gest. 30.3.1999, Palm Springs.
Der amerikanische Komödiant spielte neben seiner TV-Karriere in *The Lucy Show* in den 60er Jahren in dem Entertainer-Porträt *Lenny* (1974) den Sherman Hart. Einen weiteren Kinoauftritt im Showmilieu hatte Morton in *Grüße aus Hollywood* (1990) als Marty Wieper.

P

Peck, Bob (53)
Geb. 23.8.1945, Leeds.
Gest. 4.4.1999, London.
Der britische Schauspieler hatte die schockierende Rolle als Großwildjäger Robert Muldoon in *Jurassic Park* (1993) – trotz seiner großen Erfahrung als Abenteurer hat er nicht den Hauch einer Chance gegen die herumwütenen Dinosaurier, die ihn blitzschnell umzingeln und töten.
Peck spielte in Großbritannien in der Royal Shakespeare Company und in der TV-Serie *Edge Of Darkness* in den 80er Jahren. Als Android Byron war Peck im ambitioniert-mißglückten Endzeit-Streifen *Slipstream* (1989) zu sehen. Sein letzter Film war *The Criminal* (1999).

Perkins, Gil (91)
Geb. 24.8.1907, Australien.
Gest. 28.3.1999, Woodland Hills/Kalifornien.
Der australische Stuntman doubelte Clark Gable, Spencer Tracy, Randolph Scott, Kirk Douglas und Gene Hackmann. In *Alamo* (1960) führte er den Rollennamen Tennessean.
Seit Ende der 20er Jahre füllte Perkins in über 200 Filmen fünf Dekaden anderer und kleine Rollen in *King Kong und die weiße Frau* (1933), *Robin Hood – König der Diebe* (1938), *Mrs. Miniver* (1942), *Der Vater der Braut* (1950) und *Bonnie and Clyde* (1967).

Petzold, Konrad (69)
Geb. 26.4.1930, Radebeul.
Gest. 12.11.1999, Kleinmachnow.
Der Defa-Regisseur etablierte sich als Wild-West-Spezialist durch die Indianerfilme *Tödlicher Irrtum* (1971), *Osceola* (1971) und *Der Scout* (1984) mit Gojko Mitić als rachedurstiger Häuptling. Sein »Meisterwerk« lieferte er mit dem farbenprächtigen Jack-London-Goldsucherabenteuer *Kit & Co.* (1974) mit Rolf Hoppe als Shorty und Manfred Krug als Wild Water Bill.
Petzold debütierte mit dem Kinderfilm *Die Fahrt nach Bamsdorf* (1956) und inszenierte mit *Das Kleid* (1961) seinen ersten Erwachsenenfilm, der als unliebsame Mauerparabel verboten und erst 1990 aufgeführt wurde. Mit der *Spur des Falken*-Fortsetzung *Weiße Wölfe* (1968) inszenierte er seinen ersten Gojko-Mitić-Western. Mit dem letzten von gut 20 Filmen *Die Geschichte von der Gänseprinzessin und ihrem treuen Pferd Fallada* (1988) nach den Gebrüdern Grimm, gelang Petzold eine wunderschöne Fabel über Krieg und Frieden für Kinder.

Philips, Lee (69)
Geb. 10.1.1927, New York.
Gest. 3.3.1999, Brentwood/Kalifornien.
Der amerikanische Regisseur arbeitete für TV-Serien wie *Die Waltons* und inszenierte TV-Spielfilme mit einschlägigen Titeln wie *Die Saat des Alien* (1973), *Im Schatten der Götter* (1987), *Blinder Haß* (1989) und *Mörderische News* (1989).

Plato, Dana (34)
Geb. 7.11.1964, Maywood/Kalifornien.
Gest. 8.5.1999, Moore/Oklahoma.
Die amerikanische Schauspielerin hatte nach ersten Erfolgen in der Sitcom *Diff'rent Strokes* (1978–1984) Auftritte in dem C-Film *Bikini Beach Race* (1992) und dem Softcore *Diffrent Strokes: A Story Of Jack And Jill ... And Jill* (1997).
Aufsehen erregten Platos kriminelle Aktivitäten wie der Überfall auf eine Videothek in Las Vegas. Sie starb an einer Überdosis.

Polaire, Hal W. (81)
Geb. 16.8.1918, Kansas City/Missouri.
Gest. 11.7.1999, Honduras.
Der amerikanische Produzent begann als Regieassistent von Billy Wilder für *Das Apartment* (1960) und *Das Mädchen Irma La Douce* (1963) sowie für Sam Peckinpah bei *Sacramento*

(1962). Als Associate-Producer war Polaire bei *Wie ein wilder Stier* (1980), als Executive-Producer bei *Verraten* (1988) und *Music Box* (1990) tätig.

Polonsky, Abraham (88)
Geb. 5.12.1910, New York.
Gest. 26.10.1999, Beverly Hills.
Der amerikanische Regisseur und Drehbuchautor schuf den meisterhaften Western *Blutige Spur* (1969): Die Hatz auf einen Indianer ist ein unmißverständlicher Kommentar über Polonskys Schicksal. Er gehörte zu den »Schwarze-Liste«-Opfern der McCarthy-Hatz. Dabei blieb er jedoch kein vergrämter Mensch. Zu Kazans ›Oscar‹-Ehrung 1999 äußerte er sich: »Ich werde mir die Inszenierung anschauen. Und ich hoffe, daß ihn dabei jemand erschießt.«
Polonsky schrieb zunächst Radioskripte für Orson Welles, als »typischer New Yorker Intellektueller« verweigerte er sich zunächst der Filmindustrie Hollywood. Er begann als Drehbuchautor für *Goldene Ohrringe* (1946) von Mitchell Leisen. Es folgte das für den ›Oscar‹ nominierte Skript für Robert Rossens *Jagd nach Millionen* (1947). Polonsky brillierte mit dem sozialkritischen Gangsterfilm *Die Macht des Bösen* (1949) als Regiedebüt und hatte eine vielversprechende Karriere vor sich. Es folgte das Verbot seiner Person; nach der Denunziation durch Kollegen und Verweigerung der Aussage wurde seine Karriere unter falschen Namen oder ohne Credit fortgesetzt, wie dem Sozial-Noir *Wenig Chancen für morgen* (1959) von Robert Wise. *Blutige Spur* war sein gefeiertes Comeback. Sein nur wenige Filme umfassendes Regielebenswerk endete mit der historischen Gaunerkomödie um die Jahrhundertwende *Ein Kerl zum Pferdestehlen* (1971), die an seine Herkunft aus Mitteleuropa erinnert.
In seiner Zeit war er außerdem als Anwalt, Uniprofessor, Romanautor und Drehbuchautor für Don Siegel *Nur noch 72 Stunden* (1968) und wenig gelungene Filme wie *Lawinenexpress* (1978) tätig.
Für *Schuldig bei Verdacht* (1990), Irwin Winklers Film über die McCarthy-Ära, schrieb Polonsky zwar ein Skript, das jedoch kaum verwertet, so daß er seinen Namen zurückzog und auf das Honorar verzichtete: »Ich wollte kein Buch über einen netten Menschen schreiben.« Die langjährigen Traumprojekte von Thomas Manns »Mario und der Zauberer« und L. Ron Hubbards »Battlefield Earth« konnte Polonsky nicht verwirklichen.

Preil, Hans-Joachim (76)
Geb. 26.6.1923, Köslin/Hinterpommern.
Gest. 2.11.1999, Berlin.
Der Schauspieler, Autor und Regisseur bildete mit Rolf Herricht das beliebteste Komikerduo in der DDR – Herricht spielte liebenswert naiv, Preil ewig besserwisserisch.
Im Kino trat Preil neben Herricht in dem Lustspiel *Meine Freundin Sybille* (1967) als Hauptreiseleiter auf. 1994 erschienen seine Memoiren »Aber, Herr Preil«.

Puzo, Mario (78)
Geb. 15.10.1920, New York.
Gest. 2.7.1999, Long Island.
»Wir machen ihnen ein Angebot, das sie nicht ausschlagen können«, waren Worte des Vaters des Paten. Der amerikanisch-italienische Autor schuf die legendäre *Der Pate*-Trilogie (1971/74/90), für deren erste Teile Puzo zusammen mit Regisseur Francis Ford Coppola den ›Oscar‹ für das beste Drehbuch erhielt. Puzo wuchs als Sohn eines italienischen Gleisarbeiters in Hell's Kitchen/New York auf. Er hatte zahlreiche Gelegenheitjobs, bis er 1950 mit dem Schreiben begann. Seine Karriere als Drehbuchautor begann, nachdem sein Bestseller über die Mafiafamiliengeschichte zum gigantischen Filmprojekt heranwuchs und den Grundstein zu einem der größten Filmerfolge der Welt gab.

Seitdem arbeitete Puzo wesentlich an den Skripten zu *Superman I + II* (1978/79), *Cotton Club* (1984) und *Christopher Columbus* (1994) mit und schrieb die Romanvorlage zu *Der Sizilianer* (1987).
Für das Fernsehen entwarf Puzo die Miniserien *The Fortunate Pilgrim* (1988) und *The Last Don* (1997) – die Mafia, obwohl er beschwor, keine Kontakte mit ihr zu pflegen, ließ ihn nicht los. Zuletzt soll Puzo an einer Fortsetzung der Familiengeschichte der Corleones geschrieben haben.

Pyl, Jean Vander (79)
Geb. 1919.
Gest. 10.4.1999, Dana Point/ Kalifornien.
Die amerikanische Sprecherin lieh verschiedenen US-Cartoons wie *Yogi Bear* und *Top Cat* ihre Stimme, wie auch Wilma Flintstone von *The Flintstones/Die Feuersteins* in der Serie und dem darauf basierenden Animationslangfilm *Jetsons Meets The Flinstones* (1987).

R

Rapper, Irving (101)
Geb. 20.1.1898, London.
Gest. 20.12.1999, Los Angeles.
Der Hollywoodregisseur inszenierte das berühmte Theaterdrama *Die Liebe der Marjorie Morningstar* (1958) mit Gene Kelley und Natalie Wood. Speziell mit Bette Davis arbeitete Rapper häufig wie in *Reise aus der Vergangenheit* (1942) an der Seite von Paul Henreid und Claude Rains sowie und in *Das grünende Korn* (1945) zusammen. Rapper stand Jahrzehnte treu im Dienste der Warner Bros. In den 30er Jahren arbeitete er als Dialogregisseur für die Emigranten Douglas Sirk und Michael Curtiz, für dessen *Robin Hood, König der Vagabunden* (1938) er mitverantwortlich war. Es folgten die selbstinszenierten Dramen *Mit einem Fuß im Himmel* (1941) und *Die Gaylords* (1942). Seine Arbeiten bestachen weniger durch visuelle Eleganz als durch die Schauspielführung, unter der Stars wie Kirk Douglas, Ginger Rogers und Barbara Stanwyck glänzten.
Zum Ende seiner Karriere drehte Rapper das Historienspektakel *Pontius Pilatus* (1961) und das Watergate-Drama *Die Colson Affäre* (1978), die wenig beeindruckten. Außerdem inszenierte Rapper die Kinderfilme *Die Abenteuer Mark Twains* (1944) und *Roter Staub* (1956), die packende Geschichte eines mexikanischen Jungens, der einen Stier aufzieht und vor dem tödlichen Kampf bewahren will – dies war Rappers Lieblingsfilm.

Reed, Oliver (61)
Geb. 13.2.1938, Wimbledon.
Gest. 2.5.1999, Valetta.
Der englische Schauspieler von bulliger Statur war der Haudegen Athos in der *Musketier*-Trilogie (1973/1974/ 1988). Reed war der Superstar des britischen Kinos in den 60er Jahren. Er strotzte in seinen Filmen mit bärbeißiger, überbordender Männlichkeit, die er oftmals komödiantisch unterlegte. In *Castaway – Die Insel* war Reed die personifizierte Männlichkeit der Natur, in *Die Abenteuer des Baron Münchhausen* (1987) spielte er den Gott Vulkan, den Gatten der wunderschönen Venus. Der saufende, prügelnde und spöttelnde Athos ist seine Lebensfigur: Privat galt Reed als wilder Bursche, der durch Sauf- und Frauengeschichten die Boulevardblätter füllte. Seine Traumfrau beschrieb Reed einst als taubstumme Nymphomanin, deren Vater Wirt ist.
Reeds Jugend wurde als verwegen geschildert, ein problematisches Scheidungskind, das davonrannte und sich als Rausschmeißer und Boxer verdingte, bis sich sein Onkel Carol Reed seiner annahm und an den Bühnen förderte. Seine erste Hauptrolle hatte Reed nach Fernsehauftritten in den 50ern in *Der Fluch von Siniestro* (1961) als spanischer Edelmann, der sich in einen Werwolf verwandelt. Als großartiger

Charaktermime spielte er in *Sie sind verdammt* (1962) von Joseph Losey, in *Oliver* (1968) von Onkel Carol den grimmigen saufenden Dieb Bill Sykes, für Ken Russell in *Liebende Frauen* (1968) und *Die Teufel* (1971) sowie in *Wie ein Schrei im Wind* (1965) den grobschlächtigen Trapper. Gerade in solchen Wildnisfilmen blühte Reed auf, Reed gegen einen Blizzard, Reed gegen die See in *Castaway* – das war sein Metier, in dem er strotzen konnte. Glänzen konnte Reed ebenfalls in David Cronenbergs bizarrem Horrorfilm *Die Brut* (1979) als treuer Familienvater und in dem Kriegsepos *Omar Mukhtar – Löwe der Wüste* (1980) als nobler wie harter italienischer General. Reed prägte in 100 Filmen den Machismo, der in den letzten, wenig bedeutenden Arbeiten wie *Meister des Grauens* (1990) zum Klischee verkam. Seit den 80er Jahren sah man Reed fast nur noch in billigen Fantasyproduktionen. Eine letzte Rolle hatte er in *Parting Shots* (1998). Reed verstarb volltrunken während der Dreharbeiten zu dem Historienfilm *The Gladiator* von Ridley Scott in einer Kneipe auf Malta. Sein erklärtes Lebensziel, mit jeder Frau zu schlafen und jede Kneipe leerzutrinken ging nicht in Erfüllung.

Oliver Reed in ›Castaway‹

Remsen, Bert (74)
Geb. 25.2.1925, Long Island/ New York.
Gest. 22.4.1999, Los Angeles.
Der amerikanische Schauspieler spielte siebenmal unter der Regie von Robert Altman, wie z.B. in *McCabe & Mrs. Miller* (1971) als Bart Coyle und in *Diebe wie wir* (1974) als Flüchtling T.W. Masefeld »T-Dub«.
Seine erste Rolle hatte Remsen in dem Koreakriegsfilm *Mit Blut geschrieben* (1957) neben Gregory Peck. In prägnanten Kleinrollen war er *Dick Tracy* (1990) als Bartender, in *Mama, ich und wir zwei* (1991) als Spat und in *Fletchers Visionen* (1997) als Julia Roberts Vater zu sehen. Er spielte gut 100 Rollen in renommierten Produktionen, in Robert Altmans All-Star-Film *The Player* (1992) spielte Remsen sich selbst.

Rerberg, Georgy (62)
Gest. 28.7.1999, Moskau.
Der russische Kameramann bzw. »Regisseur des Bildes« war in seiner Nation der angesehenste Fachmann seiner Gilde. Rerberg führte für Andrej Michalkow-Kontschalowski bei *Der erste Lehrer* (1966), *Assias Glück* (1967) und *Onkel Wanja* (1971) die Kamera. Speziell seine Mischung aus Schwarzweiß- und Farbbildern bei *Onkel Wanja* und *Der Spiegel* (1975) von Andrej Tarkowskij war bestechend. *Plumbum oder gefährliche Spiele* (1987) von Wadim J. Abdraschitow gehört zu Rerbergs Spätwerken.

Reyer, Walther (77)
Geb. 4.9.1922, Hall/Tirol.
Gest. 5.9.1999, Tirol.
Der österreichische Schauspieler war in dem Kinozweiteiler *Der Tiger von Eschnapur* und *Das indische Grabmal* (1958) der gutaussehende kluge Maha-

radscha Chandra von Eschnapur, der seine große Liebe, die Tempeltänzerin Sheeta, an den deutschen Ingenieur Harald Berger verliert.
Das Wiener-Burgtheater-Mitglied spielte mit nobler Sprache und Aussehen den wackeren Arzt Dr. Sellnow in *Der Arzt von Stalingrad* (1958), den Musiker in dem Melodrama *Romanze in Venedig* (1962), rivalisierte mit Götz George um die Donau-Tochter Johanna von Koczian in *Jacqueline* (1959) und war Fürst Andrassy in den *Sissi*-Filmen (1956/ 57). Zuletzt wurde Reyer in Altersrollen dem TV-Publikum durch seine Rolle als Dr. Pankraz Obermayr in der Serie *Der Bergdoktor* und die Serie *Insel der Seligen* bekannt. Im österreichischen Kino war er in dem Thriller *Schuld der Liebe* (1997) zu sehen.

Richardson, Lee (73)
Geb. 11.9.1926, Chicago/Illinois.
Gest. 2.10.1999, New York.
Der mit dem ›Tony‹ prämierte amerikanische Darsteller spielte den Mobster Dominic Prizzi in *Die Ehre der Prizzis* (1986) von John Huston. Besonders eklig war Richardsons Rolle als skrupelloser Firmenchef Bartok in *Die Fliege II* (1989), in dem er zu einem schleimigen Monster mutiert.
Im Kino war er immer wieder in mehr oder minder großen Nebenrollen renommierter Produktionen zu sehen wie z.B. dem Sektenthriller *Das Ritual* (1987) und dem Satanshorror *Der Exorzist III* (1990). Mit Sidney Lumet drehte er *Network* (1976), in dem er als Erzähler fungierte, *Prince of the City* (1980), *Daniel* (1983) und *Tödliche Fragen* (1990). Im Fernsehen spielte Richardson in *Truman* (1995) Franklin Roosevelt.

Rimpler, Gisela (69)
Geb. 26.8.1929.
Gest. 23.1.1999, Berlin.
Die ostdeutsche Schauspielerin war als Anna Lubitzke in *Steinzeitballade* (1961) und als die Baronin in *Frühlingssinfonie* (1983) zu sehen. Sie blieb jedoch zeitlebens der Theaterbühne verbunden.

Rogers, Charles (94)
Geb. 13.8.1904, Olathe/Kanada.
Gest. 21.4.1999, Rancho Mirage/ Kalifornien.
Der amerikanische Schauspieler, Jazzmusiker und Ehemann von Mary Pickford gehörte neben Gary Cooler zur Besetzung des mit dem ›Oscar‹ prämierten Fliegerdramas *Wings* (1927) von William A. Wellman.
Seine erste Filmrolle hatte Charles ›Buddy‹ Rogers als Sohn von W.C. Fields in *So's Your Old Man*. Er spielte in dem Stummfilm-Komödien-Klassiker *Meine beste Freundin* (1927) den Partner von Mary Pickford, die er zehn Jahre später heiraten sollte und bis zum Tod 1979 begleitete. Rogers gelang der Sprung von der Stumm- zur Tonfilm-Ära durch Jazzfilme wie *Varsity* und *Red Lips*. Meist hatte Rogers Gesangsauftritte wie in dem Musical *Once In A Million* oder unbedeutende Rollen wie neben Carole Lambert in *Safty In Numbers* und Jean Arthur in *Young Angels*. Anfang der 40er ging seine Schauspielkarriere nieder. Rogers produzierte den Erfolg *Schlingen der Angst* (1947) mit Claudette Colbert und Don Ameche. Seine letzte Film(neben)rolle hatte er als Reverend in dem selbstproduzierten Western *Mit dem Colt unter dem Kissen* (1957).
Neben der Filmkarriere spielte Rogers mit seiner Band für die Truppen in Korea, engagierte sich im karitativen Bereich und verwaltete als Archivar den Nachlaß seiner Frau.

Romahn, Michael (43)
Gest. März 1999, Berlin.
Der deutsche F/X-Tüftler sorgte für die Kreaturen und Splattereffekte in *Schramm* (1993) von Jörg Buttgereit, *Kondom des Grauens* (1996) von Martin Walz und *Coconut Dream* (1999) von Wenzel Storch. In *Schramm* hatte Romahn eine Rolle als Selbstmörder,

der sich in einer dunklen Gasse erschießt.

Roman, Ruth (75)
Geb. 22.12.1924, Lynn/Massachusetts.
Gest. 9.9.1999, Laguna Beach/Kalifornien.
Die amerikanische Schauspielerin opferte sich in *Über den Todespaß* (1954) als unglücklich verliebte Salonbesitzerin Ronda Castle für James Stewart, den sie vor dem ihm geltenden Todesschuß bewahrt. Roman spielte starke, eigenwillige Frauenfiguren an der Seite der begehrtesten Männer wie Errol Flynn, Gary Cooper, Curd Jürgens oder Richard Burton. Roman gehörte neben Jane Russell oder Marlene Dietrich zu den wenigen Frauen des Hollywoodkinos, die ihren »Mann« stehen durften.
Nach kleinen Auftritten begann ihre Karriere neben Kirk Douglas in dem Boxerdrama *Zwischen Frauen und Seilen* (1949). Als Heldin mit Durchschlagskraft war Roman in *Tochter der Prärie* (1948) oder *Geheimnis der schwarzen Bande* (1950) zu sehen. Ihren bekanntesten Auftritt leistete sie als Freundin von Farley Granger in *Der Femde im Zug* (1951), in dem sie unwissentlich für den berühmten »Über-Kreuz-Mord« an Grangers Gattin mitverantwortlich ist. 1956 war Roman Passagierin der Andrea Doria, sie überlebte mit ihrem Sohn den Schiffsuntergang, ihre Karriere endete danach. In dem schönen TV-Clownsdrama *Punch und Jody* (1974) trat Roman in einer Altersrolle neben Glenn Ford zum letztenmal vor die Kamera.

Ruth Roman

Rosenbaum, Marianne S.W. (58)
Geb. 22.5.1940, Leitmeritz.
Gest. 29.10.1999, München.
Die deutsche Regisseurin debütierte mit der autobiographisch gefärbten Nachkriegsgeschichte *Peppermint Frieden* (1982) mit Cleo Kretschmer und Peter Fonda.
Die Karriere der Prager Filmhochschulabsolventin begann als Regisseurin der *Uhlenbusch*-TV-Filme. »Schon in dieser Serie fiel ihr Talent auf, kindliche Phantasie auf kindliche Weise darzustellen.« (›epd-film‹) Schwermütig, teils schwerfällig waren ihre Arbeiten wie das TV-Waisenkinddrama *Das Sonntagskind oder der Umstände halber* (1988). Zuletzt drehte Rosenbaum mit ihrem Mann Gerard Samaan den ebenfalls autobiographisch gefärbten *Lilien auf der Bank* (1996) Im Mittelpunkt steht ein Mann, der seine Wohnung mit Katastrophennachrichten tapeziert – eine Parabel über die negativen Folgen der »Wende« in Deutschland.

S

Schnabel, Rolf (74)
Geb. 11.2.1925, Marienberg.
Gest. 12.4.1999, Berlin.
Der ostdeutsche Dokumentarfilmer war Chefredakteur der Wochenschau *Der Augenzeuge* und drehte für die Defa unterschiedliche Auftragsarbeiten über den Nationalsozialismus oder die Ostsee.
Schnabel verstand sich selbst als SED-Parteisoldat, der die offizielle Politik der DDR propagierte, setzte sich aber

für unbequemere Werke von Volker Koepp oder Jürgen Böttcher ein. Seit 1954 drehte Schnabel u.a. *Himmelsstürmer* (1979) und *Berlin der 20er Jahre* (1987) und letztlich *Otto von Bismarck* (1990).

Schnabel, Stefan (87)
Geb. 2.2.1912, Berlin.
Gest. 11.3.1999, Italien.
Der deutsche Schauspieler hatte im US-Kino Rollen als russischer Spion in *Kurier nach Triest* (1952) und Russe in *Der 27. Tag* (1957). Schnabel war 1933 in die Vereinigten Staaten geflüchtet und begann seine Karriere am Orson Welles Mercury-Theater und wirkte an dem Radiofeature *Krieg der Welten* mit. Schnabel spielte in *Der häßliche Amerikaner* (1962) und in *Firefox* (1981) und *Anna ... Exil in New York* (1986), in denen er seinem Osteuropäerimage gerecht wurde. Letzte Kleinauftritte hatte er in *Ferien mit Sylvester* (1990) und *Green Card* (1990).

Schubert, Heinz (73)
Geb. 12.10.1925, Berlin.
Gest. 13.2.1999, Hamburg.
Als tyrannisches »Ekel Alfred« in der Serie *Ein Herz und eine Seele* wurde der deutsche Schauspieler Fernsehgeschichte – seine hassenswerte Figur des deutschen Spießers wurde zum geliebten Dauerbrenner in der damals humorarmen Fernsehlandschaft. Mit krächzender Stimme spielte er den kleinen Familiendiktator, ein wahrhafter Napoleon. »Schubert hatte das, was man respektlos eine Berliner Schnauze nennt. Die Gabe, schnell und mit Witz zu formulieren, mit einem gewissen Augenzwinkern, wenn es noch gemütlich gemeint war – das war es nicht immer.« (Thomas Thieringer, ›SZ‹) Er war weniger ein Verwandlungs- als ein Charakterdarsteller.
Schubert spielte nach dem II. Weltkrieg in Bertolt Brechts Berliner Theaterensemble, als er in *Mutter Courage und ihre Kinder* (1960) seine Kinokarriere begann. In erster Linie blieb er jedoch am Hamburger Schauspielhaus dem Theater verbunden. Er spielte den Grundeis in der US-Version *Emil und die Detektive* (1963) und die Hauptrolle in *Der starke Ferdinand* (1976) von Alexander Kluge und *Hitler, ein Film aus Deutschland* (1977) von Hans-Jürgen Syberberg. Nebendarsteller war er in dem Skandalfilm *Obszön der Fall Peter Herzl* (1981) als Dr. Dieter Flake und der Politikrealsatire *Der Fall Lucona* (1993) als Minister Kurt Bach. In einer seiner letzten Rollen spielte Schubert den pensionierten Finanzexperten in *Der große Bellheim* (1995).

Scott, George C. (71)
Geb. 18.10.1927, Wise/Virginia.
Gest. 22.9.1999 Westlake Village/ Kalifornien.
Das amerikanische Schauspielurgestein bleibt unvergessen in Rollen wie als General in *Dr. Seltsam oder Wie ich lernte, die Bombe zu lieben* (1963). Scott ist unfähig, die Welt am Abgrund zu retten. In *Patton – Rebell in Uniform* (1969) zeichnet Scott das rücksichtslose Porträt des II.-Weltkrieg-Generals George S. Patton – den ›Oscar‹ für seine Darstellung lehnte Scott, der jeglichen Wettbewerb verabscheute, ab. Nach Scotts »Sieg« meinte Walter Matthau, wenn man einen Oscar gewinnen wolle, müsse man offenbar die Academy beschimpfen – er wolle dies auch mal versuchen. Scott »hat die Macht des Zynismus wie kein anderer verkörpert, ja der Zynismus scheint seinen Zügen eingeprägt, dem eigenem Leben abgelauscht.« (Gottfried Knapp, ›SZ‹)
Ein Star der Massen war Scott nie, wie Christopher Walken gehörte er mit zerrissenen Figuren zu den Stars von Filmfans. Scott war wie Lee J. Cobb, Rod Steiger oder Robert Duvall ein spektakulärer »Supporting Actor«, von einer Nebenrolle als zynischer Staatsanwalt in *Anatomie eines Mordes* (1959) bis zum Billard-Hustler und Gegner von Paul Newman in *Haie der Großstadt* (1961). In *Anatomie eines Mordes* setz-

te Scott gegen »die großen Gesten James Stewarts in der Rolle des Staatsanwaltes jenes spöttische Lächeln, das niemand so beherrscht wie er.« (Lars-Olav Beier, ›FAZ‹) Nach seinem Debüt in *Der Galgenbaum* (1958) wurde er sogleich für die beiden genannten Filme als ›Bester Nebendarsteller‹ für den ›Oscar‹ nominiert, ebenso für die Hauptrolle in *Hospital* (1971), deren in Aussicht gestellte Auszeichnung er bereits im Vorfeld ablehnte.

In *Die Totenliste* (1963) stand Scott als gerissener Detektiv das erste Mal an erster Stelle vor Kirk Douglas und Robert Mitchum. Scott spielte den pragmatischen Polizeikommandanten in *Polizeirevier Los Angeles Ost* (1972), den deutschen Offizier Ritter in *Die Hindenburg* (1975) und den rachedurstigen kalvinistischen Vater in *Hardcore – Ein Vater sieht rot* (1978). Eine seiner letzten Hauptrollen hatte Scott als Detective in *Exorzist III* (1989). Seine wohl schönste Rolle war der gerissene Trickbetrüger in *Der tolle Mister Flim-Flam* (1967).

George C. Scott

Zumeist füllte er Nebenrollen wie in *Die Kadetten von Bunker Hill* (1981) als General oder in *Malice* (1995) als Arzt – Justizleute, Soldaten und Ärzte waren stets Scotts Metier. Daneben war Scott vielfach auf Bühnen zugegen. Der streitbare Mann aus ärmlichen Verhältnissen schonte sich nie, immer wieder erlitt Scott Krankheits- und Alkoholrückfälle.

Zuletzt spielte Scott in William Friedkins TV-Remake *Die zwölf Geschworenen* (1998) den fast unveränderlichen Kontrahenten von Jack Lemmon und war im Kino an der Seite von Sharon Stone in *Gloria* (1999) zu sehen.

Seale, Douglas (85)
Geb. 28.10.1913, London.
Gest. 13.6.1999, New York City.
Der englische Schauspieler, Regisseur und Produzent spielte nach Jahrzehnten auf der Bühne kleine Rollen in *Amadeus* (1984) als Count Arco und in *Ghostbusters II* (1989) als Hotelier. In *Aladdin* (1992) lieh Seale der Zeichentrickfigur des Sultans seine Stimme. Seine letzte Rolle spielte er als alter Mann in *Palookalville* (1996).

Shaw, Sam (87)
Geb. 15.1.1912, New York.
Gest. 5.4.1999, Westwood/New Jersey.
Der amerikanische Fotograf und Produzent fotografierte das berühmte Lichtbild von Marylin Monroe, die mit hochgewehtem weißem Kleid auf einem Lüftungsschacht steht, während Tom Ewell, der Hauptdarsteller aus *Das verflixte 7. Jahr* (1955), sie begehrlich betrachtet – das Bild vom Drehset war so nie in dem Film zu sehen.

Shaw arbeitete in den 50er Jahren für Magazine wie ›Life‹ und ›Look‹, fotografierte Prominentengeschichten aus Hollywood wie auch sozialengagierte Reportagen.

Seit den 60ern arbeitete er als Produzent für *Paris Blues* (1960) von Martin Ritt mit Paul Newman und Sidney Portier und die John-Cassavetes-Filme *Husbands* (1970), *Eine Frau unter Ein-*

fluß (1974), *Gloria* (1980) und *Love Streams* (1983).

Shull, Richard B. (70)
Geb. 24.2.1929, Evanston/Illinois.
Gest. 14.10.1999, New York.
Der renommierte amerikanische Theaterdarsteller spielte in dem Roboterliebesfilm *Herzquietschen* (1981) den Fabrikchef und der Fantasykomödie *Splash – Jungfrau am Haken* (1984) den alten Dr. Ross.
Shull hatte außerdem Nebenrollen in *Der Anderson Clan* (1970), *Klute* (1970), *Im Herz des Wilden Westens* (1975), *Housesitter* (1992), *Private Parts* (1997) und zuletzt in *Two Family House* (1999).

Sidney, Sylvia (74)
(geb. Sophia Kossow)
Geb. 18.8.1910, Bronx/New York.
Gest. 1.7.1999, Manhattan/
New York.
Die amerikanische Schauspielveteranin hatte eine ihrer besten Rollen als Gangstertochter auf der Flucht in der Hammett-Verfilmung *Straßen der Großstadt* (1931).
Sidneys letzte denkwürdige Rolle war die senile Grandma Nortis in *Mars Attacks!* (1997), deren Liebe zur Musik eines Countryjodlers zur Vernichtung der außerirdischen Invasoren führt. »Die zierliche Person mit den auffallend großen Augen spielte meisterhaft weichherzige, leidgeprüfte Charaktere, die aber unerwartete Stärke an den Tag legen können.« (›epd-film‹)
Die Tochter russischer Einwanderer spielte seit Ende der 20er Jahre im Kino melodramatische Rollen als Mädchen aus der Arbeiterklasse, welche sich trotz aller Schicksalsschläge nicht unterkriegen läßt, wie in *Eine amerikanische Tragödie* (1931): »Insofern waren die Filmfiguren der Melodram-Ikone Sylvia Sidney so etwas wie die feministische Verkörperung jenes ›Pursuit of Happiness‹, die an erster Stelle aller Ideale der ›Americana‹ steht.« (Rainer Heinz, ›film-dienst‹)
Dramatisch war Sidney in den Hauptrollen der Fritz-Lang-Filme *Fury* (1936) neben Spencer Tracy und *Gehetzt* (1936) neben Henry Fonda zu sehen, außerdem spielte sie neben Humphrey Bogart in *Sackgasse* (1937) von William Wyler.
In *Sabotage* (1937) von Alfred Hitchcock agierte sie als mißhandelte Ehefrau des Saboteurs.
In den 40ern ging Sidney wieder zur Bühne. Auf die Leinwand kehrte sie selten zurück: Sie spielte die für den ›Oscar‹ nominierte Charakterrolle der Mrs. Pritchett neben Joanne Woodward in *Sommerwünsche–Winterträume* (1973), zumeist hatte sie jedoch bizarre Rollen: als Tante in *Damien – Das Omen II* (1978), Mutter von Johnny Rotten als Serienkiller in *Copkiller* (1982) und als Juno in *Beetlejuice* (1988) von Tim Burton, der sie erneut für *Mars Attacks!* gewinnen konnte.

Siskel, Gene (53)
Geb. 26.1.1946, Chicago/Illinois.
Gest. 20.2.1999, Chicago/Illinois.
Gene Siskel gehörte zum populären Filmkritikerduo der Fernsehshow *Siskel and Ebert*, in der die Qualität eines Filmes per Daumen als top oder nicht bewertet wurde.
Der ›Chicago-Times‹-Journalist Siskel bekam seinen einst verhaßten Zeitungskollegen Roger Ebert zum Partner in der Show. Zusammen besprachen sie witzig und schlagfertig, aber eher konservativ, die neusten Filme gegeneinander.

Soldati, Mario (92)
Geb. 17.11.1906, Turin.
Gest. 19.6.1999, La Spezia.
Der italienische Regisseur und Schriftsteller inszenierte die historische Beziehungskomödie *Die Nöte des Signor Travet* und das Historien-Psychogramm *Kleine alte Welt* (1940) sowie eine Vielzahl solider Abenteuerfilme wie *Lucrezia, die rote Korsarin, Mandrin, der König der Rebellen, O.K. Nero, Zorro, der Held* (alle 1952).

Soldati, der stets betonte das Kino zu hassen, aber als Lehrer oder Journalist nicht der Faschistischen Partei beitreten wollte, drehte in der Zeit der 30er-bis 50er Jahre rund 30 Filme – Ehe- und Beziehungsprobleme waren neben den Genrestoffen sein bevorzugtes Thema. Mit den Historienstoffen hatte sich Soldati in den 40ern als ernstzunehmender Regisseur etabliert, doch er versank im Schatten des aufkommenden Neorealismus, so daß nur die Auftragsarbeiten blieben. Mit dem Melodrama *Die Frau vom Fluß* (1954) verhalf er Sophia Loren, ihren aufkeimenden Starruhm zu festigen. Außerdem führte Soldati Koregie bei *Krieg und Frieden* (1956) und *Ben Hur* (1959). In den 60er Jahren endete seine Filmkarriere, hin und wieder wurde Soldati für das Fernsehen tätig und konzentrierte sich auf sein Dasein als erfolgreicher Schriftsteller und wurde nur noch selten wie bei *Waterloo* (1970) als Dialogautor für das Kino tätig.

Stass, Herbert (78)
Geb. 7.10.1921, Oebisfelde.
Gest. 11.11.1999, Berlin.
Der deutsche Schauspieler erlangte durch seine rund 180 TV-Rollen wie der Blumenhändler in *Praxis Bülowbogen* Bekanntheit. Stass, der durch seine scharf und markant geschnittenen Gesichtszüge auffiel, war auf kein bestimmtes Image festgelegt: Er spielte den Liebhaber in *Romeo und Julia in Berlin* (1959) und den alten Fritz in *Die schöne Wilhelmine* (1984).
Seine Filmkarriere begann im II. Weltkrieg als Regieassistent, auf der Leinwand erschien Stass in einer kleinen Rolle neben Hans Albers *Und über uns der Himmel* (1947), in der Hauptrolle als Mieter Willi Weide in *Die Treppe* (1950) und neben der Filmfigur Jerry Cotten als Detektiv Sam Parker in *Der Tod im roten Jaguar* (1968).

Stewart, Donald E. (69)
Geb. 24.1.1930, Detroit/Michigan.
Gest. 28.4.1999, Los Angeles.
Der amerikanische Drehbuchautor erhielt zusammen mit Constantin Costa-Gavras für das Skript zu *Vermißt* (1981) den ›Oscar‹ für das beste Skript.
Der ehemalige Journalist begann 1975 für Hollywood Drehbücher für Roger Corman wie *Todesrallye in Helix-City* (1978) zu verfassen. Ein weiteres Skript zu Erfolgsfilmen war die Tom-Clancy-Roman-Trilogie *Jagd auf Roter Oktober* (1990), *Die Stunde der Patrioten* (1991), *Das Kartell* (1993). Zuletzt schrieb Stewart den TV-Film *Dead Silence* (1997) mit James Garner.

Storck, Henri (92)
Geb. 5.9.1907, Oostende.
Gest. 16.9.1999, Brüssel.
Der belgische Filmemacher drehte den berühmten Dokumentarfilm *Borinage* (1933) über einen Bergarbeiterstreik, in dem Storck Partei für die Streikenden gegenüber der schwerbewaffneten Gendarmerie ergreift.
Eine weitere Dokumentation ist *Rubens* (1948), außerdem inszenierte Storck die Satire auf europäische Zollbestimmungen *Das Bankett der Schmuggler* (1951).

Strack, Günter (69)
Geb. 4.6.1929, Darmstadt.
Gest. 19.1.1999, Münchsteinach.
Der beliebte hessische Volksschauspieler war der Fernsehstar der 80er und 90er in *Ein Fall für Zwei, Diese Drombuschs* und *Der Schattenmann*. »Wiewohl ein brillanter und überaus vielseitiger Charakterdarsteller, war Strack in all seinen Rollen stets als individuelle Persönlichkeit erkennbar. (...) Zwischen Tragikomik und lebensprallem Temperament war er immer leibhaftig.« (Rainer Heinz, ›film-dienst‹)
Neben den zahlreichen Fernsehengagements für *Der Datterich* (1958) und *Tadellöser & Wolff* (1975) hatte Strack im Kino prägnante Nebenrollen: In *Der zerrissene Vorhang* (1966) spielte er den Agenten Professor Karl Manfred, der Paul Newman begleitet, er war Straer in der Satire *Das Wunder von*

Malachias (1961) von Bernhard Wicki und spielte in dem Familienfilm *Die Schaukel* (1983) von Percy Adlon. Stracks prägnante Stimme belebte außerdem auf deutschen Leinwänden die Filmfiguren von Orson Welles.

Strasberg, Susan (60)
Geb. 22.5.1938, New York.
Gest. 21.1.1999, New York.
Die Tochter des großen Schauspiellehrers Lee Strasberg hatte Rollen in den Katastrophenfilmen *Achterbahn* (1973) und *Todesflug* (1977).
Strasberg hatte nie die Schule ihres Vaters besucht. 1955 debütierte Strassberg in *The Cobweb* und spielte in *Cosa Nostra – Erzfeind des FBI* (1966) und gehörte zum Ensemble von *The Trip* (1967) von Roger Corman. Am Ende ihrer Karriere hatte sie historische Figuren wie die Ehefrau des berühmten Buschdoktors in *Schweitzer* (1990) und die Hauptrolle in *Marylin Monroe: Life After Death* (1994). Die letzte ihrer 23 Kino- und TV-Rollen spielte Strasberg in *Prime Suspect* (1998).

Strickland, David (29)
Geb. 14.10.1969, Long Island/ New York.
Gest. 22.3.1999, Las Vegas/Nevada.
Der amerikanische Fernsehdarsteller spielte in *Verrückt nach Dir* den Hollis Pavelle und *Suddenly Susan* den Todd Stites.
Im Kino hatte Strickland eine Rolle in dem Independentfilm *Delivered* (1998) und in *Forces Of Nature* (1999). Er beging Selbstmord.

T

Tait, Margaret (79)
Geb. 11.11.1918, Kirkwell.
Gest. 19.4.1999, Orkney.
Die schottische »Filmpoetin« (Ute Aurand, ›epd-film‹) drehte in den vergangenen fünf Jahrzehnten über 30 Kurzfilme und den Spielfilm *Blue Black Permanent* (1991).

Tarloff, Frank (83)
Geb. 4.2.1916, Brooklyn/New York.
Gest. 25.6.1999, Beverly Hills.
Der amerikanische Komödiendrehbuchautor schrieb das für den ›Oscar‹ prämierte Skript zu der Liebeskomödie im amerikanisch-japanischen Krieg *Der große Wolf ruft* (1964) mit Gary Cooper.
Als Mitglied der Kommunistischen Partei wurde Tarloff nach Karrierebeginn bei MGM Opfer von McCarthys Schwarzer Liste, doch mit der ›Oscar‹-Prämierung konnte er seine Karriere fortsetzen.
Tarloff schrieb viele Radio- und Fernsehstücke und verfaßte weitere Drehbücher zu *Leitfaden für Seitensprünge* (1966) mit Walter Matthau, *Der Etappenheld* (1967) mit Paul Newman und für den Agententhriller *Der doppelte Mann* (1967) mit Yul Brynner.

Thomalla, Georg (84)
Geb. 14.2.1915, Kattowitz/Schlesien.
Gest. 25.8.1999, Starnberg.
Der deutsche Schauspieler gehörte neben Heinz Erhardt und Theo Lingen zum komödiantischen Dreiecksgestirn des deutschen Wirtschaftswunders. Thomalla spielte neben Dieter Borsche in *Fanfaren der Liebe* (1951), nach dessen Vorbild Billy Wilder mit Tony Curtis und Jack Lemmon *Manche mögen's heiß* (1959) drehte. »Thomalla war der Dampfplauderer des deutschen Lustspiels, ein Turbo-Quatscher, mit der Zunge oft flinker als mit dem Hirn.« (Christine Dössel, ›SZ‹)
Seit 1939 spielte er komödiantische Rollen in 120 Filmen wie *Peter Voß, der Millionendieb* (1945), *Der Onkel aus Amerika* (1952), *Viktor und Viktoria* (1959) oder *Das Spukschloß im Spessart* (1959). Der kleinwüchsige Darsteller war außerdem der lustige Begleiter Hadschi Halef Omar in *Die Sklavenkarawane* (1958) und *Der Löwe von Babylon* (1959). In Filmen wie diesen, von denen es viele gab, verkaufte Thomalla sein komödiantisches Talent weit unter Wert, viel zu selten

sah man ihn als ernsthaften Darsteller wie als wortkarger Fluchthelfer in dem Ost-West-Drama *Himmel ohne Sterne* (1955) und als Wilhelm in *Lilien auf der Bank* (1992) von der diesjährig verstorbenen Marianne S.W. Rosenbaum. Neben den zahlreichen Kinoauftritten war er bis zuletzt in seiner gut 60jährigen Schauspielerkarriere sehr mit dem Theater verbunden, seine Paraderolle des heiratsunwilligen Standesbeamten in ›Der Mann, der sich nicht traut‹ spielte er fast tausendmal. Auch fürs Fernsehen spielte er den Witzbold, wie in der eigenen Serie *Komische Geschichten mit Georg Thomalla*. Unsichtbar, aber spürbar blieb Thomalla im Kino als Synchronsprecher für Danny Kaye, Peter Sellers und Jack Lemmon.

Tyrell, David (86)
Geb. 1913.
Gest. 5.7.1999, Los Angeles.
Der amerikanische Komödiant spielte auf der Bühne mit Gloria Swanson und Burgess Meredith. Im Kino war Tyrell in kleinen Rollen in *Im Westen nichts Neues* (1930) als Soldat und in *Liebe vor dem Frühstück* (1936) als Collegejunge zu sehen.

V

Vandenberg, Gérard (66)
Geb. 10.3.1932, Amsterdam.
Gest. 16.1.1999, München.
Der holländische Kameramann fotografierte *Es* (1965) von Ulrich Schamoni, *Das Spinnennetz* (1987) von Bernhard Wicki, *Zweite Heimat* (1991) von Edgar Reitz und *Der König von St. Pauli* (1998) von Dieter Wedel.
Der studierte Maler und Bildhauer Vandenberg lernte unter Federico Fellini und debütierte mit *Der Damm* (1964) von Vlado Kristl. Seine Arbeit war insbesondere von dem deutschen Autorenfilm von Peter Zadek, Johannes Schaaf, Peter Lilienthal, Michael Verhoeven und George Moorse geprägt, mit dem er *Der Findling* (1967) und *Lenz* (1970) inszenierte. Sein oftmals experimentierfreudiger modischer Stil aus Pop-art und Farbstilisierungen läßt sein Werk jedoch heute veraltet erscheinen. Stilvolle und unaufdringliche Bilder schuf er für Loriots *Papa ante Portas* (1991), den Porzellanliebhaberfilm *Utz* (1992) und die Hitlervision *Gespräch mit dem Biest* (1996).
Formvollendet zeigte sich der vielfach preisgekrönte Künstler für *Caspar David Friedrich – Grenzen der Zeit* (1986) von Peter Schamoni. Mit der Lifestylekomödie *Workaholic* (1996) von Sharon von Wietersheim bot Vandenberg nochmals perfektes Kintopp.

Vaughan, Frankie (71)
(geb. Frank Abelson)
Geb. 3.2.1928, Liverpool.
Gest. 17.9.1999, Buckinghamshire.
Der Sänger und Schauspieler gehörte zum Ensemble von *Machen wir's in Liebe* (1960), in dem sich ein Multimillionär in Marylin Monroe als Mitglied einer Revuetruppe verliebt.
Vaughan sang Hitballaden wie »Green Door« und »Garden Of Eden«, im Kino war er außerdem in dem englischen Abenteuerfilm *Faustrecht in Kenia* (1956) zu sehen.

Verrill, Virginia (82)
Geb. 20.11.1916, Santa Monica.
Gest. 18.1.1999, Raleigh/
North Carolina.
Die amerikanische Musicaldarstellerin war die Singstimme von Jean Harlow. Als Darstellerin war Verrill in Kleinstrollen in MGM-Musicals der 30er zu sehen, ansonsten konnte man sie nur in vielen Filmen als Gesangsdouble hören.

Vincke, Kitty (38)
Geb. 21.11.1961.
Gest. 2.12.1999, Frankfurt a.M.
Die Leiterin des Kommunalen Kinos in Frankfurt hatte durch ihren Einsatz für außergewöhnliche Kinofilme die hessische Filmszene geprägt.

Vlácil, Frantisek (74)
Geb. 19.2.1924, Cesky Tesín.
Gest. 28.1.1999, Prag.
Der tschechische Regisseur inszenierte das moderne Märchen *Die weiße Taube* (1959). Filme wie *Marketa Lazarova* (1967) machten Vlácil zum Poeten des tschechischen Films.
Der studierte Philosoph drehte in den 50er Jahren Dokumentarfilme bis er mit *Die Verfolgung* (1959) sein Spielfilmdebüt ablieferte. In seiner engagierten Arbeit befaßte Vlácil sich z.B. in *Adelheid* (1969) mit dem Tabuthema der Vertreibung Sudetendeutscher. Weitere Filme von ihm sind *Das Tal der Bienen* (1969) und die wenig spektakulären *Der Rauch des Kartoffelfeuers* (1977) und *Magus* (1987).
1998 erhielt Vlácil auf dem Festival in Karlsbad den Preis für seinen herausragenden Beitrag zur Entwicklung der Weltfilmkunst.

Vogel, Frank (69)
Geb. 30.12.1929, Limbach.
Gest. 16.1.1999, Berlin.
Der Defa-Regisseur inszenierte das von der SED verbotene Schülerdrama *... denk bloß nicht, ich heule* (1965), das an die Achtung vor Außenseitern appelliert. Seine Karriere begann mit dem Mauerbau und endete mit ihrem Fall.
Vogel begann mit längst vergessenen Propagandafilmen wie *Die Entscheidung des Dr. Ahrendt* (1959) und *Julia lebt* (1963), die tapfere Soldaten und Krankenschwestern zeigen, die den Sozialismus bewahren. Vogel griff jedoch vorzugsweise Gegenwartsstoffe auf, wie den mit Dokumentaraufnahmen durchsetzten Mauerfilm *Und deine Liebe auch* (1962) mit Armin Mueller-Stahl und dem zeitkritischen wie optimistischen *Der Mann mit dem Objektiv* (1961), in dem ein Astronaut aus dem klassenlosen Jahr 2222 in die DDR der Gegenwart gerät.
Zuletzt drehte Vogel ohne künstlerische Note die Wilhelm-Raabe-Klamotte *Die Gänse von Bützow* (1985), er hatte bereits acht Jahre keinen Film mehr gedreht, die Auflösung besiegelte sein Schicksal.

Vrstala, Jirí (78)
Geb. 31.7.1920, Liberec.
Gest. 10.6.1999, Berlin.
Der osteuropäische Schauspieler brillierte als typisch tolpatschiger, liebenswert-naiver Clown Ferdinand in buntkariertem Mantel mit Sonnenblume im Revers in unzähligen Liveauftritten und Kinderfilmen der 60er und 70er Jahre. In dem unfreiwillig komischen Defa-Western *Die Söhne des Großen Bären* (1966) spielte Vrstala den Bösewicht Red Fox. Insgesamt drehte er rund 70 Filme.
Neben seiner Lebensrolle war Vrstala in ernsten zwiespältigen Rollen unter dem »Prager-Frühling«-Regisseur Zbynek Brynych zu sehen, wie z.B. *Als Hitler den Krieg überlebte* (1968), der das Faschismusbefinden der Gesellschaft prüfte. In *Chronik eines Mordes* (1965) spielte er den Staatsanwalt Dr. Hoffmann, der einer Jüdin zu Gerechtigkeit gegen einen Kriegsverbrecher verhelfen will. In den letzten zwei Jahrzehnten machte sich Vrstala in der Öffentlichkeit rar. Nur Brynych konnte ihn für die Rolle als Mafiaboß in *Die Ameisen bringen den Tod* vor die Kamera zurückbewegen.

W

Watson, Bobs (68)
Geb. 16.11.1930, Los Angeles.
Gest. 26.6.1999, Laguna Beach/ Kalifornien.
Der amerikanische Darsteller spielte den Peewee in *Teufelskerle* (1938), der zu einer wilden Gruppe von Jungen gehörte, die von Spencer Tracy erzogen werden.
Die meisten Rollen in einem guten Dutzend von Filmen hatte Watson wie z.B. *Mr. Smith geht nach Washington* (1939) in den 30er und 40er Jahren. Zuletzt war er in *Deadly Delusions* (1998) zu sehen.

Wexler, Norman (73)
Geb. 1926, New Bedford/ Massachusetts.
Gest. 23.8.1999, Washington.
Der amerikanische Drehbuchautor schrieb nach einer Zeitungsgeschichte den Welterfolg *Nur Samstag Nacht* (1977) samt der Fortsetzung *Staying Alive* (1982). Für *Joe* (1970) und *Serpico* (1973) erhielt Wexler eine ›Oscar‹-Nominierung.
Wexler adaptierte außerdem die Romanstoffe über Rassismus und Sklaverei für *Mandingo* (1974) und *die Sklavenhölle der Mandingos* (1976). Eine jüngere Arbeit war *Der City-Hai* (1986) mit Arnold Schwarzenegger.

Whitlock, Albert (84)
Geb. 1915, London.
Gest. 26.10.1999, Santa Barbara/ Kalifornien.
Der englische F/X-Spezialist gehört zu den wenigen Berühmtheiten seiner Gilde. Seine Kunst waren die »Mad-Paintings«, die Verbindung realistischer Hintergrundslandschaften mit Action. Für *Tobruk* (1968) war Whitlock für die Spezialeffekte nominiert und für *Erdbeben* (1974) und *Die Hindenburg* (1975) prämiert – hier schuf er die atemberaubenden Aufnahmen des Luftschiffes »Hindenburg« über dem Atlantik und New York.
Whitlock begann als Teenager in den britischen Filmstudios, wurde Billboard-Künstler und arrangierte die Titelsequenz von Disneys *20.000 Meilen unter dem Meer* (1954). Für sein Heimatstudio Universal kreierte er die Effekte für rund 140 Filme, z.B. für Alfred Hitchcocks *Die Vögel, Marnie, Der zerrissene Vorhang* und *Topas*. Zu seinen letzten Arbeiten gehören die monumentalen Arbeiten zu *Der Wüstenplanet/Dune* (1983) und *Greystoke – Die Legende von Tarzan, Herr der Affen* (1985).

Wildgruber, Ulrich (62)
Geb. 18.11.1937, Bielefeld.
Gest. 30.11.1999, Sylt.
Der deutsche Schauspieler war eine der Bühnenlegenden und bereicherte Film und Fernsehen mit kleinsten Rollen wie dem Tankwart in *Winkelmanns Reisen* (1990) oder als Danninger in dem österreichischen Erfolgsfilm *Die Siebtelbauern* (1998). »Auf den Theaterbrettern war er ein leidenschaftlich fühlender Berserker, ein zerbrechlicher Wüterich, ein anmutiger Klotz – gewaltig im Lieben wie im Hassen, grazil trotz seiner voluminösen Statur, präzise selbst angesichts sprachlicher Manierismen. Es verwundert keineswegs, daß der Riese auch sehr warmherzig, weich und sogar komisch sein konnte.« (Rainer Heinz, ›film-dienst‹) In dem Katzen-Zeichentrickkrimi *Felidae* (1994) sprach er Joker. Sehenswert war sein Auftritt als seltsamer Überlebenstrainer in dem Hamburger Neon-Melodram *Auf immer und ewig* (1984). Größere Rolle spielte er im Fernsehen z.B. in *Mörderisches Erbe* (1998). Wildgruber war nur selten auf der Leinwand zu sehen, meist spielte er Bodenständige Rollen, wie für Adolf Winkelmanns Ruhrpottfilme *Super* (1983), *Peng! Du bist tot!* (1987) und *Waschen, Schneiden, Legen* (1999) – sein letzter Film, hier ist er der Vater von Guildo Horn. Wildgruber nahm sich selbst das Leben.

Wirth, Franz Peter (80)
Geb. 22.9.1919, München.
Gest. 18.10.1999, Berg am Starnberger See.
Der deutsche Pionier des Fernsehspiels verfilmte Arthur Miller, Sartre, Brecht, Shakespeare, Lessing, Kleist und Goethe. Der Film- und Fernsehregisseur schuf preisgekrönte Literaturverfilmungen wie Golo Manns »Wallenstein«-Biographie (1977) und *Buddenbrooks* (1978), sowie das stille Holocaustdrama *Ein Stück Himmel,* der erfolgreiche Fernsehmehrteiler der die Leidensgeschichte der Janina David im Warschauer Getto erzählt. Wirth war eine der Persönlichkeiten des Bayerischen Rundfunks. Mit seinen rund 150 Produktionen als Regisseur, Autor und

Dokumentarist setzte Wirth über 40 Jahrzehnte Maßstäbe und etablierte das Fernsehspiel als eigene Kunstgattung.
Wirth studierte Theaterwissenschaften und arbeitete als Dramaturg und Theaterregisseur. Im Kino debütierte Wirth mit der historischen Soldatenkomödie *Helden* (1958) und inszenierte Krimistoffe wie *Menschen im Netz* (1959) und Dramen wie *Die Frau am dunklen Fenster* (1960). Wirth drehte mit O.W. Fischer und Marianne Koch. Mit Karl-Michael Vogler drehte er *Bekenntnisse eines möblierten Herren* (1962), mit Heinz Rühmann die TV-Millionärskomödie *Oh Jonathan – oh, Jonathan* (1973). Noch 1998 wagte er sich auf filmisches Neuland und inszenierte mittels Computeranimation *Typisch Ed!*.
Für seine Filme und sein Lebenswerk erhielt er zahlreiche Auszeichnungen vom ›Grimme-Preis‹, ›Goldene Kamera‹ ›Bambi‹ bis zum ›Bayrischen Fernsehpreis‹.

Wise, Ernie (73)
Geb. 27.11.1925, Leeds.
Gest. 21.3.1999, London.
Der britische Komiker war in den 70er Jahren Teil der TV-Show *Morecambe & Wise Show*. Wise bildete mit Eric Morecambe über drei Jahrzehnte ein beliebtes Comedy-Duo, das an Laurel & Hardy erinnerte.
Auf der Leinwand waren sie in *The Intelligence Men* (1965) und *The Magnificent Two* (1970) zu sehen, im deutschen Kino erschien lediglich die Kriminalgroteske *Ein Hauch von Riviera* (1966).

Woolf, John (86)
Geb. 15.3.1913, London.
Gest. 28.6.1999, London.
Der englische Film- und Fernsehproduzent schuf die Klassiker *African Queen* (1951) und den mit dem Oscar prämierten *Oliver!* (1968).
Der Produzentensohn war in den 30er als Verleiher tätig, drehte für die Armee während des II. Weltkrieges Filme und gründete schließlich mit seinem Bruder James 1949 die Firma ›Romulus‹. Vor dem *African-Queen*-Erfolg spottete ein Freund: »Zwei alte Leute fahren einen afrikanischen Fluß rauf und runter. Wen interessiert das? Du wirst bankrott sein.«
Unter Romulus entstanden die weiteren John-Huston-Filme *Moulin Rouge* (1952), *Schach dem Teufel* (1953), sowie *Der Schakal* (1973) und *Die Akte Odessa* (1974). Woolfs Filme erhielten insgesamt 13 ›Oscars‹.
Neben hervorragender Kinounterhaltung produzierte Woolfs Firma in den 70er Jahren die TV-Reihe *Ungewöhnliche Geschichten von Roald Dahl.* Zuletzt zeigte er sich als Executive Producer für den Liebesfilm *Der Eisvogel* (1983) mit Rex Harrison.

Wunderlich, Jerry (73)
Geb. 18.8.1925.
Gest. 14.5.1999, North Hollywood/Kalifornien.
Der amerikanische Set Director erhielt für seine Ausstattung von *Der Exorzist* (1973) und *Der letzte Tycoon* (1976) eine ›Oscar‹-Nominierung.
Wunderlich arbeitete regelmäßig für die hochkarätigen Produktionen *Dominique – Die singende Nonne* (1966), *Audrey Rose – das Mädchen aus dem Jenseits* (1977), *Eine ganz normale Familie* (1980), *War Games – Kriegsspiele* (1983) und *Die Spur führt zurück – The Two Jakes* (1989).

Fremdsprachige Originaltitel

C

D

E

F

G

K

L

M

N

O

P

T

Personenregister

Regie, Darsteller, Drehbuch, Musik, Schnitt, Produzenten

A

C

D

E

F

H

K

O

P

Q

R

S

T

U

V

W

X

Y

Z